Kurzlehrbücher
für das juristische Studium

Schlaich/Korioth
Das Bundesverfassungsgericht

Das Bundesverfassungsgericht

Stellung, Verfahren, Entscheidungen

Ein Studienbuch

begründet von

Dr. Klaus Schlaich

ehem. o. Professor an der Universität Bonn

seit der 5. Auflage fortgeführt von

Dr. Stefan Korioth

o. Professor an der Universität München

12., neu bearbeitete Auflage, 2021

C.H.BECK

Zitiervorschlag: *Schlaich/Korioth,* BVerfG, 12. Aufl. 2021, Rn.

www.beck.de

ISBN Print 978 3 406 77866 7
ISBN E-Book 978 3 406 77867 4

Wilhelmstraße 9, 80801 München
Druck und Bindung: Druckerei C.H. Beck Nördlingen
(Adresse wie Verlag)

Satz: Jung Crossmedia Publishing GmbH
Gewerbestr. 17, 35633 Lahnau

Umschlaggestaltung: Martina Busch, Grafikdesign, Homburg Saar

CO_2 neutral
chbeck.de/nachhaltig

Gedruckt auf säurefreiem, alterungsbeständigem Papier
(hergestellt aus chlorfrei gebleichtem Zellstoff)

Vorwort

Die 12. Auflage des Lehrbuchs berücksichtigt die Rechtsprechung des Bundesverfassungsgerichts bis einschließlich Band 154 der amtlichen Entscheidungssammlung, die Literatur bis Ende 2020, in Einzelfällen darüber hinaus.

Die gegenwärtig alles beherrschende Corona-Pandemie hat beim Bundesverfassungsgericht bislang – Ausdruck der Subsidiarität der Verfassungsgerichtsbarkeit – nur zu vereinzelten Entscheidungen geführt, insbesondere im Eilrechtsschutz. Diese Entscheidungen und anderes waren Anlass, den Abschnitt zum einstweiligen Rechtsschutz neu zu konzipieren. Überarbeitet wurden auch die Ausführungen zur verfassungskonformen Auslegung.

Die gewichtigsten Neuheiten der Verfassungsrechtsprechung finden sich im Verhältnis des Bundesverfassungsgerichts zum Europäischen Gerichtshof. Die PSPP-Entscheidung vom Mai 2020 hat erstmals die „Ultra-Vires-Kontrolle" aktiviert. Das ist ein Paukenschlag, den ich in den Vorauflagen dieses Buches kaum mehr für wahrscheinlich hielt, weil insbesondere die Honeywell-Entscheidung die Kriterien des Lissabon-Urteils aufgeweicht hatte.

Vielen bin ich zu großem Dank verpflichtet: In erster Linie Herrn Dr. Michael W. Müller, M.A., LL.M. (Cambridge), der Wesentliches zur Neuauflage beigetragen hat. Gabriele Steiger, Joyce Marmonti, Esther Massaccesi, Michael Rapp, Lisa-Marie Schmidt, Aoife Madden, Melinda Malek und Aenne Wulferding danke ich für vielfache wertvolle Hilfe und Unterstützung.

Oldendorf/München im Mai 2021 *Stefan Korioth*

Inhaltsverzeichnis

6. Abschnitt. Weitere Verfahren

Abkürzungsverzeichnis

ABl. EG .... Amtsblatt der Europäischen Gemeinschaften
ABl. EU .... Amtsblatt der Europäischen Union
AcP .... Archiv für die civilistische Praxis
AEUV .... Vertrag über die Arbeitsweise der Europäischen Union
AgrarR .... Agrarrecht
AK-GG .... Kommentar zum Grundgesetz für die Bundesrepublik Deutschland, Reihe Alternativkommentare, 3 Bde., 3. Aufl. 2001
AnwBl. .... Anwaltsblatt
AöR .... Archiv des öffentlichen Rechts
ArbG .... Arbeitsgericht
AWD/RIW ..... Außenwirtschaftsdienst des Betriebs-Beraters/Recht der internationalen Wirtschaft

BAG .... Bundesarbeitsgericht
BayVBl. .... Bayerische Verwaltungsblätter
BayVerfGH ..... Bayerischer Verfassungsgerichtshof
BayVerfGHE .... Entscheidungen des Bayerischen Verfassungsgerichtshofs
BB .... Der Betriebs-Berater
BerlVerf .... Verfassung von Berlin
BerlVerfGH ..... Verfassungsgerichtshof des Landes Berlin
BerlVerfGHG .... Gesetz über den Verfassungsgerichtshof (Berlin)
BGBl. .... Bundesgesetzblatt
BGH .... Bundesgerichtshof
BGHZ .... Entscheidungen des Bundesgerichtshofs in Zivilsachen
BHO .... Bundeshaushaltsordnung
BK .... Bonner Kommentar zum Grundgesetz
BSG .... Bundessozialgericht
BVerfG .... Bundesverfassungsgericht
BVerfGE .... Entscheidungen des Bundesverfassungsgerichts
BVerfGG .... Gesetz über das Bundesverfassungsgericht
BVerwG .... Bundesverwaltungsgericht
BVerwGE ...... Entscheidungen des Bundesverwaltungsgerichts
BWG .... Bundeswahlgesetz
BWVBl. .... Baden-Württembergisches Verwaltungsblatt

DB .... Der Betrieb
DJT .... Deutscher Juristentag
DJZ .... Deutsche Juristenzeitung
DÖV .... Die Öffentliche Verwaltung
DRiZ .... Deutsche Richterzeitung
DStR .... Deutsches Steuerrecht
DStZ .... Deutsche Steuer-Zeitung
DtZ .... Deutsch-deutsche Rechts-Zeitschrift
DVBl. .... Deutsches Verwaltungsblatt
DWiR .... Deutsche Zeitschrift für Wirtschaftsrecht

EGBGB .... Einführungsgesetz zum Bürgerlichen Gesetzbuche
EGMR .... Europäischer Gerichtshof für Menschenrechte
EMRK .... Europäische Konvention zum Schutze der Menschenrechte und Grundfreiheiten
EnWG .... Energiewirtschaftsgesetz
ES VGH .... Entscheidungssammlung des Hessischen Verwaltungsgerichtshofs und des Verwaltungsgerichtshofs Baden-Württemberg mit Entscheidungen der Staatsgerichtshöfe beider Länder
EuGH .... Gerichtshof der Europäischen Gemeinschaften

EuGRZ . . . . Europäische Grundrechte-Zeitschrift
EuR . . . . Europarecht
EuWG . . . . Gesetz über die Wahl der Abgeordneten des Europäischen Parlaments aus der Bundesrepublik Deutschland (Europawahlgesetz)
EuZW . . . . Europäische Zeitschrift für Wirtschaftsrecht
EvStLex . . . . Evangelisches Staatslexikon, hrsg. von R. Herzog/H. Kunst/K. Schlaich/ W. Schneemelcher, 2 Bde., 3. Aufl. 1987
EWGV . . . . Vertrag zur Gründung der Europäischen Wirtschaftsgemeinschaft

FamRZ . . . . Zeitschrift für das gesamte Familienrecht
FAZ . . . . Frankfurter Allgemeine Zeitung
FG . . . . Festgabe
FS . . . . Festschrift

GeschO . . . . Geschäftsordnung
GesSlg . . . . Gesetzessammlung
GG . . . . Grundgesetz
GS . . . . Gedächtnisschrift

HdbDStR . . . . . . Handbuch des Deutschen Staatsrechts, hrsg. von G. Anschütz/R. Thoma, 2 Bde., 1930/32
HdbStKirchR . . . . Handbuch des Staatskirchenrechts der Bundesrepublik Deutschland, hrsg. von J. Listl/D. Pirson, 2 Bde., 2. Aufl. 1994/95
Hess. StAnz. . . . . . Hessischer Staatsanzeiger
HessStGH . . . . . . Hessischer Staatsgerichtshof
HGR . . . . Handbuch der Grundrechte in Deutschland und Europa, hrsg. von D. Merten/ H.-J. Papier, Bd. 1 ff., 2004 ff.
HStR . . . . Handbuch des Staatsrechts der Bundesrepublik Deutschland, hrsg. von J. Isensee/ P. Kirchhof, 10 Bde., 1987–2000, 3. Aufl. 2003 ff.
HVerfR . . . . Handbuch des Verfassungsrechts, hrsg. von E. Benda/W. Maihofer/H.-J. Vogel, 2. Aufl. 1994

JA . . . . Juristische Arbeitsblätter
JöR . . . . Jahrbuch des öffentlichen Rechts
JR . . . . Juristische Rundschau
Jura . . . . Juristische Ausbildung
JuS . . . . Juristische Schulung
JZ . . . . Juristenzeitung

KritVj . . . . Kritische Vierteljahresschrift für Gesetzgebung und Rechtswissenschaft

LAG . . . . Landesarbeitsgericht
LG . . . . Landgericht
LKV . . . . Landes- und Kommunalverwaltung
LVerfGE . . . . Entscheidungen der Verfassungsgerichte der Länder
LVerfG M-V . . . . Landesverfassungsgericht Mecklenburg-Vorpommern
LVerfGG M-V . . . Gesetz über das Landesverfassungsgericht (Mecklenburg-Vorpommern)
LVerfGG LSA . . . . Gesetz über das Landesverfassungsgericht (Sachsen-Anhalt)

MDR . . . . Monatsschrift für Deutsches Recht

NdsVBl. . . . . Niedersächsische Verwaltungsblätter
NJ . . . . Neue Justiz
NJW . . . . Neue Juristische Wochenschrift
NVwZ . . . . Neue Zeitschrift für Verwaltungsrecht
NWVBl. . . . . Nordrhein-Westfälische Verwaltungsblätter

ODIHR .... Office for Democratic Institutions and Human Rights
OLG .... Oberlandesgericht
OSZE .... Organisation für Sicherheit und Zusammenarbeit in Europa
OVG .... Oberverwaltungsgericht

PolG .... Polizeigesetz
PVS .... Politische Vierteljahresschrift

RabelsZ .... Rabels Zeitschrift für ausländisches und internationales Recht
RdA .... Recht der Arbeit
Rdnr. .... Randnummer(n)
RG .... Reichsgericht
RGZ .... Entscheidungen des Reichsgerichts in Zivilsachen
RhPfVerfGH .... Rheinland-Pfälzischer Verfassungsgerichtshof
RhPfVerfGHG ... Landesgesetz über den Verfassungsgerichtshof (Rheinland-Pfalz)
RPflG .... Rechtspflegergesetz
RuP .... Recht und Politik
RW .... Rechtswissenschaft

SaarlVerfGHG ... Gesetz über den Verfassungsgerichtshof (Saarland)
SAE .... Sammlung arbeitsrechtlicher Entscheidungen
SächsVerfGH .... Sächsischer Verfassungsgerichtshof
SGB .... Sozialgesetzbuch
StGH .... Staatsgerichtshof
StPO .... Strafprozessordnung
st. Rspr. .... ständige Rechtsprechung
StV .... Strafverteidiger
StVj .... Steuerliche Vierteljahresschrift

ThürVBl. ...... Thüringer Verwaltungsblätter

VerfGG Bbg ..... Gesetz über das Verfassungsgericht des Landes Brandenburg
VerfGH .... Verfassungsgerichtshof
VerfLSA .... Verfassung des Landes Sachsen-Anhalt
Verf M-V .... Verfassung des Landes Mecklenburg-Vorpommern
VerwArch. ...... Verwaltungs-Archiv
VVDStRL ...... Veröffentlichungen der Vereinigung der Deutschen Staatsrechtslehrer
VRÜ .... Verfassung und Recht in Übersee
VwGO .... Verwaltungsgerichtsordnung

WissR .... Wissenschaftsrecht, Wissenschaftsverwaltung, Wissenschaftsförderung
WRV .... Weimarer Reichsverfassung

ZaöRV .... Zeitschrift für ausländisches öffentliches Recht und Völkerrecht
ZEuS .... Zeitschrift für europarechtliche Studien
ZfA .... Zeitschrift für Arbeitsrecht
ZfRV .... Zeitschrift für Rechtsvergleichung
ZG .... Zeitschrift für Gesetzgebung
ZGR .... Zeitschrift für Unternehmens- und Gesellschaftsrecht
ZNR .... Zeitschrift für neuere Rechtsgeschichte
ZParl .... Zeitschrift für Parlamentsfragen
ZPO .... Zivilprozessordnung
ZRP .... Zeitschrift für Rechtspolitik
ZRPh .... Zeitschrift für Rechtsphilosophie
ZZP .... Zeitschrift für Zivilprozess

1. Teil. Einführung und Grundlagen

Gliederung

I. Das Bundesverfassungsgericht im Vergleich

Das Bundesverfassungsgericht, das am 7. September 1951 und damit erst zwei Jahre nach der Konstituierung der Bundesrepublik Deutschland[1] in Karlsruhe seine Arbeit aufnahm, entscheidet über Fragen des Verfassungslebens mit einer in historischer wie in rechtsvergleichender Sicht einzigartigen Fülle der Kompetenzen. 1

Die Idee der Verfassungsgerichtsbarkeit hat in Deutschland Tradition.[2] Ganz anders als etwa in Frankreich[3] und England erschien den Deutschen eine Staats- oder Verfassungsgerichtsbarkeit schon früh als Krönung ihrer Verfassung. Bereits vor der Etablierung rechtsstaatlicher Verfassungen im 19. Jahrhundert lesen wir: „Glückliches Deutschland, das einzige Land der Welt, wo man gegen seine Herrscher, ihrer Würde unbeschadet, im Wege Rechtens, bei einem fremden, nicht ihrem eigenen Tribunal, aufkommen kann.“[4] Die heutige Verfassungsgerichtsbarkeit in Deutschland kann man durchaus in die Tradition der Rechtsprechung der Reichsgerichte des Hlg. Römischen Reichs Deutscher Nation (Reichskammergericht, Reichshofrat) stellen.[5] Aber

---

[1] Dazu *Jestaedt,* Phänomen Bundesverfassungsgericht, S. 79 ff.

[2] *Scheuner,* Überlieferung, S. 1 ff.; *Hoke,* S. 25 ff.; *Robbers,* JuS 1990, 257 ff.; *ders.,* in: Umbach/Clemens/Dollinger, BVerfGG, A I, S. 3–8. Eine lebendige Darstellung des Für und Wider in der Geschichte der Staatsgerichtsbarkeit bringt *Fricke.*

[3] Für einen „Blick aus Frankreich“ auf „Das Bundesverfassungsgericht und die deutsche Rechtskultur“ vgl. *François,* in: Stolleis, Herzkammern, S. 52 ff., und *Jouanjan,* Conseil Constitutionnel und Bundesverfassungsgericht, ebenda, S. 137 ff.

[4] *Schlözer,* S. 107.

[5] Vgl. *Stolleis,* S. 134, wonach das Reichskammergericht vom 16.–18. Jahrhundert „erheblichen Anteil an der intensiveren Verrechtlichung des politischen Lebens“ hatte und auch die wissenschaftliche Bearbei-

trotzdem: Vollständig verwirklicht hat sich eine auf Fragen des Verfassungslebens spezialisierte Gerichtsbarkeit erst mit dem Grundgesetz der Bundesrepublik Deutschland von 1949. Im 19. Jahrhundert gab es zwar im Deutschen Bund und in einigen Ländern spezielle Verfahren für Streitigkeiten aus dem Verfassungsrecht (Austrägalverfahren und Bundesschiedsgericht; Staatsgerichtshöfe in einigen Ländern).[6] In der Praxis aber kam diese Staatsgerichtsbarkeit kaum zum Zuge. Einerseits war es noch die Souveränität der Fürsten, die einer Verfassungsgerichtsbarkeit im Wege stand. Andererseits übernahmen die neu konstituierten Parlamente ein Stück weit die Funktion der Bewahrung der Rechte des Volkes. Man zögerte auch, „hochpolitische" Entscheidungen in die Hand von Richtern zu legen. So hatte Preußen im ganzen 19. Jahrhundert keinen Staatsgerichtshof. Dasselbe gilt unter der Führung von Preußen für die Reichsverfassung von 1871 („Bismarckverfassung"). Das 1879 errichtete Reichsgericht übte im Kaiserreich keine Verfassungsrechtsprechung aus. Die Idee der Verfassungsgerichtsbarkeit, die schon damals von manchen als „Schlussstein des konstitutionellen Rechtsstaates"[7] bezeichnet wurde, blieb freilich lebendig.

2 Die Reichsverfassung von 1849 („Paulskirchenverfassung") dagegen hatte eine weit ausgebaute Verfassungsrechtsprechung durch das Reichsgericht vorgesehen und mit Verfahren, die den späteren Organstreitigkeiten, föderalistischen Streitigkeiten und der Verfassungsbeschwerde entsprechen, in ganz überraschendem Maße vorweggenommen, was das Grundgesetz volle 100 Jahre später verwirklichte. Diese Verfassung von 1849 aber kam bekanntlich nicht zum Zuge; sie war ihrer Zeit allzu sehr voraus. Die Weimarer Verfassung von 1919 errichtete den Staatsgerichtshof für das Deutsche Reich;[8] dieser hat auch eine rege Entscheidungstätigkeit entwickelt,[9] insbesondere in der Zeit der Notverordnungspolitik während der letzten Jahre der Weimarer Republik. Er war im wesentlichen nur zuständig für Organstreitigkeiten innerhalb eines Landes und für föderative Streitigkeiten zwischen Reich und Ländern.[10] Die verfassungsgerichtliche Kontrolle der Reichsgesetze, den Organstreit zwischen den Verfassungsorganen des Reiches und die Verfassungsbeschwerde kannte die Weimarer Verfassung hingegen nicht. Das BVerfG mit seinen weiten Zuständigkeiten hat also keinen vergleichbaren Vorläufer.

3 Einzigartig ist die Fülle der Kompetenzen des BVerfG auch im Vergleich mit dem *Ausland.*[11] Bei einem Vergleich der nationalen Regelungen ist zu beachten, dass die Verfas-

---

tung des öffentlichen Rechts anregte. Seine Spruchtätigkeit ließ die Überzeugung entstehen, „politische Konflikte ließen sich im Prinzip in Rechtsfälle transformieren und gerichtlich entscheiden" (aaO., S. 138).

6 *Maurer,* FS Frotscher, S. 46ff.

7 *Binding,* DJZ 1899, 70.

8 Dazu *Gusy,* Weimarer Reichsverfassung, S. 209ff.; *Stern,* Staatsrecht V, S. 646ff.

9 Vgl. *Lammers/Simons.*

10 Vgl. *Robbers,* JuS 1990, 262.

11 Vorsichtig einschränkend *Kneip,* ZfP 2013, S. 73ff.; typisierende internationale Vergleiche (mit Lit.) bei *Bryde,* Verfassungsentwicklung, S. 95ff.; *Zweigert,* S. 63ff.; *Zierlein,* EuGRZ 1990, 301ff.; *Tomuschat,* BVerfG, S. 245ff.; *Brunner,* JöR 50 (2002), 191ff.; *Giegerich,* Verfassungsgerichtsbarkeit, S. 95ff.; *v. Brünneck,* Constitutional Review, S. 219ff.; umfassend und spannend *ders.,* Verfassungsgerichtsbarkeit. Zu den Institutionen, Kompetenzen, Verfahren und Wirkungen der Entscheidungen der Verfassungsgerichte in Europa vgl. die Länderberichte bei *Starck/Weber* und *Frowein/Marauhn.* Rechtsvergleichend speziell zu dem Verhältnis von Verfassungsgerichtsbarkeit und Gesetzgebung *Landfried,* Constitutional Review. Vgl. auch *Korinek,* VVDStRL 39 (1981), S. 7ff.; *J. P. Müller,* VVDStRL 39 (1981), S. 53ff.; *Bothe,* S. 403ff.; *Eichenberger,* S. 435ff.; *Kommers,* S. 461ff.; *Ehrmann,* Der Staat 20 (1981), 379, 381; *Starck,* AöR 113 (1988), 632ff.; *Wyrzykowski,* AöR 112 (1987), 93ff.; *Theodossis,*

sungsgerichtsbarkeit (als Funktion und Aufgabe im materiellen Sinne) in den meisten Staaten bei den ordentlichen Gerichten liegt („diffuse" Verfassungsgerichtsbarkeit; Einheitsmodell) und nicht bei besonderen Verfassungsgerichtshöfen („konzentrierte" Verfassungsgerichtsbarkeit; Trennungsmodell).[12] Dieser Unterschied in der Organisation erklärt sich aus der rechtskulturellen Tradition eines Landes[13] und bestimmt die Technik der Kontrolle, über die sachliche Reichweite und die (politische) Wirksamkeit einer Verfassungsgerichtsbarkeit sagt er wenig. So üben der US-amerikanische Supreme Court (vgl. Rdnr. 114)[14] und das Schweizer Bundesgericht, wiewohl nicht spezialisierte Verfassungsgerichte, sondern ordentliche Revisionsgerichte, eine in das staatliche und gesellschaftliche Leben tief eingreifende Rechtsprechung aufgrund der Verfassung aus.

Der spezialisierte Österreichische Verfassungsgerichtshof dagegen verhält sich relativ zurückhaltend, obwohl ihm Zuständigkeiten eingeräumt sind, die mit denjenigen des BVerfG vergleichbar sind.[15] Auch Italien und Spanien haben spezialisierte Verfassungsgerichtshöfe. In Frankreich hat die Furcht vor einem „gouvernement des juges" im Felde der Politik seit der Zeit der Französischen Revolution Tradition. Ein richterliches Prüfungsrecht hinsichtlich förmlicher Gesetze wurde aus Gründen der Gewaltenteilung und der Volkssouveränität lange abgelehnt. In der von Rousseau geprägten Konzeption des Parlamentsgesetzes gilt dieses als Ausdruck des Volkswillens und der volonté générale, der nicht durch demokratisch schwach legitimierte Richter überspielt werden dürfe. Dennoch: Im Jahre 1958 wurde der Conseil Constitutionnel errichtet. Er prüfte Gesetze auf ihre Verfassungsmäßigkeit zunächst nur präventiv (also vor Inkrafttreten des Gesetzes) und war seiner Besetzung und seinem Verfahren nach eher eine Einrichtung zwischen einem Gericht und einer letzten politischen (Kontroll-)Instanz noch im Gesetzgebungsverfahren. Seit 1971 allerdings hat der Conseil Constitutionnel auf dem Felde der Normenkontrolle zunehmend eine selbständigere Rolle mit Hilfe der Grund- und Menschenrechte entfaltet.[16] Infolge der Verfassungsreform vom Juli 2008 kann sich jedes Gericht über die letztinstanzlichen Gerichte an den Verfassungsrat wenden, damit dieser nachträglich die Verfassungsmäßigkeit eines Gesetzes überprüfen kann (question prioritaire de constitutionnalité, konkrete Normenkontrolle).[17] Seither sind in Frankreich letzte Zweifel an der Gerichtsqualität des Conseil Constitutionnel verstummt. England kennt eine Verfassungsgerichtsbarkeit im eigentlichen Sinn nicht; das Par-

AöR 117 (1992), 567 ff.; *Zacharias;* Zahlreiche Länderberichte in JöR, u. a. *Faller,* JöR 29 (1980), 279 ff.; *A. Weber,* JöR 34 (1985), 245 ff.; *Svetens,* JöR 36 (1987), 135 ff.

12 Zu dieser Unterscheidung *v. Brünneck,* Verfassungsgerichtsbarkeit, S. 28–30; *Tomuschat,* BVerfG, S. 251 f.; *Brunner,* JöR 50 (2002), 193; *Wahl,* BVerfG, S. 256 f.; *Voßkuhle,* in: v. Mangoldt/Klein/Starck, GG, Art. 93 Rdnr. 15; grundlegend *Cappelletti/Ritterspach,* JöR 20 (1971), 65 ff.; *Cappelletti,* Judicial Process, S. 132 ff; *Jestaedt,* Phänomen Bundesverfassungsgericht, S. 105 ff., sieht in dieser „Sonderstellung der Verfassungsgerichtsbarkeit" Chancen und Gefahren.

13 Dazu *Schönberger,* Anmerkungen zu Karlsruhe, S. 15 ff.

14 Zum Aufbau der U.S.-amerikanischen Gerichtsbarkeit *Burnham,* S. 175 ff.; *Kau,* S. 52 ff., 263 ff.; knapper Überblick bei *Wilms,* NJW 1999, 1527 ff.

15 *Oberndorfer,* Verfassungsgerichtsbarkeit, S. 105 ff.; *Öhlinger,* FS Adamovich, S. 581 ff.; *Wiederin,* Der Staat, Beiheft 22 (2014), 283 ff.

16 *Fromont,* FS Stern, S. 1085 ff.; aufschlussreich auch *ders.,* DÖV 1999, 494 ff.; *Marsch,* Verfassungsgerichtsbarkeit, S. 275 ff.; *Jouanjan,* Die Stellung der Verfassungsgerichtsbarkeit, S. 3 ff.; *Grabenwarter/Pabel,* § 3 Rdnr. 4.

17 *F. Lange,* DVBl. 2008, S. 1427 ff.; *Marsch,* Verfassungsgerichtsbarkeit, S. 308 ff.; *Jestaedt,* JZ 2019, 473 (478).

lament gilt als souverän („Parlamentsabsolutismus", „Parlamentssuprematie"). In den letzten Jahrzehnten ist jedoch in Großbritannien eine lebhafte rechtspolitische Diskussion um die Einführung eines geschriebenen Grundrechtskataloges und eine damit verbundene, am US-amerikanischen Beispiel sich orientierende Kontrolle der Verfassungsmäßigkeit der Gesetze festzustellen.[18] Am 2. Oktober 2000 ist der „Human Rights Act" in Kraft getreten, ein Parlamentsgesetz, das die EMRK dem nationalen Recht inkorporiert. Seither können auch in Großbritannien Gesetze auf ihre Menschenrechtskonformität überprüft werden. Gegebenenfalls können die höheren Gerichte die Unvereinbarkeit der von ihnen anzuwendenden Gesetze mit der EMRK feststellen (declaration of incompatibility). Eine Verwerfungsbefugnis der Gerichte ist damit indes nicht verbunden.[19] Dem neuen Supreme Court of the United Kingdom, der im Oktober 2009 seine Arbeit als oberstes Berufungsgericht anstelle des House of Lords aufgenommen hat, kommen auch verfassungsgerichtliche Funktionen zu. Insbesondere entscheidet er bei Meinungsverschiedenheiten zwischen den Regionalregierungen und der britischen Regierung.[20] Insgesamt befand sich das Vereinigte Königreich zuletzt, auch unter dem Einfluss des europäischen Unionsrechts, in einem vielschichtigen Prozess des Verfassungswandels von einer political zu einer law based constitution.[21]

Im Zuge der Umwälzungen nach dem Epochenjahr 1989 begannen zahlreiche europäische und außereuropäische Staaten mit dem Ausarbeiten neuer Verfassungen und der Einrichtung von Verfassungsgerichten. Die nach österreichisch-deutschem Muster bei einem besonderen Gericht konzentrierte Verfassungsgerichtsbarkeit hat sich vor allem in den Ländern des früheren Ostblocks etabliert. Besonders weite Befugnisse hatte das 1989 errichtete ungarische Verfassungsgericht[22] – diese werden ihm in jüngster Zeit allerdings nach und nach wieder genommen. In anderen Staaten – mit Unterschieden im Einzelnen etwa Russland, Usbekistan, Weißrussland – ist es allerdings schwierig, ein Urteil zu treffen, ob die bestehenden Verfassungsgerichte angesichts spezieller rechtskultureller Entwicklungen und Bedrohungen mit westlichen Verfassungsgerichten vergleichbar sind.[23] Insgesamt ist das deutsche BVerfG international häufig als Modell und Vorbild angesehen worden. Der frühere Richter des BVerfG *Grimm* hat dies so beschrieben: „Beim BVerfG reihte sich Delegation an Delegation, und es gibt Verfassungsgerichte wie das russische, die den Entwurf ihres Verfassungsgerichtsgesetzes in Karlsruhe berieten, oder das südafrikanische, die hier überhaupt erstmals zusammentraten."[24] Einer amerikanischen Stimme zufolge haben das Grundgesetz und das BVerfG in den letzten Jahrzehnten die US-amerikanische Verfassung als „world's leading model of democratic constitutionalism"[25] abgelöst.[26] Schon seit län-

[18] Dazu *Dworkin,* insbes. S. 13–29; *M. H. Koch.*

[19] Näher *Grote,* ZaöRV 58 (1998), 309ff.; *Rivers,* JZ 2001, 127ff.

[20] Zum Supreme Court of the United Kingdom *Le Sueur,* S. 3ff.; *Kaiser/Wolff,* Der Staat 56 (2017), 39ff.

[21] Aufschlussreich dazu *Sydow,* ZaöRV 64 (2004), 65ff.

[22] Ausführlich *Brunner,* Der Staat 32 (1993), 287ff.; *ders.,* ZaöRV 53 (1993), 819ff.; *ders.,* FS Stern, S. 1041ff., auch zur deutlichen Orientierung an der deutschen Verfassungsgerichtsbarkeit. Materialsammlung bei *Häberle,* JöR 43 (1995), 105ff.; 44 (1996), 321ff.; 45 (1997), 177ff.; 46 (1998), 123ff.

[23] Zur Entwicklung der russischen Verfassungsgerichtsbarkeit seit 1992 *Nußberger,* JZ 2010, 533ff.

[24] *Grimm,* Verfassungspatriotismus, S. 305; zum Einfluss des Grundgesetzes in Südafrika *Botha,* JöR 58 (2010), 73ff.

[25] *Kommers,* ZaöRV 58 (1998), 788.

[26] Rechtsvergleichend zu der Fundierung und den Besonderheiten der deutschen Verfassungsrechtsprechung *M. Hailbronner,* Traditions and Transformations, insbes. S. 11ff., 41ff.

gerem zeigt sich der große Einfluss des BVerfG auch in Asien; die Verfassungsrechtsprechung in Taiwan durch den dortigen Justizyuan etwa nimmt häufig Entscheidungen des BVerfG in Bezug.[27] Insgesamt zeigen diese Entwicklungen die zunehmende Bedeutung der methodischen Fragen bei der Berücksichtigung fremden Verfassungsrechts und Entscheidungen anderer nationaler Verfassungsgerichte. Das BVerfG hält sich bei rechtsvergleichenden Argumentationen auffallend zurück.[28]

II. Die Tätigkeitsfelder des Bundesverfassungsgerichts – ein erster Überblick[29]

Das BVerfG hat eine umfassende Befugnis zur Kontrolle aller drei staatlichen Gewalten anhand der Verfassung.

1. Kontrolle von Gerichtsentscheidungen

Auf Antrag eines Bürgers, der sich durch eine letztinstanzliche Gerichtsentscheidung 4
beschwert fühlt, prüft das BVerfG, ob das Gericht in seinem Verfahren oder in der Auslegung und Anwendung des anzuwendenden einfachen Rechts Grundrechte verletzt oder zu Unrecht außer Acht gelassen hat (sog. Urteilsverfassungsbeschwerde). Das BVerfG prüft so Urteile aller Gerichtszweige (Zivil-, Straf-, Verwaltungs-, Finanz-, Arbeits- und Sozialgerichtsbarkeit) nach. Es ist in dieser Funktion aber nicht einfach eine weitere, höhere Gerichtsinstanz (Super-Revisionsgericht). Die Urteilsverfassungsbeschwerde stellt nicht nach Berufung und Revision einen zusätzlichen Rechtsbehelf dar: Sie richtet sich in der Regel gegen letztinstanzliche, den Rechtsweg definitiv abschließende, also rechtskräftige Entscheidungen. Das BVerfG prüft die Gerichtsentscheidungen nur unter dem speziellen und beschränkten, wenn auch gewichtigen Prüfungsmaßstab der Verfassung nach. Im Ergebnis kann es zu der das ordentliche Prozessrecht überschreitenden Aufhebung einer rechtskräftigen Gerichtsentscheidung durch das BVerfG kommen. Das Gericht, dessen Entscheidung aufgehoben worden ist, hat dann erneut zu entscheiden.

[27] Dazu die Beiträge in Heun/Starck (Hrsg.), Verfassungsgerichtsbarkeit im Rechtsvergleich; *Lee,* Verfassungsgerichtsbarkeit, S. 135ff. Zur Bewertung des Grundgesetzes aus der Sicht Koreas *Huh,* JöR 59 (2011), 199ff.; zur Urteilsverfassungsbeschwerde aus der Sicht Koreas *K. Chung,* S. 1ff.

[28] *Bryde,* Constitutional Judge, S. 296ff.; *Schönberger,* VRÜ 43 (2010), S. 19ff. Nach der Begründung eigener fester Rechtsprechungslinien hat das Gericht insgesamt stark vom Fremdzitat auf Eigenzitate umgestellt, *Jestaedt,* FS Bethge, S. 525ff. Dennoch gibt es prominente Beispiele für rechtsvergleichende Argumentationslinien aus neuerer Zeit: BVerfGE 120, 224 (230ff.) – Strafbarkeit des Inzests; hier hat das BVerfG ein vergleichendes Gutachten des Max-Planck-Instituts für ausländisches und internationales Strafrecht eingeholt; BVerfGE 118, 277 (356ff.) – Nebeneinkünfte von Abgeordneten; BVerfGE 103, 44 (77) – Zugang von Medien zu Gerichtsverhandlungen, Sondervotum Hohmann-Dennhardt, Kühling, Hoffmann-Riem; vgl. zu weiteren Beispielen *Voßkuhle,* ZaöRV 2019, 481, 488ff. Zum heftigen Streit unter den Richtern des Supreme Court über die Einbeziehung fremder Rechtsmaterialien *L. J. Fischer,* A Shining City Upon a Hill.

[29] Überblick bei *Wolf,* S. 77ff.; *Korioth,* Staatsrecht I, Rdnr. 786ff.; *Degenhart,* Staatsorganisationsrecht, Rdnr. 833ff.; *Maurer,* Staatsrecht I, § 20 Rdnr. 40ff.; *Badura,* Staatsrecht, S. 833ff.; *Jaeger/Broß,* EuGRZ 2004, 1ff.

2. Kontrolle der Exekutive

5 Das BVerfG prüft auf Antrag des Bürgers, ob die Exekutive (Verwaltung und Regierung) bei ihrem Handeln gegenüber dem Bürger Grundrechte verletzt oder zu Unrecht außer Acht gelassen hat. Diese Prüfung kann nur ausnahmsweise direkt, also im Wege der Verfassungsbeschwerde unmittelbar gegen die Exekutiventscheidung erfolgen. In der Regel ist vorher der nach Art. 19 IV GG gegen alle Maßnahmen der öffentlichen Gewalt offenstehende Rechtsweg zu erschöpfen. Erst gegen das dort ergangene letztinstanzliche Gerichtsurteil ist die Urteilsverfassungsbeschwerde möglich. In deren Rahmen steht dann unmittelbar das Gerichtsurteil, mittelbar und in der Sache aber doch die Maßnahme der Exekutive und deren Verfassungsmäßigkeit zur Entscheidung.

3. Kontrolle von Gesetzgebungsakten

6 Wie die Verwaltungsgerichtsbarkeit die Akte der Verwaltung an Gesetz und Verfassung prüft, so prüft das BVerfG die Akte der Gesetzgebung an der Verfassung (Normenkontrolle). Parallel zu der Bezeichnung „Verwaltungsgerichtsbarkeit" könnte man insofern für diese Funktion von „Gesetzgebungsgerichtsbarkeit" sprechen. Damit schließt sich der Kreis: Alle drei Gewalten sind an die Verfassung gebunden, und zur Durchsetzung der Geltung der Verfassung des Bundes gibt es die besondere Gerichtsbarkeit des BVerfG, wie es die Staats- und Verfassungsgerichtsbarkeit der Länder zur Bewahrung der Landesverfassungen gibt. Die Normenkontrolle ist dem Grundgesetz besonders wichtig; hier gibt es viele Zugangswege zum BVerfG. Zur Normenkontrolle kann es kommen

- durch Verfassungsbeschwerde eines betroffenen Bürgers (entweder unmittelbar gegen das Gesetz oder mittelbar im Wege der Verfassungsbeschwerde gegen ein Urteil oder direkt gegen exekutivisches Handeln);
- durch Vorlage eines Gerichts, das die Norm in einem konkreten Fall anzuwenden hätte, wenn sie verfassungsmäßig und also gültig wäre (Richtervorlage);
- auf Antrag einer Regierung oder von Mitgliedern des Bundestags (und dies wiederum im Wege der direkten Normenkontrolle oder mittelbar im Wege einer Organstreitigkeit);
- und schließlich auch im Wege der föderativen Streitigkeit zwischen Bund und Ländern.

4. Verfassungsgerichtliche Streitentscheidung zwischen Verfassungsorganen einschließlich der föderativen Streitigkeiten

7 Das BVerfG entscheidet im Streit zwischen Verfassungsorganen um deren Rechte und Pflichten aus der Verfassung (sog. Organstreit). Damit ist die heute unbestrittene Bindung der Verfassungsorgane an die Verfassung einer direkten gerichtlichen Kontrolle zugänglich. Streitparteien können z. B. der Bundestag, der Bundesrat, die Bundesregierung, der Abgeordnete, aber auch eine politische Partei sein. Das BVerfG entscheidet, ob die beanstandete Maßnahme (z. B. die Ausfertigung eines Gesetzes, die Öffentlichkeitsarbeit der Regierung, das Haushaltsgebaren des Bundesfinanzministers oder die vorzeitige Auflösung des Parlaments durch den Bundespräsidenten) verfassungsmäßig war.

Auch die föderativen Streitigkeiten vor dem BVerfG zwischen dem Bund und den Ländern, zwischen verschiedenen Ländern und auch innerhalb eines Landes lassen sich hierzu rechnen. Es sind in der Sache streitige Verfahren zwischen den beteiligten Regierungen und Verfassungsorganen (so z. B. wenn ein Land festgestellt wissen will, dass der Bund durch die Einrichtung einer Fernsehgesellschaft die verfassungsmäßigen Kompetenzen der Länder verletzt hat). Eine Besonderheit bei den föderativen Streitigkeiten vor dem BVerfG ist, dass hier neben dem Grundgesetz als der Bundesverfassung auch sonstiges Bundesrecht Prüfungsmaßstab sein kann, an dem das Landesrecht gemäß Art. 31 GG gemessen wird.

5. Weitere Aufgaben

Das BVerfG hat weitere Aufgaben von Gewicht, die sich den genannten Tätigkeitsfel- 8
dern nicht ohne weiteres zuordnen lassen. Es sind dies u. a. spezielle Verfahren zum Schutz der Verfassung (z. B. Anklage des Bundespräsidenten, Parteiverbotsverfahren) und das Wahlprüfungsverfahren.

III. „Verfassungsgerichtsbarkeit": eine bloße Sammelbezeichnung?

Der Satz, nach dem das BVerfG eine umfassende Befugnis zur Kontrolle aller drei 9
staatlichen Gewalten anhand der Verfassung hat, darf nicht darüber hinwegtäuschen, dass es keinen einheitlichen, durch eine Generalklausel eröffneten Rechtsweg zum Verfassungsgericht gibt, wie es diesen beispielsweise nach § 40 I VwGO für „öffentlich-rechtliche Streitigkeiten" zu den Verwaltungsgerichten und nach § 13 GVG für „bürgerliche Rechtsstreitigkeiten" zu den ordentlichen Gerichten gibt. Das BVerfG ist nur aufgrund ausdrücklicher gesetzlicher Zuweisungen im Grundgesetz und im BVerfGG für einzelne Verfahrensarten zuständig (sog. Enumerationsprinzip[30]).

Im Überblick lassen sich die dem BVerfG zugewiesenen Zuständigkeiten so einteilen:
- Organstreit (auch Verfassungsstreitigkeit i. e. S.)
- Föderative Streitigkeit
- Normenkontrolle
- Verfassungsbeschwerde
- sowie besondere Verfassungsschutzverfahren und die Verfahren der Wahl- und Mandatsprüfung.[31]

Es bleibt aber die Frage, ob es über diesen Einzelzuständigkeiten einen einheitlichen 10
materiellen Begriff der Verfassungsgerichtsbarkeit gibt. Der Befund der verschiedenen Verfahrensarten mit je eigener Funktion hatte früher zu der Vorstellung geführt,

[30] Zu dessen Bedeutung und Funktion *Bethge,* Jura 1998, 529ff.

[31] So *Stern,* Staatsrecht II, S. 938, 978. Mit anderer Akzentuierung z. B. *Pestalozza,* Verfassungsprozeßrecht, § 1 Rdnr. 3ff. Klassisch in der Systematisierung nach wie vor *Friesenhahn,* Verfassungsgerichtsbarkeit. *Friesenhahn* stützte sich dabei auf einen systematischen Fragebogen des Max-Planck-Instituts für ausländisches öffentliches Recht und Völkerrecht (Referent *Fleischhauer*), abgedruckt in: *Mosler,* Verfassungsgerichtsbarkeit, S. 1ff. Eine Systematisierung nach dem Verfahrenszweck versuchen *Benda/Klein,* Verfassungsprozessrecht, Rdnr. 422ff.

Staats- oder Verfassungsgerichtsbarkeit sei nur eine „Sammelbezeichnung für verschiedene Arten von Rechtsprechung".[32]

In diesem Zusammenhang ist die Beobachtung aufschlussreich, dass es historisch nicht den einen Beginn der Verfassungsgerichtsbarkeit gibt. In dem, was wir heute mit Verfassungsgerichtsbarkeit bezeichnen, fließen verschiedene Traditionen aus ganz verschiedenen Zeiten und Zusammenhängen zusammen. So erklärt es sich, dass der Beginn der deutschen Verfassungsgerichtsbarkeit in der Literatur unterschiedlich datiert wird: im Alten Reich (Reichskammergericht, jedenfalls föderative Streitigkeiten und Ansätze der später sog. Verfassungsbeschwerde), im 19. Jahrhundert (Konstitutionalismus, Grundlegung des Organstreits) und mit der österreichischen Verfassung von 1920 (Kontrolle des Gesetzgebers).[33]

Scheuner versuchte, den Kreis der zur Verfassungsgerichtsbarkeit gehörenden Angelegenheiten in einem einheitlichen Begriff der Verfassungsgerichtsbarkeit zu erfassen: Er definiert Verfassungsgerichtsbarkeit in einem weiten Sinne „als Gerichtsbarkeit über Fragen des Verfassungslebens, die aber nur solche Verfahren erfasst, die echte Rechtsprechung ... darstellen und in denen die Entscheidung über Rechtsfragen der Verfassung einen Hauptpunkt bedeutet".[34]

Diese Definition ist wenig bestimmt, führt aber in die richtige Richtung: Das Grundgesetz und das BVerfGG halten zwar an der Vielzahl der tradierten Verfahrensarten und am Enumerationsprinzip fest. Das Grundgesetz hat aber die Verfassungsgerichtsbarkeit des Bundes bei einem Gericht spezialisiert und diesem in der Sache eine so vollkommene Verfassungsmäßigkeitskontrolle gegenüber allen staatlichen Gewalten übertragen, dass man heute von einem einheitlichen Begriff der Verfassungsgerichtsbarkeit i. S. einer „verselbständigten Jurisdiktion über Verfassungsfragen" *(Friesenhahn)*[35] sprechen kann. Geläufig geworden ist die Formulierung von der Verfassungsgerichtsbarkeit als „Rechtsprechung unmittelbar in Verfassungssachen".[36]

Die Unterschiede der verschiedenen Verfahren sind im Laufe der Zeit ein gutes Stück weit eingeebnet worden. Die Judikatur des BVerfG lässt eine Angleichung in der Art und Weise der Verfahren, der Prüfungen und Entscheidungen in den zentralen Verfahrensarten erkennen.[37]

11 Übrigens wurde erst im Anschluss an die grundlegenden Referate von *Triepel* und *Kelsen* über „Wesen und Entwicklung der Staatsgerichtsbarkeit" vor der Vereinigung der Deutschen Staatsrechtslehrer im Jahre 1928 der Ausdruck „Verfassungsgerichtsbarkeit" geläufig. Vorher sprach man von „Staatsgerichtsbarkeit". Beide Autoren bezogen sich auf den österreichischen Sprachgebrauch, der vor allem von *Kelsen* selbst geprägt worden war.[38]

---

[32] So *Friesenhahn,* in: HdbDStR II (1932), S. 526, zur Staatsgerichtsbarkeit unter der Weimarer Verfassung; *ders.,* Jura 1982, 505. Vgl. auch *Korinek,* VVDStRL 39 (1981), S. 21 f. Gute Problemskizze bei *Schefold,* in: EvStLex, Sp. 3760 f.

[33] Vgl. *Bryde,* Verfassungsentwicklung, S. 100.

[34] *Scheuner,* Überlieferung, S. 5.

[35] *Friesenhahn,* Verfassungsgerichtsbarkeit, S. 7.

[36] *Eichenberger,* S. 437; *Häberle,* Grundprobleme, S. 6; *Stern,* Staatsrecht II, S. 938, 951. Zuerst bei *Mosler,* Kolloquium, S. XII.

[37] Vgl. – vom Grundrechtsverständnis her – *Lerche,* Grundrechtsverständnis, S. 25 ff.

[38] *Triepel,* VVDStRL 5 (1929), S. 4; *Kelsen,* ebda., S. 30 ff.; *Scheuner,* Überlieferung, S. 3 Fn. 2; *Hoke,* S. 28.

IV. Verfassungsgerichtsbarkeit und Verfassung

12 Verfassungsgerichtsbarkeit als Gerichtsbarkeit über Fragen des Verfassungslebens ist naturgemäß von den Besonderheiten der Verfassung geprägt. Die Möglichkeit und die Reichweite einer Verfassungsgerichtsbarkeit hängen von der Verfassung, deren Text, Geltungsweise und Interpretation ab. Zur bestimmten Gestalt jedes Verfassungsgerichts gehören aber auch weitere Faktoren, die ein Richter des BVerfG für dieses Gericht so beschrieben hat: „Verfassungsrecht ist trotz vieler bindender Vorgaben per se politisches Recht und in den Konfliktfällen sind meist noch nicht vorentschiedene Fragen zu beantworten, die in ein Netzwerk von unterschiedlichen Interessen eingewoben sind, das zu entwirren einem Kollegium von acht Richtern anvertraut ist. Diese repräsentieren ihrerseits möglichst die unterschiedlichen gesellschaftspolitischen Anschauungen, die eine moderne plurale und heterogene Gesellschaft auszeichnen. Die Pluralität der Zusammensetzung ist gepaart mit dem Auftrag an diese acht – meist eigenwilligen und in der Fähigkeit zur Durchsetzung geschulten – Persönlichkeiten, eine Lösung praktischer Konkordanz zu finden und das möglichst im Konsens und unter Berücksichtigung möglicher Folgen.“[39]

1. Das Grundgesetz als „unmittelbar geltendes Recht“. Der Vorrang der Verfassung

13 Das Grundgesetz ist nach Art. 1 III, 20 III GG „unmittelbar geltendes Recht“ und bindet als solches alle staatliche Gewalt. Diese Bindungsanordnungen besagen zweierlei. Das Grundgesetz ist keine Zusammenstellung von Proklamationen oder Programmsätzen. Es wirkt erstens als Gesetz, das „gilt“ und auf das – je nach seinem Regelungsgehalt – zur Lösung eines Einzelfalles durchgegriffen werden muss. Es ist zweitens der Vorrang der Verfassung[40] vor dem Gesetzgeber und vor allen anderen staatlichen Gewalten, der die Verfassung als Maßstab aller Staatstätigkeit einsetzt, der eine umfassende Verfassungsgerichtsbarkeit ermöglicht und sie unter dem Grundgesetz zu einer Einheit zusammenwachsen ließ. Das Grundgesetz ist eine Verfassung „von höchster formeller Geltungskraft“.[41] Die „Geltung“ der Grundrechte wie der konstitutiven Prinzipien der Verfassung (Demokratie, Rechtsstaat usw.), der Vorrang der Verfassung vor dem Gesetz (Normenkontrolle), die judizielle Anwendbarkeit der Verfassung auch auf die („hochpolitischen“) Streitigkeiten zwischen Verfassungsorganen (Organstreit und föderative Streitigkeiten) und ebenso auf den Einzelfall des täglichen Lebens (Verfassungsbeschwerde): Zu all dem gab es schon im 19. Jahrhundert Ansätze[42] und in der Weimarer Zeit bereits ein durchdachtes und ausformuliertes

[39] *Hoffmann-Riem,* EuGRZ 2008, 557. Zum Einfluss der öffentlichen Meinung auf die Entscheidungen des BVerfG *Sternberg/Gschwend/Wittig/Engst,* PVS 2015, 570. Zur ausgeprägten Konsensorientierung des Gerichts *Lübbe-Wolff,* S. 23 ff. Zur Bedeutung der Person des Richter vgl. Rdnr. 41.

[40] Näher *Schlaich,* VVDStRL 39 (1981), S. 103, 105 (kritisch *Böckenförde* in seinem Diskussionsbeitrag, VVDStRL 39 (1981), S. 172 ff.); *Friesenhahn,* Aufgabe, S. 15; *Scheuner,* DÖV 1980, 473; *Wahl,* Der Staat 20 (1981), 485 ff.; *ders.,* NVwZ 1984, 402, 404; *Stern,* Staatsrecht II, S. 954; *Simon,* in: HVerfR, S. 1661; *Starck,* Vorrang, S. 13 ff.; *H. Dreier,* in: ders., GG, Art. 1 III Rdnr. 1; *H. H. Klein,* FS F. Klein, S. 511 ff. und 514. Vom „überlegenen Durchsetzungswillen des Verfassungsgesetzgebers“ spricht *ders.,* Grundrechtsstaat, S. 86.

[41] *Alexy,* VVDStRL 61 (2002), S. 8.

[42] Zumal „schon am Beginn des modernen Verfassungsstaats in der nordamerikanischen Verfassungsent-

Konzept.[43] Zu einer umfassenden Realisierung aber kam es erst durch das Grundgesetz der Bundesrepublik Deutschland von 1949. Diese Verfassung hat es gewagt, sich den Vorrang voll und ganz zuzusprechen. Dabei haben übrigens die Landesverfassungen aus der Zeit nach dem Zweiten Weltkrieg mit der Einrichtung von Landesverfassungsgerichten bzw. Staatsgerichtshöfen den Durchbruch bereits vor Erlass des Grundgesetzes geschafft.[44]

Bezeichnend für die Entwicklung sind auch die Verhandlungen der Vereinigung der Deutschen Staatsrechtslehrer, die sich dreimal – 1928, 1950 und 1980 – in grundsätzlicher Weise mit der Verfassungsgerichtsbarkeit befasste. 1928 sagte *Triepel* noch: „Das Wesen der Verfassung steht bis zu einem gewissen Grade mit dem Wesen der Verfassungsgerichtsbarkeit in Widerspruch." Für *Kelsen* dagegen war – in der „Verfassungs-Monarchie", wie er sagte – eine Verfassungsgerichtsbarkeit einschließlich der Normenkontrolle zur gleichen Zeit schon selbstverständlich.[45] Sowohl der Gewaltenteilungsgrundsatz als auch das Demokratieprinzip fänden letztlich ihre Bestätigung in der Existenz eines Verfassungsgerichts. Verfassungsgerichtsbarkeit habe nicht nur den Zweck, „eine der Demokratie gefährliche, allzu große Machtkonzentration in einem Organ zu verhindern, sondern insbesondere [...] die Rechtmäßigkeit der Funktion der verschiedenen Organe zu garantieren. Dann aber bedeutet die Institution der Verfassungsgerichtsbarkeit nicht nur keinen Widerspruch zum Prinzip der Trennung der Gewalten, sondern gerade im Gegenteil dessen Bestätigung."[46] 1950 standen die Referate von *Erich Kaufmann* und *Drath* bereits unter der Überschrift „Grenzen der Verfassungsgerichtsbarkeit". 1980 dominierte das Bedürfnis nach einer Zwischenbilanz und Versicherung des Erreichten.[47]

2. Reichweite der Verfassungsgerichtsbarkeit und Interpretation der Verfassung

14 Mit der Feststellung, das Grundgesetz gelte wie ein Gesetz, und dies mit Vorrang auch gegenüber dem Gesetzgeber, sind die Besonderheiten und die Probleme einer Verfassungsgerichtsbarkeit natürlich nicht geleugnet. Die Normen des Grundgesetzes sind zum Teil zwar nicht weniger konkret und anwendbar als die Normen anderer Rechtsgebiete, zum Beispiel dort, wo das Grundgesetz Verfahren und Zuständigkeiten regelt. Die Normen des Grundgesetzes sind zum Teil aber weit, unbestimmt, offen und einer dynamischen Interpretation zugänglich (was es im Übrigen auch bei den Normen des einfachen Rechts gibt). Das ist deutlich für die Grundrechte. Was heißt „freie Entfaltung der Persönlichkeit", „Freiheit des Glaubens", „Eigentum"? Auch die Prinzipien der Verfassung – Rechtsstaat, Sozialstaat, Demokratie, Bundesstaat – lassen einen großen interpretatorischen Spielraum, sie bedürfen der Konkretisierung im jeweiligen, sich wandelnden historischen Kontext und im Blick auf den jeweiligen Einzelfall.[48] Diese „offenen Normen" des Grundgesetzes aber bilden den Kontrollmaßstab des BVerfG und bestimmen damit auch seine Kompetenz.[49] Daraus folgt: Die Reichweite

---

wicklung im letzten Viertel des 18. Jahrhunderts sozusagen ein perfektes Modell einer vorrangigen und maßstäblichen Verfassung ausgebildet worden ist", *Wahl,* Der Staat 20 (1981), 488.

[43] *Friesenhahn,* in: HdbDStR II (1932), S. 523 ff.

[44] *W. Fiedler,* Entstehung, S. 103 ff.; *Zacherl.*

[45] Vgl. *Lepsius,* Der Hüter der Verfassung, S. 116 ff.; *van Ooyen,* Die Funktion der Verfassungsgerichtsbarkeit, S. VII ff.; *Hwang,* Der Staat 46 (2007), 442 ff.

[46] *Kelsen,* VVDStRL 5 (1929), S. 55.

[47] *Triepel,* VVDStRL 5 (1929), S. 8; *Kelsen,* VVDStRL 5 (1929), S. 33; *Kaufmann,* VVDStRL 9 (1952), S. 1 ff., *Drath,* VVDStRL 9 (1952), S. 17 ff.; *Korinek,* VVDStRL 39 (1981), S. 7 ff.; *J. P. Müller,* VVDStRL 39 (1981), S. 53 ff.; *Schlaich,* VVDStRL 39 (1981), S. 99 ff.

[48] *Ebsen,* Element, S. 48 ff. Die Rhetorik-Analyse von *Sobota,* Rhetorik-Jahrbuch 15 (1996), S. 115 ff., kommt sogar zu dem Ergebnis, dass das BVerfG in den entscheidenden Erwägungen keine Argumente, sondern rhetorische Figuren verwendet, die den Leser auf ästhetisch-emotionale Weise beeindrucken.

[49] *Voßkuhle,* EuGRZ 2020, 165 (166).

der Verfassungsgerichtsbarkeit hängt entscheidend von den Methoden der Interpretation der Verfassung[50] ab.[51] Das Verfassungsgericht kann sich darin zurückhaltend oder großzügig, „politisch" (gestaltend)[52] oder ganz „juristisch" verhalten.[53] Je nachdem, welches Verfassungsverständnis das BVerfG seiner Interpretation des GG unterlegt und in welchem Maße es die einzelnen Sätze der Verfassung inhaltlich auffüllt oder gar „überanstrengt", weitet es seinen Kontrollbereich aus oder begrenzt ihn.[54] Das BVerfG hat insofern faktisch (nicht rechtlich) die Kompetenz-Kompetenz.[55]

Die Frage des Zugangs zum BVerfG steht also in einem unauflöslichen Zusammenhang mit der Methode, mit der es die Verfassung interpretiert. Im Ergebnis ist es gar nicht zuerst der ausformulierte Zuständigkeitenkatalog des Grundgesetzes und des BVerfGG, der die Reichweite der Rechtsprechung des BVerfG bestimmt, sondern dessen *Auslegung der Verfassung.*[56] Das sei an einigen Beispielen von Gewicht verdeutlicht:

a) Zunächst hat das BVerfG seine Kompetenz durch die Interpretation des *Schutzbereichs von Art. 2 I GG* ausgeweitet (im buchstäblichen Sinne „verallgemeinert"). 15
Art. 2 I GG war vom Grundgesetzgeber als gewichtiges, aber doch spezielles Grundrecht auf eine freie Entfaltung des Kerns der Persönlichkeit neben den anderen speziellen Grundrechtsbereichen wie Gewissen, Meinung, Presse, Wohnung, Beruf und Eigentum konzipiert. Entstehungsgeschichtlich lässt sich dies darauf stützen, dass die vom Redaktionsausschuss des Parlamentarischen Rats vorgeschlagene Fassung des Art. 2 I GG („Jedermann hat die Freiheit, zu tun und zu lassen, was die Rechte anderer nicht verletzt und nicht gegen die verfassungsmäßige Ordnung oder das Sittengesetz

[50] *Hesse,* FS H. Huber (1981), S. 270. Überblick zur Methodenfrage bei *Schlink,* Der Staat 19 (1980), 73; *Soell,* ZfA 12 (1981), 509; *R. Dreier/Schwegmann; Roellecke,* Prinzipien, S. 22ff.; *Stern,* Staatsrecht I, S. 123ff.; *Bryde,* Verfassungsentwicklung. Differenziert zu verschiedenen methodischen Wegen des BVerfG *W. Geiger,* Selbstverständnis, S. 13ff. Vgl. auch *Grimm,* Rechtstheorie 1982, Beiheft 4, 149f. Klare Problemsicht bei *Chryssogonos.*

[51] Kritisch aber zu dem Versuch, die Verfassungsgerichtsbarkeit durch Verfassungsinterpretation zu begrenzen, *Roellecke,* in: HStR III, § 67 Rdnr. 33ff.; *Mahrenholz,* FS Hesse, S. 65: „Das BVerfG bestimmt damit, was in der Verfassung vorentschieden ist, wie weit also das Entscheidungsfeld des BVerfG im Einzelfall reicht." *Pestalozza,* Verfassungsprozeßrecht, § 1 Rdnr. 1.

[52] Zur Bedeutung der Maßstabbildung durch das BVerfG *Lepsius,* Die maßstabsetzende Gewalt; *Weber,* Begründungsstil, S. 131ff.

[53] Zur deshalb notwendigen kritischen Begleitung dieser Rechtsprechung *Häberle,* Verfassungsrechtsprechung, S. 1ff.; *Rüthers,* S. 1ff.

[54] Zu dieser selbstverständlichen, heute aber doch für das Wesen der Verfassungsgerichtsbarkeit essentiellen und in der Literatur viel behandelten Frage vgl. nur *Wahl/Rottmann,* S. 362f.; *Bryde,* Verfassungsentwicklung, S. 168ff. mit Nachw.; *Ebsen,* Element, S. 69ff., mit Hinweisen zu „spielraumbewahrenden" und „spielraumerzeugenden" Argumentationsweisen des BVerfG; zu den vom BVerfG entwickelten und die geschriebene Verfassung überwölbenden Prinzipien und Schlüsselbegriffen kritisch *Denninger,* FS Wassermann, S. 294: „Sie verschaffen dem Gericht ein hohes Maß an zusätzlichem Entscheidungsspielraum, das ihm bei der Konfliktlösung eine hohe Beweglichkeit bis zur Grenze der Beliebigkeit erlaubt." Vgl. auch *Häberle,* Grundprobleme, S. 9f. und *Böckenförde,* NJW 1976, 2097f., beide mit Hinweisen auf *Schmitt,* Hüter der Verfassung, S. 53; *Hesse,* FS H. Huber, S. 270: „Tendenz zur ‚Überanstrengung' der Verfassung"; *H.-P. Schneider,* NJW 1980, 2104; *Stern,* Staatsrecht II, S. 946 und *Preuß,* Merkur 41 (1987), 4ff.; *Scherzberg,* DVBl. 1999, 356ff.

[55] *Püttner,* FS Juristische Gesellschaft zu Berlin, S. 573: „Souverän ist, wer über die Verfassungsinterpretation gebietet." *Exner,* DÖV 2012, 540 (545), beschreibt verfassungsgerichtliche Entscheidungen als „Ausdruck eines schwachen Dezisionismus". Die Entscheidungen zögen Grundsätze wie die „Völkerrechtsfreundlichkeit des Grundgesetzes" heran und Begriffsverständnisse, die der Verfassung zugrunde liegen (z. B. im Fall der Ehe); der Rückgriff erfolge aber stets „rückgekoppelt" an den Verfassungstext.

[56] S. a. *Heun,* Die Verfassungsordnung der Bundesrepublik Deutschland, S. 209.

verstößt“) durch die jetzige, vom Hauptausschuss konzipierte Fassung ersetzt wurde.[57] Das BVerfG entnimmt Art. 2 I GG aber auch ein Grundrecht auf eine allgemeine Handlungsfreiheit.

Erstmals in BVerfGE 6, 32 (36) – Elfes bezüglich der in Art. 11 I GG seltsamerweise nicht miterfassten Ausreisefreiheit; dann z. B. BVerfGE 54, 143 (144) bezüglich des vom Parlamentarischen Rat verständlicherweise nicht mit einem besonderen Grundrechtsartikel bedachten Taubenfütterns, BVerfGE 64, 208 bezüglich der Unterwerfung des Bürgers durch staatliches Gesetz unter Vereinbarungen fremder Tarifvertragsparteien und BVerfGE 80, 137 (154f.) zum Reiten im Walde („Das Reiten fällt als Betätigungsform menschlichen Handelns in den Schutzbereich des Art. 2 Abs. 1 GG ...“).

In BVerfGE 92, 191 (196) kommt es zu folgendem Leitsatz: „Es verstößt gegen Art. 2 Abs. 1 GG, wenn die Verweigerung der Angabe der Personalien nach § 111 des Gesetzes über Ordnungswidrigkeiten geahndet wird, ohne dass zuvor die Rechtmäßigkeit der Aufforderung in vollem Umfang überprüft worden ist.“ In den Gründen zu diesem Beschluss heißt es: „Prüfungsmaßstab für die Auferlegung der Geldbuße ist die in Art. 2 Abs. 1 GG geschützte allgemeine Handlungsfreiheit.“

BVerfGE 91, 176 (177): Das Landgericht verletzt die Beschwerdeführer in ihren Grundrechten aus Art. 2 Abs. 1 GG iVm. dem Rechtsstaatsprinzip, wenn es ein Gutachten verwertet, obwohl der Sachverständige nicht bereit war, die zugrundeliegenden Tatsachen in nachprüfbarer Weise zu kennzeichnen. Vgl. auch BVerfGE 91, 207 (221): „Die Handlungsfreiheit auf wirtschaftlichem Gebiet ist allerdings nur in den Schranken des 2. Halbsatzes des Art. 2 Abs. 1 GG gewährleistet“.

BVerfGE 130, 76 (109) – Art. 2 I und Art. 33 IV GG: „der Beschwerdeführer ist durch die angegriffenen ... Entscheidungen jedenfalls in seinem Grundrecht aus Art. 2 Abs. 1 GG berührt und kann in diesem Zusammenhang geltend machen, der Eingriff sei wegen Verstoßes gegen Art. 33 Abs. 4 GG nicht rechtfertigungsfähig.“

Damit sind nicht mehr nur bestimmte, sondern alle Handlungs-(Freiheits-)bereiche des Menschen grundrechtlich geschützt („allgemeine“ Handlungsfreiheit).[58] So ist jede Belastung des Bürgers durch eine staatliche Maßnahme zu einem Grundrechtseingriff geworden und kann möglicherweise mit der Verfassungsbeschwerde bekämpft werden. Die Bestimmung des Schutzbereiches des Art. 2 I GG durch das BVerfG hat unmittelbar verfassungsprozessuale Konsequenzen,[59] der Prüfungsumfang bei der Verfassungsbeschwerde umfasst die Normenkontrolle (vgl. auch Rdnr. 219ff., 284) und die Rechtsanwendungskontrolle.

Art. 2 I GG fungiert daneben als Sitz neuer Grundrechte, so zuletzt des „Grundrechts auf Gewährleistung der Vertraulichkeit und Integrität informationstechnischer Systeme“.[60]

16 *b)* Nach der Rechtsprechung des BVerfG verletzt eine den Bürger belastende Maßnahme, die auf ein *verfassungswidriges Gesetz* gestützt ist, das jeweils einschlägige Grundrecht oder – die Rechtsprechung des BVerfG handhabt das noch nicht konsequent – Art. 2 I GG. Dabei kommt es nicht darauf an, aus welchem Grund das Gesetz verfassungswidrig ist. Denn nur durch eine oder aufgrund einer Norm, die allen Anforderungen der Verfassung entspricht, kann ein Grundrecht mit Gesetzesvorbehalt wirksam beschränkt werden. Die Grundrechte „verbieten Eingriffe der Staatsgewalt, die nicht rechtsstaatlich sind. Insbesondere darf ein Bürger nur aufgrund solcher Vor-

[57] JöR 1 (1951), 55ff.
[58] BVerfGE 65, 196 (210).
[59] Vgl. auch *H. Dreier*, in: ders., GG, Art. 2 I Rdnr. 26ff., 42f.: Verfassungsbeschwerde, „deren Anwendungsfeld sich dadurch auf die gesamte Rechtsordnung erweitert“.
[60] BVerfGE 120, 274 (303ff.) – Onlinedurchsuchung.

schriften mit einem Nachteil belastet werden, die *formell und materiell der Verfassung gemäß* sind und deshalb zur verfassungsmäßigen Ordnung gehören."[61] Dieser zunächst zu Art. 2 I GG („verfassungsmäßige Ordnung") formulierte Satz gilt mittlerweile für alle Grundrechte. Der Bürger kann so mit Hilfe der Verfassungsbeschwerde nicht nur einen Verstoß des Gesetzes speziell gegen ein Grundrecht geltend machen (z. B. mit dem Vorbringen, es handele sich nicht um ein „allgemeines Gesetz" i. S. des Art. 5 II GG oder das Gesetz sei nicht verhältnismäßig i. S. des den Grundrechten immanenten Übermaßverbots), er kann vielmehr einen jeden, also auch einen bloß organisations- oder kompetenzrechtlichen Grund für die Verfassungswidrigkeit des ihn belastenden Gesetzes und damit auch der Maßnahme aufgrund des Gesetzes geltend machen.

BVerfGE 44, 308 (313): Eine Einziehung der Tatwaffe durch den Strafrichter würde gegen die Eigentumsgarantie des Art. 14 GG verstoßen, wenn das der Einziehung zugrundeliegende Waffengesetz verfassungswidrig wäre, weil der Bundestag bei der Beschlussfassung über das Gesetz nicht beschlussfähig war. Oder BVerfGE 13, 237 (239) – Ladenschlussgesetz: „Wenn der Beschwerdeführer die Nichtigkeit des Ladenschlussgesetzes wegen fehlender Zuständigkeit des Bundes nach Art. 72 Abs. 2 GG geltend macht, so rügt er damit die Verletzung des Grundrechts der Berufsfreiheit, denn die Berufsausübung kann nur durch verfassungsgemäße Gesetze geregelt werden." BVerfGE 68, 193 (216f.): Zahntechniker fühlen sich durch ein Gesetz in Art. 12 I GG verletzt. Sie machen zu Art. 12 I GG auch geltend, das Gesetz sei von dem Vermittlungsausschuss nicht korrekt behandelt worden.

Die Beschränkung der Verfassungsbeschwerde auf die Rüge der Verletzung speziell eines Grundrechts ist damit jedenfalls für den Fall der Verletzung durch oder aufgrund eines Gesetzes im Ergebnis praktisch aufgegeben. Die Verfassungsbeschwerde ist zulässig, obwohl der Beschwerdeführer in der Sache ausschließlich z. B. die Verletzung einer Vorschrift über die Zuständigkeit oder das Verfahren des Gesetzgebers rügt; ein Grundrechtsverstoß kann geltend gemacht werden, obwohl das Gesetz, das den Grundrechtseingriff deckt, nicht gerade gegen eine Verfassungsnorm verstößt, die dem Grundrechtsschutz des Einzelnen zu dienen bestimmt ist.

c) Eine vergleichbare Ausweitung des Kontrollbereichs des BVerfG ergab sich bei der 17
Kontrolle von *Gerichtsurteilen.* An sich hat das BVerfG hier nur speziell Grundrechtsverstöße durch die Gerichte zu prüfen, nicht auch die Richtigkeit der Anwendung des einfachen Rechts (Gesetz, Verordnung usw.). Aber auch hier sagt das BVerfG, ein belastendes, also in ein Grundrecht eingreifendes Gerichtsurteil, das erging, „ohne dass hierfür in den maßgeblichen Vorschriften des einfachen Rechts eine Rechtsgrundlage bestünde",[62] verletze das einschlägige Grundrecht, zumindest Art. 2 I GG.

So in BVerfGE 61, 68 (74f.) bezüglich des Ausschlusses eines Rechtsanwalts von der Prozessvertretung gegen die Gemeinde, in deren Gemeinderat er bzw. sein Sozius Mitglied ist: „Da somit die angegriffene Entscheidung ohne Rechtsgrundlage ergangen ist, widerspricht sie dem Rechtsstaatsprinzip des Grundgesetzes und verletzt das Grundrecht der Beschwerdeführer aus Art. 2 Abs. 1 GG."

Auf diese Weise kann jede *falsche Anwendung des einfachen Rechts,* kann letztlich jedes falsche (belastende) Urteil zum *Grundrechtsverstoß* werden. Das BVerfG handhabt dieses Instrument im Ergebnis allerdings nur vorsichtig (während der Verstoß des einer belastenden Maßnahme zugrunde liegenden Gesetzes gegen irgendeine Verfassungs-

[61] BVerfGE 42, 20 (27f.); 72, 175 (187ff.); 75, 108 (149ff.); 78, 205 (209ff.).

[62] Z. B. BVerfGE 56, 90 (107); Darstellung der Rspr. bei *Krauss,* S. 34ff.; *Rennert,* NJW 1991, 12ff.; *Düwel,* S. 25ff., 48ff.

norm immer zur Grundrechtswidrigkeit und damit zur Aufhebung der Maßnahme führt). Neuere Entscheidungen formulieren, die Gerichte müssten die Grundrechte bei der Auslegung einfachen Rechts „interpretationsleitend" berücksichtigen, damit deren „wertsetzender Gehalt auch auf der Rechtsanwendungsebene gewahrt"[63] bleibe.

Damit sind die Grundrechte – einschließlich des Art. 2 I GG als ein Auffanggrundrecht – zum Hebel[64] des Bürgers geworden, die Freiheit von einem jeden unberechtigten, weil rechtsstaatswidrigen Eingriff der Staatsgewalt geltend zu machen. Dabei ist es für diese Verstöße gegen objektives Verfassungsrecht dem BVerfG gelegentlich sogar schon gleichgültig, welches Grundrecht verletzt ist.[65] Es ist ja jede rechtswidrige Belastung des Bürgers ein Eingriff in irgendein Grundrecht, das so zum Aufhänger wird, um den Zugang zum BVerfG im Verfahren der Verfassungsbeschwerde zu eröffnen.

Mit dieser Auslegung der Grundrechte ist die Kompetenz des BVerfG, im Verfahren der Verfassungsbeschwerde Grundrechtsverstöße festzustellen, wesentlich erweitert worden,[66] oder anders formuliert: Das BVerfG hat sich durch seine Auslegung der Verfassung selbst dazu ermächtigt. Und so hat das BVerfG bei der Interpretation jeder Verfassungsnorm die Möglichkeit, durch das Aufstellen von normativen Leitbildern und Prinzipien (Wertordnung, Verhältnismäßigkeit) wie auch durch die Ausdehnung des Wirkungsbereichs der Grundrechte (Drittwirkung) die Verfassung als Prüfungsmaßstab zu verdichten und damit die Kontrollmöglichkeiten zu erweitern. Das (mögliche) Ergebnis ist die „Konstitutionalisierung der Rechtsordnung".[67]

Vgl. auch das Sondervotum von *Mahrenholz* zu BVerfGE 86, 288 (347f.): „Der Senat hat in zwei Entscheidungen (BVerfGE 57, 250 [275f.]; 70, 297 [308f.]) die Tugend verfassungsrichterlicher Behutsamkeit als methodisches Leitprinzip im Umgang mit dem Rechtsstaatsprinzip hervorgehoben. Geht das Gericht anders vor, würde es als Staatsorgan, das öffentliche Gewalt ohne Kontrolle ausübt, in die Gefahr geraten, durch die Entwicklung von Verfassungsprinzipien lediglich seine Herrschaft über Gebiete des positiven Rechts zu etablieren."

18 Die Anbindung der Verfassungsgerichtsbarkeit an die Verfassung ist ohne Zweifel in besonderer Weise prekär. Einerseits steht das Verfassungsrecht weiten „politischen" Interpretationen in größerem Maße offen als die übrige Rechtsordnung (BGB, StGB, PolG usw.). Andererseits sind die Entscheidungen des BVerfG von besonderem Gewicht und besonderer Bindungswirkung. Aber es darf nicht übersehen werden, dass sich die Probleme bei jeder Gerichtsbarkeit prinzipiell in gleicher Weise stellen: Auch Verwaltungsgerichte z. B. können ihre Kontrolldichte und ihren steuernden Einfluss gegenüber der Verwaltung gering halten oder ausdehnen, indem sie Generalklauseln (z. B. im Polizeirecht), unbestimmte Rechtsbegriffe oder auf den Stand von Wissenschaft und Technik verweisende Normen (z. B. § 7 AtomG) weit oder eng auslegen und anwenden.[68] Hinzu kommt, dass nicht nur dem Verfassungsgericht, sondern allen

[63] BVerfGE 82, 272 (280).

[64] *Schenke,* JuS 1981, 87; auch *ders.,* Verfassungsgerichtsbarkeit; *H. Dreier,* in: ders., GG, Art. 2 I Rdnr. 42f.

[65] Vgl. z. B. BVerfGE 32, 319 (326).

[66] Vgl. *Friesenhahn,* Verfassungsgerichtsbarkeit, S. 38; kritisch *Hesse,* Grundzüge, Rdnr. 427f.

[67] So die eindringliche Studie von *Schuppert/Bumke,* insbes. S. 16ff., vgl. ferner auch die Beiträge in VVDStRL 75 (2016): „Verfassung als Ordnungskonzept".

[68] Vgl. *Papier,* Stellung der Verwaltungsgerichtsbarkeit.

Gerichten die Verfassung zur Auslegung und zur Anwendung im Einzelfall anvertraut ist. So haben alle Gerichte die Schwierigkeit des Umgangs speziell mit der Verfassung.

Die Erkenntnis der besonderen Probleme der Verfassungsgerichtsbarkeit angesichts unbestimmter und weiter Verfassungsbegriffe ist nicht etwa neu. *Kelsen* verband 1928 sein entschiedenes Eintreten für die Verfassungsgerichtsbarkeit mit der Forderung, die Verfassung müsse die vom Verfassungsgericht anzuwendenden „Grundsätze, Richtlinien, Schranken … so präzise wie möglich bestimmen". Werte und Prinzipien wie „Freiheit" oder „Gleichheit" könnten gerade im Bereich der Verfassungsgerichtsbarkeit „eine höchst gefährliche Rolle" spielen. Unbestimmte Verfassungsnormen könnten dem Verfassungsgericht eine „Machtvollkommenheit" einräumen, „die schlechthin als unerträglich empfunden werden muss".[69]

V. Verfassungsrechtsprechung durch die Gerichte

1. Der Gang zum Bundesverfassungsgericht: auch ein Umweg

Rechtsprechung über Fragen des Verfassungslebens ist nicht ein Privileg der verselb- 19
ständigten Verfassungsgerichte. Dadurch kompliziert sich die Redeweise von der „Verfassungsgerichtsbarkeit" zusätzlich. Verfassungsrechtsprechung im materiellen Sinne kommt auch den übrigen Gerichten zu, wie eine Verfassung ja ohnedies ohne eine verselbständigte Verfassungsgerichtsbarkeit allein durch die ordentlichen Gerichte zu voller Wirksamkeit gebracht werden kann.[70] Die Verfassung, insbesondere die *Grundrechte,* sind heute in den Verfahren vor allen Gerichten *allgegenwärtig.* Alle Gerichte sind bei der Entscheidung ihrer Fälle zum Durchgriff auf die Verfassung berechtigt und verpflichtet. Die Auslegung und Anwendung der einfachen Gesetze durch jedes Gericht wird immer mehr vom Verfassungsrecht geprägt („Ausstrahlungswirkung der Grundrechte"). Um nur ein Beispiel zu zitieren: „Die Tragweite des Grundrechts der Meinungsfreiheit muss gerade auf die in § 193 StGB gebotene Güterabwägung zwischen Ehre und Meinungsfreiheit – falls Gesichtspunkte der öffentlichen Meinungsbildung eine Rolle spielen – einen wesentlichen Einfluss ausüben."[71] Bezüglich des Verwaltungsrechts sprach man davon, es sei „konkretisiertes Verfassungsrecht".[72] Jeder Richter hat das Recht und die Pflicht, ein Gesetz auf seine Verfassungsmäßigkeit hin zu überprüfen und eine verfassungskonforme Auslegung vorzunehmen; dabei ist „die richterliche Verantwortung und Entscheidungslast keinesfalls geringer"[73] als bei der verfassungsgerichtlichen Verwerfung einer Norm als verfassungswidrig und nichtig. Lediglich die definitive, allseits verbindliche Verwerfung eines Gesetzes ist den Gerichten entzogen und dem BVerfG zur Entscheidung mit „Gesetzeskraft" vorbehalten. Das BVerfG spricht von seiner Zuständigkeit zur letztverbindlichen Auslegung des Grundgesetzes.[74] So ist der Satz: „Es ist die Eigenart des Verfassungsrechts, die die Verfassungsgerichtsbarkeit in eine Sonderstellung rückt",[75] nicht falsch, aber doch mit Vorsicht zu verwenden, denn die Eigenart des Verfassungsrechts prägt auch die übrige Gerichtsbarkeit, wenn auch in geringerem Maße.

---

[69] *Kelsen,* VVDStRL 5 (1929), S. 69f.

[70] Schweiz, USA; oben Rdnr. 3. *Isensee,* JZ 1996, 1091.

[71] BVerfGE 12, 113 (125) – Schmidt-Beschluss; st. Rspr., vgl. auch BVerfGE 93, 266 (298ff., 305ff.).

[72] *Werner,* DVBl. 1959, 527, auch in: *ders.,* Recht, S. 212.

[73] *Pestalozza,* Verfassungsgericht, S. 228.

[74] BVerfGE 69, 112 (118).

[75] *Stern,* Staatsrecht II, S. 944.

Das BVerfG zieht aus der genannten Lage die richtigen Konsequenzen: „Es gehört zu den vornehmsten Aufgaben aller Gerichte, im Rahmen ihrer Zuständigkeiten bei Verfassungsverletzungen Rechtsschutz zu gewähren."[76] Zeitweise ist das BVerfG noch weiter gegangen. Die Gerichte sollten – wenn nach der jeweiligen Prozessordnung durch analoge Anwendung nur irgend möglich – sogar einen zusätzlichen Rechtsbehelf zulassen, um geschehene Grundrechtsverstöße zu beseitigen.[77]

20 Das zur Verantwortung aller Gerichte auf dem Felde des Verfassungslebens Gesagte gilt nicht für den Bereich der Organstreitigkeiten und nicht für einige andere spezielle Zuständigkeiten des BVerfG.

Die geschilderte *„Aufgabenparallelität"*[78] – oder besser: Aufgabensubsidiarität – besteht aber auf dem Felde der Verfassungsbeschwerde, also des Grundrechtsschutzes. Zwischen dem Grundrechtsschutz durch das BVerfG und den übrigen Gerichten besteht heute eine weitgehende Homogenität. Ein großer Teil des praktischen Grundrechtsschutzes wie überhaupt der Konkretisierung der Verfassung geschieht in der täglichen Arbeit der Gerichte. Man wird sogar sagen können, dass das BVerfG bei der Anwendung der Verfassung auf den Einzelfall im Verfahren der Verfassungsbeschwerde für den *individuellen* Grundrechtsschutz nichts bewirkt, was nicht auch die übrigen Gerichte leisten können.

Gegen diese – im Anschluss an frühere Äußerungen des BVerfG speziell zu den Verfahrensgrundrechten[79] formulierte – Beobachtung[80] wendet sich *Schumann.*[81] Es gebe einen substantiellen Unterschied zwischen Verfassungs- und Fachgerichtsbarkeit bei der Überprüfung von Gerichtsentscheidungen durch das BVerfG. Das ergebe sich vornehmlich aus zwei Gesichtspunkten: Alleiniger Prüfungsmaßstab des BVerfG sei die Verfassung, weshalb das BVerfG nicht wie die anderen Gerichte Sprachrohr der Gesamtrechtsordnung sei. Und die Richtersprüche des BVerfG bewirkten im Blick auf ihre auch den Gesetzgeber und die Richter der Fachgerichtsbarkeit einbeziehende besondere Bindungswirkung gemäß § 31 BVerfGG substantiell etwas anderes als die Entscheidungen der Fachgerichte. – In der Tat war das Wort „bewirkt" vielleicht unglücklich gewählt, da es zu sehr in die Richtung der Bindungswirkung der Urteile weist und diese bei den Entscheidungen des BVerfG ohne Zweifel eine andere ist als bei den anderen Gerichten (wobei allerdings der Umfang der Bindungswirkung der Entscheidungen des BVerfG durchaus strittig ist[82]). An der Beobachtung im Ganzen aber ist festzuhalten: Sie ist im Blick auf die Anwendung der Verfassung im Einzelfall formuliert. Es ergibt sich aus der Sicht des jeweiligen Klägers bzw. Beschwerdeführers kein Unterschied, ob die Gerichte oder ob das BVerfG die Grundrechte zur Geltung bringen. Auch die Vorlagepflicht der Gerichte an das BVerfG nach Art. 100 I GG, wenn sie im Einzelfall ein anzuwendendes Gesetz für verfassungswidrig halten, dient nicht dem Grundrechtsschutz der Parteien, sondern der allgemeinen Rechtssicherheit. Die Gerichte können ja erst und nur vorlegen, wenn sie das Gesetz selbst für verfassungs-

[76] BVerfGE 47, 144 (145); 107, 395 (414); dezidiert auch BVerfGE 68, 337 (344f.) zu Art. 100 GG; 68, 376 (380); *Zuck,* JZ 2007, 1036. *Bethge,* KritVj 1990, 10, spricht davon, dass Grundrechtsschutz durch die Verfassungsgerichtsbarkeit vielfach nur „Notaggregat" und „judikative Legalitätsreserve" sei: „Der Hauptpart gerichtlichen Grundrechtsschutzes obliegt zunächst der Fachgerichtsbarkeit".

[77] BVerfGE 61, 78 (80f.). Von dieser problematischen Ausweitung ist das Gericht inzwischen wieder abgerückt, vgl. BVerfGE 107, 395.

[78] *Bryde,* Verfassungsentwicklung, S. 316.

[79] BVerfGE 42, 243 (249); 49, 252 (259): Das BVerfG „übt bei der Prüfung, ob das Verfahrensgrundrecht verletzt worden ist, eine Tätigkeit aus, die im Grunde mit der der Instanzgerichte identisch ist". Restriktiver allerdings die neuere Rechtsprechung, z. B. BVerfGE 96, 68 (77f.). *Ruland,* S. 297, stellt für das Verhältnis BVerfG und BSG fest: „Der Grundansatz beider Gerichte ist im wesentlichen gleich."

[80] Schon *Schlaich,* VVDStRL 39 (1981), S. 121 und JuS 1981, 743. Zustimmend *Soell,* ZfA 12 (1981), 528; *Krauss,* S. 8f.

[81] *Schumann,* ZZP 96 (1983), 185f.

[82] Unten 6. Teil III, Rdnr. 485ff.

widrig halten. Die Grundrechtsinteressen der Parteien können die Gerichte also voll und ganz wahrnehmen. Und sie sollen es auch. Dies ist der Sinn der obigen These.

Mit seinem hohen Rang und mit Hilfe seiner Konzentration auf das Verfassungsrecht 21 fördert das BVerfG den Grundrechtsschutz in politisch herausragender, dominierender und zudem auch verfahrensmäßig abschließender Weise. Die Verfassung und insbesondere die Grundrechte sind aber nicht Eigen- oder Sondergut der Verfassungsgerichte. Ein früherer Präsident des BVerfG meinte, das BVerfG sei Treuhänder der Verfassung, die übrigen Gerichte seien die Treuhänder der Gesetze.[83] Damit ist die Funktion der Gerichte eher zu eng beschrieben. Die Rechtsprechung eines Verfassungsgerichts muss so angelegt sein – und sie ist es –, dass der *Grundrechtsschutz durch alle Gerichte* gewährleistet wird und sich der Gang zum Verfassungsgericht tendenziell als entbehrlicher Umweg erweist.[84] Das folgt aus dem Grundgedanken der Subsidiarität der Verfassungsbeschwerde: Eine Inanspruchnahme des BVerfG lässt sich nur rechtfertigen, wenn sie unerlässlich ist.[85]

2. Zur Terminologie „Bundesverfassungsgericht und Fachgerichte"

Das BVerfG spricht in Bezug auf die anderen Gerichte in der Regel von „den Gerichten", „den anderen Gerichten", den „Instanzgerichten" oder auch von den „dafür allgemein zuständigen Gerichten". Seit dem 42. Band spricht es gelegentlich von den „Fachgerichten" und der „Fachgerichtsbarkeit".[86] Dieser Terminus hat sich in der Literatur schnell eingebürgert.[87] Das BVerfG benutzt den Ausdruck in dem positiv würdigenden Sinne der fachlich zuständigen Gerichte. Trotzdem haftet dem Begriff „Fachgericht" eine gewisse „Deklassierung der eigentlichen Gerichte"[88] an. Sie sind ja die „ordentlichen" Gerichte, die auch die Verfassung zu beachten haben; das BVerfG ist das auf die Verfassung spezialisierte Fachgericht. Der Ausdruck „Fachgerichte" wird in dieser Darstellung vermieden, ohne dass eine andere Bezeichnung vorgeschlagen wird.[89] Sie ist entbehrlich. Die passende Formulierung wäre: „BVerfG und ordentliche Gerichte". Der Terminus „ordentliche Gerichtsbarkeit" aber ist schon mit den Zivil- und Strafgerichten besetzt. 22

VI. Bundesverfassungsgericht und Europäischer Gerichtshof

Das BVerfG ist höchstes nationales Gericht, in Fragen des europäischen Unionsrechts 23 aber der Autorität des Gerichtshofs der Europäischen Union insoweit unterworfen, als dieser über Auslegung und Gültigkeit der Normen des Unionsrechts entscheidet.

[83] *Benda,* DRiZ 1979, 359.
[84] BVerfGE 49, 252 (258 f.). Generell *Bachof,* Wege, S. 180.
[85] BVerfGE 63, 1 (22) – zum Verfahren nach Art. 100 I GG.
[86] BVerfGE 42, 243 (248); 65, 1 (38) – Volkszählungsgesetz; 65, 297 (303); 65, 317 (322); 70, 93 (97); 96, 27 (40); 96, 375 (393–395); 97, 12 (27). Vgl. zuerst das Sondervotum von *Rupp-v. Brünneck,* BVerfGE 42, 143 (156) – Gewerkschaftspresse. Ohne den Terminus kommt noch die grundlegende Entscheidung BVerfGE 30, 173 (195 ff.) aus.
[87] Einflussreich war der Aufsatz von *Ossenbühl,* FS H. P. Ipsen, S. 129.
[88] *Badura,* VVDStRL 39 (1981), Diskussionsbeitrag, S. 161. Auch *Schumann,* ZZP 96 (1983), 184.
[89] Für die Bezeichnung „Instanzgerichtsbarkeit" *Zuck,* JZ 2007, 1036.

24 Der Gerichtshof der Europäischen Union und dort insbesondere der Europäische Gerichtshof sichert die Einheitlichkeit der Rechtsprechung und damit der Auslegung des Rechts der Europäischen Union. Auf Vorlage nationaler Gerichte entscheidet er im Verfahren des Art. 267 AEUV (Vorabentscheidungsverfahren).[90] In dieser Funktion ist der Europäische Gerichtshof vom BVerfG als gesetzlicher Richter iSd. Art. 101 I 2 GG anerkannt.[91] Daher sind die deutschen Gerichte, deren Entscheidungen selbst nicht mehr mit Rechtsmitteln des innerstaatlichen Rechts angegriffen werden können, nicht nur europarechtlich (Art. 267 III AEUV), sondern auch verfassungsrechtlich verpflichtet, in den Fällen, in denen eine Norm des Unionsrechts entscheidungserheblich und der Wortlaut der Norm nicht eindeutig ist, Fragen der Auslegung des primären Unionsrechts sowie der Auslegung und Gültigkeit des sekundären Unionsrechts dem Europäischen Gerichtshof zur Vorabentscheidung vorzulegen.[92] Das BVerfG bejaht die Bindungswirkung der Urteile des Europäischen Gerichtshofs im Vorabentscheidungsverfahren.[93] Auch die obersten nationalen Gerichte sind in dem konkreten Ausgangsverfahren, das zur Vorabentscheidung geführt hat, an die Entscheidung des Europäischen Gerichtshofs gebunden. In den Fragen der Auslegung des Unionsrechts sind sie in späteren Verfahren insoweit gebunden, als sie entweder die Auslegung des Europäischen Gerichtshofs zugrunde legen oder erneut vorlegen müssen. Der Vorlagepflicht und der Bindung an die Entscheidungen des Europäischen Gerichtshofs ist grundsätzlich auch das BVerfG unterworfen.[94] Eine Grenze dieser Bindung nimmt das BVerfG jedoch an, wenn eine „Auslegung der Verträge nicht mehr nachvollziehbar und damit objektiv willkürlich ist. Überschreitet der Gerichtshof diese Grenze, ist sein Handeln vom Mandat des Art. 19 I 2 EUV in Verbindung mit dem Zustimmungsgesetz nicht mehr gedeckt, so dass seiner Entscheidung jedenfalls für Deutschland das gem. Art. 23 I 2 in Verbindung mit Art. 20 I und II und Art. 79 III GG erforderliche Mindestmaß an demokratischer Legitimation fehlt."[95]

Erstmals in seiner Geschichte hatte das BVerfG am 14. 1. 2014 einen Vorlagebeschluss gefasst, BVerfGE 134, 366 – OMT, Ankäufe von Staatsanleihen durch die Europäische Zentralbank (EZB).[96] Hier fragte das Gericht den EuGH, ob Maßnahmen der EZB von Ermächtigungsnormen des AEUV gedeckt waren (S. 369–371). Inzwischen hat das BVerfG in einem weiteren, thematisch ähnlich gelagerten Verfahren ebenfalls

---

[90] Zum Vorabentscheidungsverfahren s. *Everling,* Vorabentscheidungsverfahren; *Haratsch/Koenig/Pechstein,* Rdnr. 584ff.; *Karpenstein,* in: Grabitz/Hilf/Nettesheim, Das Recht der Europäischen Union, Art. 267 AEUV; *Tomuschat,* Vorabentscheidung. Zum Vorrang des Unionsrechts allgemein *Dauses,* FS Everling, S. 223ff.; *Everling,* DVBl. 1985, 1201ff.; *ders.,* Zeitschrift für Schweizerisches Recht 1993, 337ff.; *Haratsch/Koenig/Pechstein,* Rdnr. 306ff.; *Henrichs,* EuGRZ 1989, 327ff.; *Streinz,* Europarecht, Rdnr. 700ff.

[91] BVerfGE 73, 339 (366f.); 75, 223 (233f.); Beschluss vom 4. 11. 1987, 2 BvR 876/85, EuGRZ 1988, 120; Beschluss vom 9. 11. 1987, 2 BvR 808/82, NJW 1988, 1456; BVerfGE 82, 159. Jüngst BVerfG, Beschluss vom 19. 12. 2017 – 2 BvR 424/17. Vgl. *Mößlang,* EuZW 1996, 69ff.

[92] Zu den Voraussetzungen, unter denen das BVerfG einen Verstoß gegen Art. 101 I 2 GG annimmt, s. auch *Wölker,* EuGRZ 1988, 97ff.; *E. Zimmermann,* FS Doehring, S. 1033ff.

[93] BVerfGE 45, 142 (162); 52, 187 (200f.); 73, 339 (370); 75, 223 (234).

[94] BVerfGE 37, 271 (282); 45, 142 (162); 75, 223 (234); 152, 216 (245). Dabei kann die Vorlagepflicht des Bundesverfassungsgerichts neben derjenigen des letztinstanzlichen Fachgerichts bestehen; dazu BVerfGE 152, 216 (245ff).

[95] BVerfG 154, 17 (2. Ls.).

[96] Vgl. auch die Vorabentscheidung des EuGH (NJW 2015, 2013ff.) und das anschließende Urteil des BVerfG (BVerfGE 142, 123).

eine Vorlage an den EuGH beschlossen: BVerfGE 146, 216 – Anleihekaufprogramm der EZB. Die daraufhin ergangene Vorabentscheidung des EuGH, das Verhalten der EZB sei nicht zu beanstanden,[97] hielt das BVerfG in seinem Urteil vom 5.5.2020[98] für nicht mehr nachvollziehbar und daher objektiv willkürlich und stellte damit erstmals ein Handeln von Unionsorganen (hier des EuGH und der EZB) „ultra vires" fest (vgl. unten Rdnr. 360ff.)

Im Beschluss vom 6.11.2019 – Recht auf Vergessen II – hat das BVerfG festgestellt, dass es die Anwendung unionsrechtlich vollständig vereinheitlichter Regelungen des Unionsrechts auch im verfassungsprozessualen Verfahren am Maßstab der Unionsgrundrechte kontrolliert.[99] Da es diese Kontrolle aber „in enger Kooperation mit dem EuGH" ausübe,[100] könne von einer Vorlage nach Art. 267 III AEUV in solchen Konstellationen nur abgesehen werden, wenn der EuGH die maßgeblichen Auslegungsfragen geklärt habe oder „die anzuwendenden Auslegungsgrundsätze aus sich heraus offenkundig seien."[101] In dieser Konstellation ist künftig mit weiteren Vorlagen zu rechnen.[102]

Von der Vorlagepflicht und der Bindungswirkung zu unterscheiden ist das Problem, 25
inwieweit das BVerfG seinerseits Normen des Unionsrechts – in der Auslegung des Europäischen Gerichtshofs – an den Vorschriften des Grundgesetzes messen kann. Zu den hier entscheidenden unions- und verfassungsrechtlichen Fragen, insbesondere zu den möglichen Inhalten des im Maastricht-Urteil[103] postulierten „Kooperationsverhältnisses" zwischen BVerfG und EuGH und zu weiteren Entwicklungen seither, vgl. unten Rdnr. 141ff. u. 358ff.

[97] EuGH (Große Kammer), Urteil vom 11.12.2018 – C-493/17.
[98] BVerfGE 154, 17.
[99] BVerfGE 152, 216 (236ff.).
[100] BVerfGE 152, 216 (243f.).
[101] BVerfGE 152, 216 (244).
[102] *Muckel,* JA 2020, 237 (239).
[103] BVerfGE 89, 155 (175 und Leitsatz 7).

2. Teil. Stellung und Einrichtung des Bundesverfassungsgerichts

Gliederung

I. Das Bundesverfassungsgericht als Gericht und Verfassungsorgan

Das BVerfG ist nach Art. 92 GG ein Gericht. Seinen Mitgliedern ist als Richtern rechtsprechende Gewalt anvertraut.[1] 26

Das BVerfG ist nach § 1 BVerfGG auch ein Verfassungsorgan,[2] wie z. B. auch Bundes- 27
tag, Bundesregierung und Bundesrat. § 1 BVerfGG versteckt diese Aussage in der Wendung „alle übrigen Verfassungsorgane". Das BVerfG geht aber davon aus, dass es diese Eigenschaft nicht nur kraft des einfachen Gesetzesrechts in § 1 BVerfGG, sondern unmittelbar aus der Verfassung hat. Dies hat es in seiner bekannten Denkschrift vom 27.6.1952 über die Stellung des BVerfG, die von *Gerhard Leibholz* verfasst wurde („Status-Denkschrift"),[3] dargelegt. Dort heißt es: „Das BVerfG als der oberste Hüter

---

[1] BVerfGE 40, 356 (360); 114, 121 (160); *Gusy,* Gesetzgeber, S. 119ff.; *Detterbeck,* Streitgegenstand, S. 303.

[2] Ausführlich *Heun,* Verfassung und Verfassungsgerichtsbarkeit im Vergleich, S. 3ff.; präzise und systematisch zur Stellung des BVerfG *Bethge,* in: Maunz u. a., BVerfGG, § 1 Rdnr. 16ff.; *Stern,* Staatsrecht II, S. 341ff.; *ders.,* in: BK, Art. 93 Rdnr. 21ff.; *Wieland,* in: Dreier, GG, Art. 93 Rdnr. 30; *Kurt Vogel,* BVerfG; zu den Landesverfassungsgerichten in paralleler, übertragbarer Argumentation *Starck,* Status, S. 155ff.

[3] Abgedr. in: JöR 6 (1957), 144ff., insb. 198ff.; vgl. auch *Leibholz,* JöR 6 (1957), 110ff., auch in: Häberle (Hrsg.), Verfassungsgerichtsbarkeit, S. 224ff. Plastische Darstellung des zugrundeliegenden Streits zwischen dem BVerfG und der Bundesregierung bei *Häußler,* S. 23–28; *Klein,* Entstehungsgeschichte, S. 17–24. Siehe auch *Collings,* Gerhard Leibholz und der Status des BVerfG, S. 227ff.; *Lembcke,* in: van Ooyen/Möllers, Handbuch Bundesverfassungsgericht im politischen System, S. 231ff.; *Chatziathanasiou,* RW 11 (2020), 145ff. Zur zeitgenössischen Kritik an der Status-Denkschrift in der Staatsrechtslehre *Lange,* Der Staat 56 (2017), 77ff.

der Verfassung ist nach Wortlaut und Sinn des Grundgesetzes und des Gesetzes über das BVerfG zugleich ein mit höchster Autorität ausgestattetes Verfassungsorgan"; als Gericht sei es „in eine ganz andere Ebene als alle anderen Gerichte gerückt".[4]

1. Der besondere organisatorische Status des Gerichts als Verfassungsorgan

Als „richterliches Verfassungsorgan"[5] gemäß § 1 BVerfGG hat das BVerfG im Vergleich zu den anderen Bundesgerichten einen in vielerlei Hinsicht besonders ausgestalteten organisatorischen Status:

28 *a)* Das BVerfG nimmt *Geschäftsordnungsautonomie* für sich in Anspruch, wie sie auch dem Bundestag oder dem Bundesrat zukommt. Lange Zeit fehlte dem BVerfG dafür allerdings, anders als den anderen Verfassungsorganen,[6] die ausdrückliche Ermächtigung im Grundgesetz oder in einem anderen Gesetz. Die erste Geschäftsordnung des BVerfG erging – abgesehen von einer Verfahrensordnung über die Abgabe von Sondervoten aus dem Jahre 1971 (vgl. jetzt § 55 GeschO BVerfG) – erst im Jahre 1975. Die jetzt geltende Geschäftsordnung stammt aus dem Jahre 2014.[7] Sie wurde vom Präsidenten des Gerichts im Bundesgesetzblatt bekanntgemacht. Dies geschah parallel zu der Art und Weise der Veröffentlichung der Geschäftsordnungen der sonstigen Verfassungsorgane, z. B. des Bundestags. Die Geschäftsordnungen der übrigen Bundesgerichte dagegen werden nicht vom Gerichtspräsidenten, sondern vom jeweils zuständigen Bundesminister, und nicht im Bundesgesetzblatt, sondern lediglich im Bundesanzeiger bekanntgemacht. Die früher fehlende gesetzliche Ermächtigung ist durch den mit Wirkung vom 1. Januar 1986 eingefügten Absatz 3 des § 1 BVerfGG geschaffen worden. Der Gesetzgeber hat sich dabei die zweifelhafte Auffassung des BVerfG zu eigen gemacht, die Geschäftsordnungsautonomie ergebe sich bereits aus dem Status des Gerichts als oberstes Verfassungsorgan; eine deklaratorische Regelung sei aber angezeigt, weil einzelne Vorschriften des BVerfGG – etwa § 30 II S. 3 BVerfGG – ausdrücklich auf die Geschäftsordnung verweisen.[8] Die Geschäftsordnung als Binnenrecht des Gerichts hat die Aufgabe, das regelgeleitete Funktionieren des Gerichts sicherzustellen.

Unterhalb der Ebene der Geschäftordnung haben sich die Richter beider Senate im November 2017 „Verhaltensleitlinien" mit Grundsätzen betreffend die Wahrung der Würde und des Ansehens des Amtes während und nach der Amtszeit als Richter des Bundesverfassungsgerichts[9] gegeben. Diese sind nicht Teil der Geschäftordnung; rechtlich kommt ihnen keine Bindungswirkung zu. Dies gilt auch für die in Punkt 16

[4] Zur Selbsttitulierung des Gerichts als „Hüter der Verfassung" BVerfGE 1, 184 (195, 197); 1, 396 (408); 2, 124 (129); 6, 300 (304); 40, 88 (93); BVerfGE 96, 133 (138): „Garant der Bundesverfassung". Vgl. auch § 19 GeschO BVerfG: „Stellung des Gerichts als eines obersten kollegialen Verfassungsorgans". Kritisch *Voßkuhle,* JZ 2009, 918: „paternalistische und zumindest terminologisch missverständliche Selbstcharakterisierung".

[5] *Stern,* Einführung, S. 19.

[6] Vgl. z. B. für den Bundestag Art. 40 I S. 2 GG; aber auch für den BGH in § 140 GVG.

[7] BGBl. I 2015, S. 286; eingehend und aufschlussreich dazu *Zuck,* EuGRZ 2015, 362ff.

[8] Vgl. BT-Drucks. 10/2951, S. 8; s. a. *Roellecke,* in: HStR III, § 67 Rdnr. 15.

[9] Verhaltensleitlinien für Richterinnen und Richter des Bundesverfassungsgerichts (in der Fassung von November 2017), abrufbar unter http://www.bundesverfassungsgericht.de/DE/Richter/Verhaltensleitlinie/Verhaltensleitlinien_node.html (letzter Zugriff 13.04.2021); dazu im Vorfeld *Lamprecht,* NJW 2017, 1156, 1159ff.

der Leitlinien geschaffene Befassungsmöglichkeit des Plenums, das die Einhaltung und Weiterentwicklung der Regeln sicherstellen soll. Die Leitlinien stellen eine freiwillige Selbstverpflichtung dar.

b) „Als ein den anderen obersten Bundesorganen ebenbürtiges Verfassungsorgan" (Denkschrift) ressortiert das BVerfG nicht wie die übrigen Bundesgerichte bei einem Ministerium, untersteht keiner Dienstaufsicht, kann mit den übrigen Verfassungsorganen unmittelbar ohne Zwischenschaltung eines Ministeriums (Dienstweg) verkehren, stellt seinen Haushalt (im Rahmen des allgemeinen Haushalts) selbst auf (vgl. § 28 III BHO), und der Präsident des Gerichts ist oberster Dienstherr der Beamten des Gerichts. Protokollarisch steht der Präsident des BVerfG hinter Bundespräsident, Bundestagspräsident, Bundesratspräsident und Bundeskanzler an fünfter Stelle. 29

c) Die Richter des BVerfG sind Richter, nicht selbst Verfassungsorgane, aber auch nicht Bundesrichter, sondern Richter des BVerfG, vgl. Rdnr. 41.[10] 30

Die geschilderte Rechtsstellung des BVerfG als Verfassungsorgan ist unbestritten; sie ist positiv zu bewerten, da sie die Autorität des Gerichts gestärkt hat. Diese Sonderstellung im organisatorischen und protokollarischen Bereich entspricht im Ergebnis dem Status eines Verfassungsorgans. Sie lässt sich aber in den genannten einzelnen Konkretisierungen nicht gleichsam begriffsjuristisch aus der Bezeichnung des Gerichts als „Verfassungsorgan" ableiten.[11] Sie beruht auf gesetzlicher Regelung, zum Teil ist sie auch ganz einfach das Ergebnis der vom BVerfG von vornherein selbstbewusst in Anspruch genommenen Praxis. Dabei sollte aber – entgegen der in der „Denkschrift" formulierten Intention des BVerfG – nicht zuerst auf den Unterschied zu den anderen Bundesgerichten abgestellt, sondern darauf gesehen werden, dass der Status der Unabhängigkeit, den sich das BVerfG erworben hat, auch der übrigen Gerichtsbarkeit zukommen muss.

2. „Verfassungsorgan": ein Kompetenztitel zur Überschreitung der Grenzen richterlicher Tätigkeit?

Trotz des Konsenses über die erreichte organisatorische und protokollarische Stellung des BVerfG kann man die Frage, ob dem BVerfG neben seiner Gerichtsqualität auch die Qualität eines Verfassungsorgans zukommt, nicht für irrelevant halten.[12] Denn aus dieser Qualifikation werden noch weitere Konsequenzen abgeleitet.[13] Diese und nur diese sind es, die hier bestritten werden. 31

---

[10] §§ 98ff. BVerfGG.

[11] Zutreffend *Starck,* Status, S. 165; *ders.,* Sondervoten, S. 292; and. wohl *Stern,* Staatsrecht II, S. 345; *Pestalozza,* Verfassungsprozeßrecht, § 2 Rdnr. 13.

[12] So aber *H. Meyer,* Diskussionsbeitrag, VVDStRL 39 (1981), S. 167. Vgl. zum Ganzen die dortige Diskussion auf S. 153ff. mit Beiträgen von *H. P. Ipsen, Badura, Stern, Friesenhahn, Sattler, Brohm.* Wie hier *Kment,* in: Jarass/Pieroth, GG, Art. 93 Rdnr. 3; *Möllers,* Legalität, Legitimität und Legitimation des BVerfG, S. 355ff.

[13] Vgl. *Geiger,* BVerfGG, S. 4. Prägnante Darstellung dieser Position bei *Kurt Vogel,* BVerfG, S. 34ff. Im ganzen kritisch wie hier *J. Ipsen,* Staatsrecht I, Rdnr. 845ff.; auch *Chryssogonos,* S. 24ff. Überraschend eindeutig gegen jede Redeweise vom BVerfG als Verfassungsorgan *Schoch/Wahl,* FS Benda, S. 284 Fn. 62: „Das Bundesverfassungsgericht ist ein Gericht. Dies reicht zur Charakterisierung aus. Als Gericht steht es den Verfassungsorganen gegenüber, nicht aber steht das Bundesverfassungsgericht in einer Reihe oder auf derselben Seite mit den Verfassungsorganen."

32 Das BVerfG und Teile der Literatur beziehen diese Aussage von der „Doppelfunktion" des Gerichts nicht nur auf die organisatorische Stellung, sondern auch auf die Funktion und Reichweite seiner Rechtsprechungstätigkeit.[14] Der Titel „Verfassungsorgan" hat insgeheim die Tendenz, eine ausgreifendere Rechtsprechung des BVerfG gegenüber den anderen Verfassungsorganen – als Geschäft gleichsam unter Gleichrangigen – zu legitimieren. Das BVerfG sagt in seiner „Denkschrift", es sei berufen, auf Antrag und als Gericht durch seine Rechtsprechung zugleich an der „obersten Staatsgewalt" zu partizipieren. In dem Bereich, in dem es um die politische Substanz der Verfassung gehe, habe das Gericht eine den anderen Verfassungsorganen ebenbürtige Stellung; unter dem Grundgesetz vollziehe sich der Prozess der staatlichen Integration erstmals auch mit Hilfe eines Verfassungsgerichts. So hat das Gericht auch nach *Hesse* einen *„(begrenzten) Anteil an der obersten Staatsleitung"*.[15] *Badura* will aus der Verfassungsorganqualität des Gerichts dessen „eigene politische Verantwortlichkeit für die Erhaltung der rechtsstaatlichen Ordnung und ihrer Funktionsfähigkeit" ableiten.[16] Und das Gericht meinte, es sei „kraft seiner allgemeinen Stellung als Verfassungsorgan und Gericht für verfassungsrechtliche Fragen dem Vorwurf unberechtigten Eingriffs in die Gesetzgebungssphäre weit weniger ausgesetzt als die anderen Gerichte".[17] Kriele bezeichnet das BVerfG als „zur verbindlichen Verfassungsinterpretation berufenes Verfassungsorgan".[18] Dabei geht es in all diesen Aussagen nicht mehr nur um die Stellung des Gerichts als eines Verfassungsorgans kraft des § 1 BVerfGG, also kraft des einfachen Rechts; gemeint ist vielmehr eine solche Qualifizierung unmittelbar von Verfassungs wegen, ohne dass das Grundgesetz davon spräche.

Die Begründung im Einzelnen für diese Organqualität gerade des BVerfG lautet bei fast jedem Autor anders. Im Kern wird die Organqualität damit begründet, dass Verfassungsgerichte, anders als die anderen Gerichte, zur Kontrolle auch der Verfassungsmäßigkeit der Gesetze (Normenkontrolle) und zur Entscheidung im Streit auch zwischen den leitenden Staatsorganen (Organstreit) berufen seien und deshalb Entscheidungen „auf der Ebene der Verfassungsorgane" träfen; zugleich rückt das Gericht auch noch eine Stufe höher: Verfassungsgerichte seien „über die obersten Staatsorgane" gestellt.[19] Es wird darauf hingewiesen, dass das BVerfG ein Organ sei, das den Staat integriere und dessen Aufgaben sich unmittelbar aus der Verfassung ergäben, weshalb es auch von Verfassungs wegen Verfassungsorgan sei.[20] Die Funktionen des BVerfG nach Art. 93 GG hätten solche „Qualität und Wichtigkeit", dass dieses eben ein Verfassungsorgan sei.[21]

33 Diese Begründungen zeigen, dass der Titel „Verfassungsorgan" nichts weiter ist als die zusammenfassende Beschreibung (verfassungs)gesetzlicher Zuständigkeiten und

[14] Eine parallele Argumentation zum EuGH bei *Everling,* Gerichtshof, S. 157: „Soweit der Gerichtshof damit Richterrecht schafft, wird seine Funktion als Rechtsschutzinstanz zugleich zu der eines Verfassungsorgans …"

[15] *Hesse,* Grundzüge, Rdnr. 669; auch *Kurt Vogel,* BVerfG, S. 88; *Benda/Klein,* Verfassungsprozessrecht, Rdnr. 116–124; *H. H. Klein,* FS F. Klein, S. 524; *Starck,* Verfassungsordnung, S. 4f. Weitere Nachweise bei *K. J. Grigoleit,* S. 4 Fn. 19.

[16] *Badura,* Bedeutung, S. 68.

[17] BVerfGE 7, 377 (413). SaarlVerfGH, NJW 1980, 1380.

[18] *Kriele,* ZRP 1975, 74.

[19] *Starck,* Status, S. 159: „Die Zuständigkeit der Landesverfassungsgerichte … stellt das Verfassungsgericht über die obersten Staatsorgane … Folglich [?] gehört das Verfassungsgericht selbst zu den obersten Staatsorganen." Seltsam *Wand,* NJW 1984, 952: „Oberste Verfassungsorgane stehen jedoch nicht unter dem Staat; sie sind Teil des Staates selbst."

[20] *Stern,* Staatsrecht II, S. 344; zusammenfassend *Kurt Vogel,* BVerfG, S. 87f.

[21] *Friesenhahn,* Diskussionsbeitrag, VVDStRL 39 (1981), S. 165.

Funktionen. Aus einer solchen Beschreibung dürfen aber nicht wiederum Rechtsfolgen abgeleitet werden.[22] Der Begriff „Verfassungsorgan" ist hier so wenig wie bei anderen Verfassungsorganen ein Instrument zur Erweiterung der Kompetenzen. Die Stellung und Funktion des BVerfG im Verhältnis zu den anderen Gerichten und zu den politischen Mächten ist nach den konkreten, verfassungsgesetzlich begründeten Zuständigkeiten, nicht aber unter einem solchen Oberbegriff zu diskutieren.

So verbietet sich eine Formulierung wie diese: das BVerfG sei ein oberstes Verfassungsorgan und „damit ‚Herr seines Verfahrens'".[23] Abgesehen davon, dass die Aussage, ein Gericht sei Herr seines Verfahrens, schon zweifelhaft ist,[24] so folgt diese Auskunft jedenfalls nicht aus der Eigenschaft als „Verfassungsorgan", wenn damit das Gerichtsverfahren und nicht nur der protokollarische und geschäftsmäßige Umgang mit den anderen Verfassungsorganen gemeint ist. Es ist auch nicht, wie das BVerfG meint,[25] die Stellung eines Verfassungsorgans, die das BVerfG dem Vorwurf des unberechtigten Eingriffs in die Gesetzgebung weniger aussetzt als die anderen Gerichte. Es sind konkrete gesetzliche Regelungen – z. B. Art. 100 I GG –, die die verbindliche Entscheidung über die Gültigkeit von Gesetzen beim BVerfG monopolisiert haben. Auch die anderen Gerichte sind diesem „Vorwurf" nicht ausgesetzt, soweit sie die Kompetenz – z. B. zur verfassungskonformen Auslegung – haben.

Im Übrigen ist Verfassungsgerichtsbarkeit nicht eine Durchbrechung der Drei-Gewalten-Teilung; sie gehört im Verfassungsstaat des Grundgesetzes zur Gewaltenteilung ebenso wie die Verwaltungsgerichtsbarkeit. Ein „Vorwurf" braucht also gar nicht abgewehrt zu werden. Schließlich wird das Gericht auch nicht dadurch, dass es den Streit zwischen Verfassungsorganen entscheidet oder deren Tätigkeit kontrolliert, selbst ein Verfassungsorgan und weder „neben" noch „über" diese gestellt. Auch ein Verwaltungsgericht ist nicht ein „Verwaltungsorgan". Das BVerfG ist ein *Gericht, das anhand der Verfassung Recht spricht.*[26] Es ist die Verfassung, die über den Verfassungsorganen steht, nicht das Gericht. Die Kontrolle des Gesetzgebers und der Verfassungsorgane des Bundes und der Länder liegt nicht „auf der Ebene" des Kontrollobjekts; sie ist von anderer Qualität. Dass sich die Entscheidungen des Gerichts faktisch und politisch auch im Raum der Verfassungsorgane auswirken, ist selbstverständlich („politische Rechtsstreitigkeiten") und ist auch bei anderen Gerichten der Fall. 34

Wie notwendig es ist, auf einen sorgfältigen Umgang mit dem Begriff Verfassungsorgan zu achten, zeigt eine Formulierung des BVerfG in BVerfGE 60, 175 (213f.) – Volksbegehren „Keine Startbahn West": Nach der schon früher verwendeten Formulierung, BVerfG und Landesverfassungsgerichte seien oberste Verfassungs-

---

[22] Ausdrücklich so *W. Meyer,* in: v. Münch/Kunig, GG, Art. 93 Rdnr. 6. Wie hier *Wieland,* in: Dreier, GG, Art. 93 Rdnr. 30.

[23] BVerfGE 13, 54 (94); 36, 342 (357); 60, 175 (213).

[24] S. Rdnr. 56 und *Pestalozza,* Verfassungsprozeßrecht, § 2 Rdnr. 13. Differenziert *Benda/Klein,* Verfassungsprozessrecht, Rdnr. 120f.; *Wieland,* FS Mahrenholz, S. 885.

[25] BVerfGE 7, 377 (413).

[26] Eine der deutlichsten Äußerungen in diese Richtung bei *Knöpfle,* Richterbestellung, S. 234; auch *J. Ipsen,* Rechtsfolgen, S. 256; *Soell,* ZfA 12 (1981), 521; *Korinek,* VVDStRL 39 (1981), S. 15; *E. Klein,* AöR 108 (1983), 416f.; *Löwer,* in: HStR III, § 70 Rdnr. 1f.; *Merten,* FS Melichar, S. 118: „Verfassungsgerichtsbarkeit ist die Kontrolle politischer Legalität, nicht politischer Opportunität"; *Geck,* Wahl und Amtsrecht, S. 62 u. 64. Kritisch zur Betonung der Gerichtsförmigkeit als Ausgangspunkt zur Bestimmung des Tätigkeitsbereichs des BVerfG *Kurt Vogel,* BVerfG, S. 59ff.; *Starck,* Status, S. 156: „Die Einrichtung von Verfassungsgerichten passt nicht in die geschilderte Konzeption der Gerichte im Staatsaufbau".

organe und „damit" im Rahmen rechtlicher Bindungen Herren ihrer Verfahren, folgt der Satz: „Für den Staatsgerichtshof gilt daher auch und besonders, dass die Gestaltung des Verfahrens, die Auslegung des Rechts und seine Anwendung auf den einzelnen Fall grundsätzlich Sache der dafür allgemein zuständigen Gerichte und der Nachprüfung durch das BVerfG entzogen sind ... (vgl. BVerfGE 18, 85 [92])." Die letzteren Aussagen (einschließlich des Zitats) zielen auf die Abgrenzung des Prüfungsumfangs des BVerfG im Verhältnis zu den anderen Gerichten. Diese Abgrenzung ist mit der Verfassungsorganqualität des Verfassungsgerichts nicht zu leisten. Im Übrigen konnte der hessische Staatsgerichtshof aus seiner Verfassungsorganqualität („daher") nicht das Recht ableiten, ohne mündliche Verhandlung zu entscheiden. Darum aber ging es. Diese Möglichkeit ergibt sich ganz schlicht aus § 21 I (nun § 24 I) HessStGHG: Danach kann der StGH offenbar unbegründete Anträge durch „Beschluss" zurückweisen. Nach üblicher Terminologie impliziert dies eine Entscheidung ohne mündliche Verhandlung. Ohne diese gesetzliche Regelung bestünde die Freiheit zur Entscheidung ohne mündliche Verhandlung nicht (vgl. auch § 25 I BVerfGG).

35 Das BVerfG ist in seiner Funktion materiell ein Gericht. Das ist unbestritten. Es ist zusätzlich nicht noch etwas anderes.[27] Das ist strittig. Es übt weder funktionell Gesetzgebung aus[28] noch ist es eine „vierte Gewalt",[29] noch darf es sich – und gerade nicht, wenn es Streitigkeiten zwischen den Verfassungsorganen entscheiden soll – in eine „Phalanx" mit den anderen Verfassungsorganen stellen.[30] In all diesen Formulierungen und Auseinandersetzungen geht es um die rechte Beschreibung, Wahrung und Förderung der Autorität des Gerichts. Das BVerfG hat Autorität in eindeutigem und höchstem Maße – aber auch nur – aufgrund der *Autorität der Verfassung* und deren Sicherung in der Rolle eines Gerichts, nicht in einer partiellen, ohnedies nur sporadischen und nachhinkenden Teilhabe an der Staatsleitung. Im politischen Konkurrenzkampf der Verfassungsorgane wird das BVerfG – bei aller Qualität der Richter – nicht gewinnen. Im Verhältnis zu den anderen Gerichten – also innerhalb der Gerichtsbarkeit – sollte der Ehrgeiz des BVerfG nicht der Herausnahme der Verfassungsgerichtsbarkeit aus der Rechtsprechung, sondern der Teilhabe aller Gerichte an der Autorität des BVerfG als eines Teils der Gerichtsbarkeit gelten. Mit all dem ist nicht geleugnet, dass es Situationen geben kann, in denen das BVerfG die Funktionen eines Gerichts überschreiten muss oder jedenfalls darf, um interimistisch politisch gestaltend tätig zu werden. Dies muss dann aber als Ausnahmefall in einer Notsituation begründet und darf nicht von vornherein mit dem Titel des Verfassungsorgans unter Verfassungsorganen zur Normalität erklärt werden.

36 *Ebsen* hat eine von der hier vertretenen gänzlich abweichende Bestimmung der Funktion und Stellung des BVerfG vorgetragen.[31] *Ebsen* bestreitet die Möglichkeit der rechtlichen Determinierung der Verfassungsrechtsprechung durch die Verfassung.[32] „Funktionsbestimmung und Legitimation der Verfassungs-

---

[27] Zur Herleitung der Gerichtseigenschaft aus dem Gewaltenteilungsgrundsatz *Möllers,* AöR 132 (2007), 531ff.; *Isensee,* JZ 1996, 1091: „Juristen, die von Berufs wegen nicht zur Utopie neigen, richten auf das Bundesverfassungsgericht eine bescheidene Hoffnung: dass es Gericht sei, richtiges Gericht und ganz Gericht."

[28] So aber *Starck,* Sondervoten, S. 292, und dezidiert *v. Brünneck,* Verfassungsgerichtsbarkeit, S. 166–184 (dazu unten Rdnr. 529). So wie hier *Benda/Klein,* Verfassungsprozessrecht, Rdnr. 117.

[29] Vgl. aber *Doehring,* S. 236, und *Roellecke,* Gesetzgebung, S. 42.

[30] So treffend und kritisch *Gusseck,* NJW 1983, 723 zu BVerfGE 62, 1 – Vorzeitige Auflösung des Bundestags durch den Bundespräsidenten: Das BVerfG „als letztes Verfassungsorgan in einer Phalanx von Bundeskanzler, Bundestag, Bundespräsident und Verfassungsgericht, die nacheinander im Verfahren nach Art. 68 GG tätig werden". Dazu auch *Schlaich,* FS Bachof, S. 341f.; *Rinken,* in: AK-GG, vor Art. 93 Rdnr. 82: „Die Verfassungsorganqualität ist ein Modus der Verfassungsgerichtsqualität und bringt dieser keinen Mehrwert."

[31] *Ebsen,* Element; dazu die Besprechung von *Korinek,* AöR 111 (1986), 440ff.

[32] *Ebsen,* Element, S. 15.

gerichtsbarkeit müssen Abschied nehmen von der Vorstellung eines archimedischen Punktes außerhalb des politischen Prozesses, von welchem aus diesem gegenüber Sicherheit – sei es hinsichtlich von Kontrollmaßstäben oder sei es hinsichtlich der verfassungstheoretischen Rechtfertigung der Kontrollkompetenz – gewonnen werden kann."[33] Daraus folge, dass das BVerfG keine Rechtskontrolle durchführe – und auch nicht durchführen könne –, sondern als relativ autonome Steuerungsinstanz begriffen werden müsse. In enger Anlehnung an *Häberles* Begriff vom BVerfG als „Regulator" im Prozess der Verfassungsentwicklung ernennt *Ebsen* das BVerfG zum gesellschaftlichen Gericht, das eines der Mittel sei, die interessenheterogene Gesellschaft im demokratischen Verfassungsstaat zu organisieren und durch konfliktabsorbierende Kompromisse zu integrieren: Das BVerfG wird zum Medium gesellschaftlicher Selbstregulierung.[34]

Gegen diese „pluralistische"[35] Deutung der Verfassungsgerichtsbarkeit ist einzuwenden, dass die Institution BVerfG mit dieser ausgreifenden Funktionsbestimmung überfordert und verkannt wird. Das BVerfG steht außerhalb des staatlichen Willensbildungsprozesses. Es ist kein Regulator, keine Steuerungsinstanz, sondern schlicht Kontrollinstanz. Soweit das BVerfG die von *Ebsen* beobachtete tiefgreifende Integrationskraft für den staatlich-politischen Prozess hat, beruht sie nicht auf bewusst gestaltender Teilhabe an diesem Prozess, sondern ist Nebenwirkung der rechtsprechenden Tätigkeit. Dabei ist heute unbestritten, dass jegliche Auslegung und Anwendung des Rechtes des gestalterischen Elements und damit des politischen Faktors bzw. der politischen Macht nicht entbehren. Dies gilt natürlich in erster Linie für die Verfassung und für das BVerfG. Verfassungsrechtsprechung ist, trotz der Offenheit der Verfassung, Rechtsprechung anhand der Verfassung und findet allein darin ihre Legitimation. Auch aus einem prozessrechtlichen Grund kann das BVerfG nicht Medium gesellschaftlicher Selbstregulierung sein: Es fehlt ihm die Möglichkeit zur Eigeninitiative, und die Zulässigkeitsvoraussetzungen der enumerativ möglichen Verfahrensarten ziehen, wenngleich gelegentlich vom BVerfG steuerbar, der Richtermacht Grenzen. Schließlich wäre die Rolle des BVerfG als Regulator und „Ausschuss für Verfassungsgestaltung"[36] auch nicht wünschenswert: Sorgt das Verfassungsgericht innerhalb eines demokratischen Staates selbständig für integrierende Kompromisse, dann droht der Prozess demokratischer politischer Willensbildung zu verarmen.[37]

Ein Bereich, in dem sich das BVerfG seit 2001 als Motor gesellschaftlicher Entwicklung betätigte, betraf die rechtlich und politisch umstrittene zunehmende Annäherung von eingetragenen Lebenspartnerschaften und Ehe. Die Reihe der einschlägigen Entscheidungen, die sich auf Art. 3 I GG bezogen und teils den Gesetzgeber überholten, ist lang. In einer der letzten Entscheidungen – BVerfGE 133, 377 – aus dem Jahre 2013 stellte das Gericht fest, die Ungleichbehandlung von Verheirateten und eingetragenen Lebenspartnern in den einkommensteuerrechtlichen Vorschriften zum Ehegattensplitting sei verfassungswidrig. Das Sondervotum des Richters Landau und der Richterin Kessal-Wulf kritisierte mit Recht die aktiv sozial-

---

[33] *Ebsen*, aaO., S. 192.

[34] *Ebsen*, aaO., S. 218 ff.; vgl. auch *ders.*, Beitrag, S. 83 ff.; zustimmend *Schulze-Fielitz*, DÖV 1989, 837 f.; *ders.*, BVerfG, S. 111 ff., 119 ff.; *ders.*, Wirkung und Befolgung, S. 410. In eine ähnliche Richtung geht der Ansatz von *Preuß*, Merkur 41 (1987), 8 ff.: Das BVerfG interpretiere nicht so sehr die Verfassung, sondern taste den „Möglichkeitsraum für die Bedingungen ab, unter denen fragmentierte Sozialverhältnisse miteinander kompatibel ... sind". Siehe auch *Häberle*, Verfassungsgerichtsbarkeit in der offenen Gesellschaft, in: van Ooyen/Möllers, Handbuch Bundesverfassungsgericht im politischen System, S. 31 ff. Noch weitergehend *v. Brünneck*, Verfassungsgerichtsbarkeit, S. 146: „Die Verfassungsgerichtsbarkeit findet den Konsens nicht vor, sondern sie trägt dazu bei, den durch die umfassende Geltung des Mehrheitsprinzips im Sozialstaat objektiv ständig in Frage gestellten Verfassungskonsens immer wieder neu herzustellen."

[35] So die Bezeichnung bei *Haltern*, Verfassungsgerichtsbarkeit, S. 229.

[36] So aber *Ebsen*, Element, S. 350.

[37] Vgl. auch *Lerche*, Verfassungsgerichtsbarkeit, S. 13 ff.; *Chryssogonos*, S. 214. *Grigoleit*, S. 71 f., meint sogar: „Wer unter Verzicht auf die vorgegebene Normativität der Verfassung dem Bundesverfassungsgericht ... einen Auftrag zu politischer Erziehungs- oder Bildungsarbeit zuweist, verfolgt weniger einen pluralistischen oder ‚progressistischen', sondern eher einen elitistischen oder paternalistischen Ansatz." Zum Streit um das Verständnis der Verfassungsgerichtsbarkeit ferner *Haltern*, JöR 45 (1997), 31 ff.; *ders.*, Verfassungsgerichtsbarkeit; *Schulze-Fielitz*, AöR 122 (1997), 14 ff.; *Haverkate*, Verfassungslehre, S. 391 ff. *Haverkate* verwirft die Kontroverse zwischen dem Verständnis des Verfassungsgerichts als Gericht oder als gestaltendem Organ zwar als unergiebig, nähert sich im Ergebnis aber der zweiten Auffassung: ein Verfassungsgericht sei unter den Bedingungen des modernen demokratischen Staates ein „Schiedsgericht", „Vermittler" zwischen den politischen Akteuren (aaO., S. 395).

gestaltende Rolle des Gerichts: „Indem der Senat nunmehr eine der Ehe im Hinblick auf das Bestehen einer Gemeinschaft von Erwerb und Verbrauch vergleichbare rechtliche Ausgangssituation der eingetragenen Lebenspartnerschaft ‚von Anfang an' [seit ihrer Einführung 2001] konstruiert, die die Legislative zu diesem Zeitpunkt ausdrücklich nicht gewollt hatte, setzt es seine Einschätzung an die Stelle des dazu allein berufenen Gesetzgebers. Gesellschaftlichen Wandel aufzunehmen, zu bewerten und gegebenenfalls rechtliche Formen hierfür bereitzustellen, kann nur Sache des Gesetzgebers, nicht aber des Verfassungsgerichts sein." Zwischenzeitlich ist in diesem Bereich wieder der Gesetzgeber als Akteur in den Vordergrund gerückt: Am 1. Oktober 2017 trat das Gesetz zur Einführung des Rechts auf Eheschließung für Personen gleichen Geschlechts[38] in Kraft, das die sogenannte „Ehe für alle" ermöglicht. Damit ist das Institut der eingetragenen Lebenspartnerschaft (abgesehen von bereits eingegangenen Partnerschaften) abgeschafft worden und der Zugang zum Institut der Ehe nun auch gleichgeschlechtlichen Paaren gewährt. Das Bundesverfassungsgericht hatte sich mit diesem gesetzgeberischen Vorstoß bislang inhaltlich[39] nicht zu beschäftigen.[40]

II. Die Organisation des Bundesverfassungsgerichts: Senatsprinzip, Richter und Richterwahl

37 Die Grundzüge der Einrichtung des BVerfG sind im Grundgesetz geregelt, wobei es interessanterweise für das Gericht keinen eigenen Abschnitt in der Verfassung gibt; die einschlägigen Vorschriften finden sich im Zusammenhang des IX. Abschnitts über die Rechtsprechung:[41]

- Art. 92 GG: das BVerfG als Teil der allgemeinen Gerichtsbarkeit,
- Art. 93 GG und an anderen Stellen: die Zuständigkeiten und Verfahrensarten. Nach Art. 93 II GG können durch Bundesgesetz weitere Zuständigkeiten begründet werden,[42]
- Art. 94 GG: Zusammensetzung des Gerichts.

Die Regelung durch das Grundgesetz ist naturgemäß nur rudimentär und bedarf der Ergänzung durch den Gesetzgeber, wozu Art. 94 II S. 1 GG ermächtigt. Dabei ist nicht zu übersehen, dass die Vorstellungen vom BVerfG im Parlamentarischen Rat und demgemäß auch im Grundgesetz von 1949 wenig konkretisiert waren. Wesentliche Entscheidungen traf erst das BVerfGG. Sie können nach wie vor mit einfacher Mehrheit geändert werden (Wahl der Richter mit Zwei-Drittel-Mehrheit, zwei Senate, nur Juristen als Richter, keine nebenamtlichen Richter, zunächst auch die Verfassungsbeschwerde, die erst 1969 in das Grundgesetz aufgenommen wurde). Das Gesetz über das BVerfG (BVerfGG) wurde 1951 erlassen;[43] vor Erlass dieses Gesetzes konnte das BVerfG nicht eingerichtet werden.

Das BVerfG gab sich eine Geschäftsordnung, die sich nicht auf die Organisation und Verwaltung des Gerichts beschränkt, sondern in den §§ 20ff. auch „verfahrensergänzende Vorschriften" enthält. Mit Recht stellt *Zuck* fest, „dass die Konkretisierung des maßgeblichen Binnenrechts, aber auch die rechtlichen Details der jeweils maßgeb-

---

[38] BGBl. I 2017, S. 2787.

[39] Zu Fragen des Gesetzgebungsverfahrens BVerfGE 145, 348.

[40] Aus der verfassungsrechtlichen Diskussion vgl. etwa *Bäcker,* AöR 143 (2018), 339ff.; *Froese,* DVBl. 2017, 1152; *Hwang,* AöR 145 (2020), 264ff.; *Schaefer,* AöR 143 (2018); 393ff.; *Volkmann,* JZ 2018, 265.

[41] Ausführlich zu „Organisation und Verfassung" des BVerfG *Benda/Klein,* Verfassungsprozessrecht, Rdnr. 116ff.

[42] Z. B. §§ 32 III, IV PartG.

[43] *Heyde,* FS Kutscher, S. 229ff.; *Schiffers,* S. 277ff. Siehe auch *Laufer,* S. 93ff.

lichen Verfahrensregelungen unmittelbare Voraussetzung für die sachgerechte Handhabung des BVerfGG durch die internen, aber auch die externen Verfahrensbeteiligten ist."[44]

1. Senatsprinzip

a) Die Senate und das Plenum

Das BVerfG besteht aus zwei Senaten mit je acht Richtern (§ 2 BVerfGG). Präsident 38
und Vizepräsident des BVerfG, die verschiedenen Senaten angehören müssen (vgl. § 9 I S. 2 BVerfGG), führen in ihrem Senat den Vorsitz (§ 15 I S. 1 BVerfGG). Beide Senate sind einander gleichgeordnet, jeder Senat ist „Das Bundesverfassungsgericht".[45] Die Zuständigkeiten der Senate sind gesetzlich festgelegt; bei Überbelastung eines Senats kann das Plenum des BVerfG abweichende Regelungen beschließen (§ 14 IV BVerfGG). Das ist geschehen.[46] Das Schwergewicht der Entscheidungen zur Anwendung der Grundrechte liegt beim Ersten Senat. Bei Zweifeln über die Zuständigkeit des Senats entscheidet ein Richterausschuss (§ 14 V BVerfGG).[47]

Ein Senat darf die Entscheidungen des anderen Senats nicht überprüfen;[48] wenn ein Se- 39
nat in einer Rechtsfrage von der Rechtsauffassung des anderen, die eine Entscheidung getragen hat, abweichen will, so entscheidet darüber das Plenum (§ 16 I BVerfGG).[49] Ob das Plenum angerufen werden muss, entscheidet allein der zunächst für das Verfahren zuständige Senat. Ausschlaggebend ist, ob eine Aussage des anderen Senats gerade zu der nunmehr aufgeworfenen Verfassungsrechtsfrage vorliegt.[50] Auf dieser Rechtsfrage muss die Entscheidung des anderen Senats beruhen.[51] Weder das Plenum noch der andere Senat kann über die Voraussetzungen der Zuständigkeit des Plenums entscheiden.[52] Das Plenum hat bislang fünfmal im Verfahren nach § 16 I BVerfGG entschieden: BVerfGE 4, 27 – politische Parteien im Organstreit, BVerfGE 54, 277 – § 554b ZPO; BVerfGE 95, 322 – Art. 101 I S. 2 GG und überbesetzte gerichtliche Spruchkörper; BVerfGE 107, 395 – verfassungsrechtliche Gewährleistung fachgerichtlichen Rechtsschutzes bei Verstößen gegen Art. 103 I GG; BVerfGE 132, 1 – Einsatz

---

44 *Zuck,* EuGRZ 2015, 362.

45 BVerfGE 1, 14 (29); 2, 79 (95). Kritisch („interne Entzweiung" als Schwäche des BVerfG) *Schönberger,* Anmerkungen zu Karlsruhe, S. 50 f.: Das BVerfG sei „nie eins, nie ganz bei sich, sondern immer entzweit."

46 Vgl. z. B. den Beschluss vom 15.11.1993, BGBl. I S. 2492. Ausführlicher Bericht bei *Benda/Klein,* Verfassungsprozessrecht, Rdnr. 164 ff.

47 *Sattler,* S. 104 ff.; BVerfGE 82, 236 (256).

48 BVerfGE 7, 17 (18).

49 Dazu *Niebler,* FS Lerche, S. 801 ff.

50 BVerfGE 112, 1 (23); 112, 50 (63); 40, 88 (93 f.); 79, 256 (264).

51 BVerfGE 77, 84 (104); 112, 50 (63).

52 Kurios BVerfGE 96, 375 – Arzthaftung bei fehlgeschlagener Sterilisation. Der zuständige 1. Senat hielt eine Anrufung des Plenums nicht für erforderlich. Der 2. Senat, obwohl nicht mit dem Verfahren befasst, brachte seine Gegenauffassung – unzulässigerweise – in einem Beschluss ohne Aktenzeichen zum Ausdruck, der in einem Anhang zur Entscheidung des 1. Senats abgedruckt wurde (BVerfGE 96, 409). Das war nicht nur (verfassungs-)rechtlich unzulässig. Vom BVerfG kann erwartet werden, Konflikte zwischen den beiden Senaten nicht in polemischer Kontroverse, sondern durch interne Beratung auszutragen. Zum ganzen auch *Sangmeister,* JuS 1999, 21 ff.; *Wieland,* in: Dreier, GG, Art. 94 Rdnr. 18; *Benda/Klein,* Verfassungsprozessrecht, Rdnr. 182: „dem Ansehen des Gerichts in hohem Maße abträglich".

der Bundeswehr im Inland nach Art. 35 II u. III GG. Die sehr seltene Anrufung des Plenums hat ihren Grund nicht etwa in einer fast ausnahmslosen Übereinstimmung der Rechtsprechung beider Senate. Es gab mehrere Fälle, in denen ein Senat ohne Anrufung des Plenums bewusst oder unbewusst von der Rechtsprechung des anderen Senats abwich.[53] Vermutlich besteht eine ausgeprägte Zurückhaltung gegenüber der besonderen Zementierung von Rechtsauffassungen durch das Plenum.

Weitere Beschlüsse des Plenums ergingen in Verfahrensarten, die es heute nicht mehr gibt: die Entscheidung des Plenums nach § 16 III a. F. BVerfGG im Streit um die Zuständigkeit der Senate des BVerfG (Plenumsbeschluss vom 8. Sept. 1951, einen Tag nach der Vollendung der Errichtung des Gerichts, nicht abgedruckt, aber erwähnt in BVerfGE 1, 14 [28] – Südweststaatsurteil) und Entscheidungen im Gutachtenverfahren gemäß § 97 BVerfGG a. F. (BVerfGE 1, 76 – Durchführung des Art. 108 III GG; BVerfGE 2, 79 – Entscheidung einiger prozessualer Vorfragen im hinfällig gewordenen Gutachtenverfahren zum EVG-Vertrag; BVerfGE 3, 407 – Gutachten zur Zuständigkeit des Bundes zum Erlass eines Baugesetzes).

Das Plenum ist auch zuständig zur Entscheidung über die Entlassung von Richtern des Bundesverfassungsgerichts oder deren Versetzung in den Ruhestand (§ 105 BVerfGG). Weitere Aufgaben sind der Erlass der Geschäftsordnung (§ 1 III BVerfGG) und Personalvorschläge für die Wahl eines neuen Richters im Fall des § 7a II BVerfGG.

b) Die Kammern

40 Jeder Senat beruft für jeweils ein Jahr mehrere Kammern, § 15a BVerfGG.[54] Aus diesem Weg der Einsetzung und aus der Nichterwähnung der Kammern in § 2 I BVerfGG ergibt sich die organisatorische Zu- und Unterordnung der Kammer im Verhältnis zu „ihrem" Senat. Die Kammern werden ausschließlich in Verfahren der Richtervorlage und der Verfassungsbeschwerde tätig. Sie entscheiden – stets ohne mündliche Verhandlung und einstimmig[55] – über die Zulässigkeit der Richtervorlage (hierzu Rdnr. 164) und über die Annahme der Verfassungsbeschwerden zur Entscheidung; ausnahmsweise können sie anstelle des Senats der Verfassungsbeschwerde stattgeben und sind somit eigenständige Spruchkörper (vgl. §§ 93a ff. BVerfGG, unten Rdnr. 266). Neben den beiden Senaten sind auch die Kammern im Rahmen ihrer Kompetenz jeweils das BVerfG.[56] Es gibt keine prozessuale Befugnis des Senats, Kammerentscheidungen zu überprüfen oder ein Verfahren gegen den Willen der Kammer an sich zu ziehen. Wenngleich die Kammern als Bundesverfassungsgericht entscheiden, bedeutet dies nicht, dass Kammerentscheidungen die gleiche rechtliche Wirkung wie Senatsentscheidungen zukäme (z. B. hinsichtlich der Bindungswirkung nach § 31 I BVerfGG). Näheres dazu unten Rdnr. 164, 258ff.

c) Die Beschwerdekammer

Das Ende 2011 neu eingeführte Verfahren der Verzögerungsbeschwerde (§§ 97a ff. BVerfGG) hat mit der Beschwerdekammer (§ 97c BVerfGG) einen eigenständigen[57] neuen Spruchkörper geschaffen. Es handelt sich – im Unterschied zu den Kammern nach § 15a BVerfGG – um einen Unterausschuss des Plenums mit selbständiger Ent-

[53] *E. Klein,* AöR 108 (1983), 615; *H. H. Klein,* FS Stern, S. 1151.

[54] Eingehend *Hermes,* Senat und Kammern, S. 725ff.

[55] Zur hieraus resultierenden Konsensorientierung des Gerichts *Lübbe-Wolff,* S. 23ff.

[56] *A. Schäfer,* S. 69; *Ulsamer,* in: Maunz u. a., BVerfGG, § 15a Rdnr. 4; zu den früheren Vorprüfungsausschüssen BVerfGE 19, 88 (90); 18, 37 (38).

[57] *Benda/Klein,* Verfassungsprozessrecht, Rdnr. 188.

scheidungskompetenz. Die Entscheidungen der Beschwerdekammer sind unanfechtbar (vgl. Rdnr. 345k ff.).

2. Richter und Richterwahl

a) Die Qualifikation der Richter

Der Titel der Richter lautet: „Richter des Bundesverfassungsgerichts" (vgl. § 98 I **41**
BVerfGG). Die üblich gewordene Bezeichnung „Bundesverfassungsrichter" ist nicht schön und falsch. Auch viele Richter nennen sich selbst so.

Die Richter des Bundesverfassungsgerichts müssen nach § 3 BVerfGG mindestens 40 Jahre alt sein, zum Bundestag wählbar sein, sich schriftlich bereit erklärt haben, Mitglied des BVerfG zu werden und die Befähigung zum Richteramt besitzen. Dem steht die in der DDR erworbene Befähigung als Diplomjurist gleich, § 3 II BVerfGG iVm. dem Einigungsvertrag von 1990. Drei Richter jedes Senats werden aus der Reihe der Bundesrichter der anderen Bundesgerichte gewählt (§ 2 III BVerfGG; nach Art. 94 I S. 1 GG müssen es mindestens zwei Bundesrichter sein). Damit soll richterliche Erfahrung in die Rechtsfindung des BVerfG eingebracht werden.[58] § 2 III BVerfGG unterstreicht den Gerichtscharakter des BVerfG.[59] Alle Richter des Bundesverfassungsgerichts sind in diesem Amt hauptamtlich tätig (§§ 3 IV, 101 I BVerfGG). Nur die Tätigkeit als Hochschullehrer ist mit der Tätigkeit des Richters des Bundesverfassungsgerichts vereinbar (§§ 3 IV, 101 III BVerfGG).

Bei den Beratungen über das Grundgesetz und das Bundesverfassungsgerichtsgesetz gab es Bestrebungen, die Richterbank des BVerfG auch mit Laienbeisitzern zu besetzen. Nichtjuristen als Verfassungsrichter sollten – mehr als die Richter der traditionsbelasteten Justiz – einen besonderen Sinn für das Politische, für den Geist der neuen politischen Ordnung des Grundgesetzes in die Rechtsprechung des Gerichts einbringen. Die Staats- oder Verfassungsgerichte der Länder sind zum Teil mit solchen Richtern, die nicht die Befähigung zum Richteramt haben, besetzt.[60] In jedem Fall aber ist das Laienelement auf eine Minderheit der Richterbank beschränkt. Ein Juristenmonopol für das Amt des Landesverfassungsrichters kennen allein Bayern und das Saarland (vgl. § 2 III S. 2 VerfGHG Saarland, Art. 5 III S. 2 VerfGHG Bayern). Das Grundgesetz ließ diese für die Natur der Verfassungsgerichtsbarkeit wesentliche Frage – abgesehen von dem Hinweis auf eine nicht bestimmte Zahl von Bundesrichtern (Art. 94 I S. 1 GG) – erstaunlicherweise offen. So blieb auch offen, ob die Richter des BVerfG eigentlich hauptamtlich tätig sein sollten. Erst das BVerfGG entschied sich für ein „reines Juristengericht"[61] mit ausschließlich berufsrichterlichen Mitgliedern.

Eine größere Zahl der Richter des BVerfG sind Hochschullehrer oder kommt aus der Justiz und hier wiederum überwiegend von den Bundesgerichten. Andere Richter kommen aus dem Bundestag, wieder andere kommen aus der Bundes- oder Landesverwaltung oder waren vor ihrer Ernennung Landesminister

58 BVerfGE 65, 152 (157).

59 *Lechner/Zuck,* BVerfGG, § 2 Rdnr. 11.

60 *W. Fiedler,* Entstehung, S. 129 ff.; *Knöpfle,* Richterbestellung, S. 272 f.; *Wassermann,* NJW 1999, 471 f.

61 *Stern,* Staatsrecht II, S. 330 ff., 360; *Schlaich,* VVDStRL 39 (1981), S. 101 f. m. Nachw. Bemerkenswert ist, dass alle westlichen Demokratien mit Verfassungsgerichtsbarkeit die Spruchkörper ausschließlich mit Juristen besetzen, vgl. *v. Brünneck,* Verfassungsgerichtsbarkeit, S. 34–36.

oder gar Ministerpräsidenten.[62] Rechtsanwälte sind auch immer stark unterrepräsentiert.[63] Der aktuelle Präsident des Bundesverfassungsgerichts *Stephan Harbarth* war vor seiner Ernennung sowohl als Bundespolitiker als auch als Rechtsanwalt tätig – und ist damit einer von bislang lediglich vier Richtern mit einem beruflichen Werdegang im Bereich der Anwaltschaft.[64]

Zunehmend in die Diskussion rückt die Frage nach der Personalisierung der Verfassungsgerichtsbarkeit. Anders als etwa der US-amerikanische Supreme Court weist das BVerfG (noch) keine besonders ausgeprägte Fokussierung auf die einzelnen Richter als Personen auf; nach dem deutschen Verständnis geht „Rechtserkenntnis [...] als entpersonalisierter Prozess vonstatten."[65] Nicht die persönliche Meinung, sondern die Verfassungsauslegung steht im Vordergrund (vgl. Rdnr. 12ff.). Entsprechend sind auch die Beratungen innerhalb des Gerichts von Sachlichkeit und dem juristischen (nicht dem politischen) Argument geprägt.[66] Bestärkt wird die Entpersonalisierung durch die Gerichtsorganisation (beide Senate treten gleichberechtigt nebeneinander, ohne dass ein Senat in der Öffentlichkeit allein als „das Bundesverfassungsgericht" wahrgenommen würde)[67] und die ausgeprägte Konsensorientierung (Einstimmigkeitserfordernis in den Kammern, Berücksichtigung aller Stimmen in den Senatsberatungen)[68]. Die Person des Richters tritt insgesamt hinter die Institution des Gerichts, das den Fall entscheidet, und die Norm der Verfassung, die die materielle Grundlage bildet, zurück.[69] Trotzdem kennt auch die deutsche Verfassungsgerichtsbarkeit personenbezogene Institute wie das Sondervotum (Rdnr. 51ff.). Zudem rücken die Richter und vor allem der Präsident zunehmend in den Blickpunkt des öffentlichen (Medien-) Interesses, besonders in politisch bedeutsamen Verfahren.[70] Dem Medieninteresse trägt die in der mündlichen Verhandlung vor dem BVerfG im Unterschied zu anderen Gerichten zugelassene begrenzte Medienöffentlichkeit Rechnung (hierzu Rdnr. 69). Das Gericht ist sich seiner öffentlichen Wahrnehmung durchaus bewusst: Dies zeigen etwa die „Verhaltensleitlinien" mit Grundsätzen betreffend die Wahrung der Würde und des Ansehens des Amtes während und nach der Amtszeit als Richter des Bundesverfassungsgerichts[71], die sich die Richter jüngst gegeben haben (vgl. Rdnr. 28). Es bleibt abzuwarten, ob zukünftig eine stärkere Fokussierung auf die Richterpersönlich-

[62] Vgl. die Tabelle bei *Bryde*, Verfassungsentwicklung, S. 465; vgl. ferner *Ley*, ZParl 13 (1982), 521; *Landfried*, BVerfG, S. 15ff. Der 2011 zum Richter des Bundesverfassungsgerichts ernannte *Peter Müller* war zuvor für zwölf Jahre Ministerpräsident des Saarlandes. Zuvor hatte nur *Gebhard Müller*, der zwischen 1959 und 1971 als Verfassungsrichter tätig war, vor seiner Ernennung das Amt eines Ministerpräsidenten bekleidet.

[63] Dazu *Zuck*, NJW 2013, 2249; kritisch etwa *Ewer/Filges*, AnwBl. 2011, 663; *Freudenberg*, AnwBl. 2016, 337.

[64] Vgl. *Zuck*, NJW 2013, 2249.

[65] *O. Lepsius*, JöR 64 (2016), S. 123, 156.

[66] *Lübbe-Wolff*, S. 23ff.

[67] *O. Lepsius*, JöR 64 (2016), S. 123, 169f.

[68] *Lübbe-Wolff*, S. 23ff.; s. auch *O. Lepsius*, JöR 64 (2016), S. 123, 160f.

[69] *O. Lepsius*, JöR 64 (2016), S. 123, 159f.; *Doering-Manteuffel*, Richter, S. 81, 82: „Die Richterpersönlichkeiten verschwinden hinter dem Anspruch des Gerichts auf Zeitlosigkeit seiner Rechtsprechung."

[70] *O. Lepsius*, JöR 64 (2016), S. 123, 163ff. und 178ff. Zur Einbeziehung von Richterpersönlichkeiten in eine historisierende Forschung über das Bundesverfassungsgericht *Doering-Manteuffel*, Richter, S. 81, 82ff.; *Voßkuhle/Schemmel*, AöR 2019, 425. Zu gesellschaftlichen Präferenzen hinsichtlich der Besetzung des Bundesverfassungsgerichts *Ernst u. a.*, PVS 2020, 39ff.

[71] Verhaltensleitlinien für Richterinnen und Richter des Bundesverfassungsgerichts (in der Fassung von November 2017), abrufbar unter http://www.bundesverfassungsgericht.de/DE/Richter/Verhaltensleitlinie/Verhaltensleitlinien_node.html (letzter Zugriff 13.04.2021).

keiten zu beobachten sein wird oder ob es bei der aktuell vorherrschenden Institutionenbezogenheit des Gerichts bleibt.

b) Die Wahl der Richter

Die Richter werden auf zwölf Jahre gewählt; die Altersgrenze ist das 68. Lebensjahr. 42
Zur Sicherung ihrer Unabhängigkeit ist eine Wiederwahl ausgeschlossen (§ 4 BVerfGG). Probleme können sich ergeben, wenn bei Ablauf der gesetzlich bestimmten Amtszeit eines Richters noch kein Nachfolger gewählt und ernannt worden ist (zur Ernennung § 10 BVerfGG). Nach § 4 IV BVerfGG amtieren die Richter bis zur Ernennung des Nachfolgers. Bei Verzögerung der Wahl des Nachfolgers unterbreitet das BVerfG Wahlvorschläge, § 7a BVerfGG. Nach Art. 101 I S. 2 GG unzulässig ist ein Ersuchen des Gerichts an das Wahlorgan, die Wahl des Nachfolgers hinauszuschieben (etwa um ein großes Verfahren in der alten Besetzung zu Ende führen zu können).[72]

Die Richter werden – in „föderativer Parität"[73] – je zur Hälfte vom Bundestag[74] und vom Bundesrat gewählt (Art. 94 I S. 2 GG, § 5 I BVerfGG).[75] In beiden Gremien ist dazu eine Zwei-Drittel-Mehrheit erforderlich, was nicht das Grundgesetz, sondern lediglich das Bundesverfassungsgerichtsgesetz festlegt (§§ 6 I S. 2, 7 BVerfGG). Während der Bundesrat im Plenum wählt, erfolgte die Wahl im Bundestag entgegen dem Wortlaut des Art. 94 I S. 2 GG bis zur Novellierung des § 6 BVerfGG im Jahre 2015 durch einen Wahlausschuss, also indirekt. Heute findet eine direkte Wahl durch das Plenum statt, jedoch auf einen Vorschlag des Wahlausschusses hin, der aus zwölf Personen besteht und seinerseits vom Plenum des Bundestages nach den Grundsätzen der Verhältniswahl gewählt wird (§ 6 II BVerfGG).

Zu dem bis 2015 geltenden Wahlrecht gab es immer wieder Stimmen, die die indirekte Wahl durch den Wahlausschuss gemäß § 6 BVerfGG für verfassungswidrig hielten.[76] Sie behaupteten sich auch gegenüber einer 65-jährigen Praxis. Zwar ist der Bundestag kraft seiner Geschäftsordnungsautonomie (Art. 40 I S. 2 GG) berechtigt, Ausschüsse einzurichten. Deren Aufgaben müssen aber im Rahmen der Geschäftsordnungskompetenz verbleiben, also innere Angelegenheiten des Bundestages sein. Die Wahl der Verfassungsrichter wirkt jedoch – der Bundestag ist hier Kreationsorgan für ein anderes Verfassungsorgan – nach außen. Allerdings gibt die jetzt eingeführte Wahl durch das Plenum des Bundestags (§ 6 I S. 1 BVerfGG) keine glückliche Perspektive.[77] Der Wahlausschuss unterbreitet einen Vorschlag, gewählt wird ohne Aussprache mit verdeckten Stimmzetteln. Der Verzicht auf eine Aussprache macht die Wahl im Plenum zu einer „Mogelpackung"[78], denn das Plenum kann nur vom Ausschuss vorgeschlagene Kandidaten wählen. Es wird dabei bleiben, dass die eigentlichen Entscheidungen durch den Ausschuss getroffen werden.

---

72 Zu einem solchen Fall im Jahre 1995 *Höfling/Roth,* DÖV 1997, 67ff.

73 *Bettermann,* FS Zweigert, S. 726.

74 Zur Wahl der Richter durch den Bundestag *Gusy,* Parlament, S. 1625ff.

75 Überblick zum Wahlverfahren bei *Gärditz,* DRiZ 2020, 348ff.

76 Auch nachdem sich das Gericht selbst zur Verfassungsmäßigkeit geäußert hatte, BVerfGE 131, 230 (234ff.); kritisch *Wiefelspütz,* DÖV 2012, 961ff.

77 *Pietzcker/Pallasch,* JuS 1995, 511f. (mit Nachweisen). Vgl. auch *S. Koch,* ZRP 1996, 41ff.

78 *Lechner/Zuck,* BVerfGG, § 6 Rdnr. 4; kritisch bereits im Vorfeld *M. Schröder,* ZG 2015, 150.

BVerfGE 131, 230 (234ff.) nannte vor allem zwei Gründe für die verfassungsrechtliche Zulässigkeit der bis 2015 praktizierten indirekten Richterwahl: Der verfassungsändernde Gesetzgeber habe „die immer wieder geübte Kritik an der Zulässigkeit der indirekten Wahl [...] nicht zum Anlass genommen, bei den mehrfach erfolgten Änderungen der Art. 92 bis 94 GG [...] eine Korrektur vorzunehmen." Die Übertragung auf den Wahlausschuss diene dem Ziel, „das Ansehen des Gerichts und das Vertrauen in seine Unabhängigkeit zu festigen und damit seine Funktionsfähigkeit zu sichern." Beides überzeugt nicht. Dennoch war die Entscheidung unausweichlich. Hätte das Gericht die indirekte Wahl verworfen, wäre es durchgehend fehlerhaft besetzt gewesen.

43 In dem von der Bestellung der übrigen Bundesrichter abweichenden Modus der Wahl der Richter des BVerfG[79] – durch den Bundestag und den Bundesrat als den demokratisch bzw. föderativ-gubernativ legitimierten obersten Verfassungsorganen des Bundes – kommt der besondere Stellenwert der Verfassungsgerichtsbarkeit zum Ausdruck. Das BVerfG hat auch die Aufgaben, den demokratischen Gesetzgeber zu kontrollieren und föderative Streitigkeiten zu entscheiden. Dies rechtfertigt es, die Richter des BVerfG gerade durch das höchste demokratisch gewählte Verfassungsorgan und durch das Verfassungsorgan, das die Länder auf der Ebene des Bundes vertritt, wählen zu lassen.

Mit dem Erfordernis der Zwei-Drittel-Mehrheit soll die politische Neutralität der Richter des BVerfG ein Stück weit gewährleistet werden: Der jeweiligen Parlamentsmehrheit wird es, solange sie nicht die qualifizierte Mehrheit hat, verwehrt, ausschließlich ihre eigenen Leute oder Leute ihrer Richtung in das BVerfG zu bringen. Zugleich sorgt dieses Erfordernis dafür, dass Kandidaten mit „extremen Überzeugungen"[80] bei der Wahl praktisch keine Chance haben.[81]

44 In seiner ersten Fassung von 1951 sah das BVerfGG sogar eine Drei-Viertel-Mehrheit für die Richterwahlen vor. Die Zwei-Drittel-Mehrheit wurde dann aber durch die 1. Novelle zum BVerfGG von 1956[82] eingeführt; der damalige Regierungsentwurf zur Novellierung des BVerfGG hatte bei einem zweiten Wahlgang die einfache Mehrheit ausreichen lassen wollen.[83] In diesem Gesetzgebungsverfahren kam deutlich der Sinn der qualifizierten Mehrheit bei der Wahl der Richter zum Ausdruck: Die Aufgabe des BVerfG, „Hüter der Rechte der Minderheit" (so der Abg. *Bucher*) zu sein,[84] mache es notwendig, dass bereits bei der Bestellung der Richter auch die „Minderheit" bzw. die Opposition im Spektrum der politischen Auseinandersetzungen zum Zuge komme. Die Zwei-Drittel-Mehrheit statt der einfachen oder der absoluten Mehrheit ist ein klassisches Instrument des Minderheitenschutzes in einer Abstimmung oder Wahl,[85]

[79] Aus der großen Literatur zur Wahl der Richter des BVerfG: *v. Eichborn; Kröger,* S. 76ff.; *Frowein/H. Meyer/P. Schneider,* S. 68ff.; *Zimmer,* S. 303ff.; *Knöpfle,* Richterbestellung, S. 231ff.; *Geiger,* EuGRZ 1983, 397ff. Überwiegend kritisch, auch zur gegenwärtigen Praxis, *Geck,* Wahl und Amtsrecht, S. 62 u. 64 m. w. N.; *Hopfauf,* ZRP 1994, 89ff.; *Stern,* GS Geck, S. 885ff., tritt für eine größere Transparenz der Wahlentscheidungen ein. Vgl. auch *Frank,* FS Faller, S. 37ff.; *Wimmer; Pieper.* Rechtsvergleichend zu den Auswahlverfahren in der Schweiz, Österreich, Deutschland, Italien, Frankreich, Spanien, Portugal und den USA *Majer,* Auswahl, S. 177ff. Eingehend und übersichtlich *Gusy,* Parlament, S. 1625ff. Entschieden *Häberle,* Bundesverfassungsrichter-Kandidaten, S. 131ff. Vgl. auch *Isensee,* JZ 1996, 1092.

[80] *Ruppert,* in: Umbach/Clemens/Dollinger, BVerfGG, § 6 Rdnr. 24; vgl. auch *Wittmann,* in: Barczak, BVerfGG, § 6 Rdnr. 45.

[81] *Lübbe-Wolff,* S. 31.

[82] Änderungsgesetz vom 21.7.1956, BGBl. I S. 662.

[83] Vgl. *Kröger,* S. 91.

[84] *Laufer,* S. 188ff.

[85] *Heun,* Mehrheitsprinzip, S. 125ff.

wie ja auch die Verfassung u. a. dem Schutz der Minderheiten dient und deshalb nur im Wege der Zwei-Drittel-Mehrheit zu ändern ist. Eine Fraktion, die nicht ein Drittel der Sitze im Parlament hat, kommt allerdings bei der Richterwahl nur zum Zuge, wenn ihr eine größere Partei einen Sitz überlässt.

Das Erfordernis der Zwei-Drittel-Mehrheit zwingt die Parlamentsmehrheit und die Opposition zur Erzielung eines Einverständnisses, und zwar – nach dem Sinn der Regelung – „ad hoc und ad personam".[86] Keine Seite kann ihre Kandidaten ohne Zustimmung der anderen Seite wählen; es entsteht so eine *„Parität zwischen Koalition und Opposition"*,[87] solange jede Seite zumindest über ein Drittel der Stimmen verfügt. Der Zwang zum Einverständnis führte aber in der politischen Praxis nicht dazu, dass man sich auf Personen einigt. Vielmehr sind die Richtersitze mehr oder weniger auf die beiden großen Parteien aufgeteilt. Beim Ausscheiden eines Richters ist klar, welche Fraktion mit der Neubesetzung der Stelle am Zuge ist („Erbhöfe"[88]). So sind es heute die Fraktionen bzw. deren Beauftragte (sog. Findungskommissionen), die Vorschläge zur Besetzung der Richterstellen machen;[89] diese Vorschläge werden von der Gegenseite in der Regel hingenommen und vom Bundesrat und vom Wahlgremium des Bundestages dann meist einstimmig akzeptiert. Die Öffentlichkeit ist – zumindest offiziell – nicht beteiligt, eine öffentliche Debatte ist durch die Verschwiegenheitspflicht der Beteiligten (§ 6 IV BVerfGG) weithin unterbunden. So ist das Prinzip der Zwei-Drittel-Mehrheit in der Gefahr, zur Absicherung der zwei politischen Machtpositionen in Berlin zu degenerieren.[90] Übertreibungen in dieser Richtung haben aber auch Gegenkräfte aktiviert; so haben sich die Fraktionen auch auf „Neutrale" geeinigt. 45

Mit dieser Art der Parität zwischen Koalition und Opposition wird eine gewisse Ausgewogenheit zwischen eher konservativ und eher progressiv eingestellten Richtern erreicht, wobei das Entscheidungskriterium zum Teil schlicht auf Mitgliedschaft oder Nähe zur CDU/CSU oder SPD reduziert und der FDP oder einer anderen kleineren Koalitionspartei vom jeweiligen Koalitionspartner ein Sitz zugestanden wird. Diese Parität bzw. Ausgewogenheit innerhalb der Senate dürfte für die (politisch gesehen) insgesamt mittlere und zurückhaltende Linie der Rechtsprechung des BVerfG und für die bislang breite Akzeptanz seiner Entscheidungen von Gewicht sein.[91] Studien zeigen, dass parteipolitische Sympathien das Entscheidungsverhalten der Richterinnen und Richter nur zum Teil beeinflussen.[92]

c) Das Verfahren der Richterwahl in der Diskussion

Ob man das praktizierte Verfahren verurteilt, hängt von dem *Vorverständnis* über die Funktion des BVerfG ab:

(1) Geht man davon aus, das BVerfG sei ein Gericht und *nichts als ein Gericht* und habe deshalb so neutral zu sein wie andere Gerichte, so gilt, was *Bettermann* schrieb: „Dagegen ist es illegitim, weil mit der grundgesetzlichen Zuordnung der Verfassungsgerichtsbarkeit zur ‚dritten Gewalt' unvereinbar, das Verfassungsgericht durch fraktionsproportionale Besetzung zum Spiegelbild des Parlaments zu machen. Was die 46

[86] *Pestalozza,* Verfassungsprozeßrecht, 2. Aufl. 1982, S. 33.
[87] *Bettermann,* FS Zweigert, S. 726.
[88] *Friesenhahn,* in: Frowein/H. Meyer/P. Schneider, S. 71.
[89] Umfassend zu informellen Vorabsprachen *M. Schröder,* ZG 2015, 150, 152 ff.
[90] Vgl. generell dazu auch *Böckenförde,* Verfassungsfragen, S. 106; *Holtfort,* S. 194.
[91] So auch *Voßkuhle,* in: v. Mangoldt/Klein/Starck, GG, Art. 94 Abs. 1 Rdnr. 15; *Brocker,* DRiZ 1997, 165; *Hoffmann-Riem,* EuGRZ 2008, 561.
[92] Vgl. *Engst/Gschwend/Schaks/Sternberg/Wittig,* JZ 2017, 816, 824.

Opposition … verlangen kann, ist allein dies, dass alle Verfassungsrichter das Vertrauen aller parlamentarischen Gruppen genießen: nicht nur der Mehrheit, sondern auch der Minderheit(en), nicht nur der Koalition, sondern auch der Opposition … Dem Verfassungsgericht dürfen weder Mehrheits- noch Minderheitsvertreter … angehören, sondern nur solche Richter, die zu allen politischen und parlamentarischen Gruppen und Mächten gleiche Distanz haben und halten"; die Opposition darf „ihre Sperrminorität allein als Instrument zur personellen Neutralisierung der Verfassungsgerichte einsetzen, statt es zu missbrauchen, um eigene Parteigänger einzuschleusen, sich also mit der Regierung die ‚Beute zu teilen'".[93]

47 (2) Geht man aber – beispielsweise mit *Häberle*[94] – davon aus, die Verfassungsgerichtsbarkeit habe (zumindest auch) „als *Teilverfahren des politischen Prozesses* im Gesamtsystem eine politische Funktion", so wird man bestrebt sein, durch die Richterwahl eine „Sicherung optimaler gesellschaftlicher (pluralistischer) Präsenz und Repräsentanz" im BVerfG zu erreichen. Das gegenwärtige Verfahren zur Besetzung des Gerichts, durch das Regierung und Opposition mehr oder weniger ein Gleichgewicht in den Senaten erreichen, wird man dann für adäquat halten.

Den richtigen Ausgangspunkt kann nur die erste Meinung bilden. Das BVerfG ist kein Organ zur Fortsetzung der Politik; es ist auch nicht Repräsentant der politischen Strömungen in der Bevölkerung. Ein Gericht repräsentiert nicht. Aber das Prinzip ist zu Recht nicht rein verwirklicht. Angesichts der Offenheit des Verfassungsrechts und angesichts des politischen Gewichts der Entscheidungen des BVerfG ist die besondere demokratische bzw. „politische" Anbindung der Richter des BVerfG durch eine Wahl seitens politischer Gremien richtig.[95] Damit schlagen aber die Fraktionierung und Pluralisierung mit einer gewissen (faktischen, nicht rechtlichen) Notwendigkeit durch. Die Frage ist, bis zu welchem Grade das zulässig ist und wie man es begrenzen kann. Letztlich ist die Auswahl der Richter des Bundesverfassungsgerichts in die Verantwortung weniger Parlamentarier gelegt. Das gilt auch nach der Novellierung des § 6 I BVerfGG, weil die vom Plenum des Bundestags gewählten Richter die Vorentscheidung des Wahlausschusses durchlaufen müssen. Richter des Gerichts versichern, dass die parteiliche Herkunft oder Neigung der Richter in den Beratungen und Entschließungen kaum eine Rolle spielt. Allerdings finden sich auch Entscheidungen, bei denen es Voten und erkennbares Abstimmungsverhalten entlang den Parteilinien gibt, vgl. etwa BVerfGE 104, 55 (61 ff.) und 105, 313 (342 ff.) – Lebenspartnerschaftsgesetz, Sondervoten *Papier, Haas* und *Steiner;* BVerfGE 106, 310 (337 ff.) – Abstimmungsverfahren im Bundesrat, Sondervoten der Richterinnen *Osterloh* und *Lübbe-Wolff.*

Vorschläge zur Veränderung des Wahlmodus gab und gibt es in großer Zahl.[96] Entscheidend ist nach wie vor, dass „die das Verfahren beherrschenden Parteien […] nicht geneigt [sind], die bestehenden Möglichkeiten der Machtausübung durch eine Gesetzes- oder gar Verfassungsänderung zu begrenzen."[97]

---

[93] *Bettermann,* FS Zweigert, S. 745 f.; zustimmend *Knöpfle,* Richterbestellung, S. 237; vgl. auch *Schlaich,* Neutralität, S. 63.

[94] *Häberle,* Grundprobleme, S. 4, 24.

[95] In diesem Punkt zustimmend *Gusy,* Parlament, S. 1631 ff.; *Kischel,* in: HStR III, § 69 Rdnr. 27 ff., 53 ff. Kritisch *Majer,* Auswahl, S. 196.

[96] Überblick bei *Majer,* Auswahl, S. 195 ff.; *Wiefelspütz,* DÖV 2012, 962 f.

[97] *Geck,* Wahl und Amtsrecht, S. 43.

3. Die wissenschaftlichen Mitarbeiter[98]

Jedem Richter des BVerfG sind bis zu vier wissenschaftliche Mitarbeiter zugewiesen, 48
die für eine begrenzte Zeit, häufig von anderen Gerichten oder aus der Ministerialverwaltung abgeordnet, beim BVerfG tätig sind. Das BVerfGG erwähnt sie nicht, auch in der Öffentlichkeit ist ihnen bislang wenig Aufmerksamkeit gewidmet worden. Die wissenschaftlichen Mitarbeiter haben weder richterliche Befugnisse noch gehören sie zum Verwaltungspersonal. Ihre Aufgaben umschreibt § 13 I GeschO BVerfG: „Die wissenschaftlichen Mitarbeiter unterstützen das Mitglied des Gerichts, dem sie zugewiesen sind, bei dessen dienstlicher Tätigkeit. Sie sind dabei an dessen Weisungen gebunden." Wie der Richter seine Mitarbeiter einsetzt, hängt weitgehend von seinem persönlichen Arbeitsstil ab. Die Mitarbeiter unterstützen die Richter vor allem bei der Abfassung von Voten und Entscheidungen der Kammern und Senate, bereiten mündliche Verhandlungen vor, erarbeiten Stoffsammlungen und dergleichen.[99] Angesichts der jährlich derzeit etwa 5 500 anhängig werdenden Verfassungsbeschwerden ist diese Zuarbeit unentbehrlich geworden. Der Umfang der Mitarbeit bleibt unbekannt, worauf die respektvoll-ironische Bezeichnung der wissenschaftlichen Mitarbeiter als „3. Senat" zielt. Gegen die Mitarbeit sind teilweise Bedenken unter den Gesichtspunkten des Rechtsprechungsmonopols der Richter (Art. 92 GG), der richterlichen Unabhängigkeit (Art. 97 GG) und des Rechts auf den gesetzlichen Richter (Art. 101 GG) angemeldet worden.[100] Die vorbereitenden Arbeiten werden aber ausschließlich dem Richter zugerechnet, der die Verantwortung trägt. An den Beratungen und Entscheidungen der Senate wirken die wissenschaftlichen Mitarbeiter nicht mit.

III. Die Beschlussfassung mit Mehrheit und das Sondervotum

1. Mehrheitsentscheidung und Losverfahren

Das BVerfG entscheidet – abgesehen von den gesetzlich geregelten Ausnahmefällen 49
des Erfordernisses einer Zwei-Drittel-Mehrheit (§§ 15 IV S. 1, 105 V S. 3 BVerfGG) – mit der Mehrheit der an der Entscheidung mitwirkenden Mitglieder des Senats.[101] Je-

[98] *Gehle,* in: Umbach/Clemens/Dollinger, BVerfGG, vor §§ 93 a ff. Rdnr. 19–25 m. w. N.; *Volp,* in: Barczak, § 1 Rdnr. 114–125; *Roellecke,* KritVj 1991, 82–85; *Wieland,* Beitrag, S. 258 ff.; *Faller,* FS Benda, S. 44–49; *Kischel,* in: HStR III, § 69 Rdnr. 85 f.; *Hiéramente,* ZRP 2020, 56 ff. Eine ironische Selbstdarstellung der Mitarbeiter findet sich in der Gedächtnisschrift für den fiktiven F. G. Nagelmann (Umbach u. a. [Hrsg.], Das wahre Verfassungsrecht, 1984). Interessante Selbstzeugnisse von Richtern zur Rolle der wissenschaftlichen Mitarbeiter bei *Kranenpohl,* S. 86 ff.; aus Richtersicht *Lübbe-Wolff,* S. 15; *Voßkuhle,* BayVBl 2020, 577, 579 f.

[99] *Voßkuhle,* BayVBl 2020, 577, 579 spricht von „durchaus kritische[n] ‚Sparringspartner[n]' für die eigenen Ideen und Lösungsvorschläge".

[100] *J. Kohl,* GS Nagelmann, S. 387 ff.; *Roellecke,* KritVj 1991, 83 f.

[101] Es gibt immer wieder Forderungen, jedenfalls normverwerfende Entscheidungen des BVerfG von einer Zwei-Drittel-Mehrheit abhängig zu machen, so schon *Dichgans,* S. 189 ff.; zu Beratungen im Rechtsausschuss des Bundestages *Häußler,* S. 209 ff. Dem sollte nicht gefolgt werden. Formale und starre Mechanismen sind ungeeignet, Zurückhaltung des BVerfG im Verhältnis zum Gesetzgeber einzufordern. Außerdem könnten Minderheitspositionen innerhalb des Gerichts ein ihnen nicht zukommendes Gewicht erlangen. Ablehnend auch die grundlegende Studie von *v. Danwitz,* JZ 1996, 481 ff.

der Senat ist beschlussfähig, wenn von den acht Richtern mindestens sechs anwesend sind.[102]

Um Beschlussunfähigkeit des Senats beim Fehlen von mehr als zwei Richtern nach Möglichkeit zu verhindern, hat die Novellierung des BVerfGG zum 1. Januar 1986 eine im früheren Recht nicht vorgesehene Vertretungsregelung eingeführt.[103] § 15 II BVerfGG wurde um die Sätze 2–4 erweitert: „Ist ein Senat in einem Verfahren von besonderer Dringlichkeit nicht beschlussfähig, ordnet der Vorsitzende ein Losverfahren an, durch das so lange Richter des anderen Senats als Vertreter bestimmt werden, bis die Mindestzahl erreicht ist. Die Vorsitzenden der Senate können nicht als Vertreter bestimmt werden. Das Nähere regelt die Geschäftsordnung." Diese Regelung[104] gilt demnach nur für Verfahren mit besonderer Dringlichkeit,[105] im Übrigen findet keine Vertretung statt.

Bei der Abstimmung kann es zu Stimmengleichheit kommen. Einen Stichentscheid gibt es nicht; bei Stimmengleichheit kann ein Verstoß gegen das Grundgesetz oder sonstiges Bundesrecht nicht festgestellt werden (§ 15 IV S. 3 BVerfGG).[106] Für die Feststellung einer Verfassungswidrigkeit ist also immer mehr als die Hälfte der Stimmen erforderlich.

50 Die Senate können – nach im Übrigen geheimer Beratung – das Stimmenverhältnis bei der Abstimmung mitteilen (§ 30 II S. 2 BVerfGG). Auch Einstimmigkeit wird gelegentlich ausdrücklich vermerkt.[107] Zum Teil wird sogar das Stimmenverhältnis bei Abstimmungen zu einzelnen Rechtsfragen mitgeteilt.

So kann es heißen: „Die Entscheidung zu I ist einstimmig, zu II mit 6 zu 1 Stimmen ergangen."[108] Die Mitteilung kann auch lauten, die Entscheidung sei „im Ergebnis" einstimmig ergangen;[109] damit wird angezeigt, dass man sich in der Begründung nicht einigen konnte. Die Mitteilung, die Entscheidung sei im Ergebnis mit 5:3 Stimmen ergangen,[110] kann dagegen die Einstimmigkeit in der Begründung für das bloß mehrheitlich gefundene Ergebnis signalisieren. Bei Stimmengleichheit teilt das BVerfG nicht nur die Begründung der Meinung, die die Entscheidung „trägt", sondern auch die Gegenmeinung der anderen Hälfte der Richter mit,[111] zum Teil sogar mit Nennung der Namen.[112] Einmal wird nach der Mitteilung

102 § 32 VII BVerfGG enthält eine Sonderregelung für den Erlass einer einstweiligen Anordnung. Bei besonderer Dringlichkeit kann die einstweilige Anordnung erlassen werden, wenn mindestens drei Richter des Senats anwesend sind und der Beschluss einstimmig gefasst wird.

103 Vgl. *Ulsamer*, EuGRZ 1986, 116.

104 Zur Ausgestaltung vgl. § 38 GeschO BVerfG.

105 Zum Begriff der besonderen Dringlichkeit *Mellinghoff*, in: Maunz u. a., BVerfGG, § 15 Rdnr. 31.

106 Vgl. etwa BVerfGE 73, 206 (230, 261). Daraus hat BVerfGE 92, 1 (14) die nach dem Wortlaut des § 15 IV S. 3 BVerfGG keineswegs selbstverständliche Folge abgeleitet, bei Stimmengleichheit bleibe „die verfassungsrechtliche Frage selber ... unentschieden". Stimmengleichheit bei der Entscheidung über die Zulässigkeit des Antrags führt zu dem Ergebnis der Unzulässigkeit (BVerfGE 60, 360 [369]). Vgl. auch *Kaiser*, Mehrheitsprinzip, S. 281 ff.

107 Vgl. nur BVerfGE 59, 280 (287); 101, 158 (238).

108 BVerfGE 64, 67 (70) – einstweilige Anordnung zum Volkszählungsgesetz: Einstimmigkeit bezüglich der einstweiligen Aussetzung des Vollzugs einzelner Vorschriften, Mehrheit für Aussetzung im ganzen. Die Hauptsacheentscheidung teilt das Abstimmungsergebnis nicht mit (BVerfGE 65, 1 [71]).

109 BVerfGE 63, 230 (250); 65, 325 (359); 76, 256 (362). Vgl. auch BVerfGE 82, 30 (40).

110 BVerfGE 63, 254 (255).

111 Seit BVerfGE 20, 162 (178, 185) – Spiegelentscheidung; 53, 224 (249 ff.) – 1. Eherechtsreformgesetz; 65, 76 (98 ff.) – Asylverfahrensgesetz; 66, 116 (143, 144) – Wallraff; 70, 69 (87); 111, 10 (43 ff.) – LadenschlussG. In BVerfGE 73, 206 – Sitzblockade – führt das mehrmalige Hin- und Herspringen (242, 247, 257, 260) zwischen den Begründungen der einen Gruppe und der anderen Gruppe von

des Abstimmungsergebnisses (7: 1 für die Zurückweisung der Verfassungsbeschwerde) in der Urteilsbegründung fortgefahren: „Der Richter *Steinberger* ist der Auffassung ..."[113]

2. Sondervotum

Seit der Änderung des BVerfGG von 1970 kann jeder Richter seine in der Beratung vertretene „abweichende Meinung" zu der Entscheidung oder auch nur zu deren Begründung in einem offenen Sondervotum niederlegen (§ 30 II S. 1 BVerfGG).[114] 51

Die Möglichkeit des Sondervotums lehnte der Gesetzgeber des BVerfGG von 1951 noch kategorisch ab. Man fürchtete um die Autorität des Gerichts, wenn verschiedene Auffassungen der Richter publik würden. Dennoch gab es seltene Vorformen des Sondervotums. Im Spiegel-Urteil von 1966, in dem es um das Spannungsverhältnis von Pressefreiheit und Staatsschutz ging, referieren die Urteilsgründe angesichts eines 4:4 Stimmenverhältnisses der Richter die „eine Auffassung" und die „die Entscheidung tragende Auffassung" – BVerfGE 20, 162ff.

Mehrere Richter können auch gemeinsam ein Sondervotum abgeben. Das Sondervotum (die prozessuale Form der abweichenden Meinung) wird wie die Entscheidung in der amtlichen Sammlung publiziert; gelegentlich sind die Sondervoten länger als die Begründung der Mehrheitsmeinung.[115] Die Einzelheiten regelt § 55 GeschO BVerfG. Die Möglichkeit des Sondervotums gibt es außerhalb der Verfassungsgerichtsbarkeit nicht.[116] Die große Diskussion um seine Berechtigung und Wirkung kann hier nicht referiert werden.[117] Seine Einführung ist Ausdruck für den in Fragen des Verfassungsrechts vorhandenen Pluralismus in Methode und Ergebnis der Verfassungsinterpretation. Bei der Verfassungsauslegung kommt dem Vorverständnis des Richters, nicht zuletzt auch in politischer Hinsicht, ein besonderes Gewicht zu. Das Sondervotum wie auch die Mitteilung der Abstimmungsverhältnisse und die Wiedergabe verschiedener

---

jeweils vier Richtern zu Verständnisschwierigkeiten bei der Lektüre der Entscheidung. Die Übung, bei Stimmengleichheit die Begründung auch derjenigen vier Richter mitzuteilen, die die Entscheidung nicht trägt, wurde begonnen, bevor das Sondervotum zulässig wurde. Seither ist diese Übung überholt und entbehrlich. Die vier Richter, deren Meinung die Entscheidung nicht trägt, könnten gemeinsam ein Sondervotum abgeben. Entschieden so *Starck*, GS Geck, S. 789ff.

[112] BVerfGE 52, 131 (143ff.) – Arzthaftung; 80, 367 (376) – Tagebuchähnliche Aufzeichnungen des Beschuldigten. In BVerfGE 82, 236 – Startbahn West – ergab sich Stimmengleichheit. Alle acht Richter werden in zwei Gruppen mit Namen benannt (S. 260 und 264f.).

[113] BVerfGE 61, 28 (37); vgl. auch 60, 319 (328).

[114] Bericht mit Übersicht von *Zierlein*, DÖV 1981, 83; *Heyde*, Das Parlament 39 (1981), 10; *Millgramm*, Separate Opinion und Sondervotum.

[115] Vgl. BVerfGE 53, 30 (48–69 und 69–96).

[116] Zur Etablierung von Sondervotum in der Landesverfassungsgerichtsbarkeit *Benda/Klein*, Verfassungsprozessrecht, Rdnr. 387f.; *Bleiler*, in: Barczak BVerfGG, § 30 Rdnr. 24.

[117] Lit. bei *Zierlein*, DÖV 1981, 83. Von Gewicht für die Einführung des Sondervotums waren die Verhandlungen des 47. Deutschen Juristentags mit Referat u. a. von *Friesenhahn* (47. DJT, Bd. II, 1968, S. R 33ff.). Vgl. *Heyde*, JöR 19 (1970), 201ff.; *Häberle*, Grundprobleme, S. 31f.; *ders.*, Zeit, S. 302ff.; *Geiger*, FS Hirsch, S. 455ff.; *Mahrenholz*, Sondervotum, S. 167ff.; *Lamprecht*, Richter, und dazu *Kühnert*, NJ 1992, 473ff.; krit. z. B. *Stern*, Staatsrecht II, S. 1043; *Ritterspach*, FS Zeidler, Bd. 2, S. 1379ff., und für die Landesverfassungsgerichte *Geck*, Sondervoten, S. 315ff. *Benda/Klein*, Verfassungsprozessrecht, Rdnr. 387f., sehen die Vorteile und die Nachteile des Sondervotums, plädieren aber dafür, verbunden mit der Empfehlung, von der Möglichkeit des Sondervotums nur zurückhaltend Gebrauch zu machen, es bei dem jetzigen Rechtszustand zu belassen. Positiv *Pestalozza*, Verfassungsprozeßrecht, § 20 Rdnr. 41f. Kritisch *Sendler*, BWVBl. 1994, 41ff.

Ansichten der Richter schon in den Urteilsgründen zeigen, dass das Verfassungsrecht auch innerhalb des Gerichts in der Diskussion[118] war und ein künftiger Wandel in der Rechtsprechung möglich erscheint. Es bleibt aber dabei, dass die umstrittene Frage durch das Mehrheitsvotum (zunächst) entschieden ist. Das Sondervotum gibt etwas von der Beratung des Gerichts preis, es schwächt aber nicht die Autorität der Gerichtsentscheidung:[119] Die (Mehrheits-)Entscheidung und deren Begründung werden nach wie vor von allen Richtern getragen und deshalb auch unterzeichnet. Eine Schwächung der Autorität des Gerichts und seiner Entscheidungen durch das Sondervotum wird vielfach befürchtet, sie ist aber bislang nicht zu beobachten. Im Gegenteil: Die Offenlegung verschiedener Ansichten und Begründungen macht deutlich, dass die gerichtliche Entscheidung zwar für den anstehenden Fall das letzte Wort darstellt, nicht aber auch für die dahinterstehende Auslegung der Verfassung.[120] Schließlich kann ein Sondervotum auch deutlich werden lassen, dass die Mehrheit die besseren Gründe auf ihrer Seite hat. Die Zulassung des Sondervotums sollte eine klarere Artikulation der Mehrheitsmeinung ermöglichen und den Begründungen des Gerichts etwas von dem manchmal fast diplomatischen Kompromisscharakter nehmen. Ob das gelungen ist, entzieht sich einem eindeutigen Urteil.

Sondervoten können einen prinzipiellen Dissens zur Mehrheitsmeinung formulieren (dissenting opinion).[121] Sie können aber auch im Ergebnis der Mehrheitsmeinung zustimmen und lediglich in der Begründung abweichen (concurring opinion).[122] Schließlich kann ein Sondervotum partielle Zustimmung oder Abweichung in einzelnen Entscheidungspunkten oder Konsequenzen artikulieren.[123] Diese verschiedenen Funktionen der Sondervoten lassen sich nicht immer deutlich trennen.[124]

52 Den Sondervoten fehlt die Einheitlichkeit in Anlass, Stil und Intention.[125] Sie können einerseits der Wahrung der Richterpersönlichkeit des Dissenters, der eine Entscheidung aus ethischen oder auch prinzipiellen wissenschaftlich-dogmatischen Gründen nicht mitzutragen vermag und dies kundtun will, dienen (was nur in Grenzfällen nötig sein, dann aber auch geschehen sollte). Solche Sondervoten können Größe, Wagnis oder Gefährlichkeit der Mehrheitsmeinung deutlich machen.

BVerfGE 39, 1 (68 ff.) – Schwangerschaftsabbruch: Zwei Richter – *Rupp-v. Brünneck* und *Simon* – halten entgegen der Mehrheitsmeinung die Fristenlösung für verfassungsmäßig: Aus den Grundrechten könne unter keinen Umständen eine Pflicht des Staates hergeleitet werden, den Schwangerschaftsabbruch in jedem Stadium der Schwangerschaft unter Strafe zu stellen.

---

118 Kritisch *Roellecke*, Sondervoten, S. 379.

119 *Isensee*, JZ 1996, 1087, spricht zu Unrecht von durch das Sondervotum delegitimierten Urteilen.

120 *Geiger*, FS Hirsch, S. 461.

121 Z. B. BVerfGE 30, 1 (33) – Abhörentscheidung; BVerfGE 53, 366 (408) – Freiheit konfessioneller Krankenhäuser.

122 BVerfGE 42, 64 (79) – Aufklärungspflicht in Versteigerungsverfahren.

123 Z. B. BVerfGE 53, 30 (69) – Verfahren bei Genehmigung von Kernkraftwerken.

124 Vgl. z. B. BVerfGE 39, 334 (375 ff.) – Treuepflicht der Staatsbeamten. Zahlreiche Sondervoten in BVerfGE 55, 274 (Ausbildungsplatzförderungsgesetz). Vgl. auch BVerfGE 62, 1 – Auflösung des Bundestags mit drei Sondervoten (S. 64–116!).

125 *Mahrenholz*, Sondervotum, S. 168 f., nennt zwei wichtige Gruppen: Sondervoten können Mängel bei der Ermittlung des für die Verfassungsfrage erheblichen Sachverhalts behaupten und methodische Dissense offenlegen.

Sondervoten dienen andererseits dem gerichtsinternen oder auch wissenschaftlichen Gespräch (was meist durch Erwägungen innerhalb der Begründung des Gerichts sollte geschehen können).

BVerfGE 42, 64 (80): Ein Richter – *Geiger* – wendet sich gegen eine generalklauselartige Verwendung des Willkürverbots aus Art. 3 I GG, da dies zu einer Relativierung der anderen Verfassungsvorschriften führe. „Nicht alles, was rechtsstaatlich unerträglich ist, ist verfassungsrechtlich wegen Verletzung des Art. 3 GG zu beanstanden."

Sie können schließlich die Intention haben, die Rechtsprechung des Gerichts für die Zukunft in eine andere Richtung zu lenken und die Öffentlichkeit auf diese Möglichkeit – wie auch auf innere Widersprüche und Brüche in der bisherigen Rechtsprechung[126] – aufmerksam zu machen (das sollte der eigentliche Sinn des Sondervotums sein).

BVerfGE 30, 173 (218f.) – Mephisto: „Die Zurückweisung der Verfassungsbeschwerde beruht auf einer restriktiven Auslegung der Prüfungszuständigkeit des BVerfG, die einen Bruch mit der bisherigen Rechtsprechung bedeutet und zu sehr bedenklichen Konsequenzen führen kann."

BVerfGE 69, 1 (57ff.) – Kriegsdienstverweigerung. Das Sondervotum von *Böckenförde* und *Mahrenholz* problematisiert die Rechtsprechung zu den immanenten Grundrechtsschranken. Aufgrund der vom Richter vorgenommenen Abwägungen habe das anwendbare Recht seinen Sitz nicht mehr in der Verfassung, sondern im Abwägungsspruch des Richters. „Die Grundrechte werden zu Abwägungsgesichtspunkten, erscheinen als ein Interesse des Grundrechtsträgers, dem andere Gesichtspunkte oder Interessen gegenüberstehen" (aaO., S. 63).

BVerfGE 80, 137 (168) – Reiten im Walde, Sondervotum von *Grimm* zur Auslegung des Art. 2 I GG als Gewährleistung der allgemeinen Handlungsfreiheit: „Daher sollte diese vom Grundgesetz nicht vorgesehene Banalisierung der Grundrechte und die damit verbundene Ausuferung der Verfassungsbeschwerde rückgängig gemacht werden. Das erscheint um so leichter möglich, als Art. 2 Abs. 1 GG inzwischen mit einer Anzahl konkreter Freiheitsgarantien angereichert ist und für zusätzlich nötige Freiheitssicherungen offen bleibt."

BVerfGE 73, 40 (103) – Parteienfinanzierung. Das Sondervotum von *Böckenförde* macht das Recht des Bürgers auf gleiche Teilhabe an der politischen Willensbildung gegen die Mehrheit im Senat geltend. Bei der Gewährung von Steuervorteilen für Zuwendungen an politische Parteien dürften solche Vorteile nur für Zuwendungen von natürlichen Personen, nicht aber von juristischen Personen (Körperschaften), gewährt werden. Die Entscheidung des Senats, dass die vom Gesetzgeber getroffene Regelung des Chancenausgleichs zwischen den politischen Parteien es erlaube, den Höchstbetrag für die steuerliche Abzugsfähigkeit von Zuwendungen an politische Parteien bis zu 100 000,– DM auszudehnen, sei mit dem Gebot der gleichen Teilhabe des Bürgers an der politischen Willensbildung nicht vereinbar. Die Festsetzung des Betrags von 100 000,– DM liege „außerhalb jeder Rechtfertigungsmöglichkeit". Der Senat lasse die formale Gleichheit im Verhältnis der Bürger untereinander außer Betracht und gebe dem Recht der politischen Parteien auf Chancengleichheit einseitig das Übergewicht zu Lasten der demokratischen Bürgergleichheit. Das Sondervotum endet gleichsam mit einem Bekenntnis: „Mit dem Geschick der Parlamente ist aber, wie *Ulrich Scheuner* mit Recht bemerkt hat, das Geschick des modernen freiheitlichen Staates unlöslich verbunden. Würde eine ‚knappe' Finanzausstattung der Parteien, die aus der Beachtung der verfassungsrechtlichen Grenzen der Parteienfinanzierung folgt, diese zu einem gewissen Abbau der Professionalisierung zwingen, statt den Weg zu ihrem Fortschreiten zu eröffnen, wäre das für die lebendige Demokratie in der Bundesrepublik und die Stellung der Parteien als Mittler zwischen Bürger und Staat kein Nachteil." Dieses Sondervotum verdient besondere Aufmerksamkeit, denn es ist der Ausgangspunkt für den bislang wohl spektakulärsten Fall einer Änderung der Rechtsprechung des BVerfG. In dem bislang letzten umfassenden Urteil zur Parteienfinanzierung (BVerfGE 85, 264) wird erstmals die staatliche Finanzierung der politischen Parteien über die Wahlkampfkostenerstattung hinaus erlaubt. Das bis 1992 geltende Recht im Par-

[126] Vgl. *Bryde,* Verfassungsentwicklung, S. 163; *Voßkuhle,* JZ 2009, 922.

teiengesetz wird weithin für verfassungswidrig erklärt. Das Urteil nimmt auf das Sondervotum von *Böckenförde,* dem sich auch *Mahrenholz* anschloss, ausdrücklich Bezug (BVerfGE 85, 264 [286 und 314]).

53 Den Sondervoten in irgendeiner Weise eine „normative Kraft“ beizulegen – etwa in der Weise, dass eine Änderung der Rechtsprechung ohne besondere Umstände voraussetzen würde, dass die neue Auffassung zuvor in Sondervoten zum Ausdruck gekommen ist –,[127] ist unbegründet und im Blick auf die Beweglichkeit der Rechtsprechung nicht wünschenswert. Daran ändert sich nichts dadurch, dass es sich in Einzelfällen so verhielt; Gegenbeispiele gibt es auch. Im Übrigen würde eine solche normative Wirkung der Sondervoten den Richtern ihre Freiheit nehmen, Sondervoten zu verfassen oder es zu unterlassen; dissentierende Richter wären im Blick auf künftige Entscheidungen gleichsam zu einer Vorratspolitik gezwungen. Im Ergebnis muss man auch – ohne einige große, auch literarisch bemerkenswerte Sondervoten zu übersehen und ungeachtet der prinzipiellen Bedeutsamkeit dieser Einrichtung – feststellen, dass die Sondervoten 50 Jahre nach ihrer gesetzlichen Ermöglichung das Bild der Rechtsprechung des BVerfG im Ganzen in eher geringem Maße prägen. Der Zahl nach scheinen sie aber, nach einer leichten Abnahme in den 1980er und 1990er Jahren,[128] wieder zuzunehmen.[129]

Hierbei scheinen die Differenzen gerade in grundlegenden Fragen der Verfassungsinterpretation zwischen den Richtern zu wachsen. Wohl selten wurde ein Urteil von der überstimmten Minderheit so scharf kritisiert wie BVerfGE 108, 282 – kopftuchtragende muslimische Lehrerin. Das Sondervotum der Richter *Jentsch, Di Fabio* und *Mellinghoff* führt u. a. aus: Die Mehrheitsmeinung sei „bislang weder in Rechtsprechung und Literatur noch von der Beschwerdeführerin selbst vertreten“ worden. „Mit dieser Auffassung bleibt nicht nur die … grundsätzliche Verfassungsfrage … unentschieden, sie führt auch zu einer im Grundgesetz nicht angelegten Fehlgewichtung im System der Gewaltenteilung sowie im Verständnis der Geltungskraft der Grundrechte“ (S. 314). Deutlich auch das Sondervotum von *Lübbe-Wolff* zu BVerfGE 112, 1 – Enteignungen in der SBZ 1945–1949: „Der Senat antwortet auf Fragen, die der Fall nicht aufwirft, mit Verfassungsgrundsätzen, die das Grundgesetz nicht enthält“ (S. 44). Ebenfalls *Lübbe-Wolff* zu BVerfGE 132, 39: „Sollten die am Gesetzgebungsverfahren Beteiligten gemeint haben, dass man sich an ständiger Rechtsprechung des Bundesverfassungsgerichts zumindest dann gefahrlos orientieren kann, wenn nichts dafür ersichtlich ist, dass sie innerhalb des Gerichts jemals umstritten gewesen wäre, muss der vorliegende Beschluss sie überraschen“ (S. 60). Nochmals die Richterin *Lübbe-Wolff* zu BVerfGE 134, 366 – OMT, Vorlage an den EuGH: „In dem Bemühen, die Herrschaft des Rechts zu sichern, kann ein Gericht die Grenzen richterlicher Kompetenz überschreiten. Das ist meiner Meinung nach hier geschehen. Die Anträge hätten als unzulässig abgewiesen werden müssen“ (S. 419). Grundlegende Kritik an der neueren Rechtsprechung zum Rückwirkungsverbot im Steuerrecht übt das Sondervotum von *Masing* zu BVerfGE 135, 1 (29 ff.).[130]

[127] So aber *Schulze-Fielitz,* DVBl. 1982, 337. Vgl. auch *Häberle,* Verfassungsrechtsprechung, S. 26.

[128] Vgl. die Angaben bei *Mahrenholz,* Sondervotum, S. 168: Zwischen 1970 und 1980 wurden zu 11,6% der Entscheidungen Sondervoten abgegeben, zwischen 1980 und 1987 zu 6,4%, im Zeitraum 1988/89 zu 4,7%.

[129] So enthielt etwa Band 105 der amtlichen Entscheidungssammlung drei Sondervoten: BVerfGE 105, 135 (Vereinbarkeit der Vermögensstrafe mit dem Grundgesetz; S. 172 ff. – Abweichende Meinung der Richter *Jentsch, Di Fabio* und *Mellinghoff*); BVerfGE 105, 313 (Verfassungsmäßigkeit des Lebenspartnerschaftsgesetzes; S. 342 ff. – Abweichende Meinung des Richters *Papier;* S. 357 ff. – Abweichende Meinung der Richterin *Haas*). Zu 14 der in den Bänden 130 bis 140 veröffentlichten 134 Entscheidungen gab es Sondervoten, was 10,4% entspricht; insgesamt sind von 1971, dem Jahr der Einführung des Sondervotums, bis 2016 (Bände 30 bis 140) zu 7,4% der Senatsentscheidungen Sondervoten abgegeben worden, vgl. *Bleiler,* in: Barczak BVerfGG, § 30 Rdnr. 28.

[130] Dazu auch *Lepsius,* JZ 2014, 496: „Die rundum überzeugende abweichende Meinung von *Masing* dürfte sich einen Platz unter den großen Sondervoten in der Geschichte des Karlsruher Gerichts sichern.“

3. Teil. Grundsätze des Verfahrens des Bundesverfassungsgerichts

Gliederung

I. Lückenhaftigkeit der Prozessordnung – keine Verfahrensautonomie

Art. 94 II GG stellt klar, dass dem BVerfG Verfassung und Verfahren durch den Bundesgesetzgeber vorgegeben werden. Allerdings: Das BVerfGG enthält keine vollständige Prozessordnung. Es ist (bewusst) lückenhaft gehalten. Im Übrigen sind die allgemeinen Gerichtsverfassungsvorschriften entsprechend anzuwenden (§ 17 BVerfGG). Mit den Worten des Gerichts: „Das BVerfGG enthält keine erschöpfende Verfahrensregelung, sondern beschränkt sich auf wenige, unbedingt erforderliche, den Besonderheiten des verfassungsgerichtlichen Verfahrens angepasste Bestimmungen. Im Übrigen ist es dem Gericht überlassen, die Rechtsgrundlagen für eine zweckentsprechende Gestaltung seines Verfahrens im Wege der *Analogie zum sonstigen deutschen Verfahrensrecht* zu finden."[1] Die Berufung auf mögliche Analogien heißt auch, dass jeweils zu prüfen ist, ob die Besonderheiten des verfassungsgerichtlichen Verfahrens eine Übernahme der Regelungen anderer Verfahrensgesetze zulassen.[2] 54

Im besonderen Maße auf eigene, kreative Lückenfüllung ist das Gericht bei der Gestaltung und der Formulierung des Entscheidungsausspruchs[3] und der Sicherung der Geltung seiner Entscheidungen[4] angewiesen. Hier, aber auch nur auf diesem Felde, hat das Gericht gelegentlich Aussprüche gewählt, die auf eine weitgehende Ungebundenheit des Gerichts hindeuten: Über § 35 BVerfGG (Vollstreckung der Entscheidungen) seien ihm „alle zur Durchsetzung seiner Entscheidungen nötigen Kompetenzen eingeräumt". Aufgrund dieser Vorschrift sei das Gericht „recht eigentlich zum Herrn der Vollstreckung" gemacht; ihm sei volle Freiheit belassen, um „das Gebotene in der jeweils sachgerechtesten, raschesten, zweckmäßigsten, einfachsten und wirksamsten 55

---

[1] BVerfGE 1, 108 (110f.); auch 2, 79 (84): „aus den durch das GG und BVerfGG vorgezeichneten Grundlinien heraus weitere Rechtsgrundsätze für seine Verfahren entwickeln". Vgl. auch BVerfGE 50, 381 (384); *Bethge*, in: Maunz u. a., BVerfGG, Vorbem. vor § 17 Rdnr. 1ff.

[2] BVerfGE 33, 247 (261); 88, 382 (383).

[3] Unten 5. Teil (Rdnr. 370ff.).

[4] Unten 6. Teil (Rdnr. 462ff.).

Weise zu erreichen".[5] Abgesehen davon, dass diese Aussagen zu problematisieren sind,[6] so sind sie doch auf den Bereich der Vollstreckung beschränkt (und in der zitierten Entscheidung zudem auf den extremen Fall einer Parteiverbots-Entscheidung hin formuliert).

56 Das BVerfG hat sich im Übrigen aber auf Lückenfüllung „im Wege der Analogie zum sonstigen deutschen Verfahrensrecht" beschränkt und nicht generell eine Verfahrensherrschaft in Anspruch genommen.[7] Die Behauptung, als Verfassungsorgan sei es „Herr seiner Verfahren",[8] hat das Gericht zwar aufgestellt, selbst aber nicht in Anspruch genommen; diese Formulierung darf als gründlich missglückt beiseite gelassen werden. Auch aus der selbstverständlich richtigen Beobachtung, das Verfassungsprozessrecht sei „konkretisiertes Verfassungsrecht",[9] kann man Besonderheiten der Verfassungsgerichtsbarkeit nicht ableiten; denn alle Verfahrens- und Prozessordnungen konkretisieren – wenn auch in verschiedener Dichte – Verfassungsrecht.[10]

57 Das Gericht spricht zutreffend von der *„Eigenart des verfassungsgerichtlichen Verfahrens"*,[11] nicht von dessen Eigenständigkeit. Die Lückenhaftigkeit des BVerfGG ist ein Mangel, nicht ein Ausdruck dafür, dass dem BVerfG „Verfahrensautonomie" gewährt ist. Dem stünde im Übrigen auch entgegen, dass das BVerfG – wie jedes andere Gericht auch – nicht nur an die Verfassung, sondern auch an die einfachen Gesetze gebunden ist (sofern es sie nicht in den dafür vorgesehenen Verfahrensarten aufgrund entsprechender Anträge für verfassungswidrig erklärt hat).[12]

In der Literatur werden dagegen die Thesen von der „Verfahrensautonomie" des BVerfG[13] und von der „Eigenständigkeit des Verfassungsprozessrechts"[14] im Vergleich zu den anderen Prozessordnungen vertreten. Der Offenheit des Verfassungsrechts müsse die Offenheit des Prozessrechts entsprechen – als „Ausdruck des Paradigmas von der ‚offenen Gesellschaft der Verfassungsinterpreten'".[15] Dem wird hier nicht gefolgt.[16]

---

5 BVerfGE 6, 300 (303ff.) – Vollstreckung des KPD-Verbots-Urteils. Zuvor bereits BVerfGE 1, 14 (65f.). Kritisch *Hillgruber/Goos,* Rdnr. 28ff.

6 S. unten 6. Teil II, Rdnr. 473f. Kritik insbes. von *J. Ipsen,* Rechtsfolgen. Unkritisch *H. H. Klein,* BVerfG, S. 42.

7 So *E. Klein,* AöR 108 (1983), 619; vgl. auch BVerfGE 68, 132 (143). *Hillgruber,* JZ 2011, 866f., konstatiert dagegen einen „freihändigen Umgang mit dem Prozessrecht" und nennt als Beispiele die hohen Zulässigkeitshürden bei der Richtervorlage nach Art. 100 I GG und die weite Auslegung des Art. 38 I GG bei Verfassungsbeschwerden gegen Zustimmungsgesetze zur Änderung des primären Unionsrechts. So auch *Möllers,* Legalität, Legitimität und Legitimation des BVerfG, S. 292.

8 BVerfGE 13, 54 (94); 60, 175 (213); 36, 342 (357) – die beiden letzten Male zur (parallelen) Charakterisierung der Landesverfassungsgerichtsbarkeit. Kritisch *Merten,* DVBl. 1980, 779; *Wieland,* FS Mahrenholz, S. 885. Schon Rdnr. 33. Vgl. *Stern,* Staatsrecht III/2, S. 1305.

9 *Häberle,* Grundprobleme, S. 23.

10 *Gaul,* AcP 168 (1968), 32. S. a. *Heun,* Die Verfassungsordnung der Bundesrepublik Deutschland, S. 195.

11 BVerfGE 32, 288 (291). So auch *Geiger,* Besonderheiten, S. 40. BVerfGE 88, 382 (383): „Besonderheiten des verfassungsgerichtlichen Verfahrens".

12 *Möllers,* Legalität, Legitimität und Legitimation des Bundesverfassungsgerichts, S. 289ff.

13 So *Zembsch,* dagegen schon *Schlaich,* ZZP 86 (1973), 227ff. Auch *Engelmann,* S. 106ff. (allerdings in einem sehr beschränkten Sinne, S. 109 Fn. 99).

14 *Häberle,* JZ 1973, 451ff.; *ders.,* Grundprobleme, S. 24; *ders.,* Verfassungsrechtsprechung, S. 414.

15 *Häberle,* JöR 45 (1997), 103.

16 Kritisch auch *E. Klein,* AöR 108 (1983), 618ff.; *ders.,* Verfahrensgestaltung, S. 512f.; *Schumann,* JZ 1973, 484ff.; *Stern,* Staatsrecht II, S. 1028ff.; *Soell,* ZfA 12 (1981), 521; *Fröhlinger,* S. 75ff.; *Zuck,*

Dabei geht es nicht darum, vom Verfahrensrecht her die Wirksamkeit des Gerichts zu beschränken. Selbstverständlich hat das Verfassungsprozessrecht wie alles Prozessrecht eine dienende und stützende Funktion im Verhältnis zum materiellen (Verfassungs-) Recht. Es kann der These vielmehr nicht gefolgt werden, weil es gerade der „geordnete Rechtsgang" ist, der den Entscheidungen des Gerichts ihre „Rationalität und damit Akzeptanz" zu erhalten bzw. zu verschaffen vermag.[17] Nicht das vom Gericht mehr oder weniger frei gewählte Verfahren kann Legitimation und Überzeugungskraft schaffen, sondern allenfalls das vorher vom Gesetzgeber möglichst genau festgelegte Verfahren.[18] Je offener, unbestimmter, weiter die anzuwendende Norm ist – dies ist bei der Verfassung im besonderen Maße der Fall –, desto eher bedarf das Gericht einer geschlossenen Prozessordnung, wenn darauf gepocht werden soll und muss, dass seine Entscheidungen verbindlich sind. Der „offenen" Verfassungsordnung muss also nicht die offene, sondern die präzise Verfahrensordnung korrespondieren.

Die Auslegung und Konkretisierung der Verfassung geschieht in der Tat im Rahmen eines öffentlichen Prozesses. Das BVerfG hat Teil an dem Gespräch um den Inhalt der Verfassung. Aber für das BVerfG strukturiert das Verfassungsprozessrecht diesen Diskurs dann auf das Ziel hin, dass am Ende eine verbindliche Entscheidung des BVerfG steht.

II. Antragserfordernis, Prozessvertretung und Untersuchungsgrundsatz[19]

§ 23 BVerfGG sieht das Antragserfordernis[20] vor. Der verfahrenseinleitende Antrag 58
muss schriftlich beim BVerfG eingereicht werden (§ 23 I S. 1 BVerfGG). Dies kann auch durch Telefax geschehen. Bei einem mittels Computer versandten Telefax genügt auch eine eingescannte Unterschrift.[21] Anträge per E-Mail sind nach derzeitigem Stand nicht möglich.[22] Der Antrag muss eine Begründung enthalten (§ 23 I S. 2, konkretisiert etwa für das Verfassungsbeschwerdeverfahren durch § 92 BVerfGG).[23] Der

Das Recht der Verfassungsbeschwerde, Rdnr. 370f. mit Fn. 6; *Neutz; Schlaich,* VVDStRL 39 (1981), S. 136f.

[17] *Klein,* AöR 108 (1983), 624; *Benda/Klein,* Verfassungsprozessrecht, Rdnr. 214f.

[18] Zustimmung von *Wieland,* FS Mahrenholz, S. 886. Wieland legt die vielfältigen Einflüsse des Berichterstatters auf das Verfahren dar und kommt zu dem Ergebnis: „Sieht man alle genannten Befugnisse zusammen, erscheint es durchaus angemessen, den Berichterstatter als Herrn des Verfahrens zu bezeichnen" (aaO., S. 892).

[19] Vgl. auch die Zusammenfassung bei *Scholler/Broß,* Verfassungs- und Verwaltungsprozeßrecht, S. 41f.

[20] Dazu *Gusy,* Gesetzgeber, S. 123f.

[21] BVerfG – Kammer –, NJW 2002, 3534f.

[22] *Hillgruber/Goos,* Rdnr. 121; *Hopfauf,* in: Schmidt-Bleibtreu/Hofmann/Henneke, GG, Art. 93 Rdnr. 146; *Magen,* in: Umbach/Clemens/Dollinger, BVerfGG, § 92 Rdnr. 51; *Diehl,* in: Barczak, BVerfGG, § 23 Rdnr. 16; *Zuck,* Das Recht der Verfassungsbeschwerde, Rdnr. 798 mit Fn. 7; *Gas,* JA 2007, 375f.

[23] Speziell zu den Anforderungen bei der Urteilsverfassungsbeschwerde BVerfGE 130, 1 (21): „Bei einer gegen eine gerichtliche Entscheidung gerichteten Verfassungsbeschwerde hat der Beschwerdeführer sich mit dieser inhaltlich auseinanderzusetzen … Es muss deutlich werden, inwieweit durch die angegriffene Maßnahme das bezeichnete Grundrecht verletzt sein soll …"; 128, 90 (99); 82, 43 (49); 86, 122 (127). Zur abstrakten Normenkontrolle BVerfGE 128, 1 (32): Der Antrag hat „substantiiert darzutun, aus welchen rechtlichen Erwägungen die angegriffene Norm mit welchem höherrangigen Recht für unvereinbar gehalten wird."

die behauptete Rechtsverletzung auslösende Sachverhalt muss substantiiert und schlüssig vorgetragen werden.[24]

Strittig ist, ob eine Antragsrücknahme in jedem Falle das Verfahren beendet oder ob das Gericht dieses im öffentlichen Interesse fortsetzen kann. Die Möglichkeit zur Rücknahme des Antrags ist ausdrücklich nur in den Verfahren der Präsidenten- und Richteranklage vorgesehen (§§ 52, 58 I BVerfGG): Im Übrigen ist eine Verfahrensfortsetzung trotz Antragsrücknahme allenfalls für die abstrakte Normenkontrolle vertretbar.[25] Das kontradiktorisch angelegte Organstreitverfahren kann jedenfalls durch übereinstimmende Beendigungserklärung von Antragsteller und Antragsgegner beendet werden.[26] Bemerkenswert ist die neuere Rechtsprechung zur Rücknahme einer Verfassungsbeschwerde. Noch 1991 hieß es: „In der Rechtsprechung des BVerfG ist anerkannt, dass der Beschwerdeführer die Verfassungsbeschwerde nachträglich sowohl zurücknehmen als auch in der Hauptsache für erledigt erklären kann. Beide Erklärungen haben zur Folge, dass das Beschwerdebegehren nicht mehr zur Entscheidung steht.“[27] In seinem Urteil zur Rechtschreibreform vom 14. Juli 1998 stellte das Gericht dann apodiktisch fest, die Rücknahmebefugnis entfalle „jedenfalls“, „wenn das BVerfG die Verfassungsbeschwerde vor Abschluss des fachgerichtlichen Hauptsacheverfahrens nach § 93a BVerfGG im Hinblick darauf zur Entscheidung angenommen hat, dass die Beschwerde im Sinne des § 90 Abs. 2 S. 2 BVerfGG von allgemeiner Bedeutung ist, wenn deswegen über sie mündlich verhandelt worden ist und wenn die allgemeine Bedeutung auch in der Zeit bis zur Urteilsverkündung nicht entfallen ist.“[28] Dies ist abzulehnen; ganz abgesehen davon, dass damit Dispositions- und Offizialmaxime wenig schlüssig nebeneinander bestehen, wird mit diesem Grundsatz die objektive Funktion der Verfassungsbeschwerde unzulässigerweise dem individuellen Rechtsschutz übergeordnet.[29] Im Verfahren der Verfassungsbeschwerde darf es nur Entscheidungen geben, wenn zum Entscheidungszeitpunkt ein entsprechender Antrag vorliegt. In gleicher Weise abzulehnen ist eine Verfahrensfortsetzung bei der konkreten Normenkontrolle nach Erledigung des Ausgangsrechtsstreits. Voraussetzung der Befassung des BVerfG ist hier die Entscheidungserheblichkeit einer Verfassungsrechtsfrage in einem konketen Rechtsstreit. Eine Erledigung des Ausgangsrechtsstreits ist deshalb im verfassungsgerichtlichen Verfahren als Antragsrücknahme zu behandeln.[30] Ein „objektives Klärungsbedürfnis“ kann es nicht geben.[31]

---

[24] BVerfGE 130, 1 (21); zuvor etwa BVerfGE 81, 208 (214); 89, 155 (171); 95, 84 (87); 108, 370 (386f.); 113, 29 (44). Zur Bedeutung insbesondere im Verfahren der Verfassungsbeschwerde *Bartmann,* Das Beweisrecht in dem Verfahren vor dem BVerfG, S. 214.

[25] BVerfGE 1, 396 (414f.); 8, 183 (184); 87, 152 (153); 110, 33 (46). *Engelmann,* S. 36ff., differenziert nach dem Verfahrenszweck.

[26] BVerfGE 83, 175 (181) lässt offen, „ob angesichts der Erklärung beider Seiten der Senat das Verfahren fortsetzen könnte, wenn er das öffentliche Interesse bejahte“. Im Sinne einer Fortsetzungsbefugnis noch BVerfGE 24, 299 (300).

[27] BVerfGE 85, 109 (113).

[28] BVerfGE 98, 218 (242); ablehnend *V. Wagner,* NJW 1998, 2638ff.; *Bauer/Möllers,* JZ 1999, 697; zustimmend *H. Lang,* DÖV 1999, 624ff.; *Cornils,* NJW 1998, 3624ff. Zur Rücknahme einzelner Grundrechtsrügen *Zuck,* NVwZ 2011, S. 795ff.

[29] Vgl. bereits *Hund,* FS Faller, S. 63ff., der – ausgehend von dem Vorrang des individuellen Rechtsschutzes als Zweck der Verfassungsbeschwerde – die Geltung der Dispositionsmaxime in dieser Verfahrensart annimmt.

[30] BVerfGE 106, 210 (213).

[31] Unter Berufung hierauf will aber BVerfGE 142, 313 (334f.) neuerdings Ausnahmen vom gerade dargestellten Grundsatz zulassen. Zur Problematik auch *Lenz/Hansel,* BVerfGG, § 80 Rdnr. 15.

Ein Anwaltszwang besteht vor dem BVerfG grundsätzlich nicht; nur in der mündlichen Verhandlung müssen sich die Beteiligten nach § 22 I S. 1 HS 2 BVerfGG durch einen Anwalt oder einen Lehrer des Rechts an einer staatlichen oder staatlich anerkannten Hochschule eines Mitgliedstaates der Europäischen Union, eines anderen Vertragsstaates des Abkommens über den Europäischen Wirtschaftsraum oder der Schweiz, der die Befähigung zum Richteramt besitzt, vertreten lassen. Lehrer des Rechts in diesem Sinne sind ordentliche und außerordentliche Universitätsprofessoren, Honorarprofessoren und Privatdozenten.[32] Umstritten ist die Einordnung von Juniorprofessoren.[33] Als geklärt darf inziwschen angesehen werden, dass Rechtslehrer an Fachhochschulen (heute oft als „Hochschulen" bezeichnet) vertretungsberechtigte Rechtslehrer im Sinne der Vorschrift sind.[34] Maßgeblich ist die Rechtsprechung des BVerfG, wonach auch den Fachhochschullehrern die Wissenschaftsfreiheit zukommt.[35] Unter Aufgabe seiner früheren Rechtsprechung[36] anerkennt das Gericht die Annäherung der Hochschularten durch den Gesetzgeber und die Praxis: Sowohl an Fachhochschulen als auch an Universitäten bestehe ein enger Ausbildungsbezug von Forschung und Lehre, der die Wissenschaftlichkeit jedoch nicht entfallen lasse.[37] Diese Zuordnung der anwendungsbezogenen Forschung und Lehre zum Wissenschaftsbegriff des Art. 5 III 1 GG legt den Schluss nahe, auch Fachhochschullehrer als Lehrer an einer Hochschule im Sinne des § 22 I BVerfGG einzuordnen.[38] Nicht vertretungsberechtigt sind hingegen Lehrbeauftragte und sonstiges wissenschaftliches Personal (etwa der akademische Mittelbau).[39] Außerhalb der mündlichen Verhandlung können sich die Beteiligten vertreten lassen (§ 22 I S. 1 HS 1 BVerfGG).[40] 59

Nach § 26 I BVerfGG erhebt das Gericht den zur Erforschung der Wahrheit erforderlichen Beweis. Es kann auch außerhalb der mündlichen Verhandlung ein Mitglied des Gerichts hiermit beauftragen oder ein anderes Gericht darum ersuchen. Weitere Einzelheiten regeln die §§ 27–29 BVerfGG. Eine Besonderheit findet sich in § 33 II BVerfGG. Die Regelung erlaubt es dem BVerfG, seiner Entscheidung die tatsächlichen Feststellungen eines rechtskräftigen Urteils zugrunde zu legen, das in einem Verfahren ergangen ist, in dem die Wahrheit von Amts wegen zu erforschen ist. Für das Verfahren vor dem BVerfG gilt somit der *uneingeschränkte Untersuchungsgrundsatz.*[41] Das Gericht ist zur selbständigen Wahrheitserforschung der Richtigkeit und 60

[32] *Lechner/Zuck,* BVerfGG, § 22 Rdnr. 1; *Lenz/Hansel,* BVerfGG, § 22 Rdnr. 6.

[33] Bejahend *Lechner/Zuck,* BVerfGG, § 22 Rdnr. 1. Ablehnend *Grünewald,* in: Chr. Walter/Grünewald, BeckOK BVerfGG, § 22 Rdnr. 15.

[34] *Grünewald,* in: Chr. Walter/Grünewald, BeckOK BVerfGG, § 22 Rdnr. 14; *Pautsch,* NJ 2016, 63. Anders noch BVerfGE 61, 210 (242) und *F. Klein,* in: Maunz u. a., BVerfGG, § 22 Rdnr. 3 mit Hinweis etwa auf die unterschiedliche Schwerpunktsetzung der wissenschaftlichen Universitäten und anwendungsbezogenen Fachhochschulen.

[35] BVerfGE 126, 1; bestätigt in BVerfG, Beschluss vom 3.11.2014 – 1 BvR 3353/13.

[36] Etwa BVerfGE 61, 210 (242).

[37] BVerfGE 126, 1 (20ff.).

[38] Ausführlich zum Ganzen *Pautsch,* NJ 2016, 63, insbes. 67.

[39] *Grünewald,* in: Chr. Walter/Grünewald, BeckOK BVerfGG, § 22 Rdnr. 15; *Lechner/Zuck,* BVerfGG, § 22 Rdnr. 1; a. A. bzgl. Lehrbeauftragten *Lenz/Hansel,* BVerfGG, Art. 22 Rdnr. 6.

[40] Zu den Anforderungen an die Prozessvollmacht *Nellesen,* NJW 2020, 2444; von der anwaltlichen Tätigkeit vor dem BVerfG berichtet *Zuck,* NJW 2017, 35ff.

[41] BVerfGE 15, 249 (253); *Brink,* in: Rensen/ders. (Hrsg.), Linien der Rechtsprechung des Bundesverfassungsgerichts – erörtert von den wissenschaftlichen Mitarbeitern, Bd. 1, S. 5, zur Rspr. S. 10ff.; *Bartmann,* Das Beweisrecht in den Verfahren vor dem BVerfG, S. 103ff.

Vollständigkeit des Sachverhalts befugt. „Es selbst und allein bestimmt, was es sich im Wege der Beweisaufnahme beschaffen will.“[42]

„§ 26 I S. 1 BVerfGG bestimmt, dass das BVerfG den zur Erforschung der Wahrheit erforderlichen Beweis erhebt. Dieser Untersuchungsgrundsatz begründet für das Gericht nicht nur das Recht, sondern auch die Pflicht, den entscheidungserheblichen Sachverhalt zu ermitteln.“[43]

Bei der Normenkontrolle zum Beispiel ermittelt es von Amts wegen die Tatsachen, die dem Gesetz zugrunde liegen und nimmt gelegentlich eine detaillierte Kontrolle der gesetzgeberischen Prognosen vor.[44] Das BVerfG sieht aber – im Verfahren der Urteilsverfassungsbeschwerde – aus dem Gedanken der Subsidiarität heraus darauf, dass es die Aufbereitung des jeweiligen Sachverhalts durch die anderen Gerichte zur Verfügung hat. Die Möglichkeiten des § 26 BVerfGG bleiben, was aber durchaus kritisch zu sehen ist,[45] in aller Regel ungenutzt. Insbesondere bei Urteilsverfassungsbeschwerden (weniger bei Richtervorlagen) verlässt sich das Gericht auf die Tatsachenfeststellungen der anderen Gerichte.[46]

Eine Beweisaufnahme vor dem BVerfG setzt keinen förmlichen Beweisbeschluss voraus. Sie geschieht durch alle prozessualen Mittel zur Sachaufklärung (Vernehmung von Zeugen, Urkundsbeweis, richterlichen Augenschein, Sachverständigenbeweis).[47] Nicht zur Beweiserhebung rechnen Stellungnahmen Dritter (§ 27a BVerfGG) und bei Organen und Behörden der Legislative und Exekutive angeforderte Äußerungen über die Parlaments- und Behördenpraxis.[48]

III. Verfahrensbeteiligung und -beitritt, Äußerungsrechte

1. Beteiligte

61 Beteiligte im Verfahren vor dem BVerfG sind der Antragsteller bei der abstrakten Normenkontrolle und der Beschwerdeführer bei der Verfassungsbeschwerde, wobei es in beiden Verfahren keine Antrags- bzw. Beschwerdegegner gibt. Im Organstreit sind Antragsteller und Antragsgegner Beteiligte. Bei der konkreten Normenkontrolle sind weder das vorlegende Gericht noch die Parteien des Ausgangsverfahrens Beteiligte.

2. Beitritt zum Verfahren

62 Bei der konkreten Normenkontrolle (Art. 100 GG) können Bundestag, Bundesrat, Bundesregierung und gegebenenfalls Landtage und Landesregierungen dem Verfahren förmlich beitreten (§ 82 II BVerfGG). Auch beim Organstreit gibt es eine beschränkte

---

42 *Geiger,* Besonderheiten, S. 22. Generell *Kluth,* NJW 1999, 3513ff.; *Weber-Grellet; Voßkuhle,* NJW 2013, 1333ff.

43 BVerfGE 107, 339 (388) – Sondervotum Sommer/Jentsch/Di Fabio/Mellinghoff (insoweit aber unstreitig).

44 Näher dazu Rdnr. 532ff.

45 Vgl. *Voßkuhle,* NJW 2013, 1333f.: Der Umgang mit den Tatsachen, dem „Realbereich“, ist eine der Herausforderungen des Gerichts.

46 Vgl. bereits BVerfGE 18, 85 (92). Kritisch *Zuck,* JZ 2007, 1039.

47 BVerfGE 96, 217 (220); vgl. auch BVerfGE 17, 224 (226); 20, 162 (164).

48 Anders *Kluth,* NJW 1999, 3514: „Beweisaufnahme im weiteren Sinne“.

Möglichkeit des Beitritts (§ 65 BVerfGG).[49] Bei der abstrakten Normenkontrolle (Art. 92 I Nr. 2 GG) ist dies nicht der Fall (§ 77 BVerfGG); immerhin ist hier ein Verfassungsorgan ja Antragsteller. Bei der Verfassungsbeschwerde (Art. 93 I Nr. 4a GG) können die Verfassungsorgane, deren Handlung oder Unterlassung in der Verfassungsbeschwerde beanstandet werden, dem Verfahren beitreten (§ 94 V S. 1 BVerfGG); so kann auch in dieser Verfahrensart, die den Beschwerdegegner nicht kennt, dem Antragsteller förmlich entgegengetreten werden.

Der Beitritt verschafft die Stellung eines Verfahrensbeteiligten (Ladung, Zustellung von Schriftsätzen und Entscheidungen, Recht auf Stellung von Anträgen im prozessualen Sinne, Recht auf Richterablehnung, Akteneinsicht).[50]

3. Äußerungsrechte

Noch weitergehend sind die Äußerungsrechte. Bei der konkreten Normenkontrolle 63
(Art. 100 I GG) können sich die Beteiligten des Ausgangsverfahrens äußern (§ 82 III BVerfGG), ebenso alle betroffenen Verfassungsorgane (auch ohne förmlichen Beitritt). Das BVerfG kann die obersten Gerichtshöfe des Bundes und der Länder um eine Stellungnahme bitten (§ 82 IV BVerfGG). Nach § 22 IV GeschO BVerfG tut dies das Gericht von sich aus auch in anderen Verfahren. Bei der abstrakten Normenkontrolle (Art. 93 I Nr. 2 GG) haben die in § 77 BVerfGG genannten Verfassungsorgane das Recht zur Äußerung. Bei der Verfassungsbeschwerde (Art. 93 I Nr. 4a GG) hat das „verletzende" Organ (Gesetzgeber, Regierung, Gericht usw.) Gelegenheit zur Äußerung (§ 94 I, II, IV BVerfGG); bei der Urteilsverfassungsbeschwerde gibt das Gericht auch dem durch die Entscheidung Begünstigten Gelegenheit zur Äußerung[51] (§ 94 III BVerfGG); die betroffenen Verfassungsorgane können dem Verfahren – wie erwähnt – auch beitreten.

Der Bundestag äußert sich selten, auch wenn es um die Gültigkeit eines Bundesgesetzes geht.[52] Äußerungen des Bundesrates fehlen fast vollständig.

Wichtig ist § 22 V GeschO BVerfG: Das Gericht ersucht von sich aus Persönlichkei- 64
ten, die auf einem Gebiet über besondere Kenntnisse verfügen, um eine gutachtliche Äußerung zu einer für die Entscheidung erheblichen Frage.[53] Das Gericht fordert auch sonst Angaben an.[54] Nach § 27a BVerfGG kann das BVerfG sachkundigen Dritten (Sachverständigen, Verbänden, auch Organisationen des öffentlichen Rechts, z. B. Rundfunkanstalten, Kommunen, Sozialversicherungsträgern) Gelegenheit zur Stel-

[49] Zu den Voraussetzungen BVerfGE 130, 318 (341); 20, 18 (23f.). Komplizierte Fragen des Beitritts im Organstreit behandelt *Isensee,* FS Helmrich, S. 229ff.

[50] Vgl. *Hömig,* in: Maunz u. a., BVerfGG, § 94 Rdnr. 32.

[51] BVerfGE 62, 169 (179) – Deutsche Bundesbank als Beklagte des Ausgangsverfahrens.

[52] Kritisch dazu *Benda,* Gesetze, S. 29; zur Einschätzung *Schlaich,* VVDStRL 39 (1981), S. 108; zum Für und Wider einer Stellungnahme aus Sicht der Parlamente *Baer/Menzenbach,* DVBl 2020, 901 (903) – Äußerung z. B. in BVerfGE 61, 149 (167, 173) – Staatshaftungsgesetz; BVerfGE 105, 313 (327) – Lebenspartnerschaftsgesetz; keine Äußerung in BVerfGE 65, 1 (21) – Volkszählungsgesetz; BVerfGE 101, 158 – Länderfinanzausgleich.

[53] Z. B. BVerfGE 88, 203 (250) – Anforderung von Rechtsgutachten zu den Folgeproblemen einer rechtlichen Missbilligung von Schwangerschaftsabbrüchen.

[54] BVerfGE 54, 173 (203). In BVerfGE 91, 1 (22) befragte das Gericht zwölf Kliniken über das Verfahren zur Unterbringung in einer Entziehungsanstalt.

lungnahme geben.[55] Auch Auskünfte der Länder werden eingeholt. So kann das BVerfG die Äußerungen der an der politischen Auseinandersetzung Beteiligten sowie fachkundiger Dritter nach eigenem Ermessen in das Verfahren einführen.

65 Die Verfahren vor dem BVerfG sind insgesamt also dadurch gekennzeichnet, dass der Kreis der vor dem Gericht zur Äußerung Berechtigten sehr viel größer und flexibler gehalten ist als in anderen Gerichtsverfahren. Dies ist ein Ausdruck für die (auch schon anläßlich des Sondervotums erwähnte) Eigenart des Verfassungsrechts: Interpretation, Wandel und Fortbildung des Verfassungsrechts sind ein Teil auch des politischen Prozesses, an dem alle interessiert und beteiligt sind. Der *Interessenten- und Interpretenkreis des Verfassungsrechts* ist pluralistischer als derjenige anderer Kodifikationen.[56] Aber auch hier lautet die Frage, ob die Freiheit des BVerfG in der Anhörung von Sachverständigen, Verbänden und Persönlichkeiten wie überhaupt in der Beschaffung von Informationen das Gericht partiell allzusehr in den politischen Prozess hineinzieht. Durch dieses freiere Verfahren können die „politische" Funktion des Gerichts an Qualität und die einzelne Entscheidung an Plausibilität gewinnen. Wie das Gericht dadurch seine einzige Autorität, nämlich diejenige eines Gerichts, das das (Verfassungs-) Gesetz anwendet, bewahren und stärken kann, ist die Frage.

Es äußerten sich vor dem BVerfG Bundesminister zum Mitbestimmungsgesetz von 1976,[57] Gewerkschaften zur Besteuerung der Beamtenpensionen,[58] Umweltbeauftragte der Evangelischen Kirche in Deutschland zum Genehmigungsverfahren für Atomkraftwerke,[59] Universitätsrektoren zur Berechnung der Ausbildungskapazitäten der Hochschulen,[60] die Bundesvereinigung der Deutschen Arbeitgeberverbände, die Gewerkschaften und die Bundesanstalt für Arbeit zum Gesetz über die Fristen für die Kündigung von Angestellten,[61] Kinderneurologen, der Deutsche Kinderschutzbund und der Deutsche Richterbund zum Sorgerecht Geschiedener,[62] die Bundesregierung, das BSG, der DGB, die DAG, das Kommissariat der Deutschen Bischöfe, die Evangelische Frauenarbeit in Deutschland e.V., der Deutsche Hausfrauenbund e.V. sowie die Beteiligten des Ausgangsverfahrens zum Mutterschaftsgeld.[63] Der Präsident des BGH und der Generalbundesanwalt stellten die Praxis zum „Deal" im Strafprozess dar.[64]

66 Der Verfassungsprozess wird so bei mündlicher Verhandlung zum öffentlichen Gespräch mit den für das jeweilige Gebiet relevanten politischen Kräften mit dem Ziel der Bewahrung oder Fortbildung des Verfassungsrechts. Diese das allgemeine Prozessrecht überschreitenden Großveranstaltungen in Form von Anhörungen sind von §§ 26, 27a BVerfGG gedeckt. Der Unterschied zwischen der politischen Aktion und

[55] Neben diesen durch das Gericht angeforderten Stellungnahmen kommt es auch zu unaufgeforderten Schriftsätzen Dritter an das Gericht. Diese bezeichnet *Zuck* in Anlehnung an das US-amerikanische Recht als „amicus curiae-Stellungnahmen" und plädiert für eine Beachtung dieser unter gewissen Voraussetzungen vor allem im Verfassungsbeschwerdeverfahren, *Zuck,* NVwZ 2016, 1130ff.; vgl. auch *Lechner/Zuck,* BVerfGG, § 27a Rdnr. 2. Zum Umgang mit nicht angeforderten Stellungnahmen vgl. auch *Meskouris,* in: Barczak BVerfGG, § 27a Rdnr. 21f.

[56] Vgl. *Häberle,* Verfassung, S. 155ff.; *Steinberg,* JZ 1980, 385ff.

[57] BVerfGE 50, 290 (318); dort eine ganze Seite Aufzählung der Personen, die sich in der mündlichen Verhandlung geäußert haben.

[58] BVerfGE 54, 11 (23).

[59] BVerfGE 53, 30 (44).

[60] BVerfGE 54, 173 (186).

[61] BVerfGE 62, 256 (263).

[62] BVerfGE 61, 358 (371).

[63] BVerfGE 65, 104 (109).

[64] BVerfGE 133, 168 (196).

der Kontrolle derselben durch die Verfassungsrechtsprechung sollte aber nicht verdeckt werden.[65]

IV. Vergleich und vergleichsweise Streitschlichtung

Nach Art. 93 I GG „entscheidet" das BVerfG im verfassungsgerichtlichen Verfahren 67 (vgl. auch Art. 21 S. 2 GG, § 13 BVerfGG). Weder das Grundgesetz noch das Bundesverfassungsgerichtsgesetz kennen, im Unterschied zum Zivilprozess und dem Verfahren vor den Verwaltungsgerichten (vgl. §§ 279, 794 I Nr. 1 ZPO, § 106 VwGO), die Verfahrensbeendigung im Wege des Vergleichs. Dennoch ist ein echter Prozessvergleich durch gegenseitiges Nachgeben der Beteiligten im Verfahren vor dem BVerfG nicht völlig ausgeschlossen. Sein Anwendungsbereich aber ist von vornherein sehr begrenzt. Keine Verständigung ist in den Verfahren denkbar, die dem Schutz der Verfassung dienen und Parallelen zum Strafverfahren aufweisen. Dazu rechnen das Verfahren über die Verwirkung von Grundrechten (Art. 18 S. 2 GG, § 13 Nr. 1 BVerfGG), das Parteiverbotsverfahren und das Verfahren über den Ausschluss einer Partei von staatlicher Finanzierung (Art. 21 II, III i. V. m. IV GG, § 13 Nr. 2 und 2a BVerfGG), die Präsidentenanklage (Art. 61 GG, § 13 Nr. 4 BVerfGG) und die Richteranklage (Art. 98 II, V GG, § 13 Nr. 9 BVerfGG). Ausgeschlossen ist ein Vergleich auch bei Verfassungsbeschwerden und in Normenkontrollverfahren.[66] Diese objektiven Verfahren kennen keine Prozessparteien, sondern lediglich Antragsteller (oben Rdnr. 61). Möglich wäre ein Vergleich allein in den kontradiktorischen Verfahren des Organstreits und der Bund-Länder-Streitigkeiten, dies allerdings nur, soweit die Beteiligten „über den Gegenstand des Vergleichs verfügen können" (so im Verwaltungsprozess § 106 VwGO). Das ist nur in Ausnahmefällen denkbar; die regelmäßig strittigen Kompetenzen beruhen auf indisponiblem Verfassungsrecht. Lediglich über die Art und Weise der Kompetenzausübung ist im Rahmen der verfassungsrechtlichen Vorgaben eine Verständigung möglich.[67]

Keinen Vergleichsvorschlag im materiell- und prozessrechtlichen Sinne[68] enthält der Beschluss BVerfGE 68 104, 305. Im Verfahren der abstrakten Normenkontrolle und aufgrund von Verfassungsbeschwerden hatte das Gericht die Vereinbarkeit des im Brandenburgischen Schulgesetz von 1996 anstelle von Religionsunterricht vorgesehenen Schulfachs „Lebensgestaltung – Ethik – Religionskunde" (LER) mit dem Grundgesetz, insbesondere Art. 7 III, Art. 141 GG, zu überprüfen. Das Gericht entschied nicht, sondern unterbreitete – erst mehr als fünf Jahre nach Anhängigkeit der Anträge! – den Antragstellern und der äußerungsberechtigten Landesregierung in Beschlussform einen in vier Paragraphen vollständig formulierten Vorschlag zur „einverständlichen Verständigung". Die Landesregierung sollte sich verpflichten, einen Gesetzentwurf in den Landtag einzubringen, wonach das Fach LER unverändert bliebe, zugleich aber der Religionsunterricht nach den Vorgaben des Art. 7 III GG in den Unterricht eingebracht werden sollte. § 4 des gerichtlichen Verständigungsvorschlags lautete: „Die Antragsteller werden binnen eines Monats nach dem In-Kraft-Treten eines dieser Vereinbarung entsprechenden Änderungsgesetzes den Normenkontroll-

[65] *Kokott,* Beweislastverteilung.

[66] *Rozek,* in: Maunz u. a., BVerfGG, § 76 Rdnr. 7.

[67] *Benda/Klein,* Verfassungsprozessrecht, Rdnr. 359; *H. A. Wolff,* EuGRZ 2003, 467f.; *Bethge,* in: Maunz u. a., BVerfGG, Vorbem. vor § 17 Rdnr. 49; *Lechner/Zuck,* BVerfGG, vor § 17 Rdnr. 19; *Wieland,* in: Dreier, GG, Art. 93 Rdnr. 39 a. E.; *Kreutzberger,* S. 274ff.

[68] Etwas anders *H. A. Wolff,* EuGRZ 2003, 464 (Vorschlag zum Abschluss eines mat.-rechtl. Vergleichsvertrags); unzutreffend *Th. I. Schmidt,* NVwZ 2002, 925f., 929 (Vergleichsvorschlag entspr. § 106 S. 2 VwGO). Wie hier *Voßkuhle,* in: v. Mangoldt/Klein/Starck, GG, 5. Aufl. 2005, Art. 93 Rdnr. 21 Fn. 89.

antrag und die Verfassungsbeschwerden gegenüber dem Bundesverfassungsgericht zurücknehmen." Darauf gingen die (meisten) Verfahrensbeteiligten ein. Nach Inkrafttreten des entsprechend dem Vorschlag geänderten Schulgesetzes hat das Gericht durch einen weiteren Beschluss die Verfahren beendet (BVerfGE 106, 210. Soweit manche Verfassungsbeschwerden nicht zurückgenommen worden waren, seien die Beschwerdeführer nicht mehr beschwert; vgl. auch BVerfGE 105, 235). Dies lässt sich als neuer Weg verstehen, Zurückhaltung gegenüber dem Gesetzgeber zu üben. Das Gericht hat es vermieden, sicherlich auch wegen kontroverser Auffassungen der Richter, abschließend über das Gesetz des Jahres 1996 zu befinden. Es hat aber auch nicht den Gesetzgeber mit präzisen Direktiven in die Pflicht genommen. Zugleich hat das Gericht sich vorbehalten, bei Scheitern der vorgeschlagenen Verständigung über die Grundgesetzkonformität zu entscheiden. Es bleiben rechtliche Zweifel an der Vorgehensweise des Gerichts.[69] Es ist ihm aber gelungen, eine gesellschaftlich-politisch besonders strittige Frage an den Gesetzgeber zurückzugeben, statt eine fast zwangsläufig polarisierende Entscheidung zu treffen.[70]

V. Mündliche Verhandlung[71]

69 Eine mündliche Verhandlung ist nach § 25 I BVerfGG die Regel, praktisch aber die seltene Ausnahme.[72] Alle Beteiligten können darauf verzichten, bei der Verfassungsbeschwerde kann das BVerfG selbst davon absehen, sofern nicht die beteiligten Verfassungsorgane auf mündlicher Verhandlung bestehen (§ 94 V S. 2 BVerfGG); der Verfassungsbeschwerdeführer kann also die mündliche Verhandlung nicht erzwingen. Wenn eine mündliche Verhandlung stattgefunden hat, ergeht ein Urteil, das in der Regel öffentlich verkündet wird; andernfalls ergeht ein „Beschluss" (§ 25 II BVerfGG). Mündliche Verhandlungen sind öffentlich (§ 17 BVerfGG iVm. § 169 S. 1 GVG). Möglich ist also der Zutritt von am Verfahren unbeteiligten Personen zum Sitzungssaal, um den Ablauf der mündlichen Verhandlung verfolgen zu können. Abweichend von § 169 S. 2 GVG erlaubt § 17a BVerfGG – in engen Grenzen und mit Beschränkungsmöglichkeiten im Einzelfall – „Ton- und Fernseh-Rundfunkaufnahmen sowie Ton- und Filmaufnahmen zum Zwecke der öffentlichen Vorführung."[73] Die herausragende Bedeutung des BVerfG rechtfertigt diese begrenzte elektronische Medienöffentlichkeit.

VI. Abweisung a limine (§ 24 BVerfGG)

70 In allen Verfahren können unzulässige oder offensichtlich unbegründete Anträge durch einstimmigen Beschluss des Gerichts verworfen werden (§ 24 BVerfGG).[74] Diese „a-limine-Abweisung" bedarf keiner Begründung, wenn der Antragsteller zuvor

[69] Dazu *H. A. Wolff,* EuGRZ 2003, 467f. Keine Bedenken hat im Ergebnis *Kreutzberger,* S. 293: Die Anregung des Gerichts habe keine unmittelbare verfahrensbezogene Wirkung gehabt. Sie habe „sich erst durch die explizit erklärte Antragsrücknahme der Beschwerdeführer und Antragsteller sowie durch die Entscheidung des Gerichts über die Antragsrücknahmen und Erledigterklärungen mittelbar auswirken" können.

[70] Zustimmend auch *Kotzur,* JZ 2003, 77ff., allerdings unter Rückgriff auf die hier abgelehnte Rolle des BVerfG als „gesellschaftliches Gericht" (vgl. Rdnr. 35f.).

[71] Kritisch zur jetzigen Praxis *Zuck,* Das Recht der Verfassungsbeschwerde, Rdnr. 345; *R. Gerhardt,* FS Simon, S. 63ff.

[72] Nach *Ritterspach,* FS Stein, S. 298, besteht Einigkeit, dass diese Praxis nicht gebilligt werden kann.

[73] Ausführlich *v. Coelln,* in: Maunz u. a., BVerfGG, § 17a Rdnr. 76ff.

[74] Beispiel für Verwerfung wegen Unzulässigkeit BVerfGE 64, 301 (302), wegen Unbegründetheit BVerfGE 64, 175 (179); 67, 43 (55f.) – Asylverfahrensgesetz; 95, 1 (14f.) – Südumfahrung Stendal.

auf die Bedenken des Gerichts hingewiesen worden ist. Solche Entscheidungen ohne Begründung sind in der amtlichen Sammlung nicht abgedruckt. Bei Entscheidungen mit Begründung ist dies der Fall. Die Entscheidungsform spielt bei der Verfassungsbeschwerde keine große Rolle, seit dort das speziellere Annahmeverfahren nach §§ 93a ff. BVerfGG zur Verfügung steht.

Das BVerfG benutzt die Entscheidung nach § 24 BVerfGG auch, um bei Unbegründetheit des Antrags die an sich ja zuerst festzustellende, aber im konkreten Fall zweifelhafte und vielleicht schwierig zu entscheidende Zulässigkeit des Verfahrens dahingestellt sein zu lassen.[75] Diese Handhabung des § 24 BVerfGG kann dazu führen, dass eine Entscheidung gemäß § 24 BVerfGG in einer Frage von großem Gewicht und mit einer sehr ausführlichen Begründung ergeht. So bringt die Sasbach-Entscheidung zur Grundrechtsfähigkeit der Gemeinden in BVerfGE 61, 82 eine Begründung auf 18 Druckseiten; dabei wird die Formel gemäß § 24 BVerfGG, die Verfassungsbeschwerde sei „offensichtlich unbegründet", nicht gescheut.[76]

Das BVerfG benutzt § 24 BVerfGG desweiteren, um zu entscheiden, ohne den Antrag zunächst wie sonst üblich den weiteren Beteiligten zuzustellen und ohne Äußerungen Dritter (z. B. gemäß §§ 77, 82 I, 94 BVerfGG) einzuholen.[77] Es entscheidet dann allein aufgrund der Antragsschrift. In den abgedruckten Entscheidungen wird das nicht erwähnt.[78]

Bei manchen der abgedruckten Entscheidungen wird dem Außenstehenden nicht deutlich, warum das Verfahren nach § 24 BVerfGG gewählt wurde. Kurze Begründungen sind auch sonst erlaubt und erwünscht, und die Einstimmigkeit der Entscheidungen kann auch auf andere Weise mitgeteilt werden.

Entscheidungen nach § 24 BVerfGG sind – anders als die (Nicht-)Annahmeentschei- 71
dungen nach §§ 93b S. 1, 93d I und III BVerfGG – vollwertige Entscheidungen des BVerfG mit Rechtskraft und Bindungswirkung. Bei der Normenkontrolle wird deshalb der Antrag bzw. die Richtervorlage nicht einfach verworfen, wie es § 24 BVerfGG formuliert, es wird auch im „Beschluss gemäß § 24 BVerfGG" die Vereinbarkeit der kontrollierten Norm mit dem Grundgesetz ausdrücklich ausgesprochen;[79] so hat der Beschluss an der Bindungswirkung gemäß § 31 II BVerfGG teil.

[75] BVerfGE 6, 7 (11); 52, 256 (261); 59, 36 (46); 60, 243 (246); 65, 237 (245); 69, 112 (115); 90, 241 (246); 94, 297 (309); 96, 1 (5); 97, 350 (368); 128, 278 (280). In BVerfGE 61, 126 (132f.) bleibt im Verfahren der konkreten Normenkontrolle nach Art. 100 I GG die Entscheidungserheblichkeit dahingestellt.

[76] In einem ähnlichen Fall (BVerfGE 60, 175–215 – „Startbahn West") heißt es am Wortlaut des § 24 BVerfGG vorbei lediglich: „jedenfalls unbegründet"; vgl. auch BVerfGE 66, 248 (256): konkrete Normenkontrolle; die Zulässigkeit wird z. T. geprüft und bejaht, z. T. bleibt sie dahingestellt; 67, 65 (68ff.); 72, 122 (132): „gemäß § 24 BVerfGG aus Gründen des materiellen Rechts zu verwerfen." BVerfGE 82, 316 (319): Das „offensichtlich unbegründet" in § 24 I BVerfGG setze nicht voraus, dass die Unbegründetheit auf der Hand liege, sie könne auch das Ergebnis vorheriger gründlicher Prüfung sein; BVerfGE 95, 1 (15): Ergebnis vorgängiger gründlicher Prüfung „unter allen rechtlichen Gesichtspunkten". Mit dem Wortlaut des § 24 BVerfGG ist diese Auslegung nicht zu vereinbaren. Das BVerfG hält sich damit aber den Zugang zu den im Text genannten Vereinfachungen des Verfahrens offen.

[77] Vgl. schon *Geiger,* BVerfGG, § 24 Anm. 2.

[78] Vgl. z. B. BVerfGE 60, 250; 61, 75.

[79] BVerfGE 9, 334 (336); 64, 175; 67, 202 (203, 206f.). *Bettermann,* Normenkontrolle, S. 370, sieht darin eine nur bruchstückhafte Anwendung des § 24 BVerfGG. Er lehnt dessen Anwendbarkeit im Verfahren der konkreten Normenkontrolle gemäß Art. 100 I GG ganz ab: § 24 setze einen Sachantrag voraus, darum aber handle es sich bei der Richtervorlage nicht.

VII. Ausschluss und Befangenheit eines Richters[80]

Wie bei anderen Gerichten gibt es auch beim BVerfG die Möglichkeiten des *Ausschlusses* (§ 18 BVerfGG) und der *Ablehnung* (§ 19 BVerfGG) eines Richters.[81]

72 Die Gründe für den *Ausschluss* eines Richters von der Ausübung seines Amts wegen Verwandtschaft oder Beteiligung in der Sache (§ 18 BVerfGG) sind als Ausnahmetatbestand eng gefasst.[82] Die Tatsache, dass er aufgrund seiner Zugehörigkeit zu einer politischen Partei am Ausgang des Verfahrens interessiert ist oder dass er früher – zum Beispiel als Abgeordneter – an dem betreffenden Gesetzgebungsverfahren mitgewirkt oder sich wissenschaftlich zu einer Rechtsfrage geäußert hat, die in dem Verfahren bedeutsam sein kann, begründet den Ausschluss des Richters noch nicht (§ 18 II, III BVerfGG).[83]

Präzisierend und im Ergebnis richtig BVerfGE 140, 115 (136f.) – Ausschluss des Richters Müller im Verfahren über die Besetzung von Arbeitsgruppen des Vermittlungsausschusses,[84] „weil er als Ministerpräsident des Saarlandes und Mitglied des Vermittlungsausschusses an dem streitgegenständlichen Vermittlungsverfahren und dem angegriffenen Beschluss über die Besetzung der informellen Arbeitsgruppe und die Ablehung der Mitwirkung einer oder eines Abgeordneten“ beteiligt war. § 18 III Nr. 1 BVerfGG sei nicht anzuwenden, „wenn sich das verfassungsrechtliche Verfahren nicht gegen das unter Beteiligung des Richters zustande gekommene Gesetz richtet, sondern [...] gegen einen bestimmten Vorgang innerhalb des Gesetzgebungsverfahrens selbst.“

73 Richter können auf Antrag wegen Besorgnis der Befangenheit *abgelehnt* werden, wenn ein Grund vorliegt, der geeignet ist, Misstrauen gegen die Unparteilichkeit eines Richters zu rechtfertigen (§ 19 BVerfGG).[85] Dabei kommt es nicht darauf an, ob der Richter tatsächlich befangen ist oder sich für befangen hält. „Entscheidend ist allein, ob bei vernünftiger Würdigung aller Umstände Anlass besteht, an der Unvoreingenommenheit des Richters zu zweifeln.“[86] Das BVerfG wendet § 19 BVerfGG bei dem Verfahren der Normenkontrolle nach Richtervorlage gemäß Art. 100 I GG nicht an: Es handle sich dabei um ein objektives Verfahren, in dem mangels persönlicher Beziehungen ein Bedürfnis für die Möglichkeit der Richterablehnung nicht bestehe; auch gebe es in diesem Verfahren keine Antragsberechtigten, von Amts wegen aber dürfe die Besorgnis der Befangenheit nicht geprüft werden.[87] Details zu den insgesamt hohen Voraussetzungen einer Ablehnung unten bei Rdnr. 74a.

[80] Im Detail *Käßner,* in: Scheffczyk/Wolter (Hrsg.), Linien der Rechtsprechung des Bundesverfassungsgerichts, Bd. 4, S. 3ff.

[81] Überblick zur Rechtsprechung bei *Zähle,* AöR 137 (2012), S. 173ff.; *Käßner,* in: Scheffczyk/Wolter (Hrsg.), Linien der Rechtsprechung des Bundesverfassungsgerichts, Bd. 4, S. 3ff.

[82] BVerfGE 133, 163 (165); 135, 248 (254).

[83] Vgl. BVerfGE 72, 278 (287f.); 78, 331 (336): Auch die Mitwirkung an einer Stellungnahme, die vom BVerfG im verfassungsgerichtlichen Verfahren eingeholt wurde, sei im Rahmen des § 18 BVerfGG unschädlich. Vgl. auch BVerfGE 82, 30; 133, 163 (166); 135, 248 (254f.); 150, 204 (226 Rdnr. 64ff.). Zur Auslegung des § 18 BVerfGG *Kischel,* in: HStR III, § 69 Rdnr. 64f.

[84] Hierzu *Käßner,* in: Scheffczyk/Wolter (Hrsg.), Linien der Rechtsprechung des Bundesverfassungsgerichts, Bd. 4, S. 3ff., 11.

[85] BVerfGE 20, 1 (5); 43, 126 (127ff.); BVerfGE 152, 332 (336f. Rdnr. 11ff.); BVerfG, NVwZ 2021, 480 (482); *Kischel,* in: HStR III, § 69 Rdnr. 66ff.

[86] BVerfGE 142, 9 (14); 108, 122 (126); BVerfG, NVwZ 2021, 480 (482).

[87] BVerfGE 46, 34; vgl. bereits BVerfGE 1, 66 (68): nur formal Verfahrensbeteiligte haben ein Ablehnungsrecht. Dagegen *Wassermann,* FS Hirsch, S. 470ff. Zustimmend *Schaffert/Schmitz/Steiner,*

Die Entscheidung über einen Mitwirkungsausschluss nach § 18 BVerfGG trifft der Spruchkörper der Hauptsache von Amts wegen[88] und ohne Mitwirkung des betroffenen Richters. Dies bedeutet im Fall einer Senatsentscheidung die Entscheidung in verminderter Besetzung; in einer Kammer wird der Betroffene durch den jeweils zuständigen Vertreter ersetzt, weil diese nur in Vollbesetzung beschlussfähig ist.[89] Zeitlich muss die Entscheidung über den Ausschluss – offensichtlich – vor der Hauptsacheentscheidung liegen. Hier kommt es eher selten zu einer separaten Zwischenentscheidung[90]; meist bildet die Entscheidung einen Teil der Hauptsacheentscheidung.[91] Diese fehlende vorherige Bekanntgabe einer positiven Ablehnungsentscheidung kann insbesondere dann zu Problemen führen, wenn in einem Verfahren eine mündliche Verhandlung stattfindet und deshalb Unklarheit über die Besetzung des Senats während dieser Verhandlung herrscht.[92] 73a

Eine Ablehnung nach § 19 BVerfGG setzt ein Ablehnungsgesuch eines Verfahrensbeteiligten voraus, welches begründet und bis zum Beginn der mündlichen Verhandlung (in Verfahren ohne mündliche Verhandlung vor der Entscheidung) gestellt werden muss. Ist das Gesuch nicht offensichtlich unzulässig, folgt die Äußerung des Betroffenen, § 19 II 2 BVerfGG, sowie die Entscheidung des Hauptsachespruchkörpers über das Gesuch. Diese trifft – selbstverständlich unter Ausschluss des Betroffenen – der Senat in verminderter Besetzung, die Kammer unter Mitwirkung des jeweiligen Vertreters.[93]

Im Übrigen ist auch hier zunächst von den Grundsätzen der anderen Prozessordnungen auszugehen. 74

Bis zur Änderung des BVerfGG im Jahre 1986 waren Richterausschluss und Richterablehnung geeignet, das BVerfG in eine prekäre Lage zu bringen. Im Unterschied zu anderen Gerichten gab es beim BVerfG keine gegenseitige Stellvertretung der Richter. Jede erfolgreiche Ablehnung in einem politisch brisanten Verfahren konnte das „politische Gleichgewicht" in der Besetzung des Senats stören. Eine dritte erfolgreiche Ablehnung machte den Senat beschlussunfähig.[94]

VerwArch. 91 (2000), 480, die allerdings zu Unrecht (und entgegen der Rspr.) meinen, auch im Verfahren der abstrakten Normenkontrolle sei kein Raum für eine Richterablehnung.

88 S. nur BVerfGE 133, 163 (165).

89 *Käßner,* in: Scheffczyk/Wolter (Hrsg.), Linien der Rechtsprechung des Bundesverfassungsgerichts, Bd. 4, S. 3 ff., 13 ff. m. w. N., dort auch zur Ausnahme des offensichtlichen Nichtvorliegens eines Ausschlussgrundes.

90 So aber beispielsweise in BVerfG, Beschluss vom 18.4.2012 – 2 BvE 2/08; s. auch *Käßner,* in: Scheffczyk/Wolter (Hrsg.), Linien der Rechtsprechung des Bundesverfassungsgerichts, Bd. 4, S. 3 ff., 15 m. w. N.

91 So etwa der oben in Rdnr. 72 besprochene Fall des Richters Müller BVerfGE 140, 115 (136 f.). Weitere Beipiele bei *Käßner,* in: Scheffczyk/Wolter (Hrsg.), Linien der Rechtsprechung des Bundesverfassungsgerichts, Bd. 4, S. 3 ff., 15.

92 *Käßner,* in: Scheffczyk/Wolter (Hrsg.), Linien der Rechtsprechung des Bundesverfassungsgerichts, Bd. 4, S. 3 ff., 15 f.

93 *Käßner,* in: Scheffczyk/Wolter (Hrsg.), Linien der Rechtsprechung des Bundesverfassungsgerichts, Bd. 4, S. 3 ff., 23 f.

94 Vgl. zur früheren Diskussion *Ritterspach,* FS Stein, S. 295 f. Anders *Wassermann,* FS Hirsch, S. 465 ff. Generell *Knöpfle,* Besetzung, S. 142 ff. – *Schulze-Fielitz,* JZ 1982, 802, weist zu Recht auf den generellen Mangel hin, dass die Gründe für die Nichtmitwirkung von Richtern (Ausschluss, Krankheit, Urlaub) regelmäßig nicht mitgeteilt werden.

Bei einem Ausschluss eines Richters rückt im Falle einer Kammerentscheidung der jeweilige Vertreter nach. Der Senat entscheidet hingegen in verminderter Besetzung; es kommt mangels planwidriger Regelungslücke nicht zu einer analogen Anwendung des § 19 IV BVerfGG.[95] Somit besteht für den Fall des Richterausschlusses auch heute noch die Gefahr der Beschlussunfähigkeit oder der Beeinträchtigung des politischen Gleichgewichts des Senats. Auch wenn es bisher noch zu keinem Fall der Beschlussunfähigkeit wegen Ausschlusses kam,[96] wäre in diesem Fall jedenfalls bei der vom Gesetz geforderten besonderen Dringlichkeit die Anwendung der Vertretungsregel des § 15 II S. 2–4 BVerfGG anzuraten.[97]

Anders verhält es sich im Fall der begründeten Ablehnung: Hier sieht § 19 IV BVerfGG vor, dass durch Los ein Richter des anderen Senats als Vertreter bestimmt wird. Das Losverfahren begegnet Befangenheitsanträgen, die bei einer starren Vertretungsregelung in der Absicht gestellt werden könnten, die Zusammensetzung des Senats zu steuern.[98] Im Falle einer Kammerentscheidung ist das Losverfahren nicht notwendig, es greifen die üblichen Vertretungsregeln nach dem Geschäftsverteilungsbeschluss.[99] Die unterschiedlichen Folgen eines Ausschlusses und einer Ablehnung konnten zu der kuriosen Situation führen, dass in einem Verfahren des Zweiten Senats ein Richter wegen begründeter Selbstablehnung nach § 19 BVerfGG durch eine Richterin des Ersten Senats ersetzt wurde, während ein anderer Richter nach § 18 BVerfGG ausgeschlossen, jedoch nicht ersetzt wurde.[100]

74a Die Voraussetzungen für eine begründete Ablehnung nach § 19 BVerfGG sind hoch. Das Gericht meint, ein objektiver Betrachter in der Lage der Verfahrensbeteiligten müsse bei der Befangenheitsbesorgnis einen strengeren Maßstab als im Zivil- oder Strafprozess anlegen.[101] Es beruft sich darauf, dass das Wahlverfahren für Richter des BVerfG die Gewähr für ein höheres Maß an Objektivität als bei anderen Richtern biete; außerdem dürfe von den am Verfassungsprozess Beteiligten ein erhöhtes Maß an Vertrauen in die Richter erwartet werden.[102] Schließlich zeige der Negativkatalog in § 18 II, III BVerfGG den im Vergleich zu anderen Verfahrensordnungen strengeren Maßstab, der sich auf § 19 BVerfGG auswirken müsse. Zum Ausschluss wegen Befangenheit kam es bislang auch nur in wenigen Fällen.[103] Von den Richtern eines Gerichts mit dem Rang des BVerfG wird die innere Unabhängigkeit, von den Beteiligten

[95] Jüngst BVerfGE 140, 115 (137). Vgl. auch *Lechner/Zuck,* § 18 Rdnr. 13; *Lenz/Hansel,* BVerfGG, § 18 Rdnr. 21.

[96] *Käßner,* in: Scheffczyk/Wolter (Hrsg.), Linien der Rechtsprechung des Bundesverfassungsgerichts, Bd. 4, S. 3 ff., 17.

[97] So auch *Lechner/Zuck,* § 18 Rdnr. 13. Zu § 15 BVerfGG vgl. Rdnr. 49.

[98] *Ulsamer,* EuGRZ 1986, 116; *Zuck,* Das Recht der Verfassungsbeschwerde, Rdnr. 1040 i ff., insbes. 1048 f.

[99] *Käßner,* in: Scheffczyk/Wolter (Hrsg.), Linien der Rechtsprechung des Bundesverfassungsgerichts, Bd. 4, S. 3 ff., 28.

[100] BVerfGE 111, 54 (80).

[101] BVerfGE 73, 330 (335 f.).

[102] BVerfGE 35, 171 (173 f.).

[103] Z. B. BVerfGE 20, 1 – Parteienfinanzierung; 36, 1 – Grundlagenvertrag; 82, 30 – Wasserpfennig; BVerfG, Beschluss vom 13. Februar 2018 – 2 BvR 651/16 – § 217 StGB; zum Fall der Selbstablehnung des Vorsitzenden BVerfGE 72, 296, eines Richters BVerfGE 88, 1; 95, 189; 98, 134; 102, 122; 108, 122; 108, 279; 109, 130; zur Rspr. *Kischel,* in: HStR III, § 69 Rdnr. 67 ff.; *Zuck,* Das Recht der Verfassungsbeschwerde, Rdnr. 1041 ff.; *Lovens,* S. 21 ff.

wird das Vertrauen in diese Unabhängigkeit erwartet. Unausgesprochen spielte wohl dieser Aspekt eine Rolle, als das BVerfG 1994 über die Folgen der Kandidatur seines Präsidenten *Herzog* zum Amt des Bundespräsidenten zu befinden hatte: „Dass ein Richter des Bundesverfassungsgerichts von einer politischen Partei für die Wahl des Bundespräsidenten vorgeschlagen wird und seine Zustimmung hierzu erklärt, führt weder zu seinem Ausschluss vom Richteramt noch begründet es für sich genommen die Besorgnis der Befangenheit (§ 19 BVerfGG)."[104] Die Kundgabe politischer Meinungen vor der Ernennung zum Richter des Bundesverfassungsgerichts begründet die Besorgnis der Befangenheit ebenfalls noch nicht. „Zweifel an der Objektivität des Richters können allerdings berechtigt sein, wenn sich aufdrängt, dass ein innerer Zusammenhang zwischen einer – mit Engagement geäußerten – politischen Überzeugung und seiner Rechtsauffassung besteht."[105] Erforderlich ist „stets eine Gesamtwürdigung von Inhalt, Form und Rahmen (Ort, Adressatenkreis) der jeweiligen Äußerung sowie des sachlichen und zeitlichen Bezugs zum in Rede stehenden Verfahren."[106]

Einen solchen Zusammenhang sah das Gericht in seinem Beschluss vom 13. Februar 2018 (BVerfGE 148, 1) zur Ablehnung des Richters Müller wegen Befangenheit im Verfahren über die Verfassungsbeschwerde gegen den neu gefassten § 217 StGB (Strafbarkeit der geschäftsmäßigen Förderung der Selbsttötung): Richter Müller war in seiner damaligen Funktion als Ministerpräsident des Saarlandes im Jahre 2006 an der Einbringung eines Gesetzesantrags in den Bundesrat beteiligt, der zwar im Ergebnis nicht weiterverfolgt wurde, inhaltlich aber in weiten Teilen dem 2015 verabschiedeten und nun verfahrensgegenständlichen § 217 StGB entsprach. Nach der Entscheidung des Gerichts liegt mangels Befassung in derselben Sache und wegen § 18 Abs. 3 Nr. 1 BVerfGG kein Ausschluss nach § 18 BVerfGG vor (Rdnr. 13ff.). Allerdings nimmt das Gericht die Besorgnis der Befangenheit an: Eine frühere politische Betätigung eines Richters sei im System der Richterwahl zwar angelegt und deshalb unproblematisch (Rdnr. 18). „Zweifel an der Objektivität [...] können allerdings berechtigt sein, wenn sich aufdrängt, dass ein innerer Zusammenhang zwischen einer – mit Engagement geäußerten – politischen Überzeugung und seiner Rechtsauffassung besteht" (Rdnr. 19). Unter Heranziehung der Wertung des § 18 Abs. 3 Nr. 1 BVerfGG „bedarf es zusätzlicher Umstände, die über die bloße Mitwirkung am Gesetzgebungsverfahren hinausgehen, um die Besorgnis der Befangenheit zu begründen" (Rdnr. 20). Diese seien im Fall des Richters Müller u. a. wegen seiner dezidiert verfassungsrechtlichen Argumentation in der damaligen politischen Auseinandersetzung und seiner herausgehobenen Rolle als Initiator des Gesetzgebungsverfahrens im politischen und rechtlich-formalen Sinn gegeben (Rdnr. 21ff.).

Ebenfalls Erfolg hatte ein Ablehnungsgesuch gegen die Richterin Wallrabenstein im Verfahren auf Erlass einer Vollstreckungsanordnung zum PSPP-Urteil (BVerfG, NVwZ 2021, 480, 482). Richterin Wallrabenstein gehörte zum Zeitpunkt der Ausgangsentscheidung (BVerfGE 154, 17) noch nicht dem BVerfG an. Nach ihrer Wahl zur Richterin des BVerfG, aber noch vor Ernennung, war sie in einem Zeitungsinterview zu den Konsequenzen des Urteils befragt worden. Dabei äußerte sie ein vom Wortlaut der Entscheidung abweichendes Verständnis zu den Verpflichtungen der EZB (Rdnr. 34) sowie u. a., dass man nach einem Streit irgendwann „Entschuldigung" und „Schwamm drüber, lasst uns nach vorne blicken" sagen solle (Rdnr. 36). Das Gericht stellte mit Blick auf die „besonderen Anforderungen des Richteramts" (Rdnr. 26) zurecht bereits auf den „Zeitpunkt der Wahl durch den Deutschen Bundestag und den Bundesrat" (Rdnr. 27) ab und kam nachvollziehbar zu dem Ergebnis, ein objektiver Betrachter müsse befürchten, dass Richterin Wallrabenstein in einem für die Vollstreckungsentscheidung „wichtigen Punkt bereits festgelegt sei. Hinzu kommt, dass die anderen Äußerungen den Eindruck erwecken können, als handele es sich bei der Umsetzung des Urteils und dem möglichen Erlass einer Vollstreckungsanordnung um eine im Grunde politische Frage." (Rdnr. 37).

[104] BVerfGE 89, 359.

[105] BVerfGE 142, 9 (15); 142, 18 (22); 148, 1 (7 Rdnr. 18f.); BVerfGE 152, 332 (338 Rdnr. 17); 154, 312 (318 Rdnr. 19); BVerfG, NVwZ 2021, 480 (482).

[106] BVerfG, NVwZ 2021, 480 (482).

Allerdings hatte das BVerfG in seinem Beschluss vom 4. Juni 1986 erwogen, nach Einführung der Stellvertretungsregelung den strengen Maßstab für das Vorliegen eines Ablehnungsgrunds aufzugeben.[107] In der Folgezeit hat sich aber die Rechtsprechung nicht geändert. Nur wenige Wochen später entschied derselbe Senat des BVerfG: „Auch nach Einführung des neuen § 19 Abs. 4 BVerfGG ... ist an dem bisherigen Maßstab für die Beurteilung der Ablehnung eines Richters des Bundesverfassungsgerichts festzuhalten.“ Das begründet das BVerfG, nachdem der Gesichtspunkt der drohenden Beschlussunfähigkeit keine Bedeutung mehr hat, mit den möglichen Folgen einer erleichterten Richterablehnung. Eine Richterablehnung könnte öfter als früher stattfinden, mit der Konsequenz, dass die Senate häufig nicht mehr in ihrer *gesetzlichen* Zusammensetzung entscheiden. Außerdem rechtfertige die unveränderte Regelung des § 19 II und III BVerfGG die Beibehaltung des strengen Maßstabes. Dem ist zuzustimmen: Das Losverfahren verhindert zwar die gezielte Manipulation der Zusammensetzung des Senats, nicht aber die Störung des politischen Gleichgewichts.[108]

Nicht ganz selten stellt sich die Frage, inwieweit sachverständige oder wissenschaftliche Äußerungen zu einer für das Verfahren bedeutsamen Rechtsfrage, die ein Richter vor Übernahme seines Amtes abgegeben hat, Anlass zur Befangenheitsbesorgnis sein können. Wissenschaftliche Äußerungen zu einer für das Verfahren relevanten Rechtsfrage sind, für sich genommen, kein Befangenheitsgrund (§ 18 III Nr. 2 BVerfGG). Anders ist es, wenn die berufliche oder wissenschaftliche Tätigkeit „die Unterstützung eines Verfahrensbeteiligten bezweckte“, so etwa bei der Erstattung eines Rechtsgutachtens oder dann, „wenn ein Richter Äußerungen zu verfassungsrechtlichen Fragen als Bevollmächtigter eines an einem früheren Verfahren vor dem BVerfG Beteiligten abgegeben hat und der in dem früheren Verfahren verfolgte Rechtsstandpunkt auch in anhängigen Verfahren von wesentlicher Bedeutung ist.“[109] Die Befürchtung, der Richter könne die streitige Rechtsfrage nicht mehr offen und unbefangen beurteilen, ist dann verständlich. Eine frühere Prozessvertretung, in deren Rahmen entscheidungsrelevante Rechtsauffassungen vertreten wurden, kann (und wird in der Regel) die Besorgnis der Befangenheit durch persönliche und sachliche Nähe des Richters zum Gegenstand des anhängigen Verfahrens begründen.[110] Keine Befangenheit liegt vor,

[107] BVerfGE 72, 296 (298).

[108] BVerfGE 73, 330; 82, 30 (40); kritisch *Wassermann,* NJW 1987, 418ff.; *Brocker,* RuP 27 (1991), 44ff.; *ders.,* Ausschluss, S. 67ff., mit eingehender Darstellung des Fallmaterials; zustimmend *Zuck,* MDR 1986, 894ff.

[109] BVerfGE 95, 189 (191f.); vgl. auch BVerfGE 98, 134 (137ff.); 82, 30 (39); 102, 122 (125); 108, 279 (281f.): Besorgnis der Befangenheit bei wissenschaftlichen Äußerungen, „wenn die Nähe solcher Äußerungen zu der von einem Beteiligten vertretenen Rechtsauffassung bei einer Gesamtbetrachtung nicht zu übersehen ist und ... vom Standpunkt anderer Beteiligter aus die Unterstützung dieses Beteiligten bezweckte“, BVerfGE 109, 130 (132). S. a. BVerfGE 135, 248 (256ff.) – Befangenheit des Richters *F. Kirchhof,* der im Wege intensiver beratender Tätigkeit gegenüber Landesparlamenten ein angegriffenes gesetzgeberisches Konzept mitgeprägt hatte.

[110] Problematisch daher BVerfGE 101, 46 (50ff.) – keine Befangenheit des Richters *P. Kirchhof* im dritten Verfahren über den Länderfinanzausgleich, obwohl dieser im ersten Verfahren zum Finanzausgleich bis 1986 als Gutachter und Prozessvertreter für eine Landesregierung tätig war, die 1998 erneut und weitgehend zu den gleichen Rechtsfragen, die bereits im ersten Verfahren eine Rolle spielten, ein Normenkontrollverfahren initiierte. Kritisch auch *Rinken,* in: AK-GG, Art. 94 Rdnr. 19d; *Brocker,* DVBl. 1999, 1349ff.; *Benda,* NJW 2000, 3620ff. Anders *Kischel,* in: HStR III, § 69 Rdnr. 72, der dem zeitlichen Abstand zwischen früherer Tätigkeit und richterlicher Mitwirkung an der Entscheidung zu große Bedeutung beimisst.

wenn der abgelehnte Richter sich bereits früher als Richter in anderen Verfahren zu einer bestimmten entscheidungserheblichen Rechtsfrage in bestimmter Weise geäußert hat. „Selbst wenn er eine bestimmte Rechtsauffassung ständig vertritt, ist er in einem Verfahren nicht ausgeschlossen, das gerade auf die Änderung dieser Rechtsauffassung abzielt."[111]

Offenbar zunehmend von Bedeutung sind Fälle der Selbstablehnung eines Richters (§ 19 III BVerfGG).[112] Die Vorschrift setzt nicht voraus, dass der Richter sich selbst für befangen hält. Es genügt die Angabe von Umständen, die Anlass geben, eine Entscheidung über die Besorgnis seiner Befangenheit zu treffen. Teilt der Richter solche Umstände dem Senat mit, hat dieser über die Befangenheit zu befinden.

VIII. Kosten, Missbrauchsgebühr, Auslagen

Die Verfahren vor dem BVerfG sind grundsätzlich kostenfrei, § 34 I BVerfGG. 75

Eine Ausnahme enthält § 34 II BVerfGG.[113] Im Fall des Missbrauchs der Verfassungsbeschwerde oder der Beschwerde nach Art. 41 II GG kann das Gericht eine Gebühr bis zu 2.600 € auferlegen. Das gleiche gilt, ohne Beschränkung auf bestimmte Verfahrensarten, für erfolglose Anträge auf Erlass einer einstweiligen Anordnung. Im Jahre 2016 ist in 10 Fällen (bei ca. 5.600 Eingängen in der Verfahrensart der Verfassungsbeschwerde und 121 Eingängen im Verfahren der einstweiligen Anordnung) eine Missbrauchsgebühr auferlegt worden, am häufigsten in Höhe von 500–700 €.[114] Die geringe Zahl von 10 Fällen, in denen die Gebühr auferlegt worden ist, setzt den seit 2011 (damals 71 Fälle) rückläufigen Trend fort.[115] Zu fordern ist, dass das Gericht, sollte es von diesem Instrument (wieder) verstärkt Gebrauch machen wollen, die Entscheidungskriterien deutlich macht, um dem möglichen Eindruck von Willkür entgegenzutreten.[116] Das

[111] BVerfGE 131, 239 (252).

[112] BVerfGE 88, 1; 88, 17; 91, 226; 95, 189; 98, 134; 102, 122; 108, 122; 109, 130.

[113] Hierzu *Zuck,* Das Recht der Verfassungsbeschwerde, Rdnr. 1216ff.; *Mahrenholz,* FS Zeidler, Bd. 2, S. 1370ff. Beispiel für Missbrauchsgebühr: BVerfGE 54, 39 (42). Näher zum Thema Kosten und Gebühren *Benda/Klein,* Verfassungsprozessrecht, Rdnr. 403ff. Die 1986 eingeführte „Unterliegensgebühr" (§ 34 II BVerfGG a. F.), die im Fall der Nichtannahme einer Verfassungsbeschwerde in Höhe von bis zu 1 000 DM festgesetzt werden konnte, wurde 1993 wieder abgeschafft.

[114] Statistik abrufbar unter http://www.bundesverfassungsgericht.de/DE/Verfahren/Jahresstatistiken/2016/gb2016/A-VIII-2.pdf;jsessionid=7D6BCF4A8E089292D515299D4A1004EA.1_cid361?__blob=publicationFile&v=2 (letzter Zugriff 13.04.2021).

[115] Statistik abrufbar unter http://www.bundesverfassungsgericht.de/DE/Verfahren/Jahresstatistiken/2016/gb2016/A-VIII-1.pdf;jsessionid=7D6BCF4A8E089292D515299D4A1004EA.1_cid361?__blob=publicationFile&v=2 (letzter Zugriff 13.04.2021).

[116] Einteilungsversuch der Entscheidungskriterien bei *Zuck,* NJW 1986, 2094f., nach Zweck- und Inhaltsmissbrauch der Verfassungsbeschwerde. Kritisch *ders.,* NJW 1996, 1254ff.; vgl. auch *Schmittmann,* DVBl. 1997, 988ff. Ausführlich *Graßhof,* in: Maunz u. a., BVerfGG, § 34 Rdnr. 29ff. Zu den rechtspolitischen Überlegungen, eine „Mutwillensgebühr" einzuführen, einerseits (befürwortend) *Schluckebier,* ZRP 2012, 133ff.; andererseits – mit Recht kritisch – *Zuck,* NVwZ 2012, S. 1292ff.; jüngst spricht BVerfG, Beschluss der 1. Kammer des Zweiten Senats vom 14. September 2017 – 2 BvQ 56/17 – juris, als Begründung für die Auferlegung von „grob irreführenden Angaben" (Rdnr. 18).

Verhängen einer Missbrauchsgebühr ist als solche ebenso wie der Beschluss der Nichtannahme einer Verfassungsbeschwerde unanfechtbar.[117]

76 Das BVerfG hat die Erstattung der notwendigen Auslagen (vor allem Anwaltskosten) unter den Voraussetzungen des § 34a I, II BVerfGG anzuordnen. Im Übrigen kann das BVerfG die Erstattung von Auslagen aus Billigkeitsgründen anordnen (§ 34a III BVerfGG).[118]

[117] BVerfG, Beschluss vom 28. Juni 2017 – 1 BvR 2324/16; BVerfG, Beschluss vom 27. November 2017 – 1 BvR 160/15. Vertieft *Otto,* in: Scheffczyk/Wolter (Hrsg.), Linien der Rechtsprechung des Bundesverfassungsgerichts, Bd. 4, S. 29 ff.

[118] Z. B. BVerfGE 64, 203 (204); in BVerfGE 44, 125 (127, 167) – Öffentlichkeitswerbung der Bundesregierung – hat es dies von Amts wegen getan (nach § 34 III BVerfGG a. F.; jetzt § 34a III BVerfGG); dagegen das Sondervotum des Richters *Geiger,* aaO., S. 180. Vgl. auch BVerfGE 66, 152; 81, 387: Erinnerung gegen den Kostenfestsetzungsbeschluss des Rechtspflegers nach § 21 RPflG. Eingehend zur Auslagenerstattung *Lechner/Zuck,* § 34a. Mit generellen Aussagen zur Kostentragung in Parteiverbotsverfahren BVerfGE 144, 20 (368) unter Verweis auf BVerfGE 20, 119 (133 f.); 49, 70 (89); 96, 66 (67); 110, 407 (409).

4. Teil. Zuständigkeiten und Verfahrensarten

1. Abschnitt. Der Zugang zum Bundesverfassungsgericht

I. Keine Generalklausel

Die Zuständigkeit des BVerfG ergibt sich nicht aus einer Generalklausel, wie wir sie aus § 13 GVG und § 40 I VwGO kennen. Es gibt nicht „den Rechtsweg" zum BVerfG, wie es ihn für andere Gerichtszweige gibt.[1] Auch die Definition der Verfassungsgerichtsbarkeit als „Rechtsprechung unmittelbar in Verfassungssachen"[2] eröffnet nicht einen solchen Rechtsweg. Dieser wird nur kraft ausdrücklicher, jeweils spezieller Zuständigkeits- bzw. Verfahrensregelung eröffnet (sog. Enumerationsprinzip). § 13 BVerfGG mit seinen 15 (tatsächlich 21) Nummern zählt diese Zuständigkeiten auf. 77

Im Falle der Rechtsweg-Generalklausel stellt sich nach der Bejahung des Rechtswegs (z. B. gemäß § 40 VwGO) die Frage nach der richtigen Klageart (z. B. gemäß §§ 42, 43 VwGO Anfechtungs-, Verpflichtungs-, Feststellungsklage). Das Prozessrecht des BVerfG kennt diesen Unterschied zwischen Rechtsweg und Klageart nicht. Den Zugang zum BVerfG gibt es nur über eine bestimmte Verfahrensart.

Prozessual hat man beim BVerfG also ausschließlich im Rahmen *einzelner Verfahrensarten* zu denken und zu argumentieren. Jede dieser Verfahrensarten ist in den §§ 36ff. BVerfGG in einem eigenen Abschnitt geregelt, insgesamt in 17 Abschnitten und innerhalb eines jeden Abschnittes nach dem Muster: Antragsteller, Streitgegenstand, Zulässigkeit des Antrags, Beteiligte, Entscheidung (vgl. z. B. §§ 63–67 BVerfGG).

Im Folgenden sind die einzelnen Verfahrensarten gesondert zu behandeln. Bezüglich der Entscheidungen des Gerichts wird aber jeweils auf die gemeinsame Behandlung im 5. Teil verwiesen.

II. Statistik der Entscheidungen des BVerfG nach den wichtigsten Verfahrensarten

Um für die Betrachtung der wichtigsten Verfahrensarten des BVerfG eine gewisse Anschauung von deren Gewicht in der Praxis zu vermitteln, seien zunächst einige Zahlen genannt.[3] 78

Die Statistik spricht eine deutliche Sprache. Das BVerfG ist bis zur Grenze seiner Kapazität und Funktionsfähigkeit belastet, vielleicht schon darüber hinaus. Während die Zahl der jährlichen Eingänge in den ersten Jahren des Gerichts bei etwa 1.000 lag, um bis Ende der achtziger Jahre auf etwa 4.000 zu steigen, erhöhte sich die Zahl seit 1991 sprunghaft auf etwa 5.000 bis 6.000 und befindet sich seither gleichbleibend auf die-

---

[1] Vgl. *Löwer,* in: HStR III, § 70 Rdnr. 3. Vgl. auch den Überblick über die Verfahrensarten bei *Robbers,* Probleme, S. 5ff.; *Sachs,* Verfassungsprozessrecht, Rdnr. 97–99.

[2] Oben Rdnr. 9ff.

[3] Quelle: Aufstellung des BVerfG https://www.bundesverfassungsgericht.de/DE/Verfahren/Jahresstatistiken/2019/gb2019/A-I-5.pdf?__blob=publicationFile&v=3 (letzter Zugriff: 13.04.2021). Ausführliche Statistiken bei *Benda/Klein,* Verfassungsprozessrecht, Anlage 1 (per 31.12.2019), und *Pestalozza,* Verfassungsprozeßrecht, Anhang § 20, S. 361ff. (per 31.12.1989). Ein interessanter Vergleich mit den Verfahrensstatistiken von EuGH und EGMR bei *Jestaedt,* JZ 2011, 872ff.

sem hohen Niveau. Auch wenn das Gericht inzwischen etwa die gleiche Zahl an Verfahren erledigt wie es neue Eingänge verzeichnet,[4] bleibt es doch bei einer immensen Belastung.

Erledigungen (Plenums-/Senats-/Kammerentscheidungen)

Verfahrensart	AZ	2015	2016	2017	2018	2019	1951–2019
Verwirkung von Grundrechten (Art. 18 GG)	BvA	–	–	–	–	–	3
Verfassungswidrigkeit/Ausschluss von staatlicher Finanzierung von Parteien (Art. 21 II, III GG) – ab 2017 –	BvB	–	–	1	–	–	6
Wahl- und Mandatsprüfung (Art. 41 II GG)	BvC	18	46	17	6	35	321
Präsidentenanklage (Art. 61 GG)	BvD	–	–	–	–	–	–
Organstreit (Art. 93 I Nr. 1 GG)	BvE	8	5	4	2	3	138
Abstrakte Normenkontrolle (Art. 93 I Nr. 2 GG)	BvF	1	–	1	3	–	120
Bund-Länder-Streit (Art. 93 I Nr. 3 u. Art. 84 IV S. 2 GG)	BvG	–	–	1	–	–	28
Andere öffentlich-rechtliche Streitigkeiten (Art. 93 I Nr. 4 GG)	BvH	–	–	–	–	–	38
Richteranklage (Art. 98 II und V GG)	BvJ	–	–	–	–	–	–
Verfassungsstreitigkeiten innerhalb eines Landes (Art. 99 GG)	BvK	–	–	–	–	–	21
Konkrete Normenkontrolle (Art. 100 I GG) (gesamt)	BvL	6	11	11	9	10	1.361
– Senate –		3	6	6	6	3	1.095
– Kammern (seit 11.8.1993) –		3	5	5	3	7	266
Nachprüfung von Völkerrecht (Art. 100 II GG)	BvM	–	–	–	–	–	13
Vorlagen von Landesverfassungsgerichten (Art. 100 III GG)	BvN	–	–	–	–	–	5
Fortgelten von Recht als Bundesrecht (Art. 126 GG)	BvO	–	–	–	–	–	19
Sonst. durch Bundesgesetz zugewiesene Fälle (Art. 93 III GG) – ab 1971 –	BvP	–	–	–	–	1	6
Einstw. Anordnung (§ 32 BVerfGG) und – bis 1970 – sonstige Verfahren	BvQ	100	116	152	174	187	2.837
Verfassungsbeschwerden (Art. 93 I Nr. 4a, 4b GG) (gesamt)	BvR	5.665	5.667	5.176	5.439	4.755	210.567
– Senate –		12	13	8	12	8	4.117
– Richterausschüsse bzw. Kammern –		5.653	5.654	5.168	5.427	4.747	206.450
Plenarsachen (§ 16 I BVerfGG)	PBvU	–	–	–	–	–	5
Summe aller Entscheidungen:		5.798	5.845	5.363	5.633	4.991	215.500

4 Vgl. die Statistik unter https://www.bundesverfassungsgericht.de/DE/Verfahren/Jahresstatistiken/2019/gb2019/A-II-1.pdf?__blob=publicationFile&v=3 (letzter Zugriff: 13.04.2021).

Folgen hat dies vor allem für die Verfahrensdauer. Ein Zehnjahresüberblick von 1992 bis 2002 belegte eine Verdoppelung der mehr als drei Jahre anhängigen Verfahren, eine Verdreifachung der länger als fünf Jahre anhängigen Verfahren und sogar eine Verzehnfachung der mehr als sieben Jahre anhängigen Verfahren. 1996 waren immerhin 42 Verfassungsbeschwerden länger als sieben Jahre anhängig. Mit Stand Ende 2019 betrug die durchschnittliche Verfahrensdauer einer Verfassungsbeschwerde in 2,5% der Fälle vier oder mehr Jahre, in 5,6% der Fälle drei Jahre, in 24,2% der Fälle zwei Jahre und in 62,7% der Fälle ein Jahr.[5] Das Zeitmoment spielt eine doppelte Rolle. Zunächst benötigt ein mit 16 Richtern besetztes Gericht,[6] das in weit gespannten Zuständigkeiten entscheidet, genügend Zeit, um die teils hochkomplexen Verfahren zu beraten und zu entscheiden. Nur so kann es seiner Aufgabe der Auslegung und Fortentwicklung des Verfassungsrechts gerecht werden. Folgen hat die hohe Belastung des Gerichts deshalb auch für die Qualität der Rechtsprechung. Manche Beobachter sehen hier Mängel.[7] Auf der anderen Seite erwarten die Verfahrensbeteiligten eine Entscheidung in angemessener Zeit. Auch für die Verfassungsgerichtsbarkeit gilt der Grundsatz: Nur schneller Rechtsschutz ist effektiver Rechtsschutz.

Die Verfahrensdauer vor dem BVerfG war wiederholt Gegenstand von Beschwerden beim EGMR. Art. 6 I EMRK verpflichtet die Mitgliedstaaten, ihr Gerichtswesen so zu organisieren, dass die Gerichte die ihnen vorgelegten Streitigkeiten in „angemessener Frist" entscheiden können. Davon nimmt die Rechtsprechung des EGMR die Verfahren vor den Verfassungsgerichten nicht aus, auch wenn diese nicht denselben Maßstäben unterliegen wie die übrige Gerichtsbarkeit.[8] Ein Verfassungsgericht dürfe insbesondere bei der Reihenfolge der Bearbeitung die politische und soziale Bedeutung einer Sache in stärkerem Maße berücksichtigen.[9] Im Übrigen richte sich die Angemessenheit der Verfahrensdauer vor allem nach der Komplexität des Falles, dem Verhalten der Beteiligten und der Bedeutung für den Betroffenen.[10] Einen Zeitraum von drei Jahren und fünf Monaten für ein mit einer Nichtannahmeentscheidung abgeschlossenes Verfassungsbeschwerdeverfahren[11] hielt der EGMR ebenso wie ein sich über viereinhalb Jahre hinziehendes Verfahren vor dem BVerfG[12] für noch hinnehmbar. Bei Verfahrensdauern von fünf, sieben oder gar zehn Jahren sah

[5] Statistik abrufbar unter https://www.bundesverfassungsgericht.de/DE/Verfahren/Jahresstatistiken/2019/gb2019/A-IV-3.pdf?__blob=publicationFile&v=2 (letzter Zugriff 13.04.2021).

[6] Statistiken zur Pro-Kopf-Auslastung des Gerichts auch im Vergleich mit den obersten Bundesgerichten bei *K. Chung*, S. 170.

[7] Deutlich etwa *Pestalozza*, JZ 2004, 609, im Rahmen eines Plädoyers für die Abschaffung der Verfassungsbeschwerde: „Manche Entscheidungen des BVerfG scheinen Spuren der Überlastung und Delegation zu zeigen. Wenn der Stolz der Richter es nicht zulässt, Überlastung zuzugestehen und Abhilfe zu erbitten, sollte doch der Gesetzgeber endlich ein Einsehen haben."

[8] Art. 6 I EMRK bezieht sich seinem Wortlaut nach nur auf Zivil- und Strafverfahren. Für Verfahren vor einem Verfassungsgericht ist er dann maßgebend, wenn dieses ein Strafverfahren „fortsetzt" (vgl. *Peters*, S. 111) oder wenn der Ausgang der verfassungsgerichtlichen Entscheidung für die Durchsetzung zivilrechtlicher Ansprüche maßgebend ist (EGMR, EuGRZ 1996, 518f.). Dabei vertritt der EGMR ein sehr weites, an der Eigenständigkeit der EMRK gegenüber nationalem Recht orientiertes Verständnis von „zivilrechtlichen Ansprüchen", das auch weite Bereiche umfasst, die nach deutscher Rechtsdogmatik dem öffentlichen Recht zugewiesen sind (EGMR, EuGRZ 1978, 415f.); *Grabenwarter/Pabel*, § 24 Rdnr. 81; *Peters*, S. 103ff.

[9] EGMR, EuGRZ 1996, 519; *Grabenwarter/Pabel*, § 24 Rdnr. 81 m.w.N.

[10] Vgl. hierzu etwa EGMR, NJW 1989, 653f.; EGMR, NVwZ 2010, 178; *Grabenwarter/Pabel*, § 24 Rdnr. 82.

[11] EGMR, EuGRZ 1996, 514 (vgl. aber auch die Sondervoten, 520ff.). Der EGMR berücksichtigte in dieser Entscheidung die besonderen Umstände der deutschen Wiedervereinigung.

[12] EGMR, NJW 2015, 3359.

er hingegen Verstöße gegen Art. 6 I EMRK, die weder durch eine chronische Arbeitsüberlastung noch durch besondere Schwierigkeiten der Sache gerechtfertigt werden könnten.[13]

Das BVerfG selbst hielt beispielsweise eine Verfahrensdauer einer Verfassungsbescherde von vier Jahren und acht Monaten in einer daraufhin erhobenen Verzögerungsrüge noch für angemessen, insbesondere „bedarf es [für eine Unangemessenheit] in der Regel außergewöhnlicher Besonderheiten."[14]

Möglichkeiten zur Entlastung des BVerfG sind immer wieder breit erörtert worden. Die Diskussion betrifft vor allem – und ist hier nicht neu – das Verfahren der Verfassungsbeschwerde. Die vom Bundesminister der Justiz eingesetzte Kommission zur Entlastung des BVerfG, die 1998 ihren Bericht vorlegte,[15] hat sich vor allem damit befasst. Der zentrale Vorschlag der Kommission lautete, dem BVerfG bei der Annahme von Verfassungsbeschwerden Ermessen einzuräumen. Der Gesetzgeber ist dem bei den Novellierungen des BVerfGG seit 1998 nicht gefolgt.[16] (Zum Annahmeverfahren des geltenden Rechts und zu Reformvorschlägen näher unten Rdnr. 262ff.) Auch weitere konzeptionelle Überlegungen der 1990er Jahre zur Entlastung des Gerichts sind ohne Widerhall in der Gesetzgebung geblieben.

[13] Die Urteile vom 1.7.1997 (EuGRZ 1997, 310 und 405) betrafen jeweils Vorlageverfahren nach Art. 100 I GG. Das Urteil vom 26.9.2002 (EuGRZ 2003, 26) bezog sich auf eine Verfassungsbeschwerde, die das BVerfG nach über zehn Jahren wegen mangelnder Erfolgsaussicht und fehlender grundsätzlicher Bedeutung nicht zur Entscheidung angenommen hatte. Am 20.2.2003 hat der EGMR die Bundesrepublik Deutschland erneut wegen Verletzung von Art. 6 I EMRK verurteilt (EuGRZ 2003, 228): Das Verfahren vor den deutschen Gerichten hatte sich dort insgesamt über einen Zeitraum von 16 Jahren erstreckt, wobei mehr als sieben Jahre auf das Verfahren vor dem BVerfG entfielen. EGMR, NVwZ 2010, 177 stellte eine Verletzung von Art. 6 I EMRK aufgrund einer elfjährigen Verfahrensdauer beim BVerfG fest. Zu einem Anspruch auf angemessene Verfahrensdauer im Verfassungsbeschwerdeverfahren vgl. *Borm.*

[14] BVerfG, Beschluss vom 8.12.2015 – Vz. 1/15 – juris (wörtliches Zitat bei Rdnr. 25).

[15] *Bundesministerium der Justiz,* Entlastung. Dazu *Krämer,* AnwBl. 1999, 247ff.; *Zuck,* ZRP 1997, 95ff.; *Wahl,* Reformfrage, S. 475ff.; *Roellecke,* JZ 2001, 116ff. Grundsätzlich *Wahl/Wieland,* JZ 1996, 1137ff.

[16] Kritisch *Wahl,* Reformfrage, S. 477. *Roellecke,* JZ 2001, 116, hält das Überlastungsproblem für unentrinnbar. Dieses gehöre „zur Struktur der Spitze von Hierarchien". Einer „Spitze möglichst viele Entscheidungen zuzuschieben, ist das wirksamste und oft einzige Mittel von Hierarchien, die Spitze zu zähmen".

2. Abschnitt. Das Organstreitverfahren nach Art. 93 I Nr. 1 GG, §§ 13 Nr. 5, 63 ff. BVerfGG[1]

I. Grundfragen des Organstreits

1. Verfassungsorgane als Träger von Rechten und Pflichten

Nach Art. 93 I Nr. 1 GG, §§ 63 ff. BVerfGG entscheidet das BVerfG im Streit zwischen 79
zwei Verfassungsorganen um ihre Rechte und Pflichten aus der Verfassung (sog. Organstreit). Die Verfassungsorgane stehen sich hier als Antragsteller und Antragsgegner in einem kontradiktorischen Streitverfahren gegenüber.[2] „Der Organstreit ist eine kontradiktorische Parteistreitigkeit mit Antragsteller und Antragsgegner und kein objektives Verfahren. Das Organstreitverfahren dient maßgeblich der gegenseitigen Abgrenzung der Kompetenzen von Verfassungsorganen oder ihren Teilen in einem Verfassungsrechtsverhältnis, nicht der davon losgelösten Kontrolle der objektiven Verfassungsmäßigkeit eines bestimmten Organhandelns."[3] Der Organstreit ist nicht als objektive Beanstandungsklage ausgestaltet. „Mit der kontradiktorischen Ausgestaltung des Organstreitverfahrens ist eine diskursive Auseinandersetzung der Verfassungsorgane um ihre Kompetenzen intendiert".[4] Der Organstreit setzt auf Seiten des Antragsgegners eine rechtserhebliche Maßnahme oder Unterlassung voraus, die geeignet ist, die Rechtsstellung des Antragstellers zu beeinträchtigen.[5] Dass beide Streitpartner ein und demselben Rechtssubjekt „Staat" angehören, hier der Bundesrepublik Deutschland, also dogmatisch gesehen nicht subjektive „Rechte und Pflichten", sondern Zuständigkeiten und Kompetenzen gegeneinander abzugrenzen sind, macht dieses Verfahren zu einem Insichprozess.

Dessen Zulässigkeit ist aber kraft ausdrücklicher Normierung unproblematisch.

Für die dogmatische Erfassung des Organstreits ist die von *Friesenhahn* im Anschluss an *Thoma* entwickelte These vom Verfassungsrechtskreis und den ihm zugeordneten Subjekten grundlegend. Alle „Rechtssubjekte", die in einem verfassungsrechtlichen Rechtsverhältnis stehen, können Parteien des Verfassungsstreitverfahrens sein.[6] Im Anschluss daran – aber etwas zurückhaltender – spricht das BVerfG davon, durch die Eröffnung des Prozessweges trete notwendig eine gewisse Subjektivierung der verfassungsrechtlichen Beziehungen ein, die es rechtfertige, mit dem Grundgesetz von „Rechten" der Staatsorgane zu sprechen.[7] Hier ist

---

[1] Grundsätzlich: *Lorenz,* Organstreit; *Goessl; Stern,* Staatsrecht II, S. 978 ff.; *ders.,* in: BK, Art. 93 Rdnr. 69 ff.; *Pestalozza,* Verfassungsprozeßrecht, § 7; *Bethge,* Organstreitigkeiten, S. 23 f.; *Löwer,* in: HStR III, § 70 Rdnr. 8–27; *Bethge,* in: Maunz u. a., BVerfGG, §§ 63 ff.; *Erichsen,* Jura 1990, 670 ff.; *Pietzcker,* Organstreit, S. 587 ff. Knappe, aber informative Darstellung bei *Fleury,* Rdnr. 48–90; *Geis/Meier,* JuS 2011, 639 ff.

[2] BVerfGE 20, 18 (23 f.); 64, 301 (313); 140, 1 (21); *Friesenhahn,* Verfassungsgerichtsbarkeit, S. 38.

[3] BVerfGE 147, 31 (37 Rdnr. 17); 150, 194 (200 Rdnr. 18); 140, 1 (21); 136, 190 (192); 126, 55 (67 f.) unter Verweis auf BVerfGE 68, 1 (69 ff.); 73, 1 (29 f.); 80, 188 (212); 104, 151 (193 f.); 118, 244 (257).

[4] BVerfGE 147, 31 (37 Rdnr. 18).

[5] BVerfGE 140, 1 (21); 118, 277 (317).

[6] *Friesenhahn,* in: HdbDStR II (1932), S. 534; *ders.,* FS Thoma, S. 37 ff.

[7] BVerfGE 2, 143 (152); *Lorenz,* Organstreit, S. 237; mit anderer Betonung *Löwer,* in: HStR III, § 70 Rdnr. 8–12: Die Redeweise von Rechten und Pflichten der Staatsorgane sei eine falsa demonstratio. Organen seien allein Kompetenzen zugewiesen, nicht aber subjektive Rechte. Die falsche Bezeichnung schade jedoch nicht, weil das BVerfG trotz Versubjektivierung der Kompetenz das Verfahrensziel im Funktionsschutz des politischen Prozesses, nicht im Rechtsschutz für das betreffende Organ sehe.

es also die Rechtswegeröffnung durch Art. 93 I Nr. 1 GG, die die bloße Organkompetenz in subjektive Rechte und Pflichten transformiert, über die sich gerichtlich streiten lässt.[8]

Art. 93 I Nr. 1 GG und §§ 63, 64 BVerfGG lassen keinen Zweifel, dass der Organstreit die Geltendmachung von „Rechten und Pflichten" der Beteiligten zur Prozessvoraussetzung hat. Das BVerfG hat in einem Fall sogar – über den Wortlaut und Sinn der §§ 64, 67 BVerfGG hinausgehend – im Tenor der Organstreitentscheidung die Verletzung der Rechte des betreffenden Verfassungsorgans festgestellt.[9] Wenn Abgeordnete gegen eine vorzeitige Auflösung des Bundestags durch den Bundespräsidenten den Organstreit einleiten, um ihren Abgeordnetenstatus für den Rest der regulären Wahlperiode zu retten, so ist dies ein echter Organkonflikt.[10] Bei anderen Organstreitigkeiten stehen Kontroversen zwischen politischen Richtungen im Vordergrund.[11]

2. Historische Bezüge

Die Organstreitigkeit gehört zum (ideellen) Kernbestand der Staatsgerichtsbarkeit in Deutschland.[12] Man sprach früher deshalb für diesen Streit zwischen Subjekten des Verfassungsrechtskreises elementarer von *„Verfassungsstreitigkeit"*.

80 Die Anerkennung des Organstreits wurzelt in besonderer Weise in der deutschen Verfassungstradition. In den meisten anderen Verfassungsstaaten mit Verfassungsgerichtsbarkeit fehlt diese Verfahrensart, z. B. in den USA.[13] Im Zuge des ***konstitutionellen Systems im 19. Jahrhundert*** gaben sich die Staaten in Deutschland Verfassungen, die – auch soweit sie oktroyiert worden waren – gleichsam als Verträge zwischen den Landesherren (Monarchen) und den Ständen bzw. den Volksvertretungen (Parlamenten) angesehen werden konnten. Aus diesem vertragsartigen Charakter der Verfassung ergab sich die Möglichkeit, Streitigkeiten über den Inhalt und die Auslegung der Verfassung als Rechtsstreitigkeiten und im Wege der Streitschlichtung vor einem Staatsgerichtshof auszutragen.[14] So hieß es z. B. in § 153 der sächsischen Verfassung von 1831: „Wenn über die Auslegung einzelner Punkte der Verfassungsurkunde Zweifel entsteht, und derselbe nicht durch Übereinkunft [!] zwischen der Regierung und den Ständen beseitigt werden kann, so sollen die für und wider streitenden Gründe sowohl von Seiten der Regierung, als der Stände, dem Staatsgerichtshofe zur Entscheidung vorgelegt werden."[15] Die Paulskirchenverfassung von 1849 sah sogar für das Reich den Verfassungsstreit vor; der Charakter der Schiedsgerichtsbarkeit kommt darin zum Ausdruck, dass sich die streitenden Teile einigen mussten, das Gericht anzurufen; in § 126 lit. b heißt es: „Zur Zuständigkeit des Reichsgerichts gehören Streitigkeiten zwi-

[8] Dazu *Erichsen*, Jura 1985, 427.

[9] BVerfGE 45, 1 (3) – Haushaltsüberschreitung.

[10] Vgl BVerfGE 62, 1.

[11] *Grote*, Verfassungsorganstreit, S. 157ff.; *Simon*, in: HVerfR, S. 1648.

[12] Zum Folgenden *Scheuner*, Überlieferung, S. 31ff.; *Hoke*, S. 66ff.; *Maurer*, FS Link, S. 725ff.; *ders.*, FS Frotscher, S. 45ff.; *Löwer*, Feststellung, Sicherung und Durchsetzung der Verfassung, S. 43f.; *Grote*, Verfassungsorganstreit, S. 7ff.; auch *Friesenhahn*, Verfassungsgerichtsbarkeit, S. 10ff. – *Bethge*, Organstreitigkeiten, S. 18: „Grundstock der modernen Verfassungsgerichtsbarkeit".

[13] Nach *Grote*, AöR 126 (2001), 53, kennt in Europa neben Deutschland nur Italien den Organstreit, der dort aber in seinem Anwendungsbereich stark eingeschränkt ist.

[14] Bedenken gegen diese – vereinfachte – Sicht bei *Wahl/Rottmann*, S. 351; *Wahl*, in: HStR I, § 2 Rdnr. 54ff., dazu, dass der Konstitutionalismus eine Verfassungsgerichtsbarkeit nicht ertrage.

[15] Text bei *E. R. Huber*, Dokumente, Bd. 1, S. 288f.

schen dem Staatenhause und dem Volkshause unter sich und zwischen jedem von ihnen und der Reichsregierung, welche die Auslegung der Reichsverfassung betreffen, wenn die streitenden Theile sich vereinigen, die Entscheidung des Reichsgerichts einzuholen."[16] Erst 100 Jahre später kam es zur Realisierung des Organstreits auf der Bundesebene.

Auch der in mehreren Ländern vorgesehene Organstreit auf Landesebene hat prakti- **81**
sche Bedeutung im 19. Jahrhundert nicht erlangt. Die nach 1848/49, also in der Reaktionszeit zustande gekommenen einzelstaatlichen Verfassungen (insbes. Preußens) sahen – ebenso wie die Reichsverfassung von 1871 – den Verfassungsrechtsstreit nicht mehr vor. Einflussreich war *Bismarcks* Nein, das er im preußischen Landtag gegen eine präjudizielle Interpretation von Verfassungen durch Richter vorbrachte: Die politische Zukunft des Landes, die verfassungsrechtlich noch schwebende und in der politischen Auseinandersetzung befindliche Machtverteilung zwischen Krone und Landtag („Verfassungsrecht in der Schwebe") dürfe nicht von dem Urteilsspruch eines Richters abhängig gemacht werden. Noch dem Reichsstaatsgerichtshof nach der Weimarer Verfassung von 1919 war eine Entscheidungsbefugnis über Verfassungsstreitigkeiten innerhalb des Reiches, also zwischen Verfassungsorganen des Reichs, nicht zugestanden worden. Immerhin war er subsidiär zuständig zur Entscheidung von Verfassungsstreitigkeiten innerhalb der Länder. Der 34. Deutsche Juristentag von 1926 hielt es für notwendig, die Zuständigkeit des Staatsgerichtshofs für das Deutsche Reich auf Reichsverfassungsstreitigkeiten auszudehnen.

Das Grundgesetz – nicht zuletzt auch nach den Erfahrungen in der Weimarer Zeit – **82**
hat die Organstreitigkeit zwischen den Bundesverfassungsorganen in den Zuständigkeitenkatalog des BVerfG aufgenommen. Die Selbstverständlichkeit, mit der wir heute eine solche Rechtsprechung im innersten Zentrum der Politik hinnehmen und sie der Struktur des Verfassungsstaats zurechnen, zeigt, welche gewichtige Rolle das Grundgesetz auch für das Zusammenspiel der politischen Organe übernommen hat: Ihr politischer Kampf um die Macht ist eingebunden in gegenseitige *„Rechte und Pflichten"*, wie Art. 93 I Nr. 1 GG sagt, sie stehen in einem gegenseitigen Verfassungsrechtsverhältnis,[17] über das im Streitfall von der Justiz entschieden werden kann.

Das BVerfG spricht vom Organstreit als „Verfassungsstreitigkeit". Das dem Streit zugrundeliegende materielle Rechtsverhältnis muss ein „verfassungsrechtliches Rechtsverhältnis" sein, das davon abhängig gemacht wird, dass es „Faktoren des Verfassungslebens" (BVerfGE 27, 240 [246]) sind, die über ihre gegenseitigen verfassungsrechtlichen Beziehungen streiten. „Nur die Entscheidung über die Streitigkeit zwischen solchen Faktoren fällt in die Zuständigkeit des Bundesverfassungsgerichts nach Art. 93 Abs. 1 Nr. 1 GG."[18]

Noch heute zeigen die Gesetzestexte etwas von der Unsicherheit in der Antwort auf die Frage, wieweit sich ein Gericht in die innersten Zirkel der Macht soll vorwagen dürfen: Nach dem Wortlaut des Art. 93 I Nr. 1 GG entscheidet das BVerfG im Organstreit nicht den Streit zwischen den Verfassungsorganen, sondern – genau wie in dem zitierten § 153 der sächsischen Verfassung von 1831 – aus Anlass des Streits (nur) über

[16] *E. R. Huber,* Dokumente, Bd. 1, S. 388.

[17] Vgl. BVerfGE 84, 290 (297). Das Erfordernis des gegenseitigen Verfassungsrechtsverhältnisses drückt wenig aus. Mit guten Gründen gegen dieses Erfordernis *Erichsen,* Jura 1985, 427. Eingehend *Umbach,* in: Umbach/Clemens/Dollinger, BVerfGG, §§ 63, 64 Rdnr. 132–134.

[18] *Benda/Klein,* Verfassungsprozessrecht, Rdnr. 1014 ff.

die *Auslegung des Grundgesetzes.* Das ist die traditionelle, eher ängstliche Version des Organstreits. Das BVerfG soll danach verbindlich klarstellen, was die Verfassung (abstrakt) zu der Sache sagt („prinzipale Verfassungsauslegung"); die politischen Folgerungen daraus zu ziehen, soll Sache der Politik bleiben. Nach der eher mutigen Version des Organstreits in § 67 S. 1 BVerfGG aber entscheidet das BVerfG im Organstreit über den Streitfall selbst: Es stellt fest, ob die *beanstandete Maßnahme* des Antragsgegners gegen eine Bestimmung des Grundgesetzes verstößt. Dadurch ist die Auslegung der Verfassung im prozessualen Sinne zur Vorfrage, der Streit selbst zum Gegenstand des Verfahrens geworden. Das BVerfG schloss sich früh dieser weitergehenden Version an.[19] „Das Bundesverfassungsgericht entscheidet im Organstreit nicht über eine abstrakte Rechtsfrage, sondern über den konkreten Rechtsstreit."[20]

3. Verpflichtende Wirkung der Entscheidung im Organstreit

83 Auch nach der weitergehenden Version gemäß § 67 S. 1 BVerfGG bleibt es dabei, dass das BVerfG lediglich feststellt, ob die beanstandete Maßnahme gegen das Grundgesetz verstößt (§ 67 S. 1 BVerfGG). Das BVerfG spricht mit seinem Entscheidungsausspruch nicht die Verpflichtung zu einem bestimmten Tun oder Unterlassen aus.

Grundlegend bereits BVerfGE 1, 351 (371): „Das Bundesverfassungsgericht kann zwar nach § 67 Satz 3 BVerfGG in der Entscheidungsformel eine für die Auslegung der Bestimmung des Grundgesetzes erhebliche Rechtsfrage entscheiden. Es kann daraus aber nur die Feststellung darüber ableiten, ob die beanstandete Maßnahme oder Unterlassung gegen das Grundgesetz verstößt." BVerfGE 138, 125 (131): Ziel des Organstreits kann weder ein „rechtsgestaltender Ausspruch" noch eine „Feststellung mit gestaltender Wirkung" sein (vgl. auch BVerfGE 136, 277, 302).

Diese Beschränkung erlaubt aber nicht den Schluss, dass die Beteiligten des Organstreitverfahrens nicht verpflichtet wären, der Feststellung des Gerichts die dieser Feststellung entsprechende Reaktion folgen zu lassen. Die Entscheidung des BVerfG lässt zwar den Bestand der Maßnahme unberührt, aber die stattgebende Feststellungsentscheidung im Organstreitverfahren verpflichtet den Antragsgegner durchaus.[21] Nur die Art und Weise der Herbeiführung der verfassungsmäßigen Lage bleibt ihm überlassen. § 67 S. 1 BVerfGG zielt also nicht auf eine bloße, erst für spätere Fälle relevante Feststellung. Die Bestimmungen des Art. 93 I Nr. 1 GG, § 67 S. 1 BVerfGG setzen im Verhältnis der Verfassungsorgane untereinander voraus, dass diese sich an die verbindliche Feststellung der Verfassungswidrigkeit einer Maßnahme halten, ohne dass es des Ausspruchs einer Verpflichtung und deren Vollstreckung bedürfte. Das entspricht dem Rechtsstaatsprinzip gemäß Art. 20 III GG und gilt im Übrigen auch für Feststellungsurteile in verwaltungsgerichtlichen Verfahren, wenn Antragsgegner die öffentliche Hand ist.[22] § 67 S. 1 BVerfGG trägt also nicht den Gedanken einer eventuellen Tolerierung verfassungswidriger Zustände. § 67 BVerfGG will das gegnerische Verfassungsorgan nicht hinsichtlich der Rückgängigmachung verfassungswidriger Zustände, sondern lediglich hinsichtlich der Art und Weise der Rückgängigmachung schonen.

---

[19] BVerfGE 2, 143 (150ff.); 2, 347 (365); zuletzt etwa BVerfGE 103, 81 (86); 104, 151 (193f.); 188, 244 (257f.). Zur Auseinandersetzung vgl. *Lorenz,* Organstreit, S. 232ff.; *Löwer,* in: HStR III, § 70 Rdnr. 13ff.; *Umbach,* in: Umbach/Clemens/Dollinger, BVerfGG, vor §§ 63ff. Rdnr. 19ff., 30ff.; *Barczak,* in: Barczak, BVerfGG, § 63 Rdnr. 15; *Bethge,* in: Maunz u. a., BVerfGG, § 63 Rdnr. 1. Nach § 67 S. 3 BVerfGG kann das BVerfG zugleich auch die präjudizielle (Vor-)Frage („Rechtsfrage") verbindlich entscheiden.

[20] BVerfGE 45, 1 (29).

[21] *Lücke,* JZ 1983, 380f.; *Schenke,* NJW 1982, 2526; *Schlaich,* FS Bachof, S. 338; *Umbach,* in: Umbach/Clemens/Dollinger, BVerfGG, § 67 Rdnr. 17; *Müller,* in: Barczak, BVerfGG, § 67 Rdnr. 1ff.; anders *Jekewitz,* RuP 19 (1983), 153f.

[22] BVerwGE 36, 179 (181).

Für den Fall beispielsweise, dass das BVerfG die Verfassungswidrigkeit einer Auflösung des Bundestags durch den Bundespräsidenten gemäß Art. 68 GG feststellen würde, wäre dieser verpflichtet, seine Auflösungsanordnung zurückzunehmen.

Deshalb steht im Organstreitverfahren auch einer einstweiligen Anordnung nichts entgegen. Sie ist zulässig, um die Wirksamkeit der Hauptsacheentscheidung zu sichern, obwohl diese Entscheidung dann auf eine bloße Feststellung beschränkt ist.[23] **84**

4. Gewichtige Entscheidungen im Organstreitverfahren

Es sind in dem Verfahren der Organstreitigkeit vielfach Entscheidungen ergangen, die für den Bestand der Bundesrepublik Deutschland gewichtig sind; genannt seien die Entscheidungen zur Parteienfinanzierung,[24] zur Öffentlichkeitsarbeit der Bundesregierung in Wahlkampfzeiten[25] und zu Äußerungsrechten eines Regierungsmitglieds im politischen Meinungskampf,[26] zur Notkompetenz des Bundesministers der Finanzen nach Art. 112 GG,[27] zur Auflösung des Bundestages im Jahre 1983,[28] zur Nachrüstung (zur Auslegung der Art. 59 und 24 GG),[29] zur Finanzierung der parteinahen Stiftungen,[30] zur Zulässigkeit von Auslandseinsätzen der Bundeswehr[31] und zu den Rechten des Bundestages bei der Fortentwicklung der strategischen Konzepte der NATO[32] sowie zur Drei-Prozent-Sperrklausel bei der Wahl zum europäischen Parlament.[33] Bedeutsam ist überdies die Bestimmung der Mitwirkungsbefugnisse des Parlaments bei der europäischen Integration.[34] Über die Parteifähigkeit von Fraktionen und einzelnen Abgeordneten wird das Organstreitverfahren häufig zum Instrument der Opposition, die ihre Kontrollrechte gegenüber der Regierung sichern und stärken möchte, so etwa im Zusammenhang des parlamentarischen Informations- und Fragerechts.[35] Zuletzt hat das BVerfG auch die ungeschriebenen Befugnisse des Bundespräsidenten zur Integration und Repräsentation ausgelotet,[36] ferner die Rechtsstellung der **85**

---

[23] Vgl. BVerfGE 89, 38 (39): Erlass einer einstweiligen Anordnung im Organstreit zwischen Bundestag und Bundesregierung mit der Entscheidungsformel: „Bis zu einer Entscheidung in der Hauptsache darf die Beteiligung der Bundeswehr an UNOSOM II ... nur aufrecht erhalten und fortgeführt werden, wenn und soweit der Deutsche Bundestag dies beschließt ..." Hier will das Verbot die Schaffung vollendeter Tatsachen bis zur feststellenden Entscheidung in der Hauptsache verhindern. Gegen die Möglichkeit einer einstweiligen Anordnung im Organstreitverfahren *Zeh,* Der Staat 22 (1983), 20. Siehe unten Rdnr. 462 ff. mit Nachw.

[24] BVerfGE 24, 300; 20, 119; zuletzt BVerfGE 85, 264.

[25] BVerfGE 44, 125.

[26] BVerfGE 138, 102; vgl. auch BVerfGE 140, 225.

[27] BVerfGE 45, 1.

[28] BVerfGE 62, 1. Vgl. *Heyde/Wöhrmann.*

[29] BVerfGE 68, 1.

[30] BVerfGE 73, 1.

[31] BVerfGE 90, 286; 100, 266; 117, 359; 118, 244; 121, 135; 140, 160.

[32] BVerfGE 104, 127.

[33] BVerfGE 135, 259 (zugleich Entscheidung über eine entsprechende Verfassungsbeschwerde).

[34] BVerfGE 123, 267 (336 ff.); 130, 318 – Haushaltspolitische Gesamtverantwortung des Bundestages im Rahmen des Europäischen Stabilitätsmechanismus. BVerfGE 131, 152 – Unterrichtungspflichten der Bundesregierung im Zusammenhang des ESM.

[35] BVerfGE 124, 161; 124, 78; 137, 185; 139, 194; 146, 1. Zu Oppositionsrechten ferner BVerfGE 142, 25.

[36] BVerfGE 136, 323.

Bundesversammlung[37] und die Zusammensetzung von Arbeitsgruppen des Vermittlungsausschusses.[38] Statistisch gesehen aber beherrscht diese Verfahrensart das Bild der Rechtsprechung des BVerfG nicht. Mit einer gewissen Regelmäßigkeit nimmt die Zahl der Organstreitverfahren dann zu, wenn sich die (partei)politischen Kräfteverhältnisse auf der Bundesebene verändern oder neue politische Probleme entstehen.[39] Wer mittels des Organstreits das Gericht anruft, sieht typischerweise keine Möglichkeit mehr, sich im politischen Verfahren durchzusetzen. Damit verbergen sich hinter dem Verfassungsrechtsstreit meist parteipolitisch geformte Machtkonflikte; das BVerfG zeigt sich durchgehend bemüht, diese auch im Hinblick auf die künftige Funktionsfähigkeit des parlamentarischen Regierungssystems dauerhaft zu lösen.

II. Zulässigkeitsvoraussetzungen

1. Parteifähigkeit

86 Die zuständigkeitsbegründende Vorschrift des Art. 93 I Nr. 1 GG benennt als mögliche Beteiligte eines Organstreitverfahrens „oberste Bundesorgane" und „andere Beteiligte", die durch das „Grundgesetz oder in der Geschäftsordnung eines obersten Bundesorgans mit eigenen Rechten ausgestattet sind". Demgegenüber ist die Regelung der Parteifähigkeit in § 63 BVerfGG teils enger, teils weiter. Zum einen ist die Aufzählung der obersten Bundesorgane, die abschließend sein soll („nur"), unvollständig, zum anderen aber sind „Organteile" (von Bundestag und Bundesrat) als mögliche Antragsteller und Antragsgegner genannt. Nach dem Wortlaut des Art. 93 I Nr. 1 GG denkbare „andere Beteiligte", die nicht Organteile sein müssen, berücksichtigt § 63 BVerfGG wiederum nicht. Die interpretatorische Abstimmung beider Vorschriften muss den Vorrang des Art. 93 I Nr. 1 GG wahren. Soweit § 63 BVerfGG den Kreis der Beteiligten gegenüber dem Rahmen der Verfassung verengt, folgt die Beteiligtenfähigkeit unmittelbar aus Art. 93 I Nr. 1 GG.[40]

---

[37] BVerfGE 136, 277.

[38] BVerfGE 140, 115.

[39] Vgl. etwa den Anstieg der Organstreitverfahren im Gefolge der deutschen Einigung und der veränderten Rolle Deutschlands in der Weltpolitik, z. B. BVerfGE 82, 333; 82, 322; 92, 80 – Wahlrechtsfragen; 82, 316; 87, 207 – Stellung des Abgeordneten im Wiedervereinigungsprozess; 84, 304 – Status der PDS-Gruppe im Parlament; 90, 286 – Auslandseinsätze der Bundeswehr; 104, 127 – NATO-Strategie. Durch das Hinzukommen der neuen Bundesländer hatte daneben, zumindest vorläufig, die subsidiäre Zuständigkeit des BVerfG für Organstreitigkeiten innerhalb eines Landes an Bedeutung gewonnen (BVerfGE 85, 353; 86, 65; 88, 63; 90, 40; 91, 246; 92, 130). Dazu unten Rdnr. 108. Vgl. auch das Organstreitverfahren zur besonderen Situation in der 18. Wahlperiode des Bundestags, in der die Opposition nur 20% der Sitze inne hatte, BVerfGE 142, 25. Eine Systematisierung der verschiedenen Konfliktsituationen unternimmt *Grote,* Verfassungsorganstreit, S. 157ff., und unterscheidet dabei den Schutz eines Kernbereichs politischer Kommunikation im Parlament, die Kompetenzwahrung im Verhältnis von Regierung und Parlament, die Sicherung der Chancengleichheit im Parteienwettbewerb und den Schutz direkt-demokratischer Mitwirkungsrechte. Insgesamt kritisch *Heun,* Verfassung und Vefassungsgerichtsbarkeit im Vergleich, S. 152: „Organteile und andere Beteiligte sind [...] nicht alternativ zu verstehen."

[40] Vgl. BVerfGE 13, 54 (81); *Umbach,* in: Umbach/Clemens/Dollinger, BVerfGG, §§ 63, 64 Rdnr. 14; zur ausführlichen Darstellung dieser Problematik s. *Barczak,* in: Barczak, BVerfGG, § 63 Rdnr. 20–23; *Benda/Klein,* Verfassungsprozessrecht, Rdnr. 1023ff.; *Stern,* in: BK, Art. 93 Rdnr. 86; *Pietzcker,* Organstreit, S. 592f.; plastisch *Bethge,* in: Maunz u. a., BVerfGG, § 63 Rdnr. 1f.: Art. 93 I Nr. 1 GG als „Er-

a) „Oberste Bundesorgane"

Antragsteller und Antragsgegner sind zunächst die in § 63 BVerfGG genannten Verfassungsorgane des Bundes: der Bundespräsident, der Bundestag, der Bundesrat und die Bundesregierung. Ein oberstes Bundesorgan i. S. von Art. 93 I Nr. 1 GG, das in § 63 BVerfGG nicht genannt ist, ist die Bundesversammlung (Art. 54 GG).[41] Wenn der Bundesratspräsident gemäß Art. 57 GG die Befugnisse des Bundespräsidenten wahrnimmt, ist er ebenfalls ein „oberstes Bundesorgan" i. S. von Art. 93 I Nr. 1 GG;[42] der Bundespräsident könnte ihm beispielsweise im Wege des Organstreits die Inanspruchnahme dieser Befugnisse mit der Begründung streitig machen, ein Fall der Verhinderung habe nicht vorgelegen. Weitere oberste Bundesorgane sind der Gemeinsame Ausschuss (Art. 53a GG) und der Vermittlungsausschuss,[43] nicht hingegen der Wehrbeauftragte (Art. 45b GG), die Bundesbank (Art. 88 GG), der Bundesrechnungshof (Art. 114 GG),[44] der Stabilitätsrat (Art. 109a GG),[45] die G 10-Kommission,[46] die obersten Bundesgerichte (Art. 95 I GG) und der Richterwahlausschuss (Art. 95 II GG). Auch das Staatsvolk des Bundes (vgl. Art. 20 II GG) als die Summe aller Aktivbürger und der einzelne Staatsbürger sind im Organstreitverfahren nicht beteiligtenfähig.[47] Schließlich kann das BVerfG, obwohl es zu den obersten Bundesorganen rechnet, nicht in einem Organstreitverfahren beteiligt sein. Es kann nicht in einem Streit über seine eigenen Befugnisse entscheiden. 87

b) Organteile und „andere Beteiligte" i. S. des Art. 93 I Nr. 1 GG

aa) Teile und Untergliederungen oberster Bundesorgane

Teile und Untergliederungen von kollegial verfassten Bundesorganen sind beteiligtenfähig, soweit sie im Grundgesetz oder in den Geschäftsordnungen des Bundestags oder Bundesrats mit eigenen Rechten ausgestattet sind. Solche *„Teile"* mit eigenen Rechten sind die Präsidenten von Bundestag (vgl. Art. 39 III S. 2 und 3, Art. 40 II GG) und Bundesrat (vgl. Art. 52 II GG),[48] die Mitglieder der Bundesregierung,[49] die Aus- 88

zwingungsnorm"; strenger *Voßkuhle,* in: v. Mangoldt/Klein/Starck, GG, Art. 93 Rdnr. 101, der § 63 BVerfGG für teilnichtig hält; ebenso *Hillgruber/Goos,* Rdnr. 439f.

41 BVerfGE 136, 277 (299).

42 Vgl. *Hopfauf,* JuS 1984, 633 (unter Hinweis allerdings nur auf § 63 BVerfGG), auch zu der interessanten Frage, wieweit der Bundespräsident zur Erhebung des Organstreits der Gegenzeichnung nach Art. 58 GG bedarf.

43 Offengelassen für den Vermittlungsausschuss von BVerfGE 140, 115 (139), da dieser in Art. 77 II GG mit eigenen Rechten ausgestattet sei und deshalb „jedenfalls" als anderer Beteiligter iSd. Art. 93 I Nr. 1 GG parteifähig sei.

44 Offengelassen von BVerfGE 92, 130 (133) für den Landesrechnungshof im Verfahren des Organstreits auf Länderebene (Art. 93 I Nr. 4 GG).

45 *Thye,* Der Stabilitätsrat, S. 54f.

46 BVerfGE 134, 1. Die G 10-Kommission ist auch nicht als Organteil oder „anderer Beteiligter" parteifähig, edb.

47 BVerfGE 13, 54 (85, 95); 60, 175 (200f.); *Benda/Klein,* Verfassungsprozessrecht, Rdnr. 1035; *Pietzcker,* Organstreit, S. 594; *Sachs,* Verfassungsprozessrecht, Rdnr. 303; *Zippelius/Würtenberger,* § 49 Rdnr. 8, mit dem zutreffenden Hinweis, dass Art. 93 I Nr. 1 GG nur Repräsentativorgane meint; anders *Goessl,* S. 133ff.; *C. Arndt,* AöR 87 (1962), 235–239; *Pestalozza,* Verfassungsprozeßrecht, § 7 Rdnr. 12.

48 BVerfGE 27, 152 (157); 73, 1 (30).

49 BVerfGE 67, 100 (126f.); 45, 1 (28); 138, 102 (107).

schüsse und Fraktionen[50] des Bundestages, ferner die Abgeordneten, soweit sie nicht selbst als Verfassungsorgane Rechte aus ihrem eigenen Status (in diesem Fall sind sie „andere Beteiligte" iSd. Art. 93 I Nr. 1 GG), sondern die Rechte des Gesamtorgans Bundestag geltend machen. Über die Parteifähigkeit der Fraktionen und Gruppen wird der Organstreit auch zum Instrument der Kontrolle seitens der parlamentarischen Opposition.[51] Eine gemäß § 10 IV GeschO BT vom Bundestag anerkannte *Gruppe* von Abgeordneten, der der Fraktionsstatus vorenthalten wird, ist beim Streit um ihre geschäftsordnungsmäßigen Rechte parteifähig.[52] Nicht parteifähig sind Mehrheiten und Minderheiten, wie sie sich jeweils bei einzelnen Abstimmungen bilden,[53] wohl aber bestimmte Minderheiten, die in der Geschäftsordnung (z. B. § 85 GeschO BT: Änderungsantrag in der dritten Lesung eines Gesetzes durch fünf vom Hundert der Mitglieder des Bundestages) oder im Grundgesetz (z. B. Art. 42 I S. 2, 44 I GG)[54] genannt sind. So ist beispielsweise die qualifizierte Minderheit nach Art. 44 I GG berechtigt, die Einsetzung eines parlamentarischen Untersuchungsausschusses zu verlangen, und damit parteifähig. Neben der einsetzungsberechtigten Minderheit, die tatsächlich die Einsetzung des Untersuchungsausschuss erzwungen hat, ist auch die sogenannte „potentielle Einsetzungsminderheit" parteifähig, die Teil einer Mehrheitsenquete ist, aber bestimmte Rechte (etwa das Beweiserzwingungsrecht) gegen die Ausschussmehrheit geltend machen möchte. Es kommt somit nicht auf eine formale Konstituierung der Minderheit an.[55] Ebenfalls parteifähig ist eine Fraktion im Untersuchungsausschuss (eigene Rechte etwa aus § 60 II GeschO BT).[56]

89 Die *Sperrminorität* nach Art. 79 II GG, die Verfassungsänderungen verhindern kann, ist kein parteifähiger Organteil des Bundestags. Zwar könnte erwogen werden, dass einem Quorum von „1/3 plus 1" der gesetzlichen Mitgliederzahl des Bundestags ein Minderheitenrecht dergestalt zukommen könnte, ein einfaches Gesetz oder einen Regierungsbeschluss im Wege des Organstreits zur Überprüfung zu stellen, die aufgrund ihres Inhaltes einer Verfassungsänderung und damit der Mitwirkung der qualifizierten Minderheit nach Art. 79 II GG bedurft hätten.[57] Aber ein solches Minderheitenrecht würde die Abgrenzung von Organstreit und Normenkontrollverfahren (Art. 93 I Nr. 2 GG) verwischen: Der Organstreit sollte auf die Wahrung der Kompetenzordnung zielen, also auf das Handeln der Staatsorgane, z. B. den Erlass eines Gesetzes, nicht auf dessen Ergebnis, etwa auf den Inhalt von Gesetzen, der von einem Viertel der Mitglieder des Bundestages im Normenkontrollverfahren angegriffen werden kann. Grundsätzlich zweifelhaft erscheint auch die Annahme eines „Veto-Rechts" der Opposition,[58] mit dem nicht nur die Wahrnehmung einer po-

[50] Etwa BVerfGE 1, 351 (359); 2, 143 (165); 90, 286 (336); 100, 266 (268); 108, 34 (42); 113, 113 (120); 118, 244 (254f.); 121, 135 (150); BVerfGE 123, 267 (337f.); 124, 78 (106); 131, 152 (190); 142, 25 (47); 152, 8 (19).

[51] Herausgestellt in BVerfGE 60, 319 (325f.); 68, 1 (77); 121, 135 (151); 131, 152 (190); 142, 25 (47). Eingehend *Jekewitz,* DÖV 1984, 192ff.; *ders.,* FS Wassermann, S. 381ff.; *Löwer,* in: HStR III, § 70 Rdnr. 19; *Grote,* Verfassungsorganstreit, S. 157ff.

[52] BVerfGE 84, 304 (318); 96, 264 (276f.).

[53] BVerfGE 2, 143 (160ff.).

[54] Vgl. BVerfGE 2, 143 (162); 67, 100 (124); 105, 197 (220); 113, 113 (120); 124, 78 (106f.).

[55] BVerfGE 143, 101 (124ff.); dort auch zur temporären Absenkung der Quoren durch § 126a GeschO BT während der 18. Wahlperiode und den daraus resultierenden Problemen der Antragsbefugnis; hierzu *Glauben,* NVwZ 2017, 129, 129f.; *Möllers,* JZ 2017, 271, 272f.

[56] BVerfGE 67, 100 (124); 105, 197 (220); 113, 113 (120); 143, 101 (124ff.); *Benda/Klein,* Verfassungsprozessrecht, Rdnr. 1041; vgl. auch *Umbach,* in: Umbach/Clemens/Dollinger, BVerfGG, §§ 63, 64 Rdnr. 4ff.; *Barczak,* in: Barczak, BVerfGG, § 63 Rdnr. 38.

[57] So aufgeworfen, aber im Ergebnis offengelassen schon von BVerfGE 2, 143 (164) und *H.-P. Schneider,* Opposition, S. 220f. Erneut aufgeworfen im Verfahren um die Bundeswehrauslandseinsätze, BVerfGE 90, 286 (313f., 341f.).

[58] *H.-P. Schneider,* Opposition, S. 220f.

sitiv von der Verfassung zugeordneten Kompetenz, in Art. 79 II GG etwa zur verfassungsändernden Gesetzgebung, sondern auch deren Negation, die Möglichkeit, die Wahrnehmung dieser Kompetenz im Einzelfall zu verhindern, zur subjektiven Rechtsposition wird. Art. 79 II GG normiert kein echtes Mitwirkungsrecht einer Minderheit bzgl. konkreter Verfahrenshandlungen (wie etwa Art. 44 I S. 1; 42 I S. 2 GG), sondern nur eine („qualifizierte") Abstimmungsmehrheit bzw. -minderheit für das Zustandekommen verfassungsändernder Gesetze. Darin darf man aber weder ein Recht von zwei Dritteln des Bundestages auf Vornahme einer Verfassungsänderung noch ein Recht von einem Drittel auf deren Verhinderung sehen; ebenso wie Art. 42 II iVm. Art. 77 GG für einfache Gesetze,[59] sagt Art. 79 II GG lediglich, wann ein gesetzeswirksamer (verfassungsändernder) Bundestagsbeschluss vorliegt. Ein kompetenzielles Recht zur verfassungsändernden Gesetzgebung hat lediglich der Bundestag als Gesamtorgan. Die Parteifähigkeit einer Sperrminorität ist damit nicht zu begründen. Das BVerfG hat in der Entscheidung zu Bundeswehrauslandseinsätzen nur ein subjektives Recht der Sperrminorität nach Art. 79 II GG *gegenüber der Bundesregierung* als dem Antragsgegner des Verfahrens ausdrücklich abgelehnt. Die Vorschrift betreffe allein die interne Willensbildung des Bundestags.[60] Die Frage der Parteifähigkeit der Sperrminorität nach Art. 79 II GG hat das Gericht damit aber für den Fall offengelassen, dass *innerhalb des Bundestags* Streit darüber herrscht, ob ein Gesetzentwurf verfassungsändernden Charakter hat und des Verfahrens der Verfassungsänderung mit verfassungsändernder Zwei-Drittel-Mehrheit bedarf.

Die praktische Bedeutung dieser Frage ist aber gering, da die Bundestagsminderheit in diesem Fall zu einem späteren Zeitpunkt, nach Verkündung des gegen ihren Willen mit einfacher Mehrheit verabschiedeten Gesetzes, eine abstrakte Normenkontrolle nach Art. 93 I Nr. 2 GG einleiten kann.[61]

Gelegentlich wurde behauptet, dass auch ein *Land* als *Teil* des Bundesrates im Organstreitverfahren parteifähig sei.[62] Das ist unhaltbar.[63] Das Land als Gebietskörperschaft ist weder ein Organ noch Teil oder Mitglied des Bundesorgans Bundesrat (vgl. Art. 51 I S. 1 GG).[64] Streitigkeiten der Länder mit dem Bund (und damit auch wegen Maßnahmen von Bundesorganen) sind im Bund-Länder-Streit nach Art. 93 I Nr. 3 GG auszutragen.

bb) „Andere Beteiligte" i. S. des Art. 93 I Nr. 1 GG

Der in § 63 BVerfGG verwendete Begriff des Organteils erschöpft den Kreis der „anderen Beteiligten" nicht. „Andere Beteiligte" sind Funktionsträger, die in einer den obersten Bundesbehörden vergleichbaren Weise an der Bildung des Staatswillens unmittelbar beteiligt sind. Ihr Ausscheiden aus dem Amt steht der Beteiligtenfähigkeit nicht entgegen, weil maßgebend der Status zu dem Zeitpunkt ist, zu dem der Verfassungsstreit anhängig wurde.[65] 90

Der Bundestagspräsident, der die Ordnungs- und Disziplinargewalt im Parlament in eigener Verantwortung und nicht als Teil des Organs Parlament (was er auch sein kann) gegenüber einem Abgeordneten als Verfassungsorgan ausübt, ist ein „anderer Beteiligter" i. S. von Art. 93 I Nr. 1 GG.[66] Auch der einzelne *Abgeordnete* ist möglicher „Beteiligter" im Organstreit. Zwar wäre es auch möglich, den Abgeordneten als Teil 91

59 So BVerfGE 2, 143 (161).
60 BVerfGE 90, 286 (341 f.).
61 S. Rdnr. 129 zum Zeitpunkt der Zulässigkeit der Normenkontrolle. Um das Verfahren der abstrakten Normenkontrolle einleiten zu können, benötigt die Bundestagsminderheit noch deutlich weniger Stimmen („ein Viertel der Mitglieder des Bundestages").
62 *v. Brünneck,* Vorbehalt, S. 153 ff.
63 Wie hier *Bethge,* in: Maunz u. a., BVerfGG, § 63 Rdnr. 11; *Voßkuhle,* in: v. Mangoldt/Klein/Starck, GG, Art. 93 Rdnr. 103.
64 Vgl. BVerfGE 109, 275 (278).
65 BVerfGE 148, 11 (19 f. Rdnr. 29).
66 BVerfGE 60, 374 (378).

des Gesamtorgans Bundestag zu begreifen, aber dies würde seiner herausgehobenen Stellung (vgl. Art. 38 I S. 2, Art. 46–48 GG) nicht gerecht. „Jeder einzelne Bundestagsabgeordnete ist berechtigt, gegen Maßnahmen, die seinen Status als Abgeordneten verletzen, d. h. seine verfassungsmäßig gewährleistete Rechtsstellung beeinträchtigen, das BVerfG anzurufen"; er ist Antragsteller kraft „eigener Organstellung".[67] Dieser Hinweis ist wichtig, da die Geschäftsordnung des Deutschen Bundestags die Stellung des einzelnen Abgeordneten zunehmend zugunsten bestimmter Quoren bzw. zugunsten der Fraktionen schmälert. So kann der Abgeordnete im Organstreit geltend machen, die Beschneidung seines Rederechts im Plenum,[68] das Betreten seiner Räume durch die Polizei des deutschen Bundestages[69] oder eine vorzeitige Auflösung des Bundestags[70] verletze ihn in den mit seinem Abgeordnetenstatus verbundenen Rechten oder entziehe ihm diesen Status in verfassungswidriger Weise. Er macht dabei seinen eigenen Status im eigenen Namen geltend; er tut dies nicht – wie es nach der Literatur der Fall zu sein scheint[71] – bloß als Organteil i. S. des § 63 BVerfGG. Als Organteil des Bundestags beantragt er den Organstreit, wenn er Rechte des Bundestags geltend machen will. Als selbständiges Verfassungsorgan kann der Abgeordnete das Organstreitverfahren aber nur in Gang bringen, wenn er Rechte aus seinem Status als Abgeordneter geltend macht, nicht, wenn er als Wahlbewerber sein passives Wahlrecht aus Art. 38 I GG gegen Maßnahmen der Öffentlichkeitsarbeit der Bundesregierung oder wenn er als ehemaliger Abgeordneter seine Altersversorgung geltend macht.[72] Hier geht es um Grundrechte des Bürgers, sodass die Verfassungsbeschwerde die richtige Verfahrensart ist.

92 Nach ständiger, aber problematischer Rechtsprechung des BVerfG sind die *politischen Parteien* (Art. 21 GG) „andere Beteiligte" i. S. des Art. 93 I Nr. 1 GG, allerdings nur, wenn und soweit sie mit Verfassungsorganen um Rechte streiten, die sich aus ihrem besonderen verfassungsrechtlichen Status ergeben.[73] Insofern werden sie aufgrund ihres „besonderen, in Art. 21 GG umschriebenen verfassungsrechtlichen Status" als Verfassungsorgane („organschaftliche' Qualität", „Faktoren des Verfassungslebens") an-

[67] BVerfGE 10, 4 (10); 2, 143 (166); 60, 374 (378); 62, 1 (32); 67, 100 (126); 70, 324 (350f.); 90, 286 (343); 97, 408 (414); 99, 19 (28); 108, 251 (270f.); 112, 363 (365); 114, 121 (146); 117, 359 (367); 118, 277 (317); BVerfGE 123, 267 (337ff.); 124, 161 (184); 137, 185 (223), 152, 35 (45f.); 154, 354 (362 Rdnr. 27). Zurückgehend auf *Friesenhahn,* in: HdbDStR II (1932), S. 537 Fn. 64. Siehe *Stern,* Staatsrecht I, 1. Aufl. 1977, S. 839; *Hömig,* in: ders., GG, Art. 93 Rdnr. 7; *Schlaich,* FS Bachof, S. 324; *Umbach,* FS Zeidler, Bd. 2, S. 1240ff.; *Lechner/Zuck,* § 63 Rdnr. 11, 15f.; *Pietzcker,* Organstreit, S. 597.

[68] BVerfGE 10, 4.

[69] BVerfGE 154, 354.

[70] BVerfGE 62, 1.

[71] *Stern,* in: BK, Art. 93 Rdnr. 117; *Pestalozza,* Verfassungsprozeßrecht, § 7 Rdnr. 12; auch schon *Geiger,* BVerfGG, § 63 Anm. 3 und 4; so auch BVerfGE 4, 144 (148); wie hier: *Chr. Walter,* in: Maunz/Dürig, GG, Art. 93 Rdnr. 213; *Löwer,* in: HStR III, § 70 Rdnr. 19.

[72] BVerfGE 63, 230 (241); 64, 301 (313); *Umbach,* FS Zeidler, Bd. 2, S. 1241: Nur für Streitigkeiten „um den Status selbst und um Rechte aus diesem Status" ist das Organstreitverfahren statthaft, „nicht hingegen für die Verfolgung von Rechten auf den Abgeordnetenstatus, sozusagen in der Hoffnungsphase", ferner S. 1249ff.

[73] Grundlegend BVerfGE 4, 27 (Plenum); zuvor schon BVerfGE 1, 208 (223f.); ferner BVerfGE 24, 260 (263); 24, 300 (329); 44, 125 (137); 85, 264 (284); 92, 80 (88); 110, 403 (405); 113, 382 (397); 138, 102 (107f.); 140, 1 (23ff.); 148, 11 (19 Rdnr. 27); 154, 320 (330f. Rdnr. 36); *Clemens,* FS Zeidler, Bd. 2, S. 1261ff. Zu Recht kritisch etwa *Geiger,* BVerfGG, § 63 Anm. 3; *J. Ipsen,* in: Sachs, GG, Art. 21 Rdnr. 50ff.

gesehen, die in Rang und Funktion den obersten Bundesorganen gleichstehen; deshalb sei die Verfassungsbeschwerde nicht das adäquate prozessuale Mittel.[74]

BVerfGE 44, 125: Öffentlichkeitswerbung der Bundesregierung in Wahlkampfzeiten; Antragstellerin: CDU; Antragsgegnerin: Bundesregierung; Antrag: festzustellen, dass die Bundesregierung im Bundestagswahlkampf 1976 durch geldwerte (Steuermittel) Leistungen an die Regierungsparteien (SPD und FDP) sowie durch Propagandaanzeigen u. a. gegen Art. 21 I iVm. Art. 20 II GG (u. a. Chancengleichheit der Parteien) verstoßen habe.

BVerfGE 136, 323 (330): Die NPD macht geltend, durch Äußerungen des Bundespräsidenten im zeitlichen Zusammenhang eines Bundestagswahlkampfes, er unterstütze Proteste gegen diese Partei und halte deren Anhänger für „Spinner", in ihrem Recht auf Chancengleichheit bei Wahlen verletzt zu sein. Damit wende sich die Antragstellerin „gegen eine rechtserhebliche Maßnahme, indem sie behauptet, der Antragsgegner habe die verfassungsrechtlichen Grenzen seiner Äußerungsbefugnisse überschritten und damit zulasten der Antragstellerin unzulässig in den Wahlkampf eingewirkt."

BVerfGE 138, 102: Wiederum die NPD macht geltend, durch Äußerungen einer Bundesministerin im zeitlichen Zusammenhang eines Landtagswahlkampfes in ihrem Recht auf Chancengleichheit verletzt zu sein.

BVerfGE 140, 1 (23f.): Recht der politischen Partei auf Chancengleichheit im politischen Wettbewerb nach Art. 21 I iVm. Art. 3 I GG, das „durch die Zuweisung staatlicher Finanzmittel betroffen sein" kann.

BVerfGE 140, 225: Die AfD erwirkt eine einstweilige Anordnung gegen die Bundesministerin für Bildung und Forschung auf Entfernung der Pressemitteilung „Rote Karte für die AfD" von der Internetseite des Ministeriums. Das BVerfG bezieht sich in der Folgenabwägung im Rahmen der Entscheidung über die einstweilige Anordnung (Aktenzeichen 2 BvQ 39/15) sowohl auf das Recht auf Chancengleichheit der politischen Parteien als auch auf das Grundrecht aus Art. 8 I GG. Ab der mündlichen Verhandlung wird das Verfahren als Organstreitverfahren (Aktenzeichen 2 BvE 1/16) geführt und nur noch Art. 21 I GG problematisiert.[75]

Soweit Parteien ihren verfassungsrechtlichen Status gegen ein Verfassungsorgan geltend machen, können und müssen sie nach der Rechtsprechung des BVerfG den Organstreit erheben. Dieser ist allerdings nur möglich, wenn auch der Antragsgegner ein Verfassungsorgan ist. Macht also eine politische Partei ihren verfassungsrechtlichen Status z. B. gegen eine Rundfunkanstalt geltend, so muss sie Verfassungsbeschwerde erheben,[76] denn die Rundfunkanstalt ist kein Verfassungsorgan und deshalb im Organstreit (Streit zwischen zwei Verfassungsorganen) nicht als Antragsgegner parteifähig. Allein die Verfassungsbeschwerde steht den politischen Parteien offen, wenn sie nicht ihren spezifischen verfassungsrechtlichen Status, sondern wie ein „Jedermann" ihre Grundrechte geltend machen, z. B. als Mieter einer städtischen Halle oder als Steuerpflichtige. Auch das Recht, im Rundfunkrat vertreten zu sein, kann eine politische Partei nicht im Organstreit geltend machen, und dies auch nicht, wenn sie ihn gegen die Regierung oder den Gesetzgeber (des Landes) erhebt, da ihr dieses Recht nicht von Verfassungs wegen und nicht aus ihrem besonderen verfassungsrechtlichen

74 BVerfGE 66, 107 (115); 67, 65 (69) m.w.N. Zusammenfassung der Rechtsprechung in BVerfGE 60, 53 (61f.); 84, 290 (299). Vgl. auch *Maurer,* JuS 1991, 888; differenzierend jetzt *ders.,* FS Starck, S. 345f. Auf der Linie der Rechtsprechung *Lechner/Zuck,* § 63 Rdnr. 17ff.; *Bethge,* in: Maunz u. a., BVerfGG, § 63 Rdnr. 56ff.; *Hillgruber/Goos,* Rdnr. 423; *Grote,* Verfassungsorganstreit, S. 117ff., 286ff.; *H. H. Klein,* in: Maunz/Dürig, GG, Art. 21 Rdnr. 401: „Eine in fünf Jahrzehnten gewachsene und gefestigte Rechtsprechung hat ihren Wert in sich."

75 Vgl. BVerfGE 148, 11; ähnlich später BVerfGE 154, 20 (Veröffentlichung eines mit dem Bundesinnenminister geführten Interviews auf der Internetseite des Ministeriums).

76 BVerfGE 7, 99. Gegebenenfalls nach vorheriger Erschöpfung des Rechtswegs (§ 90 II BVerfGG).

Status heraus, sondern allenfalls aus ihrem allgemeinen gesellschaftlichen Status – als Verband unter Verbänden – heraus zustehen kann.[77] Gleiches gilt, wenn die Partei die Verletzung von Grundrechten durch Verwaltungsmaßnahmen geltend macht.[78]

Diese Rechtsprechung zur Parteifähigkeit der politischen Parteien im Organstreit wird man vorerst hinnehmen müssen. Sie ist aber falsch, denn Parteien sind gesellschaftliche Einrichtungen, die ausnahmslos auf die Verfassungsbeschwerde zu verweisen sind. Die Auffassung des BVerfG verstärkt unnötigerweise die problematische Tendenz zur Identifikation von Staat und Parteien. Sie entstammt der Rechtsprechung des Staatsgerichtshofs der Weimarer Zeit, der den politischen Parteien (wie auch den Gemeinden, den Kirchen und dem einzelnen Bürger in seinem „aktiven Status" als Wähler) mit dem Organstreit den Zugang zum Gericht verschaffte, da es noch keine Verfassungsbeschwerde gab.[79]

Diese Rechtsprechung ist heute nicht mehr gerechtfertigt,[80] zumal sie im Einzelfall zu einer Benachteiligung der Parteien führen kann, z. B. in Bezug auf die Fristen. Der Zwang zur Führung eines Organstreitverfahrens und damit zur Einhaltung der kurzen 6-Monats-Frist (§ 64 III BVerfGG) führt vor allem zu Schwierigkeiten für junge Parteien im Gründungsstadium.[81] Auch das BVerfG betont in letzter Zeit – z. B. in Fragen der Parteienfinanzierung – wieder zunehmend die „Staatsferne" der Parteien,[82] ohne allerdings die notwendigen verfahrensrechtlichen Konsequenzen daraus zu ziehen.[83] Eine Art von „Staatsferne" vieler Organstreitverfahren liegt auch darin, dass bislang mehr als die Hälfte der Organstreitverfahren von Parteien durch solche Parteien eingeleitet wurden, die zu diesem Zeitpunkt in keinem staatlichen Parlament vertreten waren;[84] in der Sache geht es hier um die Geltendmachung von Benachteiligungen

[77] BVerfGE 60, 53 (63ff.).

[78] BVerfGE 111, 54 (80f.) – Mittelfestsetzung im Rahmen der staatlichen Parteienfinanzierung durch den Bundestagspräsidenten; ferner BVerfGE 11, 239 (243); 82, 322 (355); 85, 264 (284).

[79] *Lammers/Simons,* Bd. I, S. 398ff. Vgl. *Anschütz,* WRV, Art. 19 Anm. 8f. m. w. N. Vgl. *Gusy,* Der Staat 32 (1993), 67ff.

[80] Mit zutreffender Begründung *H. Meyer,* VVDStRL 44 (1986), S. 131; *Tsatsos/Morlok,* S. 129f.; *Kunig,* in: HStR III, § 40 Rdnr. 123ff.; *Voßkuhle,* in: v. Mangoldt/Klein/Starck, GG, Art. 93 Rdnr. 106; *Pietzcker,* Organstreit, S. 594–596. *Benda/Klein,* Verfassungsprozessrecht, Rdnr. 1049, verteidigen die Rechtsprechung: „Ihre Einbeziehung in den Kreis der organstreitfähigen Rechtssubjekte beruht auf ihrer Rolle als Integrationsfaktoren für das Staatsganze." Entscheidend sei ihre in Art. 21 I GG umschriebene Funktion, vgl. auch aaO., Rdnr. 457 und 1050. *Lorenz,* Organstreit, S. 248ff., will die Parteien ganz auf den Organstreit verweisen.

[81] *Notz,* S. 245ff. Zu Schwierigkeiten führen hier die Fragen, wann eine Gruppierung „Partei" ist, ob dies jeweils für den Bund und die Länder gleich zu beantworten ist und ob eventuell sogar für die Anerkennung als im Organstreit parteifähiges „Verfassungsorgan" weitergehende Anforderungen an politische Parteien zu stellen sind (so das Verfassungsgericht Brandenburgs in einem Landesorganstreitverfahren, LVerfGE 3, 135, zit. nach *Notz,* S. 257, 262). Vgl. auch BVerfGE 92, 80 (87ff., 90f.). Zur Abgrenzung zwischen Organstreit und Verfassungsbeschwerde vgl. *Tsatsos/Schmidt/Steffen,* Jura 1993, 196; *Stern,* in: BK, Art. 93 Rdnr. 154ff.

[82] BVerfGE 85, 264 (287f.). Vgl. schon BVerfGE 20, 56 (100ff.). In BVerfGE 84, 304 (324f.) leitet das Gericht den Bestand der Fraktion und Gruppe allein aus Art. 38 I S. 2 GG ab.

[83] *Kunig,* in: HStR III, § 40 Rdnr. 123ff.; *Löwer,* in: HStR III, § 70 Rdnr. 20; *Isensee,* FS Helmrich, S. 240f. Vgl. auch *Maurer,* JuS 1992, 296f.; *Towfigh/Ulrich,* in: BK, Art. 21 Rdnr. 409 m. w. N. Vgl. *J. Ipsen,* in: Sachs, GG, Art. 21 Rdnr. 50: Die Parteifähigkeit politischer Parteien im Organstreitverfahren werde heute zu Recht in der Literatur „nahezu einhellig abgelehnt".

[84] Vgl. die Darstellung bei *Notz,* Parteien, S. 245, 253.

durch kleinere gesellschaftliche Gruppierungen, die eine Beteiligung an staatlichen Funktionen erst anstreben.

Im Übrigen kann eine Verletzung des Art. 21 GG zwar nicht direkt im Wege der Verfassungsbeschwerde geltend gemacht werden, da er kein Grundrecht enthält; aber in den hier relevanten Fällen geht es in der Regel um Art. 21 GG iVm. Art. 3 I GG, sodass die Prüfung an Art. 21 GG in der Verfassungsbeschwerde über Art. 3 I GG eröffnet wird.

2. Streitgegenstand[85]

Gegenstand des Verfahrens ist der Streit der Verfassungsorgane darüber, ob eine Maß- 93
nahme oder Unterlassung des Antragsgegners gegen eine Bestimmung des Grundgesetzes[86] verstößt und diese Bestimmung dem Antragsteller ein Recht, das er geltend macht, zuerkennt[87] (§ 64 I BVerfGG). Die Maßnahme muss rechtserheblich sein oder sich jedenfalls zu einem die Rechtsstellung des Antragstellers beeinträchtigenden, rechtserheblichen Verhalten verdichten können.[88] „Als rechtserhebliche Maßnahme kommt jedes Verhalten des Antragsgegners in Betracht, das geeignet ist, die Rechtsstellung des Antragstellers zu beeinträchtigen. Maßnahme im Sinne des § 64 Abs. 1 BVerfGG kann nicht nur ein punktueller Einzelakt (...), sondern auch der Erlass eines Gesetzes (...) oder die Mitwirkung an einem Normsetzungsakt sein. Ebenso kann der Erlass oder die Änderung einer Vorschrift der Geschäftsordnung eine Maßnahme im Sinne des § 64 Abs. 1 BVerfGG darstellen, sofern sie beim Antragsteller eine aktuelle rechtliche Betroffenheit auszulösen vermag."[89]

Handlungen mit ausschließlich vorbereitendem oder vollziehendem Charakter sind kein möglicher Angriffsgegenstand im Organstreitverfahren.[90] Auch eine Vorschrift der Geschäftsordnung (z. B. des Bundestags) kann Gegenstand des Organstreits sein, wenn die belastenden Maßnahmen auf ihrer Grundlage die Geschäftsordnung lediglich anwenden.[91] Ergeben sich als verletzt gerügte Handlungspflichten aus dem einfachen Recht, ist dies möglicher Gegenstand eines Organstreits nur insoweit, als das Gesetz „unmittelbar aus der Verfassung selbst folgende Rechte und Pflichten widerspiegelt; eine Verletzung einfachen Rechts kann im Organstreit nicht geltend gemacht werden."[92]

Rechtserheblichkeit liegt in der Regel nicht vor bei einer Antwort der Bundesregierung auf eine mündliche Anfrage im Parlament.[93] Etwas anderes gilt, wenn es um die Reichweite des aus Art. 38 I iVm. Art. 20 II 2 GG abzuleitenden Fragerechts des Abgeordneten und die grundsätzliche Pflicht der Bundesregierung geht,

85 Eingehend zu den Arten möglicher Streitgegenstände des Organstreitverfahrens BVerfGE 68, 1 (72).

86 Prüfungsmaßstab ist das Grundgesetz, nicht auch die Geschäftsordnung (z. B. des Bundestags, der Bundesregierung usw.). Die Geschäftsordnungen sind lediglich zur Feststellung der Parteifähigkeit relevant.

87 BVerfGE 68, 1 (73). Vgl. auch BVerfGE 73, 1.

88 BVerfGE 57, 1 (4f.); 60, 374 (381); 97, 408 (414); 120, 82 (96); 138, 45 (59f.). Dazu *Clemens*, FS Zeidler, Bd. 2, S. 1280f.

89 BVerfGE 118, 277 (317) m. w. N.

90 BVerfGE 68, 1 (74f.); 97, 408 (414); 138, 45 (60).

91 BVerfGE 80, 188 (209).

92 BVerfGE 131, 152 (191).

93 BVerfGE 13, 123 (125f.).

Rede und Antwort zu stehen und den Abgeordneten die zur Ausübung des Mandats nötigen Informationen zu verschaffen.[94] Rechtserheblichkeit fehlt bei der bloßen Behauptung der Verfassungswidrigkeit eines Gesetzentwurfs durch die Minderheit im Parlament.[95] Jedoch kann sich auch die bloße Meinungsäußerung zu einem rechtlich erheblichen Verhalten verdichten, z. B. bei negativen Werturteilen der Bundesregierung über die Verfassungsmäßigkeit der Zielsetzungen einer vom BVerfG noch nicht verbotenen politischen Partei.[96] Gleiches gilt für kritische Äußerungen des Bundespräsidenten[97] oder einer Bundesministerin[98] über eine politische Partei. Auch die Frage, ob die Äußerung eines Bundestagsabgeordneten im Plenum eine Ordnungsmaßnahme des Präsidenten rechtfertigt, kann Gegenstand eines Organstreits sein; die bloße Rüge als das mildeste Mittel zur Aufrechterhaltung der Ordnung hat aber nach der (allenfalls im Ergebnis verständlichen) Auffassung des BVerfG nur mahnenden Charakter, ist also ohne „rechtserhebliche Wirkung".[99] Das Unterlassen einer Maßnahme ist dann rechtserheblich, wenn nicht ausgeschlossen werden kann, dass der Antragsgegner verfassungsrechtlich verpflichtet ist, die Maßnahme vorzunehmen.[100]

Maßnahme i. S. des § 64 BVerfGG kann auch der Erlass eines Gesetzes,[101] genauer: der Gesetzgebungsakt und die Mitwirkung an dem Normsetzungsakt sein, sofern das Gesetz für den verfassungsrechtlichen Status des Antragstellers rechtserheblich ist; der Organstreit kann so in der Sache zur Normenkontrolle führen, allerdings ohne dass es zur Nichtigerklärung kommen kann (vgl. auch Rdnr. 97). Ein Unterlassen des Gesetzgebers kann im Wege des Organstreitverfahrens nicht angegriffen werden.[102] Das Grundgesetz kennt keinen allgemeinen „Gesetzes- oder Verfassungsvollziehungsanspruch"[103], auf den ein Organstreit gestützt werden könnte. Der Organstreit ist kein Instrument einer allgemeinen Verfassungsaufsicht.

3. Antragsbefugnis, Rechtsschutzbedürfnis[104]

94 Der Antragsteller muss nach § 64 I BVerfGG geltend machen, dass er oder das Organ, dem er angehört, durch die Maßnahme oder Unterlassung in seinen ihm vom Grundgesetz übertragenen, also eigenen Rechten und Pflichten verletzt oder unmittelbar gefährdet ist. Er muss die Verletzung oder Gefährdung behaupten und behaupten können, d. h. sie muss – parallel zur Klagebefugnis nach § 42 II VwGO – möglich oder nicht „von vornherein ausgeschlossen"[105] und zwischen den Beteiligten im Streit

[94] BVerfGE 12, 123 (125); 51, 1 (4); 67, 100 (129); 70, 324 (355); 124, 161 (185); 137, 185 (223): „Die Antwortverweigerung, die schlichte Nichtbeantwortung und die nicht hinreichende Beantwortung der Anfrage der Antragsteller [Abgeordnete des Bundestages] können diese konkret in ihrem jeweiligen Rechtskreis aus Art. 38 Abs. 1 Satz 1 in Verbindung mit Art. 20 Abs. 2 Satz 2 GG betreffen.".

[95] BVerfGE 2, 143 (158f., 168).

[96] Vgl. BVerfGE 40, 287; das Gericht ließ im Verfahren gem. § 24 BVerfGG die Zulässigkeit dahingestellt (S. 290); BVerfGE 44, 125 (146); 63, 230 (243).

[97] BVerfGE 136, 323 (330f.).

[98] BVerfGE 138, 102 (108); 140, 225.

[99] BVerfGE 60, 374 (381f.).

[100] BVerfGE 96, 264 (277).

[101] BVerfGE 4, 115 (122); 24, 300 (329); 82, 322 (335); 85, 264 (267); 92, 80 (87); 102, 224 (234); 103, 164 (169); 114, 107 (114f.); 118, 227 (317); vgl. auch *Pietzcker,* Organstreit, S. 606; *Bethge,* in: Maunz u. a., BVerfGG, § 64 Rdnr. 32ff.

[102] Offengelassen von BVerfGE 92, 80 (87); 103, 164 (168f.); 107, 286 (294); 114, 107 (118); 142, 25 (47); vgl. auch *Geis,* ZG 1993, 154.

[103] BVerfGE 150, 194 (200 Rdnr. 18); 100, 266 (268); 118, 277 (319).

[104] Vgl. *Löwer,* in: HStR III, § 70 Rdnr. 21; BVerfGE 87, 207 (209). Zur Terminologie „Antragsbefugnis" vgl. *Stern,* Staatsrecht III/2, S. 1247.

[105] BVerfGE 104, 14 (19); 104, 310 (325); 108, 251 (271f.); 118, 277 (317); 134, 141 (194).

sein.[106] Das Organstreitverfahren dient als kontradiktorisches Verfahren der „gegenseitigen Abgrenzung der Kompetenzen von Verfassungsorganen oder ihren Teilen in einem Verfassungsrechtsverhältnis, nicht der davon losgelösten Kontrolle der objektiven Verfassungsmäßigkeit eines bestimmten Organhandelns."[107] Aus dieser kontradiktorischen Natur des Organstreitverfahrens folgt, dass ein Konflikt bestehen muss, der dem Antragsgegner bekannt ist: Gegebenenfalls trifft den Antragsteller eine vorherige Konfrontationsobliegenheit.[108] Das Rechtsverhältnis zwischen den Beteiligten muss entscheidend vom Verfassungsrecht geformt sein; die gegenseitigen Rechte und Pflichten müssen sich aus einem verfassungsrechtlichen Rechtsverhältnis ergeben.[109] Eine unmittelbare Gefährdung liegt vor, „wenn die Rechtsverletzung für die Zukunft zu erwarten ist, ohne dass dazu noch weitere Handlungen des Antragsgegners oder dritter Stellen erforderlich sind".[110]

Zur Antragsbefugnis des einzelnen Abgeordneten des Bundestages führt BVerfGE 112, 363 (365) aus: „Im Organstreit kann der einzelne Abgeordnete die Verletzung oder Gefährdung jedes Rechts, das mit seinem Status verfassungsrechtlich verbunden ist, geltend machen. Sein Antrag ist nach § 64 Abs. 1 BVerfGG zulässig, wenn nicht von vornherein ausgeschlossen werden kann, dass die beanstandete Maßnahme Rechte des Antragstellers, die aus dem verfassungsrechtlichen Rechtsverhältnis zwischen den Beteiligten erwachsen, verletzt oder unmittelbar gefährdet (vgl. BVerfGE 94, 351 [362f.]; 99, 19 [28]; 104, 310 [325]; 108, 251 [271f.])."

Die Antragsbefugnis des Gesetzesinitianten ergibt sich aus seinem „Anspruch auf Beratung und Beschlussfassung"[111] aus Art. 76 I GG, soweit sich der Bundestag nicht mit einer eingebrachten Gesetzesvorlage befasst. Allerdings kommt dem Bundestag bei der zeitlichen Gestaltung seiner Abläufe ein weiter Spielraum zu, sodass ein Verfassungsverstoß nur in Betracht kommt, „wenn die Behandlung eines Gesetzentwurfs erkennbar ohne jeden sachlichen Grund verschleppt und auf diese Weise versucht wird, das Gesetzesinitiativrecht zu entleeren."[112]

Die Organteile können die verfassungsmäßigen Rechte des Organs selbst in Prozessstandschaft für dieses geltend machen, und dies auch dann, wenn das Organ mehrheitlich seine Rechte nicht als verletzt betrachtet.[113] Diese (schon in § 64 I BVerfGG angelegte) Ausweitung der Aktivlegitimation ist im parlamentarischen Regierungssys-

[106] Nach BVerfGE 68, 1 (69–74) stehen eigene Rechte des Parlaments nicht in Frage, wenn die Missachtung grundrechtlicher Gesetzesvorbehalte durch die Exekutive gerügt wird. BVerfGE 73, 1 (29f.): Der Verstoß eines Gesetzes gegen die Kompetenzverteilung von Bund und Ländern betrifft nicht eigene Rechte der politischen Parteien. BVerfGE 104, 14 (20f.): Eine Neueinteilung von Wahlkreisen betrifft grds. nicht Rechte der Parteien aus Art. 21 GG; dazu *K. Stein,* DÖV 2002, 713ff.

[107] BVerfGE 134, 141 (194) mit Verweis auf BVerfGE 68, 1 (69ff.); 73, 1 (29f.); 80, 188 (212); 104, 151 (193f.); 118, 244 (257); 126, 55 (67f.). Ferner BVerfGE 151, 191 (198f. Rdnr. 20).

[108] BVerfG, Beschluss des Zweiten Senats vom 10. Oktober 2017 – 2 BvE 6/1 – juris, Rdnr. 19 für den Fall einer (unrichtig beantworteten) parlamentarischen Anfrage.

[109] BVerfGE 2, 143 (152); 137, 185 (224). Verneint in BVerfGE 27, 152 (157) im Streit zwischen einer politischen Partei und dem Präsidenten des Bundestags um eine Abschlagszahlung auf die Wahlkampfkosten. Verneint auch in BVerfGE 84, 290 (297ff.): Antrag der PDS wegen des von der SED übernommenen Parteivermögens. Vgl. aber auch Fn. 15.

[110] *Sachs,* Verfassungsprozessrecht, Rdnr. 320.

[111] BVerfG, Beschluss des Zweiten Senats vom 14. Juni 2017 – 2 BvQ 29/17 – juris, Rdnr. 32.

[112] BVerfG, Beschluss des Zweiten Senats vom 14. Juni 2017 – 2 BvQ 29/17 – juris, Rdnr. 38.

[113] BVerfGE 1, 351 (359): Fraktion macht Recht des Bundestags geltend, obwohl die Bundestagsmehrheit die umstrittene Maßnahme gebilligt hatte; BVerfGE 68, 1 (65) – Nachrüstung; BVerfGE 90, 286 (336); 100, 266 (268); 103, 81 (86); 104, 151 (193); 105, 197 (220); 113, 113 (121); 117, 359 (367); 118, 244 (255); 121, 135 (150); 131, 152 (190); 152, 8 (19); vgl. auch *Bethge,* in: Maunz u. a., BVerfGG, § 64 Rdnr. 77ff., insbes. Rdnr. 82ff.

tem, in dem die Regierung politisch von der Parlamentsmehrheit gestützt wird, unerlässlich, um die Kontrollfunktion des Parlaments, d. h. praktisch in erster Linie der Oppositionsfraktion, gegenüber der Regierung zu gewährleisten. Zugleich geht es um den Schutz der parlamentarischen Minderheit.[114] Das BVerfG hat bisher eine solche Prozessstandschaft[115] ausschließlich den Parlamentsfraktionen zugebilligt, nicht anderen parteifähigen Organteilen (z. B. Ausschüssen des Bundestags).[116] Nachdem die Rechtsprechung des BVerfG insoweit lange nicht ganz eindeutig war,[117] hat es eine *Prozessstandschaft des einzelnen Abgeordneten* für das Parlament nunmehr ausdrücklich abgelehnt. Eine Prozessstandschaft werde erst durch die Ausnahmevorschriften der §§ 63ff. BVerfGG ermöglicht. Diese seien nach ihrem Wortlaut auf Organteile, also „ständig vorhandene Gliederungen" des Bundestags beschränkt und zielten nach ihrer Entstehungsgeschichte (wie Art. 93 I Nr. 1 GG) auf den Schutz der organisierten parlamentarischen Minderheit, insbesondere der Fraktionen.[118] Der Ausschluss des einzelnen Abgeordneten von der prozessstandschaftlichen Wahrnehmung von Rechten des Bundestags rechtfertige sich daraus, dass sie nicht nötig sei, um „die tatsächliche Geltendmachung der dem Parlament im Verfassungsgefüge zukommenden Rechte zu ermöglichen."[119]

Gerade der Aspekt des parlamentarischen Minderheitenschutzes, der hier neben die Wahrung der Parlamentskompetenzen tritt, kann aber dafür sprechen, den einzelnen Abgeordneten als Prozessstandschafter anzuerkennen. Dies gilt umso mehr, wenn man den faktischen Bedeutungsverlust des repräsentativen Mandats in der Entwicklung des parlamentarischen Regierungssystems in Rechnung stellt.[120] Die Intention des Verfassunggebers spricht für eine entsprechend weite Auslegung der §§ 63f. BVerfGG. Deren Wortlaut lässt das zu, denn „Teil" eines Kollegialorgans kann ohne weiteres auch dessen „Mitglied" sein.[121] Die Fixierung des BVerfG auf die „ständig vorhandenen Gliederungen" des Bundestags ist nur so zu erklären, dass es zu Beginn seiner Rechtsprechung zum Organstreit die Parteifähigkeit der Fraktionen gegenüber der fehlenden Parteifähigkeit bloßer Abstimmungsminderheiten oder -mehrheiten abzugrenzen hatte. Dabei hat es aber nicht scharf zwischen Parteifähigkeit und Antragsbefugnis unterschieden und offenbar von der mangelnden verfassungsrechtlichen Rechtsfähigkeit (Parteifähigkeit) bloßer Abstimmungsquoren auf eine mangelnde Antragsbefugnis einzelner Abgeordneter geschlossen.[122] Wenn es sich etwa auf die sachliche Notwendigkeit der Fraktionen für die Parlamentsarbeit als „ständig vorhandene Gliederungen" beruft, so greift dieses Argument ebenfalls nur gegen bloße Abstimmungsquoren, für die das nicht gilt; der Abgeordnete bildet aber die Basis jeglicher Parlamentsarbeit. „Ständig vorhandener" Teil des Parlaments ist auch er. Auf das Vorhandensein einer „Gliederung" im Sinne eines kollegialen Organteils kommt es für die Frage der Prozessstandschaft nicht an. Aus – an sich naheliegenden – pragmatischen Erwägungen der Begrenzung des Zugangs zum BVerfG[123] lässt es sich ebenfalls nicht rechtfertigen, den Ab-

114 BVerfGE 121, 135 (151); 123, 267 (339); zuvor bereits BVerfGE 45, 1 (29f.); 60, 319 (325f.); 68, 1 (77f.).

115 Anders *Lorenz,* Organstreit, S. 252ff.

116 *Bethge,* in: Maunz u. a., BVerfGG, § 64 Rdnr. 81ff.; *E. Klein,* AöR 108 (1983), 567; *Goessl,* S. 156f. Die Gruppe von Abgeordneten dürfte der Fraktion gleichstehen.

117 *Pestalozza,* Verfassungsprozeßrecht, § 7 Rdnr. 12, 33.

118 BVerfGE 90, 286 (342ff.); 94, 351 (365); 99, 19 (29); 117, 359 (367); 123, 267 (337). Vgl. BVerfGE 80, 188 (208f.). Ähnlich *Umbach,* in: Umbach/Clemens/Dollinger, BVerfGG, §§ 63, 64 Rdnr. 4ff., Vor § 63 Rdnr. 17ff.; Vgl. *Barczak,* in: Barczak, BVerfGG, § 63 Rdnr. 62; *Grote,* Verfassungsorganstreit, S. 137.

119 BVerfGE 117, 359 (368).

120 *Geis,* ZG 1993, 161.

121 Vgl. auch *Zippelius/Würtenberger,* § 49 Rdnr. 16. Anders *Umbach,* in: Umbach/Clemens/Dollinger, BVerfGG, §§ 63, 64 Rdnr. 6; Ähnlich *Barczak,* in: Barczak, BVerfGG, § 63 Rdnr. 23.

122 BVerfGE 2, 143 (159f.). Vgl. o. Rdnr. 88.

123 Darauf stellt ab *Löwer,* in: HStR III, § 70 Rdnr. 21.

geordneten vollständig von der Prozessstandschaft auszuschließen; nimmt er seine prozessualen Möglichkeiten missbräuchlich wahr, so fehlt es an dem vom Antragsteller darzulegenden Rechtsschutzbedürfnis.[124] Der Antragsteller muss insofern darlegen, dass er als Organteil bei der Verletzung von Kompetenzen des Gesamtorgans „mit betroffen" ist.[125] Das entspricht jedoch nur dem auch in anderen Prozessordnungen für die Anerkennung einer Prozessstandschaft geforderten „eigenen schutzwürdigen Interesse" an einer gerichtlichen Entscheidung, das auch bei einer faktischen Betroffenheit gegeben sein kann und jedenfalls nicht die Verletzung eigener Statusrechte voraussetzt. Ausreichende „Mitbetroffenheit" kann daher etwa vorliegen bei einer Beeinträchtigung von Rechten des Abgeordneten, die sich nicht aus dem Grundgesetz ergeben oder bei einer Beeinträchtigung von Interessen, die keine Rechtsposition darstellen.[126]

Zweifelhaft ist für alle Organteile im Sinne der §§ 63f. BVerfGG, ob sie die Rechtspositionen des Gesamtorgans (z. B. des Bundestags) nicht nur gegen dessen Willen gegen ein anderes Organ (z. B. die Bundesregierung), sondern auch prozessual gegen das Gesamtorgan als Antragsgegner geltend machen können.[127] Das dürfte grundsätzlich abzulehnen sein, weil es auf einen Insichprozess hinausliefe. „Für einen Organstreit ist insoweit kein Raum, weil dieses Verfahren auf die Auslegung des Grundgesetzes aus Anlass von Streitigkeiten über Rechte und Pflichten von Verfassungsorganen zielt. Das Organstreitverfahren dient der gegenseitigen Abgrenzung von Kompetenzen der Verfassungsorgane oder ihrer Teile in einem Verfassungsrechtsverhältnis, nicht der davon losgelösten Kontrolle der objektiven Verfassungsmäßigkeit eines bestimmten Organhandelns."[128] In der genannten Konstellation geht es weder um einen Streit zwischen Organen oder Organteilen, sondern um einen Streit des Organs mit sich selbst. Das erlaubt das Organstreitverfahren nicht. **94a**

Von allen Antragstellern verlangt das Erfordernis des Rechtsschutzbedürfnisses, darzulegen, dass sie nicht ohne Grund politisches Handeln durch verfassungsrechtliche Schritte ersetzen.[129] Das bedeutet auch die Verpflichtung eines Antragstellers, den Konflikt möglichst im politischen Diskurs zu lösen. Der Konflikt, den das BVerfG entscheiden soll, muss zuvor für den Antragsgegner „erkennbar geworden sein"[130]. Den Antragsteller trifft eine „Konfrontationsobliegenheit" im politischen Prozess. „Die damit verbundene Verpflichtung, sich bereits im politischen Prozess mit der Verfassungsrechtslage zu befassen und beanspruchte Rechte einzufordern, stellt keine un- **94b**

124 *Goessl,* S. 157.

125 In diese Richtung gehen auch die auf BVerfGE 2, 143 (166) Bezug nehmenden Ansätze von *Stern,* in: BK, Art. 93 Rdnr. 161 f.; *Geis,* ZG 1993, 158f. Vgl. schon *Geiger,* BVerfGG, § 64 Anm. 3. Im Ergebnis wie hier *Pestalozza,* Verfassungsprozeßrecht, § 7 Rdnr. 12, 33. Ablehnend *Bethge,* in: Maunz u. a., BVerfGG, § 64 Rdnr. 89.

126 Die weite Auslegung der §§ 63f. BVerfGG rechtfertigt es, dieses für die gewillkürte Prozessstandschaft entwickelte Korrektiv auf einen Fall gesetzlicher Prozessstandschaft zu übertragen, vgl. *Goessl,* S. 60f., 156f., der allerdings die Zulässigkeit der Prozessstandschaft unmittelbar dem Art. 93 I Nr. 1 GG entnimmt.

127 So – erstmals – BVerfGE 123, 267 (338). Ablehnend *Ingold,* Das Recht der Oppositionen, S. 442; *Hölscheidt,* Das Recht der Parlamentsfraktionen, 2001, S. 660f.; *Sauer,* FS Morlok, S. 228ff.; *Pietzcker/Pallasch,* JuS 1995, 514f. Anders *Lorenz,* Organstreit, S. 253f.; *Grote,* Der Verfassungsorganstreit, S. 212ff.; für den Fall des bloßen Partei*beitritts: Isensee,* FS Helmrich, S. 241 ff.; *Goessl,* S. 165f.

128 BVerfGE 134, 366 (438) – Sondervotum *Gerhardt;* dezidiert anders wiederum BVerfGE 142, 25 (50). VerfG M-V, NVwZ-RR 2016, 82 (LS) erwägt diese Zuspitzung allenfalls für Fälle, in denen sich das Parlament selbst eigener Befugnisse beraubt. Vgl. auch StGH Baden-Württemberg, DÖV 1997, S. 203; *Hillgruber/Goos,* Rdnr. 428f.; *Kment,* in: *Jarass/Pieroth,* GG, Art. 93 Rdnr. 68.

129 Daran fehlte es wohl z. B. bei der FDP-Fraktion im Fall der Bundeswehr-Auslandseinsätze. Vgl. die abweichende Meinung der Richter *Böckenförde* und *Kruis,* BVerfGE 90, 286 (390ff.).

130 BVerfGE 147, 31 (37 Rdnr. 19).

zumutbare Belastung dar. Denn sie ist lediglich Konsequenz“ des kontradiktorischen Charakters des Organstreitverfahrens „und geht nicht über das hinaus, was für den Umgang zwischen Verfassungsorganen als selbstverständlich zu erwarten ist“[131]. Das Rechtsschutzbedürfnis entfällt nicht, weil die beanstandete Rechtsverletzung bereits abgeschlossen ist, sofern ein Klarstellungsinteresse fortbesteht oder eine Wiederholung der beanstandeten Maßnahme möglich ist.[132] Das Ziel einer ausschließlich retrospektiven Feststellung der Verletzung organschaftlicher Rechte genügt jedoch nicht „der den Organstreit prägenden Zielsetzung, die Kompetenzen von Organen und ihren Teilen abzugrenzen“[133]. Nötig ist ein Rechtsschutzinteresse, das über ein Rehabilitationsinteresse hinausgeht.

4. Frist

95 Der Antrag muss innerhalb einer Frist von sechs Monaten gestellt werden, nachdem dem Antragsteller das beanstandete Verhalten bekannt geworden ist und es bei ihm eine aktuelle rechtliche Betroffenheit auslösen kann (§ 64 III BVerfGG).[134] Geht es um ein Unterlassen des Antragsgegners, wird die Frist spätestens dann in Lauf gesetzt, wenn sich der Antragsgegner unmissverständlich und eindeutig weigert, in der Weise zu handeln, die der Antragsteller für erforderlich hält, um seine verfassungsmäßigen Rechte zu wahren.[135] Handelt es sich bei der beanstandeten Maßnahme um den Erlass eines Gesetzes, beginnt der Fristlauf mit der Verkündung des Gesetzes.[136] Bei der Sechsmonatsfrist handelt es sich um eine Ausschlussfrist. Wird sie versäumt, ist eine Wiedereinsetzung in den vorigen Stand ausgeschlossen.[137]

5. Prüfungsmaßstab

96 Prüfungsmaßstab ist das Grundgesetz (vgl. auch § 67 S. 2 BVerfGG), nicht die Geschäftsordnungen oder sonstiges Recht im Rang unterhalb der Verfassung.[138]

III. Entscheidung

97 Nach § 67 S. 1 BVerfGG stellt das BVerfG in seiner Entscheidung fest, ob die beanstandete Maßnahme oder Unterlassung gegen eine Bestimmung des Grundgesetzes

---

131 BVerfGE 147. 31 (37f. Rdnr. 19).

132 BVerfGE 10, 4 (11); 49, 70 (77); 121, 135 (152); 131, 152 (193); 140, 115 (146); 140, 140 (160); 148, 11 (22 Rdnr. 35).

133 BVerfGE 136, 190 (193).

134 BVerfGE 134, 141 (193). Die Frist beginnt bei Bestimmungen der Geschäftsordnung mit der aktuellen rechtlichen Betroffenheit, BVerfGE 80, 188 (209); vgl. auch BVerfGE 92, 80 (87f.). Dies soll in gleicher Weise im Fall förmlicher Gesetze gelten, wenn diese an personenbezogenen rechtlichen Voraussetzungen anknüpfen, etwa die Mitgliedschaft im Bundestag, BVerfGE 118, 277 (321). Mit Recht kritisch *Benda/Klein,* Verfassungsprozessrecht, Rdnr. 1076f.

135 BVerfGE 92, 80 (89); 103, 164 (171); 107, 286 (297); 110, 403 (405); 114, 107 (118); 129, 356 (371); 131, 152 (191f.); 134, 141 (193).

136 BVerfGE 24, 252 (258); 92, 80 (87); 118, 227 (320f.); 140, 1 (22).

137 BVerfGE 24, 252 (257); 71, 299 (304); 92, 80 (87); 110, 403 (405).

138 Ausführlich *Barczak/Görisch,* DVBl. 2011, 332ff., deren Beschreibung des Verfahrens als „objektivrechtlich geprägte Verfahrensart“ (338) zu weit geht.

verstößt (dazu unten Rdnr. 373). Unmittelbar rechtsgestaltende Wirkung kann eine Entscheidung im Organstreit nicht haben.[139] Es obliegt dem jeweiligen Staatsorgan, einen festgestellten verfassungswidrigen Zustand zu beenden.[140] Für die Verpflichtung des Antragsgegners zu einem bestimmten Verhalten ist im Organstreit kein Raum.[141] Dem BVerfG ist es im Organstreitverfahren insbesondere versagt, eine Entscheidung über die Gültigkeit einer Norm zu treffen. Vielmehr muss es dem Gesetzgeber überlassen bleiben, einen verfassungswidrigen Zustand zu beseitigen. Das Gericht stellt nur fest, dass der Antragsgegner durch den Erlass des Gesetzes verfassungswidrig gehandelt hat.[142]

IV. Besondere Regelungen zum Organstreitverfahren

1. Nach dem Gesetz zur Regelung des Rechts der Untersuchungsausschüsse des Deutschen Bundestages (PUAG) entscheidet das BVerfG in Konstellationen, deren Streitgegenstände unmittelbar oder mittelbar dem Organstreitverfahren zuzuordnen sind. § 36 I PUAG regelt die gerichtliche Zuständigkeit dahin, dass der BGH das zuständige Gericht „für Streitigkeiten nach diesem Gesetz" ist, soweit Art. 93 GG iVm. dem BVerfGG und das PUAG selbst nichts abweichendes bestimmen. Der BGH überprüft nach dem PUAG allein die verfahrensrechtliche Zulässigkeit der Ausschussarbeit im Einzelnen, bei der es um die Ordnung des Untersuchungsverfahrens selbst geht, die dem Ablauf eines Strafverfahrens vergleichbar ist. Stehen hingegen verfassungsrechtliche Rechtspositionen (wie etwa das Beweiserzwingungsrecht der qualifizierten Ausschussminderheit aus Art. 44 I GG) in Rede, ist das BVerfG nach Art. 93 I Nr. 1 GG, § 13 Nr. 5 BVerfGG zuständig.[143] 97a

In diesem Zusammenhang ordnete das BVerfG die Frage nach dem Ort einer Zeugenvernehmung, hier des Zeugen Edward Snowden durch den sogenannten NSA-Untersuchungsausschuss entweder am Sitz des Ausschusses oder am jeweiligen Aufenthaltsort des Zeugen, als rein verfahrensrechtliche und nicht verfassungsrechtliche Frage ein. In der Folge war der von der qualifizierten Ausschussminderheit erhobene Antrag im Organstreitverfahren mangels Zuständigkeit des BVerfG unzulässig.[144]

Nach § 36 II PUAG hat der für Streitigkeiten nach diesem Gesetz grundsätzlich zuständige Bundesgerichtshof die Entscheidung des BVerfG einzuholen, wenn er den Beschluss über die Einsetzung des Untersuchungsausschusses für verfassungswidrig hält und es für die Entscheidung auf die Gültigkeit des Beschlusses ankommt. Die Verfahrensschritte der Aussetzung und Vorlage ähneln der Richtervorlage nach Art. 100 I GG, weshalb §§ 13 Nr. 11 a, 82 a BVerfGG nähere Vorschriften enthalten.

Im Übrigen lässt § 2 III S. 2 PUAG die Befugnis der Antragstellenden unberührt, gegen die teilweise Ablehnung eines Einsetzungsantrags im Organstreitverfahren vor-

139 St. Rspr, zuletzt BVerfG, 2 BvE 2/09 und 2/10 vom 10.6.2014, Absatz-Nr. 64; BVerfGE 151, 191 (197 Rdnr. 14).

140 BVerfGE 85, 264 (326); 151, 58 (64 Rdnr. 14).

141 BVerfGE 124, 161 (188); 136, 277 (301 Rdnr. 64); 151, 58 (65 Rdnr. 14).

142 BVerfGE 24, 300 (351 f.); 141, 182 (185 f. Rdnr. 17); vgl. auch den Tenor in BVerfGE 85, 264 (266) und die Begründung dazu aaO., S. 326.

143 BVerfGE 113, 113 (123); 124, 78 (104); 138, 45 (63).

144 BVerfGE 138, 45 (62 ff.); kritisch hierzu mit Verweis auf die verfassungsrechtliche Verwurzelung in Art. 44 I GG *Brocker,* NVwZ 2015, 410.

zugehen. § 18 III PUAG (ferner §§ 19, 23 II PUAG) erklärt das BVerfG für zuständig zur Entscheidung, wenn die Bundesregierung das Ersuchen auf Vorlage von Beweismitteln oder Einnahme eines Augenscheins ablehnt oder erforderliche Aussagegenehmigungen für die Vernehmung von Amtsträgern nicht erteilt. Letzteres gilt auch für die Aussagegenehmigungen von Behörden des Bundes, bundesunmittelbaren Körperschaften und Stiftungen des öffentlichen Rechts (vgl. § 23 Abs. 2 PUAG). Die verfahrensrechtliche Flankierung durch § 66a BVerfGG stuft diese Fälle als Organstreitverfahren nach § 13 Nr. 5 BVerfGG ein.[145] Die Regelungen gehen über die allgemeinen Vorschriften zum Organstreitverfahren in der Auslegung und Anwendung durch das BVerfG insofern hinaus, als das nach § 18 III PUAG ohne weitere Anforderungen antragsberechtigte Viertel der Ausschussmitglieder nicht der gleichen Fraktion angehören muss.[146] Die einzige verfahrensbezogene Neuerung, die § 66a BVerfGG entgegen der allgemeinen Regelung des § 25 BVerfGG enthält, ist die Möglichkeit, auch ohne Verzicht der Beteiligten ohne mündliche Verhandlung zu entscheiden.[147]

97b 2. Nach § 14 des Kontrollgremiumgesetzes (PKGrG) aus dem Jahre 2009 entscheidet das BVerfG über Streitigkeiten zwischen der Bundesregierung und dem parlamentarischen Gremium für die Kontrolle nachrichtendienstlicher Tätigkeit des Bundes; seit 2009 ist dies in Art. 45d GG verfassungsrechtlich geregelt. Solche Streitigkeiten können vor allem den Umfang der Unterrichtspflicht der Bundesregierung (§ 4 PKGrG) oder die Befugnisse des Gremiums (§ 5 PKGrG) betreffen. Allerdings: Auf der Grundlage des neuen Art. 45d GG ist das Gremium jetzt als Teil des Bundestages anzusehen, den das Grundgesetz mit eigenen Rechten ausstattet und der deshalb anderer Beteiligter i. S. des Organstreitverfahrens nach Art. 93 Abs. 1 Nr. 1 GG sein kann. Ob § 14 PKGrG nur einen Fall des Organstreits deklaratorisch benennt oder eine neue eigenständige Verfahrensart begründet, ist unklar, zumal § 66a S. 2 BVerfGG die „Verbindung mit § 63“ BVerfGG herstellt. Im Ergebnis handelt es sich um einen Organstreit mit der Besonderheit, dass das BVerfG über ihn ohne mündliche Verhandlung entscheiden kann.[148]

Prüfungsschema für ein Organstreitverfahren nach Art. 93 I Nr. 1 GG, §§ 13 Nr. 5, 63ff. BVerfGG

97c **Ausbildungsliteratur:** *Ehlers,* Organstreitverfahren vor dem Bundesverfassungsgericht gemäß Art. 93 Abs. 1 Nr. 1 GG, §§ 13 Nr. 5, 63ff. BVerfGG, Jura 2003, 315ff.; *Engels,* Die Zulässigkeitsprüfung im Organstreitverfahren vor dem Bundesverfassungsgericht, Jura 2010, 421ff.; *Geis/Meier,* Grundfälle zum Organstreitverfahren, JuS 2011, 699ff.

I. Zulässigkeit

Vorab: In der Klausur sind nicht stets alle Prüfungspunkte in gleicher Breite auszuführen. Es ist sinnvoll, bei der Lösung von Fällen alle Prüfungspunkte gedanklich durchzugehen; bei der Ausformulierung der Lösungsgliederung sind jedoch

[145] BVerfGE 124, 78 (104f.). Vgl. auch die Begründung des Gesetzentwurfs; BT-Drucks. 14/9220: „Variante des Organstreits“.

[146] Vgl. demgegenüber die Rspr. zur „Fraktion im Ausschuss“, etwa BVerfGE 105, 197 (220); *Bethge,* in: Maunz u. a., BVerfGG, § 66a Rdnr. 5ff.

[147] Vgl. *Bethge,* in: Maunz u. a., BVerfGG, § 66a Rdnr. 3.

[148] Zu den neuen Regelungen *Shirvani,* BWVBl. 2010, 99ff.

die Besonderheiten des Falles im Rahmen einer vernünftigen Schwerpunktsetzung zu berücksichtigen. Zu beachten ist: Mangels verfassungsrechtlicher Generalklausel (anders etwa §§ 40 VwGO, 13 GVG) sind die Eröffnung des Rechtswegs zum Bundesverfassungsgericht und die Zuständigkeit des Gerichts nicht zu prüfen. Beides ergibt sich aus dem Gesetz (Rdnr. 77).

1. **Parteifähigkeit des Antragstellers und Antragsgegners, Art. 93 I Nr. 1 GG, § 63 BVerfGG (Rdnr. 86ff.)**
   Antragsteller und Antragsgegner müssen entweder eines der ausdrücklich benannten Organe (vgl. § 63 BVerfGG, der jedoch nicht alle Organe nennt), ihrer Teile (vgl. § 63 BVerfGG) oder „andere Beteiligte“ (Art. 93 I Nr. 1 GG) sein. Vertiefte Argumentationen sind insbesondere in den letzten beiden Fällen erforderlich.
2. **Streitgegenstand**
   a) „Maßnahme oder Unterlassung des Antragsgegners“, § 64 I BVerfGG (Rdnr. 93)
   Eine Streitigkeit zwischen nach Art. 93 I Nr. 1 GG parteifähigen Beteiligten kann nur Gegenstand eines Organstreitverfahrens sein, wenn es sich um eine Streitigkeit verfassungsrechtlicher Art handelt. Die Maßnahme oder Unterlassung ist wegen ihrer zentralen Bedeutung für die Begründetheitsprüfung genau herauszuarbeiten. Für Unterlassungen ist die Pflicht zum Tätigwerden gesondert zu begründen. Ggf. ist auch die Frage zu klären, ob die Maßnahme oder Unterlassung dem Antragsgegner zuzurechnen ist.
   b) Rechtserheblichkeit der Maßnahme (Rdnr. 93)
   Vertiefte Ausführungen sind in der Klausur nur in Ausnahmefällen veranlasst.
3. **Antragsbefugnis**
   a) Möglichkeit einer Verletzung oder unmittelbaren Gefährdung von Rechten und Pflichten, die sich aus der Verfassung ableiten lassen, § 64 I BVerfGG – „geltend machen“ (Rdnr. 94)
   In der Klausur ist herauszuarbeiten, ob zum einen „fallrelevante“ verfassungsrechtliche Rechte und Pflichten tatsächlich bestehen, zum anderen, ob diese immerhin möglicherweise (im Sinne eines plausiblen Behauptens) durch die Maßnahme oder Unterlassung des Antragsgegners verletzt sind.
   b) Eigenes Recht oder eigene Pflicht, § 64 I BVerfGG – „ihm durch das Grundgesetz übertragenen Rechten und Pflichten“ oder „das Organ, dem er angehört“ (Rdnr. 94)
   Im Anschluss ist in der Klausur zu prüfen, ob das möglicherweise verletzte Recht auch dem Antragsteller zusteht. Ist das nicht der Fall, so sind die Voraussetzungen der gesetzlich zugelassenen Prozessstandschaft zu prüfen.
4. **Rechtsschutzbedürfnis (Rdnr. 94a)**
   Hier sind regelmäßig keine vertieften Auseinandersetzungen erforderlich.
5. **Antrag, § 64 II BVerfGG (Rdnr. 58), Form, § 23 I BVerfGG (Rdnr. 58), und Frist, § 64 III, IV BVerfGG (Rdnr. 95)**
   Ausführungen zum Antragserfordernis sollen nur in den äußerst seltenen Fällen einer Antragsrücknahme gemacht werden. Auf Fragen der Form und Frist ist in der Klausur regelmäßig nur kurz einzugehen.

II. Begründetheit
Zu Beginn der Begründetheit ist auf den Prüfungsmaßstab (Rdnr. 96) einzugehen. Ist Streitgegenstand eine Maßnahme des Antragsgegners, ist das Organstreitverfahren begründet, wenn der Antragsteller oder das Organ, dessen Rechte er im Weg der Prozessstandschaft geltend macht, durch eine verfassungswidrige Maßnahme in seinen Rechten verletzt ist. Ein aus dem Verwaltungsprozessrecht bekannter strikt zweistufiger Aufbau (hier: 1. Verfassungswidrigkeit; 2. Verletzung eigener Rechte) ist denkbar, gleichwohl ist in der Klausur die Verfassungswidrigkeit der Maßnahme ausschließlich mit Blick auf solche Verfassungsinhalte zu prüfen, die im Rahmen der Zulässigkeit als Rechte des Antragstellers identifiziert wurden. Ist Streitgegenstand eine Unterlassung des Antragsgegners, ist das Verfahren begründet, wenn der Antragsteller durch die Unterlassung in seinen verfassungsmäßigen Rechten verletzt wurde, also gerade er einen verfassungsrechtlichen Anspruch auf Vornahme der unterlassenen Maßnahme hat. Der Argumentationsschwerpunkt wird in der Klausur regelmäßig auf der Begründung einer Pflicht zum Handeln liegen.

3. Abschnitt. Die föderativen Streitigkeiten[1]

I. Bund-Länder-Streitigkeiten verfassungsrechtlicher Art nach Art. 93 I Nr. 3 GG, §§ 13 Nr. 7, 68ff. BVerfGG

1. Verfahrensgestaltung und Zulässigkeitsvoraussetzungen

Nach Art. 93 I Nr. 3 GG entscheidet das BVerfG „bei Meinungsverschiedenheiten über Rechte und Pflichten des Bundes und der Länder". Als besondere Fälle, die die allgemeine Formel aber schon mit einschließt,[2] werden in Art. 93 I Nr. 3 GG die Ausführung von Bundesrecht durch die Länder (Art. 83ff. GG) und die Ausübung der Bundesaufsicht (Art. 84 III, IV, 85 IV GG) hervorgehoben. 98

Parteien des Bund-Länder-Streits sind einerseits der Bund, andererseits ein Land oder mehrere Länder. Es handelt sich um eine Verbandsstreitigkeit und um ein kontradiktorisches Verfahren,[3] das Streitigkeiten über subjektive Berechtigungen und Verpflichtungen voraussetzt.[4] Die Rechte und Pflichten müssen sich – wie beim Organstreit – aus der Verfassung, nicht aus sonstigem Recht ergeben.[5] Art. 93 I Nr. 3 GG formuliert diese Beschränkung auf die Rechte und Pflichten aus der Verfassung zwar nicht, sie ergibt sich aber aus dem Zusammenhang mit Art. 93 I Nr. 4 GG („andere öffentlich-rechtliche Streitigkeiten"). 99

Obwohl es sich nicht um einen In-Sich-Prozess, sondern um einen Streit zwischen Staaten, die selbständige Rechtssubjekte sind, handelt, hat der Bund-Länder-Streit doch ganz die Züge des Organstreits. Er wird zwischen den Verfassungsorganen des Bundes und der Länder geführt. § 69 BVerfGG verweist zur Regelung des Bund-Länder-Streits auf die Vorschriften der §§ 64–67 BVerfGG über den Organstreit. Abweichend davon sind Antragsteller und Antragsgegner aber gem. § 68 BVerfGG für den Bund nur die Bundesregierung und für ein Land nur die jeweilige Landesregierung.[6] Die Vorschrift ist konstitutiv und abschließend. Sie steht der Vertretungsbefugnis weiterer Verfassungsorgane für die staatliche Körperschaft entgegen. Ausgeschlossen werden damit – anders als beim Organstreit im Bund und anders als im abstrakten Normenkontrollverfahren – bemerkenswerterweise die Parlamente. Diese Beschränkung der Antragsberechtigung ist verfassungsrechtlich unbedenklich.[7] Die Regierungen vertreten typischerweise die staatliche Gebietskörperschaft nach außen.

Die Streitbeteiligten müssen wie beim Organstreit in einem verfassungsrechtlichen Rechtsverhältnis zueinander stehen.[8] Entgegen der Formulierung „Meinungsverschie-

---

[1] Grundsätzlich: *Leisner,* S. 260ff.; *Stern,* Staatsrecht II, S. 995ff.; *Pestalozza,* Verfassungsprozeßrecht, § 9; *Stern,* in: BK, Art. 93 Rdnr. 327ff.; *Löwer,* in: HStR III, § 70 Rdnr. 28ff.; *Selmer,* S. 563ff.

[2] S. *Stern,* Staatsrecht II, S. 998; ausschlaggebend für die Hervorhebung dürfte die Bedeutung der Reichsaufsicht in der Weimarer Republik für die Zuständigkeit des StGH gewesen sein.

[3] BVerfGE 2, 143 (155); 13, 54 (71ff.); 20, 18 (23f.); *Leisner,* S. 262f.; *Stern,* in: BK, Art. 93 Rdnr. 327.

[4] *Stern,* in: BK, Art. 93 Rdnr. 337.

[5] BVerfGE 4, 115 (122); 21, 312 (326); 41, 291 (303); *Leisner,* S. 274ff.

[6] Die wirksame Antragstellung verlangt einen Beschluss des jeweiligen Kabinetts, BVerfGE 6, 309 (323f.).

[7] BVerfGE 129, 108 (115ff.); *Benda/Klein,* Verfassungsprozessrecht, Rdnr. 1104; *Hillgruber/Goos,* Rdnr. 566; *Bethge,* in: Maunz u. a., BVerfGG, § 68 Rdnr. 8; *Lechner/Zuck,* BVerfGG, § 68 Rdnr. 2.

[8] BVerfGE 20, 18 (23f.); 13, 54 (72f.); 41, 291 (303); 81, 310 (329); 92, 203 (226); 95, 250 (262); 104, 238 (245).

denheiten" in Art. 93 I Nr. 3 GG bedarf es in Entsprechung zu dem Organstreit eines konkreten Anlasses für das Streitverfahren.[9] Gegenstand des Streits sind „Maßnahmen oder Unterlassungen, die innerhalb eines Bund und Land umspannenden materiellen Verfassungsrechtsverhältnisses eine verfassungsrechtliche Rechtsposition des Landes" oder des Bundes „verletzen oder unmittelbar gefährden"[10] (vgl. §§ 64 I, 69 BVerfGG). Die Darlegung einer möglichen Gefährdung oder Verletzung einer solchen Rechtsposition ist Voraussetzung für die Antragsbefugnis des Antragstellers.

Streitgegenstand kann auch im Bund-Länder-Streit ein Gesetz sein.[11]

100 Prüfungsmaßstab sind vor allem die Kompetenzvorschriften des Grundgesetzes[12] und der ungeschriebene Grundsatz der Bundestreue.[13] Offen ist, ob die Grundrechte Prüfungsmaßstab sein können.[14] Das lehnt die neuere Rechtsprechung ab.[15] Auch eine Berufung auf das Rechtsstaatsprinzip ist nicht möglich.[16]

101 Nur im Fall des Art. 84 IV GG bedarf es eines Vorverfahrens in der Form eines Beschlusses des Bundesrates, der auf Antrag der Bundesregierung festgestellt hat, dass ein Land Bundesgesetze nach Art. 84 GG nicht ordnungsgemäß ausgeführt hat (Mängelrüge). Erst gegen den Beschluss des Bundesrates kann gem. Art. 84 IV S. 2 GG das BVerfG angerufen werden.

Der Beschluss des Bundesrates nach Art. 84 IV S. 1 GG kann nur binnen Monatsfrist angefochten werden (§ 70 BVerfGG), während im Übrigen gem. § 69 iVm. § 64 III BVerfGG die Frist von sechs Monaten zur Verfügung steht. Bislang gab es nur ein Verfahren gem. Art. 84 IV S. 2 GG, und zwar im Zusammenhang mit einer Weisung des Bundes an ein Land zur Erteilung einer atomrechtlichen Genehmigung.[17]

Im Zusammenhang atomrechtlicher Weisungen des Bundes an die Länder ist die Frage der Rechtswegabgrenzung zwischen dem Bund-Länder-Streit nach Art. 93 I Nr. 3 GG und der Zuständigkeit des BVerwG nach § 50 I Nr. 1 VwGO bei Klagen wegen der Ausübung des Weisungsrechts nach Art. 85 III

[9] BVerfGE 13, 54 (72f.); *Pestalozza,* Verfassungsprozeßrecht, § 9 Rdnr. 5: „Es muss also ein konkreter Streit vorliegen; ein allgemeiner Disput über die Grenzen der Kompetenzen der Beteiligten reicht nicht aus."

[10] BVerfGE 95, 250 (262) mit Verweis auf BVerfGE 81, 310 (329); 92, 203 (226); ferner BVerfGE 104, 238 (245); 109, 1 (5).

[11] Vgl. BVerfGE 1, 14 (30); 4, 115 (122); 6, 309 (324); *Stern,* in: BK, Art. 93 Rdnr. 356.

[12] Z. B. BVerfGE 21, 312 (320f., 326). Zum Umfang des Rechtsschutzes der Länder gegen Weisungen des Bundes nach Art. 85 III GG *Ossenbühl,* Der Staat 28 (1989), 41ff., der sich für eine volle Prüfung der Weisungskompetenz des Bundes, nicht des Inhalts der Weisung seitens des BVerfG ausspricht – ansonsten hätte das BVerfG die Rolle eines „Superverwaltungsgerichts" und griffe in die Zuständigkeit der Bundesregierung ein, der hinsichtlich des Weisungsinhalts die „letztverbindliche Interpretationsbefugnis" zustehe (aaO., S. 44); vgl. BVerfGE 81, 310 und 84, 25 – Atomrechtliches Genehmigungsverfahren.

[13] Z. B. BVerfGE 42, 103 (111, 117); ein isolierter Verstoß gegen den Grundsatz der Bundestreue scheidet als konkretes verfassungsrechtliches Verhältnis allerdings aus, da dieser Grundsatz nur innerhalb besonderer Rechtsbeziehungen wirksam wird. BVerfGE 42, 103 (117); 21, 312 (326); 104, 238 (248); *Leisner,* S. 281; *Stern,* in: BK, Art. 93 Rdnr. 354.

[14] *H. G. Rupp,* FS G. Müller, S. 341ff.; *Selmer,* S. 575.

[15] BVerfGE 81, 310 (334); 104, 238 (246); anders – wegen der „fundamentalen Bedeutung" der Rundfunkfreiheit „für das verfassungsrechtliche Leben der Länder" – BVerfGE 12, 205 (259).

[16] *Selmer,* S. 572f. Differenzierend *Lerche,* FS Selmer, S. 198f.: Sofern sich rechtsstaatliche Gehalte auf das föderale Verhältnis auswirken, sollen sie als Prüfungsmaßstab in Frage kommen.

[17] BVerfGE 81, 310.

GG verstärkt diskutiert worden. Die Bedeutung der Frage ergibt sich daraus, dass das BVerfG sich darauf beschränkt, die in Art. 85 III GG genannten Voraussetzungen einer Weisung zu überprüfen,[18] während vor dem BVerwG auch eine inhaltliche Überprüfung der Weisung anhand ihrer gesetzlichen Voraussetzungen möglich wäre. Teilweise wird eine ausschließliche Zuständigkeit des BVerfG, teilweise eine Doppelzuständigkeit von BVerfG und BVerwG (je nach der Rüge des klagenden Landes) vertreten.[19] Einer Doppelzuständigkeit ist durch BVerfGE 81, 310 (332ff.) allerdings praktisch die Grundlage entzogen. Das Gericht vertritt die Auffassung, inhaltlich rechtswidrige Weisungen griffen nicht in eigene Sachkompetenzen der Länder ein.[20] Auf dieser Grundlage müssen Klagen gegen den Inhalt einer Weisung leerlaufen. Das Land hat kein Recht darauf, dass die Weisungsbefugnis des Bundes inhaltlich rechtmäßig ausgeübt wird (so ausdrücklich BVerfGE 81, 310 [333]).

2. Bedeutung des Bund-Länder-Streits heute

Vor allem in den ersten zehn Jahren der Tätigkeit des BVerfG sind gewichtige Verfahren im Bund-Länder-Streit durchgeführt worden. 102

BVerfGE 1, 14 – Südweststaat; BVerfGE 6, 309 – Reichskonkordat; BVerfGE 8, 122 – Streit zur Volksbefragung über Atomwaffen; BVerfGE 12, 205 – Fernsehstreit; BVerfGE 13, 54 – Neugliederung; BVerfGE 92, 203 – Fernsehrichtlinie der EG; BVerfGE 95, 250 – finanzielle Ansprüche der neuen Länder gegen den Bund; BVerfGE 104, 249 – Kompetenzumfang des Bundes in der Bundesauftragsverwaltung; BVerfGE 116, 271 – EU-Anlastungen.

Historisch gesehen ist die föderative Streitigkeit das „Urbild deutscher Verfassungsgerichtsbarkeit“.[21] Die heutige Staats- bzw. Verfassungsgerichtsbarkeit hat eine ihrer Wurzeln in der Herrschaftsausübung bzw. Aufsicht des Reichs über die Länder, also zunächst nicht, wie dies heute der Fall ist, in der Herrschaft (dem Vorrang) der Verfassung. Die föderale Aufsicht wurde auch in gerichtsförmiger Weise ausgeübt. Ein berühmtes und schicksalhaftes Verfahren dieser Art ist aus dem Antrag mehrerer Länder gegen die Verordnung des Reichspräsidenten vom 20. Juli 1932 – den sog. Preußenschlag, mit dem die Regierung Preußens durch einen Reichskommissar ersetzt wurde, – beim Staatsgerichtshof für das Deutsche Reich hervorgegangen.[22] 103

Die Bund-Länder-Streitigkeit hat aber unter dem Grundgesetz ihre praktische Bedeutung weitgehend eingebüßt („erscheint heute als eine *praktisch nahezu bedeutungslose Kompetenz* des BVerfG“).[23] Einige Gründe dafür seien genannt. Die Bundesaufsicht im formellen Sinne wird kaum mehr ausgeübt, so dass das in Art. 84 IV S. 2 GG vorgesehene Verfahren bislang fast völlig entfiel. Das BVerfG hat seinerseits darauf verzichtet, auf den Umfang der Bundesgesetzgebung im Bereich der konkurrierenden Gesetzgebung Einfluss zu nehmen. Es hat (jedenfalls bis zur Verfassungsreform des Jahres 1994) die Frage, ob ein Bedürfnis nach einer bundesgesetzlichen Regelung i. S. von Art. 72 II GG a. F. bestand, für eine Frage des pflichtgemäßen Ermessens des Bundesgesetzgebers erklärt und so der Nachprüfung durch das BVerfG weithin entzo- 104

---

[18] BVerfGE 81, 310 (333f.). Vgl. *Ossenbühl,* Der Staat 28 (1989), 41ff.; *B. Zimmermann,* DVBl. 1992, 94; *Selmer,* S. 569f.

[19] Nachweise bei *B. Zimmermann,* DVBl. 1992, 94f.

[20] Zur Kritik: *Dieners,* DÖV 1991, 923ff.

[21] Vgl. *Bethge,* in: Maunz u. a., BVerfGG, § 13 Nr. 8 Rdnr. 1; zweifelnd *Stern,* in: BK, Art. 93 Rdnr. 329.

[22] Darstellung bei *Grund.*

[23] *Leisner,* S. 287. Zurückhaltender *Hesse,* FS Schindler, S. 728: Die Wahrung der bundesstaatlichen Ordnung sowohl auf der Grundlage der Kompetenzen nach Art. 93 I Nr. 3 und 4 GG als auch nach Art. 93 I Nr. 2 GG gehöre nicht mehr zu den „zentralen Aufgaben“ der Verfassungsgerichtsbarkeit. Eine „Renaissance“ des Bund-Länder-Streits seit den 1990er Jahren erkennen *Hillgruber/Goos,* Rdnr. 548.

gen[24] (vgl. aber jetzt Rdnr. 125). Insbesondere aber wandern die Streitigkeiten zwischen Bund und Ländern in das Verfahren der abstrakten Normenkontrolle (Art. 93 I Nr. 2 GG) ab:[25] Die föderativen Streitigkeiten entzünden sich meist an Gesetzen, betreffen also Normenkollisionen. Zu deren gerichtlicher Austragung aber bietet sich das abstrakte Normenkontrollverfahren an, denn es kennt keine Fristen, der Kreis der Äußerungsberechtigten ist dort größer und die Entscheidungswirkungen sind weitergehend.[26]

Nichtsdestoweniger hat der Bund-Länder-Streit für die Bundesstaatlichkeit des Grundgesetzes wie auch für die Verfassungsgerichtsbarkeit insgesamt unvermindert eine wichtige Aussagekraft.[27] Er könnte an Bedeutung zurückgewinnen, wenn – wie nach langer Diskussion durch die sog. Föderalismusreform 2006 in Ansätzen ermöglicht – eine Stärkung der Länderkompetenzen stattfindet.[28]

Prüfungsschema für den Bund-Länder-Streit nach Art. 93 I Nr. 3 GG, §§ 13 Nr. 7, 68 ff. BVerfGG

104a **Ausbildungsliteratur:** *Lerche,* Fragen des Bund-Länder-Streits, in: Staat, Wirtschaft, Finanzverfassung. Festschrift für Peter Selmer zum 70. Geburtstag, 2004, S. 197 ff.; *Kunig,* Bund und Länder im Streit vor dem Bundesverfassungsgericht, Jura 1995, 262 ff.

I. Zulässigkeit

Vorab: Die Klausurrelevanz des Bund-Länder-Streits ist eher gering. Wie auch sonst gilt ggf. aber, dass in der Klausur nicht stets alle Prüfungspunkte in gleicher Breite auszuführen sind. Es ist sinnvoll, bei der Lösung von Fällen alle Prüfungspunkte gedanklich durchzugehen; bei der Ausformulierung der Lösungsgliederung sind jedoch die Besonderheiten des Falles im Rahmen einer vernünftigen Schwerpunktsetzung zu berücksichtigen. Zu beachten ist: Mangels verfassungsrechtlicher Generalklausel (anders etwa §§ 40 VwGO, 13 GVG) sind die Eröffnung des Rechtswegs zum Bundesverfassungsgericht und die Zuständigkeit des Gerichts nicht zu prüfen. Beides ergibt sich aus dem Gesetz (Rdnr. 77).

1. **Parteifähigkeit, § 68 BVerfGG (Rdnr. 99)**
   Parteien des Bund-Länder-Streits können der Bund und ein oder gegebenenfalls mehrere Länder sein. Dies ist in der Klausur kurz festzustellen. *Hinweis:* Trotz der missverständlichen Formulierung des § 68 BVerfGG sind nach

[24] BVerfGE 2, 213 (224 f.); 33, 224 (229). Zu den Reformbestrebungen unter der Geltung des Art. 72 II GG a. F. *Majer,* Verfassungsgerichtsbarkeit.

[25] BVerfGE 37, 363: abstrakter Normenkontrollantrag von zwei Bundesländern gegen ein Bundesgesetz wegen Zustimmungsbedürftigkeit seitens des Bundesrates; BVerfGE 72, 330; 86, 148; 101, 158 – Streitigkeiten über den bundesstaatlichen Finanzausgleich im abstrakten Normenkontrollverfahren; vgl. auch *Hesse,* FS Schindler, S. 727 f.; *Selmer,* S. 565 f.

[26] Vgl. auch *Stern,* in: BK, Art. 93 Rdnr. 356. – Das Normenkontrollverfahren ist aber nicht lex specialis zu den föderativen Verfahren.

[27] *Stern,* Staatsrecht II, S. 998.

[28] Zu den Forderungen nach „Reföderalisierung", insbesondere im Bereich der Finanzverfassung: *Scholz,* DVBl. 2000, 1382 f.; *Bull/Mehde,* DÖV 2000, 305 ff.; *P. M. Huber,* Verantwortungsteilung.

h. M. Prozessrechtssubjekte der Bund und das jeweilige Land oder ggf. mehrere Länder, nicht aber deren Organe (Bundesregierung oder Landesregierung). § 68 BVerfGG stellt nur klar, dass die Bundesregierung für den Bund (Wortlaut!) als den Streitbeteiligten auftritt, genauso wie die Landesregierungen für die Seite des jeweiligen Landes tätig werden. Die Regierungen handeln insoweit kraft gesetzlicher Vertretungsmacht. Hingegen enthält § 68 BVerfGG keine Regelung der Prozessstandschaft. § 68 BVerfGG benennt die Regierungen gerade nicht als prozessführungsbefugte Partei selbst, sondern die Prozessfähigkeit der protestierenden Gebietskörperschaften (Bund/Land).[29]

2. **Antragsteller und Antragsgegner, § 68 BVerfGG**
   Antragsteller und Antragsgegner im Bund-Länder-Streit können nur sein: für den Bund die Bundesregierung, für ein Land die Landesregierung. § 68 BVerfGG ist eine abschließende Regelung.
3. **Streitgegenstand**
   a) „Maßnahme oder Unterlassung des Antragsgegners", §§ 64 I, 69 BVerfGG (Rdnr. 99f.)
   Die Maßnahme oder Unterlassung ist wegen ihrer zentralen Bedeutung für die Begründetheitsprüfung genau herauszuarbeiten. Für Unterlassungen ist die Pflicht zum Tätigwerden gesondert zu begründen. Ggf. ist auch die Frage zu klären, ob die Maßnahme oder Unterlassung dem Antragsgegner zuzurechnen ist.
   b) Rechtserheblichkeit der Maßnahme (Rdnr. 99f.)
   Vertiefte Ausführungen sind in der Klausur nur in Ausnahmefällen veranlasst.
4. **Antragsbefugnis**
   a) Möglichkeit einer Verletzung oder unmittelbaren Gefährdung von Rechten und Pflichten, die sich aus der Verfassung ableiten lassen, §§ 64 I, 69 BVerfGG – „geltend machen" (Rdnr. 99)
   In der Klausur ist herauszuarbeiten, ob zum einen „fallrelevante" verfassungsrechtliche Rechte und Pflichten tatsächlich bestehen, und zum anderen, ob diese immerhin möglicherweise (im Sinne eines plausiblen Behauptens) durch die Maßnahme oder Unterlassung des Antragsgegners verletzt sind.
   b) Eigenes Recht des Bundes oder der Länder, §§ 64 I, 69 BVerfGG – „das Organ, dem er angehört" (Rdnr. 99)
   Im Anschluss ist in der Klausur zu prüfen, ob das möglicherweise verletzte Recht auch dem Bund oder den Ländern zusteht.
5. **Rechtsschutzbedürfnis**
   Hier sind regelmäßig keine vertieften Auseinandersetzungen erforderlich.
6. **Antrag, § 64 II BVerfGG (Rdnr. 58), Form, § 23 I BVerfGG (Rdnr. 58), und Frist, §§ 64 III, 69 BVerfGG (Rdnr. 99, 95)**
   Das Antragserfordernis soll nur in den äußerst seltenen Fällen einer Antragsrücknahme erörtert werden. Auf Fragen der Form und Frist ist in der Klausur regelmäßig nur kurz einzugehen.

[29] *Bethge,* in: Maunz u. a., BVerfGG, § 68 Rdnr. 4f.; *Benda/Klein,* Verfassungsprozessrecht, Rdnr. 1103f., 1062. A. A. *Degenhart,* Klausurenkurs, Rdnr. 127; *ders.,* Staatsorganisationsrecht, Rdnr. 849.

II. Begründetheit
Zu Beginn der Begründetheit ist auf den Prüfungsmaßstab (Rdnr. 100) einzugehen. Ist Streitgegenstand eine Maßnahme des Antragsgegners, ist der Bund-Länder-Streit begründet, wenn die Maßnahme den Bund oder die Länder in ihren verfassungsmäßigen Rechten verletzt. Ein aus dem Verwaltungsprozessrecht bekannter strikt zweistufiger Aufbau (hier: 1. Verfassungswidrigkeit; 2. Verletzung eigener Rechte) ist denkbar, gleichwohl ist in der Klausur die Verfassungswidrigkeit der Maßnahme von vornherein mit Blick auf solche Verfassungsinhalte zu prüfen, die auch entsprechende Rechte vermitteln. Es ist demnach nicht das gesamte Grundgesetz Prüfungsmaßstab.
Ist Streitgegenstand eine Unterlassung des Antragsgegners, ist der Bund-Länder-Streit begründet, wenn der Antragsteller durch die Unterlassung in seinen verfassungsmäßigen Rechten verletzt wurde, also gerade er einen verfassungsrechtlichen Anspruch auf Vornahme der unterlassenen Maßnahme hat. Der Argumentationsschwerpunkt wird in der Klausur regelmäßig auf der Begründung einer Pflicht zum Handeln liegen.

II. Die Verfahren nach Art. 93 I Nr. 4 GG, §§ 13 Nr. 8, 71 ff. BVerfGG und nach Art. 99 GG, §§ 13 Nr. 10, 73 ff. BVerfGG

105 Die in Art. 93 I Nr. 4 GG und Art. 99 GG zusammengefassten Verfahren sind sehr unterschiedliche Streitigkeiten, die ihre Gemeinsamkeit nur in dem kontradiktorischen Charakter und in der subsidiären Zuständigkeit des BVerfG finden.[30] Es handelt sich in Art. 93 I Nr. 4 GG um drei Varianten, die in § 71 BVerfGG durch die drei dortigen Nummern gekennzeichnet sind.

1. Bund-Länder-Streit nichtverfassungsrechtlicher Art (Art. 93 I Nr. 4, 1. Var. GG)

106 Nach Art. 93 I Nr. 4, 1. Var. GG entscheidet das BVerfG „in anderen öffentlich-rechtlichen Streitigkeiten zwischen dem Bunde und den Ländern". Da Art. 93 I Nr. 3 GG bereits die diesbezüglichen verfassungsrechtlichen Streitigkeiten erfasst, kommen hier nur öffentlich-rechtliche Streitigkeiten nichtverfassungsrechtlicher Art, die in Gesetzen oder Staatsverträgen begründet sind, in Betracht.[31] Diese Zuständigkeit des BVerfG in verwaltungsrechtlichen Streitigkeiten zwischen Bund und Ländern ist aber nur eröffnet, „soweit nicht ein anderer Rechtsweg gegeben ist". Da dieser in der Regel über §§ 40, 50 I Nr. 1 VwGO zum BVerwG eröffnet ist, läuft Art. 93 I Nr. 4, 1. Var. GG heute praktisch leer.[32] Die Vorschrift behält ihre Bedeutung als „ruhende Kompetenz".[33]

[30] S. *Stern,* in: BK, Art. 93 Rdnr. 374; zu den Zuständigkeiten nach Art. 93 I Nr. 4 GG allgemein auch *Scholtissek,* FS G. Müller, S. 461.

[31] S. *Stern,* in: BK, Art. 93 Rdnr. 376, 341 ff.

[32] *Pestalozza,* Verfassungsprozeßrecht, § 9 Rdnr. 1. Vgl. auch BVerfGE 94, 297 (310) – Richtlinie der Treuhandanstalt.

[33] *Benda/Klein,* Verfassungsprozessrecht, 3. Auflage 2011, Rdnr. 1105.

Das BVerfG hat daher bis heute nur eine Sachentscheidung auf der Grundlage dieser Zuständigkeit getroffen.[34] Es handelte sich um eine Streitigkeit zwischen Bayern und dem Bund über die Verteilung von Mitteln für den sozialen Wohnungsbau. Zu dem damaligen Zeitpunkt bestand eine verwaltungsgerichtliche Zuständigkeit nicht; heute ist das aufgrund der verwaltungsgerichtlichen Generalklausel (§ 40 I S. 1 VwGO) anders, so dass auch dieser Fall heute nach § 50 I Nr. 1 VwGO vom BVerwG zu entscheiden wäre.[35]

Die Regelung des § 72 BVerfGG über die Entscheidung in dieser Verfahrensart geht über die Regelungen des Bund-Länder-Streits nach Art. 93 I Nr. 3 GG und des Organstreits nach Art. 93 I Nr. 1 GG hinaus. Im Bereich der Streitigkeiten nichtverfassungsrechtlicher Art kann das BVerfG den Antragsgegner auch zur Vornahme oder Unterlassung einer Maßnahme verpflichten, also nicht nur eine Feststellung treffen.

2. Öffentlich-rechtliche Streitigkeit zwischen den Ländern (Art. 93 I Nr. 4, 2. Var. GG)

Nach Art. 93 I Nr. 4, 2. Var. GG ist das BVerfG zuständig für Streitigkeiten „zwischen 107
verschiedenen Ländern". Diese Kompetenz umfasst sowohl verfassungsrechtliche als auch verwaltungsrechtliche, also alle öffentlich-rechtlichen Streitigkeiten, weil sich das Wort „andere" in Art. 93 I Nr. 4 GG zwar grammatikalisch, aber nicht seinem Sinn und Zweck nach auf die Streitigkeiten zwischen verschiedenen Ländern beziehen kann.[36] Art. 93 I Nr. 4, 2. Var. GG dient der Sicherung des Bundesfriedens und kann nicht durch eine konkurrierende Landes(verfassungs)gerichtsbarkeit verdrängt werden, da diese nicht über die Landesgrenzen hinausreicht.[37]

Diese Auslegung wird auch durch die Entstehungsgeschichte bestätigt.[38] Auch eine Begrenzung auf Streitigkeiten, die sich gerade aus der bundesstaatlichen Eingliederung der Länder als Glieder des Bundes ergeben, erscheint nicht überzeugend und steht nicht im Einklang mit der Rechtsprechung des BVerfG.[39]

Die Einschränkung des Anwendungsbereichs des Art. 93 I Nr. 4, 2. Var. GG folgt erst aus der Subsidiaritätsklausel, da insoweit für öffentlich-rechtliche Streitigkeiten nichtverfassungsrechtlicher Art, also für verwaltungsrechtliche Streitigkeiten, der Rechtsweg zu den Verwaltungsgerichten gem. §§ 40 I, 50 I Nr. 1 VwGO gegeben ist. Im Ergebnis bleiben danach dem BVerfG nur verfassungsrechtliche Streitigkeiten zwischen den Ländern als Zuständigkeit erhalten.[40]

BVerfGE 22, 221: Der Staatsvertrag zwischen dem früheren Freistaat Coburg und dem Freistaat Bayern aus dem Jahr 1920 über die Eingliederung Coburgs in den Freistaat Bayern war als verfassungsrechtlich zu beurteilen.

Demgegenüber betrachtet BVerfGE 42, 103 den Staatsvertrag der Länder über die Vergabe von Studienplätzen nicht als verfassungsrechtlichen, sondern als verwaltungsrechtlichen Vertrag, so dass die Zuständigkeit des BVerwG begründet ist.

---

34 BVerfGE 1, 299.

35 Vgl. auch *Leisner,* S. 284; *Stern,* in: BK, Art. 93 Rdnr. 377.

36 Vgl. *Stern,* in: BK, Art. 93 Rdnr. 379 f.

37 Das zeigt deutlich die Entscheidung BVerfGE 42, 103, der eine Entscheidung des BayVGH vorausgegangen war (VGHE 28, 143), wonach der Staatsvertrag über die Vergabe von Studienplätzen durch Bayern nicht mehr zu erfüllen war. Dagegen dann BVerwGE 50, 124; 50, 137.

38 *Stern,* in: BK, Art. 93 Rdnr. 381.

39 Vgl. BVerfGE 3, 267 (279); 4, 250 (267); *Stern,* in: BK, Art. 93 Rdnr. 384.

40 *Stern,* in: BK, Art. 93 Rdnr. 387.

In BVerfGE 62, 295 hat das Gericht seine Zuständigkeit verneint: Die Rechtsnatur der Streitigkeit in der Vermögensauseinandersetzung zwischen dem früheren Staat Waldeck-Pyrmont und seinem Fürstlichen Hause aufgrund eines Staatsvertrags sei bürgerlich-rechtlicher Natur.

In dieser Verfahrensart sind Antragsteller und Antragsgegner gem. § 71 Nr. 2 BVerfGG die Regierungen der beteiligten Länder. Auch ein untergegangenes Land kann im Verfahren nach Art. 93 I Nr. 4, 2. Var. GG Rechte geltend machen, die in unmittelbarem Zusammenhang mit seinem Untergang stehen. In diesen Fällen wird die Prozessstandschaft für die untergegangenen Länder durch die noch bestehenden Selbstverwaltungskörperschaften zugelassen.[41]

Die Antragsfrist beträgt gem. § 71 II iVm. § 64 III BVerfGG sechs Monate. Der Entscheidungsinhalt bestimmt sich wiederum nach § 72 I BVerfGG.

3. Verfassungsrechtliche Streitigkeit innerhalb eines Landes (Art. 93 I Nr. 4, 3. Var. GG und Art. 99 GG)

108 Nach Art. 93 I Nr. 4, 3. Var. GG entscheidet das BVerfG über öffentlich-rechtliche Streitigkeiten innerhalb eines Landes, soweit nicht ein anderer Rechtsweg gegeben ist.[42] Andere Rechtswege zu eigenen Landesverfassungsgerichten haben inzwischen alle Bundesländer geschaffen.[43]

Entgegen dem Wortlaut und anders als in der 2. Var. wird dadurch nicht eine umfassende Zuständigkeit des BVerfG begründet, sondern das Verfahren auf verfassungsrechtliche Streitigkeiten begrenzt, und dies auch nur, soweit es sich um Organstreitigkeiten handelt („Landesverfassungsstreitigkeit“).[44]

Deswegen sind die Regeln des Organstreitverfahrens hier weitgehend anwendbar. § 71 I Nr. 3 BVerfGG regelt den Kreis der Antragsberechtigten und Antragsgegner, die in ihren eigenen Rechten unmittelbar berührt sein müssen.[45] Ein wichtiger Unterschied zum Bundesorganstreit ergibt sich nach der Rechtsprechung des BVerfG: Die im Vergleich zu § 63 BVerfGG striktere Formulierung des § 71 I Nr. 3 BVerfGG verbiete es, eine Prozessstandschaft der (Minderheits-)Fraktion für das Parlament anzuerkennen.[46] Für die Frist gilt gem. § 71 II BVerfGG § 64 III BVerfGG entsprechend, und der Inhalt der Entscheidung bestimmt sich nach § 72 II BVerfGG entsprechend der Regelung bei Organstreitigkeiten (bloße Feststellung).

41 BVerfGE 22, 221 (231); 34, 216 (226f.); 38, 231 (237); 42, 345 (355); 62, 295 (312); vgl. *Stern,* in: BK, Art. 93 Rdnr. 389ff.; *Pestalozza,* Verfassungsprozeßrecht, § 10 Rdnr. 3, schließt dagegen die Prozessstandschaft in diesem Verfahren aus.

42 Vgl. BVerfGE 90, 40 (42f.) – Vorrangige Zuständigkeit des Sächsischen Verfassungsgerichtshofs; BVerfGE 102, 224 (231); 102, 245 (250f.). Zur Abgrenzung der Zuständigkeiten siehe im Zusammenhang unten Rdnr. 347ff.

43 Vgl. *Scheffczyk,* LKV 2017, 392, 394.

44 Vgl. BVerfGE 27, 240 (245f.); 60, 175 (199f.); 62, 194 (199); 85, 353; 86, 65; BVerfGE 90, 40; 91, 246 – Sachsen; BVerfGE 92, 130 – Thüringen; BVerfGE 93, 195 – Hamburg; BVerfGE 99, 1 (17); 102, 245 (250f.); *Stern,* in: BK, Art. 93 Rdnr. 394ff.; *Bethge,* Organstreitigkeiten, S. 34; *Pestalozza,* Verfassungsprozeßrecht, § 11 Rdnr. 2, 19; *Zierlein,* AöR 118 (1993), 75 m.w.N. in Fn. 32; anders *Scholtissek,* FS G. Müller, S. 467, der für die gleiche Bedeutung des Begriffs „öffentlich-rechtliche Streitigkeiten“ in Art. 93 I Nr. 4 GG in allen drei Varianten plädiert.

45 S. BVerfGE 60, 319 (324ff.); 62, 194 (201).

46 So BVerfGE 91, 246 (250f.); 92, 130 (134). Vgl. oben Rdnr. 91, 94.

Auch dieses Verfahren ist nur subsidiär, wobei es für die Möglichkeit des anderen Rechtswegs vor dem Staats- bzw. Verfassungsgericht des jeweiligen Landes auf den konkreten Antragsteller bzw. Fall ankommt.[47] Art. 93 I Nr. 4, 3. Var. GG will gerichtlichen Rechtsschutz für alle verfassungsrechtlichen Streitigkeiten innerhalb der Länder gewährleisten. Darüber hinausgehenden judiziellen Schutz für die Minderheit in einem Landtag, den nicht das Landesrecht selbst gewährt, bietet Art. 93 I Nr. 4, 3. Var. GG grundsätzlich nicht.[48] Dies gebietet die Eigenstaatlichkeit der Länder.[49]

Allerdings: „Die Zuständigkeit des BVerfG ist nicht nur dann gegeben, wenn das Landesrecht für Organstreitigkeiten überhaupt keine Zuständigkeit des Landesverfassungsgerichts vorsieht, sondern auch soweit das Landesrecht den Kreis der Antragsberechtigten enger zieht als nach Art. 93 I Nr. 4 GG in Verbindung mit § 71 Abs. 1 Nr. 3 BVerfGG. Denn die Zuständigkeit des BVerfG nach Art. 93 I Nr. 4 GG für öffentlichrechtliche Streitigkeiten innerhalb eines Landes soll einen lückenlosen Rechtsschutz für die am Verfassungsleben eines Landes Beteiligten gegen alle Verletzungen ihrer eigenen verfassungsmäßigen Rechte gewährleisten ...“[50]

Parallel zu der unmittelbaren subsidiären Zuständigkeit des BVerfG nach Art. 93 I Nr. 4, 3. Var. GG (Zuständigkeit des BVerfG mangels eines Rechtswegs zu einem Verfassungsgericht des Landes) erlaubt Art. 99 GG iVm. §§ 13 Nr. 10, 73 BVerfGG die Eröffnung der primären Zuständigkeit des BVerfG für Organstreitigkeiten (aber auch für abstrakte und konkrete Normenkontrollanträge) innerhalb eines Landes durch Landesgesetz. Das BVerfG entscheidet hier also aufgrund landesrechtlicher Zuweisung im Wege der Organleihe; alleiniger Prüfungsmaßstab ist die Landesverfassung (Landesverfassungsstreitigkeit).[51] Von dieser Möglichkeit hatte bis Ende 2007 nur Schleswig-Holstein Gebrauch gemacht (vgl. Art. 44 LVerf v. 1.8.1990, GVOBl. S. 391).[52] Aufgrund dieser Zuweisung wurde das BVerfG „als Landesverfassungsgericht für das Land Schleswig-Holstein ... tätig (...) Prüfungsmaßstab“ war „nur die Verfassung des Landes Schleswig-Holstein. Vorschriften des Grundgesetzes wie auch des einfachen Bundesrechts (ebenso des einfachen Landesrechts) scheiden deshalb als Maßstab aus.“[53] Durch eine Änderung des Art. 44 LVerf Schleswig-Holstein vom 11. Oktober 2006 ist die Errichtung eines eigenen Landesverfassungsgerichts beschlossen worden, das am 1. Mai 2008 seine Arbeit aufgenommen hat.[54]

---

47 BVerfGE 4, 375 (377); 6, 367 (371 ff.); 60, 319 (323 f.); 62, 194 (201 f.); BVerfGE 66, 107 (115 f.): Organstreit der „Grünen“ trotz Parteifähigkeit und Antragsbefugnis unzulässig, da mit der vorliegenden verfassungsrechtlichen Streitigkeit der Staatsgerichtshof des Landes hätte befasst werden können; *Pestalozza,* Verfassungsprozeßrecht, § 11 Rdnr. 20. Umfassend und differenzierend *Zierlein,* AöR 118 (1993), 79 ff., insbes. 102, für den sich die Ersatzzuständigkeit des BVerfG dort aktualisiert, „wo das Landesrecht zur Entscheidung landesinterner Organstreitverfahren einen adäquaten Rechtsschutz nicht vorsieht“; im Übrigen habe der Bund, in Respektierung landesrechtlicher Verfassungshoheit, den Umfang des landesrechtlichen Rechtsschutzes „grundsätzlich hinzunehmen“.

48 BVerfGE 60, 319 (326).

49 *Zierlein,* AöR 118 (1993), 102.

50 BVerfGE 93, 195 (202); 102, 224 (231); 102, 245 (250).

51 *Bethge,* Organstreitigkeiten, S. 33; *Friesenhahn,* Zuständigkeitsabgrenzung, S. 792. Zur Abgrenzung zwischen Art. 93 I Nr. 4, 3. Var. GG und Art. 99 GG auch *Zierlein,* AöR 118 (1993), 71–73.

52 Vgl. BVerfGE 27, 44; 38, 258; 60, 53; 102, 176 (183); 103, 164; 103, 332; 106, 51; 107, 286; 110, 199; zuletzt BVerfGE 120, 82. *Pestalozza,* Verfassungsprozeßrecht, § 11 Rdnr. 3, 6 ff.; *Heyde,* Überblick, S. 8 f.

53 BVerfGE 103, 332 (344 f.).

54 Siehe hierzu das Gesetz über das Schleswig-Holsteinische Landesverfassungsgericht v. 10. Januar 2008, GVOBl. S. 25.

III. Verfahren nach Art. 93 III GG iVm. § 24 V S. 3 des Gesetzes zu Art. 29 GG

109 Zu den föderativen Streitigkeiten in einem weiteren Sinne gehört auch das Beschwerdeverfahren gegen die Zulassung oder Nichtzulassung eines Volksbegehrens auf Herstellung einer einheitlichen Landeszugehörigkeit (zu dieser Neugliederungsvariante vgl. Art. 29 IV, VI GG). Die Einzelheiten regelt das Gesetz über das Verfahren bei Volksentscheid und Volksbefragung nach Art. 29 VI vom 30. Juli 1979.[55] Über den Antrag auf Zulassung eines Volksbegehrens entscheidet der Bundesminister des Innern. § 24 V S. 3 bis 5 des Gesetzes bestimmen: „Gegen die Ablehnung ist innerhalb eines Monats nach Zustellung der Entscheidung Beschwerde an das BVerfG zulässig. Die Regierungen der betroffenen Länder können gegen die Zulassung des Antrages innerhalb der gleichen Frist Beschwerde einlegen. Über die Beschwerde entscheidet der Zweite Senat."[56]

IV. Richtervorlagen gemäß §§ 50 III VwGO, 39 II SGG

110 Nach diesen Vorschriften sind sowohl das BVerwG als auch das BSG in Fällen des Bund-Länder-Streits oder von Streitigkeiten zwischen den Ländern, die bei ihnen anhängig geworden sind, verpflichtet, die Sache dem BVerfG vorzulegen, wenn sie die Streitigkeit für eine verfassungsrechtliche halten. Es handelt sich nicht um eine Verweisung. Mit der Stellung des BVerfG wäre es unvereinbar, wenn es innerhalb seiner Zuständigkeit zur Entscheidung verfassungsrechtlicher Streitigkeiten Bindungen durch die anderen Gerichte unterläge und wegen einer bindenden Verweisung unter Umständen Fragen des einfachen Rechts zu entscheiden hätte. Funktion und Bindungswirkung der vom BVerfG zu treffenden Entscheidung sind umstritten.[57] Erstmals im Jahre 2003 hatte das BVerfG über eine Vorlage nach § 50 III VwGO zu entscheiden. Es hat für sich die Befugnis in Anspruch genommen, die vorgelegte Verfassungsstreitigkeit in der passenden Variante des Bund-Länder-Streits in der Sache abschließend zu entscheiden. „Einer Entscheidung, die nur den Ausspruch zum Inhalt hat, dass es sich um eine verfassungsrechtliche Streitigkeit handelt, müssten weitere förmliche Verfahrensschritte folgen, um zu der angestrebten Entscheidung in der Sache zu kommen. Eine solche Verfahrensgestaltung wäre unökonomisch."[58]

[55] BGBl. I S. 1317.
[56] Zur Beschwerdeberechtigung des Bürgers im Fall des § 24 V S. 3 vgl. BVerfGE 96, 139 (148). S.a. BVerfGE 151, 98 (100 Rdnr. 6ff.).
[57] Vgl. hierzu *Pestalozza*, Verfassungsprozeßrecht, § 9 Rdnr. 24f., § 10 Rdnr. 6; *Sachs*, DÖV 1981, 707ff.
[58] BVerfGE 109, 1 (8f.).

4. Abschnitt. Normenkontrollverfahren

A. Richterliche Normenkontrolle – Grundlagen

Richterliche Normenkontrolle i. S. einer Kontrolle der Verfassungsmäßigkeit von Normen kann auf zweierlei Weise geschehen: Entweder beurteilt jeder Richter anlässlich seiner Entscheidung des anstehenden Einzelfalls „inzident" die Verfassungsmäßigkeit und damit die Anwendbarkeit oder Nichtanwendbarkeit der einschlägigen Norm. Oder es entscheidet ein Gericht „abstrakt" mit dem Ziel der generellen und allseits verbindlichen Feststellung über die Gültigkeit oder Ungültigkeit einer Norm. **111**

Die richterliche Normenkontrolle in beiderlei Gestalt gehört mittlerweile zur Normalität des demokratischen und rechtsstaatlichen Alltags. Im Blick auf die Entwicklung der Verfassungsstaatlichkeit der westlichen Länder insgesamt wird man sagen können, dass in Staaten mit parlamentarischer Demokratie, Grundrechten, Rechtsstaatlichkeit und geschriebener Verfassung die richterliche Normenkontrolle heute zum Grundbestand der Verfassungsstaatlichkeit rechnet.

In der Schweiz gibt es diese Kontrolle für Gesetze des Bundesgesetzgebers (noch) nicht. Auch die Prüfung durch den französischen Conseil Constitutionnel – innerhalb weniger Wochen nach Abschluss des Gesetzgebungsverfahrens – ist eher eine mit jurisdiktioneller Unabhängigkeit ausgeübte letzte Kontrolle noch innerhalb des Gesetzgebungsverfahrens. Seit der Verfassungsreform 2008 ergänzt jedoch die „vorrangige Frage zur Verfassungsmäßigkeit" die bisher nur auf Antrag eines Verfassungsorgans mögliche präventive Gesetzeskontrolle durch den Conseil Constitutionnel. Mit der „question prioritaire de constitutionnalité" kann eine Gesetzesnorm, deren Grundrechtskonformität von einer Partei im Rahmen eines Rechtsstreits bestritten wird, dem Conseil Constitutionnel auf Initiative eines obersten Fachgerichts vorgelegt werden.[1] Damit ist auch in Frankreich eine konkrete Normenkontrolle eingeführt worden.[2] Die (einstmaligen) Abweichungen in diesen beiden Ländern sind auffällig, haben aber jeweils spezielle und historisch konkret nachvollziehbare Gründe.[3] In England hat es seit der Mitte des 17. Jahrhunderts Tradition, dass es eine richterliche Normenkontrolle nicht gibt.[4]

I. Formen der Normenkontrolle. Historische Wurzeln

Die historischen Wurzeln der richterlichen Normenkontrolle sind vielfältig;[5] daraus folgt noch heute die besondere Vielfalt der Formen und Verfahrensarten bei der Normenkontrolle. **112**

---

1 Dazu *Gundel,* EuR 2012, 213; *Jouanjan,* Conseil constitutionnel und Bundesverfassungsgericht, S. 145 ff.; *F. Lange,* DVBl. 2008, 1427.

2 Dazu *F. Lange,* DVBl. 2008, 1427.

3 Zu Frankreich und der Schweiz vgl. *Bryde,* Verfassungsentwicklung, S. 97 ff. Zu Skandinavien *Kessel.* In Norwegen, Schweden und Dänemark kann jedes Gericht inzident die Normenkontrolle durchführen, Gesetze für verfassungswidrig befinden und sie bei seiner Entscheidung außer Acht lassen.

4 Zu den vorausgehenden Ansätzen einer richterlichen Normenkontrolle auch in England vgl. *Starck,* Vorrang, S. 16 ff.; *Heun,* VVDStRL 61 (2002), S. 81 ff.; vgl. auch *Kaiser/Wolff,* Der Staat 56 (2017), 39 ff.

5 Vgl. nur *Hoke,* S. 40; *Peine,* Der Staat 22 (1983), 521 ff.; *Gusy,* Prüfungsrecht; *Ogorek,* ZNR 1989, 12 ff.; *Hoffmann-Riem,* JZ 2003, 269 ff. Guter Überblick über die Grundfragen der Normenkontrolle bei *Heun,* Normenkontrolle, S. 615 ff.; *Herrmann,* insbes. S. 22 ff., 79 ff., 106 ff.

1. Föderativ veranlasste Normenkontrolle

113 Eine erste Wurzel bildete die Kontrolle seitens des Reiches bzw. seitens der Reichsgerichte über die formelle und materielle (Reichs-)Verfassungsmäßigkeit von Landesrecht. Wir finden diese föderativ begründete Kontrolle schon im Hlg. Römischen Reich Deutscher Nation. Sie ist Teil der *Reichsaufsicht,* also mehr im Ergebnis als ihrer Natur nach eine Form der Normenkontrolle. Sie trat im 19. Jahrhundert während des Deutschen Bundes naturgemäß zunächst zurück, findet sich in abgewandelter Weise (Kontrolle im politischen Wege) in der Reichsverfassung von 1871 und ist in gerichtsförmiger Weise (Reichsgericht) dann voll ausgeprägt in Art. 13 II der Weimarer Reichsverfassung von 1919. Im föderativen Bereich ist es der Vorrang des Reichsrechts vor dem Landesrecht (heute Art. 31 GG), der die Normenkontrolle bezüglich des Landesrechts trägt.[6]

An die Kontrolle des Landesrechts auf seine Vereinbarkeit mit dem Reichsrecht schließt sich dann auch die von den Ländern veranlasste Kontrolle von Reichsgesetzen auf ihre Übereinstimmung mit der reichsverfassungsrechtlichen Kompetenzverteilung zwischen Reich und Ländern an.

2. Das richterliche Prüfungsrecht

114 Eine zweite Wurzel ist das sog. richterliche Prüfungsrecht, wie es der amerikanische Supreme Court in der berühmten Entscheidung Marbury v. Madison von 1803[7] ausformulierte (und bis heute praktiziert). Der zugrundeliegende Gedanke ist einfach: Die *Verfassung* ist *das höherrangige Gesetz,* jedes einfache Gesetz ist nur anwendbar, wenn es der höherrangigen Norm entspricht.[8] Sodann bedarf es eines zur Durchsetzung dieses Gedankens fähigen Gerichts.

Aus Art. VI Abs. 2 der Verfassung der USA von 1787, wonach „this Constitution … shall be the supreme Law of the Land", folgerte Chief Justice Marshall in Marbury v. Madison: „Certainly all those who have framed written constitutions contemplate them as forming the fundamental and paramount law of the nation, and, consequently, the theory of every such government must be, that an act of the legislature, repugnant to the Constitution, is void. (…) If an act of the legislature, repugnant to the Constitution, is void, does it, notwithstanding its invalidity, bind the courts, and oblige them to give it effect? Or, in other words, though it be not law, does it constitute a rule as operative as if it was a law? This would be to overthrow in fact which was established in theory; and would seem, at first view, an absurdity too gross to be insisted on."[9]

Trotz Kenntnis der Rechtsprechung des U.S. Supreme Court[10] blieb das („inzidente") richterliche Prüfungsrecht in Bezug auf die Verfassungsmäßigkeit der Gesetze in Deutschland lange äußerst umstritten und kam – abgesehen von der erwähnten Reich-Länder-Ebene – erst spät zum Zuge. Dies gilt sowohl von der Kontrolle von

[6] *Schlaich,* VVDStRL 39 (1981), S. 128.

[7] 5 U.S. (1 Cranch) 137 (1803). Ausführliche Darstellung der Entscheidung bei *Brugger,* JuS 2003, 320 ff.; *Heun,* Der Staat 42 (2003), 267 ff.

[8] *Bryde,* Verfassungsentwicklung, S. 97 f.; dazu ausführlich *Brugger,* Grundrechte, S. 5 ff.; *ders.,* Einführung, S. 7–10; *Hoffmann-Riem,* JZ 2003, 269 f.; *Haller,* S. 123 ff.; *Troper,* International Journal of Constitutional Law 2003, 103 ff.

[9] Nachzulesen unter https://supreme.justia.com/cases/federal/us/5/137/case.html (letzter Zugriff 13.04.2021).

[10] Näher zur Rezeption der amerikanischen Idee und Ausgestaltung des richterlichen Prüfungsrechts *Steinberger,* Bemerkungen, S. 64 ff.

Reichsgesetzen an der Reichsverfassung wie von Landesgesetzen an der Landesverfassung.

Die Kontrolle von Gesetzen auf ihre Übereinstimmung mit der höherrangigen Verfassung musste übrigens von Anfang an nicht als Anomalie innerhalb der rechtsprechenden Tätigkeit erscheinen. Der Richter gerät auch sonst in die Verlegenheit, bei Normenkollisionen über die Anwendbarkeit einer Norm zu entscheiden. Der Widerspruch zwischen Landesrecht und Bundesrecht kann auch zu den für den Richter unproblematischen Formen der bloßen Verdrängung und Nicht-Anwendbarkeit des Landesrechts führen.[11] Ähnliches gilt im Verhältnis von älterem und jüngerem und von allgemeinerem und speziellerem Recht. Wenn es sich dabei auch nicht eigentlich um Normenkontrollen handelt, so geht es doch im Ergebnis um vergleichbare richterliche Tätigkeiten.

Die Paulskirchenverfassung von 1849 hatte sich zwar volle „Geltung" und Vorrang **115**
beigelegt und dem Bürger eine der heutigen Verfassungsbeschwerde vergleichbare Beschwerdemöglichkeit wegen Verletzung seiner durch die Reichsverfassung gesicherten Rechte dem Grundsatz nach zugesprochen (§ 126 lit. g).[12] Die richterliche Normenkontrolle hat aber auch die Paulskirchenverfassung nicht ausdrücklich vorgesehen.[13] Sie wurde allerdings unter § 126 lit. a gefasst, wonach das vorgesehene Reichsgericht zuständig sein sollte für u. a. „Klagen eines Einzelstaates gegen die Reichsgewalt wegen Verletzung der Reichsverfassung durch Erlassung von Reichsgesetzen [...] sowie Klagen der Reichsgewalt gegen einen Einzelstaat wegen Verletzung der Reichsverfassung". Das Reichsgericht hatte in diesem Rahmen die Befugnis zur Normenkontrolle.[14] Die Reichsverfassung von 1871 vermied unter preußischem Einfluss jede Verfassungsgerichtsbarkeit. Den Landesverfassungen fehlte es im 19. Jahrhundert an der Kraft (am Vorrang), um den (einfachen) Gesetzgeber rechtlich zu begrenzen. Die Grundrechte der Länderverfassungen waren eher Leitlinien und Aufträge, nicht aber „unmittelbar" geltendes Recht i. S. von Art. 1 III GG.[15] Das Verfassungsrecht im Konstitutionalismus war ein Kompromiss zwischen Monarch und Volksvertretung; deren Verhältnis zueinander blieb in den strittigen Fragen weithin eine Sache der politischen Auseinandersetzung. Der preußische Budgetkonflikt (1862–1866) ist dafür das bekannte Beispiel. Die Entscheidung eines unabhängigen Dritten ertrug dieses System allenfalls in sehr begrenztem Umfang.[16] Auch der Organstreit hat so eine größere praktische Wirksamkeit im 19. Jahrhundert nicht erlangt.

Vielleicht wäre ein richterliches Prüfungsrecht im 19. Jahrhundert in Deutschland nach dem amerikanischen Vorbild zum Zuge gekommen, wenn es wie in den USA bereits ein zentrales (und mächtiges) Bundes- bzw. Reichsgericht gegeben hätte. Der Vielzahl der obersten Landesgerichte konnte man dieses Instrument in der Sorge vor divergierenden Entscheidungen jedenfalls in Bezug auf das Reichsrecht nicht in die Hand geben. Das Reichsgericht wurde aber erst 1879 errichtet.

So war es eine der umstrittensten Rechtsfragen im 19. Jahrhundert, ob der *Grundsatz* **116**
der Gewaltenteilung den Richter an ordnungsgemäß verkündete Gesetze bedingungslos bindet oder ob er ihn gerade zur Prüfung und eventuellen Verwerfung verpflichtet,

[11] *Bettermann,* FS Eichenberger, S. 594f., unterscheidet zwischen schlichter Normenkollision („Verdrängungslösung") und Vernichtung („Nichtigkeitslösung").

[12] Vgl. *Kühne,* S. 92ff., 203.

[13] *Robbers,* JuS 1990, 261; *Herrmann,* S. 79ff.

[14] *Kempny,* Die Staatsfinanzierung nach der Paulskirchenverfassung, S. 45–49.

[15] *Scheuner,* Tragweite, S. 633; *Wahl,* Der Staat 18 (1979), 321ff.; *Grimm,* Entwicklung, S. 308ff.

[16] *Wahl/Rottmann,* S. 350f.; *J. Ipsen,* Rechtsfolgen, S. 23ff.; *Scheuner,* Überlieferung, S. 39ff.; *Ogorek,* ZNR 1989, 12ff.; *Hornauer,* S. 53ff. – Zum Ganzen auch *Friesenhahn,* FS Broermann, S. 531ff.

da der Richter nur einem gültigen Gesetz unterworfen sein könne.[17] Theoretisch waren beide Aussagen möglich. Eine erörterte Zwischenform bestand darin, dem Richter nur die Prüfung der formellen Voraussetzungen des Gesetzes, also des Zustandekommens, zuzugestehen, ohne ihm damit auch das materielle Prüfungsrecht zu überlassen. Es sei daran erinnert, dass auch das Recht der Verwaltungsgerichtsbarkeit, Akte der Verwaltung aufzuheben, mit denselben Argumenten aus der Gewaltenteilungslehre zuerst bestritten wurde; auch die „Verwaltungs"-Gerichtsbarkeit musste sich ihren Platz im Rechtsstaat und innerhalb der Justiz erst erstreiten. Noch viel mehr zögerte man mit einer „Gesetzgebungs"-Gerichtsbarkeit, zumal im bürgerlichen Rechtsstaat des 19. Jahrhunderts den neuen Parlamenten demokratisch und rechtsstaatlich motiviertes Vertrauen entgegengebracht wurde. Hinter den Gewaltenteilungsargumenten wurden allerdings auch *politische Machtkämpfe* versteckt: Vor 1918 befürchteten die eher konservativen Volksvertretungen die Kontrolle der eher progressiven Richter. In der Weimarer Zeit war es umgekehrt. Hier galt das richterliche Prüfungsrecht auch als eine Kampfansage von Richtern, die im Vergleich zur Mehrheit der gewählten Reichstagsabgeordneten einer eher konservativen Schicht angehörten.[18] Nach einigen vorhergehenden Anläufen[19] hat das Reichsgericht im Jahre 1925 – aus Anlass der Geldentwertung und der Aufwertungsfrage, im Interesse also des Mittelstandes – das richterliche Prüfungsrecht bei Reichsgesetzen umfassend anerkannt und für sich eine zwischen den Parteien (inter partes) wirkende Verwerfungsbefugnis beansprucht[20] (ohne in dieser Entscheidung eine Norm dann auch als verfassungswidrig zu verwerfen). Diese Entscheidung des Reichsgerichts war längst fällig; denn ein Prüfungs- und Verwerfungsrecht durch ein besonderes Verfassungsgericht gab es ja abgesehen von den föderativen Fällen nicht. Zum ersten Mal verwarf das Reichsgericht 1929 ein Gesetz als verfassungswidrig.[21]

Die Diskussion zum richterlichen Prüfungsrecht im 19. Jahrhundert hatte sich dadurch kompliziert, dass das richterliche *Prüfungsrecht über Verordnungen* gesondert zur Debatte stand: Bei der Gesetzeskontrolle ging es vornehmlich um das Verhältnis des Richters zur (modernen, zunehmend demokratisch legitimierten) Volksvertretung, bei der Verordnungskontrolle um das Verhältnis zur (hergebrachten) Regierung bzw. zum Monarchen als dem Träger der Staatsgewalt. Das waren sehr verschiedene Felder; die Verordnung war nicht – wie es heute scheint – von geringerem Gewicht innerhalb der Hierarchie der Rechtsquellen.[22]

3. Konzentration der Normenkontrollbefugnis bei einem einzigen zentralen Gericht

117 Eine weitere Schicht der Normenkontrolle findet sich in der Ausgestaltung, dass die Normenkontrolle bei einem zentralen Gericht monopolisiert wird. Dieses befindet nicht „inzident", also bei Gelegenheit der Entscheidung eines konkreten Falles darüber,

[17] *Friesenhahn,* Verfassungsgerichtsbarkeit, S. 12.

[18] *Fraenkel,* S. 25; *Heller,* S. 450; *E. R. Huber,* DJZ 1934, Sp. 954; *Rinken,* in: AK-GG, vor Art. 93 Rdnr. 34; *Chryssogonos,* S. 17ff.; *Wieland,* in: Dreier, GG, Art. 100 Rdnr. 1. Differenzierte Analyse bei *Rückert,* S. 294, 296ff.

[19] Beim Reichsgericht selbst und vor allem beim Reichsfinanzhof und beim Reichsversorgungsgericht, dazu *Kempny,* DÖV 2010, 974ff.

[20] RGZ 111, 320; *Goldschmidt,* JW 1924, 246; *W. Jellinek,* JW 1925, 454f.; *Wendenburg,* S. 43ff.; *Korioth,* FS Link, S. 705ff.; *Bettermann,* FS Broermann, S. 491ff.; *Maurer,* DÖV 1963, 683ff.; *Scheuner,* Überlieferung, S. 39; *Leibholz,* Gleichheit, S. 202ff.; *Hartmann,* S. 154ff.; *Hornauer,* S. 60ff.

[21] RGZ 124, 173 (178); ferner RGZ 126, 161 (164).

[22] Vgl. *Laband,* S. 136f.

ob es die Norm anwenden will, wobei ein anderes Gericht anders entscheiden könnte („diffuse" Normenkontrolle), sondern „abstrakt"[23] und mit genereller Verbindlichkeit. Dies ist der heute nach Art. 100 I GG für nachkonstitutionelle Gesetze (also nicht für Gesetze aus der Zeit vor Erlass des Grundgesetzes und nicht für Rechtsverordnungen und Satzungen) erreichte Zustand: Bevor ein Richter bei der Entscheidung seines Einzelfalls das einschlägige Gesetz als verfassungswidrig außer Anwendung lassen darf, muss das BVerfG „abstrakt" über die Gültigkeit der Norm entscheiden. In der Weimarer Zeit war dieses System der Normenkontrolle gedanklich schon voll erreicht, auch für das Reichsrecht. Es gab dazu Gesetzesentwürfe, die die Zuständigkeit des Staatsgerichtshofs vorsahen; auch der Deutsche Juristentag von 1926 hat es gefordert. Verwirklicht hat es erst das Grundgesetz.[24] Der Staatsgerichtshof der Weimarer Reichsverfassung hatte keine eigene und besondere Zuständigkeit zur Entscheidung über die Verfassungsmäßigkeit von Gesetzen.[25]

Die richterliche bzw. verfassungsrichterliche Normenkontrolle gehört unter dem Grundgesetz zum verfassungsrechtlichen Alltag. Es wird nicht nur das Landesrecht, sondern auch Bundesrecht am Grundgesetz gemessen. Das Grundgesetz hat Vorrang auch vor dem einfachen (Bundes-)Gesetz (Art. 1 III, 20 III GG). Dies ist in der Entwicklung der Normenkontrolle der eigentliche Fortschritt des Grundgesetzes.

II. Verfassungsgerichtliche Normenkontrolle als Rechtsprechung

In der dogmatischen Erfassung dieser verfassungsrichterlichen Normenkontrolle herrscht noch immer Unsicherheit. Handelt es sich dabei eigentlich um eine gerichtliche Funktion? Normenkontrolle überschreitet die den Gerichten obliegende Fall-Entscheidung. So meint *Starck:* „Die Einrichtung von Verfassungsgerichten passt nicht in die geschilderte Konzeption der Gerichte im Staatsaufbau, vor allem weil die Verfassungsgerichte über die Verfassungsmäßigkeit von Gesetzen und in Rechtsstreitigkeiten zwischen Verfassungsorganen entscheiden."[26] Aber immer deutlicher setzt sich die andere Auffassung durch, die in der verfassungsgerichtlichen *Normenkontrolle eine Normalität gerichtlicher Tätigkeit* sieht. Auch (verfassungs)richterliche Normenkontrollentscheidung ist Rechtsprechung, ist Anwendung eines Gesetzes (der Verfassung) auf einen Fall (die Norm). So schreibt *Bettermann:* „Wie man es auch dreht und wendet: Die richterliche Normenkontrolle, in welcher Form auch immer sie uns in der Bundesrepublik begegnet, ordnet sich zwanglos ein in die drei Hauptfunktionen der Rechtsprechung: die Streitentscheidung, die Rechtsschutzgewährung, die Rechtskontrolle."[27] 118

---

[23] So – wohl zuerst – *Friesenhahn,* in: HdbDStR II (1932), S. 526. Zum ius primae inventionis *ders.,* FS Broermann, S. 531.

[24] Die Einführung der Normenkontrolle in das Grundgesetz schildert *Gusy,* Gesetzgeber, S. 37–39. Zu einer interessanten Entwicklung zuvor in der von 1919 bis 1939 „Freien Stadt" Danzig *Wittreck,* ZRG, Germ. Abt. 121 (2004), 415ff.

[25] Der Staatsgerichtshof für das Deutsche Reich hat einmal ein Gesetz (inzident) für verfassungswidrig erklärt (mit Hilfe seiner Zuständigkeit aus Art. 19 WRV): *Lammers/Simons,* Bd. 1, S. 156; vgl. *Bachof,* Grundgesetz, S. 178. – Die Zuständigkeit des Reichsgerichts zur Normenkontrolle speziell im föderativen Bereich nach Art. 13 II WRV wurde schon oben erwähnt.

[26] *Starck,* Status, S. 165.

[27] So bündig und abschließend *Bettermann,* DVBl. 1982, 92. Dezidiert auch *Renck,* NJW 1980, 1024; *Schlaich,* VVDStRL 39 (1981), S. 132. Zur Problemstellung auch *Schefold,* in: EvStLex, Sp. 3766f.

119 Richterliche Normenkontrollentscheidungen sind
- nicht „negative Gesetzgebung“, so wenig wie Verwaltungsgerichtsurteile negative Verwaltung sind,[28]
- nicht funktionell Gesetzgebung,[29]
- nicht authentische Verfassungsinterpretation und damit Verfassungsgesetzgebung,[30]
- nicht Teilhabe am pouvoir constituant.[31]
- Das BVerfG ist keine „Dritte Kammer“.[32]

Normenkontrollentscheidungen haben faktisch solche Wirkungen. Rechtsdogmatisch aber sind sie Rechtsprechung aufgrund der Geltung der Verfassung. „Nur die Kompetenz der Entscheidung über das Gesetz ist dem BVerfG zugewiesen, nicht die Festlegung des Verfassungsinhalts.“[33]

Wenn man dies betont, sind wiederum – wie für die Verfassungsgerichtsbarkeit überhaupt – Besonderheiten und Schwierigkeiten der verfassungsgerichtlichen Normenkontrolle im Vergleich zur traditionellen Fallentscheidung nicht geleugnet. Sie betreffen die Rechtsfolgen der Verfassungswidrigkeit von Gesetzen (unten 5. Teil, Rdnr. 378ff.), die besondere Bindungswirkung der Entscheidungen des BVerfG (unten 6. Teil, Rdnr. 475ff.) und natürlich überhaupt die Frage der Grenzziehung gerichtlichen Einflusses auf die Gesetzgebung (unten 7. Teil, Rdnr. 530ff.). Diese Besonderheiten aber dürfen nicht bereits den Ausgangspunkt bestimmen. Im Ausgangspunkt handelt es sich bei der verfassungsgerichtlichen Normenkontrolle um Rechtsprechung.

---

[28] Zutreffend *Stern,* in: BK, Art. 93 Rdnr. 200; anders *Gusy,* Gesetzgeber, S. 40, wonach das BVerfG mit der Verwerfung von Normen materiell Gesetzgebung ausübt.

[29] So aber *Starck,* VVDStRL 34 (1976), S. 67, 74. Dagegen *Badura,* FS Fröhler, S. 328. Wie hier *Detterbeck,* Streitgegenstand, S. 330.

[30] So aber *Böckenförde,* NJW 1976, 2099 mit Fn. 113; *ders.,* Der Staat 29 (1990), 22: Die heutige Verfassungsgerichtsbarkeit unterscheide sich von sonstiger Rechtsprechung dadurch, dass sie nicht durch die herkömmlichen Methoden der Gesetzesauslegung begrenzt sei, sondern rechtsschöpferisch im Wege „authentischer“ Verfassungsinterpretation ein „zunehmend sich ausweitendes Verfassungsgesetzesrecht“ schaffe (so auch *Haverkate,* S. 394). Dieses Verständnis verfassungsgerichtlicher Rechtsprechung als „fallbezogener Gesetzgebung“ mit Verfassungsrang (Der Staat 1990, 22) begründet *Böckenförde* sowohl mit der inhaltlichen Unbestimmtheit und dem Programmcharakter der Verfassung (NJW 1976, 2090f.) als auch mit der „einzigartigen Interpretationsmacht“ des Verfassungsgerichts (*ders.,* NJW 1999, 12). Selbst der Gesetzgeber könne die Verfassung nicht gleichrangig zum Verfassungsgericht interpretieren, da sich im Konfliktfall bei künftigen Verfahren erneut die Auffassung des Gerichts durchsetze. Dessen Entscheidungen seien daher *faktisch* letztverbindlich – unabhängig davon, ob sich diese Verbindlichkeit bereits aus § 31 I BVerfGG ergebe oder nicht. Die Frage der *rechtlichen* Letztverbindlichkeit gerichtlicher Verfassungsinterpretation klammert *Böckenförde* in seiner Argumentation aus. Seine an *C. Schmitt,* Hüter der Verfassung, S. 45, angelehnte Begrifflichkeit der „authentischen Interpretation“ wird dadurch irreführend. Die faktische Wirkung einer Entscheidung macht die ihr zugrunde liegende Interpretation noch nicht „authentisch“ im Sinne von inhaltlich verbürgt und allgemein verbindlich. Rechtliche Authentizität können richterliche Interpretationen vielmehr nur dann für sich beanspruchen, wenn und soweit sich dies (wie nach dem von *C. Schmitt,* aaO., beispielhaft zitierten § 153 III der Sächsischen Verfassung von 1831) aus der Rechtsordnung selbst ergibt. Eine solche Authentizität der Verfassungsinterpretation wird dem BVerfG aber über die Verbindlichkeit einzelner Entscheidungen hinaus weder vom Grundgesetz noch vom BVerfGG zugestanden. Kritisch gegenüber einer „authentischen Verfassungsinterpretation“ durch das BVerfG auch *Scheuner,* DÖV 1980, 477; *Gusy,* DÖV 1992, 467; *Heun,* Schranken, S. 58f.

[31] So *Benda,* DÖV 1979, 467.

[32] So jedoch *Zuck,* DVBl. 1979, 386.

[33] *Heun,* Schranken, S. 59.

III. Die verschiedenen Verfahren der Normenkontrolle beim BVerfG

Zur verfassungsgerichtlichen Normenkontrolle kommt es in verschiedenen Verfahrensarten. Die Weise der Entscheidung ist in allen Verfahrensarten identisch: Das Gesetz wird gegebenenfalls für nichtig erklärt (vgl. §§ 78, 82 I, 95 III S. 1 BVerfGG); auch die weiteren Entscheidungsvarianten (Unvereinbarerklärung, verfassungskonforme Auslegung usw.) gibt es in allen Verfahrensarten. Die Bindungswirkung dieser Entscheidungen richtet sich in allen Verfahrensarten nach § 31 II BVerfGG. Die Entscheidung über Gültigkeit und Ungültigkeit des Gesetzes wird – wie vorher das Gesetz – im Gesetzblatt verkündet. An sich würde man formulieren, die Normenkontrollentscheidungen des BVerfG betreffen immer „abstrakt" das Gesetz[34] und nicht „konkret" den Einzelfall. Aber diese Terminologie ist schon anders besetzt. 120

Verschieden sind nur die Zugänge zur Normenkontrolle und der Umfang der Kontrolle.[35] 121

- Bei der *„abstrakten Normenkontrolle"* nach Art. 93 I Nr. 2 GG können bestimmte Verfassungsorgane eine Norm zur Kontrolle vorlegen. „Abstrakt" meint, dass es zum Antrag und zur Entscheidung nicht aus Anlass eines „konkreten" Falles kommt. Schon der Antrag ist unabhängig vom Vorhandensein einer Selbstbetroffenheit des Antragstellers (unten B, Rdnr. 123ff.).
- Bei der *„konkreten Normenkontrolle"* – besser: der *Richtervorlage* – nach Art. 100 I GG kommt es zur Vorlage an das BVerfG durch einen Richter, dessen Entscheidung eines konkreten Falles von der Gültigkeit der fraglichen Norm abhängt. Das BVerfG prüft dann die Norm in dem Umfang nach, wie sie für den „Ausgangsfall" entscheidungserheblich ist. Die Entscheidung des BVerfG ist veranlasst und in der Reichweite der Prüfung begrenzt durch den konkreten Ausgangsfall, hat aber, so wie sie getroffen wird, Rechtsfolgen völlig losgelöst (abstrahiert) vom Ausgangsfall (unten C, Rdnr. 134ff.).
- Entsprechend verhält es sich bei der *Verfassungsbeschwerde unmittelbar gegen ein Gerichtsurteil* (Urteilsverfassungsbeschwerde) nach Art. 93 I Nr. 4a GG, die sich in der Begründung („mittelbar") auf die Verfassungswidrigkeit der in der Entscheidung für verfassungsmäßig gehaltenen und deshalb angewandten Norm stützt. Hält das BVerfG die der Gerichtsentscheidung zugrunde gelegte Norm für verfassungswidrig, so hebt es nicht nur die Entscheidung auf, sondern erklärt auch – veranlasst und in der Reichweite bestimmt durch den Anlassfall der Verfassungsbeschwerde – die Norm für verfassungswidrig, letzteres im Ausspruch und in den Rechtsfolgen genauso losgelöst vom Ausgangsfall wie bei der sog. „abstrakten" und der „konkreten" Normenkontrolle.
- Bei der (ausnahmsweise zulässigen) *Verfassungsbeschwerde unmittelbar gegen ein Gesetz* (Rechtssatzverfassungsbeschwerde)[36] nach Art. 93 I Nr. 4a GG (vgl. § 95 III BVerfGG) bestimmen die Grundrechtsbetroffenheit und das Rechtsschutzbedürfnis des Antragstellers wiederum die Reichweite der Prüfung des Gesetzes. Die Ent-

[34] Zutreffend *Zippelius/Würtenberger,* § 49 Rdnr. 34.

[35] Vgl. auch die lehrbuchmäßige Darstellung in BVerfGE 60, 360 (369f.) – mit einer allerdings ungewöhnlichen Verwendung des Begriffs „inzidente" Normenkontrolle. Klare Übersicht bei *Friesenhahn,* FS Broermann, S. 531ff.

[36] Zum Begriff vgl. *Schumann,* Menschenrechtsbeschwerde, S. 118.

scheidung über die Norm ist im Ausspruch und in den Rechtsfolgen wieder losgelöst vom Ausgangsfall wirksam.

Beide Formen der Verfassungsbeschwerde (mittelbar oder unmittelbar gegen ein Gesetz) führen im Ergebnis zu Normenkontrollentscheidungen, sie werden aber nicht den Verfahrensarten der „Normenkontrolle" zugerechnet (Rdnr. 194ff.).

122 So erweisen sich die gängigen, hier übernommenen Begriffe „abstrakte" und „konkrete" Normenkontrolle als missverständlich. Die Begriffe beziehen sich auf die Veranlassung der Normenkontrolle.[37] Bei der Verfassungsbeschwerde ist die Selbstbetroffenheit des Beschwerdeführers Zulässigkeitsvoraussetzung, bei der „konkreten" Normenkontrolle ist die Entscheidungserheblichkeit der Norm für den Ausgangsfall Voraussetzung der Zulässigkeit der Richtervorlage, die „abstrakte" Normenkontrolle ist unabhängig von diesen Kriterien zulässig. Die in diesen Verfahrensarten stattfindenden Kontrollen der Verfassungsmäßigkeit der Normen und die dann ergehenden Entscheidungen sind alle gleich „abstrakt". Deshalb werden die Entscheidungsaussprüche und deren Folgen in allen genannten Verfahrensarten unten im 5. Teil, Rdnr. 370ff., zusammengefasst behandelt.

Schließlich sei daran erinnert, dass es auch unter dem Grundgesetz *inzidente Normenkontrolle* durch einen jeden Richter aus Anlass seiner Fallentscheidung gibt: gegenüber Rechtsverordnungen[38] und Satzungen wie gegenüber vorkonstitutionellen Gesetzen. Hier lässt der Richter die für verfassungswidrig gehaltene, also nichtige Norm einfach außer Anwendung bei der Entscheidung seines Falles. „Abstrakt" und allgemein-verbindlich kann er über die Gültigkeit der Norm nicht entscheiden.

B. Die „abstrakte" Normenkontrolle (Art. 93 I Nr. 2 GG, §§ 13 Nr. 6, 76ff. BVerfGG) und die besonderen Fälle nach Art. 93 I Nr. 2a GG, §§ 13 Nr. 6a, 76ff. BVerfGG; Art. 93 II GG, §§ 13 Nr. 6b, 97 BVerfGG[39]

I. Die abstrakte Normenkontrolle (Art. 93 I Nr. 2 GG, §§ 13 Nr. 6, 76ff. BVerfGG)

1. Grundfragen

123 Im „abstrakten" Normenkontrollverfahren nach Art. 93 I Nr. 2 GG ist die Norm als solche in ihrer Vereinbarkeit mit dem Grundgesetz Gegenstand des Verfahrens, nicht das Interesse eines Antragstellers und nicht dessen Antrag.[40] Der Antragsteller bringt die Rechts- bzw. Verfassungsfrage vor das Gericht, ob eine Norm verfassungsmäßig ist. Das Verfahren wird so zwar durch den Antrag eines Organs aus dem politischen Raum in Gang gebracht. Es ist aber kein kontradiktorisches Verfahren, sondern als objektives Verfahren zur Kontrolle und Feststellung der Gültigkeit oder Ungültigkeit der betreffenden Norm ausgestaltet.[41] Das BVerfG geht deshalb davon aus, dass es in der Sache auch dann noch entscheiden kann, wenn der Antragsteller seinen Antrag zu-

37 Sehr klar *Geiger,* EuGRZ 1984, 419.
38 Vgl. *Ossenbühl,* FS H. Huber, S. 283ff.
39 Grundsätzlich *Söhn,* Normenkontrolle, S. 292ff.; *Stern,* Staatsrecht II, S. 983ff.; *Pestalozza,* Verfassungsprozeßrecht, § 8; *Heun,* Normenkontrolle, S. 615ff. Generell zur Normenkontrolle sehr aufschlussreich *Benda,* Gesetze; *Löwer,* in: HStR III, § 70 Rdnr. 60ff.; *v. Mutius,* Jura 1987, 534ff.; *Babel.*
40 BVerfGE 1, 396 (414); *Söhn,* Normenkontrolle, S. 295.
41 *Löwer,* in: HStR III, § 70 Rdnr. 62.

rückgenommen hat, sofern an der Fortführung des Verfahrens ein öffentliches Interesse besteht (vgl. Rdnr. 58).[42] Nichtsdestoweniger sind die Verhandlungen vor dem BVerfG in diesen Verfahren oft äußerst streitig und werden im Ergebnis nicht anders als bei Organstreitigkeiten gelegentlich als Sieg und Niederlage der politischen Lager gehandelt.[43]

Die abstrakte Normenkontrolle ist „wohl das am heftigsten umstrittene Verfahren"[44] beim BVerfG. Das BVerfG ist ermächtigt, ggf. ein demokratisch legitimiertes Parlamentsgesetz aufzuheben. Die abstrakte Normenkontrolle ist eine Waffe der politischen Opposition.[45] Dennoch gehört diese Verfahrensart nicht zu den Instrumenten, die der parlamentarischen Opposition in jedem Fall zur Verfügung stehen müssen, weshalb Quoren bei der parlamentarischen Antragstellung zulässig sind. Die abstrakte Normenkontrolle eröffnet keine Verfassungsaufsicht über die parlamentarische Mehrheit.[46]

Im Verfahren nach Art. 93 I Nr. 2 GG ist das BVerfG gezwungen, ohne die sonst üb- **124**
liche Begrenzungsmöglichkeit durch das Erfordernis einer Selbstbetroffenheit des Antragstellers allein nach der Reichweite des Antrags zu entscheiden. Es kommt in diesem Verfahren „zu einer *von der konkreten Rechtsanwendung abstrahierten umfassenden Nachprüfung*".[47] Dem abstrakten Normenkontrollverfahren geht auch nicht irgendeine andere speziellere oder „konkretere" Verfahrensart vor; so werden auch föderativ motivierte Streitigkeiten in dieser Verfahrensart ausgetragen. Das BVerfG kann sich nicht, wie es bei der Verfassungsbeschwerde unmittelbar gegen Gesetze möglich ist, hinter einen Grundsatz der Subsidiarität der Verfassungsgerichtsbarkeit zurückziehen.[48] Es muss entscheiden, wenn nur der Antrag gestellt ist.[49] Die abstrakte Normenkontrolle führt zu einer unmittelbaren und direkten Gegenüberstellung, unter Umständen auch zu einer Konfrontation, zwischen dem BVerfG und dem Gesetzgeber (Parlament).

Gewichtige Entscheidungen des BVerfG sind im Verfahren der abstrakten Normenkontrolle ergangen:

BVerfGE 39, 1: Im (ersten) Streit um die Fristenlösung beim Schwangerschaftsabbruch waren Antragsteller 193 Mitglieder des Deutschen Bundestages und die von der CDU geführten Landesregierungen von Baden-Württemberg, Saarland, Bayern und Schleswig-Holstein. – BVerfGE 36, 1: Im Streit um den Grundlagenvertrag mit der DDR war Antragsteller die Bayerische Staatsregierung. – BVerfGE 52, 63: Zur steuerlichen Berücksichtigung von Beiträgen und Spenden an politische Parteien machte die Niedersächsische Landesregierung geltend, § 10b II EStG gefährde die Funktionsfähigkeit der politischen Parteien. Auf diesem Wege wollten sich die politischen Parteien einvernehmlich vom BVerfG ihre Finanzierungsprobleme erleichtern lassen und sich so den unpopulären Gang durch die Gesetzgebung ersparen. – In BVerfGE 61, 145 stellten fünf von der CDU bzw. CSU geführte Landesregierungen die Frage, ob dem Bund die Gesetzgebungsbefugnis für das Staatshaftungsgesetz von 1981 zustand. Im Gesetzgebungsverfah-

---

42 BVerfGE 25, 308 (309); 77, 345; 87, 152.

43 Spannend z. B. das Protokoll der mündlichen Verhandlung, in: *Arndt/Erhard/Funcke,* S. 225 ff.

44 *Heun,* Die Verfassungsordnung der Bundesrepublik Deutschland, S. 199.

45 *Heun,* Die Verfassungsordnung der Bundesrepublik Deutschland, S. 199.

46 Dazu *Thiele,* Verlustdemokratie, S. 162; *Cancik,* NVwZ 2014, 18 ff., 22.

47 *Simon,* in: HVerfR, S. 1266.

48 *Rozek,* in: Maunz u. a., BVerfGG, § 76 Rdnr. 6; *Söhn,* Normenkontrolle, S. 320. In BVerfGE 73, 118 (151) – niedersächsisches Landesrundfunkgesetz – versucht das BVerfG eine gewisse Beschränkung der Prüfungspflicht.

49 Darauf stützen sich immer wieder auftauchende Vorschläge, das abstrakte Normenkontrollverfahren abzuschaffen: *Rinken,* in: AK-GG, vor Art. 93 Rdnr. 140; *Geiger,* DRiZ 1991, 360. Dagegen zu Recht *Wahl,* Reformfrage, S. 473: „Die Kontrolle und Begrenzung des demokratischen Gesetzgebers sind Grundanliegen und Grundkonflikt einer Verfassungsgerichtsbarkeit." Vgl. auch *Wieland,* in: Dreier, GG, Art. 93 Rdnr. 56 (m. Fn. 277).

ren hatten diese Frage die CDU/CSU-Opposition und der Bundesrat verneint. Das BVerfG war auch dieser Meinung.

BVerfGE 69, 1: Das BVerfG erklärt das Gesetz zur Neuordnung des Rechts der Kriegsdienstverweigerung und des Zivildienstes für mit dem Grundgesetz vereinbar, nimmt jedoch eine verfassungskonforme Auslegung vor. Antragsteller waren Bremen, Hamburg sowie Hessen und Nordrhein-Westfalen und 196 Mitglieder des Deutschen Bundestages.

BVerfGE 73, 118: Auf Antrag von 201 SPD-Mitgliedern des Deutschen Bundestages kontrolliert das BVerfG das niedersächsische Landesrundfunkgesetz und erklärt dieses in einigen Teilen für mit dem Grundgesetz unvereinbar und nichtig, im Übrigen aber für gültig, da das Rundfunksystem in seiner Gesamtheit dem verfassungsrechtlich Gebotenen entspreche. Die Entscheidung ist auch ein Beispiel dafür, dass im Wege der abstrakten Normenkontrolle das BVerfG durch Äußerung von Zweifeln gezwungen werden kann, ein Gesetz Paragraph für Paragraph durchzuprüfen.

BVerfGE 72, 330: Länderfinanzausgleich.

BVerfGE 86, 148: Länderfinanzausgleich gemäß Art. 107 II GG. Mehrere Länder beantragen die Feststellung der Verfassungswidrigkeit von Bestimmungen des Finanzausgleichsgesetzes von 1988. Im Grunde stand die ganze bundesstaatliche Einnahmenverteilung auf dem Prüfstand. Die Konfliktanfälligkeit dieser Materie zeigt sich darin, dass das BVerfG bereits sieben Jahre später (1999) noch einmal – nimmt man BVerfGE 72, 330 hinzu, dreimal innerhalb von 15 Jahren – über den (jetzt gesamtdeutschen) Länderfinanzausgleich zu entscheiden hatte: BVerfGE 101, 158. In BVerfGE 116, 327 ging es um eine vom Land Berlin behauptete Haushaltsnotlage. Das BVerfG lehnte Unterstützungspflichten innerhalb des bundesstaatlichen Finanzausgleichs ab. BVerfGE 119, 36 – Grenzen der Neuverschuldung des Bundes nach Art. 115 GG a. F.

BVerfGE 88, 203 – Schwangerschaftsabbruch.

BVerfGE 140, 65 – Verfassungswidrigkeit des durch Bundesgesetz eingeführten Betreuungsgeldes.

Zum Verfahren der abstrakten Normenkontrolle kommt es in der Regel nur, wenn das betreffende Gesetz zwischen der Regierungsmehrheit und der Opposition umstritten war. Das Mitbestimmungsgesetz von 1976 war im Bundestag schließlich fast einstimmig beschlossen worden. So kam der Streit um die Verfassungsmäßigkeit dieses Gesetzes im Wege der Verfassungsbeschwerden von Unternehmern und ihren Verbänden und im Wege der Vorlage durch Gerichte, nicht aber im Wege der abstrakten Normenkontrolle zum BVerfG (BVerfGE 50, 290).

2. Zulässigkeitsvoraussetzungen

a) Antragsberechtigung

125 Antragsberechtigt sind nach Art. 93 I Nr. 2 GG, § 76 I BVerfGG nur die Bundesregierung (das Kollegium von Bundeskanzler und Bundesministern, Art. 62 GG),[50] die Landesregierungen[51] (diese können auch das Recht eines anderen Landes zur Prüfung stellen[52]) oder ein Viertel der Mitglieder des Bundestags (ohne Rücksicht auf die Frak-

[50] Ein Antrag der Bundesregierung ist nur zulässig, wenn ihm ein entsprechender Kabinettsbeschluss nach § 24 GO BReg zugrunde liegt. Diesen Beschluss der Regierung als Kollegialorgan kann der Bundeskanzler nicht durch die Ausübung seiner Richtlinienkompetenz ersetzen, da das Antragsrecht nach Art. 93 I Nr. 2 GG der Regierung als solcher zugewiesen ist und die Aufgabe hier mehr im rechtlichen als im politischen Bereich liegt; anders *Stern,* Staatsrecht II, S. 311f., *ders.,* in: BK, Art. 93 Rdnr. 211 m. w. N.; im Ergebnis wie hier *Benda/Klein,* Verfassungsprozessrecht, Rdnr. 696 mit Fn. 25; *Rozek,* in: Maunz u. a., BVerfGG, § 76 Rdnr. 9; *Mückl,* Jura 2005, 464f.

[51] Nach BVerfGE 101, 158 (213) verliert wegen des objektiven Charakters der Normenkontrolle eine Landesregierung ihr Antragsrecht nicht dadurch, dass sie zuvor dem angegriffenen Gesetz im Bundesrat zugestimmt hat.

[52] BVerfGE 83, 37 (49). Ausführlich *Kruis,* FS Lerche, S. 484ff., der diese Befugnis zutreffend mit der Verantwortung aller Länder für die Wahrung des Grundgesetzes begründet. Eine Einschränkung der

tionszugehörigkeit), nicht also der Bundesrat und nicht die Fraktionen. Auch die jeweilige Opposition im Bundestag kann als solche den Antrag nicht stellen (wie sie ja seltsamerweise im Grundgesetz – im Unterschied zu den meisten Landesverfassungen[53] – ohnedies keinen Rechtsstatus hat), sie kann aber mit Hilfe der Unterschriften von einem Viertel der Mitglieder des Bundestags oder mit Hilfe des Antrags einer „ihrer" Landesregierungen gegen jedes Gesetz die Normenkontrolle durch das BVerfG veranlassen. So stehen sich dann politisch gesehen unter Umständen doch die (Koalitions-)Mehrheit und die parlamentarisch unterlegene Opposition gegenüber. Die Antragstellung erfolgt legitimerweise häufig nach politischer Opportunität (und muss deshalb politisch auch verantwortet werden).

Im Verfahren der abstrakten Normenkontrolle ist – da es einen Antragsgegner nicht gibt – nur der Antragsteller Verfahrensbeteiligter mit allen damit verbundenen prozessualen Rechten (vgl. §§ 20, 25 I, 29, 32 III BVerfGG und vor allem das Recht zur Ablehnung eines Richters wegen Besorgnis der Befangenheit, vgl. § 19 BVerfGG). Den nach § 77 BVerfGG lediglich äußerungsberechtigten Verfassungsorganen kommen diese wichtigen verfahrensrechtlichen Befugnisse nicht zu, was zu einer Unausgewogenheit des Verfahrens führen kann, die teilweise sogar als verfassungswidrig gerügt wird.[54]

b) Antragsgegenstand

Antrags- und damit Prüfungsgegenstand dieses Verfahrens kann „Bundes- oder Landesrecht" sein. Der Prüfungsgegenstand wird „durch den Antrag bezeichnet, der im Hinblick auf die im Einzelnen vorgebrachten Beanstandungen auszulegen ist."[55] 126

(1) In Betracht kommen zunächst (Bundes- oder Landes-)Gesetze. Hierzu zählen auch 127
- *Verfassungsnormen:* Grundgesetzändernde Gesetze sind am Maßstab des Art. 79 III GG zu prüfen.[56]
- Das BVerfG hält auch „verfassungswidriges Verfassungsrecht" zumindest theoretisch für möglich.[57] Landesverfassungsrecht unterliegt insoweit der Überprüfung, als es Homogenitätserfordernissen der Bundesverfassung genügen muss (vor allem Art. 28 I, 142 GG).

Antragsbefugnis (*Kruis* spricht nicht ganz exakt von „Klagebefugnis", die es im objektiven Verfahren der abstrakten Normenkontrolle nicht gibt) soll ausnahmsweise dann gelten, wenn „der verfassungsrechtliche Fehler einer Vorschrift fremden Landesrechts dort bereits im Vollzug korrigiert wird oder sich parteipolitischer Kampf über Landesgrenzen hinweg der abstrakten Normenkontrolle als Waffe bemächtigt hat."

[53] Die Verfassungen von Bayern (Art. 16a), Hamburg (Art. 24), Niedersachsen (Art. 19), Rheinland-Pfalz (Art. 85b), Schleswig-Holstein (Art. 12) und sämtlicher neuer Bundesländer (Art. 55 Verf Bbg, Art. 26 Verf M-V, Art. 40 Verf Sachs, Art. 48 Verf LSA, Art. 59 Verf Thür) enthalten Regelungen zur Opposition, die dort überwiegend als „wesentlicher Bestandteil der parlamentarischen Demokratie" bezeichnet wird. Die Opposition hat danach insbesondere das Recht auf politische Chancengleichheit und angemessene Ausstattung.

[54] *v. Szczepanski,* JZ 2000, 486ff., mit dem erwägenswerten Vorschlag, die Beitrittsvorschriften für andere Verfahrensarten (§§ 82 II, 83 II, 94 V S. 1 BVerfGG) auf die im abstrakten Normenkontrollverfahren Äußerungsberechtigten entsprechend anzuwenden.

[55] BVerfGE 95, 243 (248); 97, 198 (213).

[56] BVerfGE 30, 1 – Abhörentscheidung. Aktuell wird diskutiert, ob das mit der „Föderalismusreform II" 2009 in das Grundgesetz aufgenommene Verbot struktureller Verschuldung der Länder der Garantie der Länderstaatlichkeit nach Art. 79 III GG standhält, vgl. *Koemm,* S. 135ff., 243ff.

[57] BVerfGE 1, 14 (32f.); vgl. *Bachof,* Verfassungsnormen, S. 1ff.

- *Haushaltsgesetze* („formelle Gesetze"): Die Zulässigkeit der staatlichen Parteienfinanzierung wurde so im Rahmen der Normenkontrolle über das Haushaltsgesetz geprüft.[58]
- *Zustimmungsgesetze zu völkerrechtlichen Verträgen:*[59]
- Nicht der Vertrag, sondern das Zustimmungsgesetz nach Art. 59 II GG ist unmittelbarer Gegenstand des Verfahrens. Mittelbar ist aber der Vertrag dann doch der eigentliche Gegenstand der verfassungsgerichtlichen Kontrolle, da er Inhalt des Vertragsgesetzes geworden ist. Beides gilt auch für die *Europäischen Unionsverträge* („primäres" Unionsrecht) bzw. die deutschen Zustimmungsgesetze dazu.[60]
- Das „sekundäre" Unionsrecht – von den Organen der Europäischen Union erlassene Rechtsvorschriften – unterliegt nicht der Normenkontrolle des BVerfG im Verfahren nach Art. 93 I Nr. 2 GG,[61]
- und dies schon deshalb nicht, weil es sich dabei nicht um Akte der deutschen Staatsgewalt handelt (vgl. Rdnr. 142ff. und 358ff.).[62]
- *Schlichte Parlamentsbeschlüsse:* Die Feststellung, dass auch schlichte Parlamentsbeschlüsse Prüfungsgegenstand der abstrakten Normenkontrolle sein können, ist auf den ersten Blick sicher überraschend. Es geht um Folgendes: Art. 66 der Verfassung von Nordrhein-Westfalen lautet: „Die Gesetze werden vom Landtag beschlossen. Staatsverträge bedürfen der Zustimmung des Landtags." Die „Zustimmung" erfolgt nicht im Wege der Gesetzgebung, sondern als Parlamentsbeschluss. Dasselbe gilt nach Art. 72 II der Landesverfassung von Bayern. Das BVerfG hat in BVerfGE 90, 60 die Umsetzung des Staatsvertrags über die Höhe der Rundfunkgebühr von 1982 in Landesrecht durch den Beschluss des Bayerischen Landtags (also ohne Gesetzgebungsverfahren) hingenommen, obwohl der Beschluss dem Gesetzesvorbehalt unterlag (Gebührenpflicht!). Das rechtsstaatliche Postulat sei verwirklicht, wenn der Landtag nicht nur informell, sondern durch einen förmlichen Akt beschließe, erforderlich sei aber eine Publikation des Beschlusses.[63] Schlichte Parlamentsbeschlüsse können nur dann Prüfungsgegenstand sein, wenn sie gesetzesersetzenden Charakter haben.
- Eine *unionsrechtliche Determinierung,* vor allem durch eine europäische Richtlinie, schließt die Überprüfung von nationalen Normen am Maßstab des Grundgesetzes dann nicht aus, wenn das Unionsrecht der mitgliedstaatlichen Umsetzung Gestaltungsspielräume eröffnet. Die vom nationalen Gesetzgeber gewählte Ausgestaltung unterliegt der Prüfung durch das BVerfG.[64]

---

58 BVerfGE 20, 56 (97); vgl. auch 79, 311 (326f.) und 119, 96 (117) – Staatsverschuldung.

59 BVerfGE 36, 1 – Grundlagenvertrag.

60 BVerfGE 52, 187 (199); 110, 33 (45); vgl. *Sachs,* NJW 1982, 465ff., u. a. gegen *Tomuschat,* NJW 1980, 2612f.; *v. Simson,* in: HVerfR, S. 65; *Löwer,* in: HStR III, § 70 Rdnr. 64; unten Rdnr. 141ff.

61 Näher *Benda/Klein,* Verfassungsprozessrecht, Rdnr. 710; *Streinz,* Grundrechtsschutz, S. 154ff. Vgl. unten Rdnr. 360ff.

62 Vgl. BVerfGE 37, 271 (283), das aber für das dortige Verfahren nach Art. 100 I GG die Konsequenzen aus dieser Feststellung nicht zieht.

63 *Butzer,* AöR 119 (1994), 61ff., schreibt in seinem innovativen Artikel (S. 101 Fn. 159): „Bei gesetzesersetzenden schlichten Parlamentsbeschlüssen ... wäre aus dem Gesichtspunkt der Funktionsgleichheit die abstrakte Normenkontrolle zulässig." So auch schon *Pestalozza,* Verfassungsprozeßrecht, § 13 Rdnr. 9 und § 8 Rdnr. 7.

64 BVerfGE 118, 79 (95ff.); 122, 1 (20f.); 125, 260 (306f.); 129, 78 (90f.); 133, 277 (313); 142, 74 (112 Rdnr. 115); 148, 40 (48 Rdnr. 20).

Was hier zur abstrakten Normenkontrolle gesagt wurde, gilt auch für die konkrete Normenkontrolle nach Art. 100 I GG (Rdnr. 135).

(2) „Recht" i. S. von Art. 93 I Nr. 2 GG können auch *Rechtsverordnungen*[65] und *Satzungen*[66] sein. **128**

Geprüft werden kann der Rechtssatz erst nach seiner Verkündung im Gesetzblatt, wenn auch noch vor seinem Inkrafttreten. Eine präventive Normenkontrolle gibt es de lege lata also nicht;[67] sie kann aber als Streit über den Gesetzgebungsakt in gewisser Weise im Wege des Organstreits zwischen den Verfassungsorganen herbeigeführt werden. Zustimmungsgesetze zu völkerrechtlichen Verträgen können ausnahmsweise vor der Ausfertigung durch den Bundespräsidenten und der Verkündung gerügt werden; das Gesetzgebungsverfahren im Übrigen (Bundestag und Bundesrat) muss aber schon abgeschlossen sein: Die Entscheidung des BVerfG soll vor dem völkerrechtlichen Inkrafttreten des Vertrags ergehen.[68] **129**

Im Rahmen der abstrakten Normenkontrolle spielt der Unterschied zwischen vor- und nachkonstitutionellem Recht[69] keine Rolle.

c) Antragsgrund

Der Antrag auf Nichtigerklärung ist statthaft, wenn gerade der Antragsteller – so der Wortlaut des § 76 I Nr. 1 BVerfGG – die Norm für nichtig hält. Demgegenüber lässt Art. 93 I Nr. 2 GG Zweifel oder Meinungsverschiedenheiten eines der Antragsberechtigten genügen. Diese doppelte Verengung führt zur Teilnichtigkeit des § 76 I Nr. 1 BVerfGG.[70] Der Antrag auf abstrakte Normenkontrolle ist bereits statthaft, wenn zumindest ein Antragsberechtigter die Gültigkeit der Norm bezweifelt. Zur Statthaftigkeit im Fall des Antrags auf Bestätigung der Norm vgl. Rdnr. 133. **130**

Schwierigkeiten bereitet § 76 I BVerfGG auch, wenn der Antragsteller eine Norm (nur) in einer bestimmten verfassungskonformen Auslegung für gültig hält. Nach dem Wortlaut passt hier § 76 I Nr. 1 BVerfGG nicht; die Konstellation der Nr. 2 liegt selten vor. Der Antrag ist nur mit der „prozessualen Notlüge" der Nichtigkeitsbehauptung zulässig. Das widerspricht dem schwächeren Erfordernis bloßer „Zweifel" an der Gültigkeit nach Art. 93 I Nr. 2 GG, wonach auch die Möglichkeit besteht, vor dem BVerfG für eine bestimmte verfassungskonforme Auslegung einzutreten.[71]

---

[65] BVerfGE 1, 184 (196); 101, 1 (30); 106, 1 (12). Generell *Ossenbühl,* FS H. Huber, S. 283ff.

[66] Vgl. BVerfGE 10, 20 (54) – Stiftung „Preußischer Kulturbesitz". Zur Frage, ob bei der abstrakten Normenkontrolle Verwaltungsvorschriften prüfungsfähig sind, vgl. *Robbers,* Probleme, S. 60.

[67] St. Rspr. seit BVerfGE 1, 396; vgl. BVerfGE 104, 23 (29); anders de lege lata *Holzer;* vgl. *Lapp,* S. 173ff., der auf den Abschluss der parlamentarischen Willensbildung nach Art. 78 GG abstellt. Für die Einführung de lege ferenda *Ritterspach,* FS Stein, S. 290f.

[68] BVerfGE 1, 396 (413f.); 36, 1 (15); *Kment,* in: Jarass/Pieroth, GG, Art. 93 Rdnr. 92; *Benda/Klein,* Verfassungsprozessrecht, Rdnr. 714; *Lechner/Zuck.* BVerfGG, § 76 Rdnr. 23.

[69] Unten Rdnr. 137.

[70] Vgl. *Rozek,* in: Maunz u. a., BVerfGG, § 76 Rdnr. 46f.; strenger *Söhn,* Normenkontrolle, S. 303: insgesamt verfassungswidrig. Ein Vorschlag zur Entschärfung des Problems bei *Lerche,* FS Jauch, S. 121f.: Ein „von Zweifeln geplagter Antragsteller" müsse, leicht übertreibend, seine Überzeugung behaupten. BVerfGE 96, 133 (137f.) hält demgegenüber die Norm insgesamt für mit Art. 93 I Nr. 2 GG vereinbar. Dies ergebe sich aus dem Gesetzesvorbehalt des Art. 94 II S. 1 GG und daraus, dass ein Klarstellungsinteresse (als ungeschriebenes Merkmal des Art. 93 I Nr. 2 GG) bereits vorliege, wenn die Geltung einer Norm in einer „ihre praktische Wirksamkeit beeinträchtigenden Weise" in Frage gestellt werde.

[71] *Lerche,* FS Jauch, S. 123, 125, auch zu den möglichen Fällen, insbesondere im Zusammenhang von Vertragsgesetzen zu völkerrechtlichen Verträgen.

130a Die Antragsbefugnis setzt nicht zusätzlich „ein subjektiv motiviertes Rechtsschutzbedürfnis“[72] voraus. Es genügt das objektive Interesse an der Klarstellung der Gültigkeit der Norm; es geht um die Veranlassung eines objektiven Verfahrens.[73] Das Klarstellungsinteresse wird dadurch indiziert, dass ein „auf das Grundgesetz in besonderer Weise verpflichtetes Organ oder ein Organteil von der Unvereinbarkeit der Norm mit höherrangigem Bundesrecht überzeugt ist“[74]. Die Bundesregierung braucht sich deshalb auch nicht auf den Weg der Gesetzgebungsinitiative verweisen zu lassen.[75] Unschädlich ist auch die vorherige Zustimmung des Antragstellers im Bundesrat.[76]

„Ein Antrag auf abstrakte Normenkontrolle ist nur zulässig bei Vorliegen eines besonderen objektiven Interesses an der Klarstellung der Geltung der Norm.“[77] Trotz Außerkrafttreten der Norm kann das Rechtsschutzinteresse an einer Klarstellung der Verfassungsmäßigkeit der Vorschrift fortbestehen, wenn sie weiterhin Rechtswirkungen entfaltet, etwa dann, wenn der materielle Normgehalt Eingang in ein neues Gesetz fand.[78] Das Klarstellungsinteresse fehlt dagegen, wenn die gerügte Norm eine Verordnungsermächtigung enthält, von der die Exekutive „endgültig keinen Gebrauch gemacht“ hat und von der sie auch in Zukunft keinen Gebrauch mehr machen wird.[79]

d) Prüfungsmaßstab

131 Prüfungsmaßstab ist nach dem Wortlaut des Art. 93 I Nr. 2 GG für Bundesrecht allein das Grundgesetz, für Landesrecht das Grundgesetz sowie „sonstiges Bundesrecht“. Für das Landesrecht gibt es keine Probleme: Es wird am gesamten Bundesrecht einschließlich der untergesetzlichen Rechtsvorschriften des Bundes (z. B. Rechtsverordnungen) gemessen. Art. 93 I Nr. 2 GG dient insofern dem Schutz der Bundesrechtsordnung insgesamt gegenüber dem Landesrecht; das gesamte Bundesrecht geht dem Landesrecht vor (Art. 31 GG). Selbstverständlich ist auch, dass Bundesgesetze allein am Grundgesetz gemessen werden. Für die Prüfung, ob eine einfachgesetzliche Norm mit einer Bestimmung des Europäischen Unionsrechts vereinbar ist, ist das BVerfG nicht zuständig.[80] Strittig ist, ob untergesetzliches Bundesrecht (Verordnung, Satzung) – so wie Art. 93 I Nr. 2 GG formuliert – allein am GG, oder auch – wie § 76 I Nr. 1 BVerfGG formuliert – am Bundesrecht im Übrigen, also an Bundesgesetzen, zu

[72] BVerfGE 52, 63 (80); 100, 249 (257f.); 108, 169 (178). Deutlich auch *Stern,* Staatsrecht III/2, S. 1260 Fn. 93: „Irreführend ist die Annahme, der Antragsteller müsse ein ‚rechtliches Interesse‘ an der Überprüfung der Norm haben.“

[73] BVerfGE 6, 104 (110); 96, 133 (137); 101, 1 (30); 113, 167 (193); *W. Meyer,* in: v. Münch/Kunig, GG, Art. 93 Rdnr. 63.

[74] BVerfGE 150, 1 (77 Rdnr. 138).

[75] BVerfGE 32, 199 (211).

[76] BVerfGE 101, 158 (213). BVerfGE 122, 1 (17): „Der objektive Charakter des abstrakten Normenkontrollverfahrens macht die Antragsbefugten zu Garanten einer verfassungsgemäßen Rechtsordnung. Deshalb müssen sie sich nicht schon im Normentstehungsverfahren bei ihrer Stimmabgabe im Bundesrat schlüssig sein, ob sie später eine abstrakte Normenkontrolle herbeiführen wollen […].“ Vgl. auch BVerfGE 127, 165 (190); 150, 1 (77 Rdnr. 137).

[77] BVerfGE 88, 203 (334); vgl. aber auch Fn. 65 a. E.

[78] BVerfGE 97, 198 (213f.); ferner BVerfGE 79, 311 (326f.); 88, 203 (334ff.); 100, 249 (257); 110, 33 (44); 119, 394 (410); 127, 293 (319); 150, 1 (77 Rdnr. 138).

[79] BVerfGE 113, 167 (193).

[80] BVerfGE 136, 69 (91) unter Verweis auf BVerfGE 31, 145 (174f.); 82, 159 (191); 110, 141 (155); 114, 196 (220).

messen ist, ob also § 76 I BVerfGG „missverständlich“[81] oder „verdeutlichend“[82] abgefasst ist. Richtig ist, dass eine Rechtsverordnung gegen Art. 80 GG verstößt, wenn sie von der gesetzlichen Ermächtigungsgrundlage nicht gedeckt ist. Demgemäß erstreckt sich die verfassungsrechtliche Prüfung einer Rechtsverordnung des Bundes im abstrakten Normenkontrollverfahren darauf, ob eine gesetzliche Ermächtigungsgrundlage vorhanden ist und sich die Rechtsverordnung in diesem Rahmen hält,[83] aber auch nicht weiter. Art. 93 I Nr. 2 GG dient gegenüber Bundesrecht dem Schutz speziell des Grundgesetzes. Sonstige Verstöße gegen Bundesrecht, also gegen sonstige Bundesgesetze, kann jeder Richter im Rahmen der inzidenten Kontrolle feststellen. Für Satzungen gilt – ihrer Natur nach eingeschränkt – entsprechendes.

In einer neueren Entscheidung beantwortet das BVerfG die Frage, wie es die Vereinbarkeit einer Rechtsverordnung des Bundes mit der Ermächtigungsgrundlage zu prüfen habe, differenziert mit einer „Vorfragen-Konstruktion“: „Das BVerfG hat im Verfahren der abstrakten Normenkontrolle von Rechtsverordnungen des Bundes als Vorfrage zu prüfen, ob der Inhalt der Rechtsverordnung in der in Anspruch genommenen gesetzlichen Ermächtigung eine Grundlage findet … Hierfür ist allerdings das Grundgesetz nicht unmittelbar Prüfungsmaßstab. Insbesondere stellt Art. 80 Abs. 1 Satz 2 GG Anforderungen nur an das ermächtigende Gesetz, nicht aber an die aufgrund der Ermächtigung erlassene Rechtsverordnung. Gleichwohl muss die Frage nach der Vereinbarkeit der Rechtsverordnung mit dem (einfachen) Bundesrecht in einem Normenkontrollverfahren nach Art. 93 Abs. 1 Nr. 2 GG vom BVerfG vorab beantwortet werden. Nur so lässt sich feststellen, dass für die Prüfung, ob die Verordnung mit dem Grundgesetz übereinstimmt, ein gültiger Gegenstand gegeben ist. Anders als im konkreten Normenkontrollverfahren nach Art. 100 Abs. 1 GG ist hier ein anderes für diese Entscheidung zuständiges Organ nicht vorhanden …“[84]

3. Entscheidung

Das BVerfG entscheidet gemäß §§ 78, 31 II BVerfGG über die Vereinbarkeit bzw. 132
Unvereinbarkeit einschließlich eventuell der Nichtigkeit der Norm[85] (unten 5. Teil, Rdnr. 370ff.).

II. Das Kompetenzkontrollverfahren nach Art. 93 I Nr. 2a GG, §§ 13 Nr. 6a, 76ff. BVerfGG

1. Grundlagen

Das Kompetenzkontrollverfahren wurde 1994 in den Katalog des Art. 93 GG ein- 132a
gefügt. Einfachgesetzlich ausgestaltet ist es in §§ 13 Nr. 6a, 76ff. BVerfGG. Es handelt sich nicht um eine weitere Verfahrensart, sondern um eine Erweiterung (bezüglich der Antragsteller) und eine Verengung (hinsichtlich des Prüfungsmaßstabes) der abstrakten Normenkontrolle.[86] Nur insofern lässt sich von einem „eigenständigen verfas-

[81] So *Söhn*, Normenkontrolle, S. 317.
[82] So *Stern*, in: BK, Art. 93 Rdnr. 264.
[83] *Rozek*, in: Maunz u. a., BVerfGG, § 76 Rdnr. 67.
[84] BVerfGE 101, 1 (30f.). Zu den teils problematischen Konsequenzen dieser Unterscheidung in „Vor-„ und „Hauptfragen“ *Müller-Terpitz*, DVBl. 2000, 235ff. Dem BVerfG zustimmend *Tillmanns*, DÖV 2001, 728ff.
[85] Der Wortlaut des § 78 S. 1 BVerfGG – „so erklärt es das Gesetz [!] für nichtig“ – ist zu eng.
[86] Vgl. *Hillgruber/Goos*, Rdnr. 75; anders *Robbers*, Probleme, S. 65; *Aulehner*, DVBl. 1997, 982ff.; wie hier *Lechner/Zuck*, § 76 Rdnr. 40; *Detterbeck*, in: Sachs, GG, Art. 93 Rdnr. 61.; *Winkler*, NVwZ 1999, 1292; *Zuck*, NJW 1998, 3029; *Heun*, Normenkontrolle, S. 619; *Benda/Klein*, Verfassungsprozessrecht,

sungsgerichtlichen Verfahren"[87] sprechen. Systematisch richtig behandelt der Gesetzgeber die Kompetenzkontrolle als besonderen Fall der Normenkontrolle. Die Novellierung des BVerfGG im Jahre 1998 hat dem § 76 BVerfGG lediglich einen Absatz 2 hinzugefügt, der die Antragsberechtigten aufzählt und den Prüfungsumfang beschreibt.[88]

Wie das Freigabeverfahren nach Art. 93 II GG (siehe dazu unten Rdnr. 132f) stellt die „Kompetenzkontrolle"[89] ein Verfahren dar, das den Schutz der Länder vor zu weitgehender Inanspruchnahme der konkurrierenden Gesetzgebungskompetenz bezweckt.[90] Das Freigabeverfahren schützt vor der fortdauernden Inanspruchnahme einer Zuständigkeit durch den Bund, das Kompetenzkontrollverfahren bereits vor der erstmaligen. Es ist demnach ein Verfahren für den Fall der Meinungsverschiedenheit, ob ein Gesetz den Voraussetzungen des Art. 72 II GG („Erforderlichkeit") entspricht.

Das Verfahren will verfassungsprozessual die ebenfalls 1994 eingeführte Erforderlichkeitsklausel des Art. 72 II GG justiziabel stellen. Diese Justiziabilität hatte das BVerfG zur früheren „Bedürfnisklausel" in ständiger Rechtsprechung vor 1994 verneint.[91] Der verfassungsändernde Gesetzgeber hat sein Ziel erreicht. In einer Reihe von Urteilen hat das BVerfG die Justiziabilität des Art. 72 II GG betont, etliche Gesetze an ihm gemessen und für verfassungswidrig erklärt.[92] Diese Verfahren waren allerdings allesamt Normenkontrollverfahren (Art. 93 I Nr. 2 GG); praktische Bedeutung hat die Kompetenzkontrolle nach Art. 93 I Nr. 2a GG bislang nicht erlangt. Daran wird sich aller Voraussicht nach auch nichts ändern.[93] Das gilt umso mehr, als die Föderalismusreform 2006, in auffallendem Kontrast zum proklamierten Ziel der Stärkung der Länderkompetenzen, Art. 72 II GG in seinem Anwendungsbereich stark eingeschränkt hat. Gemäß Art. 72 III GG n. F. unterliegt nurmehr ein geringer Teil der Gegenstände aus dem umfassenden Katalog des Art. 74 I GG dem Nachweis der Erforderlichkeit. Der verfassungsändernde Gesetzgeber ist hinter den Rechtszustand vor der Verfassungsänderung von 1994 zurückgegangen.[94]

2. Zulässigkeitsvoraussetzungen

a) Antragsberechtigung und Antragsgegenstand

132b Antragsberechtigt sind neben den Landesregierungen der Bundesrat sowie die Volksvertretung eines Landes. In den Verfahren der Kompetenzkontrolle nach Art. 93 I Nr. 2a GG können – wie auch im Verfahren nach Art. 93 II GG – nur förmliche Bun-

Rdnr. 737; *Renck*, JuS 2004, 774. Unentschieden *Voßkuhle*, in: v. Mangoldt/Klein/Starck, GG, Art. 93 Rdnr. 128.

87 BVerfGE 106, 62 (142).

88 Dementsprechend beschreibt die Begründung des Gesetzentwurfs (BT-Drucks. 13/7673, S. 6, 12) das Verfahren als „Variante der abstrakten Normenkontrolle".

89 Begriff nach *Robbers*, Probleme, S. 65.

90 *v. Coelln*, in: Maunz u. a., BVerfGG, § 96 Rdnr. 12.

91 Vgl. BVerfGE 1, 264 (272f.); 2, 213 (224f.); 10, 234 (245f.) – Lex Platow.

92 BVerfGE 106, 62 (135ff.) – AltenpflegeG; vgl. auch BVerfGE 110, 141 (175) – BundesG zur Bekämpfung gefährlicher Hunde; BVerfGE 111, 226 (253ff.) – Juniorprofessur; BVerfGE 112, 226 (242ff.) – Studiengebühren.

93 Vgl. *Papier*, NJW 2007, 2145 (2147).

94 Vgl. *Degenhart*, Staatsorganisationsrecht, Rdnr. 190; allgemein zur Föderalismusreform 2006 *Frenz*, Jura 2007, 165ff.

desgesetze Antragsgegenstand sein; nur für sie gelten die Voraussetzungen des Art. 72 II GG, deren Einhaltung vom BVerfG zu kontrollieren ist. Vorab hat das Gericht zu prüfen, ob das streitgegenständliche Gesetz überhaupt eine Materie der konkurrierenden Gesetzgebung betrifft.[95]

b) Antragsgrund

§ 76 II BVerfGG definiert Meinungsverschiedenheiten iSd. Art. 93 I Nr. 2a GG. Der Antragsteller muss ein Bundesgesetz wegen Nichterfüllung der Voraussetzungen des Artikels 72 II GG für nichtig halten. Diese Anforderung geht über die grundgesetzliche Regelung hinaus und ist insoweit nichtig.[96] Meinungsverschiedenheiten genügen.

c) Form und Frist

Für die Form gilt § 23 I BVerfGG. Das Verfahren ist nicht fristgebunden.

3. Begründetheit

Prüfungsmaßstab im besonderen Normenkontrollverfahren nach Art. 93 I Nr. 2a GG ist ausschließlich Art. 72 II GG. An ihm wird das Gesetz – der Antragsgegenstand – gemessen. Die Beschränkung des Prüfungsmaßstabes ist nur bedeutsam, wenn der Bundesrat oder die Volksvertretung eines Landes die Kompetenzkontrolle beantragen. § 76 II BVerfGG nennt Art. 75 II GG als weiteren Prüfungsmaßstab; nach der Aufhebung des Art. 75 GG a. F. im Zuge der Föderalismusreform ist dies obsolet (bereits zuvor war seine Nennung problematisch, vgl. Rdnr. 125 der Vorauflage). 132c

4. Entscheidung

Das BVerfG entscheidet auch in diesem Verfahren gemäß §§ 78, 31 II BVerfGG über die Vereinbarkeit oder Unvereinbarkeit mit dem Grundgesetz und stellt gegebenenfalls die Nichtigkeit der Vorschrift fest (unten 5. Teil, Rdnr. 370ff.). 132d

Prüfungsschema für eine abstrakte Normenkontrolle nach Art. 93 I Nr. 2, 2a GG, §§ 13 Nr. 6, 6a, 76ff. BVerfGG

Ausbildungsliteratur: *Mückl,* Die abstrakte Normenkontrolle vor dem Bundesverfassungsgericht gemäß Art. 93 I Nr. 2, 2a GG, §§ 13 Nr. 6, 6a, 76ff. BVerfGG, Jura 2005, 463ff.; *Renk,* Der Charakter des Verfahrens nach Art. 93 I Nr. 2a GG, JuS 2004, 770ff. 132e

I. Zulässigkeit

Vorab: In der Klausur sind nicht stets alle Prüfungspunkte in gleicher Breite auszuführen. Es ist sinnvoll, bei der Lösung von Fällen alle Prüfungspunkte gedanklich durchzugehen; bei der Ausformulierung der Lösungsgliederung sind jedoch die Besonderheiten des Falles im Rahmen einer vernünftigen Schwerpunktset-

[95] Siehe *Voßkuhle,* in: v. Mangoldt/Klein/Starck, GG, Art. 93 Rdnr. 131; *Hopfauf,* in: Schmidt-Bleibtreu/Hofmann/Henneke, GG, Art. 93 Rdnr. 338.
[96] So auch *Wieland,* in: Dreier, GG, Art. 93 Rdnr. 62.

zung zu berücksichtigen. Zu beachten ist: Mangels verfassungsrechtlicher Generalklausel (anders etwa §§ 40 VwGO, 13 GVG) sind die Eröffnung des Rechtswegs zum Bundesverfassungsgericht und die Zuständigkeit des Gerichts nicht zu prüfen. Beides ergibt sich aus dem Gesetz (Rdnr. 77).

1. **Antragsberechtigung (Rdnr. 125)**
   Hier sind die unterschiedlichen Antragsberechtigten der Verfahren nach Art. 93 I Nr. 2 GG, § 76 I Nr. 1, 2 BVerfGG und nach Art. 93 I Nr. 2a GG, § 76 II BVerfGG zu unterscheiden. Erhebliche Probleme wird es in der Klausur kaum zu erörtern geben.
2. **Antragsgegenstand (Rdnr. 126ff.)**
   Es ist in der Klausur strikt zwischen dem Verfahren nach Art. 93 I Nr. 2 GG, § 76 I Nr. 1, 2 BVerfGG und dem Verfahren nach Art. 93 I Nr. 2a GG, § 76 II BVerfGG zu differenzieren.
3. **Antragsgrund**
   a) Verfahren nach Art. 93 I Nr. 2 GG, § 76 I Nr. 1 BVerfGG – „bei Meinungsverschiedenheiten oder Zweifeln über die förmliche oder sachliche Vereinbarkeit [des Antragsgegenstandes] mit diesem Grundgesetz" (Rdnr. 130)
   In der Klausur ist darzustellen, dass der Antragsteller von der Unvereinbarkeit des Antragsgegenstandes mit dem Grundgesetz überzeugt ist. Liegen lediglich Zweifel vor, sollte in gebotener Kürze auf das Problem des divergierenden Wortlauts des § 76 I Nr. 1 BVerfGG eingegangen werden.
   b) Verfahren nach Art. 93 I Nr. 2 GG, § 76 I Nr. 2 BVerfGG – „für gültig halten"; „nicht angewendet" (Rdnr. 133)
   Zunächst ist darzulegen, dass eine Vorschrift des Bundes- oder Landesrechts wegen (vermeintlicher) Unvereinbarkeit mit dem Grundgesetz durch die näher bezeichneten Stellen nicht angewendet wurde.
   c) Verfahren nach Art. 93 I Nr. 2a GG – „bei Meinungsverschiedenheiten" (Rdnr. 132b)
   In der Klausur sollte in gebotener Kürze auf die zutreffende Konkretisierung der Wendung „bei Meinungsverschiedenheiten" durch § 76 II BVerfGG eingegangen werden.
4. **Objektives Klarstellungsinteresse (Rdnr. 130a)**
   Hier sind regelmäßig keine vertieften Auseinandersetzungen erforderlich, da das Interesse durch Vorliegen der vorherigen Voraussetzungen indiziert wird.
5. **Antrag, § 76 I, II BVerfGG (Rdnr. 58), Form, § 23 I BVerfGG (Rdnr. 58, 132b)**
   Ausführungen zum Antragserfordernis sollen nur in den äußerst seltenen Fällen einer Antragsrücknahme gemacht werden. Auf Fragen der Form ist in der Klausur regelmäßig nur kurz einzugehen. Eine Frist ist nicht zu beachten.

II. Begründetheit

1. **Verfahren nach Art. 93 I Nr. 2 GG**
   Zu Beginn der Begründetheit ist auf den vom Antragsgegenstand abhängigen Prüfungsmaßstab (Rdnr. 131) einzugehen. Ist Streitgegenstand eine Norm des Bundesrechts, ist die abstrakte Normenkontrolle begründet, wenn die Norm formell oder materiell mit Vorschriften des Grundgesetzes nicht vereinbar ist. Ist Streitgegenstand eine Norm des Landesrechts, ist sie begründet, wenn die

Norm formell oder materiell gegen Vorschriften des Grundgesetzes oder gegen sonstiges Bundesrecht verstößt. Seine formelle und materielle Landesverfassungsmäßigkeit prüft das BVerfG nicht, insbesondere nicht die Ordnungsmäßigkeit des Gesetzgebungsverfahrens.

2. **Verfahren nach Art. 93 I Nr. 2a GG (Rdnr. 132c)**
Prüfungsmaßstab ist ausschließlich Art. 72 II GG. Seine Voraussetzungen sind zu prüfen. Liegen sie nicht vor, ist der Antrag begründet.

III. Das Kompetenzfreigabeverfahren nach Art. 93 II GG, §§ 13 Nr. 6b, 96 BVerfGG[97]

1. Grundlagen und Charakter des Verfahrens

Die Föderalismusreform 2006 hat in Art. 93 II GG ein neues, vielfach kritisiertes[98] Verfahren vor dem BVerfG eingeführt. Dieses Kompetenzfreigabe-[99] oder Kompetenzkontrollverfahren[100] gestalten §§ 13 Nr. 6b, 14 I 2, II und 96 BVerfGG aus. Diese Vorschriften regeln das Verfahren in eher untergeordneten Aspekten.[101] Die wesentlichen Voraussetzungen enthält – modischer Regelungstechnik entsprechend[102] – Art. 93 II GG selbst. 132f

Das Freigabeverfahren weist Ähnlichkeiten mit der Bund-Länder-Streitigkeit (Art. 93 I Nr. 3 GG) und der Normenkontrolle (Art. 93 I Nr. 2, 2a GG) auf.[103] Die vertikale Kompetenzverteilung ist Kernbestandteil des Verhältnisses von Bund und Ländern (vgl. Rdnr. 100), die Auswirkungen des Verfahrens betreffen ein Bundesgesetz. Anders als bei einer Normenkontrolle ist im Verfahren nach Art. 93 II GG ein Gesetz nur betroffen, nicht jedoch Gegenstand des Verfahrens. Dieser ist vielmehr (nur) die Frage des Wegfalls der Erforderlichkeit. Die positive Entscheidung ersetzt das Freigabegesetz, Art. 93 II 2 GG. Das Freigabeverfahren führt zu einer *Normsurrogation.*[104] Es handelt sich um ein objektives Verfahren ohne Antragsgegner;[105] seine Einleitung verlangt nicht die Möglichkeit einer Rechtsverletzung beim Antragsteller.[106]

---

97 Grundsätzlich zu Art. 93 II GG: *v. Coelln,* in: Maunz u. a., BVerfGG, § 96 Rdnr. 1 ff.; *E. Klein,* FS Merten, S. 223 ff. Differenziert und eingehend *L. Hummel,* in: Burkiczak/Dollinger/Schorkopf, BVerfGG, § 96 Rdnr. 1 ff. Überblick bei *Sachs,* Verfassungsprozessrecht, Rdnr. 178 ff.

98 Vgl. nur *Meyer,* Föderalismusreform, S. 230: „Wir haben es mit einem veritablen Bastard unter den Verfahrensarten des Gerichts zu tun".

99 *Kment,* in: Jarass/Pieroth, GG, Art. 93 Rdnr. 136 ff.

100 *Ipsen,* NJW 2006, 2803.

101 Zu den Einzelheiten siehe *v. Coelln,* in: Maunz u. a., BVerfGG, § 96 Rdnr. 1 ff.

102 Kritisch *E. Klein,* FS Merten, S. 227; *v. Coelln,* in: Maunz u. a., BVerfGG, § 96 Rdnr. 2.

103 *O. Klein/Schneider,* DVBl. 2006, 1555; vgl. auch *E. Klein,* FS Merten, S. 231; *Meyer,* Föderalismusreform, S. 233; *Stöbener,* Jura 2008, 327 (331).

104 *v. Coelln,* in: Maunz u. a., BVerfGG, § 96 Rdnr. 12.

105 *v. Coelln,* in: Maunz u. a., BVerfGG, § 96 Rdnr. 26; *L. Hummel,* in: Burkiczak/Dollinger/Schorkopf, BVerfGG, § 96 Rdnr. 3.

106 *L. Hummel,* in: Burkiczak/Dollinger/Schorkopf, BVerfGG, § 98 Rdnr. 3.

2. Zulässigkeitsvoraussetzungen

a) Statthaftigkeit und Antragsgegenstand

132g Gegenstand des Antrags ist die Feststellung, ob ein förmliches Bundesgesetz den Anforderungen des Art. 72 II GG nicht mehr genügt oder ein Gesetz nach Art. 125a II GG nicht mehr erlassen werden könnte.[107] Gegenstand des Antrags ist demnach nicht das Gesetz selbst, sondern (nur) diese Feststellung.

Dieser Antrag ist in zwei Fällen statthaft. Im ersten besteht ein formelles Bundesgesetz, das der Freigabebefugnis des Bundesgesetzgebers unterfällt, d. h. vom Katalog des Art. 72 II GG erfasst wird, und für das eine Erforderlichkeit nach Meinung des Antragstellers nicht mehr besteht. Im zweiten Fall geht es darum, dass ein Gesetz im Sinne von Art. 125a II 1 GG bei seinem *Erlass* den Anforderungen des *heutigen* Erforderlichkeitsmaßstabs nicht entsprach. Die Wendung in Art. 93 II 1 GG „im Falle des Art. 72 Abs. 4" ist dabei nicht nur überflüssig, sondern auch missverständlich.[108] Das verfahrensmotivierende Gesetz muss zumindest verkündet und darf nicht aufgehoben sein.[109]

Das Freigabeverfahren ist von anderen Verfahren abzugrenzen. Das Verfahren nach Art. 93 I Nr. 3 GG (Bund-Länder-Streitigkeit) kann grundsätzlich den Streit um das Fortbestehen der Erforderlichkeit umfassen, da wegen der Änderung des materiellen Rechts ein Anspruch auf Freigabe besteht. Jedoch ergibt sich die materielle Änderung erst aus dem Bestehen des Art. 93 II GG; das Freigabeverfahren ist daher auch die speziellere Regelung. Von vornherein unzulässig wäre ein auf eine (abstrakte) Normenkontrolle gerichteter Antrag nach Art. 93 I Nr. 2, 2a GG.

Ein kompetenzgemäß erlassenes Gesetz bleibt auch bei Fortfall der Erforderlichkeit im Sinne von Art. 72 II GG verfassungsgemäß, vgl. Art. 72 IV GG.[110]

b) Antragsberechtigung

132h Antragsberechtigt sind mit Mehrheitsbeschluss der Bundesrat in seiner Rolle als „Sachwalter der Länderinteressen"[111], jede einzelne Landesregierung und die Volksvertretung eines Landes,[112] nicht hingegen die Bundesregierung oder die „Mitte des Bundestages" (Art. 76 I GG). Der Antragsteller muss geltend machen, dass die Voraussetzungen für die oben genannte Feststellung vorliegen.

c) Besonderes Rechtsschutzbedürfnis

132i Ein besonderes Rechtsschutzbedürfnis[113] verlangt Art. 93 II 3 GG. Der Antrag ist erst dann „zulässig, wenn eine Gesetzesvorlage nach Artikel 72 Abs. 4 GG oder nach

[107] Anders *E. Klein,* FS Merten, S. 231: Es „muss ... das Bundesgesetz, das eine Freigabe nicht enthält, zum Gegenstand des Verfahrens gemacht werden."

[108] Vgl. hierzu die Glosse von *R. Zimmermann,* SächsVBl. 2007, 9.

[109] *v. Coelln,* in: Maunz u. a., BVerfGG, § 96 Rdnr. 27.

[110] Vgl. nur *Wittreck,* in: Dreier, GG, Art. 72 Rdnr. 19, 45; *Umbach/Clemens,* in: dies., GG, Art. 72 Rdnr. 26; *Clemens,* in: Umbach/Clemens, GG, Art. 31 Rdnr. 16ff.; *v. Coelln,* in: Maunz u. a., BVerfGG, § 13 Nr. 6b, Rdnr. 9.

[111] *E. Klein,* FS Merten, S. 231.

[112] BVerfGE 129, 108 (121); 136, 1 (9).

[113] Vgl. *Degenhart,* in: Sachs, GG, Art. 72 Rdnr. 50 und Art. 125a Rdnr. 11.; *Stöbener,* Jura 2008, 327 (331). S. a. *E. Klein,* FS Merten, S. 231, der diese Anforderung als Qualifizierung der Antragsbefugnis

Artikel 125a Abs. 2 S. 2 GG im Bundestag abgelehnt oder über sie nicht innerhalb eines Jahres beraten und Beschluss gefasst oder wenn eine entsprechende Gesetzesvorlage im Bundesrat abgelehnt worden ist". Die Darlegungslast trägt hierfür gem. § 96 I BVerfGG der Antragsteller. Diese abschließende[114] Regelung geht über das für Normenkontrollen notwendige Klarstellungsinteresse, die Behauptung der Verfassungswidrigkeit einer Norm, hinaus. Die Vorschrift gründet zum einen in der Gewaltenteilung: Der Übergriff in den Funktionsbereich der Legislative durch Art. 93 II 2 GG ist nur dann gerechtfertigt, wenn der Gesetzgeber die Gelegenheit zum Erlass eines Freigabegesetzes bewusst hat verstreichen lassen.[115] Zum anderen ist sie Ausdruck „des allgemeinen Prinzips, dass jede an einen Antrag gebundene gerichtliche Entscheidung ein Rechtsschutzbedürfnis voraussetzt"[116]. Dieses fehlt, wenn sich der Bundesgesetzgeber nicht zuvor mit dem Freigabebegehren des Antragstellers auseinandersetzen konnte.[117] Allerdings ist nicht zu verlangen, dass der jeweilige Antragsteller selbst das Gesetzesvorhaben (erfolglos) auf den Weg gebracht hat; andernfalls wäre es den in Art. 76 I GG nicht genannten Landesregierungen und Volksvertretungen der Länder entgegen Art. 93 II 1 GG nicht möglich, einen Antrag zu stellen.[118]

Im Einzelnen: In der *ersten Variante* des Art. 93 II 3 GG hat eine nach Art. 76 I GG **132j**
eingebrachte Vorlage in der Schlussabstimmung nach Art. 77 I 1 GG keine Mehrheit erhalten. Die *zweite Variante* stellt sicher, dass der Bundestag sich nicht durch Untätigkeit einer Freigabe entziehen kann;[119] das die Frist auslösende Ereignis liegt im Eingang der Vorlage nach Art. 76 I GG beim Präsidenten des Bundestages. Die Jahresfrist für den Beschluss nach Art. 77 I GG darf nicht überschritten werden.[120] Angesichts fehlender Antragsberechtigungen der Bundesregierung und der „Mitte des Bundestages" erscheint es konsequent, die Ablehnung oder Verschleppung einer Gesetzesvorlage aus dem Bundesrat oder eines Initiativantrags an den Bundesrat zu verlangen.[121] Die *dritte Variante* des Art. 93 II 3 GG ist missraten; ihr bleibt nur ein schmaler Anwendungsbereich. Problematisch an der Vorschrift ist zunächst, wann im Bundesrat

ansieht; *O. Klein/Schneider,* DVBl. 2006, 1555 bezeichnen diese Voraussetzung als Vorverfahren und qualifizieren es daher als Ausfluss einer materiellen Subsidiarität der Verfahrensart.

114 *v. Coelln,* in: Maunz u. a., BVerfGG, § 96 Rdnr. 34.

115 Vgl. *v. Coelln,* in: Maunz u. a., BVerfGG, § 96 Rdnr. 32. Der Grundsatz der Gewaltenteilung ist auch Grundlage des § 97 II BVerfGG, wonach das Bundesverfassungsgericht u. a. dem „Bundestag binnen einer zu bestimmenden Frist Gelegenheit zur Äußerung" gibt, vgl. BT-Drs. 16/814, S. 14: „... da ein Bundesgesetz nach Artikel 93 Abs. 2 Satz 2 GG ersetzt werden soll".

116 BVerfG, NJW 1983, 559 (559); vgl. allg. dazu *Ehlers,* in: Schoch u. a., VwGO, Vorb. § 40 Rdnr. 75.

117 Vgl. *v. Coelln,* in: Maunz u. a., BVerfGG, § 96 Rdnr. 31.

118 Im Ergebnis auch BT-Drs. 16/813, S. 18.

119 Hinsichtlich einer (eher theoretischen) Umgehung des Jahresfristerfordernisses durch Verzögerung einer notwendig gewordenen erneuten Befassung mit dem Freigabegesetz durch den Bundestag vgl. ausführlich *v. Coelln,* in: Maunz u. a., BVerfGG, § 96 Rdnr. 42ff. Das von *v. Coelln* entdeckte Blockadepotential löst sich nach hier vertretener Auffassung jedoch dadurch auf, dass sich in diesen Konstellationen aus Art. 93 II S. 3 Var. 3 GG die Zulässigkeit eines Antrags eröffnende Ablehnung (als Verzögerung, siehe hierzu sogleich im Text nach Fn. 120) ergibt.

120 Umgekehrt kann aber bei einfach gelagerten Sachverhalten der Bundestag in Wahrnehmung seiner allgemeinen, in Art. 76 III S. 6 GG lediglich exemplarisch genannten Pflicht, innerhalb angemessener Frist über Vorhaben zu beraten und zu beschließen, verpflichtet sein, die Jahresfrist nicht auszuschöpfen. In diesen Fällen kann die darin liegende Verletzung des Initiativrechts im Wege eines Organstreitverfahrens (Art. 93 I Nr. 1 GG) gerügt werden. vgl. *v. Coelln,* in: Maunz u. a., BVerfGG, § 96 Rdnr. 39ff.

121 Für eine teleologische Reduktion *Meyer,* Föderalismusreform, S. 233.

eine Gesetzes*vorlage* eines nach Art. 76 I GG Initiativberechtigten zur Abstimmung steht. Zwar lässt sich von einer Gesetzesvorlage bereits sprechen, wenn eine Landesregierung im Bundesrat einen ausgearbeiteten Gesetzentwurf[122] einbringt. Dennoch ist die Ablehnung eines Gesetzentwurfs/-vorlage aus der Mitte des Bundes*rates* – also der Antrag eines oder mehrerer Länder, eine Initiative nach Art. 76 I GG für ein Gesetz iSd. Art. 72 IV GG oder Art. 125a II GG zu ergreifen – durch den Bundesrat selbst für die Zulässigkeit eines Antrags nicht ausreichend;[123] andernfalls würden die eingangs erwähnten beiden Zwecke der Norm verfehlt. Deswegen genügt auch eine ablehnende Stellungnahme des Bundesrates im Zwischenverfahren nach Art. 76 II GG nicht. Vielmehr kommt erst in der Schlussphase (nach dem Beschluss des Bundestags gemäß Art. 77 I 1 GG) eine Ablehnung in Betracht.[124] Eine Ablehnung im Sinne von Art. 93 II 3 GG setzt dabei kein endgültiges Scheitern voraus.[125] Es genügt, wenn der Bundesrat beispielsweise durch die Anrufung des Vermittlungsausschusses zum Ausdruck bringt, dass die Gesetzesvorlage in der derzeitigen Form nicht seine Unterstützung findet.[126]

d) Allgemeines Rechtsschutzbedürfnis

132k Dem objektiven Charakter des Verfahrens folgend ist grundsätzlich ein allgemeines Rechtsschutzbedürfnis zu bejahen. Erforderlich ist nur, schlüssig vorzutragen, dass die Voraussetzungen des Art. 72 II GG fehlen.

Das Verfahren hat quasi-gutachterliche Funktion. Ebensowenig wie die Länder vorbehaltlich landesverfassungsrechtlicher Vorgaben[127] nach Freigabe ein Landesgesetz erlassen müssen,[128] ist es für das Rechtsschutzbedürfnis erforderlich, dass eines oder mehrere Länder planen, die Gesetzgebungskompetenz auszunutzen, die ihnen im Falle des Obsiegens zufällt (vgl. die Regelung des § 83 I BVerfGG).[129]

Ungewöhnlich ist, dass der Bundesrat selbst dann einen Antrag stellen kann, wenn eine Gesetzesvorlage nach Art. 72 IV GG oder nach Art. 125a II 2 GG im Bundesrat

[122] Der sehr kurz sein dürfte, muss er doch lediglich die Freigabe einer bestimmten Sachmaterie umfassen. Ein Formulierungsbeispiel der Praxis findet sich nicht, da der Bund bislang noch nicht von seiner Freigabekompetenz Gebrauch gemacht hat (vgl. *Degenhart,* in: Sachs, GG, Art. 125a Rdnr. 13).

[123] A. A. *Meyer,* Föderalismusreform, S. 233f.

[124] A. A. *Meyer,* Föderalismusreform, Fn. 522, der zur Vermeidung (vermeintlicher) Aporien den Wortlaut strikt beachtet und deshalb vom Begriff der Gesetzesvorlagen Gesetzesbeschlüsse (Art. 77 I GG) nicht umfasst ansieht.

[125] So aber *v. Coelln,* in: Maunz u. a., BVerfGG, § 96 Rdnr. 54.

[126] Zwar kann, für den Regelfall eines nicht zustimmungsbedürftigen Freigabegesetzes (hierzu *v. Coelln,* in: Maunz u. a., BVerfGG, § 96 Rdnr. 36), ein nach Abschluss des Vermittlungsverfahrens eingelegter Einspruch des Bundesrates nach Art. 77 II GG gemäß Art. 77 III GG zurückgewiesen werden, so dass das Gesetz gemäß Art. 78 GG zustande kommt und demnach es an einer Ablehnung fehlt. Gelingt die Zurückweisung aber nicht, so ist ein schmaler Anwendungsbereich für die dritte Variante gegeben, so ein endgültiges Scheitern nicht verlangt wird.

[127] Vgl. *Uhle,* in: Kluth, Föderalismusreformgesetz, Art. 72 Rdnr. 61 m. w. N. zu landesverfassungsrechtlichen Pflichten.

[128] Vgl. *Degenhart,* in: Sachs, GG, Art. 72 Rdnr. 51; *Wittreck,* in: Dreier, GG, Art. 72 Rdnr. 47. Davon zu unterscheiden ist die Frage, ob die Länder das Bundesgesetz schlicht aufheben dürfen („Negativgesetzgebung“) ohne selbst eine positive Regelegung zu treffen; hierzu vgl. nur *Degenhart,* in: Sachs, GG, Art. 72 Rdnr. 52.

[129] *v. Coelln,* in: Maunz u. a., BVerfGG, § 96 Rdnr. 30.

abgelehnt wurde. Eine insoweit einschränkende Auslegung ist angesichts des klaren Wortlauts abzulehnen.[130]

e) Form und Frist

Für die Form gilt § 23 I BVerfGG. Zu beachten ist die Jahresfrist des Art. 93 II 3 2. Var. GG. 132l

3. Prüfungsumfang[131]

Das BVerfG prüft in der Begründetheit, ob die Erforderlichkeit für ein bestimmtes Gesetz entfallen ist oder Bundesrecht nach Art. 125a II 1 GG nicht mehr erlassen werden könnte. Dazu muss das Gesetz überhaupt vom (seit der Föderalismusreform 2006 verengten) Katalog des Art. 72 II GG erfasst sein.[132] Das BVerfG hat im Interesse einer klaren Abgrenzung der verschiedenen Verfahrensarten mit ihren jeweiligen Zulässigkeitsvoraussetzungen *nicht*[133] zu prüfen, ob das Gesetz bei seinem *Erlass* mit der jeweils geltenden Fassung des Art. 72 II GG vereinbar war. Damit kann unter Umständen eine Ersetzungswirkung nach Art. 93 II 2 GG erzielt werden, die sich auf ein nichtiges (weil kompetenzwidrig erlassenes) Gesetz bezieht. 132m

4. Entscheidung

Gelangt das BVerfG zum Ergebnis, dass die Erforderlichkeit für ein konkretes Gesetz entfallen ist oder Bundesrecht nach Art. 125a II 1 GG nicht mehr erlassen werden könnte, so stellt es dies im Entscheidungstenor fest.[134] Im umgekehrten Fall stellt es fest, dass die Erforderlichkeit noch besteht oder dass Bundesrecht noch erlassen werden kann. Möglich ist auch die Zurückweisung des Antrags (vgl. Rdnr. 372). 132n

Teilweise wird jedoch vertreten, das BVerfG habe bei seiner Entscheidung nach Art. 93 II GG das Ermessen des Bundesgesetzgebers (vgl. Art. 72 IV GG) zu berücksichtigen. Art. 72 IV GG (identisch mit der bis zum 1.9.2006 geltenden Fassung des Art. 72 III GG) sieht vor, dass ein Bundesgesetz die Ersetzung der bundesgesetzlichen Regelung durch Landesrecht gestatten *kann.* Nach bisheriger Lesart war der Bundesgesetzgeber zu einer solchen Regelung nicht verpflichtet. Sowohl das Ob als auch das Wie einer Freigabe standen in seinem politischen Ermessen.[135] Trotz Wegfalls der Erforderlichkeit könne eine stattgebende Entscheidung nur erfolgen, wenn „der Bund sein Ermessen in fehlerhafter Weise gebraucht“[136] habe. 132o

---

[130] A. A. *v. Coelln,* in: Maunz u. a., BVerfGG, § 96 Rdnr. 25.

[131] Hierzu ausführlich *v. Coelln,* in: Maunz u. a., BVerfGG, § 96 Rdnr. 59 ff.

[132] Unter diesem Gesichtspunkt lässt sich das Verfahren auch als ein solches der Normqualifikation begreifen; vgl. auch *E. Klein,* FS Merten, S. 231 f.

[133] A. A. *v. Coelln,* in: Maunz u. a., BVerfGG, § 96 Rdnr. 63 ff.

[134] Zu weiteren Tenorierungsmöglichkeiten siehe *v. Coelln,* in: Maunz u. a., BVerfGG, § 96 Rdnr. 69 ff.

[135] Nur ausnahmsweise nahm das BVerfG eine im Grundsatz des länderfreundlichen Verhaltens wurzelnde Reduzierung des Ermessens und eine Freigabepflicht des Bundes an, wenn die Erforderlichkeit weggefallen, zugleich aber nach politischer Einschätzung des Bundes die Notwendigkeit einer Neukonzeption vorgelegen hatte; vgl. BVerfGE 111, 10 (31) – Ladenschluss. Krit. *Uhle,* DÖV 2006, 377; *Lindner,* NJW 2005, 401 f. Zwar ist diese Entscheidung zu Art. 125a II GG ergangen, kann aber auf die ähnlich strukturierte Vorschrift des Art. 74 IV GG übertragen werden; vgl. nur *Degenhart,* in: Sachs, GG, Art. 72 Rdnr. 50.

[136] Ähnlich *Uhle,* in: Kluth, Föderalismusreformgesetz, Art. 72 Rdnr. 60; vgl. auch *Häde,* JZ 2006, 933.

Dem Streit liegt die Frage zugrunde, welche Auswirkungen Art. 93 II GG auf die Ermessensvorschrift des Art. 72 IV GG (und 125a II GG) hat.

Richtigerweise führt die verfahrensrechtliche Flankierung des Art. 72 IV GG durch Art. 93 II GG nunmehr zu einem *Anspruch* der Länder auf Freigabe.[137] Das materielle Recht wurde – offenbar unbeabsichtigt – geändert. Was vormals die Ausnahme war, ist jetzt die Regel. Folgerichtig ist die Wendung „kann" in Art. 72 IV GG eine Handlungspflicht,[138] die bisherige Rechtsprechung des BVerfG zur Ermessensreduzierung auf Null hinfällig.

Doch selbst wenn man mit einer weiteren Auffassung davon ausgeht, dass mittels Art. 93 II 1, 2 GG eine Rechtslage erstritten werden könne, auf deren Schaffung kein Anspruch bestehe,[139] so kann es *jedenfalls nicht* überzeugen, dem Ermessensspielraum des Gesetzgebers bei der Entscheidung nach Art. 93 II GG Bedeutung einzuräumen. Der Wortsinn ist eindeutig. Der Verfassunggeber hat sich nicht dafür entschieden, die „verfassungsrechtliche Ersatzvornahme"[140] nach Art. 93 II 2 GG von den nach bisheriger Rechtsprechung notwendigen Umständen für eine Ermessensreduzierung auf Null abhängen zu lassen. Die Ersetzungswirkung steht nicht im Ermessen des BVerfG, sondern ist „Legalkonsequenz"[141] der Feststellung, die Erforderlichkeit bestehe nicht mehr. Es genügt demnach, wenn der Bund ein Freigabegesetz erlassen *darf*, nicht notwendig ist, dass er es *muss*.[142] Zudem wäre Folge dieser Reduktion des Art. 93 II GG seine Überflüssigkeit. Die Länder könnten in diesen Fällen ihren Anspruch im Wege des Bund-Länder-Streits ohnehin durchsetzen.

132p Ist die Erforderlichkeit entfallen, so hat diese feststellende Entscheidung im Unterschied zu einer Normenkontrolle nach Art. 93 I Nr. 2a GG zwar keine kassatorische, angesichts der Regelung in Art. 93 II 2 GG allerdings gestaltende Wirkung.[143] Das Bundesgesetz bleibt bestehen. Die Länder haben wegen Wegfalls der Sperrwirkung nach Art. 72 I GG durch die Wirkung des Art. 93 II S. 2 GG die Möglichkeit, von ihrer (wieder-)erlangten Gesetzgebungskompetenz Gebrauch zu machen. Das Bundesgesetz gilt fort, selbst wenn sämtliche Länder eigene Regelungen geschaffen haben.

[137] So auch: *O. Klein/Schneider*, DVBl. 2006, 1555; *Kment*, in: Jarass/Pieroth, GG, Art. 72 Rdnr. 24; ähnlich, aber zurückhaltender: *Meyer*, Rechtsausschussprotokoll 12, 268 (279): „Offensichtlich setzt die Prozessnorm des Art. 93 Abs. 2 neu aber voraus, dass diese materielle Rechtslage ... geändert ist", ablehnend jetzt aber *ders.*, Föderalismusreform, S. 230: Es wird ein materielles Recht vorausgesetzt, von „dem das Gegenteil existiert"; *E. Klein*, FS Merten, S. 226f. einerseits und S. 233 andererseits. Vgl. auch *Kesper*, NdsVBl. 2006, 149, die Art. 93 II GG als Verfahren zur Rüge verfassungswidrigen Unterlassens ansieht und demgemäß wohl einen Anspruch voraussetzen muss. Anders hingegen: *v. Coelln*, in: Maunz u. a., BVerfGG, § 96 Rdnr. 5, § 13 Nr. 6b Rdnr. 12; *Degenhart*, in: Sachs, GG, Art. 72 Rdnr. 49f.; *ders.*, NVwZ 2006, 1211. Einen Anspruch nur unter der Voraussetzung einer Ermessensreduktion nimmt an *Wittreck*, in: Dreier, GG, Art. 72 Rdnr. 48. Offen: *Rengeling*, DVBl. 2006, 1547; *Nierhaus/Rademacher*, LKV 2006, 392; *Ipsen*, NJW 2006, 2803; *Stöbener*, Jura 2008, 327 (331).

[138] Vgl. *E. Klein*, FS Merten, S. 226f.

[139] Vgl. *v. Coelln*, in: Maunz u. a., BVerfGG, § 96 Rdnr. 95; prägnant auch *ders.*, in: Maunz u. a., BVerfGG, § 13 Nr. 6b Rdnr. 15: „Sofern ein Bundesgesetz den Anforderungen des Art. 72 Abs. 2 GG nicht mehr genügt, *kann* der Bundesgesetzgeber und *muss* das BVerfG bestimmen, dass das Bundesgesetz durch Landesrecht ersetzt werden kann" (Hervorhebungen durch den Verfasser). Vgl. auch *Meyer*, Rechtsausschussprotokoll 12, 268 (277); *ders.*, Föderalismusreform, S. 230.

[140] *Uhle*, in: Kluth, Föderalismusreformgesetz, Art. 72 Rdnr. 59.

[141] *v. Coelln*, in: Maunz u. a., BVerfGG, § 96 Rdnr. 89.

[142] So *v. Coelln*, in: Maunz u. a., BVerfGG, § 96 Rdnr. 87.

[143] Vgl. *Meyer*, Föderalismusreform, S. 232.

Rechtliche Wirkung entfaltet das Bundesgesetz wieder, wenn ein Landesgesetz aufgehoben wird. Die Entstehung partiellen Bundesrechts ist demnach möglich.[144]

Obwohl die bundesverfassungsgerichtliche Feststellung nach Art. 93 II 1 GG gem. § 31 I BVerfGG Bindungswirkung hat[145] und der Bundesgesetzgeber verpflichtet wäre, ein entsprechendes Freigabegesetz zu beschließen, hat sich der verfassungsändernde Gesetzgeber mit Art. 93 II 2 GG für ein „Novum in der Funktionenordnung des Grundgesetzes“[146] entschieden: Der Richterspruch ersetzt das Freigabegesetz. Es wurde eine gesetzesvertretende bundesverfassungsgerichtliche Entscheidung geschaffen.[147] Das im Lichte der Gewaltenteilung systemwidrige[148] „Fanal einer Ersatzgesetzgebung durch Richterspruch“[149] führt dazu, dass erstmals eine Entscheidung des Gerichts dauerhaft[150] neues Recht schafft.[151] Das steht auch im Widerspruch zur allgegenwärtigen Kritik, das BVerfG übernehme allzuoft die Rolle eines Ersatzgesetzgebers.[152] Die systemfremde Festlegung des Art. 93 II 2 GG ist jedoch hinzunehmen.

IV. Das Normbestätigungsverfahren[153]

Nach § 76 I Nr. 2 BVerfGG ist es den zur abstrakten Normenkontrolle Antragsberechtigten auch möglich, die Feststellung zu beantragen, dass eine Norm gültig sei, nachdem ein Gericht, eine Verwaltungsbehörde oder ein Organ des Bundes oder ein Organ des Landes die Norm als – ausschließlich[154] – unvereinbar mit dem Grundgesetz oder sonstigem Bundesrecht nicht angewendet hat. Dazu gehört auch der Fall, dass die zuständigen Stellen die Norm „nicht vollzogen oder in sonst relevanter Weise missachtet“ haben „und ihre Geltung damit“ in einer „ihre praktische Wirksamkeit beeinträchtigenden Weise in Frage gestellt wird“.[155] Die Nichtanwendung iSd. § 76 I 133

[144] *Wittreck,* in: Dreier, GG, Art. 72 Rdnr. 49.

[145] So auch die Annahme des Verfassunggebers, BT-Drs. 16/814, S. 13.

[146] *Degenhart,* NVwZ 2006, 1211. Vgl. auch *E. Klein,* FS Merten, S. 234: „Offizielle Inthronisation des Bundesverfassungsgerichts als Ersatzgesetzgeber“.

[147] So *Nierhaus/Rademacher,* LKV 2006, 392 und *E. Klein,* FS Merten, S. 233; vgl. *ders.,* FS Merten, S. 234: Diese Konstruktion erinnere „an die Ersetzung einer geschuldeten Willenserklärung durch rechtskräftiges Urteil nach 894 ZPO“. Vgl. auch *Schwarz,* in: Starck, Föderalismusreform, Rdnr. 108: „verfassungsprozessuale Ersatzvornahme“; *Uhle,* in: Kluth, Föderalismusreformgesetz, Art. 72 Rdnr. 59: „verfassungsrechtliche Ersatzvornahme“.

[148] Vgl. *F. Kirchhof* in der gemeinsamen öffentlichen Anhörung des Rechtsausschusses des Deutschen Bundestages und des Ausschusses für Innere Angelegenheiten des Bundesrates zur Föderalismusreform am 15. und 16. Mai 2006, Rechtsausschussprotokoll 12, S. 67: „sich hier also dritte und erste Gewalt doch sehr vermengen“. *v. Coelln,* in: Maunz u. a., BVerfGG, § 13 Nr. 6b Rdnr. 17: „massive[r] Übergriff in den originären Funktionsbereich der Legislative“; vgl. auch *Nierhaus/Rademacher,* LKV 2006, 392; *E. Klein,* FS Merten, S. 233; *O. Klein/Schneider,* DVBl. 2006, 1556.

[149] *O. Klein/Schneider,* DVBl. 2006, 1556.

[150] Unklar sind jedoch die Auswirkungen auf den Richterspruch, wenn die Voraussetzungen des Art. 72 II GG nachträglich wieder eintreten. Verliert er seine Wirkung? Kann er von Amts wegen oder auf Antrag aufgehoben werden? Vgl. *Meyer,* Föderalismusreform, S. 232.

[151] Vgl. näher hierzu *v. Coelln,* in: Maunz u. a., BVerfGG, § 96 Rdnr. 101 ff.

[152] Deutlich *Papier,* NJW 2007, 2147; vgl. auch allgemein *Hassemer,* JZ 2008, 1 ff.

[153] Diese treffende Bezeichnung des Verfahrens findet sich bei *Rein;* vgl. auch *Babel; Rozek,* in: Maunz u. a., BVerfGG, § 76 Rdnr. 50 ff.

[154] BVerfGE 96, 133 (138).

[155] BVerfGE 96, 133 (137 f.).

Nr. 2 BVerfGG verlangt nicht, dass die zuständige Stelle die betreffende Norm in jeder Hinsicht für grundgesetzwidrig hält, so dass die Norm überhaupt nicht mehr angewendet werden soll. Es genügt, dass die Norm mit einem bestimmten Inhalt für verfassungswidrig gehalten und nicht mehr angewendet wird. Bedeutung hat dies im Fall einer verfassungskonformen Auslegung seitens eines Gerichts, die von einem nach § 76 BVerfGG Antragsberechtigten für verfehlt gehalten wird.[156] „In diesen Fällen wird trotz des formalen Rekurses auf die Norm nicht mehr die vom Gesetzgeber verabschiedete und gewollte Regelung, sondern ein anderes, nämlich das durch die Deutung des Gerichts geschaffene Recht angewendet. Auch die fehlerhafte Handhabung der verfassungskonformen Auslegung kann daher im Einzelfall zur ‚Nichtanwendung' einer gesetzlichen Bestimmung führen ..."[157] Der mit Blick auf die Formulierung in Art. 93 I Nr. 2 GG („Zweifel") zu eng geratene § 76 I Nr. 2 BVerfGG („für gültig hält") ist teilnichtig. Es gab bislang nur wenige Verfahren mit dem Ziel einer Normbestätigung.[158]

C. Die „konkrete" Normenkontrolle (Richtervorlage) nach Art. 100 I GG, §§ 13 Nr. 11, 80 ff. BVerfGG[159]

Gliederung

I. Grundfragen
   1. Richterliche Normprüfungs- und Verwerfungskompetenz
   2. Zweck des Vorlageverfahrens
   3. Praktische Bedeutung des Verfahrens
II. Die Zulässigkeitsvoraussetzungen
   1. Vorlageberechtigung
   2. Vorlagegegenstand
   3. Vorlagerecht und Vorlagepflicht der Gerichte (Vorlagegrund)
      a) Richterliche Überzeugung von der Verfassungswidrigkeit des anzuwendenden Gesetzes
      b) Entscheidungserheblichkeit
         (a) Andere Entscheidung bei Gültigkeit oder Ungültigkeit der Norm
         (b) Entscheidungserheblichkeit und Subsidiarität der Verfassungsgerichtsbarkeit

[156] Näher BVerfGE 96, 133 (137 f.); 119, 247 (259); dazu *Lechner/Zuck,* § 76 Rdnr. 34; *Rein,* S. 129 ff.; *Roth,* NVwZ 1998, 563 ff. Kritisch dazu *Rozek,* in: Maunz u. a., BVerfGG, § 76 Rdnr. 51 ff.; *Graßhof,* in Umbach/Clemens/Dollinger, BVerfGG, § 76 Rdnr. 29; Vgl. *Kees,* in: Barczak, BVerfGG, § 76 Rdnr. 47; *Mückl,* Jura 2005, 467 f.: Eine verfassungskonforme Auslegung bewirke geradezu das Gegenteil des von § 76 BVerfGG vorausgesetzten „Nichtanwendens". Das Gericht stelle die Geltung der Norm selbst nicht in Frage und erhalte auch deren praktische Wirksamkeit. Für Streitigkeiten um die richtige *Auslegung* der Norm böte aber die abstrakte Normenkontrolle kein Forum. Diese Kritik verkennt, dass die einer Norm innewohnenden Auslegungsmöglichkeiten von der Norm selbst nicht klar zu trennen sind. Eine verfassungskonforme Auslegung entspricht daher in der Sache einer teilweisen Nichtigerklärung der Norm, die zweifellos ein möglicher Gegenstand des Normbestätigungsverfahrens nach § 76 I Nr. 2 BVerfGG wäre. Ausführlich zur Rechtsnatur der verfassungskonformen – im Unterschied zur „verfassungsorientierten" – Auslegung s. unten Rdnr. 386 und 446.

[157] BVerfGE 119, 247 (259).

[158] BVerfGE 83, 89 – Beihilfenverordnung Nordrhein-Westfalen; BVerfGE 96, 133 und BVerfGE 106, 244 – Hamburgische Beihilfenverordnung; BVerfGE 119, 247 – Nds. BeamtenG.

[159] Grds. *Bettermann,* Normenkontrolle, S. 323 ff.; *Stern,* Staatsrecht II, S. 988 ff.; *Pestalozza,* Verfassungsprozeßrecht, § 13; *Erichsen,* Jura 1982, 88 ff.; *Benda/Klein,* Verfassungsprozessrecht, Rdnr. 783 ff.; Rechtsprechungsbericht bei *Heun,* AöR 122 (1997), 610 ff. Reformmöglichkeiten mit dem Ziel einer Entlastung des BVerfG erörtert *Reil,* S. 63 ff., 151 ff.

I. Grundfragen

1. Richterliche Normprüfungs- und Verwerfungskompetenz

Nach traditioneller deutscher Auffassung ist ein Gesetz, das gegen die höherrangige Verfassung verstößt, von Anfang an nichtig.[160] Folgt man dem, so hätte jeder Richter, bevor er den ihm vorliegenden Rechtsstreit nach dem einschlägigen Gesetz entscheiden kann, zu prüfen, ob das Gesetz überhaupt Bestand hat. Denn ein nichtiges, da gegen die Verfassung verstoßendes Gesetz ist nicht anwendbar; bei der Entscheidung wäre es *„außer Anwendung“* zu lassen. Insoweit spricht man von „richterlichem Prüfungsrecht“ und meint damit die „inzidente“ Normenkontrolle durch jeden Richter aus Anlass einer konkreten Fallentscheidung und dies im Unterschied zur verfassungsgerichtlichen Normenkontrolle mit der Folge der vom Einzelfall losgelösten, allgemein verbindlichen Entscheidung über die Verfassungsmäßigkeit der Norm. 134

Das Grundgesetz geht in dem hier zu besprechenden Art. 100 GG einen anderen Weg. Es geht zwar von dem Prüfungsrecht eines jeden Richters aus. Kommt der Richter aber zu der Überzeugung von der Verfassungswidrigkeit des Gesetzes, so darf er sich nicht selbst über das Gesetz und damit über den Willen des Parlaments hinwegsetzen, er muss vielmehr sein Verfahren aussetzen und die Vorlagefrage nach der Gültigkeit oder Ungültigkeit der Norm dem BVerfG zur Entscheidung unterbreiten. Nach der auch für ihn verbindlichen Entscheidung des BVerfG über die Gültigkeit der Norm setzt der Richter in der Regel seinen Ausgangsprozess fort und entscheidet ihn. 135

Dem Richter verbleibt also die Prüfungskompetenz bzw. das richterliche Prüfungsrecht; er hat auch die Kompetenz und Pflicht zur eigenen und für sich selbst abschließenden Bildung einer Überzeugung über die Verfassungsmäßigkeit oder die Verfassungswidrigkeit der Norm – im letzteren Fall aber eben ausschließlich mit der Konsequenz der Aussetzung seines Verfahrens und der Vorlage an das BVerfG.[161] Es ist üblich, davon zu sprechen, der Richter habe die Prüfungskompetenz, nicht aber die Verwerfungskompetenz; für letzteres habe das BVerfG das Monopol.[162] Ganz vollständig ist diese Auskunft nicht. Der Richter hat die Kompetenz zur vorläufigen Nichtanwendung der Norm.[163] Lediglich die verbindliche Entscheidung über die generelle Gültigkeit der Norm ist dem BVerfG vorbehalten.

[160] Vgl. unten Rdnr. 378ff.

[161] Vgl. *Löwer,* in: HStR III, § 70 Rdnr. 79: „Die Normprüfung ist diffus, die letztverbindliche Normverwerfung ist konzentriert.“

[162] BVerfGE 2, 124 (131): „Feststellungsmonopol“; BVerfGE 22, 373 (378); 138, 64 (90): „Verwerfungsmonopol“.

[163] *Bettermann,* Normenkontrolle, S. 326f.

2. Zweck des Vorlageverfahrens

136 Art. 100 GG soll nach der Auffassung des BVerfG und der Literatur „verhüten, dass jedes einzelne Gericht sich über den Willen des Bundes- oder Landesgesetzgebers hinwegsetzt, indem es die von ihnen beschlossenen Gesetze nicht anwendet …“[164] Art. 100 I GG habe also die Zielrichtung, den parlamentarischen Gesetzgeber vor der *Missachtung* seiner Rechtssätze durch jeden Richter zu schützen.[165] Es gelte zu „verhindern, dass sich die Fachgerichte über den Willen des Gesetzgebers hinwegsetzen, indem sie seinen Gesetzen die Anerkennung versagen … Das allgemeine richterliche Prüfungsrecht wird daher auf eine inzidente Bejahung der Verfassungsmäßigkeit beschränkt … Damit wahrt die Vorschrift die Autorität des Gesetzgebers. Gesetze, die unter der Herrschaft des Grundgesetzes erlassen worden sind, sollen befolgt werden, solange nicht das Bundesverfassungsgericht ihre Nichtigkeit oder Unwirksamkeit allgemeinverbindlich festgestellt hat. Zudem soll es über die Gültigkeit von Gesetzen keine einander widersprechenden Gerichtsentscheidungen geben … Hierdurch dient die Vorlageverpflichtung noch dem weiteren Ziel, mittels der alleinigen Normverwerfungskompetenz des BVerfG Rechtsunsicherheit und Rechtszersplitterung infolge divergierender Entscheidungen der Fachgerichte zu vermeiden.“[166]

Der Grundsatz der Vorlagepflicht der Fachgerichte nach Art. 100 I GG (zu den einzelnen Voraussetzungen unten Rdnr. 145ff.) muss jedoch für den fachgerichtlichen einstweiligen Rechtsschutz relativiert werden. Hier kommt es zu einem Spannungsverhältnis zwischen den durch die Vorlagepflicht verfolgten Zielen, insbesondere der Wahrung der Autorität des Gesetzgebers, und der Garantie effektiven Rechtsschutzes nach Art. 19 IV GG: Setzt ein Fachgericht das Verfahren im einstweiligen Rechtsschutz aus, um eine Norm dem BVerfG vorzulegen, besteht die Gefahr einer erheblichen Verzögerung des Verfahrens und damit der Verwehrung effektiven Rechtsschutzes.[167] Aus diesem Grund sind die „Fachgerichte […] durch Art. 100 Abs. 1 GG nicht gehindert, schon vor der im Hauptsacheverfahren einzuholenden Entscheidung des Bundesverfassungsgerichts auf Grundlage ihrer Rechtsauffassung vorläufigen Rechtsschutz zu gewähren, wenn dies nach den Umständen des Falles im Interesse eines effektiven Rechtsschutzes geboten erscheint und die Hauptsacheentscheidung dadurch nicht vorweggenommen wird.“[168] Insbesondere darf somit die vorläufige Regelung die endgültige Entscheidung nicht weitgehend vorwegnehmen oder gar im Verfahren des vorläufigen Rechtsschutzes abschließend entschieden werden, ohne dass es zu einem Hauptsacheverfahren kommt.[169]

[164] BVerfGE 1, 184 (197); 22, 373 (378); 42, 42 (49); 63, 131 (141); 86, 71 (77); 90, 263 (275). Eine sorgfältige Analyse der nicht ganz einheitlichen Äußerungen des BVerfG zum Ziel und Zweck des Art. 100 I GG findet sich bei *Geiger*, EuGRZ 1984, 410ff.

[165] *Stern*, Staatsrecht II, S. 988; *Friesenhahn*, Verfassungsgerichtsbarkeit, S. 52; *Bettermann*, Normenkontrolle, S. 328; *Simon*, in: HVerfR, S. 1650; zur Bedeutung des Art. 100 GG für die Exekutive vgl. *Schmalz*, S. 271f. m.w.N.

[166] BVerfGE 138, 64 (90f.), unter Verweis auf BVerfGE 10, 124 (127); 97, 117 (122); 130, 1 (41f.).

[167] Aus der jüngsten Literatur *Froese/Kempny/Schiffbauer*, DÖV 2017, 261, 264ff.; mit breitem Überblick über Rspr. und Lit. *Bode*, VerwArch. 107 (2016), 206, 206ff.

[168] BVerfGE 86, 382 (389).

[169] So schon BVerfGE 46, 43 (51); 63, 131 (141f.); a. A. *Bode*, VerwArch. 107 (2016), 206, 209. Zum Problem allgemein vgl. *Pestalozza*, JuS 1978, 312ff.; *Schenke*, Rechtsschutz, S. 344ff.; *Goerlich*, JZ 1983, 57ff.; zu einer interessanten Konstellation OVG Hamburg NVwZ 1985, S. 51ff. – Ausset-

Aus diesem Gedanken der Wahrung der Autorität des Gesetzgebers folgert das BVerfG auch, dass nach Art. 100 I GG nur Gesetze aus der Zeit nach Inkrafttreten des Grundgesetzes, also nach dem 23.5.1949, vorgelegt werden können und müssen – sog. *nachkonstitutionelle Gesetze.*[170] Über die Vereinbarkeit von Gesetzen aus der Zeit vor Erlass des Grundgesetzes entscheidet jedes Gericht abschließend – allerdings ohne allgemeine Verbindlichkeit – selbst. Denn vor Inkrafttreten des Grundgesetzes konnte der Gesetzgeber sich noch nicht nach diesem richten, die Feststellung eines Verstoßes gegen das Grundgesetz ist insoweit ohne allen Vorwurf. Dass das Grundgesetz bei einer Kollision mit früherem Recht vorgeht, folgt aus dem Vorrang der Verfassung und der lex posterior-Regel: Das spätere Recht (das Grundgesetz) geht dem früheren (dem vorkonstitutionellen Gesetz) vor. 137

Gesetze aus der Zeit vor 1949, die formell nicht geändert wurden, die der Bundesgesetzgeber aber „,in seinen Willen aufgenommen' und damit bestätigt hat" – z. B. durch eine Bezugnahme auf sie in einem nachkonstitutionellen Gesetz – werden vom BVerfG als nachkonstitutionell und vorlagebedürftig behandelt. „Die Aufnahme in den Willen des nachkonstitutionellen Gesetzgebers setzt voraus, dass dieser seinen konkreten Bestätigungswillen im Gesetz selbst zu erkennen gibt oder dass sich ein solcher Wille aus dem engen sachlichen Zusammenhang zwischen unveränderten und geänderten Normen objektiv erschließen lässt".[171] In BVerfGE 64, 217 (220) hat das Gericht diesen Satz anhand einiger Fälle konkretisiert. Eine Norm der GewO kann als vorkonstitutionell, eine solche des EGBGB aber als nachkonstitutionell und vorlagefähig gelten.[172] Dabei bringt das BVerfG das „Zeitmoment" ins Spiel: „Je länger der Gesetzgeber aber solche (vorkonstitutionellen) Regelungen in Geltung lässt, desto geringer werden die Voraussetzungen für die Annahme, er habe sie in seinen Willen aufgenommen."[173]

Sehr problematisch ist die Auffassung des BVerfG, Gesetze der DDR, die nach dem Einigungsvertrag fortgelten (vgl. Art. 9 II EV), seien nicht vorlagefähig. Das Gericht zieht eine Parallele zum vorkonstitutionellen Recht und meint, der Gesetzgeber habe die in der Anlage II zum Einigungsvertrag aufgezählten fortgeltenden Vorschriften nicht in seinen Willen aufgenommen, sondern „lediglich hingenommen und von ihrer Aufhebung abgesehen, ohne sie in ihrer Geltung zu bestätigen", BVerfGE 97, 117 (124). Das wäre nur richtig, wenn – was gerade nicht der Fall ist – Gesetze der DDR pauschal weitergelten würden. Richtig ist zwar, dass der Gesetzgeber des Einigungsvertrages für die Fortgeltung die Vereinbarkeit des aufgezählten DDR-Rechts mit dem Grundgesetz (und dem unmittelbar geltenden EG-Recht) verlangt, so dass der Rechtsanwendungsbefehl für die Bundesrepublik „unter dem Vorbehalt einer nachträglichen Prüfung" am Maßstab des Grundgesetzes und des EG-Rechts steht. Das bedeutet aber nicht, dass die Gerichte selbst über die Vereinbarkeit zu entscheiden hätten. Aspekte der Rechtssicherheit und Rechtseinheit sprechen hier vielmehr für die Vorlagepflicht nach Art. 100 I GG.[174]

Die ständige Rechtsprechung des BVerfG zur Vorlagefähigkeit vor- und nachkonstitutioneller Gesetze ist hier nicht zu problematisieren; sie ist im Ergebnis hinzunehmen. Zu fragen ist aber, ob der dahinter stehende Gedanke richtig ist: Es sollte in Art. 100 I GG nicht zuerst und hauptsächlich der Gedanke des Schutzes des Parlaments vor der Missachtung durch die Richter hineingelesen werden, und dies, obwohl gerade „diese Deutung des Art. 100 I für die wesentlichste Entscheidung des BVerfG unter den zahllosen, die es zu dieser Verfassungsvorschrift gefällt hat, und für die politisch bedeutsamste" gehalten wird.[175] Art. 100 I GG kann dieses Ziel auch gar nicht erreichen: 138

zung des Vollzugs eines förmlichen Gesetzes, das die Schließung einer Schule vorsah, im Eilverfahren nach § 123 VwGO.

170 Seit BVerfGE 2, 124 (128ff.); 32, 296 (299); 66, 248 (254); 70, 126 (129f.).

171 BVerfGE 52, 1 (17); 60, 135 (149).

172 BVerfGE 64, 217 (220): § 124b GewO i. d. F. von 1891; BVerfGE 63, 181 (188f.): Art. 15 EGBGB von 1896. Zum EnWG: BVerfGE 66, 248 (254ff.).

173 BVerfGE 70, 126 (130, 133).

174 Differenzierend *Wollweber,* DÖV 1999, 418; *Reil,* S. 116f., 126; dem BVerfG zustimmend *Detterbeck,* in: Sachs, GG, Art. 100 Rdnr. 10; *Benda/Klein,* Verfassungsprozessrecht, Rdnr. 834; wie hier *Wieland,* in: Dreier, GG, Art. 100 Rdnr. 16.

175 *Bettermann,* Normenkontrolle, S. 328; *Benda/Klein,* Verfassungsprozessrecht, Rdnr. 783ff; *Wieland,* in: Dreier, GG, Art. 100 Rdnr. 6.

Wenn Gerichte – wie geschehen – scharenweise das Eherechtsreformgesetz von 1976 dem BVerfG vorlegen, da sie es für verfassungswidrig halten,[176] bringen sie ihre Auffassung über die Arbeit des Gesetzgebers deutlich und öffentlich zum Ausdruck. Entscheidend für das Verfahren nach Art. 100 I GG ist der Gesichtspunkt der *Konzentration der verbindlichen Entscheidung* über die generelle Gültigkeit von Rechtssätzen bei einem einzigen Gericht; es geht um die Rechtseinheit und die Rechtssicherheit.[177] Das BVerfG nennt diese Funktion neben derjenigen des Schutzes des Gesetzgebers: „Das konkrete Normenkontrollverfahren ... erfüllt die wesentliche Funktion, durch allgemein verbindliche Klärung verfassungsrechtlicher Fragen divergierende Entscheidungen der Gerichte, Rechtsunsicherheit und Rechtszersplitterung zu vermeiden ...“[178]. „Misshelligkeiten aus dem diffusen richterlichen Prüfungsrecht“,[179] bei dem es ein mühseliger Prozess sein würde, bis sich die Bundesgerichte – notfalls mit Hilfe des Gemeinsamen Senats gemäß Art. 95 III GG – über die Verfassungsmäßigkeit einer Norm einigen, sollen vermieden werden.

Wenn das so ist, dann wäre es folgerichtig gewesen, vorkonstitutionelles Recht in die Vorlagepflicht nach Art. 100 I GG einzubeziehen; gerade bezüglich der Fortgeltung von Recht aus der nationalsozialistischen Zeit bestand viel Unsicherheit.[180] Dann müssten aber auch – und das wäre für die Zukunft wesentlicher – *Rechtsverordnungen* einbezogen werden, was das BVerfG in ständiger Rechtsprechung und in Übereinstimmung mit dem Wortlaut des Art. 100 I S. 1 GG verneint.[181] Letzteres sei hier nur erwähnt. Diese Rechtsprechung des BVerfG steht fest und kann im Blick auf die Konsequenzen nicht mit leichter Hand verworfen werden.[182]

3. Praktische Bedeutung des Verfahrens

139 Dem Verfahren nach Art. 100 I GG kommt für die Geltung der Verfassung, insbesondere auch für den Schutz der Grundrechte, größte Bedeutung zu. Die Entscheidungen in diesem Verfahren liegen statistisch an zweiter Stelle hinter der Verfassungsbeschwerde und weit vor allen übrigen Verfahrensarten. Nicht „jedermann“ wie bei der Verfassungsbeschwerde, aber doch jeder Richter kann vorlegen. Die Richtervorlage nach Art. 100 I GG steht so in einer gewissen Parallelität zur Verfassungsbeschwerde: Jedermann und jeder Richter können sich direkt und ohne weitere Vermittlung (kein Anwaltszwang bei der Verfassungsbeschwerde; Richtervorlage nicht über die obersten

---

176 Vgl. BVerfGE 53, 257.

177 Übereinstimmend *Löwer,* in: HStR III, § 70 Rdnr. 79; *Reil,* S. 27ff. *Baumgarten,* S. 25f., 36, 38, 40, 85f., 105f., sieht zwar auch den Aspekt der Rechtssicherheit, stellt aber den Schutz des Parlaments vor Missachtung ausdrücklich in den Vordergrund.

178 BVerfGE 54, 47 (51); 63, 131 (141); 63, 312 (323): „Befriedungsfunktion“; 17, 208 (210): „... die Überprüfung des *Gesetzgebers* beim Bundesverfassungsgericht zu konzentrieren“; 78, 20 (24). Vgl. auch *Grawert,* JuS 1986, 757f.

179 *Friesenhahn,* Verfassungsgerichtsbarkeit, S. 53. Vgl. auch *Bryde,* Verfassungsentwicklung, S. 99.

180 *Friesenhahn,* Verfassungsgerichtsbarkeit, S. 53, weist darauf hin, dass den Misshelligkeiten, die sich aus dem Fortbestand des *diffusen richterlichen Prüfungsrechts für vorkonstitutionelle Gesetze* ergeben, dadurch vorgebeugt werden kann, dass die Regierung im Verfahren der abstrakten Normenkontrolle gemäß Art. 93 I Nr. 2 GG iVm. § 76 I Nr. 2 BVerfGG den Antrag auf Gültigkeitserklärung stellt (oben Rdnr. 133), wenn ein Gericht ein solches Gesetz nicht angewandt hat. – Dasselbe gilt übrigens auch für Rechtsverordnungen und Satzungen.

181 BVerfGE 1, 184 (189ff.); 17, 208 (210) (auch in Bezug auf Landesrecht, und dies trotz des Wortes „Landesrecht“ in Art. 100 I S. 2 GG im Gegensatz zu „Gesetz“ in Art. 100 I S. 1 GG).

182 Zur Diskussion vgl. *Stern,* in: BK, Art. 100 Rdnr. 60. Im Ergebnis wie hier *Hesse,* Grundzüge, Rdnr. 686.

Gerichte) an das höchste deutsche Gericht wenden. Der Richtervorlage kam bis zur Neuregelung von 1993 (siehe dazu Rdnr. 164) noch der Vorzug zu, dass immer – anders als bei der Verfassungsbeschwerde – der Senat selbst entscheiden musste. So kamen auch viele („unpolitische") Fälle des täglichen Lebens zum BVerfG. Ein Amtsrichter nimmt auch einmal die Gelegenheit wahr, *seine* Auffassung von Gerechtigkeit dem BVerfG vorzulegen, das BVerfG mag sie dann als „offensichtlich unhaltbar" zurückweisen.[183] Aber auch hochpolitische Fälle gelangen auf diese Weise zum BVerfG; der Weg der abstrakten Normenkontrolle wird von den zuständigen Organen aus Gründen der politischen Opportunität oft nicht beschritten.

BVerfGE 53, 224; 53, 257 – Eherechtsreformgesetz von 1976, dem im Bundestag schließlich auch die Opposition zugestimmt hatte; BVerfGE 49, 89 – Verfassungsmäßigkeit von § 7 AtomG (Genehmigung von Kernkraftwerken); BVerfGE 97, 117 – Fortgeltung von DDR-Strafrecht; BVerfGE 105, 61 – Verfassungsmäßigkeit der allgemeinen Wehrpflicht; BVerfGE 125, 175 – SGB II, „Hartz-IV"-Regelsätze; BVerfGE 145, 171 – Verfassungswidrigkeit der Kernbrennstoffsteuer; BVerfGE 148, 147 – Verfassungswidrigkeit der Grundsteuer.

II. Zulässigkeitsvoraussetzungen

1. Vorlageberechtigung

Vorlageberechtigt ist jedes staatliche[184] Gericht einer jeden Instanz, das unterste Gericht ebenso wie das Bundesgericht.[185] Gerichte „sind alle Spruchstellen ..., die sachlich unabhängig, in einem formell gültigen Gesetz mit den Aufgaben eines Gerichts betraut und als Gerichte bezeichnet sind".[186] § 80 I BVerfGG stellt klar: Jeder Richter kann unmittelbar die Entscheidung des BVerfG einholen. Den Aussetzungs- und Vorlagebeschluss muss das Gericht in der Besetzung fassen, in der es die Entscheidung treffen müsste, für die die Vorlagefrage erheblich ist.[187] Bei Kollegialgerichten ist ein einzelner Richter nur dann vorlageberechtigt, wenn er nach dem einschlägigen Verfahrensrecht die anstehende Entscheidung – z. B. die Aussetzung des Verfahrens – allein zu treffen hat und es gerade für diese seine Entscheidung auf die Gültigkeit der Norm, die er für verfassungswidrig hält, ankommt.[188] Ob auch aus dem Eilverfahren heraus 140

[183] So in BVerfGE 54, 47 (51).

[184] Kirchliche Gerichte und private Schiedsgerichte sind nicht vorlageberechtigt, *Benda/Klein,* Verfassungsprozessrecht, Rdnr. 797.

[185] Zur schwierigen und umstrittenen Frage der Vorlagepflicht der Landesverfassungsgerichte in den Fällen des Art. 100 I S. 2 GG vgl. *Friesenhahn,* Zuständigkeitsabgrenzung, S. 756ff. Zu Vorschlägen, die Vorlageberechtigung auf oberste Bundesgerichte zu beschränken, vgl. *Zierlein,* FS Benda, S. 497f.

[186] BVerfGE 6, 55 (63); 30, 170 (171f.).

[187] BVerfGE 145, 249 (268 Rdnr. 39); 114, 303 (315).

[188] BVerfGE 54, 159 (163f.); nicht vorlageberechtigt ist der Rechtspfleger (BVerfGE 61, 75 [77]). Nicht vorlageberechtigt ist ein Einzelrichter, der den Rechtsstreit einem Kollegialorgan zur Entscheidung (rück)übertragen kann und unter bestimmten Voraussetzungen hierzu auch verpflichtet ist. Da die Prüfung der Verfassungsmäßigkeit eines Gesetzes besondere rechtliche Schwierigkeiten aufweist und von grundsätzlicher Bedeutung ist (vgl. § 348 III Nr. 1 u. 2 und § 348a I Nr. 1 u. 2, II Nr. 1 ZPO), muss bei verfassungsrechtlichen Zweifeln sowohl der originäre (§ 348 ZPO) als auch der obligatorische (§ 348a ZPO) Einzelrichter am LG die Entscheidung auf das Kollegialorgan übertragen und darf die verfassungsrechtliche Frage nicht direkt dem BVerfG vorlegen (BVerfG, NJW 1999, 274; *Bettermann,* Normenkontrolle, S. 354f.; *Dollinger,* in: Umbach/Clemens/Dollinger, BVerfGG, § 80 Rdnr. 29; *Moradi Karkaj,* in: Barczak, BVerfGG, § 80 Rdnr. 38; *Müller-Terpitz,* in: Maunz u. a., BVerfGG, § 80 Rdnr. 70ff.; *Zierlein,* FS Benda, S. 495f.). Das BVerfG „erhärtet" dieses Ergebnis

eine Richtervorlage geschehen kann oder muss, ist umstritten, vgl. näher Rdnr. 136.[189] Nicht nur die Endentscheidung, sondern jede Entscheidung während des Prozesses ist geeignet, die Vorlage zu veranlassen. Bei Zwischenentscheidungen ist dies aber nur ausnahmsweise der Fall, da der weitere Verfahrensablauf dazu führen kann, dass es auf die Klärung der Verfassungsmäßigkeit der in Rede stehenden Norm nicht mehr ankommt (Gedanke der Subsidiarität der Verfassungsgerichtsbarkeit).[190] Das BVerfG lässt anlässlich von Zwischenentscheidungen die Richtervorlage zu, wenn dies für den weiteren Ablauf des Ausgangsverfahrens dringend geboten erscheint.

2. Vorlagegegenstand

141 Vorlagegegenstand in Verfahren nach Art. 100 I GG sind nur verkündete,[191] förmliche Gesetze des Bundes und der Länder,[192] einschließlich der verfassungsändernden Gesetze (verfassungswidriges Verfassungsrecht).[193] Auch bezüglich des Landesrechts sind Vorlagegegenstand nach der st. Rspr. nur Landesgesetze im formellen Sinn, und dies trotz der abweichenden Formulierung in Art. 100 I S. 2 GG („Landesrecht").[194]

Nicht vorlagefähig sind also Rechtsverordnungen[195] und Satzungen; für sie bleibt es beim inzidenten richterlichen Prüfungs- und Verwerfungsrecht. Vorlagefähig sind dar-

noch durch folgende Erwägung: „Bestimmt schon das BVerfGG, dass die Beurteilung der Verfassungswidrigkeit eines Gesetzes (und gegebenenfalls seine Nichtigerklärung) nur dem Senat, also dem gesamten Richterkollegium, nicht aber seinem Teilspruchkörper ‚Kammer' obliegt (§ 93c Abs. 1 Satz 3 BVerfGG), dann muss erst recht auch gefordert werden, dass von den Fachgerichten verfassungsrechtliche Bedenken gegen ein Gesetz nur vom gesamten Spruchkörper getragen und entsprechend artikuliert werden", BVerfG, NJW 1999, 274. Dies gilt freilich nicht, wenn der Einzelrichter eines Kollegiums nach der jeweiligen Prozessordnung *bindend* zur alleinigen Entscheidung berufen ist (vgl. BVerfGE 98, 145 [151ff.] zum Vorsitzenden der Kammer für Handelssachen nach § 349 ZPO). Zum Einzelrichter kraft Einverständniserklärung der Beteiligten (vgl. §§ 349 III, IV, 527 IV ZPO; § 87a II VwGO; § 155 III SGG; § 79a III, IV FGO) *Pahlke,* DB 1997, 2454ff.

189 Eingehend und differenziert dazu *Pietzcker,* Richtervorlage, S. 636f.: „Deshalb bleibt innerstaatlich nur der Ausweg, dem Fachgericht die Befugnis zur vorläufigen Verwerfung zu geben; es muss zugleich so weit wie möglich darauf hinwirken, dass es zum Hauptsacheverfahren kommt und dort das Gesetz vorgelegt wird."

190 BVerfGE 63, 1 (21f.).

191 Nicht also Gesetzentwürfe. Zu Überlegungen über eine Ausnahme für den Fall, dass Landesrecht ausnahmsweise eine vorbeugende Normenkontrolle durch ein Landesverfassungsgericht zulässt, das Landesverfassungsgericht einen Verstoß des zu prüfenden Gesetzentwurfs gegen Bundesrecht annimmt und dies entscheidungserheblich, also vorlagefähig ist, vgl. *W. Schmidt,* NVwZ 1982, 181f., und kritisch dazu *Roewer,* NVwZ 1983, 145. Ausgangspunkt dieser Überlegungen ist die Prüfung der Verfassungsmäßigkeit eines Gesetzentwurfs anläßlich der Zulassung eines Volksbegehrens, das diesen Gesetzentwurf zum Gegenstand hat; vgl. dazu die in BVerfGE 60, 175 (178) abgedruckten Gesetzestexte.

192 Eine Ausnahme von seinem Verwerfungsmonopol hat das BVerfG für das satzungsvertretende Gesetz eines Landes, einen hamburgischen Bebauungsplan in Gesetzesform, gemacht. Hier greift nach der bedenklichen Auffassung des BVerfG (E 70, 35) die verwaltungsgerichtliche Normenkontrolle des § 47 VwGO; scharfe Kritik an der These des BVerfG, § 47 VwGO sei auf diese Bebauungsplangesetze anwendbar, im Sondervotum von *Steinberger* (aaO., S. 59ff.); im Ergebnis dem BVerfG dagegen zustimmend *Henseler,* Jura 1986, 249ff.; vgl. auch die Anmerkungen von *Schenke,* DVBl. 1985, 1367ff.; *Zuck,* JZ 1985, 1049f.; ferner *Goerlich,* Formenmißbrauch, S. 66ff.; vgl. auch unten Rdnr. 254.

193 BVerfGE 3, 225 (231, 235f.); *Benda/Klein,* Verfassungsprozessrecht, Rdnr. 804ff; *Fleury,* Rdnr. 170ff.

194 BVerfGE 1, 202 (206); 56, 1 (11).

195 Und dies auch, wenn sie mit Zustimmung des Parlaments ergingen („Zustimmungsverordnung"), BVerfGE 8, 274 (322); anders *Bettermann,* Normenkontrolle, S. 336. Ändert das Parlament eine

über hinaus, entsprechend dem Zweck des Verfahrens nach Art. 100 I GG, nur sog. *nachkonstitutionelle Gesetze* (vgl. Rdnr. 137).[196] Eine verbreitete Meinung in der Literatur spricht damit nicht nur vorkonstitutionellen Gesetzen die Vorlagefähigkeit nach Art. 100 I GG ab. Auch solche Gesetze, deren Vereinbarkeit mit *später* erlassenen Verfassungsnormen oder Bundesgesetzen (im Falle der Überprüfung von Landesrecht) fraglich ist, könnten nicht vorgelegt werden. Die Verwerfung eines solchen Gesetzes durch das Prozessgericht enthalte keine „Desavouierung" des älteren Gesetzgebers, sondern nur die Feststellung, dass das ältere Gesetz durch eine spätere Rechtsänderung hinfällig geworden sei. Da der Gesetzgeber bei der Schaffung seines Gesetzes die später erlassene höherrangige Vorschrift noch nicht gekannt habe, werde ihm nicht vorgeworfen, er habe bei der Schaffung seines Gesetzes übergeordnetes Recht nicht beachtet.[197] Diese Auffassung vertritt auch das BVerfG, allerdings (bislang) nur bezogen auf den besonderen Fall einer Vereinbarkeit von Landesrecht mit später erlassenem Bundesrecht. Der Richter könne hier nach der Regel, dass früheres durch widersprechendes späteres Recht aufgehoben werde, über die Frage der Vereinbarkeit selbst entscheiden und müsse sie nicht dem BVerfG vorlegen (BVerfGE 10, 124 [127f.]). Diese Berufung auf die lex posterior-Regel ist zu Recht kritisiert worden, da diese Regel nicht gilt, wenn die frühere zugleich die höhere Norm ist. Ansonsten würde jedes jüngere Recht die Verfassung verdrängen, was klar der lex superior-Regel widerspricht.[198] Aber auch die Begründung aus dem Zweck der Normenvorlage kann nicht überzeugen. Wenn die Bevorzugung von nachkonstitutionellem gegenüber vorkonstitutionellem Recht überhaupt tragfähig sein soll, dann kann das sachliche Kriterium nicht darin liegen, den „gesetzgeberischen Willen" vor vermeintlichen Vorwürfen und einer damit verbundenen Desavouierung zu schützen. Es kann nur in der besonderen verfassungsrechtlichen Legitimation der nach den Regeln des Grundgesetzes selbst verfassten gesetzgebenden Gewalt bestehen. Dieser Aspekt eines stärkeren verfassungsrechtlichen Schutzes des demokratisch legitimierten und nach den Regeln des Grundgesetzes konstituierten Gesetzgebers ist aber ganz unabhängig von der Frage, ob die maßgebliche Verfassungsnorm, gegen die das Gesetz (eventuell) verstößt, vor oder nach dem Gesetz erlassen wurde. Die Rechtssicherheit als eigentlicher Schutzzweck des Art. 100 GG spricht ohnehin dafür, ohne Rücksicht auf den Verkündungszeitpunkt des Gesetzes die Möglichkeit der Verwerfung einer Norm von vornherein (und nicht nur durch die Möglichkeit eines An-

Rechtsverordnung durch förmliches Gesetz, „so ist das dadurch geschaffene Normgebilde aus Gründen der Normenklarheit insgesamt als Verordnung zu qualifizieren", vgl. BVerfGE 114, 303 (312).

196 *Pestalozza,* Verfassungsprozeßrecht, § 13 Fn. 31 zu Rdnr. 12, weist zutreffend darauf hin, dass der Ausdruck des „nachkonstitutionellen" Gesetzes inkorrekt ist. Gemeint sind Gesetze, die *nach Inkrafttreten* des Grundgesetzes am 24.5.1949 verkündet worden sind. Da der Ausdruck dennoch üblich geworden ist, wird daran auch in dieser Darstellung festgehalten.

197 So im Ergebnis *Benda/Klein,* Verfassungsprozessrecht, Rdnr. 815; *Bettermann,* Normenkontrolle, S. 331f.; *Heun,* AöR 122 (1997), 616; *ders.,* Normenkontrolle, S. 624; *Stern,* Staatsrecht II, S. 992; *Wernsmann,* Jura 2005, 330f.

198 *Benda/Klein,* Verfassungsprozessrecht, Rdnr. 817; *Meyer,* in: v. Münch/Kunig, Art. 100 GG Rdnr. 78. Auch der Wortlaut von Art. 100 I GG spricht – entgegen der Auffassung *Bettermanns* (Normenkontrolle, S. 332) – nicht für die genannte Auffassung. „Verletzung" der Verfassung muss nicht so verstanden werden, dass der Gesetzgeber gegen bereits geltendes höherrangiges Recht verstößt. Wie das BVerfG selbst festgestellt hat, verwendet der Gesetzgeber den Begriff der Gesetzes-„Verletzung" auch an anderer Stelle im Sinne der „Unvereinbarkeit" ohne zeitlichen Bezug, BVerfGE 2, 124 (132).

trags nach Art. 93 I Nr. 2 GG)[199] bei *einem* Gericht zu konzentrieren.[200] Dies gilt besonders im Hinblick auf die Vereinbarkeit mit *Verfassungs*normen, da diese vielfach in die Form allgemeiner Grundsätze gekleidet sind und damit besondere Interpretationsschwierigkeiten auslösen.[201] Zutreffend ist daher die Formulierung in BVerfGE 97, 117 (122): „Gesetze, die unter der Herrschaft des Grundgesetzes erlassen worden sind, sollen bis zur allgemeinverbindlichen Feststellung ihrer Nichtigkeit oder Unwirksamkeit durch das Bundesverfassungsgericht befolgt werden; über ihre Gültigkeit soll es keine einander widersprechenden Entscheidungen geben". Dies gilt für *alle* Gesetze, die unter der Geltung des Grundgesetzes erlassen wurden. Soweit sie für den konkreten Fall entscheidungserheblich sind, müssen die Gerichte sie dem BVerfG vorlegen.

Haushaltsgesetze sind als formelle Gesetze an sich vorlagefähig, mangels Außenwirkung (§ 3 BHO) sind sie aber für die Entscheidung eines Einzelfalls in der Regel nicht entscheidungserheblich, so dass die Vorlage unzulässig ist.[202] Steht die vorgelegte Norm in innerem Zusammenhang mit anderen Vorschriften, ist sie Bestandteil eines Regelungskomplexes, so sind die anderen Normen ebenfalls in die verfassungsrechtliche Prüfung einzubeziehen.[203] Vorlagefähig sind auch Zustimmungsgesetze zu Staatsverträgen zwischen Bundesländern wie auch Zustimmungsgesetze zu völkerrechtlichen Verträgen[204] einschließlich der Verträge im Zusammenhang mit der *Europäischen Union.*

Auch gesetzesersetzende Parlamentsbeschlüsse können Gegenstand der konkreten Normenkontrolle sein (vgl. oben Rdnr. 127).

142 Vorlagefähige „Gesetze" im Sinne des Art. 100 I GG sind generell nur deutsche Gesetze.[205] Nicht vorlagefähig ist daher das „sekundäre" Recht (abgeleitete Recht) der Europäischen Union, das auf der Grundlage des AEUV von den Organen der Union erlassen wird. Vorlagefähig sind hingegen förmliche deutsche Gesetze, die eine Richtlinie der Union umsetzen, soweit die Richtlinie dem nationalen Gesetzgeber Gestaltungsspielräume gibt und diese vom Gesetz ausgefüllt werden.[206] Ob das Unionsrecht einen solchen Umsetzungsspielraum gibt, muss das im Rahmen des Art. 100 I GG eine Vorlage erwägende Gericht klären.

143 Die Rechtsprechung des BVerfG zu dieser Frage war schwankend. In seinem sog. „Solange I"-Beschluss vom 29. Mai 1974[207] hat es den genannten Grundsatz dadurch zu umgehen versucht, dass es nicht auf das Recht der EG abstellte, sondern auf dessen *Anwendung* durch *deutsche* Gerichte und Behörden. Hierin liege gem. Art. 1 III GG

[199] Die Gefahr einer Rechtszersplitterung „für eine gewisse Übergangszeit" durch Anerkennung einer Verwerfungskompetenz der Fachgerichte gegenüber *früherem* Recht nimmt das BVerfG mit Hinweis auf Art. 93 I Nr. 2 GG ausdrücklich hin, BVerfGE 2, 124 (131).

[200] Kritisch gegenüber den Entscheidungen BVerfGE 2, 124 und 10, 124 daher auch *Pestalozza,* Verfassungsprozeßrecht, § 13 Rdnr. 12.

[201] Das BVerfG hat in seiner Entscheidung BVerfGE 10, 124 (128) diese Schwierigkeiten gesehen und erklärt, diese würden sich in dem zu entscheidenden Fall der Vereinbarkeit von Landesrecht mit (späterem) Bundesrecht nicht stellen, da hier auf beiden Seiten einfache Gesetze auszulegen seien.

[202] BVerfGE 38, 121 (125); vgl. *Bettermann,* Normenkontrolle, S. 336f.

[203] BVerfGE 87, 234 (254).

[204] BVerfGE 52, 187; 63, 131 (140); 72, 66; 72, 200 (237f.); 95, 39 (44f.).

[205] BVerfGE 3, 368 (374); 4, 45 (48f.) (zu Besatzungsrecht); *Dederer,* in: Maunz/Dürig, GG, Art. 100 Rdnr. 31; *Stern,* in: BK, Art. 100 Rdnr. 78ff., vgl. ebd., Art. 93 Rdnr. 241ff.

[206] BVerfGE 118, 79 (95); 129, 186 (198); 149, 126 (138 Rdnr. 29).

[207] BVerfGE 37, 271 (277ff.).

grundrechtsgebundene Staatsgewalt, die im Verfahren nach Art. 100 I GG überprüfbar sein müsse, solange in der Gemeinschaft ein ausreichender Grundrechtsschutz nicht gewährleistet sei.[208]

Im sog. „Solange II"-Beschluss vom 26. Oktober 1986[209] hat das BVerfG eine Wendung vollzogen: Es werde, „solange die Europäischen Gemeinschaften, insbesondere die Rechtsprechung des Gerichtshofs der Gemeinschaften einen wirksamen Schutz der Grundrechte gegenüber der Hoheitsgewalt der Gemeinschaften generell gewährleisten, der dem vom Grundgesetz als unabdingbar gebotenen Grundrechtsschutz im Wesentlichen gleichzuachten ist, zumal den Wesensgehalt der Grundrechte generell verbürgt, ... seine Gerichtsbarkeit über die Anwendbarkeit von abgeleitetem Gemeinschaftsrecht, das als Rechtsgrundlage für ein Verhalten deutscher Gerichte und Behörden im Hoheitsbereich der Bundesrepublik Deutschland in Anspruch genommen wird, nicht mehr ausüben".[210] Entsprechende Vorlagen nach Art. 100 I GG sollten danach einstweilen unzulässig sein. Gleichwohl ist das BVerfG mit dieser Entscheidung wiederum nicht von der Annahme einer generellen Vorlagefähigkeit abgeleiteten Gemeinschaftsrechts (jetzt Unionsrecht) abgerückt („nicht mehr ausüben"). Es hat sich hier und auch in einem späteren Beschluss eine beschränkte Überprüfungsbefugnis vorbehalten.[211]

Die dogmatisch unklare Ausdrucksweise des Gerichts („nicht mehr ausüben") hat eine Kontroverse um die rechtliche Qualifikation seines Rückzugs aus der Grundrechtsrechtsprechung ausgelöst: Kann das Gericht auf die Ausübung der ihm anvertrauten Rechtsprechungskompetenzen „verzichten"? Oder hat das BVerfG solche Kompetenzen von vornherein nicht, weil materiell-rechtlich das Recht der Europäischen Union nicht der Geltung der deutschen Grundrechte unterliegt und somit auch nicht am Maßstab des GG gemessen werden kann? Das dogmatisch nicht weniger unklare Urteil des BVerfG vom 12. Oktober 1993[212] zum Vertrag über die Gründung der Europäischen Union (Maastrichter Vertrag) hat diese Kontroverse grundsätzlicher werden lassen und auf alle Verfahrensarten des BVerfG ausgeweitet. Neuere Entscheidungen des BVerfG sprechen von der „Zurücknahme der Ausübung seiner Gerichtsbarkeit [...] jenseits des [...] Ultra-vires- und Verfassungsidentitätsvorbehalts"[213] (insgesamt näher Rdnr. 358ff.). 144

[208] BVerfGE 37, 271 (283ff.).

[209] BVerfGE 73, 339ff.

[210] BVerfGE 73, 339 (387) für EG-Verordnungen, bestätigt durch BVerfG, Beschluss vom 29.12.1986, 2 BvR 1460/84 AgrarR 1987, 111 – Milchmengengarantieverordnung; BVerfG, Kammerbeschluss vom 10.4.1987, 2 BvR 1236/86 NJW 1987, 3077 – Erteilung der Vollstreckungsklausel für Urteile des EuGH durch den Bundesjustizminister.

[211] BVerfG, Kammerbeschluss vom 12.5.1989 – 2 BvA 3/89, NJW 1990, 974: „Soweit die Richtlinie den Grundrechtsstandard des Gemeinschaftsrechts verletzen sollte, gewährt der Europäische Gerichtshof Rechtsschutz. Wenn auf diesem Wege der vom Grundgesetz als unabdingbar gebotene Grundrechtsstandard nicht verwirklicht werden sollte, kann das Bundesverfassungsgericht angerufen werden."

[212] BVerfGE 89, 155ff.

[213] BVerfGE 129, 186 (198f.) unter Verweis auf BVerfGE 123, 267 (353f.); 126, 286 (302f.). Zur Abgrenzung dieser Konstellation, bei der es um die Überprüfung von Unionsrecht geht, von der Kontrolle unionsrechtlich determinierten mitgliedstaatlichen Handelns jetzt BVerfGE 152, 216 (250).

3. Vorlagerecht und Vorlagepflicht der Gerichte (Vorlagegrund)

Möglichkeit und Pflicht zur Vorlage eines Gesetzes bei dem BVerfG sind begrenzt:

a) Richterliche Überzeugung von der Verfassungswidrigkeit des anzuwendenden Gesetzes

145 Der vorlegende Richter muss seine Auffassung von der Verfassungswidrigkeit[214] des Gesetzes dartun; es genügt nicht, dass er Zweifel äußert (Art. 100 I S. 1 GG: „Hält ein Gericht ein Gesetz ... für verfassungswidrig ...").

Sieht man auf den großen Aufwand des BVerfG anlässlich der Feststellung der Verfassungswidrigkeit eines Gesetzes, auf die große Zahl der dabei Beteiligten und die erforderlichen aufwendigen Erhebungen, so zeigt sich, dass der Richter zum Beispiel der ersten Instanz mit dieser Anforderung, die Verfassungswidrigkeit selbstverantwortlich festzustellen, häufig überfordert ist. Das BVerfG führt den vorlegenden Amtsgerichten immer wieder durchaus deutlich, fast genüsslich[215] vor Augen, dass sie mit der Vorlage hoffnungslos überfordert waren.[216]

Das Gericht hat vorzulegen, wenn es die Norm, wie Art. 100 I GG exakt formuliert, „für verfassungswidrig" hält; es kommt also nicht darauf an, ob das BVerfG die Norm dann vermutlich auch für nichtig erklären oder ob es sich auf den Ausspruch der Unvereinbarkeit der Norm[217] beschränken wird. In beiden Fällen ist vorzulegen. Das Gericht kann aber nicht vorlegen, wenn es die Möglichkeit zu einer verfassungskonformen Auslegung[218] der entscheidungserheblichen Norm hat und so die Feststellung der Verfassungswidrigkeit der Norm vermeiden kann; es hat diese verfassungskonforme Auslegung des Gesetzes selbst zu ermitteln und seiner Entscheidung zugrunde zu legen.[219]

Kommt der Richter seiner Vorlagepflicht nicht nach, so verletzt er – jedenfalls im Fall der Willkür[220] – Art. 101 I S. 2 GG, die Garantie des gesetzlichen Richters. Dies gilt auch dann, wenn das Gericht wegen einer unzulässigen verfassungskonformen Auslegung die Norm nicht vorlegt.[221]

Das vorlegende Gericht muss seiner Vorlage seine eigene Auffassung von der Verfassungswidrigkeit der Norm zugrunde legen. An die obergerichtliche Rechtsprechung ist es dabei nicht gebunden. Es darf nicht eine – vermeintliche – Bindung dazu benutzen, um mit seiner Vorlage eine verfassungsgerichtliche Überprüfung der Rechtspre-

214 Zur Frage, ob Art. 100 I GG (analog) auch auf die Unionsrechtswidrigkeit eines Gesetzes anzuwenden ist, *Karaosmanoğlu*, 2017.

215 BVerfGE 88, 70 (74f.); 88, 187 (195).

216 Z. B. BVerfGE 64, 251 (254); 65, 265 (277ff.); 65, 308 (314ff.); 68, 352 (359); 76, 100 (104); 79, 245 (249).

217 Dazu unten Rdnr. 394ff.

218 BVerfGE 85, 329 (333f.); 96, 315 (324); 124, 251 (262); 138, 64 (92ff.). Dazu Rdnr. 440ff.

219 Vgl. BVerfGE 53, 115 (134f.); 66, 84 (92); 68, 337 (344); 80, 54 (58); 131, 88 (117f.). – Instruktiv BVerfGE 22, 373; 48, 40 (44f.); 78, 20 (24).

220 Zum Erfordernis der Willkür *Rodi*, DÖV 1989, 750ff. Ausführlich auch *Schorkopf*, in: Umbach/Clemens/Dollinger, BVerfGG, §§ 83, 84 Rdnr. 31; *Röcker*, in: Barczak, BVerfGG, § 83 Rdnr. 23.

221 BVerfGE 138, 64 (93f.): „Die Rechtsprechung des Bundesverfassungsgerichts würde ... missverstanden, wollte man sie als Aufforderung an die Fachgerichte verstehen, die Möglichkeiten einer verfassungskonformen Auslegung zu überspannen, um auf diese Weise eine Vorlage nach Art. 100 Abs. 1 GG tunlichst zu vermeiden."

chung seiner Obergerichte zu veranlassen.[222] Es hat sich seine eigene Überzeugung zu bilden und auch die Unmöglichkeit einer verfassungskonformen Auslegung selbst darzutun. Es muss sich mit der einschlägigen verfassungsgerichtlichen Rechtsprechung auseinandersetzen.[223] Wenn unterschiedliche Verfassungsverstöße einer Norm in Betracht kommen „muss der Vorlagebeschluss die Begründungsanforderungen von § 80 II S. 1 BVerfGG nur hinsichlich eines Verfassungsverstoßes erfüllen"[224].

Möglich ist auch die *wiederholte Vorlage* einer Norm, über deren Vereinbarkeit mit dem Grundgesetz das BVerfG bereits zuvor entschieden hat. In diesem Fall muss der Vorlagebeschluss erhöhten Anforderungen genügen. Zumindest muss er sich mit der Begründung der früheren Entscheidung auseinandersetzen und neue Tatsachen darlegen, die geeignet sein können, eine von der früheren Entscheidung des Bundesverfassungsgerichts abweichende Entscheidung zu ermöglichen.[225]

b) Entscheidungserheblichkeit

Auf die Gültigkeit des Gesetzes muss es bei der Entscheidung im konkreten Ausgangs- **146**
verfahren ankommen (sog. Entscheidungserheblichkeit; Art. 100 I S. 1 GG: „ein Gesetz, auf dessen Gültigkeit es bei der Entscheidung ankommt …"). Die Entscheidungssituation im Ausgangsverfahren ist also bestimmend dafür, ob es aus diesem Verfahren heraus zu einer Normenkontrolle kommt. Das vorlegende Gericht hat die Entscheidungserheblichkeit selbst darzulegen (§ 80 II BVerfGG); der Vorlagebeschluss muss aus sich heraus verständlich sein und den Sachverhalt und die rechtlichen Erwägungen erschöpfend darlegen.[226] Die *gesteigerten* Anforderungen an den vorlegenden Richter fasste das BVerfG so zusammen: „Der Vorlagebeschluss muss aus sich heraus ohne Beiziehung der Akten erkennen lassen, aus welchen Erwägungen das vorlegende Gericht die von ihm als verfassungswidrig erachtete Vorschrift im Ausgangsverfahren für entscheidungserheblich hält. Entscheidungserheblich ist eine Norm aber nur dann, wenn die *End*entscheidung von der Gültigkeit des für verfassungswidrig gehaltenen Gesetzes abhängt. Der Vorlagebeschluss muss mit hinreichender Deutlichkeit erkennen lassen, dass das vorlegende Gericht bei Gültigkeit der Regelung zu einem anderen Ergebnis kommen würde als im Fall ihrer Ungültigkeit (vgl. BVerfGE 7, 171 [173]). In dem Vorlagebeschluss müssen ferner der verfassungsrechtliche Prüfungsmaßstab angegeben und die Überzeugung des vorlegenden Gerichts von der Verfassungswidrigkeit der zur Prüfung gestellten Norm näher dargelegt werden. Der Beschluss hat sich eingehend mit der Rechtslage auseinanderzusetzen und dabei die in Literatur und Rechtsprechung entwickelten Rechtsauffassungen zu berücksichtigen, die für die Auslegung der zur Prüfung vorgelegten Norm von Bedeu-

[222] BVerfGE 64, 180 (187); 78, 20 (24). Dies gilt natürlich nicht, wenn im konkreten Verfahren bereits eine zurückverweisende Rechtsmittelentscheidung vorliegt, die die Verfassungsmäßigkeit (oder die Möglichkeit der verfassungskonformen Auslegung) der Norm bejaht hat; an diese Feststellung des Obergerichts im konkreten Verfahren ist das Untergericht, an das zurückverwiesen wird, gebunden; BVerfGE 65, 132 (139f.).

[223] Vgl. etwa BVerfGE 145, 1 (7 Rdnr. 12).

[224] BVerfGE 150, 345 (365f. Rdnr. 51).

[225] BVerfGE 33, 199 (204); 39, 169 (181); 120, 1 (23).

[226] BVerfGE 64, 192 (200f.); 65, 237 (244); 65, 265 (277); 65, 308 (314f.); 70, 219 (228); 75, 40 (55); 93, 373 (376); 105, 48 (56); 121, 233 (237); 124, 251 (260); 127, 335 (355); 133, 1 (108f. Rdnr. 35); 152, 68 (108f. Rdnr. 106ff.).

tung sind."[227] Damit tun sich die Gerichte oft schwer. Das BVerfG hat sich mit dieser Formulierung der Zulässigkeitsvoraussetzungen ein flexibles Instrument geschaffen, eine Vorlagefrage zu beantworten oder beiseite zu schieben. Es entsteht der Eindruck, dass das Gericht die Richtervorlage eher erschweren und einschränken will.

147 Dieser Gesichtspunkt der Entscheidungserheblichkeit der zu prüfenden Norm für das Ausgangsverfahren als Voraussetzung der Zulässigkeit der Richtervorlage unterscheidet die „konkrete" Normenkontrolle von der abstrakten: Beide Verfahrensarten führen – wie dargelegt – zu einer (abstrakten) allgemein verbindlichen Entscheidung über die Verfassungsmäßigkeit der geprüften Norm. Bei der abstrakten Normenkontrolle sind die den Antrag stellenden Organe mehr oder weniger frei in der Bestimmung des Vorlagegegenstands, bei der konkreten Normenkontrolle ergibt sich dieser ganz aus der Situation des beim Prozessgericht anhängigen Ausgangsverfahrens: Das BVerfG soll nur in dem Umfang die Norm kontrollieren, wie dies ganz konkret für ein anhängiges (erstinstanzliches oder Berufungs- oder Revisions-)Verfahren, in dem ein Gericht die Überzeugung von der Verfassungswidrigkeit einer entscheidungserheblichen Norm gewinnt, erforderlich ist. Die konkrete Normenkontrolle ist „im Rahmen des Ausgangsverfahrens Teil eines einheitlichen Prozesses, ein Zwischenverfahren (...) Wie das Ausgangsverfahren dient das konkrete Normenkontrollverfahren der Entscheidung über den dort anhängigen Verfahrensgegenstand."[228] Diese Anbindung an das Ausgangsverfahren in der Zulässigkeit und Reichweite der konkreten Normenkontrollvorlage kontrastiert signifikant zu der inter-omnes-Wirkung der anschließenden Kontrollentscheidung.

148 aa) *Entscheidungserheblich* „ist die Norm nur dann, wenn das Gericht im Ausgangsverfahren bei Ungültigkeit der Norm anders entscheiden müsste als bei deren Gültigkeit".[229]

Ausgangsbeispiel: Klagt ein Bürger auf eine gesetzlich gewährte Subvention, kommt das Gericht aber zum Ergebnis, dass der Kläger die Voraussetzungen des Gesetzes nicht erfüllt, so kann es nicht vorlegen, selbst wenn es das Gesetz für verfassungswidrig und nichtig hält. Denn die Klage ist in beiden Fällen als unbegründet zu verwerfen. Der Richter hat deshalb die Klage – u. U. mit alternativer Begründung – sofort abzuweisen, ohne vorlegen zu können.

Der Richter, der ein Gesetz für verfassungswidrig hält, muss also seinen Fall, u. U. unter großem Zeitaufwand und mit aufwendiger Beweisaufnahme, nach dem einschlägigen Gesetz (das er ja für verfassungswidrig hält) durchspielen und hypothetisch (von der Gültigkeit des Gesetzes ausgehend) entscheiden, nur um zu sehen, ob er bei Gültigkeit und bei Ungültigkeit des Gesetzes zu verschiedenen Ergebnissen kommt und

[227] BVerfGE 79, 240 (243f.); vgl. auch BVerfGE 86, 71 (77f.); 92, 277 (312); 97, 49 (60); 99, 300 (312f.); 121, 108 (117); 136, 127 (141). Näher zum Gesichtspunkt der Endentscheidung BVerfGE 85, 337 (343f.).

[228] BVerfGE 42, 42 (49); 74, 182 (198); 77, 259 (261).

[229] BVerfGE 22, 175 (177); vgl. auch BVerfGE 7, 171 (173f.); 65, 265 (277); 66, 1 (16f.); 74, 182 (193); 79, 240 (243f.). Von einer „mittelbaren Entscheidungserheblichkeit" spricht das Gericht dann, wenn eine Rechtsverordnung für das Verfahren des vorlegenden Gerichts unmittelbar entscheidungserheblich ist, deren Gültigkeit aber von der Gültigkeit des ermächtigenden Gesetzes abhängt, BVerfGE 114, 303 (314f.). Siehe im Einzelnen zur Frage der Entscheidungserheblichkeit und der Eingrenzung des Gegenstandes durch das BVerfG *Brinckmann,* S. 89ff., 125ff.

ob er also vorlegen kann.[230] Die Vorlage ist unzulässig, wenn das vorlegende Gericht sich auf diese Weise lediglich eine Beweisaufnahme ersparen will.[231] Steht fest, dass ein Gesetz aufgrund entgegenstehenden Unionsrechts nicht mehr angewendet werden darf, ist das Gesetz wegen des Anwendungsvorrangs des Unionsrechts nicht mehr entscheidungserheblich.[232]

Dabei kommt es für die Entscheidungserheblichkeit im Grundsatz auf den *Tenor* der Entscheidung, ob also der Klage z. B. stattgegeben wird, nicht auf die Gründe an: „Allein mit dem Hinweis auf die verschiedene Fassung der Entscheidungsgründe kann eine Vorlage an das BVerfG gemäß Art. 100 Abs. 1 GG nicht begründet werden; denn die Gründe sind für sich allein niemals die ‚Entscheidung' des Gerichts."[233] Allerdings sind die Gründe oft zur Ermittlung des Sinns der Entscheidungsformel heranzuziehen. Unzulässigkeit und Unbegründetheit sind verschiedene Entscheidungen, ebenso die Zurückweisung einer Berufung als unzulässig und aus sachlichen Gründen.[234] Das BVerfG sieht eine andere Entscheidung auch darin, dass die Klage im Ausgangsverfahren entweder sachlich zu bescheiden oder aber das Ausgangsverfahren nach der Feststellung der Verfassungswidrigkeit der Norm durch das BVerfG erneut auszusetzen wäre, um eine Neuregelung durch den Gesetzgeber abzuwarten.[235] Diese Konstellation ist wichtig für die Fälle des gleichheitswidrigen Begünstigungsausschlusses: Das Prozessgericht müsste an sich die Klage auf Begünstigung abweisen und dies sowohl im Falle der Gültigkeit wie der Ungültigkeit der Norm, so dass Entscheidungsunerheblichkeit vorläge;[236] das BVerfG aber lässt die Richtervorlage doch zu, stellt sodann die Verfassungswidrigkeit der Norm (durch Unterlassen des Gesetzgebers) fest und rechnet damit, dass das Prozessgericht sein Verfahren danach erneut aussetzt, bis der Gesetzgeber den von der Begünstigung Ausgeschlossenen durch eine Änderung des Gesetzes eventuell in die Begünstigung hereinnimmt.[237] Der Entscheidungserheblichkeit steht nicht entgegen, dass vom BVerfG im Fall einer Unvereinbarerklärung die weitere Anwendung des bisherigen Rechts angeordnet werden kann, wenngleich in diesem Fall der Ausgangsrechtsstreit nicht anders entschieden werden müsste als bei Verfassungsmäßigkeit der Norm.[238] **149**

Das Gericht lässt eine Richtervorlage auch zu, wenn zwar nicht die Entscheidungsformel selbst, sondern nur die *Begründung* von der Gültigkeit oder Ungültigkeit der Norm abhängt, diesen „alternativen Begründungen" der Entscheidung aber „für Inhalt und **150**

[230] BVerfGE 11, 330 (334f.); 42, 42 (50); 47, 146 (156); 60, 329 (338): „hypothetische Prüfung". BVerfGE 65, 265 (281): Der Vorlagebeschluss muss erkennen lassen, dass das vorlegende Gericht einen Sachverhalt festgestellt hat, nach dem der Klage im Falle der Ungültigkeit der Norm stattzugeben wäre. BVerfGE 85, 176 (182): „Die Vorlagefrage ist zulässig, jedoch einzuschränken."

[231] BVerfGE 63, 1 (22).

[232] BVerfGE 106, 275 (295); 85, 191 (203ff.).

[233] BVerfGE 44, 297 (300). Ausnahmen s. u. Rdnr. 151.

[234] BVerfGE 22, 106 (109).

[235] BVerfGE 61, 43 (56); 23, 135 (142f.); 56, 1 (11); 66, 1 (17); 84, 348 (357). Kritisch aus allgemeinprozessualen Gründen *Bettermann,* Normenkontrolle, S. 360. Weitere Entscheidungen dazu bei *Benda/Klein,* Verfassungsprozessrecht, Rdnr. 845ff.

[236] So noch BVerfGE 8, 28 (32ff.).

[237] Seit BVerfGE 17, 210 (215f.); zuletzt etwa BVerfGE 93, 386 (395); vgl. auch BVerfGE 121, 108 (115).

[238] BVerfGE 117, 1 (28); 66, 1 (17); 93, 121 (131).

Wirkung der Entscheidung rechtliche Bedeutung zukommt".[239] Dies ist eine Ausnahme von der Regel, dass es für die Entscheidungserheblichkeit nicht auf die Begründung, sondern allein auf die Entscheidungsformel ankommt. Das BVerfG schränkt diese Regel erheblich ein. Aus der alternativen Begründung für die Klageabweisung – ob sie auf der Verfassungswidrigkeit der Norm oder auf der mangelnden Erfüllung der Tatbestandsvoraussetzungen beruht – könne sich beispielsweise bei der Genehmigung eines Kernkraftwerks für den Kläger des Ausgangsverfahrens und für die Verwaltungsbehörde die Rechtslage ergeben.[240] Alternative Begründungen lösen aber nicht schlechthin die Vorlagepflicht aus. „Eine Vorlagepflicht besteht insbesondere dann, wenn – etwa infolge einer tragenden alternativen Begründung – die Rechtskraftwirkungen einer Entscheidung im unklaren blieben und aus diesem Grund weiterer Rechtsstreit über künftiges Verhalten zwischen den Beteiligten zu gewärtigen ist."[241]

151 „Ergeben sich verfassungsrechtliche Bedenken erst aus dem Zusammenwirken mehrerer Bestimmungen des einfachen Rechts, so kann zwar grundsätzlich jede von ihnen Gegenstand einer Vorlage sein, doch müssen die mit der zur Prüfung gestellten Norm zusammenwirkenden Vorschriften in die Darstellung der einfachrechtlichen Rechtslage einbezogen werden."[242]

152 bb) Das BVerfG[243] legt großen Wert auf den Gesichtspunkt der *Entscheidungserheblichkeit.* Es betont auch die diesbezügliche Darlegungs- und Begründungspflicht des vorlegenden Gerichts. In BVerfGE 65, 265 (277 ff.) und BVerfGE 94, 315 (323) hat es das Ausmaß der Begründungspflicht im Vorlagebeschluss dargelegt. Es meint, das konkrete Normenkontrollverfahren diene der Entscheidung über den im Ausgangsverfahren anhängigen Verfahrensgegenstand. In der allgemein verbindlichen Entscheidung über die Gültigkeit der Norm weise es zwar dann über das konkrete Ausgangsverfahren hinaus. Die mit der Durchführung eines Normenkontrollverfahrens verbundene Inanspruchnahme des BVerfG und weiterer oberster Verfassungsorgane lasse sich indes nur rechtfertigen, wenn feststehe, dass sie zur Entscheidung eines bestimmten Rechtsstreits unerlässlich ist. „Solange die Möglichkeit besteht, dass das vorlegende Gericht den Rechtsstreit in dem von ihm gewünschten Sinne entscheiden kann, ohne die für verfassungswidrig gehaltene Norm anzuwenden, fehlt es an der Entscheidungserheblichkeit der zu prüfenden Norm."[244] Betreffen die Bedenken des vorlegenden Gerichts eine Vorschrift, von deren Anwendung die Entscheidung nicht ausschließlich abhängt, „müssen die weiteren mit ihr im Zusammenhang stehenden Bestimmungen in die rechtlichen Erwägungen einbezogen werden, soweit dies zum Verständnis der zur Prüfung gestellten Norm oder zur Darlegung ihrer Entscheidungserheblichkeit erforderlich ist."[245] Das BVerfG betont zu Recht, dass ein strenger Maßstab bei der Erheblichkeitsprüfung gefordert sei, „denn mit der Aussetzung und Vorlage nach Art. 100 Abs. 1

[239] BVerfGE 44, 297 (301).
[240] Grundlegend BVerfGE 47, 146 (161 ff.) – Kalkar-Entscheidung.
[241] BVerfGE 63, 1 (24); 47, 146 (165).
[242] BVerfGE 89, 329 (337); 105, 48 (56).
[243] BVerfGE 51, 161 (164); 54, 47 (51); 63, 1 (22, 27); 81, 275 (276 f.); 131, 88 (117). Im Einzelnen, auch kritisch, *Scholler/Broß,* AöR 103 (1978), 148 ff. Eine Übersicht zu den vor allem wegen des Erfordernisses der Entscheidungserheblichkeit als unzulässig beurteilten Vorlagen bei *Zierlein,* FS Benda, S. 457 ff., 466 f., 481.
[244] BVerfGE 64, 251 (254).
[245] BVerfGE 131, 1 (15). Umgekehrt kann das Gericht auch eine zu weit gefasste Vorlagefrage auf ihren entscheidungserheblichen Teil begrenzen, BVerfGE 132 (316 Rdnr. 37); 153, 310 (330 Rdnr. 47).

GG verweigert der Richter zunächst eine Entscheidung zur Sache. Der verfassungsrechtliche Justizgewährungsanspruch fordert daher vom Richter, den Rechtsstreit so zu behandeln, dass eine Verzögerung durch *die Anrufung des BVerfG nach Möglichkeit vermieden* wird."[246] Zugrunde liegt der Gedanke der Subsidiarität der Verfassungsgerichtsbarkeit.

Geht es um die Frage, ob ein nationales Gesetz, das einen Rechtsakt der Europäischen Union umsetzt, einen nationalen Umsetzungsspielraum ausnutzt und deshalb nach Art. 100 I GG vorlagefähig ist (vgl. oben Rdnr. 142), so muss das vorlegende Gericht, gegebenenfalls durch eine Vorlage an den EuGH nach Art. 267 Abs. 1 AEUV, dies klären und darlegen.[247]

Für die Beurteilung der Entscheidungserheblichkeit der vorgelegten Frage ist allerdings „die Rechtsauffassung des vorlegenden Gerichts maßgeblich, sofern sie nicht offensichtlich unhaltbar ist".[248] Im Rahmen der Frage der Zulässigkeit der Vorlage nimmt das BVerfG in der Regel die Tatsachenwürdigung und die Auslegung des Gesetzes durch das vorlegende Gericht hin.[249] Verfassungsrechtliche Vorfragen entscheidet das BVerfG selbst (BVerfGE 46, 268). Bei der Prüfung und Entscheidung über die Verfassungswidrigkeit des Gesetzes muss das BVerfG dann den Inhalt des zur Prüfung gestellten Gesetzes selbst ermitteln.[250] Mit dem Kriterium der „offensichtlichen Unhaltbarkeit" der Auffassung des vorlegenden Gerichts hat sich das BVerfG die Möglichkeit geschaffen, eine Richtervorlage nach eigener Einschätzung der Lage für zulässig oder unzulässig zu erklären.[251] 153

Problematisch, im Ergebnis aber zutreffend, ist die Rechtsprechung in BVerfGE 67, 26: 154 Das Gericht nimmt sich das Recht, die Unzulässigkeit der Klage im Ausgangsverfahren festzustellen, um damit die Entscheidungserheblichkeit der vorgelegten Normen zu verneinen. „Auf die Gültigkeit der zur Prüfung gestellten Bestimmungen kommt es nicht an, weil die Klage im sozialgerichtlichen Verfahren unzulässig ist."[252] In dem Ausgangsverfahren wollte die Klägerin als Mitglied der beklagten Ersatzkasse die „Nichtanwendung gesetzlicher Bestimmungen durch die Beklagte" erreichen, so jedenfalls das BVerfG. Es ging um die §§ 200f und 200g RVO, wonach Leistungen der Krankenkassen für bestimmte, nämlich „nicht rechtswidrige" Schwangerschaftsabbrüche vorgesehen sind.[253] Die Klägerin hatte beantragt, ihrer Krankenkasse die Finanzierung sol-

---

246 BVerfGE 78, 165 (178).

247 BVerfGE 129, 186 (198ff.).

248 BVerfGE 54, 1 (7); 54, 47 (51); 64, 180 (186); 65, 132 (137f.); 65, 160 (169); 65, 265 (278); 66, 270 (281); 69, 150 (159); 81, 40 (49); 78, 1 (5); 97, 49 (60); 105, 61 (67); 108, 186 (208); 116, 164 (179); 120, 1 (23); 121, 233 (237); 126, 77 (97); 131, 1 (15); 138, 1 (15); 141, 1 (10f. Rdnr. 22); 145, 1 (7 Rdnr. 12); 149, 1 (10f. Rdnr. 21); 148, 64 (67f. Rdnr. 13). Vgl. auch BVerfGE 63, 1 (28f.) zu dem Fall, dass das vorlegende Gericht seine Überlegungen schon zur Entscheidungserheblichkeit auf verfassungsrechtliche Erwägungen stützt.

249 BVerfGE 7, 45 (49); 13, 31 (35f.). Vgl. aber auch BVerfGE 64, 194 (200), wo sich das BVerfG des Ausgangsfalls selbständig annimmt und das dortige Klagebegehren klarstellt, um so zur Feststellung der Entscheidungsunerheblichkeit der Norm zu kommen.

250 BVerfGE 17, 155 (163f.); 44, 322 (339ff.).

251 Vgl. z. B. BVerfGE 65, 160 (169) – Einheitswert – und die dortigen Mutmaßungen über das künftige Verhalten des Gesetzgebers als Kriterium der Entscheidungserheblichkeit.

252 BVerfGE 67, 26 (34).

253 Genauere Sachverhaltsdarstellung bei *Krause,* NVwZ 1985, 87; *Geiger,* EuGRZ 1984, 409, und in der späteren Verfassungsbeschwerde BVerfGE 78, 320.

cher Abtreibungen zu untersagen, denen andere Indikationen des § 218a StGB als die medizinische Indikation zugrunde liegen. Das Tatbestandsmerkmal „nicht rechtswidrig" in §§ 200f und 200g RVO sollte allein auf medizinische Indikationen bezogen werden. Das BVerfG geht davon aus, dass dieser Antrag die Verfassungswidrigkeit der §§ 200f, g RVO voraussetzt: „Gegenstand des Ausgangsverfahrens ist mithin ausschließlich die Frage der Gültigkeit von Vorschriften eines Bundesgesetzes." Diese Feststellung des BVerfG trifft nicht zu, denn es ging der Klägerin um die richtige Anwendung der RVO, nicht um deren „Nichtanwendung". Das Sozialgericht Dortmund hatte diese Klage nach § 54 V S. 5 SGG zugelassen und die Frage der Verfassungsmäßigkeit der §§ 200f und 200g RVO dem BVerfG vorgelegt. Das BVerfG führte aus, es halte zwar grundsätzlich die Rechtsauffassung des vorlegenden Gerichtes für die Beurteilung der Entscheidungserheblichkeit einer zur verfassungsrechtlichen Prüfung vorgelegten Norm für maßgeblich, sofern diese nicht offensichtlich unhaltbar sei (BVerfGE 67, 26 [35 m. w. N.]), indessen seien Ausnahmen von dieser Regel zu beachten. Eine solche liege vor, da die Klage im Vorlageverfahren ausschließlich auf Bestimmungen des Verfassungsrechtes gestützt sei[254] und es ausschließlich um die Frage der Gültigkeit von Vorschriften eines Bundesgesetzes gehe: „Die Zulässigkeit einer solchen Klage lässt sich daher [?] nicht allein nach dem für das Verfahren der Sozialgerichte geltenden Prozessrecht beurteilen. Maßgeblich ist vielmehr auch Verfassungsprozessrecht, wie es im Grundgesetz und im Bundesverfassungsgerichtsgesetz ausgeformt ist. Insofern sind das Verfahrensrecht der Sozialgerichtsbarkeit und das Verfassungsprozessrecht Teile eines Gesamtsystems des gerichtlichen Rechtsschutzes. Deshalb steht in Fällen der vorliegenden Art die für das Ausgangsverfahren maßgebende Verfahrensordnung nicht für sich allein. Sie ist in ihrem Zusammenhang mit den Bestimmungen des Grundgesetzes und des Bundesverfassungsgerichtsgesetzes über das Normenkontrollverfahren zu sehen (BVerfGE 47, 146 [155]). Beide Verfahrensordnungen greifen ineinander."[255]

Das Verfassungsprozessrecht ermögliche die abstrakte Normenkontrolle aber nur bestimmten, verfassungsrechtlich vorgesehenen Antragstellern. Diese Entscheidung des Grundgesetzes würde dadurch unterlaufen, dass auf dem Umweg eines Sozialgerichtsprozesses und einer durch ihn ausgelösten konkreten Normenkontrolle ein Verfahren vor dem BVerfG in Gang gesetzt würde, das sich in nichts von einer abstrakten Normenkontrolle unterscheide. Dies sei hier der Fall, da Gegenstand des Ausgangsverfahrens ausschließlich die Frage der Gültigkeit eines Bundesgesetzes sei und die Klage zudem nur auf Bestimmungen des Verfassungsrechts gestützt werde. Das BVerfG nahm daher an, dass nach dem maßgeblichen § 54 V SGG die Klage im Ausgangsverfahren unzulässig sei, da der Klägerin kein individueller Rechtsanspruch auf Unterlassung der Leistungen der Krankenkasse zustehe. Das Sozialgericht Dortmund und das Bundessozialgericht haben dann im weiteren Verfahren entsprechend der Rechtsansicht des BVerfG die Klage als unzulässig abgewiesen. Die Verfassungsbeschwerde der Klägerin gegen die letztinstanzliche Entscheidung des Bundessozialgerichts hat das BVerfG teilweise als unzulässig, teilweise als unbegründet beurteilt, da Grundrechte der Klägerin nicht verletzt seien (BVerfGE 78, 320ff.).

[254] Ausführlicher BVerfGE 89, 144 (152) – Konkursausfallgeld.

[255] BVerfGE 67, 26 (34); Formulierungen übrigens in Anlehnung an *Ulsamer,* in: Maunz u. a., BVerfGG, 8. EL 1985, § 80 Rdnr. 269.

In BVerfGE 72, 1 (7f.) wendet das BVerfG den hier referierten Gedanken auch auf die Verfassungsbeschwerde an: Die Bestimmungen des Grundgesetzes über die Möglichkeiten einer abstrakten Normenkontrolle mit deren beschränkter Antragsfähigkeit würden unterlaufen, wenn es anderen als den verfassungsrechtlich vorgesehenen Antragsberechtigten ermöglicht würde, auf dem Umweg eines provozierten Verwaltungsaktes und eines Sozialgerichtsprozesses ein Verfahren vor dem BVerfG ohne eigene gegenwärtige Beschwer in Gang zu setzen, das sich in seiner Wirkung von einem Normenkontrollverfahren nicht unterscheiden würde. Das BVerfG weist dabei ausdrücklich auf BVerfGE 67, 26 hin. 155

Diese Rechtsprechung ist umstritten.[256] Man wird aber ihrem Grundgedanken zustimmen können. Das Verfassungsprozessrecht, wie es im Grundgesetz und im Bundesverfassungsgerichtsgesetz ausgestaltet ist, ermächtigt nicht jedermann, zu jeder Zeit eine Norm der verfassungsgerichtlichen Kontrolle zu unterwerfen. Deshalb darf das gegenteilige Ergebnis nicht über Ausgangsverfahren, denen Popularklagen zugrunde liegen und die Vorlagen nach Art. 100 I S. 1 GG auslösen können, bzw. über Verfassungsbeschwerden gegen letztinstanzliche richterliche Entscheidungen erreicht werden. Die Rechtsprechung bedarf aber noch der näheren Erläuterung. So wird aus den hier referierten Entscheidungen noch nicht recht deutlich, ob die Ausgangsverfahren schon an sich unzulässig sein sollen oder ob das BVerfG aus der Situation im Ausgangsverfahren nachträglich die Unzulässigkeit der richterlichen Vorlage der Norm bzw. der Verfassungsbeschwerde ableiten will. Im ersteren Fall würde es sich um eine verfassungskonforme Auslegung der Verfahrensordnungen handeln. In der Tat kann man die Entscheidung BVerfGE 67, 26 (34) in diesem Sinne lesen, dass das BVerfG also § 54 V SGG verfassungskonform auslegen wollte und aufgrund dieser Auslegung das Ausgangsverfahren für unzulässig hielt. Es ist zweifelhaft, ob das BVerfG nachträglich ein durchgeführtes gerichtliches Verfahren für unzulässig erklären kann. Die Entscheidung BVerfGE 78, 320 (330) zeigt zudem, dass zwischen den verschiedenen Verfahrensordnungen mit ihren unterschiedlichen Voraussetzungen für die Zulässigkeit einer (Popular-)Klage zu differenzieren ist. Aber der Gedanke, dass das Verfassungsprozessrecht des Bundesverfassungsgerichts in die Verfahrensordnungen der Gerichte hineinregiert, ist richtig.[257] Beide Verfahrensordnungen greifen ineinander.[258] Diese Entscheidungen unterstützen die Tendenz, den Zugang zum BVerfG zu erschweren. 156

Sorgfältig und selbständig prüft das BVerfG den Umfang der Entscheidungserheblichkeit nach und schränkt von daher die Vorlagefrage ein oder weitet sie gelegentlich auch aus.[259] Der Ausgangsfall dirigiert also den Umfang der Normenkontrolle im Verfahren nach Art. 100 I GG („konkrete" Normenkontrolle). Das geht so weit, dass die Konstellation des Ausgangsfalls sich sogar noch in der Entscheidungsformel wiederfindet: 157

[256] Scharfe Kritik an BVerfGE 67, 26 bei *Geiger,* EuGRZ 1984, 410ff.; vgl. auch *Krause,* NVwZ 1985, 89. Sehr kritisch auch *Benda/Klein,* Verfassungsprozessrecht, Rdnr. 870: eindeutig eine Kompetenzüberschreitung des BVerfG. Der Grund liege in einer unzutreffenden Einschätzung von Ausgangs- und Vorlageverfahren, die es in BVerfGE 72, 51 (62) selbst nicht teile. Kritisch auch *Baumgarten,* S. 394ff.

[257] Vgl. im Übrigen schon BVerfGE 47, 146 (155).

[258] BVerfGE 67, 26 (34).

[259] BVerfGE 49, 260 (269): „Die Vorlegungsfrage bedarf der Richtigstellung und der Einschränkung"; 56, 1 (13); 57, 139 (152f.); 91, 1 (26); BVerfGE 120, 1 (22): „Die Vorlage des Finanzgerichts bedarf der einschränkenden Auslegung." BVerfGE 120, 56 (71): „Die Vorlagefrage bedarf der Klarstellung." Sondervotum der Richterin *Graßhof,* in: BVerfGE 91, 1 (39f.). Erweiterung der Vorlagefrage: BVerfGE 149, 1 (14f. Rdnr. 30), zuvor BVerfGE 62, 354 (364); 78, 132 (143f.); 121, 205 (218).

Die Norm wird „insoweit" für mit der Verfassung vereinbar erklärt, als Anlass bestand, sie zu prüfen.[260]

158 cc) Wenn feststeht, dass ein Gesetz dem Unionsrecht widerspricht und deshalb wegen des Anwendungsvorrangs des Unionsrechts nicht mehr angewendet werden darf, ist das Gesetz nicht entscheidungserheblich.[261]

dd) Das BVerfG lässt *Ausnahmen* von dem gesetzlichen Erfordernis des Vorliegens und des Nachweises der Entscheidungserheblichkeit zu: Eine Vorlage ist schon vorzeitig zulässig, wenn „die Vorlagefrage von allgemeiner und grundsätzlicher Bedeutung für das Gemeinwohl und deshalb ihre Entscheidung dringlich ist". Diesen *„vorzeitigen Zugang"* zum BVerfG im Rahmen der konkreten Normenkontrolle hat das BVerfG mit Hilfe einer Analogie zu der entsprechenden Regelung in § 90 II S. 2 BVerfGG für die Verfassungsbeschwerde eröffnet.

BVerfGE 47, 146 (151ff., 157ff.): Es ging um die Frage, ob § 7 AtomG – Genehmigung von Kernkraftwerken – verfassungsmäßig ist. Nach der genannten Regelung in Art. 100 I GG hätte das vorlegende OVG, das § 7 AtomG für verfassungswidrig hielt, zunächst Beweis erheben müssen über die Sicherheit des im Streit befindlichen Kernkraftwerks, um festzustellen, ob die Anlage nach dem Gesetz – dessen Gültigkeit unterstellt – hätte genehmigt werden können. Eine solche Beweisaufnahme ist bekanntlich eine äußerst aufwendige Angelegenheit. Aber nur auf diesem Weg, der in der Regel den Gerichten zugemutet wird, hätte das Gericht klären können, ob es im Falle der Gültigkeit der Norm zu einem anderen Ergebnis als im Falle der Ungültigkeit gelangt wäre. Das BVerfG hat die Vorlage schon vorher zugelassen, obwohl das OVG sich diese Beweisaufnahme erspart hatte und deshalb über die Entscheidungserheblichkeit noch nicht hatte entscheiden können.[262]

159 ee) Die Rechtshängigkeit anderer Vorlagen steht der Zulässigkeit einer konkreten Normenkontrolle nicht entgegen. Im Gegenteil: Ein Gericht, das eine entscheidungserhebliche Norm für verfassungswidrig hält, muss vorlegen, selbst wenn andere Gerichte dieselbe Norm schon vorgelegt haben *(Mehrfachvorlagen)*. Es haben Gerichte hier aus Praktikabilitätserwägungen den Weg gewählt, in Analogie zu § 148 ZPO das anhängige Verfahren auszusetzen, ohne einen Vorlagebeschluss nach Art. 100 I GG zu erlassen.[263] Sie wollen dann nach der ohnedies allgemein verbindlichen (§ 31 II BVerfGG) Entscheidung des BVerfG auch ihr Verfahren wiederaufnehmen. So sollten unnötige mehrfache Vorlagebeschlüsse an das BVerfG hinsichtlich derselben Norm vermieden werden. Art. 100 I GG verlangt aber strikt, dass jeder Richter, der eine anzuwendende Norm für verfassungswidrig hält, nicht nur aussetzt, sondern auch vorlegt.[264] Er kann sich davon nicht unter Berufung auf Vorlagen anderer Gerichte freistellen.

260 Vgl. z. B. BVerfGE 60, 253 (253f.): „§ 85 Absatz 2 der Zivilprozessordnung … ist mit dem Grundgesetz vereinbar, insoweit auch in verwaltungsgerichtlichen Verfahren wegen Anerkennung als Asylberechtigter bei der Frage der Wiedereinsetzung in eine versäumte Frist das Verschulden des Prozessbevollmächtigten dem Verschulden der Partei gleichgestellt wird." Diese vorlagefallbezogene Entscheidungsformel erscheint so im BGBl.

261 BVerfGE 116, 202 (214).

262 Die Sachentscheidung zu § 7 AtomG findet sich in BVerfGE 49, 89.

263 So LAG Berlin JZ 1981, 32; BAG NJW 1988, 2558; ähnlich OLG Oldenburg NJW 1978, 2160. Anders z. B. OLG Celle NJW 1978, 1983f.

264 Eingehend *Pestalozza,* JuS 1981, 649ff.; *ders.,* Verfassungsprozessrecht, § 13 Rdnr. 7; auch *Millgramm,* Jura 1983, 354ff.; *Müller-Terpitz,* in: Maunz u. a., BVerfGG, § 80 Rdnr. 198.

Erwägungen prozessökonomischer Art vermögen demgegenüber nicht zu greifen: der einzelne Richter kennt in der Regel das andere Verfahren, das zu einer Vorlage an das BVerfG geführt hat, nicht so genau, dass er beurteilen könnte, ob die Gültigkeit der Norm dort entscheidungserheblich und die Richtervorlage so überhaupt zulässig ist.[265] Auch kann eine einmal gegebene Entscheidungserheblichkeit in dem anderen Verfahren wegfallen, etwa wenn die Klage zurückgenommen wird, so dass in diesem Fall keine Entscheidung des BVerfG ergeht und der Richter jetzt seinen Vorlagebeschluss nachholen müsste. Im Übrigen vermag eine Vielzahl von Vorlagen zur selben Norm dem BVerfG zu zeigen, dass für die gerichtliche Praxis ein Problem besteht, und ihm ein breiteres Fallmaterial zur Verfügung zu stellen.

ff) Wurde hingegen eine Norm vom Bundesverfassungsgericht für verfassungsgemäß gehalten, ist eine erneute Richtervorlage in den Grenzen der Gesetzeskraft unzulässig. **159a**

gg) Hinzuzufügen ist: Kommt es mangels Entscheidungserheblichkeit oder weil das Gericht die Norm trotz vorgetragener Bedenken für verfassungsmäßig hält, nicht zur Richtervorlage an das BVerfG, so kann diejenige Partei, die durch die letztinstanzliche Entscheidung im Ausgangsverfahren belastet ist, immer noch gegen die letztinstanzliche Entscheidung *Verfassungsbeschwerde* erheben und in deren Rahmen die Verletzung der Garantie des gesetzlichen Richters wegen Unterlassen der Vorlage (vgl. Rdnr. 145) geltend machen und die Verfassungsmäßigkeit des Gesetzes durch das BVerfG nachprüfen lassen. Deshalb ist es auch vertretbar, dass die Parteien im Ausgangsverfahren nicht das Recht haben, die Vorlage nach Art. 100 I GG zu beantragen; sie können sie lediglich anregen. **160**

Auch dies – dass es also ohnedies mit der Kontrolle des Atomgesetzes befasst werden könnte und in diesem Fall sicherlich auch würde – hat das BVerfG in dem genannten Verfahren (BVerfGE 47, 146) dazu veranlasst, die konkrete Normenkontrolle ausnahmsweise schon vorzeitig zuzulassen.

4. Prüfungsmaßstab

Prüfungsmaßstab ist das Grundgesetz. Wenn es sich nach Art. 100 I S. 2 GG „um die Unvereinbarkeit eines Landesgesetzes mit einem Bundesgesetz" handelt, so ist auch das übrige Bundesrecht Prüfungsmaßstab, also Bundesgesetze im formellen Sinne[266] und Bundesrechtsverordnungen.[267] Art. 100 I S. 2 GG formuliert das anders, aber das BVerfG versteht hier unter „Bundesgesetzen" auch Bundesrechtsverordnungen. Prüfungsmaßstab kann aber nach der Rechtsprechung des BVerfG nur die bundesrechtliche lex prior sein. „Das Entscheidungsmonopol des BVerfG nach Art. 100 Abs. 1 GG erstreckt sich nicht auf die Frage, ob ein Landesgesetz mit späterem Bundesrecht unvereinbar ist."[268] Das ist der gleiche Gedanke, der auch vorkonstitutionelles Recht aus dem Anwendungsbereich des Art. 100 I GG ausscheiden ließ (vgl. oben Rdnr. 137 und 141). **161**

Nachzutragen ist, dass nach Art. 100 I S. 1 GG das Gesetz dem zuständigen Landesverfassungsgericht vorzulegen ist, wenn eine *Verletzung der Verfassung des Landes* durch das (Landes-)Gesetz geltend gemacht wird. Art. 100 I GG eröffnet also das konkrete **162**

265 *Pestalozza,* JuS 1981, 652. Schränkt das BVerfG die Vorlegungsfrage gegenüber dem Vorlagebeschluss ein, so kann der Richter nicht sicher sein, dass in dem beim BVerfG schon anhängigen Verfahren die Norm auch in den für „seinen" Fall relevanten Aspekten überprüft wird.

266 BVerfGE 53, 100 – Vereinbarkeit eines hessischen Ausführungsgesetzes mit dem SGB; BVerfGE 60, 135 – Vereinbarkeit eines bayerischen Gesetzes zur Ausführung der ZPO und KO mit dem EGZPO i. d. F. von 1953; BVerfGE 65, 359 (360); 66, 270 (271); 67, 1 (11) – Hochschulgesetz eines Landes und HRG; BVerfGE 87, 95 (96) – Richtergesetz des Freistaates Sachsen und Bundesrecht (Deutsches Richtergesetz).

267 BVerfGE 1, 283 (291 f.); *Pestalozza,* Verfassungsprozeßrecht, § 13 Rdnr. 16; *Stern,* Staatsrecht II, S. 992.

268 BVerfGE 65, 359 (373).

Normenkontrollverfahren zu den Landesverfassungsgerichten. Er setzt damit „unmittelbar einen Satz des Landesverfassungsrechts".[269]

163 Das BVerfG prüft die vorgelegte Norm unter allen denkbaren, nicht nur unter den vom vorlegenden Gericht geltend gemachten (verfassungs)rechtlichen Gesichtspunkten nach.[270] Beschränkt durch den Ausgangsfall ist also nur der Vorlagegegenstand, nicht der Prüfungsmaßstab. Wenig überzeugend ist eine Einschränkung des Prüfungsmaßstabs in der neueren Rechtsprechung. Danach will das Gericht eine Regelung im Rahmen der konkreten Normenkontrolle nur insoweit an den Grundrechten überprüfen „als die Beteiligten des Ausgangsverfahrens hiervon betroffen sind und eine Grundrechtsverletzung in Betracht kommt"[271] Sollte dies eine Subjektivierung der konkreten Normenkontrolle bedeuten, ist das abzulehnen.

III. Verfahrensablauf und Entscheidung

164 Art. 100 I S. 1 GG, § 80 I BVerfGG sehen vor, dass das Gericht, das die Verfassungsfrage der Verfassungsmäßigkeit der entscheidungserheblichen Norm dem BVerfG vorlegen will, die Entscheidung des BVerfG selbst unmittelbar einholt (also nicht über seine Obergerichte) und bis zur Entscheidung des BVerfG sein Ausgangsverfahren aussetzt.

Die Novellierung des BVerfGG von 1993 hat eine gewichtige Änderung im Verfahrensablauf eingeführt: § 81 a BVerfGG erweitert die Entscheidungszuständigkeiten der Kammern, die bislang allein im Verfahren der Annahme von Verfassungsbeschwerden tätig wurden (Rdnr. 258 ff.), auf Richtervorlagen. Die Kammer kann durch einstimmigen Beschluss die Unzulässigkeit einer Richtervorlage feststellen. Die Verfahren nach Art. 100 I GG bleiben aber dann ausschließlich dem Senat vorbehalten, wenn die Vorlage von einem Landesverfassungsgericht oder einem obersten Bundesgericht stammt, § 81 a S. 2 BVerfGG. Ziel der Zuständigkeitserweiterung der Kammern ist eine weitere Entlastung der Senate angesichts zahlreicher unzulässiger Richtervorlagen.

Das BVerfG entscheidet gemäß §§ 82 I iVm. 78, 31 II BVerfGG über die Vereinbarkeit bzw. Unvereinbarkeit einschließlich eventuell der Nichtigkeit der vorgelegten Norm (dazu unten 5. Teil, Rdnr. 370 ff.). § 81 BVerfGG stellt ausdrücklich klar, dass das BVerfG nur die „Rechtsfrage" entscheidet, nicht auch den Ausgangsfall.

Nach der Entscheidung des BVerfG greift das vorlegende Gericht in der Regel sein Verfahren wieder auf und entscheidet den Ausgangsfall. Dabei ist es an die Entscheidung des BVerfG über die Gültigkeit der Norm gebunden (§ 31 I, II BVerfGG). Das BVerfG geht, wie schon erwähnt, davon aus, dass das vorlegende Gericht sein Verfahren auch erneut aussetzen kann, wenn die Entscheidung des BVerfG ergeben hat, dass zur Bereinigung der Verfassungswidrigkeit der Norm eine weitere gesetzliche Regelung erforderlich ist; das Prozessgericht hält dann durch die weitere Aussetzung des Verfahrens die Entscheidung seines Falls bis zum Erlass der gesetzlichen Regelung offen.

[269] *Friesenhahn,* Zuständigkeitsabgrenzung, S. 779; and. *Groschupf,* S. 88: „gehört Art. 100 I GG zu den Homogenitätsregeln des GG hinsichtlich der Länderverfassungen". Auf die schwierigen Abgrenzungsfragen („Doppelvorlage") kann hier nicht eingegangen werden; vgl. hierzu *Sieckmann/Kessal-Wulf,* in: v. Mangoldt/Klein/Starck, GG, Art. 100 Rdnr. 11 f.

[270] BVerfGE 26, 44 (58); 61, 43 (62); 90, 226 (236); 93, 121 (133); 120, 125 (144).

[271] BVerfGE 145, 106 (140 Rdnr. 95); zuvor BVerfGE 116, 96 (120); 117, 272 (291 f.); 122, 151 (180); 126, 369 (387).

Prüfungsschema für eine konkrete Normenkontrolle nach Art. 100 I GG, §§ 13 Nr. 11, 80ff. BVerfGG

Ausbildungsliteratur: *Wernsmann,* Konkrete Normenkontrolle (Art. 100 Abs. 1 GG), Jura 2005, 328ff. 164a

I. Zulässigkeit

Vorab: In der Klausur sind nicht stets alle Prüfungspunkte in gleicher Breite auszuführen. Es ist sinnvoll, bei der Lösung von Fällen alle Prüfungspunkte gedanklich durchzugehen; bei der Ausformulierung der Lösungsgliederung sind jedoch die Besonderheiten des Falles im Rahmen einer vernünftigen Schwerpunktsetzung zu berücksichtigen. Zu beachten ist: Mangels verfassungsrechtlicher Generalklausel (anders etwa §§ 40 VwGO, 13 GVG) sind die Eröffnung des Rechtswegs zum Bundesverfassungsgericht und die Zuständigkeit des Gerichts nicht zu prüfen. Beides ergibt sich aus dem Gesetz (Rdnr. 77).

1. **Vorlageberechtigung (Rdnr. 140)**
   In der Klausur ist regelmäßig nur (sehr) kurz festzustellen, dass es sich bei der vorlegenden Stelle um ein Gericht iSv. Art. 100 I GG handelt.
2. **Vorlagegegenstand (Rdnr. 141ff., 359ff.)**
   Vertiefte Ausführungen sind oftmals in Klausuren mit unionsrechtlichen Bezügen erforderlich (EU-Verordnung oder unmittelbar geltende Richtlinien als Prüfungsgegenstand?).
3. **Vorlagegrund**
   a) Überzeugung von der Verfassungswidrigkeit des anzuwendenden Gesetzes (Rdnr. 145)
      In der Klausur finden sich zumeist klare Aussagen über die Überzeugung des Gerichts. Ist Vorlagegegenstand ein eine EU-Richtlinie umsetzendes nationales Gesetz, so genügt die bloße Überzeugung von der Verfassungswidrigkeit des Gesetzes nicht. Sie muss sich – jedenfalls im Falle einer angenommenen Grundrechtsverletzung – vielmehr darauf erstrecken, dass der EuGH keinen *generell* wirksamen Schutz der Grundrechte mehr gewährleistet.
   b) Entscheidungserheblichkeit
      aa) Entscheidungsbegriff des Art. 100 I GG (Rdnr. 140)
      Es ist (kurz) darzulegen, dass das vorlegende Gericht in seinem Verfahren eine gerichtliche Entscheidung zu treffen hat, die geeignet ist, die Vorlage zu veranlassen.
      bb) Erheblichkeit der Entscheidung (Rdnr. 146; 365a)
      In der Klausur ist sorgfältig zu prüfen und zu begründen, dass bei Ungültigkeit der Norm das konkrete Verfahren anders zu entscheiden ist als bei deren Gültigkeit. Die Entscheidungserheblichkeit fehlt insbesondere, wenn das Verfahren vor dem vorlegenden Gericht unzulässig ist oder wenn die Norm wegen des Vorrangs des Gemeinschaftsrechts ohnehin nicht anwendbar ist.
4. **Entgegenstehende Rechtshängigkeit (Rdnr. 159) und Gesetzeskraft nach § 31 I, II 1 BVerfGG (Rdnr. 159a)**
   Hierauf ist nur einzugehen, wenn der Sachverhalt deutliche Anhaltspunkte enthält.

5. **Antrag, § 80 III BVerfGG (Rdnr. 58), Form, §§ 23 I, 80 II BVerfGG (Rdnr. 58)**
Auf Fragen der Form ist in der Klausur regelmäßig nur kurz einzugehen. Eine Frist ist nicht zu beachten.

II. Begründetheit
Zu Beginn der Begründetheit ist auf den vom Vorlagegegenstand abhängigen Prüfungsmaßstab (Rdnr. 161) einzugehen. Ist Vorlagegegenstand ein förmliches Bundesgesetz, ist die konkrete Normenkontrolle demnach begründet, wenn das Gesetz formell oder materiell mit Vorschriften des Grundgesetzes nicht vereinbar ist. Ist Vorlagegegenstand ein förmliches Landesgesetz, ist sie begründet, wenn das Gesetz formell oder materiell gegen Vorschriften des Grundgesetzes oder gegen sonstiges Bundes*recht* verstößt; Verstöße gegen Vorschriften der Landesverfassung prüft das BVerfG nicht.

D. Das Verfahren der Normverifikation und Normqualifikation nach Art. 100 II GG, §§ 13 Nr. 12, 83 ff. BVerfGG[272]

I. Bedeutung und Einordnung: prozessuales Gegenstück zu Art. 25 GG

165 Nach Art. 100 II GG entscheidet das BVerfG auf eine Richtervorlage hin über die Frage, ob eine Regel des Völkerrechts gemäß Art. 25 GG Bestandteil des Bundesrechts ist.

1. Ziel und Funktion des Verfahrens

166 Art. 100 II GG stellt das „prozessuale Gegenstück" zur materiell-rechtlichen Aussage in Art. 25 GG dar.[273] Die Norm dient der verfahrensrechtlichen Absicherung der Geltung des Völkerrechts im binnenstaatlichen Recht der Bundesrepublik Deutschland. Neben der Effektuierung des Völkerrechts steht der weitere Zweck, die Gefahren für die Rechtssicherheit und die Autorität des Gesetzgebers zu beschränken, die sich aus der Eingliederung des Völkerrechts in die innerstaatliche Rechtsordnung ergeben.[274] Es sollen divergierende Entscheidungen der Gerichte und Urteile verhindert werden, durch die die Bundesrepublik Deutschland gegen Völkerrecht verstieße.[275]

Bislang sind nur wenige Entscheidungen von einigem Gewicht in dieser Verfahrensart ergangen.[276]

[272] *Geck,* BVerfG, S. 142 ff.; *Rühmann; Ruffert,* JZ 2001, 632 ff.
[273] Vgl. *Rühmann,* S. 57; *Stern,* in: BK, Art. 100 Rdnr. 209; *Dederer,* in: Maunz/Dürig, GG, Art. 100 Rdnr. 271 ff.; *Müller-Terpitz,* in: Maunz u. a., BVerfGG, § 83 Rdnr. 5; *Wenig,* S. 19.
[274] BVerfGE 23, 288 (317); *Rinken,* in: AK-GG, Art. 100 Rdnr. 33.
[275] BVerfGE 46, 342 (360); 75, 1 (11); 96, 68 (76); *Ruffert,* JZ 2001, 634.
[276] BVerfGE 4, 319; 15, 25; 23, 288; 46, 342; 64, 1; 75, 1; 94, 315 (328); 100, 209 (211 f.) – Unzulässigkeit der Vorlagen.

Meist handelt es sich in den Ausgangsverfahren, aufgrund derer es zu Vorlagebeschlüssen nach Art. 100 II GG kommt, um die Durchsetzung von vertraglichen Ansprüchen aus Rechtsverhältnissen zwischen deutschen und ausländischen Rechtsträgern. Gegenstand des ersten Verfahrens war die Klage der Familienangehörigen eines von einem amerikanischen Kriegsgericht zum Tode verurteilten und im Jahre 1945 hingerichteten kriegsgefangenen Hauptfeldwebels auf Gewährung einer Hinterbliebenenrente. 2007 entschied das BVerfG, es sei keine allgemeine Regel des Völkerrechts feststellbar, die einen Staat gegenüber einer Privatperson berechtige, die Erfüllung fälliger privatrechtlicher Zahlungsansprüche unter Berufung auf den wegen Zahlungsunfähigkeit erklärten Staatsnotstand zeitweise zu verweigern.[277]

Die in der deutschen Verfassungsgeschichte erstmalige Institutionalisierung der verbindlichen Entscheidung von Zweifelsfragen über die innerstaatliche Geltung von Völkerrecht bei einem Verfassungsgericht ist das Ergebnis des Bestrebens, das nationale Recht gegenüber dem Völkerrecht stärker zu öffnen, als es in der Weimarer Verfassung und ihren Vorläufern der Fall war („Völkerrechtsfreundlichkeit" des Grundgesetzes). Gemäß Art. 25 S. 2 GG begründet das Völkerrecht als Bestandteil des innerstaatlichen Rechts auch für den einzelnen Bürger Rechte und Pflichten. Zu deren Sicherung hat man die Klärung der völkerrechtlichen Zweifelsfragen bei einem Gericht mit großer Autorität konzentriert.[278] Das Recht, ein Verfahren nach Art. 100 II GG bei dem BVerfG zu initiieren, wurde aber nicht – im Stile der abstrakten Normenkontrolle nach Art. 93 I Nr. 2 GG – den Verfassungsorganen eingeräumt. Vielmehr kann – auch im Wege der Urteilsverfassungsbeschwerde – nur aus einem Gerichtsverfahren heraus die Frage, ob eine Regel des Völkerrechts innerstaatlich gilt, vor das BVerfG gebracht werden. 167

Bundestag, Regierung, Exekutive usw. können die in Art. 100 II GG angesprochenen Fragen also nicht selbst direkt durch das BVerfG klären lassen. Nur im Rahmen eines Rechtsstreits über eine von ihnen ergriffene Maßnahme ist ihnen dies mittelbar möglich.[279] Eine andere Regelung – entsprechend § 86 I und II BVerfGG – wäre durchaus sinnvoll gewesen.

Das BVerfG hat die Zielsetzung und Funktion des Verfahrens nach Art. 100 II GG so umschrieben: 168

„Da sich die Entscheidung aber auch auf die ‚Tragweite' der allgemeinen Regeln des Völkerrechts erstrecken kann ..., kann das BVerfG im Einzelfall jeweils auch prüfen, ob eine bestimmte allgemeine Regel des Völkerrechts nach ihrer Tragweite auf innerstaatliches Recht einzuwirken geeignet ist. Das Verifikationsverfahren nach Art. 100 Abs. 2 GG ersetzt im Ergebnis das Gesetzgebungsverfahren; der Tenor der Entscheidung des BVerfG hat Gesetzeskraft (Art. 94 Abs. 2 GG, § 13 Nr. 12 und § 31 Abs. 2 BVerfGG)."[280]

Diese Formulierung darf nicht zu dem Missverständnis führen, das BVerfG sei als Ersatzgesetzgeber für die innerstaatliche Wirkung völkerrechtlicher Regeln zu betrachten. Lediglich das Ergebnis der deklaratorischen Feststellung des Gerichts, dass eine völkerrechtliche Regel besteht und innerstaatlich gilt, also Rechte und Pflichten erzeugt, steht dem Ergebnis eines Gesetzgebungsverfahrens gleich: Die Entscheidung wirkt allgemeinverbindlich (§ 31 I, II BVerfGG).[281] Das BVerfG trifft seine Feststellung als Gericht. Die kreative Funktion eines Gesetzgebers ist dem BVerfG auch hier versagt. Denn die Inkorporation der allgemeinen Regeln des Völkerrechts wird bereits durch Art. 25 GG selbst bewirkt.

[277] BVerfGE 118, 124.
[278] *Geiger,* BVerfGG, § 83 Anm. 3; *Stern,* in: BK, Art. 100 Rdnr. 218.
[279] *Rühmann,* S. 107.
[280] BVerfGE 23, 288 (318).
[281] S. unten Rdnr. 495 ff.

2. Abgrenzung zum Verfahren nach Art. 100 I GG

169 Das BVerfG kann in dem Verfahren nach Art. 100 II GG lediglich prüfen, ob eine bestimmte Völkerrechtsregel als Bundesrecht existiert und ob sie für den Einzelnen Rechte und Pflichten erzeugt. Nicht zu verwechseln damit ist die Frage, ob ein Rechtssatz des nationalen Rechts mit einer nach Art. 25 GG als innerstaatliches Recht geltenden und anerkannten Regel des Völkerrechts übereinstimmt. Dabei handelt es sich um einen Fall der konkreten Normenkontrolle nach Art. 100 I GG.[282]

Es wurde erwogen,[283] auch diese Normenkontrollentscheidung – über die Geltung von nationalem Recht am Maßstab des über Art. 25 GG inkorporierten und dem übrigen Bundesrecht vorgehenden Bundesrechts – dem Verfahren nach Art. 100 II GG zuzuordnen. Damit wären alle Völkerrechtsfragen bei einem Senat des BVerfG konzentriert. Das Verfahren nach Art. 100 I GG sei ganz auf innerstaatliches Verfassungsrecht zugeschnitten. In den hier angesprochenen Kollisionsfällen aber handele es sich um die Frage des Vorrangs von Völkerrecht als bevorzugtem Bundesrecht und damit nicht um einen der typischen Fälle des Verfahrens nach Art. 100 I GG.

Das BVerfG hat diese Frage noch nicht entschieden.[284] Es ist wohl richtiger, die beiden Verfahren – trotz ihrer praktischen Ähnlichkeit – auseinanderzuhalten: Art. 100 II GG zielt auf die Frage, ob eine allgemeine Regel des Völkerrechts als Bundesrecht gilt; Art. 100 I GG ist der Ort zur Entscheidung, ob dieses bevorzugte Bundesrecht mit weiterem Recht kollidiert.[285] Die vorgeschlagene erweiterte Anwendung des Art. 100 II GG würde zu Lasten des richterlichen Prüfungsrechts der Gerichte gehen. Nach Art. 100 I GG muss der Richter von der Verfassungswidrigkeit der entscheidungserheblichen Norm völlig überzeugt sein, andernfalls kann er die Norm anwenden und seinen Fall entscheiden. Im Rahmen des Art. 100 II GG genügen bereits Zweifel, um den Richter zur Vorlage zu zwingen[286] und ihm die Entscheidung der Rechtsfrage aus der Hand zu nehmen.

3. Begriffliche Qualifizierung

170 Die begriffliche Einordnung des Verfahrens nach Art. 100 II GG ist nicht eindeutig geklärt. Offen ist, ob man das Verfahren nach Art. 100 II GG mit „Normverifikation" oder mit „Normqualifikation" zutreffend bezeichnet. Das BVerfG hat den Begriff des Normverifikationsverfahrens verwendet.[287] *Normverifikation* bedeutet die Prüfung, ob eine Norm vorliegt, die innerstaatliche Geltung beansprucht.[288] Das Verfahren nach Art. 100 II GG dient der Bestimmung des innerstaatlichen Geltungsanspruches und damit der Normverifikation.

Es enthält aber auch ein Element der Normqualifikation. Als *Normqualifikation* bezeichnet man die Bestimmung des Ranges der – die innerstaatliche Geltung beanspruchenden – Norm in der innerstaatlichen Rechtsordnung.[289] Im Verfahren nach Art. 100 II GG ist auch zu überprüfen, ob eine Völkerrechtsregel Bestandteil des Bundesrechts ist. Art. 100 II GG ist somit sowohl ein Verfahren der Normverifikation wie der Normqualifikation.

---

282 *Dederer,* in: Maunz/Dürig, GG, Art. 100 Rdnr. 287; *Schlosser,* ZZP 79 (1966), 174.

283 *Stern,* in: BK, Art. 100 Rdnr. 221 ff.

284 Vgl. BVerfGE 23, 288 (318).

285 Im Ergebnis wie hier *Rühmann,* S. 70; *Dederer,* in: Maunz/Dürig, GG, Art. 100 Rdnr. 287; *W. Meyer,* in: v. Münch/Kunig, GG, Art. 100 Rdnr. 86.

286 *Sachs,* Bindung, S. 356 f.

287 BVerfGE 23, 288 (318); 37, 271 (302) – Sondervotum *Rupp, Hirsch* und *Wand.*

288 *Rühmann,* S. 31.

289 *Rühmann,* S. 31.

Die unterschiedliche Verwendung dieser Begriffe ist keine Begriffsspielerei. In dem unterschiedlichen Begriffsgebrauch spiegeln sich die unterschiedlichen Positionen zwischen der monistischen und der dualistischen Theorie über das Verhältnis von Völkerrecht und nationalem Recht wider. Diese Auseinandersetzung in der Völkerrechtslehre kann hier nicht dargestellt werden.[290]

II. Zulässigkeitsvoraussetzungen

1. Vorliegen eines Rechtsstreits

Voraussetzung ist, dass in einem Rechtsstreit völkerrechtliche Zweifel auftauchen. Als 171
Rechtsstreit zählt jedes justizförmige Verfahren.[291]

In jedem Stadium eines Rechtsstreits kann eine Vorlagepflicht gem. Art. 100 I GG eintreten, z. B. auch schon im Vorfeld eines zu erlassenden Beweisbeschlusses, wenn die vorgesehene Beweiserhebung die Gefahr einer Völkerrechtsverletzung gegenüber einem Staat in sich birgt.[292]

Zweifel in einem Verwaltungs- oder Gesetzgebungsverfahren oder lediglich akademische Auseinandersetzungen ohne konkreten Fallbezug eröffnen nicht die Vorlagemöglichkeit zum BVerfG.

BVerfGE 100, 209 (211 f.): „Das Vorlageverfahren dient nicht dazu, abstrakte Rechtsfragen zu klären oder dem vorlegenden Gericht zusätzliche rechtliche Gesichtspunkte für seine Entscheidung an die Hand zu geben."

2. Zweifel (und Zweifler)

Im Gegensatz zur konkreten Normenkontrolle nach Art. 100 I S. 1 GG ist im Verfah- 172
ren nach Art. 100 II GG nicht eine volle Überzeugung des Gerichts erforderlich. Zweifel genügen, um eine Vorlagepflicht zu begründen.

Die Zweifel müssen – und auch dies ist anders als im Verfahren nach Art. 100 I S. 1 GG – nicht notwendig bei dem Gericht selbst bestehen, es genügen auch ernstzunehmende Zweifel außerhalb des Gerichts. „Eine Vorlage nach Art. 100 II GG ist bereits dann geboten, wenn ein Gericht bei der Prüfung, ob oder mit welcher Tragweite eine allgemeine Regel des Völkerrechts gilt, objektiv auf ernstzunehmende Zweifel stößt, und nicht nur dann, wenn es selbst Zweifel hegt." „Ernstzunehmende Zweifel … bestehen dann, wenn das Gericht abweichen würde von der Meinung eines Verfassungsorgans oder von den Entscheidungen hoher deutscher, ausländischer oder internationaler Gerichte oder von den Lehren anerkannter Autoren der Völkerrechtswissenschaft."[293]

Das BVerfG hat aus diesen Aussagen über die Vorlagepflicht nach Art. 100 II GG die 173
Konsequenz gezogen, dass den Prozessbeteiligten im Ausgangsverfahren ein *Rechtsanspruch auf Vorlage* zustehe und dass bei unzulässiger Nichterfüllung dieses Anspruchs das Grundrecht auf den gesetzlichen Richter nach Art. 101 I S. 2 GG verletzt sei. Damit ist die Verfassungsbeschwerde gegen die spätere Entscheidung des Gerichts

[290] Darstellung bei *Magiera,* in: Menzel/K. Ipsen, Völkerrecht (2. Aufl. 1979), S. 49 ff.
[291] BVerfGE 75, 1 (11).
[292] BVerfGE 46, 342 (360).
[293] BVerfGE 64, 1 (14); 96, 68 (77); 23, 288 (319); *Geck,* BVerfG, S. 144; *Tomuschat,* ZaöRV 28 (1968), 28 ff.

mit der Begründung, das Gericht habe nicht entscheiden dürfen, ohne vorher das BVerfG – den „gesetzlichen Richter" – einzuschalten, eröffnet. Formell bleibt zwar die Entscheidung über die Vorlage dem Gericht selbst überlassen. In dem Moment aber, in dem es einem Beteiligten oder gar einem Dritten gelingt, die Existenz oder Anwendbarkeit einer einschlägigen völkerrechtlichen Regel objektiv in Zweifel zu ziehen, darf das erkennende Gericht über die Zweifelhaftigkeit der Frage nicht mehr selbst entscheiden, sondern muss vorlegen.[294]

Durch diese extensive Auslegung der Zulässigkeitsvoraussetzungen des Art. 100 II GG wird die Vorlagepflicht faktisch in die Hand einer Prozesspartei gelegt.[295]

174 Dies entspricht der Zielsetzung, mit Art. 100 II GG den Art. 25 GG verfahrensrechtlich zu ergänzen. Die Stellung des Einzelnen, für den das Völkerrecht Rechte und Pflichten begründet, soll gestärkt werden.

Der Unterschied zu Art. 100 I S. 1 GG ist deutlich: Hier können die Prozessparteien die Vorlagen an das BVerfG nur anregen. Der Unterschied scheint auf den ersten Blick nicht ohne sachlichen Grund: Im Verfahren nach Art. 100 I S. 1 GG, wo die Verfassungsmäßigkeit einer deutschen Norm zweifelhaft ist, steht der unterliegenden Partei des Ausgangsverfahrens immer die Verfassungsbeschwerde mit der Behauptung offen, die der gerichtlichen Entscheidung zugrundeliegende Norm verstoße gegen einen Rechtssatz der Verfassung. Bei der Nichtanwendung einer allgemeinen Regel des Völkerrechts, deren Qualifikation als Bestandteil des Bundesrechts behauptet wird, ist dies offenbar nicht in gleicher Weise der Fall, wenngleich diese Regeln den Gesetzen vorgehen (Art. 25 S. 2 GG). Denn diese Regeln des Völkerrechts haben nicht die Qualifikation von Grundrechten. Die Prozessparteien haben hier – wie auch im Falle des Art. 100 I GG (vgl. Rdnr. 145, 160, 24) – die Möglichkeit der Behauptung, durch Nichtvorlage ihrem gesetzlichen Richter (Art. 101 I S. 2 GG) entzogen zu sein. Nach der extensiven Rechtsprechung des BVerfG zu dem Schutzbereich der Grundrechte und zur Zulässigkeit der Verfassungsbeschwerde ist diese aber auch wegen Verletzung oder Nichtanwendung einer allgemeinen Regel des Völkerrechts möglich.[296]

Das BVerfG sichert seine Auffassung mit einem weiteren Argument ab: Für die Entscheidung über Bestehen und Tragweite einer Regel des Völkerrechts könne es erforderlich sein, die an der Gesetzgebung beteiligten Verfassungsorgane zu hören. Das aber sei im Ausgangsverfahren nicht möglich. Dagegen gewähre § 83 II BVerfGG diesen Organen das Recht, sich im Verfahren vor dem BVerfG zu äußern und diesem beizutreten.[297]

175 Das BVerfG hat die Anforderungen, die eine Vorlagepflicht an das BVerfG begründen, noch zusätzlich erleichtert: Es könne dahingestellt bleiben, ob das erkennende Gericht von Entscheidungen anderer Gerichte oder Ansichten anerkannter Völkerrechtsgelehrter abgewichen sei. Ausreichend sei es schon, dass das BVerfG selbst in einer früheren Entscheidung die Geltung einer völkerrechtlichen Regel offengelassen habe; schon dann sei weder auszuschließen noch offenkundig, ob eine allgemeine Regel des Völkerrechts gilt.[298]

Das BVerfG hat seine eigene, weitgehende, jedenfalls über Art. 100 I GG hinausgehende Auffassung, das unberechtigte Unterlassen einer Vorlage nach Art. 100 II GG durch den Richter des Ausgangsverfahrens

[294] BVerfGE 87, 282 (284f.); 96, 68 (77); 109, 13 (23); 109, 38 (48f.). Vgl. – differenziert und teilweise abweichend – *Rühmann*, S. 115f.
[295] *F. Münch*, JZ 1964, 164.
[296] Vgl. *Geck*, BVerfG, S. 147.
[297] BVerfGE 23, 288 (317f.).
[298] BVerfGE 64, 1 (15ff.).

verletze die betroffene Partei des Ausgangsverfahrens in deren Grundrecht auf den gesetzlichen Richter aus Art. 101 I S. 2 GG, mit einer Entscheidung selbst wieder entwertet. In BVerfGE 64, 1 (21) – Iranvermögen – geht das BVerfG einen zumindest unkonventionellen Weg: Es bejaht zwar die Verletzung von Art. 101 I S. 2 GG, hält die Verfassungsbeschwerde aber doch für unbegründet, da die Durchführung der Vorlage keinen Einfluss auf die Entscheidung des Ausgangsverfahrens hätte haben können, die angegriffene Entscheidung also im Ergebnis nicht auf dem Verfassungsverstoß beruhe. „Denn das Bundesverfassungsgericht wäre im Verfahren nach Art. 100 Abs. 2 GG zu dem Ergebnis gelangt, dass eine allgemeine Regel des Völkerrechts, die die Vollstreckung von Arrestbefehlen in Vermögensgegenstände von der Art der gepfändeten Forderungen verbietet, nicht besteht. Da der erkennende Senat des Bundesverfassungsgerichts selbst der gesetzliche Richter ist, dem die Beschwerdeführerin entzogen wurde – er wäre nach Art. 100 Abs. 2 GG, §§ 13 Nr. 12, 14 Abs. 2 BVerfGG berufen gewesen, die Frage nach der Geltung einer solchen Regel zu beantworten – kann im vorliegenden Verfahren festgestellt werden, dass die Erinnerungs- und Beschwerdeentscheidungen nicht anders hätten ausfallen dürfen, wenn Art. 101 Abs. 1 S. 2 GG beachtet worden wäre." – Diese prozessökonomische Kompensation des Verstoßes gegen den „gesetzlichen Richter" durch Vorwegnahme der materiell-rechtlichen Prüfung sollte nicht Schule machen – ganz abgesehen davon, dass dem Beschwerdeführer nicht die Kosten seiner begründeten, aber doch zurückgewiesenen Beschwerde verbleiben dürfen. Die Besonderheit des Falls liegt darin, dass hier der 2. Senat des BVerfG über die Verfassungsbeschwerde entschied, der nach § 14 II BVerfGG auch im Vorlageverfahren nach Art. 100 II GG zuständig gewesen wäre.

3. Vorlagegegenstand

Die Bestimmung des „Themas" des Zweifels bzw. des Vorlagegegenstands hat die größten Deutungsschwierigkeiten in Art. 100 II GG aufgeworfen. 176

Nach der Rechtsprechung des BVerfG – in der Systematisierung durch *Stern* – ist eine Vorlage immer dann geboten, wenn in einem Rechtsstreit Zweifel bestehen über Existenz, Rechtscharakter, Tragweite und Bindungskraft einer Völkerrechtsregel.[299]

Das geht über den Wortlaut des Art. 100 II GG, insbesondere hinsichtlich der „Existenz", hinaus. Die Existenz einer Regel ist aber Voraussetzung aller ihrer Qualifikationen. Andere Zweifel sind in den Ausgangsverfahren selbst zu klären.

4. Entscheidungserheblichkeit

Als ungeschriebenes Tatbestandsmerkmal setzt Art. 100 II GG voraus, dass die Zweifel entscheidungserheblich sind. „Obwohl Art. 100 Abs. 2 GG anders als Absatz 1 dieser Bestimmung nicht ausdrücklich vorschreibt, dass die vom Bundesverfassungsgericht zu prüfende Norm für die Entscheidung des vorlegenden Gerichts erheblich sein muss, ergibt sich doch aus Sinn und Zweck des in Art. 100 Abs. 2 GG geregelten Verfahrens, dass Vorlagen nach dieser Vorschrift nur zulässig sind, wenn die Regel des Völkerrechts und die Frage, ob sie Bestandteil des Bundesrechts ist, für das Ausgangsverfahren entscheidungserheblich sind".[300] 177

III. Die Entscheidung

Der Entscheidungstenor ergibt sich aus § 83 I BVerfGG, der dem doppelten, die Verifikation und Qualifikation umfassenden Gehalt des Verfahrens nach Art. 100 II GG 178

[299] BVerfGE 15, 25 (31 ff.); 46, 342 (363); 64, 1 (13); *Stern,* in: BK, Art. 100 Rdnr. 244 ff., 253. Vgl. auch *Geck,* BVerfG, S. 143.
[300] BVerfGE 15, 25 (30); vgl. auch BVerfGE 96, 68 (79).

entspricht: „Das Bundesverfassungsgericht stellt ... in seiner Entscheidung fest, ob die Regel des Völkerrechts Bestandteil des Bundesrechts ist und ob sie unmittelbar Rechte und Pflichten für den Einzelnen erzeugt."

Das BVerfG hat daraus folgende Tenorierung entwickelt: „Es besteht folgende allgemeine Regel des Völkerrechts ... Diese Regel ist Bestandteil des Bundesrechts."[301]

Bei Negativentscheidungen enthält sich das Gericht gelegentlich eines Ausspruchs zur Bundesrechtsqualität. Es formuliert: „Es gibt keine allgemeine Regel des Völkerrechts, die ..."[302]. Es formuliert aber auch: „Eine Regel des Völkerrechts, nach der ..., ist nicht Bestandteil des Bundesrechts."[303]

179 Der Tenor der Entscheidung des BVerfG hat Gesetzeskraft und wird im BGBl. veröffentlicht (§ 31 II iVm. § 13 Nr. 12 BVerfGG).

E. Die Divergenzvorlage nach Art. 100 III GG, §§ 13 Nr. 13, 85 BVerfGG[304]

I. Bedeutung und Einordnung

180 Will ein Landesverfassungsgericht bei der Auslegung des Grundgesetzes von einer Entscheidung des BVerfG oder des Verfassungsgerichts eines anderen Landes abweichen, so hat es die Entscheidung des BVerfG einzuholen (Art. 100 III GG). Das BVerfG entscheidet über die Rechts-(Auslegungs-)Frage (§ 85 III BVerfGG).

Dieses Divergenzausgleichsverfahren nach Art. 100 III GG stellt wie die Verfahrensarten nach Art. 100 I und II GG ein Zwischenverfahren dar, welches das Verfassungsgericht eines Landes vor einer eigenen Entscheidung durch Vorlage beim BVerfG einleitet.

181 Die Vorlageverpflichtung aus Art. 100 III GG zielt darauf ab, divergierende Auffassungen unter den Verfassungsgerichten über die Auslegung des Grundgesetzes dadurch zum Ausgleich zu bringen, dass der Entscheidung im Ausgangsrechtsstreit ein Verfahren vor dem BVerfG vorgeschaltet ist, in dem die Auslegungsdivergenz mit für das vorlegende Landesverfassungsgericht bindender Wirkung entschieden wird.[305]

Art. 100 III GG dient so der Wahrung der Einheitlichkeit der Rechtsanwendung,[306] gibt dem BVerfG die Möglichkeit, seine Rechtsauffassung zu überprüfen[307] und dient

[301] BVerfGE 46, 342 (345). Zu erwägenswerten funktionell-rechtlichen Grenzen des Entscheidungsbereichs des BVerfG *Ruffert*, JZ 2001, 638, der vorschlägt, das Gericht müsse bei im Wandel begriffenen allgemeinen Regeln des Völkerrechts „die Rechtsauffassung der prioritär zuständigen Organe, namentlich der Bundesregierung" zugrundelegen, es sei denn, diese Auffassung sei „schlechthin unvertretbar".

[302] Vgl. BVerfGE 92, 277 (338).

[303] BVerfGE 15, 25 (26); 16, 27 (28); 75, 1. Vgl. *Schorkopf*, in: Umbach/Clemens/Dollinger, BVerfGG, §§ 83, 84 Rdnr. 48; vgl. auch *Röcker*, in: Barczak, BVerfGG, § 83 Rdnr. 28.

[304] *J. Burmeister*, Vorlagen, S. 399ff.; *Stern*, in: BK, Art. 100 Rdnr. 262ff.; *Wieland*, in: Dreier, GG, Art. 100 Rdnr. 35ff.

[305] *Detterbeck*, Streitgegenstand, S. 497ff.; *J. Burmeister*, Vorlagen, S. 410. Vgl. auch unten Rdnr. 475ff.

[306] BVerfGE 3, 261 (264f.); 96, 345 (360); *Stern*, in: BK, Art. 100 Rdnr. 264.

[307] *Pestalozza*, Verfassungsprozeßrecht, § 15 Rdnr. 8.

in begrenztem Umfange der Rechtsfortbildung, die das vorlegende Gericht anstoßen kann.[308]

Es liegen bislang nur fünf Entscheidungen in dieser Verfahrensart vor.[309] Das liegt daran, dass Landesverfassungsgerichte nur selten mit der Auslegung des Grundgesetzes befasst sind; sie wenden das Landesrecht an.

Das Verständnis des Art. 100 III GG ist gebunden an die umstrittenen Auffassungen zur Bindungswirkung verfassungsgerichtlicher Entscheidungen nach § 31 I BVerfGG.[310] **182**

Geht man mit der Rechtsprechung des BVerfG davon aus, § 31 I BVerfGG binde alle Verfassungsorgane, also auch die Landesverfassungsgerichte, nicht nur an den Entscheidungstenor, sondern auch an die „tragenden Gründe" der Entscheidung des BVerfG, so enthält Art. 100 III GG eine Ausnahmeregelung bzw. ein Privileg zugunsten der Landesverfassungsgerichte: Er erlaubt den Landesverfassungsgerichten, ihre vom BVerfG abweichende Auffassung dem BVerfG zur erneuten Entscheidung vorzulegen (an dessen Auslegung des GG sie danach bei der Entscheidung des Anlassfalls aber gebunden sind). **183**

Diese Ansicht von der Durchbrechung der Bindungswirkung nach § 31 I BVerfGG durch Art. 100 III GG übersieht zunächst, dass Art. 100 III GG zur Vorlage auch bei Abweichungen eines Landesverfassungsgerichts von der Rechtsansicht eines anderen Landesverfassungsgerichts verpflichtet; das aber hat mit § 31 I BVerfGG nichts zu tun. Insbesondere kann dieser Ansicht zu Art. 100 III GG nicht gefolgt werden, wenn man – wie hier[311] – die genannte weite Auslegung des § 31 I BVerfGG ablehnt und annimmt, § 31 I BVerfGG binde an die Entscheidung des BVerfG lediglich i. S. des Entscheidungstenors. Bei dieser Auslegung des § 31 I BVerfGG erhält Art. 100 III GG eine Funktion unabhängig von § 31 I BVerfGG.[312] Es ist dies keine andere als bei sonstigen Divergenzvorlagen. Auch § 121 II GVG kennt eine solche Divergenzvorlage. Das Landesverfassungsgericht muss ebenso vorlegen, wenn es abweichen will, und es ist dann an die Entscheidung des BVerfG über die Auslegung des Grundgesetzes bei der Entscheidung seines Falls gebunden. Dieses Verständnis des Art. 100 III GG i. S. der Verpflichtung zur Divergenzvorlage ist auch schon deshalb angezeigt, da Art. 100 III GG die Vorlagepflicht nicht auf Abweichungen von „tragenden Gründen" begrenzt, sondern ganz generell auf Abweichungen „bei der Auslegung des Grundgesetzes" bezieht, insofern also ohnedies weitergeht als § 31 I BVerfGG. Die Verpflichtung zur Divergenzvorlage bezüglich der Auslegung des Grundgesetzes gerade seitens der Landesverfassungsgerichte ist nicht ohne Sinn: Deren Entscheidungen können nicht durch ein Bundesgericht überprüft werden, denn Landesverfassungsgerichte entscheiden irreversibel in letzter Instanz. So kann nur auf dem Wege der Divergenzvorlage eine gewisse Einheitlichkeit in der Auslegung des Grundgesetzes durch diese Gerichte gewährleistet werden.[313] Bei den anderen Gerichten gewährleisten dies in der Regel die Bundesgerichte. **184**

---

308 Vgl. *J. Burmeister,* Vorlagen, S. 404, 409.

309 BVerfGE 3, 261; 13, 165; 18, 407; 36, 342; 96, 345.

310 Breite Darstellung zum Folgenden bei *J. Burmeister,* Vorlagen, S. 411 ff. Dort umfangreiche Nachweise.

311 S. Rdnr. 485 ff.

312 Vgl. zutreffend auch *Lindner,* JZ 2018, 369, 374.

313 *Stern,* in: BK, Art. 100 Rdnr. 266.

II. Zulässigkeitsvoraussetzungen

1. Vorlageberechtigte Gerichte

185 Verfassungsgerichte der Länder iSd. Art. 100 III GG sind nicht allein die eigentlichen Verfassungsgerichte bzw. Staatsgerichtshöfe der Länder. Dazu können auch Oberverwaltungsgerichte zählen, denen eine Zuständigkeit in Verfassungsstreitigkeiten durch Landes- oder Bundesgesetze zugewiesen wurde.[314]

Nicht als Verfassungsgerichte tätig werden Oberverwaltungsgerichte bei der Normenkontrolle nach § 47 VwGO.

2. „Entscheidung" im Sinne von Art. 100 III GG

186 Weitere Voraussetzung ist das Vorliegen einer Entscheidung des BVerfG oder eines Landesverfassungsgerichts. Als Entscheidung zählt jedes Erkenntnis dieser Gerichte, sowohl Urteile als auch Beschlüsse im Hauptsacheverfahren und im einstweiligen Rechtsschutz. Der Begriff der Entscheidung schließt hier ausnahmsweise sowohl den Tenor als auch die Gründe ein, denn nur so kann das eigentliche Ziel dieses Verfahrens erreicht werden: die Verhinderung unterschiedlicher Rechtsauffassungen.[315]

Ist die Rechtsauffassung, von der abgewichen werden soll, Bestandteil der tragenden Gründe der Entscheidung des BVerfG, so ist die Vorlagepflicht unzweifelhaft. Fraglich ist aber, inwieweit eine Vorlagepflicht bei einer inhaltlichen Abweichung von obiter dicta entsteht, denen das BVerfG die Bindungswirkung gem. § 31 I BVerfGG ausdrücklich beigemessen hat.[316]

3. „Abweichen"

187 Abweichen bedeutet, dass die Norm oder das Normgefüge des Grundgesetzes vom Landesverfassungsgericht anders ausgelegt wird als in der bisherigen Rechtsprechung des BVerfG oder eines anderen Landesverfassungsgerichts.[317] Umstritten ist, ob eine Abweichung auch dann vorliegt, wenn das Verfassungsgericht eines Landes ein Grundrecht der Landesverfassung anders auslegen will als das BVerfG ein entsprechendes Grundrecht des Grundgesetzes ausgelegt hat. Hier ist zu differenzieren: Während Art. 142 GG im Allgemeinen keine Identität grundrechtlicher Maßstäbe fordert, gilt anderes für die Überprüfung (fach)gerichtlicher Entscheidungen, die in einem bundesrechtlich geregelten Verfahren ergangen sind.[318] Nach BVerfGE 96, 345 (367) muss hier die „Anwendung dieser – inhaltsgleichen – [Justiz-]Grundrechte im konkreten Fall zu demselben Ergebnis führen".

---

314 Vgl. z. B. § 193 VwGO.

315 BVerfGE 3, 261 (264f.); 36, 342 (356f.); *Dederer,* in: Maunz/Dürig, GG, Art. 100 Rdnr. 370; *Wieland,* in: Dreier, GG, Art. 100 Rdnr. 37.

316 Vgl. dazu *J. Burmeister,* Vorlagen, S. 416. Kritisch dazu *Rühmann,* in: Umbach/Clemens/Dollinger, BVerfGG, § 85 Rdnr. 45; Ablehnend vgl. *Peters,* in: Barczak, BVerfGG, § 85, Rdnr. 36.

317 *Dederer,* in: Maunz/Dürig, GG, Art. 100 Rdnr. 372; ausführliche Darstellung der Vorlagefälle bei *J. Burmeister,* Vorlagen, S. 421ff.; vgl. auch *Stern,* in: BK, Art. 100 Rdnr. 268ff., und *Friesenhahn,* Zuständigkeitsabgrenzung, S. 796ff.

318 Ausführlich zur Systematik *Lindner,* JZ 2018, 369, 377.

4. Entscheidungserheblichkeit

Eine Vorlagepflicht im Divergenzausgleichsverfahren entsteht – wie bei allen Verfahren nach Art. 100 GG – nur bei Entscheidungserheblichkeit. Das heißt: Die beabsichtigte Anwendung einer abweichenden Rechtsauffassung muss zum tragenden Grund der künftigen Entscheidung gehören.[319] 188

III. Entscheidung und Entscheidungswirkungen

Das BVerfG entscheidet über die Rechtsfrage (§ 85 III BVerfGG), also über die Auslegung des Grundgesetzes. Seine Entscheidung bindet das vorlegende Landesverfassungsgericht. Dieses hat seinen Fall unter Zugrundelegung der Rechtsauffassung des BVerfG zu entscheiden. Gemäß § 31 I BVerfGG ist die Entscheidung der Rechtsfrage, die in der Entscheidungsformel enthalten ist, bindend. 189

F. Das Verfahren nach Art. 126 GG, §§ 13 Nr. 14, 86ff. BVerfGG

Nach Art. 126 GG entscheidet das BVerfG bei Meinungsverschiedenheiten „über das Fortgelten von Recht als Bundesrecht“. Art. 126 GG ergänzt verfahrensrechtlich Art. 124 und 125 GG. Durch das BVerfG soll der Rang einer vorkonstitutionellen Norm als Bundesrecht festgestellt werden. Es handelt sich dabei um ein Verfahren der Normqualifikation. Das BVerfG kann im Verfahren nach Art. 126 GG allerdings nicht prüfen, ob die fragliche Norm Verfassungs-, Gesetzes-, Verordnungs- oder sonstigen Rang im Bundesrecht besitzt.[320] Es ist auf die grundsätzliche Einordnung als Bundesrecht beschränkt. 190

Nach § 86 I BVerfGG sind antragsberechtigt Bundestag, Bundesrat, Bundesregierung und die Landesregierungen. Nach Absatz 2 ist auch eine gerichtliche Vorlage möglich. § 86 BVerfGG verbindet also die „konkrete“ und „abstrakte“ Normenkontrolle. Sowohl für den Antragsteller nach § 86 I BVerfGG als auch für die Vorlage nach § 86 II BVerfGG ist eine Entscheidungserheblichkeit erforderlich. Dies ergibt sich für das Verfahren nach § 86 I BVerfGG aus § 87 BVerfGG, ist aber auch für die Richtervorlage anzunehmen.[321]

Das BVerfG spricht in seiner Entscheidung aus, ob das Gesetz als Bundesrecht gilt; es kann auch aussprechen, dass das Gesetz nur in einem bestimmten Teil des Bundesgebietes fortgilt (§ 89 BVerfGG).

G. Die „kommunale Verfassungsbeschwerde“ nach Art. 93 I Nr. 4b GG, §§ 13 Nr. 8a, 91 BVerfGG[322]

Gemeinden und Gemeindeverbände können die sog. kommunale Verfassungsbeschwerde mit der Behauptung erheben, ein Gesetz (oder eine Rechtsverordnung oder ein sonstiger Außenrechtssatz)[323] des Bundes oder des Landes verletze sie selbst, gegenwärtig und unmittelbar in ihrem in Art. 28 II GG garantierten Recht auf ge- 191

[319] *J. Burmeister,* Vorlagen, S. 418ff.; *Pestalozza,* Verfassungsprozeßrecht, § 15 Rdnr. 13.

[320] Vgl. *Rühmann,* S. 47.

[321] BVerfGE 4, 214 (216).

[322] *Bethge,* in: Maunz u. a., BVerfGG, § 91 Rdnr. 1ff.; *Magen,* in: Umbach/Clemens/Dollinger, § 91 Rdnr. 1ff.; Barczak, in: Barczak, BVerfGG, § 91, Rdnr. 1ff.; Sachs, Verfassungsprozessrecht, Rdnr. 613ff.; *Guckelberger,* JURA 2008, 819ff.; *Benda/Klein,* Verfassungsprozessrecht, Rdnr. 661ff.; *J. Burmeister,* JA 1980, 17ff.; *Hoppe,* S. 260ff.; *Stern,* Staatsrecht II, S. 1023ff.; Klausurfall bei *Bethge/v. Coelln,* JuS 2002, 364ff.

[323] So BVerfGE 26, 228 (236); 71, 25 (34); 76, 107 (114); 78, 331 (340); 107, 1 (8); 110, 370 (383) über den Wortlaut des Gesetzes hinaus.

meindliche Selbstverwaltung. So haben sich Gemeinden erfolgreich gegen eine gesetzliche Einschränkung ihrer Planungshoheit[324] und gegen eine willkürliche Namensänderung[325] sowie gegen eine Neugliederung oder „Rückneugliederung" durch Landesgesetz[326] in dieser Verfahrensart gewehrt. Kreise haben mit Erfolg geltend gemacht, dass im Bereich der Grundsicherung für Arbeitsuchende (SGB II) von der Bundesagentur für Arbeit und kommunalen Verwaltungsträgern gebildete „Arbeitsgemeinschaften" gegen das grundgesetzliche Verbot der Mischverwaltung verstießen.[327]

Neben den Gemeinden sind Gemeindeverbände beschwerdefähig. Das sind kommunale Zusammenschlüsse, die entweder zur Wahrnehmung von Selbstverwaltungsaufgaben gebildete Gebietskörperschaften sind oder denen Selbstverwaltungsaufgaben zugewiesen sind, die nach Gewicht und Umfang denen der Gemeinden vergleichbar sind. Das sind insbesondere Kreise, ferner Ämter und ähnliche vom Gesetz gebildete oder zugelassene Verbände, wie etwa Landschaftsverbände in Nordrhein-Westfalen. Zweckverbände rechnen nicht hierzu, weil ihre Aufgabenstellung von vornherein satzungsmäßig begrenzt ist.[328] Wichtig ist für die Beschwerdefähigkeit, dass eine Gemeinde im Streit um die eigene Existenz – etwa im Zusammenhang kommunaler Neugliederungen – auch dann noch beschwerdefähig ist, wenn das angegriffene Gesetz sie aufgelöst hat.

192 Diese Verfahrensart ist vom Gesetz als Verfassungsbeschwerde benannt und ausgestaltet. Darum handelt es sich aber eigentlich nicht, denn antragsberechtigt sind nur Gemeinden und Gemeindeverbände (§ 91 BVerfGG), und Prüfungsmaßstab ist nur die Selbstverwaltungsgarantie nach Art. 28 II GG, die keine Grundrechtsqualität hat. Art. 28 II GG enthält eine Einrichtungsgarantie in Gestalt einer institutionellen Garantie. Gemeinden sind Teil des Staatsaufbaues, ihre Tätigkeit ist mittelbare Staatsverwaltung. Das Selbstverwaltungsrecht ist staatsabgeleitete Kompetenz. Soweit Gemeinden Grundrechte haben, was das BVerfG weitgehend verneint,[329] können und müssen sie die allgemeine Verfassungsbeschwerde erheben. Das BVerfG hat bei der kommunalen Verfassungsbeschwerde den Prüfungsmaßstab über Art. 28 II GG hinaus auf alle Vorschriften des Grundgesetzes ausgedehnt, soweit sie das „verfassungsrechtliche Bild der Selbstverwaltung mitzubestimmen" geeignet sind.[330] Soweit eine andere Norm des Grundgesetzes einen Bezug zur Selbstverwaltungsgarantie des Art. 28 II GG aufweist, wird sie nicht in vollem Umfang zum Prüfungsmaßstab im Rahmen einer kommunalen Verfassungsbeschwerde, sondern nur insoweit, als sie sich als „Konkretisierung des Art. 28 Abs. 2 GG darstellt [...]. Nur soweit die Verfassungsnorm in den Gewährleistungsumfang des Art. 28 Abs. 2 GG hineinwirkt, kann sie im Rahmen einer Kommunalverfassungsbeschwerde als Prüfungsmaßstab herangezogen werden."[331] Diese „Faustformel" weist erhebliche Abgrenzungsschwierigkeiten auf und hat zu Inkonsis-

[324] BVerfGE 56, 298.

[325] BVerfGE 59, 216.

[326] BVerfGE 86, 90.

[327] BVerfGE 119, 331. Vgl. auch BVerfGE 137, 108 – Optionskommunen.

[328] BVerfGE 52, 95; ThürVerfGH, ThürVBl. 2009, 197; *Jarass,* in: Jarass/Pieroth, GG, Art. 28 Rdnr. 49.

[329] BVerfGE 61, 82 (100ff.) – Sasbach; vgl. Rdnr. 207f.

[330] BVerfGE 1, 167 (181ff.); 26, 228 (236); 56, 298 (310f.); 71, 25 (37); 91, 228 (242); *Bethge,* in: Maunz u.a., BVerfGG, § 91 Rdnr. 57, 60; eingehend zu den Anforderungen an die Zulässigkeit der Kommunalverfassungsbeschwerde BVerfGE 71, 25; 79, 127 (141ff.).

[331] BVerfGE 119, 331 (357).

tenzen in der Rechtsprechung beigetragen. So hat das BVerfG eine Verletzung des Rechts auf kommunale Selbstverwaltung in dem Fall für möglich gehalten, dass ein Bundesgesetz unter Verstoß gegen die Gesetzgebungskompetenzen der Länder erlassen wurde.[332] Dagegen hat das Gericht, obwohl wichtige Tätigkeitsbereiche der Gemeinden betroffen sein können, die Verteilung der Verwaltungskompetenzen nach Art. 84 I GG a. F. nicht als kommunalschützend angesehen.[333] Ohne Zweifel richtig ist es, in die rügefähigen Normen die finanzverfassungsrechtlichen Garantien des Grundgesetzes einzubeziehen, soweit sie die Gemeinden berechtigen.[334]

Die „kommunale Verfassungsbeschwerde" entspricht auch insofern nicht der Verfassungsbeschwerde, als ihr Entscheidungsziel lediglich die Normenkontrolle ist.

So handelt es sich bei der sog. kommunalen Verfassungsbeschwerde um ein eigenständiges *Normenkontrollverfahren mit gegenständlich begrenzter Antragsbefugnis.*[335]

Diese Qualifizierung ist umstritten. Die kommunale Verfassungsbeschwerde wird teils der Verfassungsbeschwerde, teils dem abstrakten Normenkontrollverfahren zugeordnet, teils als Beschwerderecht eigener Art ausgewiesen.[336] Sie wird schließlich auch als eine „unsystematische Mixtur aus Organstreit, Bund-Länder-Streit, Normenkontrolle und Verfassungsbeschwerde"[337] charakterisiert.

Unbestritten ist, dass für die Kommunalverfassungsbeschwerde vor allem zwei Voraussetzungen der Rechtssatzverfassungsbeschwerde Anwendung finden. Zum einen muss die antragstellende Kommune durch die angegriffene Norm selbst, gegenwärtig und unmittelbar betroffen sein. Das beruht auf dem Gedanken der Subsidiarität entsprechend § 90 II 1 BVerfGG.[338] Unmittelbarkeit hat dabei eine andere Bedeutung als bei der Grundrechtsbeschwerde nach Art. 93 I Nr. 4a GG. Anders als bei dieser haben die Kommunen nicht die Möglichkeit, gegen einen Vollzugsakt nach der Erschöpfung des Rechtsweges Verfassungsbeschwerde einzulegen. Unmittelbarkeit bedeutet daher hier, dass die Kommune dann nicht die kommunale Verfassungsbeschwerde gegen eine Norm einlegen kann, wenn diese ihrerseits noch durch eine Norm umgesetzt werden muss, die der Überprüfung im Wege der kommunalen Verfassungsbeschwerde zugänglich ist.[339] Zum anderen gilt die Fristvorschrift des § 93 III BVerfGG.[340] Danach ist die kommunale Verfassungsbeschwerde innerhalb eines Jahres nach Inkrafttreten der Norm einzulegen.

Die kommunale Verfassungsbeschwerde ist nach Art. 93 I Nr. 4b GG, § 91 S. 2 BVerfGG subsidiär gegenüber einer Beschwerde zum Landesverfassungsgericht. Dem 193

332 BVerfGE 56, 298 (310); 112, 216 (221).

333 BVerfGE 119, 331 (357 ff.); kritisch *Wernsmann,* FS Bethge, S. 607 ff.; *Schoch,* DVBl. 2008, 941 f.; *Korioth,* DVBl. 2008, 813 f.

334 Zu Art. 106 V GG: BVerfGE 71, 25 (37 f.); für Art. 106 VI 2 GG: BVerfGE 125, 141 (146).

335 So *Stern,* Staatsrecht II, S. 1024; *Bethge,* in: Maunz u. a., BVerfGG, Vorbem. Rdnr. 137; BVerfGE 76, 107 (113): Rechtssatzverfassungsbeschwerde. Kritisch *Benda/Klein,* Verfassungsprozessrecht, Rdnr. 664 ff.

336 Ausführlich mit Nachw. *Hoppe,* S. 269 ff. Auch *Löwer,* in: HStR III, § 70 Rdnr. 76; *Maurer,* FS Starck, S. 339: „eine auf die Gemeinden zugeschnittene und auf Rechtssätze beschränkte Verfassungsbeschwerde".

337 *Magen,* in: Umbach/Clemens/Dollinger, BVerfGG, § 91 Rdnr. 12; Zur Erörterung dieser Problematik s. *Barczak,* in Barczak, BVerfGG, § 91 Rdnr. 8 f.

338 BVerfGE 72, 25 (34); 137, 108 (136).

339 BVerfGE 137, 108 (136 f.).

340 BVerfGE 107, 1 (8); 137, 108 (139).

BVerfG kommt hier nur eine Reservezuständigkeit zu.[341] Die beschwerdeführende Kommune hat kein Wahlrecht zwischen dem Rechtsschutz auf Landes- und Bundesebene. Die Verdrängung des BVerfG geht aber nur soweit, wie das Landesverfassungsrecht gleichwertigen Rechtsschutz[342] und gleichwertige materielle Garantien gewährt.[343] Bleibt der materielle Gewährleistungsgehalt der Landesverfassung hinter dem Gewährleistungsumfang des Art. 28 II GG zurück, findet der Grundsatz der Subsidiarität der Kommunalverfassungsbeschwerde keine Anwendung.[344] Gleiches gilt, wenn der Rechtsschutz nach Landesverfassungssrecht hinter dem bundesverfassungsrechtlichen Rechtsschutz zurückbleibt.[345] Das bedeutet vor allem: Eine fachgerichtliche Zuständigkeit genügt nicht. Richtet sich die Beschwerde gegen eine Rechtsverordnung des Landes, so entscheidet das BVerfG nur, wenn die Prüfung des Landesverfassungsgerichts auf formelle Landesgesetze beschränkt ist. „Würde weder das Landesverfassungsgericht noch das Bundesverfassungsgericht geltend gemachte Verletzungen der kommunalen Selbstverwaltungsgarantie durch untergesetzliches Landesrecht prüfen, entstünde eine mit der Funktion des Art. 93 Abs. 1 Nr. 4b GG unvereinbare Lücke im Rechtsschutz.“[346] Hat aber das Landesverfassungsgericht entschieden, kann das BVerfG auch nicht zur Überprüfung dieser Entscheidung angerufen werden. Die strikte Sperrwirkung trägt der Eigenständigkeit der Länder und ihrer Verfassungsgerichtsbarkeit Rechnung.

[341] BVerfGE 107, 1 (8ff.).

[342] *Bethge,* in: Maunz u. a., BVerfGG, § 91 Rdnr. 74; *Benda/Klein,* Verfassungsprozessrecht, Rdnr. 684.

[343] BVerfG, Urteil vom 21. November 2017 – 2 BvR 2177/16 – Rdnr. 50ff.

[344] BVerfG, Urteil vom 21. November 2017 – 2 BvR 2177/16 – Rdnr. 53ff.

[345] BVerfG, Urteil vom 21. November 2017 – 2 BvR 2177/16 – Rdnr. 50ff.

[346] BVerfGE 107, 1 (9). Zur Subsidiarität näher *Kment,* DVBl. 2004, 220ff.; *Bethge,* in: Maunz u. a., BVerfGG, § 91 Rdnr. 69ff.

5. Abschnitt. Die Verfassungsbeschwerde nach Art. 93 I Nr. 4a GG, §§ 13 Nr. 8a, 90ff. BVerfGG[1]

A. Die Verfassungsbeschwerde im allgemeinen Rechtswegesystem

Die Verfassungsbeschwerde kann „jedermann" mit der Behauptung erheben, durch die öffentliche Gewalt in einem seiner Grundrechte verletzt zu sein (Art. 93 I Nr. 4a GG). Das klingt – beschränkt auf die Grundrechte – nach einer Rechtsweggeneralklausel in Ergänzung oder gar in Parallele zu Art. 19 IV GG. Das BVerfG weist ein solches Verständnis entschieden zurück: Die Verfassungsbeschwerde sei „kein zusätzlicher Rechtsbehelf für das Verfahren vor den ordentlichen Gerichten oder den Verwaltungsgerichten", sondern „ein dem Staatsbürger eingeräumter *außerordentlicher Rechtsbehelf*, mit dem er Eingriffe der öffentlichen Gewalt in seine Grundrechte abwehren kann". „Die Verfassungsbeschwerde ist ein außerordentlicher Rechtsbehelf, dem nicht die Funktion zukommt, Rechtsmittel, die nach anderen Prozessordnungen gegeben sind, zu ersetzen. Das Bundesverfassungsgericht ist im Verfassungsbeschwerdeverfahren auch nicht ‚Prozessgericht' (...) Sie ist ein letzter und subsidiärer Rechtsbehelf."[2] 194

Sehr deutlich dazu, dass die Verfassungsbeschwerde nicht ein zusätzlicher Rechtsbehelf zum Fachgerichtsverfahren ist, BVerfGE 94, 166 – Art. 16a GG, Flughafenverfahren: „Die nach Art. 93 Abs. 1 Nr. 4a GG bestehende Verfassungsrechtslage ist nicht so zu verstehen, dass sie dem Beschwerdeführer unter allen Umständen die Möglichkeit gewährleistet, vor Vollzug des angegriffenen Hoheitsaktes eine Entscheidung des Bundesverfassungsgerichts, sei es im Verfassungsbeschwerdeverfahren, sei es im Verfahren des einstweiligen Rechtsschutzes nach § 32 BVerfGG, zu erhalten. Die Verfassungsbeschwerde ist nicht ein zusätzlicher Rechtsbehelf zum fachgerichtlichen Verfahren, der sich diesem in gleicher Funktion ohne weiteres anschließt. Demgemäß können die Effektivitätsanforderungen, die sich aus Art. 19 Abs. 4 GG für den vorläufigen Rechtsschutz im Rechtswege ergeben, nicht in gleichem Maße für den verfassungsgerichtlichen Rechtsschutz nach § 32 BVerfGG gelten."[3]

„Der subsidiären Funktion der Verfassungsbeschwerde würde es zuwiderlaufen, sie anstelle oder gleichsam wahlweise neben einem möglicherweise anderweitig zulässigen Rechtsbehelf zuzulassen."[4] Die Verfassungsbeschwerde ist also nicht ein Rechtsmittel im Sinne der Prozessgesetze, sondern ein eigengearteter Rechtsbehelf: Die formelle Rechtskraft einer Entscheidung steht Rechtsmitteln im Wege, bei der Verfassungsbeschwerde ist sie in der Regel gerade eine Zulässigkeitsvoraussetzung.[5] Auch hat die

---

1 *Stern,* Staatsrecht II, S. 1013ff.; *Scholler/Broß,* Verfassungs- und Verwaltungsprozeßrecht, S. 118ff.; *Pestalozza,* Verfassungsprozeßrecht, § 12; *Sachs,* Verfassungsprozessrecht, Rdnr. 505ff.; *Pieroth/Silberkuhl; Spranger,* AöR 127 (2002), 27ff.; *Schwerdtfeger,* Rdnr. 499ff.; *Häberle,* JöR 45 (1997), 89ff. – Ausführlich zu ausgewählten Fragen *Spanner,* S. 374ff., *Zacher,* S. 390ff., und *Papier,* Verfassungsrecht, S. 432ff.; *Bleckmann,* Staatsrecht II, S. 529ff.; *Erichsen,* Staatsrecht II, S. 36ff.; *Gusy,* Verfassungsbeschwerde; *Kingreen/Poscher,* Rdnr. 1249ff.; grundlegend *Schumann,* Menschenrechtsbeschwerde; *Zuck,* Das Recht der Verfassungsbeschwerde; *Erichsen,* Jura 1991, 585ff., 638ff., Jura 1992, 142ff.; *Dörr; Fleury,* Rdnr. 246ff.; *Scherzberg/Mayer,* Jura 2004, 373ff., 513ff., 663ff.

2 BVerfGE 18, 315 (325); 49, 252 (258); 68, 376 (379f.). *Böhmer,* S. 20: „Wenn alle Möglichkeiten erschöpft sind, eine Grundrechtsverletzung zu verhindern oder eine geschehene aus der Welt zu schaffen, soll dem Bürger als ‚letzte Zuflucht' der Weg zum BVerfG noch offenstehen."

3 BVerfGE 94, 166 (167 LS 5a, b; 212ff.); kritisch zu dieser Zurücknahme der subjektiven Rechtsschutzfunktion *Rozek,* DVBl. 1997, 517ff.

4 BVerfGE 70, 180 (186).

5 *Berg,* S. 532; *Schumann,* Menschenrechtsbeschwerde, S. 32ff.

Verfassungsbeschwerde *keinen Suspensiveffekt.*[6] Es ist nicht der Beschwerdeführer, der – wie sonst bei Rechtsmitteln – mit der Einlegung der Verfassungsbeschwerde den Eintritt der Rechtskraft der Gerichtsentscheidung und deren Vollzug verhindern kann; erst der Entscheid des BVerfG hat diese Möglichkeiten und Kraft.

195 Die innere Spannung, die in der Verfahrensart der Verfassungsbeschwerde angelegt ist – einerseits eröffnet sie „jedermann" den Zugang zum BVerfG (ohne Anwaltszwang und ohne Gerichtskosten), andererseits ist sie etwas Außerordentliches – kommt auch in der Statistik zum Ausdruck:[7] Die weite Öffnung des Zugangs zum BVerfG führt pro Jahr zu 5.100–6.600 als Verfassungsbeschwerden registrierten Eingängen. In den übrigen Verfahrensarten werden (unter Nichtberücksichtigung allein der Anträge auf Erlass einer einstweiligen Anordnung nach § 32 BVerfGG) beim BVerfG etwa 20–120 Verfahren anhängig. Von der großen Zahl der Verfassungsbeschwerden werden aber – ohne Parallelfälle gerechnet – jährlich nur weniger als 20 durch einen Senat entschieden.[8] Erfolgreich sind im Ergebnis etwa 2% der eingegangenen Verfassungsbeschwerden.[9] Die im Zugang populäre („jedermann") Verfassungsbeschwerde wird also im Ergebnis zu etwas Exklusivem. Die hohe Rate der Misserfolge ist eine Quelle der Unzufriedenheit bei den Antragstellern, da geweckte Hoffnungen enttäuscht werden;[10] so wird immer wieder für die Abschaffung der Urteilsverfassungsbeschwerde plädiert.[11] Zu bedenken ist allerdings, dass sie von jedermann ohne Rechtsanwalt[12] eingelegt werden kann, so dass viele Verfassungsbeschwerden von vornherein der erforderlichen verfassungsrechtlichen Substanz entbehren. Die Statistik des Misserfolgs kann zudem auch als Statistik des Erfolgs ausgegeben werden: dass nämlich bereits die Gerichte ihrer Pflicht nachkommen, eingetretene Grundrechtsverstöße selbst zu beseitigen, so dass es des Umwegs über das BVerfG nicht bedarf.

Die Sorgfalt des BVerfG in der Wortwahl – nicht „zusätzlicher", sondern „außerordentlicher, letzter und subsidiärer" Rechtsbehelf – zeigt, dass es delikate Abgrenzungsprobleme gibt. Es geht dabei um Folgendes:

I. Die Verfassungsbeschwerde und die Rechtsweggarantie nach Art. 19 IV GG

196 Nach dem Grundgesetz und den Prozessordnungen steht dem Bürger gegen alle Maßnahmen der öffentlichen Gewalt, soweit sie ihn in irgendeinem Recht möglicherweise verletzen, der Rechtsweg offen; er hat also immer Zugang zu einem Gericht. Diese umfassende Rechtsweggarantie in Bezug auf Rechtsverletzungen durch die öffentliche

[6] BVerfGE 18, 315 (325); 93, 381 (385); 94, 166 (213, 215).

[7] Siehe https://www.bundesverfassungsgericht.de/DE/Verfahren/Jahresstatistiken/2019/gb2019/A-I-4.pdf?__blob=publicationFile&v=3 (letzter Zugriff: 13.04.2021).

[8] Vgl. die Statistik unter https://www.bundesverfassungsgericht.de/DE/Verfahren/Jahresstatistiken/2019/gb2019/A-I-5.pdf?__blob=publicationFile&v=3 (letzter Zugriff: 13.04.2021).

[9] Vgl. die Statistik unter https://www.bundesverfassungsgericht.de/DE/Verfahren/Jahresstatistiken/2019/gb2019/A-I-5.pdf?__blob=publicationFile&v=3 (letzter Zugriff: 13.04.2021).

[10] Zu typischen Fehlern und ihrem Vermeiden bei der Einlegung und Begründung der Verfassungsbeschwerde *Lübbe-Wolff,* AnwBl. 2005, 509ff. Aus anwaltlicher Sicht *Stüer,* DVBl. 2012, 751ff.; *Zuck,* NJW 2013, 2248ff. Praktisch bedeutsam ist das Merkblatt des BVerfG zur Verfassungsbeschwerde, abrufbar unter http://www.bundesverfassungsgericht.de/SharedDocs/Downloads/DE/merkblatt.pdf?__blob=publicationFile&v=10 (letzter Zugriff: 13.04.2021).

[11] *Zuck,* DVBl. 1979, 388 (anders jetzt aber *ders.,* Das Recht der Verfassungsbeschwerde, Rdnr. 324); *Pestalozza,* Verfassungsprozeßrecht, § 12 Rdnr. 7; *Kauffmann,* RuP 34 (1998), 29ff.; in diese Richtung auch *Voßkuhle,* in: v. Mangoldt/Klein/Starck, GG, Art. 93 Rdnr. 166; *Roellecke,* JZ 2001, 118; deutlich *Pestalozza,* JZ 2004, 609f.; *ders.,* Verfassungsbeschwerde, S. 36. Hiergegen *Rühl,* KritVj 1998, 156ff.; *Kloepfer,* DVBl. 2004, 680. Material und Reformvorschläge bei *Berkemann,* JR 1980, 268ff.

[12] Zu den Schwierigkeiten anwaltlicher Tätigkeit im Verfassungsbeschwerdeverfahren *Kirchberg,* NJW 1992, 3200ff.; *Zuck,* NJW 2013, 2248ff.

Gewalt kennt das deutsche Verfassungsrecht seit 1949 in Art. 19 IV GG. Von den prozessualen Möglichkeiten her war damit auch der Grundrechtsschutz perfekt: Denn jeder Richter muss die Grundrechte beachten und sie bei der Auslegung und Anwendung der Gesetze zur Geltung bringen.[13] So scheint an sich die allgemeine Rechtsweggarantie die Einführung der *Verfassungsbeschwerde zum Schutz der Grundrechte entbehrlich* zu machen (vgl. aber auch Rdnr. 202).

Ein Blick auf die Ursprünge dieser Verfahrensart zeigt, dass neben einer allgemeinen Rechtsweggarantie, wie sie Art. 19 IV GG nun enthält, in der Tat an sich kein Raum mehr für eine Verfassungsbeschwerde ist. Ursprünglich – Vorläufer gab es schon beim Reichskammergericht des Hlg. Römischen Reichs Deutscher Nation,[14] der Ausdruck „Verfassungsbeschwerde" kam allerdings erst in der zweiten Hälfte des 19. Jahrhunderts auf[15] – sollte eine Verfassungsbeschwerde dem Bürger den Rechtsweg zu einem Gericht des Reiches eröffnen, wenn ihm in seinem Land entweder der Zugang zu einem Gericht überhaupt versperrt war (Fall der sog. *Justizverweigerung*) oder wenn er zwar den Zugang zu einem Gericht des Landes hatte, ihm dort aber die durch die Reichsverfassung gewährten (Grund-)Rechte vorenthalten wurden.[16] So sind die Klage- bzw. Beschwerdemöglichkeiten des Bürgers zum Reichsgericht beispielsweise – in Anlehnung an Art. 29 der Wiener Schlussakte von 1820 – in § 126 lit. g und h der Paulskirchenverfassung von 1849[17] angelegt. Diese Figur der später sog. Verfassungsbeschwerde gehört einer älteren Schicht der Entwicklung des Rechtsstaates an. Das Reichsrecht kommt den Staatsangehörigen der Länder zu Hilfe. – Der heutigen Form der Verfassungsbeschwerde näher kamen Regelungen in einigen Ländern. So konnten sich nach Abschn. X § 5 der Verfassungsurkunde für das Königreich Bayern von 1818[18] die Stände wegen „geschehener Verletzung der Verfassung" an den König wenden, der über die Beschwerde, wenn er nicht abhelfen wollte, die oberste Justizstelle entscheiden lassen konnte. Es bestand für den König allerdings auch die Möglichkeit, die Entscheidung dem (politischen) Staatsrat zu überlassen, so dass es sich also nicht durchweg um ein Verfahren im Sinne der heutigen Verfassungsgerichtsbarkeit handelte, vielmehr Züge eines Petitionsrechts hatte. Als einzigen direkten Vorläufer der Verfassungsbeschwerde nach dem Grundgesetz kann man nur die Verfassungsbeschwerde zum bayerischen Staatsgerichtshof nach § 93 der Bayerischen Verfassung von 1919 ansehen. Sie war bei Verletzung der Rechte der Einzelperson aus der Verfassung gegen Verwaltungsakte nach Erschöpfung des Instanzenzuges gegeben.[19] In der Folge der Beratungen zum Grundgesetz – der Parlamentarische Rat selbst hat ihre Aufnahme in das Grundgesetz schließlich doch abgelehnt – kam es zur Einführung der Verfassungsbeschwerde auf Bundesebene – pikanterweise aber eben zu einem Zeitpunkt, als die Entwicklung des Rechtsstaates so weit fortgeschritten war, dass das „zusätzliche" Mittel der Verfassungsbeschwerde als Rechtsschutzmittel für den Einzelnen an sich entbehrlich geworden war, denn nun sollte es ja nach Art. 19 IV GG den Rechtsschutz einschließlich des Grundrechtsschutzes gegen jede Maßnahme der öffentlichen Gewalt durch jeden Richter in einem jeden Land geben.[20] 197

---

[13] Vgl. Rdnr. 19–22.

[14] *Hoke,* S. 36; *Robbers,* JuS 1990, 258, sieht eine „frühe Form" der Verfassungsbeschwerde darin, dass die Untertanen wegen Rechtsverweigerung seitens des Landesfürsten Beschwerde beim Reichskammergericht einlegen konnten. Zur Geschichte der Verfassungsbeschwerde *Ruppert,* in: Umbach/Clemens/Dollinger, BVerfGG, § 90 Rdnr. 6–10, sowie *Hellmann,* in: Barczak, BVerfGG, § 90 Rdnr. 10–13.

[15] *Schumann,* Menschenrechtsbeschwerde, S. 154f.

[16] Vgl. *Scheuner,* Überlieferung, S. 11, 26, 30.

[17] § 126 lit. g der Verfassung des Deutschen Reiches von 1849 lautet: „Zur Zuständigkeit des Reichsgerichts gehören Klagen deutscher Staatsbürger wegen Verletzung der durch die Reichsverfassung gewährten Rechte. Die näheren Bestimmungen über den Umfang dieses Klagerechts und die Art und Weise, dasselbe geltend zu machen, bleiben der Reichsgesetzgebung vorbehalten." § 126 lit. h: „Beschwerden wegen verweigerter oder gehemmter Rechtspflege, wenn die landesgesetzlichen Mittel der Abhülfe erschöpft sind". Text bei *E. R. Huber,* Dokumente, Bd. 1, S. 388f. Vgl. *Kühne,* S. 199.

[18] Text bei *E. R. Huber,* Dokumente, Bd. 1, S. 171.

[19] *Hoke,* S. 101f.; *Schumann,* Verfassungsbeschwerde, S. 162ff.; *Zuck,* Das Recht der Verfassungsbeschwerde, Rdnr. 135ff. Vgl. aber auch *Kühne,* S. 261.

[20] Deshalb gab es Stimmen, die die Einführung der Verfassungsbeschwerde für eine Übertreibung hielten; vgl. die Auflistung der Argumente pro und contra bei *Geiger,* BVerfGG, Vorbem. vor § 90 Anm. 3. *Thoma,* JöR 6 (1957), 184f., trat alsbald wieder für ihre Abschaffung ein: Es könne dieses „Schaustück

198 Hält man sich dies vor Augen, so ist verständlich, dass man bei der Ausformulierung der Verfassungsbeschwerde im Parlamentarischen Rat unsicher geworden war: Man wusste nicht, wie man ihr Verhältnis zum übrigen Rechtsschutzsystem gestalten sollte, jedenfalls sah man sich außerstande, die schwierige Abgrenzung mit einer kurzen Formulierung im Grundgesetz selbst vorzunehmen. Aus dieser Unsicherheit heraus verzichtete man darauf, die Verfassungsbeschwerde in das Grundgesetz hineinzuschreiben.[21] Erst das BVerfGG von 1951 sah die Verfassungsbeschwerde vor.[22] 1969 wurde die Verfassungsbeschwerde als eines der Gegengewichte zur damals eingefügten Notstandsverfassung in Art. 93 I Nr. 4a GG verfassungsrechtlich abgesichert;[23] Art. 94 II S. 2 GG allerdings ermächtigt den Gesetzgeber sogleich wieder zur Einschränkung der Beschwerdemöglichkeit.

Übrigens: 1848/49 in der Paulskirchenversammlung hatte man vor demselben Problem gestanden wie im Parlamentarischen Rat 100 Jahre später. Man war aber mutiger und nahm das Klagerecht wegen Verletzung der Rechte aus der Verfassung in den Text der Verfassung auf. Zugleich stellte man es aber ganz zur Disposition des Gesetzgebers, indem man hinzufügte, der Umfang dieses Klagerechts bleibe der Reichsgesetzgebung vorbehalten.[24] So hätte auch damals die Realisierung der Verfassungsbeschwerde von einem Ausführungsgesetz abgehangen.

199 Das Verhältnis der Verfassungsbeschwerde zum sonstigen Rechtsschutz wird nun nach dem BVerfGG durch *zwei Grundregeln* bestimmt, die vorab genannt seien:

200 (1) Der Bürger kann die Verfassungsbeschwerde erst einlegen, wenn er den bei den anderen Gerichten offenstehenden Rechtsweg bis zur letzten Instanz voll ausgeschöpft hat, wenn er also zunächst „alle nach Lage der Sache zur Verfügung stehenden prozessualen Möglichkeiten ergriffen hat, um eine Korrektur der geltend gemachten Verfassungsverletzung zu erwirken".[25]

Dies ist der Grundsatz der *Subsidiarität der Verfassungsbeschwerde,*[26] der die Rechtsprechung des BVerfG zu den einzelnen Zulässigkeitsvoraussetzungen dieses außerordentlichen Rechtsbehelfs beherrscht. Die „Verfassungsbeschwerde bleibt insoweit verschlossen, als die Fachgerichtsbarkeit wirkungsvollen Rechtsschutz bereithält, sie greift dagegen ein, wenn fachgerichtlicher Rechtsschutz nicht mehr diesen Anforderungen gerecht werden kann".[27] Dieses Prinzip der Arbeitsteilung zwischen dem BVerfG und den anderen Gerichten dient der Entlastung des BVerfG und der Vermittlung der Fallanschauung der Fachgerichte. Es findet in mehreren einzelnen Zulässigkeitsvoraussetzungen seine Ausprägung und wird hier jeweils in deren Zusammenhang behandelt: bei der „unmittelbaren Betroffenheit" (Rdnr. 238ff.), bei der Rechtswegerschöpfung bzw. Subsidiarität (Rdnr. 244ff.), der Verfassungsbeschwerde unmittelbar gegen Gesetze (Rdnr. 252ff.) und beim Rechtsschutzbedürfnis (Rdnr. 256f.).

einer freiheitlichen demokratischen Ordnung" ohne die geringste Beeinträchtigung der Vollkommenheit der rechtsstaatlichen Verbürgung der grundrechtlichen Zusicherungen wieder verschwinden.

21 Hinweis bei *v. Doemming/Füsslein/Matz,* JöR 1 (1951), 671; näher *Bucher,* S. 455; *H. P. Säcker,* FS Zeidler, Bd. 1, S. 265ff.; *S. Hain,* S. 65f.

22 Zur Entstehung *Zuck,* Das Recht der Verfassungsbeschwerde, Rdnr. 133ff.

23 Vgl. *S. Hain,* S. 113ff.

24 Text in Fn. 15.

25 BVerfGE 63, 77 (78).

26 Grundlegend BVerfGE 22, 287 (290f.).Umfassend *Warmke* und *Posser,* Subsidiarität.

27 *Warmke,* S. 35. Aus der Rechtsprechung vorerst nur BVerfGE 71, 305 (336). Vgl. auch *Böhmer,* S. 20.

(2) Im Wege der Verfassungsbeschwerde kann nur die *Verletzung der Grundrechte* gerügt werden. Richtet sich eine Verfassungsbeschwerde gegen Urteile anderer Gerichte, so findet eine Nachprüfung, ob die Gerichte das einfache Recht richtig angewandt haben, grundsätzlich nicht statt. **201**

Vergleicht man die Rechtswegeröffnung nach Art. 19 IV GG mit der Möglichkeit zur Erhebung der Verfassungsbeschwerde, so fällt zunächst auf, dass Art. 19 IV GG den Rechtsweg in jedem Einzelfall individuell garantiert, dass sich der Beschwerdeführer bei der Verfassungsbeschwerde aber einem Annahmeverfahren, also einer Ausschlussmöglichkeit gegenübersieht (Art. 94 II GG). Und die Möglichkeit zur Erhebung der Verfassungsbeschwerde im Einzelfall ist zunächst durch die Notwendigkeit vorheriger Rechtswegerschöpfung (vorläufig) beschränkt. Aber die Verfassungsbeschwerde nach Art. 93 I Nr. 4a GG geht über die Rechtsweggarantie des Art. 19 IV GG auch hinaus.[28] Art. 19 IV GG garantiert den Rechtsweg gegen Maßnahmen der öffentlichen Gewalt, aber selbstverständlich keinen weiteren Rechtsbehelf gegen höchstinstanzliche rechtskräftige Urteile,[29] und Art. 19 IV GG garantiert nach ganz h. M. auch nicht einen prozessualen Rechtsschutz gegen den Gesetzgeber.[30] Beides ist durch die Eröffnung der Verfassungsbeschwerde gegeben: Mit ihr kann der Bürger höchstinstanzliche und rechtskräftige Gerichtsurteile nachprüfen, und er kann Gesetze (ausnahmsweise sogar unmittelbar ohne den Umweg über die anderen Gerichte) kontrollieren lassen. Im Wege der Verfassungsbeschwerde gegen Gesetze kann es auch zu deren allgemeingültiger Nichtigerklärung durch das BVerfG kommen. Auch dies hat Art. 19 IV GG nicht im Blick. **202**

II. Funktion und Bedeutung der Verfassungsbeschwerde

Obwohl die Verfassungsbeschwerde im Grundgesetz zunächst nicht vorgesehen war, ist sie doch gerade die Verfahrensart, die quantitativ und qualitativ die Rechtsprechung des BVerfG von Anfang an bestimmte:[31]

(1) Nach 1945 galt es, viele obrigkeitliche Traditionen aufzubrechen. Das BVerfG hat dies, insbesondere im Bereich der geistigen und politischen Freiheiten, geleistet.[32] Es hat weite Teile des Rechtslebens buchstäblich umgepflügt und neu bestellt. Das Gericht wurde so „zum Geburtshelfer der zweiten deutschen Demokratie. Das bleibt seine zentrale Leistung. Es ging früh mit aller Konsequenz auf Distanz zum vergifteten Erbe der NS-Zeit, wirkte auf eine grundlegende Liberalisierung der deutschen Rechts- **203**

---

[28] Vgl. *Zacher,* S. 400.

[29] BVerfGE 49, 329 (340).

[30] BVerfGE 31, 364 (367 f.); anders schon *Dürig,* in: Maunz/Dürig, GG (5. Aufl., Stand: 1958), Art. 19 IV Rdnr. 18, und zuletzt *Schenke,* Rechtsschutz; *ders.,* JuS 1981, 81 ff.; *Schmidt-Aßmann,* in: Maunz/Dürig, GG, Art. 19 IV Rdnr. 93 ff. Differenziert auch *Bettermann,* AöR 86 (1961), 169. Wie hier *Kingreen/Poscher,* Rdnr. 1125.

[31] Vgl. – auch zum internationalen Vergleich – *Lübbe-Wolff,* S. 6 ff.

[32] *Bryde,* Integration, S. 332; *Frei,* Transformationsprozesse, S. 64 ff.; einen aufschlussreichen Überblick gibt *Lamprecht,* Ich gehe bis nach Karlsruhe. Kritisch *van Ooyen,* Der Begriff des Politischen des Bundesverfassungsgerichts, S. 16 f. Relativierend auch, erstmals unter Auswertung von seit 2017 zugänglichen frühen Verfahrensakten, *Darnstädt,* Verschlusssache Karlsruhe, insbes. S. 129 ff. (Elfes-Urteil), 199 ff. (Lüth), 287 ff. (Spiegel-Urteil); zum Elfes-Urteil auch *ders.,* NJW 2019, 1580.

ordnung hin und brach Verkrustungen des überkommenen Justizsystems auf."[33] Es hat seither in jeder Entwicklungsphase der Bundesrepublik immer neue Bereiche des Rechts dem *Grundrechtsdenken* erschlossen.[34]

Erinnert sei nur an die Aussage, dass der Gesetzgeber verpflichtet sei, alle „wesentlichen" Entscheidungen im Bereich der Grundrechtsausübung selbst zu treffen,[35] und an die Betonung der Relevanz des Verwaltungs- und Gerichtsverfahrens für die Verwirklichung der Grundrechte.[36] Auch im Einzelfall kommt es immer wieder zu Zeichen setzenden Entscheidungen: So wenn das BVerfG einem schwerkranken 78 Jahre alten Gefangenen, der im Auschwitzprozess wegen Mordes in mindestens 475 Fällen zu lebenslanger Freiheitsstrafe verurteilt worden war und seit über 20 Jahren ohne Unterbrechung in Haft sitzt, trotz der besonderen Schwere seiner Schuld zu einem Hafturlaub verhilft, nachdem die Gerichte dies abgelehnt hatten.[37]

204 (2) Erst mit der Verfassungsbeschwerde ist die *Kontrolle aller drei staatlichen Gewalten* auf ihr verfassungsmäßiges Verhalten in die Hand eines einzigen, zentralen Gerichts gelegt; es ist der Bürger, der diese Kontrolle veranlassen kann, sofern er meint, in seinen Grundrechten verletzt zu sein.

205 (3) Die Funktion der Verfassungsbeschwerde erschöpft sich nicht im individuellen Grundrechtsschutz, sie hat auch „die Funktion, das objektive Verfassungsrecht zu wahren und seiner Auslegung und Fortbildung zu dienen ... Insoweit kann die Verfassungsbeschwerde zugleich als spezifisches *Rechtsschutzmittel des objektiven Verfassungsrechts* bezeichnet werden".[38] Neben den „kasuistischen Kassationseffekt" tritt der „generelle Edukationseffekt". Es ist die elementare Bedeutung der Grundrechte für das Staats- und Verfassungsleben der Bundesrepublik Deutschland, für deren freien und demokratischen Prozess der Meinungs- und Willensbildung und für deren gesamte Rechtsordnung,[39] die die Grundrechtsverwirklichung durch das BVerfG dem Stadium entwachsen ließ, lediglich dem individuellen Grundrechtsschutz zu dienen.[40] Der Zugang zum BVerfG mit der Verfassungsbeschwerde ist zwar nur über die Behauptung, in einem eigenen Grundrecht selbst verletzt zu sein, eröffnet. Aber im Rahmen der zulässigen Verfassungsbeschwerde beschränkt sich das BVerfG nicht darauf zu prüfen, ob eine der gerügten Grundrechtsverletzungen vorliegt. Es prüft die angegriffene Maßnahme vielmehr unter jedem in Betracht kommenden verfassungsrechtlichen Gesichtspunkt nach. Auch können Organisationen, die bestimmte Interessen verfassungsgerichtlich geltend machen wollen, durch geschickte Auswahl geeigneter Beschwerdeführer versuchen, diese zum Gegenstand einer Verfassungsbeschwerde zu machen (sog. strategische Prozessführung).[41]

---

33 *Schönberger,* Anmerkungen zu Karlsruhe, S. 27.

34 Dazu *Lamprecht,* NJW 2001, 2942ff.

35 Sog. Wesentlichkeitstheorie; BVerfGE 34, 165 (192f.); 49, 89 (126); 88, 103 (116); vgl. auch *Pietzcker,* JuS 1979, 710ff. Dabei ist in Bezug auf Grundrechte nicht diese Aussage neu, sondern die Anwendung dieses Satzes auch im besonderen Gewaltverhältnis und auf Satzungen.

36 Zusammengefasst im abw. Votum zu BVerfGE 53, 30 (72ff.).

37 BVerfGE 64, 261 (284).

38 BVerfGE 33, 247 (258f.); 45, 63 (74); 81, 278 (290): „fallübergreifende Wirkung"; 85, 109 (113); 98, 218 (242f.); 124, 300 (318); 126, 1 (17). Zustimmend *Hillgruber/Goos,* Rdnr. 106f.; *Scherzberg,* Individualverfassungsbeschwerde, in: Ehlers/Schoch (Hrsg.), Rechtsschutz im öffentlichen Recht, § 13 Rdnr. 2; *Lechner/Zuck,* BVerfGG, § 90 Rdnr. 9ff.; *Marsch,* AöR 137 (2012), 605ff.

39 *Hesse,* in: HVerfR, S. 138.

40 *Kment,* in: Jarass/Pieroth, GG, Art. 93 Rdnr. 10; *Lang,* DÖV 1999, 628f.; *Zuck,* Das Recht der Verfassungsbeschwerde, Rdnr. 84ff. Vorsichtiger *Benda/Klein,* Verfassungsprozessrecht, Rdnr. 452ff.

41 Dazu *Lange,* ZRP 2017, 18ff.; *Thierse,* PVS 2020, 553ff.

B. Zulässigkeitsvoraussetzungen

Gliederung

I. Beschwerdefähigkeit

Beschwerdefähig (mit gleicher Bedeutung: beschwerdeberechtigt, beteiligungsfähig, **206** antragsberechtigt) ist nach § 90 I BVerfGG *„jedermann"*, soweit er fähig ist, Träger von Grundrechten zu sein („grundrechtsfähig"). *Ausländer* sind antragsberechtigt, soweit sie sich auf ein Grundrecht berufen können, das auch Ausländern zukommt.[42] In diesem Zusammenhang ist von Bedeutung, in welchem Umfang sich Staatsangehörige anderer Mitgliedstaaten der Europäischen Union auf die sog. Deutschen-Grundrechte berufen können. Praktisch bedeutsam sind vor allem Art. 9 und 11, insbesondere aber Art. 12 GG. Das Diskriminierungsverbot des Art. 18 AEUV verlangt eine unionsrechtskonforme Auslegung des Grundgesetzes.[43] Umstritten ist, ob die Deutschen-

[42] BVerfGE 63, 197 (205); 81, 25 zu Art. 16 II GG. Zu den Versuchen, Ausländern auch im Bereich der Bürgerrechte Grundrechtsschutz zu gewähren, vgl. *Kingreen/Poscher*, Rdnr. 1255.
[43] Dagegen allerdings – zu Art. 12 EG a. F. – *Störmer*, AöR 123 (1998), 557ff.

Grundrechte entgegen ihrem Wortlaut auch EU-Ausländer berechtigen[44] oder aber – was vorzugswürdig ist – der gebotene gleichrangige Schutz über Art. 2 I GG zu erreichen ist.[45]

Auch einzelne Mitglieder des Bundestages können „als Bürger“ Verfassungsbeschwerde erheben, sofern sie nicht eine Verletzung ihres verfassungsrechtlichen Status, sondern eine Beeinträchtigung ihrer Grundrechte geltend machen.[46]

207 Bei inländischen *juristischen Personen* ist entscheidend, ob ihnen das Grundrecht seinem Wesen nach zustehen kann (Art. 19 III GG).[47] Das ist dann der Fall, wenn in der Bildung und Betätigung der juristischen Person die freie Entfaltung der privaten natürlichen Personen ihren Ausdruck findet, die hinter der juristischen Person stehen.[48] Beschwerdeberechtigt sind auch nicht-rechtsfähige Vereinigungen, wie zum Beispiel politische Parteien[49] und Gesellschaften bürgerlichen Rechts.[50] Ausländische juristische Personen können sich auf materielle Grundrechte nicht berufen.[51] Ausländische juristische Personen mit Sitz in einem Mitgliedstaat der EU stehen dagegen inländischen gleich.[52]

BVerfGE 129, 78 (94): „Die Beschwerdeführerin als juristische Person mit Sitz in Italien ist Trägerin von Grundrechten des Grundgesetzes. Die Erstreckung der Grundrechtsberechtigung auf juristische Personen aus Mitgliedstaaten der Europäischen Union stellt eine aufgrund des Anwendungsvorrangs der Grundfreiheiten im Binnenmarkt (Art. 26 Abs. 2 AEUV) und des allgemeinen Diskriminierungsverbots wegen der Staatsangehörigkeit (Art. 18 AEUV) vertraglich veranlasste Anwendungserweiterung des deutschen Grundrechtsschutzes dar.“ BVerfGE 153, 182 (254 Rdnr. 186) – Verein mit Sitz in der Schweiz: „Ausländische juristische Personen können sich […] lediglich auf die Prozessgrundrechte aus Art. 101 I S. 2 und Art. 103 I GG, nicht aber auf materielle Grundrechte berufen und deren Verletzung folgerichtig auch nicht mit der Verfassungsbeschwerde rügen […]. Eine Ausnahme bilden ausländische juristische Personen, die ihren Sitz in der Europäischen Union haben. Im Anwendungsbereich des Unionsrechts ist die Grundrechtsberechtigung auf sie zu erstrecken, wenn ein hinreichender Inlandsbezug besteht, der die Geltung der Grundrechte in gleicher Weise wie für inländische Personen geboten erscheinen lässt.“

208 *Juristische Personen des Privatrechts,* die ganz vom Staat beherrscht werden oder deren Anteile zu mehr als der Hälfte vom Staat gehalten werden, sind im Hinblick auf materielle Grundrechte nicht grundrechtsberechtigt. Die Grundrechtsbindung der öffent-

44 In diese Richtung *Ehlers,* JZ 1996, 781; *Wernsmann,* Jura 2000, 657.

45 *Bauer/Kahl,* JZ 1995, 1077ff.; *Dreier,* in: ders., GG, Vorbem. Art. 1 Rdnr. 116; *P. M. Huber,* Recht der Europäischen Integration, § 23 Rdnr. 11. In diese Richtung jetzt auch BVerfG, NJW 2016, 1436 (1437). Gelegentlich wird eine Verfassungsänderung verlangt, vgl. *E. Klein,* FS Stern, S. 1309f.

46 BVerfGE 64, 301 (312); 99, 19 (29); 108, 251 (267); 123, 267 (328).

47 BVerfGE 53, 1 (13) – KG und Art. 12 I GG; BVerfGE 53, 336 (345) – AG und Art. 14, Art. 3 I GG. Zu Art. 19 III GG wichtig *Remmert,* in: Maunz/Dürig, GG, Art. 19 III Rdnr. 1ff.; *Isensee,* Der Staat 20 (1981), 167f. Zur Einführung *Robbers,* JuS 1993, 740f.; *Lechner/Zuck,* § 90 Rdnr. 39ff. Ausländische juristische Personen können jedenfalls die Justizgrundrechte (Art. 101 I, 103 I GG) geltend machen, BVerfGE 64, 1 (11).

48 BVerfGE 21, 362 (369); 61, 82 (101); 68, 193 (205f.). BVerfGE 100, 313 (356f.): Ein Zeitungsverlag kann Träger des Grundrechts aus Art. 10 GG sein, wenn seine Publikationen eine Thematik betreffen, die Gegenstand einer Fernmeldeüberwachung durch den Bundesnachrichtendienst ist.

49 BVerfGE 3, 383 (391); *Spanner,* S. 387ff.

50 Vgl. BVerfG NJW 2002, 3533.

51 BVerfGE 21, 207 (208f.); 23, 229 (236); 100, 313 (364); 129, 78 (91, 96f.).

52 Auch dies folgt aus Art. 18 AEUV. Vgl. *P. M. Huber,* in: v. Mangoldt/Klein/Starck, GG, Art. 19 Abs. 3 Rdnr. 306; *Spranger,* AöR 127 (2002), 42f.; *Remmert,* in: Maunz/Dürig, GG, Art. 19 Abs. 3 Rdnr. 92ff.

lichen Hand kann nicht von der Wahl der Rechtsform abhängen.[53] Nach neuer Rechtsprechung soll dies nicht uneingeschränkt gelten, wenn die inländische juristische Person des Privatrechts ganz oder teilweise von einem ausländischen Staat gehalten wird.[54]

Juristische Personen des öffentlichen Rechts können nach der problematischen Rechtsprechung die Verfassungsbeschwerde grundsätzlich nicht erheben, denn sie sind nicht grundrechtsfähig.[55] Das gilt auch für die Rüge, eine gerichtliche Entscheidung überschreite die Grenzen richterlicher Rechtsfortbildung. „Dass die Anwendung und Auslegung der Gesetze durch die Gerichte den verfassungsrechtlichen Vorgaben insbesondere durch das Rechtsschutzprinzip genügt", sei „zwar über Art. 2 Abs. 1 GG auch zugunsten des Einzelnen gewährleistet"; weil damit aber ein „materielles Grundrecht" geltend gemacht wird, seien der Staat und seine Untergliederungen als Grundrechtsträger ausgeschlossen.[56] Selbst die Eigentumsgarantie nach Art. 14 I GG spricht das BVerfG – recht rigoros – den *Gemeinden* ab, „denn in der Hand einer Gemeinde dient das Eigentum nicht der Funktion, derentwegen es durch das Grundrecht geschützt ist, nämlich dem Eigentümer ‚als Grundlage privater Initiative und in eigenverantwortlichem privatem Interesse von Nutzen' zu sein. Art. 14 als Grundrecht schützt nicht das Privateigentum, sondern das Eigentum Privater".[57] Deshalb nützt der Gemeinde auch nicht der Hinweis, sie habe im konkreten Fall außerhalb des Bereichs der Wahrnehmung ihrer öffentlichen Aufgaben gehandelt: Auch dann ist sie nach dem Urteil des BVerfG nicht in einer den Privaten vergleichbaren Situation der Gewaltunterworfenheit.

Allgemein fragt das BVerfG, in welcher Funktion die juristische Person des öffentlichen Rechts von dem beanstandeten Akt der öffentlichen Gewalt betroffen wird. Handelt es sich um Eingriffe bei der Wahrnehmung gesetzlich zugewiesener öffentlicher Aufgaben, dann ist die juristische Person insoweit nicht grundrechtsfähig.[58] Gelegentlich versteht das BVerfG den Begriff der öffentlichen Aufgabe sehr weit. So können sich auch öffentlich-rechtliche Sparkassen nicht auf den Schutz materieller Grundrechte berufen, weil sie „öffentliche Aufgaben aus dem Bereich der kommunalen Daseinsvorsorge erfüllen"[59] und die hinter den Sparkassen stehenden Gebietskörperschaften, insbesondere Gemeinden, in ihrer Eigenschaft als Träger der Sparkasse keinen grundrechtlichen Freiheitsraum ausfüllen.

[53] BVerfGE 45, 63 (79f.); 68, 193 (212f.); 128, 226 (244, 246f.); 143, 246 (314).

[54] BVerfGE 143, 246 (314ff.).

[55] Zusammenfassend BVerfGE 61, 82 (100ff.) – Sasbach-Entscheidung; 138, 64 (84f.). Dazu *Badura,* JZ 1984, 15ff. mit weiteren Nachw.; *Erichsen,* Jura 1991, 586. Die Entscheidung BVerfGE 61, 82 gibt übrigens noch einige Interpretationsprobleme auf. Zunächst bleibt die Zulässigkeit der Verfassungsbeschwerde dahingestellt. Soweit die Verfassungsbeschwerde Art. 14 I S. 1 GG geltend macht, wird „die Rüge" aber doch für unzulässig gehalten (S. 100); soweit sie sich auf Art. 19 IV GG stützt, bleibt die Zulässigkeit nochmals dahingestellt und wird Unbegründetheit der Verfassungsbeschwerde geltend gemacht (S. 109). *Benda/Klein,* Verfassungsprozessrecht, Rdnr. 545ff., verteidigen die Rechtspr. des BVerfG. Kritisch zur Rechtsprechung *Lechner/Zuck,* § 90 Rdnr. 55f.

[56] BVerfGE 138, 64 (84).

[57] BVerfGE 61, 82 (108f.); zu der zugrundeliegenden personalen Grundrechtsdoktrin *Badura,* JZ 1984, 16. Vgl. auch *J. Burmeister,* FS Juristische Gesellschaft zu Berlin, S. 71.

[58] BVerfGE 68, 193 (205ff.); 70, 1 (15, 21); ablehnend zur Antragsberechtigung öffentlich-rechtlicher Sparkassen BVerfGE 75, 192 (196ff.), kritisch dazu *Spranger,* AöR 127 (2002), 37ff.

[59] BVerfGE 75, 192 (200).

Außer den politischen Gemeinden und öffentlich-rechtlichen Sparkassen hat das BVerfG den Renten- und anderen Sozialversicherungsträgern – BVerfGE 21, 362 (377); 77, 340 (344); 39, 302 (314, 316) – und den Kassenärztlichen Vereinigungen – BVerfGE 70, 1 (16ff.) – die Beschwerdefähigkeit abgesprochen.

Ausnahmsweise steht juristischen Personen des öffentlichen Rechts die Verfassungsbeschwerde zu, wenn sie nämlich trotz ihrer öffentlichen Organisation „unmittelbar dem durch die Grundrechte geschützten Lebensbereich zuzuordnen sind".[60] Aus diesem Grund hat das BVerfG die Grundrechtsfähigkeit der *Universitäten und Fakultäten* für das Grundrecht aus Art. 5 III S. 1 GG anerkannt. Entsprechendes gilt für die öffentlich-rechtlichen *Rundfunkanstalten* in Bezug auf Art. 5 I S. 2 GG. Sie sind „Einrichtungen des Staates, die Grundrechte in einem Bereich verteidigen, in dem sie vom Staat unabhängig sind".[61] Diese juristischen Personen des öffentlichen Rechts können dann nach (bisheriger) Ansicht des BVerfG aber auch nur dieses eine, ihnen zugeordnete Grundrecht geltend machen; soweit eine Rundfunkanstalt z. B. Art. 9 III oder 2 I GG geltend machte, hat das BVerfG die Verfassungsbeschwerde als unzulässig angesehen.[62] Die neuere Rechtsprechung ist jedoch insofern großzügiger geworden, als neben dem jeweils zugeordneten Grundrecht auch andere Grundrechte geltend gemacht werden können, wenn das durch sie geschützte Verhalten die spezielle Freiheit unterstützt.[63]

Es wäre konsequent, die Rechtsprechung so zu erweitern, dass allen juristischen Personen des öffentlichen Rechts „die für die Wahrnehmung ihrer legitimen Aufgaben *unerläßlichen* Grundrechte zustehen"[64]. In diesem Zusammenhang ist zu berücksichtigen, dass sich nach BVerfGE 107, 299 (310ff.) juristische Personen des öffentlichen Rechts auch auf die Rechtsschutzgarantie des Art. 19 IV GG berufen können, jedenfalls soweit sie sich im Einzelfall auf Grundrechte berufen können.[65]

Generell können sich juristische Personen des öffentlichen Rechts auf die grundrechtsähnlichen (Verfahrens-)Rechte aus Art. 101 I S. 2 GG (gesetzlicher Richter) und Art. 103 I GG (rechtliches Gehör) berufen,[66] diese Prozessgrundrechte stehen ihnen zu, wie sie auch dem Staat zustehen, soweit sie Beteiligte an einem Gerichtsverfahren sind.[67] *Kirchen* und andere Religionsgemeinschaften mit Körperschaftsstatus sind unbeschränkt grundrechtsfähig und antragsberechtigt; sie haben eine Sonderstellung unter den Körperschaften des öffentlichen Rechts.[68] Sie sind vor allem Träger des Grundrechts der Religionsfreiheit aus Art. 4 I, II GG.[69]

---

60 BVerfGE 21, 362 (373); 31, 314 (322); zusammenfassend BVerfGE 143, 246 (314).

61 BVerfGE 31, 314 (322); 39, 302 (312); 59, 231 (254f.); 61, 82 (102); 64, 256 (259); 78, 101 (102); 107, 299 (310); 119, 181 (211) – Rundfunkanstalt; BVerfGE 74, 297 (318).

62 BVerfGE 59, 231 (254) – freie Mitarbeiter beim Rundfunk. Vgl. BVerfGE 89, 144.

63 BVerfGE 107, 299 (310) – Rundfunkanstalten und Art. 10 GG: „Soweit aber ein die Ausübung der Rundfunkfreiheit unterstützendes Verhalten in einer anderen Grundrechtsnorm geschützt ist, erstreckt sich die Grundrechtsträgerschaft auch auf dieses Grundrecht".

64 *Pestalozza,* Verfassungsbeschwerde, S. 10.

65 Dazu auch *Sachs,* JuS 2003, 1214.

66 BVerfGE 61, 82 (104); 138, 64 (83).

67 Dies gilt nach BVerfGE 138, 64 (83) auch für Behörden, wenn sie nach dem „einschlägigen Verfahrensrecht Beteiligte im fachgerichtlichen Verfahren sein" können.

68 Art. 140 GG iVm. Art. 137 V WRV.

69 BVerfGE 21, 362 (374); 42, 312 (321f.); 53, 366 (386f.) – Kirchengemeinden; BVerfGE 70, 138 (160f.); 83, 314; 125, 39 (73); 137, 273 (301); 139, 321 (346f.); näher *Jeand'Heur/Korioth,* Rdnr. 84, 157f., 177.

Staatliche Organe haben wie juristische Personen des öffentlichen Rechts keine Grundrechte, sondern Kompetenzen.[70] Diese durchzusetzen, steht ihnen die Verfassungsbeschwerde nicht zur Verfügung. 209

Die *politischen Parteien* sind, soweit sie nicht Grundrechte, sondern ihren verfassungsrechtlichen Status (im Zusammenhang mit Wahlen) gegenüber einem anderen Verfassungsorgan geltend machen, auf den Organstreit verwiesen, vgl. oben Rdnr. 92; im Übrigen können sie die Verfassungsbeschwerde erheben.[71] Dasselbe gilt für Abgeordnete.[72] 210

Nach Art. 93 I Nr. 4b GG, § 91 BVerfGG können Gemeinden die „Verfassungsbeschwerde" mit der Behauptung erheben, dass ein Gesetz (oder eine Rechtsverordnung) des Bundes oder des Landes das in Art. 28 II GG garantierte Recht auf gemeindliche Selbstverwaltung verletzt. Bei dieser sog. *kommunalen Verfassungsbeschwerde* handelt es sich nicht eigentlich um eine Verfassungsbeschwerde, sondern um eine Normenkontrolle mit spezialisierter Antragsbefugnis.[73] 211

II. Verfahrensfähigkeit

Verfahrensfähig ist, wer grundrechtsmündig ist.[74] Das ist für jedes Grundrecht gesondert und im Einzelfall zu bestimmen. Das BVerfG stellt grundsätzlich auf die Einsichtsfähigkeit und damit auf die tatsächlichen Voraussetzungen der Grundrechtsausübung, nicht auf die rechtliche Handlungsfähigkeit ab.[75] Liegt Einsichtsfähigkeit vor, so kann beispielsweise ein minderjähriger Redakteur einer Schülerzeitung sein Recht aus Art. 5 I GG geltend machen, ohne sich durch seine Eltern vertreten lassen zu müssen. 212

III. Beschwerdegegenstand[76]

Der Beschwerdeführer muss eine Grundrechtsverletzung durch die „öffentliche Gewalt" behaupten (§ 90 I BVerfGG). Darunter fallen alle Maßnahmen der deutschen unmittelbaren und mittelbaren Staatsgewalt – und zwar aller Gewalten, vorausgesetzt, diese Maßnahmen lösen innerstaatliche Rechtswirkungen aus.[77] 213

---

[70] BVerfGE 21, 362 (370f.).

[71] Oben Rdnr. 88ff.

[72] BVerfGE 64, 301 (312).

[73] Dazu Rdnr. 191–193.

[74] Ablehnend *Sachs,* Verfassungsprozessrecht, Rdnr. 520ff., der stattdessen auf die Prozessfähigkeit nach allgemeinen Vorschriften abstellt.

[75] BVerfGE 28, 243 (255) – minderjähriger Soldat (vor Herabsetzung des Volljährigkeitsalters auf 18 Jahre); *E. Klein,* AöR 108 (1983), 591: „Wer in der Lage ist, ein Grundrecht selbständig ausüben zu können (Grundrechtsmündigkeit), muss es auch prozessual selbst oder durch einen gewählten Vertreter verteidigen können." Generell *Fehnemann,* S. 51ff.; näher *Kingreen/Poscher,* Rdnr. 1256. Kritisch zum Begriff der Grundrechtsmündigkeit aber *Erichsen,* Jura 1991, 587 Fn. 27 („Institut, welches keineswegs zum gesicherten Bestand der Grundrechtsdogmatik gehört"); *Chr. Walter,* FamRZ 2001, 3. *Robbers,* Probleme, S. 15ff., betont den Unterschied zwischen Prozessfähigkeit und Beschwerdefähigkeit. Zur Vertretung Minderjähriger im Verfassungsbeschwerdeverfahren BVerfGE 72, 122 (132ff.); 99, 145 (162f.). Zum Verfahrenspfleger im Unterbringungsverfahren (§ 317 FamFG) BVerfGE 149, 293 (314 Rdnr. 52f.).

[76] Gut geordnet und übersichtlich *Lechner/Zuck,* § 90 Rdnr. 118ff.

[77] S. BVerfGE 77, 170 (209f.) zu dem Abschluss völkerrechtlicher Verträge. Näheres zum Begriff der öffentlichen Gewalt iSd. § 90 I 1 BVerfGG: *Zuck,* Das Recht der Verfassungsbeschwerde, Rdnr. 506ff.; *Erichsen,* Jura 1991, 587f.

Allerdings: Begründet mit der wertsetzenden Bedeutung der Grundrechte – seit dem Lüth-Urteil (BVerfGE 7, 198) – lässt das BVerfG in der Sache auch Verfassungsbeschwerden zu, die sich aus dem Rechtsverhältnis zwischen Privaten ergeben. Trotz zunehmender Kritik[78] lässt sich das Gericht in dieser Rechtsprechung nicht beirren.

Die meisten Verfassungsbeschwerden richten sich gegen Entscheidungen von Gerichten (Urteilsverfassungsbeschwerden oder terminologisch genauer: Entscheidungsverfassungsbeschwerden).[79] In diesem Fall kann die Entscheidung des Gerichts auch mit der Behauptung angegriffen werden, das zugrundeliegende Gesetz sei verfassungswidrig (mittelbare Rechtssatzverfassungsbeschwerde).

BVerfGE 129, 269 (281ff.): Unmittelbare Gegenstände der Verfassungsbeschwerde waren vollstreckungsrechtliche Gerichtsentscheidungen. Die Verfassungsbeschwerde hatte Erfolg, weil hierfür verfassungsmäßige gesetzliche Grundlagen fehlten. Vgl. auch BVerfGE 121, 69 (89ff.); 120, 351 (365ff.). BVerfGE 128, 326 (407): „Die angegriffenen Entscheidungen beruhen auf [...] verfassungswidrigen Vorschriften. Die Gründe der Verfassungswidrigkeit der zugrundeliegenden Vorschriften führen daher auch zur Verfassungswidrigkeit der angefochtenen Entscheidungen."[80]

Die Verfassungsbeschwerde ist aber auch unmittelbar gegen Gesetze möglich; dass § 90 I BVerfGG davon ausgeht, zeigen auch die §§ 93 II, 94 IV, 95 III BVerfGG. Auch Zustimmungsgesetze zu völkerrechtlichen Verträgen können mit der Verfassungsbeschwerde angegriffen werden, wenn der Vertrag Regelungen enthält, die unmittelbar in die Rechtssphäre des Einzelnen eingreifen.[81] Das Zustimmungsgesetz muss noch nicht in Kraft getreten sein; es genügt, dass die völkerrechtliche Verbindlichkeit des Vertrages nur noch davon abhängt, dass die Ratifikationsurkunde ausgefertigt und hinterlegt wird.[82] Das BVerfG lässt Verfassungsbeschwerden gegen Rechtsverordnungen zu, was § 90 I S. 1 BVerfGG entspricht (und erklärt diese gegebenenfalls für nichtig, was über den Wortlaut des § 95 III BVerfGG hinausgeht).[83] Dasselbe gilt für Satzungen.[84] Auch die Versagung vorläufigen Rechtsschutzes kann Gegenstand einer Verfassungsbeschwerde sein.[85]

Urteilsverfassungsbeschwerden setzen die Erschöpfung des Rechtsweges voraus (unten Rdnr. 244ff.). Typischerweise sind ihnen daher mehrere Entscheidungen in derselben Sache vorausgegangen. Gegenstand der Verfassungsbeschwerde ist grundsätzlich die letztinstanzliche Entscheidung. Allerdings kann der Beschwerdeführer auch (zusätzlich) vorausgegangene Entscheidungen angreifen, sofern er (auch) hier Grundrechtsverletzungen sieht.[86] Aus § 92 BVerfGG folgt, dass die jeweils angegriffenen Entscheidungen zu bezeichnen sind.

---

78 Deutlich etwa *Pestalozza,* Verfassungsbeschwerde, S. 12ff., wonach Beziehungen zwischen Privaten, auch nach Befassung der Fachgerichte, nicht Gegenstand einer Verfassungsbeschwerde sein könnten.

79 *K. Chung,* S. 167, spricht von einer „Flut von Urteilsverfassungsbeschwerden". Kritisch zur Urteilsverfassungsbeschwerde etwa *Zuck,* Das Recht der Verfassungsbeschwerde, Rdnr. 324ff.

80 Teils kritisch zu diesem Argument *Kempny,* Der Staat 53 (2014), 585ff.

81 BVerfGE 6, 290 (294f.); 40, 141 (156); 84, 90 (113); 123, 148 (170); 153, 74 (131f. Rdnr. 93). Entsprechendes gilt für Zustimmungsgesetze zu Verträgen zwischen Staat und Kirchen (Religionsgemeinschaften), vgl. BVerfGE 123, 148 (170).

82 BVerfGE 108, 370 (385); 123, 267 (329).

83 Vgl. BVerfGE 62, 117 (119, 153); 65, 248 (249). Differenzierend (in der Unterscheidung der Verfassungs- und der Gesetzmäßigkeitskontrolle) *Papier,* Verfassungsrecht, S. 441f. Generell *Ossenbühl,* FS H. Huber, S. 283ff.

84 BVerfGE 65, 325 (326) – Zweitwohnungssteuer; BVerfGE 131, 66 (78f.) – Satzung der Versorgungsanstalt des Bundes und der Länder.

85 BVerfGE 79, 69 (73).

86 Dazu *U. Stelkens,* DVBl. 2004, 403ff.

Zur öffentlichen Gewalt im Sinne des § 90 I S. 1 BVerfGG gehören nicht nur solche Maßnahmen, die auf die Setzung einer Rechtsfolge gerichtet sind, sondern auch die auf Herbeiführung eines tatsächlichen Erfolgs gerichteten Maßnahmen.[87]

Ein *Unterlassen* kann Gegenstand einer Verfassungsbeschwerde sein. Das ergibt sich auch aus §§ 92, 95 I BVerfGG. Bei sog. legislativem Unterlassen ist zu unterscheiden. Echtes Unterlassen des Gesetzgebers liegt vor, wenn trotz verfassungsrechtlicher Pflicht *keine* Norm erlassen wurde. „Ein Unterlassen des Gesetzgebers kann Gegenstand einer Verfassungsbeschwerde sein, wenn sich der Beschwerdeführer auf einen ausdrücklichen Auftrag des Grundgesetzes berufen kann, der Inhalt und Umfang der Gesetzgebungspflicht im Wesentlichen umgrenzt hat."[88] Von einem unechten Unterlassen ist auszugehen, wenn (z. B. bei der gesetzgeberischen Konkretisierung von grundrechtlichen Schutzpflichten) der Gesetzgeber seiner Normerlasspflicht nicht in zureichender Weise nachgekommen ist.

Gegenstand der Verfassungsbeschwerde sind nur Akte der *deutschen* öffentlichen Gewalt; außerdeutsche Hoheitsakte können vom BVerfG nicht geprüft werden,[89] auch nicht Akte der früheren DDR. 214

Gleiches gilt – trotz ihrer innerstaatlichen Wirkung (vgl. Art. 288 II AEUV) – für EU-Verordnungen und andere Rechtsakte von EU-Organen.[90] Obwohl auch unionale Akte aufgrund der innerstaatlichen Wirkungen (heute Art. 288 AEUV) geeignet sind, insbesondere die grundgesetzlichen Grundrechte der Bürger zu betreffen, und man hieraus ein Kotrollbedürfnis ableiten könnte,[91] meint die „öffentliche Gewalt" iSd. Art. 90 I Nr. 4a GG nur die deutsche öffentliche Gewalt. Unionsrechtsakte stellen somit keinen tauglichen Prüfungsgegenstand dar.[92] Zu den damit aufgeworfenen Fragen, insbesondere im Zusammenhang mit einer indirekten Überprüfung des Inhalts der unionalen Akte, vgl. unten Rdnr. 360d.

Die – an sich überprüfbaren – Akte deutscher Staatsorgane zur innerstaatlichen Umsetzung von (in der Regel nicht unmittelbar geltenden, Art. 288 III AEUV) EU-*Richtlinien* sind nur insoweit tauglicher Gegenstand einer Verfassungsbeschwerde, als sie nicht durch die Richtlinie determiniert sind, also soweit ein nationaler Gestaltungsspielraum besteht.[93] Innerstaatliche Rechtsvorschriften, die zwingende Vorgaben einer Richtlinie in das deutsche Recht umsetzen, können nicht mit der Verfassungsbeschwerde angegriffen werden, da die nationalen Vorschriften unionsrechtlich voll-

87 BVerfGE 18, 203 (213); 50, 16 (24) – Rüge einer Anwaltskammer.

88 BVerfGE 139, 321 (346) unter Verweis auf BVerfGE 6, 257 (264); 23, 242 (259); 56, 54 (70f.); 129, 124 (176).

89 BVerfGE 1, 10 (11); 66, 39 (56ff.) – Nachrüstung; vgl. auch BVerfGE 46, 214 (219f.); 58, 1 (26f.). Auch gegen Berliner Akte waren Verfassungsbeschwerden vor der Suspension der Vier-Mächte-Verantwortung im Zuge der deutschen Einigung unzulässig.

90 Aus der neueren Rechtsprechung BVerfGE 118, 79 (95); 140, 317 (334ff.); 142, 123 (179f.); vgl. auch *Eibach*, S. 23ff.

91 Dies deutete das BVerfG in seiner Maastricht-Entscheidung an, BVerfGE 89, 155 (175 und Leitsatz 7).

92 So schon die st. Rechtsprechung etwa in BVerfGE 22, 293 (295, 297); 58, 1 (27) und – nach der Maastricht-Entscheidung – auch wieder in BVerfGE 118, 79 (95); 140, 317 (334ff.); 142, 123 (179f.).

93 BVerfGE 126, 286 (298f.); 129, 78 (90f.); Nach BVerfGE 152, 152 (Ls 1) bilden den primären Prüfungsmaßstab hierbei die Grundrechte des Grundgesetzes. Dies „stützt sich auf die Annahme, dass das Unionsrecht dort, wo es den Mitgliedsstaaten fachrechtliche Gestaltungsspielräume einräumt, regelmäßig nicht auf eine Einheitlichkeit des Grundrechtsschutzes zielt, sondern Grundrechtsvielfalt zulässt. Es greift dann die Vermutung, dass das Schutzniveau der Charta der Grundrechte der Europäischen Union durch die Anwendung der Grundrechte des Grundgesetzes mitgewährleistet ist."

ständig determiniert sind[94] – eine Prüfung würde zu einer vollumfänglichen Prüfung von Unionsrecht am Maßstab des nationalen Verfassungsrechts führen, vgl. zu den bestehenden eingeschränkten Überprüfungsmöglichkeiten unten Rdnr. 358ff. Anders liegt der Fall, wenn es um die Anwendung unionsrechtlich vollständig determinierten Rechts geht: Die Verfassungsbeschwerde dient dann nicht der (grundsätzlich unzulässigen) Überprüfung unionsrechtlicher Rechtsakte, sondern des Handelns nationaler Behörden und Gerichte. Den Prüfungsmaßstab bilden dann aber allein die Grundrechte des Unionsrechts.[95]

Die Mitwirkung der Bundesregierung beim Abschluss völkerrechtlicher Verträge ist deswegen kein tauglicher Gegenstand einer Verfassungsbeschwerde, weil das Handeln auf völkerrechtlicher Ebene noch keine innerstaatlichen Rechtswirkungen auslöst.[96] Ebenso entfalten die Mitwirkungsakte deutscher Staatsorgane bei der Erzeugung sekundären EU-Rechts in den Gremien der EU für sich keine die Rechtspositionen des Bürgers betreffenden Wirkungen; sie stellen keinen „Akt öffentlicher Gewalt gegenüber den Antragstellern" eines Verfassungsbeschwerdeverfahrens dar.[97]

Im Zusammenhang der Kontrolle europäischer Rechtsakte (unten Rdnr. 358ff.) hat das BVerfG der Verfassungsbeschwerde gegen ein staatliches Unterlassen neue und zuvor ungeahnte Anwendungsbereiche erschlossen und ermöglicht dadurch die Kontrolle etwa von Maßnahmen der EZB[98] oder des bevorstehenden Abschlusses gemischter völkerrechtlicher Abkommen[99] im Wege der Verfassungsbeschwerde: Das Gericht meint, insbesondere Bundestag und Bundesregierung dürften beispielsweise einen Ultra-vires-Akt europäischer Organe „nicht einfach geschehen lassen"; sie seien vielmehr aus Art. 38 I S. 1 GG verpflichtet, hiergegen etwas zu unternehmen. Man spricht von der „Integrationsverantwortung" nationaler Organe: „Der wahlberechtigte Bürger hat zur Sicherung seiner demokratischen Einflussmöglichkeit im Prozess der europäischen Integration aus Art. 38 Abs. 1 S. 1 GG grundsätzlich ein Recht darauf, dass eine Verlagerung von Hoheitsrechten nur in den dafür vorgesehenen Formen von Art. 23 Abs. 1 S. 2 und 3, Art. 79 Abs. 2 GG geschieht. Der demokratische Entscheidungsprozess, den diese Regelungen neben der gebotenen Bestimmtheit der Übertragung von Hoheitsrechten […] gewährleisten, wird bei einer eigenmächtigen Kompetenzanmaßung von Organen und sonstigen Stellen der Europäischen Union unterlaufen. Der Bürger kann deshalb verlangen, dass Bundestag und Bundesregierung sich aktiv mit der Frage auseinandersetzen, wie die Kompetenzordnung wiederhergestellt werden kann, und eine positive Entscheidung darüber herbeiführen, welche Wege dafür beschritten werden."[100] Dem ist zu widersprechen. Eine solche Verengung politisch zu verantwortender Maßnahmen verlangt Art. 38 I S. 1 GG nicht.[101]

---

[94] BVerfGE 125, 260 (306); 129, 78 (98f.).

[95] BVerfGE 152, 216 (233ff.).

[96] BVerfGE 77, 170 (209). Vgl. *E. Klein*, VVDStRL 50 (1991), S. 84ff.; *J.-P. Schneider*, AöR 119 (1994), 312f.

[97] Kammerbeschluss vom 12.5.1989, EuGRZ 1989, 389 = NJW 1990, 974 (Tabakrichtlinie).

[98] BVerfGE 142, 123 – OMT-Urteil.

[99] BVerfGE 143, 65 – CETA; im Anschluss daran auch BVerfGE 144, 1 – CETA II.

[100] BVerfGE 134, 366 (394, 397) – OMT-Vorlagebeschluss; BVerfGE 146, 216 (250f. Rdnr. 47ff.) – Vorlagebeschluss PSPP; BVerfGE 153, 74 (133f. Rdnr. 96f.) – Einheitliches Patentgericht.

[101] Zu Recht kritisch deshalb die Sondervoten von *Lübbe-Wolf* und *Gerhard* zu BVerfGE 134, 366; s. a. *Nettesheim*, JZ 2014, 585ff., 587; *L.-K. Mannefeld*, Verfassungsrechtliche Vorgaben für die europäische Integration, S. 247ff.

IV. Beschwerdebefugnis:[102] Behauptung einer Grundrechtsverletzung

Nach § 90 I BVerfGG muss der Beschwerdeführer behaupten, in einem seiner Grundrechte oder in diesen gleichgestellten, dort genannten Rechten aus der Verfassung verletzt zu sein. 215

Mit den Worten des BVerfG: „Die Zulässigkeit von Verfassungsbeschwerden setzt die Behauptung des Beschwerdeführers voraus, durch einen Akt der öffentlichen Gewalt in seinen Grundrechten verletzt zu sein. Das schließt ein, dass der Akt geeignet sein muss, den Beschwerdeführer selbst, unmittelbar und gegenwärtig in seiner grundrechtlich geschützten Rechtsposition zu beeinträchtigen."[103]

Der Beschwerdeführer muss behaupten und mit einer gewissen Plausibilität auch behaupten können, in seinem Grundrecht verletzt zu sein. Die Behauptung muss mit anderen Worten – und dieses Erfordernis geht über den Wortlaut des § 90 I BVerfGG hinaus, findet aber eine Stütze in den in § 23 I S. 2 und § 92 BVerfGG formulierten Mindestanforderungen an die Begründung einer Verfassungsbeschwerde – ausreichend *substantiiert* sein. Aus seinem Tatsachenvortrag hat sich zu ergeben, dass die Grundrechtsverletzung zumindest möglich erscheint.[104] Das alles muss mit der erforderlichen Deutlichkeit[105] vorgetragen werden. Innerhalb der Beschwerdefrist muss die „behauptete Grundrechtsverletzung durch Bezeichnung des angeblich verletzten Rechts und des die Verletzung enthaltenden Vorgangs substantiiert und schlüssig vorgetragen werden".[106] Der Vortrag muss dem BVerfG eine Beurteilung des Falles ohne Beiziehung der Akten ermöglichen. Dazu gehört die Darlegung des Ausgangssachverhaltes, der den instanzgerichtlichen Verfahren zugrunde gelegen hat. Wichtigster Teil der Sachverhaltsdarstellungen sind die angegriffenen gerichtlichen (und ggf. behördlichen) Entscheidungen. Sie müssen dem BVerfG mit der Beschwerdebegründung vorgelegt oder zumindest so wiedergegeben werden, dass ihre Vereinbarkeit mit dem Grundgesetz geprüft werden kann.[107] „Liegt zu den mit der Verfassungsbeschwerde aufgeworfenen Verfassungsfragen Rechtsprechung des Bundesverfassungsgerichts bereits vor, der die angegriffenen Gerichtsentscheidungen folgen, so ist der behauptete Grundrechtsverstoß in Auseinandersetzung mit den vom Bundesverfassungsgericht entwickelten Maßstäben zu begründen."[108] 216

[102] Umfangreiche Darstellung bei *Pestalozza,* Verfassungsprozeßrecht, § 12 Rdnr. 27ff.; *Lechner/Zuck,* § 90 Rdnr. 63ff.

[103] BVerfGE 53, 30 (48) – Mülheim-Kärlich; 60, 360 (370); 88, 384 (399f.).

[104] BVerfGE 38, 139 (146); 47, 253 (270); 64, 367 (375): „jedenfalls möglich"; 65, 227 (233); 78, 320 (329); 81, 347 (355): „Möglichkeit"; 89, 155 (171): „hinreichend substantiiert darlegen, dass eine solche Verletzung möglich erscheint"; 94, 49 (84); 99, 84 (87); 112, 185 (204); 115, 166 (180); vgl. auch BVerfGE 130, 1 (21); 149, 346 (359 Rdnr. 23f.); 151, 67 (84 Rdnr. 49); *Lechner/Zuck,* § 92 Rdnr. 82ff.

[105] BVerfGE 64, 1 (12).

[106] BVerfGE 113, 29 (44).

[107] Ausführlich *Lübbe-Wolff,* AnwBl. 2005, 515; *dies.,* EuGRZ 2004, 676ff. Kritisch zum „Einsatz" des Substantiierungserfordernisses als „prozessuales" Steuerungsinstrument durch das BVerfG *P. Lange,* Darlegungs- und Substantiierungspflichten im Verfassungsbeschwerdeverfahren, S. 183ff.

[108] BVerfGE 130, 1 (21); 149, 346 (359 Rdnr. 23f.); zuvor BVerfGE 77, 170 (214ff.); 99, 84 (87); 101, 331 (345f.); 123, 186 (234). Dass hiermit dem Beschwerdeführer (und seinem Anwalt) angesichts der kurzen Beschwerdefrist Erhebliches abverlangt wird, verdeutlicht *Zuck,* NJW 2013, 2249: „Detaillierte Darstellung des anzuwendenden einfachen Rechts, penible Auseinandersetzung mit den angegriffenen gerichtlichen Entscheidungen, Untersuchung der gesamten einschlägigen Rechtsprechung

Dieses Erfordernis der „substantiierten Behauptung" einer möglichen Grundrechtsverletzung liegt parallel zur Behauptung der möglichen Rechtsverletzung i. S. der Klagebefugnis für die verwaltungsgerichtliche Anfechtungs- und Verpflichtungsklage nach § 42 II VwGO.[109]

217 Die genannten Voraussetzungen der Beschwerdebefugnis beruhen auf den Grundsätzen des Rechtsschutzbedürfnisses und der Subsidiarität der Verfassungsbeschwerde. Diese ist nicht als Popularklage ausgestaltet.[110] Mit der Beschränkung auf Grundrechtsverletzungen wird die Verfassungsbeschwerde von den Rechtsmitteln wegen Verletzung einfachen Rechts im Instanzenzug der Gerichtsbarkeit abgegrenzt.

1. Verletzung von Grundrechten

218 a) Zulässiger *Prüfungsmaßstab* sind lediglich die in Art. 93 I Nr. 4a GG, § 90 I BVerfGG genannten Rechte, also die Grundrechte und die weiteren dort genannten Rechte, bezüglich derer man zum Teil allerdings auch von „Grundrechten" spricht (z. B. bezüglich Art. 101, 103, 104 GG von „Justizgrundrechten"). Art. 33[111] und Art. 38 I GG sind ein geeigneter Beschwerdegrund im Rahmen der Zulässigkeit der Verfassungsbeschwerde nur, soweit sie individuelle Rechte des Bürgers oder des Abgeordneten enthalten, nicht soweit sie z. B. den verfassungsrechtlichen Status des Abgeordneten im Verhältnis zu anderen Verfassungsorganen beschreiben.[112] Das Lissabon-Urteil des BVerfG (2009) hat daraus weitreichende Folgerungen im Sinne eines „Grundrechts auf Demokratie"[113] abgeleitet: Gestützt auf das Wahlrecht des Art. 38 I GG könne vom Wahlberechtigten eine „Aushöhlung der Kompetenzen" des Bundestages gerügt werden, die „nicht hinreichende demokratische" Legitimation der EU und die „Entstaatlichung" durch Schritte der europäischen Integration, an denen deutsche Staatsgewalt teil hat.[114] Im Zusammenhang der Maßnahmen zur Beilegung der Finanz- und Staatsschuldenkrise im Raum der Europäischen Währungsunion hat das BVerfG insbesondere das Haushaltsrecht, die Wahrnehmung der haushaltspolitischen Gesamtverantwortung, dem Kernbereich der Kompetenzen des Bundestages zugerechnet.[115] Eine zusätzliche Ausweitung folgt durch die Anerkennung einer „Integrationsverantwortung" deutscher Staatsorgane ebenfalls aus Art. 38 I S. 1 GG, deren Verletzung im Verfassungsbeschwerdeverfahren gerügt werden kann, vgl. Rdnr. 214.

des BVerfG, bezogen darauf, ob sie das Anliegen des Beschwerdeführers stützt oder ihm entgegensteht und flächendeckende Auseinandersetzung mit der in Betracht kommenden Grundrechtslage."

109 Vgl. den entsprechenden Hinweis in BVerfGE 53, 30 (51).

110 BVerfGE 60, 360 (370).

111 BVerfGE 130, 76 (108 f.) – zu Art. 33 IV GG. BVerfGE 143, 22 (28 f.) – zu Art. 33 II GG.

112 BVerfGE 123, 267 (330 ff., 340 f.); bekräftigend BVerfGE 129, 124 (167 ff.); zuvor bereits BVerfGE 89, 155 (171 ff.); kritisch etwa *Schönberger,* Der Staat 48 (2009), 535, 539 ff. Geht es um den Abgeordnetenstatus, ist insoweit gegebenenfalls der Organstreit einschlägig (soweit Antragsgegner ebenfalls ein Verfassungsorgan ist), vgl. BVerfGE 6, 445 (448); 43, 142 (148); 64, 301 (313). Dagegen ist die Verfassungsbeschwerde eines Abgeordneten wegen Verletzung seiner Rechte aus Art. 38 I S. 2 iVm. Art. 47 GG durch Staatsanwaltschaft und Strafgerichte zulässig, weil gegen diese ein Organstreit nicht möglich ist, vgl. BVerfGE 108, 251 (267). Vgl. auch BVerfGE 134, 141 (170) – Ramelow – Beobachtung eines Landtagsabgeordneten durch Behörden des Verfassungsschutzes.

113 Dazu erläuternd *P. M. Huber,* Verfassungsstaat und Finanzkrise, S. 42 ff.; ablehnend *Heun,* JZ 2014, 331 ff.; kritisch auch *L.-K. Mannefeld,* Verfassungsrechtliche Vorgaben für die europäische Integration, S. 247 ff.

114 BVerfGE 123, 267 (329 ff.); 129, 124 (167–173, 177); 132, 195 (238).

115 BVerfGE 129, 124 (170 f.); 132, 195 (234); 135, 317 (385).

Auf eine Verletzung der Europäischen Menschenrechtskonvention kann die Verfassungsbeschwerde nicht gestützt werden.[116] Auch im Unionsrecht begründete Rechte unterfallen grundsätzlich nicht der Prüfungskompetenz des BVerfG.[117] Eine Ausnahme besteht jedoch hinsichtlich der Anwendung unionsrechtlich vollständig vereinheitlichter Regelungen durch nationale Stellen: Diese will das BVerfG auf Grund seiner „Integrationsverantwortung nach Art. 23 I GG" auf ihre Vereinbarkeit mit den Unionsgrundrechten prüfen, welche dann Prüfungsmaßstab der Verfassungsbeschwerde sein können.[118]

Nach § 92 BVerfGG ist in der Begründung der Verfassungsbeschwerde das Recht, das verletzt sein soll, zu bezeichnen. Aber: „Eine ausdrückliche Benennung des als verletzt gerügten Grundrechtsartikels verlangt § 92 BVerfGG nicht".[119]

Der Beschwerdeführer muss also eine Grundrechtsverletzung geltend machen. Dies ist eine Frage der Zulässigkeit der Verfassungsbeschwerde; der geltend gemachte Prüfungsmaßstab muss zulässig sein. Soweit Grundrechte im Einzelfall nicht Prüfungsmaßstab sein können, entfällt die Beschwerdebefugnis (die Rügefähigkeit). So setzt die Behauptung der Beschwerdebefugnis Klarheit voraus, wann und wieweit Grundrechte durch die angegriffene Maßnahme überhaupt verletzt sein können. Die Zulässigkeitsprüfung nimmt notwendig Überlegungen der Begründetheitsprüfung (vorläufig) vorweg. Insbesondere können sich alle bekannten Probleme des persönlichen und sachlichen Schutzbereiches der Grundrechte stellen, jüngst beispielsweise die Frage nach der Anwendbarkeit der Grundrechte auf juristische Personen im (teilweisen) Eigentum eines ausländischen Staates.[120]

b) In diesem Zusammenhang sind für die Geltendmachung von Grundrechten als **219**
Prüfungsmaßstab einige *Ergänzungen* wichtig. Worum es geht, ist bereits oben[121] behandelt worden; die wichtigsten Aussagen werden aber im jetzigen Zusammenhang nochmals dargestellt:

Zunächst: Nach der (nicht unbestrittenen) Rechtsprechung des BVerfG schützt *Art. 2* **220**
I GG nicht nur die Privatsphäre und einen Persönlichkeitsbereich im engeren Sinne, sondern auch die *allgemeine Handlungsfreiheit* im umfassenden Sinne. Art. 2 I GG wurde so zum Auffanggrundrecht.[122] So ist eine jede Belastung des Bürgers zum Eingriff in ein Grundrecht geworden, und Art. 2 I GG wurde zum Hebel, gegen jede Belastung möglicherweise auch Verfassungsbeschwerde erheben zu können und dies, „obwohl Art. 93 I Nr. 4a GG die Befugnis zu ihrer Erhebung auf die Verletzung enumerativ aufgezählter Rechte beschränkt und daher kein unbegrenztes Recht zur Verfassungsbeschwerde begründet".[123] In der Entscheidung des BVerfG zum Reiten

[116] BVerfGE 64, 135 (157). Vgl. näher Rdnr. 367ff.

[117] BVerfGE 110, 141 (155).

[118] BVerfGE 152, 216 (233ff.).

[119] BVerfGE 47, 182 (187); 59, 98 (101). Der Student sollte das Fehlen also auch in Klausuren nicht monieren. Er muss aber selbst den einschlägigen Grundrechtsartikel benennen. Zur Darlegungslast des Beschwerdeführers näher *Henschel,* FS Simon, S. 95ff. Näher zum Erfordernis der Begründung einer Verfassungsbeschwerde BVerfGE 86, 122 (127).

[120] BVerfGE 143, 246 (312ff.).

[121] S. oben Rdnr. 15. Vgl. auch die gute Darstellung bei *Pestalozza,* Verfassungsprozeßrecht, § 12 Rdnr. 29ff.

[122] Vgl. *H. Dreier,* in: ders., GG, Art. 2 I Rdnr. 28 m. N.

[123] *Hesse,* Grundzüge, Rdnr. 427.

im Walde heißt es: „Geschützt ist damit nicht nur ein begrenzter Bereich der Persönlichkeitsentfaltung, sondern jede Form menschlichen Handelns ohne Rücksicht darauf, welches Gewicht der Betätigung für die Persönlichkeitsentfaltung zukommt."[124] Daraus folgt, dass jedes die Handlungsfreiheit des Bürgers beschränkende Gesetz auf seine Verfassungsmäßigkeit in jeder Hinsicht zu untersuchen und am Maßstab der Verhältnismäßigkeit zu prüfen ist.

Gegen die seit Mitte der 1950er Jahre gefestigte Rspr. des BVerfG wendet sich, an in der Literatur geäußerte Bedenken anknüpfend, die abweichende Meinung des Richters *Grimm* zu BVerfGE 80, 137 – Reiten im Walde. Unter Berufung auf die Entstehungsgeschichte und mit systematischen Argumenten trägt *Grimm* vor, Art. 2 I GG enthalte ein deutlich konturiertes Einzelgrundrecht, keine Gewährleistung der umfassend verstandenen allgemeinen Handlungsfreiheit. Im Zuge der engeren Grenzziehung des Grundrechts solle die „vom Grundgesetz nicht vorgesehene Banalisierung der Grundrechte und die damit verbundene Ausuferung der Verfassungsbeschwerde rückgängig gemacht werden".[125] Diese Auffassung, der zuzustimmen ist, dürfte vorerst kaum Aussicht haben, sich gegen die Rechtsprechung des BVerfG durchzusetzen, denn es würde dessen Möglichkeiten erheblich beschränken. Deshalb soll hier weiterhin die Rechtsprechung des BVerfG zugrunde gelegt werden.[126]

221 Sodann: Auch wenn sich die Verfassungsbeschwerde unmittelbar oder mittelbar (über die Urteilsverfassungsbeschwerde) *gegen ein Gesetz* richtet, bleibt es dabei, dass der Beschwerdeführer die Verletzung gerade in einem Grundrecht geltend machen muss. Aber eine Verletzung in einem Grundrecht durch ein Gesetz liegt auch dann vor, wenn das Gesetz nicht gerade gegen Grundrechte, sondern gegen andere Verfassungssätze (die Verfassung „im Übrigen", also außerhalb der Grundrechte) verstößt. „Jedermann kann im Wege der Verfassungsbeschwerde geltend machen, ein seine Handlungsfreiheit (i. S. von Art. 2 I GG) beschränkendes Gesetz gehöre nicht zur verfassungsmäßigen Ordnung (i. S. von Art. 2 I GG), weil es (formell oder inhaltlich) gegen einzelne Verfassungsbestimmungen oder allgemeine Verfassungsgrundsätze verstoße; deshalb werde sein Grundrecht aus Art. 2 Abs. 1 GG verletzt."[127] Was das BVerfG hier im Elfes-Urteil für Art. 2 I GG (i. S. der allgemeinen Handlungsfreiheit als Auffanggrundrecht) formuliert hat, gilt heute für jedes Grundrecht. Der Beschwerdeführer kann also nicht nur geltend machen, das ihn belastende Gesetz verstoße gegen Art. 5 I, II GG,[128] gegen Art. 19 I, II GG oder gegen Art. 3 I GG. Er kann auch geltend machen, es verstoße gegen das Rechtsstaatsgebot oder es sei vom Bundesgesetzgeber erlassen worden, obwohl dem Bund dafür die Gesetzgebungskompetenz fehlt. Auch ein Verstoß des Gesetzes gegen objektives Verfassungsrecht verletzt den Beschwerdeführer in dem Grundrecht, in dessen Ausübung ihn das Gesetz beschränkt.[129] Denn in ein Grundrecht darf nur durch oder aufgrund eines solchen Gesetzes eingegriffen werden, das mit der gesamten verfas-

[124] BVerfGE 80, 137 (152).

[125] Sondervotum des Richters *Grimm,* zu BVerfGE 80, 137 (168).

[126] Gegen *Grimm* und dem BVerfG zustimmend *Pieroth,* AöR 115 (1990), 33ff., der bei einer einschränkenden Auslegung des Art. 2 I GG Kontrolleinbußen beim Grundrechtsschutz, insbesondere dem Schutz von Ausländern, befürchtet. Mit der h. M. auch *H. Dreier,* in: ders., GG, Art. 2 I Rdnr. 28.

[127] BVerfGE 6, 32 (41).

[128] Was der Fall sein könnte, weil es z. B. eine Zensur vorsieht (Art. 5 I S. 3 GG) oder weil es ein Sondergesetz (Art. 5 II GG) ist.

[129] Z. B. BVerfGE 44, 308 (313); 68, 193 (216) – Vermittlungsausschuss; 70, 1 (24).

sungsmäßigen Ordnung (also mit jedem Grundgesetz-Artikel) übereinstimmt, das also auch „an sich" und „im Übrigen" – abgesehen vom eventuell speziell betroffenen Grundrecht – gültig ist. Jeder Verfassungsverstoß eines den Bürger belastenden Gesetzes beinhaltet im Ergebnis auch einen Grundrechtsverstoß. *Pestalozza* sprach plastisch von der „Brücke", die das BVerfG von den Grundrechten zur Verfassungsordnung im Übrigen geschlagen habe.[130]

Für Rechtsverordnungen und Satzungen gilt Entsprechendes nicht nur hinsichtlich des Verstoßes gegen die Verfassung, sondern auch hinsichtlich des Verstoßes gegen alles übrige höherrangige Gesetzesrecht.

Und schließlich: Richtet sich der mit der Verfassungsbeschwerde vorgetragene Vorwurf des Grundrechtsverstoßes (nur) *gegen das Urteil* an sich (nicht auch mittelbar gegen das zugrunde liegende Gesetz), so gilt im Grundansatz dasselbe: Der Beschwerdeführer muss die Verletzung gerade in einem Grundrecht geltend machen, denn nur die Grundrechte, nicht auch das einfache (Gesetzes-, Verordnungs- oder Satzungs-)Recht ist Prüfungsmaßstab. Aber auch hier wird eine Brücke geschlagen: Ein den Beschwerdeführer belastendes Urteil, das ohne Rechtsgrundlage in den Vorschriften des einfachen Rechts erging, verletzt das einschlägige Grundrecht, gegebenenfalls zumindest das Auffanggrundrecht des Art. 2 I GG. Und „ohne Rechtsgrundlage" ergeht ein belastendes Urteil letztlich nicht nur, wenn es diese gar nicht gibt oder wenn sie vom Gericht nur kraft einer „objektiv unhaltbaren und deshalb willkürlichen Auslegung des geschriebenen materiellen [R]echts"[131] angenommen werden konnte, sondern im Grunde bei jeder *falschen Anwendung des Rechts.* So stellt jedes falsche (belastende) Urteil an sich auch einen Grundrechtsverstoß dar. „Denn letztlich dürfte ... jedes rechtswidrige Fachurteil auch ein grundrechtswidriges Urteil und damit eine Grundrechtsverletzung im Einzelfall bedeuten."[132] Grundrechte „können nicht zulässig durch solche Akte eingeschränkt werden, die mit der Rechtsordnung im Übrigen nicht vereinbar sind".[133] Oder anders herum: „Die Grundrechte enthalten je für ihren Schutzbereich die Garantie der richtigen Rechtsanwendung."[134] Geht es bei Gesetzen um die Vereinbarkeit des Gesetzes mit der ganzen Verfassungsordnung, so geht es bei Urteilen um die Vereinbarkeit mit der ganzen Rechtsordnung. Denn Gesetze können nur an der Verfassung, Gerichtsentscheidungen aber an der Verfassung und am übrigen Recht gemessen werden. – Ist jedes rechtswidrige Urteil auch ein grundrechtswidriges Urteil, so müsste an sich auch jede Urteilsverfassungsbeschwerde zulässig (und begründet) sein, wenn das Urteil gegen einfaches Recht verstößt.[135] Bei Verfassungsbeschwerden gegen belastende Gesetze, die gegen die Verfassungsordnung im Übrigen verstoßen, wird diese Konsequenz, wie gezeigt, ohne Einschränkung gezogen. Bei Verfassungsbeschwerden gegen Gerichtsurteile ist dies nach der Praxis des BVerfG aber nicht der Fall. Hier gibt es diese Brücke von den Grundrechten zum einfachen Recht; sie ist aber nur beschränkt begehbar. Der Beschwerdeführer darf sich nicht damit begnügen, dem 222

130 *Pestalozza,* Verfassungsprozeßrecht, 2. Aufl. 1982, S. 105; vgl. auch *Träger,* FS Geiger, S. 762ff.

131 BVerfGE 64, 389 (394).

132 *Ossenbühl,* FS H. P. Ipsen, S. 138. Glasklar auch *Schenke,* Verfassungsgerichtsbarkeit, S. 27. Auch *Hesse,* Grundzüge, Rdnr. 427; *Wank,* JuS 1980, 545; *Papier,* Verfassungsrecht, S. 434 mit Nachw.; *Henke,* DÖV 1984, 9; *Steinwedel,* S. 52ff.; *Bryde,* Verfassungsentwicklung, S. 314, 317; *Pietzcker,* FS Bachof, S. 149.

133 *Pestalozza,* Verfassungsprozeßrecht, 2. Aufl. 1982, S. 106.

134 *Bender,* AöR 112 (1987), 183 Fn. 170.

135 *Pestalozza,* Verfassungsprozeßrecht, § 12 Rdnr. 31.

angegriffenen Urteil die Verletzung einfachen Rechts vorzuwerfen.[136] Er muss substantiiert vortragen, dass der Richter bei der Auslegung und Anwendung des einfachen Rechts den *Einfluss der Grundrechte gänzlich oder doch grundsätzlich verkannt* hat, dass die Grundentscheidung in der Auslegung und Anwendung des Rechts grob und offensichtlich willkürlich sei oder dass der Richter die Grenzen der richterlichen Rechtsfortbildung überschritten habe. Dabei wird die Verfassungsbeschwerde desto eher zulässig sein, je schwerer der Eingriff in das Grundrecht durch das Gerichtsurteil ist. – Daneben ist immer zulässig die Rüge, das Gericht habe speziell in seinem Verfahren die Prozessgrundrechte des Beschwerdeführers gemäß Art. 101, 103, 104 GG verletzt.

223 Die genannten Gesichtspunkte für die Zulässigkeit der Verfassungsbeschwerde sind diejenigen, die das BVerfG der Begründetheitsprüfung zugrundelegt; sie werden unten[137] unter der Überschrift „Prüfungsumfang" im Einzelnen dargelegt. In der Zulässigkeitsprüfung geht es darum, vorab auf solche grundrechtlich ausgerichteten Prüfungskriterien hinzuweisen und die Möglichkeit ihrer Verletzung anzudeuten. Die zahlreichen Formulierungen des BVerfG zur Abgrenzung seines Prüfungsumfangs gegenüber den anderen Gerichten – „keine Superrevisionsinstanz", keine Nachprüfung einfachen Rechts, sondern nur des „spezifischen Verfassungsrechts" usw. – finden sich erst bei der Begründetheitsprüfung und bei dem dort erörterten Prüfungsumfang (vgl. Rdnr. 281 ff.).

Der veröffentlichten Rechtsprechung des BVerfG lassen sich diese Zulässigkeitskriterien allerdings nicht entnehmen. Das liegt daran, dass Verfassungsbeschwerden, die lediglich die Verletzung einfachen Rechts vortragen, bereits dem in der Regel nicht veröffentlichten Nichtannahmebeschluss nach §§ 93a ff. BVerfGG[138] unterfallen.

Der Rechtsprechung des BVerfG zu diesen Fragen wird vorgehalten: „Die zahllosen Formulierungen des Verfassungsgerichts und der Literatur zur Begrenzung der Verfassungsbeschwerde laufen alle darauf hinaus, dass in besonders schweren Fällen der Gesetzes- und Grundrechtsverletzung durch Gerichtsurteile das Verfassungsgericht die Verfassungsbeschwerde für zulässig … erklärt, in anderen Fällen nicht."[139]

224 c) Zu unterscheiden von der hier behandelten Zulässigkeitsfrage ist die Frage, wie weit das BVerfG im Rahmen einer zulässigen Verfassungsbeschwerde *in der Begründetheitsprüfung den Prüfungsmaßstab* erstreckt. Hier gilt als Regel: Im Rahmen einer zulässigen Verfassungsbeschwerde prüft das Bundesverfassungsgericht von Amts wegen jeden Verfassungsverstoß, macht also das gesamte Verfassungsrecht zum Prüfungsmaßstab. „Im Rahmen der zulässigen Verfassungsbeschwerde ist das Bundesverfassungsgericht bei der materiell-rechtlichen Prüfung nicht mehr darauf beschränkt zu untersuchen, ob eine der gerügten Grundrechtsverletzungen vorliegt. Es kann die verfassungsrechtliche Unbedenklichkeit der angegriffenen Norm vielmehr unter jedem in Betracht kommenden verfassungsrechtlichen Gesichtspunkt prüfen."[140] Bei Verfassungsbeschwerden der Kirchen wird diese Bestimmung des Prüfungsmaßstabes besonders

[136] BVerfGE 64, 1 (12): „Die Beschwerdeführerin wendet sich im Grunde nur gegen die in den Entscheidungen vertretenen Rechtsauffassungen. Art. 103 Abs. 1 GG verpflichtet die Gerichte jedoch nicht, der Rechtsansicht einer Partei zu folgen." Deshalb insoweit Unzulässigkeit.

[137] S. unten Rdnr. 280 ff.

[138] S. unten Rdnr. 258 ff.

[139] *Henke,* DÖV 1984, 10.

[140] BVerfGE 53, 366 (390); 42, 312 (325 f.); 54, 53 (66 f.); 70, 138 (162). Offenbar einschränkend BVerfGE 54, 173 (194). Bedenken äußern *Benda/Klein,* Verfassungsprozessrecht, Rdnr. 645, für die Verfassungsbeschwerde gegen eine Einzelentscheidung (im Unterschied zur Rechtssatzverfassungsbeschwerde, die sich unmittelbar gegen eine Norm richtet). Hiergegen mit Recht *Müller-Franken,* DÖV 1999, 595 f.

deutlich: Die Verfassungsbeschwerde ist zulässig, weil sich die Kirchen auf das Grundrecht der Religionsfreiheit aus Art. 4 I GG berufen können. In der Begründetheitsprüfung aber ist (in der Regel) die (objektive) Kirchenfreiheitsgarantie nach Art. 140 iVm. Art. 137 III WRV der Prüfungsmaßstab, obwohl Art. 140 iVm. Art. 137 III WRV nach Ansicht des BVerfG kein Grundrecht enthält. – Das Gesagte gilt nicht, soweit der Beschwerdeführer ausnahmsweise nicht Rechtsinhaber aller Grundrechte ist: Bei Verfassungsbeschwerden einer Rundfunkanstalt werden – neben den Prozessgrundrechten (Art. 101, 103 GG) – nur Art. 5 I GG, bei denjenigen einer Universität nur Art. 5 III GG, bei denjenigen eines Ausländers nur die diesem zustehenden Grundrechte einschließlich Art. 2 I GG geprüft.[141] Die Verfassungsbeschwerde ist in diesen Fällen nur insoweit zulässig, die Begründetheitsprüfung greift nicht weiter.

Vorsorglich sei schließlich noch klargestellt, dass sich die Aussage von der gesamten Verfassungsrechtsordnung als Prüfungsmaßstab nur auf diesen bezieht, nicht aber den *Gegenstand der verfassungsgerichtlichen Prüfung* erweitert: Bei der Verfassungsbeschwerde ist der Beschwerdegegenstand beschränkt durch die Kriterien der Selbstbetroffenheit des Antragstellers[142] und der Entscheidungserheblichkeit im Blick auf das Ausgangsverfahren;[143] das Gerichtsurteil wird im Wege der Entscheidung über die Verfassungsbeschwerde nur soweit aufgehoben und ein Gesetz nur insoweit für nichtig erklärt, als sie die Grundrechte der Beschwerdeführer verletzen und die Maßnahme auf der Verfassungsverletzung beruht oder beruhen kann. Nur eben: soweit geprüft wird, wird in der Regel von Amts wegen am gesamten Verfassungsrecht Maß genommen.[144] 225

2. Die Behauptung, verletzt zu sein

a) Eingriff („überhaupt beschwert")

Zunächst muss der Antragsteller darlegen und darlegen können, dass er in seinem Grundrecht möglicherweise verletzt oder gefährdet ist, dass also ein Eingriff vorliegt. Der Beschwerdeführer muss „überhaupt beschwert" sein.[145] Ein Gesetz, das zum Erlass einer Satzung ermächtigt, so dass erst die Satzung den Bürger beschweren wird, aber dem Satzungsgeber Spielraum lässt, ob er die Satzung erlässt, beschwert noch nicht im Sinne des § 90 I BVerfGG. 226

Die angegriffene Maßnahme der öffentlichen Gewalt muss Rechtswirkungen äußern und geeignet sein, Rechtspositionen des Beschwerdeführers zu seinem Nachteil zu verändern.[146] Das ist nicht der Fall bei bloßen unverbindlichen Meinungsäußerungen. Ein Gesetz als unmittelbarer Gegenstand der Verfassungsbeschwerde muss nach Inhalt und Struktur geeignet sein, in Grundrechte einzugreifen. Das wurde verneint für die Zustimmungsgesetze zu den Ostverträgen zwischen Bonn und Moskau bzw. War- 227

[141] Vgl. Rdnr. 206.

[142] BVerfGE 65, 1 (36, 52) – Volkszählungsgesetz. BVerfGE 66, 39 (64) – Nachrüstung: In die von Art. 2 I GG geschützte subjektive Rechtsstellung werde nicht eingegriffen. „Ob im Zusammenhang mit dem ‚Nato-Doppelbeschluss' objektives Verfassungsrecht verletzt worden ist, ist im vorliegenden Verfahren daher nicht zu entscheiden."

[143] Vgl. z. B. BVerfGE 62, 117 (144): „Die von dem Beschwerdeführer vorrangig angegriffene normative Zweitstudienregelung ist nur insoweit abschließend zu prüfen, wie sie für die Entscheidung des Ausgangsverfahrens sachlich und zeitlich erheblich ist." Auch schon BVerfGE 54, 173 (194).

[144] Die Übersicht geht dabei gelegentlich verloren; vgl. *H. Schneider*, DÖV 1984, 162: „Ein Petitum für unzulässig zu erklären, aber gleichwohl darauf sachlich einzugehen, das gehört zu den Großzügigkeiten des Urteils" (zu Beschluss vom 16. 12. 1983, BVerfGE 66, 39 – Nachrüstung).

[145] BVerfGE 61, 260 (275).

[146] BVerfGE 60, 360 (371).

schau.[147] Auch die vorzeitige Auflösung des Bundestages betrifft den Bundestag und die Abgeordneten, „nicht aber im Rechtssinne unmittelbar den einzelnen Bürger".[148]

228 *Faktische Grundrechtsverletzungen* können die erforderliche Eingriffsqualität haben; es ist nicht erforderlich, dass beispielsweise ein Gesetz „gezielt" in das Grundrecht eingreifen will; so kann sich ein staatliches Monopol faktisch grundrechtsbeschränkend auswirken,[149] ebenso eine staatliche Informationstätigkeit.[150] Auch der von privaten Dritten ausgehende Angriff kann zu einer faktischen Grundrechtsverletzung führen; dies ist jedenfalls dann möglich, wenn man mit dem BVerfG einzelnen Grundrechten Schutzpflichten des Staates entnimmt, so z. B. Art. 2 II GG die Pflicht, „sich schützend und fördernd vor die genannten Rechtsgüter zu stellen und sie insbesondere vor rechtswidrigen Angriffen von seiten anderer zu bewahren".[151]

In Parallele zur Rechtsprechung bei faktischen Grundrechtseingriffen hält das BVerfG in eng begrenzten Fällen Verfassungsbeschwerden gegen die allein in den Gründen einer gerichtlichen Entscheidung liegende Belastung für möglich; dies durchbricht den Grundsatz, dass bei Urteilsverfassungsbeschwerden nur der Entscheidungstenor für eine Beschwer relevant sein kann.[152] Bei strafprozessualen Einstellungsentscheidungen können Schuldfeststellungen in den Gründen einen selbständigen Grundrechtsverstoß begründen, wenn durch diese dem Beschuldigten strafrechtliche Schuld attestiert wird, obwohl das gesetzlich vorgeschriebene Verfahren zum Schuldnachweis nicht durchgeführt wurde.[153] „Auch freisprechende Urteile können durch die Art ihrer Begründung Grundrechte verletzen, wenn die Entscheidungsgründe – für sich genommen – den Angeklagten so belasten, dass eine erhebliche, ihm nicht zumutbare Beeinträchtigung eines grundrechtlich geschützten Bereichs festzustellen ist, die durch den Freispruch nicht aufgewogen wird."[154]

229 Verfassungsbeschwerden gegen ein *Unterlassen des Gesetzgebers*[155] – das Unterlassen kann als Beschwerdegegenstand (oben Rdnr. 213) und als Eingriff qualifiziert werden – lässt das BVerfG nur ausnahmsweise zu; es hat diese Frage aber noch nicht abschließend beurteilt. Früher ließ es hier die Verfassungsbeschwerde nur zu, „wenn sich der Beschwerdeführer auf einen ausdrücklichen Auftrag des Grundgesetzes berufen kann, der Inhalt und Umfang der Gesetzgebungspflicht im wesentlichen bestimmt".[156] Ein Beispiel für einen solchen Auftrag ist Art. 6 V GG. Darauf kann sich der Beschwerdeführer bei einer Verfassungsbeschwerde unmittelbar gegen den Gesetzgeber aber nur berufen, wenn der Gesetzgeber gänzlich untätig geblieben ist. – Die aus den Grundrechten (z. B. Art. 2 II GG) abgeleiteten Schutzpflichten vermögen nach der neueren Rechtsprechung die Beschwerdebefugnis gegen ein Unterlassen des Gesetzgebers unter engen Voraussetzungen zu begründen.[157] Mit Hilfe dieser abgeleiteten Schutz-

[147] BVerfGE 40, 141 (156).

[148] BVerfGE 63, 73 (75).

[149] BVerfGE 46, 120 (137); 38, 281 (303f.).

[150] *Di Fabio,* JZ 1993, 689ff. (insbes. 694ff.). Vgl. etwa BVerfGE 105, 252; 105, 279 und aus der neueren Rechtsprechung *BVerfG-K,* NJW 2011, 511ff.

[151] BVerfGE 53, 30 (57) – Mülheim-Kärlich; 46, 160 (164) – Schleyer; 39, 1 (42) – Fristenlösung. Vgl. *Gallwas; Erichsen,* Staatsrecht I, S. 57ff.; vgl. auch *Jülicher.*

[152] BVerfGE 140, 42 (54); 28, 151 (160); 74, 358 (374); 82, 106 (116).

[153] BVerfGE 74, 358 (374); 82, 106 (116).

[154] BVerfGE 140, 42 (56).

[155] Dazu *Zuck,* Das Recht der Verfassungsbeschwerde, Rdnr. 662 mit Fn. 126, und – mit klarer Systematik – *Dörr,* Rdnr. 86ff.; *Möstl,* DÖV 1998, 1029ff.

[156] BVerfGE 56, 54 (70) – Flughafen Düsseldorf; BVerfGE 55, 37 (53); 59, 360 (375). Völlig ablehnend noch BVerfGE 2, 287 (291).

[157] BVerfGE 56, 54; 77, 170 – C-Waffen; Kammerentscheidungen: BVerfG EuGRZ 1987, 353 (Aids); NJW 1995, 2343 (Alkoholgrenzwert); NJW 1996, 651 (Tempo-Limit); BayVBl. 1998, 274 (Nicht-

pflichten lässt sich die Beschwerdebefugnis regelmäßig nur gegen ein Tätigwerden des Gesetzgebers durch Erlass eines Gesetzes begründen, wobei dann dargelegt werden kann, das erlassene Gesetz sei nicht zureichend. In der Regel wird es dann (allerdings) zuerst der Anfechtung eines (ebenfalls ungenügenden) Vollziehungsakts bedürfen.[158] Allerdings hat das BVerfG in seiner späteren Rechtsprechung unter engen Voraussetzungen auch ein subjektives Recht des Einzelnen auf Tätigwerden des Gesetzgebers zur Erfüllung grundrechtlicher Schutzpflichten anerkannt.

In der C-Waffen-Entscheidung heißt es: „Werden diese Schutzpflichten [scil. aus Art. 2 II S. 1 GG] verletzt, so liegt darin zugleich eine Verletzung des Grundrechts aus Art. 2 Abs. 2 Satz 1 GG, gegen die sich der Betroffene mit Hilfe der Verfassungsbeschwerde zur Wehr setzen kann."[159] Die vom BVerfG aufgestellten Voraussetzungen einer solchen Verfassungsbeschwerde sind sehr eng. Es fordert die Darlegung des Beschwerdeführers, „dass die öffentliche Gewalt Schutzvorkehrungen entweder überhaupt nicht getroffen hat, oder dass offensichtlich die getroffenen Regelungen und Maßnahmen gänzlich ungeeignet oder völlig unzureichend sind, das Schutzziel zu erreichen".[160] Aktuell werden könnten die angesprochenen Fragen z. B., wenn ein Landesgesetzgeber bezüglich einer gesetzlichen Zulassungsregelung für private Rundfunkanstalten untätig bleibt, sofern man aus Art. 5 I S. 2 GG einen Zulassungsanspruch für private Betreiber ableitet, diesen aber unter den (Organisations-)Vorbehalt einer gesetzlichen Regelung stellt.

Eingriffsqualität i. S. der Zulässigkeit der Verfassungsbeschwerde kommt immer nur einem Akt der öffentlichen Gewalt zu. So ist es ausgeschlossen, die Verletzung von **230**
Grundrechten unmittelbar durch Privatpersonen geltend zu machen. Es bedarf im Blick auf *Beziehungen Privater* immer zuerst einer gerichtlichen Entscheidung, die den Privatrechtsstreit entscheidet, bevor der Gang zum BVerfG im Wege der Verfassungsbeschwerde zulässig werden kann. Erst die gerichtliche Entscheidung stellt einen Akt der öffentlichen Gewalt i. S. des § 90 I BVerfGG dar. Diese gerichtliche Entscheidung ist dann mit der Behauptung angreifbar, der Richter – als staatliches Organ – habe bei seiner Entscheidung die Bedeutung der Grundrechte verkannt; dabei geht man davon aus, dass der Richter bei der Beurteilung auch privatrechtlicher Rechtsverhältnisse die Grundrechte zu berücksichtigen hat (sog. *mittelbare Drittwirkung der Grundrechte*). Im Rahmen der Darlegungen des Beschwerdeführers zur Zulässigkeit der Verfassungsbeschwerde genügt der Hinweis auf die Möglichkeit der Wirkung der Grundrechte auch im Privatrecht; entscheidend ist hier lediglich der Eingriff in das

raucherschutz); NJW 1998, 3264 (Entschädigung für Waldsterben). Interessant dazu die Entscheidung im Waldschadenfall. Der Beschwerdeführer rügte, die Behörden und der Gesetzgeber hätten es unterlassen, wirksame Maßnahmen gegen solche Anlagen zu ergreifen, die in umwelt- und gesundheitsgefährdendem Ausmaß Schadstoffe emittierten. Das BVerfG – Vorprüfungsausschuss – (NJW 1983, 2931) nahm die Verfassungsbeschwerde nicht zur Entscheidung an: „Zum einen ist es eine höchst komplexe Frage, wie eine staatliche Schutzpflicht, die erst im Wege der Verfassungsinterpretation aus den in den Grundrechten verkörperten Grundentscheidungen hergeleitet wird, durch aktive gesetzgeberische Maßnahmen zu verwirklichen ist. Zum anderen gehört die Entscheidung über diese Maßnahmen, die häufig Kompromisse erfordert, nach dem Grundsatz der Gewaltenteilung und dem demokratischen Prinzip in die Verantwortung des vom Volk unmittelbar legitimierten Gesetzgebers." Kritisch *Roth-Stielow,* NJW 1984, 1942ff.; *Langer,* NVwZ 1987, 195ff.

[158] Vgl. zum Ganzen *Steinberg,* NJW 1984, 460.

[159] BVerfGE 77, 170 (214).

[160] BVerfGE 77, 170 (215); zustimmend *Wahl/Masing,* JZ 1990, 562f.

Grundrecht durch die gerichtliche Entscheidung. In welchem Umfang die Grundrechte das privatrechtliche Rechtsverhältnis beeinflussen, ob und in welchem Umfang also z. B. die Pressefreiheit eines Unternehmers aus Art. 5 I GG gegen Beeinträchtigungen durch streikende Arbeitnehmer, die sich auf Art. 9 III GG berufen, geschützt wird, ist erst im Rahmen der Begründetheitsprüfung zu erörtern.[161]

b) „selbst, gegenwärtig und unmittelbar" verletzt

231 Der Beschwerdeführer muss behaupten und behaupten können, selbst, gegenwärtig und unmittelbar in seiner grundrechtlich geschützten Position verletzt zu sein.[162] Das BVerfG hat diese Prüfungsformel ursprünglich nur für die Verfassungsbeschwerde unmittelbar gegen Gesetze benutzt.[163] Es verwendet sie aber auch für Verfassungsbeschwerden gegen Gerichtsurteile.[164] Das ist richtig und ändert sachlich nichts, da dieselben Gesichtspunkte bei der Urteilsverfassungsbeschwerde bislang unter der Rubrik „Rechtsschutzbedürfnis" geprüft wurden. Zudem bedürfen die Kriterien des eigenen, gegenwärtigen und unmittelbaren Betroffenseins bei Verfassungsbeschwerden gegen gerichtliche Entscheidungen in der Regel keiner näheren Prüfung, da sie hier meist selbstverständlich vorliegen.[165] Dagegen bedarf es bei der Verfassungsbeschwerde unmittelbar gegen Gesetze der strengen Prüfung, wann das Verfahrensrecht dem BVerfG die weittragende Prüfungsbefugnis über Akte der Rechtsetzung unmittelbar eröffnet.[166] Das ergibt sich daraus, dass hier bei Verfassungsbeschwerden unmittelbar gegen Gesetze – anders als bei Rechtsverordnungen – die das BVerfG entscheidend entlastende Voraussetzung der Erschöpfung des Rechtswegs nach § 90 II BVerfGG[167] nicht zum Zuge kommt. Das Bundesverfassungsgerichtsgesetz enthält insofern eine Lücke; zu ihrer Ausfüllung benutzt das BVerfG die von ihm selbst eingeführte Formel „selbst, gegenwärtig, unmittelbar" und steuert damit den Zugang zum BVerfG.

aa) Selbstbetroffenheit

232 Der Beschwerdeführer muss selbst betroffen sein. Das ist ohne nähere Darlegung immer der Fall, wenn die Norm, der Gerichtsentscheid, der Einzelakt sich an ihn selbst richten, er also Adressat der angegriffenen Maßnahme ist.[168] Das kann aber auch der Fall sein, wenn sich die Maßnahme nicht an ihn selbst richtet, der Beschwerdeführer also nicht Adressat des Gesetzes ist oder nicht an dem Gerichtsverfahren, das zur an-

161 Unten Rdnr. 288ff. Vgl. BVerfGE 81, 29 – Art. 14 GG und Mietrecht.

162 St. Rspr., etwa BVerfGE 1, 97 (101); 6, 273 (277); 12, 311 (316); 102, 197 (206f.); 110, 141 (151); 115, 118 (137); 119, 181 (212f.); 140, 42 (57); 146, 71 (107 Rdnr. 108ff.). Eine Ausnahme macht das BVerfG für die Verfassungsbeschwerde gegen Maßnahmen nach § 3 G 10, weil in diesem Fall der Einzelne nicht weiß und nicht wissen kann, ob er tatsächlich von Maßnahmen nach § 3 G 10 betroffen ist, BVerfGE 67, 157 (169f.); 100, 313 (354f.).

163 S. im Einzelnen *Henning,* S. 21ff., 54ff., 92ff.

164 BVerfGE 53, 30 (48); 72, 1 (5); 140, 42 (57); *Pestalozza,* Verfassungsprozeßrecht, § 12 Rdnr. 35; *Erichsen,* Jura 1991, 640.

165 Anders in dem Sonderfall, dass sich die Beschwer bei einer Urteilsverfassungsbeschwerde nicht aus dem Tenor der angegriffenen Entscheidung, sondern allein aus den Gründen ergeben soll, vgl. BVerfGE 140, 42 (57); *Lenz/Hansel,* BVerfGG, § 90 Rdnr. 250.

166 BVerfGE 64, 301 (319) – Entschädigung der Landtagsabgeordneten; s. *H. Klein,* FS Zeidler, Bd. 2, S. 1325ff.

167 Unten Rdnr. 244ff.

168 BVerfGE 97, 157 (164); 102, 197 (206f.); 108, 370 (384).

gegriffenen Entscheidung führte, beteiligt war. In diesem Fall muss eine hinreichend enge Beziehung zwischen der Grundrechtsposition des Beschwerdeführers und der angegriffenen Maßnahme bestehen. Eine rechtliche Betroffenheit muss in diesen Fällen vorliegen; eine bloß mittelbar faktische Beeinträchtigung reicht nicht aus.[169]

BVerfGE 52, 42 (51): Die Zurückweisung eines Rechtsanwalts als Prozessbevollmächtigten aufgrund eines gemeindlichen Vertretungsverbots durch ein Gericht betrifft den Anwalt selbst, obwohl die gerichtliche Entscheidung gegen seinen Mandanten gerichtet ist. – BVerfGE 13, 230 (232f.): Das Ladenschlussgesetz betrifft auch den Verbraucher. – Der Beschwerdeführer kann auch durch eine seinen wirtschaftlichen Konkurrenten begünstigende Maßnahme selbst rechtlich betroffen sein. – BVerfGE 109, 270 (308), „großer Lauschangriff": „Die Möglichkeit, Objekt einer akustischen Wohnraumüberwachung zu werden, besteht praktisch für jedermann". BVerfGE 133, 277 (312): „Erfolgt die konkrete Beeinträchtigung erst durch die Vollziehung des angegriffenen Gesetzes, erlangt der Betroffene jedoch in der Regel keine Kenntnis von den Vollzugsakten, reicht es für die Möglichkeit der eigenen und gegenwärtigen Betroffenheit aus, wenn der Beschwerdeführer darlegt, dass er mit einiger Wahrscheinlichkeit durch die auf den angegriffenen Rechtsnormen beruhenden Maßnahmen in seinen Grundrechten berührt wird."

Der Beschwerdeführer kann nur die Verletzung eigener Grundrechte geltend machen. 233
Auch eine Organisation kann nur ihre eigenen Grundrechte geltend machen, nicht aber für ihre Mitglieder Verfassungsbeschwerde erheben.[170] Es gilt also der Grundsatz, dass es im Verfassungsbeschwerdeverfahren keine Prozessstandschaft gibt.[171] Von diesem Grundsatz weicht das BVerfG ab, indem es Verfassungsbeschwerden der sog. Parteien kraft Amtes[172] für zulässig hält.

bb) Gegenwärtige Betroffenheit

Der Beschwerdeführer muss gegenwärtig betroffen sein. Die angegriffene Maßnahme 234
muss die Rechtsstellung des Beschwerdeführers aktuell einschränken[173] oder es muss zumindest klar absehbar sein, dass und wie sich die Regelung auswirkt.[174] Die „gegenwärtige Betroffenheit ist das Abgrenzungskriterium gegenüber zukünftigen Beeinträchtigungen."[175] Der Beschwerdeführer muss schon oder noch betroffen sein.[176] Es genügt nicht, dass der Beschwerdeführer irgendwann einmal in der Zukunft („virtuell", potentiell) betroffen sein könnte. Da ein virtuelles Betroffenwerden bei Normen fast stets zu bejahen sein wird, würde sich andernfalls die Verfassungsbeschwerde im Ergebnis doch zu einer Popularklage ausweiten.[177] Es fehlt z. B. an der Gegenwärtigkeit bei der Verfassungsbeschwerde eines Vaters schulpflichtiger Kinder gegen ein

[169] BVerfGE 51, 386 (395); 108, 370 (384); 146, 71 (109 Rdnr. 112ff.); dazu *Pestalozza,* Verfassungsprozeßrecht, § 12 Rdnr. 42f.; *Ruppert,* in: Umbach/Clemens/Dollinger, § 90 Rdnr. 70, 77, 80.

[170] BVerfGE 13, 54 (89f.); *Hellmann,* in: Barczak, BVerfGG, § 90 Rdnr. 186, 237f., 241f.

[171] BVerfGE 2, 292 (293f.); 10, 134 (136); 11, 30 (35); 19, 323 (329); 25, 256 (263); 56, 296 (297); 77, 263, 269.

[172] BVerfGE 95, 267 (299) – Gesamtvollstreckungsverwalter; BVerfGE 10, 229 (230) – Testamentsvollstrecker; BVerfGE 51, 405 (409); 65, 182 (190) – Konkursverwalter; BVerfGE 27, 326 (333) – Nachlaßkonkursverwalter; darüber hinausgehend BVerfGE 77, 263 (269); 79, 1 (19) – Verwertungsgesellschaft. Ablehnend *Cornils,* AöR 125 (2000), 45ff., der fordert, die Beschwerdebefugnis ausnahmslos an die Grundrechtsträgerschaft anzubinden.

[173] Vgl. BVerfGE 102, 197 (206f.); 121, 69 (88) – Androhung eines Zwangsgeldes als gegenwärtige und unmittelbare Beschwer.

[174] BVerfGE 146, 71 (110 Rdnr. 117) – TarifeinheitsG.

[175] BVerfGE 140, 42 (57).

[176] *Bethge,* in: Maunz u. a., BVerfGG, § 90 Rdnr. 366.

[177] BVerfGE 60, 360 (370).

Gesetz, das die elterliche Mitwirkung bezüglich volljähriger Schüler regelt, solange die Kinder nicht volljährig sind.[178] Dass über dem Erfordernis der Gegenwärtigkeit der Betroffenheit die Jahresfrist für die Verfassungsbeschwerde unmittelbar gegen Gesetze (§ 93 II BVerfGG) verstreichen kann, ist hinzunehmen. Danach ist die Prüfung des Gesetzes noch nach Erschöpfung des Rechtsweges im Rahmen einer Urteilsverfassungsbeschwerde möglich.

Das BVerfG hat das Erfordernis der gegenwärtigen Betroffenheit für die Urteilsverfassungsbeschwerde präzisiert. In der Regel liegt eine gegenwärtige Beschwer schon deshalb vor, weil das Urteil den Beschwerdeführer aktuell betrifft. Anders kann es nach Auffassung des BVerfG sein, wenn Gegenstand der gerichtlichen Überprüfung ein Verwaltungsakt ist, dessen Erlass der Beschwerdeführer „provoziert hat, um im Gerichtszug im Wege der Inzidentkontrolle eine Norm auf ihre Verfassungsmäßigkeit überprüfen zu lassen".[179] Hier versucht der Beschwerdeführer, die Möglichkeiten verfassungsgerichtlicher Normenprüfung im Verfahren der Verfassungsbeschwerde zu erweitern. Das BVerfG hält die Verfassungsbeschwerde mangels Rechtsschutzbedürfnisses für unzulässig, wenn der Beschwerdeführer durch die dem belastenden Verwaltungsakt zugrunde liegende Norm nicht selbst, unmittelbar und gegenwärtig betroffen ist.

235 Das BVerfG lässt die Verfassungsbeschwerde ausnahmsweise schon dann ohne aktuelle rechtliche Betroffenheit zu, „wenn das Gesetz die Normadressaten bereits gegenwärtig zu später nicht mehr korrigierbaren Entscheidungen zwang … oder schon jetzt zu Dispositionen veranlasste, die sie nach dem späteren Gesetzesvollzug nicht mehr nachholen konnten".[180] Gleiches gilt, wenn klar abzusehen ist, dass und wie der Beschwerdeführer in der Zukunft von der Regelung betroffen sein wird.[181] „Ergibt sich die konkrete Beeinträchtigung erst durch die Vollziehung des angegriffenen Gesetzes und erlangen die Betroffenen in der Regel keine Kenntnis von den Vollzugsakten, besteht […] die Möglichkeit der eigenen und gegenwärtigen Betroffenheit, wenn der Beschwerdeführer darlegt, dass er mit einiger Wahrscheinlichkeit durch die auf den angegriffenen Rechtsnormen beruhenden Maßnahmen in seinen Grundrechten berührt wird."[182]

236 In besonderen Fällen kann eine bloße, wenn auch ernsthaft zu besorgende *Grundrechtsgefährdung* die Verfassungsbeschwerde bereits zulässig sein lassen. Die Gefährdung muss eine verletzungsgleiche Beeinträchtigung hervorrufen.

BVerfGE 49, 89 (141): „Auch Regelungen, die im Laufe ihrer Vollziehung zu einer nicht unerheblichen Grundrechtsgefährdung führen, können selbst schon mit dem Grundgesetz in Widerspruch geraten."[183]
BVerfGE 51, 324 (347): Bei der Beurteilung der Verhandlungsfähigkeit eines kranken Angeklagten sind Befürchtungen bezüglich seines Gesundheitszustandes ausreichend, wenn ein schwerwiegender Schaden an seiner Gesundheit droht.

[178] BVerfGE 59, 360 (375).
[179] BVerfGE 72, 1 (5 f.); vgl. oben Rdnr. 155.
[180] BVerfGE 60, 360 (372); 65, 1 (37); 75, 246 (263).
[181] BVerfGE 140, 42 (58); 114, 258 (277).
[182] BVerfGE 150, 309 (325 Rdnr. 39) – verdeckte Kfz-Kennzeichenkontrolle; Verfassungsbeschwerde eines Kfz-Halters gegen die Rechtsgrundlagen solcher Kontrolle.
[183] Auch BVerfGE 53, 30 (51) – Mülheim-Kärlich.

Das BVerfG sagte selbst, dass es zur Frage nach der Eingriffsqualität von Grundrechtsgefährdungen noch nicht abschließend Stellung genommen habe. Bezüglich der Aufstellung von Kernwaffen auf dem Boden der Bundesrepublik Deutschland hat es die Eintrittswahrscheinlichkeit der Gefahr verneint, da nur völlig unbestimmte Annahmen gemacht werden könnten.[184] 237

cc) Unmittelbare Betroffenheit

Der Beschwerdeführer muss schließlich behaupten und behaupten können, unmittelbar verletzt zu sein. Unmittelbarkeit setzt voraus, dass die Einwirkung auf die Rechtsstellung des Betroffenen nicht erst vermittels eines weiteren Akts bewirkt wird oder vom Ergehen einer solchen Maßnahme abhängig ist.[185] Die „Unmittelbarkeit" ist von praktischer Bedeutung nur *bei Verfassungsbeschwerden unmittelbar gegen Gesetze* bzw. gegen sonstige Rechtsnormen. Hier bedarf sie der sorgfältigen Prüfung: Durch ein Gesetz ist der Beschwerdeführer unmittelbar betroffen, wenn das Gesetz eingreift, ohne „zu seiner Durchführung rechtsnotwendig oder auch nur nach der tatsächlichen Verwaltungspraxis eines besonderen, vom Willen der vollziehenden Gewalt beeinflussten Vollziehungsakts" zu bedürfen.[186] Die Begründung für dieses Erfordernis der Unmittelbarkeit ist klar:[187] Ist ein *Vollzugsakt* notwendig, so muss zunächst dieser abgewartet bzw. beantragt und sodann gegebenenfalls angefochten werden und dies im normalen Rechtsweg (in dem das Gesetz inzident geprüft und gegebenenfalls im Wege der Richtervorlage nach Art. 100 I GG dem BVerfG vorgelegt wird). Erst nach Erschöpfung des Rechtswegs soll die Verfassungsbeschwerde in der Form der Urteilsverfassungsbeschwerde, die sich mittelbar auch gegen die zugrundeliegende Norm richten kann, möglich sein. Dieses Verständnis der unmittelbaren Betroffenheit basiert auf dem Prinzip der Subsidiarität der Verfassungsbeschwerde. 238

Diese Konstellation findet sich häufig. Die Verfassungsbeschwerde richtet sich dann also unmittelbar gegen die gerichtliche Entscheidung, mittelbar aber gegen das Gesetz, mit der Begründung, das der Entscheidung zugrundeliegende Gesetz sei verfassungswidrig.[188]

Das BVerfG vermeidet es mit dem Erfordernis der Unmittelbarkeit, eine Normenkontrolle unter Loslösung von der konkreten Anwendung der betreffenden Norm im Einzelfall und ohne Vorklärung der Tatsachen und Rechtsfragen durch die zuständigen Gerichte vorzunehmen.[189] Das BVerfG hat früher auch darauf abgestellt, ob der Verwaltung durch das Gesetz beim Erlass des Vollzugsaktes ein Entscheidungsspielraum eingeräumt wird, abweichend davon will es aber in einer jüngeren Entscheidung darauf nicht mehr abstellen.[190]

---

184 BVerfGE 66, 39 (58) – Nachrüstung.

185 BVerfGE 140, 42 (58f.); 126, 112 (133).

186 BVerfGE 1, 97 (102); 53, 1 (14); 68, 287 (300); 68, 143 (150); 68, 193 (214f.); 81, 70 (82); 101, 54 (74); 102, 197 (206f.); 110, 141 (152). Darstellung bei *Erichsen,* Staatsrecht I, S. 18ff. Vgl. auch *Robbers,* Probleme, S. 25ff.

187 Kritisch allerdings *Bettermann,* AöR 86 (1961), 181. Vgl. auch BVerfGE 68, 143 (150). Zum Zusammenhang von „unmittelbarer Betroffenheit" und dem Grundsatz der Subsidiarität der Verfassungsbeschwerde in der Rechtsprechung des BVerfG näher *Warmke,* S. 41ff. Kritisch *Schenke,* FS Steiner, S. 689ff.; 691ff.

188 Besonders klar BVerfGE 74, 33 (37).

189 BVerfGE 60, 360 (370); 65, 1 (37f.); 72, 39 (43).

190 BVerfGE 72, 39 (44) – Anrechnung von Kindererziehungszeiten. Auch wenn der Verwaltung ein Spielraum fehle, erfordere es der Grundsatz der Subsidiarität, dass zunächst die für das jeweilige

Das Kriterium der Unmittelbarkeit bei Verfassungsbeschwerden unmittelbar gegen Gesetze ist eine Erfindung des BVerfG, die das für diese Verfassungsbeschwerde fehlende Pendant des § 90 II BVerfGG (Erschöpfung des Rechtswegs) ersetzt und aus dem Grundgedanken der Subsidiarität der Verfassungsbeschwerde abgeleitet wird (vgl. u. Rdnr. 252ff.).

Die gesetzliche Ermächtigung zum Erlass einer Rechtsverordnung wird in der Regel nicht unmittelbar eine Betroffenheit auslösen. Anders kann das sein, wenn die gesetzliche Ermächtigung die Mitwirkungsrechte der beschwerdeführenden Amtsinhaber beim Erlass von Prüfungs- und Studienordnungen beschränkt, BVerfGE 93, 85 (93).

239 Die Unmittelbarkeit wird *ausnahmsweise* auch dann bejaht, wenn das Gesetz vor Erlass des Verwaltungsakts zu entscheidenden Dispositionen veranlasst.[191] Auch wird das vorherige Risiko einer Zuwiderhandlung gegen ein Strafgesetz oder die Begehung einer Ordnungswidrigkeit in der Regel nicht für zumutbar gehalten.[192] Unzumutbar ist es auch, eine das Leben bedrohende staatliche Maßnahme abzuwarten.[193] Schließlich kann sich die Verfassungsbeschwerde ausnahmsweise unmittelbar gegen ein vollziehungsbedürftiges Gesetz richten, wenn der Beschwerdeführer den Rechtsweg nicht beschreiten kann, weil es diesen nicht gibt oder weil er keine Kenntnis von der Maßnahme erlangt (z. B. im Fall des „großen Lauschangriffs", vgl. Art. 13 III GG).[194]

240 Neuere Entscheidungen des BVerfG zur Rechtssatzverfassungsbeschwerde lockern die Verbindung, die bislang zwischen der Zulässigkeitsvoraussetzung der unmittelbaren Betroffenheit durch die Norm und der Notwendigkeit eines Vollziehungsaktes bestand. In der Entscheidung über Verfassungsbeschwerden, die unmittelbar gegen hamburgische Bebauungsplangesetze erhoben wurden, heißt es: „Der Begriff der unmittelbaren Grundrechtsbetroffenheit ist ... ein Begriff des Verfassungsprozessrechts. Er ist im Lichte der Funktion dieser Verfahrensordnung zu erfassen. Dass ein Vollzugsakt erforderlich ist, um für einzelne Adressaten der Norm individuell bestimmte Rechtsfolgen eintreten zu lassen, ist lediglich Anzeichen für ein denkbares Fehlen der unmittelbaren Grundrechtsbetroffenheit durch die Norm. Ob es ausschlaggebend ist, bedarf in jedem Fall der Überprüfung anhand des Verfassungsprozessrechts."[195] Die Betonung der verfassungsprozessualen Prägung des Begriffs der Unmittelbarkeit ist allerdings eine nichtssagende Begründung dafür, dass die materiell-rechtlich unmittelbare Wirkung der Norm nicht immer ausschlaggebend sein soll. Unklar ist auch, was die „Funktion der Verfahrensordnung" zum Verständnis des Unmittelbarkeitserfordernisses beitragen kann. Klar ist das Ziel des Gerichts: Ihm geht es darum, die Subsidiarität der Verfassungsbeschwerde als ein selbstgeschaffenes Instrument einzusetzen, das den Zugang zum BVerfG regelt. Der Zugang zum Gericht bei der Rechtssatzverfassungsbeschwerde wird erschwert. Trotz unmittelbarer Wirkung einer Norm auf den

Rechtsgebiet zuständigen Fachgerichte eine Klärung darüber herbeiführen, inwieweit die beanstandete Regelung Rechte der Bürger beeinträchtigt und ob sie mit der Verfassung vereinbar ist (dazu aber auch das abweichende Sondervotum von *Katzenstein,* aaO., S. 47).

191 BVerfGE 43, 291 (386).

192 BVerfGE 77, 84 (99f.); 81, 70 (82f.).

193 BVerfGE 115, 118 (139) – LuftsicherheitsG.

194 BVerfGE 109, 279 (306); 133, 277 (311f.) – Antiterrordatei; BVerfGE 141, 220 (261 Rdnr. 82); 150, 309 (324 Rdnr. 35) – verdeckte Kfz-Kennzeichenkontrolle; BVerfGE 154, 152 (209f. Rdnr. 72); vgl. auch BVerfGE 67, 157 (170); 100, 313 (354); 113, 348 (363).

195 BVerfGE 70, 35 (51); vgl. auch BVerfGE 68, 319 (325); 73, 40 (68); 71, 305 (335); 90, 128 (136); 140, 42 (59); ferner das Sondervotum von *Katzenstein* zu BVerfGE 72, 39 (46ff.).

Rechtskreis des Beschwerdeführers kann die Verfassungsbeschwerde als unzulässig verworfen werden; der Beschwerdeführer kann auch bei der Verfassungsbeschwerde gegen Normen verpflichtet werden, den Rechtsweg zu erschöpfen.[196]

Das BVerfG hat *unmittelbare Betroffenheit durch Gesetz* z. B. in den folgenden Fällen bejaht: Berufsrecht: Notare gegen Gebührenermäßigungsvorschriften;[197] Hochschulrecht: Hochschullehrer gegen Organisationsnormen (Mitbestimmung) des Hochschulgesetzes und gegen Einführung des Professoren-Titels für alle Hochschullehrer unmittelbar durch Gesetz ohne Aushändigung einer Urkunde;[198] Kommunale Wählervereinigung gegen § 10b II EStG;[199] Rundfunkanstalt gegen Landesmediengesetz;[200] Arbeitgeber gegen BildungsurlaubG;[201] nur ausnahmsweise von Studienbewerbern gegen Zulassungsvorschriften;[202] Steuerrecht: von Vätern und Müttern gegen die neue Familienlastenausgleichsregelung;[203] Wahlrecht: Verfassungsbeschwerde gegen die 5 %-Sperrklausel im Europawahlgesetz;[204] Wirtschaftsrecht: Apotheker gegen das Ladenschlussgesetz[205] und Unternehmer gegen das Mitbestimmungsgesetz von 1976;[206] Schulrecht: Eltern gegen eine Reform des Schulwesens.[207] Verfassungsbeschwerde gegen das baden-württembergische Gesetz über die Schulen in freier Trägerschaft zulässig, obwohl nur aufgrund von Bewilligungsbescheiden gezahlt wird.[208] Staatskirchenrecht: Träger konfessioneller Krankenhäuser gegen das Krankenhausgesetz und dessen Anwendbarkeit auf konfessionelle Krankenhäuser.[209] Einigungsvertragsgesetz von 1990: Verfassungsbeschwerde von Arbeitnehmern der Akademie der Wissenschaften der DDR gegen den Arbeitsplatzverlust unmittelbar durch Gesetz.[210] Verfassungsbeschwerde einer Rundfunkanstalt gegen den Rundfunkstaatsvertrag bzw. das Landesgesetz zu diesem Staatsvertrag.[211] Arbeitsförderungsgesetz und Neutralitätsgesetz, Kurzarbeitergeld.[212] Verfassungsbeschwerde der aus dem Wassergesetz Baden-Württemberg auf Entrichtung eines Wasserentnahmegelds (Grundwasserabgabe) Verpflichteten.[213] Verfassungsbeschwerden von Berufsgruppengewerkschaften gegen das Tarifeinheitsgesetz.[214]

Aus dem Gedanken heraus, dass das Erfordernis der Unmittelbarkeit dazu dient, dem **241**
BVerfG „die Fallanschauung der Fachgerichte zu vermitteln“, hat das BVerfG die Verfassungsbeschwerde gegen das Volkszählungsgesetz schon vorab zugelassen, da den Fachgerichten nur ein Zeitraum von zwei Wochen bis zur gesetzlich vorgesehenen

[196] Eine dogmatische Klärung versucht *H. Klein,* FS Zeidler, Bd. 1, S. 132f.: Das Unmittelbarkeitskriterium betreffe zunächst die materiell-rechtliche Wirkung der Norm für den Beschwerdeführer und damit prozessual die in § 90 I BVerfGG geregelte Beschwerdebefugnis. Die weitere Abstützung des Unmittelbarkeitserfordernisses im Subsidiaritätsgrundsatz beantwortet nach *H. Klein* die funktionellrechtliche Frage, wann der unmittelbar von einer Norm Betroffene auf die Anfechtung von Vollzugsakten verwiesen werden darf. Kritisch zur Entscheidung BVerfGE 70, 35 auch *Warmke,* S. 43f., 104ff., 165ff., und *Benda/Klein,* Verfassungsprozessrecht, Rdnr. 589.

[197] BVerfGE 47, 285.

[198] BVerfGE 43, 242 (265); 64, 323 (350).

[199] BVerfGE 78, 350.

[200] BVerfGE 74, 297 (318).

[201] BVerfGE 77, 308 (326).

[202] BVerfGE 43, 291 (385ff.); 59, 1 (17ff.).

[203] BVerfGE 45, 104 (116ff.).

[204] BVerfGE 51, 222 (233).

[205] BVerfGE 13, 225 (233).

[206] BVerfGE 50, 290 (319f.).

[207] BVerfGE 34, 165 (179).

[208] BVerfGE 90, 128 (136).

[209] BVerfGE 53, 366 (388f.).

[210] BVerfGE 85, 360 (371); auch schon 84, 133 (144).

[211] BVerfGE 87, 181 (195f.): erstaunlich großzügig.

[212] BVerfGE 92, 365 (392).

[213] BVerfGE 93, 319.

[214] BVerfGE 146, 71.

Durchführung der Volkszählung zur Verfügung gestanden hätte, in diesem Zeitraum aber eine wesentliche Vorklärung ohnedies nicht habe erwartet werden können.[215]

242 Das Wort *„unmittelbar"* wird im Bereich der Verfassungsbeschwerde mehrfach und gestaffelt verwendet. Das ist verwirrend. Es seien hier die verschiedenen Wendungen zusammengefasst:

- Die Verfassungsbeschwerde selbst richtet sich unmittelbar (direkt) oder mittelbar (über die Urteilsverfassungsbeschwerde) gegen ein Gesetz.
- Der Beschwerdeführer muss, um seine Beschwerdebefugnis darzutun, behaupten können, selbst, gegenwärtig und unmittelbar (das heißt bei Gesetzen: Gesetz ohne Vollzugsakt) betroffen zu sein.
- Etwas allgemeiner verwendet das BVerfG das Wort „unmittelbar" zur Konkretisierung der Zulässigkeitsvoraussetzung der Selbstbetroffenheit: Der Beschwerdeführer müsse „unmittelbar rechtlich und nicht nur mittelbar faktisch betroffen und damit beschwert" sein.[216]
- Und schließlich wird in der Literatur im Rahmen der Begründetheit der Verfassungsbeschwerde und dort im Zusammenhang mit dem Stichwort von der „spezifischen Verfassungsrechts"-Verletzung zwischen direkten und indirekten bzw. unmittelbaren und mittelbaren Verfassungsverstößen unterschieden.[217]

Die beiden ersten Verwendungen des Wortes „unmittelbar" sind fest eingeführt und werden hier übernommen, die beiden letzteren nicht.

V. Fristen

243 Die Verfassungsbeschwerde ist nach § 93 I S. 1 BVerfGG binnen eines Monats nach Bekanntgabe der angegriffenen Entscheidung zu erheben[218] und auch zu begründen.[219] Auch gegen die Entscheidungen, die ein Rechtsmittel als unzulässig verwerfen, ist innerhalb der Monatsfrist Verfassungsbeschwerde möglich; dies gilt nicht, wenn das Rechtsmittel nach den Prozessordnungen offensichtlich unzulässig oder unstatthaft und deshalb aussichtslos war,[220] denn andernfalls könnte sich der Beschwerdeführer durch Einlegung eines solchen völlig aussichtslosen Rechtsmittels die Monatsfrist nach § 93 I S. 1 BVerfGG immer wieder neu eröffnen. Für den Fristbeginn kommt es allein auf die letzte Gerichtsentscheidung an, auch wenn diese, etwa wegen Fehlens der Beschwerdebefugnis bei Verfassungsbeschwerden gegen solche Nichtzulassungsentscheidungen des Revisions- oder Berufungsgerichts, die keine Ausführungen zur Sache enthalten, nicht angegriffen werden kann.

---

215 BVerfGE 65, 1 (37f.).

216 Vgl. Rdnr. 232f.

217 Unten Rdnr. 292ff.

218 Für die Verlängerung der Frist auf zwei Monate mit gewichtigen Gründen *Zuck,* Das Recht der Verfassungsbeschwerde, 2. Auflage 1988, S. 110ff. Einschränkend *ders.,* Das Recht der Verfassungsbeschwerde, 4. Auflage 2006, Rdnr. 358ff. Zu Einzelfragen *Kreuder,* NJW 2001, 1243f. Zur Fristwahrung bei Einlegung der Verfassungsbeschwerde durch Telefax BVerfGE 135, 126 (139f.).

219 BVerfGE 81, 208 (214f.). Bei verdeckten Maßnahmen, die dem Betroffenen nicht mitgeteilt werden (Telefonüberwachungen z. B.), genügt die Darlegung, mit einiger Wahrscheinlichkeit durch die Anordnung der Maßnahme in Grundrechten verletzt zu sein, BVerfGE 67, 157 (170); 100, 313 (354f.). Die Behauptung einer Grundrechtsverletzung zu einem bestimmten Zeitpunkt ist nicht erforderlich.

220 BVerfGE 63, 80 (85); 107, 299 (308).

Die Verfassungsbeschwerde unmittelbar gegen Gesetze kann nur binnen eines Jahres nach Inkrafttreten des Gesetzes[221] erhoben werden (§ 93 III BVerfGG).[222] Im Falle einer Gesetzesänderung gilt § 93 III BVerfGG nur für die geänderten Vorschriften; „für die nach Form, Inhalt und materiellem Gewicht unverändert gebliebenen Bestimmungen beginnt hingegen die Frist nicht neu zu laufen."[223] Die Jahresfrist wird erneut in Gang gesetzt, wenn ältere Vorschriften „in ein anderes gesetzliches Umfeld eingebettet" werden, „so dass auch von der Anwendung der älteren Vorschriften neue belastende Wirkungen ausgehen können."[224] Die Frist beginnt jedoch „nicht deswegen neu, weil der Gesetzgeber gelegentlich anderer Bestimmungen desselben Gesetzes eine Vorschrift erneut in seinen Willen aufgenommen hat."[225] Die Jahresfrist gilt auch für sonstige Hoheitsakte, gegen die ein Rechtsweg nicht besteht (§ 93 III BVerfGG). Schwierige Fragen stellen sich bei der Verfassungsbeschwerde gegen ein gesetzgeberisches Unterlassen. Macht der Beschwerdeführer geltend, ein Tätigwerden des Gesetzgebers habe grundrechtliche Ansprüche (z. B. aus grundrechtlichen Schutzpflichten) nur unzureichend oder gar nicht berücksichtigt, gilt die Jahresfrist des § 93 III BVerfGG.[226] Wird dagegen völlige gesetzgeberische Untätigkeit gerügt, so kann § 93 BVerfGG auf die fortdauernde Grundrechtsverletzung durch Unterlassen nicht angewendet werden. Die Verfassungsbeschwerde ist unbefristet zulässig, solange das Unterlassen andauert.[227]

Bei Fristversäumung ist unter den Voraussetzungen des § 93 II BVerfGG bei Urteilsverfassungsbeschwerden Wiedereinsetzung in den vorigen Stand möglich.[228]

---

221 Bei rückwirkendem Inkrafttreten kommt es auf den Zeitpunkt der Verkündung des Gesetzes an; BVerfGE 62, 374 (382).

222 Kritisch zu dieser Frist *Schenke,* JuS 1981, 87; *ders.,* FS Steiner, S. 719ff. Zum Verhältnis von § 47 II S. 1 VwGO (Zweijahresfrist bei der verwaltungsgerichtlichen Normenkontrolle) und Rechtssatzverfassungsbeschwerde BVerfGE 76, 107 (115f.); 107, 1 (8); *Rozek,* FS SächsOVG, S. 385ff.: erst im Anschluss an das verwaltungsgerichtliche Normenkontrollverfahren beginnt die Jahresfrist zu laufen. Wird der Antrag nach § 47 VwGO nicht innerhalb der Frist des § 93 III BVerfGG gestellt, ist die Rechtssatzverfassungsbeschwerde danach unzulässig.

223 BVerfGE 129, 208 (234); zuvor BVerfGE 12, 139 (141); 17, 364 (369); 43, 108 (115f.); 79, 1 (14); 80, 137 (149).

224 BVerfGE 100, 313 (356); 45, 104 (119); 78, 350 (356). Die Ausschlussfrist wird dagegen nicht neu in Gang gesetzt, „wenn eine unverändert gebliebene oder nur redaktionell veränderte Norm lediglich vom Gesetzgeber neu in seinen Willen aufgenommen wird und keinen neuen oder erweiterten Inhalt erlangt", BVerfGE 129, 208 (234); 122, 63 (74).

225 BVerfG, NVwZ-RR 2017, 433 (433); zur Abgrenzung und zu den Folgen für die Praxis *Bonhage/Dieterich,* NVwZ 2017, 1352.

226 BVerfGE 56, 54 (71).

227 BVerfGE 77, 170 (214); *Möstl,* DÖV 1998, 1034.

228 Beispielsfall: BVerfGE 122, 190 (197, 204f.). Diese 1993 in das Gesetz eingefügte Möglichkeit vermeidet Härten, die dem Beschwerdeführer früher drohten: Die frühere Rechtsprechung verstand die Monatsfrist bei Urteilsverfassungsbeschwerden als Ausschlussfrist, die eine Wiedereinsetzung in den vorigen Stand selbst bei ganz ungewöhnlichen und daher unvorhersehbaren Verzögerungen der Briefbeförderung ausschloss, vgl. BVerfGE 4, 309 (313ff.); 50, 381 (384).

VI. Vorherige Erschöpfung des Rechtswegs nach § 90 II BVerfGG und Subsidiarität der Verfassungsbeschwerde

1. Die Regel: Rechtswegerschöpfung

a) Subsidiarität als Oberbegriff

244 Die gesetzliche Regelung ist einfach und klar. Sofern ein Rechtsweg gegen die Maßnahme der öffentlichen Gewalt, von der ein Beschwerdeführer geltend macht, sie verletze ihn in seinen Grundrechten, eröffnet ist – gegen den Verwaltungsakt sind Widerspruch und Klage, gegen Urteile sind Berufung und Revision möglich –, so wird die Verfassungsbeschwerde erst nach Erschöpfung des Rechtswegs zulässig (§ 90 II BVerfGG iVm. Art. 94 II S. 2 GG).

Das BVerfG versteht den Begriff der Rechtswegerschöpfung sehr weitgehend. An dieser Stelle kommt der Begriff der Subsidiarität ein erstes Mal ins Spiel, den das Gericht aus § 90 II BVerfGG und Art. 94 II S. 2 GG ableiten will.[229] Über die ordnungsgemäße Erschöpfung des Rechtswegs hinaus muss der Beschwerdeführer „alle nach Lage der Sache zur Verfügung stehenden prozessualen Möglichkeiten ergreifen, um die geltend gemachte Grundrechtsverletzung in dem unmittelbar mit ihr zusammenhängenden sachnächsten Verfahren zu verhindern oder zu beseitigen".[230] Das BVerfG gebraucht hierfür auch den Ausdruck der „Rechtswegerschöpfung im weiteren Sinne".[231]

Die Rechtsprechung zur Subsidiarität der Verfassungsbeschwerde ruht auf der Voraussetzung, die Gewährung von Grundrechtsschutz sei zunächst und vorrangig Aufgabe der Instanzgerichte.[232] „Es gehört zu den vornehmsten Aufgaben aller Gerichte, im Rahmen ihrer Zuständigkeiten bei Verfassungsverletzungen Rechtsschutz zu gewähren."[233] Neben dieser das BVerfG entlastenden Funktion hat der Grundsatz der Subsidiarität eine weitere: Die Ausschöpfung des Rechtswegs soll dem BVerfG „die Fallanschauung der Fachgerichte vermitteln" und dies sowohl nach der tatsächlichen wie rechtlichen Seite hin.[234] „Anderenfalls geriete das Bundesverfassungsgericht in die Gefahr, auf ungesicherten Grundlagen weitreichende Entscheidungen treffen zu müssen."[235] *E. Klein* weist darauf hin, dass der Grundsatz der Subsidiarität mit seinen beiden geschilderten Funktionen auch die Zuständigkeitsbereiche der Gerichte zu wahren hilft:[236] Zum einen wird die Aufgabe der Instanzgerichte, „die Grundrechte zu wahren und durchzusetzen",[237] gegenüber der Verfassungsgerichtsbarkeit gesichert;

[229] Vgl. BVerfGE 107, 395 (414).
[230] BVerfGE 68, 384 (388f.); 77, 381 (401); 81, 97 (102); 107, 395 (414); 112, 50 (60); 114, 1 (32); 134, 242 (285 Rdnr. 150); 145, 20 (54 Rdnr. 85); 149, 407 (410 Rdnr. 8).
[231] BVerfGE 107, 27 (44).
[232] BVerfGE 68, 376 (380); 74, 69 (74); 74, 102 (113f.); 77, 381 (401); *Gusy,* Verfassungsbeschwerde, Rdnr. 141; *Detterbeck,* DÖV 1990, 559; *Gersdorf,* Jura 1994, 398ff.
[233] BVerfGE 47, 144 (145).
[234] BVerfGE 9, 3 (7f.); 65, 1 (38); 68, 376 (380); 79, 29 (37); 143, 246 (321).
[235] BVerfGE 56, 54 (69). BVerfGE 86, 15 (22f.): Mit dem Grundsatz der Subsidiarität soll auch verhindert werden, dass das BVerfG Aussagen über den Inhalt einer Regelung des einfachen Rechts treffen müsste, solange sich noch keine gefestigte Rechtsprechung der Gerichte entwickelt hat.
[236] *E. Klein,* FS Zeidler, Bd. 2, S. 1318; ebenso *Lechner/Zuck,* BVerfGG, § 90 Rdnr. 146.
[237] BVerfGE 49, 252 (258).

zum anderen erleichtert es die Vorprüfung durch die anderen Gerichte dem BVerfG, sich auf den Prüfungsmaßstab des Verfassungsrechts zu konzentrieren.[238]

Grundsätzlich soll also der Beschwerdeführer gehalten sein, alle prozessualen Möglichkeiten zu ergreifen, um eine Korrektur der Verfassungsverletzung auch ohne das BVerfG zu erwirken.[239] Dies entspricht nach Auffassung des BVerfG der grundgesetzlichen Kompetenzverteilung zwischen BVerfG und Fachgerichten. Die Verfassungsbeschwerde soll danach ein allerletzter und allein auf den Schutz der Grundrechte beschränkter Rechtsbehelf sein, der grundsätzlich nur in Betracht kommt, wenn alle anderen Möglichkeiten richterlicher Nachprüfung erschöpft sind.

Das BVerfG hat in seiner jüngeren Rechtsprechung den Grundsatz der Subsidiarität der Verfassungsbeschwerde verstärkt herangezogen und damit den Zugang zur Verfassungsbeschwerde erheblich erschwert. Dies ist sicherlich auch auf die starke Zunahme der Anzahl der eingelegten Verfassungsbeschwerden zurückzuführen. Das BVerfG versucht auf diese Weise, die große Anzahl der Verfassungsbeschwerden, insbesondere wegen Verfahrensfehlern der Gerichte, z. B. bei Verletzung des rechtlichen Gehörs oder bei der Mitwirkung eines ausgeschlossenen Richters, zu vermeiden.[240] Allerdings hat das Gericht auch anerkannt, dass eine Verweisung auf den fachgerichtlichen Rechtsweg im Einzelfall „weder zur Klärung einfachrechtlicher Fragen noch zur Aufarbeitung des Tatsachenmaterials […] sachlich geboten" sein kann, wenn allein die Verfassungsmäßigkeit des betroffenen Gesetzes (hier: 13. AtG-Novelle) in Rede steht.[241]

Bemühungen um eine dogmatische Herleitung der Subsidiarität entweder aus § 90 II BVerfGG oder aus Art. 94 II GG sind allerdings unfruchtbar.[242]

---

238 Grundlegend *Zuck*, FS Redeker, S. 213ff. *Zuck* hat Zweifel, ob das BVerfG einseitig und ohne gesetzliche Grundlage sein Verhältnis zu den Fachgerichten, und vor allem deren Rolle bestimmen kann. Die Fachgerichte seien zu Hilfsorganen des BVerfG geworden. *Pestalozza*, Verfassungsprozeßrecht, § 12 Rdnr. 10.

239 BVerfGE 86, 15 (22); 95, 163 (171–173).

240 Differenzierte Darstellung der Rechtsprechung bei *Lerche*, FS Juristische Gesellschaft zu Berlin, S. 369ff.; *E. Klein*, FS Zeidler, Bd. 2, S. 1305ff.; *Böhmer*, S. 21ff., der insbesondere daran erinnert, dass der Grundsatz der Subsidiarität der Verfassungsbeschwerde bei seiner erstmaligen Verwendung (in BVerfGE 8, 222) nichts anderes als die in § 90 II S. 1 BVerfGG genannten Anforderungen umschreiben sollte.

241 BVerfGE 143, 246 (322).

242 Ebenso *Lechner/Zuck*, BVerfGG, § 90 Rdnr. 169ff.; *Warmke*, S. 76ff., der zu dem Ergebnis kommt, der schillernde Grundsatz der Subsidiarität der Verfassungsbeschwerde könne nur als „lückenschließendes Richterrecht" verstanden werden. Ähnlich *Pestalozza*, Verfassungsprozeßrecht, § 12 Rdnr. 12: das Subsidiaritätsprinzip als „Quelle zusätzlicher, Verfassung und Gesetz unbekannter Sachentscheidungsvoraussetzungen". Die Einschätzung ist erwägenswert, lässt zugleich aber die Problematik in grellem Licht erscheinen. Das BVerfG genießt keine Verfahrensautonomie und darf nicht prozessuale Vorschriften über die Verfassungsbeschwerde so interpretieren oder neue Zulässigkeitsvoraussetzungen mit dem Ziel aufstellen, Verfahren daran scheitern zu lassen. Sehr kritisch *Posser*, Subsidiarität, S. 301ff., 387ff., der die Anwendung des Subsidiaritätsprinzips durch das BVerfG insgesamt als kompetenziell und funktionell unzulässige und damit verfassungswidrige richterliche Rechtsfortbildung betrachtet; *Lübbe-Wolff*, EuGRZ 2004, 669, verweist dagegen auf die Bedeutung des Entlastungsgedankens, der für die Funktionsfähigkeit des BVerfG entscheidend sei.

b) Fallgruppen

245 Innerhalb der Voraussetzungen, die das BVerfG § 90 II BVerfGG entnimmt, lassen sich verschiedene Fallgruppen bilden. Hierbei ist zwischen der Rechtswegerschöpfung im engeren Sinne und der formellen und materiellen Subsidiarität zu unterscheiden, wobei der Begriff der Rechtswegerschöpfung hier in einem engen Sinne verwendet wird.[243]

aa) Rechtswegerschöpfung im engeren Sinn

246 Der Rechtsweg muss formal erschöpft sein, d. h. der Beschwerdeführer muss alle in dem jeweils einschlägigen, sachnächsten Verfahren vorgesehenen Rechtsmittel eingelegt und darf sie nicht zurückgenommen haben.[244] Zum Rechtsweg iSd. § 90 II S. 1 BVerfGG gehört jede gesetzlich normierte Möglichkeit, ein Gericht anzurufen. Der Rechtsweg ist nicht erschöpft, wenn der Beschwerdeführer gesetzlich zugelassene Rechtsmittel oder den Antrag auf Zulassung eines Rechtsmittels unterlassen oder versäumt hat. Er darf auch nicht unterlassen haben, einen hinreichend ausgeführten Antrag in der Revision zur Überprüfung zu stellen,[245] mit der Verfassungsbeschwerde kann er ihn nicht gleichsam nachholen. Er muss vorher „alles ihm Zumutbare unternehmen“,[246] z. B. eine Wiedereinsetzung in den vorherigen Stand beantragen,[247] die Aufklärungsrüge im strafgerichtlichen Revisionsverfahren[248] und eine Gegenvorstellung nach § 33a StPO vorbringen[249] und die Anhörungsrüge unter den Voraussetzungen des Anhörungsrügengesetzes erheben,[250] nicht aber den unsicheren Weg einer Wiederaufnahme des Verfahrens gehen, es sei denn, dass dieser Rechtsbehelf ausnahmsweise und erkennbar Aussicht auf Erfolg hat.[251] Rechtsbehelfe sind auch dann zu ergreifen, wenn es zweifelhaft ist, ob der entsprechende Rechtsbehelf überhaupt statthaft ist.[252] Die Anhörungsrüge muss nicht erhoben werden, wenn die letzte fachgerichtliche Instanz keinen neuen und eigenständigen Gehörsverstoß begangen hat,

---

243 *O'Sullivan,* DVBl. 2005, 880ff.

244 BVerfGE 1, 12 (13); 1, 13 (14); Übersicht bei *Lechner/Zuck,* BVerfGG, § 90 Rdnr. 148.

245 BVerfGE 63, 45 (72). Streng BVerfGE 81, 22 (27) – ausreichende Begründung einer Nichtzulassungsbeschwerde zum BFH.

246 BVerfGE 64, 135 (143); 107, 257 (267); *Sodan,* DÖV 2002, 929f.

247 BVerfGE 77, 275 (282).

248 Vgl. BVerfGE 110, 1 (12).

249 BVerfGE 33, 192 (194); 42, 243 (247); 42, 252 (255).

250 BVerfGE 122, 190 (198); 126, 1 (17); BVerfGE 134, 106 (113). Dazu und zu weiteren Zulässigkeitsfragen im Zusammenhang der Anhörungsrüge *Gertler,* in: Emmenegger/Wiedmann (Hrsg.), Linien der Rechtsprechung des Bundesverfassungsgerichts – erörtert von den wissenschaftlichen Mitarbeitern, Bd. 2, S. 54ff. Erheben Beschwerdeführer keine Anhörungsrüge, obwohl diese statthaft und nicht offensichtlich aussichtslos wäre, ist die Verfassungsbeschwerde insgesamt unzulässig.

251 So BVerfGE 11, 61 (63); 22, 42 (47); 110, 339 (342); anders im Fall der nicht vorschriftsmäßigen Besetzung (§§ 547 Nr. 1, 579 I Nr. 1 ZPO; Art. 101 I S. 2 GG) der Senate beim BGH und beim BFH: BVerfG (3. Kammer des 2. Senats), BB 1992, 252f. Kritisch *Felix,* BB 1992, 253, der hier allerdings eine fragwürdige Differenzierung nach Rechtsmitteln und Rechtsbehelfen einführt, von denen nur erstere zur Erschöpfung des Rechtswegs gehören sollen. Kritisch zur neueren Rechtsprechung der Kammer auch *Sangmeister,* NJW 1998, 721ff.; *Gaul,* FS Schumann, S. 89ff. (mit eingehender Analyse der Rechtsprechung). Unklar *Zuck,* Das Recht der Verfassungsbeschwerde, Rdnr. 749f. mit Fn. 17, der grundsätzlich als Rechtsweg nach § 90 II S. 1 BVerfGG „jede gesetzlich normierte Möglichkeit eines Gerichts“ gelten lassen will, nicht aber das Wiederaufnahmeverfahren. Der Kammer zustimmend *Posser,* Subsidiarität, S. 462f.

252 BVerfGE 145, 20 (54 Rdnr. 85); 107, 299 (309).

sondern gerügte Fehler der Vorinstanz nicht geheilt hat.[253] Wird eine Verletzung rechtlichen Gehörs nicht Gegenstand der Verfassungsbeschwerde oder eine solche Rüge im Verfassungsbeschwerdeverfahren wieder zurückgenommen, gehört die Anhörungsrüge nicht zu den Erfordernissen der Rechtswegerschöpfung.[254] Das Normenkontrollverfahren nach § 47 VwGO ist als Rechtsweg iSd. § 90 II S. 1 BVerfGG zu betrachten,[255] nicht hingegen Amtshaftungsprozesse[256] und Landesverfassungsbeschwerden.[257] Andererseits ist die Erschöpfung des Rechtswegs nicht erforderlich – da unzumutbar –, wenn das Rechtsmittel, insbesondere im Hinblick auf eine gefestigte richterliche Rechtsprechung oder weil die verfassungsrechtlich in Zweifel gezogene Norm keinen Ermessens- oder Beurteilungsspielraum enthält, völlig aussichtslos ist.[258]

Über das Gebot der Erschöpfung des gesetzlich eingerichteten Rechtswegs hinaus hat das BVerfG seit den 1980er Jahren verlangt, dass der Beschwerdeführer auch noch „Gegenvorstellungen" oder weitere ungeschriebene richterrechtlich zugelassene außerordentliche Rechtsbehelfe gegen eine unanfechtbare Entscheidung bei den Gerichten erhebt, sofern einer solchen Gegenvorstellung nach der bisherigen veröffentlichten Praxis der Gerichte „der Erfolg nicht von vornherein abgesprochen werden kann", die Gerichte also noch bereit sind abzuhelfen, obwohl ein formeller Rechtsbehelf nicht mehr zulässig ist.[259] Das BVerfG sprach von der Aufhebung unanfechtbarer Beschlüsse im Wege der „Selbstkontrolle" bei Verletzung des Rechts auf Gehör und des Rechts auf den gesetzlichen Richter.[260] In seiner Plenarentscheidung vom 29. April 2003 ist das BVerfG hiervon abgerückt, sofern es um Verstöße gegen das Gebot des rechtlichen Gehörs geht. Das Gericht begründet dies damit, dass die rechtsstaatlichen Anforderungen an die Rechtsmittelklarheit bei den zur Rüge eines Verstoßes gegen Art. 103 I GG „gegenwärtig verfügbaren außerordentlichen Rechtsbehelfen nicht erfüllt" seien. „Infolgedessen gibt es erhebliche Unsicherheiten ..., ob erst ein außerordentlicher Rechtsbehelf oder sogleich die Verfassungsbeschwerde einzulegen ist." Diese Defizite schlössen es aus, „dass das Bundesverfassungsgericht die Zulässigkeit der Verfassungsbeschwerde von der vorherigen erfolglosen Einlegung solcher außerordentlicher Rechtsbehelfe abhängig" mache. „Soweit die bisherige Praxis des Bundesverfassungsgerichts dies anders gesehen hat, kann daran nicht festgehalten werden."[261] Dies bedeute freilich keine regelmäßige Zulässigkeit der Verfassungsbeschwerde. Der Gesetzgeber müsse bis zum Jahresende 2004 Regelungen schaffen, die vor den Instanzgerichten über die bisherigen Rechtsmittel hinaus die Rüge der Verletzung des Art. 103 I GG ermöglichen.[262] Zu dem daraus entstandenen Anhörungsrügengesetz vom 9. Dezember 2004 vgl. Rdnr. 325.

Der Rechtsweg muss schließlich „ordnungsgemäß" erschöpft worden sein, d. h. das eingelegte Rechtsmittel darf nicht verworfen oder als unzulässig zurückgewiesen worden sein.[263] Ausnahmsweise kann jedoch eine Verfassungsbeschwerde zulässig sein,

---

253 BVerfG – 1. Kammer des 1. Senats – NJW 2007, 3418; vgl. bereits BVerfGE 107, 395 (411).

254 BVerfGE 134, 106 (113f.).

255 BVerfGE 70, 35 (53ff.); 71, 305 (334f.); *Benda/Klein,* Verfassungsprozessrecht, Rdnr. 609; *Bethge,* in: Maunz u. a., BVerfGG, § 90 Rdnr. 391; *Hillgruber/Goos,* Rdnr. 396. Dies war vor der am 1.1.1977 in Kraft getretenen Neufassung des § 47 VwGO umstritten; eingehend *Henning,* S. 218ff., 229ff.; *Kopp/Schenke,* § 47 Rdnr. 179 m.w.N.

256 BVerfGE 20, 162 (173).

257 BVerfGE 32, 157 (162).

258 BVerfGE 55, 154 (157); 61, 319 (341); 64, 208 (213); 64, 256 (260); 79, 1 (20); 91, 93 (106f.); 102, 197 (208); 123, 148 (172).

259 BVerfGE 63, 77 (78f.); 69, 233 (240ff.); 73, 322 (326f.). Zur „Gegenvorstellung" vgl. *Seetzen,* NJW 1982, 2342ff.; kritisch zum Erfordernis der Gegenvorstellung wohl auch *Robbers,* Probleme, S. 30.

260 BVerfGE 69, 233 (242f.).

261 BVerfGE 107, 395 (417f.). Später hat das Gericht präzisiert, dies solle nicht bedeuten, dass eine Gegenvorstellung verfassungsrechtlich unzulässig sei. Lediglich unter dem Aspekt der Rechtswegerschöpfung bleibe sie außer Betracht, BVerfGE 122, 190 (200f.).

262 BVerfGE 107, 395 (418).

263 *O'Sullivan,* DVBl. 2005, 880ff.

wenn das Rechtsmittel nicht offensichtlich unzulässig war[264] oder das Rechtsmittelgericht überhöhte Zulässigkeitsanforderungen aufgestellt hat.[265] Daraus kann sich ein besonderes Dilemma ergeben, das inzwischen „Neunzigzwei-Dreiundneunzigeins-Falle“[266] genannt wird. Ist die Zulässigkeit eines Rechtsmittels oder Rechtsbehelfs zweifelhaft und wird es vom Gericht verworfen, so wäre danach die Verfassungsbeschwerde nach § 93 I BVerfGG verfristet. Wird dagegen bei unsicherer Zulässigkeit eines Rechtsmittels nur die Verfassungsbeschwerde erhoben, droht sie an der fehlenden Erschöpfung des Rechtsweges zu scheitern. Der Ausweg besteht darin, parallel die (vorsorgliche) Verfassungsbeschwerde und den einfachgesetzlichen Rechtsbehelf einzulegen.[267] Besonders problematisch sind in diesem Zusammenhang einige Kammerentscheidungen zur Anhörungsrüge. Danach kann eine offensichtlich unzulässige oder offensichtlich unbegründete Anhörungsrüge den Beginn der Verfassungsbeschwerdefrist nicht hinauszögern – die dem Rechtsschutzsuchenden eigentlich zugute kommende zusätzliche Rechtsschutzmöglichkeit gerät ihm damit im Ergebnis „zum Verhängnis.“[268]

Der Grundsatz der Subsidiarität verlangt nicht, dass Betroffene vor Erheben einer Verfassungsbeschwerde „gegen eine straf- oder bußgeldbewehrte Rechtsnorm verstoßen und sich dem Risiko einer entsprechenden Ahndung aussetzen müssen, um dann im Straf- oder Bußgeldverfahren die Verfassungswidrigkeit der Norm geltend machen zu können“.[269]

bb) formelle Subsidiarität

247 Nach dem Grundsatz der formellen (verfahrensbezogenen) Subsidiarität muss der Beschwerdeführer über die ordnungsgemäße Erschöpfung des Rechtswegs hinaus andere prozessuale Möglichkeiten zur Behebung oder Vermeidung des geltend gemachten Grundrechtsverstoßes ergreifen, sofern diese zumutbar sind.[270] Darunter fallen beispielsweise folgende Fälle: die Vermeidung strafgerichtlicher Verurteilungen aufgrund verwaltungsakzessorischer Tatbestände durch Einlegung von Rechtsbehelfen im Verwaltungsverfahren,[271] die Wahrnehmung von gesetzlich vorgesehenen Ausnahme- und Befreiungsmöglichkeiten[272] und die Verweisung auf den Rechtsweg der Hauptsache nach Erschöpfung des Eilrechtswegs, wenn nur Grundrechtsverletzungen geltend gemacht werden, die sich auf die Hauptsache beziehen.[273] Dasselbe gilt selbst für eine Verfassungsbeschwerde, die sich unmittelbar gegen ein Gesetz wendet, durch das der Beschwerdeführer unmittelbar und gegenwärtig belastet ist, wenn das Gesetz einen besonderen, anfechtbaren Verwaltungsakt voraussetzt und er daher in einem fachgerichtlichen Verfahren eine Inzidentkontrolle erreichen kann.[274] Wenig überzeugend ist die neue Forderung, eine Anhörungsrüge auch dann zu erheben, wenn kein

---

264 BVerfGE 91, 93 (105f.); 103, 172 (182); 149, 86 (110 Rdnr. 65).

265 BVerfG, 1. Kammer des 1. Senats, NVwZ 2001, 425.

266 *Lübbe-Wolff,* AnwBl. 2005, 509, 513.

267 Zur Möglichkeit dieser vorsorglichen Verfassungsbeschwerde BVerfGE 19, 323 (330); 107, 395 (417); dazu *B. J. Hartmann,* JuS 2007, 657ff.

268 *Thiemann,* DVBl. 2012, 1422.

269 BVerfGE 145, 20 (54 Rdnr. 85); 81, 70 (82f.); 97, 157 (165); 138, 261 (272 Rdnr. 23).

270 BVerfGE 78, 58 (68); 92, 245 (256); 93, 165 (171); 104, 65 (70); *O'Sullivan,* DVBl. 2005, 880ff.; vgl. *Zuck,* Das Recht der Verfassungsbeschwerde, Rdnr. 34.

271 Vgl. BVerfGE 22, 287 (290ff.).

272 BVerfGE 78, 58 (68f.); BVerfG, 2. Kammer des 1. Senats, NJW 2001, 2009.

273 BVerfGE 86, 15 (22).

274 BVerfGE 107, 257 (267).

Verstoß gegen Art. 103 I GG geltend gemacht werden soll, durch diesen fachgerichtlichen Rechtsbehelf aber die Möglichkeit gewahrt werden könnte, dass „bei Erfolg der Gehörsverletzungsrüge in den vor den Fachgerichten gegebenenfalls erneut durchzuführenden Verfahrensschritten auch andere Grundrechtsverletzungen [...] beseitigt werden."[275]

cc) materielle Subsidiarität

Der Begriff der materiellen Subsidiarität bezeichnet die Anforderungen an das Verhalten des Beschwerdeführers innerhalb des Rechtswegs.[276] Dabei lassen sich die folgenden drei Konstellationen unterscheiden: 248

(1) Neuer Tatsachenvortrag

Nach st. Rechtsprechung des BVerfG ist neuer Tatsachenvortrag im Verfahren der Verfassungsbeschwerde ausgeschlossen.[277] Ist einem Beschwerdeführer im Ausgangsverfahren ein Tatsachenvortrag unmöglich, ist er verpflichtet, dies dem Ausgangsgericht mitzuteilen.[278]

(2) Verfahrensfehler

Unzulässig sind auch Verfassungsbeschwerden, in denen (gestützt auf Art. 101 I S. 2, 103 I GG) Verfahrensfehler der Fachgerichte gerügt werden, wenn der Beschwerdeführer diese nicht bereits im Ausgangsverfahren angegriffen hat.[279]

(3) Verfassungsrechtlicher Vortrag vor den Fachgerichten

Lange Zeit umstritten war die Frage, inwieweit der Beschwerdeführer bereits im Ausgangsverfahren zu verfassungsrechtlichem Vortrag verpflichtet ist. Die Kammerrechtsprechung hatte bisweilen aus dem Grundsatz der Subsidiarität hergeleitet, dass der Beschwerdeführer bereits vor den Fachgerichten verfassungsrechtliche Rügen erheben müsste, die sich nicht allein darin erschöpfen dürften, knapp auf vermeintlich einschlägige verfassungsrechtliche Gesichtspunkte hinzuweisen.[280] Die Senatsrechtsprechung hierzu war bislang nicht eindeutig. Der Erste Senat hat in einigen älteren Beschlüssen Bedenken gegenüber der Zulässigkeit der Verfassungsbeschwerde mangels verfassungsrechtlichen Vortrags vor den Fachgerichten erhoben, jedoch waren diese Fragen nicht entscheidungserheblich.[281] In einer anderen Entscheidung wurde dagegen verlangt, dass der Beschwerdeführer die behauptete Grundrechtswidrigkeit im jeweils mit dieser Beeinträchtigung zusammenhängenden sachnächsten Verfahren geltend machen müsse.[282] Der Zweite Senat hat die Pflicht zum verfassungsrechtlichen

---

[275] So BVerfGE 134, 106 (115).

[276] BVerfGE 110, 177 (189); *Zuck,* Das Recht der Verfassungsbeschwerde, Rdnr. 35; *O'Sullivan,* DVBl. 2005, 880ff.

[277] BVerfGE 66, 337 (364); 72, 84 (88); 81, 22 (27); 112, 50 (62); 140, 229 (233); Darstellung der Rechtsprechung beider Senate bei *Posser,* Subsidiarität, S. 188ff.

[278] BVerfGE 81, 22 (27f.).

[279] BVerfGE 84, 203 (208).

[280] BVerfG, 3. Kammer des 2. Senats, NStZ-RR 2000, 281 (282); Beispiele bei *O'Sullivan,* DVBl. 2005, 880ff.

[281] BVerfGE 68, 334 (335f.); 68, 384 (389).

[282] BVerfGE 84, 203 (208).

Vortrag im Fall eines jugendlichen Straftäters, der nicht anwaltlich vertreten war, verneint.[283]

249 Eine derartige Ausweitung der Rügepflichten ist nicht angezeigt. Sie zwingt den Beschwerdeführer, ab der ersten Instanz seines Prozesses einen Verfassungsprozess zu führen – das Verfassungsprozessrecht entfaltet Vorwirkungen, denen die Parteien des Gerichtsverfahrens nicht Rechnung tragen können und brauchen, denn es gilt in allen Verfahrensordnungen der Grundsatz: iura novit curia.[284] Die Rechtsanwendung ist Sache der Gerichte, nicht der Parteien. Der Kläger, der nach den Vorschriften etwa der ZPO im Zivilprozess nicht gehalten ist, Rechtsgrundlagen seines Anspruchs zu nennen, kann nicht gleichzeitig verpflichtet sein, zu der viel schwierigeren Frage der Verfassungsmäßigkeit einer eventuell einschlägigen Norm Stellung zu nehmen.

Dieser Auffassung hat sich das BVerfG in der Entscheidung vom 9. November 2004 angeschlossen. Der Beschwerdeführer sei grundsätzlich nur zum Sachvortrag und ggf. der Angabe von Beweismitteln verpflichtet, sofern nicht das einfache Verfahrensrecht rechtliche Darlegungen verlange (z. B. bei der Einlegung der Revision oder der Nichtzulassungsbeschwerde).[285] Allerdings erfährt dieser Grundsatz nach Ansicht des BVerfG mehrere Ausnahmen: Die Verfahrensbeteiligten bleiben an Vorgaben des Prozessrechts gebunden, die sie zu Rechtsausführungen verpflichten, etwa im Bereich des Revisionsrechts. Weiterhin kann die Verletzung von Verfahrensgrundrechten nur dann mit der Verfassungsbeschwerde geltend gemacht werden, wenn zuvor alle Mittel des Prozessrechts genutzt wurden, um diesen Verstoß zu verhindern oder zu beseitigen.[286] Schließlich sind verfassungsrechtliche Ausführungen vor den Fachgerichten dann erforderlich, wenn ein Rechtsmittel nach instanzrechtlichem Verfahrensrecht auf die Verletzung von Verfassungsrecht gestützt werden soll oder das Begehren von der Verfassungswidrigkeit einer Vorschrift abhängt bzw. eine bestimmte Normauslegung angestrebt wird, die ohne verfassungsrechtliche Begründung nicht begründbar ist.[287] Diese Ansicht verdient Zustimmung, da sich die genannten Einschränkungen in aller Regel bereits aus der Natur der Sache ergeben; es ist kaum denkbar, dass der Beschwerdeführer in solchen Fällen noch nicht dementsprechend vorgetragen hat.[288]

---

283 BVerfGE 74, 102 (114).

284 *Bender,* NJW 1988, 808f.; *ders.,* AöR 112 (1987), 169ff. Kritisch auch *Warmke,* S. 115ff.; *Bethge,* in Maunz u. a., BVerfGG, § 90 Rdnr. 420ff.; *Träger,* FS Geiger, S. 775; *Böhmer,* S. 25: „Man hat den Eindruck, dass dabei bewusst oder unbewusst die Präklusionsvorschriften, wie sie die ZPO seit einiger Zeit kennt, Pate stehen." Dem BVerfG zustimmend wohl *E. Klein,* FS Zeidler, Bd. 2, S. 1306f. Vgl. auch *Zuck,* FS Redeker, S. 217ff.; *ders.,* Universitas 1996, S. 3f., der die Rügeobliegenheit offenbar auf alle „verfassungsrechtlichen Einwände" ausdehnen will.

285 BVerfGE 112, 50 (60f.); vgl. auch BVerfGE 115, 118 (135f.); 129, 269 (278f.). Kritisch dazu *Lechner/Zuck,* BVerfGG, § 90 Rdnr. 162ff. Zu den Konsequenzen *Buermeyer,* in: Rensen/Brink (Hrsg.), Linien der Rechtsprechung des Bundesverfassungsgerichts – erörtert von den wissenschaftlichen Mitarbeitern, Bd. 1, S. 49ff.

286 BVerfGE 112, 50 (62).

287 BVerfGE 112, 50 (62).

288 Kritik an den Einschränkungen übt *Linke,* NJW 2005, 2190ff., insoweit, dass Voraussetzungen, die dem einfachen Prozessrecht nicht zu entnehmen seien, nicht durch das BVerfG eingeführt werden könnten. Scharfe Kritik auch bei *Pestalozza,* Verfassungsbeschwerde, S. 30.

c) Verfassungsbeschwerden gegen Entscheidungen im einstweiligen Rechtsschutz

Das BVerfG lässt auch Verfassungsbeschwerden gegen letztinstanzliche Entscheidungen in Verfahren des *vorläufigen Rechtsschutzes* zu. Diese Verfahren stellen gegenüber den Hauptsacheverfahren eigenständige Verfahren dar. Der Rechtsweg im Sinne des § 90 II BVerfGG ist deshalb erschöpft, wenn letztinstanzlich über die Gewährung vorläufigen Rechtsschutzes entschieden ist. Dennoch ist grundsätzlich vor Anrufung des BVerfG die Erschöpfung des Rechtsweges in der Hauptsache geboten, es sei denn, die Durchführung des Hauptsacheverfahrens wäre unzumutbar. Diesen unbestimmten Begriff hat das Gericht in mehreren Fallgruppen konkretisiert. Der Beschwerdeführer braucht sich unter dem Gesichtspunkt der Subsidiarität der Verfassungsbeschwerde dann nicht auf die Durchführung des Hauptsacheverfahrens verweisen zu lassen, „wenn es einer weiteren Klärung des Sachverhaltes nicht bedarf, wenn die im vorläufigen und im Hauptsacheverfahren zu entscheidenden Rechtsfragen identisch sind und wenn deshalb nicht damit gerechnet werden kann, dass ein Hauptsacheverfahren die Anrufung des Bundesverfassungsgerichts entbehrlich machen könnte".[289] Auch die voraussichtliche Dauer des Hauptsacheverfahrens kann dazu führen, dass es dem Beschwerdeführer nicht zuzumuten ist, „vor einer Entscheidung des BVerfG den Hauptsacherechtsweg zu erschöpfen."[290] 250

Dagegen ist eine Verfassungsbeschwerde gegen Entscheidungen im Verfahren des vorläufigen Rechtsschutzes mangels Erschöpfung des in der Hauptsache zur Verfügung stehenden Rechtswegs unzulässig, wenn ausschließlich Grundrechtsverletzungen gerügt werden, die sich nicht auf das Eilverfahren, sondern auf die Hauptsache als solche beziehen.[291] Dies folgt aus dem Grundsatz der Subsidiarität der Verfassungsbeschwerde. Aus ihm ergibt sich die Unzulässigkeit der Verfassungsbeschwerde auch dann, wenn die Tatsachen und die einfach-rechtliche Rechtslage noch nicht ausreichend durch die Gerichte geprüft sind und dem Beschwerdeführer durch die Verweisung auf den Rechtsweg in der Hauptsache kein schwerer Nachteil entsteht. In diesen Fällen ist das Hauptsacheverfahren nach der jeweiligen Art der gerügten Grundrechtsverletzung geeignet, den Verfassungsverstoß auszuräumen.[292] Die Anrufung des BVerfG ist entbehrlich.

Die Verfahren zur Überprüfung der Kapazitäten der Universitäten haben sich zu Massenverfahren entwickelt. Diese werden bei den Verwaltungsgerichten bevorzugt im Eilverfahren abgewickelt. Das Hauptverfahren wurde häufig gar nicht durchgeführt. Damit blieb das BVerwG, das in Eilverfahren nicht zuständig ist, weitgehend ausgeschaltet, und dessen Funktionen wurden in erheblichem Umfang über Verfassungsbeschwerden gegen Entscheidungen im Verfahren des vorläufigen Rechtsschutzes dem BVerfG zugeschoben. Um nicht zur bloßen „Superbeschwerdeinstanz" zu werden, wodurch auch die Funktionsfähigkeit des Gerichts in Gefahr geraten könnte, da die Fälle sehr zahlreich sind, zog sich das BVerfG nach einer großen Zahl von Entscheidungen zunehmend zurück auf die Fälle, in denen noch „Rechtsfragen von grundsätzlicher verfassungsrechtlicher Bedeutung" zu klären sind, und verwies die Beschwerdeführer im Übrigen auf das Hauptverfahren vor den Verwaltungsgerichten. Das BVerfG beschränkt sich in diesem Rahmen dann überdies auf die Entscheidung der „Leitverfahren"; die sich daran anhängenden „Trittbrettverfahren"

[289] BVerfGE 75, 318 (325); vgl. auch 42, 163 (167f.); 51, 130 (138ff.); 53, 30 (52); 56, 216 (234); 62, 117 (143f.); 69, 315 (339f.); 93, 1 (12). Überblick und kritische Würdigung bei *E. Klein,* FS Zeidler, Bd. 2, S. 1305ff.; *Finkelnburg/Dombert/Külpmann,* Rdnr. 1203ff.; *Strietzel.*

[290] BVerfGE 96, 288 (300).

[291] Vgl. BVerfGE 51, 130 (138ff.); 86, 15 (22).

[292] BVerfGE 77, 381 (401f.); 86, 15 (27); 104, 65 (70f.) unter Verweis auf die Kriterien des § 90 II S. 2 BVerfGG.

nimmt es nicht zur Entscheidung an.[293] – Dies ist ein Beispiel für die flexible Behandlung der Zulässigkeit der Verfassungsbeschwerde durch das BVerfG. So handhabt das BVerfG auch den Verweis auf das Hauptverfahren nicht als zwingenden Grundsatz; er besage vielmehr, dass die Grundrechtsverletzung in dem mit der gerügten Beeinträchtigung unmittelbar zusammenhängenden „sachnächsten Verfahren" geltend gemacht werden müsse.[294]

2. Die Ausnahme: Vorabentscheidung des BVerfG (§ 90 II S. 2 BVerfGG)

251 Ausnahmen von der Notwendigkeit der Rechtswegerschöpfung, also Vorabentscheidungen, sind nach § 90 II S. 2 BVerfGG möglich, wenn die Verfassungsbeschwerde von allgemeiner Bedeutung ist oder wenn dem Beschwerdeführer andernfalls ein schwerer und unabwendbarer Nachteil entstünde. Es ist deutlich, dass die eben behandelten Variationen des Grundsatzes der Erschöpfung des Rechtswegs sich teilweise mit dieser Ausnahmeregel überschneiden oder durch diese relativiert werden.

Das Kriterium der „allgemeinen Bedeutung" zielt auf den objektiv-rechtlichen Charakter der Verfassungsbeschwerde, der „schwere und unabwendbare Nachteil" auf den individuellen Rechtsschutz.

„Allgemeine Bedeutung": Eine Verfassungsbeschwerde ist von allgemeiner Bedeutung, wenn „sie die Klärung grundsätzlicher verfassungsrechtlicher Fragen erwarten lässt und über den Fall der Beschwerdeführer hinaus zahlreiche gleich gelagerte Fälle praktisch mitentschieden werden" (BVerfGE 108, 370 [386]). Dies ist regelmäßig der Fall, wenn die Verfassungsmäßigkeit einer der angegriffenen Maßnahme zugrunde liegenden Gesetzesnorm in Rede steht. Beispiele: Verfassungsbeschwerde gegen eine staatliche Kirchensteuerordnung, weil „die zu erwartende Entscheidung über den Einzelfall hinaus Klarheit über die Rechtslage in einer Vielzahl gleich gelagerter Fälle und über ähnliche Bestimmungen in Kirchensteuergesetzen anderer deutscher Länder" schafft.[295] Oder: „Die ... aufgeworfene Frage nach den verfassungsrechtlichen Grenzen für die Öffentlichkeitsarbeit der Bundesregierung in der besonders gearteten Vorwahlzeit 1982/83 betrifft nicht nur das passive Wahlrecht des Beschwerdeführers (eines Abgeordneten und Wahlkreisbewerbers), sondern ist darüber hinaus für das aktive und passive Wahlrecht aller Wahlberechtigten ebenso wie für die Gleichheit der Wahlbewerbschancen der politischen Parteien von Belang."[296]

„Schwerer Nachteil": Verfassungsbeschwerde einer politischen Partei wegen Verweigerung von Rundfunksendezeiten für Wahlpropaganda bei nahe bevorstehendem Wahltermin.[297] Ob ein „schwerer Nachteil" vorliegt, „lässt sich nicht allgemein angeben, sondern richtet sich nach den Umständen des Einzelfalles." Insbesondere wirtschaftliche Bagatellfälle und „Grundrechtsverletzungen, die den Beschwerdeführer in seiner Persönlichkeit nicht stark berühren", genügen nicht, BVerfGE 9, 120 (121 ff.).

Mit Hilfe der Generalklauseln in § 90 II S. 2 BVerfGG ist das BVerfG mehr oder weniger frei, zuzugreifen und eine Vorabentscheidung zu treffen, wenn es dies für richtig hält.

---

293 BVerfGE 51, 130 (143 ff.); 66, 155 (173, 175). Auch BVerfGE 53, 30 (52) – atomrechtliche Massenverfahren; 54, 173 (190); 59, 1 (19 ff.). Dagegen *Strietzel,* S. 148 ff., 181 f.

294 BVerfGE 59, 63 (83).

295 BVerfGE 19, 268 (273); vgl. auch BVerfGE 62, 338 (342): „in seinem Gerichtsbezirk angesichts der dort geübten Praxis für eine nicht überschaubare Zahl von Strafverfahren Bedeutung".

296 BVerfGE 63, 230 (242); vgl. auch 62, 117 (144).

297 BVerfGE 7, 99 (105). Flexibel BVerfGE 86, 133 (140). Generell zu § 90 II BVerfGG klärend auch BVerfGE 86, 15 (24).

3. Keine Anwendbarkeit des § 90 II BVerfGG bei Verfassungsbeschwerden unmittelbar gegen Gesetze

§ 90 II S. 1 BVerfGG setzt für seine Anwendbarkeit voraus – „Ist gegen die Verletzung der Rechtsweg zulässig ...“ –, dass gegen die Maßnahme der öffentlichen Gewalt ein Rechtsweg bzw. ein Rechtsmittel zulässig ist. Gegen Gesetze gibt es keinen Rechtsweg i. S. von § 90 II BVerfGG.[298] So ist bei der Verfassungsbeschwerde unmittelbar gegen Gesetze § 90 II BVerfGG nicht einschlägig, die vorherige Erschöpfung des Rechtswegs also nicht zu prüfen. An dessen Stelle[299] tritt – wie dargelegt – das vom BVerfG ergänzend eingeführte Erfordernis der Unmittelbarkeit der Betroffenheit des Beschwerdeführers,[300] wonach zuerst der Vollzugsakt, sofern ein solcher ergehen kann, abzuwarten und anzufechten ist. Gibt es einen solchen Vollzugsakt ausnahmsweise nicht, kann die Verfassungsbeschwerde unmittelbar gegen das Gesetz zulässig sein. 252

Das BVerfG hat allerdings in seiner neueren Rechtsprechung diesen Grundsatz mehrfach durchbrochen. Das Gericht versucht, die Verfassungsbeschwerde unmittelbar gegen Gesetze einzuschränken. Als Leitlinie lässt sich erkennen, dass der Normadressat Grundrechtsverstöße durch ein Gesetz so weit als möglich nicht unmittelbar durch eine mit der Verfassungsbeschwerde initiierte Normenkontrolle, sondern durch die Anrufung der Gerichte rügen soll. Ziel ist die Entlastung des BVerfG; auch soll das angegriffene Gesetz im Lichte der konkreten Fallpraxis der Gerichte beurteilt und auf seine Verfassungsmäßigkeit geprüft werden können. Für den von einer verfassungswidrigen Norm Betroffenen folgt daraus, dass er auch dann vor den anderen Gerichten Rechtsschutz suchen muss, wenn diese nach Art. 100 I GG zur Vorlage an das BVerfG verpflichtet sind, der Grundrechtsverletzung also selbst nicht abhelfen können.[301] 253

Der dogmatische Ansatzpunkt, der die Zulässigkeit der Rechtssatzverfassungsbeschwerde begrenzt, ist der Grundsatz der Subsidiarität dieses Rechtsbehelfs. Neuere Entscheidungen des BVerfG verstehen die Subsidiarität als zusätzliche, von § 90 II S. 1 BVerfGG unabhängige Zulässigkeitsvoraussetzung der Rechtssatzverfassungsbeschwerde. Das BVerfG verlangt vom Beschwerdeführer, alle zur Verfügung stehenden und zumutbaren Möglichkeiten fachgerichtlichen Rechtsschutzes in Anspruch zu nehmen.[302] Dies gilt zunächst – und insoweit ist dem BVerfG auch uneingeschränkt zuzustimmen – für die Möglichkeit einer verwaltungsgerichtlichen Normenkontrolle nach § 47 VwGO. Auch dann, wenn die untergesetzliche Norm einer unmittelbaren verwaltungsgerichtlichen Kontrolle nicht zugänglich ist, kann, sofern vor den Verwaltungsgerichten eine Feststellungsklage möglich ist, die Erschöpfung dieses Rechtsweges verlangt werden.[303] Dabei blieb das BVerfG jedoch nicht stehen. Auch bei unmittelbar und gegenwärtig den Beschwerdeführer betreffenden Normen, gegen die unmittelbar kein Rechtsweg eröffnet ist, soll der Grundsatz der Subsidiarität greifen, wenn der Beschwerdeführer in zumutbarer Weise einen wirkungsvollen Rechtsschutz 253a

---

298 Vgl. zu den Zusammenhängen oben Rdnr. 196ff. Anders *Gerontas,* DÖV 1982, 443f.

299 *Bryde,* Verfassungsentwicklung, S. 388.

300 Oben Rdnr. 231ff.

301 BVerfGE 145, 20 (54f. Rdnr. 86); 150, 309 (327 Rdnr. 44).

302 BVerfGE 69, 122 (125f.); 71, 305 (334ff.); 74, 69 (74ff.); 75, 246 (263); 79, 1 (19ff.); 79, 29 (35ff.); 85, 80 (85f.); 97, 157 (165); 102, 26 (32); 102, 197 (208). Ausführliche Darstellung der Rechtsprechung bei *Warmke,* S. 61ff.

303 BVerfGE 115, 81 (92); ausführlich *Barczak,* DVBl 2019, 1040, 1045ff.

zunächst durch Anrufung der Fachgerichte erlangen kann.[304] Das BVerfG verlangt vor allem, dass der von der Rechtsnorm unmittelbar Betroffene durch Beschreiten des Rechtswegs eine inzidente Normenkontrolle initiiert. Das lässt sich nur noch eingeschränkt mit der – zutreffenden – Prämisse rechtfertigen, Grundrechtsschutz sei vor allem Sache der Fachgerichte.

BVerfGE 69, 122 (125f.): Durch die Neufassung des § 176c RVO wurde die Beitrittsmöglichkeit Schwerbehinderter zu einer gesetzlichen Krankenkasse eingeschränkt. Der schwerbehinderte Beschwerdeführer wandte sich mit seiner Verfassungsbeschwerde unmittelbar gegen das Gesetz. Das BVerfG verwarf die Verfassungsbeschwerde als unzulässig, obwohl der Beschwerdeführer selbst, unmittelbar und gegenwärtig durch das Gesetz betroffen war. Das Gericht verlangte vom Beschwerdeführer, einen (von vornherein klar aussichtslosen) Antrag auf Aufnahme in die Krankenkasse zu stellen und dann Rechtsschutz vor dem Sozialgericht zu suchen, das gegebenenfalls das Gesetz nach Art. 100 I GG dem BVerfG vorlegen müsse. Diese Vorgehensweise sei, so meint das BVerfG, dem Beschwerdeführer „zumutbar und nach dem Grundsatz der Subsidiarität geboten".[305]

253b Die Grenze der Zumutbarkeit ist erreicht, wenn durch die Anrufung der Fachgerichte ein effektiver Rechtsschutz im Hinblick auf die geltend gemachte Grundrechtsverletzung nicht mehr gewährleistet ist.[306] Das ist insbesondere der Fall, wenn das Gesetz schon mit seinem Inkrafttreten unwiderrufliche Entscheidungen oder Dispositionen der Normbetroffenen veranlasst.[307] Auch wird das vorherige Risiko einer Zuwiderhandlung gegen ein Strafgesetz oder die Begehung einer Ordnungswidrigkeit in der Regel nicht für zumutbar gehalten.[308] Gerade dieses aus der früheren Rechtsprechung des BVerfG zu Verfassungsbeschwerden gegen hoheitliche Einzelakte bereits bekannte Kriterium zeigt, wie sehr die Zulässigkeit der Rechtssatzverfassungsbeschwerde den Voraussetzungen der Verfassungsbeschwerde gegen Gerichtsurteile und andere Einzelakte angepasst wird. Im Übrigen verlangt das BVerfG eine Abwägung, welche die Vorteile des Beschwerdeführers aus einem sogleich eröffneten verfassungsgerichtlichen Rechtsschutz den dabei für die Allgemeinheit oder für Dritte entstehenden Nachteilen gegenüberstellt.[309] Das Gericht verzichtet auf das Durchlaufen fachgerichtlichen Rechtsschutzes, wenn es allein um die sich unmittelbar aus der Verfassung ergebenden Grenzen für die Auslegung der Norm gehe; bei solchen spezifisch verfassungsrecht-

[304] BVerfGE 71, 305 (335) – Milchmengenverordnung: Verfassungsbeschwerde gegen eine Rechtsverordnung. Der Beschwerdeführer soll sich an die Fachgerichte wenden, da es für Verordnungen kein Verwerfungsmonopol des BVerfG gibt. Hier kommt es also zu einer „diffusen" Normenkontrolle (vgl. Rdnr. 3 u. 117) durch die Gerichte, die bei Nichtigkeit der Verordnung diese außer Anwendung lassen können; BVerfGE 74, 69 (74) – Beschwerde unmittelbar gegen § 111 der Landeshaushaltsordnung für Baden-Württemberg. Der Beschwerdeführer war durch dieses förmliche Gesetz selbst, gegenwärtig und unmittelbar betroffen. Das BVerfG verweist ihn auf den fachrichterlichen Rechtsweg, obwohl gegen die Norm selbst dieser Rechtsweg nicht eröffnet ist. Das Fachgericht werde, wenn es die verfassungsrechtlichen Bedenken gegen die Norm teilt, das Verfahren nach Art. 100 I GG aussetzen und so eine Entscheidung des BVerfG herbeiführen. BVerfGE 97, 157 (165).

[305] Zustimmend *Detterbeck,* DÖV 1990, 560.

[306] BVerfGE 71, 305 (336f.).

[307] BVerfGE 75, 108 (145f.); 79, 1 (20). Vertiefend hierzu *van den Hövel,* S. 132ff., 157f.

[308] BVerfGE 77, 84 (99f.); 81, 70 (82f.). Die Verweisung auf den Rechtsweg kommt hier aber in Betracht, wenn eine Ahndung durch vorläufigen vorbeugenden Rechtsschutz vermieden werden kann; zutreffend *Barczak,* DVBl. 2019, 1040, 1046.

[309] BVerfGE 68, 319 (325f.); 71, 305 (336).

lichen Fragen seien von den Fachgerichten keine verbesserten Entscheidungsgrundlagen zu erwarten.[310]

Die geschilderte Rechtsprechung verdient nur teilweise Zustimmung. Es leuchtet im 254
Ergebnis ein, dass mittels des Subsidiaritätsgrundsatzes solche Rechtssatzverfassungsbeschwerden als unzulässig verworfen werden, die das Gericht mit Aufgaben belasten würden, die es nicht sachgerecht erfüllen kann. Einen solchen Sonderfall entschied auch BVerfGE 70, 35 (zu dieser Entscheidung unter dem Gesichtspunkt des Verwerfungsmonopols nach Art. 100 I GG bereits Rdnr. 141): Die mehreren, vom Gericht verbundenen Verfassungsbeschwerden richteten sich unmittelbar gegen hamburgische Bebauungspläne, die aufgrund landesrechtlicher Besonderheiten des Stadtstaats durch förmliches Gesetz festgestellt worden waren. Das BVerfG verwarf die Verfassungsbeschwerden als unzulässig. Richtig ist, dass die mit der Bebauungsplankontrolle verbundenen umfangreichen tatsächlichen und rechtlichen Feststellungen nicht Sache des BVerfG sein können. Sie fallen in den Aufgabenbereich verwaltungsgerichtlicher Normenkontrolle. Unter dem funktionell-rechtlichen Gesichtspunkt der Wahrung der verschiedenen Aufgabenbereiche der Gerichte soll das BVerfG nicht über die Gültigkeit von Bebauungsplänen entscheiden. Die dogmatische Begründung des BVerfG indes, § 47 I Nr. 1 VwGO sei im „Hinblick auf Art. 3 I GG dahin auszulegen, dass Bebauungsplangesetze der Freien und Hansestadt Hamburg als Satzungen im Sinne dieser Verfahrensbestimmung anzusehen sind", ist falsch. Sie stellt das Verwerfungsmonopol des Art. 100 I GG in Frage, da nunmehr das OVG Hamburg über die Gültigkeit von Bebauungsplangesetzen zu befinden hat. Zugleich sind die Grenzen verfassungskonformer Auslegung des § 47 VwGO verlassen.[311] Richtig wäre es gewesen, die bundesrechtliche Ermächtigung des § 188 II BBauG (= § 246 II BauGB), die Berlin und Hamburg eine Wahl der Rechtssetzungsform bei Bebauungsplänen eröffnet, wegen Verstoßes gegen Art. 3 I, 19 IV GG für verfassungswidrig zu erklären.[312]

Die letztgenannte Entscheidung darf nicht dahin verallgemeinert werden, dass Verwal- 255
tungsgerichte und ordentliche Gerichte Rechtsschutz gegen förmliche Gesetze gewähren können und sollen. Genau das meint aber inzwischen ein Teil der Literatur, der über die Ansätze des BVerfG zur Begrenzung der Rechtssatzverfassungsbeschwerde hinausgeht. Vor allem *Schenke* meint, § 90 II S. 1 BVerfGG sei grundsätzlich auf die Verfassungsbeschwerde gegen Gesetze anzuwenden; die bisherigen Kriterien der gegenwärtigen und unmittelbaren Betroffenheit sollten verabschiedet werden.[313] Damit wäre die unmittelbare Rechtssatzverfassungsbeschwerde nur dann zulässig, wenn die bei den anderen Gerichten erreichbare inzidente Normenkontrolle ausnahmsweise keinen ausreichenden Rechtsschutz verschaffen kann oder der Ausnahmefall des § 90 II S. 2 BVerfGG vorliegt.[314] Das ist abzulehnen. Es lässt sich auch nicht mit der geschilderten neueren Rechtsprechung begründen, welche die Zugangshürden bei der

---

[310] BVerfGE 150, 309 (327 Rn. 44); 154, 152 (212f. Rdnr. 78ff.); zuvor BVerfGE 123, 148 (172f.); 138, 261 (271 Rn. 23).

[311] So zu Recht das Sondervotum von *Steinberger,* BVerfGE 70, 35 (62ff.).

[312] Zustimmend *Warmke,* S. 173 m. Fn. 374. Er erwägt weiter die Verfassungswidrigkeit der landesrechtlichen Vorschrift, die die Ermächtigung des BauGB in Anspruch nimmt.

[313] *Schenke,* NJW 1986, 1456ff.; *ders.,* Rechtsschutz, S. 302ff.; *ders.,* FS Steiner, S. 710ff. (mit Kritik an den sogleich im Text genannten Gesichtspunkten). Ferner *Gerontas,* DÖV 1982, 443f.; *Detterbeck,* DÖV 1990, 562; *T.H. Chung,* S. 264ff.; *Lapp,* S. 248ff.

[314] In diese Richtung nun aber BVerfGE 95, 193 (207f.); 97, 157 (168); 98, 17 (35).

Rechtssatzverfassungsbeschwerde nicht auf § 90 II BVerfGG, sondern auf den Subsidiaritätsgrundsatz stützt. Die von *Schenke* mit der weitergehenden generellen Subsidiarität der Verfassungsbeschwerde bezweckte Entlastung des BVerfG dürfte kaum zu erreichen sein. Angesichts des Normverwerfungsmonopols des BVerfG kann der Rechtsschutz vor den anderen Gerichten nicht immer genügen. Diese können bei verfassungswidrigen Normen nicht selbst abhelfen, sondern müssen die Norm nach Art. 100 I GG vorlegen; sieht sich das entscheidende Gericht dazu nicht veranlasst, bleibt dem Rechtsuchenden die Verfassungsbeschwerde gegen das letztinstanzliche Urteil. Letztendlich wird das BVerfG also doch mit der Frage der Verfassungsmäßigkeit der Norm befasst sein. Es bleibt zwar der Vorteil, dass das Gericht dann das Gesetz im Lichte der Fallpraxis der Gerichte prüfen kann – doch dem stehen erhebliche Nachteile des Beschwerdeführers gegenüber, der noch mehr Zeit und Geduld als bei der Rechtssatzverfassungsbeschwerde aufbringen muss, um seine Entscheidung zu erhalten. Misslich ist dabei, dass der Beschwerdeführer in ein Verfahren vor den Gerichten getrieben wird, allein um die Richtervorlage nach Art. 100 I GG zu erreichen. Es ist ein Gebot effektiven Grundrechtsschutzes, dass solche Legislativakte, die unmittelbar in die Rechtssphäre des Einzelnen eingreifen, auch unmittelbar vor dem BVerfG angegriffen werden können.[315] Es bleibt deshalb dabei, dass § 90 II S. 1 BVerfGG nicht auf die Verfassungsbeschwerde unmittelbar gegen Gesetze anzuwenden ist.[316]

VII. Rechtsschutzbedürfnis

256 Auch ohne dass das Bundesverfassungsgerichtsgesetz dies erwähnt, setzt die Verfassungsbeschwerde wie jedes gerichtliche Verfahren ein Rechtsschutzbedürfnis – ein schutzwürdiges Interesse an der Klärung der streitigen Frage – im Zeitpunkt der Entscheidung voraus. In der Regel wirft dieser Punkt keine Probleme auf und bedarf keiner Erwähnung, da die Erfordernisse der Beschwerdebefugnis und der Erschöpfung des Rechtswegs den Gesichtspunkt des Rechtsschutzbedürfnisses bereits konkretisieren und verbrauchen. Problematisch kann das Rechtsschutzbedürfnis aber zum Beispiel dann sein, wenn die angegriffene Maßnahme sich erledigt hat, etwa durch Aufhebung der beanstandeten Maßnahme oder im Fall des Todes des Beschwerdeführers.[317] Die Rechtsprechung des BVerfG entspricht der Rechtsprechung der Verwaltungsgerichte zur Fortsetzungsfeststellungsklage. Bei Eingriffen in besonders bedeutsame Grundrechte,[318] bei besonders schwerwiegenden Eingriffen[319] oder bei Wiederholungsgefahr[320] wird das Rechtsschutzbedürfnis als fortbestehend angesehen. Auch das Interesse an der Klärung einer verfassungsrechtlichen Frage von grundsätzlicher Bedeutung kann trotz Aufhebung der belastenden Maßnahme genügen, um das Rechtsschutz-

315 Vgl. auch *H. Klein*, FS Zeidler, Bd. 2, S. 1326f.

316 *Bethge*, in: Maunz u. a., BVerfGG, § 90 Rdnr. 412: „Das Erfordernis der gegenwärtigen und namentlich der unmittelbaren Selbstbetroffenheit des Beschwerdeführers reicht völlig aus, um der Gefahr der Umpolung der Verfassungsbeschwerde zu einer Popularklage [...] entgegenzuwirken."

317 Vgl. BVerfGE 6, 389 (442f.); 124, 300 (318). Differenzierend *Rauber*, DÖV 2011, S. 637ff.

318 BVerfGE 69, 315 (341); 74, 102 (115).

319 BVerfGE 96, 288 (300); 97, 298 (308); 148, 296 (341 Rdnr. 108).

320 BVerfGE 52, 42 (51); 69, 257 (266); vgl. auch BVerfGE 81, 138 (140f.); 116, 69 (79); 119, 309 (317f.). *Robbers*, Probleme, S. 32f.

bedürfnis zu begründen.[321] Im Fall des Versterbens des Beschwerdeführers im anhängigen Verfassungsbeschwerdeverfahren kann das Gericht dennoch in der Sache entscheiden, wenn die Verfassungsbeschwerde Fragen von allgemeiner verfassungsrechtlicher Bedeutung aufwirft,[322] es um die Durchsetzung rechtsnachfolgefähiger Rechtspositionen geht[323] oder die Verfassungsbeschwerde gegen eine strafgerichtliche Verurteilung gerichtet ist.[324] Die Verfassungsbeschwerde gegen gesetzgeberisches Unterlassen ist dagegen nur so lange zulässig, wie das Unterlassen fortdauert.[325]

Problematisch ist das Rechtsschutzbedürfnis auch dann, wenn der Beschwerdeführer 257
es bewusst unterlässt, vor den Gerichten die Verfassungswidrigkeit der anzuwendenden Norm zu rügen.[326]

So lag der Fall in BVerfGE 68, 384 ff. Die spätere Beschwerdeführerin hatte sich vor den Zivilgerichten auf eine Norm berufen, von der sie sich Vorteile versprach, mit der Verfassungsbeschwerde sodann aber die Verfassungswidrigkeit der Vorschrift geltend gemacht. Insoweit verwarf das BVerfG die Verfassungsbeschwerde als unzulässig (allerdings mit der problematischen Begründung, der Grundsatz der Subsidiarität der Verfassungsbeschwerde sei nicht gewahrt): „Wenn aber ein Beschwerdeführer die Entscheidung seines Falles durch die Gerichte nach ‚verfassungswidrigem' Recht anstrebt, kann er sich im verfassungsgerichtlichen Verfahren nicht darauf berufen, dass er durch die Anwendung dieses Rechts in seinen Grundrechten verletzt sei."[327]

C. Die Annahme der Verfassungsbeschwerde zur Entscheidung (§§ 93a ff. BVerfGG)

Die Verfassungsbeschwerde bedarf der Annahme zur Entscheidung (§ 93a I BVerfGG 258
iVm. Art. 94 II S. 2 GG).[328] Auch andere Verfahrensordnungen kennen diese Figur; so konnte nach § 554b ZPO i. d. F. von 1975 das Revisionsgericht „die Annahme der Revision ablehnen, wenn die Rechtssache keine grundsätzliche Bedeutung hat."

Dabei ist klarzustellen: Das Annahmeverfahren geht – entgegen der Gliederung in dieser Darstellung – der Zulässigkeitsprüfung voraus. Die Zulässigkeit einer Verfassungsbeschwerde kann zwar innerhalb des Annahmeverfahrens eine Rolle spielen, die Annahmefähigkeit einer Verfassungsbeschwerde ist aber nicht ein Teil der Zulässigkeitsvoraussetzungen.

Das Annahmeverfahren, das in den §§ 93a bis d BVerfGG geregelt ist – oder plasti- 259
scher: die „Selektion der Verfassungsbeschwerden",[329] die Errichtung von „Zugangs-

[321] BVerfGE 53, 152 (157f.); 96, 288 (300); 98, 169 (197f.). Verneinung des Rechtsschutzbedürfnisses in BVerfGE 87, 181 (195).

[322] BVerfGE 124, 300 (318); 148, 296 (341 Rdnr. 108).

[323] BVerfGE 109, 274 (304).

[324] BVerfGE 6, 389 (442f.).

[325] BVerfGE 69, 161 (167).

[326] Vgl. *Bender*, NJW 1988, 809: „Wer durch bewusste, ‚autonome' Verfahrensgestaltung für ihn selbst erwartbar bewirkt, dass ein Gericht die Sachprüfung unterlässt, ... kann die verfassungsgerichtliche Prüfung nicht mehr beanspruchen." Zu Rügepflichten als Problem der Erschöpfung des Rechtsweges vgl. Rdnr. 249.

[327] BVerfGE 68, 384 (389).

[328] Für eine Bestandsaufnahme der Rechtsprechung *Maatsch*, in: Emmenegger/Wiedmann (Hrsg.), Linien der Rechtsprechung des Bundesverfassungsgerichts – erörtert von den wissenschaftlichen Mitarbeitern, Bd. 2, S. 31 ff.; ausführlich *A. Schäfer*, S. 1 ff.

[329] *Zacher*, S. 396.

hürden im Verfassungsbeschwerdeverfahren",[330] das „Schleusensystem"[331] – hat seine Aufgaben bislang nur schlecht erfüllt.[332] Dieses „Ventil gegen eine Überflutung des Bundesverfassungsgerichts"[333] hat das Gericht vor einer Überlastung letztlich nicht geschützt. Der Präsident des Gerichts brachte es Anfang 1992, vor der bislang letzten Novellierung des Annahmeverfahrens, auf die drastische Formel: „wenn man uns nicht hilft, saufen wir ab"[334]. Auch die Novelle 1993 hat die Situation nicht geändert. 1998 stellte der Bundesminister der Justiz fest, das BVerfG sei „in jeder Hinsicht überlastet" und in „seiner Funktionsfähigkeit gefährdet".[335] Aus der Sicht des Beschwerdeführers ist die Handhabung des Annahmeverfahrens durch das Gericht undurchsichtig und willkürlich, sie ähnelt aus der Sicht des einzelnen Betroffenen – auch weil die Nichtannahmen durch die Kammern nicht begründet werden müssen (vgl. Rdnr. 265) – einem „Lotteriespiel".[336] Das Rechtsproblem ist nach wie vor ungelöst; darüber hinaus definiert die Regelung des Annahmeverfahrens das Wesen und die Aufgabe der Verfassungsbeschwerde und das Verhältnis des BVerfG zu den anderen Gerichten in sehr umstrittener Weise.

Die Aktualität der Argumente darf man nicht überschätzen: Schon für das Reichskammergericht meinte *Häberlin* am Ausgang des 18. Jahrhunderts, es gleiche dem Gewinn einer „Terne im Lotto", von ihm ein Endurteil zu erlangen. In der Weimarer Zeit gab es die Schlagzeile in der Presse: „Massenbetrieb beim Reichsstaatsgerichtshof".[337]

260 Die Diskussion um das Annahmeverfahren ist kompliziert geworden. Es wurde (damals in Gestalt eines Ablehnungsverfahrens) erstmals im Jahre 1956 in das BVerfGG eingefügt.[338] Vorher hatte § 24 BVerfGG die entsprechende Selektionsfunktion wahrgenommen. Seit 1956 hat das Annahmeverfahren verschiedene Regelungen erfahren,[339] zuletzt durch Gesetz vom 2. August 1993 (BGBl. I S. 1442).[340] Mit der vorletzten Novellierung (1985) wurden die früheren „Vorprüfungsausschüsse" durch Kammern mit erweiterten Befugnissen ersetzt.[341] Die Novellierung des Jahres 1993 hat die Entscheidungsmaßstäbe grundlegend verändert. In den neuen §§ 93a bis 93d BVerfGG wird nicht mehr beschrieben, unter welchen Voraussetzungen die Kammer die Annahme einer Verfassungsbeschwerde ablehnen oder aber ihr stattgeben kann. Das Gesetz legt jetzt vielmehr Gründe für die Annahme der Verfassungsbeschwerde fest, die weitgehend einheitliche Maßstäbe für die Entscheidung der Kammer und des Senats aufstellen (vgl. sogleich Rdnr. 262ff.). Die grundsätzliche Umkehrung ent-

[330] *Schlink,* NJW 1984, 89.

[331] *Pestalozza,* Verfassungsprozeßrecht, 2. Aufl. 1982, S. 91.

[332] *A. Schäfer,* S. 171, bezeichnet die „historische Entwicklung des Annahmeverfahrens [...] als verlorene[n] Kampf des Gerichts gegen die steigende Verfahrensflut von Verfassungsbeschwerden".

[333] *Rupp-v. Brünneck,* Sondervotum in: BVerfGE 42, 143 (154). Darstellung der dramatischen Lage durch *Böckenförde,* ZRP 1996, 281ff.; *H.-P. Schneider,* NJW 1996, 2630ff.

[334] Zitiert nach *H.-J. Vogel,* Zugang, S. 74.

[335] *Bundesministerium der Justiz,* Entlastung, S. 3.

[336] *Wank,* JuS 1980, 549. *Scholler,* S. 105. Äußerst kritisch *Zuck,* ZRP 1978, 195; *Sailer,* ZRP 1977, 303ff.; *Lamprecht,* NJW 2000, 354ff.; *ders.,* NJW 2001, 419ff. Antikritik bei *Benda/Klein,* Verfassungsprozessrecht, Rdnr. 468ff.; *Böhmer,* S. 21 m. Fn. 11.

[337] *Häberlin,* Bd. 2, S. 369. Vgl. *Wehler,* S. 125.

[338] Zur historischen Entwicklung auch *A. Schäfer,* S. 131ff.

[339] Darstellung bei *Zacher,* S. 410ff.; *Heyde,* FS Kutscher, S. 233ff.; *Graf Vitzthum,* FS Bachof, S. 294ff.; *Graßhof,* in: Maunz u. a., BVerfGG, § 93a Rdnr. 1ff.

[340] Zur Neuregelung *Pestalozza,* DWiR 1992, 426ff.

[341] Dazu *Mahrenholz,* FS Zeidler, Bd. 2, S. 1361ff.; *Ulsamer,* EuGRZ 1986, 110ff.

spricht dem Sinn des Annahmeverfahrens; nach früherem Recht gab es im Grunde ein „Ablehnungsverfahren". Die früheren Stadien aber schwingen in der heutigen Diskussion noch mit.

I. Eintragung im „Allgemeinen Register" seitens der Gerichtsverwaltung

Eingehende Verfassungsbeschwerden werden nach §§ 63 II lit. a, 64 I und II GeschO BVerfG i. d. F. von 2014 zunächst nicht in das Verfahrensregister der Senate, sondern nur in das „Allgemeine Register" eingetragen, wenn sie offensichtlich unzulässig oder offensichtlich erfolglos sind. Darüber befinden die zur Postauszeichnung berufenen Mitarbeiterinnen und Mitarbeiter des Gerichts, die die Befähigung zum Richteramt haben müssen (§ 16 GeschO BVerfG).[342] Sie teilen ihre Auffassung in einem „Belehrungsschreiben" dem Beschwerdeführer mit. Dieser kann und muss nach dieser Unterrichtung über die Rechtslage innerhalb einer Frist sich nochmals äußern, ob er eine richterliche Entscheidung begehrt (§ 64 II GeschO BVerfG). Begehrt er sie, so gelangt seine Verfassungsbeschwerde in das Annahmeverfahren und in das Verfahrensregister, andernfalls gilt sie als erledigt. 261

Dieses Vorverfahren nach der Geschäftsordnung ist nicht (was in der Tat verfassungswidrig wäre) als Vorentscheidung durch nicht-richterliche Mitarbeiterinnen und Mitarbeiter zu qualifizieren,[343] obwohl die Geschäftsordnung so formuliert („Entscheidung") und sich die Praxis der Belehrungsschreiben so auswirken dürfte, sondern als „Hinweis auf die Rechtslage, um den Beschwerdeführer zu bewegen, in Kenntnis der Rechtslage die Fortführung des Verfahrens in eigener Verantwortung zu überdenken".[344] Es bleibt aber die Frage, wie wenige Mitarbeiterinnen und Mitarbeiter bei Tausenden von Eingängen im Jahr die richtigen Belehrungen zu geben vermögen, so dass die Beschwerdeführer ihre „eigene Verantwortung" aufgrund der Belehrung auch wirklich wahrnehmen können.[345] Offen ist auch, ob nicht viele Beschwerdeführer das Belehrungsschreiben der Gerichtsverwaltung für eine definitive Entscheidung des Gerichts halten.

II. Pflicht zur Annahme der Verfassungsbeschwerde (§ 93a II BVerfGG)

Während das Gesetz früher Ablehnungs- und Annahmegründe speziell für die Kammern (§ 93b I und II BVerfGG a. F.) und einen gesonderten Annahmegrund für den Senat (§ 93c S. 2 BVerfGG a. F.) normierte, hat die Novelle 1993 in doppelter Hinsicht einen konzeptionellen Wechsel vollzogen. Zum einen normiert § 93a II BVerfGG nicht mehr Ablehnungsgründe, sondern positiv Gründe, die zur Annahme der Verfassungsbeschwerde verpflichten; zum anderen gelten diese Gründe – mit Einschränkungen, auf die später zurückzukommen ist (dazu IV.) – sowohl für die Kammer als auch für den Senat. 262

§ 93a II BVerfGG verpflichtet unter den dort genannten Voraussetzungen zur Annahme. Ein Ermessen des Gerichts gibt es nicht. Die Annahmeverpflichtung verbindet § 93a II BVerfGG allerdings mit Voraussetzungen, die dem Gericht erhebliche Entscheidungsspielräume eröffnen und eröffnen wollen.

---

342 Nach einer Statistik des BVerfG verbleibt stets etwa die Hälfte der Eingänge im Allgemeinen Register (2012: 3. 127 von 6. 057 Eingaben und Verfassungsbeschwerden [52%], 2013: 2. 365 von 5. 673 [42%]). Anschaulich zu den gerichtsinternen Abläufen *Lübbe-Wolff*, S. 17ff.

343 So aber *Schlink*, NJW 1984, 91 – mit gewichtigen Gründen im Einzelnen.

344 *Wand*, NJW 1984, 952.

345 In weiterem Zusammenhang *Zacher*, S. 410: „unglückliche Briefschreibe-Praxis des BVerfG". Zum allgemeinen Register auch *Robbers*, Probleme, S. 39f.; *A. Schäfer*, S. 71ff.; zur Kritik insgesamt *K. Chung*, S. 172ff. m.w.N.

Damit hat sich das Gesetz gegen ein freies Annahmeverfahren entschieden, wie es etwa der Supreme Court in den USA praktiziert (im Bereich des sog. certiorari-Verfahrens[346]) und wie es rechtspolitisch in den letzten Jahren zunehmend für das BVerfG diskutiert wird, insbesondere deshalb, weil die Möglichkeiten zur Entlastung des BVerfG auf der Grundlage der §§ 93 a–d BVerfGG bezweifelt werden. Ein sog. freies Annahmeverfahren würde die Annahme der Verfassungsbeschwerde in das Ermessen des Gerichts stellen und von einem Senatsquorum abhängig machen; die Kammern wären im Verfassungsbeschwerdeverfahren entbehrlich. *Böckenförde*[347] hat folgende Regelung vorgeschlagen: „Der Senat nimmt eine Verfassungsbeschwerde zur Entscheidung an, wenn mindestens drei Richter der Auffassung sind, dass die Entscheidung für den Grundrechtsschutz von besonderer Bedeutung ist. Kommt eine solche Übereinstimmung nicht zustande, ist die Verfassungsbeschwerde nicht angenommen." Auch die Kommission zur Entlastung des BVerfG hat sich für Ermessen des BVerfG bei der Annahmeentscheidung ausgesprochen,[348] hält hierfür jedoch – vor allem wegen der dann eintretenden Entfernung der Verfassungsbeschwerde vom subjektiven Rechtsschutz – eine Verfassungsänderung für erforderlich. Die entlastende Wirkung einer Annahme nach Ermessen ist mehr als zweifelhaft. Statt der Kammer müssten sich alle Richter mit den eingehenden Beschwerden befassen.

263 (1) Im ersten Annahmegrund (§ 93a II lit. a BVerfGG) findet die objektive Funktion der Verfassungsbeschwerde zur Bewahrung und Fortentwicklung des Verfassungsrechts ihre Ausprägung: Die Verfassungsbeschwerde muss angenommen werden, „soweit" ihr „grundsätzliche verfassungsrechtliche Bedeutung" zukommt. Die Verfassungsbeschwerde muss also gewichtige Fragen des Verfassungsrechts aufwerfen und dem BVerfG die Gelegenheit geben, in bestimmten Bereichen des Rechts die Bedeutung der Grundrechte klarzustellen und Leitlinien für die zukünftige Verfahrensweise aller drei Staatsfunktionen herauszuarbeiten. Das BVerfG sieht das Kriterium der grundsätzlichen verfassungsrechtlichen Bedeutung dementsprechend erfüllt, wenn die Verfassungsbeschwerde eine verfassungsrechtliche Frage aufwirft, die sich nicht ohne weiteres aus dem Grundgesetz beantworten lässt, in der verfassungsgerichtlichen Rechtsprechung noch ungeklärt ist oder durch veränderte Verhältnisse erneut klärungsbedürftig geworden ist und an deren Klärung ein über den Einzelfall hinausgehendes Interesse besteht.[349] Teilweise lässt sich eine Parallele zu dem Merkmal der

---

[346] Dazu *Benda/Klein,* Verfassungsprozessrecht, Rdnr. 461 ff.; *K. Chung,* S. 175 ff; *Wieland,* Der Staat 29 (1990), 333 ff.; *Brugger,* Einführung, S. 15 f.; *Graf Vitzthum,* JöR 53 (2005), S. 321 ff.; *Kau,* S. 423 ff., 444 ff.; *Graßhof,* in: Maunz u. a., BVerfGG, § 93a Rdnr. 24 ff.; *Barczak,* in: Barczak, BVerfGG, § 92 Rdnr. 3; *Gehle,* in: Umbach/Clemens/Dollinger, BVerfGG, vor §§ 93a ff., Rdnr. 28; *A. Schäfer,* S. 17 ff.; *Determann/Heintzen,* ZG 2019, 52 (57). Der Supreme Court nimmt Fälle zur Entscheidung an, wenn dies nach seiner Einschätzung aus besonderen und bedeutenden Gründen geboten ist („special and important reason thereof"), wobei die Beurteilung im Ermessen des Gerichts steht (kein „matter of right, but of sound judicial discretion"). Dabei ist wichtig zu wissen, dass der Supreme Court innerhalb der dreistufigen Bundesgerichtsbarkeit nicht die Aufgabe des individuellen Rechtsschutzes hat. Dieser findet ausschließlich in den beiden Vorinstanzen statt. Im Unterschied zum BVerfG hat der Supreme Court nur grundsätzliche Rechtsfragen zu klären.

[347] *Böckenförde,* ZRP 1996, 284. Siehe auch *Wahl/Wieland,* JZ 1996, 1137 ff., mit der Begründung, es sei „wichtiger, die bewährte Institution und ihre Funktionsfähigkeit zu erhalten …, anstatt mit riskanten kapazitätserweiternden Mitteln gerade sie zu gefährden". Für ein freies Annahmeverfahren wegen des ungelösten Problems des verfassungsgerichtlichen Prüfungsumfangs bei Urteilsverfassungsbeschwerden auch *Hermes,* VVDStRL 61 (2002), S. 150. Kritisch *Mahrenholz,* ZRP 1997, 130; *Graf Vitzthum,* JöR 53 (2005), S. 333 ff.

[348] *Bundesministerium der Justiz,* Entlastung, S. 36 ff. Zustimmend *Wieland,* KritVj 1998, 171 ff.; kritisch *Albers,* KritVj 1998, 193 ff.; *Roellecke,* JZ 2001, 117; *Jaeger,* EuGRZ 2003, 151 f. Bereits früher für die Übernahme des certiorari-Verfahrens: *Wieland,* Der Staat 29 (1990), 350 ff.; *Wahl,* Zugang S. 29 ff.; *H.-J. Vogel,* Zugang, S. 77 f.

[349] BVerfGE 90, 22 (24 f.); 96, 245 (248 f.).

„allgemeinen Bedeutung" in § 90 II S. 2 BVerfGG ziehen,[350] die dem BVerfG die Möglichkeit zur Entscheidung einer Verfassungsbeschwerde vor Erschöpfung des Rechtswegs eröffnet. Der Zusatz im Gesetz, dass die Bedeutung „verfassungsrechtlich" sein muss, versteht sich im Grunde von selbst: Das BVerfG legt das Grundgesetz, nicht hingegen das übrige Recht aus. Ein weiteres Auslegungsproblem wirft das Wort „soweit" in § 93a II lit. a BVerfGG auf. Es könnte so verstanden werden, als ob der Gesetzgeber dem Gericht auch eine teilweise Annahme der Verfassungsbeschwerde ermöglichen wollte. Die Gesetzessystematik in der Gegenüberstellung zu § 93a II lit. b BVerfGG („wenn") führt aber zu dem Ergebnis, dass auch mit „soweit" nichts anderes zum Ausdruck gebracht werden soll als mit „wenn", also die Verknüpfung der Annahmevoraussetzungen mit der Annahmepflicht.

(2) Mehr Schwierigkeiten bereitet § 93a II lit. b BVerfGG mit dem Merkmal des „Angezeigtseins". Hier liegt zugleich der Schwerpunkt des neuesten gesetzgeberischen Versuchs, das seit mittlerweile 45 Jahren unbefriedigend gelöste Problem, wie der Zugang zum BVerfG sachgerecht kanalisiert und das Gericht entlastet werden kann, in den Griff zu bekommen. Zunächst: § 93a II lit. b BVerfGG ist Ausprägung sowohl der objektivrechtlichen als auch der subjektivrechtlichen Funktion der Verfassungsbeschwerde, dem Einzelnen Rechtsschutz zu gewährleisten. Die Verfassungsbeschwerde muss angenommen werden, wenn es zur Durchsetzung der in § 90 I BVerfGG genannten Grundrechte und grundrechtsähnlichen Rechte[351] „angezeigt" ist, was nach dem Beispiel des zweiten Halbsatzes auch der Fall sein „kann", „wenn dem Beschwerdeführer durch die Versagung der Entscheidung zur Sache ein besonders schwerer Nachteil entsteht". Der neuralgische Punkt der Kriterien ist das Wort „angezeigt", das im Zusammenhang des Annahmeverfahrens neu und auch sonst in der Gesetzessprache wenig gebräuchlich ist. Bei unbefangener Lektüre scheint der Begriff die Annahmeverpflichtung („es ist anzunehmen …") weit auszudehnen, denn zur Durchsetzung der Grundrechte ist die Verfassungsbeschwerde doch immer angezeigt, wenn sie Aussicht auf Erfolg hat. Das Wort „angezeigt" erfasst mehr Fälle als etwa „erforderlich".[352] Zu einem sehr weiten Verständnis passt aber der zweite Halbsatz nicht. Selbst besonders schwere Nachteile – das Wort „besonders" hat die Novelle 1993 dem bislang schon bekannten Kriterium des schweren Nachteils hinzugefügt – für den Beschwerdeführer können danach zwar zur Annahme führen, sie müssen es aber nicht. Mit dem neuen Begriff des Angezeigtseins geht es offenbar darum, dem Gericht einen flexiblen und weiten Spielraum für die Annahmeentscheidung an die Hand zu geben. Nach der von der Bundesregierung im Gesetzgebungsverfahren geäußerten Auffassung, die auf Überlegungen aus dem Kreis der Richter des BVerfG zurückgeht, soll dieser Annahmegrund in der Regel bei vier Fallgruppen vorliegen: bei (1) „existentieller Bedeutung für den Beschwerdeführer", bei (2) „grundrechtswidriger Praxis der Fachgerichte", in Fällen (3) „extremer richterlicher Nachlässigkeit/unverständlichem richterlichem Verhalten" und bei (4) „fehlender Erfahrung der Gerichte im Umgang mit den Grundrechten und grundrechtsgleichen Ge- 264

[350] Vgl. auch *Pestalozza,* DWiR 1992, 429.

[351] Das Gesetz spricht nicht von den Rechten des konkreten Beschwerdeführers, sondern nennt abstrakt Rechte.

[352] So auch die Richterin des BVerfG *Graßhof* vor dem Rechtsausschuss des Deutschen Bundestages (Protokoll der 72. Sitzung des Rechtsausschusses am 24.3.1993, S. 41): Wenn die Verfassungsbeschwerde „schon angenommen werden muss, wenn es angezeigt ist, nicht aber erst, wenn es erforderlich ist, dann ist das bürgerfreundlicher". Näher *dies.,* in: Maunz u. a., BVerfGG, § 93a Rdnr. 102.

währleistungen".[353] Bei diesen vier Fallgruppen fällt auf, dass zumindest auch objektive Elemente mitschwingen.[354] Diese Annahmegründe dienen zumindest auch zur verbindlichen Grundrechtsinterpretation des BVerfG und der Edukationsfunktion der Verfassungsbeschwerde.[355] Praktisch wird insgesamt die gesetzliche Verpflichtung zur Annahme („Sie ist … anzunehmen") durch deren Voraussetzungen („angezeigt"; „besonders schwerer Nachteil") wieder aufgelöst. Das Gericht hat erhebliche Spielräume bei der Interpretation und Anwendung der Kriterien.

III. Ablehnung der Annahme durch die Kammer (§§ 93b S. 1, 93d I, III BVerfGG)

265 Das Prüfungsverfahren beginnt damit, dass ein Richter als Berichterstatter entscheidet, ob er die Verfassungsbeschwerde dem Senat oder einer Kammer vorlegt.

Die aus drei Richtern bestehende, jeweils für ein Geschäftsjahr berufene Kammer – bei jedem Senat bestehen mehrere (mindestens zwei, regelmäßig drei) solcher Kammern, vgl. § 15a BVerfGG[356] – kann im Rahmen einer Vorprüfung (§ 93b S. 1 BVerfGG) durch einstimmigen Beschluss die Annahme der Verfassungsbeschwerde ablehnen, wenn die Voraussetzungen des § 93a II BVerfGG nicht vorliegen, also insbesondere auch deshalb, weil die Kammer der Beschwerde keine grundsätzliche Bedeutung (§ 93a II lit. a BVerfGG) beimisst. Insbesondere unzulässigen Verfassungsbeschwerden kommt keine grundsätzliche Bedeutung zu. Der Beschluss der Kammer ist unanfechtbar, also formell rechtskräftig (näher Rdnr. 478). Die Verfassungsbeschwerde ist damit endgültig gescheitert. Etwa 97% der Verfassungsbeschwerden werden durch diese Kammern erledigt; nur jede 36. Verfassungsbeschwerde gelangt in den Senat.[357] Die Entscheidungen der Kammern brauchen, soweit sie die Annahme der Verfassungsbeschwerde ablehnen, nicht begründet zu werden (§ 93d I 3 BVerfGG).[358] Rechtsstaatlich ist dies deshalb akzeptabel, weil es sich nicht um Sachentscheidungen handelt.

353 Vgl. BT-Drucks. 12/3628, S. 14; so auch BVerfGE 90, 22 (24f.); 107, 395 (415) – Plenum; *Benda/Klein,* Verfassungsprozessrecht, Rdnr. 473f.

354 Sehr kritisch *Pestalozza,* DWiR 1992, 430. Er fürchtet, dass die subjektivrechtliche Hauptkomponente der Verfassungsbeschwerde verfehlt werde.

355 *Albers,* KritVj 1998, 206.

356 *A. Schäfer,* S. 66.

357 *Graf Vitzthum,* FS Bachof, S. 303; Statistisches – bezogen auf das Jahr 1999 – auch bei *Uerpmann,* S. 678f.

358 Auch hier ist das Ziel die Entlastung des Gerichts. Nach dem bis 1993 geltenden Recht musste die Ablehnung der Annahme zumindest mit einem Hinweis auf den maßgeblichen rechtlichen Gesichtspunkt begründet werden (§ 93b III S. 2 BVerfGG a. F.). Rechtspolitisch und verfassungsrechtlich ist die Freistellung von der Begründungspflicht umstritten. Im Gesetzgebungsverfahren hatte der Bundesrat geltend gemacht (vgl. BT-Drucks. 12/3628, S. 16): „Es erscheint, insbesondere auch für die Bürger der neuen Länder, kaum verständlich, dass gerade jetzt, wo auch ihnen die Verfassungsbeschwerde als letzte Möglichkeit eines umfassenden Rechtsschutzes zur Verfügung steht, ablehnende Entscheidungen über die Annahme von Verfassungsbeschwerden ohne jede Begründung durch das BVerfG möglich werden." Für eine Verfassungswidrigkeit der Vorschrift *Kischel,* Die Begründung, S. 208ff.; *Kroitzsch,* NJW 1994, S. 1032ff., der die Vorschrift sogar als Beleg für einen „Wandel der Staatsform der Bundesrepublik" hin zu einer „Aristokratie" wertet. Kritisch auch *Bäcker,* Rechtswissenschaft 2014, S. 481ff. Gegen die Verfassungswidrigkeit *Zuck.,* NJW 1997, S. 29, der aber erhebliche rechtspolitische Bedenken äußert: „Wer seine Gründe nicht bekanntgibt, nimmt in der Sache nicht Stellung, und übernimmt deshalb auch keine Verantwortung." Ausführlich *Hilpert,* insb. S. 141ff.

Die Gefahr liegt allerdings in der Unüberprüfbarkeit der Nichtannahmepraxis. Der Vorwurf des willkürlichen Umgangs mit der nichtbegründeten Nichtannahme liegt immer nahe und lässt sich weder begründen noch entkräften. Der Beschwerdeführer erhält aus Karlsruhe ein „leeres Blatt"[359]. Gelegentlich werden die Kammerentscheidungen mit einer, u. U. auch ausführlichen Begründung versehen. Über die nur gelegentlich vorkommende Veröffentlichung der Nicht-Annahme-Beschlüsse in der amtlichen Sammlung[360] entscheidet der Senat (§ 31 III GeschO BVerfG). Häufiger werden diese Beschlüsse in Zeitschriften abgedruckt.[361] Seit einiger Zeit gibt es sogar eine eigene Entscheidungssammlung für Kammerbeschlüsse.[362] Zunehmend zitieren auch Senatsentscheidungen Kammerbeschlüsse. Nicht zuletzt dadurch wird die Entscheidungspraxis des Gerichts immer schwerer überschaubar.

Die genannten Zahlen beweisen die Relevanz des Kammerverfahrens unter dem Gesichtspunkt der Justizgewähr. Über die Ergebnisse und insbesondere die seitens der Praxis viel kritisierte richterliche Qualität der Entscheidungen kann man sich mangels voller Öffentlichkeit nur schwer ein Bild machen.[363] Nicht von der Hand zu weisen ist die Gefahr der Herausbildung einer apokryphen Rechtsprechung des BVerfG und einer zunehmenden „Verkammerung"[364], einer Ersetzung der Senate durch die Kammern. In quantitativer Hinsicht weist die Statistik aus, „dass die Rechtsprechung des BVerfG in weitem Umfang Kammerrechtsprechung ist"[365].

IV. Stattgebende Entscheidung durch die Kammer (§§ 93b S. 1, 93c BVerfGG)[366]

Unter den Voraussetzungen des § 93c I S. 1 iVm. § 93a II lit. b BVerfGG (die Verfassungsbeschwerde ist zur Durchsetzung der Grundrechte angezeigt und offensichtlich begründet; die maßgebliche verfassungsrechtliche Frage muss vom BVerfG bereits entschieden sein) kann die Kammer der Verfassungsbeschwerde stattgeben.[367] Der Stattgabe liegt eine Annahmeentscheidung durch die Kammer zugrunde. Sie fällt aber mangels eigener Bedeutung mit dem stattgebenden Beschluss zusammen. Die erst 1986 eingeführte Stattgabebefugnis der Kammern hat deren Stellung erheblich aufgewertet; die Umbenennung der früheren Vorprüfungsausschüsse hat nicht nur sprachliche Bedeutung. Die Kammern sind – jedenfalls bei stattgebenden Entschei- 266

[359] *Zuck,* NJW 1997, 30.

[360] Z. B. BVerfGE 55, 28; 55, 144 (147–154); 77, 125. In BVerfGE 64, 46 (62) nimmt das Gericht auf solche (unveröffentlichten) Beschlüsse Bezug.

[361] So z. B. vier staatskirchenrechtlich wichtige Beschlüsse in NJW 1984, 2569ff., ferner der Kammerbeschluss zur Volkszählung, NJW 1987, 805. Kritisch zur zunehmenden Veröffentlichung und Beachtung der Kammerbeschlüsse bereits *Schlink,* NJW 1989, 11.

[362] Kammerentscheidungen des Bundesverfassungsgerichts (BVerfGK), Bd. 1ff., 2004ff.

[363] Vgl. z. B. *Hollerbach,* AöR 106 (1981), 220.

[364] *Hermes,* Senat und Kammern, S. 725f. Von „Glanz und Elend der Kammern" spricht *Kunig,* VVDStRL 61 (2002), S. 48ff., 66ff. Sehr kritisch („Karlsruher Kammerjustiz") *Hillgruber,* JZ 2011, S. 867ff.

[365] *Zuck,* EuGRZ 2018, 620.

[366] Grundsätzlich zur Sachentscheidung durch die Kammer: *Zuck,* Das Recht der Verfassungsbeschwerde, Rdnr. 997ff.; *Mahrenholz,* FS Zeidler, Bd. 2, S. 1364ff.

[367] Ein Beispiel für eine stattgebende Kammerentscheidung findet sich in BVerfGE 103, 21.

dungen – als eigenständige Spruchkörper anerkannt.[368] Verfassungsrechtliche Bedenken dagegen bestehen nicht. Insbesondere Art. 93, 96 GG schließen eine partielle Gleichstellung der Kammern mit den Senaten nicht aus. Die Stattgabemöglichkeiten der Kammer sind zudem begrenzt: Eine Stattgabe unter Anwendung des Annahmegrundes des § 93a II lit. a BVerfGG („grundsätzliche verfassungsrechtliche Bedeutung") scheidet für die Kammer von vornherein aus, denn § 93c I S. 1 BVerfGG verweist lediglich auf § 93a II lit. b BVerfGG. Durch die eng gezogenen Voraussetzungen der Stattgabeentscheidung sollen die Kammern auf den „Nachvollzug"[369] der bereits vorliegenden Rechtsprechung des BVerfG beschränkt bleiben. Grundlegende Entscheidungen, die zur Fortbildung des Verfassungsrechts beitragen, sind dem Senat vorbehalten. Die Folge dieser notwendigen Beschränkung der Kammerbefugnisse ist allerdings, dass die von der Novelle 1986 des BVerfGG gewollte Entlastung der Senate bislang nur teilweise erreicht wurde.[370] Zugleich ist aber auch festzustellen, dass die Kammerpraxis teils deutlich über den Nachvollzug gefestigter Rechtsprechung der Senate hinausgeht. Eine frühere Richterin des BVerfG spricht von einer „Diskrepanz" zwischen den Vorgaben des Gesetzes und der weiten Anwendungspraxis; die Formel vom Nachvollzug habe „nur wissenschaftliche Bedeutung, aber kaum Aussicht auf Beachtung im BVerfG, dessen Kammern" eine „sehr großzügige Anwendung" des § 93c BVerfGG praktizierten.[371] Stattgebende Kammerentscheidungen entfalten Bindungswirkung nach § 31 I BVerfGG.[372]

Gemäß § 93d II BVerfGG kann die Kammer alle das Verfassungsbeschwerdeverfahren betreffenden Entscheidungen erlassen, solange und soweit der Senat nicht über die Annahme der Verfassungsbeschwerde entschieden hat. Die Kammer kann sogar einstweilige Anordnungen erlassen (vgl. BVerfGE 89, 119 [120]), dies allerdings nicht, wenn in der Anordnung die Anwendung eines Gesetzes ganz oder teilweise ausgesetzt werden soll. Über den Widerspruch gegen die Anordnung der Kammer entscheidet der Senat (§ 32 III BVerfGG).

Rechtspolitisch erwägenswert ist der Vorschlag, dem Berichterstatter das Recht zur einstweiligen Anordnung einzuräumen, bis der Senat oder die Kammer über die Annahme der Verfassungsbeschwerde entschieden haben.[373]

Interessant ist, dass die Zahl der erfolgreichen Verfassungsbeschwerden nach Einführung der Stattgabemöglichkeit durch die Kammer erheblich angestiegen ist.[374] Dies spricht für die Plausibilität der Vermutung, dass entweder die Gerichte klare verfassungsgerichtliche Präjudizien missachten oder aber die Kam-

368 *Schlink,* NJW 1989, 11; *Ulsamer,* EuGRZ 1986, 115. *Starck,* JZ 1996, 1041, möchte den stattgebenden Kammerentscheidungen ihre Bindungswirkung nach § 31 BVerfGG nehmen. Diese These hat den Hauch einer Strafaktion wegen einer missliebigen Kammerentscheidung („Soldaten sind Mörder"). *Starck* sieht selbst, dass nach § 93c I S. 2 BVerfGG der stattgebende Beschluss der Kammer einer Senatsentscheidung gleichsteht.

369 *Mahrenholz,* FS Zeidler, Bd. 2, S. 1364; *Hermes,* Senat und Kammern, S. 729f.

370 *Fromme,* FS Geiger, S. 749. Allerdings nimmt die Anzahl stattgebender Kammerentscheidungen im Verhältnis zu den Senatsentscheidungen stark zu; *Sperlich,* in: Umbach/Clemens/Dollinger, BVerfGG, § 93b Rdnr. 15. Zum quantitativen Verhältnis der Kammer- zu den Senatsentscheidungen s. *Nettersheim,* in: Barczak, BVerfGG, § 93b Rdnr. 5f.

371 *Graßhof,* in: Maunz u. a., BVerfGG, § 93c Rdnr. 10.

372 *Voßkuhle,* in: v. Mangoldt/Klein/Starck, GG, Art. 94 Rdnr. 32.

373 *Böckenförde,* ZRP 1996, 284.

374 Zu den Gründen auch *Jaeger,* EuGRZ 2003, 152.

mern – im Widerspruch zu ihrer Aufgabe, die Rechtsprechung der Senate auf gleichgelagerte Fälle zu erstrecken – offen oder verdeckt bislang unentschiedene verfassungsrechtliche Fragen beantworten.[375]

V. Annahme durch den Senat (§ 93b S. 2 BVerfGG)

Hat die Kammer die Annahme nicht abgelehnt (oder der Verfassungsbeschwerde stattgegeben), so hat der Senat über die Annahme zu entscheiden. § 93b BVerfGG macht deutlich, dass es eine förmliche Entscheidung der Kammer über die Annahme nicht gibt. Nach § 93b BVerfGG lehnt die Kammer entweder die Annahme ab oder gibt der Verfassungsbeschwerde statt. Die Kammer kann keinen isolierten Annahmebeschluss mit Bindung für den Senat treffen. Der Senat nimmt die Verfassungsbeschwerde unter den Voraussetzungen des § 93a II BVerfGG an (§ 93b S. 2 BVerfGG). Es genügt, dass drei Richter für die Annahme votieren (§ 93d III S. 2 BVerfGG). 267

So versagte das Gericht (nach bisheriger Rechtslage) eine Entscheidung, wenn bereits eine ständige Rechtsprechung oder Entscheidungen in gleich gelagerten Fällen vorliegen;[376] es bleibt in diesen Fällen offen, ob die Verfassungsbeschwerde nach dieser Rechtsprechung begründet gewesen wäre. Das Gericht entscheidet aber in der Sache, wenn dem Beschwerdeführer anderenfalls ein schwerer Nachteil entstehen würde.[377] Die Annahme einer Verfassungsbeschwerde kann also in Bagatellfällen mangels objektiver und subjektiver Wichtigkeit abgelehnt werden. So verfallen gelegentlich offensichtlich begründete Verfassungsbeschwerden der Nichtannahme.[378]

Das BVerfG hatte zunächst die Geldbuße wegen einer Ordnungswidrigkeit im Straßenverkehr, die den Betrag von 40,– DM nicht erreichte und nicht in das Verkehrszentralregister eingetragen wurde, als leichten Nachteil i. S. von § 93a IV BVerfGG a. F., vgl. jetzt § 93c I S. 1 iVm. § 93a II lit. b BVerfGG, angesehen. Durch eine Änderung des StVG von 1982 wurde die Höhe der Geldbuße auf 80,– DM angehoben. Auch darin sah das BVerfG – weiterhin ohne Eintragung in das Zentralregister – keinen schweren Nachteil.[379]

Die Versagung der Annahme muss auch im Fall der Senatsentscheidung nicht begründet werden (§ 93b S. 2 iVm. § 93d I S. 3 BVerfGG). Die Beschlüsse werden jedoch tatsächlich gelegentlich begründet und gelegentlich auch veröffentlicht.[380]

In der Regel wird die Annahme der Verfassungsbeschwerde zur Entscheidung in der später ergehenden Entscheidung über die Verfassungsbeschwerde nicht ausdrücklich vermerkt. Geschieht dies doch – z. B. mit der Formulierung: „Zwei Richter sind der

---

[375] Zu Kammerentscheidungen ohne Grundlage in der Rechtsprechung des Senats vgl. die aufschlussreiche Analyse von *Hermes,* Senat und Kammern, S. 732ff.

[376] BVerfGE 66, 191 (195) – trotzdem Anordnung der Erstattung der notwendigen Auslagen gem. § 34 III BVerfGG.

[377] BVerfGE 63, 177 (179f.) – rechtliches Gehör; BVerfGE 63, 251 (252f.) – Sendezeiten für die Partei der „Grünen". In diesem Beschluss wird in kurzen Sätzen dann aber doch zugleich festgestellt: „Das Oberverwaltungsgericht Koblenz hat auf der Grundlage dieser Rechtsprechung entschieden"; hier hätte ein Beschluss gemäß § 24 BVerfGG nach Annahme zur Entscheidung ergehen können und sollen. BVerfGE 63, 340 (341).

[378] Z. B. BVerfGE 46, 313 (314); 47, 102 (104); 61, 123 (125) (nach Erledigung); 71, 64 (65f.); BVerfG NJW 1984, 1346. Dazu *Wand,* S. 954; zurückhaltend *Benda,* NJW 1980, 2100. Kritisch *Graf Vitzthum,* FS Bachof, S. 319, und *Schlink,* NJW 1984, 94.

[379] BVerfGE 66, 211.

[380] Z. B. BVerfGE 66, 191; 66, 211; 72, 119; 76, 124. Zur Problematik bereits oben Rdnr. 265.

Auffassung ...“[381] –, so mag man rätseln, ob sich die Mehrheit der Richter damit von der Auffassung der zwei Richter, die die Annahme erwirkten, distanzieren wollte.

VI. Beurteilung des Annahmeverfahrens

1. Nichtannahmeentscheidung: keine Sachentscheidung

268 Die andauernde Diskussion um das Annahmeverfahren nach §§ 93a–d BVerfGG wie auch die Praxis der Handhabung der Kammerbeschlüsse haben den klaren und entscheidenden Ausgangspunkt in den Hintergrund treten lassen:

Der Beschluss über die Ablehnung der Annahme der Verfassungsbeschwerde zur Entscheidung enthält *keine Entscheidung in der Sache.*[382] Dem tragen die Kriterien der Annahme gemäß § 93a II BVerfGG Rechnung. Sie sind deutlich von den Erwägungen, die in der Sachentscheidung relevant sind (insbesondere Fragen der Begründetheit der Beschwerde), abgesetzt. Sicherlich: Der Kammerbeschluss kann auch für den Einzelfall eine Befriedungsfunktion haben, die der Sachentscheidung des Senats kaum nachsteht; in der Begründung wird ja oft zur Sache Stellung genommen. Und eine Reihe von (veröffentlichten) Kammerbeschlüssen zu einer bestimmten Frage kann faktisch zur Klärung einer verfassungsrechtlichen Frage in ähnlicher Weise beitragen wie Senatsentscheidungen. Auch die anderen Gerichte werden sich daran halten.

Dennoch[383] ist der juristische Ausgangspunkt festzuhalten: Bei Nichtannahme der Verfassungsbeschwerde bleibt diese *unentschieden!* Im Vordergrund des Annahmeverfahrens steht nicht, dass mit der Kammer in der Regel ein bloßer Ausschuss des Senats in einem bloß summarischen und kursorischen Verfahren entscheidet, sondern dass er eine Entscheidung in der Sache verbindlich ablehnt. Nichtannahmeentscheidungen einer Kammer oder eines Senats haben keine materielle Rechtskraft und keine Bindungswirkung iSd. § 31 BVerfGG.[384] Das unterscheidet sie von a limine-Abweisungen nach § 24 BVerfGG; diese sind vollwertige Gerichtsentscheidungen, die erst nach der Annahme der Verfassungsbeschwerde zur Entscheidung ergehen können.[385] Die Kammern sind bei Nichtannahmeentscheidungen nicht wie die Senate uneingeschränkt „Das Bundesverfassungsgericht“; sie sind es nur bezüglich dieser *„Vorprüfung“.*[386]

Doch auch für die Senate gilt die Beschränktheit des Annahmeverfahrens; lehnen sie die Annahme einer Verfassungsbeschwerde ab, so ist dies keine Entscheidung über die

[381] BVerfGE 62, 392 (395). Die Entscheidung erging nach früherem Recht, wonach lediglich zwei Richter für die Annahme votieren mussten.

[382] BVerfGE 23, 191 (207); *Graßhof,* in: Maunz u. a., BVerfGG, § 93d Rdnr. 5; *H. H. Klein,* FS Steinberger, S. 518.

[383] Das Folgende vielfach in Übereinstimmung mit *Ritterspach,* FS E. Stein, S. 287. Vgl. auch *Scholler/Broß,* Verfassungs- und Verwaltungsprozeßrecht, S. 149; *Gusy,* Verfassungsbeschwerde, S. 179.

[384] *Heusch,* in: Burkiczak/Dollinger/Schorkopf (Hrsg.), BVerfGG, § 31 Rdnr. 53; *Lenz/Hansel,* BVerfGG, § 31 Rdnr. 23; *A. Schäfer,* Grundrechtsschutz im Annahmeverfahren, S. 102 f.; *Graßhof,* in: Maunz u. a., BVerfGG, § 93b Rdnr. 17; vgl. BVerfGE 23, 191 (207); 92, 91 (107). Anders für den Fall „ausführlich begründeter Nichtannahmebeschlüsse“ und auf der Grundlage der hier abgelehnten Auffassung von der Bindungswirkung tragender Gründe *Zuck,* EuGRZ 2018, 623.

[385] *Hömig,* in: Maunz u. a., BVerfGG, § 24 Rdnr. 22.

[386] Vgl. auch BVerfGE 18, 37 (38); 7, 241 (243).

in der Sache gerügte Grundrechtsverletzung, sondern die Ablehnung einer solchen Entscheidung ohne materielle Rechtskraft und Bindungswirkung.[387]

Die *Nichtannahmeentscheidungen* sollten in ihrer Gestalt deutlicher auf diesen Ausgangspunkt abgestimmt werden. Sie sollten sich nicht wie kurz begründete Sachentscheidungen geben. Ihre gelegentliche Veröffentlichung in der amtlichen Sammlung gemäß § 31 III GeschO BVerfG ist bedenklich. Allenfalls in einem Anhang zur amtlichen Sammlung hätten sie einen angemessenen Platz. Die Wissenschaft und die öffentliche Diskussion sollten darauf verzichten, Nichtannahmeentscheidungen, d. h. in erster Linie Kammerbeschlüsse, in die Diskussion mit einzubeziehen[388] (was aber nur möglich ist, wenn das BVerfG seinerseits darauf verzichtet, sich in den Begründungen dieser Beschlüsse zu gewichtigen Sachfragen zu äußern, und in anderen Entscheidungen sogar auf nicht-veröffentlichte Kammerbeschlüsse Bezug zu nehmen). Die Frage ist, ob der Gesetzgeber, über § 93d I S. 3 BVerfGG hinausgehend, dem Gericht die Begründung unmöglich machen sollte. Das Gericht wäre dann, wenn es zur Sache etwas sagen will, gezwungen, eine Sachentscheidung durch den Senat zu erlassen. Selbst wenn man so weit nicht gehen will, sollten die Begründungen von Nichtannahmeentscheidungen allenfalls auf den für die Ablehnung der Annahme maßgeblichen rechtlichen Gesichtspunkt hinweisen.[389]

2. Stattgebende Kammerentscheidungen

Anders als die Nichtannahmeentscheidungen sind die nach § 93c I S. 1 BVerfGG der Verfassungsbeschwerde stattgebenden Entscheidungen der Kammern Sachentscheidungen. Die Kammern sind in diesen Fällen wie die beiden Senate eigenständige Spruchkörper (vgl. Rdnr. 266, 268). Nach der Rechtsprechung soll diesen Kammerentscheidungen Bindungswirkung nach § 31 I BVerfGG (in der weiten Auslegung des Gerichts) zukommen.[390] 269

Wegen dieser Stellung der Kammern stellt sich die Frage nach den verfassungsrechtlichen Anforderungen an ihre Besetzung und die weitere Frage, ob das jetzige Verfahren ihrer Bildung rechtspolitisch zufriedenstellt. 270

§ 15a BVerfGG und die §§ 39–42 GeschO BVerfG geben nur eine lückenhafte Regelung der Kammerbesetzung. Wie viele Kammern die Senate einsetzen und wie die Zusammensetzung im Einzelnen geschieht, bleibt offen. Die Frage der Besetzung spitzt sich letztlich dahin zu, ob bei den Kammern dieselbe politische und föderale Ausgewogenheit zu verlangen ist, auf die bei der Besetzung der Senate von den Wahlgremien Bundestag und Bundesrat geachtet wird. Der Forderung nach politischer Ausgewogenheit[391] ließe sich dadurch Rechnung tragen, dass die Besetzung der Kammern den Wahlgremien für die Richter des BVerfG (Bundestag und Bundesrat) vorbehalten würde. Eine solche Forderung scheint jedoch überzogen.

Das BVerfG verhält sich gegenüber solchen Forderungen bislang ablehnend. Zwei Kammerentscheidungen haben Rügen von Verfassungsbeschwerdeführern hinsichtlich der Kammerbesetzung zurückgewiesen:[392] § 15a BVerfGG, der die Bildung der

[387] Vgl. BVerfGE 93, 381. Das Urteil enthält seltsamerweise dennoch eine summarische und hypothetische Begründung für die Unbegründetheit der Verfassungsbeschwerde in der Sache.

[388] Zur eher umgekehrten Tendenz in der Praxis *Jekewitz*, StV 1982, 124; *Schlink*, NJW 1989, 11.

[389] Vgl. *H. H. Klein*, FS Steinberger, S. 519f.

[390] Vgl. *Schemmer*, in: Umbach/Clemens/Dollinger, BVerfGG, § 93c Rdnr. 14; detailliert auch *A. Schäfer*, S. 97ff. sowie *Koch*, in: Barczak, BVerfGG, § 31 Rdnr. 18, 22 m.w.N.

[391] *Schlink*, NJW 1989, 12.

[392] Abgedruckt in NJW 1990, 39.

Kammern regelt, sei verfassungsgemäß, Gesichtspunkte politischer Ausgewogenheit fänden allein im Wahlmodus für die Mitglieder des BVerfG ihren Niederschlag. Bislang wenig beachtet ist das Problem der föderalen Ausgewogenheit der Kammern, die bei den Senaten dadurch gewahrt wird, dass jeweils die Hälfte seiner Richter von Bundestag und Bundesrat gewählt werden, obwohl der Wortlaut des Art. 94 I S. 2 GG das Wahlrecht nur auf die Richter des BVerfG insgesamt bezieht. Wegen der Besetzung mit drei Richtern ist das Hälftigkeitsprinzip bei den Kammern nicht zu verwirklichen. Um Bedenken[393] zu begegnen, müssten die Kammern mit zwei oder vier Richtern besetzt sein – was freilich für die Entscheidungsfindung und Abstimmungen neue Probleme aufwerfen würde.

Die restriktive Haltung des BVerfG bei der Frage der Kammerbesetzung ist nicht unbedenklich, gerade weil die Stellung der Kammern durch den neuen § 93c I BVerfGG erheblich aufgewertet wurde.[394] Insgesamt wird man die gegenwärtige Lage für misslich, aber wohl für unumgänglich halten müssen. Die Verwirklichung einer parteipolitischen Ausgewogenheit der Kammern bedeutete, dass die Richter Selbsteinschätzungen hinsichtlich ihrer politischen Überzeugung abgeben müssten. Das würde den parteipolitischen Gesichtspunkt zugleich aber gegenüber der richterlichen Unabhängigkeit in den Vordergrund rücken: Die Erfahrungen haben gezeigt, dass die Richter des BVerfG sich darum bemühen, sich von parteipolitischen Grundüberzeugungen bei ihrer richterlichen Tätigkeit freizumachen.[395]

Immerhin werden die Zusammensetzung der Kammern und ihre Geschäftsverteilung für das jeweils kommende Jahr seit einem Plenarbeschluss aus dem Jahre 1991 öffentlich bekannt gemacht. So kann der Beschwerdeführer absehen, in welcher Kammer mit welchen Richtern eine Vorprüfung seiner Verfassungsbeschwerde stattfindet.

3. Richterablehnung im Kammerverfahren

271 Im Zusammenhang der Anforderungen an die Kammerbesetzung stellt sich die weitere Frage, wie eine Ablehnung von Richtern oder ganzer Kammern im Kammerverfahren zu handhaben ist.[396] Meist scheitert allerdings die Befangenheitsrüge schon daran, dass der Beschwerdeführer nach dem geltenden Verfahrensrecht nicht rechtzeitig, also vor der Nichtannahmeentscheidung, die Besetzung der befassten Kammer erfährt. Nach der Nichtannahmeentscheidung ist es aber zu spät für einen Ablehnungsantrag, denn die Entscheidung der Kammer ist unanfechtbar, § 93d I S. 2 BVerfGG.[397] Erfährt der Beschwerdeführer die Kammerbesetzung rechtzeitig, ist ein Ablehnungsantrag gegen einen Richter zulässig und unter den Voraussetzungen des § 19 I BVerfGG begründet. Da § 93d II 1 BVerfGG den Kammern die Befugnis zu verfahrensrechtlichen Entscheidungen gibt, kann die Kammer auch über die Ableh-

393 *Brocker,* DRiZ 1997, 164ff.

394 Weitergehend *Heüveldop,* NJW 1990, 28f.: § 15a BVerfGG verstoße gegen Art. 94 I S. 2 GG. Ablehnend *Dollinger,* in: Umbach/Clemens/Dollinger, BVerfGG, § 15a Rdnr. 9f.

395 Presseberichten zufolge – vgl. FAZ vom 6.2.1990 – hatten die beiden Senate des BVerfG beschlossen, für 1990 die jeweils zu berufenden Kammern parteipolitisch „gemischt" zu besetzen.

396 Zu den bisher bekannt gewordenen Fällen *Fromme,* FS Geiger, S. 751ff.

397 Offen gelassen in BVerfG, Beschluss der 1. Kammer des Ersten Senats vom 18.1.2001 – 1 BvR 2216/96 – juris, Rdnr. 9.

nung eines Richters entscheiden.[398] Dabei muss ein Vertreter des abgelehnten Richters mitwirken.[399] Die Vertretung der Kammermitglieder wird vor Beginn eines Geschäftsjahres vom Senat beschlossen, § 15a II BVerfGG. Über die Ablehnung einer gesamten Kammer wegen Besorgnis der Befangenheit[400] müssten sämtliche als Vertreter bestimmten Mitglieder entscheiden.

4. Doppelfunktion der Verfassungsbeschwerde: Garantie des individuellen Rechtsschutzes und Wahrung der Verfassung

Die Interpretation der §§ 93a–93d BVerfGG verdient Aufmerksamkeit, weil sich damit Grundentscheidungen über die Funktion der Verfassungsbeschwerde verbinden.

Das BVerfG hat, wie oben zitiert (vgl. Rdnr. 205), die „doppelte Funktion" der Verfassungsbeschwerde herausgehoben: Sie erschöpfe sich nicht im *individuellen Grundrechtsschutz,* sondern habe auch die Funktion, das objektive Verfassungsrecht zu wahren. Neben dem „kasuistischen Kassationseffekt" habe sie einen „generellen Edukationseffekt" *(Zweigert).* So sei sie zugleich ein „spezifisches *Rechtsschutzmittel des objektiven Verfassungsrechts*".[401] Das BVerfG hat so beispielsweise – in einem bestimmten Zusammenhang allerdings – Verfassungsbeschwerden für unzulässig erklärt, weil sie die Funktionsfähigkeit des Gerichts und die objektive Funktion der Verfassungsbeschwerde behindern könnten.[402] Dagegen hat das Gericht trotz des Todes des Beschwerdeführers keine Erledigung der Verfassungsbeschwerde angenommen, wenn die „erstrebte Entscheidung über die höchstpersönliche Betroffenheit des Beschwerdeführers hinaus Klarheit über die Rechtslage" in einer Vielzahl vergleichbarer Fälle schaffen sollte.[403] Das BVerfG hat die doppelte Funktion betont, nicht die Preisgabe der einen zugunsten der anderen. Unter dieser Auffassung von der Doppelfunktion kann es im Einzelfall aber zu einer Abwägung zwischen den beiden Funktionen kommen, nach der am Ende die subjektive Rechtsschutzfunktion im Falle eines nur geringen Nachteils für den Beschwerdeführer ganz zurücktreten kann und muss. Darauf beruht die Rechtsprechung, dass auch eine begründete Verfassungsbeschwerde wegen subjektiver Unwichtigkeit (sog. *Bagatellfall*) der Nichtannahme verfallen kann. § 93c I 272

[398] Vgl. BVerfGK 19, 110 sowie bereits vor Inkrafttreten von § 93d BVerfGG BVerfGE 18, 37 (38); 47, 105.

[399] BVerfGK 19, 110 (116).

[400] Vor der Einfügung von § 15a BVerfGG war diese Konstellation umstritten. Vgl. dazu den von *Fromme,* FS Geiger, S. 754, geschilderten Fall der Beschwerden gegen das Saarländische Rundfunkgesetz von 1987: Dort wurde die gesamte Kammer wegen „politischer Einseitigkeit" vom Beschwerdeführer als befangen angesehen. Eine Senatsentscheidung über einen Befangenheitsantrag in dieser Fallkonstellation wurde vom Präsidenten abgelehnt, sodass eine andere Kammer darüber zu befinden hatte, vgl. FAZ vom 16.2. und 14.4.1990.

[401] BVerfGE 33, 247 (258f.); vgl. auch BVerfGE 98, 218 (242f.); 124, 300 (318). *Häberle,* Grundprobleme, S. 15; vgl. schon oben Rdnr. 205 und *Stern,* Staatsrecht II, S. 1016; zahlreiche Nachweise bei *Schlink,* NJW 1984, 92 Fn. 21. Vgl. auch *Schwarze,* Gerichtshof; ferner ausführlich *Zuck,* Das Recht der Verfassungsbeschwerde, Rdnr. 73ff.; zur „Signalwirkung" der Einzelfallkontrolle siehe auch die rechtssoziologische Analyse von *Gawron/Rogowski,* S. 365ff.

[402] BVerfGE 51, 130 (139, 141). Das BVerfG hat die Verfassungsbeschwerden in diesen numerus-clausus-Fällen aber nur zurückgewiesen, da die Beschwerdeführer die anderweitige Rechtsschutzmöglichkeit des Hauptverfahrens bei den Verwaltungsgerichten hatten.

[403] BVerfGE 124, 300 (318).

S. 1 BVerfGG gibt die Entscheidung über dieses Kriterium sowohl den Kammern als auch dem Senat in die Hand.[404]

Gegen den Gedanken der Doppelfunktion bzw. die aus ihm fließende Möglichkeit der Abwägung wird mit Entschiedenheit protestiert: Die Verfassungsbeschwerde sei als Mittel des subjektiven Rechtsschutzes – als *„Grundrechtsschutzinstrument"* – durch Art. 93 I Nr. 4a GG i. d. F. von 1969 garantiert; Art. 94 II S. 2 GG decke ein besonderes Annahmeverfahren, nicht aber Ablehnungskriterien zu Lasten der subjektiven Funktion der Verfassungsbeschwerde.[405] Art. 93 I Nr. 4a GG wird so – beschränkt auf die Grundrechte – in Parallele gebracht zu Art. 19 IV GG.

273 Die Interpretation des geltenden Rechts ist hier nicht ganz einfach. Art. 93 I Nr. 4a GG ist 1969 in das GG eingefügt worden. Deutliche Signale, dass der Verfassungsgesetzgeber den subjektiven Rechtsschutzgedanken verwirklichen wollte, setzte das damalige Gesetzgebungsverfahren offenbar nicht.[406] Man kann durchaus sagen, die Verfassungsbeschwerde sei 1969 in das Grundgesetz so inkorporiert worden, wie sie damals vorgefunden wurde, nämlich in der doppelfunktionalen Sicht des BVerfG. Man kann allerdings auch umgekehrt sagen, der verfassungsändernde Gesetzgeber habe mit der Novelle von 1969 die Verfassungsbeschwerde nun als Prozessgrundrecht verfassungsrechtlich abgesichert („Verfassungsbeschwerde, die von jedermann ... erhoben werden kann ...") und in dieser individuellen Rechtsschutzfunktion gegen das BVerfGG abgesichert. Mit Blick auf Art. 94 II S. 2 GG hat die erste Auffassung die besseren Gründe für sich; Art. 94 II S. 2 GG deckt nicht bloß überhaupt ein Verfahren der Annahme, sondern auch besondere Kriterien der objektiven und subjektiven Wichtigkeit für die Annahme oder deren Ablehnung. Diese Kriterien waren dem Verfassungsgesetzgeber 1969 bekannt, so dass er sie (stillschweigend) akzeptiert haben dürfte.[407]

Der Entscheidung des BVerfG[408] zu *§ 554b ZPO* i. d. F. von 1975 lässt sich Gegenteiliges nicht entnehmen: Dort entschied das BVerfG, dass die Annahme einer Revision in Zivilsachen vom Gericht nicht „aus Gründen der Selbststeuerung seiner Arbeitslast" abgelehnt werden darf, wenn sie im Endergebnis Aussicht auf Erfolg hat. Denn die Revision im Sinne der ZPO sei vom Gesetzgeber als Mittel des subjektiven Rechtsschutzes ausgestaltet worden. In der Tat ist es seltsam, dass das Gericht in dieser Entscheidung mit keinem Wort auf seine eigene, abweichende[409] Praxis im Rahmen der Verfassungsbeschwerde zu sprechen kam. Aber der Schluss von der Revision, die in der ZPO als Rechtsmittel ausgerichtet ist – und die Entscheidung des BVerfG behandelt nur die Revision „der hier in Rede stehenden Art" –, auf die Verfassungsbeschwerde, die nicht als ordentliches Rechtsmittel ausgestaltet ist, ist nicht zwingend. Denn die Justizgewährpflicht des Staates ist – vom Sonderfall einer erstmaligen Verletzung rechtlichen Gehörs abgesehen[410] – spätestens[411] mit der Revisionsentscheidung erfüllt. Die Verfassungsbeschwerde fällt nicht mehr darunter. Sie ist kein zusätzliches Rechtsmittel im Instanzenzug.

---

404 Dies war nach früherem Recht nicht ganz deutlich, vgl. *Zuck,* Das Recht der Verfassungsbeschwerde, 2. Auflage 1988, S. 319 Fn. 27.

405 *Schlink,* NJW 1984, 93; *Graf Vitzthum,* FS Bachof, S. 313 („Grundrechtsschutzinstrument"). Auch (zurückhaltender) *E. Klein,* DÖV 1982, 797f.; vgl. auch *Zuck,* Das Recht der Verfassungsbeschwerde, Rdnr. 96ff.

406 Vgl. *Schlink,* NJW 1984, 93 mit Fn. 29; *Schaub,* S. 149, 256, 315. Eingehend *Roth,* AöR 121 (1996), 555ff.

407 Weitergehend unter Schilderung der Entstehungsgeschichte des Art. 94 II S. 2 GG *Wieland,* Der Staat 29 (1990), 350f.: auch ein freies Annahmeverfahren sei mit der Verfassung vereinbar. Kritisch *H.-J. Vogel,* Zugang, S. 78. Vgl. auch *Wahl,* Zugang, S. 39.

408 BVerfGE 54, 277. Kritik von *Schlaich,* in VVDStRL 39 (1981), S. 123.

409 *Seibert,* FS Hirsch, 1981, S. 508f.

410 Vgl. BVerfGE 107, 339. Zu dieser Plenarentscheidung Rdnr. 248 u. 325.

411 Zu einer weitergehenden Auffassung vgl. *Schlaich,* VVDStRL 39 (1981), S. 123.

So ist die Regelung in §§ 93 a–d BVerfGG, die die Annahme zur Entscheidung nicht in das freie Ermessen des Gerichts stellt, eine Sachentscheidung aber auch nicht in jedem Fall eines nur geringen Rechtsschutzinteresses, sondern nur im Fall einer objektiven oder subjektiven Wichtigkeit gewährleistet, mit Art. 93 I Nr. 4a GG vereinbar.[412]

5. Der maßgebliche Gesichtspunkt: die Konzentration des BVerfG auf Fragen von grundsätzlicher verfassungsrechtlicher Bedeutung

Das Annahmeverfahren befriedigte bislang, wie anfangs berichtet, niemanden so 274
recht: Das Gericht hält sich für überlastet, und die Beschwerdeführer sind angesichts der geringen Chancen, eine Entscheidung des Senats zu erhalten, frustriert. Der Gedanke der Doppelfunktion lässt die Qualität des Annahmeverfahrens in der Schwebe. Mit Recht ist gesagt worden, der Rechtsschutzsuchende müsse eindeutig erkennen können, ob er beim BVerfG mit einer „Superinstanz" rechnen könne oder nicht.[413]

Die Antwort kann angesichts der Statistik der nicht zur Entscheidung angenommenen 275
Verfassungsbeschwerden nur sein, dass er damit tatsächlich nicht rechnen kann. Die Statistik der von den Senaten entschiedenen Verfassungsbeschwerden lässt vermuten, dass das BVerfG bei der Auswahl der zur Entscheidung gelangenden Fälle den Gesichtspunkt des individuellen Rechtsschutzes im Ganzen eher zurücktreten lässt:[414] Trotz der ansteigenden Zahl der eingehenden Verfassungsbeschwerden und trotz des anfänglichen Fehlens des Annahmeverfahrens und der dann wechselnden Regelungen hat das BVerfG unbeirrt über all die Jahre hinweg eine mehr oder weniger konstante Zahl von Verfassungsbeschwerden in den beiden Senaten jährlich beraten und entschieden. Die gesetzlichen Ausgestaltungen des Annahmeverfahrens und deren Variationen entfalten für die Praxis des BVerfG also offenbar kaum eine Wirkung. Das BVerfG begrenzt die Zahl seiner Entscheidungen ganz offenbar nach seiner *Arbeitskapazität*[415] und bevorzugt *Qualität vor Quantität.* Es tut, was es den Rechtsmittelgerichten nicht erlaubt.[416] Man sollte das BVerfG nicht von diesem Weg abbringen, ihm vielmehr die Nichtannahme der Verfassungsbeschwerden eher noch erleichtern.[417] Dies hat die Neuregelung von 1993 trotz ihrer Formulierung einer Annahmepflicht (siehe Rdnr. 262) im Auge. Statt der Preisgabe des Gedankens der Doppelfunktion der Verfassungsbeschwerde zugunsten der subjektiven Rechtsschutzfunktion und der Justizgewährpflicht sollte im Blick auf das Annahmeverfahren das Pendel eher nach der anderen Seite hin ausschlagen: Es muss Raum und Zeit sein für die Erfüllung der eigentlichen Aufgabe des BVerfG, nämlich anhand eines Falles und darauf beschränkt *Rechtsfragen „von grundsätzlicher verfassungsrechtlicher Bedeutung"*[418] zu be-

[412] So auch – zu früheren Ausgestaltungen des Annahmeverfahrens – *Bryde,* Verfassungsentwicklung, S. 386.

[413] *W. Gerhardt,* ZZP 95 (1982), 477.

[414] *Bryde,* Verfassungsentwicklung, S. 159.

[415] „Die Tätigkeit des Gerichts orientiert sich nicht mehr am Bedürfnis des Einzelnen, sondern an der gegebenen Kapazität", *Hartwig,* S. 170.

[416] BVerfGE 54, 277 (293).

[417] *Scheffczyk,* in: ders./Wolter (Hrsg.), Linien der Rechtsprechung des Bundesverfassungsgerichts, Bd. 4, S. 63ff., 86, sieht schon nach akuteller Rechtslage „das Potential des Annahmeverfahrens nicht ansatzweise aus[ge]schöpft."

[418] Vgl. BVerfGE 51, 130 (143).

handeln und vorwärtszubringen.[419] Art. 1 III GG – die Grundrechte binden als unmittelbar geltendes Recht – und Art. 19 IV GG zwingen nicht zu einer Einbeziehung der Verfassungsbeschwerde in die Justizgewährpflicht des Staates: Die Justizgewähr auch auf dem Gebiet der Grundrechte ist Sache der Gerichte (einschließlich ihrer Vorlagepflicht nach Art. 100 I GG); durch sie sind die Grundrechte voll rechtsschutzbewehrt.

Erinnert sei in diesem Zusammenhang, dass auch der *Revision im 19. Jahrhundert* ursprünglich eine objektive Funktion zugedacht war, zu der ein Stück weit auch § 554b ZPO i. d. F. von 1975 wieder zurückgewollt hatte:[420] Den individuellen Rechtsschutzbedürfnissen der Prozessparteien sollten zwei Instanzen genügen. Die Revision hatte nicht zuerst der Beseitigung von Unrecht im Einzelfall, sondern der Rechtseinheit zu dienen; dieses Ziel konnte sie nach *Otto Bähr* nur „bei äußerster Beschränkung der Zuständigkeit ... auf das zur Erhaltung der Rechtseinheit unumgänglich Notwendige" erreichen.[421] § 4 der preußischen Verordnung über das Rechtsmittel der Revision und der Nichtigkeitsbeschwerde vom 14.12.1833[422] sah die der späteren Revision entsprechende Nichtigkeitsbeschwerde zum preußischen Obertribunal vor, wenn „kein ordentliches Rechtsmittel zugelassen" ist und das angefochtene Urteil einen „Rechtsgrundsatz" oder eine wesentliche Prozessvorschrift verletzt; nach § 10 hält die Einlegung der Nichtigkeitsbeschwerde die Vollstreckung des angefochtenen Erkenntnisses nicht auf. Die Parallele zum „außerordentlichen" Rechtsbehelf der Verfassungsbeschwerde ist verblüffend.

276 Bei einer parallelen Auffassung zur Verfassungsbeschwerde würde Rechtsschutz in der Tat nur noch reflexweise eintreten, der Beschwerdeführer gleichsam Zubringerdienste leisten,[423] sein individuelles Rechtsschutzbedürfnis also „instrumentiert"[424] werden, um das Verfahren in Gang zu setzen. Der Preußische Justizminister kommentierte seinerzeit die Nichtigkeitsbeschwerde in diesem Sinne: „Sie wird zwar auch von den Parteien angebracht; sie hat aber den Zweck zu verhindern, dass kein unrichtiges Rechtsprinzip aufkomme."[425] Das ist auch die vornehmliche Aufgabe des BVerfG in Bezug auf die Grundrechte im Rahmen der zahlenmäßig allein relevanten Urteilsverfassungsbeschwerden, *„den anderen Gerichten zu einer optimalen Verwirklichung der Grundrechte zu verhelfen"*.[426] Die Geltung der Grundrechte im Einzelfall sicherzustellen, ist dagegen vornehmlich Sache der anderen Gerichte. „Dem Bundesverfassungsgericht obliegt es lediglich, die Beachtung der grundrechtlichen Normen und Maßstäbe durch die Gerichte sicherzustellen",[427] dies aber kann es in der Regel nicht – um eine letzte Formulierung aus dem 19. Jahrhundert zur Revision aufzugreifen – in concreto, sondern nur in abstracto,[428] im Blick also auf die Rechtsprechung der Gerichte überhaupt, wenn auch aus Anlass eines konkreten Falles.

---

419 Vgl. schon *Schlaich*, VVDStRL 39 (1981), S. 122f.; *Wank*, JuS 1980, 549ff.; *Geiger*, Besonderheiten, S. 39.

420 Vgl. auch *Wank*, JuS 1980, 548.

421 *Bähr*, S. 19; *Schwinge*, S. 19.

422 GesSlg. für die Königl. Preußischen Staaten, 1833, S. 302.

423 So *Löwer*, NJW 1979, 1268f. zu § 47 II VwGO; *E. Klein*, AöR 108 (1983), 598: „Rolle des eine allgemeine Verfassungsaufsicht auslösenden Akteurs zugemutet".

424 *Graf Vitzthum*, FS Bachof, S. 317.

425 Zitat nach *Schwinge*, S. 12.

426 Treffend *Hoffmann-Riem*, AöR 128 (2003), 176: Die Rechtsprechung des BVerfG soll, vergleichbar einem „Leuchtturm", „bewirken, dass grundrechtliches Orientierungslicht auch bei den vielen tausenden Akten täglicher Rechtsanwendung wahrgenommen wird, selbst wenn diese nicht vor das BVerfG kommen."

427 BVerfGE 62, 230 (242f.). Beispiel bei *Ossenbühl*, WissR 16 (1983), 212.

428 *Wach*, KritVj 15 (1873), 104. Aus rechtsvergleichender Perspektive *K. Chung*, S. 165ff.

Diese Überlegungen werden hier vorgetragen, ohne nun in der Konsequenz dazu sogleich der Preisgabe des Gedankens der Doppelfunktion der Verfassungsbeschwerde zugunsten allein der Funktion der objektiven Klärung und Fortbildung des Verfassungsrechts und zugunsten eines freien Zugriffsrechts des BVerfG auf die Fälle, die es entscheiden will, das Wort zu reden. Es liegt kein Grund vor, das BVerfG daran zu hindern, in einzelnen besonders gelagerten Fällen oder auf bestimmten Feldern den Gesichtspunkt der individuellen Rechtsschutzgewähr in den Vordergrund zu stellen, so wie es dies im Bereich des rechtlichen Gehörs nach Art. 103 I GG und in den Fällen einer willkürlichen Gerichtsentscheidung und in seiner Rechtsprechung zu Art. 5 GG (vgl. Rdnr. 308) tut. Es soll aber darauf aufmerksam gemacht werden, dass es angesichts der Vielzahl von Verfassungsbeschwerden nicht empfehlenswert erscheint, die subjektive, im Einzelfall rechtsschutzgewährende Funktion der Verfassungsbeschwerde ausdrücklich zu betonen und damit beim Bürger falsche Hoffnungen zu wecken und dem Gericht die Ablehnung der Annahme einer Verfassungsbeschwerde zur Entscheidung zu erschweren. 277

Ein Gericht nimmt seine objektive Funktion anhand konkreter Einzelfälle wahr, dient also immer auch zugleich der Einzelfallgerechtigkeit; nur im Verfahren der abstrakten Normenkontrolle ist dieser Zusammenhang prozessual nicht gegeben. Hier bei der Behandlung des Annahmeverfahrens nach §§ 93a bis d BVerfGG ging es lediglich um die Frage, nach welchen (zulässigen) Kriterien die Auswahl der Fälle, die zur Entscheidung angenommen werden, stattfindet und stattfinden soll. 278

D. Die Entscheidung

Das BVerfG gibt der Verfassungsbeschwerde statt, sofern die angegriffene Maßnahme verfassungswidrig ist und die Grundrechtsverletzung darauf beruht oder jedenfalls darauf beruhen kann.[429] Da das Gericht die Verfassungsbeschwerde auch als „spezifisches Rechtsschutzmittel des objektiven Verfassungsrechts"[430] sieht, beschränkt es sich bei der Begründetheitsprüfung nicht auf die Untersuchung, ob die vom Beschwerdeführer geltend gemachte Verletzung eines Grundrechts vorliegt. „Es kann die angegriffenen Akte der öffentlichen Gewalt vielmehr von Amts wegen unter jedem in Betracht kommenden verfassungsrechtlichen Gesichtspunkt prüfen."[431] Vgl. dazu bereits oben Rdnr. 218. 279

Nach § 95 II BVerfGG hebt das BVerfG gegebenenfalls das Urteil auf und verweist die Sache an das zuständige Gericht zurück. Sofern eine Norm erfolgreich Gegenstand der Verfassungsbeschwerde war, wird diese nach § 95 III S. 1 BVerfGG für nichtig erklärt. Dazu unten Rdnr. 378ff.

---

429 Vgl. BVerfGE 65, 293 (296); 65, 297 (304). Das BVerfG sieht sich dann aber doch gelegentlich auch zu Erörterungen veranlasst, zu denen es eine Sachentscheidung gerade nicht treffen kann; vgl. BVerfGE 61, 28 (34).

430 BVerfGE 33, 247 (258f.); 51, 130 (139).

431 BVerfGE 54, 53 (67); 42, 312 (325f.); 76, 1 (74); 123, 148 (177). Ausführlich zu dieser Rechtsprechung, auch zu Unterschieden zwischen den Senaten, *Franßen,* FS Sendler, S. 81ff. Kritisch zu dieser Zurückdrängung der subjektiven Ausrichtung der Verfassungsbeschwerde *Rinken,* in: AK-GG, Art. 93 Rdnr. 40. Ausführlich zur Begründetheitsprüfung *Erichsen,* Jura 1992, 142ff. Vgl. *E. Klein,* Zukunft, S. 227ff.

E. Prüfungsumfang des Bundesverfassungsgerichts bei der Urteilsverfassungsbeschwerde[432]

280 Im Rahmen der Urteilsverfassungsbeschwerde prüft das BVerfG letztinstanzliche, rechtskräftige Urteile anderer Gerichte nach. Es erhebt sich die viel erörterte Frage, in welchem Umfang das BVerfG Gerichtsurteile auf ihre Richtigkeit hin nachprüfen kann.[433]

281 Das BVerfG hat seinen Kontrollbereich mit der Formel vom *„spezifischen Verfassungsrecht“* abgesteckt. Danach sind die „Gestaltung des Verfahrens, die Feststellung und Würdigung des Tatbestandes, die Auslegung des einfachen Rechts und seine Anwendung auf den einzelnen Fall … allein Sache der dafür allgemein zuständigen Gerichte und der Nachprüfung durch das BVerfG entzogen; nur bei einer Verletzung von spezifischem Verfassungsrecht durch die Gerichte kann das BVerfG auf Verfassungsbeschwerde hin eingreifen … Spezifisches Verfassungsrecht ist aber nicht schon dann verletzt, wenn eine Entscheidung, am einfachen Recht gemessen, objektiv fehlerhaft ist; der Fehler muss gerade in der Nichtbeachtung von Grundrechten liegen.“[434] Das BVerfG prüfe nicht, ob die Urteile nach dem einfachen Recht (Gesetzesrecht, Rechtsverordnungen usw.) ‚richtig‘ sind; das sei und bleibe Sache der ‚Fachgerichte‘. Das BVerfG kontrolliere nur, ob „Auslegungsfehler sichtbar werden, die auf einer *grundsätzlich* unrichtigen Anschauung von der Bedeutung eines Grundrechts, insbesondere vom Umfang seines Schutzbereichs beruhen und auch in ihrer materiellen Bedeutung für den konkreten Rechtsfall von einigem Gewicht sind“[435] (sog. *Heck*sche Formel).[436]

In einer anderen Formulierung heißt es: „Das Bundesverfassungsgericht kann erst korrigierend tätig werden, wenn das fachgerichtliche Auslegungsergebnis über die vom Grundgesetz gezogenen Grenzen hinausgreift …“[437]

Diese Formeln geben die Richtung an, hinterlassen aber vor allem Fragen und Zweifelsfälle. Dabei geht es übrigens nicht mehr um die Zulässigkeit der Verfassungsbeschwerde, nicht mehr um eine prozessrechtliche Frage im engeren Sinne, sondern

---

[432] *Wank,* JuS 1980, 545; *Papier,* Verfassungsrecht, S. 432ff.; *Ossenbühl,* FS H. P. Ipsen, S. 129ff.; *Bender,* Befugnis; *Steinwedel; Berkemann,* DVBl. 1996, 1028ff.; *Schuppert,* AöR 103 (1978), 43ff.; *Gündisch,* NJW 1981, 1813ff.; *Schumann,* ZZP 96 (1983), 179ff.; *Schenke,* Verfassungsgerichtsbarkeit, S. 27ff.; *Lincke,* EuGRZ 1986, 60ff.; *Krauss; Rennert,* NJW 1991, 12ff.; *Schulte,* DVBl. 1996, 1009ff.; *Robbers,* NJW 1998, 935ff.; *H.-J. Koch,* GS Jeand'Heur, S. 135ff.; *Düwel,* insbes. S. 210ff., 262ff. *Alexy,* VVDStRL 61 (2002), S. 7ff.; *Kunig,* VVDStRL 61 (2002), S. 34ff.; *Hermes,* VVDStRL 61 (2002), S. 119ff.; *Jestaedt,* DVBl. 2001, 1309ff.; *Korioth,* Fachgerichte, S. 55ff.; *Hoffmann-Riem,* AöR 128 (2003), 173ff.; *Kenntner,* NJW 2005, 785ff.; *Papier,* DVBl. 2009, 473ff. Die Entwicklung der Rechtsprechung ist dargestellt bei *Herzog,* FS Dürig, S. 431ff. Eigenständige Zusammenfassung der Diskussion bei *Roth,* AöR 121 (1996), 544ff. Rechtsvergleichend *Heun,* VVDStRL 61 (2002), S. 80ff.

[433] Plastische und grundlegende Fragestellung im Sondervotum von *Rupp-v. Brünneck,* in: BVerfGE 30, 173 (218–221) – Mephisto-Entscheidung; auch BVerfGE 42, 143 (154–156) – Deutschland-Magazin (auch in: *dies.,* Verfassung, S. 369ff., 464ff.).

[434] BVerfGE 18, 85 (92f.); 80, 81 (95); 62, 338 (343); st. Rspr., zuletzt etwa BVerfGE 114, 54 (84); in Ansätzen bereits BVerfGE 1, 418 (420); dazu *Korioth,* Fachgerichte, S. 60ff.

[435] BVerfGE 18, 85 (93); st. Rspr., zuletzt etwa BVerfGE 102, 347 (362) – Benetton-Werbung; BVerfGE 111, 366 (373).

[436] Nach dem Berichterstatter in dem Urteil BVerfGE 18, 85, Richter des BVerfG (1954–1965) *Karl Heck* (1896–1997); vgl. *Herzog,* FS Dürig, S. 432f.

[437] BVerfGE 65, 317 (322).

um die materielle Reichweite und Ausstrahlungswirkung des Verfassungsrechts in das „einfache" Recht hinein. Deshalb stellt sich das Problem des Prüfungsumfangs erst im Rahmen der Begründetheit der Verfassungsbeschwerde. Dennoch ist es hier zu behandeln, da die Problemlösung von der Sicht des Verhältnisses der Verfassungsgerichtsbarkeit zur übrigen Gerichtsbarkeit, also von einem prozessualen Gesichtspunkt im weiteren Sinne geprägt und begleitet ist.[438]

Zur *Terminologie:* Für die hier anstehende Frage spricht man vom „Prüfungsumfang", für die Frage des Prüfungsumfangs im Verhältnis zur Gesetzgebung aber von „Kontrolldichte". Diese Terminologie hat sich eingebürgert; sie wird hier übernommen. Der Sprachgebrauch ist willkürlich; in beiden Fällen geht es um die Kontrolldichte. Neuere Entscheidungen sprechen auch von der „Kontrollbefugnis" des BVerfG gegenüber den Gerichten.[439]

Die Formel vom spezifischen Verfassungsrecht[440] spielt(e) für das Folgende eine wichtige Rolle. Sie ist aber missglückt.[441] Gemeint ist das Verfassungsrecht, besonders die Grundrechte im Gegensatz zum einfachen Gesetzesrecht oder sonstigem Recht. Nicht gemeint sind also ein spezifischer Teil oder eine spezifische Qualität innerhalb des Verfassungsrechts bzw. der Grundrechte, sondern „spezifische Gründe des materiellen Verfassungsrechts",[442] „das spezifisch verfassungsrechtlich gewährleistete Ausmaß"[443] des jeweils geltend gemachten subjektiven Rechts. Der Erste Senat ist übrigens von dieser Formel stillschweigend abgerückt; der Zweite Senat hat sie in neuerer Zeit noch gebraucht.[444] 282

I. Bundesverfassungsgericht kein Superrevisionsgericht

Ausgangspunkt für die Bestimmung des Prüfungsumfangs des BVerfG gegenüber Gerichtsurteilen ist die folgende Überlegung:

Das BVerfG ist keine (weitere) Revisionsinstanz, keine „Superrevisionsinstanz",[445] die die Urteile anderer Gerichte in vollem Umfang auf ihre Rechtmäßigkeit hin nachprüft. Die Verfassungsbeschwerde ist kein „zusätzlicher", sondern ein „außerordentlicher" Rechtsbehelf. 283

[438] Näher zur Einordnung dieser Frage *K. Chung,* S. 259 ff. m. w. N.

[439] BVerfGE 95, 28 (36 ff.). Im Verhältnis von verwaltungsgerichtlicher Rechtsprechung und Verwaltung wird durchweg von Kontrolldichte gesprochen, vgl. auch BVerfGE 84, 34 (54); 88, 40 (58): „fachgerichtliche Prüfungsdichte".

[440] BVerfGE 1, 418 (420).

[441] Vgl. auch *Bender,* Befugnis, S. 20 ff., der auch auf die Unterschiede zur Formulierung in § 90 I BVerfGG hinweist.

[442] So Sondervotum von *Simon,* in: BVerfGE 63, 266 (298). Vgl. auch *Pestalozza,* Verfassungsprozeßrecht, § 12 Rdnr. 31.

[443] BVerfGE 60, 305 (310).

[444] 1. Senat: BVerfGE 42, 143 (147 f.); 54, 208 (215); 60, 79 (90 f.); 62, 230 (242); nur in der Wiedergabe eines Beteiligtenvorbringens: 146, 164 (185); 2. Senat: 52, 42 (54); 57, 250 (272); 60, 175 (214): „spezifisches Bundesverfassungsrecht"; BVerfGE 65, 196 (211); 72, 105 (117); 87, 48 (63) – Asyl. Zur Formel des „spezifischen Verfassungsrechts" auch *Lechner/Zuck,* § 90 Rdnr. 97 ff.; *Ossenbühl,* DVBl. 1995, 911; *Starck,* JZ 1996, 1035; *Pestalozza,* Verfassungsbeschwerde, S. 26 ff.

[445] BVerfGE 7, 198 (207); 18, 85 (92). Zur Entwicklung des Gedankens *Herzog,* FS Dürig, S. 434 f.

284 Die Abgrenzung mit dem Hinweis, das BVerfG dürfe sich nicht in die Rolle des „Superrevisionsgerichts" (und übrigens auch nicht der Supertatsacheninstanz[446]) drängen oder drängen lassen, ist notwendig, da der andere Hinweis, es prüfe nur *„spezifisches Verfassungsrecht", nicht auch einfaches Recht,* letztlich keine Eingrenzung der Nachprüfungstätigkeit des BVerfG bewirkt, also nicht ausreicht: Nach seiner eigenen Rechtsprechung seit dem Elfes-Urteil[447] enthält an sich jeder Gesetzesverstoß durch die öffentliche Gewalt und damit auch durch ein Gericht zugleich eine Grundrechtsverletzung:[448] Ein wegen Verstoßes gegen das einfache Recht falsches Urteil ergeht im Ergebnis ohne gesetzliche Grundlage, verletzt also das einschlägige Grundrecht. Jeder Eingriff in Grundrechte – und jede Belastung des Bürgers ist ein Grundrechtseingriff, zumindest ein Eingriff in Art. 2 I GG als Auffanggrundrecht – bedarf der gesetzlichen Grundlage. Diese aber muss a) verfassungsmäßig und gültig, also überhaupt anwendbar sein, und b) den Eingriff auch decken, also im Einzelfall anwendbar sein. So ist *der rechtswidrige Eingriff auch grundrechtswidrig,* verletzt ein nach dem einfachen Recht rechtswidriges und belastendes Urteil an sich – dogmatisch betrachtet – immer auch ein Grundrecht.[449]

Es gibt Beispiele, in denen sich das BVerfG *als Superrevisionsinstanz* betätigt und in einer schlicht gesetzwidrigen Entscheidung auch eine verfassungswidrige Entscheidung gesehen hat. In BVerfGE 41, 323 (327) hat es § 43 StPO – die Frist endet „mit Ablauf des Tages" – so ausgelegt, dass die Frist nicht, wie Amts- und Landgericht gemeint hatten, mit der Dienstzeit der Verwaltungsbehörde, sondern um 24 Uhr ende. Die offensichtlich falsche Auslegung der Gerichte – der „Tag" ende mit den Dienststunden! – wird als nicht einleuchtend und deshalb als Verstoß gegen Art. 19 IV, 103 I GG ausgegeben. – In BVerfGE 63, 266 (282ff.) ging es um die Frage der Würdigkeit (Verfassungstreue) eines Bewerbers um die Zulassung zur Rechtsanwaltschaft. Das BVerfG kam zu einer restriktiveren Auslegung von § 7 Nr. 5 BRAO („unwürdig") als der BGH. „An die Stelle der vom BGH vorgenommenen Gesetzesinterpretation setzt das Bundesverfassungsgericht eine andere, engere, und zwar unter Berufung auf Entstehungsgeschichte und Gesetzessystematik. Solches Vorgehen wird damit zu begründen versucht, dass es den (Fach-)Gerichten von Verfassungs wegen verwehrt sei, eine gesetzgeberische Entscheidung im Wege der Auslegung zu unterlaufen und auf diese Weise das Grundrecht über das vom Gesetzgeber eigentlich vorgesehene Ausmaß hinaus einzuschränken ... Was aber ist dies anderes als Superrevision?"[450] Das Sondervotum von *Simon* (aaO., S. 298) weist darauf hin, dass die Senatsentscheidung in ihrer Begründung von der Auslegung des einfachen Gesetzesrechts, nicht von spezifischen Gründen des materiellen Verfassungsrechts getragen sei. *Simon* stimmt der Entscheidung im Ergebnis zu und holt die spezifisch verfassungsrechtliche Begründung mit Erfolg nach.

Aufschlussreich ist das Bekenntnis eines früheren Präsidenten des BVerfG zu einer pragmatischen, auch vor einer „Pannenhilfe" nicht zurückschreckenden Kontrollpraxis: „Zugleich sage ich in Erinnerung an den einen oder anderen Fall, dass man Verfassungsbeschwerden gegen Urteile von Fachgerichten bekommt, von denen man weiß, dass nur das Bundesverfassungsgericht hier noch etwas machen könnte. Man denkt sich, dass das Geschehene schon ein dicker Hund ist ... Da stößt sich die Zuständigkeit des Bundesverfassungsgerichts mit dem Gefühl, das der Einzelne glücklicherweise, notwendigerweise hat für Gerechtigkeit. Und wenn er weiß, niemand kann mehr helfen, dann überlegt er natürlich, wie er das machen kann (...) Dabei werden uns weder die früheren Formeln, noch jede denkbare ... Formel helfen, das gehört eben zum Leben beim Bundesverfassungsgericht. Und so wird es bleiben, egal was wir tun."[451]

---

[446] *Bryde,* Verfassungsentwicklung, S. 315. Ausführlich *Scherzberg,* Grundrechtsschutz, S. 26f.
[447] BVerfGE 6, 32. Zu den prozessualen Folgen des Elfes-Urteils für die Urteilsverfassungsbeschwerde auch *Bender,* Befugnis, S. 39–47.
[448] Zuvor Rdnr. 15 u. 219ff.
[449] So auch *Schenke,* Verfassungsgerichtsbarkeit, S. 27; *Berkemann,* DVBl. 1996, 1029.
[450] *Tettinger,* JZ 1983, 605f. Vgl. ähnlich BVerfGE 77, 1 (38) – Untersuchungsausschuss.
[451] *Benda,* Diskussionsbeitrag, S. 128; vgl. auch *Kenntner,* NJW 2005, 788.

In der Leitentscheidung BVerfGE 18, 85 (92) hat das BVerfG die erörterten Konsequenzen schon gesehen. Es wendet sich – mit einer sehr vorsichtigen Formulierung – gegen eine „unbeschränkte rechtliche Nachprüfung gerichtlicher Entscheidungen um deswillen, weil eine unrichtige Entscheidung möglicherweise Grundrechte des unterlegenen Teils berührt".[452] Das Gericht sieht also: Vom materiellen Recht her gibt es „vor einem Abrutschen in eine Superrevision keinen sicheren Halt".[453] Die Beschränkung des Prüfungsumfangs kann mit den Formeln „keine Superrevision" und „nur spezifisches Verfassungsrecht" nur angekündigt, nicht begründet werden. Ohne weitere Eingrenzungskriterien wäre das BVerfG zur Kontrolle der Urteile anderer Gerichte am Maßstab des einfachen Rechts stets befugt, auch wenn es sich auf das „spezifische Verfassungsrecht" beschränkte. 285

Eine solche weitgehende Prüfungskompetenz aber wäre nach der eigenen Auffassung des BVerfG mit seiner eigentlichen Funktion und der verfassungsmäßigen *Aufgabenteilung im Verhältnis zu den anderen Gerichten* nicht vereinbar.[454] Es ist dieser funktionelle Gesichtspunkt,[455] der den Anstoß für die Abgrenzungskriterien gibt. Dabei geht es nicht darum, das Gebot der Beachtung und Durchsetzung der Verfassung für die anderen Gerichte zu reduzieren, um die Kontrolle dem BVerfG zu überlassen. Der Schutz der Bürger vor Verfassungsverletzungen ist allen Gerichten in gleicher Dichte anvertraut. Insoweit besteht eine „Aufgabenparallelität".[456] Es geht um eine sinnvolle Verteilung der Aufgaben zwischen den Gerichten unter Bewahrung der Funktionsfähigkeit des BVerfG.

II. Der beschränkte Umfang der Nachprüfung durch das BVerfG

Das BVerfG prüft gerichtliche Entscheidungen nur in beschränktem Umfang nach. Diesen Prüfungsumfang differenziert das BVerfG je nach der Zielrichtung der Verfassungsbeschwerde (dazu Rdnr. 288–327). 286

1. Kontrolle der Tatsachenfeststellung und der Würdigung des Einzelfalls

Generell gilt zunächst: „Die Gestaltung des Verfahrens, die Feststellung und Würdigung des Tatbestandes, die Auslegung des einfachen Rechts und seine Anwendung auf den einzelnen Fall sind allein Sache der dafür allgemein zuständigen Gerichte und der Nachprüfung durch das Bundesverfassungsgericht entzogen."[457] Das BVerfG hält sich nicht immer an diese Feststellungen. Die klare Aussage – „allein" Sache der Ge- 287

[452] Vgl. auch den Hinweis im Sondervotum *Rupp-v. Brünneck,* in: BVerfGE 30, 173 (219). Anders z. B. BVerfGE 35, 311 (316): „Rechtswidrigkeit und Verfassungswidrigkeit einer Maßnahme fallen nicht notwendigerweise zusammen."

[453] *Ossenbühl,* FS H. P. Ipsen, S. 137. Zur Bedeutung der Lüth-Entscheidung für die Überprüfung der Rechtsanwendung *Bender,* Befugnis, S. 47–50.

[454] BVerfGE 22, 93 (98); 51, 130 (139); 96, 27 (40).

[455] Vgl. *Schuppert,* Grenzen; *Heun,* Schranken.

[456] *Bryde,* Verfassungsentwicklung, S. 316; *Berkemann,* DVBl. 1996, 1030.

[457] BVerfGE 18, 85 (92); 30, 173 (196f.) – Mephisto; 42, 143 (147f.); 60, 79 (90); vgl. auch 64, 46 (62); 67, 213 (222) – anachronistischer Zug; 67, 245 (248); 68, 361 (372) – Kündigungsschutz im Mietrecht.

richte – wird eingeschränkt: Es sei dies „grundsätzlich Sache der Gerichte“[458], „vornehmlich Aufgabe der Fachgerichte“[459] und die Beurteilung des Sachverhalts sei verfassungsgerichtlich „nur begrenzt nachprüfbar“.[460] Im Falle höchster Eingriffsintensität hielt sich das BVerfG für befugt, die von den Gerichten vorgenommene Wertung des Einzelfalls durch eine eigene zu ersetzen[461] (dazu Rdnr. 307).

2. Kontrolle des Urteilsinhalts

a) Einfluss der Grundrechte auf Auslegung und Anwendung des einfachen Rechts

288 Hier geht es vor allem um die Fälle, in denen sich die Verfassungsbeschwerde gegen die *grundrechtswidrige Auslegung und/oder gegen die grundrechtswidrige Anwendung eines Gesetzes* im Einzelfall durch das Gericht wendet.

Dem liegt eine elementare Entdeckung zugrunde: Die Grundrechte sind nicht nur Maßstab für die Gültigkeit der Rechtsnormen, sondern auch für deren Auslegung und Anwendung: „Denn das Grundgesetz ist als ranghöchstes innerstaatliches Recht nicht nur Maßstab für die Gültigkeit von Rechtsnormen ...; auch inhaltlich ist jede dieser Rechtsnormen in Einklang mit dem Grundgesetz auszulegen.“[462] Die Auslegung der Norm hat verfassungsgemäß oder auch verfassungsorientiert (vgl. Rdnr. 448) zu sein. Für die Auslegung und Anwendung des einfachen Rechts gibt es verfassungsrechtliche Grenzen.[463] Die Gerichte haben dem Einfluss (der „Ausstrahlungswirkung“) der Grundrechte z. B. auf die Vorschriften auch des bürgerlichen Rechts Rechnung zu tragen.[464] Und dasselbe gilt für die anschließende Anwendung (Subsumtion) der Norm auf den Einzelfall.

289 So ergibt sich bei der Urteilsverfassungsbeschwerde möglicherweise eine Zweistufigkeit des Prüfungsvorgangs. Nachdem vorab festgestellt ist, dass die Norm nicht verfassungswidrig und nichtig ist, geht es 1. um die verfassungsmäßige („abstrakte“) *Auslegung* der Norm („Ausstrahlungswirkung“ der Grundrechte) und 2. um die verfassungsmäßige („konkrete“) *Anwendung* der Norm auf den Einzelfall.

Das BVerfG gliedert seine Urteilsbegründungen immer klarer nach diesem Schema. Z. B. BVerfGE 63, 45 (67f., 71): Die Auslegung des § 244 II StPO ist mit dem Grundgesetz vereinbar: „Auch durch die Rechtsanwendung auf der Grundlage dieser verfassungsrechtlich nicht zu beanstandenden Gesetzesauslegung haben Landgericht und Bundesgerichtshof Grundrechte des Beschwerdeführers nicht verletzt“. – BVerfGE 64, 261 (280) – Hafturlaub: „Das Oberlandesgericht hat hiernach das Gesetz verfassungsgemäß ausgelegt; bei seiner Anwendung auf die vorliegenden Einzelfälle hat es jedoch die Reichweite des Art. 2 Abs. 1 GG i.V. mit Art. 1 Abs. 1 GG verkannt.“ – BVerfGE 68, 256 (267, 270): „Die Regelung in ihrer Auslegung durch den Bundesgerichtshof steht auch mit Art. 6 Abs. 1 GG in Einklang.“ „Auch die Anwendung der von Verfassungs wegen nicht zu beanstandenden Rechtsprechung des Bundesgerichtshofs in den angegrif-

---

458 BVerfGE 13, 318 (325). Vgl. auch das Sondervotum der Richterin *Haas* BVerfGE 93, 266 (313).

459 BVerfGE 97, 12 (27).

460 BVerfGE 63, 266 (297).

461 BVerfGE 42, 143 (149) – Deutschland-Magazin; BVerfGE 93, 266 (313). Kritisch im ganzen *Ossenbühl*, FS H. P. Ipsen, S. 135 und *W. Gerhardt*, ZZP 95 (1982), 491.

462 BVerfGE 51, 304 (323). Grundlegend bereits BVerfGE 7, 198 (207) und hierzu *Rühl*, KritVj 1998, 156ff. Vgl. *Scherzberg*, Grundrechtsschutz, S. 29f.

463 BVerfGE 65, 196 (215); 65, 219 (225).

464 Leitentscheidung BVerfGE 7, 198 (204ff.) – Lüth; z. B. 62, 230 (242) – Boykott. *Schumann*, Menschenrechtsbeschwerde, S. 120, 194, spricht hier von der „Interpretationsverfassungsbeschwerde“. Siehe auch Rdnr. 291.

fenen Entscheidungen verletzt keine Grundrechte der Beschwerdeführer". – BVerfGE 85, 1 (16) – Flugblatt: „Jedoch sind grundrechtsbeschränkende Vorschriften des einfachen Rechts wiederum im Lichte des eingeschränkten Grundrechts auszulegen, damit dessen wertsetzende Bedeutung für das einfache Recht auch auf der Rechtsanwendungsebene zur Geltung kommt (vgl. BVerfGE 7, 198 [208]; st. Rspr.). Das führt im Rahmen der auslegungsfähigen Tatbestandsmerkmale der einfach-rechtlichen Vorschriften regelmäßig zu einer fallbezogenen Abwägung zwischen der Bedeutung der Meinungsfreiheit und dem Rang des durch die Meinungsäußerung beeinträchtigten Rechtsguts, das das einfache Recht schützen will".

Sowohl bei der verfassungsmäßigen Auslegung wie bei der verfassungsmäßigen Anwendung einer Norm kann es entweder um die Berücksichtigung des Grundrechts eines einzelnen Grundrechtsträgers (z. B. des Demonstranten im Verhältnis zur Behörde) oder um eine Abwägung zwischen widerstreitenden Grundrechtspositionen (Demonstranten und Straßenverkehrsteilnehmer) gehen. Das BVerfG differenziert seinen Prüfungsumfang – wie sich zeigen wird – in der Regel nicht nach diesen verschiedenen Konstellationen.[465] 290

Auch bei der Auslegung und Anwendung von Normen des Privatrechts kann es zur Anwendung und Berücksichtigung der Grundrechte kommen. Grundrechte entfalten auch in Rechtsverhältnissen zwischen grundrechtsfähigen Privatrechtssubjekten Wirkung, allerdings nur mittelbar über die auslegungsfähigen Normen des Privatrechts (sog. *mittelbare Drittwirkung der Grundrechte*).[466] Im Rahmen der Verfassungsbeschwerde gegen Entscheidungen der Zivilgerichte[467] prüft das BVerfG nach, ob der Zivilrichter die Grundrechte in ihrer Tragweite hinreichend beachtet hat.[468] Im Verhältnis Privater untereinander stehen grundsätzlich jeweils allen Beteiligten Grundrechte zu (z. B. dem Eigentümer und dem Mieter). Deshalb müssen letztlich immer verschiedene Grundrechtspositionen gegeneinander abgewogen werden und dies wiederum entweder auf der abstrakten Ebene der Auslegung der Norm oder der konkreten Ebene der Anwendung der Norm im Einzelfall. Den beteiligten privaten Rechtssubjekten können entweder dasselbe Grundrecht (z. B. Art. 5 I GG im Streit zwischen Verleger und Journalist) oder verschiedene Grundrechte (z. B. Art. 5 I GG des Journalisten und das Selbstbestimmungsrecht der attackierten Person aus Art. 2 I GG) zustehen. – Auch diese grundrechtsorientierten Abwägungen der Gerichte bezieht das BVerfG in seine Kontrolle ein. 291

---

[465] Zu diesem schwierigen Thema das Material bei *H. Schneider,* Güterabwägung.

[466] Grundlegend BVerfGE 7, 198 (204ff.) – Lüth; zuletzt etwa BVerfGE 97, 125 (145). Dazu *Hesse,* Grundzüge, Rdnr. 351ff.; *ders.,* Verfassungsrecht, S. 23ff.; *Krause,* JZ 1984, 656ff.; *Pietzcker,* FS Dürig, S. 345ff.; *Berkemann,* DVBl. 1996, 1029; *H. Dreier,* in: ders., GG, Art. 1 I Rdnr. 156ff. Auch BVerfGE 73, 261 (269) und *Böckenförde,* Der Staat 29 (1990), 16f. Sehr klar BVerfGE 81, 242 (254–256) – Wettbewerbsverbot eines Handelsvertreters; BVerfGE 84, 192 (195) – Mietvertrag; eingehend BVerfGE 89, 214. Hier ging es um die Sicherungspraxis der Kreditinstitute. Es ist üblich geworden, bei Geschäftskrediten Bürgschaftsverträge mit z. T. mittellosen Familienangehörigen zu verlangen. Das BVerfG beschäftigt sich mit der Frage, wieweit die Zivilgerichte eine Inhaltskontrolle von Verträgen, die einen der beiden Vertragspartner ungewöhnlich stark belasten, vorzunehmen haben. „Das Grundgesetz enthält in seinem Grundrechtsabschnitt verfassungsrechtliche Grundentscheidungen für alle Bereiche des Rechts. Diese Grundentscheidungen entfalten sich durch das Medium derjenigen Vorschriften, die das jeweilige Rechtsgebiet unmittelbar beherrschen, und haben vor allem auch Bedeutung bei der Interpretation zivilrechtlicher Generalklauseln" (aaO., S. 229).

[467] Zur Zulässigkeit der Verfassungsbeschwerde oben Rdnr. 222ff.

[468] *Schlink,* EuGRZ 1984, 464.

b) Konkretisierung der Prüfungskriterien

292 Für den angesprochenen Komplex des Einflusses der Grundrechte auf Auslegung und Anwendung des einfachen Rechts hat das BVerfG zur Eingrenzung des Prüfungsumfangs die schon erwähnte Formel vom „spezifischen Verfassungsrecht“ entwickelt:

„[N]ur bei einer Verletzung von spezifischem Verfassungsrecht durch die Gerichte kann das Bundesverfassungsgericht auf Verfassungsbeschwerde hin eingreifen“.[469]

Die beiden Aussagen, dass das BVerfG nicht wie ein „Revisionsgericht“ die rechtskräftigen Entscheidungen der anderen Gerichte einer allgemeinen inhaltlichen Prüfung unterzieht, sondern dass es nur die Verletzung gerade von „(spezifischem) Verfassungsrecht“ nachprüft bzw. nur eingreift, „wenn der gerügte Fehler gerade in der Nichtbeachtung von Grundrechten liegt“,[470] hat es wie folgt konkretisiert. Die Konkretisierung hatte sich als notwendig erwiesen, weil – um es zu wiederholen – die Formel „spezifisches Verfassungsrecht“ nur das Stichwort gibt, aber noch nicht die Kriterien für die Bestimmung und Begrenzung des Prüfungsumfangs liefert.

aa) Grundrechtsrelevante Fehler bei Auslegung und Anwendung des einfachen Rechts

293 Das BVerfG prüft, ob beim Vorgang der Auslegung und Anwendung des einfachen Rechts, insbesondere bei der unter Umständen erforderlichen Abwägung zwischen verschiedenen Grundrechten grundrechtsrelevante Fehler vorliegen:

Die bekannte *„Mephisto-Formel“* des BVerfG in BVerfGE 30, 173 (188) lautet: „Jedoch hat das BVerfG zu prüfen, ob die angefochtenen Entscheidungen der Gerichte bei der Anwendung bürgerlich-rechtlicher Normen auf einer grundsätzlich unrichtigen Anschauung von der Bedeutung der Grundrechte beruhen, deren Verletzung die Beschwerdeführerin gerügt hat, oder ob das Auslegungsergebnis selbst die geltend gemachten Grundrechte verletzt.“ Die Mephisto-Formel folgt der *Heck*schen Formel (vgl. Rdnr. 281). Die Benutzung beider Formeln ist üblich geworden, eigentlich reicht eine aus.

Dieser Grundsatz wird wiederum in zwei Stufen konkretisiert:

(1) Der Richter hat nicht erkannt (Defizit)

294 Die Urteilsverfassungsbeschwerde ist erfolgreich, wenn der Richter bei der Auslegung und Anwendung des Rechts nicht erkannt hat, dass Grundrechte von Einfluss sind oder dass es sich um eine Abwägung widerstreitender Grundrechtsbereiche handelt. In Anlehnung an planungsrechtliche Grundsätze lässt sich hier von einem Defizit bzw. von einem Ausfall der Anwendung oder Abwägung von Grundrechten sprechen. Das Schwergewicht liegt hier also darauf, dass das Gericht gar nicht erkannt hat, dass es im Grundrechtsbereich agiert, so dass die Grundrechte nicht den erforderlichen Eingang in den Entscheidungsprozess gefunden haben. Das kommt heute nur selten vor, da sich die Gerichte angewöhnt haben, die Rechtsprechung des BVerfG zu zitieren.[471]

---

[469] BVerfGE 18, 85 (92).

[470] BVerfGE 70, 230 (239).

[471] Zur zeitlich unterschiedlichen Erkenntnis der Verfassungsabhängigkeit in den verschiedenen Rechtsgebieten vgl. *Wahl*, NVwZ 1984, 403.

BVerfGE 43, 130: Der Beschwerdeführer war im Blick auf Tatsachenbehauptungen und Wertungen in einem Flugblatt wegen politischer übler Nachrede verurteilt worden. Obwohl es um einen geistigen Meinungskampf in einer die Öffentlichkeit berührenden Frage ging, fehlte in dem Urteil jede Auseinandersetzung mit Art. 5 GG. Die Verfassungsbeschwerde war deshalb erfolgreich.

BVerfGE 59, 231 (270 f.) – freie Mitarbeiter des Rundfunks: „Da die Gerichte diese verfassungsrechtliche Lage nicht erkannt haben, haben sie das Arbeitsrecht auch nicht ‚im Lichte' des Art. 5 Abs. 1 Satz 2 GG ausgelegt und angewendet. Dementsprechend ist jede Prüfung unterblieben, ob die Maßstäbe, nach denen sie zu der Entscheidung einer Festanstellung gelangt sind, mit den Anforderungen der Verfassung vereinbar seien."

BVerfGE 71, 162 (178 f.) – Werbung von Ärzten: „Soweit die Berufsgerichte die Veröffentlichung des Buches … als Zuwiderhandlung gegen das Werbeverbot beurteilt haben, wird der Beschwerdeführer in seinem Grundrecht aus Art. 5 Abs. 1 GG verletzt. Die Berufungsgerichte haben überhaupt nicht geprüft, ob die Verurteilung des Beschwerdeführers in das Grundrecht der Meinungsfreiheit eingreift und ob ein solcher Eingriff durch eine der Schranken des Art. 5 Abs. 2 GG gedeckt wird." Auch BVerfGE 79, 283 (291).

BVerfGE 77, 346 (359): „Das Landgericht hat aber an keiner Stelle des Urteils erörtert, ob die Verurteilung des Beschwerdeführers in das Grundrecht der Pressefreiheit eingreift und welche Auswirkungen sich daraus für seine Entscheidung ergeben. Dies zeigt, dass es sich des Einflusses der Pressefreiheit auf die Auslegung und Anwendung von § 6 Nr. 3 GjS nicht bewusst war."

BVerfGE 97, 391 (406): Die Entscheidung des OLG „weckt Zweifel, ob es sich des Umstands, dass die Nennung des Namens der Beschwerdeführerin im Zusammenhang mit ihrer Äußerung unter den Schutz der Meinungsfreiheit und des allgemeinen Persönlichkeitsrechts fällt, bewusst war."

Pointiert BVerfGE 95, 28 (37): „Die Entscheidung des Landesarbeitsgerichts lässt nicht erkennen, dass es sich der Auswirkung seines Beschlusses auf die Pressefreiheit der Beschwerdeführerin bewusst war. Es fehlt nicht allein an einer ausdrücklichen Erwähnung von Art. 5 Abs. 1 Satz 2 GG. Auch sinngemäß ist das Landesarbeitsgericht nicht auf das Grundrecht eingegangen."

(2) Der Richter hat „grundsätzlich" verkannt (Fehleinschätzung)

Die Urteilsverfassungsbeschwerde ist sodann erfolgreich, wenn die Auslegung oder 295
Anwendung des Rechts auf einer *„grundsätzlich unrichtigen Anschauung von der Bedeutung eines Grundrechts insbesondere vom Umfang seines Schutzbereichs"* beruht. Hier lässt sich von einer Fehleinschätzung in der Anwendung oder Abwägung von Grundrechten sprechen.[472] Das Schwergewicht liegt auf dem Wort „grundsätzlich".

„Dem Bundesverfassungsgericht obliegt es lediglich, die Beachtung der grundrechtlichen Normen und Maßstäbe durch die Gerichte sicherzustellen. In diesem Rahmen hat es zu prüfen, ob die angegriffenen Entscheidungen Auslegungsfehler erkennen lassen, die auf einer grundsätzlich unrichtigen Auffassung von der Bedeutung des Art. 5 Abs. 1 Satz 2 GG, insbesondere vom Umfang seines Schutzbereichs, beruhen und auch für die konkreten Rechtsfälle von einigem Gewicht sind (BVerfGE 42, 143 [148 f.])."[473]

BVerfGE 142, 74 (101) – „Metall auf Metall"; Urheberrecht: „Dabei gibt das Grundgesetz den Zivilgerichten regelmäßig keine bestimmte Entscheidung vor. Die Schwelle eines Verstoßes gegen Verfassungsrecht,

[472] Zum Planungsrecht vgl. BVerfGE 48, 56 (63 f.) und die Begriffe bei *Hoppe,* in: Ernst/Hoppe, S. 162 f.

[473] BVerfGE 62, 230 (242 f.); auch 61, 1 (6); 61, 18 (25); 60, 234 (239); 79, 292 (303) – Räumungsbegehren (mit Sondervotum von *Grimm, Dieterich* und *Kühling* zum Umfang verfassungsgerichtlicher Kontrolle fachgerichtlicher Entscheidungen). Auch BVerfGE 66, 116 (131); 73, 261 (269) (hier ohne das Wort „grundsätzlich"); 77, 240 (250); Sondervotum zu BVerfGE 81, 29 (37). BVerfGE 89, 1 (10) („grundsätzlich unrichtige Anschauung"). BVerfGE 89, 276 (285) („grundlegend verkannt") – Gleichbehandlung am Arbeitsplatz. BVerfGE 95, 96 (128); 99, 129 (139); 100, 214 (222); 112, 332 (358 f.) – Auslegung und Anwendung des § 2333 Nr. 1 BGB (Entziehung des Pflichtteilsrechts). BVerfGE 148, 267 (281 Rdnr. 34). Darstellung der Entwicklung und Bedeutung der Formeln von der „grundsätzlich unrichtigen Anschauung von der Bedeutung eines Grundrechts" bei *Herzog,* FS Dürig, S. 431 ff.

den das Bundesverfassungsgericht zu korrigieren hat, ist erst dann erreicht, wenn die Auslegung der Zivilgerichte Fehler erkennen lässt, die auf einer grundsätzlich unrichtigen Anschauung von der Bedeutung der Grundrechte, insbesondere vom Umfang ihres Schutzbereichs, beruhen und auch in ihrer materiellen Bedeutung für den konkreten Rechtsfall von einigem Gewicht sind, insbesondere weil darunter die Abwägung der beiderseitigen Rechtspositionen im Rahmen der privatrechtlichen Regelung leidet."

296 Das Wörtchen *„grundsätzlich"* ist nun auch schon das Ei des Kolumbus für die Frage nach dem Prüfungsumfang des BVerfG gegenüber den Gerichten: Das BVerfG prüft nicht nach, ob die Gerichte die Grundrechte voll und ganz, in jeder Einzelheit[474] und Wünschbarkeit verwirklicht haben, da dies auf eine vollinhaltliche Prüfung auch der Gesetzmäßigkeit der Urteile hinausliefe und sich das BVerfG damit an die Stelle der anderen Gerichte setzte, sondern nur, ob die Gerichte es mit den Grundrechten „grundsätzlich" richtig gemacht haben. Was das heißt, bleibt offen.[475] Auch weitere ein- und abgrenzende Formulierungen sind nicht präziser: Das BVerfG hebe das angegriffene Urteil auf, wenn „die Schwelle eines Verstoßes gegen objektives Verfassungsrecht erreicht ist, den das Bundesverfassungsgericht zu korrigieren hat"; erforderlich sei eine Bedeutung für den konkreten Rechtsfall „von einigem Gewicht".[476]

BVerfGE 34, 238: Ein Gericht hatte die Verwertung heimlich hergestellter Tonbandaufnahmen für zulässig gehalten und dabei die Bedeutung des Grundrechts des Einzelnen auf einen unantastbaren Bereich privater Lebensgestaltung in seiner Bedeutung insoweit verkannt, als bei der Abwägung nicht auf den abstrakten Deliktsvorwurf, sondern auf das konkrete Tatunrecht abzuheben war.

BVerfGE 7, 198 – Lüth: Das Gericht (LG) hatte den Beschwerdeführer dazu verurteilt, einen Boykottaufruf zu unterlassen. Das BVerfG sah darin eine Verkennung der Bedeutung des Art. 5 I GG.

BVerfGE 30, 173 – Mephisto: Die Verfassungsbeschwerde richtete sich gegen das gerichtliche Verbot, das Buch „Mephisto" von *Klaus Mann* zu veröffentlichen. Die Zivilgerichte hatten in diesem Fall „erkannt, dass eine Spannungslage zwischen den durch Art. 1 Abs. 1 und Art. 5 Abs. 3 Satz 1 geschützten Bereichen besteht und dass diese durch eine Abwägung gelöst werden muss". Es ließ sich infolge Stimmengleichheit im Senat nicht feststellen, dass die Entscheidung auf einer grundsätzlich unrichtigen Anschauung der Grundrechte beruhte.

BVerfGE 60, 348 (357) – Asylrecht: „Die angegriffene Entscheidung wird der grundrechtlichen Gewährleistung des Art. 16 Abs. 2 Satz 2 GG nicht gerecht, weil das OLG Bedeutung und Auswirkung dieses Grundrechts für das Auslieferungsverfahren verkannt hat."

BVerfGE 70, 297 (317) – Unterbringung in einem psychiatrischen Krankenhaus: Die Beschlüsse des Landgerichts und des Oberlandesgerichts werden aufgehoben, denn sie „tragen den hier von Verfassungs wegen an ihre tatsächliche Grundlage und die Sachverhaltsaufklärung zu stellenden Anforderungen nicht

[474] Vgl. BVerfGE 65, 317 (322): BVerfG nicht berufen, „im Einzelnen verbindlich festzustellen". BVerfGE 81, 29 (mit Sondervotum): komplizierte Verschränkung von Art. 14 GG und Mietrecht.

[475] *Böckenförde,* 1983 bis 1996 Richter des Bundesverfassungsgerichts, sagte in einem Vortrag zur gegenwärtigen Lage der Grundrechtsdogmatik, die Formeln vom „spezifischen Verfassungsrecht" und von der „grundsätzlich unrichtigen Anschauung von der Bedeutung eines Grundrechts" seien ein Arkanum des Gerichts geblieben, in: Der Staat 29 (1990), 9. Das ist eine harte Schelte, da das BVerfG nun seit mehr als 50 Jahren sein Publikum mit diesen Formeln bedient hat und auch weiterhin bedient. Ein anderer Richter sprach von der „goldenen Regel" (*Faller,* AöR 115 [1990], 195); fast lehrbuchartig versucht das Sondervotum von drei Richtern in BVerfGE 81, 29 (35ff.), die Auslegung und Anwendung des einfachen Rechts von der Auslegung der Grundrechte zu sondern. Das Sondervotum favorisiert die Formel „grundlegend verkannt" (S. 35, 39).

[476] BVerfGE 148, 267 (281 Rdnr. 34); 134, 204 (234 Rdnr. 103); 61, 1 (6); 42, 143 (148f.); 18, 85 (93). Kritisch im Ganzen *W. Gerhardt,* ZZP 95 (1982), 475f. Kritisch zur Beschränkung des verfassungsgerichtlichen Prüfungsumfangs durch das „grundsätzlich" auch *Roth,* AöR 121 (1996), 550f.: Schieflage zwischen der materiellen Verfassungslage und der in Anspruch genommenen Prüfungsbefugnis.

hinreichend Rechnung". Diese Entscheidung enthält eine eigenständige umfassende Begründung der „Kontrolldichte".

BVerfGE 84, 192 (195): „Bei Anlegung dieses Maßstabes kann das angegriffene Urteil keinen Bestand haben, denn das Gericht hat nicht hinreichend berücksichtigt, dass durch die Annahme einer Verpflichtung des Beschwerdeführers, bei Abschluss des Mietvertrages, seine Entmündigung zu offenbaren, sein Persönlichkeitsrecht betroffen wird."

BVerfGE 96, 171 (186) – Kündigung eines Arbeitsverhältnisses wegen Stasi-Tätigkeit: „Die Beschwerdeführer ... werden durch die von ihnen angegriffenen Entscheidungen in ihrer Berufsfreiheit und in ihrem allgemeinen Persönlichkeitsrecht verletzt. Die Gerichte haben Bedeutung und Tragweite dieses Grundrechts bei der Beurteilung der Zulässigkeit der von den Beschwerdeführern unzutreffend beantworteten Fragen verkannt."

Eine *Gefahr aus der Existenz der Verfassungsbeschwerde* und deren Beschränkung auf verfassungsrechtliche Erwägungen ist nicht zu übersehen: Die Verfassungsbeschwerde muss die Beschwerdeführer wie das Gericht allzu sehr verleiten, *einfachrechtliche Fragen verfassungsrechtlich aufzuladen,* um sie im Rahmen der Verfassungsbeschwerde rüge- und begründungsfähig zu machen. So wird zu mancher „spezifisch" verfassungsrechtlichen Argumentation gegriffen, obwohl das Ergebnis schlicht durch Auslegung und Anwendung einfachen Rechts zu erreichen gewesen wäre. Dies verunsichert die dogmatische Geschlossenheit und die Praktikabilität des einfachen Rechts.[477] Einen einfachen Ausweg aus diesem Dilemma gibt es nicht. Die Abschaffung der Verfassungsbeschwerde wäre ein zu hoher Preis. 297

bb) Grundrechtsverstoß durch das Entscheidungsergebnis

Das BVerfG prüft auch, ob nicht das Auslegungs- oder Entscheidungsergebnis die geltend gemachten Grundrechte verletzt.[478] Diese Figur einer Grundrechtsverletzung durch das Auslegungs- bzw. Entscheidungsergebnis spielt praktisch keine selbständige Rolle, da der Fehler sich regelmäßig schon bei der Auslegung oder Anwendung selbst zeigt. Das Entscheidungsergebnis verletzt eigenständig Grundrechte praktisch nur, wenn gegen das Willkürverbot verstoßen wurde (unten cc). 298

In BVerfGE 35, 202 (219) betont das BVerfG, dass auch das Ergebnis als solches grundrechtswidrig sein könnte, kommt aber bei der Prüfung im Einzelnen darauf nicht zurück, sondern gibt der Verfassungsbeschwerde schon wegen vorliegender Abwägungsfehler statt.

cc) Objektiv unhaltbare und deshalb willkürliche Gerichtsentscheidungen

Die Urteilsverfassungsbeschwerde ist außerdem erfolgreich, wenn die Rechtsauslegung oder -anwendung bei verständiger Würdigung der das Grundgesetz beherrschenden Gedanken[479] nicht mehr verständlich sind, und sich daher der Schluss aufdrängt, dass die Entscheidung auf sachfremden Erwägungen beruht.[480] Das BVerfG spricht von 299

[477] Dazu *Wahl,* NVwZ 1984, 407. Vgl. BVerfGE 89, 1 (10) – Mietrecht.

[478] BVerfGE 7, 198 (205); 30, 173 (188); 35, 202 (219).

[479] Die ziemlich sinnlose Formel von „den das GG beherrschenden Gedanken" hat das BVerfG später weggelassen, vgl. BVerfGE 64, 389 (394). Es wird also auf den Anschein, es handle sich hier doch um verfassungsrechtliche Erwägungen, verzichtet. Die Formel taucht wieder auf in BVerfGE 69, 248 (254); 70, 93 (97); 81, 132 (137); 82, 159 (194). In BVerfGE 69, 161 (173) findet sich die glücklichere Wendung: „Nicht mehr vereinbar mit einer am Gerechtigkeitsgedanken orientierten Betrachtungsweise"; auch BVerfGE 71, 39 (58). Zur Rechtsprechung *Winter,* FS Merz, S. 611 ff. Glasklar zur „nichtgleichheitsbezogenen Willkürfreiheit" *Sachs,* JuS 1996, 125.

[480] BVerfGE 42, 64 (73 f.) – Zwangsversteigerung; BVerfGE 52, 131 (157 f.) – Arzthaftungsprozess; BVerfGE 57, 39 (42); BVerfGE 66, 199 (206) – zur Arbeitspflicht nach StVollzG; BVerfGE 66, 324 (330) – Versorgungsausgleich; BVerfGE 69, 248 (254) – Präklusion von Parteivorbringen nach

schlechthin unhaltbaren und deshalb objektiv willkürlichen und eindeutig unangemessenen Entscheidungen.[481] Als Prüfungsmaßstab wird hier das Willkürverbot des Art. 3 I GG genannt.[482]

BVerfGE 42, 64 (72): Im Verfahren der Teilungsversteigerung hatte der die Versteigerung leitende Rechtspfleger den Grundstückseigentümer nicht darauf hingewiesen, dass das zuletzt abgegebene Gebot in keinem Verhältnis zum Wert des Grundstücks stand (Gebot betrug 2 000 DM). Ein Verstoß gegen § 139 ZPO wurde von den Beschwerdegerichten verneint. Diese Auslegung verstieß gegen das Willkürverbot.

BVerfGE 62, 338 (347) – Akteneinsichtsrecht des Strafverteidigers: „Angesichts dieser klaren und eindeutigen Rechtslage, die einer abweichenden Auffassung keinen Raum ließ, enthalten die angegriffenen Entscheidungen eine willkürliche Beschränkung des Akteneinsichtsrechts."

BVerfGE 66, 199 – Freistellung von der Arbeitspflicht im Strafvollzug.

BVerfGE 70, 93 (97): „Selbst eine zweifelsfrei fehlerhafte Anwendung einfachen Rechts begründet noch keinen Verstoß gegen den allgemeinen Gleichheitssatz. Hinzukommen muss vielmehr, dass die fehlerhafte Rechtsanwendung unter Berücksichtigung der das Grundgesetz beherrschenden Gedanken nicht mehr verständlich ist und sich daher der Schluss aufdrängt, dass sie auf sachfremden Erwägungen beruht ... Dabei enthält die verfassungsgerichtliche Feststellung von Willkür keinen subjektiven Schuldvorwurf, sondern sie bedeutet in einem objektiven Sinne die tatsächliche und eindeutige Unangemessenheit einer Maßnahme im Verhältnis zu der Situation, deren sie Herr werden will."

BVerfGE 96, 189 (203): „Willkürlich ist ein Richterspruch nur dann, wenn er unter keinem denkbaren Aspekt rechtlich vertretbar ist und sich daher der Schluss aufdrängt, dass er auf sachfremden Erwägungen beruht."

300 Die Verfassungsbeschwerde ist hier begründet, obwohl eigentlich nur ein Verstoß gegen einfaches Recht vorliegt; Art. 3 I GG als Prüfungsmaßstab ist vorgeschoben. Mit der Aufhebung von Gerichtsurteilen bei ganz groben Auslegungs- und Anwendungsfehlern überschreitet das BVerfG die selbst gesetzte Regel zum Prüfungsumfang. Das BVerfG nimmt angesichts eines völligen Versagens der Gerichte eine „Notkompetenz" für sich in Anspruch:[483] Es nimmt die gute Gelegenheit wahr, offenbare Unrichtigkeiten zu beseitigen, und betreibt eine „allgemeine Gerechtigkeitsjudikatur".[484] Kritik verdient es dafür nicht. Auffallend ist allerdings die steigende Zahl der Verfassungs-

§§ 296a, 356 ZPO; BVerfGE 71, 202 (204) – Auslegung einer Prozesserklärung; BVerfGE 80, 48 (51 ff.) – Räumungsklage; BVerfGE 83, 82 (84); Aufschlussreich BVerfGE 81, 12 (15) – Urheberrecht bei Schallplatten: Keine Willkür bei kontroverser Auslegung einfachen Rechts und Inanspruchnahme einer vertretenen Auffassung. Die Urteilsbegründung gerät hier wieder ganz in die Nähe einer Revisionsentscheidung (vgl. Rdnr. 284). Vgl. auch BVerfGE 87, 273 (278 f.). Der Richter braucht der vorherrschenden Meinung nicht zu folgen. Er ist nicht gehindert, eine eigene Rechtsauffassung zu vertreten, wenn alle anderen Gerichte den gegenteiligen Standpunkt einnehmen. „Die Rechtspflege ist wegen der Unabhängigkeit der Richter konstitutionell uneinheitlich". Zum Begriff der Willkür auch *Benda/Klein*, Verfassungsprozessrecht, Rdnr. 500 ff, 507 f.

481 BVerfGE 58, 163 (167 f.); 62, 189 (192); 64, 389 (394); 80, 48 (52).

482 Abw. Sondervotum von *Geiger* dagegen, in: BVerfGE 42, 64 (80). „Nicht alles, was rechtsstaatlich unerträglich ist, ist verfassungsrechtlich wegen Verletzung des Art. 3 GG zu beanstanden." Vgl. *Wank*, JuS 1980, 551. Kritisch zur Rechtsprechung auch *Kirchberg*, NJW 1987, 1988 ff.; *Miebach*, S. 53 ff.; *Alleweldt*, S. 276 ff.

483 So *Ossenbühl*, FS H. P. Ipsen, S. 141; vgl. auch *Bryde*, Verfassungsentwicklung, S. 313.

484 *Kirchberg*, NJW 1987, 1990. Vgl. auch *Winter*, FS Merz, S. 624: „Letztlich dürfte sich die Anwendung des Art. 3 I GG auf evidente Verstöße gegen einfaches Recht aus dem Bestreben erklären, dem Beschwerdeführer zu helfen." Das hält *Kunig*, VVDStRL 61 (2002), S. 62, für richtig: „In der Sache scheint es nicht angemessen, den groben juristischen Irrtum, der immer wieder vorkommt, passieren zu lassen, wenn er – im Übrigen zulässigerweise – auf den Tisch eines Verfassungsgerichts kommt".

beschwerden, die unter dem Gesichtspunkt willkürlicher Rechtsanwendung der Gerichte Erfolg haben. Da kaum anzunehmen ist, dass die Arbeit der Gerichte insgesamt schlechter geworden ist, drängt sich die Vermutung auf, die Willkürrechtsprechung des BVerfG verdränge partiell die Prüfung der in Betracht kommenden Freiheits- und Gleichheitsrechte. Hier besteht die Gefahr, dass der unkonturierte Begriff der Willkür die sorgfältiger konturierten Schutzbereiche der Einzelgrundrechte überspielt.[485]

dd) Überschreitung der verfassungsrechtlichen Grenzen richterlicher Rechtsfortbildung

Nicht eindeutig in die bisherigen Gruppen lässt sich die Aufhebung von Urteilen rubrizieren, wenn nach der Auffassung des BVerfG das Gericht den Anwendungsbereich des Gesetzes oder die Reichweite des Gesetzesvorbehalts verkannt und deswegen das Rechtsstaatsprinzip (Art. 20 II, III GG iVm. Art. 2 I GG) verletzt hat. Diese Fälle werden in der Literatur meist unter dem Begriff des (unzulässigen) Richterrechts bzw. der richterlichen Rechtsfortbildung zusammengefasst.[486] Das BVerfG prüft insoweit, ob die verfassungsrechtlichen Grenzen des Richterrechts oder der richterlichen Rechtsfortbildung eingehalten worden sind. Der Übergang zur vorhergehenden Fallgruppe der unhaltbaren Auslegung ist fließend; Auslegung und Rechtsfortbildung sind kaum zu trennen. Verfassungsrechtlicher Anknüpfungspunkt dieser Rechtsprechung des BVerfG ist, dass durch eine richterliche Auslegung oder Rechtsfortbildung im Ergebnis ein neuer Anwendungsfall des Gesetzes oder ein Grundrechtseingriffstatbestand geschaffen wird, der einer ausdrücklichen gesetzlichen Regelung bedurft hätte. 301

Diese Argumentation findet sich – mit der Konsequenz der Aufhebung des angefochtenen Urteils – wohl erstmals in einem Fall des Ausschlusses eines Verteidigers, den das Gericht auf vorkonstitutionelles Gewohnheitsrecht gestützt hatte. Der Beschluss des BGH beruhe auf einem Obersatz, der nicht durch Auslegung aus dem Gewohnheitsrecht habe gewonnen werden können. Insoweit habe der BGH einen neuen Eingriffstatbestand geschaffen.[487]

Die jeweiligen verfassungsrechtlichen Grenzen des Richterrechts sind allerdings kaum exakt zu bestimmen. Das wird selbst aus den Formulierungen des Gerichts deutlich: „Das Fehlen einer ausdrücklichen und bestimmten normativen Regelung bedeutet aber noch nicht, dass eine die Berufsausübung einschränkende Gerichtsentscheidung den Anforderungen des Art. 12 Abs. 1 Satz 2 GG widersprechen müsste. Auch aus einer Gesamtregelung kann sich unter Berücksichtigung ihrer Auslegung in Rechtsprechung und Schrifttum eine hinreichend erkennbare und bestimmte, den Anforderungen des Gesetzesvorbehalts genügende Regelung der Berufsausübung ergeben."[488] 302

Andererseits darf der Richter das Gesetz nicht so weit auslegen, dass im Ergebnis *ein neuer, vom Gesetz nicht mehr gedeckter Eingriffstatbestand* geschaffen wird; tut er es doch, liegt ein Grundrechtsverstoß iVm. dem Rechtsstaatsprinzip vor. Denn den Gerichten „ist es von Verfassungs wegen verwehrt, die gesetzgeberische Entscheidung im 303

[485] *Stürner,* JZ 1986, 532. Vgl. den sorgfältigen Umgang mit dem Willkürverbot in BVerfGE 86, 133 (141–142); 87, 273 (278–281).

[486] *Pieroth/Aubel,* JZ 2003, 504ff.; *Steinwedel,* S. 108ff.; *Wank,* JuS 1980, 551f. Vgl. den Rechtsprechungsbericht von *Krause,* S. 660f.; BVerfGE 69, 188 (203); 69, 315 (371f.); 71, 108 (115, 121); 96, 375 (394f.); 111, 54 (81f.); 118, 212 (243); 122, 248 (258).

[487] BVerfGE 22, 114 (121ff.); vgl. auch BVerfGE 34, 293 (301f.).

[488] BVerfGE 54, 224 (234f.) – Mitteilung im Arzt-Patienten-Verhältnis; BVerfGE 54, 237 (247) – Bundesnotarordnung.

Wege der Auslegung zu unterlaufen und das Grundrecht über das vom Gesetzgeber vorgesehene Ausmaß hinaus einzuschränken".[489] „Der mögliche Wortsinn des Gesetzes markiert die äußerste Grenze zulässiger richterlicher Interpretation".[490] Das angefochtene Urteil ist verfassungswidrig, wenn das Gericht „die Grenzen, die einer schöpferischen Rechtsfindung mit Rücksicht auf den Verfassungsgrundsatz der Rechts- und Gesetzesbindung gezogen sind, erkennbar überschritten" hat[491] oder wenn das Urteil Erwägungen enthält, die den Schluss zulassen, „dass das Gericht objektiv nicht bereit war, sich Recht und Gesetz zu unterwerfen, sondern sich aus der Rolle des Normanwenders in die einer normsetzenden Instanz begeben hat".[492] Dagegen hält sich das Gericht im Bereich zulässiger Rechtsfortbildung, wenn es „die gesetzgeberische Grundentscheidung respektiert hat und den anerkannten Methoden der Gesetzesauslegung gefolgt ist".[493]

In BVerfGE 34, 269 – Soraya – hat das BVerfG entschieden, dass die Rechtsprechung der Zivilgerichte, wonach bei schweren Verletzungen des allgemeinen Persönlichkeitsrechts entgegen § 253 BGB Ersatz in Geld auch für immaterielle Schäden beansprucht werden kann, die verfassungsrechtlichen Grenzen des Richterrechts nicht überschreitet und daher mit dem Grundgesetz vereinbar ist.

Demgegenüber hatte das BAG nach der Auffassung des BVerfG in BVerfGE 65, 182 mit seiner Rechtsprechung, dass die Sozialplanabfindungen im Falle des Konkurses als Konkursforderungen im Range vor § 61 Abs. 1 Nr. 1 KO einzuordnen sind, die Grenzen des Richterrechts überschritten und damit das Rechtsstaatsgebot des Art. 20 III GG verletzt.[494]

Nach BVerfGE 61, 68 (73f.) bedurfte die Erstreckung des kommunalen Vertretungsverbots nach §§ 24, 30 GO NW auf die übrigen Sozietätsanwälte einer unzweideutigen und verläßlichen Rechtsgrundlage, die der Regelung entgegen der Ansicht der Gerichte nicht zu entnehmen ist. Daher war das Rechtsstaatsgebot verletzt.

BVerfGE 82, 6 – § 569a II S. 1 BGB. Die Verfassungsbeschwerde richtet sich gegen ein Urteil, das den nichtehelichen Lebenspartner der verstorbenen Mieterin als „anderen Familienangehörigen" im Sinne des § 569a II S. 1 BGB ansah. Das BVerfG führt aus: „Die tatsächliche oder rechtliche Entwicklung kann jedoch eine bis dahin eindeutige und vollständige Regelung lückenhaft, ergänzungsbedürftig und zugleich ergänzungsfähig werden lassen. Die verfassungsrechtliche Zulässigkeit der Lückensuche und -schließung findet ihre Rechtfertigung unter anderem darin, dass Gesetze einem Alterungsprozess unterworfen sind. Sie stehen in einem Umfeld sozialer Verhältnisse und gesellschaftspolitischer Anschauungen, mit deren Wandel sich auch der Norminhalt ändern kann (vgl. BVerfGE 34, 269 [288]). In dem Maße, in dem sich aufgrund solcher Wandlungen Regelungslücken bilden, verliert das Gesetz seine Fähigkeit, für alle Fälle, auf die seine Regelung abzielt, eine gerechte Lösung bereit zu halten. Die Gerichte sind daher befugt und verpflichtet zu prüfen, was unter den veränderten Umständen ‚Recht' im Sinne des Art. 20 Abs. 3 GG ist" (BVerfGE 82, 6, [12]).

BVerfGE 122, 248 (282ff.) – Rügeverkümmerung im Strafprozessrecht, Sondervotum *Voßkuhle, Osterloh* und *Di Fabio:* „[...] Eine richterliche Rechtsfortbildung, die den klaren Wortlaut des Gesetzes hintanstellt, ihren Widerhall nicht im Gesetz findet und vom Gesetzgeber nicht ausdrücklich oder stillschweigend gebilligt wird, [greift] unzulässig in die Kompetenzen des demokratisch legitimierten Gesetzgebers [ein]. Hat

[489] BVerfGE 63, 266 (289) – Zulassung zur Rechtsanwaltschaft; vgl. auch BVerfGE 34, 269 – Soraya; 49, 304 – Sachverständigenhaftung.

[490] BVerfGE 71, 122 (136); BVerfGE 71, 108 (115f.) spricht aber auch statt vom „möglichen Wortsinn" vom „Wortlaut".

[491] BVerfGE 65, 182 (194) – Sozialplan.

[492] BVerfGE 96, 56 (62f.); 96, 375 (394); 87, 273 (280).

[493] BVerfGE 96, 375 (395); vgl. auch BVerfGE 122, 248 (258); 118, 212 (242f.); dazu *Pieroth/Aubel,* JZ 2003, 508ff. Mit Recht kritisch zur Heranziehung des Gewaltenteilungsgrundsatzes *Möllers,* AöR 132 (2007), 532.

[494] Vgl. *W. Gerhardt,* JZ 1984, 602ff.

der Gesetzgeber eine eindeutige Entscheidung getroffen, so darf der Richter diese nicht aufgrund eigener rechtspolitischer Vorstellungen verändern und diese durch eine judikative Lösung ersetzen, die so im Parlament nicht erreichbar gewesen wäre." Ob der Gesetzgeber eine eindeutige Entscheidung getroffen habe, könne nur nach anerkannten Auslegungsmethoden ermittelt werden: Wortlaut, Systematik, Regelungskonzeption, Verständnis der Vorschrift in der Praxis.

Ein noch klarerer Verstoß gegen das Rechtsstaatsgebot liegt dann vor, wenn Grund- 304
rechtseingriffe auf vorhandene Normen, z. B. einer Kirche[495] oder einer Berufskammer[496], gestützt werden, der Gesetzesvorbehalt aber ein staatliches, vom Parlament erlassenes Gesetz erfordert. Diesen Anforderungen genügten die betreffenden Normen nicht.

ee) Zusätzliche Gesichtspunkte

Der Prüfungsumfang des BVerfG gegenüber den anderen Gerichten wird zusätzlich 305
von zwei weiteren Leitgesichtspunkten bestimmt:

(1) „Fließende Grenze"

Das BVerfG betont zum einen, dass die Grenzen der Kontrolle gerichtlicher Entschei- 306
dungen durch das BVerfG sich „nicht starr und gleichbleibend ziehen" lassen; dem Gericht müsse ein gewisser Spielraum zur Berücksichtigung der besonderen Lage des Einzelfalls bleiben.[497] Das ist nicht weiter überraschend, denn die bislang genannten Kriterien taugen nicht für eine starre Grenze. Die Auskunft ist bezeichnend dafür, dass sich das BVerfG – zu Recht – die Möglichkeit, einzugreifen oder dies zu unterlassen, offenhalten will.

(2) Intensität[498] des Grundrechtseingriffs[499]

Außerdem entwickelte das BVerfG den Grundsatz, dass die verfassungsgerichtliche 307
Prüfung der gerichtlichen Entscheidung desto eingehender sein könne, je intensiver die Grundrechtsbeeinträchtigung im Einzelfall ist.[500] Der verfassungsgerichtliche Eingriff in die Rechtsprechung des Gerichts soll also verhältnismäßig sein zu der Schwere des Eingriffs in das Grundrecht des Bürgers durch das Gerichtsurteil. Bei höchster Eingriffsintensität setzt sich das BVerfG an die Stelle des kontrollierten Gerichts und bewertet und entscheidet den Fall abschließend selbst. Mit den Worten des BVerfG: „Von Bedeutung ist namentlich die Intensität der Grundrechtsbeeinträchtigung ... Je nachhaltiger ein zivilgerichtliches Urteil im Ergebnis die Grundrechtssphäre des Unterlegenen trifft, desto strengere Anforderungen sind an die Begründung dieses Eingriffs zu stellen und desto weiterreichend sind folglich die Nachprüfungsmöglichkei-

495 BVerfGE 19, 248 – Kirchliche Steuergesetze.

496 BVerfGE 33, 125 – Facharzt; 38, 373 – Berufsordnung einer Apothekerkammer.

497 BVerfGE 18, 85 (93); 61, 1 (6); *Henke,* DÖV 1984, 10: „Die Grenze ist also nicht systematisch-begrifflicher Art, sondern richterrechtlich-pragmatischer Art und daher von Fall zu Fall gebildet worden und veränderlich."

498 *Berkemann* spricht von der „Geburtsstunde" und den „drei Bausteinen für ein verfassungsgerichtliches Kontrollprogramm": „Evidenz, Schutzbedürftigkeit und Intensität", DVBl. 1996, 1034.

499 Grundlegend, sehr differenziert, allerdings auch kompliziert *Scherzberg,* Grundrechtsschutz; *Miebach,* S. 101ff.; *Lincke,* EuGRZ 1986, 60ff. Zur Entwicklung dieser Rechtsfigur in der Rechtsprechung – seit etwa 1973 – *Herzog,* FS Dürig, S. 439ff. Zum Umfang der Nachprüfung klar und knapp *Lechner/Zuck,* § 90 Rdnr. 100.

500 BVerfGE 72, 122 (139) – Sorgerecht; 76, 1 (51): erhöhte Dichte der verfassungsgerichtlichen Kontrolle, da Ehe und Familie als betroffene Grundrechtsgüter einen personalen Bezug aufweisen.

ten des Bundesverfassungsgerichts; in Fällen der höchsten Eingriffsintensität ist es durchaus befugt, die von den Zivilgerichten vorgenommene Wertung durch seine eigene zu ersetzen."[501] Bei besonders intensiven Eingriffen in Grundrechte „können schon einzelne Auslegungsfehler sich verfassungsrechtlich als relevant erweisen".[502]

BVerfGE 119, 1 (22) – Esra: „Das Verbot eines Romans stellt allerdings einen besonders starken Eingriff in die Kunstfreiheit dar. Das Bundesverfassungsgericht kann seine Überprüfung daher nicht auf die Frage beschränken, ob die angegriffenen Entscheidungen auf einer grundsätzlich unrichtigen Auffassung von der Bedeutung des Art. 5 Abs. 3 Satz 1 GG, insbesondere vom Umfang seines Schutzbereichs, beruhen. Das Bundesverfassungsgericht muss vielmehr die Vereinbarkeit der angegriffenen Entscheidungen mit der verfassungsrechtlichen Kunstfreiheitsgarantie auf der Grundlage der konkreten Umstände des vorliegenden Sachverhalts überprüfen [...]."

308 Das BVerfG wiederholt in der Regel zur Kennzeichnung der Beschränkung des Prüfungsumfangs bei Urteilsverfassungsbeschwerden getreulich die Formel aus BVerfGE 18, 85, wonach die Entscheidungen von Gerichten nur daraufhin zu überprüfen sind, ob sie Auslegungsfehler enthalten, die auf einer „grundsätzlich" unrichtigen Anschauung von der Bedeutung des betroffenen Grundrechts beruhen, *Heck*sche Formel[503]. Die Rechtsprechung des 1. Senates hat sich davon aber auch dispensiert und dies mit Hilfe der anderen Formel: Der Umfang der Nachprüfung bestimme sich insbesondere nach der Intensität, mit der die angegriffenen Entscheidungen das betroffene Grundrecht beeinträchtigten („je – desto"), so BVerfGE 83, 103 (145). Ein nachhaltiger Eingriff führt zu einer intensiveren verfassungsgerichtlichen Prüfung. Mit Hilfe dieser Formel hat sich das BVerfG verschiedene Felder für eine intensivere Nachprüfung erschlossen (1.–3.).

1. Ein erster Schritt hat seinen Ausgangspunkt bei Art. 5 III GG. BVerfGE 67, 213 (223) – anachronistischer Zug: „Eine strafrechtliche Verurteilung ist als Sanktion kriminellen Unrechts schon für sich allein betrachtet von größerer Intensität als eine zivilrechtliche Verurteilung zu Unterlassung, Widerruf oder Schadensersatz (BVerfGE 43, 130 (136) – politisches Flugblatt)". Bei der strafrechtlichen Sanktion einer Handlung, für welche die Garantie der Kunstfreiheit in Frage steht, kommt die Gefahr hinzu, dass die negativen Auswirkungen für die Ausübung dieser wegen ihrer besonderen Bedeutung ohne Gesetzesvorbehalt gewährleisteten Freiheit über den konkreten

501 BVerfGE 42, 143 (148 f.) – DGB; Ausgangsfall BVerfGE 35, 202 – Lebach. Auch BVerfGE 54, 148 (151) – Eppler: keine Intensität; 54, 208 (215) – Böll: „nachhaltig"; 54, 129 (135) – Kunstkritik; 61, 1 (6) – herabsetzende Äußerung über eine politische Partei; 72, 122 (138); 97, 169 (181); 98, 365 (389); auch BVerfGE 119, 1 (29) – Esra: Kunstfreiheit und Persönlichkeitsrecht. Vgl. die Darstellung bei *Hesse,* FS H. Huber, S. 266; ähnlich wie das BVerfG *Krauss,* S. 142 ff., zur Rspr. des BVerfG S. 193.

502 BVerfGE 59, 330 (334). *Böckenförde,* Der Staat 29 (1990), 9: „die selbstgesetzte Formel ist inzwischen fallbezogen erheblich modifiziert, wenn nicht verändert worden. Das Gericht orientiert seine Nachprüfung und Kontrolle heute – jedenfalls in der Rechtsprechung des Ersten Senats – an einem gleitenden Maßstab: Je nachhaltiger der grundrechtliche Schutzbereich von der in Frage stehenden Entscheidung oder Handlung betroffen wird, desto intensiver erfolgt die verfassungsgerichtliche Nachprüfung; sie beschränkt sich je nachdem – und insbesondere bei strafrechtlichen Sanktionen – nicht auf die Frage einer grundsätzlich unrichtigen Auffassung von der Bedeutung eines Grundrechts, sondern bezieht auch einzelne Auslegungsfehler, sofern die Entscheidung darauf beruht, mit ein." Vgl. jetzt zur „Variabilität" der verfassungsgerichtlichen Kontrolldichte *Schulze-Fielitz,* in: Dreier, GG, Art. 5 I, II Rdnr. 206 ff.

503 BVerfGE 81, 298 (304); 81, 347 (357 f.); 84, 203 (210); 84, 382 (385 f.); 85, 248 (258); 85, 36 (53); 95, 28 (37); 95, 96 (128). Dazu grundlegend *Berkemann,* DVBl. 1996, 1029 f.

Fall hinausgehen. Bei diesem ersten Schritt ist es die Kombination einer strafrechtlichen Verurteilung mit Art. 5 III GG als einem Grundrecht ohne Gesetzesvorbehalt, die eine besondere Intensität des Eingriffs bewirken kann. Die Freiheit der Kunst nach Art. 5 III S. 1 GG bedarf offenbar gegenüber den Strafgerichten besonderer verfassungsgerichtlicher Fürsorge.

Das BVerfG hat den Gedanken der vollen Nachprüfung sodann auf das Grundrecht der Meinungsfreiheit (Art. 5 I GG) übertragen, sofern andere erschwerende Bedingungen vorliegen, BVerfGE 86, 1 (10) – Satiremagazin „Titanic", „Krüppel", „Mörder": „Das Urteil des Oberlandesgerichts unterliegt einer intensiven verfassungsrechtlichen Prüfung. Diese kommt nicht nur bei strafgerichtlicher Ahndung eines dem Schutz des Art. 5 Abs. 1 Satz 1 GG unterliegenden Verhaltens wegen des darin liegenden nachhaltigen Eingriffs in Betracht. Ein solcher Eingriff ist vielmehr auch bei zivilgerichtlichen Entscheidungen anzunehmen, *wenn diese geeignet sind,* über den konkreten Fall hinaus präventive Wirkungen zu entfalten, das heißt in künftigen Fällen die Bereitschaft mindern können, von dem betroffenen Grundrecht Gebrauch zu machen". Das BVerfG stellt also hier, wo es „nur" um eine Einschränkung des Grundrechts der Meinungsfreiheit, das unter Gesetzesvorbehalt steht, durch ein Zivilurteil geht, nicht aber um das Gewicht einer strafrechtlichen Sanktion, zur Begründung des schweren Eingriffs darauf ab, dass die zivilgerichtliche Entscheidung dazu geeignet ist, „... die Bereitschaft mindern zu können, von dem Grundrecht Gebrauch zu machen" oder anders: „Angesichts der einschüchternden Wirkung, die staatliche Eingriffe hier haben können, muss eine besonders wirksame verfassungsrechtliche Kontrolle Platz greifen" (BVerfGE 81, 278 [290]). Das BVerfG begründet hier die Intensität des Eingriffs mit der über den konkreten Fall hinausweisenden einschüchternden Wirkung, die staatliche Eingriffe haben können, weshalb eine besonders wirksame verfassungsrechtliche Kontrolle notwendig sei. In BVerfGE 93, 266 (292, 295 f.) – Soldaten sind Mörder – nennt das Gericht den Gedanken der präventiven Wirkung neben dem Gesichtspunkt der strafrechtlichen Verurteilung zur Begründung einer weitergehenden Prüfungsbefugnis.

Selbstverständlich fragt man sich sofort, ob der Gedanke der präventiven Wirkung für alle Grundrechte gelten soll oder sich aus den Besonderheiten des Art. 5 I GG ergibt. Das BVerfG antwortet in E 83, 130 (145 f.) – Mutzenbacher: „Ein nachhaltiger Eingriff, der zu einer intensiveren verfassungsrechtlichen Prüfung führt, liegt nicht allein bei einer strafgerichtlichen Ahndung von Verhalten vor, das unter dem Schutz von Art. 5 Abs. 3 Satz 1 GG steht. Ein solcher Eingriff ist vielmehr *auch bei anderen Entscheidungen von Staatsorganen* anzunehmen, wenn diese geeignet sind, über den konkreten Fall hinaus präventive Wirkungen zu entfalten, das heißt, in künftigen Fällen die Bereitschaft mindern können, von dem betroffenen Grundrecht Gebrauch zu machen ...".

Die Konsequenz in den Fällen intensiven Eingriffs heißt „Nachprüfung in vollem Umfang": „Der verfassungsrechtliche Prüfungsauftrag erstreckt sich hier vielmehr bis in die Einzelheiten der behördlichen und fachgerichtlichen Rechtsanwendung" (BVerfGE 83, 130 [145]). Die „Sachverhaltsfeststellungen" der Gerichte „müssen vom BVerfG in vollem Umfang überprüfbar sein" (BVerfGE 85, 1 [14]), was dem Bundesverfassungsgericht in den bisherigen Fällen möglich war, da die inkriminierten Meinungsäußerungen in gedruckten Texten vorlagen. Dabei ist das Gericht gelegentlich so weit gegangen, Äußerungen in einer Weise zu deuten, an die im vorangegangenen Verfahren niemand gedacht hatte.[504]

Wenn man eine Bewertung dieser Rechtsprechung versuchen soll, so ist zu unterscheiden.

Einerseits geht es materiell-rechtlich um die hohe Bedeutung der Meinungsfreiheit in dieser Rechtsprechung, die von der „Vermutung für die Zulässigkeit der freien Rede" (BVerfGE 7, 198 [212]) ausgeht und vielleicht das Persönlichkeitsrecht und den Ehrenschutz der von dieser freien Rede Betroffenen eher vernachlässigt, da das BVerfG an der ungehinderten öffentlichen Diskussion interessiert ist. Eine Darstellung des Verfassungsprozessrechts kann sich glücklicherweise in dieser schwierigen materiell-rechtlichen Frage des Votums enthalten.[505]

Andererseits geht es um die verfassungsprozessuale Frage, ob das BVerfG den zulässigen Prüfungsumfang gegenüber den Gerichten einhält. Es ist gar keine Frage, dass das Gericht seine ständige Rechtsprechung seit BVerfGE 18, 85 (93) verlässt.[506] Was es sonst gerade vermeiden will, dass nämlich „nicht jede Nichtbeachtung einfachen

---

504 Vgl. BVerfGE 93, 266 (298ff., 305ff.) – Soldaten sind Mörder. Kritisch zu den Tatsachenfeststellungen durch das BVerfG *Ossenbühl,* DVBl. 1995, 911, und dies insbesondere für Entscheidungen der Kammern: „Nichts deutet darauf hin, dass diese Kammern für eine Würdigung und Bewertung einer Meinungsäußerung besser gerüstet sind als die Fachgerichte." Kritisch auch *H.-J. Koch,* GS Jeand'-Heur, S. 158ff.

505 Sehr kritisch zu dieser Rechtsprechung *Kiesel,* NVwZ 1992, 1129ff.; *Stark,* 1996; *Isensee,* JZ 1996, 1090. Der Richter des BVerfG (1987–1999) *Grimm* verteidigt „seine" Rechtsprechung, NJW 1995, 1697ff. Er betont die Kontinuität der Rechtsprechung seit der Lüth-Entscheidung (BVerfGE 7, 198). Es ist zwar nicht üblich und nicht richtig, dass Richter „ihre" Urteile nachträglich rechtfertigen und erläutern, angesichts der überschießenden Kritik an der Rechtsprechung des Gerichts in der Öffentlichkeit aber verständlich. Vgl. auch *ders.,* ZRP 1994, 276ff. Differenziert zur Rechtsprechung des Gerichts und zur Diskussion darüber *Zuck,* NJW 1996, 361ff.; *Schulze-Fielitz,* in: Dreier, GG, Art. 5 I, II Rdnr. 177, 179, 186ff.; *Starck,* JZ 1996, 1036ff.: „Das BVerfG nimmt also massiven Einfluss auf die einfach-rechtliche Ehrenschutzbegrifflichkeit" (S. 1037). Diese Kritik trifft nicht. Der Schutz der persönlichen Ehre ist ein Begriff der Verfassung (Art. 5 II GG). – Bei *Starck,* JZ 1996, 1036 Fn. 41, ein guter Überblick über die Literatur. Den mehrfachen Missverständnissen im Wirbel um den Beschluss „Soldaten sind Mörder" ist das Gericht in einer späteren Entscheidung entgegengetreten. Mit Ruhe und Souveränität legt es die Abgrenzung der Kompetenzen des BVerfG und der Fachgerichte dar (hier: die Verurteilung durch das OLG, bestimmte Äußerungen zu unterlassen): „Das Bundesverfassungsgericht hat dabei allerdings nur die Beachtung der verfassungsrechtlichen Anforderungen zu gewährleisten. Dagegen ist es nicht Sache des Bundesverfassungsgerichts, den jeweiligen Rechtsstreit, der trotz des grundrechtlichen Einflusses seine Eigenart als Zivil- oder Strafverfahren nicht verliert, selbst zu entscheiden. Deswegen reicht die Kontrollbefugnis nicht weiter als die Anforderungen, die das Grundrecht an die Deutung von Äußerungen stellt. Es ist nicht Aufgabe des Bundesverfassungsgerichts, den Sinn einer umstrittenen Äußerung abschließend zu bestimmen oder eine unter Beachtung der grundrechtlichen Anforderungen erfolgte Deutung durch eine andere zu ersetzen, die es für treffender hält" und: „Beide Gerichte haben sich auch im Bewusstsein der Mehrdeutigkeit des Textes mit den verschiedenen Deutungsmöglichkeiten auseinandergesetzt und für ihre jeweilige Entscheidung nachvollziehbare Gründe angegeben" (BVerfGE 94, 1 [9f., 11]). Auch: „Insbesondere dürfen die Gerichte der Äußerung keinen Sinn beilegen, den sie nach ihrem Wortlaut objektiv nicht haben kann. Bei Äußerungen, die mehrere Deutungen zulassen, dürfen sie sich nicht für den zur Verurteilung führenden Sinn entscheiden, ohne zuvor die Alternativen mit tragfähigen Gründen ausgeschlossen zu haben". „Überdies droht sich eine solche Verurteilung nachteilig auf die Ausübung der grundrechtlich gesicherten Freiheit im allgemeinen auszuwirken, weil die Bereitschaft sich zu äußern abnimmt" (aaO., S. 9). Zu den Gefahren der Entwicklung des Privatrechts vgl. *Sandrock,* JZ 1996, 6.

506 Vgl. Sondervotum *Haas,* BVerfGE 93, 266 (313f.), gegen BVerfGE 93, 266 (296).

Rechts zugleich ein Verfassungsverstoß" ist, denn andernfalls würde die „Anwendung einfachen Rechts auf die Ebene des Verfassungsrechts gehoben werden" (BVerfGE 87, 282 [284]), findet hier statt, wie dies auch in der Rechtsprechung zu Art. 103 I GG ursprünglich geschehen ist (vgl. Rdnr. 323). Erschrocken[507] wird man sich allerdings auch fragen, wie das Gericht die Notwendigkeit einer Nachprüfung in vollem Umfang gegenüber jeder strafgerichtlichen Entscheidung noch vermeiden will. Denn: „Eine strafgerichtliche Verurteilung ist regelmäßig als intensiver Grundrechtseingriff anzusehen" (BVerfGE 82, 236 [259]). Auch muss man feststellen, dass diese Rechtsprechung erneut eine Überlastung des Gerichtes bewirken wird, so dass schon allein dieser Gesichtspunkt das Gericht wieder zu einer Einschränkung seines Prüfungsumfangs zwingen wird.

Es zeigt sich: Die funktionell-rechtliche Arbeitsteilung zwischen BVerfG und den anderen Gerichten ist sehr flexibel. Das BVerfG ist in den genannten Entscheidungen nicht eigentlich ein Revisionsgericht, sondern sogar eine Tatsachen- und Berufungsinstanz. Dies wird besonders deutlich an der Entscheidung BVerfGE 86, 1 – Satiremagazin „Titanic", „Krüppel", „Mörder". Die Situation ist prekär auch dadurch, dass im Bereich der Meinungsfreiheit von den Zivilgerichten nicht eigentlich positiviertes „einfaches Recht" angewandt wird, sondern Richterrecht („Formalbeleidigung", „Schmähkritik", „Satire"). Das BVerfG hielt es hier offenbar für notwendig, die Rechtsprechung der Gerichte zu Art. 5 I und III GG in neue Bahnen zu lenken.

2. Ein anderes Feld betritt das Gericht mit BVerfGE 75, 302 (312): „Das BVerfG hat **308a**
es bisher ausdrücklich offengelassen, ob die fehlerhafte Anwendung einer einfachrechtlichen *Präklusionsvorschrift* stets eine Verletzung des Anspruchs auf Gewährung rechtlichen Gehörs darstellt (BVerfGE 54, 117 [124]; 66, 260 [264]; 69, 126 [136]; 69, 145 [149]). Es hat jedoch wiederholt betont, dass diese Vorschriften strengen Ausnahmecharakter haben, weil sie sich zwangsläufig nachteilig auf das Bemühen um eine materiell richtige Entscheidung auswirken (BVerfGE 55, 72 [94]) und einschneidende Folgen für die säumige Partei nach sich ziehen (BVerfGE 59, 330 [334]; 60, 1 [6]; 62, 249 [254]; 63, 177 [180]; 67, 39 [41]; 69, 145 [149]). Das legt es nahe, die Auslegung und Anwendung dieser das rechtliche Gehör beschränkenden Vorschriften durch die Fachgerichte einer *strengeren verfassungsgerichtlichen Kontrolle* zu unterziehen, als dies üblicherweise bei der Anwendung einfachen Rechts geschieht. Dies ist schon wegen der Intensität des Eingriffs bei einer Präklusion geboten."[508]

3. Eine weitergehende Prüfungsbefugnis spricht sich das BVerfG darüber hinaus wegen verfassungsrechtlicher Besonderheiten eines Rechtsgebietes zu. So in BVerfGE 76, 143 (161f.): „Anders als bei der Ausstrahlungswirkung der Grundrechte auf das einfache Recht ... kann die verfassungsrechtliche Prüfung sich beim *Asylrecht* aber nicht lediglich darauf beschränken, ob etwa die Auslegung und Anwendung des Asylverfahrensgesetzes auf einer grundsätzlich unrichtigen Anschauung von der Bedeutung dieses Grundrechts beruht. Ob jemand asylberechtigt ist oder nicht, betrifft die unmittelbare Anwendung der Grundrechtsbestimmung des Art. 16 Abs. 2 Satz 2 GG [= Art. 16a I GG n. F.], ja die Trägerschaft dieses Grundrechts. Dementsprechend hat

[507] In BVerfGE 95, 96 – Regierungskriminalität in der ehemaligen DDR – ist das BVerfG offensichtlich bemüht, solchen Sorgen den Boden zu entziehen. Mit glasklaren Formulierungen klopft es die Beschränkung der Nachprüfung strafgerichtlicher Entscheidungen buchstäblich fest (aaO., S. 127f.).

[508] Vgl. auch BVerfGE 81, 264 (273).

das Bundesverfassungsgericht in Bezug auf den Tatbestand ‚politisch Verfolgter' sowohl hinsichtlich der Ermittlung des Sachverhalts selbst als auch seiner rechtlichen Bewertung zu *prüfen,* ob die tatsächliche und rechtliche Wertung der Gerichte sowie Art und Umfang ihrer Ermittlungen Art. 16 Abs. 2 Satz 2 GG [= Art. 16a I GG n. F.] gerecht werden".[509]

Aber auch bei besonders intensiven Beeinträchtigungen anderer Grundrechte nimmt das BVerfG eine weitergehende Prüfungsbefugnis in Anspruch:

BVerfGE 35, 202 – Lebach: Dokumentationsfilm im Fernsehen über einen vor der Entlassung stehenden Strafgefangenen aus einem bekannten Mordfall. Das BVerfG befürchtet dadurch eine schwere Gefährdung (S. 240) der Resozialisierung des Strafgefangenen und gibt dessen Grundrecht auf freie Entfaltung der Persönlichkeit im konkreten Fall den Vorzug vor der Informations- und Sendefreiheit des Fernsehens.

BVerfGE 60, 79 (91) – Sorgerecht: „Wird ein Kind von seinen Eltern gegen deren Willen getrennt, so ist dies der stärkste vorstellbare Eingriff in das Elternrecht des Art. 6 Abs. 2 Satz 1 GG ... Bei dieser Sachlage können neben der Frage, ob die angefochtene Entscheidung Fehler erkennen lässt, die auf einer grundsätzlich unrichtigen Anschauung von der Bedeutung des Grundrechts beruhen, auch einzelne Auslegungsfehler nicht außer Betracht bleiben."

309 Gegen diese Rechtsprechung sind *Bedenken* angebracht.[510] Das Ergebnis kann sein, dass die eine Verfassungsbeschwerde unter Umständen zurückgewiesen wird, das Gerichtsurteil also als verfassungsgemäß bestätigt wird, weil *nicht eingehend geprüft* wurde, dass aber einer anderen Verfassungsbeschwerde stattgegeben wird, weil infolge einer intensiven Grundrechtsbeeinträchtigung eingehend kontrolliert wurde. Beispiele dafür bieten die am selben Tag ergangenen Entscheidungen über die Verfassungsbeschwerden von *Eppler* und *Böll* wegen Verletzung des Persönlichkeitsrechts in der öffentlichen Meinungsauseinandersetzung.[511] Der Prüfungsumfang schlägt auf das materielle Prüfungsergebnis durch. Dies verwischt die Maßstäbe. Was das BVerfG nicht „eingehend" kontrollieren will, sollte es gar nicht kontrollieren. Mit dem Annahmeverfahren und den Zulässigkeitsvoraussetzungen hat es genug Möglichkeiten, sich der Sachentscheidung ganz zu enthalten.

[509] Vgl. auch BVerfGE 81, 58; 81, 142; 83, 216. Die Rechtsprechung erging zu der Gewährung des Asylgrundrechts nach Art. 16 II S. 2 GG a. F. Der Ansatz des Gerichts liegt auf der Hand, weil es hier nicht um die Interpretation und Anwendung des „einfachen Rechts" geht. Kritisch allerdings *Bertrams,* DVBl. 1991, 1226ff., der hervorhebt, damit würden die Verwaltungsgerichte „auf die Rolle einer lediglich nachvollziehenden Fachgerichtsbarkeit" (S. 1227) und einer „Durchlaufstation" (S. 1229) auf dem Weg zum BVerfG verwiesen. BVerfGE 76, 143 (162f.) versucht dies zu vermeiden, indem es den Verwaltungsgerichten die „Aufgabe" „begrifflicher Aufbereitung der Erscheinungsformen politischer Verfolgung" zuweist und ihnen hierzu einen „gewissen Wertungsrahmen" einräumt, vgl. auch BVerfG, EuGRZ 1991, 109.

[510] Zur Kritik an dieser Rechtsprechung *Lerche,* Grundrechtsverständnis, S. 40ff., und *Schlaich,* VVDStRL 39 (1981), S. 125; *Scherzberg,* Grundrechtsschutz, S. 85ff.; *Bender,* Befugnis, S. 56–64; *Miebach,* S. 106: Die Intensität des Grundrechtseingriffs sei „in Wahrheit ein subjektives Entscheidungskriterium, das sich einer objektiven Nachprüfung entzieht." Als „zu unbestimmt" rügt das Kriterium auch *Kiesel,* NVwZ 1992, 1131. Grundsätzlich zustimmend dagegen *Lincke,* EuGRZ 1986, 60ff., der allerdings dem BVerfG vorhält, dass die Stufen der Eingriffsintensität sich nur unvollkommen definieren und voneinander abgrenzen lassen. *Jestaedt,* Grundrechtsentfaltung im Gesetz, S. 256, beanstandet mit Recht das Fehlen einer verfassungsrechtlichen Begründung des Intensitätskriteriums.

[511] BVerfGE 54, 154; 54, 208.

ff) Kritik der Literatur an der Rechtsprechung[512]

Das Problem der Begrenzung des Prüfungsumfangs des BVerfG im Rahmen der Urteilsverfassungsbeschwerde hat eine breite literarische Erörterung gefunden. Die Rechtsprechung wird kritisiert, selbständige Konzeptionen werden vorgetragen. Hier ist nicht der Raum, die Vielzahl von Konzeptionen auch nur hinreichend darzustellen, geschweige denn sie zu erörtern, zumal sie an ganz verschiedenen Stellen einsetzen. Hinweise auf einige Ansätze müssen genügen. 310

In einer grundlegenden Abhandlung zum „spezifischen Verfassungsrecht" unterscheidet *Papier* zwischen direkten (den Vorrang und Vorbehalt des Verfassungsgesetzes betreffenden) und indirekten (nur eine Verletzung des Gesetzmäßigkeitsprinzips beinhaltenden) Verfassungsverletzungen.[513] Nur direkte Verfassungsverletzungen sollen zum Erfolg der Verfassungsbeschwerde führen. *Papier* will mit diesem Ansatz den Prüfungsumfang weitgehend beschränken. Gerichtliche Entscheidungen, die hinsichtlich der Abwägung zwischen verschiedenen Grundrechtspositionen bei der Rechtsanwendung, der Anwendung von immanenten Grundrechtsschranken oder des Verhältnismäßigkeitsprinzips fehlerhaft sind, sollen keine (direkten) Verfassungsverletzungen darstellen, sondern nur gegen das Gesetzmäßigkeitsprinzip verstoßen und damit der Kontrollbefugnis des BVerfG entzogen sein. 311

Waldner[514] unterscheidet zwischen unmittelbaren und mittelbaren Grundrechtsverletzungen. Ausgangspunkt dieser Differenzierung ist ein Sondervotum von *Rupp-v. Brünneck*:[515] „Zum einen sollte unterschieden werden zwischen den Fällen, in denen die Rechtsanwendung notwendig eine Abwägung zwischen dem betreffenden Grundrecht und anderen Rechtsgütern verlangt, und solchen Fällen, in denen eine sich zunächst allein im Zivilrechtsbereich bewegende Rechtsanwendung nur im Ergebnis Auswirkungen auf den Grundrechtsbereich hat (z. B.: Ist die Entscheidung darüber, ob A oder B nach bürgerlichem Recht Eigentümer eines Grundstücks ist, falsch, so berührt dies in der Auswirkung das durch Art. 14 Abs. 1 GG geschützte Eigentum des Unterlegenen)." Eine mittelbare Grundrechtsverletzung liegt danach vor, wenn keine unmittelbare Abwägung zwischen Grundrechtspositionen im Einzelfall vorgenommen wird und die Verfassungsverletzung allein darin liegt, dass ein einfaches Gesetz (ohne jede Grundrechtseinwirkung) fehlerhaft angewendet wird, so dass Art. 2 I GG oder ein anderes Grundrecht erst im Ergebnis verletzt ist. Maßgebend ist also, ob das Grundrecht eines Einzelnen unmittelbar abgewogen werden muss gegen andere Rechtsgüter. In allen anderen Fällen, in denen bloß mittelbar ein Grundrecht berührt ist, kann eine Verletzung spezifischen Verfassungsrechts nur bei einem Verstoß gegen das Willkürverbot angenommen werden. 312

Auch *Steinwedel*[516] verwehrt dem BVerfG die Aufhebung einer gerichtlichen Entscheidung, wenn der Richter die Abwägungsfrage erkannt hat, das BVerfG aber im Ergebnis anders entscheiden will. 313

[512] Überblick bei *Steinwedel*, S. 43ff.; *Stern*, in: BK, Art. 93 Rdnr. 700ff.; *Denninger*, in: AK-GG, Art. 1 Abs. 2, 3 Rdnr. 33; *Scherzberg*, Grundrechtsschutz, S. 87–92, 96.

[513] *Papier*, Verfassungsrecht, S. 434ff. Kritisch *Bender*, Befugnis, S. 101–111.

[514] *Waldner*, S. 268ff.

[515] BVerfGE 42, 143 (155).

[516] *Steinwedel*, S. 159.

314 *Schuppert*[517] will die eingeschränkte Nachprüfung durch das BVerfG nicht mit Hilfe der Kriterien Auslegung, Anwendung und Abwägung erreichen, sondern das BVerfG desto mehr beschränken, je mehr der Richter fallspezifisch argumentiert.

315 *Schenke*[518] will zu einer besseren Konturierung der verfassungsgerichtlichen Überprüfungsbefugnis an das Modell der Ermessensfehlerlehre anknüpfen.

316 *Scherzberg*[519] kommt nach einer außerordentlich differenzierten Untersuchung zu dem Ergebnis: „Bei der Urteilsverfassungsbeschwerde sind ... drei Bestimmungsfaktoren für die Reichweite der Kontrollkompetenz des BVerfG maßgeblich. Angesichts der primär auf die Gewährung individuellen Rechtsschutzes gerichteten Funktion des Rechtsbehelfs ist der Umfang der Nachprüfung vornehmlich von der Schwere der Betroffenheit des Beschwerdeführers abhängig. Zusätzlich können auch die Auswirkungen des fachrichterlichen Verfassungsverständnisses auf die Grundrechtsausübung Dritter und die Eignung des Rechtsbehelfs, die Klärung einer verfassungsrechtlichen Frage herbeizuführen, eine Intensivierung der verfassungsgerichtlichen Kontrolle fordern."

317 *Henke*[520] weist auf den – ursprünglichen – Charakter der Grundrechte als absolute, subjektive (Abwehr-)Rechte hin. Demgegenüber könne die objektivrechtliche Wirkung der Grundrechte auf das Privatrecht und auf andere Rechtsgebiete mit der Wirkung von „Rechtsgrundsätzen" gleichgesetzt werden. Damit will *Henke* die Probleme mit einer in allen Rechtsgebieten beheimateten Figur („Grundsatz und Norm") angehen und missliche Sonderkonstruktionen wie diejenige der mittelbaren Drittwirkung der Grundrechte vermeiden. Außerdem erlaubt dieses Konzept eine Differenzierung des Prüfungsumfangs. Die Bildung, Entwicklung und Anwendung der Grundsätze durch die Gerichte habe das BVerfG „nur in zweiter Linie" zu überwachen. In „erster Linie" habe es den Grundrechten als absoluten Freiheitsrechten und als Ansprüchen des Bürgers gegen den Staat Geltung zu verschaffen.

318 *Krauss* möchte den Prüfungsumfang mittels einer Verbindung materiell-rechtlicher und funktionaler Kriterien bestimmen.[521] Es komme zum einen auf „die Stärke der Ausstrahlung des Grundrechts auf das einfache Recht" und „das Gewicht des in die Abwägung einzustellenden Grundrechts" an; zum anderen seien funktional die Zwecke der Verfassungsbeschwerde ausschlaggebend.

319 Nach der *„Schumann-Formel"* liegt eine Grundrechtsverletzung und damit die Eingriffsmöglichkeit des BVerfG vor, „wenn der angefochtene Richterspruch eine Rechtsfolge annimmt, die der einfache Gesetzgeber nicht als Norm erlassen dürfte".[522] Die

517 *Schuppert,* AöR 103 (1978), 62, 65.

518 *Schenke,* Verfassungsgerichtsbarkeit, S. 48.

519 *Scherzberg,* Grundrechtsschutz, S. 285.

520 *Henke,* DÖV 1984, 6ff., 11.

521 *Krauss,* S. 141ff.

522 *Schumann,* Menschenrechtsbeschwerde, S. 206ff.; nicht mehr verwendet in: *ders.,* ZZP 96 (1983), 180ff. Eingehende Kritik bei *Steinwedel,* S. 72ff. Ähnlich wie *Schumann Rennert,* NJW 1991, 13: „Der Entscheidungssatz ist zu beanstanden, wenn er nicht zulässiger Inhalt eines Gesetzes sein könnte, und er ist beanstandungsfrei, wenn ein Gesetz gleichen Inhalts Bestand haben müsste"; in Richtung der *Schumann*schen Formel *Berkemann,* DVBl. 1996, 1032; *Broß,* BayVBl. 2000, 517; *Jestaedt,* DVBl. 2001, 1321; kritisch *Robbers,* NJW 1998, 936. Nach *Voßkuhle,* in: v. Mangoldt/Klein/Starck, GG, Art. 93 Rdnr. 61 prägt die Formel der Sache nach die Entscheidungspraxis, vgl. etwa BVerfGE 59,

Auslegung des entscheidenden Gerichts und die von diesem angenommene Rechtsfolge werden gewissermaßen so „umgedacht", als ob das Gesetz die von dem Richter angenommene Rechtsfolge selbst ausdrücklich anordnen würde. Der falsch auslegende Richter kann so zu einem Ergebnis kommen, das der Gesetzgeber hätte vorsehen können; dann ist diese Falschauslegung aus der Sicht der Wahrung der Grundrechte unbeachtlich. Wenn das „umgedachte" Gesetz aber aufgrund eines Grundrechtsverstoßes verfassungswidrig wäre, ist das Urteil wegen einer Grundrechtsverletzung aufzuheben.

Starck meint, die weitgehend anerkannten Grundsätze des Prüfungsumfanges zusammenfassend: „Einer ... nicht kontradiktorischen besonderen verfassungsgerichtlichen Kontrolle stehen im Regelfall nicht die Mittel zur Sachverhaltserhebung und zur Gesetzesanwendung auf der Grundlage der Kenntnis einer Vielzahl von Fällen zur Verfügung. Daher kann durch die verfassungsgerichtliche Kontrolle der fachrichterlichen Gesetzesanwendung im Verfahren der reinen Urteilsverfassungsbeschwerde nur geprüft werden,

- ob die Sachverhaltsermittlung willkürlich ist, d. h. ob im Hinblick auf das einschlägige Grundrecht ein völlig falscher Sachverhalt angenommen worden ist (= erste Formel),
- ob das Ergebnis der Gesetzesanwendung auf den willkürfrei festgestellten Sachverhalt – als Norm verallgemeinert – verfassungswidrig wäre (= zweite Formel) und
- ob die Grenzen richterlicher Rechtsfortbildung überschritten worden sind (= dritte Formel)."[523]

Einen von den bisherigen Ansätzen weit abweichenden Lösungsvorschlag hat *Bender*[524] entwickelt. Dem Wortlaut des Art. 1 III GG, der nicht pauschal den Staat, sondern die einzeln aufgezählten staatlichen Funktionen an die Grundrechte bindet, entnimmt *Bender* zunächst den Hinweis, dass die bislang meist angenommene Identität des grundrechtlichen (Prüfungs-)Maßstabs für die drei Staatsfunktionen – wie sie deutlich in der Formel von *Schumann* zum Ausdruck kommt – so nicht zutreffen könne.[525] Die Bedeutung der Grundrechte für die Rechtsanwendung sei eine andere als für die Gesetzgebung. Dieser funktionell-rechtlichen Überlegung stellt *Bender* sodann eine materiell-rechtliche These zur Seite. Für die Prüfungsbefugnis des BVerfG sei die starre und formale Entgegensetzung von Verfassungsrecht und einfachem Recht unergiebig. „Die richtige Alternative ist die zwischen *grundrechtlichem* Recht, das vom Rang her auch einfaches Recht sein kann, und der übrigen allgemeinen Rechtsordnung, zu der auch Sätze verfassungsrechtlichen Ranges gehören können".[526] Für die gerichtliche Kontrolle ist nicht der Rang, sondern der Inhalt der Grundrechte maßgebend. Daraus folgt, dass es für die Gerichte Grundrechtsnormierungen aus der Hand des Gesetzgebers – der maßgeblichen Instanz zur Gestaltung der Grundrechte – geben kann. In diesem Fall ist gerade die Beachtung der grundrechtshaltigen einfachen Normen vom BVerfG zu kontrollieren. Anderseits kann verfassungsgemäßes einfaches Recht die Grenze inhaltlicher Grundrechtsgeltung bezeichnen, das einfache Gesetz wird zum „Rahmen der Wirkung der Grundrechte".[527] **320**

Die komplizierten Voraussetzungen dieser These und ihre Folgerungen können hier nicht erörtert werden. Wichtig ist, dass *Benders* Neubestimmung des Vorrangs der Ver-

231 (256f.); 63, 45 (67); 81, 29 (31f.); 99, 129 (139). Auch der Vorschlag von *Kenntner*, NJW 2005, 788f., durch eine Art Vorlageverfahren zwischen der verfassungsrechtlichen Vorgabe und der Einzelfallsubsumtion zu unterscheiden (als Vorbild zieht *Kenntner* das Vorabentscheidungsverfahren nach Art. 234 EG aF heran), läuft auf die Prüfungsschritte der Schumann-Formel hinaus.

[523] *Starck*, JZ 1996, 1039.

[524] *Bender*, Befugnis.

[525] Deutlich etwa *Bender*, Befugnis, S. 325.

[526] *Bender*, Befugnis, S. 208.

[527] *Bender*, aaO., S. 208.

fassung im Grundrechtsbereich die Schwierigkeit aufwirft, das grundrechtliche und das nicht-grundrechtliche Recht zu unterscheiden. *Bender* will die Aufgabe lösen, indem er vor allem die mit dem Elfes-Urteil (vgl. oben Rdnr. 284) eingeleitete Entwicklung kritisiert, die Grundrechte als ein lückenloses System zur Gewährleistung formaler Freiheit zu verstehen. Grundrechte seien vielmehr inhaltlich begrenzte Garantien,[528] die weitgehend erst dann die Überprüfung der gerichtlichen Rechtsanwendung durch das BVerfG ermöglichen, wenn der Gesetzgeber eine Freiheit verfassungsgemäß konkretisiert hat. Im Ergebnis wird mit diesem Verständnis der Grundrechte der Bereich verfassungsgerichtlicher Kontrolle konzentriert und begrenzt, soweit *Bender* in sich schlüssig begründen kann, warum nicht in jedem Gesetzesverstoß ein Grundrechtsproblem liegt – neben grundrechtsrelevantem gibt es eben auch für die Grundrechte irrelevantes Recht. Die Kontrollbefugnis wird aber auch erweitert, weil sie sich nicht auf ranghöheres Verfassungsrecht beschränkt, sondern die Frage nach der „Grundrechtlichkeit" der verletzten Norm umfasst.

Der neueste Problemlösungsvorschlag stammt von *Alleweldt.*[529] Es sei zwischen Grundrechts- und Rechtsbindungskontrolle zu unterscheiden. Die Letztere frage danach, ob die Gerichte das einfache Recht beachtet haben. Das geschehe in Form der Willkür- sowie Rechtsfortbildungskontrolle, und, wenn sich der Wille des Gesetzgebers nicht feststellen lasse, im Wege der „Grundlagenkontrolle".[530] Bei der Rechtsbindungskontrolle habe das BVerfG nur ausnahmsweise in die Spruchtätigkeit der Gerichte einzugreifen. Intensiver falle die „direkte Grundrechtskontrolle" aus, die prüfe, ob die Gerichte ihre verfassungsrechtlichen Bindungen verkannt hätten, insbesondere das Prinzip der Verhältnismäßigkeit und die Ausstrahlungswirkung der Grundrechte.[531] Diese Grundthese steht und fällt mit der Unterscheidbarkeit von Verfassungsrecht und Gesetzesrecht – gerade dies aber ist das Problem, das auch mit dem Hinweis auf den Vorrang der Verfassung nicht geklärt ist.

3. Kontrolle des gerichtlichen Verfahrens[532]

a) Grundrechtsverstöße durch das gerichtliche Verfahren

321 Verfassungsbeschwerden können auch eine Verletzung von Grundrechten gerade durch das gerichtliche Verfahren geltend machen. Prüfungsmaßstab sind dann hauptsächlich die *Justizgrundrechte* bzw. Verfahrensgrundrechte (Art. 101 I S. 2, Art. 103 I, Art. 104, Art. 19 IV GG). Diese Verfassungsbeschwerden machen bald die Hälfte aller Verfassungsbeschwerden aus. Der erste Eindruck, diese Verfassungsbeschwerden hätten eine vergleichsweise hohe Erfolgsquote, trügt allerdings; nur die absolut hohe

---

[528] *Bender,* aaO., S. 210–269.

[529] *Alleweldt,* Bundesverfassungsgericht und Fachgerichtsbarkeit.

[530] *Alleweldt,* aaO., S. 94ff.

[531] *Alleweldt,* aaO., S. 139ff.

[532] Eingehend *M. Breuer,* Staatshaftung für judikatives Unrecht, S. 27ff.; *Schumann,* ZZP 96 (1983), 137ff., und *Waldner,* S. 259ff.; *Benda/Weber,* ZZP 96 (1983), 285ff.; *W. Gerhardt,* ZZP 95 (1982), 467ff.; *Kopp,* AöR 106 (1981), 604ff.; *Niemöller/Schuppert,* AöR 107 (1982), 387ff.; *Ossenbühl,* FS Eichenberger, S. 183ff.; *Heyde,* in: HVerfR, S. 1600ff.; *Bethge,* NJW 1982, 1ff.; *Schwab/Gottwald; Tettinger,* Fairneß; *Krauss,* S. 265ff.; *Zierlein,* DVBl. 1989, 1169ff.; *Stürner,* JZ 1986, 526ff.; *Badura,* FS Maurer, S. 3ff. Knapp und klar zum Recht auf Gehör *Degenhart,* in: Sachs, GG, Art. 103 Rdnr. 1ff.

Zahl dieser Verfassungsbeschwerden bewirkt, dass viele Entscheidungen ergehen, die der Beschwerde stattgeben.[533]

Bei Urteilsverfassungsbeschwerden, die sich gegen das Verfahren der Gerichte wenden, nimmt das BVerfG einen außerordentlich weiten Prüfungsumfang für sich in Anspruch. Die im Übrigen vielfach berufene Zurückhaltung gegenüber den „Fachgerichten" kommt bei den Entscheidungen zu Verfahrensrügen kaum zum Ausdruck.[534] 322

Insbesondere bei der Rüge der Verletzung des rechtlichen Gehörs nach Art. 103 I GG geht das BVerfG – abgesehen davon, dass es Art. 103 I GG auch selbständige, über die Prozessordnungen hinausgehende Pflichten zur Anhörung der Prozessbeteiligten entnimmt[535] – in eine *Kontrolle der bloßen Gesetzmäßigkeit des Handelns des Gerichts* bei der Anwendung der Vorschriften der Prozessordnung, die das rechtliche Gehör gewährleisten, über. Die „Konstruktion" ist gerade die, die sonst vermieden wird: Art. 103 I GG gewährleistet das an „rechtlichem Gehör", was die Prozessordnung gewährleistet; folglich ist die Einhaltung der Prozessordnung unmittelbar und direkt grundrechtsrelevant.[536] 323

So kann es heißen: „Gegen diese Grundsätze [des Art. 103 I GG] hat der Amtsrichter durch eine fehlerhafte Anwendung des § 128 Abs. 3 ZPO verstoßen."[537] Verfassungsrecht und einfaches Recht werden auch einfach parallel gestellt: „Vor der Entscheidung über die sofortige Beschwerde gegen einen Beschluss nach § 91a Abs. 1 ZPO ist der Gegner zu hören (§ 99 Abs. 2 Satz 2 ZPO). Das gebietet auch Art. 103 Abs. 1 GG."[538]

Konsequenterweise muss das Gericht in diesen Verfahren oft umfangreiche und ins Einzelne gehende Erhebungen und einfachgesetzliche Erwägungen anstellen.[539]

BVerfGE 42, 364: Ein Gericht, das Ausführungen der Prozessbeteiligten nicht zur Kenntnis nimmt und nicht in Erwägung zieht, verletzt das „rechtliche Gehör".[540]

BVerfGE 41, 23: Art. 19 IV und Art. 103 I GG gebieten, § 44 StPO dahin auszulegen, dass dem Bürger bei der schriftlichen Einlegung des Einspruchs gegen einen Strafbefehl Verzögerungen der Briefbeförderung oder der Briefzustellung durch die Deutsche Bundespost, die er nicht zu vertreten hat, nicht zugerechnet werden.[541]

BVerfGE 44, 302: Wiedereinsetzung in den vorigen Stand bei unverschuldeter Fristversäumnis.

Beispiel für eine erfolglose Verfassungsbeschwerde in BVerfGE 63, 45 (57f.): Art. 103 I GG gewährt das Recht auf Kenntnis der dem Strafgericht tatsächlich vorliegenden Akten, nicht aber ein Recht darauf, dass das Gericht sich und den Prozessbeteiligten Kenntnisse von Akten verschafft, die es nicht kennt, weil sie ihm nicht unterbreitet wurden (hier: Spurenakten).

---

533 *Dopatka,* S. 220 Fn. 89; *Waldner,* S. 262.

534 *Ossenbühl,* FS H. P. Ipsen, S. 135f.

535 BVerfGE 62, 320 (322).

536 Vgl. *Berg,* S. 539; *Schumann,* NJW 1985, 1134ff.; *Voßkuhle,* Rechtsschutz, S. 232ff.

537 BVerfGE 64, 203 (206).

538 BVerfGE 64, 224 (227).

539 Vgl. nur BVerfGE 63, 80 (88); 65, 227 (235f.).

540 Auch z. B. BVerfGE 54, 86 (92): Der Richter hatte einen Antrag wieder „aus den Augen verloren"; 54, 140 (141); 63, 80 (85).

541 Auch BVerfGE 53, 25 (28); 54, 80 (84) – planmäßige Postbeförderung; 62, 216 (221): Der Bürger darf durch einen eigenen Abholdienst nicht schlechter gestellt werden als bei Auslieferung durch die Deutsche Bundespost; auch 62, 334 (336f.).

324 Das BVerfG hat die *Gefahr der zu weiten Ausdehnung des Prüfungsumfangs* mittlerweile gesehen. Es versucht zunehmend, der damit verbundenen Überlastung gegenzusteuern: Eine Verletzung einfach-rechtlicher Bestimmungen stelle nicht zugleich einen Verstoß gegen Art. 103 I GG dar. Es bedürfe im Einzelfall der Prüfung, ob dadurch „zugleich das unabdingbare Maß verfassungsrechtlich verbürgten rechtlichen Gehörs verletzt worden ist"; das Gericht fragt also wie sonst nach dem *„spezifisch verfassungsrechtlich gewährleisteten Ausmaß an rechtlichem Gehör"*.[542] Auch hat das BVerfG die Instanzgerichte eindringlich angehalten, selbst für „eine grundrechtlich orientierte Handhabung der Prozessvorschriften" zu sorgen, um den „Umweg" über das BVerfG zu vermeiden, denn die Tätigkeit der Instanzgerichte sei hier mit der des BVerfG im Grunde identisch.[543] Das BVerfG betont auch, dass es zuerst die Pflicht des Gesetzgebers ist, das Recht auf ein faires Verfahren zu konkretisieren.[544] Zu Art. 101 I S. 2 GG betont das BVerfG jetzt, dieses Recht sei nicht schon von einem Gericht „bei jeder irrtümlichen Überschreitung der ihm vom Gesetz gezogenen Grenzen" verletzt. „Die Grenze zur Verfassungswidrigkeit ist erst überschritten, wenn die fehlerhafte Auslegung und Anwendung des einfachen Rechts schlechthin unvertretbar ist, die Handhabung dieses Rechts deshalb außerhalb der Gesetzlichkeit steht."[545]

Im Übrigen sei – über die hier zu behandelnden prozessualen Fragen hinaus – darauf hingewiesen, dass das BVerfG mit seiner Rechtsprechung gerade zu den Justizgrundrechten den *Rechtsschutz des Bürgers* entscheidend verbessert hat. Den Justizgrundrechten, dem Rechtsstaatsprinzip, aber zunehmend auch den Grundrechten selbst wird ein „Anspruch auf eine tatsächlich wirksame gerichtliche Kontrolle", auf einen „effektiven Rechtsschutz" und generell ein Anspruch auf ein „faires Verfahren" einschließlich „einer gewissen verfahrensrechtlichen Waffengleichheit von Staatsanwaltschaft und Beschuldigten" entnommen. Die Gerichte hätten dies auch über den Wortlaut der Prozessordnungen hinaus zu gewährleisten. Es wurde gesagt, die Rechtsprechung des BVerfG sei die „derzeit wohl aktuellste Prozessrechtsgesetzgebung".[546] Das gilt auch für die sensible Entscheidung zur Unschuldsvermutung in BVerfGE 82, 106, in der das Gericht sich auf Art. 2 I GG iVm. dem Rechtsstaatsprinzip stützt. Die Gewährleistungen aus den Grundrechten bezüglich des Gerichtverfahrens werden auch auf das Verwaltungsverfahren ausgedehnt. – Diese Rechtsprechung ist gut zusammengefasst in der Entscheidung zum Atomkraftwerk Mülheim-Kärlich und in dem dortigen Sondervotum.[547]

b) Verletzung rechtlichen Gehörs (Art. 103 I GG)

325 Ein großer Teil der Urteilsverfassungsbeschwerden behauptet eine Verletzung des rechtlichen Gehörs nach Art. 103 I GG. Das BVerfG musste in den letzten Jahren für die Durchsetzung dieses „prozessualen Urrechts"[548] als „Pannenhelfer" tätig werden, wenn die „Panne" im Rahmen des geltenden Prozessrechts von den Gerichten nicht zu beheben war. Faktisch nahm das BVerfG entgegen seiner eigenen Vorstellung von der Aufgabe eines Verfassungsgerichts im Gerichtsgefüge die Funktion einer Beru-

542 BVerfGE 60, 305 (310); 69, 126 (139); 74, 228 (233); 75, 302 (309ff.); 81, 97 (105); 87, 282 (284f.). Vgl. Material bei *Niemöller/Schuppert,* AöR 107 (1982), 405ff.

543 BVerfGE 49, 252 (259); 70, 288 (293f.); dazu *H.-P. Schneider,* Eigenart, S. 37.

544 BVerfGE 63, 45 (61); 66, 313 (318).

545 BVerfGE 96, 68 (77).

546 *Gilles,* JuS 1981, 405. – Kritisch u. a. *Goerlich,* Grundrechte; *Jauernig/Berger,* § 1 Rdnr. 41ff.; § 24 Rdnr. 24; § 31 Rdnr. 20; § 31 Rdnr. 1f.; *Wahl,* VVDStRL 41 (1983), S. 151ff.; *Pietzcker,* VVDStRL 41 (1983), 193ff.

547 BVerfGE 53, 30 (65, 72ff.); vgl. auch 63, 45 (61), 63, 380 (390f.) und 66, 313 (318f.) zum Strafverfahren; 63, 131 (143) zur (zu kurzen) Zweiwochenfrist für eine Gegendarstellung im Rundfunk; 60, 253 (295) und 65, 76 (94) zum Asylverfahren.

548 BVerfGE 55, 1 (6).

fungs- oder Revisionsinstanz für Gehörsrügen wahr.[549] Es ließ entsprechende Verfassungsbeschwerden allerdings nur zu, wenn der Beschwerdeführer zuvor auch außerordentliche Rechtsbehelfe erfolglos eingelegt hatte, die in den jeweiligen Prozessordnungen nicht vorgesehen waren.[550] Der Preis für die damit intendierte „grundrechtlich orientierte Handhabung der Prozessvorschriften"[551] durch die Gerichte war eine „Erosion" des Rechtsmittelsystems, verbunden mit erheblicher Rechtsunsicherheit.[552]

Im Plenarbeschluss vom 30. April 2003[553] hat das BVerfG auf diese Situation reagiert und seine bisherige Auffassung zur Frage des Rechtsschutzes gegen den Richter teilweise revidiert. Auf Anfrage des Ersten Senats entschied das Plenum, es verstoße gegen den aus dem Rechtsstaatsprinzip abzuleitenden Justizgewährungsanspruch iVm. Art. 103 I GG, „wenn eine Verfahrensordnung keine fachgerichtliche Abhilfemöglichkeit für den Fall vorsieht, dass ein Gericht in entscheidungserheblicher Weise den Anspruch auf rechtliches Gehör verletzt."[554] Entgegen einer zunehmenden Kritik in der Literatur[555] hält das BVerfG mit dieser Begründung an einem engen Verständnis von Art. 19 IV GG fest, der nur Rechtsschutz *durch* den Richter, nicht aber Rechtsschutz *gegen* den Richter gewähre.[556] Es schließt aber rechtsstaatliche Lücken bei der Verweigerung rechtlichen Gehörs durch eine Ausweitung des bislang vor allem für den Zugang zur Zivilgerichtsbarkeit herangezogenen Justizgewährungsanspruchs. Auf diese Weise will es das Risiko eines unendlichen Rechtswegs vermeiden, zugleich aber Rechtsschutz gegen die erstmalige Verletzung rechtlichen Gehörs in *jeder* Instanz durch die Garantie einer zumindest *einmaligen* fachgerichtlichen Kontrolle sichern. Da das zum Zeitpunkt des Plenarbeschlusses bestehende Rechtsschutzsystem in den §§ 33a, 311a StPO und dem 2001 eingefügten § 321a ZPO a. F. hierfür ungenügend war, gab das Gericht dem Gesetzgeber auf, über die genannten Vorschriften hinaus Regelungen zu schaffen, die dem Verfassungsgebot effektiven Rechtsschutzes und dem Erfordernis der Rechtsmittelklarheit genügen.[557] Das BVerfG hat damit die primäre Grundrechtsverantwortlichkeit der Fachgerichte unterstrichen und die frühere Rechtsunsicherheit beendet. Im Ergebnis verdient dies Zustimmung – auch wenn die Begründung sowohl wegen des Ausweichens auf den allgemeinen Justizgewährungsanspruch anstelle von Art. 19 IV GG als auch wegen der besonderen Behandlung von Art. 103 I GG gegenüber anderen Verfahrensgrundrechten angreifbar ist. Das Gericht hat sie offenbar nur gewählt, um die Rechtsfolgen flexibler gestalten und den Rechtsschutz gegen richterliche Entscheidungen auf ein Minimum beschränken zu können.[558]

---

549 *Spiecker gen. Döhmann,* NVwZ 2003, 1464; *Voßkuhle,* NJW 2003, 2194.

550 Vgl. oben Rdnr. 248.

551 BVerfGE 49, 252 (259); LG Mainz, NJW-RR 1993, 128; vgl. auch LG Münster, NJW-RR 1989, 381.

552 *Voßkuhle,* NJW 1995, 1378ff.

553 BVerfGE 107, 395; dazu *M. Breuer,* Staatshaftung, S. 31ff.

554 BVerfGE 107, 395 (Leitsatz).

555 Grundlegend *Voßkuhle,* Rechtsschutz, S. 146ff., 255ff.; zustimmend *P. M. Huber,* in: v. Mangoldt/Klein/Starck, GG, Art. 19 Rdnr. 442; *Schulze-Fielitz,* in: Dreier, GG, Art. 19 IV Rdnr. 49; *M. Breuer,* Staatshaftung, S. 32ff.

556 BVerfGE 15, 275 (280); 76, 93 (98); st. Rspr.

557 BVerfGE 107, 395 (401ff., 410f., 416ff.). Dazu *Gertler,* in: Emmenegger/Wiedmann (Hrsg.), Linien der Rechtsprechung des Bundesverfassungsgerichts – erörtert von den wissenschaftlichen Mitarbeitern, Bd. 2, S. 53ff.

558 In der Literatur wird die Stoßrichtung des Plenarbeschlusses überwiegend begrüßt, die Begründung aber kritisiert: *Voßkuhle,* NJW 2003, 2196ff.; *Spiecker gen. Döhmann,* NVwZ 2003, 1464ff.; *Dörr,*

Der Gesetzgeber hat sich mit dem am 1. Januar 2005 in Kraft getretenen „Anhörungsrügengesetz“[559] an den Forderungen des BVerfG orientiert und das angemahnte „Mindestmaß an Rechtsschutz“[560] vorgesehen. In Anlehnung an den konkreten Gesetzgebungsauftrag[561] hat er das Rechtsbehelfssystem lediglich im Hinblick auf Art. 103 I GG ergänzt[562] und ist zudem dem verfassungsgerichtlichen Hinweis[563] gefolgt, Rechtsschutz bei Gehörsverstößen könne auch durch den „judex a quo“ erfolgen. Wie nach der alten Fassung des § 321 a ZPO entscheidet auf Rüge der beschwerten Partei keine höhere Instanz, sondern das gerügte Gericht selbst darüber, ob es in entscheidungserheblicher Weise den Anspruch auf rechtliches Gehör verletzt hat. Diese Möglichkeit gerichtlicher Selbstkorrektur ist nach § 321 a ZPO n. F. nicht mehr auf nicht berufungsfähige Urteile erster Instanz beschränkt, sondern besteht bei allen Entscheidungen, gegen die ein Rechtsmittel oder ein anderer Rechtsbehelf nicht möglich ist.[564] Abweichend von der bisherigen Fassung hemmt nach § 321 a ZPO n. F. die Erhebung der Anhörungsrüge allerdings nicht mehr den Eintritt der Rechtskraft. Der neue Rechtsbehelf wurde damit den Vorschriften über Wiedereinsetzung oder Wiederaufnahme angeglichen. Die Entscheidung soll, muss aber nicht begründet werden (§ 321 a IV S. 5 ZPO). Entsprechende Vorschriften gibt es nun auch in den anderen Prozessordnungen (insbesondere in den §§ 33 a n. F., 365 a StPO, § 78 a ArbGG, § 152 a VwGO, § 178 a SGG, § 133 a FGO).

Die Konsequenzen der neuen Rechtslage für eine auf Art. 103 I GG gestützte Verfassungsbeschwerde sind noch nicht in vollem Umfang absehbar.[565] Problematisch sind vor allem die Fälle, in denen Gerichte nach einem gerügten Gehörsverstoß die von ihnen selbst getroffene Entscheidung ohne Begründung aufrechterhalten. Das BVerfG muss in diesen Fällen verhindern, dass das Anhörungsrügengesetz die Verfassungsgarantie des Art. 103 I GG schwächt, indem es den Gerichten erlaubt, mit einer begründungslosen Bescheidung der Anhörungsrüge dem Erfordernis rechtlichen Gehörs äußerlich Genüge zu tun (und so den Zugang zum BVerfG zu erschweren), ohne die eröffnete Möglichkeit der Selbstkontrolle der Sache nach wahrzunehmen.[566] Zeigen die Gerichte nur eine geringe Bereitschaft, eigene Fehler zu korrigieren,[567] muss den Betroffenen die Verfassungsbeschwerde als einzige Möglichkeit verbleiben, fehlerhafte Verweigerungen rechtlichen Gehörs beheben zu lassen.[568] Die mit der Einführung der

Jura 2004, 337; *Gehb*, DÖV 2005, 683 f.; zustimmend auch im Hinblick auf die Interpretation von Art. 19 IV GG hingegen *Schenke*, JZ 2005, 116 ff.; *Pache/Knauff*, BayVBl. 2004, 386 f.; auf der Linie des BVerfG bereits im Vorfeld der Plenarentscheidung *Schmidt-Aßmann*, in: Maunz/Dürig, GG, Art. 19 IV Rdnr. 17 a u. 98.

559 Gesetz über die Rechtsbehelfe bei Verletzung des Anspruchs auf rechtliches Gehör (Anhörungsrügengesetz) vom 9.12.2004, BGBl. I S. 3220.

560 BVerfGE 107, 395 (411).

561 So ausdrücklich die Gesetzesbegründung, BT-Drucks. 15/3706, S. 13 ff.

562 Kritisch zum Anhörungsrügengesetz daher *Treber*, NJW 2005, 100 (eine separate Behandlung von Art. 103 I GG bleibe „rudimentär“) und *M. Huber*, JuS 2005, 113; s. dazu bereits *Redeker*, NJW 2003, 2957.

563 BVerfGE 107, 395 (408, 411 f.).

564 Vgl. BVerfGE 119, 292 (298): Entscheidung im Richterablehnungsverfahren.

565 Erste Einschätzungen bei *Jost*, in: Rensen/Brink (Hrsg.), Linien der Rechtsprechung des Bundesverfassungsgerichts – erörtert von den wissenschaftlichen Mitarbeitern, Bd. 1, S. 59 ff.; *Desens*, NJW 2006, 1243 ff.; *Tegebauer*, DÖV 2008, 954 ff.

566 *Nassall*, ZRP 2004, 167 f.

567 Der rechtspolitische Sinn einer Entscheidung des judex a quo wird vielfach bezweifelt, da eine unbefangene Prüfung der Rüge auf diese Weise nicht erwartet werden könne, *M. Huber*, JuS 2005, 111; *Voßkuhle*, NJW 2003, 2196 f.; anders *Treber*, NJW 2005, 99 („nicht näher belegbare Vermutung“). In einer empirischen Untersuchung zu § 321 a ZPO a. F. wurde bereits nachgewiesen, dass die danach erhobenen Gehörsrügen im Regelfall erfolglos waren (*Vollkommer*, FS Musielak, S. 652 ff., der daraus folgert, von einfachen und eindeutigen Fällen abgesehen sei effektiver Rechtsschutz gegen den Richter nur durch einen *anderen*, höheren Richter möglich).

568 *Gehb*, DÖV 2005, 686. Nach den Maßstäben der Plenumsentscheidung kann die Tatsache einer erneuten gerichtlichen Entscheidung allein noch nicht ausreichen, eine vorangegangene Verletzung von

besonderen Anhörungsrüge beabsichtigte Entlastung des BVerfG[569] hätte man damit freilich verfehlt. Problematisch sind in diesem Zusammenhang einige Kammerentscheidungen, wonach eine Verfassungsbeschwerde den Anforderungen der Subsidiarität dann nicht genügt, wenn eine Anhörungsrüge nicht erfolgt ist, aber (nur) objektiv in Betracht gekommen wäre – und zwar unabhängig davon, ob der Beschwerdeführer eine Verletzung des Art. 103 I GG überhaupt gerügt hat.[570]

4. Kontrolle des zugrundeliegenden Gesetzes

Die Zielrichtung der Urteilsverfassungsbeschwerde kann es schließlich sein, die Verfassungswidrigkeit des der Entscheidung zugrundeliegenden Gesetzes (mittelbar) geltend zu machen. Der Beschwerdeführer kann auf diese Weise in der Verfassungsbeschwerde gegen letztinstanzliche Urteile die („konkrete") Normenkontrolle nachholen lassen, die im vorhergehenden Gerichtsverfahren unterblieben sein mag, da der Richter die Norm nicht für verfassungswidrig hielt und deshalb nicht nach Art. 100 GG vorgelegt hat. 326

In BVerfGE 66, 313 (319) betont das BVerfG, die Gerichte seien verpflichtet zu prüfen, ob die anzuwendenden Vorschriften in ihren Auswirkungen mit dem Grundgesetz in Einklang stehen. Gegebenenfalls hätten sie zu erwägen, ob die einschlägige Norm eine andere, verfassungsgemäße Auslegung zulässt. Sei eine solche Auslegung nicht möglich, habe das Gericht nach Art. 100 I GG die Entscheidung des BVerfG einzuholen: „Unterlässt ein Gericht diese Prüfung und stellt sich damit nicht der Frage nach der Tragweite und Wirkkraft eines Grundrechts, kann schon das eine Verletzung dieses Grundrechts begründen."

Hier gelten die Grundsätze, die den Prüfungsumfang jeder Normenkontrolle bestimmen. Das BVerfG prüft die Verfassungsmäßigkeit des Gesetzes *in vollem Umfang* nach. Das Verhältnis zu den Gerichten und damit das Bestreben des BVerfG, nicht „Superrevisionsgericht" zu sein, hat bei dieser in die Urteilsverfassungsbeschwerde eingebetteten Normenkontrolle keine Bedeutung. Vielmehr steht das Verhältnis zum Gesetzgeber in Rede. Auch hier hat das BVerfG Regeln zur Differenzierung seiner Kontrolldichte aufgestellt; diese werden in anderem Zusammenhang behandelt (siehe unten Rdnr. 530ff.).

Art. 103 I GG zu korrigieren. Denn „erst die *Beseitigung* eines solchen Fehlers eröffnet das Gehörtwerden im Verfahren. Dann steht der Weg zum Gericht nicht nur formal offen", BVerfGE 107, 395 (409). Die Frage, ob das Gericht zumindest in der Entscheidung über die Rüge einen Vortrag tatsächlich berücksichtigt hat, lässt sich aber nur dann beurteilen, wenn diese Entscheidung auch begründet wird.

569 Zur seit längerem darüber geführten Diskussion vgl. *Krämer,* KritVj 1998, 215ff. (kritisch); *H. Posser,* FS D. Posser, S. 350ff.; *Benda,* NJW 1980, 2102; *Gaul,* FS Kralik, 1986, S. 171ff. Die Kommission zur Entlastung des BVerfG hat in ihrem Bericht (*Bundesministerium der Justiz,* Entlastung, S. 62ff.) auch die Möglichkeit einer „Verfahrensgrundrechtsbeschwerde" erörtert und abgelehnt. Dieser Begriff meint die – eine Änderung des Art. 93 GG voraussetzende – Befugnis der obersten Gerichte des Bundes (oder auch der Länder), zur Entlastung des BVerfG über solche Verfassungsbeschwerden zu entscheiden, die gegen gerichtliche Entscheidungen mit der Behauptung erhoben werden, in dem Recht auf faires Verfahren (Art. 2 I, 20 III GG), auf effektiven Rechtsschutz (Art. 19 IV, 20 III GG), auf den gesetzlichen Richter (Art. 101 I S. 2 GG) oder auf rechtliches Gehör (Art. 103 I GG) verletzt zu sein. Ablehnend auch *Wieland,* KritVj 1998, 184ff.; positiver *Kirchberg,* KritVj 1998, 228ff.

570 Dazu kritisch *Thiemann,* DVBl. 2012, 1420ff., 1424. Vgl. jetzt auch BVerfGE 134, 106 (115); hier schließt sich der 1. Senat der Kammerrechtsprechung an.

327 Angefügt sei: Sofern die Gerichte, z. B. die Arbeitsgerichte, zulässigerweise *Richterrecht* setzen, unterwirft das BVerfG solches Richterrecht derselben Kontrolle wie rechtssatzmäßige Regelungen.[571]

Bei der Verfassungsbeschwerde gegen ein Gerichtsurteil, die sich mittelbar gegen das Gesetz richtet, wird die Jahresfrist des § 93 III BVerfGG für Verfassungsbeschwerden unmittelbar gegen Gesetze nicht angewendet, einschlägig ist § 93 I BVerfGG.

III. Verfassungsrechtliche Vorgaben für die Bestimmung des Prüfungsumfangs

328 Die Frage nach dem legitimen Prüfungsumfang des BVerfG bei der Kontrolle von Gerichtsurteilen musste – der Rechtsprechung entsprechend – mit einer gewissen Sorgfalt dargestellt werden. Das Problem sollte nicht unterschätzt werden: Geht es im Verhältnis des BVerfG zum Gesetzgeber direkt um grundlegende Fragen der Verteilung verschiedener Staatsfunktionen, also um die Gewaltenteilung und damit um die Machtfrage, so geht es hier um eine *sinnvolle Arbeitsteilung innerhalb der Gerichtsbarkeit,*[572] indirekt aber auch um das Verhältnis von BVerfG und Gesetzgeber: Je engmaschiger das BVerfG die Verfassung interpretiert, insbesondere grundrechtliche Norminhalte vermehrt, desto mehr erhalten die Gerichte das von ihnen anzuwendende Recht vom BVerfG statt vom Gesetzgeber. Die verfassungsrechtliche Kontrolle der Gerichte kann darauf hinauslaufen, dass Streitigkeiten über die Anwendung des einfachen Rechts, etwa des Privatrechts, „nicht mehr anhand des vom grundrechtsgebundenen Gesetzgebers geschaffenen Rechts, sondern im unmittelbaren Durchgriff auf Grundrechte entschieden werden."[573] Dies ist ein materiell-rechtliches und ein funktionell-rechtliches Problem.[574] Die Ablehnung der Rolle eines Revisionsgerichts und der Gesichtspunkt der Arbeitsteilung sind solche funktionell-rechtlichen Argumente. Und doch:

329 Die Praxis des BVerfG zum Prüfungsumfang ist zwar nicht in ihren Einzelheiten, aber doch in ihren *Grundlinien auch vom materiellen Verfassungsrecht* und nicht nur von den funktionell-rechtlichen Gesichtspunkten her geprägt. Sicherlich: Die „Ausstrahlung" der Grundrechte in alle Winkel des Rechts hinein ist so fortgeschritten, dass die Abgrenzung zwischen („spezifischem") Verfassungsrecht und einfachem Recht immer schwieriger und die Grenze immer fließender geworden ist[575] und deshalb – wie wir sahen – den Prüfungsumfang nicht mehr hinreichend steuern kann. Aber im Hintergrund und in den Grundlinien bleibt doch das materielle Verfassungsrecht auch hier noch das steuernde Element. Das sei mit wenigen Strichen aufgezeigt.

330 1. Das BVerfG prüft das gerichtliche Verfahren am Maßstab des Art. 103 I GG in weitem Umfang nach. Dagegen werden vor allem zivilgerichtliche Urteile ihrem Inhalt nach in der Regel nur sehr begrenzt kontrolliert. Strenger kontrolliert werden wie-

[571] BVerfGE 59, 231 (256f.).

[572] *Bachof,* Wege, S. 188; *Ossenbühl,* FS H. P. Ipsen, S. 129; *Wank,* JuS 1980, 548; *Schlaich,* VVDStRL 39 (1981), S. 125. Vgl. auch *Bryde,* Verfassungsentwicklung, S. 317: „Die Kontrolle von Gerichten durch das BVerfG ist also Kontrolle von Kontrolleuren, Rechtsschutz gegen Rechtsschutzeinrichtungen."

[573] *Hesse,* JZ 1997, 268.

[574] *Bryde,* Verfassungsentwicklung, S. 315, 319 mit Nachw. Ähnlich wie hier *Scherzberg,* Grundrechtsschutz; *Krauss,* S. 144ff.

[575] Vgl. *Wahl,* Der Staat 20 (1981), 502ff.; *Seibert,* FS Hirsch, S. 504ff.

derum Entscheidungen in verwaltungsgerichtlichen und strafrechtlichen[576] bzw. in anderen vom öffentlichen Recht beherrschten Verfahren. Ein Grund dafür liegt in der unterschiedlichen Grundrechtsbetroffenheit des prozessführenden Bürgers in den verschiedenen Rechtsmaterien und in den daraus folgenden unterschiedlichen Möglichkeiten der Grundrechtsverletzung.

2. Bei der *Gestaltung des Verfahrens* – z. B. bei der Ablehnung von Anträgen einer Par- **331**
tei, bei der Ausübung der richterlichen Aufklärungspflicht – steht der Richter den Parteien als Träger staatlicher Gewalt gegenüber; hier stellen sich seine Maßnahmen als staatliche Eingriffe gegenüber dem Bürger als Prozesspartei dar. Dem korrespondiert eine intensive verfassungsgerichtliche Kontrolle der Grundrechtsmäßigkeit der gerichtlichen Verfahrensgestaltung.

3. Demgegenüber stellt das *Zivilurteil selbst* eine Streitentscheidung zwischen Privaten **332**
dar; zwar entscheidet der Richter als Träger staatlicher Gewalt, aber seine Tätigkeit besteht darin, Rechts- und Freiheitssphären von Bürgern gegeneinander abzugrenzen.[577] Grundrechtsthema ist dabei nicht primär der Schutz gegenüber dem richterlichen Eingriff, sondern die Wirkung der Grundrechte im Privatrecht.[578] Weil hier bekanntlich keine unmittelbare Grundrechtsgeltung, sondern eine sog. mittelbare oder auch „grundsätzliche" (Dritt-)Wirkung der Grundrechte angenommen wird, ist auch kein Raum für eine umfassende verfassungsgerichtliche Kontrolle, wie sie bei der „direkteren" Grundrechtsbetroffenheit durch Verfahrensentscheidungen des Richters möglich und nötig ist. Es ist die geringere Regelungsdichte der Grundrechte im Bereich des Privatrechts, die das BVerfG an einer umfassenden Prüfung des Zivilurteils seinem Inhalt nach hindert. Denn zwingende Folgen für die Auslegung und Anwendung des Privatrechts im Einzelfall ergeben sich aus der Verfassung in der Regel nicht.

4. Dagegen stehen sich im *Verwaltungsgerichtsprozess* und im Strafprozess wie auch in **333**
anderen Gerichtsverfahren, in denen es um die Rechtmäßigkeit staatlicher Entscheidungen in Anwendung des öffentlichen Rechts geht, in der Regel der Grundrechtsträger und die grundrechtsgebundene Exekutive als Parteien gegenüber. Im öffentlichrechtlichen Streitverhältnis gelten die Grundrechte unmittelbar („Verwaltungsrecht als konkretisiertes Verfassungsrecht"). Deshalb weitet sich bei Verfassungsbeschwerden gegen verwaltungsgerichtliche Urteile der Prüfungsumfang des BVerfG aus, und das BVerfG rückt hier dann auch tatsächlich häufiger, als es bei Verfassungsbeschwerden gegen Zivilurteile der Fall ist, in die Rolle einer Superrevisionsinstanz.[579] Das ist nicht irregulär, sondern die Folge davon, dass es sich in diesen Fällen um einen im Kern deutlich vom Verfassungsrecht geprägten Streitgegenstand handelt; die „Ausstrahlungswirkung" der Grundrechte ist im öffentlichen Recht größer als im Zivilrecht. Das BVerfG benutzt zwar in der Regel auch bei der Prüfung verwaltungsgerichtlicher Urteile seine allgemeine Formel von der begrenzten Nachprüfung, ob der angegriffenen Entscheidung eine „grundsätzlich" unrichtige Auffassung von der Be-

[576] BVerfGE 67, 213 (223, 228) – anachronistischer Zug.

[577] *Bethge,* NJW 1982, 3: „staatsdistanziertes horizontales Zusammenwirken der einzelnen Rechtsgenossen"; *W. Gerhardt,* ZZP 95 (1982), 490. Vgl. zu diesem Abschnitt auch *Kingreen/Poscher,* Rdnr. 1304ff.

[578] *Hesse,* Grundzüge, Rdnr. 351ff.

[579] *Merten,* DVBl. 1978, 566.

deutung der Grundrechte zugrunde liege.[580] Aber es hält sich bei der Prüfung verwaltungsgerichtlicher Entscheidungen daran wohl noch weniger als sonst; es lässt hier gelegentlich die Formel dann auch gleich weg und geht ohne Umschweife zur vollen grundrechtlichen Nachprüfung und Subsumtion über.[581]

Prüfungsschema für eine Verfassungsbeschwerde nach Art. 93 I Nr. 4a GG, §§ 13 Nr. 8a, 90ff. BVerfGG

333a **Ausbildungsliteratur:** *Klein/Sennekamp,* Aktuelle Zulässigkeitsprobleme der Verfassungsbeschwerde, NJW 2007, 945ff.; *Scherzberg/Mayer,* Die Zulässigkeit der Verfassungsbeschwerde, Jura 2004, 373ff.; 513ff.; *Scherzberg/Mayer,* Die Begründetheit der Verfassungsbeschwerde bei der Rüge von Freiheitsverletzungen, Jura 2004, 663ff.; *Hartmann,* Die Möglichkeitsprüfung im Prozessrecht der Verfassungsbeschwerde, JuS 2003, 897ff.; *Hebeler,* 40 Probleme aus dem Staatsrecht, 2. Auflage 2008, Problem Nr. 39 (Subsidiarität).

I. Zulässigkeit

Vorab: In der Klausur sind nicht stets alle Prüfungspunkte in gleicher Breite auszuführen. Es ist sinnvoll, bei der Lösung von Fällen alle Prüfungspunkte gedanklich durchzugehen; bei der Ausformulierung der Lösungsgliederung sind jedoch die Besonderheiten des Falles im Rahmen einer vernünftigen Schwerpunktsetzung zu berücksichtigen. Zu beachten ist: Mangels verfassungsrechtlicher Generalklausel (anders etwa §§ 40 VwGO, 13 GVG) sind die Eröffnung des Rechtswegs zum Bundesverfassungsgericht und die Zuständigkeit des Gerichts nicht zu prüfen. Beides ergibt sich aus dem Gesetz (Rdnr. 77).

1. **Beschwerdeführer**
   a) Beschwerdefähigkeit, § 90 I BVerfGG – „jedermann" (Rdnr. 206ff.)
   Vertiefte Ausführungen sind insbesondere bei ausländischen Beschwerdeführern (Rdnr. 206) oder bei juristischen Personen des Privat- (Rdnr. 207) sowie des öffentlichen Rechts (Rdnr. 208) angebracht, insbesondere sind die Voraussetzungen des Art. 19 III GG mit Blick auf das konkret in Betracht kommende Grundrecht zu subsumieren.
   b) Verfahrens- (Rdnr. 212) und Postulationsfähigkeit, § 22 BVerfGG (Rdnr. 59)
   Ausführungen sind nur geboten, soweit der Sachverhalt Anlass bietet, etwa durch die Beteiligung Minderjähriger.

---

580 BVerfGE 53, 30 (61f.) – Mülheim-Kärlich.

581 Z. B. BVerfGE 52, 223 (249ff.); vgl. auch BVerfGE 64, 46 (58ff.): Verfassungsbeschwerde gegen Entscheidung des OLG in einer Auslieferungssache. Das BVerfG arbeitet hier nur mit den Formeln: „keine verfassungsrechtliche Bedenken" (S. 60), „verfassungsrechtlich nicht zu beanstanden" (S. 59, 62, 63), „verfassungsrechtlich unbedenklich" (S. 65); BVerfGE 82, 106 – Unschuldsvermutung im Strafverfahren, Verfassungsbeschwerde gegen eine Entscheidung des Amtsgerichts. Vgl. auch BVerfGE 83, 24 (30) – richterliche Anordnung polizeilichen Gewahrsams. Auch BVerfGE 65, 219 (225) und BVerfGE 80, 1 (20) – ärztliche Prüfung (mit Sondervotum *Henschel,* S. 37–39); 80, 315 (347ff.) – Asylrecht: „im Ergebnis verfassungsrechtlich nicht (zu) beanstanden" (S. 347). Vgl. auch oben Rdnr. 308 a. E.

2. **Beschwerdegegenstand, § 90 I BVerfGG – „öffentliche Gewalt" (Rdnr. 213 f.)**
   Der Akt öffentlicher Gewalt ist wegen seiner zentralen Bedeutung für die Begründetheitsprüfung genau herauszuarbeiten. Soweit im Rahmen einer Urteilsverfassungsbeschwerde sämtliche den Beschwerdeführer belastenden Akte der öffentlichen Gewalt angegriffen werden, so liegt gleichwohl nur *eine* Verfassungsbeschwerde vor. Bei Rechtssatzverfassungsbeschwerden sind exakt die angegriffenen Vorschriften (Art./§§, ggf. Absatz/Satz) zu bezeichnen.
3. **Beschwerdebefugnis**
   a) Möglichkeit einer Grundrechtsverletzung, § 90 I BVerfGG – „mit der Behauptung" (Rdnr. 226 ff.)
   In der Klausur müssen an dieser Stelle alle in Betracht kommenden, in der Begründetheitsprüfung ausführlich darzulegenden Grundrechte genannt und die Schutzbereichseröffnung wie auch die Möglichkeit des Eingriffs und der fehlenden Rechtfertigung (sehr) knapp – fallbezogen – begründet werden. Die – plausibel dargelegte – Möglichkeit einer Grundrechtsverletzung abzulehnen, wird nur in seltenen Fällen in Betracht kommen, wenn die Verneinung einer Schutzbereichseröffnung oder des Eingriffs offensichtlich keiner eingehenden Begründung bedarf.
   b) Eigene, gegenwärtige und unmittelbare Betroffenheit, § 90 I BVerfGG – „seiner" (Rdnr. 231 ff.)
   Vertiefte Argumentation ist in der Klausur in der Regel nur bei Verfassungsbeschwerden gegen formelle Gesetze erforderlich. Im Übrigen genügt zumeist eine kurze Feststellung im Urteilsstil.
4. **Erschöpfung des Rechtswegs (im engeren Sinn) und ihre Ausnahmen, § 90 II BVerfGG (Rdnr. 246, 251 f.)**
   Zumeist genügt eine kurze Feststellung seiner Erschöpfung, in seltenen Fällen kann aber auch eine Auseinandersetzung mit dem Instanzenzug (für die ordentlichen Gerichte gelten die Vorschriften des GVG, für die Verwaltungsgerichtsbarkeit diejenigen der VwGO) geboten sein.
5. **Formelle Subsidiarität und ihre Ausnahmen (Rdnr. 247, 253 ff.)**
   Im Rahmen der Urteilsverfassungsbeschwerde sind die Ausführungen kurz zu halten, bei Rechtssatzverfassungsbeschwerden ist ggf. die Möglichkeit einer Inzidentkontrolle in Betracht zu ziehen.
6. **Materielle Subsidiarität (Rdnr. 248)**
   Die materielle Subsidiarität ist in Klausuren nur zu thematisieren, wenn der Sachverhalt dazu Anlass bietet.
7. **Rechtsschutzbedürfnis (Rdnr. 256)**
   Das ohnehin indizierte allgemeine Rechtsschutzbedürfnis ist in Klausuren nur zu thematisieren, wenn der Sachverhalt dazu Anlass bietet, etwa im Rahmen der Urteilsverfassungsbeschwerde in Fällen der Erledigung der angegriffenen Maßnahme.
8. **Antrag, § 23 I BVerfGG (Rdnr. 58), Form, § 23 I BVerfGG (Rdnr. 58), und Frist, § 93 I, III BVerfGG (Rdnr. 243)**
   Ausführungen zum Antragserfordernis sollen nur in den äußerst seltenen Fällen einer Antragsrücknahme gemacht werden. Auf Fragen der Form und Frist ist in der Klausur regelmäßig nur sehr kurz einzugehen. In Sonderfällen (s.

Rdnr. 213) kann darauf hingewiesen werden, dass es für den Fristbeginn allein auf die letzte ergangene Entscheidung ankommt.

II. Begründetheit (Rdnr. 224f.; 280ff.)
Die Verfassungsbeschwerde ist begründet, wenn der angegriffene Akt öffentlicher Gewalt den Beschwerdeführer in seinen Grundrechten verletzt. Bei Freiheitsgrundrechten sind demgemäß im Sinne einer dreistufigen Prüfung die Schutzbereichseröffnung, der Eingriff und die (fehlende) Rechtfertigung darzulegen. Bei Gleichheitsgrundrechten ist im Sinne einer zweistufigen Prüfung eine rechtlich relevante Ungleichbehandlung herauszuarbeiten und wiederum ihre (fehlende) Rechtfertigung zu begründen.
Auf den beschränkten Prüfungsumfang des Bundesverfassungsgerichts ist bei der Urteilsverfassungsbeschwerde (Rdnr. 222) im Rahmen der Rechtfertigung des Eingriffs – dort als erster Aspekt der Frage der v*erfassungsgemäßen Anwendung des Gesetzes (Normanwendungsebene)* – einzugehen.

6. Abschnitt. Weitere Verfahren

A. Verfassungsschutzverfahren[1]

I. Anklageverfahren gegen den Bundespräsidenten gemäß Art. 61 GG, §§ 13 Nr. 4, 49ff. BVerfGG

Art. 61 GG stellt eine Verfahrensart sui generis dar. Wenn bei diesem Verfahren auch eine gewisse äußere Verwandtschaft zum Strafverfahren besteht, so hat es dennoch einen ausschließlich verfassungsrechtlichen Charakter. Das Verfahren dient der Ahndung einer vorsätzlichen Verletzung des Grundgesetzes oder eines anderen Bundesgesetzes durch den Bundespräsidenten. Nicht zur Anklage nach Art. 61 GG können Verstöße gegen Normen führen, denen keine politische Bedeutung zukommt. Allein aufgrund privater Verfehlungen kann der Bundespräsident auch dann nicht vor dem BVerfG angeklagt werden, wenn er dadurch politisch als Staatsoberhaupt untragbar geworden ist.[2] 334

Das BVerfG entscheidet auf Antrag des Bundestags oder des Bundesrats, die über den Antrag mit der Mehrheit von mindestens zwei Dritteln ihrer Mitgliederzahl (Art. 121 GG) beschließen müssen, im Verfahren nach Art. 61 GG allein über den verfassungsrechtlichen Status. Gemäß Art. 61 II GG, § 56 BVerfGG stellt das BVerfG fest, ob sich der Bundespräsident der Rechtsverletzung schuldig gemacht hat; auch kann das BVerfG ihn seines Amtes für verlustig erklären. Gegebenenfalls ist eine Zweidrittelmehrheit erforderlich (§ 15 II S. 2 BVerfGG). Die gleiche Handlung des Bundespräsidenten kann auch Gegenstand eines Verfahrens vor einem ordentlichen Gericht sein, dessen Ausgang unabhängig von dem Verfahren gemäß Art. 61 GG ist. 335

Wegen des Gewichts einer möglichen Amtsenthebung ist das Verfahren mit den §§ 49–57 BVerfGG vergleichsweise ausführlich geregelt. Das BVerfG kann den Präsidenten durch Erlass einer einstweiligen Anordnung vorläufig an der weiteren Amtsausübung hindern (§ 53 BVerfGG).

Es lässt sich die Frage der Entbehrlichkeit dieser Verfahrensart stellen. Da der Bundespräsident aber weder dem Parlament noch einer anderen Institution gegenüber unmittelbar politisch verantwortlich ist, besteht eine zumindest theoretische Notwendigkeit für dieses Verfahren. 336

II. Richteranklagen gemäß Art. 98 II, V GG, §§ 13 Nr. 9, 58ff. BVerfGG

Art. 98 II GG verpflichtet Bundesrichter auf die Grundsätze des Grundgesetzes und die verfassungsmäßige Ordnung der einzelnen Bundesländer. Bei einer Verletzung dieser Verpflichtung im Amte oder außerhalb des Amtes kann das BVerfG auf Antrag nur des Bundestages anordnen, dass der Bundesrichter in ein anderes Amt oder in den Ruhestand zu versetzen oder – im Falle eines vorsätzlichen Verstoßes – zu entlassen ist. Der zuständige Senat des BVerfG muss eine solche Anordnung mit Zweidrittelmehr- 337

---

[1] Vgl. *Stern,* Staatsrecht II, S. 1004; *Löwer,* in: HStR III, § 70 Rdnr. 145ff.

[2] *Herzog,* in: Maunz/Dürig, GG, Art. 61 Rdnr. 18 mit Nachw.

heit, d. h. mindestens mit sechs Stimmen erlassen (§ 15 IV S. 1 BVerfGG). Das Erfordernis der Zweidrittelmehrheit korrespondiert mit der Weite des Tatbestands (Verstoß „gegen die Grundsätze des Grundgesetzes"). Ob aber die Zuständigkeit des höchsten Gerichts und das Mehrheitserfordernis die Unbestimmtheit des Tatbestands kompensieren können, ist rechtsstaatlich durchaus zweifelhaft. Eine Entscheidung in dieser Verfahrensart gab es bislang nicht.

Die Landesgesetzgeber werden durch Art. 98 V GG ermächtigt, eine dem Absatz 2 entsprechende Regelung für Landesrichter zu treffen. Aber auch dann steht die Entscheidung über eine Richteranklage allein dem BVerfG zu. Sie kann nicht auf ein Landesverfassungsgericht übergehen (Art. 98 V S. 3 GG, § 62 BVerfGG).[3]

338 Durch Art. 98 II, V GG wird das allgemeine Dienstrecht für Richter nicht aufgehoben oder suspendiert, sondern „um eine staatsrechtliche Komponente angereichert".[4] Bemerkenswert ist die Parallele zur Anklage des Bundespräsidenten (Art. 61 GG). Das Verfahren nach Art. 98 GG kommt erst dann zum Zuge, wenn allgemeines Dienstrecht nicht zur Verfügung steht. So hat Art. 98 II, V GG nur für Richter auf Lebenszeit bzw. für auf längere Zeit bestellte Richter Bedeutung. In diesen Fällen steht dem BVerfG ein Entscheidungsmonopol zu.[5] Auch bei Vorliegen der tatbestandlichen Voraussetzungen des Art. 98 II S. 2 GG ist das BVerfG nicht zur Maßregelung verpflichtet, sondern diese ist in das Ermessen des Gerichts gestellt.

III. Grundrechtsverwirkungsverfahren nach Art. 18 GG, §§ 13 Nr. 1, 36ff. BVerfGG

339 Nach Art. 18 GG entscheidet das BVerfG auf Antrag des Bundestags, der Bundesregierung oder einer Landesregierung (§ 36 BVerfGG) über die Verwirkung grundrechtlich geschützter Betätigungsmöglichkeiten. Eine dem Antragsgegner nachteilige Entscheidung bedarf gemäß § 15 II S. 2 BVerfGG einer Mehrheit von zwei Dritteln der Mitglieder des Senats. Das BVerfG stellt fest, welche Grundrechte und auf welche Zeit verwirkt sind (§ 39 I BVerfGG). Die Verwirkung bezieht sich nur auf die besondere verfassungsrechtliche Garantie. Nach § 39 II BVerfGG kann das BVerfG auch das Wahlrecht und die Wählbarkeit aberkennen.

Diesem Verfahren kam bislang keine praktische Bedeutung zu. Das BVerfG hat bislang drei Anträge wegen nicht ausreichender Begründung zurückgewiesen.[6]

In seiner materiell-rechtlichen Aussage kommt Art. 18 GG jedoch die Bedeutung einer wesentlichen, konzeptionellen Verfassungsnorm zugunsten der „streitbaren Demokratie" zu.[7]

---

3 Zum Landesrecht vgl. *Pestalozza*, Verfassungsprozeßrecht, § 6 Rdnr. 2.

4 *G. C. Burmeister*, DRiZ 1998, 518.

5 Zum ganzen *Hillgruber*, in: Maunz/Dürig, GG, Art. 98 Rdnr. 33ff.

6 BVerfGE 11, 282; 38, 23. Im dritten Verfahren hat das BVerfG mit Beschluss vom 18.7.1996 (2 BvA 1/92 und 2/92) den Antrag nach § 37 BVerfGG als offensichtlich unbegründet verworfen und von einer Begründung abgesehen (vgl. § 24 S. 2 BVerfGG).

7 Vgl. *Dürig/H. H. Klein*, in: Maunz/Dürig, GG, Art. 18 Rdnr. 1ff.; *Stern*, Staatsrecht I, S. 200ff.; *Sattler*. Eingehend *Wittreck*, in: Dreier, GG, Art. 18 Rdnr. 31, 51ff.

IV. Parteiverbotsverfahren nach Art. 21 II, IV GG, §§ 13 Nr. 2, 43ff. BVerfGG und Verfahren über den Ausschluss von staatlicher Parteienfinanzierung nach Art. 21 III, IV GG, §§ 13 Nr. 2a, 43ff. BVerfGG

1. Allgemeines

Das Parteiverbotsverfahren nach Art. 21 II, IV GG wendet sich gegen eine „organisierte Verfassungsfeindschaft"[8] und dient dem präventiven Verfassungsschutz. Die Möglichkeit des Verbots ist Ausdruck „der Erfahrungen eines Verfassunggebers, der in einer bestimmten historischen Situation das Prinzip der Neutralität des Staates gegenüber den politischen Parteien nicht mehr rein verwirklichen zu dürfen glaubte, Bekenntnis zu einer – in diesem Sinne – ‚streitbaren Demokratie'."[9] Schutzgut des Parteiverbots ist die Offenheit und Freiheit des politischen Prozesses.[10] Die Vorschrift des Art. 21 GG „soll die freiheitliche demokratische Ordnung dadurch sichern, dass sie einer undemokratischen Entwicklung im Parteiwesen entgegentritt. Zugleich wehrt sie eine Verflechtung der Parteien mit den Verfassungsorganen ab".[11] Gleichzeitig ist das Parteiverbot aber auch „die schärfste und überdies zweischneidige Waffe des demokratischen Rechtsstaats gegen seine organisierten Feinde"[12]. Es begegnet deshalb materiell hohen Voraussetzungen (vgl. Rdnr. 340a) und fordert prozessual „ein Höchstmaß an Rechtssicherheit, Transparenz, Berechenbarkeit und Verlässlichkeit"[13]. Gleiches muss für das Verfahren über den Ausschluss einer Partei von staatlicher Parteienfinanzierung (Art. 21 III, IV GG) gelten, das durch Verfassungsänderung vom 13.7.2017[14] als milderes Mittel neben die ultima ratio des Parteiverbotes getreten ist. Damit besteht erstmals die Möglichkeit einer staatlichen Beschränkung der Rechte politischer Parteien unterhalb der Schwelle des Verbotes.[15] 340

In beiden Verfahren steht dem BVerfG nach Art. 21 IV GG das Entscheidungsmonopol zu:[16] Es allein kann mit konstitutiver Wirkung[17] über die Verfassungswidrigkeit und über die damit verbundene Auflösung (§ 46 III BVerfGG) einer politischen Partei

[8] *Stern,* Staatsrecht I, S. 206.

[9] BVerfGE 5, 85 (139); zur Effektivität des Parteiverbots *Kersten,* NJ 2001, 5.

[10] Vgl. *Morlok,* NJW 2001, 2932f.

[11] BVerfGE 107, 339 (362).

[12] BVerfGE 144, 20 (159).

[13] BVerfGE 144, 20 (159).

[14] Gesetz zur Änderung des Grundgesetzes (Art. 21 GG) v. 13.7.2017, BGBl. I 2017, S. 2346; vgl. auch das begleitende „Gesetz zum Ausschluss verfassungsfeindlicher Parteien von der Parteienfinanzierung v. 18.7.2017", BGBl. I 2017, S. 2730. Zur Vereinbarkeit der Verfassungsänderung mit Art. 79 III GG *Chr. Walter/Herrmann,* ZG 2017, 306, 316ff.; bereits im Vorfeld *Ferreau,* DÖV 2017, 494, 497ff.; *Kingreen,* Jura 2017, 499, 509f.; *Linke,* DÖV 2017, 483, 492; *Morlok,* ZRP 2017, 66, 68. Zur Vereinbarkeit mit der EMRK *Chr. Walter/Herrmann,* ZG 2017, 306, 318ff. Zur Entstehungsgeschichte *Kloepfer,* NVwZ 2017, 913, 917ff.

[15] Vgl. etwa *K.-A. Schwarz,* NVwZ-Beilage 2017, 39, 41. Zur Systematik *Müller,* DVBl. 2018, 1035ff.

[16] Dass auch das neue Verfahren über den Finanzierungsausschluss der Zuständigkeit des BVerfG zugewiesen wurde, ist keineswegs zwingend. Wäre die Entscheidung der Exekutive übertragen worden, wäre der Weg zum BVerwG nach § 50 I Nr. 2 VwGO und schließlich mittels Verfassungsbeschwerde auch zum BVerfG eröffnet gewesen, vgl. *Ipsen,* JZ 2017, 933, 934.

[17] Dies gilt, wenngleich der Wortlaut aufgrund der indikativischen Formulierung – ebenso wie in Art. 21 II GG – etwas anderes vermuten lässt, auch für den neu geschaffenen Ausschluss von staatlicher Finanzierung nach Art. 21 III GG, vgl. *Ipsen,* JZ 2017, 933, 934.

iSd. § 2 PartG bzw. über deren Ausschluss von staatlicher Finanzierung (§ 46a I BVerfGG) entscheiden. „Konstitutiv" bedeutet für das Parteiverbot auch: Den früheren Mitgliedern und Anhängern der durch das BVerfG verbotenen Partei dürfen aus ihrer Mitgliedschaft oder aufgrund ihrer Unterstützung nachträglich keine Nachteile entstehen. Denn solange das BVerfG ein Verbot nicht ausgesprochen hat, gilt die politische Partei als verfassungsmäßig.

2. Die beiden in Art. 21 GG normierten Verfahrensarten

340a Art. 21 II, IV GG enthält (iVm. §§ 13 Nr. 2, 43 ff. BVerfGG) das *Parteiverbotsverfahren.* Materiell setzt ein Verbot zunächst voraus, dass eine Partei subjektiv darauf abzielt, „die freiheitliche demokratische Grundordnung zu beeinträchtigen oder zu beseitigen oder den Bestand der Bundesrepublik Deutschland zu gefährden", und objektive, zurechenbare Anhaltspunkte hierfür vorliegen. Die freiheitliche demokratische Grundordnung umfasst hierbei die dem Grundgesetz „zentrale[n] Grundprinzipien, die für den freiheitlichen Verfassungsstaat schlechthin unentbehrlich sind"[18], namentlich insbesondere die Menschenwürdegarantie, das Demokratieprinzip sowie das Rechtsstaatlichkeitsprinzip.[19] Beseitigen iSd. Norm meint „die Abschaffung zumindest eines der Wesenselemente der freiheitlichen demokratischen Grundordnung oder deren Ersetzung durch eine andere Verfassungsordnung oder ein anderes Regierungssystem"[20]. Ein Beeinträchtigen liegt vor, wenn die Partei „qualifiziert die Außerkraftsetzung der bestehenden Verfassungsordnung betreibt [, etwa indem] sie sich gegen eines der Wesenselemente der freiheitlichen demokratischen Grundordnung [...] wendet"[21]. Als dritte Tatbestandsvariante kommt noch die Gefährdung des Bestandes der Bundesrepublik, also ihrer territorialen Integrität und ihrer außenpolitischen Handlungsfähigkeit, in Betracht.[22]

Allerdings reicht eine gegen die Schutzgüter von Art. 21 II GG gerichtete Zielsetzung einer Partei noch nicht aus. Ein Parteiverbot ist nach der geänderten Rechtsprechung des BVerfG „kein Gesinnungs- oder Weltanschauungsverbot"[23], sondern setzt nach dem Wortlaut des Art. 21 II GG zusätzlich voraus, dass die Partei auf die Erreichung der Ziele *ausgeht.* Dieses Tatbestandsmerkmal ist nur erfüllt, „wenn konkrete Anhaltspunkte von Gewicht vorliegen, die es zumindest möglich erscheinen lassen, dass das gegen die Schutzgüter des Art. 21 Abs. 2 GG gerichtete Handeln einer Partei erfolgreich sein kann (Potentialität)."[24] Ob Potentialität vorliegt, „ist im Rahmen einer wertenden Gesamtbetrachtung festzustellen. Dabei sind die Situation der Partei (Mitgliederbestand und -entwicklung, Organisationsstruktur, Mobilisierungsgrad, Kampagnenfähigkeit, finanzielle Lage), ihre Wirkkraft in die Gesellschaft (Wahlergebnisse, Publikationen, Bündnisse, Unterstützerstrukturen), ihre Vertretung in Ämtern und Mandaten,

[18] BVerfGE 144, 20 (205).
[19] BVerfGE 144, 20 (206 ff.); näher *Korioth,* Staatsrecht I, Rdnr. 829; *Müller,* DVBl. 2018, 1035 (1036 f.).
[20] BVerfGE 144, 20 (211).
[21] BVerfGE 144, 20 (213).
[22] Näher *H. H. Klein,* in: Maunz/Dürig, GG, Art. 21 Rdnr. 520 ff.
[23] BVerfGE 144, 20 (219). Anders noch BVerfGE 5, 85 (141 ff.).
[24] BVerfGE 144, 20 (224 f.); zu dieser Rechtsprechungsänderung u. a. *Gusy,* NJW 2017, 601 ff.; *Ipsen,* RuP 53 (2017), 3 ff.; *Linke,* DÖV 2017, 483 ff.; *Sachs,* JuS 2017, 377 ff.; *Shirvani,* DÖV 2017, 477 ff.; *Uhle,* NVwZ 2017, 583 ff.; zum Hintergrund seitens der EMRK in der Rechtsprechung des EGMR die Ausführungen des Gerichts selbst BVerfGE 144, 20 (234 ff.).

die von ihr eingesetzten Mittel, Strategien und Maßnahmen sowie alle sonstigen Umstände zu berücksichtigen, die Aufschluss darüber zu geben vermögen, ob eine Umsetzung der von der Partei verfolgten Ziele möglich erscheint. Erforderlich ist, dass sich ein hinreichendes Maß an konkreten und gewichtigen Anhaltspunkten ergibt, die den Rückschluss auf die Möglichkeit erfolgreichen Agierens der Partei gegen die Schutzgüter des Art. 21 Abs. 2 Satz 1 GG rechtfertigen."[25] Darüber hinaus enthält Art. 21 GG keine ungeschriebenen Tatbestandsvoraussetzungen,[26] insbesondere kein allgemeines Verhältnismäßigkeitserfordernis.[27]

Das Tatbestandmerkmal der Potentialität ist für einen *Ausschluss von staatlicher Finanzierung* nach Art. 21 III, IV GG nicht erforderlich: Nach dieser Norm muss die Partei **340b** nicht auf die Beeinträchtigung, Beseitigung oder Gefährdung (Auslegung aufgrund des parallelen Wortlauts wie oben in Rdnr. 340 a) *ausgehen,* sondern nur darauf *ausgerichtet sein.* Mit dieser unterschiedlichen Formulierung passt sich der verfassungsändernde Gesetzgeber der Rechtsprechung des BVerfG an und macht sich diese zu eigen:[28] Art. 21 GG ist – auch wenn das nach einem allgemeinsprachlichen Verständnis keineswegs zwingend erscheint[29] – so zu verstehen, dass das Parteiverbot die Potentialität voraussetzt, während diese für den Finanzierungsausschluss nicht erforderlich ist. Dies macht gleichzeitig das Verhältnis beider Tatbestände deutlich: Es besteht ein Stufenverhältnis;[30] der Finanzierungsausschluss ist das mildere Mittel zum Parteiverbot. Dieses Ergebnis wird prozessual durch § 43 I S. 2 BVerfGG flankiert, wonach der Antrag auf Finanzierungsausschluss als Hilfsantrag zum Verbotsantrag gestellt werden kann.[31]

Kritik erfährt die Einführung des Finanzierungsausschlusses mit Blick auf die – nach aktueller politischer Situation – zu erwartende Tatsache, dass in der Regel ein Finanzierungsausschluss angestrebt werden wird und dieser das Parteiverbotsverfahren somit faktisch ersetzen könnte. Man könnte die Austrocknung der Parteifinanzen und damit ein „Parteiverbot light" befürchten,[32] das die klare Unterscheidung zwischen verbotenen und nicht verbotenen Parteien verwischt.[33] Dem ist jedoch entgegenzuhalten, dass es dem verfassungsändernden Gesetzgeber nicht verwehrt ist, diesen traditionellen Dualismus um die zusätzliche Kategorie der von der staatlichen Finanzierung ausgeschlossenen Partei zu erweitern und ein weiteres Mittel zur Abwehr der Parteien zu schaffen, die den Tatbestand des Art. 21 III GG erfüllen.[34] Den grundsätzlichen Bedenken gegen Sanktionen unterhalb der Verbotsschwelle ist auch durch eine strikte Einhaltung der grundgesetzlichen Vorgaben zu begegnen: Auch für den Finanzie-

[25] BVerfGE 144, 20 (225f.).

[26] BVerfGE 144, 20 (227ff).

[27] BVerfGE 144, 20 (230ff.); kritisch *Kloepfer,* NVwZ 2017, 913, 913. Trotz gebundener Entscheidung verbleibt dem BVerfG jedoch auf Ebene der einzelnen Tatbestandsmerkmale ein gewisser Spielraum, in den Worten des BVerfG: Der „Senat [hat] bei der Auslegung der einzelnen Tatbestandsmerkmale der Norm die Freiheitsgarantien und Wertentscheidungen des Grundgesetzes zu berücksichtigen und mit dem Schutzzweck der Norm ‚ins Verhältnis zu setzen'", a. a. O. S. 632.

[28] Vgl. die Begründung des Gesetzentwurfs zur Verfassungsänderung, BT-Drs. 18/12357, S. 6.

[29] *Ipsen,* JZ 2017, 933, 934; *Kloepfer,* NVwZ 2017, 913, 913.

[30] Hierzu und auch zu Fragen des Verhältnismäßigkeitsgrundsatzes *Chr. Walter/Herrmann,* ZG 2017, 306, 309f.; *Müller,* DVBl. 2018, 1035, 1038ff.

[31] *Ipsen,* JZ 2017, 933, 934; *Müller,* DVBl.2018, 1035, 1039.

[32] Schon im Vorfeld *Kloepfer,* NVwZ 2017, 913, 919. Ähnlich *Ipsen,* JZ 2017, 933, 935.

[33] Im Vorfeld *Linke,* DÖV 2017, 483, 492.

[34] Zu möglichen Bedenken hinsichtlich Art. 73 III GG die Nachweise oben bei Rdnr. 340.

rungsausschluss gelten auf prozessualer wie materieller Seite hohe Anforderungen (vgl. oben Rdnr. 340); die befürchteten niedrigschwelligen Sanktionen aus politischer Opportunität und damit einen nicht legitimen Eingriff in die Chancengleichheit der politischen Parteien kann es auf dem Boden des Grundgesetzes nicht geben.[35] Der temporär begrenzte Finanzierungsausschluss bietet der betroffenen Partei sogar die Möglichkeit, ihre Überzeugungen zu revidieren und in den Rahmen der freiheitlichen demokratischen Grundordnung zurückzukehren.[36]

3. Prozessuales und Rechtsfolgen

341 Die Verfahren nach Art. 21 II, IV und 21 III, IV GG können von Bundestag, Bundesrat oder Bundesregierung eingeleitet werden (§ 43 I S. 1 BVerfGG). Nach § 43 I S. 2 BVerfGG ist eine Verbindung als Haupt- und Hilfsantrag möglich und regelmäßig zu erwarten.[37] Es besteht für die Verfassungsorgane keine Pflicht zur Antragstellung; sie kann aus dem Gesichtspunkt politischer Opportunität geschehen oder unterbleiben.[38] Eine politische Partei ist in den Verfahren nach § 43 BVerfGG nicht antragsberechtigt. Antragsgegner kann nur eine politische Partei sein.[39] Die Vertretungsbefugnis des § 44 BVerfGG gewährleistet, dass ein Verbotsverfahren nicht dadurch vereitelt werden kann, dass Vertretungsberechtigte nicht greifbar sind.

In der nach einem Vorverfahren (§ 45 BVerfGG) und der Durchführung des Hauptverfahrens ergehenden Entscheidung stellt das BVerfG die Verfassungswidrigkeit der politischen Partei (§ 46 I BVerfGG) oder ihren Ausschluss von staatlicher Finanzierung für sechs Jahre (§ 46a I BVerfGG, § 18 VI S. 2 PartG) fest. Dem BVerfG kommt hierbei kein Ermessenspielraum zu,[40] es hat jedoch einen gewissen Spielraum bei der Auslegung und Subsumtion der Tatbestandsmerkmale und muss in diesem Zusammenhang den Grundsatz der Verhältnismäßigkeit berücksichtigen[41] (vgl. Rdnr. 340a). Für die Feststellung ist nach § 15 IV S. 1 BVerfGG eine Zweidrittelmehrheit der Mitglieder des Senats erforderlich.[42] Obwohl Art. 21 II GG nur von der Verfassungswidrigkeit der Partei spricht und so den historisch besetzten Begriff des Parteiverbotes ver-

---

[35] *Kluth,* ZParl 2017, 676, 689 mahnt in diesem Zusammenhang zu Recht „besondere Sensibilität" an.

[36] *Ferreau,* DÖV 2017, 494, 500 sieht hier eine „goldene Brücke"; kritisch *Ipsen,* JZ 2017, 933, 935f.

[37] Durch die Möglichkeit eines Hilfsantrags auf Finanzierungsausschluss wird der Antragsteller von der Prüfung, ob Potentitalität und damit die erhöhten Voraussetzungen für das Parteiverbot vorliegen, entlastet. Aufgrund der Kostenfreiheit des verfassungsgerichtlichen Verfahrens nach § 34 I BVerfGG hat eine negative Entscheidung über den Hilfsantrag auch keine negativen Gerichtskostenfolgen; ähnliches gilt für den Auslagenersatz, der nach der Rechtsprechung des BVerfG im Parteiverbotsverfahren auf Grundlage des § 34a III BVerfGG nur ausnahmsweise in Betracht kommt, vgl. BVerfGE 144, 20 (368) unter Verweis auf BVerfGE 20, 119 (133f.); 49, 70 (89); 96, 66 (67); 110, 407 (409).

[38] BVerfGE 144, 20 (233); BVerfGE 5, 85 (113, 129f.) spricht vom „pflichtgemäßen Ermessen" der Antragsberechtigten. Wie hier *Morlok,* in: Dreier, GG, Art. 21 Rdnr. 160. Anders *Kersten,* NJ 2001, 3, unter Berufung auf Art. 21 II S. 1 GG: Wenn Parteien bei Vorliegen der Verbotsvoraussetzungen verfassungswidrig sind, könne es bei der Antragstellung kein Ermessen geben.

[39] BVerfGE 91, 262 (272ff.); 91, 276 (290ff.); *Sachs,* Verfassungsprozessrecht, Rdnr. 427.

[40] *Ipsen,* JZ 2017, 933, 934.

[41] *Kloepfer,* NVwZ 2017, 913, 919; *Müller,* DVBl. 2018, 1035, 1040; anders *Shirvani,* DÖV 2018, 921, 925.

[42] Dieses Quorum gilt nicht nur für das Verbot, sondern auch für alle weiteren der politischen Partei nachteiligen Entscheidungen, z. B. die Ablehnung eines Antrags auf Verfahrenseinstellung, vgl. BVerfGE 107, 339 (356), ferner vor allem die im Vorverfahren nach § 45 BVerfGG zu treffende Entscheidung, dass der Verbotsantrag zulässig und hinreichend begründet ist.

meidet, ist dieses die Rechtsfolge von Art. 21 II GG.[43] Mit der Feststellung des Parteiverbots ist nicht nur die Auflösung der Partei, sondern auch das nach §§ 84 StGB, 20 I S. 1 Nr. 2 VereinsG strafbewehrte Verbot der Fortführung oder der Schaffung von Ersatzorganisationen (§ 46 III BVerfGG) und der Mandatsverlust ihrer Abgeordneten (§ 46 I Nr. 5, IV BWahlG) verbunden.[44] Der Entscheidungsausspruch kann nach § 46 II S. 2 BVerfGG auch die Einziehung des Parteivermögens umfassen. Art. 21 II, IV GG und das dort verankerte besondere Verbotsverfahren durch das BVerfG ist für politische Parteien lex specialis gegenüber Art. 9 II GG.[45]

Die Feststellung des Ausschlusses von staatlicher Finanzierung hat nach Art. 21 III S. 2 GG auch den Entfall der steuerrechtlichen Begünstigungen der Partei und der Zuwendungen an sie zur Folge. Nicht betroffen von der Feststellung des Finanzierungsausschlusses sind andere Rechte der Partei wie der Zugang zu öffentlichen Einrichtungen oder zu Sendezeiten im Rundfunk.Erst recht hat die Feststellung keine Auswirkungen auf das Mandat gewählter Abgeordneter oder die Rechte von Fraktionen.[46] Diese sonstigen Rechte bleiben als Teil des Parteienprivilegs bestehen, solange eine Partei nicht nach Art. 21 II GG verboten ist.[47] Weiterhin ist der Finanzierungsausschluss auch auf Ersatzparteien zu erstrecken, wobei die Feststellung, ob eine Ersatzpartei vorliegt, durch das BVerfG getroffen wird (§ 46a II BVerfGG). Der zunächst auf sechs Jahre befristete Ausschluss von staatlicher Finanzierung kann auf Antrag eines Antragsberechtigten durch das BVerfG verlängert werden.[48] Hierzu bedarf es keines Vorverfahrens nach § 45 BVerfGG (§ 46a II S. 2 BVerfGG); außerdem kann das BVerfG ohne mündliche Verhandlung entscheiden (§ 46a II S. 3 BVerfGG). Trotz entsprechender Diskussionen im Gesetzgebungsverfahren[49] wurde kein Verfahren geschaffen, in dem die von der Finanzierung ausgeschlossene Partei schon vor Ablauf der sechsjährigen Frist ihre wieder bestehende Übereinstimmung mit den Schutzgütern des Art. 21 GG geltend machen und somit den Anspruch auf staatliche Finanzierung wiedererlangen kann. Dies wird zurecht mit Blick auf die Funktion des Finanzierungsausschlusses als „goldene Brücke" zur Rückkehr auf den Boden der freiheitlichen demokratischen Grundordnung kritisiert: Diese Funktion gebietet die Anerkennung eines auf Feststellung der Verfassungskonformität einer Partei gewichteten Antrags, wenn eine von der Finanzierung ausgeschlossenen Partei „substantiiert vortragen kann, welche Änderungen an ihrer Zielsetzung und dem Verhalten ihrer Anhänger eine neue, von der ursprünglichen Feststellung nach Art. 21 Abs. 3, 4 GG abweichendee, Beurteilung rechtfertigen sollen."[50]

In diesem Sonderfall wird man eine Ausnahme vom Grundsatz erwägen müssen, wonach einer Partei hinsichtlich des Antrags auf Feststellung ihrer eigenen Verfassungskonformität das Rechtschutzbedürfnis fehlt.[51]

[43] *Ipsen,* JZ 2017, 933, 934 m.w.N.

[44] BVerfGE 2, 1 (73f., 76f.); kritisch *Morlok,* in: Dreier, GG, Art. 21 Rdnr. 156.

[45] BVerfGE 2, 1 (13, 78); *Frei,* Transformationsprozesse, S. 64ff.; *ders.,* Vergangenheitspolitik, S. 69ff., 326ff.

[46] Mit Blick auf Gemeinderatsfraktionen BVerfG, NVwZ 2018, 1656, 1658f.

[47] *Chr. Walter/Herrmann,* ZG 2017, 306, 311ff.; vgl. auch *Ipsen,* JZ 2017, 933, 935.

[48] Zu diesem Verlängerungsverfahren *Shirvani,* DÖV 2018, 921, 927.

[49] Vgl. *Ferreau,* DÖV 2017, 494, 500; *Chr. Walter/Herrmann,* ZG 2017, 306, 313ff., jeweils m.w.N.

[50] *Müller,* DVBl. 2018, 1035, 1042.

[51] BVerfGE 133, 100 (106ff.); vgl. *Hufen/Kumpf,* DVBl. 2013, 417ff.

4. Bisherige Parteiverbotsverfahren

342 Die beiden ersten, in den 1950er Jahren durchgeführten Parteiverbotsverfahren waren erfolgreich.[52] Zwei weitere Verbotsanträge in den 1990er Jahren hat das BVerfG als unzulässig verworfen, da die angegriffenen Vereinigungen keine Parteien iSd. Art. 21 I S. 1 GG, § 2 I PartG waren.[53] Entgegen gelegentlichen Vermutungen der 1980er Jahre[54] ist Art. 21 II, IV GG nicht obsolet geworden: Ein im Jahre 2001 mit Anträgen von Bundestag, Bundesregierung und Bundesrat eingeleitetes Verfahren mit dem Ziel des Verbotes der NPD hat das BVerfG im März 2003 eingestellt. Die Beobachtung der NPD durch V-Leute der Verfassungsschutzbehörden, die unmittelbar vor oder sogar während der Ausführung des Verfahrens nach Art. 21 II, IV GG auch im Vorstand der Partei vertreten waren, habe wegen Verstoßes gegen rechtsstaatliche Grundsätze ein nicht behebbares Verfahrenshindernis geschaffen.[55] Das durch einen Antrag des Bundesrates 2013 eingeleitete zweite NPD-Verbotsverfahren[56] scheiterte an der tatbestandlichen Voraussetzung der Potentialität (vgl. oben Rdnr. 340a), die das BVerfG seit seinem Urteil aus dem Jahre 2017 dem Wortlaut des Art. 21 II GG entnimmt: Nach der Entscheidung des BVerfG „strebt [die NPD] nach ihren Zielen und dem Verhalten ihrer Anhänger die Beseitigung der freiheitlichen demokratischen Grundordnung an“[57]. „Es fehlt jedoch an konkreten Anhaltspunkten von Gewicht, die es zumindest möglich erscheinen lassen, dass dieses Handeln […] zum Erfolg führt.“[58] Der Antrag war somit unbegründet. Inzwischen beschlossen sowohl Bundesrat[59] als auch Bundestag[60] einen Antrag auf Ausschluss der NPD von der staatlichen Finanzierung nach dem neu geschaffenen Art. 21 III, IV GG zu stellen. Dieser Antrag dürfte – vor dem Hintergrund der Ausführungen des BVerfG zu den übrigen Tatbestandsvoraussetzungen im aktuellen NPD-Urteil – gute Erfolgsaussichten haben.[61]

B. Wahlprüfungsverfahren, insbesondere Wahlprüfungsbeschwerde zum BVerfG nach Art. 41 II GG, §§ 13 Nr. 3, 48 ff. BVerfGG

343 Der Wahlprüfung durch das BVerfG geht ein aufgrund eines Einspruchs durchzuführendes Wahlprüfungsverfahren durch den Bundestag (Art. 41 I S. 1 GG iVm. dem Wahlprüfungsgesetz) zwingend[62] voraus. Gegen dessen Beschlüsse über die Gültigkeit einer Wahl, den Erwerb oder Verlust der Mitgliedschaft eines Abgeordneten im Bundestag (zu Besonderheiten in dieser Variante des sog. Mandatsverlustverfahrens s. un-

52 BVerfGE 2, 1 – SRP; 5, 85 – KPD. Zu diesen Verfahren *Morlok,* NJW 2001, 2933 ff.
53 BVerfGE 91, 262 (272 ff.); 91, 276 (290 ff.).
54 *Friesenhahn* nach dem Bericht von *H. Meyer,* AöR 108 (1983), 294; *H. Hofmann,* S. 258.
55 BVerfGE 107, 339. Vgl. dazu auch die vorausgegangenen Beschlüsse des Gerichts zu prozessualen Fragen: BVerfGE 103, 41; 104, 38; 104, 39; 104, 41; 104, 42; 104, 63; 104, 214.
56 BVerfGE 144, 20. Vgl. dazu auch die vorausgegangenen Beschlüsse des Gerichts zu prozessualen Fragen: BVerfGE 138, 397; 140, 316; 142, 1; 142, 5; 142, 9; 142, 18.
57 BVerfGE 144, 20 (246).
58 BVerfGE 144, 20 (307).
59 Beschluss vom 2. Februar 2018, BR-Drs. 30/18 (Beschluss).
60 Beschluss vom 26. April 2018, vgl. BT-Drs. 19/1824 (Antrag).
61 Bereits im Vorfeld *Ipsen,* JZ 2017, 933, 935.
62 Zu – im Ergebnis nicht durchgreifenden – Überlegungen über Ausnahmen *Chr. Walter,* in: Chr. Walter/Grünewald, BeckOK BVerfGG, § 48 Rdnr. 13.

ten Rdnr. 345 a. E.)[63] oder – seit einer Änderung des § 48 BVerfGG und des Wahlprüfungsgesetzes im Jahre 2012 – die Verletzung von Rechten bei der Vorbereitung oder Durchführung der Wahl ist binnen einer Frist von zwei Monaten die „Beschwerde" zum BVerfG zulässig.[64] Das Wahlprüfungsverfahren insgesamt und insbesondere die auf zweiter Stufe erfolgende Wahlprüfungsbescherde zum BVerfG soll die gesetzmäßige Zusammensetzung des Deutschen Bundestages gewährleisten und subjektive Rechte der Wahlberechtigten schützen.[65] Auch bei Wahlen zum Europäischen Parlament ist diese Beschwerde gegen Entscheidungen des Bundestages zulässig. § 26 III EuWG ordnet die entsprechende Anwendung des BVerfGG an.[66]

Die Antragsberechtigten bezüglich der Wahlprüfungsbeschwerde sind in § 48 **344**
BVerfGG im Einzelnen und abschließend[67] genannt, wobei sich der Kreis der Antragsberechtigten zum BVerfG (zweite Stufe) von dem der zum Bundestag (erste Stufe) nach § 2 II WahlprüfG Antragsberechtigten unterscheidet. Die Regelung in § 48 BVerfGG konkretisiert in verfassungsmäßiger Weise unter Nutzung des nach Art. 41 III GG eröffneten Spielraumes das durch Art. 42 II GG vorgesehene Verfahren.[68] Genannt ist zunächst der Abgeordnete, dessen Mandat bestritten, also durch den Bundestag aberkannt worden,[69] ist. Dieser ist in der Variante der Mandatsverlustbeschwerde immer antragsberechtigt (hierzu näher Rdnr. 245 a. E.).[70] Die übrigen genannten Antragsberechtigten beziehen sich auf die allgemeine Wahlprüfungsbeschwerde, wobei zwischen privilegiert und nicht privilegiert Antragsberechtigten zu unterscheiden ist:[71] Während eine Fraktion oder eine Abgeordnetenminderheit, die mindestens ein Zehntel der gesetzlichen Mitgliederzahl des Bundestags umfasst, als privilegiert Antragsberechtigte den Antrag zum BVerfG auch dann stellen dürfen, wenn sie sich selbst nicht an dem Einspruch zum Bundestag auf erster Stufe beteiligt haben, ist bei den nicht privilegiert Antragsberechtigten (wahlberechtigte Person oder Gruppe von wahlberechtigten Personen) Personenidentität von Einspruchsführer beim Bundestag und späterem Beschwerdeführer zu fordern.[72] Obwohl der Wortlaut des § 48 BVerfGG für die Antragsberchtigung die Wahlberechtigung iSd. gesetzlichen Vorschriften (vgl. §§ 12, 13 BWahlG) voraussetzt, lässt das BVerfG auch einen Antrag eines nicht Wahl-

---

[63] BVerfGE 5, 2.

[64] Eine Prüfung durch das BVerfG vor Beschlussfassung des Bundestages über einen Einspruch oder gar vor Durchführung der Wahl sahen das GG und das BVerfGG bis 2012 nicht vor, und dies auch nicht im Wege des Verfahrens der einstweiligen Anordnung, BVerfGE 63, 73 (76). Eine in ein Verfahren nach § 32 BVerfGG „vorverlegte Wahlprüfung" soll es nicht geben, vgl. *H. H. Klein,* in: Maunz/Dürig, GG, Art. 41 Rdnr. 80; *Robbers,* Probleme, S. 99ff. Nach der Beschlussfassung durch den Bundestag ist dagegen einstweiliger Rechtsschutz vor dem BVerfG möglich, BVerfGE 92, 131 (133); 105, 235 (238); *Benda/Klein,* Verfassungsprozessrecht, Rdnr. 1294. Zur jetzigen Nichtanerkennungsbeschwerde nach Art. 93 I Nr. 4c GG vgl. unten Rdnr. 345a ff.

[65] BVerfGE 122, 304 (306); bereits BVerfGE 1, 430 (433); ferner BVerfGE 89, 291 (299); 103, 111 (134).

[66] Vgl. BVerfGE 70, 271 (276); 129, 300 (316); hierzu näher *Schmidt-Bleibtreu,* in: Maunz u. a., BVerfGG, § 48 Rdnr. 7 a; *Lechner/Zuck,* vor § 48 Rdnr. 12.

[67] BVerfGE 58, 172.

[68] BVerfGE 128, 322 (324).

[69] *H. H. Klein,* in: Maunz/Dürig, GG, Art. 41 Rdnr. 82.

[70] *Chr. Walter,* in: Chr. Walter/Grünewald, BeckOK BVerfGG, § 48 Rdnr. 14.

[71] *Chr. Walter,* in: Chr. Walter/Grünewald, BeckOK BVerfGG, § 48 Rdnr. 15ff.

[72] Zu Letzterem BVerfGE 128, 322 (324).

berechtigten zu, soweit gerade die Prüfung der Verfassungsmäßigkeit der zugrundeliegenden Vorschriften des BWahlG in Rede steht.[73]

Erhebt ein einzelner Wahlberechtigter die Wahlprüfungsbeschwerde zum BVerfG, ist anders als nach dem bis 2012 geltenden § 48 I und II BVerfGG a. F. der Beitritt von mindestens 100 weiteren Wahlberechtigten nicht mehr erforderlich.[74] Die Beschränkung der Wahlprüfungsbeschwerde auf solche Fälle, die nach Ansicht wenigstens einer gewissen Zahl Wahlberechtigter Grund zur Beschwerde geben, ist obsolet.[75] Das BVerfG fasste das Beitrittserfordernis sehr genau: Auch wenn mehrere Beschwerdeführer gemeinsam oder im Zusammenwirken getrennte Wahlprüfungsbeschwerden einlegten, bedurfte jede dieser Beschwerden für sich allein des Beitritts von mindestens 100 Wahlberechtigten.[76] Zulässig ist nunmehr auch eine Wahlprüfungsbeschwerde von Gruppen von Wahlberechtigten einschließlich der politischen Parteien und Gruppen von Kandidaten.[77] Diese sollen für ihre Mitglieder handeln können.

Es handelt sich im Gegensatz zum Verfassungsbeschwerdeverfahren vorrangig um ein objektives Verfahren.[78] Seit der Änderung des § 48 I und III BVerfGG (2012) entscheidet das BVerfG im Rahmen einer Wahlprüfungsbeschwerde nicht mehr allein über die Gültigkeit einer Wahl zum Deutschen Bundestag oder den Mandatsverlust eines Abgeordneten. Gegenstand der Wahlprüfung kann auch die Verletzung von Rechten einer wahlberechtigten Person oder einer Gruppe von Wahlberechtigten sein, soweit die Rechte der Wahlprüfung nach § 1 I WahlPrüfG unterliegen.[79] Die Beschwerde kann vor allem dann zum Erfolg führen, wenn durch die geltend gemachte Rechtsverletzung die gesetzmäßige Zusammensetzung der zu wählenden Körperschaft berührt sein kann.[80] „Mängel ... sind nur dann beachtlich, wenn sie wesentlich sind und der Entscheidung des Bundestages die Grundlage entziehen".[81] Es gilt der Grundsatz des Bestandsschutzes einer gewählten Volksvertretung.[82] „Der Eingriff in die Zusammensetzung einer gewählten Volksvertretung durch eine wahlprüfungsrechtliche Entscheidung muss vor dem Interesse an der Erhaltung der gewählten Volksvertretung gerechtfertigt werden. Je tiefer und weiter die Wirkungen eines solchen Eingriffs reichen, desto schwerer muss der Wahlfehler wiegen, auf den dieser Eingriff gestützt wird."[83] Da es sich um ein objektives Verfahren handelt, kann das BVerfG über die Wahlprüfungsbeschwerde auch nach deren Zurücknahme entscheiden, wenn dies im

---

[73] BVerfGE 132, 39 (46); 151, 1 (13 Rdnr. 27) – Wahlrechtsausschluss von Personen, für die in allen Angelegenheiten ein Betreuer bestellt ist. Näher *Chr. Walter,* in: Chr. Walter/Grünewald, BeckOK BVerfGG, § 48 Rdnr. 19.

[74] Dies führte zu einem erheblichen Anstieg der Verfahrenszahlen vor dem BVerfG; vgl. *Schreiber,* DVBl. 2018, 144, 153, der deshalb für eine Wiedereinführung dieser „Filterfunktion" plädiert.

[75] Zum früheren Recht insoweit BVerfGE 66, 311 (312).

[76] BVerfGE 66, 311.

[77] Zur früheren Unzulässigkeit vgl. BVerfGE 66, 311; 79, 47 (48).

[78] BVerfGE 34, 81 (94f.); 79, 47 (48); 85, 148: Verfassungsbeschwerde zum BVerfG gegen eine Wahlprüfungsentscheidung des Verfassungsgerichtshofs für das Land Nordrhein-Westfalen. Das BVerfG äußert sich hier eingehend zum zulässigen und erforderlichen Prüfungsumfang im Wahlprüfungsverfahren. Ausführlich zum objektiven Charakter auch BVerfGE 122, 304 (306).

[79] BVerfGE 151, 1 (12f. Rdnr. 25).

[80] BVerfGE 1, 430 (433); 40, 11 (29); 59, 119 (123); 79, 173; 85, 148 (159); 89, 243; 89, 266.

[81] BVerfGE 89, 291 (299).

[82] BVerfGE 123, 39 (87).

[83] BVerfGE 129, 300 (344) – Verfassungswidrigkeit des § 2 Abs. 7 EuWG.

öffentlichen Interesse liegt.[84] Das Gericht spricht von der „Anstoßfunktion“[85] der Wahlprüfungsbeschwerde. Inzident wird in der Wahlprüfungsbeschwerde die Verfassungsmäßigkeit des Wahlgesetzes geprüft.[86] Diese Prüfung erstreckt sich auch auf die Gültigkeit von Rechtsverordnungen, zu deren Erlass das Wahlgesetz ermächtigt.[87] Erklärt das Gericht eine Wahlrechtsvorschrift für verfassungswidrig und nichtig, muss dies nach dem Gebot des geringstmöglichen Eingriffs auf die stattgefundene Wahl nicht zu deren Ungültigkeit führen.[88] Auch nach Ablauf einer Wahlperiode kann ein öffentliches Interesse an einer Wahlprüfungsentscheidung über die Verfassungsmäßigkeit von Wahlrechtsnormen und die Anwendung des geltenden Wahlrechts bestehen, soweit ein möglicher Wahlfehler über den Einzelfall hinaus grundsätzliche Bedeutung hat.[89] Die Wahlprüfungsbeschwerde umfasst neben der Feststellung der Gültigkeit der Wahl und der Mandatsverteilung auch Elemente subjektiven Rechtsschutzes: Nach § 48 III BVerfGG kann das BVerfG im Fall der Beschwerde einer wahlberechtigten Person auch feststellen, dass deren Rechte verletzt wurden, wenn es nicht die Wahl für ungültig erklärt.[90] In diesem Fall bedarf es keiner substantiierten Darlegung der Mandatsrelevanz des geltend gemachten Wahlfehlers. Die Regelung zielt darauf, dem BVerfG in „den Wahlprüfungsbeschwerdeverfahren, in denen die Wahl zum Deutschen Bundestag nicht für ungültig zu erklären ist, die Möglichkeit zu eröffnen, auf entsprechende Beschwerden hin die geltend gemachten Rechtsverletzungen zu klären und gegebenenfalls im Tenor seiner Entscheidung festzustellen“.[91]

Nach § 49 BWahlG ist die Verfassungsbeschwerde gegen Entscheidungen und Maß- **345**
nahmen, die sich unmittelbar auf das Wahlverfahren beziehen, ausgeschlossen. Art. 41 II GG kann insoweit als verfahrensrechtliche lex specialis betrachtet werden.[92]

Art. 41 II GG bezieht sich jedoch nur auf Entscheidungen des Bundestags im Wahlprüfungsverfahren. Ob wegen Art. 19 IV GG bei Verletzung des aktiven oder passiven Wahlrechts durch andere Maßnahmen anderer Staatsorgane gerichtlicher Rechtsschutz trotz § 49 BWahlG neben dem Wahlprüfungsverfahren zu gewähren ist – und damit letztlich auch die Verfassungsbeschwerde eröffnet ist –, wird kontrovers beurteilt.[93] Die Ausschließlichkeit des Wahlprüfungsverfahrens ließ sich nach alter Rechts-

[84] BVerfGE 89, 291 (299).

[85] BVerfGE 122, 304 (306).

[86] Vgl. BVerfGE 16, 130 (135f.); 59, 119 (124); 79, 160 (165); 97, 317 (322); 121, 266 (295); 122, 304 (307); 123, 39 (68); 132, 39 (47 Rdnr. 22); 151, 1 (13 Rdnr. 26); vgl. *H. H. Klein,* in: Maunz/Dürig, GG, Art. 41 Rdnr. 93; *Lechner/Zuck,* vor § 48 Rdnr. 10.

[87] BVerfGE 123, 39 (68).

[88] BVerfGE 129, 300 (344) – Verfassungswidrigkeit des § 2 Abs. 7 EuWG.

[89] BVerfGE 122, 304 (306).

[90] Zu § 48 III BVerfGG vgl. die Begründung des Entwurfs eines Gesetzes zur Verbesserung des Rechtsschutzes in Wahlsachen vom 24. April 2012, BT-Drs. 17/9391, S. 5, 9ff. Fallbesprechung bei *P. Kircher/F. Nagel/Chr. Thümmler/J. Washausen,* Jura 2014, 436ff.

[91] BVerfGE 151, 1 (14 Rdnr. 31).

[92] BVerfGE 29, 18 (19); 74, 96 (101).

[93] Ablehnend *Badura,* in: BK, Anh. zu Art. 38 Rdnr. 81ff.; BVerfGE 22, 277 (281); vgl. auch *Kisker,* S. 89f.; dafür aber *Schenke,* NJW 1981, 2440ff.: Art. 19 IV GG werde nicht durch Art. 41 II GG verdrängt. Der Rechtsschutz gegen die Verletzung von subjektiven Wahlrechten durch Akte der Wahlbehörden oder Wahlorgane – z. B. bei Eintragung in das Wählerverzeichnis, bei Zulassung eines Wahlvorschlags – sei grundsätzlich von den Verwaltungsgerichten zu gewähren, da hier in der Regel Verwaltungshandeln vorliege. Auf Landesebene hat SächsVerfGH, NVwZ 2019, 1829 eine Verfassungsbeschwerde im Vorfeld der Landtagswahl für zulässig erachtet; dazu *Brade,* NVwZ 2019, 1814.

lage damit begründen, dass bei Wahlvorgängen mit ihrer Notwendigkeit, die Stimmen der Wahlberechtigten zu einer Wahlentscheidung zusammenzufassen, die Kontrolle der subjektiven Wahlrechte der Einzelnen zurücktreten muss.[94] Mit der Neufassung des § 48 BVerfGG lässt sich eine stärkere Fokussierung des Wahlprüfungsverfahrens auch auf Individualrechte feststellen. Erweitert wurden die prozessualen Kontrollmöglichkeiten im Zusammenhang mit Wahlakten auch durch die Einführung der (präventiven) Nichtanerkennungsbeschwerde nach Art. 93 I Nr. 4c GG, §§ 13 Nr. 3a, 96a–d BVerfGG, vgl. Rdnr. 345a ff.

Eine besondere Ausprägung des allgemeinen Wahlprüfungsverfahrens nach Art. 41 I S. 1, II GG stellt das Mandatsverlustverfahren inklusive der Mandatsverlustbeschwerde zum BVerfG nach Art. 41 I S. 2, II GG dar. Dieses Verfahren erstreckt sich nur auf den Fall des nachträglichen Verlustes eines einmal wirksam erworbenen Mandates (u. a. nach § 46 I S. 1 BWahlG). Es erfolgt im Wesentlichen entsprechend dem allgemeinen Wahlprüfungsverfahren, insbesondere ist auch hier ein zweistufiges Verfahren (Verfahren im Bundestag und anschließende Mandatsverlustbeschwerde zum BVerfG) notwendig.[95] Allerdings herrscht hier – anders als im allgemeinen Wahlprüfungsverfahren – der Grundsatz der Diskontinuität, weil das Verfahren primär auf Gewährleistung der ordnungsgemäßen Zusammensetzung des Bundestags gerichtet ist. Nach Ende der Legislaturperiode besteht deshalb kein Interesse an einer Entscheidung mehr.[96]

C. Nichtanerkennungsbeschwerde nach Art. 93 I Nr. 4c GG, §§ 13 Nr. 3a, 96a–d BverfGG

345a Zur Wahlprüfung durch das BVerfG kann es erst nach der Wahl kommen, sie hat den Grundsatz des Bestandsschutzes einer gewählten Volksvertretung zu berücksichtigen (dazu Rdnr. 344).[97] Daraus ergaben sich Rechtsschutzlücken im Vorfeld einer Wahl.

I. Hintergrund

Gemäß dem im Jahr 2012 eingefügten[98] Art. 93 I Nr. 4c GG und dem gleichlautenden § 13 Nr. 3a BVerfGG (siehe auch § 18 IVa BWG[99]; die nähere Ausgestaltung findet sich in den §§ 96a ff. BVerfGG) entscheidet das BVerfG nun auch im Vorfeld der Wahl „über Beschwerden von Vereinigungen gegen ihre Nichtanerkennung als Partei für die Wahl zum Bundestag“. Das eröffnet punktuell für den Fall einer negativen Feststellung des Bundeswahlausschusses nach § 18 IV BWG eine Rechtsschutzmöglichkeit

Zur Forderung nach einer Ausweitung des Rechtsschutzes gegen Wahlrechtsverletzungen auch auf Bundesebene im Anschluss an diese Entscheidung jetzt auch *Schenke,* NJW 2020, 122 (127); *Drossel/Schemmel,* NVwZ 2020, 1318 (1323).

94 BVerfGE 22, 277 (281).

95 Detailliert *H. H. Klein,* in: Maunz/Dürig, GG, Art. 41 Rdnr. 127 ff.; *Chr. Walter,* in: Chr. Walter/Grünewald, BeckOK BVerfGG, § 48 Rdnr. 42 ff.

96 *H. H. Klein,* in: Maunz/Dürig, GG, Art. 41 Rdnr. 142.

97 Vgl. BVerfGE 4, 37; 89, 243 (254); st. Rspr.

98 Eingef. durch G v. 11.7.2012 (BGBl. I S. 1478).

99 Eingef. durch G v. 12.7.2012 (BGBl. I S. 1501).

für Parteien und Vereinigungen vor der Wahl und schließt eine vielkritisierte Rechtsschutzlücke[100] zumindest teilweise (zu weitergehenden Forderungen Rdnr. 345j). Die Änderung des Grundgesetzes hat einen Konflikt mit der Zuständigkeit des Bundestages nach Art. 41 GG vermieden.[101] Die Nichtanerkennungsbeschwerde wurde durch Änderung des EuWG auch auf die Europawahlen erstreckt (vgl. Rdnr. 345k).

Das „Gesetz zur Verbesserung des Rechtsschutzes in Wahlsachen" v. 12.7.2012[102] ist maßgeblich auf die Kritik durch die Organisation für Sicherheit und Zusammenarbeit in Europa (OSZE) in ihrem Bericht zur Bundestagswahl 2009[103] zurückzuführen.[104] Neben der Einführung der Nichtanerkennungsbeschwerde[105] hat das Gesetz unter anderem die Zusammensetzung des Bundeswahlausschusses geändert, dem nun auch zwei Richter des Bundesverwaltungsgerichts angehören (§ 9 II 1 BWG).[106]

II. Beschwerdeberechtigung und Vertretung

Beschwerdeberechtigt im Verfahren der Nichtanerkennungsbeschwerde sind gemäß § 96a I BVerfGG „Vereinigungen und Parteien, denen die Anerkennung als wahlvorschlagsberechtigte Partei" nach § 18 IV BWG versagt wurde. Diese Ausgestaltung durch das BVerfGG präzisiert die Vorgabe des Art. 93 I Nr. 4c GG, der nur von „Vereinigungen" spricht. **345b**

Gemäß § 18 IV BWG stellt der Bundeswahlausschuss spätestens am 79. Tag vor der Wahl „für alle Wahlorgane verbindlich fest, 1. welche *Parteien* im Deutschen Bundestag oder in einem Landtag seit deren letzter Wahl auf Grund eigener Wahlvorschläge ununterbrochen mit mindestens fünf Abgeordneten vertreten waren" und „2. welche *Vereinigungen,* die nach Absatz 2 ihre Beteiligung angezeigt haben, für die Wahl als Parteien anzuerkennen sind".[107] Bei den „etablierten" Parteien[108] wird die Parteieigen-

[100] Eine Rechtsschutzlücke stellen etwa fest *Morlok,* Parteiengesetz, § 3 Rdnr. 7; *Morgenthaler,* in: BeckOK-GG, Art. 93 Rdnr. 88.1; *Meinel,* ZParl 2010, 67 (73); *Bethge,* in: Maunz u. a., BVerfGG, § 90 Rdnr. 448b; *Koch,* ZRP 2011, 196 (197). Ähnlich *Hahlen,* in: Schreiber/Hahlen/Strelen, BWahlG, § 18 Rdnr. 46; *Bechler/Neidhardt,* NVwZ 2013, 1438 (1438); *P. Klein,* DÖV 2013, 584 (586, 589 m. w. N.). Zurückhaltender *Lenz/Hansel,* BVerfGG, § 96a Rdnr. 3, unter Verweis auf eine sich ggf. abzeichnende Rechtsprechungsänderung des BVerfG.

[101] Vgl. *Morlok/Bäcker,* NVwZ 2011, 1153 (1159); *Koch,* ZRP 2011, 196 (200); *P. Klein,* DÖV 2013, 584 (588).

[102] BGBl I S. 1501. Nachweise zur Entstehungsgeschichte bei *Hahlen,* in: Schreiber/Hahlen/Strelen, BWahlG, § 18 Rdnr. 46, insbes. Fn. 186ff.

[103] Bericht der OSZE/ODIHR-Wahlbewertungsmission (Election Assessment Mission) zur Wahl zum Deutschen Bundestag 2009 v. 14.12.2009, online abrufbar unter http://www.osce.org/de/odihr/elections/germany/40879?download=true (letzter Zugriff 13.4.2021). Dazu *H.-J. Schmedes,* ZParl 2010, 77; siehe auch den Bericht von *J. Risse,* Der Bundeswahlausschuss, die Europawahl und die Bundestagswahl 2009, MIP 2010, 40.

[104] Vgl. BT-Drs. 17/9392, S. 4.

[105] *P. Klein,* DÖV 2013, 584, spricht von einer „Nichtzulassungsbeschwerde".

[106] Zu entsprechenden Forderungen *Morlok/Bäcker,* NVwZ 2011, 1153 (1156f.); *H. H. Klein,* ZG 2010, 151 (159ff.); *Meinel,* ZParl 2010, 67 (70f.); *P. Klein,* DÖV 2013, 584 (586); zu den weiteren Änderungen durch die Reform ebenda, 584 (587ff.).

[107] Hervorhebung nur hier.

[108] Kritisch mit Blick u. a. auf die Chancengleichheit der Parteien *P. Klein,* DÖV 2013, 584 (588); *Meinel,* ZParl 2010, 67 (68ff.).

schaft demnach fingiert,[109] im Übrigen bedarf es weiterer Nachweise und einer gesonderten Prüfung am Maßstab des Art. 21 GG und des § 2 PartG.[110] Die Anerkennung gemäß § 18 IV BWG ist Voraussetzung für die Berechtigung zur Einreichung eines Wahlvorschlags nach § 18 I, II BWG[111] und somit zentrale Voraussetzung für die Ausübung der den Parteien durch das Grundgesetz zugewiesenen Aufgabe der Legitimationsvermittlung.[112]

Es ist nicht ersichtlich, dass der Wortlaut des Art. 93 I Nr. 4c GG für den Fall des § 18 IV Nr. 1 BWG Rechtsschutz ausschließen sollte; vielmehr entspräche dies gerade nicht dem Willen des verfassungsändernden Gesetzgebers.[113] Daher ist für beide Fälle des § 18 IV BWG Rechtsschutz eröffnet.[114] Zu berücksichtigen ist, dass ein Schweigen des Bundeswahlausschusses in diesem Zusammenhang einer negativen Feststellung gleichzusetzen ist und daher auch insoweit eine Partei oder Vereinigung beschwerdeberechtigt ist.[115]

Anders als im Wahlprüfungsverfahren sind der Bundeswahlausschuss, einzelne Wahlberechtigte sowie andere, von der Feststellung nicht unmittelbar betroffene Parteien oder Vereinigungen nicht beschwerdeberechtigt.[116]

Ob das BVerfG sich der Auslegung anschließen wird, wonach eine Partei mit der Nichtanerkennungsbeschwerde auch geltend machen kann, zu Unrecht vom Bundeswahlausschuss zwar als Partei, aber nicht als „Partei einer nationalen Minderheit" (vgl. §§ 6 III 2, 20 II 3 sowie § 27 I 4 BWG) anerkannt worden zu sein,[117] bleibt abzuwarten.

345c Die Partei oder Vereinigung muss ordnungsgemäß vertreten werden. Abweichend von § 11 III 2 PartG i. V. m. § 26 II BGB (Mehrheit der Vorstandsmitglieder) ist hier der speziellere § 18 II 3 BWG (i. V. m. § 44 S. 1 BVerfGG) entsprechend anzuwenden, so dass auch der Antrag zum BVerfG von mindestens drei Mitgliedern des Bundesvorstandes, darunter dem Vorsitzenden oder seinem Stellvertreter, persönlich und handschriftlich unterzeichnet sein muss.[118]

[109] Nach *Morgenthaler,* in: BeckOK-GG, Art. 93 Rdnr. 89, wird die Parteieigenschaft in Nr. 1 „automatisch begründet".

[110] BVerfGE 146, 319 (322f. Rdnr. 14ff.); *Lenz/Hansel,* BVerfGG, § 96a Rdnr. 4. Siehe auch *Bechler/Neidhardt,* NVwZ 2013, 1438 (1440f.). Kritisch *P. Klein,* DÖV 2013, 584 (588) m. w. N., der hier den Gesetzgeber in der Pflicht sieht. Zum Parteienbegriff siehe *Wißmann,* in: Kersten/Rixen, PartG, § 2.

[111] Für einzelne Wahlberechtigte vgl. daneben § 18 I i. V. m. § 20 BWG.

[112] Zu dieser vgl. etwa *Kluth,* in: BeckOK-GG, Art. 21 Rdnr. 68ff.; zu den praktischen Schwierigkeiten kleiner Parteien *Meinel,* ZParl 2010, 67 (68ff.). Zum Verfahren auch *H. H. Klein,* ZG 2010, 151 (154ff.).

[113] Vgl. BT-Drs. 17/9391, S. 6, 8. Siehe auch die Begründung des Gesetzentwurfs zur Verbesserung des Rechtsschutzes in Wahlsachen, BT-Drs. 17/9392, S. 4.

[114] Im Ergebnis wie hier *Morgenthaler,* in: BeckOK-GG, Art. 93 Rdnr. 89; *Hahlen,* in: Schreiber/Hahlen/Strelen, BWahlG, § 18 Rdnr. 46a; *Lenz/Hansel,* BVerfGG, § 96a Rdnr. 5; *Bechler/Neidhardt,* NVwZ 2013, 1438 (1440). Unklar *Gröpl,* Staatsrecht I, Rdnr. 974, der nur von einer „Partei", die nicht als wahlvorschlagsberechtigt anerkannt wurde, spricht.

[115] *Hahlen,* in: Schreiber/Hahlen/Strelen, BWahlG, § 18 Rdnr. 46a.

[116] Kritisch dazu *Hahlen,* in: Schreiber/Hahlen/Strelen, BWahlG, § 18 Rdnr. 46a.

[117] *Hahlen,* in: Schreiber/Hahlen/Strelen, BWahlG, § 18 Rdnr. 46a.

[118] So auch *Bechler/Neidhardt,* NVwZ 2013, 1438 (1440). Offen gelassen in BVerfG, Beschluss vom 23.7.2013, 2 BvC 11/13, Abs.-Nr. 4, und 2 BvC 10/13, Abs.-Nr. 4.

III. Rechtsschutzinteresse

Das Rechtsschutzinteresse kann z. B. dann fraglich sein, wenn die Ausschlussfrist für die für Wahlvorschläge erforderliche Unterstützungsunterschriften (§ 19 BWG) ohne den Nachweis der erforderlichen Anzahl an Unterschriften verstrichen war, so dass die Vereinigung ohnehin nicht an der Wahl teilnehmen könnte.[119] **345d**

IV. Form und Frist

Die Beschwerde ist binnen vier Tagen nach Bekanntgabe der Entscheidung des Bundeswahlausschusses schriftlich zu erheben und zu begründen (§§ 96a II, 23 I BVerfGG). Die für die Prüfung relevanten Unterlagen sind ebenfalls innerhalb von vier Tagen nach der Bekanntgabe vorzulegen.[120] Aus dem Antrag muss hervorgehen, von wem er erhoben wurde;[121] er muss sich mit den tragenden Gründen der ablehnenden Entscheidung des Bundeswahlausschusses auseinandersetzen.[122] **345e**

V. Verfahren

Gemäß § 96b BVerfGG ist dem Bundeswahlausschuss Gelegenheit zur Äußerung zu geben; eine mündliche Verhandlung ist nicht zwingend (§ 96c, d BVerfGG). Sofern eine Bekanntgabe der Entscheidung ohne Begründung erfolgt, ist die Begründung der Beschwerdeführerin und dem Bundeswahlausschuss gesondert zu übermitteln (§ 96d BVerfGG). **345f**

Wenn eine Partei oder Vereinigung eine Nichtanerkennungsbeschwerde erhebt, ist sie nach § 18 IVa S. 2 BWG bis zu einer Entscheidung des BVerfG, längstens bis zum Ablauf des neunundfünfzigsten Tages vor der Wahl wie eine wahlvorschlagsberechtigte Partei zu behandeln. Da die Feststellung des Bundeswahlausschusses selbst nach § 18 IV BWG erst spätestens am neunundsiebzigsten Tage vor der Wahl erfolgen muss, kann schon das „besonders beschleunigt zu betreibende[...] Hauptsacheverfahren“[123] vor dem BVerfG unter erheblichem Zeitdruck durchzuführen sein.[124] Konse-

---

[119] Vgl. *Hahlen,* in: Schreiber/Hahlen/Strelen, BWahlG, § 18 Rdnr. 46a, § 19 Rdnr. 3. Siehe auch *Bechler/Neidhardt,* NVwZ 2013, 1438 (1440) in Fn. 33.

[120] BVerfG, Beschluss vom 23.7.2013, 2 BvC 6/13, Abs.-Nr. 6f.; 2 BvC 8/13, Abs.-Nr. 11f.; *Lenz/Hansel,* BVerfGG, § 96a Rdnr. 6ff. Kritisch zur kurzen Begründungsfrist insbesondere vor dem Hintergrund, dass es sich bei den Antragstellern in der Regel um „Kleinstparteien“ juristischer Laien handeln wird, *Bechler/Neidhardt,* NVwZ 2013, 1438 (1439); danach sollten die Substantiierungsanforderungen nicht überspannt werden. Mit Blick auf das Erfordernis der ordnungsgemäßen Durchführung der Bundestagswahl halten demgegenüber *Lenz/Hansel,* BVerfGG, § 96a Rdnr. 7f., die kurze Frist für unbedenklich.

[121] BVerfG, Beschluss vom 23.7.2013, 2 BvC 11/13, Abs.-Nr. 4; 2 BvC 5/13, Abs.-Nr. 5.

[122] BVerfG, Beschluss vom 23.7.2013, 2 BvC 1/13, Abs.-Nr. 9ff.; 2 BvC 8/13, Abs.-Nr. 11ff.

[123] *Lenz/Hansel,* BVerfGG, § 96a Rdnr. 10.

[124] Dem Gericht verbleiben unter Umständen nur 20 Tage; vgl. auch *Bechler/Neidhardt,* NVwZ 2013, 1438 (1439); *Lenz/Hansel,* BVerfGG, § 96a Rdnr. 7ff. Zu Folgen hinsichtlich der Beweislast *P. Klein,* DÖV 2013, 584 (591).

quent erscheint daher der Ausschluss einer einstweiligen Anordnung gemäß § 96a III BVerfGG.

Im Übrigen bestehen keine Besonderheiten hinsichtlich des Verfahrens. Die Zuständigkeit des Zweiten Senats ergibt sich aus § 14 II BVerfGG; die Verfahren werden – wie die der Wahlprüfung – unter dem Aktenzeichen „2 BvC" geführt.

VI. Prüfungsgegenstand und -maßstab

345g Die Nichtanerkennungsbeschwerde dient nicht einer von der Wahl losgelösten Feststellung der Parteieigenschaft, sondern ausschließlich der Überprüfung einer negativen Entscheidung des Bundeswahlausschusses nach § 18 IV BWG.[125]

Sie ist begründet, wenn die antragstellende Partei im Deutschen Bundestag oder in einem Landtag seit deren letzter Wahl auf Grund eigener Wahlvorschläge ununterbrochen mit mindestens fünf Abgeordneten vertreten war (erster Fall des § 18 IV BWG), oder wenn die antragstellende Vereinigung nach § 18 II BWG ihre Beteiligung angezeigt hat und für die Wahl als Partei anzuerkennen ist (zweiter Fall).[126]

Liegt eine Nichtanerkennungsbeschwerde der zweiten Alternative vor, so ist zu berücksichtigen, dass das Verfahren vor dem BVerfG nicht dazu genutzt werden kann, Mängel der Beteiligungsanzeige nach § 18 II BWG zu heilen. Lag eine gültige Anzeige an den Bundeswahlausschuss bei Ablauf der Anzeigefrist nicht vor, so kann dieser Mangel daher nicht im Verfahren der Nichtanerkennungsbeschwerde geheilt werden.[127]

VII. Verhältnis zur Wahlprüfung

345h Die negative Feststellung des Bundeswahlausschusses nach § 18 IV BWG konnte vor Einführung der Nichtanerkennungsbeschwerde mit der Wahlprüfungsbeschwerde angegriffen werden (Art. 93 I Nr. 5, Art. 41 II GG; § 49 BWG; §§ 13 Nr. 3, 48 BVerfGG).[128] Eine nachträgliche Ungültigerklärung der Wahl im Rahmen einer Wahlprüfungsbeschwerde (zu dem alternativen Entscheidungsausspruch nach § 48 III BVerfGG vgl. Rdnr. 344) hängt davon ab, ob der gerügte Fehler die parlamentarische Sitzverteilung beeinflusst hat oder beeinflussen hätte können,[129] was auch bei einer rechtswidrigen Nichtanerkennung einer Partei durch den Bundeswahlausschuss stets

[125] BVerfGE 134, 121 (123). Siehe auch BT-Drs. 17/9392, S. 4: „Die Beschwerde ist darauf ausgerichtet, noch vor Durchführung der Wahl abschließend festzustellen, ob die entsprechende Vereinigung berechtigt ist, als Partei mit eigenen Wahlvorschlägen an der Wahl zum Deutschen Bundestag teilzunehmen." Vgl. auch *Bechler/Neidhardt,* NVwZ 2013, 1438 (1440).

[126] Vgl. *Bechler/Neidhardt,* NVwZ 2013, 1438 (1440). Zum Prüfungsmaßstab eingehend *P. Klein,* DÖV 2013, 584 (590f.).

[127] Lag demgegenüber eine gültige Anzeige vor und hat der Bundeswahlausschuss dies verneint, so prüft das BVerfG in einem zweiten Schritt das Vorliegen der Parteieigenschaft, vgl. BVerfG, Beschluss vom 23.7.2013, 2 BvC 12/13, Abs.-Nr. 7; 2 BvC 7/13, Abs.-Nr. 7. Dazu *P. Klein,* DÖV 2013, 584 (590f.).

[128] Vgl. *Bechler/Neidhardt,* NVwZ 2013, 1438 (1438). Zu den Rechtsschutzmöglichkeiten nach alter Rechtslage siehe auch *P. Klein,* DÖV 2013, 584 (586f.).

[129] BVerfGE 4, 370 (372f.); 85, 148 (158f.); 89, 243 (254); st. Rspr.

nur schwer nachzuweisen ist.[130] Somit kann eine präventive Nichtanerkennungsbeschwerde erfolgversprechender sein. Wird sie jedoch nicht erhoben, ist eine Wahlprüfung in dieser Konstellation grundsätzlich weiterhin als zulässig anzusehen.[131]

VIII. Erste Erfahrungen und Kritik; Änderung des EuWG

Im Juli 2013 hat das BVerfG die ersten Verfahren abgeschlossen, nur eine der ins- 345i
gesamt 12 Beschwerden war erfolgreich.[132] Oftmals scheiterten die Antragsteller bereits an den Zulässigkeitsvoraussetzungen, indem sie sich insbesondere nicht mit den Erwägungen des Bundeswahlausschusses auseinandersetzten und nicht die erforderlichen Beweismittel vorlegten.[133] Auch im Vorfeld der Wahl zum Europäischen Parlament 2014 kam es zu einigen – im Ergebnis allesamt nicht erfolgreichen – Nichtanerkennungsbeschwerden.[134] Im Juni 2017 entschied das BVerfG schließlich im Vorfeld der Bundestagswahl 2017 über sieben Nichtanerkennungsbeschwerden, die ebenfalls allesamt scheiterten.[135] Sechs Beschwerden wurden als unzulässig verworfen, wobei teilweise das Schriftformerfordernis[136], die Frist[137] und/oder das Begründungserfordernis[138] nicht eingehalten wurden oder kein Rechtsschutzinteresse bestand[139]. Eine weitere Beschwerde wurde aufgrund fehlender Parteieigenschaft iSd. § 2 PartG als unbegründet zurückgewiesen.[140]

Das Verfahren der Nichtanerkennungsbeschwerde wird teilweise als nicht weitrei- 345j
chend genug angesehen. Die Kritik am bisherigen Rechtsschutz in Wahlsachen sei nur unzureichend umgesetzt worden.[141]

Inhaltlich wird insbesondere zweierlei kritisiert: Erstens die Zuständigkeit des BVerfG, das mit dem neuen Verfahren zu sehr mit Tatsachenfragen beschäftigt werde.[142] Statt-

[130] *Bechler/Neidhardt,* NVwZ 2013, 1438 (1439).

[131] So auch *Hahlen,* in: Schreiber/Hahlen/Strelen, BWahlG, § 18 Rdnr. 46a. Differenzierend *P. Klein,* DÖV 2013, 584 (587): Keine Bindungswirkung zulasten der Vereinigung.

[132] BVerfGE 134, 124. Für einen Überblick über die zwölf Verfahren siehe *Bechler/Neidhardt,* NVwZ 2013, 1438 (1438) in Fn. 1.

[133] So etwa bei BVerfG, Beschluss v. 23.7.2013, 2 BvC 1/13, Abs.-Nr. 9ff.; 2 BvC 6/13, Abs.-Nr. 6ff.; 2 BvC 8/13, Abs.-Nr. 11ff. Im Verfahren 2 BvC 11/13 ging aus der Beschwerde nicht einmal hervor, von wem sie erhoben wurde (vgl. BVerfG, Beschluss v. 23.7.2013, 2 BvC 11/13, Abs.-Nr. 4). Andere Beschwerden scheiterten bereits an der Antragsfrist (vgl. BVerfG, Beschluss v. 23.7.2013, 2 BvC 9/13, Abs.-Nr. 9; 2 BvC 5/13, Abs.-Nr. 5; 2 BvC 10/13, Abs.-Nr. 4).

[134] Vgl. die Beschlüsse des BVerfG vom 1.4.2014 – 2 BvC 1/14; 2 BvC 2/14; 2 BvC 3/14; näher unten Rdnr. 345k.

[135] Zusammenstellung dieser Entscheidungen bei *Frau,* DÖV 2018, 152.

[136] So in BVerfG, Beschluss vom 25.7.2017 – 2 BvC 6/17.

[137] So in BVerfG, Beschluss vom 25.7.2017 – 2 BvC 7/17.

[138] So in BVerfG, Beschluss vom 25.7.2017 – 2 BvC 3/17; 2 BvC – 4/17; Frist und Begründungspflicht wurden nicht eingehalten in BVerfG, Beschluss vom 25.7.2017 – 2 BvC 5/17.

[139] So in BVerfG, Beschluss vom 25.7.2017 – 2 BvC 1/17.

[140] BVerfG, Beschluss vom 25.7.2017 – 2 BvC 2/17.

[141] So, unter anderem mit Blick auf die Zusammensetzung des Bundeswahlausschusses, und zu weiteren Änderungsvorschlägen, *P. Klein,* DÖV 2013, 584 (587f.). Zu weitergehenden Forderungen im Vorfeld der Einführung der Nichtanerkennungsbeschwerde siehe etwa *Morlok/Bäcker,* NVwZ 2011, 1153; *Koch,* ZRP 2011, 196; jeweils m.w.N.

[142] Lenz/Hansel, BVerfGG, § 96a Rdnr. 8ff.

dessen hätte eine Zuständigkeit der Verwaltungsgerichte nahegelegen.[143] Dagegen lässt sich einwenden, dass dies jedenfalls angesichts der Änderung der personellen Zusammensetzung des Bundeswahlausschusses, dem nun auch Richter des Bundesverwaltungsgerichts angehören (siehe Rdnr. 345 a),[144] kaum sinnvoll gewesen wäre.

Zweitens wurde kritisiert, eine positive Entscheidung des BVerfG könne in der Öffentlichkeit als „Gütesiegel" (auch) für extremistische Parteien missverstanden werden.[145] Dem ist entgegenzuhalten, dass es sich bei der Nichtanerkennungsbeschwerde weder um ein Verfahren zur abstrakten Feststellung der Parteieigenschaft (siehe Rdnr. 345 g) noch – und erst recht nicht – um ein Verfahren zur Überprüfung der Verfassungsmäßigkeit der Zielsetzungen einer Partei oder Vereinigung handelt. Eine inhaltliche Bewertung der Parteiprogramme erfolgt dem Sinn und Zweck des Verfahrens nach – anders als im Parteiverbotsverfahren und im Verfahren zum Ausschluss von staatlicher Parteienfinanzierung gemäß Art. 21 II bzw. III, IV GG (vgl. Rdnr. 340 ff.)[146] – gerade nicht. Vielmehr wird auch in der Variante des § 18 IV Nr. 2 BWG lediglich geprüft, ob eine Partei i. S. d. Art. 21 I S. 1 GG, § 2 I 1 PartG vorliegt, ob die Vereinigung also insbesondere ernsthaft das Ziel verfolgt, an der Willensbildung des Volkes mitzuwirken.[147]

Daneben wird teilweise die Eingrenzung der Beschwerdeberechtigung auf die potentiellen Träger des Wahlvorschlagsrechts beanstandet.[148]

Im Oktober 2013 hat der Gesetzgeber auch für die Europawahl eine Nichtanerkennungsbeschwerde geschaffen (§ 14 IVa EuWG), die der Nichtanerkennungsbeschwerde nach Art. 93 I Nr. 4c GG nachempfunden ist.[149] Die Nichtanerkennungsbeschwerde kann gem. § 14 IVa EuWG allerdings nur auf eine Zurückweisung wegen fehlenden Wahlvorschlagsrechts nach § 8 I EuWG, nicht wegen fehlender Unterstützungsunterschriften (§ 9 V S. 2 EuWG) gestützt werden.[150]

D. Verzögerungsbeschwerde

345k Die Verzögerungsbeschwerde wurde 2011 im neuen IV. Teil des BVerfGG eingeführt.[151] Das Gesetz schließt eine Rechtsschutzlücke.[152] Obwohl der in Art. 19 IV, 20 III GG und in Art. 6 I EMRK verbürgte Anspruch auf effektiven Rechtsschutz

143 Vgl. etwa *Koch,* ZRP 2011, 196 (198 f.); *Morlok/Bäcker,* NVwZ 2011, 1153 (1158).

144 Diese Änderung ist nach *P. Klein,* DÖV 2013, 584 (588 m. w. N) nicht ausreichend, da nachwievor an der Besetzung durch Vertreter der etablierten Parteien festgehalten wird.

145 Lenz/Hansel, BVerfGG, 2. Auflage 2015, § 96 a Rdnr. 7.

146 Vgl. *P. Klein,* DÖV 2013, 584 (591). Zum Prüfungsmaßstab der Wahlorgane, i. E. für eine Beschränkung auf eine Evidenzkontrolle, *Huber,* DÖV 1991, 229 ff.

147 Vgl. *Bechler/Neidhardt,* NVwZ 2013, 1438 (1441). Zum Begriff der Ernsthaftigkeit siehe *Wißmann,* in: Kersten/Rixen, PartG, § 2, Rdnr. 40 ff.

148 *Lenz/Hansel,* BVerfGG, § 96 a Rdnr. 7.

149 Eingefügt durch das Fünfte Gesetz zur Änderung des Europawahlgesetzes v. 7. 10. 2013 (BGBl. I S. 3749). Dazu kurz *Bechler/Neidhardt,* NVwZ 2013, 1438 (1442).

150 So ausdrücklich BVerfG, Beschluss vom 1. 4. 2017 – 2 BvC 1/14 – juris, Rdnr. 4; BVerfG, Beschluss vom 1. 4. 2017 – 2 BvC 3/14 – juris, Rdnr. 5.

151 Gesetz über den Rechtsschutz bei überlangen Gerichtsverfahren und strafrechtlichen Ermittlungsverfahren vom 24. 11. 2011, BGBl. I S. 2302. Dazu *Barczak,* AöR 138 (2013), S. 536 ff.

152 BT-Drs. 17/3802, S. 1 ff.; BT-Drs. 17/7217, S. 1 ff.

auch verlangt, dass Rechtsschutz in angemessener Zeit erfolgt, gab es bislang in den verschiedenen Prozessordnungen keine gesetzlich vorgesehenen, sondern allein richterrechtlich entwickelte Rechtsbehelfe gegen überlange Gerichtsverfahren.

Anlass für den Gesetzgeber, einen neuen Rechtsbehelf zu schaffen, war insbesondere die Rechtsprechung des Europäischen Gerichtshofs für Menschenrechte.[153] Der EGMR geht seit einiger Zeit davon aus, dass bei überlanger Dauer gerichtlicher Verfahren neben Art. 6 I EMRK (Recht auf ein faires und zügiges Verfahren) auch Art. 13 EMRK (Recht auf einen wirksamen Rechtsbehelf) verletzt sein kann. Art. 13 EMRK erfordert demnach einen *wirksamen* Rechtsbehelf nach nationalem Recht, mit dem Betroffene die Verletzung des Art. 6 I EMRK rügen können, wenn über eine Streitigkeit nicht innerhalb angemessener Frist entschieden wurde. Das gilt für alle Verfahren. Ein Grund, Verfahren vor dem BVerfG auszunehmen, besteht nicht.[154] Wirksam ist der Rechtsbehelf nur, wenn er entweder geeignet ist, die befassten Gerichte zu einer schnelleren Entscheidung zu veranlassen (Prävention), oder er dem Betroffenen bei bereits entstandenen unangemessenen Verzögerungen eine Entschädigung für materielle wie immaterielle Nachteile gewährt (Kompensation).[155]

Die Verzögerungsbeschwerde gegen Verzögerungen beim BVerfG wird in den §§ 97a bis 97e BVerfGG näher ausgestaltet und soll einen wirksamen Rechtsbehelf im vorstehenden Sinne darstellen.[156] Nach der Gesetzessystematik handelt es sich um ein allen anderen Verfahren akzessorisches Verfahren. Geltend gemacht wird mit der Beschwerde ein „staatshaftungsrechtliche(r) Anspruch *sui generis* auf Ausgleich für Nachteile infolge rechtswidrigen hoheitlichen Verhaltens“[157]. Die Kompensation erfolgt für materielle Nachteile durch Entschädigung, für immaterielle Nachteile vorrangig durch Wiedergutmachung in anderer Weise und nur subsidiär durch Geldentschädigung (§ 97a BVerfGG). Der Kompensationsanspruch ist verschuldensunabhängig. Folglich spielt es keine Rolle, ob die Verzögerung einer Säumnis des Gerichts oder strukturellen Mängeln, insbesondere der Personalknappheit, geschuldet ist.[158] Ob ein Verfahren vor dem BVerfG unangemessen lange dauert, richtet sich nach „den Umständen im Einzelfall“ und ist „unter Berücksichtigung der Aufgaben und der Stellung des Bundesverfassungsgerichts“ zu bestimmen (§ 97a I 2 BVerfGG).[159] Der Rekurs auf die Aufgaben und Stellung des Verfassungsgerichts ermöglicht dem Gericht insbesondere, von der chronologischen Reihenfolge der Verfahrenseingänge abzuweichen und bedeutendere oder folgenreichere Fälle ohne drohende Entschädigungspflicht vorzuziehen.[160] Die durch die Verzögerung entstandenen materiellen oder immateriellen Nachteile muss grundsätzlich der Beschwerdeführer beweisen. Allerdings werden, um typischen Be- 3451

[153] EGMR, NJW 2001, 2694ff.; NJW 2006, 2389ff.

[154] Schon mehrfach wurde Deutschland vom EGMR verurteilt, weil beim BVerfG Verzögerungen auftraten: EGMR, EuGRZ 1997, 310ff.; NJW 1997, 2809ff.; NVwZ 2010, 177ff.

[155] EGMR, NJW 2006, 2389 (2390ff.), der ausführlich darlegt, weshalb die bisherigen Möglichkeiten einer Verfassungsbeschwerde, Dienstaufsichts- oder Untätigkeitsbeschwerde nach deutschem Recht nicht ausreichen.

[156] Ausführlich *Benda/Klein*, Verfassungsprozessrecht, Rdnr. 1350ff.; *Zuck*, NVwZ 2012, 265ff.

[157] BT-Drs. 17/3802, S. 19.

[158] BT-Drs. 17/3802, S. 16; zur Einschätzung des EGMR, dass in Deutschland die überlange Dauer gerichtlicher Verfahren ein allgemeines Problem ist, s. EGMR, NJW 2010, 3355ff.

[159] Zu den Kriterien des EGMR s. zusammenfassend *Meyer*, in: Karpenstein/Mayer, EMRK, Art. 6 Rdnr. 74ff.

[160] BT-Drs. 17/3802, S. 26.

weisschwierigkeiten Rechnung zu tragen, nach § 97a II 1 BVerfGG immaterielle Nachteile vermutet, wenn die Verfahrensdauer unangemessen lang war.

Einen solchen Nachteil stellt die „seelische Unbill durch die lange Verfahrensdauer“[161] selbst dar; erfasst werden beispielsweise aber auch mit dem Verfahren womöglich verbundene Rufschädigungen – man denke an die Verfassungsbeschwerde eines von den Instanzgerichten zu einer Freiheitsstrafe Verurteilten – oder die Entfremdung eines Kindes von einem Elternteil, die im Rahmen eines allzu langen Sorgerechtsstreits auftreten kann – Stichwort: Görgülü-Fall[162]. Als eine gegenüber einem Geldersatz vorrangige anderweitige Wiedergutmachung nennt das Gesetz beispielhaft die gerichtliche Feststellung der Unangemessenheit der Verfahrensdauer (§ 97a II 2 BVerfGG). Kommt keine anderweitige Wiedergutmachung in Betracht, so werden immaterielle Nachteile pauschal mit 1200 € pro Verzögerungsjahr abgegolten. Das BVerfG kann jedoch den Betrag nach Billigkeitsgesichtspunkten hinauf- oder herabsetzen (§ 97a II 4 BVerfGG).

Sind materielle Schäden entstanden, so werden diese entgegen der Absicht des Regierungsentwurfs nicht nach Maßgabe der §§ 249ff. BGB voll ersetzt.[163] Der Ersatzanspruch wurde auf eine *angemessene Entschädigung* beschränkt, so dass insbesondere entgangener Gewinn nicht umfasst ist.[164] Der Bundestag wollte so eine angemessene Abstufung zum verschuldensabhängigen Amtshaftungsanspruch herstellen.

345m Der Kompensationsanspruch wird prozessual durch die in § 97b I 1 BVerfGG legaldefinierte Verzögerungsbeschwerde geltend gemacht, die nach § 97a I 1 BVerfGG jeder Beteiligte in jedem Verfahren vor dem Gericht erheben kann (Beschwerdeberechtigung). Für die Beschwerdeberechtigung ist es ohne Belang, ob der Beschwerdeführer von Anfang an beteiligt war, dem Verfahren später beigetreten ist oder ob er Beteiligter eines gerichtlichen Verfahrens ist, in dem nach Art. 100 I GG eine konkrete Normenkontrolle erhoben wurde (s. a. § 36 II PUAG). Auch staatliche Beteiligte können die Beschwerde erheben, wie ein Umkehrschluss zu § 198 VI Nr. 2 GVG belegt.[165] Als Vorverfahren sieht das Gesetz die sog. Verzögerungs*rüge* vor. Sie ist Zulässigkeitsvoraussetzung der Verzögerungsbeschwerde (§ 97b I 2 BVerfGG). Der Beschwerdeführer muss schriftlich und unter Darlegung der relevanten Umstände die Dauer des Verfahrens rügen. Die Rüge darf frühestens zwölf Monate nach Eingang des Verfahrens beim BVerfG erhoben werden, die Beschwerde grundsätzlich erst weitere sechs Monate später. Eine Beschwerdebefugnis ist im Gesetz nicht gesondert vorgesehen, gleichwohl zeigt das Schriftform- und Begründungserfordernis, dass nach dem Vortrag des Beschwerdeführers ein Nachteil als immerhin möglich erscheinen muss.[166]

Über die Beschwerde entscheidet das BVerfG selbst.[167] Das Gericht richtet zu diesem Zweck eine Beschwerdekammer ein, die mit vier Mitgliedern senatsübergreifend be-

[161] BT-Drs. 17/3802, S. 19.

[162] BVerfGE 111, 307ff.; BVerfG, NJW 2005, 1765ff.; BVerfG, NJW 2005, 2685f.; ausführlich *K. Klein.*

[163] BT-Drs. 17/3802, S. 19.

[164] BT-Drs. 17/7217, S. 27f.

[165] *Benda/Klein,* Verfassungsprozessrecht, Rdnr. 1356.

[166] Vgl. *Benda/Klein,* Verfassungsprozessrecht, Rdnr. 1357ff.

[167] In den übrigen Prozessordnungen entscheiden grundsätzlich die Obergerichte als sog. Entschädigungsgerichte (vgl. § 198 III GVG) über den Anspruch und damit auch die Angemessenheit der Ver-

setzt ist, ohne mündliche Verhandlung und mit Mehrheit entscheidet (§ 97c, d BVerfGG).

Ist die Beschwerde begründet, stellt die Kammer die Unangemessenheit der Verfahrensdauer fest und spricht bei materiellen Nachteilen eine Entschädigung zu. Bei immateriellen geschieht dies nur, wenn die Feststellung keine Wiedergutmachung darstellt. Die Kammer kann nicht zu bestimmten Schritten der Verfahrensbeschleunigung anhalten.

fahrensdauer beim Ausgangsgericht. Eine solche Aufspaltung ist im Fall des BVerfG nicht möglich und wäre mit der Stellung des BVerfG als Verfassungsorgan und Verfassungsgericht kaum vereinbar, BT-Drs. 17/3802, S. 27.

7. Abschnitt. Die Abgrenzung zu den Zuständigkeiten und Verfahren weiterer Gerichte (Landesverfassungsgerichte, EuGH und EGMR)

346 Die Verfahren vor dem BVerfG sind enumerativ festgelegt; die praktische Reichweite der Kompetenzen ist jedoch in erster Linie abhängig vom anzuwendenden materiellen Recht und dessen Auslegung durch das BVerfG.[1] Das wird auch dort deutlich, wo die Zuständigkeiten des BVerfG von denen anderer Gerichte abzugrenzen sind. Dabei überschneiden und überlagern sich sowohl verschiedene Rechtsmaterien in ihrem Geltungsanspruch, als auch – dem folgend – die potentiellen Zuständigkeiten der zu ihrer Anwendung berufenen Gerichte.

Vergleichsweise eindeutig gelingt – jedenfalls abstrakt – die Abgrenzung zu den Zuständigkeiten der deutschen Gerichte, die nicht Verfassungsgerichte sind. Auch diese Gerichte wenden zwar wegen der unmittelbaren Geltung der Grundrechte (Art. 1 III GG) Verfassungsbestimmungen an („Aufgabenparallelität"). Sie sind aber der Rechtsprechung des BVerfG unterworfen, da gegen letztinstanzliche Urteile Verfassungsbeschwerde eingelegt werden kann und die Entscheidungen des BVerfG für den konkreten Fall nach § 31 I BVerfGG bindend sind. Zu erheblichen Schwierigkeiten bei der konkreten Rechtsanwendung führt nur die Anwendung der Grundrechte durch das BVerfG. Der allumfassende materiell-rechtliche Vorrang der Verfassung und deren weite Auslegung durch das BVerfG begründen die Gefahr einer Entwicklung zum „Superrevisionsgericht" und einer vollständigen Überlagerung von speziellen fachlichen (Letztentscheidungs-)Kompetenzen insbesondere der übrigen obersten Bundesgerichte. Die Schwierigkeiten einer Beschränkung auf die Überprüfung von Verletzungen „spezifischen Verfassungsrechts" wurden bereits behandelt (oben Rdnr. 292ff.).

Doch auch das BVerfG sieht seine eigenen Zuständigkeiten in zunehmendem Maße von denen anderer Gerichte überlagert und gefährdet; „Konkurrenz" erwächst ihm heute von zwei Seiten: auf der einen Seite – innerstaatlich – durch die Verfassungsgerichte der Länder, auf der anderen Seite – supra- oder international – durch den Europäischen Gerichtshof in Luxemburg und den Europäischen Gerichtshof für Menschenrechte in Straßburg.[2] Rechtsprechungskonkurrenz bedeutet dabei aber nicht, dass es vor allem zu Konflikten der beteiligten Gerichte kommt. Inzwischen steht eine andere Wirkung im Vordergrund: die Stabilisierung und Harmonisierung insbesondere im Bereich des Grundrechtsschutzes.[3]

I. Die Verfassungsgerichtsbarkeit der Länder

347 Im Bundesstaat des Grundgesetzes ordnen die Länder im Rahmen der normativen Vorgaben der Bundesverfassung ihre Verfassungen und Verfassungsgerichtsbarkeit ei-

---

[1] S. oben Rdnr. 14, 77.

[2] Vgl. *Hesse,* JZ 1995, 269.

[3] *Merli,* VVDStRL 66 (2007), S. 397ff. Das verkennt *Schönberger,* Anmerkungen zu Karlsruhe, S. 60ff., der aus der neuen „Konkurrenz" im Ergebnis einen Bedeutungsverlust des Gerichts ableitet. Die Konkurrenz kann mit den aus ihr erwachsenden Koordinierungsaufgaben eher einen Bedeutungszuwachs bedeuten.

genständig.[4] Dies ist ein Ausdruck ihrer Staatsqualität.[5] Landesverfassungsgerichte sind wesentliche Attribute der Eigenstaatlichkeit der Länder.[6] Im föderativen Staatsaufbau „der Bundesrepublik Deutschland stehen die Verfassungsräume des Bundes und der Länder grundsätzlich selbständig nebeneinander. Entsprechendes gilt für die Verfassungsgerichtsbarkeit des Bundes und der Länder."[7] Die Länder entscheiden eigenständig über die Errichtung und die Zuständigkeiten ihrer Verfassungsgerichte. Gleiches gilt für die Ausgestaltung des Verfahrensrechts.[8] Die Gerichtsverfassung und das Verfahrensrecht der Landesverfassungsgerichte unterliegen nicht der konkurrierenden Gesetzgebungsbefugnis des Art. 74 I Nr. 1 GG.[9] Mittlerweile[10] gibt es in allen Bundesländern Verfassungs- oder Staatsgerichtshöfe mit unterschiedlichen Zuständigkeiten und Verfahrensarten.[11] Alle Länder kennen das Organstreitverfahren über Rechte und Pflichten der Landesorgane aus der Landesverfassung und die Normenkontrolle über die Vereinbarkeit von Landesrecht mit der Landesverfassung. Inzwischen gibt es im Großteil der Länder das Verfahren der Verfassungsbeschwerde.[12] Vor der Wiedervereinigung fand sich die Landesverfassungsbeschwerde nur in Bayern, Hessen („Grundrechtsklage") und im Saarland.[13] Alle neuen Länder und Berlin richteten Landesverfassungsgerichte ein und eröffneten ihren Bürgern den Zugang zum Gericht über die Verfassungsbeschwerde.[14] Im November 1992 hat Rheinland-Pfalz die Verfassungsbeschwerde eingeführt,[15] zum 1.1.2013 Baden-Württemberg,[16] zum 1.1.2019 auch Nordrhein-Westfalen.[17]

---

[4] BVerfGE 1, 14 (34); 4, 178 (189); 6, 376 (381 f.); 22, 267 (270); 41, 88 (118); 60, 175 (209); 99, 1 (10 f.); *Friesenhahn,* Zuständigkeitsabgrenzung, S. 750; *Franke,* FS Mahrenholz, S. 924 f.; *Lindner,* Bayerisches Staatsrecht, Rdnr. 45 ff. Umfassender Überblick über die Rechtslage in den alten Ländern bei *Pestalozza,* Verfassungsprozeßrecht, §§ 21 ff. (2. Teil), und kurz bei *Robbers,* Probleme, S. 123 ff.

[5] Begeistert *Pestalozza,* Verfassungsprozeßrecht, § 21 II Rdnr. 4: „Die gliedstaatliche Autonomie findet ihre Bestätigung und Krönung in der eigenständigen Verfassungsgerichtsbarkeit"; für *Stern,* Verfassungsgerichtsbarkeit, S. XIII, ist sie sogar „die Vollendung der Idee der Verfassungsstaatlichkeit". Vgl. auch *K. Fiedler,* S. 111.

[6] *Bethge,* in: Maunz u. a., BVerfGG, Vorbem. Rdnr. 233. Einen politologischen Überblick über die einzelnen Landesverfassungsgerichte und ihre Organisation, allerdings ohne vergleichende (inhaltliche) Analyse der Rechtsprechungsfelder, geben die Beiträge in *Reutter (Hrsg.),* Landesverfassungsgerichte.

[7] BVerfGE 4, 178 (189). Kritisch zu dieser Formel *P. M. Huber,* ThürVBl. 2003, 73 f.

[8] BVerfGE 94, 345 (368).

[9] *Hopfauf,* in: Schmidt-Bleibtreu/Hofmann/Henneke, GG, Art. 93 Rdnr. 85.

[10] Zum 1. Mai 2008 hat auch das Verfassungsgericht des Landes Schleswig-Holstein seine Arbeit aufgenommen (vgl. o. Rdnr. 108).

[11] *Schlagenhauf,* S. 241 ff.; *v. Coelln,* S. 77 ff. Die Landesverfassungen und die Landesverfassungsgerichtsgesetze gestalten auch die Organisation der Landesverfassungsgerichte (Zusammensetzung des Gerichts bzw. in Bayern der Spruchkörper, Qualifikation und Wahl der Richter) und den Abstimmungsmodus unterschiedlich aus; vgl. für die alten Länder den Überblick bei *Pestalozza,* Verfassungsprozeßrecht, §§ 21 ff., S. 387 ff. Zur Verfassungsorganqualität der Landesverfassungsgerichte oben Rdnr. 34.

[12] Zusammenstellung der einzelnen Regelungen und Entwicklungen bei *Hotstegs,* ZAP 2019, 689.

[13] Nachweise bei *Lemhöfer,* NJW 1996, 1714 ff. Fn. 2. Vgl. im Einzelnen die Darstellung bei *Zuck,* Das Recht der Verfassungsbeschwerde, Rdnr. 215 ff. m. w. N.

[14] *Heimann; v. Coelln,* S. 120 ff.; *Wallerath,* NdsVBl. Sonderheft 2005, 43 ff. Zur Erweiterung in Sachsen-Anhalt zum 1.1.2019 (Einführung der Urteilsverfassungsbeschwerde) *Hotstegs,* ZAP 2019, 689.

[15] Dazu *Held,* NVwZ 1995, 534 ff.; *Lemhöfer,* NJW 1996, 1714 ff. Fn. 3 m. w. N.

[16] *Zuck/Zuck,* Landesverfassungsbeschwerde.

[17] *Hotstegs,* ZAP 2019, 689; *Pauli,* DÖV 2019, 271 ff. In Niedersachsen ist die Einführung einer Landesverfassungsbeschwerde geplant, vgl. LT-Drs. 18/1384.

So hat der Einigungsprozess der Landesverfassungsgerichtsbarkeit Auftrieb gegeben.[18] Der sog. Honecker-Beschluss des Berliner Verfassungsgerichtshofs[19] (dazu Rdnr. 351) hat ihre Existenz und Bedeutung auf spektakuläre Weise[20] ins Bewusstsein gerückt.

Die Föderalisierung der Verfassungsgerichtsbarkeit stärkt die im europäischen Einigungsprozess beschränkte Eigenstaatlichkeit der Länder. Für den Bürger bringt die föderale Pluralisierung der Verfassungsgerichtsbarkeit eine „doppelte Rechtsschutzgarantie auf Bundes- und Landesebene im Grundrechtsbereich."[21] Es zeichnet sich zunehmend ab, dass neben dem Kommunalverfassungsrecht die Verfassungsbeschwerde der bedeutendste Bereich der Landesverfassungsgerichtsbarkeit ist.[22]

Manchen Landesverfassungsgerichten kommen darüber hinaus Zuständigkeiten zu, die sich von den Verfahrensarten des BVerfG unterscheiden (Popularklage,[23] Ministeranklage, präventive Normenkontrolle).

1. Zuständigkeitskonkurrenzen

348 Dem BVerfG erwächst Konkurrenz, soweit die Landesverfassungsgerichte gleichartige Aufgaben wahrnehmen, insbesondere im Bereich des Grundrechtsschutzes. Bei den meisten Verfahrensarten allerdings bereiten die Zuständigkeitskonkurrenzen keine Schwierigkeiten:[24]

Die *Organstreitverfahren* vor den Landesverfassungsgerichten bergen für die Kompetenzabgrenzung zum BVerfG keinen Konfliktstoff. Es streiten entweder Landesorgane oder Bundesorgane. Die umstrittenen Rechte und Pflichten der Beteiligten ergeben sich entweder aus der Landesverfassung oder aus dem Grundgesetz.

Der Ausbau der Landesverfassungsgerichtsbarkeit erübrigt die Ersatzzuständigkeit des BVerfG für Organstreitigkeiten innerhalb eines Landes (Art. 93 I Nr. 4, 3. Var. GG – s. Rdnr. 108) künftig wohl ganz. Ihre Bedeutung erschöpft sich in einer „Sicherungs- und Warnfunktion", wenn das Landesverfassungsrecht den gerichtlichen Rechtsschutz verkürzt.[25]

Bei den *Wahlprüfungsverfahren* sind die Zuständigkeiten klar getrennt.[26] In *Parteiverbotsverfahren, Bund-Länder-Streitigkeiten* und *Richteranklagen*[27] kann nur das BVerfG entscheiden.

---

[18] *Tietje,* AöR 124 (1999), 282ff. Die Judikatur der Landesverfassungsgerichte war bis zur deutschen Wiedervereinigung bescheiden: Bei den Landesverfassungsgerichten waren bis 1982 insgesamt 6655 Verfahren anhängig, das BVerfG entschied bis zum selben Jahr in 42 310 Verfahren; vgl. *Gündisch,* FS Thieme, S. 1042 m. w. N.

[19] BerlVerfGH LVerfGE 1, 56ff. = NJW 1993, 515ff.

[20] *Wilke,* NJW 1993, 887 spricht von einem „juristischen Paukenschlag".

[21] *Zierlein,* AöR 120 (1995), 242f.

[22] *K. Fiedler,* S. 117ff., 146ff.

[23] Zur Popularklage nach bayerischem Recht (Art. 98 S. 4 BV, Art. 55 VfGHG) *Lindner,* Bayerisches Staatsrecht, Rdnr. 489ff.

[24] *Pestalozza,* Verfassungsprozeßrecht, § 21 II Rdnr. 5; *Maurer,* Staatsrecht I, § 20 Rdnr. 149ff.; übersichtlich zur Rechtslage in Bayern *Lindner,* Bayerisches Staatsrecht, Rdnr. 558ff.

[25] *Hesse,* JZ 1995, 269; *Zierlein,* AöR 120 (1995), 105f.

[26] BVerfGE 99, 1 (8): Bei Wahlen auf Landesebene kann nicht auf Art. 3 I GG und die Wahlrechtsgrundsätze des Art. 38 I GG zurückgegriffen werden.

[27] Vgl. zur Richteranklage oben Rdnr. 337 a. E.

Die Überprüfung eines Landesgesetzes im Wege der *Richtervorlage nach Art. 100 I GG* hingegen ist sowohl zum Landesverfassungsgericht (wegen Verletzung der Landesverfassung) wie auch zum BVerfG (wegen Verletzung des Grundgesetzes) möglich.[28] Das Prozessgericht kann wahlweise eines der beiden Verfahren oder beide nebeneinander betreiben.[29] Hält eines der Gerichte die Norm für verfassungswidrig oder nichtig, wird die Vorlage an das andere Gericht „gegenstandslos".

Die *abstrakte Normenkontrolle* vor den Landesverfassungsgerichten ist nur zur Überprüfung von Landesrecht möglich. Auch die abstrakte Normenkontrolle kann „doppelspurig" verlaufen; hat das BVerfG oder das Verfassungsgericht eines Landes die Norm für verfassungswidrig erklärt, entfällt für das andere Verfahren das Klarstellungsinteresse und damit die Zulässigkeit.[30]

2. Der Problemfall: Die Landesverfassungsbeschwerde

Dem BVerfG kommt die Kompetenz zu, das Handeln aller Staatsorgane des Bundes 349
und der Länder am Maßstab der Grundrechte des Grundgesetzes zu messen, vgl. Art. 1 III GG. Das führt zu einer „Vollkontrolle des Handelns der Landesstaatsgewalt durch das Bundesverfassungsgericht."[31] Nach § 90 III BVerfGG bleibt das Recht, Landesverfassungsbeschwerde zu erheben, von der Möglichkeit einer Bundesverfassungsbeschwerde gegen denselben Akt der öffentlichen Gewalt des Landes unberührt. Da Landesgrundrechte, sofern in den Landesverfassungen enthalten, überwiegend – z. T. wörtlich – mit den Bundesgrundrechten übereinstimmen, steht dem Bürger bei einer Grundrechtsverletzung durch die Staatsgewalt eines Landes häufig sowohl der Weg zu dessen Landesverfassungsgericht als auch der zum BVerfG offen. Sofern das Landesrecht keine abweichende Ausgestaltung dieses Konkurrenzverhältnisses getroffen hat, kann der Bürger die Landesverfassungsbeschwerde vor, gleichzeitig oder nach der Bundesverfassungsbeschwerde einlegen.[32] Bei diesem „zweispurigen verfassungsgerichtlichen Grundrechtsschutz"[33] entsteht eine „Aufgabenparallelität". Das BVerfG benutzt zur Abgrenzung der Zuständigkeiten das Bild der getrennten Verfassungsräume bzw. der Verfassungsbereiche von Bund und Ländern: „In einem so betont föderativ gestalteten Staat wie der Bundesrepublik Deutschland stehen die Verfassungsräume des Bundes und der Länder grundsätzlich selbständig nebeneinander.

[28] BVerfGE 2, 380 (388 f.); 17, 172 (180) m. w. N.; 23, 353 (364 f.); 34, 52 (58); *Hopfauf,* in: Schmidt-Bleibtreu/Hofmann/Henneke, GG, Art. 93 Rdnr. 94.

[29] Allerdings: Verstößt das Gesetz nach Auffassung des vorlegenden Gerichts gegen formelle Vorschriften der Landesverfassung (z. B. über das Gesetzgebungsverfahren) und zugleich gegen das Grundgesetz, so muss dem Landesverfassungsgericht und dem BVerfG vorgelegt werden, vgl. *Maurer,* Staatsrecht I, § 20 Rdnr. 151.

[30] *Pestalozza,* Verfassungsprozeßrecht, § 21 II Rdnr. 7; *Voßkuhle,* in: v. Mangoldt/Klein/Starck, GG, Art. 93 Rdnr. 75 f.

[31] *Oeter,* VVDStRL 66 (2007), S. 368.

[32] *Pestalozza,* Verfassungsprozeßrecht, § 21 II Rdnr. 6. Nach Art. 84 II Nr. 5 BerlVerf, §§ 14 Nr. 6, 49 I BerlVerfGHG und §§ 12 Nr. 4, 45 I VerfGGBbg kann der Bürger das Landesverfassungsgericht nur anrufen, wenn er nicht in derselben Sache Verfassungsbeschwerde beim BVerfG erhoben hat. Nach Art. 53 Nr. 7 Verf M-V, §§ 11 I Nr. 9, 58 III LVerfGG M-V ist die Verfassungsbeschwerde gegen Verletzungen durch die öffentliche Gewalt nur zulässig, sofern nicht die Zuständigkeit des BVerfG gegeben ist. § 55 III SaarlVerfGHG normiert die Subsidiarität der Landes- gegenüber der Bundesverfassungsbeschwerde.

[33] *Hesse,* FS H. Huber, S. 269.

Entsprechendes gilt für die Verfassungsgerichtsbarkeit des Bundes und der Länder."[34] Möglich sind damit auch Parallelverfahren mit unterschiedlichem Ausgang.[35] Urteilt das zuerst entscheidende Gericht zulasten des Beschwerdeführers, kann mit dem anderen Rechtsbehelf eine möglicherweise günstigere Entscheidung erstritten werden. Entscheidet das Landesverfassungsgericht oder das BVerfG zugunsten des Beschwerdeführers, kann die andere Beschwerde für erledigt erklärt werden. Das BVerfG kann, wenn eine Landesverfassungsbeschwerde gegen denselben Hoheitsakt anhängig ist, sein Verfahren bis zur Entscheidung des Landesverfassungsgerichts aussetzen.[36]

a) Prüfungsmaßstab

350 Prüfungsmaßstab für die Landesverfassungsbeschwerde sind allein die Grundrechte der Landesverfassung.[37] Es ist die spezielle Aufgabe der Landesverfassungsgerichte, die Einhaltung, Anwendung und Achtung der jeweiligen Landesverfassung durch die Landesstaatsgewalt zu sichern.[38] „Die Landesverfassungsgerichte und das Bundesverfassungsgericht haben … für ihren jeweiligen Rechtskreis die *abschließende* Entscheidungszuständigkeit. Jedes Verfassungsgericht darf im Ausspruch (Tenor) seiner Entscheidung nur die Vereinbarkeit oder Unvereinbarkeit einer Rechtsnorm mit ‚seinem' Landesrecht bzw. mit Bundesrecht feststellen".[39] Die Landesverfassungsgerichte haben für die Auslegung „ihrer" Verfassung die letztverbindliche Auslegungskompetenz, das BVerfG hat sie für das Grundgesetz. Insbesondere ist es denkbar, dass die Grundrechte aus den Landesverfassungen einen weitergehenden Schutz bieten als die grundgesetzlichen Grundrechte.[40] Allerdings ist in der Praxis festzustellen, dass die Landesverfassungsgerichte in der Regel der Rechtsprechung des BVerfG zu den Grundrechten des Grundgesetzes folgen.[41]

Die Beschränkung ihrer Kompetenz auf die Anwendung der Grundrechte der jeweiligen Landesverfassung löst die Landesverfassungsgerichte nicht von ihrer umfassenden Bindung an Gesetz und Recht. Sie bleiben bei der Ausgestaltung ihres Verfahrens wie jede staatliche Gewalt den Bindungen der Art. 20 III, Art. 1 I, III GG unterworfen. Stellt sich heraus, dass eine Norm der Landesverfassung nicht mit dem Grundgesetz oder sonstigem Bundesrecht übereinstimmt, hat das Landesverfassungsgericht gem. Art. 100 I GG die Norm dem BVerfG vorzulegen. Zudem ist das Grundgesetz auch für die Bestimmung des Normgehalts der Grundrechte der Landesverfassung heranzuziehen.[42] Gem. Art. 100 III GG besteht die Verpflichtung zur Vorlage an das

[34] BVerfGE 4, 178 (189); vgl. 60, 175 (209). In BVerfGE 36, 342 (357) spricht das Gericht von „grundsätzlich getrennten Räumen".

[35] Vgl. BVerfGE 69, 112 (116f.). Allerdings will der HessStGH, NJW 1999, 50, in Parallelverfahren einen Vorrang des BVerfG annehmen; dieses sei dann der „maßgebliche Interpret".

[36] *Zuck,* Das Recht der Verfassungsbeschwerde, Rdnr. 263.

[37] BVerfGE 69, 112 (118); BayVerfGHE 3, 53 (65); 26, 33 (38); 30, 1 (9); HessStGH ESVGH 11 II 10 (11); 17, 18 (36); *Friesenhahn,* Zuständigkeitsabgrenzung, S. 755; *Löwer,* SächsVBl. 1993, 76; *Dietlein,* NVwZ 1994, 8 m.w.N.; *Rozek,* AöR 119 (1994), 465ff.; *Gehb,* DÖV 1993, 471 m.w.N.; *Benda/Klein,* Verfassungsprozessrecht, Rdnr. 48; *Zuck,* Das Recht der Verfassungsbeschwerde, Rdnr. 265; *Möstl,* AöR 130 (2005), S. 377f.

[38] *Pestalozza,* Verfassungsprozeßrecht, § 21 II Rdnr. 4; *Detterbeck,* Streitgegenstand, S. 309.

[39] BVerfGE 69, 112 (118).

[40] Jüngst ThürVerfGH, Beschluss vom 7.12.2016 – VerfGH 28/12 – juris, Rdnr. 66f.; hierzu *Sachs,* JuS 2017, 1039.

[41] *Sachs,* JuS 2017, 1039, 1040.

[42] *Stern,* Staatsrecht III/2, S. 1506.

BVerfG, wenn das angerufene Landesverfassungsgericht von der Auslegung der Grundrechte des Grundgesetzes durch das BVerfG oder ein anderes Landesverfassungsgericht abweichen will. Das Grundgesetz findet bei der Entscheidung der Landesverfassungsgerichte also Berücksichtigung. Es ist deshalb aber noch nicht landesverfassungsgerichtlicher Prüfungsmaßstab. Mit den Worten des BVerfG: „Schon aus Art. 100 Abs. 3 GG ergibt sich, dass die Prüfung am Maßstab des Grundgesetzes den Landesverfassungsgerichten nicht verwehrt ist: Die ihnen darin auferlegte Verpflichtung, die Entscheidung des Bundesverfassungsgerichts einzuholen, wenn sie bei der Auslegung des Grundgesetzes von einer Entscheidung des Bundesverfassungsgerichts oder eines anderen Landesverfassungsgerichts abweichen wollen, setzt voraus, dass ihnen die Zuständigkeit zur Prüfung am Maßstab des Grundgesetzes zusteht ... Ferner gilt Art. 100 Abs. 1 GG auch für die Landesverfassungsgerichte: Kommen sie zu dem Ergebnis, dass ein für ihre Entscheidung maßgebliches Gesetz grundgesetz- oder bundesrechtswidrig ist, so müssen sie die Entscheidung des Bundesverfassungsgerichts einholen. Dies gilt gleichermaßen für Gesetze, die auf der ‚Vorfragenebene' relevant sind, wie auch für solche, die den ‚Gegenstand' des Normenkontrollverfahrens oder der Rechtssatzverfassungsbeschwerde bilden."[43]

b) Beschwerdegegenstand

Die Landesverfassungsgerichte überprüfen nicht Maßnahmen der Bundesstaatsgewalt, **351** weil ihre Aufgabe darin besteht, die Einhaltung der Landesverfassungen durch die jeweilige Landesstaatsgewalt zu sichern.[44] Allerdings greifen die Rechtsordnungen des Bundes und der Länder weitgehend ineinander. Daher ist häufig nicht ohne weiteres festzustellen, ob eine staatliche Maßnahme eine solche der Bundes- oder der Landesstaatsgewalt ist. Die zentrale Frage lautet: Ist die Anwendung von Bundesrecht durch die Landesgerichte, z. B. die Anwendung der StPO, noch Ausübung von Landesstaatsgewalt; kann ein Landesverfassungsgericht diese Rechtsanwendung am Maßstab der Landesverfassung überprüfen?[45] Das BVerfG hatte sich mit dieser Frage im Jahre 1997 auf eine Vorlage des Sächsischen VerfGH[46] im Verfahren nach Art. 100 III GG zu befassen.[47] Die grundlegende Entscheidung des BVerfG wird auf dem Hintergrund der zeitlich vorausgegangenen Rechtsprechung der Landesverfassungsgerichte am besten verständlich.

---

[43] BVerfGE 69, 112 (117f.); *Zuck,* Das Recht der Verfassungsbeschwerde, Rdnr. 265; weitergehend *Sobota,* DVBl. 1994, 802; *J. Burmeister,* Vorlagen, S. 433f., 441f., 451f.; die fehlende Verwerfungskompetenz anerkennend ThürVerfGH, Beschluss vom 7.12.2016 – VerfGH 28/12 – juris, Rdnr. 76; zur beschränkten Bindung der Landesverfassungsgerichte an Entscheidungen des BVerfG auch *Lindner,* JZ 2018, 369.

[44] Die Landesverfassungen und die Landesverfassungsgerichtsgesetze beschränken die Prüfungskompetenz der Landesverfassungsgerichte überwiegend ausdrücklich auf Akte der Landesstaatsgewalt. Nur in Bayern, Mecklenburg-Vorpommern und Hessen wäre eine Überprüfung von Bundesbehörden möglich; die Landesverfassungsgerichte lehnen dies ab. A. A. nur *Sobota,* DVBl. 1994, 799 m.w.N., und *v. Olshausen,* S. 84ff.

[45] In Rheinland-Pfalz ist dies nach § 44 II S. 1 RhPfVerfGHG nicht möglich; vgl. hierzu RhPfVerfGH, Beschluss vom 16.8.1994 NJW 1995, 444, 445; *Held,* NVwZ 1995, 537f. In den anderen Bundesländern fehlt eine vergleichbare Regelung. Überblick über die Literatur und die Rechtsprechung des BVerfG zur Abgrenzungsproblematik bei *Zierlein,* AöR 120 (1995), 209f. Fn. 27f.

[46] SächsVerfGH, Vorlagebeschluss vom 21.9.1995, NJW 1996, 1736ff.

[47] BVerfGE 96, 345ff.

Der *Bayerische Verfassungsgerichtshof* überprüfte vor der Entscheidung des BVerfG aus dem Jahre 1997 die landesgerichtliche Anwendung von Bundesverfahrensrecht dahingehend, ob ein Verfahrensgrundrecht der bayerischen Verfassung verletzt ist, das das Grundgesetz mit gleichem Inhalt gewährleistet. Die Anwendung von materiellem Bundesrecht wurde hingegen nur überprüft, wenn der Beschwerdeführer geltend machte, das Gericht habe sich „in willkürlicher Weise außerhalb jeder Rechtsanwendung gestellt und seiner Entscheidung deshalb in Wahrheit gar kein Recht, also auch kein Bundesrecht, zugrundegelegt."[48] Dieser dogmatische „Kunstgriff"[49] war höchst zweifelhaft: Auch willkürliche Rechtsanwendung bleibt Rechtsanwendung.[50]

Der *Hessische Staatsgerichtshof* überprüfte inhaltlich auf Bundesrecht gestützte hessische Hoheitsakte nur bei einer Verletzung des rechtlichen Gehörs und – mit gleicher Begründung wie der BayVerfGH – bei Vorliegen einer Willkürentscheidung. Im Übrigen hielt er sich nicht für entscheidungsbefugt, da das angewandte Bundesrecht dem Landesverfassungsrecht nach Art. 31 GG vorgehe.[51]

Teile der Literatur sahen in der Anwendung des Bundesrechts durch die Landesgerichte eine Konkretisierung der betreffenden Norm, die ebenfalls dem Bundesrecht zuzuordnen und deshalb wegen Art. 31 GG nicht an der Landesverfassung zu messen sei.[52] Der Rechtsanwender könne nicht auf andere Maßstäbe verpflichtet sein als der Normgeber. Daher scheide eine Überprüfung am Maßstab der Landesverfassung durch die Landesverfassungsgerichte aus.[53] Die Landesverfassung komme als Kontrollnorm gegenüber der landesgerichtlichen Rechtsprechung nur dort in Betracht, wo die Landesgerichte Landesrecht anwenden. Treffe dagegen das Bundesrecht eine abschließende Regelung für die Rechtsanwendung, bleibe für eine Prüfung am Maßstab der Landesverfassung kein Raum. Bei der Anwendung einfachen Bundesrechts sei eine auf das Landesverfassungsrecht begrenzte Kontrolle nicht möglich, da „das Landesverfassungsgericht zugleich in die ihm untersagte Überprüfung der Auslegung und Anwendung von Bundesrecht ausgreift".[54] Ein solcher „Übergriff" stelle die Einheitlichkeit der Rechtsauslegung im Bundesstaat in Frage.[55]

Ende 1992 hatte der *Berliner Verfassungsgerichtshof* Gegenposition zu der zuvor einheitlichen Rechtsprechung bezogen[56] und diese Anfang 1993 in dem historisch-politisch brisanten wie umstrittenen[57] sog. Honecker-Beschluss vertreten:[58]

48 BayVerfGH NJW 1993, 518 m.w.N. Zum letzten zustimmend *Rozek*, AöR 119 (1994), 474f.

49 *Stern*, Staatsrecht III/2, S. 1511.

50 *Paeffgen*, NJ 1993, 158; *Franke*, FS Mahrenholz, S. 935; BerlVerfGH NJW 1994, 436 (438). Der BayVerfGH hält an seiner Rechtsprechung fest, spricht aber nicht mehr ausdrücklich von Landesverfahrensgrundrechten, sondern davon, „ob ein Grundrecht der Bayerischen Verfassung verletzt wurde [...]", vgl. VerfGH 58, 168 (174); BayVerfGH, Urt. vom 16.2.2008 (Az: Vf.28-VI-07).

51 HessStGH ESVGH 22, 13ff.; 31, 17ff.; 40, 1ff.; Hess. StAnz 1989, 1661ff. Vgl. zu den unveröffentlichten Entscheidungen des HessStGH die Nachweise bei SächsVerfGH, Vorlagebeschluss v. 21.9.1995, NJW 1996, 1736 (1737f.) und *Zierlein*, AöR 120 (1995), 213f. Fn. 47–52. Der BayVerfGH kommt ohne Art. 31 GG aus.

52 *Berkemann*, NVwZ 1993, 415; *Rozek*, AöR 119 (1994), 470. Vgl. *Böckstiegel*, LKV 1994, 359.

53 *Löwer*, SächsVBl. 1993, 77.

54 *Stern*, Staatsrecht III/2, S. 1509ff.; so auch *Rozek*, AöR 119 (1994), 464f.; *ders.*, Grundgesetz, S. 190ff.; *Berkemann*, NVwZ 1993, 415.

55 *Stern*, Staatsrecht III/2, S. 1511; *Lemhöfer*, NJW 1996, 1721; *Rozek*, AöR 119 (1994), 470.

56 BerlVerfGH, Beschluss vom 23.12.1992, LVerfGE 1, 44ff. = NJW 1993, 513ff.

57 Umfangreiche Nachweise bei *Zierlein*, AöR 120 (1995), 205ff. Fn. 46.

58 BerlVerfGH, Beschluss vom 12.1.1993, LVerfGE 1, 56ff. = NJW 1993, 515ff. In seinem Beschluss vom 2.12.1993, NJW 1994, 436ff., hat das Gericht seine Argumentation präzisiert.

Der 80jährige ehemalige Staatsratsvorsitzende der früheren DDR befand sich seit Juli 1992 in Untersuchungshaft, angeklagt u. a. wegen Totschlags in mittelbarer Täterschaft. Auf seine Verfassungsbeschwerde hat der BerlVerfGH Beschlüsse des Landgerichts Berlin und des Kammergerichts, welche die Einstellung des Strafverfahrens und die Aufhebung des Haftbefehls abgelehnt hatten, wegen Verletzung des landesverfassungsgerichtlichen Grundrechts des Beschwerdeführers auf Achtung seiner Menschenwürde aufgehoben und die Sache zurückverwiesen.

Das Kammergericht hatte wegen der fortgeschrittenen Krebserkrankung des Beschwerdeführers angenommen, dass dessen Verhandlungsfähigkeit voraussichtlich nicht mehr lange bestehen und er den Abschluss des Verfahrens mit an Sicherheit grenzender Wahrscheinlichkeit nicht überleben werde. Es hatte sich aber aus strafprozessualen Gründen daran gehindert gesehen, das Verfahren selbst einzustellen. Dem hielt der VerfGH entgegen, die Durchführung des Strafverfahrens habe ihren Sinn verloren, wenn der Angeklagte dessen angenommenes Ende nicht erlebe. Der Mensch werde „zum bloßen Objekt staatlicher Maßnahmen", wenn das Verfahren gleichwohl durchgeführt wird.

Da die Landesgerichte – so der BerlVerfGH weiter – als Träger landesstaatlicher Hoheitsgewalt an die Landesverfassung gebunden seien, könne ein Landesverfassungsgericht jeden Akt der Rechtsanwendung stets und isoliert von dem anzuwendenden Recht auf seine Vereinbarkeit mit dem Landesverfassungsrecht überprüfen. Der „höhere Rang" der angewandten StPO als Bundesrecht schränke die Prüfungsbefugnis des Landesverfassungsgerichts nicht ein, denn es gehe „nicht um die Prüfung eines Verfassungsverstoßes durch Normerzeugung, sondern um die Kontrolle eines Akts der Normanwendung".[59] Art. 31 GG betreffe ausschließlich das Verhältnis kollidierender Normen zueinander. Er sei „keine Kollisionsnorm für die Rechtsprechung", regele „nicht das Verhältnis der gerichtlichen Normanwender zueinander" und enthalte für die Normanwendung insgesamt keine Aussage.[60] Die Vorlagepflicht nach Art. 100 III GG gewährleiste die Übereinstimmung der Auslegung von Landesgrundrechten, die mit Grundrechten des Grundgesetzes inhaltsgleich sind, mit der bundesverfassungsgerichtlichen Rechtsprechung.[61]

Der dem BerlVerfGH zustimmende Teil der Literatur betonte, Art. 31 GG richte sich an den Gesetzgeber, nicht an die Rechtsprechung. Die Vorschrift normiere einen Geltungsvorrang für die Gesamtheit aller Bundesnormen, nicht jedoch auch für die auf der Grundlage einer Bundesnorm ergehenden Ausführungs- und Anwendungsakte. Dabei seien auch landesgerichtliche Entscheidungen und deren Kontrolle keine Normerzeugung, sondern Normanwendung. Das Gesetz sei nicht identisch mit seiner Interpretation; die Zuständigkeit zur einzelfallbezogenen Normkonkretisierung sei keine Annexkompetenz zur Gesetzgebungskompetenz. Es wurde gesagt, mangels Spezialvorschrift richte sich die Kompetenzverteilung zwischen Bundes- und Landesverfassungsgerichtsbarkeit nach den allgemeinen Vorschriften. Gemäß Art. 30 GG sei die Erfüllung staatlicher Aufgaben grundsätzlich Sache der Länder. Art. 92 GG konkretisiere diesen Grundsatz für die rechtsprechende Gewalt: Der Bund sei nur in den dort aufgeführten Fällen (BVerfG, Bundesgerichte gem. Art. 95 f. GG) zuständig.[62] Die Einheitlichkeit der Spruchpraxis werde durch Art. 100 III GG gewährleistet.[63]

---

59 BerlVerfGH NJW 1993, 513 (514).

60 BerlVerfGH NJW 1994, 436 (437).

61 BerlVerfGH NJW 1993, 513 (514); 515 (517); 1994, 436 (437 f.).

62 *Sobota,* DVBl. 1994, 797 f.; *Zierlein,* AöR 120 (1995), 233 ff.; ferner *Gubelt/Hanschel,* in: v. Münch/Kunig, GG, Art. 31 Rdnr. 4, 24.

63 Instruktiv *v. Olshausen,* S. 150 ff.; *Kunig,* NJW 1994, 687 ff. Vgl. o. Rdnr. 183 f.

352 Die Entscheidung des BerlVerfGH hat das partikularisierende Energiepotential der Landesverfassungsgerichtsbarkeit verdeutlicht und eine heftige Kontroverse eingeleitet.[64] Diese hat das BVerfG aufgrund einer Vorlage des Verfassungsgerichtshofes des Freistaates Sachsen, die angesichts der Rechtsprechungsdivergenzen zwischen den Landesverfassungsgerichten überfällig war, entschieden. In der einschlägigen Entscheidung des Gerichts vom 15. Oktober 1997[65] steht das Problem der Anwendbarkeit von Normen im Mittelpunkt – anders als bei dem in der Literatur zur Ansicht des BerlVerfGH teilweise vorgeschlagenen Lösungsansatz, der die Frage nach der landesverfassungsgerichtlichen Überprüfbarkeit einer Entscheidung der Landesgerichte, die eine Anwendung von Bundesrecht zum Gegenstand hat, mit Hilfe der grundgesetzlichen Kompetenzvorschriften zur rechtsprechenden Gewalt zu beantworten suchte. Die Kompetenzabgrenzung von Bundes- und Landes(verfassungs)gerichten spielt insoweit keine entscheidende Rolle. Das wird schon daran deutlich, dass sich das Problem ebenso stellen würde, wenn es auf Bundesebene gar keine Verfassungsgerichtsbarkeit gäbe. Vielmehr ist bereits auf der Ebene der (verfassungsgerichtlich zu überprüfenden) Ausgangsentscheidung zu klären, ob dem – in den Fällen, um die es hier geht, zweifellos zuständigen – Landesgericht bei seiner Entscheidung Raum für die Anwendung der Landesverfassung bleibt. Wird dies bejaht, ist die landesgerichtliche Entscheidung zugleich zulässiger Prüfungsgegenstand im landesverfassungsgerichtlichen Verfahren. Ob die Landesgerichte bei der Anwendung von Bundesrecht die Landesverfassung heranziehen können, ist also eine kompetenzrechtliche Frage[66] und eine solche der Normenhierarchie (Prinzip des Vorrangs des Bundesgesetzes). Normen des Landesverfassungsrechts werden von den Kompetenzregeln des Grundgesetzes erfasst, das gesamte Landesverfassungsrecht ist aber grundsätzlich kompetenzgemäß im Sinne der Art. 70ff. GG.[67] Daher sind Art. 31 und 142 GG als Regelungen für die Beurteilung der Fragen der Normenhierarchie heranzuziehen.[68]

---

64 Umfangreiche Nachweise bei *Zierlein,* AöR 120 (1995), 205ff. Fn. 46.

65 BVerfGE 96, 345ff.

66 Anders die h. M.: Art. 70ff. GG gelten für die Verfassunggebung nicht; so *Degenhart,* in: Sachs, GG, Art. 70 Rdnr. 22. Diese Kompetenzvorschriften stünden einem Hineinwirken allgemeiner Verfassungsbestimmungen in Bereiche, für die die Gesetzgebungskompetenz beim Bund liegt (wie z. B. für den Strafprozess gem. Art. 74 I Nr. 1 GG iVm. Art. 72 II GG), nicht entgegen. Ausführlich *Gubert/Hanschel,* in: v. Münch/Kunig, GG, Art. 31 Rdnr. 52ff.

67 Anders *Bernhardt/Sacksofsky,* in: BK, Art. 31 Rdnr. 16ff.; *H. Dreier,* in: ders., GG, Art. 31 Rdnr. 29; *Jachmann,* BayVBl. 1997, 321. Die einzige Grenze für die Verfassungsautonomie der Länder sei Art. 28 I GG, der die Beachtung der Grundsätze des republikanischen, demokratischen und sozialen Rechtsstaats vorschreibt. Die Verpflichtung, das gesamte Bundesrecht zu berücksichtigen, kann hieraus jedoch nicht abgeleitet werden.

68 Die in mehreren Varianten anzutreffende pauschale Aussage, dass Art. 31 GG für die Rechtsprechung nicht gelte, ist unpräzise: Art. 31 GG trifft zwar keine Aussage *über* die Rechtsprechung, hat die Rechtsprechung also nicht zum Gegenstand. Die Bestimmung gilt aber sehr wohl auch *für* die Rechtsprechung bei der Auswahl des von ihr anzuwendenden Rechts; in diesem Sinne sind bei der Normanwendung durchaus Verstöße gegen Art. 31 GG möglich. Die richtige Aussage, dass Art. 31 GG keine Kollisionsnorm für die Rechtsprechung i. S. einer Kompetenzabgrenzungsnorm ist, die die Zuständigkeiten von Bundes- und Landesgerichten gegeneinander abgrenzt (worum es hier aber gerade nicht geht), wird damit ebensowenig in Frage gestellt wie die in der Literatur – z. B. bei *Pietzcker,* in: HStR VI, § 134 Rdnr. 44 – zu findende Äußerung, Einzelfallentscheidungen (also auch solche der Rechtsprechung) seien kein Recht iSd. Art. 31 GG (auch diese Erkenntnis ist hier unergiebig, da es nicht um von den Landesgerichten durch Urteil bereits *gesetztes* Recht, sondern um die Frage des von den Landesgerichten bei der Urteilsfindung *anzuwendenden* Rechts geht).

Nach Art. 31 GG und 142 GG behalten diejenigen Grundrechte der Landesverfassungen, deren Regelungsgehalt mit solchen des Grundgesetzes übereinstimmt, ihre Geltungskraft. Art. 142 GG ist eine klarstellende Bekräftigung des Grundsatzes des Art. 31 GG, Art. 142 GG „konkretisiert" Art. 31 GG.[69] Landesgrundrechte, die nicht mit solchen des Grundgesetzes übereinstimmen und mit einfachem Bundesrecht kollidieren, werden nach Art. 31 GG verdrängt.[70] Der Vorrang des Bundesrechts vor dem Landes(verfassungs)recht ist nach der Konzeption des Grundgesetzes also ein exzeptioneller,[71] d. h. er gilt nur im echten Kollisionsfalle. Um festzustellen, ob ein mit Bundesgrundrechten inhaltsgleiches Landesgrundrecht oder grundrechtsgleiches Recht vorliegt, nimmt das BVerfG eine dreistufige Prüfung vor:[72] Erstens muss ein Anwendungsfall für ein Landesgrundrecht vorliegen, es muss sich also um einen Fall der Anwendung von Bundesrecht handeln, bei dem Auslegungsspielräume existieren. Zweitens ist die Inhaltsgleichheit des Landesgrundrechts mit dem entsprechenden Bundesgrundrecht zu überprüfen, indem hypothetisch das Grundgesetz auf den konkreten Fall angewendet wird. Drittens sind die Ergebnisse der Anwendung von Landesgrundrecht und Bundesgrundrecht zu vergleichen. Führt die Anwendung des Landesgrundrechts im konkreten Fall zu demselben Ergebnis wie die Anwendung des Bundesgrundrechts, liegt ein inhaltsgleiches Landesgrundrecht vor. Dieses kann Prüfungsmaßstab einer Verfassungsbeschwerde zum Landesverfassungsgericht sein; ist das Ergebnis nicht gleich, ist die Verfassungsbeschwerde zum Landesverfassungsgericht unzulässig.[73]

Das BVerfG hat in seiner Entscheidung außerdem zu der Frage Stellung bezogen, ob die Landesgerichte 353
die Auslegung des Bundesrechts auch dann am Maßstab der Landesverfassung vornehmen können, wenn in dem Verfahren bereits ein Bundesgericht involviert war. In diesem Fall, so das BVerfG, werde nicht mehr ausschließlich Landesstaatsgewalt durch die Landesgerichte ausgeübt, so dass diese nicht mehr an die Landesgrundrechte gebunden seien.[74] Dieser Auffassung kann nicht zugestimmt werden: Landesgerichte können als Organe eines Landes immer nur Landesstaatsgewalt ausüben, niemals jedoch Bundesstaatsgewalt.[75] Wenn nach den Kollisionsregeln des Grundgesetzes Normen des Landesrechts anzuwenden sind, geschieht dies unabhängig von der Instanz, in der sich ein Rechtsstreit befindet.

Weiterhin hat das BVerfG seine Konzeption nur auf Verfahrensrecht des Bundes erstreckt und offengelassen, ob sie auch für materielle Normen gilt; zur Beantwortung dieser Frage hält es einen zusätzlichen Prüfungsaufwand für erforderlich.[76] Es ist jedoch kein Grund ersichtlich, weshalb die Regeln des Grundgesetzes über Normenkollisionen nicht einheitlich für das gesamte Gesetzesrecht gelten sollten.[77]

---

69 BVerfGE 96, 345 (364).

70 BVerfGE 96, 345 (365f.).

71 So zutreffend – gegen den BayVerfGH und den HessVerfGH – *Dietlein,* NVwZ 1994, 8 (inkonsequent dann aber S. 11 Fn. 55); vgl. auch *Sobota,* DVBl. 1994, 797; *Zierlein,* AöR 120 (1995), 234; in diese Richtung auch – letztlich offenlassend – BbgVerfG NJW 1995, 1018 (1019).

72 BVerfGE 96, 345 (373f.).

73 BVerfGE 96, 345 (374f.). Plastisch zum Fall der Inhaltsgleichheit *K. Lange,* BVerfG, S. 299: „Die Länder haben insofern nicht mehr als einen Zweitschlüssel, über dessen Gestalt allein der Bund als Inhaber des Erstschlüssels bestimmt."

74 BVerfGE 96, 345 (367).

75 Ebenso *Dietlein,* Jura 2000, 21f.; *Löwer,* SächsVBl. 1993, 75 m.w.N.; wie das BVerfG, aber ohne Begründung, *Danter,* DÖV 1998, 241, und *K. Lange,* NJW 1998, 1282.

76 BVerfGE 96, 345 (362).

77 Ebenso *Hain,* JZ 1998, 623; *Menzel,* NVwZ 1999, 1315; *Tiedemann,* DÖV 1999, 200; *K. Lange,* BVerfG, S. 300; *v. Coelln,* S. 326ff.

354 Die tatsächlichen Auswirkungen des Beschlusses des BVerfG vom 15. Oktober 1997 sind eher gering: Eine „länderspezifische Differenzierung beim Vollzug des Bundesrechts“[78] kann sich wegen der jeweiligen Ausgestaltung der Landesverfassungsbeschwerde – außer in Berlin – nur in Bayern, Brandenburg, Hessen, Sachsen und Thüringen, also nur bei sechs von sechzehn Landesverfassungsgerichten ergeben.[79] Bei ihrer Auslegung der Landesgrundrechte sind die Landesverfassungsgerichte an die Auslegung der entsprechenden Bundesgrundrechte durch das BVerfG gebunden. Wollen sie hiervon abweichen, müssen sie dies im Wege einer Vorlage nach Art. 100 III 1. Fall GG vom BVerfG sanktionieren lassen.[80] Nur in einer einzigen Konstellation kann es zu einer „autonomen“ Entscheidung eines Landesverfassungsgerichts kommen: Wenn es für eine bestimmte Fallgestaltung noch keine grundrechtsspezifische Auslegung des Bundesrechts gibt, sind die Landesverfassungsgerichte in ihrer Entscheidung nicht gebunden.[81] Beabsichtigt später ein anderes Landesverfassungsgericht, in dieser Rechtsfrage von der Erstentscheidung abzuweichen, muss es nach Art. 100 III 2. Fall GG wiederum die Frage dem BVerfG vorlegen. Schließen sich die anderen Landesverfassungsgerichte an, wird das BVerfG zwar nicht beteiligt, die Zahl der zustimmenden Gerichte aber für die Richtigkeit der Erstentscheidung sprechen.

Art. 100 III GG[82] stellt die Landesverfassungsgerichte von der Bindungswirkung des § 31 BVerfGG (Bindung der Landesverfassungsgerichte an die Entscheidungen des BVerfG) frei, indem er den Landesverfassungsgerichten ein „Vorlageprivileg“[83] einräumt: Die Vorlageverpflichtung enthält zugleich die Befugnis, das BVerfG zur Prüfung seiner Spruchpraxis zu zwingen und eine Änderung seiner Entscheidungspraxis herbeizuführen.[84] Die Doppelnatur der Divergenzvorlage als Verpflichtung und Privileg veranschaulicht die innovative Funktion des verdoppelten verfassungsgerichtlichen Rechtsschutzes im Bundesstaat, indem sie sich als initiierendes Element verfassungsgerichtlicher Spruchpraxis einer Versteinerung des Bundesverfassungsrechts in den Weg stellt.[85]

355 Eine Gefährdung der „Rechtseinheit im Bundesstaat“ ist somit nicht sehr wahrscheinlich.[86] Außerdem: Einen Grundsatz der Rechtsprechungseinheit gibt es nicht. Art. 95 III S. 1 GG nennt die Einheitlichkeit der Rechtsprechung nur als Begründung für die Einrichtung eines Gemeinsamen Senats der in Art. 95 I GG genannten obersten Ge-

---

78 SächsVerfGH NJW 1996, 1736.

79 In Mecklenburg-Vorpommern (Art. 53 Nr. 6 Verf M-V, §§ 11 I Nr. 8, 52ff. LVerfGG M-V) und im Saarland (§ 55 III SaarlVGHG) ist die Verfassungsbeschwerde gegen Maßnahmen der öffentlichen Gewalt des Landes nicht zulässig, soweit eine Zuständigkeit des BVerfG gegeben ist. In Sachsen-Anhalt (Art. 75 Nr. 6 VerfLSA, §§ 2 Nr. 7, 47ff. LVerfGG LSA) kann die Verfassungsbeschwerde nur gegen Landesgesetze unmittelbar erhoben werden, in Rheinland-Pfalz (§ 44 II S. 1 RhPfVerfGHG) ist die Verfassungsbeschwerde unzulässig, soweit die öffentliche Gewalt des Landes Bundesrecht ausführt oder anwendet. Bei den übrigen Landesverfassungsgerichten ist die Landesverfassungsbeschwerde keine statthafte Klageart. Der Hessische Staatsgerichtshof hat seine Rechtsprechung mittlerweile entsprechend geändert (HessStGH NJW 1999, 49ff.); dazu *v. Zezschwitz*, NJW 1999, 17ff.; *K. Lange*, BVerfG, S. 297.

80 BVerfGE 96, 345 (375); vgl. *P. M. Huber*, ThürVBl. 2003, 77.

81 Diese Konstellation hält *Finkelnburg*, S. 183, zu Recht nur selten für gegeben: Die Entdeckung grundrechtlichen Neulands sei angesichts der fast fünfzigjährigen Grundrechtsrechtsprechung des BVerfG, die nahezu jeden Winkel ausgeleuchtet habe, ein eher seltener Ausnahmefall.

82 S. o. Rdnr. 180ff.

83 *Stern*, in: BK, Art. 100 Rdnr. 279; *Zierlein*, AöR 120 (1995), 239 m. w. N. in Fn. 205.

84 *v. Olshausen*, S. 152.

85 Für *Rozek*, AöR 119 (1994), 473, ist diese Verfassungsfortbildung nur ein „Nebenprodukt“.

86 A. A. *Lembhöfer*, NJW 1996, 1721; *Rozek*, AöR 119 (1994), 470ff.; *Starck*, Verfassungen, S. 36; *ders.*, JZ 1993, 232; *Stern*, FS BayVerfGH, S. 257.

richtshöfe des Bundes; die Vorschrift zielt damit nicht auf die Verfassungsgerichtsbarkeit. Auch Art. 3 I GG verpflichtet die Rechtsprechung nicht zur Gleichheit in allen Ländern und vor allen Gerichten.[87] Einer solchen Pflicht könnte schon praktisch nicht entsprochen werden. Sie würde überdies die sachliche Unabhängigkeit der Richter (Art. 97 I GG) über das in Art. 97 I Hs. 2 GG vorgesehene Maß (Bindung an das Gesetz, nicht an die Rechtsprechung) in Frage stellen. Die Möglichkeit divergierender Entscheidungen zwischen BVerfG und Landesverfassungsgerichten ist letztlich eine Konsequenz des föderalistischen Prinzips. Entscheidungsdivergenzen liegen im Wesen des Bundesstaats begründet und sind als Preis für die staatspolitischen Vorzüge eines freiheitlichen Verfassungssystems in Kauf zu nehmen.[88]

Im Bundesstaat wäre es allerdings fatal, wenn der Bund in der Konsequenz der hier vertretenen Auffassung nun gezwungen würde, durch Veränderung seines Rechts (z. B. auch der StPO) dieses gegen solche Einflussnahme der Landesverfassungsgerichte wasserdicht zu machen.[89] Der Aufruf an die Landesverfassungsgerichte, „behutsam zu verfahren“[90] bzw. zu „sorgsamer Bestimmung“[91] wird folgenlos bleiben. Ob die Gefahr einer „Übernormierung“ durch den Bund allerdings wirklich besteht, ist fraglich: Zwar erweckt die Literatur gelegentlich den Eindruck, als stünden die Landesgerichte, die Bundesrecht anwenden oder nach Bundesrecht verfahren, gegen den Bund und sein Recht. Das ist aber eine falsche, jedenfalls überholte Sicht. Die Gerichte der Länder werden ebenso wie die Gerichte des Bundes im Grundgesetz vorausgesetzt: Die Landesgerichte in Art. 92 GG, die Landesverfassungsgerichte in Art. 100 III GG. Die Interessen des Bundes, die sich im Bundesrecht niederschlagen, sind bei den Landesgerichten in nicht weniger treuen Händen als bei den Bundesgerichten. Darauf darf der Bund vertrauen.

Die relative Homogenität der Gesamtrechtsordnung von Bund und Ländern unterscheidet den Bundesstaat von der europäischen Rechtsordnung. Dies ist bei der Lösung der sich dort ganz ähnlich stellenden Abgrenzungsfragen zu berücksichtigen (vgl. dazu. unten Rdnr. 358 ff.).[92]

Der Beschluss des BVerfG vom 15. Oktober 1997 wird in der Literatur häufig als Versuch verstanden, sich selbst zu entlasten.[93] Abgesehen davon, dass die Entscheidung in dogmatischer Hinsicht konsistent ist, muss aber bezweifelt werden, dass sich eine Entlastung ergeben wird: Die Zahl der betroffenen Verfassungsgerichte ist gering, die anderen Landesgesetzgeber denken offenbar nicht an die Einführung der Landesverfassungsbeschwerde. Bei einem Unterliegen des Beschwerdeführers vor dem Landesverfassungsgericht kann gegen diese Entscheidung – jedenfalls bisher[94] – Verfassungs- **356**

[87] Vgl. *Sobota,* DVBl. 1994, 798.

[88] Ähnlich auch *Bernhardt/Sacksofsky,* in: BK, Art. 31 Rdnr. 84. *Sobota,* DVBl. 1994, 798 f., spricht zutreffend davon, dass das Grundgesetz im Bereich der Judikative eine regional bezogene Pluralität gewollt habe, Differenzen bei der Rechtsanwendung also institutionell programmiert seien.

[89] *Berkemann,* NVwZ 1993, 419, droht damit.

[90] *Stern,* Staatsrecht III/2, S. 1512.

[91] *Berkemann,* NVwZ 1993, 413.

[92] Auf die Parallelprobleme im Europarecht weist auch *Böckstiegel,* LKV 1994, 359 f., hin.

[93] *K. Lange,* NJW 1998, 1279; *Tiedemann,* DÖV 1999, 202; *Wittreck,* DÖV 1999, 642; *Dreier,* in: ders., GG, Art. 31 Rdnr. 53; vgl. auch *Klein/Haratsch,* JuS 2000, 209 ff. *P. M. Huber,* ThürVBl. 2003, 77, spricht plastisch davon, das BVerfG wolle seine „Erfüllungsverantwortung“ für den Grundrechtsschutz in Deutschland in eine „Gewährleistungsverantwortung“ verwandeln.

[94] Siehe unten Rdnr. 357.

beschwerde beim BVerfG erhoben werden; außer in Berlin und Brandenburg ist daneben bereits die parallele Einlegung der Verfassungsbeschwerde zum BVerfG möglich. Auch die Kommission „Entlastung des Bundesverfassungsgerichts" hat sich in ihrem Abschlussbericht aus verfassungspolitischen Gründen gegen eine Heranziehung der Landesverfassungsgerichte zur Entlastung des BVerfG ausgesprochen.[95]

Im Übrigen sind die Reaktionen in der Literatur gegensätzlich: Einerseits wird eine Aufwertung der Landesverfassungsgerichtsbarkeit und damit der Landesverfassungen gesehen, die auch die bundesstaatliche Vielfalt stärke.[96] Andererseits wird die Gefahr beschworen, dass die Landesverfassungsgerichte zu „Vorprüfungsinstanzen und Hilfseinheiten des Bundesverfassungsgerichts" würden und zur „Arabeske" verkämen; außerdem werde der Föderalismus bedroht.[97] Beide Auffassungen können nicht überzeugen. Das BVerfG hält sich an die Vorgaben des Grundgesetzes zur Normenkollision und verwirklicht so die Föderalismuskonzeption des Grundgesetzes. Auch werden die praktischen Auswirkungen gering sein. Daneben ist bereits fraglich, ob das Vorhandensein der Verfassungsbeschwerdemöglichkeit die Eigenständigkeit eines Bundeslandes erhöht; Unterschiede im staatlichen Selbstverständnis zwischen Ländern mit und ohne Verfassungsbeschwerde sind nicht ersichtlich.

3. Landesverfassungsgerichte als Verfassungsinstanzgerichte?

357 Die Landesverfassungsgerichte sind in keinen Instanzenzug eingebunden.[98] „Das BVerfG ist keine Revisionsinstanz über den Landesverfassungsgerichten".[99] Das BVerfG betont:[100] „Das Verfahren der Landesverfassungsbeschwerde gehört nicht zum Rechtsweg i. S. von § 90 II S. 1 BVerfGG. Dies folgt aus § 90 III BVerfGG ... Die Bundesverfassungsbeschwerde ist gegenüber einer Landesverfassungsbeschwerde nicht subsidiär; beide Rechtsbehelfe können nebeneinander eingelegt, beide Verfahren nebeneinander betrieben werden ... Sieht das Landesrecht ... einen Ausschluss der Landesverfassungsbeschwerde bei Erhebung der Bundesverfassungsbeschwerde vor, muss der Betroffene wählen." *Zuck* liefert die Begründung:[101] „Landesverfassungsbeschwerde und Bundesverfassungsbeschwerde schützen Grundrechte in unterschiedlichem funktionalen Zusammenhang aufgrund unterschiedlicher Verfahrensordnungen. Sie können, wenn eigenständige Verfassungsräume von Bund und Ländern wirklich aufrechterhalten werden sollen, nicht in ein Subsidiaritäts-Verhältnis zueinander gebracht werden". Die Bundesstaatlichkeit gebietet dem BVerfG Respekt vor den Landesverfassungen und ihrer speziellen Überwachung durch die Landesverfassungsgerichte.[102]

---

95 *Bundesministerium der Justiz,* Entlastung, S. 86.

96 *Tiedemann,* DÖV 1999, 200; *Tietje,* AöR 124 (1999), 283, 300.

97 *K. Lange,* NJW 1998, 1281 f.; *Dietlein,* Jura 2000, 21.

98 S. oben Rdnr. 184 a. E.

99 *Bethge,* FS F. Klein, 1994, S. 179, 181, 188; vgl. auch *Benda/Klein,* Verfassungsprozessrecht, Rdnr. 58 ff; *Hillgruber/Goos,* Rdnr. 1105 ff.; *Hopfauf,* in: Schmidt-Bleibtreu/Hofmann/Henneke, GG, Art. 93 Rdnr. 90.

100 BVerfG (Kammer), Beschluss vom 18. 1. 1996, NJW 1996, S. 1464. Vgl. schon BVerfGE 6, 445 (449); 60, 175 (208).

101 *Zuck,* Das Recht der Verfassungsbeschwerde, Rdnr. 260. Anders *Enders,* JuS 2001, 462 ff., der verlangt, es müsse – sofern dies möglich ist – vor Anrufung des BVerfG von der Landesverfassungsbeschwerde Gebrauch gemacht werden.

102 *Pestalozza,* Verfassungsprozeßrecht, § 21 II Rdnr. 4.

Aber: Das BVerfG überprüfte bisher die Einhaltung der Bundesgrundrechte gegenüber allen Akten staatlicher Gewalt, und damit auch gegenüber den Entscheidungen der Landesverfassungsgerichte.[103] Diese Auffassung hat es 1998 in einer Fallgruppe mit einer überraschenden Wendung seiner Rechtsprechung eingeschränkt:[104] Für den subjektiv-rechtlichen Schutz des Wahlrechts zu den Volksvertretungen seien nunmehr die Länder in ihrem jeweiligen Verfassungsraum allein zuständig.[105] Wegen der getrennten Verfassungsräume von Bund und Ländern könne nicht auf den allgemeinen Gleichheitssatz des Art. 3 I GG als Grundlage der Grundsätze der Allgemeinheit und Gleichheit der Wahl zurückgegriffen werden.[106] Sofern nach dem Landesrecht Landesverfassungsgerichte in die Wahlprüfung einbezogen werden, sind ihre Entscheidungen in diesem Bereich endgültig. Ob dieser Beschluss des BVerfG nun die Aufgabe des Grundsatzes bedeutet, alle Akte staatlicher Gewalt auf ihre Grundrechtskonformität hin zu überprüfen,[107] ist noch nicht absehbar; die deutliche Betonung des Wahlrechts als Ländersache in der Begründung der Entscheidung des BVerfG deutet nicht auf eine prinzipielle Änderung der Rechtsprechung hin.

II. Das Verhältnis des BVerfG zu EuGH und EGMR

1. Einleitung

Der Anspruch der Europäischen Union, eine zwar bezüglich der Sachmaterien begrenzte, im Übrigen aber umfassende Rechtsgemeinschaft zu bilden, wirkt sich auch auf den verfassungsrechtlichen Kontext der Mitgliedstaaten aus. Europarechtliche Regelungen beeinflussen verfassungsrechtliche Materien; insbesondere wirken sie sich vielfach auf Rechtspositionen aus, die nach nationalem Verfassungsrecht unter grundrechtlichem Schutz stehen.[108] Entsprechende Einflüsse auf die nationale Rechtsordnung lassen sich zudem mit Blick auf die völkerrechtliche Ebene konstatieren. Besonders die Vorgaben der EMRK in ihrer Konkretisierung durch die Rechtsprechung des EGMR beeinflussen vermehrt auch die Judikatur der nationalen deutschen Gerichte.[109] 358

Derartige Überlappungen unterschiedlicher und grundsätzlich selbständiger, d. h. insbesondere mit eigener Rechtsschöpfungsmacht ausgestatteter Rechtsordnungen sind zunächst nichts Ungewöhnliches. Sie finden sich entsprechend beispielsweise im föderalen Staat aufgrund der jeweiligen eigenständigen Rechtsetzung von Bund und Ländern. Aber auch in anderen verfassungsrechtlichen Kontexten ist ein vergleichbarer Rechtspluralismus bekannt: So lässt sich etwa das deutsche Staatskirchenrecht mit seiner Anerkennung des Selbstbestimmungsrechts der Religionsgemeinschaften (Art. 140 GG i. V. m. Art. 137 III WRV), das seinerseits u. a. eine Rechtsetzungskompetenz umfasst,[110] als Ausgestaltung eines derartigen Pluralismus unterschiedlicher Rechtsordnungen verstehen.[111] Nicht die Pluralität der Rechtsordnungen als solche ist also neu an der Eingliederung des deutschen Staates in die europäische Rechtsgemeinschaft. Problematisch ist jedoch die Auflösung möglicher Kollisionsfälle, also

[103] BVerfGE 34, 81 (95).
[104] BVerfGE 99, 1 ff. Anders noch BVerfGE 85, 148 (157).
[105] BVerfGE 99, 1 (18).
[106] BVerfGE 99, 1.
[107] So *Lang,* DÖV 1999, 713.
[108] Vgl. im Überblick etwa *Streinz,* Europäisierung, S. 33 ff. Ausführlich *Mangold.*
[109] Vgl. zum Problem etwa *Hoffmann-Riem,* EuGRZ 2002, 473 ff.; *Schmahl,* EuR Beiheft 1, 2008, 7 ff.; *Daiber,* DÖV 2018, 957; ausführlich *Schilling,* ferner die Beiträge in Matz-Lück/Hong (Hrsg.), Grundrechte und Grundfreiheiten im Mehrebenensystem – Konkurrenzen und Interferenzen.
[110] Vgl. nur *Hesse,* in: HdbStKirchR I, 2. Aufl. 1994, S. 521 ff. (535 ff.).
[111] Vgl. zu dieser Perspektive *Janssen,* FS Hollerbach, S. 707 ff.

die Frage, welches Recht Vorrang genießt, wenn zwei Rechtsordnungen auf ein und denselben Fall anwendbar sind, aber in ihrer jeweiligen Anwendung zu unterschiedlichen Ergebnissen gelangen.[112]

Auf der nationalen Ebene wird diese Frage durch von der staatlichen Rechtsordnung festgesetzte Kollisionsnormen beantwortet,[113] die den etwaigen Konflikt durch Hierarchisierung der betroffenen Rechtsordnungen klären. Damit wird der aus dem Innenbereich einheitlicher Rechtsordnungen vertraute Grundsatz lex superior derogat legi inferiori auf rechtspluralistische Konstellationen ausgedehnt und so zugleich eine gewisse erneute Vereinheitlichung des Gesamtrechts im Sinne der Einordnung in eine pyramidale Struktur der Ober- und Unterordnung gewährleistet. Art. 31 GG bestimmt dementsprechend das Verhältnis von Bundes- und Landesrecht;[114] Art. 140 GG i. V. m. Art. 137 III WRV benennt mit dem Verweis auf die „Schranken des für alle geltenden Gesetzes“ die Grenzen der eigenständigen kirchenrechtlichen Gestaltungsmacht. Solange und soweit die jeweils betroffenen Rechtsordnungen diese Form der Relationierung akzeptieren, ist ein schlüssiger Mechanismus zur Bewältigung etwaiger Konfliktfälle gefunden.

Mit Blick auf die europarechtliche Ebene besteht das Problem demgegenüber jedoch darin, dass eine vergleichbar eindeutige Kollisionsregelung für die Verhältnisbestimmung der Rechtsordnungen weder im Normtext des Grundgesetzes noch im unionalen Primärrecht existiert.[115] Nationales Verfassungs- und europäisches Primärrecht lassen sich demnach jedenfalls nicht ohne weiteres hierarchisieren.

Etwas anders verhält es sich mit Blick auf die völkerrechtliche Ebene, insbesondere die EMRK[116]: Aus Sicht des Grundgesetzes sprechen Art. 25 S. 1 GG, der die allgemeinen Regeln des Völkerrechts als Bestandteil des Bundesrechts qualifiziert und gemäß Satz 2 der Vorschrift lediglich einen Vorrang gegenüber den einfachen Gesetzen statuiert, und Art. 59 II 1 GG, der für den Abschluss völkerrechtlicher Verträge das Erfordernis eines Zustimmungsgesetzes postuliert, klar dafür, dass eine Unterordnung der völkerrechtlichen unter die verfassungsrechtlichen Regelungen vorgenommen worden ist.[117] Prägnant formuliert dementsprechend das BVerfG: „Dem Grundgesetz liegt deutlich die klassische Vorstellung zu Grunde, dass es sich bei dem Verhältnis des Völkerrechts zum nationalen Recht um ein Verhältnis zweier unterschiedlicher Rechtskreise handelt und dass die Natur dieses Verhältnisses aus der Sicht des nationalen Rechts nur durch das nationale Recht selbst bestimmt werden kann“[118]. Die EMRK dagegen enthält selbst „keine Vorgaben über ihre Stellung, ihren Rang und ihre Wirk-

---

112 Vgl. zur kollisionsrechtlichen Sicht etwa *Sauer,* Grundrechtskollisionsrecht, S. 1 ff. (8 ff.); *Viellechner,* S. 109 ff.; *Schöbener,* JA 2011, 885 ff. (886 f.); *Heun,* Verfassung und Verfassungsgerichtsbarkeit im Vergleich, S. 8 ff.

113 Vgl. etwa BVerfGE 26, 116 (135); 36, 342 (363) (jeweils zu Art. 31 GG).

114 Vgl. dazu umfassend, mit rechtstheoretischer Akzentuierung, *Engelbrecht.*

115 Vgl. zu den gescheiterten Bemühungen, eine entsprechende Bestimmung in die Verträge aufzunehmen, sogleich unter 2. a).

116 Vgl. zur Stellung der EMRK in der deutschen Rechtsordnung die übersichtliche Darstellung bei *Sauer,* Staatsrecht III, § 7.

117 Vgl. zu abweichenden Positionen, die der EMRK Verfassungsrang oder zumindest Vorrang vor dem einfachen Gesetzesrecht zumessen wollen, die Darstellung bei *Grabenwarter/Pabel,* § 3 Rdnr. 9.

118 BVerfGE 111, 307 (318) – Görgülü.

weise im nationalen Recht"[119]; diese Stellung bestimmt sich vielmehr nach der nationalen Umsetzung.[120] Damit ist der Konflikt der Rechtsordnungen aber noch nicht behoben. Kollisionsrechtlich besteht vielmehr eine Art „Patt-Situation": „Der innerstaatliche Vorrang der Verfassung vor der Konvention ist völkerrechtlich unbeachtlich, und der völkerrechtliche Achtungsanspruch der Konvention schlägt nicht unmittelbar auf das innerstaatliche Recht durch."[121] Die Situation verkompliziert sich ferner dadurch noch weiter, dass das BVerfG der Verfassung einen allgemeinen Grundsatz der Völkerrechtsfreundlichkeit entnimmt, der sich auf die Bedeutung der EMRK bei der Auslegung und Anwendung nicht nur des einfachen Rechts, sondern sogar der Verfassung selbst auswirken soll.[122] Dadurch misst das Gericht der EMRK einerseits zwar zumindest de facto mehr als nur einfachen Gesetzesrang zu, ohne ihr andererseits aber auch formal Verfassungsrang zuzugestehen.[123] Abseits von dem Sonderfall der EMRK betont das BVerfG für das allgemeine Völkerrecht, dass völkerrechtliche Verträge nach Art. 59 II 1 GG durch einfaches Gesetz und damit auch nur im Rang eines einfachen Gesetzes in die nationale Rechtsordnung übernommen werden, und wendet hier sogar den lex posterior-Grundsatz an. In der Folge kann – innerstaatlich – die Geltung der auf völkerrechtlichem Vertrag beruhenden Regelungen durch ein späteres einfaches Gesetz aufgehoben werden.[124]

Die allgemeine Perspektive zeigt damit, dass es sich bei dem etwaigen Kollisionsfall zunächst einmal um ein materiellrechtliches, nicht dagegen ein institutionelles, d. h. auf die Stellung und Funktion der Gerichte bezogenes Problem handelt.[125] Eine ausschließlich materielle Sichtweise verkennte jedoch den besonderen Einfluss, den Verfassungsgerichte mit Blick auf die Auslegung ihrer jeweiligen Rechtgrundlagen besitzen. Nicht nur für den US-amerikanischen Kontext gilt wiederum das berühmte Diktum: „We are under a Constitution, but the Constitution is what the judges say it is"[126]. Gerade weil eindeutige Kollisionsnormen sowohl auf der Seite des Europarechts als auch des nationalen Verfassungsrechts fehlen, rückt an ihre Stelle die jeweilige Auslegung der entsprechenden Rechtstexte durch die dazu berufenen Rechtsprechungsorgane. Damit entsteht die Möglichkeit von auf das jeweilige Vorrangverständnis be-

119 *Grabenwarter/Pabel,* § 3 Rdnr. 1.

120 Vgl. zur Problematik vor dem Hintergrund monistischer und (gemäßigt) dualistischer Konzeptionen des Verhältnisses der Rechtsordnungen *Viellechner,* S. 110ff.

121 *Sauer,* EuGRZ 2011, 198.

122 Vgl. BVerfGE 111, 307 (317) – Görgülü; BVerfGE 128, 326 (369) – Sicherungsverwahrung; BVerfGE 152, 152 (176) – Recht auf Vergessen I.

123 Vgl. dazu knapp etwa *Sauer,* Staatsrecht III, § 7 Rdnr. 15ff.

124 BVerfGE 141, 1 – Treaty Override. Kritisch hierzu etwa *Henrich,* NVwZ 2016, 668. Gegenüber dem Landesgesetzgeber bewirkt Art. 31 GG aber eine erhöhte Bindungswirkung.

125 Vgl. ebenso *Viellechner,* S. 115. Im Bereich der Grundrechte geht das BVerfG zwar von „Wechselwirkungen zwischen Charta, Konvention und mitgliedstaatlichen Verfassungen als Grundlage eines für Vielfalt geöffneten, aber doch durch einen gemeinsamen Grund unterfangenen Grundrechtsschutzes" aus, keinesfalls jedoch von einer vollständigen Identität der sich jeweils im Einzelfall ergebenden Anforderungen; vgl. BVerfGE 152, 152 (176ff.) – Recht auf Vergessen I.

126 Vgl. dazu bereits oben, 1. Teil, Rdnr. 3. Für die deutsche Situation berühmt prägnant *Smend,* S. 330: „Das Grundgesetz gilt nunmehr praktisch so, wie es das Bundesverfassungsgericht auslegt, und die Literatur kommentiert es in diesem Sinne". Zur Selbsteinschätzung des BVerfG etwa BVerfGE 40, 88 (93, 94): „maßgeblicher Interpret und Hüter der Verfassung", „verbindliche Instanz in Verfassungsfragen".

zogener „Jurisdiktionskonflikte“[127]. Der Konflikt mutiert so von einem materiellen zu einem institutionellen[128]: In Frage steht, ob sich die nationalen Verfassungsgerichte und die zumindest funktional[129] sowie dem eigenen Selbstverständnis nach ebenfalls als Verfassungsgerichte zu qualifizierenden Rechtsprechungsinstanzen EuGH und EGMR zu einem konsistent agierenden „europäischen Verfassungsgerichtsverbund“[130] fügen werden – in dem dann auch die nationalen Verfassungsgerichte mit- und untereinander kommunizieren und kooperieren[131] – oder aber ihr Verhältnis durch permanente Konfrontation bestimmt sein wird.[132]

Die Beantwortung dieser Frage setzt zunächst eine Klärung der jeweiligen Selbstpositionierung der am Verbund beteiligten Verfassungsgerichte voraus (2., 3.). Das damit skizzierte allgemeine Verhältnis der Gerichte zueinander lässt sich sodann mit Blick auf die besonders virulente Frage des Grundrechtsschutzes näher exemplifizieren (4.), ehe abschließend ein Ausblick zum Stand der Kooperation und ihrer möglichen weiteren Entwicklung gegeben wird (5.).

2. Das Verhältnis zwischen BVerfG und EuGH

a) Die Position des EuGH

359 Die Position des EuGH[133] zur Verhältnisbestimmung der Rechtsordnungen und damit auch der Gerichte ist eindeutig. Er leitet einen unbedingten Vorrang des Unionsrechts aus dessen Eigenlogik ab: Ohne einen solchen Vorrang des Unionsrechts nicht nur vor dem nationalen einfachen Gesetzes-, sondern ebenso vor dem nationalen Verfassungsrecht könne eine einheitliche Anwendung des Unionsrechts, die ihrerseits Bedingung von dessen Funktionsfähigkeit sei, nicht gewährleistet werden.[134] Schon im Jahr 1964 formulierte der EuGH in seiner Entscheidung Costa/ENEL[135] diesen Vorrang des Gemeinschaftsrechts mit aller Deutlichkeit. Der Gerichtshof grenzt das Gemeinschaftsrecht zunächst vom Völkerrecht ab, von dem es insbesondere seine – zwei Jahre zuvor in der Entscheidung Van Gend & Loos geklärte[136] – unmittelbare Anwendbarkeit unterscheide. Sodann zieht der EuGH aus dem eigenständigen Status des Gemeinschaftsrechts die Konsequenz für sein Verhältnis zum nationalen Recht: „dem vom Vertrag geschaffenen, somit aus eigener autonomer Rechtsquelle fließendem Recht [können] wegen dieser seiner Eigenständigkeit keine wie immer gearteten innerstaatlichen Rechtsvorschriften vorgehen […], wenn ihm nicht sein Charakter als Gemeinschaftsrecht aberkannt und wenn nicht die Rechtsgrundlage der Gemeinschaft selbst in Frage gestellt werden soll.“[137] Folglich müssen nationale Rechtsvorschriften

[127] Vgl. *Sauer,* Jurisdiktionskonflikte.

[128] Vgl. zum Problem etwa *Sauer,* Grundrechtskollisionsrecht, S. 6f., 19, mit Verweis auf die ausführliche Diskussion bei *Funke,* S. 173ff.

[129] Vgl. *Voßkuhle,* NVwZ 2010, 1.

[130] Vgl. *Voßkuhle,* NVwZ 2010, 1. Allg. vom „Rechtsprechungsverbund“ spricht *Oeter,* VVDStRL 66 (2007), S. 361ff. (375ff.).

[131] Vgl. zu dieser Perspektive *Wendel,* European Constitutional Law Review 7 (2011), 96ff.

[132] Vgl. dazu bereits etwa *Hirsch,* NJW 1996, 2457ff.; *Limbach,* EuGRZ 2000, 417ff.

[133] Vgl. allg. zur Entwicklung der Rolle des EuGH *Mangold,* S. 86ff.

[134] Vgl. zur Rspr. des EuGH im Überblick nur *Pernice,* S. 22ff.

[135] Vgl. EuGH Rs. 6/64, Slg. 1964, 1251 – Costa/ENEL; dazu nur *Terhechte,* JuS 2008, 403ff.

[136] Vgl. EuGH, Rs. 26/62, Slg. 1963, 7 (25) – Van Gend & Loos.

[137] EuGH Rs. 6/64, Slg. 1964, 1251 (1270) – Costa/ENEL.

auch dann vor inhaltlich konträren unionalen Regelungen zurücktreten, wenn der nationalen Norm Verfassungsrang zukommt. Diese Konsequenz ist in der Entscheidung Costa/ENEL noch nicht expressis verbis formuliert; sie ist implizit im Urteil durch den Verweis auf die „wie auch immer gearteten Rechtsvorschriften" aber bereits enthalten. Sechs Jahre später, in der Entscheidung „Internationale Handelsgesellschaft", wird die Position dann ausdrücklich artikuliert. Auch verfassungsrechtlich abgesicherte Rechtspositionen, namentlich Grundrechte, können danach nicht dem Anwendungsvorrang des Gemeinschaftsrechts entgegengesetzt werden.[138] Die dahinter stehende Rationalität ist klar: Andernfalls könnten die jeweiligen Mitgliedstaaten durch Erhebung von Regelungen in den Verfassungsrang unionale Verpflichtungen gezielt unterlaufen und damit die europaweit einheitliche Anwendung des Unionsrechts verhindern.

Diese Position hat der EuGH in seiner „Winner Wetten"-Entscheidung aus dem Jahr 2010 noch einmal ausdrücklich bekräftigt. Er betont darin nicht nur die aus Art. 4 III EUV folgende Verpflichtung der mitgliedstaatlichen Gerichte zur Beachtung des Anwendungsvorrangs,[139] sondern stellt zudem fest, dass der Anwendungsvorrang nicht hinsichtlich einer bestimmten Regelung und für einen eng begrenzten Zeitraum suspendiert werden kann: Selbst dann, wenn der Anwendungsvorrang auf der nationalen Ebene zu einer problematischen Regelungslücke führte, dürfe die dem Unionsrecht entgegenstehende nationale Regelung nicht bis zur Inkraftsetzung einer europarechtskonformen Rechtslage fortbestehen. Allenfalls „zwingende Erwägungen der Rechtssicherheit" könnten im Einzelfall einmal eine solche temporäre Suspendierung des Anwendungsvorrangs ermöglichen; diese Feststellung obliege wiederum dem EuGH.[140]

Der EuGH postuliert also einen unbedingten Vorrang des Unionsrechts. Er hat damit aus seiner Sicht eine (ungeschriebene) Kollisionsnorm für das Verhältnis des EU-Rechts zu den mitgliedstaatlichen Rechtsordnungen entwickelt.[141] Dass das Verhältnis der Rechtsordnungen nicht im strikten Sinne eines Geltungs-, sondern lediglich eines Anwendungsvorrangs konzipiert wird, relativiert diesen Vorrang als solchen nicht; es beruht lediglich auf den gemäß dem Prinzip der begrenzten Einzelermächtigung limitierten Zuständigkeiten der EU: Dort, wo keine unionale Zuständigkeit begründet ist, bleiben die nationalen Bestimmungen wirksam. Sie treten nur dort zurück, wo sowohl die nationale als auch die supranationale Rechtsordnung anwendbar sind. Um diese subsidiäre Anwendbarkeit zu gewährleisten, dürfen die Normen nicht schlechthin unwirksam, also nichtig sein. Das aber ist die übliche Folge eines Verstoßes einer Rechtsnorm gegen im Sinne eines Geltungsvorrangs höherrangiges Recht. Der Anwendungsvorrang dagegen suspendiert lediglich für bestimmte Gebiete oder Fälle die Anwendbarkeit der nationalen Norm, ohne sie schlechthin für unwirksam zu erklären.

Diese Position des EuGH sollte nach dem Entwurf des Verfassungsvertrages als Teil des Primärrechts, und zwar an prominenter Stelle, als Art. I-6, festgeschrieben werden. Dieser Ansatz ließ sich politisch indes nicht durchsetzen; im Vertrag von Lissabon findet sich daher keine entsprechende Festlegung.[142] AEUV

138 Vgl. EuGH Rs. 11/70, Slg. 1970, 1125 Rdnr. 3 – Internationale Handelsgesellschaft.

139 Vgl. EuGH, Rs. C-409/06 – Winner Wetten, Rdnr. 61.

140 Vgl. EuGH, Rs. C-409/06 – Winner Wetten, Rdnr. 67.

141 Vgl. *Schöbener,* JA 2011, 886.

142 Vgl. *Schöbener,* JA 2011, 887. Auf der Linie liegt auch eine in der Literatur erhobene Kritik an der PSPP-Entscheidung, vgl. etwa *F. C. Mayer,* JZ 2020, 725 (728 f.): das BVerfG sei aus den Bindungen

und EUV wurde jedoch zumindest eine „Erklärung zum Vorrang" beigefügt, die auf die ständige Rechtsprechung des EuGH Bezug nimmt und ausdrücklich auf den Vorrang des Unionsrechts hinweist.[143] Eine solche Erklärung ist zwar nicht unmittelbar rechtsverbindlich; sie kann aber zumindest für die künftige Auslegung der Verträge herangezogen werden.[144] Negativ formuliert ändert die bloße Tatsache, dass der Grundsatz des Vorrangs nicht in die Verträge aufgenommen wurde, nichts an der bereits bislang bestehenden, auf der Basis der EuGH-Judikatur bestimmten Rechtslage.[145]

b) Der Standpunkt des BVerfG im Verhältnis zum EuGH

360 Der Standpunkt des BVerfG im Verhältnis zum EuGH ist dagegen komplizierter.[146] Lange Zeit hat das BVerfG die Eigenständigkeit des nationalen Verfassungsgerichts und der von ihm verteidigten Verfassungsordnung mit wechselnder Akzentuierung[147] festgestellt, ohne jedoch den offenen Konflikt mit dem EuGH in Form einer im konkreten Ergebnis dezidiert von dessen Judikatur abweichenden Entscheidung zu suchen.[148]. Das hat sich jetzt geändert. In seinem Urteil zum PSPP-Programm der Europäischen Zentralbank verwirft das BVerfG die aufgrund seines Vorlagebeschlusses ergangene Vorabentscheidung des Europäischen Gerichtshofs: Dessen Auslegung sei nicht mehr nachvollziehbar und objektiv willkürlich. Es handle sich deshalb um einen „ultra-vires-Akt", dem keine Bindungswirkung zukomme.[149] Die Zusammenschau der historischen Entwicklung der verfassungsgerichtlichen Rechtsprechung soll die Hintergründe der Entscheidung verdeutlichen (aa). Von hier aus kann dann knapp der gegenwärtige Stand der Dinge mit Blick auf die statuierte eigene Kompetenz des BVerfG zur Überprüfung von EU-Recht zusammengefasst werden (bb).

aa) Die Entwicklung der verfassungsgerichtlichen Rechtsprechung

360a In seiner frühen Judikatur tendierte das BVerfG dazu, die Selbsteinschätzung des EuGH zur Erforderlichkeit eines absoluten, also auch gegenüber dem nationalen Verfassungsrechts wirksamen Anwendungsvorrangs zu akzeptieren. In einer Entscheidung aus dem Jahr 1967 ist – vor dem Hintergrund der sehr viel späteren Auseinandersetzungen über den sog. „Verfassungsvertrag" bemerkenswert – nicht nur davon die Rede, der EWG-Vertrag stelle „gewissermaßen die Verfassung dieser Gemeinschaft dar"[150]. Das

des Unionsrechts „ausgebrochen"; ferner *Kube,* DVBl. 2020, 1165 (1168); *H.-J. Hellwig,* NJW 2020, 2497 (2503); Ipsen, RuP 56 (2020), 344 (362); *Frenz,* DVBl. 2020, 1017 (1020).

143 Erklärung zum Vorrang, ABl. EU 2007, C 306, S. 256.

144 Vgl. *Sauer,* Staatsrecht III, § 8 Rdnr. 32.

145 Vgl. das Gutachten des Juristischen Dienstes des Rates vom 22. Juni 2007, das von der Regierungskonferenz in der Erklärung ausdrücklich in Bezug genommen wird; ABl. EU 2007, C 306, S. 256.

146 Vgl. im Überblick etwa *S. Simon,* Grenzen des Bundesverfassungsgerichts im europäischen Integrationsprozess, S. 54ff.; *H. Sauer,* EuR 2017, 186ff.; *Bergmann,* EuGRZ 2004, 620ff.; *Knauff,* DVBl. 2010, 533ff.; *Voßkuhle,* NJW 2013, 1330ff. Zur Entwicklung der Rechtsprechung auch *Büdenbender,* S. 50ff. Teils polemisch gegen die staatszentrierte Grundhaltung des Gerichts *van Ooyen,* Die Staatstheorie des Bundesverfassungsgerichts und Europa, S. 13ff.

147 Von einer „wechselvollen Rechtsprechungslinie" spricht dementsprechend etwa *Sauer,* Staatsrecht III, § 9 Rdnr. 20. Anders *P.M. Huber,* Das Verständnis des Bundesverfassungsgerichts vom Kompetenzgefüge zwischen der EU und den Mitgliedstaaten, S. 229: „Der Tonfall mag in den vergangenen 40 Jahren gewechselt haben, die Eckpfeiler haben es nicht."

148 Vgl. für einen knappen Überblick zur dänischen, französischen, spanischen und polnischen Judikatur *Pernice,* S. 36; speziell mit Blick auf die Situation „nach Lissabon" *Wendel,* European Constitutional Law Review 7 (2011), 96ff.; ausführlich ferner die Länderberichte in von Bogdandy/Cruz Villalón/Huber (Hrsg.), Handbuch Ius Publicum Europaeum, Bd. 2, §§ 14–26.

149 BVerfGE 154, 17 (94ff.).

150 BVerfGE 22, 293 (296); dazu auch *Nicolaysen,* EuR Beiheft 1, 2010, 9, 13.

BVerfG spricht, ganz in Entsprechung zur explizit zitierten Lesart des EuGH, ferner davon, dass das EWG-Recht aus einer „autonomen Rechtsquelle" stamme, mit der Konsequenz, dass das sekundäre Gemeinschaftsrecht weder dem Völkerrecht noch dem nationalen Recht der Mitgliedstaaten zuzuordnen sei, sondern eine eigenständige Rechtsordnung bilde.[151] Ausdrücklich schließt das Gericht eine Ergänzung des gemeinschaftlichen Rechtsschutzsystems durch die deutsche Gerichtsbarkeit aus, da dies zu einer „Verwischung der Grenzen zwischen nationaler und supranationaler Gerichtsbarkeit und zu ungleichmäßigem Rechtsschutz in den Mitgliedstaaten"[152] führen würde. Auch in der 1971 ergangenen Lütticke-Entscheidung wird die Auslegungshoheit des EuGH über das Gemeinschaftsrecht bekräftigt und der damalige Art. 24 GG so verstanden, dass danach nicht nur die „Übertragung von Hoheitsrechten auf zwischenstaatliche Einrichtungen überhaupt zulässig" sei, sondern zumal „die Hoheitsakte ihrer Organe [...] vom ursprünglich ausschließlichen Hoheitsträger anzuerkennen sind".[153]

Ganz anders setzt das Gericht die Akzente wenige Jahre später in der „Solange I"-Entscheidung.[154] Schon der Ausgangspunkt ist deutlich: Soweit deutsche Bürger „Anspruch auf Schutz ihrer im Grundgesetz garantierten Grundrechte haben," könne, so das Gericht, „ihr Status keine Beeinträchtigungen erleiden, weil sie durch Rechtsakte von Behörden oder Gerichten der Bundesrepublik Deutschland unmittelbar betroffen werden, die sich auf Gemeinschaftsrecht stützen. Andernfalls entstünde gerade für die elementarsten Statusrechte des Bürgers eine empfindliche Lücke des gerichtlichen Schutzes."[155] Aus diesem drohenden Rechtsschutzverlust wird jetzt zumindest bei Maßnahmen deutscher Behörden und Gerichte, die sich auf Gemeinschaftsrecht stützen, eine Kontrolle auch des Gemeinschaftsrechts selbst abgeleitet: Statt eine „strikte Verantwortungsteilung"[156] zwischen der eigenen Judikatur und der des EuGH zu vertreten, nimmt das Gericht eine eigene Zuständigkeit in Fragen des Grundrechtsschutzes an, „solange" auf der Ebene der Gemeinschaft noch kein vergleichbar effektiver Schutz gewährleistet sei. „Solange der Integrationsprozess des Gemeinschaftsrechts noch nicht so weit fortgeschritten ist, dass das Gemeinschaftsrecht auch einen von einem Parlament beschlossenen und in Geltung stehenden formulierten Katalog von Grundrechten enthält, der dem Grundrechtskatalog des Grundgesetzes adäquat ist, ist nach Einholung der in Art. 177 des Vertrags [jetzt: Art. 267 AEUV] geforderten Entscheidung des Europäischen Gerichtshofs die Vorlage eines Gerichts der Bundesrepublik Deutschland an das Bundesverfassungsgericht im Normenkontrollverfahren zulässig und geboten, wenn das Gericht die für es entscheidungserhebliche Vorschrift des Gemeinschaftsrechts in der vom Europäischen Gerichtshof gegebenen Auslegung für unanwendbar hält, weil und soweit sie mit einem der Grundrechte des Grundgesetzes kollidieren."[157] Damit erklärt sich das BVerfG für mitverantwortlich für den Grundrechtsschutz gegenüber Rechtsakten der Gemeinschaft. Mit Blick auf den konkreten zu entscheidenden Fall verneint das BVerfG im Ergebnis allerdings das Vorliegen eines Grundrechtsverstoßes. Die unmittelbare Kollision von deutschem Verfassungsrecht

---

[151] Vgl. BVerfGE 22, 293 (296); vgl. auch BVerfGE 58, 1 (27) – Eurocontrol.

[152] BVerfGE 22, 293 (298).

[153] BVerfGE 31, 145 (174).

[154] BVerfGE 37, 271. Zeitgenössische Kritik der „Solange I"-Entscheidung bei *H. P. Ipsen,* EuR 1975, 1 ff.; *Scheuner,* AöR 100 (1975), 30 ff.

[155] BVerfGE 37, 271 (282).

[156] Vgl. *Schwarze,* „Kooperationsverhältnis", S. 226.

[157] BVerfGE 37, 271 (285).

und Gemeinschaftsrecht wird auf diese Weise zwar als grundsätzlich möglich bezeichnet, im konkreten Fall aber zurückgewiesen. Eher in einer Nebenbemerkung ist schon von den Grenzen der Integrationsermächtigung des Grundgesetzes die Rede: „Art. 24 GG [jetzt Art. 23 GG] [...] öffnet die nationale Rechtsordnung [...] derart, dass der ausschließliche Herrschaftsanspruch der Bundesrepublik Deutschland im Geltungsbereich des Grundgesetzes zurückgenommen und der unmittelbaren Geltung und Anwendbarkeit eines Rechts aus anderer Quelle innerhalb des staatlichen Herrschaftsbereichs Raum gelassen wird. [...] Ein unaufgebbares, zur Verfassungsstruktur des Grundgesetzes gehörendes Essentiale [...] ist der Grundrechtsteil des Grundgesetzes."[158]

Mit seiner Entscheidung „Solange II"[159] kehrt das BVerfG in gewissem Sinne zur alten Lesart des Gemeinschaftsrechts und damit seines Verhältnisses zum EuGH zurück. Spiegelbildlich zur Logik der „Solange I"-Entscheidung wird nun die Existenz eines dem Grundgesetz vergleichbar hohen Grundrechtsschutzstandards auf Gemeinschaftsebene bejaht und in der Konsequenz eine Art „Auffangfunktion" des verfassungsgerichtlichen Rechtsschutzes als nunmehr entbehrlich qualifiziert. Dabei wird zugleich das in der „Solange I"-Entscheidung postulierte Erfordernis eines vom Parlament verabschiedeten Grundrechtskatalogs wieder aufgegeben zugunsten eines rein richterrechtlich geprägten Rechtsschutzes. Die vom Gericht akzeptierte stärkere Verzahnung der Jurisdiktionen im Sinne ihrer „funktionelle[n] Verschränkung"[160] wird auch daran deutlich, dass das BVerfG den EuGH jetzt ausdrücklich erstmals als „gesetzlichen Richter" im Sinne des Art. 101 I GG bestimmt.[161] Nicht aufgegeben wird jedoch die grundsätzlich in Anspruch genommene eigene Zuständigkeit für die Überprüfung des Gemeinschaftsrechts am Maßstab der deutschen Grundrechte; vielmehr wird lediglich ihre „Ausübung" suspendiert: „Solange die Europäischen Gemeinschaften, insbesondere die Rechtsprechung des Gerichtshofs der Gemeinschaften einen wirksamen Schutz der Grundrechte gegenüber der Hoheitsgewalt der Gemeinschaften generell gewährleisten, der dem vom Grundgesetz als unabdingbar gebotenen Grundrechtsschutz im wesentlichen gleichzuachten ist, zumal den Wesensgehalt der Grundrechte generell verbürgt, wird das Bundesverfassungsgericht seine Gerichtsbarkeit über die Anwendbarkeit von abgeleitetem Gemeinschaftsrecht, das als Rechtsgrundlage für ein Verhalten deutscher Gerichte oder Behörden im Hoheitsbereich der Bundesrepublik Deutschland in Anspruch genommen wird, nicht mehr ausüben und dieses Recht mithin nicht mehr am Maßstab der Grundrechte des Grundgesetzes überprüfen; entsprechende Vorlagen nach Art. 100 Abs. 1 GG sind somit unzulässig."[162]

Das Maastricht-Urteil[163] dagegen schwenkt wieder in die Bahn der „Solange I"-Logik ein, indem es wieder auf die Eigenständigkeit der verfassungsrechtlichen Ordnung und der ihre Einhaltung überwachenden verfassungsgerichtlichen Rechtsprechung pocht. Statt mit dem EuGH die Eigenständigkeit des Gemeinschaftsrechts zu beto-

158 BVerfGE 37, 271 (280).
159 BVerfGE 73, 339.
160 BVerfGE 73, 339 (367).
161 Vgl. BVerfGE 73, 339 (366ff.).
162 Vgl. BVerfGE 73, 339, Ls. 2.
163 BVerfGE 89, 155. Dazu etwa *Heintzen,* AöR 119 (1994), 564ff.; *Hirsch,* NJW 1996, 2457ff. Ausführliche Dokumentation des Verfahrens und seiner politischen Hintergründe bei *Winkelmann,* Maastricht-Urteil.

nen, fokussiert das BVerfG den völkerrechtlichen Ursprung der Gemeinschaftsordnung. Dementsprechend bezeichnet es die Gemeinschaft ausdrücklich als „Staatenverbund" – was zwar mehr sein soll als ein bloßer völkerrechtlicher Staatenbund, aber ebenso deutlich weniger als ein Bundesstaat[164] – und betont deren Zustandekommen über einen nationalen „Rechtsanwendungsbefehl"[165]. Erst dieser begründet nach dieser Logik den Vorrang des Gemeinschaftsrechts. Das bedeute „zugleich, dass spätere wesentliche Änderungen des im Unions-Vertrag angelegten Integrationsprogramms und seiner Handlungsermächtigungen nicht mehr vom Zustimmungsgesetz zu diesem Vertrag gedeckt sind."[166] Konsequenterweise könne daher das BVerfG die Einhaltung der Grenzen dieser Übertragung von Hoheitsgewalt kontrollieren, also überprüfen, „ob Rechtsakte der europäischen Einrichtungen und Organe sich in den Grenzen der ihnen eingeräumten Hoheitsrechte halten oder aus ihnen ausbrechen"[167].

Zugleich sprach das Gericht davon, es übe seine „Rechtsprechung über die Anwendbarkeit von abgeleitetem Gemeinschaftsrecht in Deutschland in einem ‚Kooperationsverhältnis' zum Europäischen Gerichtshof aus."[168] Umstritten war, ob damit ein Abrücken von der Logik der „Solange II"-Entscheidung, die eine grundsätzliche Zurückhaltung des BVerfG statuierte, verbunden war. Das Gericht beantwortete diese Frage im Jahr 2000 in seinem „Bananenmarkt"-Beschluss selbst, in dem es klarstellte, dass die Maastricht-Entscheidung in der Sache keine Abweichung von „Solange II" beinhalte.[169]

Das 2009 ergangene, in der Literatur viel kritisierte[170] Lissabon-Urteil[171] hinterlässt ein erneut zwiespältiges und gerade in dieser Ambivalenz vielleicht charakteristisches Bild: Einerseits bejaht das Gericht im Ergebnis die Verfassungskonformität der Inhalte des Lissabonner Vertrages und betont den Grundsatz der Europarechtsfreundlichkeit als ungeschriebenes Verfassungsprinzip[172]; als partiell verfassungswidrig gerügt werden nur die deutschen Begleitgesetze. Andererseits unterstreicht das BVerfG in Fortführung der Argumentation im Maastricht-Urteil seine eigene Prüfungskompetenz bezüglich der Entwicklung der EU, indem es wiederum auf den nationalen Rechtsanwendungsbefehl abstellt.[173] Entsprechend wird auch der Anwendungsvorrang des

164 Vgl. BVerfGE 89, 155 (183ff.); dazu bereits zuvor *Kirchhof,* in: HStR VII, 1. Aufl. 1992, § 183 Rdnr. 66, 69.

165 BVerfGE 89, 155 (190); st. Rspr., zuletzt etwa BVerfGE 140, 317 (336).

166 BVerfGE 89, 155 (188) mit Verweis auf BVerfGE 58, 1 (37); 68, 1 (98f.).

167 BVerfGE 89, 155 (188).

168 BVerfGE 89, 155 (175). Dazu etwa *Gersdorf,* DVBl. 1994, 674ff.; *Heintzen,* AöR 119 (1994), 582; *Hesse,* JZ 1995, 270; *König,* ZaöRV 54 (1994), 22, 24, 45; *M. Schröder,* DVBl. 1994, 324; *Götz,* JZ 1993, 1084; *Incesu,* RuP 30 (1994), 75f.; *Frenz,* Der Staat 34 (1995), 589; *Pernice,* EuR 1996, 35; *Schulte,* DVBl. 1996, 1019; *Hirsch,* NJW 1996, 2457ff.

169 Vgl. BVerfGE 102, 147 (164). Anm. von *Classen,* JZ 2000, 1157; kritisch *Nettesheim,* NVwZ 2002, 932ff. Kontinuität behauptete auch *Limbach,* NJW 2001, 2917; *Chr. Walter,* AöR 129 (2004), 53. Fallbesprechung bei *Lorz,* Fallrepetitorium Europarecht, Fall 11 (S. 157ff., 166ff.).

170 Vgl. etwa die weit überwiegend kritischen Kommentare in dem Sonderheft Der Staat 48 (2009), Heft 4, sowie die Beiträge in dem Sammelband Hatje/Terhechte (Hrsg.), Grundgesetz und europäische Integration.

171 BVerfGE 123, 267.

172 Dazu *Kaiser/Schübel-Pfister,* in: Emmenegger/Wiedmann (Hrsg.), Linien der Rechtsprechung des Bundesverfassungsgerichts – erörtert von den wissenschaftlichen Mitarbeitern, Bd. 2, S. 545ff.; *Voßkuhle,* NJW 2013, 1331.

173 BVerfGE 123, 267 (402). Vgl. *Terhechte,* Europäischer Bundesstaat, S. 135ff. (141).

Unionsrechts als ein bloß „völkervertraglich übertragenes, demnach abgeleitetes Institut" bezeichnet, „das erst mit dem Rechtsanwendungsbefehl durch das Zustimmungsgesetz in Deutschland Rechtswirkung entfaltet."[174] In der Konsequenz besagt das für das Verhältnis der Rechtsordnungen, dass es „aus Sicht des Bundesverfassungsgerichts keinen autonom-europarechtlichen Vorrang [gibt], sondern nur einen *Vorrang kraft verfassungsrechtlicher Ermächtigung.* Und dieser Vorrang kann nur soweit gehen, wie er aus Sicht des Grundgesetzes akzeptiert werden darf. Das bedeutet zugleich, dass der Vorrang durch *verfassungsrechtliche Integrationsschranken* begrenzt werden kann."[175]

Dass damit kein rein theoretischer Aspekt beschrieben ist, macht das BVerfG in seiner Urteilsbegründung ebenfalls deutlich. Es gibt klar zu erkennen, dass aus seiner Sicht nunmehr Grenzen des europäischen Integrationsprozesses erkennbar geworden seien, die nicht überschritten werden dürfen.[176] Das Gericht zählt nicht nur bestimmte „integrationsfeste" Gebiete auf, die dem Zugriff der EU dauerhaft entzogen bleiben müssen,[177] sondern konstatiert mit Blick auf seine eigene Kompetenz zur Beantwortung strittiger Abgrenzungsfragen ausdrücklich ein „Letztentscheidungsrecht", das dem BVerfG zustehen soll.[178] Wie die Souveränität, über den demokratischen Gedanken vermittelt, aus Sicht des BVerfG in letzter Instanz unverfügbar am Nationalstaat hängt, so muss auch im Verhältnis des supranationalen zum nationalen Verfassungsgericht die letzte und in diesem Sinne souveräne Entscheidungskompetenz auf der nationalen Ebene verbleiben. Neben die Ultra-vires-Kontrolle, die das Handeln der EU-Organe in den Blick nimmt, tritt eine „Identitätskontrolle", die fragt, ob bei einer weiteren Kompetenzverlagerung auf die EU dem deutschen Verfassungsstaat noch hinreichend eigene Kompetenzen verbleiben und ob insgesamt die – noch genauer zu bestimmende – „Verfassungsidentität"[179] der Bundesrepublik gewahrt bleibt. Beide Kontrollen bleiben dabei im Sinne einer „europarechtsfreundliche[n] Anwendung von Art. 100 I GG" dem BVerfG selbst vorbehalten.[180]

In diese in ihrem scheinbaren Hin- und Herschwanken gleichwohl im Ergebnis überraschend konstante Haltung des BVerfG fügt sich seine weitere wichtige Judikatur zum Europarecht nahtlos ein. Die „Honeywell"-Entscheidung[181] nimmt den vorgelegten Sachverhalt, dessen Verfassungskonformität selbst von ausgewiesenen Europarechtlern in Zweifel gezogen worden war,[182] nicht zum Anlass, um die Maßstäbe der Lissabon-Entscheidung nunmehr praktisch werden zu lassen und erstmals Europarecht für grundgesetzwidrig zu erklären. Stattdessen wird das scheinbar rigide Regime nun wieder deutlich gelockert. Das Gericht erkennt nicht nur ausdrücklich den Anwendungs-

[174] BVerfGE 123, 267 (400).
[175] *Sauer,* Staatsrecht III, § 9 Rdnr. 6.
[176] Vgl. kritisch *Ruffert,* DVBl. 2009, S. 1197ff. (1202ff.).
[177] BVerfGE 123, 267 (362f.). *Scharpf* hält es für überraschend, dass das BVerfG sich im Lissabon-Urteil fast ausschließlich auf die europäische Gesetzgebung konzentriert hat, bei der er die Gefahr ausbrechender Hoheitsakte für besonders gering hält, *Scharpf,* Das Bundesverfassungsgericht als Hüter demokratischer Selbstgestaltungsfähigkeit?, S. 188.
[178] BVerfGE 123, 267 (381).
[179] Zum Begriff der „Identität" im Zusammenhang mit der Verfassung *Ingold,* AöR 140 (2015), 1 (insbes. 7ff.).
[180] BVerfGE 123, 267 (354).
[181] BVerfGE 126, 286.
[182] Vgl. ausführlich *Gerken/Rieble/Roth/Stein/Streinz,* S. 17ff.

vorrang des EU-Rechts als funktionale Notwendigkeit an;[183] es stützt diesen zugleich auf Art. 23 I GG, der nach dieser Lesart „ein Wirksamkeits- und Durchsetzungsversprechen [enthält], dem der unionsrechtliche Anwendungsvorrang entspricht."[184] Auf dieser Basis postuliert es zudem das generelle Erfordernis einer „europarechtsfreundlichen" Anwendung der Ultra-vires-Kontrolle.[185] Diesen allgemeinen Grundsatz konkretisiert das BVerfG dadurch, dass es durch die Einführung des vagen Kriteriums eines „hinreichend qualifizierten" Kompetenzverstoßes und der parallel dazu grundsätzlich akzeptierten Verbindlichkeit der Auslegung des Unionsrechts durch den EuGH, die nicht nur dessen richterrechtliche Rechtsfortbildungen,[186] sondern sogar einen „Anspruch auf Fehlertoleranz" umfassen soll,[187] weitgehend die harte Kriteriologie des Lissabon-Urteils entschärft, die konkrete Anwendungsfälle erwarten ließ. „Hinreichend qualifiziert" soll ein Verstoß künftig nur dann sein, wenn er erstens „offensichtlich" ist und zweitens „der angegriffene Akt im Kompetenzgefüge zu einer strukturell bedeutsamen Verschiebung zulasten der Mitgliedstaaten führt."[188] Das BVerfG orientiert sich hier an der Rechtsprechung des EuGH zum unionsrechtlichen Amtshaftungsanspruch.[189] Dass es auf dieser Basis zu einer verfassungsgerichtlichen Korrektur unionalen Rechts kommen wird, ist ebenso wenig wahrscheinlich wie die Feststellung eines nicht nur im konkreten Einzelfall, sondern grundsätzlich das grundgesetzliche Mindestmaß unterschreitenden Grundrechtsschutzes auf unionaler Ebene. Strukturell ähnelt die „Honeywell"-Entscheidung damit der Argumentation in „Solange II".[190] Mehr noch: Das in der früheren Rechtsprechung zwar proklamierte, aber kaum näher bestimmte „Kooperationsverhältnis" zwischen EuGH und BVerfG wird jetzt prozedural dahingehend konkretisiert, dass dem BVerfG nicht unmittelbar die Entscheidungskompetenz bezüglich der Annahme eines Ultra-vires-Akts der europäischen Organe und Einrichtungen zugestanden wird.[191] Vielmehr sei zuvor „dem Gerichtshof im Rahmen eines Vorabentscheidungsverfahrens nach Art. 267 AEUV die Gelegenheit zur Vertragsauslegung sowie zur Entscheidung über die Gültigkeit und die Auslegung der fraglichen Rechtsakte zu geben. Solange der Gerichtshof keine Gelegenheit hatte, über die aufgeworfenen unionsrechtlichen Fragen zu entscheiden, darf das Bundesverfassungsgericht für Deutschland keine Unanwendbarkeit des Unionsrechts feststellen"[192]. Damit wird die noch mit Blick auf das Lissabon-Urteil in der Literatur scharf kritisierte „stillschweigende Weigerung des Bundesverfassungsgerichts, am Vorlageverfahren zum EuGH teilzunehmen"[193], nunmehr ausdrücklich aufgegeben. Das Gericht liefert so ein konkretes Beispiel dafür, wie es das von ihm benannte Erfordernis, die aufgrund der Konstruktion von nationalem und supranationalem Recht „unvermeid-

[183] Vgl. BVerfGE 126, 286 (301 f.).

[184] BVerfGE 126, 286 (302).

[185] Vgl. BVerfGE 126, 286 (303 ff.). Harmonisierend im Verhältnis zum Lissabon-Urteil *K. Schneider,* AöR 139 (2014), 205 ff. Insgesamt kritisch *Städter,* Noch Hüter der Verfassung?, S. 294 ff.

[186] Vgl. BVerfGE 126, 286 (305 ff.).

[187] BVerfGE 126, 286 (307).

[188] BVerfGE 126, 286, (Ls 1 a, 303 f.).

[189] Vgl. *Pötters/Traut,* EuR 2011, S. 584 f.

[190] Vgl. *van Ooyen,* Der Staat 50 (2011), 54 ff.

[191] Zur Fortentwicklung des „Kooperationsverhältnisses" durch die Honeywell-Entscheidung *Pötters/ Traut,* EuR 2011, 580 ff.; *Sauer,* EuZW 2011, 94 ff.

[192] BVerfGE 126, 286 (304), vgl. auch Ls. 1 b.

[193] *Mestmäcker,* S. 35 ff. (37), vgl. auch ebd., S. 42. Vgl. mit konkreten Beispielen aus der Rspr. ferner *Bergmann,* EuGRZ 2004, S. 620 ff.

lichen Spannungslagen“ im Sinne „wechselseitiger Rücksichtsnahme“ „kooperativ auszugleichen“,[194] praktisch umzusetzen gedenkt.

Mit einer Entscheidung vom 14. Januar 2014 hat das BVerfG erstmals anhängige Verfassungsbeschwerden (OMT-Beschluss; es ging um den Beschluss des EZB-Rates, u. U. Staatsanleihen ausgewählter Mitgliedstaaten in unbegrenzter Höhe anzukaufen) ausgesetzt und dem EuGH die Fragen zur Vorabentscheidung vorgelegt, ob der OMT-Beschluss der EZB mit ihrem währungspolitischen Mandat (Art. 119, 127ff. AEUV) vereinbar sei oder gegen das Verbot monetärer Haushaltsfinanzierung (Art. 123 I AEUV) verstoße. In diesem Zusammenhang hat das Gericht seine Kontrollbefugnis bei ersichtlichen Kompetenzüberschreitungen bekräftigt: „Diese Kontrolle ist im Hinblick auf Art. 20 I und II GG nicht verzichtbar. Andernfalls wäre die Disposition über die vertraglichen Grundlagen auch insoweit auf die Organe und sonstigen Stellen der Europäischen Union verlagert, als deren Rechtsverständnis im praktischen Ergebnis auf eine Vertragsänderung oder Kompetenzausweitung hinausliefe [...]. Dass in den – nach den institutionellen und prozeduralen Vorkehrungen des Unionsrechts nur selten zu erwartenden – Grenzfällen möglicher Kompetenzüberschreitungen seitens der Organe und sonstigen Stellen der Europäischen Union die verfassungsrechtliche und die unionsrechtliche Perspektive dabei nicht vollständig harmonieren, ist unvermeidbar und dem Umstand geschuldet, dass in der Europäischen Union die Mitgliedstaaten unverändert Herren der Verträge sind [...]. Anders als der Geltungsvorrang des Bundesrechts in einem Bundesstaat kann der auf einem nationalen Rechtsanwendungsbefehl beruhende Anwendungsvorrang des Unionsrechts nicht umfassend sein.“[195] Der EuGH hat die beiden Vorfragen des BVerfG im Ergebnis verneint.[196] Das BVerfG hat daraufhin die Anträge abgewiesen – allerdings in seinen Gründen auch die materiellen Kriterien des EuGH durchaus eng ausgelegt.[197] In seiner Entscheidung zur Europäischen Bankenunion konnte das BVerfG demgegenüber von einer Vorlage absehen, weil es keine durchgreifenden Zweifel an deren Vereinbarkeit mit Vorgaben des Unionsrechts hatte.[198]

Auch die Entscheidungen zum „Recht auf Vergessen“ gehen von einem Kooperationsverhältnis zwischen BVerfG und EuGH aus: Bei vollständig unionsrechtlich determiniertem Handeln nationaler Stellen übe das BVerfG seine „Integrationsverantwortung“ dadurch aus, dass es dieses Handeln am Maßstab der Unionsgrundrechte überprüft. Für die Auslegung sei jedoch grundsätzlich der EuGH zuständig, sodass das BVerfG nach Art. 267 III AEUV vorlegen müsse, sofern die Auslegungsfrage nicht schon entschieden oder vollkommen eindeutig sei.[199] Bei alldem ist aber nicht zu verkennen, dass es die Position des BVerfG – sowohl gegenüber dem EuGH als auch gegenüber den Fachgerichten – stärken dürfte, wenn das Gericht grundsätzlich zur Überprüfung auch solcher Maßnahmen befugt ist, die auf Grundlage vollständig ver-

194 Vgl. BVerfGE 126, 286 (303).

195 BVerfGE 134, 366 (384). Kritisch *Heun*, JZ 2014, 331ff.; *Ruffert*, JuS 2014, 373.

196 EuGH, Urteil vom 16.6.2015 – C-62/16, JZ 2015, 785ff.; dazu *F. C. Mayer*, NJW 2015, 1999ff.; *Chr. Ohler*, NVwZ 2015, 1001ff.

197 BVerfGE 142, 123 (186ff.). Zur Kritik an der Vorgehensweise des BVerfG *C. D. Classen*, EuR 2016, 529 (542f.)

198 BVerfGE 151, 202 (372).

199 BVerfGE 152, 216 (237ff.).

einheitlichten Unionsrechts ergehen.[200] Die Alternative wäre eine Letztentscheidungsbefugnis der Fachgerichte einschließlich der möglichen Vorlage an den EuGH – ein „Dialog zwischen EuGH und Fachgerichten"[201] unter Außerachtlassung des BVerfG.

Der Vorlagebeschluss in Sachen PSPP folgte zunächst dieser Linie der Kooperation: Das BVerfG hat das Verfahren über mehrere Verfassungsbeschwerden ausgesetzt und dem EuGH wiederum mehrere Fragen bezüglich der Grenzen des Handlungsspielraumes der EZB in Zusammenhang mit einem anderen Anleihekaufprogramm („Public Sector Purchase Programme") vorgelegt.[202] Die Besonderheit liegt nun im späteren Urteil des BVerfG, in dem es der Vorabentscheidung des EuGH die Bindungswirkung abspricht: Indem der Gerichtshof im Rahmen seiner Verhältnismäßigkeitsprüfung die tatsächlichen Wirkungen des PSPP außer Acht gelassen und eine Gesamtbetrachtung nicht vorgenommen habe, habe er die Korrektivfunktion, die dem Grundsatz der Verhältnismäßigkeit nach Art. 5 I 2, IV EUV bei unionalem Handeln zukomme, verkannt.[203] Dadurch habe er das Prinzip der begrenzten Einzelermächtigung (Art. 4 I, 5 I EUV) leer laufen lassen[204] und damit das ihm in Art. 19 I 2 EUV erteilte Mandat „offensichtlich" überschritten.[205] „Der Gerichtshof hat damit ultra vires gehandelt, so dass sein Urteil in Deutschland insoweit keine Bindungswirkung entfaltet."[206]

Zum ersten Mal in seiner Geschichte hat das BVerfG, das immer wieder seinen grundsätzlichen Willen zur Kooperation bekundet, den direkten Konflikt mit dem EuGH somit nicht vermieden.[207] Zuvor hatte es dem EuGH zwar regelmäßig Grenzen aufgezeigt, die dessen grundsätzlich dynamische Rechtsprechung zu Zurückhaltung in das aus Sicht des nationalen Verfassungsrechts entscheidenden Fragestellungen motivieren sollten. Ungeachtet der Einzelheiten der konkreten Frage zur Verhältnismäßigkeit des Handelns der EZB[208] ist es konsequent, wenn das BVerfG von diesem quasipolitischen, taktischen Agieren abweicht, wenn die in der Vergangenheit gezogenen Grenzen nicht beachtet werden.[209] Anders könnte das BVerfG sein Letztentschei-

---

200 *Wendel,* JZ 2020, 165f.; von „Einfluß durch Unterwerfung" spricht *Thym,* JZ 2020, 1017 (1019); deutlich *Kämmerer/Kotzur,* NVwZ 2020, 177 (181): „Manches spricht also dafür, dass das BVerfG dem EuGH ein Danaergeschenk präsentiert hat, es hier die Stärkung der unionalen Grundrechtsjudikatur preist, dort aber die Deutungshoheit an sich ziehen will"; vgl. zum Problem ferner *van Ooyen,* RuP 56 (2020), 190ff; *Wendt,* DVBl. 2020, 549 (550).

201 *Edenharter,* DÖV 2020, 349 (354).

202 BVerfGE 146, 216.

203 BVerfGE 154, 17 (96). Differenziert hierzu *Nettesheim,* NJW 2020, 1631 (1633): Das Problem liege hauptsächlich in der geringen Kontrolldichte des EuGH im Rahmen seiner Verhältnismäßigkeitsprüfung.

204 BVerfGE 154, 17 (103ff.).

205 BVerfGE 154, 17 (117).

206 BVerfGE 154, 17 (120).

207 Vgl. auch *Haltern,* NVwZ 2020, 817 (818); etwas anders *Kahl,* NVwZ 2020, 824 (827): Das Verhältnis von BVerfG und EuGH sei schon immer das einer „Schein-Kooperation" gewesen; ähnlich *Ludwigs,* EuZW 2020, 530 (530).

208 Zur materiellen Frage, inwieweit das Handeln der EZB am Grundsatz der Verhältnismäßigkeit zu messen ist, etwa *H.-J. Hellwig,* NJW 2020, 2497 (2502); *Siekmann,* EuZW 2020, 491 (492ff.); *Pernice,* EuZW 2020, 508 (510ff.); *Calliess,* NVwZ 2020, 897 (901).

209 Vgl. auch *Schorkopf,* JZ 2020, 735 (737); *Haltern,* NVwZ 2020, 817 (823). Anders (vermeidbare Konfrontation) *Calliess,* NVwZ 2020, 897 (904); *Pießkalla,* EuZW 2020, 538 (542); vgl. auch *Ludwigs,* EuZW 2020, 530 (530): „absehbar", allerdings vor dem Hintergrund, dass nie ein funktionierendes Kooperationsverhältnis existiert habe.

dungsrecht, das nach Auffassung des Gerichts nur der Entscheidung des *pouvoir constituant* zu weichen habe, nicht verteidigen. Die PSPP-Entscheidung erweist sich insofern als Konzequenz einer längeren Entwicklungslinie, in der sich die Behauptung der nationalen Verfassungsgerichtsbarkeit als Berufung auf unverfügbare Verfassungsprinzipien und damit als eine Art Kollisionsnorm erwiesen hat.[210] Art. 79 III GG fungiert in diesem Sinne als übergeordnetes Letztprinzip, dem gegenüber jede sonstige zuwiderlaufende Regelung gleich welcher Art zurücktreten muss.

bb) Die aktuelle Rechtslage nach der Rechtsprechung des BVerfG: verfassungsrechtliche Grenzen des EU-Rechts und verfassungsgerichtliche Rechtsschutzmöglichkeiten

360b Im Unterschied zu dem vom EuGH postulierten *absoluten* Anwendungsvorrang des Unionsrechts anerkennt das BVerfG also lediglich einen *relativen* Anwendungsvorrang der supranationalen Bestimmungen:[211] Ausdrücklich wird auch in der Honeywell-Entscheidung die Geltung des Anwendungsvorrangs für das nationale Recht als über den Integrationsauftrag des Art. 23 I GG vermittelt verstanden.[212] Der Vorrang ist auf diese Weise „weder ein absoluter noch ein genuin gemeinschaftsrechtlicher, sondern ein verfassungsrechtlich verankerter und damit auch verfassungsrechtlich begrenzter“[213]. Zumindest in bestimmten Bereichen hält das Gericht seine grundsätzliche Kontrollkompetenz gegenüber derjenigen des EuGH aufrecht.[214]

Gemäß den auch von der Honeywell-Entscheidung in der Sache beibehaltenen, wenngleich durch die hohen Anforderungen praktisch entschärften Maßstäben des Lissabon-Urteils handelt es sich um drei Bereiche, in denen diese Kontrollkompetenz des BVerfG zumindest theoretisch fortbesteht. Diese sind neben der Frage des *angemessenen Grundrechtsschutzes* (1) die beiden Bereiche der *Ultra-vires-Problematik* (2) und der *Verfassungsidentitätskontrolle* (3), wobei zu klären sein wird, welche Verschiebungen und Betonungen diese Trias in der jüngsten Rechtsprechung des BVerfG erfährt. Insofern diese Bereiche grundsätzlich durch das BVerfG kontrolliert werden können, müssen hierfür auch *korrelative Rechtsschutzmöglichkeiten* bestehen (4). Zudem bleibt die Frage, wann ein nationales Gericht durch eine Nichtvorlage an den EuGH gemäß Art. 267 AEUV den gesetzlichen Richter iSd. Art. 101 I S. 1 GG entzieht (5).

(1) Die Antwort auf die Frage nach einem angemessenen *Grundrechtsschutz* ist – ungeachtet aktueller Diskussionen im Rahmen der Identitätskotrolle (vgl. Rdnr. 360b a. E.) – durch die „Solange II“-Entscheidung vorgezeichnet. Seit 1992 ist der dahinterstehende Gedanke eines auch auf Unionsebene erforderlichen „diesem Grundgesetz im Wesentlichen vergleichbaren Grundrechtsschutz[es]“ in Art. 23 I 1 GG zwar auch

[210] Kritisch – das BVerfG habe im konkreten Fall auch die selbst aufgestellten Grenzen nicht eingehalten – *F. C. Mayer,* JZ 2020, 725 (729ff.); von einer Überdehnung der Integrationsverantwortung spricht *Calliess,* NVwZ 2020, 897 (898). Fernliegend ist die Kritik bei *Ipsen,* RuP 56 (2020), 344 (362), wonach das BVerfG bei seiner Heranziehung des Demokratieprinzips „die demokratisch gewählten Organe – nämlich Bundestag und Bundesregierung – diskreditiert“ und „den demokratischen Willensbildungsprozess“ überspielt habe: Als Bestandteil des unabänderlichen Verfassungskerns wie als Integrationsgrenze verlangt das Demokratieprinzip des Grundgesetzes gerade dessen langfristige Sicherung, auch gegenüber einzelnen Entscheidungen demokratisch legitimierter Organe.

[211] Vgl. auch *Haltern,* NVwZ 2020, 817 (818ff.).

[212] Vgl. BVerfGE 126, 286 (302).

[213] *Voßkuhle,* NVwZ 2010, 5f.

[214] Vgl. zum folgenden näher *Schöbener,* JA 2011, 888ff; *Dederer,* JZ 2014, 313ff.

ausdrücklich im Text des Grundgesetzes verankert. Auf die Chancen eines entsprechenden Rechtsbehelfs hat dies aber keine Auswirkungen. Vielmehr dürften, erst recht nach der Erhebung der Grundrechtecharta in den Stand unionalen Primärrechts durch Art. 6 I EUV, praktische Anwendungsfälle für einen gemäß der Solange II-Logik „generell" nicht mehr gewährleisteten Grundrechtsschutz auf Unionsebene faktisch ausgeschlossen sein.[215] Nationale Rechtsbehelfe, etwa konkrete Normenkontrollverfahren und Verfassungsbeschwerden, sind damit bereits unzulässig.[216] Wer sich dennoch an das BVerfG wendet, muss darlegen, „dass die europäische Rechtsentwicklung einschließlich der Rechtsprechung des Europäischen Gerichtshofs nach Ergehen der Solange II-Entscheidung [...] unter den erforderlichen Grundrechtsstandard abgesunken sei. Deshalb muss die Begründung der Vorlage eines nationalen Gerichts oder eine Verfassungsbeschwerde, die eine Verletzung in Grundrechten durch sekundäres Gemeinschaftsrecht geltend macht, im Einzelnen darlegen, dass der jeweils als unabdingbar gebotene Grundrechtsschutz *generell* nicht gewährleistet ist."[217]

(2) Als *Ultra-vires-Akte* werden Rechtsakte der Union bezeichnet, die gegen das Prinzip der begrenzten Einzelermächtigung (Art. 5 I und II EUV) oder das Subsidiaritätsprinzip (Art. 5 III EUV) verstoßen, das heißt, außerhalb der der Union per Kompetenzübertragung auf Grundlage des Art. 23 GG zugeschriebenen Kompetenzen erfolgen. Umstritten ist nicht die Unzulässigkeit derartiger Maßnahmen, sondern die Frage, wer eine solche Kompetenzüberschreitung verbindlich feststellen darf. Während der EuGH seine in Art. 263 und Art. 267 I lit. b AEUV formulierten Zuständigkeiten für die Nichtigkeitsklage und das Vorabentscheidungsverfahren in dieser Hinsicht als abschließend versteht, schreibt das BVerfG sich eine zusätzliche eigene Verwerfungskompetenz zu, wenn und insoweit das Ultra-vires-Handeln sich auf die deutsche Rechtsordnung auswirkt.[218] Dies begründet das Gericht mit der fortbestehenden mitgliedstaatlichen Souveränität und damit, dass die Staaten die Herren der Verträge bleiben. Allerdings bestimmt das Gericht bereits in der Lissabon-Entscheidung diese Zuständigkeit als eine bloße „verfassungsrechtlich gebotene Reservekompetenz", die gegenüber der Möglichkeit des Rechtsschutzes auf Unionsebene subsidiär ist.[219] Wie oben bereits erwähnt, wird dieses Subsidiaritätskriterium in der Honeywell-Entscheidung um das weitere prozedurale Element der obligatorischen Vorlagepflicht erweitert,[220] die in der Praxis nun auch Anwendung findet.[221] Damit ist grundsätz-

---

[215] *C. D. Classen,* EuR 2016, 529 (535).

[216] Vgl. BVerfGE 73, 339 (387); 102, 147 (164).

[217] BVerfGE 102, 147 (164); dazu *P. M. Huber,* Die EU als Herausforderung für das Bundesverfassungsgericht, S. 352.

[218] Vgl. BVerfGE 123, 267 (353f.); 126, 286 (303f.); 134, 366 (395); 142, 123 (199f. Rdnr. 144ff.); 146, 216 (252ff. Rdnr. 53ff.); dazu *K. Schneider,* AöR 134 (2014), 203ff.; *S. Simon,* Grenzen des Bundesverfassungsgerichts im europäischen Integrationsprozess, S. 213ff.; *Gött,* EuR 2014, 514ff.; *Bast,* German Law Review 15 (2014), S. 167ff.; *Dederer,* JZ 2014, 313ff.; *Proelss,* Bundesverfassungsgericht und überstaatliche Gerichtsbarkeit, S. 258ff.; *Röger,* DÖV 2010, 285ff.; zuvor bereits in BVerfGE 58, 1 (35ff.); 75, 223 (235, 242); 89, 155 (188). Dazu *Frenz,* Der Staat 34 (1995), 600; *M. Schröder,* DVBl. 1994, 324; *Zuck,* NJW 1994, 979; *Everling,* GS Grabitz, S. 68; *Götz,* JZ 1993, 1086; *Jarass,* AöR 121 (1996), 198.

[219] Vgl. BVerfGE 123, 267 (401).

[220] Vgl. BVerfGE 126, 286 (304). Zu den verfassungsrechtlichen Anforderungen an die fachgerichtliche Handhabung des Vorabentscheidungverfahrens *Britz,* NJW 2012, S. 1313ff.

[221] BVerfGE 134, 366; BVerfG, Beschluss vom 18.7.2017 – 2 BvR 859/15 u.a.; vgl. näher oben Rdnr. 360a.

lich[222] das Entscheidungsprimat des EuGH anerkannt. Auch dieses findet seine Grenze jedoch – wie das BVerfG im PSPP-Urteil eindrucksvoll deutlich gemacht hat – seinerseits in der Europäischen Kompetenzzuordnung: Aufgabe des EuGH ist nach Art. 19 I 2 EUV, „bei der Auslegung der Verträge das Recht zu wahren [...] Eine offenkundige Außerachtlassung der im europäischen Rechtsraum überkommenen Auslegungsmethoden oder allgemeiner, den Rechtsordnungen der Mitgliedstaaten gemeinsamer Rechtsgrundsätze ist vom Mandat des Art. 19 I 2 EUV nicht umfasst."[223] Dies kann dazu führen, dass das BVerfG im Ergebnis feststellen kann, dass das Handeln verschiedener Unionsorgane – im Fall PSPP: EZB und EuGH – eine Kompetenzüberschreitung darstellt. In der Natur der Ultra-vires-Kontrolle als aus dem Grundgesetz abgeleiteter Befugnis des nationalen Verfassungsgerichts liegt es, dass die letztverbindliche Beurteilung insoweit dem BVerfG zukommt. Deshalb liegt in der „doppelten Ultra-vires-Prüfung" (Handeln eines Unionsorgans und dessen Überprüfung durch den EuGH) besondere Brisanz: Sie stellt zugleich die Letztentscheidungskompetenz des obersten Rechtsprechungsorgans auf unionaler Ebene in Frage.[224] Vor dem Hintergrund der Rücksichtnahmepflicht mitgliedstaatlicher Organe und des dargestellten Kooperationsverhältnisses ist darauf zu achten, die „doppelte Ultra-vires-Prüfung"[225] auf Ausnahmefälle zu beschränken. Zu einem regelmäßigen Nachvollzug des Handelns von Unionsorganen auf nationaler Ebene darf es nicht kommen.[226] Dies verlangt neben der Zurückhaltung des BVerfG aber auch die sorgsame Einhaltung der Integrationsgrenzen durch die Unionsorgane, einschließlich des EuGH.[227]

(3) Während die Ultra-vires-Kontrolle bereits im Maastricht-Urteil genannt wird – dort wird der Kontrollanlass allerdings terminologisch abweichend noch als „ausbrechender Rechtsakt" gefasst[228] –, ist das Institut der *Verfassungsidentitätskontrolle* ausdrücklich erstmals im Lissabon-Urteil entwickelt worden. Ansätze dazu finden sich allerdings bereits in den beiden Solange-Entscheidungen.[229] „Die Identitätskontrolle ermöglicht die Prüfung, ob infolge des Handelns europäischer Organe die in

---

222 Zur Diskussion über die „Letztentscheidungsbefugnis" in Konfliktfällen *Kaiser/Schübel-Pfister,* in: Emmenegger/Wiedmann (Hrsg.), Linien der Rechtsprechung des Bundesverfassungsgerichts – erörtert von den wissenschaftlichen Mitarbeitern, Bd. 2, S. 560 ff.; *Classen,* Eine deutsche Perspektive, in: Masing/Jouanjan, Verfassungsgerichtsbarkeit, S. 125 ff.

223 BVerfGE 154, 17 (92).

224 Vgl. auch *F. C. Mayer,* JZ 2020, 725 (728 ff.).

225 Vgl. auch *Schorkopf,* JZ 2020, 734 (735).

226 Das BVerfG ist sich dessen bewusst, wenn es formuliert: „Es ist [...] nicht Aufgabe des BVerfG, bei Auslegungsfragen im Unionsrecht, die auch bei methodengerechter Bewältigung im übrigen rechtswissenschaftlichen Diskussionsrahmen zu unterschiedlichen Ergebnissen führen können, seine Auslegung an die Stelle derjenigen des Gerichtshofs zu setzen [...] Mit der in Art. 19 I 2 GG enthaltenen Aufgabenzuteilung ist auch ein Anspuch auf Fehlertoleranz verbunden." (BVerfGE 154, 17, 92.

227 Vgl. etwa *P. Kirchhof,* NJW 2020, 2057 (2061); *Gärditz,* EuZW 2020, 505 (507 f.).

228 Vgl. BVerfGE 89, 155 (188). Zur Rechtsprechung in Frankreich, Dänemark, Griechenland, Italien, Irland und Spanien vgl. *F. C. Mayer,* Kompetenzüberschreitung und Letztentscheidung, S. 140–257.

229 BVerfGE 37, 271 (279): „Art. 24 GG muss wie jede Verfassungsbestimmung ähnlich grundsätzlicher Art im Kontext der Gesamtverfassung verstanden und ausgelegt werden. Das heißt, er eröffnet nicht den Weg, die Grundstruktur der Verfassung, auf der ihre Identität beruht, ohne Verfassungsänderung, nämlich durch die Gesetzgebung der zwischenstaatlichen Einrichtung zu ändern." Ebenso BVerfGE 73, 339 (375 f.). Vgl. *Schöbener,* JA 2011, 891. Zur historischen Entwicklung des Identitätskonzepts *Polzin,* Der Staat 53 (2014), 61 ff.; rechtsvergleichend – insbesondere zur Rechtsprechung anderer europäischer Verfassungsgerichte – *M. Walter,* ZaöRV 2012, 177; *Wendel,* Der Staat 52 (2013), 339 (366).

Art. 79 III GG für unantastbar gehaltenen Grundsätze der Art. 1 und Art. 20 GG verletzt werden. Damit wird sichergestellt, dass der Anwendungsvorrang des Unionsrechts nur kraft und im Rahmen der fortbestehenden verfassungsrechtlichen Ermächtigung gilt."[230] Abweichend von der Ultra-vires-Kontrolle hat es die Identitätskontrolle nicht mit kompetenzwidrigen EU-Akten zu tun. „Das Identitätsproblem stellt sich erst, wenn ein europäischer Akt in kompetenzieller Hinsicht nicht zu beanstanden ist."[231] Zu den insoweit als Maßstab fungierenden identitätsprägenden Elementen der Verfassung, die jeder Veränderung entzogen sind, zählt das BVerfG „die Staatsstrukturprinzipien des Art. 20 GG, also die Demokratie, die Rechts- und die Sozialstaatlichkeit, die Republik, der Bundesstaat sowie die für die Achtung der Menschenwürde unentbehrliche Substanz elementarer Grundrechte"[232]. Wie bereits das Lissabon-Urteil selbst verdeutlicht, dürfte dabei praktisch relevant insbesondere das Kriterium des zu wahrenden Demokratieprinzips sein, weil über diesen Hebel ein Verbleib substanzieller Kompetenzen beim deutschen Parlament begründet werden kann.[233] Der Identitätsvorbehalt hat in Art. 4 II EUV auch eine unionsrechtliche Grundlage.[234]

In der neueren Rechtsprechung des BVerfG, insbesondere dem OMT-Urteil, konnte man innerhalb der beschriebenen Trias aus Identitäts-, Ultra-vires- und Grundrechtskontrolle eine generelle Verschiebung hin zur Identitätskontrolle beobachten.[235] Das BVerfG betont für die Identitäts- und Ultra-vires-Kontrolle zwar, dass beide als „eigenständige Prüfverfahren nebeneinander" stünden, allerdings stelle „die Ultra-vires-Kontrolle einen besonderen, an das Zustimmungsgesetz anknüpfenden Anwendungsfall des allgemeinen Schutzes der Verfassungsidentität durch das Bundesverfassungsgericht dar"[236]. Dieser jedenfalls sehr enge Zusammenhang ergibt sich nach der neuen Begründung des BVerfG nicht mehr aus einer formalen, geltungstheoretischen Argumentation, sondern materiell aus der fehlenden demokratischen Legitimation nicht kompetenzgemäßer Handlungen der Union. Diese Aushebelung der Volkssouveränität verletze jedenfalls bei offenkundigen und strukturellen Verschiebungen auch Art. 79 III GG und die Verfassungsidentität.[237] Vor diesem Hintergrund stellt das BVerfG auch im PSPP-Urteil, das sich mit der Kompetenzwidrigkeit vom Handeln der EZB und dem EuGH beschäftigt, im Maßstäbeteil die Grundsätze der Identitätskontrolle dar[238] und bezieht seine Ausführungen zur Bindungswirkung von Entscheidungen des EuGH auf die „Ultra-vires- oder Identitätskontrolle"[239].

[230] BVerfGE 123, 267 (354). Dazu etwa *Classen,* JZ 2009, 881 ff.; *Jestaedt,* Der Staat 48 (2009), 497 ff.; *Ohler,* AöR 135 (2010), S. 153 ff.; *Ruffert,* DVBl. 2009, 1197 ff.; *Pernice,* AöR 136 (2011), 185 ff.

[231] *Grimm,* Die Rolle der nationalen Verfassungsgerichte in der europäischen Demokratie, S. 32.

[232] BVerfGE 123, 267 (343); zuletzt BVerfGE 140, 317 (337) – Art. 1 I GG und Identitätskontrolle.

[233] BVerfGE 129, 124 (177 ff.); 132, 195 (239 ff.); 134, 366 (418) – OMT-Vorlagebeschluss: Budgetrecht „in eigener Verantwortung" des Bundestages als durch Art. 79 III GG geschütztes Element des demokratischen Prinzips; dazu auch BVerfGE 146, 216 (253 ff. Rdnr. 54 ff.); vgl. *Schöbener,* JA 2011, 892; *S. Simon,* Grenzen des Bundesverfassungsgerichts im europäischen Integrationsprozess, S. 267 ff.

[234] BVerfGE 140, 317 (337 ff.).

[235] *Sauer,* EuR 2017, 186 (190).

[236] BVerfGE 142, 123 (203).

[237] BVerfGE 142, 123 (199). Detailliert auch zur Entwicklung der Rechtsprechung *Sauer,* EuR 2017, 186 (188 ff.), der in der neuen Judikatur jedoch eine vollständige Aufgabe der Ultra-Vires-Kontrolle sieht.

[238] BVerfGE 154, 17 (93 f.).

[239] BVerfGE 154, 17 (96); zum Verhältnis *Gärditz,* EuGH 2020, 505 (506 f.).

Trotzdem findet keine vollständige Verschleifung beider Prüfungsmaßstäbe[240] statt: Nach den klaren Worten des BVerfG betrifft die Ultra-vires-Kontrolle die Frage, ob sich das unionale Handeln noch in den Grenzen der *bereits übertragenen* Kompetenzen bewegt. Die Identitätskontrolle hingegen überprüft unabhängig davon, ob die Verfassungsidentität der Bundesrepublik als absolute materielle Grenze gewahrt bleibt. Über diese Grenze hinaus könnten schon keine Kompetenzen übertragen werden; gegenständlich ist hier somit das *Übertragbare.*[241] Das PSPP-Urteil, das in der Sache *Ultra-vires*-Kontrolle ist, verdeutlicht dies und belegt zugleich die fortbestehend zentrale Bedeutung dieser Verfahrensart.

Eine verstärkte Betonung der Identitätskontrolle kann man auch im Bereich des Grundrechtsschutzes erkennen: Nach einer Entscheidung des BVerfG aus dem Jahre 2015[242] könne die klassische Grundrechtskontrolle in den Hintergrund treten, weil auch die Menschenwürdegarantie und jedenfalls der Menschenwürdekern jedes Grundrechts Teil der Verfassungsidentität und von Art. 79 III GG ist.[243] Dies hat zwar zur Folge, dass im Falle der Menschenwürde schon eine Verletzung im Einzelfall – und nicht erst ein seit der „Solange II“-Entscheidung prozessual darzulegendes strukturelles Absinken des unionalen Grundrechtsschutzniveaus – zu einer erfolgreichen (Identitäts-)Rüge führen kann.[244] Allerdings ist (noch) nicht zu erkennen, dass das Gericht insgesamt zugunsten der Identitätskontrolle von der Grundrechtskontrolle abrückt.[245] Es bleibt somit jedenfalls im Ausgangspunkt bei der altbekannten Trias aus Identitätskontrolle, Ultra-vires-Kontrolle und Grundrechtskontrolle, auch wenn Erstere eine Betonung erfährt und die anderen beiden Kontrollformen überlagert.

360c (4) Damit bleibt die Frage, mit welchen *prozessualen Mitteln* die im skizzierten Rahmen grundsätzlich möglichen bundesverfassungsgerichtlichen Kontrollen aktiviert werden können. Das BVerfG hat in der Lissabon-Entscheidung insofern die „Schaffung eines zusätzlichen, speziell auf die Ultra-vires- und die Identitätskontrolle zugeschnittenen verfassungsgerichtlichen Verfahrens durch den Gesetzgeber zur Absicherung der Verpflichtung deutscher Organe, kompetenzüberschreitende oder identitätsverletzende Unionsrechtsakte im Einzelfall in Deutschland unangewendet zu lassen“[246] als denkbar bezeichnet,[247] im Übrigen aber darauf verwiesen, dass bis dahin auch „die Inanspruchnahme bereits jetzt vorgesehener Verfahren, mithin die

[240] So *Dederer,* JZ 2014, 313 (315ff.); *Sauer,* EuR 2017, 186 (188ff.); *Reyes y Ráfales,* ZEuS 2017, 119, 128f.; *S. Simon,* Grenzen des Bundesverfassungsgerichts im europäischen Integrationsprozess, S. 267ff.

[241] BVerfGE 142, 123 (203); wie hier *Classen,* EuR 2016, 529 (533); *Streinz,* Europarecht, Rdnr. 240ff., insb. Rdnr. 242; *Mannefeld,* Verfassungsrechtliche Vorgaben für die europäische Integration, S. 240ff., die zu Recht darauf hinweist, dass selbstverständlich auch beide Grenzen durch denselben Rechtsakt überschritten sein können (S. 241).

[242] BVerfGE 140, 317.

[243] Vgl. *Dederer,* JZ 2014, 313 (315ff.); *Sauer,* EuR 2017, 186 (190).

[244] BVerfGE 140, 317, dort insbesondere S. 341: „Die in Art. 23 Abs. 1 Satz 3 in Verbindung mit Art. 79 Abs. 3 GG für integrationsfest erklärten Schutzgüter dulden auch keine Relativierung im Einzelfall [...]. Dies gilt insbesondere mit Blick auf Art. 1 Abs. 1 GG.“ Vgl. auch *Mannefeld,* Verfassungsrechtliche Vorgaben für die europäische Integration, S. 174ff.; kritisch zu dieser Entwicklung *Reyes y Ráfales,* ZEuS 2017, 119, 134.

[245] So auch *Ludwigs/Sikora,* EWS 2016, 121 (124).

[246] BVerfGE 123, 267 (355).

[247] Vgl. dazu auch *Sauer,* ZRP 2009, 195ff.

abstrakte (Art. 93 I Nr. 2 GG) und konkrete (Art. 100 I GG) Normenkontrolle, der Organstreit (Art. 93 I Nr. 1 GG), der Bund-Länder-Streit (Art. 93 I Nr. 3 GG) und die Verfassungsbeschwerde (Art. 93 I Nr. 4a GG)"[248], in Betracht komme. Mit Blick auf die Individualverfassungsbeschwerde ist insofern insbesondere die vom BVerfG grundsätzlich bereits im Maastricht-Urteil[249] anerkannte, in der Literatur allerdings bereits damals deutlich kritisierte[250] Möglichkeit zu beachten, unter Berufung auf die von Art. 93 I Nr. 4a GG als grundrechtsgleiches Recht bestimmte Gewährleistung des allgemeinen Wahlrechts gemäß Art. 38 I GG die Verletzung demokratischer Grundsätze zu rügen.[251] In der Entscheidung zum sog. „Euro-Rettungsschirm" hat das BVerfG diese Möglichkeit mit Blick auf eine etwaige massive Beeinträchtigung der Haushaltsautonomie des Deutschen Bundestags bestätigt und sich dabei ausführlich auch auf die von der Literatur erhobene Kritik eingelassen.[252] Die „abwehrrechtliche Dimension des Art. 38 I GG" kommt danach „in Konstellationen zum Tragen, in denen offensichtlich die Gefahr besteht, dass die Kompetenzen des gegenwärtigen oder künftigen Bundestages auf eine Art und Weise ausgehöhlt werden, die eine parlamentarische Repräsentation des Volkswillens, gerichtet auf die Verwirklichung des politischen Willens der Bürger, rechtlich oder praktisch unmöglich macht."[253] Für die Zulässigkeitsprüfung besagt das, dass die Antragsbefugnis „nur dann gegeben [ist], wenn substantiiert dargelegt wird, dass das Wahlrecht entleert sein könnte."[254] Seither ergehen viele wichtige Entscheidungen des BVerfG in Verfahren, die (auch) eine potentielle Verletzung des subjektiven Rechts aus Art. 38 I GG zum Gegenstand haben.[255] Die oben angedeutete Möglichkeit, materiell eine Verletzung der Menschenwürdegarantie im Einzelfall rügen zu können (Auslösen der Identitätskontrolle), ohne ein strukturelles Absinken des unionalen Grundrechtsschutzniveaus darlegen zu müssen, wird prozessual jedoch durch „erhöhte[...] Zulässigkeitsanforderungen" aufgefangen: „Es muss im Einzelnen substantiiert dargelegt werden, inwieweit im konkreten Fall die durch Artikel 1 GG geschützte Garantie der Menschenwürde verletzt ist."[256]

Interessant ist im Zusammenhang der prozessualen Geltendmachung der verfassungs- **360d**
rechtlichen Grenzen für die europäische Integration auch die Frage, welcher Akt jeweils Verfahrensgegenstand vor dem BVerfG ist. Der Grundsatz scheint zunächst eindeutig: Wenn Art. 90 I Nr. 4a GG und § 90 I BVerfGG etwa Verfassungsbeschwerden wegen einer potentiellen Verletzung durch „die öffentliche Gewalt" zulassen, ist damit die deutsche Staatsgewalt gemeint.[257] Entsprechend ging das BVerfG zunächst davon aus, Rechtsakte der Union (oder ihrer Vorgänger) seien kein tauglicher Verfahrensgegenstand im nationalen verfassungsgerichtlichen Verfahren.[258] Unklarheit in dieser

248 BVerfGE 123, 267 (354 f.).
249 Vgl. BVerfGE 89, 155 (171 ff.).
250 Vgl. kritisch gegenüber den damit verbundenen Gefahren einer Ausweitung des Instituts der Verfassungsbeschwerde etwa *Tomuschat,* EuGRZ 1993, 489, 491; *Gassner,* Der Staat 34 (1995), 429 ff.
251 Vgl. BVerfGE 123, 267 (340); 129, 124 (167 ff.); 134, 366 (380 f.). Zur Kritik etwa *Nettesheim,* NJW 2009, 2869; *Terhechte,* EuZW 2009, 725 f.; *Murswiek,* JZ 2010, 702 ff.; *Schönberger,* JZ 2010, 1160 ff.
252 Vgl. BVerfG, Urt. 7.9.2011, Rdnr. 97 ff. (NJW 2011, 2946 [2948 f.]).
253 BVerfGE 129, 124 (170). Vgl. auch BVerfGE 151, 202 (275 f. Rdnr. 92); BVerfGE 154, 17 (86 ff.).
254 BVerfGE 129, 124 (170).
255 Vgl. nur BVerfGE 142, 123.
256 BVerfGE 140, 317 (341 f.).
257 Vgl. oben Rdnr. 214; vgl. für die konkrete Normenkontrolle oben Rdnr. 141.
258 Etwa BVerfGE 22, 293 (295 ff.); 58, 1 (26 ff.).

Frage entstand jedoch zwischenzeitlich durch die Maastricht-Entscheidung, vor allem wegen der dort[259] ausdrücklich formulierten Abweichung von der früheren Rechtsprechung etwa im Eurocontrol I-Beschluss[260]: In der Maastricht-Entscheidung stellte das Gericht – inhaltlich zutreffend – fest, dass auch Rechtsakte der Union (damals EG) aufgrund ihrer innerstaatlichen Wirkungen (heute Art. 288 AEUV) geeignet sind, insbesondere die grundgesetzlichen Grundrechte der Bürger zu betreffen. Als Folge hieraus deutet das Gericht das Bedürfnis an, nicht nur Handlungen der deutschen Staatsgewalt, sondern auch Akte der Union (damals EG) auf ihre Vereinbarkeit mit den grundgesetzlichen Gewährleistungen zu überprüfen.[261] Dies würde jedoch eine unzulässige Erweiterung des Prüfungsgegenstandes des nationalen verfassungsgerichtlichen Verfahrens darstellen.[262] Auch das Gericht anerkennt noch im Maastricht-Urteil, dass es „seine Rechtsprechung über die Anwendbarkeit von abgeleitetem Gemeinschaftsrecht in Deutschland in einem ‚Kooperationsverhältnis' zum Europäischen Gerichtshof aus[übt]"[263] und relativiert dadurch seine Kontrollambitionen hinsichtlich der Akte der Unionsorgane.

In seinen späteren Entscheidungen ist das BVerfG wieder zu dem ursprünglichen – und im Ergebnis einzig richtigen – Modell zurückgekehrt: Formaler Prüfungsgegenstand vor dem nationalen Verfassungsgericht kann nur der nationale Umsetzungsakt, nicht ein Akt der Unionsorgane sein.[264] Zugrundeliegende Unionsrechtsakte können allenfalls indirekt in die Prüfung mit einbezogen werden, soweit es um die Anwendbarkeit (nicht: Geltung) ihres Inhalts im nationalen Recht geht. Für die Anwendbarkeit stellt nach der Diktion des BVerfG der grundgesetzliche Anwendungsbefehl des Art. 23 GG sowohl Grundlage als auch Grenze (in Form der drei genannten Kontrollmechanismen) dar und bildet somit die Basis der verfassungsgerichtlichen Überprüfung.[265] Diese begrenzte indirekte Überprüfung des Inhalts der Unionsakte, der im nationalen Umsetzungsakt Niederschlag findet, darf jedoch nicht darüber hinwegtäuschen, dass formal nur der nationale Umsetzungakt Prüfungsgegenstand ist.

Das BVerfG weitet jedoch auch auf Basis der Nichtüberprüfbarkeit unionaler Akte seine Kotrollkompetenzen durch die Anerkennung neuer Prüfungsgegenstände aus. Gegenstand des verfassungsgerichtlichen Verfahrens kann nicht nur ein aktives Tun der deutschen Staatsorgane, sondern auch die Unterlassung der Ausfüllung ihrer „Integrationsverantwortung" sein: Die „Prüfungsbefugnis des Bundesverfassungsgerichts in Bezug auf Maßnahmen nichtdeutscher Hoheitsträger besteht daher nur insoweit, als diese Maßnahmen entweder Grundlage von Handlungen deutscher Staatsorgane sind [soweit zum soeben behandelten Standardfall, Anm. d. Verf.] [...] oder aus der Integrationsverantwortung folgende Reaktionspflichten deutscher Verfassungsorgane auslösen"[266] – mit anderen Worten: Es genügt, dass deutsche Staatsorgane nicht auf einen

259 BVerfGE 89, 155 (175 und Leitsatz 7).

260 BVerfGE 58, 1 (26ff.).

261 Vgl. BVerfGE 89, 155 (175 und Leitsatz 7); näher *Streinz*, Europarecht, Rdnr. 250f.

262 *Streinz*, Europarecht, Rdnr. 251.

263 BVerfGE 89, 155 (Leitsatz 7).

264 BVerfGE 118, 79 (95); 140, 317 (334ff.); 142, 123 (179f.).

265 Vgl. nur *Streinz*, Europarecht, Rdnr. 251; *Reyes y Ráfales*, ZEuS 2017, 119, 130.

266 BVerfGE 142, 123 (180); vgl. auch BVerfGE 154, 17 (81). Näher zum Unterlassen im Rahmen der Integrationsverantwortung als Prüfungsgegenstand *S. Simon*, Grenzen des Bundesverfassungsgerichts

unionalen Akt reagieren, obwohl dies aus Sicht des BVerfG aufgrund von Art. 38 I S. 1 GG geboten gewesen wäre, um die verfassungsgerichtliche Kotrollkompetenz bezüglich dieses Unterlassens auszulösen. Inhaltlich ist die Ableitung einer so weiten Handlungspflicht allein aus Art. 38 I S. 1 GG jedoch abzulehnen; dies würde den Regelungsgehalt der Norm überdehnen (vgl. o. Rdnr. 214).

Unproblematisch überpüft werden kann hingegen die nationale Umsetzung sekundären Unionsrechts, bei der dem nationalen Gesetzgeber ein Umsetzungsspielraum verbleibt.[267] Hier steht eine Überprüfung der Akte der Unionsorgane ohnehin nicht in Rede. Gleiches gilt für die Anwendung unionsrechtlich überformten Rechts: hier wird das Handeln nationaler Stellen überprüft, wenn auch unter Umständen – bei vereinheitlichten Regelungen – am Maßstab der Unionsgrundrechte.[268]

(5) In seiner Honeywell-Entscheidung hat das Gericht auch zu der Frage Stellung genommen, wann ein nationales Gericht durch die Nichtvorlage an den EuGH gemäß Art. 267 AEUV den gesetzlichen Richter entzieht und damit Art. 101 I S. 1 GG verletzt. Die vom Gericht – wohl nicht abschließend – aufgezählten Fallgruppen sind die „grundsätzliche Verletzung der Vorlagepflicht", das „bewusste Abweichen ohne Vorlagebereitschaft" und die „Unvollständigkeit der Rechtsprechung."[269]

3. Das Verhältnis zwischen BVerfG und EGMR

a) Der Standpunkt des EGMR

Der Standpunkt des EGMR gegenüber den nationalen Rechts- und Verfassungsordnungen ist ebenfalls ambivalent: Einerseits ist eine Unterordnung unter die nationale Verfassungsordnung kaum denkbar. Ungeachtet des Umstands, dass die EMRK keine Bestimmung hinsichtlich des eigenen Status beinhaltet, gilt allgemein: „Die Konventionsbindung ist aus völkerrechtlicher Perspektive unbegrenzt und wird verletzt, wenn Kollisionen zu Lasten der EMRK aufgelöst werden."[270] Diesem materiellen Aspekt entspricht prozessual die Praxis der Rechtsprechung des EGMR, insofern dieser ausdrücklich auch Urteile nationaler Verfassungsgerichte zum eigenen Untersuchungsgegenstand macht. Andererseits akzeptiert der EGMR, dass die von ihm zu vertretende Rechtsordnung im Sinne von Art. 53 EMRK nur ein gemeinsames Mindestmaß repräsentiert und daher keine vollständige Alternative zu den nationalen Verfassungen mitsamt ihrer Grundrechtskataloge bieten kann.[271] Diese Norm lässt sich damit ebenso wie die „margin of appreciation"-Doktrin als ein Instrument verstehen, „mit dem die Rechtslage unter der Konvention Divergenz im Grundrechtsbereich hinnimmt und mit der Lockerung der Kontrolldichte dafür sorgt, dass daraus keine Kollisionen entstehen."[272] 361

im europäischen Integrationsprozess, S. 216ff.; zum Ganzen *Classen,* EuR 2016, 529 (532); *Sauer,* EuR 2017, 186 (187f.).

[267] Jüngst BVerfGE 143, 38 (51f.).

[268] BVerfGE 152, 216 – Recht auf Vergessen II.

[269] BVerfGE 126, 286 (316f.); instruktiv zum Prüfprogramm des BVerfG *Berkemann,* DVBl. 2019, 333ff.

[270] *Sauer,* Grundrechtskollisionsrecht, S. 60.

[271] Vgl. zu diesem „Günstigkeitsprinzip" näher *Grabenwarter/Pabel,* § 2 Rdnr. 14ff.

[272] *Sauer,* Grundrechtskollisionsrecht, S. 45.

b) Der Standpunkt des BVerfG im Verhältnis zum EGMR

362 Während für das Verhältnis des BVerfG zum EuGH ein durchaus ambivalentes Verhalten des deutschen Verfassungsgerichts zu konstatieren ist, ist die Selbstverortung des Gerichts gegenüber dem EGMR deutlicher, und auch schon lange deutlich konfrontativer. Der für die Grundrechtsfragen primär zuständige Erste Senat „pflegt – und das ist im EMRK-Bereich nahezu beispiellos – den offenen Streit mit dem anderen europäischen Verfassungsgerichtshof, den er aus seiner Sicht (bisher) viel stärker [als den EuGH] als den eigentlichen ‚Rivalen‘ wahrnehmen muss: den EGMR.“[273] Insbesondere mit Blick auf multipolare Grundrechtskonflikte haben das BVerfG und der EGMR auch offen der Rechtsauffassung des jeweils anderen Gerichts entgegenstehende Positionen vertreten (ausführlich unten Rdnr. 365 ff.). Das BVerfG spricht insoweit von einem „Rezeptionshemmnis“, wenn eine völkerrechtsfreundliche Auslegung der Grundrechte letztlich zu einer Einschränkung des grundgesetzlichen Grundrechtsschutzes führen würde.[274]

4. Das Exempel des Grundrechtsschutzes

363 Das leitet über zu der Frage nach den konkreten Folgen des zumindest latenten Konflikts zwischen den Verfassungsgerichten. Praktisch relevant geworden sind die konkurrierenden Zuständigkeiten vor allem anhand der Auseinandersetzung um einen angemessenen Grund- oder Menschenrechtsschutz.[275] Es geht materiell gesehen um das Problem, welches Grund- oder Menschenrechtsregime auf einen konkreten Fall Anwendung findet. Damit hängt mittelbar der Konflikt zusammen, welches Gericht zur Entscheidung über die fraglichen Rechtsfälle berufen ist.[276] Hinsichtlich dieser allgemeinen Frage lassen sich mit Blick auf die drei grundsätzlich selbständig nebeneinander stehenden Rechtsordnungen des Grundgesetzes, des EU-(Primär)Rechts[277] und der EMRK typisierend mehrere Grundkonstellationen bestimmen. Zu fragen ist zunächst danach, welche Grund- oder Menschenrechtsordnung überhaupt anwendbar ist und inwieweit es damit überhaupt zu Überschneidungen kommen kann (a). Erst wenn die parallele Anwendbarkeit mehrerer Rechtsregime festgestellt worden ist, muss in einem zweiten Schritt gefragt werden, ob die parallele Anwendbarkeit auch zu divergierenden Ergebnissen führt oder interne Abstimmungsregeln für einen Gleichlauf der Regime sorgen (b). Der dritte und abschließende Schritt schließlich hat die Frage zu beantworten, inwieweit damit echte Kollisionsfälle im Sinne unterschiedlicher Judikaturen verbleiben und wie mit ihnen umzugehen ist (c).

---

273 *van Ooyen,* Der Staat 50 (2011), 45, 52 (Nachweise weggelassen).

274 BVerfGE 148, 296 (355).

275 Vgl. dazu jetzt auch *F. Kirchhof,* NJW 2011, 3681 ff.; *J. Hofmann,* in: Emmenegger/Wiedmann (Hrsg.), Linien der Rechtsprechung des Bundesverfassungsgerichts – erörtert von den wissenschaftlichen Mitarbeitern, Bd. 2, S. 573 ff.

276 Vgl. allg. *Dederer,* ZaöRV 66 (2006), S. 575 ff.; *Terhechte,* Konstitutionalisierung, 87 ff.

277 Vgl. zur Entwicklung der unionalen Grundrechte im Überblick *Kühling,* S. 659 ff. (662 ff.); *Terhechte,* Konstitutionalisierung, S. 25 ff.

a) Zur Anwendbarkeit der Grundrechtsordnungen

aa) Zur parallelen Anwendbarkeit des unionalen und des grundgesetzlichen Grundrechtsschutzes

Mit Blick auf die erste Frage scheint es zwischen dem unionsrechtlichen und dem deutschen verfassungsrechtlichen Regime – jedenfalls auf den ersten Blick – keine Überschneidungspunkte zu geben: Während jenes für das Handeln der EU-Organe zuständig ist, bezieht sich der nationale Grundrechtsschutz auf die Tätigkeit der deutschen Staatsorgane. Die damit scheinbar mögliche klare Unterscheidung wird aber durch die Verkoppelung der Rechtsordnungen im Mehrebenenmodell unterlaufen. Supranationale Hoheitsakte müssen vielfach durch nationale Gesetzgebung und Administrative zuerst umgesetzt und angewendet werden. Die entsprechenden Maßnahmen sind damit unmittelbar als auf nationaler Ebene vollzogen, mittelbar aber als supranational motiviert zu bezeichnen. 364

Beide Seiten haben insofern ihre Zuständigkeit geltend gemacht und möglichst umfassend verstanden: Der EuGH bejaht die Einschlägigkeit der Unionsgrundrechte nicht nur für den Fall, dass Organe der Union tätig werden. Auch die Mitgliedstaaten und ihre Organe sind vielmehr an die unionalen Grundrechte gebunden, sofern sie im „Anwendungsbereich des Gemeinschaftsrechts" tätig werden.[278] Letzteres soll nicht nur bei einer eng verstandenen Durchführung von Unionsrecht der Fall sein, sondern, wie der EuGH in denkbar weiter Interpretation des Unionsrechts in seiner ERT-Entscheidung festgestellt hat, bereits dann, wenn Grundfreiheiten beschränkt werden.[279] Die unionalen Grundrechte werden damit zu „Schranken-Schranken der Grundfreiheiten"[280] bestimmt. In der Lesart des EuGH besagt dies, dass das nationale Verfassungsrecht mitsamt seinen grundrechtlichen Verbürgungen als Prüfungsmaßstab zurücktreten muss. Ob die seit dem Vertrag von Lissabon in den Rang des Primärrechts erhobene Grundrechtecharta hieran etwas ändern wird, ist noch weitgehend offen: Durch Art. 51 I GRCh ist nunmehr als Anwendungsbereich der Charta die „Durchführung des Unionsrechts" festgelegt; ob diese – auch in seiner bisherigen Rechtsprechung bisweilen verwendete[281] – Formulierung vom EuGH enger verstanden werden wird als der „Anwendungsbereich des Gemeinschaftsrechts" im Sinne der ERT-Rechtsprechung, bleibt abzuwarten.[282]

Seitens des EuGH ist die Entwicklung inzwischen – ob auf Dauer, bleibt abzuwarten – weitergegangen. In der Entscheidung Åkerberg-Fransson (2013)[283] vertrat der EuGH eine weite Auslegung des Art. 51 I 1 GRCh, so dass jedes mitgliedstaatliche Handeln mit Bezug zum Unionsrecht grundsätzlich seiner Grundrechtskontrolle unterstehen könne. Dagegen äußerte sich – mit Recht – BVerfGE 133, 271 (291): Für eine Bindung der Mitgliedstaaten an die Grundrechtecharta seien ein sachlicher Bezug einer Regelung zum abstrakten Anwendungsbereich des Unionsrechts oder rein tatsächliche Auswirkungen auf dieses nicht ausrei-

---

[278] Vgl. EuGH, Rs. 60 u. 61/84, Slg. 1985, 2605; Rs. C-276/01, Slg. 2003, I-3735, Rdnr. 70.

[279] Vgl. EuGH, Rs. C-260/89 – ERT, Slg. 1991, I-2925, Rdnr. 42f. Kritisch dazu etwa *P. M. Huber,* EuR 43 (2008), 189ff.; *Sauer,* Grundrechtskollisionsrecht, S. 28f.

[280] *Sauer,* Grundrechtskollisionsrecht, S. 28.

[281] Vgl. EuGH, Rs. 5/88 – Wachauf, Slg. 1989, 2609, Rdnr. 19.

[282] Vgl. in die Richtung einer vorsichtigeren Erstreckung der Reichweite der Grundrechtecharta aber EuGH, Urteil vom 5.10.2010 – C-400/10J. McB. ./. L.E., JZ 2011, S. 145ff., mit Anm. *Thym,* a. a. O., S. 148ff.

[283] EuGH, Urteil vom 26.2.2013 – C-617/10; dazu *Frenzel,* Der Staat 53 (2014), 18ff.; *Britz,* EuGRZ 2015, 275ff.; *Masing,* JZ 2015, 477ff.; *Voßkuhle,* JZ 2016, 164.

chend. In seiner neueren Entscheidung Hernández (2014)[284] verfolgt der EuGH wiederum eine restriktivere Linie und verlangt einen engeren Bezug des mitgliedstaatlichen Handelns zum Unionsrecht: Es reiche nicht aus, „dass die fraglichen Sachbereiche benachbart sind oder [...] mittelbare Auswirkungen" aufeinander hätten; es müssten sich vielmehr für den vorliegenden Fall „bestimmte [...] Verpflichtungen der Mitgliedstaaten" aus dem Unionsrecht ergeben.[285]

Ähnlich weit dehnte aber auch das BVerfG den Bereich seiner Zuständigkeit aus: In der „Solange I"-Entscheidung ließ das Gericht eine Anwendung von Gemeinschaftsrecht durch deutsche Behörden ausreichen, um eine nationale Überprüfungskompetenz zu begründen.[286] Die spätere Judikatur hat die damit grundsätzlich bejahte eigene Zuständigkeit nicht ebenso grundsätzlich zurückgenommen, sondern nur eine primäre Wahrnehmungskompetenz des EuGH statuiert, die jedoch weiterhin von einer prinzipiell einschlägigen, zumindest subsidiär bestehenden eigenen Kontrollkompetenz grundiert wird. Das BVerfG stellt jedoch, wie oben dargelegt, so strenge – materielle wie prozessuale – Anforderungen an das subsidiäre Eingreifen des nationalen Grundrechtsregimes, dass faktisch in diesem Bereich kaum Überschneidungen konkurrierender Grundrechtsjurisdiktionen zu erwarten sind. Etwas anderes könnte sich nur ergeben, soweit das BVerfG die (einzelfallbasierte) Grundrechtskontrolle auf Basis von Art. 1 I GG und der Identitätskontrolle weiter ausdehnen sollte, vgl. Rdnr. 360b a. E.

Eine nähere Ausgestaltung und Abgrenzung der möglichen Überschneidungsbereiche hat das BVerfG zudem in seinen Entscheidungen zur Vorratsdatenspeicherung im Hinblick auf die Umsetzung unionaler Rechtsakte auf der nationalen Ebene vorgenommen.[287] Plastisch ist in der Literatur insoweit die Rede von einer Erweiterung der „Solange"-Rechtsprechung zu einer „Soweit"-Judikatur[288]: Während es nach der Solange-Logik um das Problem des allgemeinen grundrechtlichen Schutzniveaus auf supranationaler Ebene ging, steht nunmehr die sachliche Frage im Mittelpunkt, wie weit den Mitgliedstaaten bei der Umsetzung unionaler Vorgaben Freiräume zur eigenen Gestaltung verbleiben, die als solche aus Sicht des BVerfG rein nationalen Charakter haben und damit auch dem rein nationalen Grundrechtsregime unterfallen sollen. Nur „eine Norm des deutschen Rechts, durch die der Gesetzgeber die Vorgaben einer Richtlinie in eigener Regelungskompetenz konkretisiert hat oder über solche Vorgaben hinausgegangen ist, [kann] zulässigerweise mit einer Verfassungsbeschwerde angegriffen werden"[289], vgl. zur korrespondierenden Frage des Prüfungsgegenstandes Rdnr. 214 und 360c. Einfacher ist der Fall, der den beiden Entscheidungen zum „Recht auf Vergessen" zugrunde liegt: Bei der Anwendung unionsrechtlich überformten Rechts durch mitgliedstaatliche Stellen ist in jedem Fall die Kontrollbefugnis der nationalen Gerichte einschließlich des BVerfG eröffnet. Es geht dann lediglich materiell-rechtlich um die Frage, welche Grundrechtsordung den Prüfungsmaßstab bildet.

[284] EuGH, Urteil vom 10.7.2014 – C-198/13; bereits vorher EuGH, Urteil vom 06.3.2014 – C-206/13 – Siragusa.

[285] EuGH, Urteil vom 10.7.2014 – C-198/13, Rdnr. 34f.; näher *Kingreen*, in: Calliess/Ruffert (Hrsg.), EUV/AEUV, Art. 51 GRCh Rdnr. 9f.; *Jarass*, in: ders., Charta der Grundrechte der EU, Art. 51 Rdnr. 20, 26f.; *Schweitzer/Dederer*, Rdnr. 600ff.

[286] BVerfGE 37, 271 (283).

[287] Vgl. BVerfGE 121, 1 (15); 126, 250 (306f.).

[288] Vgl. *S. Augsberg*, DÖV 2010, 153ff. (156ff.).

[289] BVerfGE 121, 1 (15).

Nach Auffassung des BVerfG sind dies die Unionsgrundrechte bei vollständig vereinheitlichten Regelungen, im Übrigen „primär" die Grundrechte des Grundgesetzes.[290]

Für Kollisionsfälle auf Ebene der Rechtsetzung, bei denen der Gefahr eines „grundrechtsimmunen" Gesetzesrechts[291] zu begegnen ist, liegt der Lösungsansatz des BVerfG in einer weitgehenden Entflechtung konkurrierender Grundrechtsjurisdiktionen. Im Verhältnis zum EuGH versucht das Gericht so, durch eine eindeutige Abgrenzung der jeweiligen Rechtsprechungsbereiche möglichst erst gar keine Konfliktsituation aufkommen zu lassen. Allerdings ist es fraglich, ob die intendierte klare Grenzziehung tatsächlich gelingen kann. Denn in der Praxis fällt es „schwer, die Grenzen des Anwendungsbereichs mittels abstrakt-genereller Kriterien zu bestimmen. Es liegt im Wesen einer verflochtenen Rechtsordnung, dass speziell bei der Richtlinien-Umsetzung nicht immer eine scharfe Trennlinie zwischen zwingenden Vorgaben des EU-Gesetzgebers und nationalen Gestaltungsspielräumen gezogenen werden kann."[292] Dementsprechend hat der EuGH diese Form der verfassungsgerichtlichen „Arbeitsteilung" bislang nicht akzeptiert. Er beharrt vielmehr seinerseits auf der Erstreckung der Unionsgrundrechte auch auf nationale Gestaltungsspielräume,[293] auch wenn sich in der Rechtsprechung in den Fällen Åkerberg-Fransson und vor allem Hernández eine gewisse Relativierung andeutet, vgl. Rdnr. 364. Demnach bleibt die grundsätzliche Konkurrenzsituation der Gerichte in Grundrechtsfragen bestehen.

bb) Zur parallelen Anwendbarkeit der EMRK und des grundgesetzlichen Grundrechtsschutzes

Noch problematischer bezüglich sich überschneidender Zuständigkeiten ist das Ver- 365
hältnis des durch die EMRK einer- und das GG andererseits gewährten materiellen Grundrechtsschutzes.[294] Beide Rechtsregime erstrecken sich auf die hoheitlichen Maßnahmen des deutschen Staates, der sowohl durch die Verfassung wie durch die völkerrechtliche Vereinbarung umfassend verpflichtet ist. Damit kommt es zu weitgehend konvergenten Anwendungsbereichen, die zu Jurisdiktionskonflikten im Sinne einer „Rechtsprechungskonkurrenz" aufgrund divergierender Grundrechtsverständnisse führen können.[295] Als problematisch hat sich dabei weniger die separate Bestimmung der jeweiligen grundrechtlichen Schutzbereiche erwiesen. Konfliktträchtig war vielmehr die Auflösung von Interessenskollisionen, an denen mehrere Grundrechtsträger beteiligt sind. Paradigmatisch hierfür steht die Auseinandersetzung um die Caroline

---

[290] Vgl. BVerfGE 152, 216 – Recht auf Vergessen II einerseits; BVerfGE 152, 153 – Recht auf Vergessen I andererseits. Kritisch mit Blick auf den Wortlaut von Art. 93 I Nr. 4a GG *Edenharter*, DÖV 2020, 349 (353); zur Einordnung als „teleologische Verfassungsauslegung [...] oder [...] teleologisch begründete analoge Anwendung" *Kühling*, NJW 2020, 275 (277). Zur Übertragung der in den Entscheidungen entwickelten Grundsätze auf Normenkontrollverfahren *Klein*, DÖV 2020, 341 (346f.). Dabei ist für die konkrete Normenkontrolle zu bedenken, dass ein Verstoß gegen Vorschriften des Unionsrechts (einschließlich der Unionsgrundrechte) innerhalb seines Geltungsbereichs zur Unanwendbarkeit nationaler Vorschriften führt, sodass eine Vorlage nach Art. 100 I GG dann wegen fehlender Entscheidungserheblichkeit unzulässig ist (zutreffend *Scheffczyk*, NVwZ 2020, 977, 981f.).

[291] Vgl. dazu *Holz*, NVwZ 2007, 1153ff.

[292] *Thym*, JZ 2011, 148ff. (151). Ähnlich *Sauer*, Grundrechtskollisionsrecht, S. 27.

[293] Vgl. EuGH, Rs. C-540/03 – Parlament/Rat, Slg. 2006, I-5769, Rdnr. 21f., 104f.; Rs. C-20/00 und C-64/00 – Booker Aquaculture, Slg. 2003 I-7411, Rdnr. 88ff. Zum Ganzen auch *Calliess*, JZ 2009, 113ff.

[294] Vgl. ausführlich *Schilling; Mückl*, Der Staat 44 (2005), 403ff.

[295] Vgl. *Oeter*, VVDStRL 66 (2007), S. 369.

von Monaco-Entscheidungen deutscher Gerichte,[296] einschließlich des BVerfG,[297] auf der einen und des EGMR[298] auf der anderen Seite. Während die deutschen Gerichte im Konflikt die Pressefreiheit stärker gewichteten, tendierte der EGMR zu einer Bevorzugung des allgemeinen Persönlichkeitsrechts.[299]

In den Caroline-Fällen stand insbesondere die von den deutschen Zivilgerichten entwickelte Figur der besonderen „Person der Zeitgeschichte" im Zentrum der Auseinandersetzung. Bei bestimmten besonders prominenten Personen, die nicht nur dem Bereich der Politik, sondern auch der Unterhaltung entstammen konnten, wurde das Persönlichkeitsrecht der Betroffenen als gegenüber dem Interesse der Öffentlichkeit an einer sie betreffenden (insbesondere: Bild-)Berichterstattung durch die Presse weniger gewichtig erachtet. Das Bundesverfassungsgericht hatte diese Differenzierung im wesentlichen gebilligt, während der EGMR insofern kein gesteigertes Informationsbedürfnis erkennen wollte.

Virulent wird der Konflikt insbesondere deswegen, weil ein Verfahren vor dem EGMR gemäß Art. 35 I EMRK die Erschöpfung des innerstaatlichen Rechtsweges verlangt und hierzu auch die Einlegung der Verfassungsbeschwerde zum BVerfG gezählt wird. In der Konsequenz kann der EGMR nicht nur eine divergierende Entscheidung zu demselben Sachverhalt treffen, sondern wird regelmäßig auch das Urteil des BVerfG zum Gegenstand seiner eigenen Rechtsprechung machen.

Trotz dieser sachlichen Überschneidung der Jurisdiktionsbereiche hat das BVerfG eine tatsächliche Konkurrenz der Gerichte allerdings lange verneint. Aufgrund der Rechtsnatur der EMRK und der Kompetenz des EGMR könne es keine echten Zuständigkeitskonflikte geben. Die EMRK wurde lediglich als „Auslegungshilfe für die Bestimmung von Inhalt und Reichweite von Grundrechten und rechtsstaatlichen Grundsätzen des Grundgesetzes"[300] eingeordnet, der im Übrigen aber kein Verfassungsrang zukomme. Diese Auffassung ließ sich mit dem formalen Rechtscharakter der EMRK begründen: Weil die EMRK als völkerrechtlicher Vertrag nicht selbst bereits Anweisungen für ihre Umsetzung in das nationale Recht enthalte, sondern es den einzelnen Mitgliedstaaten überlässt, wie sie eine ggf. gerichtlich festgestellte völkerrechtliche Verpflichtung innerstaatlich umsetzen, sind dieser Sicht zufolge an die Entscheidungen des EGMR unmittelbar nur die Mitgliedstaaten als Völkerrechtssubjekte gebunden, nicht dagegen auch die Gerichte und Behörden der Mitgliedstaaten, also auch nicht das BVerfG. Das stufte die EMRK als „Quelle der Inspiration"[301] ein.

Diese enge Sicht wurde vielfach kritisiert. Sie trage der Entwicklung der EMRK zu einem eigenständigen Rechtsregime, das über den Bereich des klassischen Völkerrechts hinausgehend Individualrechte festschreibt und auch als individuell durchsetzbar ausgestaltet, nicht hinreichend Rechnung.[302] In diesem Sinne hat das BVerfG im

---

[296] Vgl. etwa BGHZ 128, 1; 131, 332.

[297] Vgl. BVerfGE 97, 125; 101, 361; 120, 180.

[298] Vgl. v. a. EGMR, Urteil vom 24.6.2004 – 59320/00, JZ 2004, 1015.

[299] Vgl. dazu etwa *Tettinger,* JZ 2004, 1144ff.; *Starck,* JZ 2006, 76ff.; *Kadelbach,* Jura 2005, 480ff.; *Vetter/Warneke,* DVBl. 2004, 1228f. sowie die Beiträge in Prütting (Hrsg.), Das Caroline-Urteil des EGMR und die Rechtsprechung des Bundesverfassungsgerichts, 2005.

[300] BVerfGE 74, 358 (370). Der Frage ausweichend BVerfGE 92, 91 (107f.); dazu *Kirchhof,* EuGRZ 1994, 31ff.; *Polakiewicz,* S. 217ff.; *Bernhardt,* EuGRZ 1996, 339ff.; *Ress,* EuGRZ 1996, 350ff.; *Nickel,* JZ 2001, 627; *Limbach,* NJW 2001, 2914.

[301] *Kirchhof,* EuGRZ 1994, 31ff.

[302] Vgl. *Bleckmann,* EuGRZ 1995, 3389 m.w.N.; vgl. *Hesse,* JZ 1995, 270; *Tsatsos,* EuGRZ 1995, 289; *Mückl,* Der Staat 44 (2005), 406.

Jahr 2004 in der „Görgülü“-Entscheidung[303] seine bisherige Rechtsprechung insoweit aufgegeben oder zumindest entscheidend modifiziert.

Der Fall Görgülü betraf eine Auseinandersetzung des OLG Naumburg mit dem EGMR einer- und dem BVerfG andererseits. Das BVerfG hob (mehrfach) Beschlüsse des OLG auf, die das Umgangsrecht eines Vaters mit seinem nichtehelichen Kind betrafen. Das BVerfG begründete seine Entscheidung mit einer Verletzung von Art. 6 II 1 i. V. m. Art. 20 III GG: Das OLG habe eine im konkreten Fall ergangene Entscheidung des EGMR, die eine Verletzung des Art. 8 EMRK aufgrund des Ausschlusses des Umgangsrechts festgestellt hatte, nicht hinreichend beachtet, obwohl – in dieser Feststellung lag die allgemeine Relevanz des Falls – die staatlichen Gerichte über den verfassungsrechtlich fundierten Grundsatz der Völkerrechtsfreundlichkeit zu einer solchen Beachtung grundsätzlich verpflichtet seien.

Das BVerfG hat in dieser Entscheidung nämlich „die EMRK trotz ihres Rangs als einfaches Bundesgesetz mittelbar zum verfassungsrechtlichen Prüfungsmaßstab“ erhoben, „indem nicht nur die Vertragsstaaten als Völkerrechtssubjekte, sondern alle staatlichen Behörden und Gerichte an die Konvention gebunden werden“[304] – und zwar im Grundsatz so, wie sie vom EGMR ausgelegt und konkretisiert wird.[305] Auf diese Weise hat das BVerfG selbst die Grundlage dafür gelegt, dass es nunmehr zu echten Konkurrenzsituationen zwischen den Gerichten kommen kann.

b) Abstimmungsregeln

Damit stellt sich die Frage, wie bei paralleler Anwendbarkeit mehrerer Grundrechts- 366
jurisdiktionen dennoch ein Konflikt im Sinne divergierender Rechtsprechungen verhindert werden kann. Ein probates Mittel dazu ist die Auslegung im Lichte der jeweils anderen Grundrechtsordnung und der zu ihr ergangenen Judikatur, also etwa eine „völkerrechtsfreundliche“ Interpretation der Grundrechte des Grundgesetzes, die das Verständnis der entsprechenden Normen der EMRK in ihrer Auslegung durch den EGMR in die eigene Normkonkretisierung einfließen lässt.[306] Eben diese Strategie entspricht der Logik der „Görgülü“-Entscheidung, die für das in gewissem Sinne selbst geschaffene Problem konkurrierender unmittelbarer Grundrechtszuständigkeiten damit auch gleich ein Lösungsmittel in Gestalt einer von den nationalen Gerichten zu beachtenden „Berücksichtigungspflicht“ zur Verfügung stellt.[307] Damit werden die Verbürgungen der EMRK zwar nicht direkt verfassungsrechtlich verbindlich und verfassungsgerichtlich überprüfbar. Verletzungen der EMRK können nicht unmittelbar durch die Verfassungsbeschwerde gerügt werden. Mittelbar eröffnet das Berücksichtigungsgebot aber die Möglichkeit, eine Verfassungsbeschwerde auf die Missachtung einer Entscheidung des EGMR zu stützen. In seinem Urteil zur Sicherungsverwahrung aus dem Jahr 2011 geht das BVerfG dabei so weit, dass es die Rechtskraft seiner eigenen Entscheidungen für überwindbar erklärt, sofern eine Entscheidung des EGMR neue Aspekte für die Auslegung des Grundgesetzes enthält.[308]

303 Vgl. BVerfGE 111, 307 (322 ff.); dazu *Kadelbach,* Jura 2005, 480 ff. Zuletzt BVerfGE 128, 326 (366 ff.).

304 *Voßkuhle,* NVwZ 2010, S. 4.

305 Vgl. BVerfGE 111, 307 (324 f.; s. auch Ls 1); zum Ganzen näher etwa *Sauer,* ZaöRV 65 (2005), 35 ff. (47 ff., 54); *Cremer,* EuGRZ 2004, 683 ff.

306 Vgl. dazu etwa *Sauer,* ZaöRV 65 (2005), 35 ff.

307 Vgl. dazu ausführlich *Viellechner.*

308 Vgl. BVerfGE 128, 326 (Ls. 1); ausführlich *Daiber,* DÖV 2018, 957.

Gleichzeitig unterliegt die Pflicht zur Berücksichtigung der EMRK und der EGMR-Rechtsprechung aber – wie das BVerfG in seiner Entscheidung zum Streikverbot für Beamte deutlich formuliert – Grenzen. Diese entnimmt das BVerfG dem materiellen Verfassungsrecht und verweist – nicht unähnlich der Diskussion um die Grenzen der europäischen Integration – insbesondere auf den durch Art. 79 III GG geschützten Kerngehalt der Verfassungsidentität.[309]

Zu beachten ist außerdem, dass die strikte Verpflichtung zur Befolgung von Urteilen des Gerichtshofs nach Art. 46 EMRK auf die Rechtssachen beschränkt ist, in denen die Mitgliedstaaten Partei sind. Bei Entscheidungen, die sich auf andere Konventionsstaaten beziehen, sind demgegenüber „die konkreten Umstände des Falles im Sinne einer Kontextualisierung in besonderem Maße in den Blick zu nehmen" und die „Aussagen zu Grundwertungen der Konvention zu identifizieren und sich hiermit auseinanderzusetzen".[310] Die Berücksichtigung der EMRK wie der EGMR-Rechtsprechung ist in solchen Fällen ein komplexer Prozess der Maßstabsermittlung und -übertragung.

In der Entscheidung zum Streikverbot für Beamte kam das BVerfG im Rahmen einer solchen „Kontextualisierung" zum Ergebnis, dass eine zur Rechtslage in der Türkei ergangene Entscheidung des EGMR auf die Situation in Deutschland vor allem deshalb nicht übertragbar sei, weil Beamten in Deutschland weitergehende Beteiligungsrechte eingeräumt würden.[311] Außerdem sei das Streikverbot als hergebrachter Grundsatz des Berufsbeamtentums nach Art. 33 V GG als notwendig in einer demokratischen Gesellschaft nach Art. 11 II EMRK gerechtfertigt.[312] Treffend wurde die Argumentationsstrategie als „konventionsrechtliche Immunisierung durch verfassungsgerichtliche Petrifizierung" charakterisiert.[313]

Eine Berücksichtigung der nationalen Grundrechtsordnungen zeigt sich auch aufseiten des EGMR: Dies gilt zunächst für die bereits erwähnte „margin of appreciation"-Doktrin, die den nationalen Grundrechtsordnungen Spielräume eigenständiger Regelungen überlässt, die als solche aufgrund der historisch wie kulturell bedingten Heterogenität des Regelungsgebiets der Konvention als unerläßlich angesehen werden.[314] Aber auch die allgemeine Bestimmung des Art. 53 EMRK, die eine Begrenzung des möglicherweise weitergehenden nationalstaatlichen Grundrechtsschutzes durch die Konvention verhindern soll, also den EMRK-Schutz als bloßen Mindeststandard ausweist, lässt sich hier nennen.[315]

Für das Verhältnis der europäischen Unionsgrundrechte und der nationalen Grundrechte stellt das BVerfG seit seiner „Solange II"-Entscheidung in ständiger Rechtsprechung eine Vermutung für die Gewährleistung eines adäquaten Grundrechtsschutzstandards durch das Unionsrecht auf. Eine Aufweichung könnte man allenfalls in der neueren Rechtsprechung zu Art. 1 I GG in der Indentitätskontrolle sehen, vgl. Rdnr. 360b a. E. Umgekehrt liegt in den Entscheidungen zum Recht auf Vergessen aber ein weiterer wichtiger Schritt der Anerkennung der europäischen Grundrechts-

309 BVerfGE 148, 296 (355).

310 BVerfGE 148, 296 (354) unter Verweis auf *Kaiser*, AöR 142 (2017), 417 (432ff.).

311 BVerfGE 148, 296 (378ff.).

312 BVerfGE 148, 296 (382ff.).

313 *Jacobs/Payandeh*, JZ 2019, 19.

314 Vgl. dazu nur *Grabenwarter/Pabel*, § 18 Rdnr. 20ff.

315 Vgl. zu einer derartigen Konzeption von „Koexistenznormen" näher *Sauer*, Grundrechtskollisionsrecht, S. 41ff. Ferner bereits *Oeter*, VVDStRL 66 (2007), S. 369, der zugleich darauf hinweist, dass diese Mechanismen in den eigentlich problematischen Fällen mehrpoliger Grundrechtsverhältnisse an Grenzen stoßen.

ordnung, indem das Gericht die Unionsgrundrechte zum unmittelbaren Prüfungsmaßstab unional determinierten nationalen Rechts einerseits,[316] zum Orientierungspunkt der Grundrechtsprüfung bei Gestaltungsspielräumen andererseits, erhebt.[317] Darin liegt freilich eine Durchbrechung der „Akzessorietät von Grundrechtsgeltung und Grundrechtskontrollbefugnis“[318].

c) Verbleibende Konfliktsituationen

Trotz dieser wechselweisen Beachtung der jeweils anderen Rechtsprechung bleiben 367
Konfliktfälle möglich, in denen eine Harmonisierung der Grundrechtsverständnisse an Grenzen stößt. Auch in dieser Hinsicht ist die „Görgülü“-Entscheidung paradigmatisch: Denn das BVerfG statuiert hier zugleich einen nationalstaatlichen Souveränitätsvorbehalt in dem Sinne, dass es als Grenze für die völkerrechtsfreundliche Auslegung einen drohenden Verstoß gegen tragende Grundsätze der Verfassung bestimmt. Die Völkerrechtsfreundlichkeit gelte nur „im Rahmen des demokratischen und rechtsstaatlichen Systems des Grundgesetzes“[319]. Damit ist eine Linie gezogen, die die echten Kollisionsfälle markiert: Die völkerrechtsfreundliche Auslegung darf insbesondere „nicht dazu führen, dass der Grundrechtsschutz nach dem Grundgesetz eingeschränkt wird“[320]. Dies versucht die EMRK jedoch schon durch die Vorschrift des Art. 53 EMRK zu verhindern. Insgesamt betont das BVerfG, dass sich – ähnlich wie im Verhältnis zum Unionsrecht – die „Grenzen der völkerrechtsfreundlichen Auslegung [...] aus dem Grundgesetz“ selbst ergeben.[321] Das BVerfG hält sich dadurch die Möglichkeit offen, im Rahmen der postulierten allgemeinen „Berücksichtigungspflicht“ dennoch zu dem Ergebnis zu kommen, dass im Einzelfall eine Entscheidung des EGMR nicht zu beachten ist. Im Verhältnis zum EuGH gilt die oben allgemein bereits benannte Konstellation: Dem unbedingten Anwendungsvorrang aus Sicht des EuGH steht der relative Anwendungsvorrang aus Sicht des BVerfG gegenüber.

Interessant ist in diesem Zusammenhang auch die Situation des Zusammentreffens der Grundrechtsgewährleistungen des Unionsrechts und der EMRK. Zwar ist die EU noch nicht Mitglied der EMRK und somit noch nicht direkt an diese gebunden. Es kann sich aber eine Konfliktlage ergeben, wenn der unmittelbar EMRK-gebundene EU-Mitgliedstaat Unionsrecht vollzieht. Im Extremfall könnte sich der Mitgliedstaat mit unterschiedlichen grundrechtlichen Anforderungen aus der GRCh und der EMRK (in der jeweiligen Auslegung durch EuGH und EGMR) konfrontiert sehen. Diesem Konflikt wird materiell durch Art. 52 III GRCh und prozessual in der Rechtsprechung des EGMR durch eine Vermutung für die Einhaltung der EMRK durch die EU, solange ein äquivalentes Schutzniveau gewährleistet ist, Rechnung getragen. Ähnlich der „Solange“-Rechtsprechung des BVerfG behält sich der EGMR hier eine Reservekompe-

[316] BVerfGE 152, 152 (177); zur Bedeutung für die Fachgerichtsbarkeit *Wendt,* DVBl. 2020, 549 (551); zu Fallkonstellationen *Hoffmann,* NVwZ 2020, 33 (34ff.); mit Blick auf das stark unionsrechtlich geprägte Datenschutzrecht *Peifer,* GRUR 2020, 34 (36ff.); *Ladeur,* WRP 2020, 139; *Streinz,* DuD 2020, 353ff.

[317] Vgl. *Wendel,* JZ 2020, 157 (157): „grundlegende konzeptionelle Wende weg vom Streben nach einer klaren Separierung von nationaler und europäischer Grundrechtsordnung hin zur Anerkennung – und zum Management – ihrer föderativen Schichtung“. Zur Bedeutung der Entscheidung auch *Klein,* DÖV 2020, 341 (348f.); *Edenharter,* DÖV 2020, 349 (357f.); *Kühling,* NJW 2020, 275: „Novemberrevolution“; *Kämmerer/Kotzur,* NVwZ 2020, 177: „Paukenschlag“.

[318] *Kämmerer/Kotzur,* NVwZ 2020, 177 (179); vgl. auch *Thym,* JZ 2020, 1017 (1024); *Hofmann u. a.,* KritV 2019, 277 (286).

[319] BVerfGE 111, 307 (319).

[320] BVerfGE 128, 326 (371); 152, 152 (176); zuvor BVerfGE 111, 307 (317).

[321] BVerfGE 128, 326 (327); näher zu den Grenzen *Hömig,* NdsVBl. 2016, 108, 111.

tenz vor[322], der EuGH berücksichtigt die Rechtsprechung des EGMR bei der Auslegung der GRCh.[323] In der Praxis funktioniert hier die Vermeidung von Konflikten der Rechtsordnungen und Gerichte sehr gut.[324]

5. Ausblick

368 Das doppelte Verhältnis des BVerfG zum EuGH einer- und zum EGMR andererseits lässt sich demnach nicht anhand eindeutiger rechtlicher Kategorien im Sinne feststehender Kollisionsnormen beantworten. Für eine solche Konstruktion fehlt bereits der erforderliche einheitliche Referenzrahmen im Sinne gemeinsamer Prämissen, auf die sich alle Seiten verständigen könnten. Pragmatisch wird man das Verhältnis daher eher als eine dynamische Bewegung verstehen müssen, bei der alle beteiligten Akteure sich gegenseitig beobachten und auf die Entscheidungen des jeweils anderen reagieren. Wie fragil das so bestimmte Verhältnis ist, lässt sich auch daran erkennen, dass bereits im nationalen Kontext die Rolle, die das BVerfG für sich in Anspruch nimmt, nicht von vorneherein und eindeutig durch die Verfassung vorgesehen war. Vielmehr hat das Gericht, in Parallele zum US-amerikanischen Supreme Court in seinem berühmten Urteil „Marbury vs. Madison"[325], sich diese Rolle und seinen Status im Verhältnis zu den anderen Staatsorganen weitgehend erst selbst zugesprochen, vgl. Rdnr. 114.[326] Für EuGH und EGMR gilt Ähnliches; auch hier sind die jeweiligen Kompetenzen und der institutionelle Status der Gerichte jedenfalls zum Teil zugleich Ergebnis ihrer eigenen Rechtsprechung.

Daraus folgt im Umkehrschluss, dass auch die Justierung des Verhältnisses zwischen den Verfassungsgerichten nur durch diese Gerichte selbst vorgenommen werden kann. Jenseits klarer hierarchischer Vorgaben müssen diese jeweils die Rechtsprechung des anderen berücksichtigen und auf diese Weise eine schrittweise Abstimmung der jeweiligen Jurisdiktionen vornehmen. BVerfG und EuGH sprechen insoweit von einem „Dialog der Gerichte".[327] Das dialogische Verhältnis konzipiert Kooperation als wechselseitige Rücksichtnahme. Ein derartiges reflexives Verhältnis der Gerichte zueinander ließe sich etwa in der Rechtsprechung des BVerfG zu den Grenzen der völkerrechtsfreundlichen Auslegung, die durch das Verbot einer Einschränkung des grundgesetzlich garantierten Grundrechtsschutzes gezogen werden, erkennen. Denn das Gericht begründet diese Grenzen durch einen Hinweis auf Art. 53 EMRK, der dies selbst vorsähe. Es lässt sich damit noch für ihre Begrenzung auf die Anforderungen des internationalen Rechts ein.[328] All das ändert freilich nichts daran, dass das

[322] EGMR, Urteil vom 30.6.2005 – 45036/98 – Bosphorus.

[323] EuGH, Urteil vom 8.4.2014 – C-293/12 und C-594/12 – Digital Rights Ireland und Seitlinger u. a.; Urteil vom 3.9.2015 – C-398/13 P – Inuit Tapiriit Kanatami u. a.; Urteil vom 14.3.2017 – C-157/15 – G4S Secure Solutions; Urteil vom 15.3.2017 – C-528/15 – Al Chodor u. a. Dazu auch BVerfGE 152, 152 (176) – Recht auf Vergessen I.

[324] Zum Ganzen *Streinz*, Europarecht, Rdnr. 262 ff.

[325] US Supreme Court, 5 U.S. 137 (1803).

[326] Vgl. *Schönberger*, Anmerkungen zu Karlsruhe, S. 9 ff. (23 ff.).

[327] BVerfGE 128, 326 (369); EuGH, Urteil vom 16.7.2015 – C-681/13 Rdnr. 59. Vgl. ähnlich *F. Kirchhof*, NJW 2011, 3682: „Dialog der Gerichte" statt „Hierarchie der Normen"; ausführlich auch *ders.*, ZfA 2019, 163 ff.; *Voßkuhle*, BayVBl. 2020, 577 (580).

[328] Vgl. BVerfGE 128, 326 (371) – Sicherungsverwahrung, Rdnr. 93, mit Verweis auf BVerfGE 111, 307 (317) m. w. N. Entsprechend auch bereits BVerfGE 74, 358 (370).

BVerfG der nationalstaatlichen Verfassung nachwievor das letzte Wort zuspricht. In der Entscheidung zum Streikverbot heißt es:

„Die Völkerrechtsfreundlichkeit des Grundgesetzes ist damit Ausdruck eines Souveränitätsverständnisses, das einer Einbindung in inter- und supranationale Zusammenhänge sowie deren Weiterentwicklung nicht nur nicht entgegensteht, sondern diese voraussetzt und erweitert. Vor diesem Hintergrund steht auch das ‚letzte Wort' der deutschen Verfassung einem internationalen und europäischen Dialog der Gerichte nicht entgegen, sondern ist dessen normative Grundlage".[329]

Vor diesem Hintergrund sollte man in der Entscheidung des BVerfG in Sachen PSPP nicht vorschnell die Aufkündigung des Kooperationsverhältnisses mit dem EuGH sehen. Das BVerfG hatte in der Vergangenheit etwa mit der Honeywell-Entscheidung[330] und seinen Vorabentscheidungsersuchen signalisiert, dass es grundsätzlich bereit ist, den Vorranganspruch des EuGH in der Praxis zu akzeptieren. Es wiederholt dies auch, wenn es im PSPP-Urteil die engen Grenzen darstellt, denen Ultra-vires- und Identitätskontrollen unterfallen. Auch fanden sich in der jüngeren Judikatur des EuGH bereits Anzeichen für eine stärkere Sensibilität des Gerichtshofs seit Inkrafttreten des Vertrags von Lissabon und damit der Verbindlichkeit der Grundrechtecharta. Als Beispiel hierfür kann die Entwicklung der Rechtsprechung des EuGH zur Bindung der Mitgliedstaaten an die Grundrechtecharta gesehen werden: Während diese im Fall Åkerberg-Fransson[331] noch eher weit ausgelegt wird, nimmt das Gericht – auch nach einem Hinweis des BVerfG[332] – im Fall Hernández[333] wieder höhere Voraussetzungen für eine Bindung an. Diese gestiegene Sensibilität für das Zusammenspiel der unterschiedlichen Grundrechtsordnungen lässt sich als positiver Ausdruck für ein Phänomen verstehen, das aus anderer Perspektive als scheinbar paradoxer Verlust der „Normativität" der europäischen Grundrechte im Zuge ihrer Konstitutionalisierung beschrieben wird.[334] Als Ansatzpunkt für eine stärkere Berücksichtigung der nationalen Grundrechtsordnungen in ihrer Ausformung durch die Verfassungsgerichtsbarkeit könnte man die Verpflichtung zum Schutz der nationalen Identität der Mitgliedstaaten gemäß Art. 4 II 1 EUV begreifen,[335] die auch die Existenz einer durchsetzungsstarken Verfassungsgerichtsbarkeit umfassen soll.[336] Eine solche Interpretation wäre der Versuch, das Verhältnis der Verfassungsgerichte tatsächlich als eines der Kooperation zu begreifen, die nicht durch Hierarchisierungsversuche auf der einen wie der anderen Seite in ein

329 BVerfGE 148, 296 (352).

330 Vgl. dazu auch *Sauer*, EuZW 2011, 94 ff.

331 EuGH, Urteil vom 26. 2. 2013 – C-617/10.

332 BVerfGE 133, 271 (291).

333 EuGH, Urteil vom 10. 7. 2014 – C-198/13.

334 Vgl. *Terhechte*, Konstitutionalisierung.

335 Im Lissabon-Urteil verweist das Gericht ausdrücklich auf den Zusammenhang zwischen dieser Gewährleistung und der eigenen Kontrolle der Verfassungsidentität (BVerfGE 123, 267 [268]): „Die Ausübung dieser verfassungsrechtlich radizierten Prüfungskompetenz folgt dem Grundsatz der Europarechtsfreundlichkeit des Grundgesetzes und sie widerspricht deshalb auch nicht dem Grundsatz der loyalen Zusammenarbeit (Art. 4 III EUV-Lissabon); anders können die von Art. 4 II 1 EUV-Lissabon anerkannten grundlegenden politischen und verfassungsmäßigen Strukturen souveräner Mitgliedstaaten bei fortschreitender Integration nicht gewahrt werden. Insoweit gehen die verfassungs- und die unionsrechtliche Gewährleistung der nationalen Verfassungsidentität im europäischen Rechtsraum Hand in Hand."

336 Vgl. *v. Bogdandy/Schill*, ZaöRV 70 (2010), 701 ff.; *Knauff*, DVBl. 2010, 537 m. w. N. Skeptisch allerdings *Schöbener*, JA 2011, 888.

Weisungsverhältnis gedeutet wird.[337] Es bleibt zu hoffen, dass diese Entwicklung durch die PSPP-Entscheidung nicht grundlegender infrage gestellt wird. Man sollte diese auch vor dem Hintergrund der differenzierten Wortwahl des BVerfG nicht als „nationalistische Kampfansage"[338] werten,[339] sondern als Aktivierung einer in einem supranationalen Staatenverbund notwendigen mitgliedstaatlichen Residualkompetenz in einem Einzelfall.

Es fällt indes auf, dass insbesondere die nach dieser Entscheidung nochmals verschärfte deutsche Kritik am BVerfG, die dessen Festhalten an der tradierten, auf den Nationalstaat bezogenen und damit den tatsächlichen rechtlichen Gegebenheiten gegenüber nicht mehr angemessen Rechnung tragenden Verfassungskonzeption moniert, eine entsprechende Kritik nicht ebenso gegenüber dem EuGH artikuliert. Vielmehr scheint es so, dass auf der Ebene der EU viele Facetten der für die nationalstaatliche Ebene für obsolet erklärten Verfassungsidee fröhlich Urständ feiern. Wenn eine Integration der nationalen Verfassungen und korrelativ dazu auch der entsprechenden Gerichtsbarkeit in ein „Mehrebenenmodell" oder einen „Verfassungsverbund" aber mehr sein soll als die Reproduktion des klassischen Verfassungsmodells „eine Ebene höher", dann muss die Perspektive von der Einbindung in eine hierarchische Ordnung auf horizontale Koordinierung umgestellt werden.

369 Eine bestimmte weitere Annäherung der supranationalen an die nationale Verfassungsgerichtsbarkeit könnte diese Entwicklung aber auch unterstützen. Mit der Aufnahme der Grundrechtecharta in den Rang europäischen Primärrechts könnte die Wahrscheinlichkeit steigen, dass der EuGH nunmehr verstärkt nicht mehr primär die Einhaltung des Unionsrechts durch die Mitgliedstaaten überprüft und in diesem Sinne als „Motor der Integration" in einem dauerhaften latenten Konfliktverhältnis zu nationalstaatlichen Beharrungstendenzen steht. Vielmehr könnte er nunmehr zunehmend, darin strukturell den nationalen Verfassungsgerichten vergleichbar, Kontrollaufgaben auch gegenüber der Union und ihren Organen wahrnehmen. In diesem Sinne ist das Urteil des EuGH zur Frage der Zulässigkeit der Veröffentlichung persönlicher Daten von Subventionsempfängern im Agrarbereich als Signal für einen möglichen neuen Trend verstanden worden[340]: Während der EuGH bislang äußerst zu-

---

[337] Vgl. in diese Richtung auch *Wollenschläger,* Gewährleistung, S. 45ff. (53, 73ff.).

[338] Zur Verbreitetheit „bellizistischer Metaphern" zur Beschreibung des Verhältnisses von BVerfG und EuGH *Thym,* JZ 2020, 1017.

[339] Vgl. aber etwa *F. C. Mayer,* JZ 2020, 725 (734): es drohe „der Absturz in eine Art richterliches Faustrecht: Das Recht des stärkeren Gerichts"; *H.-J. Hellwig,* NJW 2020, 2497 (2503): „thematisch begrenzter Teilaustritt aus der Europäischen Union"; *J. Ipsen,* RuP 56 (2020), 344 (361f.): Entscheidung des BVerfG nicht über die Grundrechte der Beschwerdeführer, sondern „in eigener Sache"; „für Europa fatales Urteil"; *Frenz,* DVBl. 2020, 1017 (1020): Der Ultra-vires-Vorwurf hebe „die Fundamente der EU-Verträge aus"; das Urteil sei „ein seltsamer Rückfall in eine nationale Zersplitterung des Unionsrechts"; *Barley,* EuZW 2020, 489 (490): der Entscheidung hafte ein „generelles Unbehagen gegenüber der supranationalen Integration" an; *Kainer,* EuZW 2020, 533 (534): „staatszentrierte Sicht"; dezidiert anders zurecht *Haltern,* NVwZ 2020, 817 (823): „Es geht nicht um souveräne Deutschtümelei, sondern [um] die Wahrnehmung genuin europäischer Verantwortung"; zur Hoffnung auf fortbestehende Kooperation auch *Kube,* DVBl. 2020, 1161 (1167); *P. Kirchhof,* NJW 2020, 2057 (2061); *S. Simon/Rathke,* EuZW 2020, 500 (502f.); *T. M. J. Möllers,* EuZW 2020, 503 (504); *Hofmann/Heger,* EuGRZ 2020, 176 (190).

[340] Vgl. EuGH, Urteil vom 9.11.2010, verb. Rs. C-92/09 und C-93–09; vgl. zur Einschätzung der Bedeutung etwa die Anmerkung von *Hornung,* MMR 2011, 127ff. (127).

rückhaltend hinsichtlich einer Verwerfung unionaler Rechtsakte war,[341] misst er in dieser Entscheidung den die Veröffentlichungspflicht statuierenden Art. 44a der Verordnung (EG) Nr. 1290/2005 ausdrücklich an den Anorderungen der Art. 8 und 9 GRCh und erklärt ihn, da er diesen Anforderungen nicht entspreche, für rechtswidrig.[342] In dem Maße, in dem dementsprechend der EuGH künftig seine Kontrolltätigkeit verstärkt auch gegenüber dem europäischen Gesetzgeber und gegenüber weiteren Aktivitäten von Kommission und Rat erstrecken würde, nicht zuletzt auch mit Blick auf die Einhaltung des Subsidiaritätsgrundsatzes, könnte sich sein Verhältnis zu den nationalen Verfassungsgerichten entspannen.[343]

Mit Blick auf die Rechtsprechung des EGMR ist in jüngerer Zeit eine bedenkliche Tendenz beobachtet worden, von der eigenen früheren „margin of appreciation"-Doktrin zunehmend abzurücken und statt einer groben Rahmenordnung, die Platz für nationalstaatliche Eigenheiten lässt, verstärkt auf ein einheitliches Konzept des Grund- und Menschenrechtsschutzes im Konventionsraum zu setzen. In diese Richtung wurde insbesondere die Entscheidung des EGMR in der Rs. Lautsi[344] verstanden, bei der trotz des religiösen Bezugs (es ging in dem Fall um die Frage der Zulässigkeit eines Kruzifixes in dem Klassenzimmer einer öffentlichen Schule in Italien) das Konzept der „margin of appreciation" kaum erwähnt wurde.[345] Die Große Kammer hat dieses Urteil jedoch wieder korrigiert und dabei wiederum den Ermessensspielraum der Mitgliedstaaten als Argumentationstopos ins Spiel gebracht.[346] Diese Rückkehr zur bekannten Rechtsprechung[347] ließe sich im Sinne eines kooperativen Umgangs der Verfassungsgerichte miteinander weiter verallgemeinern: Danach ist als Pendant zur völkerrechtsfreundlichen Auslegung auf der Ebene des nationalen Verfassungsrechts „umgekehrt vom Völkerrecht eine Achtung der Identität staatlicher Rechtsordnungen in ihren grundlegenden Strukturen"[348] zu fordern. Gleichzeitig zeigt der EGMR Bereitschaft zu einem Dialog mit dem BVerfG, indem er im Anschluss an die Entscheidungen beider Gerichte zur Sicherungsverwahrung in einer Folgesache betont, „dass sich das BVerfG in seinem Leiturteil vom 4.5.2011 (BVerfGE 128, 326 [...]) auf die Auslegung von Art. 5 und 7 EMRK durch den Gerichtshof [...] berufen hat", und „begrüßt den Ansatz des BVerfG, die Vorschriften des Grundgesetzes unter Berücksichtigung der Konvention und der Rechtsprechung des Gerichtshofs auszulegen". Nach Ansicht des EGMR bringt das „Urteil des BVerfG [...] damit die gemeinsame Verantwortung der Vertragsstaaten und des Gerichtshofs für die Gewährleistung der in der Konvention anerkannten Rechte zum Ausdruck und trägt ihm

---

341 Vgl. *Streinz*, Europarecht, Rdnr. 768, der für den Zeitraum bis 2012 von einem einzigen Fall der Verwerfung einer Richtlinie aufgrund Verstoßes gegen Gemeinschaftsgrundrechte berichtet.

342 Vgl. dazu auch *Guckelberger*, EuZW 2011, 126ff.; zum Problem bereits *Wollenschläger*, AöR 135 (2010), 363ff.

343 Vgl. *Kühling*, S. 679f., mit dem Hinweis, dass die Grundrechtsbindung der Union und ihrer Organe gerade von den nationalen Verfassungsgerichten, insbesondere in Deutschland und Italien, gefordert worden sei.

344 EGMR, Urteil vom 3.11.2009 – 30814/06 – Lautsi.

345 Vgl. zur entsprechenden Kritik etwa *I. Augsberg/Engelbrecht*, JZ 2010, 450ff.

346 Vgl. EGMR (GK), Urteil vom 18.03.2011 – 30814/06 – Lautsi, Rdnr. 61f., 68ff. (EuGRZ 2011, 677 [684, 685]); dazu Chr. *Walter*, EuGRZ 2011, 673ff. (675f.).

347 Vgl. zu früheren Fällen nur *I. Augsberg/Engelbrecht*, JZ 2010, 455ff., m.w.N.

348 *Viellechner*, S. 157.

Rechnung"[349]. Insgesamt kann man somit durchaus von einem weit fortgeschrittenen „Kooperations- und Kommunikationsverhältnis zwischen Straßburg und Karlsruhe" sprechen.[350]

[349] EGMR, Urteil vom 19.1.2012 – 21906/09, Rdnr. 59 (zitiert nach der in NJW 2013, 1791 veröffentlichten nichtamtlichen Übersetzung).
[350] *Hömig,* NdsVBl. 2016, 108, 112.

5. Teil. Der Entscheidungsausspruch und seine Folgen

Gliederung

Das BVerfGG regelt die Entscheidungsaussprüche des BVerfG ebenso wie die Zulässigkeitsvoraussetzungen gesondert für jede der Verfahrensarten. Trotz der getrennten gesetzlichen Regelungen sind die Entscheidungsaussprüche aber inhaltlich nicht durch die jeweilige Verfahrensart, in der die Entscheidung ergeht, sondern durch das jeweilige Entscheidungsziel bestimmt. Der Entscheidungsausspruch ist zum Beispiel bei allen Normenkontrollentscheidungen gleich, gleichgültig ob es im Wege der abstrakten oder konkreten Normenkontrolle oder im Wege der Verfassungsbeschwerde zur Normenkontrolle gekommen war. Deshalb wird im Folgenden die Darstellung nicht mehr – wie im 4. Teil bei der Behandlung der Zulässigkeitsvoraussetzungen – **370** nach den Verfahrensarten, sondern nach den Entscheidungszielen (Streit zwischen Verfassungsorganen, Verfassungsbeschwerde gegen Gerichtsurteil, Kontrolle von Normen) gegliedert. Es werden nur die Entscheidungsaussprüche der wichtigsten Verfahrensarten behandelt.

371 Das BVerfG entscheidet durch „Urteil", wenn, was selten der Fall ist, eine mündliche Verhandlung stattgefunden hat, sonst durch „Beschluss" (§ 25 II BVerfGG).

A. Der Entscheidungsausspruch bei Unzulässigkeit und Unbegründetheit

372 Das Bundesverfassungsgerichtsgesetz regelt den Inhalt des Entscheidungsausspruchs (der Entscheidungsformel, des Tenors bzw. Urteilssatzes) für den Fall des Misserfolgs des Antrags nicht. Geregelt sind insofern nur die Nichtannahme der Verfassungsbeschwerde zur Entscheidung nach §§ 93b S. 1, 93d I, III BVerfGG und die a-limine-Verwerfung eines Antrags nach § 24 BVerfGG. Im Übrigen greift das BVerfG auf die allgemeine Gerichtspraxis zurück;[1] unzulässige Vorlagen oder Anträge werden im Tenor als solche bezeichnet[2] bzw. als unzulässig „verworfen"[3] oder „abgelehnt",[4] unbegründete Anträge werden „zurückgewiesen".[5]

Eine Besonderheit besteht darin, dass das BVerfG sich bei *Normenkontrollentscheidungen* nicht darauf zu beschränken braucht, den Antrag als unbegründet zurückzuweisen; es kann zugleich positiv die Vereinbarkeit der Norm mit dem Grundgesetz feststellen (§ 31 II BVerfGG).[6] Im Rahmen von Verfassungsbeschwerden macht das Gericht von dieser Möglichkeit keinen Gebrauch,[7] offenbar um die allgemeine Verbindlichkeit der Entscheidung gemäß § 31 II BVerfGG zu vermeiden.[8]

Bei der Feststellung der Vereinbarkeit einer Norm kommt es häufig zu der Formulierung, *die Norm sei mit dem GG vereinbar, „soweit ...".* So kann eine Entscheidungsformel lauten: „§ 8a I S. 2 Mutterschutzgesetz ... ist insoweit mit dem GG vereinbar, als Mütter, die zu Beginn der Mutterschutzfrist weder erwerbstätig noch arbeitslos waren, vom Bezug von Mutterschaftsgeld ausgeschlossen sind";[9] oder § 85 II ZPO wird für mit dem Grundgesetz vereinbar erklärt, „insoweit auch in verwaltungsgerichtlichen Verfahren wegen Anerkennung als Asylberechtigter bei der Frage der Wiedereinset-

---

1 Vgl. *Hömig,* in: Maunz u. a., BVerfGG, § 95 Rdnr. 64ff. Vgl. auch oben Rdnr. 56.

2 BVerfGE 65, 132; 87, 341 (342).

3 BVerfGE 62, 194 (195); 68, 176.

4 BVerfGE 65, 101.

5 BVerfGE 62, 1 (4); 63, 45; 66, 66; 87, 1 (4). Einzelheiten zur Tenorierung bei *Sennekamp,* in: Umbach/Clemens/Dollinger, BVerfGG, S. 688–710.

6 BVerfGE 65, 76 (77); 65, 283 (288).

7 Vgl. z. B. BVerfGE 60, 79 (80, 88); *Bryde,* Verfassungsentwicklung, S. 409. Vgl. auch BVerfGE 38, 1 (2); 41, 65 (66).

8 Kommt das Gericht allerdings in dieser Verfahrensart zur verfassungskonformen Auslegung, so wird die gefundene Auslegung im Tenor festgehalten und damit allgemein verbindlich gemacht, vgl. BVerfGE 38, 1 (2); 41, 65 (66); 47, 285 (286f.); 49, 148; 64, 229; 74, 297 (299). Bei Urteilsverfassungsbeschwerden kann sich das BVerfG darauf beschränken, die Zurückverweisung an das Gericht im Tenor auszusprechen und eine verfassungskonforme Auslegung unerwähnt zu lassen, selbst wenn die dem Urteil zugrundeliegende Norm Prüfungsgegenstand war, vgl. BVerfGE 69, 126 (127); 70, 230 (231); 71, 162 (163).

9 BVerfGE 65, 104.

zung in eine versäumte Frist das Verschulden des Prozessbevollmächtigten dem Verschulden der Partei gleichgestellt wird".[10] Diese Formulierung könnte missverstanden werden: Das BVerfG will nicht zum Ausdruck bringen, die Norm sei nur insoweit mit dem GG vereinbar, im Übrigen aber nicht, sondern vielmehr, welche Anwendungsfälle der Norm – Mütter in bestimmten Situationen; verwaltungsgerichtliche Verfahren, nicht auch andere – allein Prüfungsgegenstand waren.[11] Der „soweit"-Satz ist also von der Fallgestaltung im Ausgangsverfahren her diktiert: Im Verfahren der konkreten Normenkontrolle wird *die Norm nur insoweit geprüft,* als sie für den Ausgangsfall entscheidungserheblich ist. Nur insoweit wird die Vereinbarkeit der Norm festgestellt. So findet der Ausgangsfall über die Entscheidungsformel sogar noch Eingang in das BGBl. Eine Beschränkung des Prüfungsgegenstands findet bei abstrakten Normenkontrollen nur ausnahmsweise statt.[12]

B. Der Entscheidungsausspruch in Organstreitverfahren und organstreitähnlichen Verfahren

Der Entscheidungsausspruch im Organstreit und in organstreitähnlichen Verfahren 373
geht dahin, dass das BVerfG feststellt, „ob die beanstandete Maßnahme oder Unterlassung des Antragsgegners gegen eine Bestimmung des Grundgesetzes verstößt" (§ 67 S. 1 BVerfGG).[13] Das gilt in der Regel auch für die föderativen Streitigkeiten (§§ 69, 72, 74 BVerfGG). Das BVerfG stellt also nur fest; es verpflichtet die Verfassungsorgane nicht, es verurteilt sie nicht zu etwas und es vollstreckt seine Feststellungen in der Regel auch nicht. Das Gesetz geht davon aus, dass Verfassungsorgane auf den „Wink" einer bloßen Feststellung des BVerfG hin das Geforderte tun oder unterlassen werden.[14] In föderativen Streitigkeiten kann das BVerfG auch Verpflichtungen aussprechen (§ 72 I Nr. 2 und 3 BVerfGG). Siehe auch Rdnr. 97, 83.

C. Der Entscheidungsausspruch bei Urteilsverfassungsbeschwerden

Nach § 95 I S. 1 BVerfGG stellt das BVerfG, wenn der Verfassungsbeschwerde statt- 374
zugeben ist, in der Entscheidungsformel zunächst fest, „welche Vorschrift des Grundgesetzes und durch welche Handlung und Unterlassung sie *verletzt* wurde".[15] Das BVerfG kann nach § 95 I S. 2 BVerfGG zugleich aussprechen, dass Wiederholungen der beanstandeten Maßnahme verfassungswidrig sein würden. § 95 I BVerfGG gilt

[10] BVerfGE 60, 253 (254); ebenso BVerfGE 65, 237; 66, 1 (17); 66, 84 (92): „Mangelfall"; 67, 202 (207): „nur insoweit zu prüfen"; 71, 39: „insoweit vereinbar"; 85, 176; 91, 1 (34): „Insoweit ist die Vorschrift nichtig. Sie bleibt jedoch für die Fälle anwendbar, in denen eine hinreichend konkrete Aussicht auf einen Behandlungserfolg besteht."

[11] BVerfGE 66, 1 (21, 25) und *Sachs,* DVBl. 1979, 391.

[12] BVerfGE 30, 1; 34, 9.

[13] In BVerfGE 45, 1 (3) – Art. 112 GG – hat das BVerfG in der Entscheidungsformel ausnahmsweise auch die Verletzung der Rechte des Deutschen Bundestags festgestellt.

[14] Dazu Rdnr. 83f.

[15] Zur Bedeutung dieser ungewöhnlichen Tenorierungsvorschrift *Hömig,* in: Maunz u. a., BVerfGG, § 95 Rdnr. 6.

für alle Verfassungsbeschwerden, gleichgültig welche Maßnahme der öffentlichen Gewalt sie zum Gegenstand haben.

375 Sodann spricht das BVerfG gem. § 95 II BVerfGG in der Entscheidungsformel die *Aufhebung* der erfolgreich angegriffenen Entscheidung aus. „Entscheidung" i. S. von § 95 II BVerfGG ist an sich jede Maßnahme der öffentlichen Gewalt, die nach § 90 I BVerfGG Gegenstand der Verfassungsbeschwerde ist. Ist die Entscheidung allerdings ein Gesetz, so gilt die Sonderregelung des § 95 III BVerfGG. Da es Verfassungsbeschwerden unmittelbar gegen Entscheidungen der Exekutive wegen § 90 II BVerfGG selten gibt, bleiben für § 95 II HS 1 BVerfGG im Wesentlichen die Urteile und Beschlüsse der Gerichte. Diese werden ganz oder teilweise[16] aufgehoben und an die zuständigen Gerichte zurückverwiesen. Das BVerfG spricht gegebenenfalls zugleich aus, dass eine andere Gerichtsentscheidung in der betreffenden Sache, z. B. eine Entscheidung in der Revisionsinstanz, gegenstandslos geworden ist; dies tut es teils in der Entscheidungsformel, teils in den Gründen.[17]

So lautet der Tenor einer Urteilsverfassungsbeschwerde beispielsweise: „Der Beschluss des OLG München ... verletzt den Beschwerdeführer in seinem Grundrecht aus Art. 12 I GG. Er wird aufgehoben. Die Sache wird an das OLG München zurückverwiesen. – Der Beschluss des BGH ... ist gegenstandslos. – Der Freistaat Bayern hat dem Beschwerdeführer ... die notwendigen Auslagen zu erstatten."[18]

376 Das BVerfG hat sich bei Urteilsverfassungsbeschwerden die Kompetenz genommen, in der Sache ohne Zurückverweisung an die Gerichte selbst abschließend zu entscheiden.[19] Diese Rechtsfolgenbestimmung geht über das Gesetz hinaus. Das BVerfG beruft sich dabei auf die Besonderheit des Falls, dass bei Anwendung der vom BVerfG entfalteten verfassungsrechtlichen Kriterien dem zuständigen Gericht kein Spielraum für die richterliche Entscheidung bliebe und es deshalb „wenig sinnvoll" sei, zurückzuverweisen, da das zuständige Gericht die Entscheidung des BVerfG nur wiederholen könnte.[20] Dies zu beurteilen ist aber Sache der zuständigen Gerichte, nicht des BVerfG.

In BVerfGE 89, 381 – Gewährung rechtlichen Gehörs bei der Adoption Volljähriger – bricht das BVerfG den verbindlichen § 95 II BVerfGG noch ein zweites Mal: Das Gericht beschränkt sich auf die Feststellung der Verfassungswidrigkeit der angegriffenen Entscheidung, verzichtet aber auf deren Aufhebung und zwar für den Fall, dass „ein für eine Aufhebung geeigneter Akt nicht oder nicht mehr vorliegt". § 95 II BVerfGG schreibt aber die Aufhebung vor. Das Gericht beruft sich auf die in der Tat parallele Rechtsprechung zur bloßen „Unvereinbarkeitserklärung von verfassungswidrigen Normen unter Verzicht auf die Nichtigerklärung" (vgl. unten Rdnr. 394ff.). Mit dieser Rechtsprechung wich das Gericht von § 95 III BVerfGG ab. Das Gericht sah sich nicht gehindert, die Ausnahme selbst zu machen. Zuvor hatte es noch betont, dass weder § 95 II noch § 95 III BVerfGG eine Ausnahme vorsehen.

---

[16] BVerfGE 54, 224 (225): teilweise Aufhebung des Urteils und Zurückverweisung der Sache an das Bundessozialgericht (BSG); BVerfGE 63, 88 (89): „Das Urteil des OLG ... wird insoweit aufgehoben ..."

[17] BVerfGE 65, 116: in der Entscheidungsformel; 63, 80 (88): auch in den Gründen.

[18] BVerfGE 65, 116; 68, 384 (385).

[19] BVerfGE 35, 202 (203f., 244) – Lebach – mit weiteren Nachw.; auch BVerfGE 79, 69 (79) – Eid des Kreisratsmitglieds; insoweit mit 5: 3 Stimmen.

[20] BVerfGE 35, 202 (244f.): Das BVerfG erließ, um seine Sachentscheidung auch wirksam zu machen, sogleich noch eine einstweilige Verfügung, die einer vom OLG erlassenen einstweiligen Verfügung gleichsteht.

BVerfGE 91, 125 (139) – Strafverfahren gegen Erich Honecker. Auch hier beschränkt sich das BVerfG auf die Feststellung der Verfassungswidrigkeit der angegriffenen Anordnung bezüglich der Berichterstattung aus dem Verhandlungsraum durch das Fernsehen, da ungewiss geworden sei, ob noch ein praktisches Bedürfnis für die Beseitigung der Anordnung bestehe.

Soweit sich eine Urteilsverfassungsbeschwerde (mittelbar) zugleich gegen das der gerichtlichen Entscheidung zugrunde liegende Gesetz richtet und darin erfolgreich ist, spricht das Gericht gemäß § 95 III S. 2 BVerfGG neben der Aufhebung der Gerichtsentscheidung in der Entscheidung die *Nichtigkeit oder Unvereinbarkeit der Norm* aus, und zwar im Tenor, also mit allgemein verbindlicher Wirkung (§ 31 II BVerfGG). Es handelt sich dann nicht anders als bei einer Verfassungsbeschwerde unmittelbar gegen das Gesetz (§ 95 III S. 1 BVerfGG) oder bei anderen Normenkontrollanträgen (§§ 78, 82 I BVerfGG) um eine Normenkontrollentscheidung. 377

D. Der Entscheidungsausspruch bei Normenkontrollen

I. Die Regel: Nichtigerklärung verfassungswidriger Normen

Kommt das BVerfG in einer der dazu vorgesehenen Verfahrensarten (abstrakte oder konkrete Normenkontrolle, Verfassungsbeschwerde unmittelbar oder mittelbar gegen ein Gesetz) zu der Überzeugung, dass ein von ihm zu überprüfendes Gesetz gegen die Verfassung verstößt, so erklärt es das Gesetz für nichtig. Das ist in §§ 78 S. 1, 82 I, 95 III S. 1 BVerfGG so vorgesehen. Für Rechtsverordnungen und Satzungen gilt dasselbe. Abweichungen von dieser Regel werden unten behandelt. Die Normenkontrollentscheidung wird im BGBl. veröffentlicht und erlangt allgemein verbindliche Wirkung im Wege der „Gesetzeskraft" (§ 31 II BVerfGG). Dasselbe gilt, wenn das Gericht die Vereinbarkeit feststellt. 378

1. Die ex tunc- und ipso iure-Nichtigkeit verfassungswidriger Gesetze

Diese gesetzliche Regelung geht von der traditionellen deutschen Auffassung aus, dass ein verfassungswidriges Gesetz nichtig ist.[21] 379

Es war die Intention, das (inzidente) richterliche Prüfungsrecht zu erklären und zu legitimieren, die bereits in der ersten Hälfte des 19. Jahrhunderts die heute herrschende und dem BVerfGG ursprünglich zugrunde liegende Vorstellung, ein verfassungswidriges Gesetz sei von Anfang an nichtig, hervorbrachte:[22] Ein nichtiges Gesetz existiert nicht, folglich braucht – und kann – der Richter es nicht anwenden. Die richterliche Nichtanwendung verstößt bei dieser Sicht nicht gegen die Gewaltenteilung; die Nichtanwendung einer nichtigen Norm streicht von der richterlichen Normunterworfenheit nichts ab.

Das verfassungswidrige Gesetz ist, wie das BVerfG formuliert,[23] „mit dem Grundgesetz unvereinbar und daher nichtig". Das verfassungswidrige Gesetz ist von Anfang an (ex tunc), und dies ohne weiteren gestaltenden Akt (ipso iure) rechtsunwirksam.[24] Dieser

[21] Auch andere Rechtsordnungen kennen diesen Grundsatz, so z. B. die brasilianische: *Mendes,* S. 194ff.

[22] *J. Ipsen,* Rechtsfolgen, S. 24ff.; klare Problemstellung zur Nichtigkeitsfrage bei *Benda/Klein,* Verfassungsprozeßrecht, 2. Aufl. 2001, Rdnr. 1244ff.

[23] So BVerfGE 61, 149 (151) – Staatshaftungsgesetz („daher"); st. Rspr. seit BVerfGE 1, 14 (37). Vgl. BVerfGE 65, 1 (3) – Volkszählungsgesetz; BVerfGE 67, 299; 68, 384 (385); 101, 54 (55).

[24] Vgl. nur *J. Ipsen,* Rechtsfolgen, S. 69ff.; *Stern,* in: BK, Art. 93 Rdnr. 270ff.; grundlegend und differen-

elementare und bedeutsame Satz ist seltsamerweise weder im Grundgesetz, noch im BVerfGG, noch sonstwo im geltenden Recht ausdrücklich so als Norm formuliert; in § 31 II BVerfGG ist sogar vorgesehen, dass ein verfassungswidriges Gesetz nicht als nichtig, sondern nur als mit dem Grundgesetz „unvereinbar" angesehen wird. In § 78 S. 1 BVerfGG kommt der Grundsatz immerhin zum Ausdruck. Er liegt auch der Regelung des Art. 100 I S. 1 GG voraus: Der Richter wird dort zur Vorlage von Gesetzen, die er für verfassungswidrig hält, verpflichtet, sofern es auf deren „Gültigkeit" ankommt; Art. 100 I S. 1 GG geht also davon aus, dass verfassungswidrige Gesetze „ungültig" sind.[25] So wird dem Satz von der Nichtigkeit verfassungswidriger Gesetze zu Recht *Verfassungsrang* (Art. 1 III, 20 III, 79 I S. 1, 100 I, 123 I GG) zugesprochen.[26]

Dass dieses Dogma nicht rechtslogisch zwingend ist, zeigt die *österreichische Rechtslehre und Praxis:* Nach Art. 140 Bundesverfassungsgesetz i. d. F. von 1975 hebt der Österreichische VerfGH verfassungswidrige Gesetze auf. Die Aufhebung tritt mit ihrer Kundmachung in Kraft (ex nunc) oder sogar erst zu einem vom VerfGH bestimmten Zeitpunkt, der nicht länger als ein Jahr danach liegen darf. Bis dahin sind die verfassungswidrigen Gesetze gültig, und gem. Art. 89 Bundesverfassungsgesetz steht weder der Exekutive noch den einfachen Gerichten in der Zwischenzeit ein Prüfungsrecht zu.[27] Die österreichische Regelung geht auf *Kelsen* zurück, der die These vertrat, dass die Verfassung die Geltung verfassungswidriger Normen vorsehe, wenn sie Vorschriften über die Aufhebung verfassungswidriger Normen enthalte: „Die sogenannten ‚verfassungswidrigen' Gesetze sind verfassungsmäßige, aber in einem besonderen Verfahren aufhebbare Gesetze."[28]

380 Nach deutscher Auffassung hebt das BVerfG verfassungswidrige Gesetze nicht auf, es vernichtet sie nicht: Es stellt die Nichtigkeit nur (deklaratorisch) fest *(Nichtigkeitslehre).*

381 Das Dogma von der Nichtigkeit verfassungswidriger Gesetze – in der Weimarer Zeit kaum kontrovers[29] – ist nicht (mehr) unumstritten. Ihm steht die sog. *Vernichtbarkeitslehre* gegenüber. Deren Ausgangspunkt unter dem Grundgesetz war das Problem der Normenkontrollbefugnis der Verwaltung, die dogmatisch überzeugender bekämpft werden konnte, wenn das Dogma der ipso iure-Nichtigkeit verfassungswidriger Gesetze bestritten wurde.[30] Die entscheidende Begründung für die bloße Vernichtbarkeit aber wird Art. 100 I GG entnommen. Die Vorlagepflicht bringe zum Ausdruck, dass verfassungswidrige Gesetze nicht ipso iure nichtig seien, denn bei Nichtigkeit könne der Richter nicht vorläufig an das Gesetz gebunden und zur Vorlage verpflichtet sein.[31] Außerdem wird die bloße Vernichtbarkeit aus dem Gedanken der Rechtssicherheit hergeleitet, weil nicht jedermann zu jeder Zeit das Gesetz ignorieren können

ziert *Bettermann,* FS Eichenberger, S. 593 ff. Auch *Detterbeck,* Streitgegenstand, S. 105: „Die Urteile der bundesverfassungsgerichtlichen Rechtsprechung stellen nur fest, was Recht ist, und schaffen oder ändern es nicht". Vgl. ferner *Heckmann,* S. 49 ff.

25 *J. Ipsen,* Rechtsfolgen, S. 166; *Pietzcker,* AöR 101 (1976), 380 f.

26 So die Aufzählung bei *Stern,* in: BK, Art. 93 Rdnr. 271. Vgl. auch *Schmalz,* S. 267 f. Nach BVerfGE 103, 332 (390) handelt es sich beim Nichtigkeitsdogma um einen Grundsatz mit verfassungsrechtlichem Gehalt, dem aber kein verfassungsrechtliches Gebot zugrundeliege. S. a. *Blüggel,* S. 147 ff. („Nichtigkeitsprinzip").

27 Vgl. *R. Walter,* S. 743 ff.; *Ringhofer,* S. 457 ff., 276 ff.; *Klecatsky/Öhlinger,* S. 107 f., 129.

28 *Kelsen,* Rechtslehre, S. 278; vgl. *J. Ipsen,* Rechtsfolgen, S. 52 ff.; *Riechelmann,* ZRph 7 (2009), 84 ff.

29 *Maurer,* DÖV 1963, 683.

30 *H. Götz,* NJW 1960, 1177 ff.; *Hoffmann,* JZ 1961, 193 ff. Vorher schon *Kipp,* S. 85 ff. Vgl. auch zum Folgenden *J. Ipsen,* Rechtsfolgen, S. 76 ff., 90 ff.; *S. Meyer,* JZ 2012, 435 ff.

31 *H. Götz,* NJW 1960, 1178 f.; *Hoffmann,* JZ 1961, 196 f.; *Chr. Böckenförde,* S. 41; *Söhn,* Anwendungspflicht, S. 14: „Was ipso iure nichtig ist, kann nicht binden, was zur Vorlage zwingt, bindet, und jede

dürfe. Die Verfassung könne schon deswegen durch die Geltung einer verfassungswidrigen Norm durchbrochen werden, da die vorläufige Gültigkeit in Art. 100 GG gerade durch die Verfassung anerkannt werde.[32]

Der Vernichtbarkeitslehre sind vor allem zwei Gesichtspunkte entgegenzuhalten.[33] 382
Art. 100 I GG hat – wie schon erwähnt – die Unterscheidung zwischen gültigen und ungültigen Gesetzen und damit die Rechtsfolge der Ungültigkeit verfassungswidriger Normen zur Prämisse: Sie setzt gerade voraus, dass der Richter eine verfassungswidrige Norm nicht anwenden würde, da er sie – als nichtige – nicht anwenden kann! Deshalb statuiert Art. 100 I GG die Vorlagepflicht. Außerdem lassen sich die weitreichenden Folgen der Nichtigkeitslehre und die von ihr befürchtete Rechtsunsicherheit weitgehend sowohl durch die Rechtsfolgenbestimmung des § 79 BVerfGG (unten Rdnr. 390 ff.) wie mit Hilfe der Dogmatik von der Bestandskraft der Verwaltungsentscheidungen und der Rechtskraft gerichtlicher Entscheidungen auffangen. An der ipso iure-Nichtigkeit ist daher festzuhalten.

Allerdings: Das BVerfG hält zwar an der Nichtigkeitslehre fest, geht aber mit der Ent- 383
scheidungsvariante der Beschränkung auf den Ausspruch der Unvereinbarkeit (unten Rdnr. 394 ff.) seine eigenen Wege, um die Abmilderung der strengen Nichtigkeitslehre zu erreichen. Diese Variante erfasste auch die Vorlagepflicht nach Art. 100 I GG. Die direktere österreichische Regelung, die dem Verfassungsgericht die Kompetenz gibt, pro futuro klar zu bestimmen, was gilt, hätte viel für sich, bedürfte aber in der Bundesrepublik der verfassungsgesetzlichen Regelung.

2. Teilnichtigkeit

Das BVerfG praktiziert zu Recht, wenn auch ohne gesetzliche Ermächtigung, die Teil- 384
nichtigerklärung von Gesetzen. Sie ist die Regel. Die Nichtigkeit einer oder mehrerer Bestimmungen eines Gesetzes bewirkt grundsätzlich nicht die Nichtigkeit des ganzen Gesetzes.[34] Bei der Figur der Teilnichtigkeit ist zu bedenken, dass der Begriff der Nichtigkeit seinem Umfang nach relativ ist: Die Nichtigkeit kann ein ganzes Gesetz, eine (ganze) Regelung innerhalb eines Gesetzes oder ein (ganzes) Reformgesetz zu einer Spezialfrage innerhalb eines Gesetzes erfassen. Teilnichtigerklärung heißt: *Reduzierung des Wortlauts der Norm(en).*

Das Staatshaftungsgesetz von 1981 wurde im Ganzen für nichtig erklärt, da dem Bund in wesentlichen Teilen die erforderliche Gesetzgebungsbefugnis fehlte, eine Aufspaltung des Gesetzes in kompetenzwidrige und kompetenzgemäße Bestandteile nicht möglich schien und die übrigen Regelungen des Gesetzes mit der kompetenzwidrigen Zentralnorm in unauflösbarem Zusammenhang standen.[35] Auch das Investitionshilfegesetz von 1983 wurde mangels Kompetenzgrundlage im Grundgesetz insgesamt für nichtig erklärt.[36] Das Volkszählungsgesetz von 1982 dagegen war in einzelnen Absätzen unvereinbar und nichtig, in einigen Paragraphen mit dem Grundgesetz vereinbar, jedoch ergänzungsbedürftig und im Übrigen vereinbar.[37]

Bindungswirkung setzt die Zugehörigkeit dieser bindenden Norm zur geltenden Rechtsordnung voraus." *Moench*, S. 123. Weitere Nachw. bei *Stern*, in: BK, Art. 93 Rdnr. 271 f.

32 *Söhn*, Anwendungspflicht, S. 41 ff.; *Moench*, S. 128, 158.

33 Das Folgende nach *J. Ipsen*, Rechtsfolgen, S. 164 ff., 174 ff., 276 ff.

34 BVerfGE 65, 325 (358).

35 BVerfGE 61, 149 (173 f., 206). Zur Spaltbarkeit einer Vorschrift generell *Müller-Terpitz*, in: Maunz u. a., BVerfGG, § 80 Rdnr. 174 ff.

36 BVerfGE 67, 256 (290).

37 BVerfGE 65, 1 (3, 71); 63, 181: Nichtigerklärung eines Halbsatzes des EGBGB.

In BVerfGE 88, 203 wird § 218a StGB i. d. F. des Schwangeren- und Familienhilfegesetzes von 1992 teilweise („insoweit") mit dem GG für unvereinbar erklärt. Danach heißt es: „Die Bestimmung ist insgesamt nichtig."

Teilnichtigerklärung erfolgt durch Bezeichnung des Paragraphen, Absatzes, Satzes oder Satzteils im Tenor. Teils geschieht sie durch inhaltliche Wiedergabe des nichtigen Teils in indirekter Rede mit Hilfe eines *„soweit"-Satzes.*[38] Diese inhaltliche Wiedergabe kann verständlicher sein als die Streichung einzelner Worte.

385 Das BVerfG kann nach § 78 S. 2 BVerfGG – was hier mangels bislang größerer praktischer Relevanz nur erwähnt sei – den Entscheidungsgegenstand auch erweitern: Es kann weitere Bestimmungen des angegriffenen Gesetzes, die aus denselben Gründen wie die angegriffene Regelung verfassungswidrig sind, gleichfalls für nichtig erklären. Darüber hinaus kann das BVerfG in Anwendung der §§ 82 I, 78 S. 2 BVerfGG auch Nachfolgeregelungen für nichtig erklären, die nicht Prüfungsgegenstand sind.[39]

3. Teilnichtigerklärung ohne Normtextreduzierung

386 Nichtigerklärungen hergebrachter Art sind auf den Text bezogen. Der für nichtig erklärte Text oder Textteil des Gesetzes gilt als nicht geschrieben – sog. „quantitative (Teil-)Nichtigkeit". Das BVerfG benützt aber auch bei der Nichtigerklärung eine Figur, die schon bei der Vereinbarkeitserklärung (Rdnr. 372) begegnete: Es erklärt die Norm nicht in bestimmten Textteilen oder Worten, sondern für bestimmte, im Normtext nicht gesondert ausgewiesene *Fallkonstellationen* für nichtig.[40] Man spricht von „qualitativer Teilnichtigerklärung ohne Normtextreduzierung"[41] und von „Nichtigerklärung ohne Berührung des Wortlauts".[42] Auch hier wird die Formel *„nichtig, soweit …"* verwendet.

So kann eine Entscheidungsformel lauten: „Die Zweitstudienregelung in § 32 II S. 1 Nr. 5 HRG … ist nichtig, soweit die Zulassung zu einem medizinischen Zweitstudium auch bei solchen Bewerbern vom Erfordernis der sinnvollen Ergänzung des Erststudiums abhängig ist, die dieses bis einschließlich Wintersemester 1974/75 im Vertrauen auf die damals bestehende Möglichkeit zu einem solchen Zweitstudium begonnen haben."[43]

Der Wortlaut des Gesetzes bleibt unverändert, aber eine bestimmte Anwendungskonstellation wird als mit dem Grundgesetz unvereinbar[44] und damit nichtig herausgeschnitten. Ein Normtext kann – ähnlich wie eine Generalklausel – „ein ganzes Bündel von Normen" (Subnormen) ausdrücken. Eine oder einige dieser Subnormen werden dann für nichtig erklärt.[45]

---

[38] Z. B. BVerfGE 26, 281 (282); 60, 162; 63, 131 (132); 81, 156 (157, 197). *Sachs,* DVBl. 1979, 390.
[39] BVerfGE 110, 94 (140).
[40] Vgl. die Darstellung bei *Sachs,* DVBl. 1979, 390; *Stern,* in: BK, Art. 93 Rdnr. 305.
[41] Zuerst *Skouris,* S. 92 ff.; ausführlich *Kurt Vogel,* BVerfG, S. 218 ff.
[42] *J. Ipsen,* Rechtsfolgen, S. 100.
[43] BVerfGE 62, 117 (118 f.); vgl. auch z. B. BVerfGE 60, 16 (17); 61, 291 (291 f.); 81, 228 (229). Zuerst wohl BVerfGE 8, 51 (52).
[44] Z. B. *Sachs,* DVBl. 1979, 390; *Stern,* in: BK, Art. 93 Rdnr. 305. Vgl. auch *Bryde,* Verfassungsentwicklung, S. 392.
[45] *J. Ipsen,* Rechtsfolgen, S. 100; BVerfGE 67, 290 (291); 67, 299 (329).

Die „Soweit"-Formeln im Tenor von Normenkontrollentscheidungen nehmen in einem erschreckenden Ausmaß zu. Das hängt damit zusammen, dass das BVerfG sowohl bei der Vereinbarerklärung als auch bei der Nichtigerklärung den Prüfungsumfang immer mehr einschränkt. Hier entsteht allmählich in Bezug auf die Klarheit des geltenden Rechts eine Katastrophe. Der Entscheidungstenor erscheint ja im Bundesgesetzblatt. Schlimm und nicht mehr tragbar ist z. B. der Tenor in BVerfGE 67, 348 (349) – Zugewinnausgleich:

„§ 1376 Absatz 4 [BGB in der Fassung von 1957] ist mit Artikel 3 Absatz 1 in Verbindung mit Artikel 6 Absatz 1 des Grundgesetzes unvereinbar, soweit danach ausnahmslos der Ertragswert als Bewertungsmaßstab anzuwenden ist, wenn sich ein landwirtschaftlicher Betrieb im Anfangs- und Endvermögen befindet. Im Übrigen ist die Vorschrift mit dem Grundgesetz vereinbar, und zwar soweit sie über § 2049 Absatz 2 des Bürgerlichen Gesetzbuchs ... auf Landesrecht verweist, nach Maßgabe der Gründe."

Hier findet sich in einem Entscheidungstenor zweimal das „soweit" und innerhalb einer dieser Formeln noch der Verweis auf die Gründe, womit der Leser des Gesetzblattes gar nichts anfangen kann.[46] Der Richter mag die Präzision und Gekonntheit seiner Formulierung genießen. Dem Bürger aber wird die Anwendung der Norm unmöglich.

Die Nichtigerklärung ohne Normtextreduzierung ist praktisch gesehen mit der weiter 387
unten in Rdnr. 440 behandelten *verfassungskonformen Auslegung* gleichzusetzen, dogmatisch aber nicht: Bei der verfassungskonformen Auslegung werden bestimmte *Auslegungsmöglichkeiten* für verfassungswidrig erklärt, bei der Nichtigerklärung ohne Normtextreduzierung aber bestimmte *Anwendungsfälle,* soweit diese nicht schon im Wege der verfassungskonformen Auslegung aus dem Anwendungsbereich der Norm herausgenommen werden können.

Die Nähe beider Rechtsfiguren zeigt folgendes Beispiel nach BVerfGE 54, 277ff.: Der 1. und der 2. Senat waren sich über die möglichen Wege zur Beseitigung einer Verfassungswidrigkeit uneins. Es kam so zu einer Entscheidung des Plenums: § 554b I ZPO i. d. F. von 1975 bestimmte, dass das Revisionsgericht in Rechtsstreitigkeiten über vermögensrechtliche Ansprüche, bei denen der Wert der Beschwer 40 000 DM überstieg, die Annahme der Revision ablehnen durfte, wenn die Rechtssache keine grundsätzliche Bedeutung hatte. Geht man mit dem BVerfG (vgl. BVerfGE 49, 148ff.) davon aus, dass Rechtsstaatsprinzip und Gleichheitssatz es verbieten, eine Revision in einer Sache ohne grundsätzliche Bedeutung nicht zur Entscheidung anzunehmen, obwohl das Rechtsmittel im Ergebnis Aussicht auf Erfolg hat, so stellt sich die Frage, wie diese Auffassung gegenüber der Norm zur Geltung zu bringen ist. Zur Verfügung stehen die verfassungskonforme Auslegung und die Teilnichtigerklärung ohne Normtextreduzierung, wenn man die (normale) Nichtigerklärung des Textes vermeiden will. Wird das Problem auf der Ebene der Auslegung gelöst, dann wird die vom Wortlaut des § 554b I ZPO ermöglichte Auslegung, jede Revision ohne grundsätzliche Bedeutung dürfe abgelehnt werden, im Wege der verfassungskonformen Auslegung ausgeschlossen. So hat das Plenum des BVerfG entschieden: [„§ 554b I ZPO] ist nicht dahin auszulegen, dass die Annahme von Revisionen, die im Endergebnis Aussicht auf Erfolg besitzen, abgelehnt werden darf" (BVerfGE 54, 277 und vorher schon BVerfGE 49, 148 – 2. Senat). Stattdessen hätte die Anwendung des § 554b I ZPO auf die Anwendungsfälle von im Ergebnis aussichtsreichen Revisionen auch durch Teilnichtigerklärung des § 554b I ZPO ohne Normtextreduzierung ausgeschlossen werden können: „§ 554b I ZPO ist mit dem Grundgesetz unvereinbar und daher nichtig, soweit die Vorschrift auch auf Revisionen Anwendung findet, die nach vorläufiger Prüfung im Endergebnis Aussicht auf Erfolg besitzen." – Das Ergebnis ist praktisch dasselbe; der Weg geht einmal über die Aufrechterhaltung der Norm mit Hilfe der verfassungskonformen Auslegung, das andere Mal über die Nichtigerklärung ohne Normtextreduzierung. Auch letzteres bedeutet ja im Ergebnis die Aufrechterhaltung der Norm. In beiden Fällen ist die Reichweite der Norm beschränkt worden. Beide Entscheidungsvarianten begegnen deshalb auch denselben Be-

[46] Katastrophal ist auch der Tenor von BVerfGE 71, 137: „soweit die Regelung auf nicht gewerbliche Pachtverträge anwendbar ist, nach Maßgabe der Gründe mit dem Grundgesetz vereinbar"; auch BVerfGE 69, 272 (273).

denken: dass das Verfassungsgericht den gesetzgeberischen Willen allzu stark verändere. Es bleibt ganz entschieden die Frage, ob nicht die schlichte Nichtigerklärung des Normtextes das Richtige gewesen wäre. Der Gesetzgeber hätte dann sofort eine neue Regelung erlassen müssen; bis dahin hätten alle Revisionen angenommen werden müssen. Das hätte den Gesetzgeber unter den nötigen Druck gesetzt, schnell zu handeln.

388 Soweit sich die Literatur mit den Fragen der Nichtigerklärung ohne Normtextreduzierung befasst, überwiegt die *Kritik.*[47] Es geht einerseits um die Problematik der Teilnichtigerklärung überhaupt: Mit der Aufteilung einer Norm in nichtige und in verfassungsmäßige Teile wird die vom Gesetzgeber geschaffene Vorschrift teilweise durch eine andere ersetzt, was an die Grenzen der Rechtsprechungstätigkeit führt. Andererseits geht es spezieller darum, wieweit das BVerfG zu dieser inhaltlichen Veränderung der Norm legitimiert ist durch die Intention, den Gesetzgeber mit einer Gesamtnichtigerklärung zu „verschonen". Diese Problematik wird unten bei der Behandlung der „verfassungskonformen Auslegung" wieder aufgegriffen (Rdnr. 440ff.).

389 Nicht verschwiegen sei, dass die Nichtigerklärung ohne Normtextreduzierung noch weitere erhebliche Verständnis- und Abgrenzungsschwierigkeiten bietet. Der Schlüssel zur klaren Erläuterung ist noch nicht gefunden. Es liegt am nächsten, sie für einen Unter- oder Sonderfall der verfassungskonformen Auslegung zu halten.

„Soweit"-Sätze finden sich – darauf sei hier zusammenfassend hingewiesen – in den Entscheidungsformeln des BVerfG in verschiedenen Zusammenhängen:
- bei Vereinbarerklärungen: Diese werden mit dem „soweit"-Satz auf bestimmte Anwendungsfälle beschränkt (oben Rdnr. 372). Nur insoweit wurde die Vereinbarkeit der Norm zur Prüfung gestellt.
- bei Teilnichtigerklärungen: Der „soweit"-Satz bezeichnet den nichtigen Textteil in indirekter Rede (oben Rdnr. 384).
- bei Nichtigerklärung ohne Normtextreduzierung: Im „soweit"-Satz wird ein Anwendungsfall beschrieben, der im Normtext keinen direkten Ausdruck gefunden hat, bei dem die Anwendung der Norm verfassungswidrig wäre (hier Rdnr. 386ff.).

4. Rechtsfolgen der Nichtigerklärung (§ 79 BVerfGG)

390 Die logische Konsequenz aus der Nichtigerklärung ex tunc verfassungswidriger Normen müsste sein, dass alle zwischenzeitlich auf der Grundlage dieser Norm ergangenen Akte beseitigt würden. Angesichts dessen, dass es für die Nichtigerklärung im Wege der abstrakten und konkreten Normenkontrolle und der Verfassungsbeschwerde mittelbar gegen Gesetze keine Fristen gibt, ist diese Konsequenz praktisch ausgeschlossen. § 79 BVerfGG regelt die Rechtsfolge der Nichtigerklärung und auch der Unvereinbarerklärung so, dass von der dogmatischen Aussage der Nichtigkeit ex tunc für den Bestand zwischenzeitlich ergangener Akte nicht viel übrig bleibt und sich die These von der Nichtigkeit ex tunc in der praktischen Folge stark der Vernichtbarkeitslehre annähert.[48]

391 Gegen ein rechtskräftiges Strafurteil, das auf einem nachträglich für nichtig oder unvereinbar erklärten Gesetz beruht, ist die Wiederaufnahme des Verfahrens zulässig (§ 79 I BVerfGG). „Niemand soll gezwungen sein, den Makel einer Strafe auf sich lasten zu lassen, die auf einem verfassungswidrigen Strafgesetz beruht."[49] Im Übrigen

---

[47] Insbes. *Sachs,* DVBl. 1979, 390, und entsprechend *Stern,* in: BK, Art. 93 Rdnr. 305.

[48] Vgl. *Pestalozza,* Verfassungsprozeßrecht, § 20 Rdnr. 16.

[49] BVerfGE 115, 51 (63); vgl. auch BVerfGE 11, 263 (265); 32, 387 (389); 37, 217 (262).

bleiben Entscheidungen, die nicht mehr anfechtbar sind und gegen die auch nicht Verfassungsbeschwerde erhoben wurde, unberührt (§ 79 II S. 1 BVerfGG). Nur soweit sie noch nicht vollstreckt sind, wird ihre Vollstreckung unzulässig (§ 79 II S. 2 BVerfGG). Die Vollstreckung aus Urteilen kann nach § 767 ZPO abgewehrt werden. Ansprüche aus ungerechtfertigter Bereicherung, also auch öffentlich-rechtliche Erstattungsansprüche, sind ausgeschlossen (§ 79 II S. 4 BVerfGG). „Das Bundesverfassungsgericht hat aus diesen Regelungen und aus Satz 4 des § 79 Abs. 2 BVerfGG den allgemeinen Rechtsgedanken abgeleitet, dass einerseits zwar unanfechtbar gewordene Akte der öffentlichen Gewalt, die auf verfassungswidriger Grundlage zustande gekommen sind, nicht rückwirkend aufgehoben und die nachteiligen Wirkungen, die in der Vergangenheit von ihnen ausgegangen sind, nicht beseitigt werden, andererseits jedoch zukünftige Folgen, die sich aus einer zwangsweisen Durchsetzung verfassungswidriger Entscheidungen ergeben würden, abgewendet werden sollen."[50] Die aufgrund des später für nichtig erklärten Gesetzes bereits bezahlte Steuer wird also nicht erstattet, es sei denn der Steuerschuldner hätte gegen den Steuerbescheid aus welchem Grund auch immer – u. U. auch nur vorsorglich – Widerspruch eingelegt, über den noch nicht rechtskräftig entschieden ist. Zumindest eine Einschränkung der starren Regelung des § 79 II BVerfGG ist aber erwägenswert: Da die Nichtigerklärung eines Gesetzes, aufgrund dessen ein belastender Verwaltungsakt erlassen wurde, bedeutet, dass der Verwaltungsakt als von Anfang an rechtswidrig zu behandeln ist, könnten die Ermessensvorschriften über die Rücknahme von Verwaltungsakten eingreifen.[51] Die Vorschrift des § 79 II BVerfGG darf nicht dazu führen, die Bestandskraft rechtswidriger Verwaltungsakte, die durch Spezialgesetze und die allgemeine Vorschrift des § 48 VwVfG eingegrenzt ist, gerade im besonders schwerwiegenden Fall der Nichtigkeit der Ermächtigungsnorm zu erweitern.

§ 79 II BVerfGG lässt es also angeraten erscheinen, gegen belastende Verwaltungsakte vorsorglich mit irgendeiner Begründung Widerspruch einzulegen und eine fällige Leistung an die öffentliche Hand so lange als nur möglich zu verzögern, um an den Segnungen einer eventuellen späteren Nichtigerklärung einer Norm noch teilzuhaben. **392**

Aus § 79 II BVerfGG folgt ferner, dass eine Wiederaufnahme des Verfahrens mit dem Ziel, die Bestandskraft eines belastenden Verwaltungsakts auszuräumen und eine neue Sachentscheidung herbeizuführen, nicht möglich ist. Die Nichtigerklärung der zugrunde liegenden Norm bedeutet keine Änderung der Rechtslage im Sinne des § 51 I Nr. 1 VwVfG. Die stattgebende Normenkontrollentscheidung wirkt nicht verändernd auf die Rechtslage ein, sondern bestätigt die unveränderte Rechtslage, nämlich die ex-tunc-Nichtigkeit der Norm.[52] Der Betroffene kann lediglich ein subjektiv-öffentliches Recht auf eine ermessensfehlerfreie Entscheidung über die Rücknahme (nicht: auf Rücknahme) des bestandskräftigen Verwaltungsakts nach § 48 VwVfG geltend machen – ein nicht gerade begrüßenswertes Ergebnis der Regelung des § 79 II BVerfGG.

Über den Wortlaut des § 79 II S. 3 BVerfGG hinaus ist die Vorschrift auch dann anzuwenden, wenn das BVerfG nicht die Nichtigkeit einer Norm festgestellt hat, sondern sich darauf beschränkt hat, deren Unvereinbarkeit mit dem Grundgesetz festzustellen,[53] oder bestimmte Auslegungen der Norm für unvereinbar mit dem Grundgesetz erklärt hat.[54]

---

50 BVerfGE 115, 51 (63).

51 Zu § 152 AFG iVm. § 44 SGB X, BSG NVwZ 1989, 998.

52 BVerfGE 20, 230 (235); *Kopp/Ramsauer,* § 51 Rdnr. 30; *Sachs,* in: Stelkens/Bonk/Sachs, § 51 Rdnr. 100; *Baumeister,* in: Obermayer/Funke-Kaiser, § 51 Rdnr. 62.

53 BVerfGE 37, 217 (262 f.).

54 BVerfGE 115, 51 (62 ff.).

393 § 79 BVerfGG trifft die Entscheidung im *Konflikt zwischen Rechtssicherheit und materieller Gerechtigkeit* im Regelfall zugunsten der verfassungswidrigen Lage und zu Lasten der Gerechtigkeit im Einzelfall.[55] Diese Rigorosität erscheint wegen der sonst unabsehbaren Folgen für den Rechtsverkehr notwendig. Sie ist aber sehr umstritten und in vielen Fällen im Ergebnis unbefriedigend.[56]

II. Entscheidungsvariante:[57] Beschränkung auf die Unvereinbarerklärung einer verfassungswidrigen Norm[58]

394 Mit der Behandlung dieser Entscheidungsvariante betreten wir ein zumindest früher schwieriges Gebiet; ältere Zitate mögen dies vorab verdeutlichen: „Wegen der Verschiedenartigkeit ihrer Anwendungsmöglichkeiten ist die Verfassungswidrigerklärung schwer fassbar."[59] „Die Entscheidungspraxis ist gekennzeichnet durch eine weitgehend unbegründete Verwendung dieser Entscheidungsform, für die teilweise keine Motivation ersichtlich ist."[60] Glücklicherweise hat das BVerfG diese kritischen Beschreibungen seiner früheren Entscheidungspraxis heute durch eine klare und entschiedene Rechtsprechung weitgehend überholt. Da die Entwicklung bis zu dieser heutigen Rechtsprechung für das Verhältnis des BVerfG zum Gesetzgeber aufschlussreich ist, wird sie hier dargestellt.

1. Die Erfindung des BVerfG

395 Das BVerfG hat neben der im BVerfGG von vornherein vorgesehenen Nichtigerklärung verfassungswidriger Normen einen weiteren Entscheidungstypus buchstäblich erfunden: ein Gesetz für verfassungswidrig zu erklären, ohne dessen Nichtigkeit festzustellen („nur unvereinbar").

396 Zunächst ist festzuhalten, dass das BVerfG diesen Entscheidungstypus ohne gesetzliche Ermächtigung geschaffen hat – eigentlich sogar contra legem, denn das BVerfGG ging bis 1970 von der (zwingenden) Verknüpfung der Verfassungswidrigkeit mit der Nichtigkeit und Ungültigkeit einer Norm aus, und es geht in den besprochenen §§ 78, 82 I, 95 III BVerfGG noch heute davon aus. Als selbständige Entscheidungsform ist die Unvereinbarerklärung heute dennoch aus der Rechtsprechung des BVerfG kaum mehr wegzudenken. Trotz vielfältiger Kritik hat ihre grundsätzliche Notwendigkeit weitgehend Anerkennung gefunden.[61] Zweck dieser Entscheidungsvariante war es

---

55 BVerfGE 53, 115 (130). Zum Spannungsverhältnis zwischen Gerechtigkeit und Rechtssicherheit in der Rechtsprechung des BVerfG *Robbers*, Gerechtigkeit, S. 63 ff.

56 Grundlegend *Steiner*, Wirkung, S. 628 ff.; *J. Ipsen*, Rechtsfolgen, S. 276 f.; *Pestalozza*, Verfassungsprozeßrecht, § 20 Rdnr. 73 ff.; *Trzaskalik*, DB 1991, 2255 ff.

57 Ausdruck bei *Rupp-v. Brünneck*, AöR 102 (1977), 19, auch in: *dies.*, Verfassung, S. 359.

58 Zum Folgenden insbes. *Bachof*, Richter, S. 344 f.; *Blüggel; Gerontas*, DVBl. 1982, 486 ff.; *Gusy*, Gesetzgeber, S. 188 ff., insbes. S. 193 ff.; umfassend *Hein; Heußner*, NJW 1982, 257 ff.; *J. Ipsen*, Rechtsfolgen, S. 107 ff.; *ders.*, JZ 1983, 41 ff.; *Maurer*, FS Weber, S. 345 ff.; *Moench*, S. 37 ff., 170 ff.; *Pestalozza*, Rechtslagen, S. 519 ff.; *ders.*, Verfassungsprozeßrecht, § 20 Rdnr. 8 ff., 107 ff.; *Pohle; Sachs*, DÖV 1982, 23 ff.; *ders.*, RdA 1989, 25 ff.; *Strehle*, S. 106 ff.; *Zeidler*, EuGRZ 1988, 213 f.; *Kurt Vogel*, BVerfG, S. 222 ff.; *Kreutzberger*, S. 103 ff.; *Degenhart*, Staatsorganisationsrecht, Rdnr. 879 ff.; *Lechner/Zuck*, § 78 Rdnr. 8; *S. Meyer*, JZ 2012, 438 ff.

59 *Strehle*, S. 111.

60 *Sachs*, DÖV 1982, 28.

61 *Moench*, S. 47 f.; *Pohle*, S. 78 ff.; *J. Ipsen*, Rechtsfolgen, S. 109, 213; *Maurer*, FS Weber, S. 352 ff.; *Maunz*, BayVBl. 1980, 517; *Gusy*, Gesetzgeber, S. 190 f. Ein anderes Konzept trägt *Pestalozza*, Verfassungsprozeßrecht, § 20 Rdnr. 9 ff., vor. Wie hier *Heun*, in: Dreier, GG, Art. 3 Rdnr. 54 ff.

zunächst, unerwünschte Rechtsfolgen einer an sich fälligen Nichtigerklärung abzuwenden. Möglich gemacht werden sollte die interimistische Anwendung einer verfassungswidrigen Norm in der Zeit von der Entscheidung des BVerfG bis zur notwendigen Neuregelung der Materie durch den Gesetzgeber.[62] Das BVerfG ist später dieser Einschätzung allerdings ausdrücklich entgegengetreten. Es stellt nunmehr fest, auch die Unvereinbarerklärung führe dazu, dass das verfassungswidrige und für unvereinbar erklärte Gesetz, ebenso wie das für nichtig erklärte Gesetz, in der Regel nicht mehr angewendet werden dürfe.[63] Nur ausnahmsweise nimmt sich das BVerfG das Recht, die vorläufige Anwendbarkeit anzuordnen.

Trotz der Tatsache, dass sich die Nichtigerklärungen und die Unvereinbarerklärungen **397** statistisch zeitweise die Waage[64] und gegenwärtig das BVerfG sogar die Gleichwertigkeit beider Varianten betont[65] (wobei die Unvereinbarerklärung zahlenmäßig heute überwiegt), sind die Voraussetzungen einer Unvereinbarerklärung im BVerfGG noch nicht geregelt. Immerhin hat der Gesetzgeber mit der Neuregelung des BVerfGG im Jahre 1970 die Unvereinbarerklärung in den §§ 31 II, 79 I BVerfGG wenigstens zur Kenntnis genommen, die Rechtsfolgen hat er dabei aber nur bruchstückhaft geregelt. Im Übrigen verknüpft das BVerfGG auch weiterhin die Verfassungswidrigkeit eines Gesetzes mit seiner Nichtigkeit. Zudem ist der Wortlaut des Gesetzes keineswegs einheitlich: Während nach § 78 S. 1 BVerfGG das „unvereinbare" Gesetz für nichtig erklärt wird, unterscheiden die §§ 31 II, 79 I BVerfGG – nicht § 79 II BVerfGG – zwischen dem unvereinbaren und dem nichtigen Gesetz.

2. Zur Terminologie

Seit BVerfGE 28, 227 (Steuerprivilegierung, Landwirte), zuletzt etwa BVerfGE 135, **398** 238 (Bremisches Vergnügungssteuergesetz), tenoriert das Gericht unabhängig von der jeweiligen Verfahrensart das für verfassungswidrig befundene Gesetz als „unvereinbar" oder „nicht vereinbar", im Unterschied zur Tenorierung bei Nichtigerklärungen, in denen das BVerfG regelmäßig vom „unvereinbaren und daher nichtigen" Gesetz spricht.

In der Literatur hat sich für diese Entscheidungsvariante weithin die Terminologie ein- **399** gebürgert, dass – im Anschluss wohl an *Maurer*[66] – zwischen Nichtigerklärung und Verfassungswidrigerklärung oder – im Anschluss wohl an *Pestalozza*[67] – zwischen der Nichtigerklärung einerseits und der „bloß verfassungswidrigen" Rechtslage oder der „bloßen Feststellung der Verfassungswidrigkeit" andererseits unterschieden wird.

Im Anschluss an die Terminologie des BVerfG wird hier der Begriff der Unvereinbar- **400** erklärung verwendet: Eine Norm, die gegen die Verfassung verstößt, ist immer und ohne Einschränkung verfassungswidrig. Die *Verfassungswidrigkeit* hat zur Folge, dass

[62] In diesem Sinne *Geiger,* FG Maunz, S. 136.

[63] BVerfGE 37, 217 (261) – Kinderstaatsangehörigkeit; 55, 100 (110) – Kinderzuschuß für Rentner; 61, 319 (356) – Besteuerung Alleinerziehender; 73, 40 (101) – Parteienfinanzierung; 79, 245 (250): „übergangsweise Fortgeltung".

[64] *J. Ipsen,* Rechtsfolgen, S. 108; *Steiner,* FS Leisner, S. 569. Datenhandbuch der Geschichte des Deutschen Bundestages 1949–1982, 1983, S. 738ff.; vgl. aber auch die Feststellung von *Sachs,* RdA 1989, 28 m. Fn. 43–45.

[65] BVerfGE 145, 304 (345 Rdnr. 122); 139, 19 (63 Rdnr. 92).

[66] *Maurer,* FS Weber, S. 345.

[67] *Pestalozza,* Rechtslagen, S. 519; *ders.,* Verfassungsprozeßrecht, § 20 Rdnr. 9 m. Fn. 15.

das BVerfG die Norm entweder für nichtig *(Nichtigerklärung)* erklärt oder sich auf den Ausspruch der Unvereinbarkeit *(Unvereinbarerklärung)* beschränkt. Diese Terminologie wird vorgeschlagen, weil sie am einfachsten und klarsten ist.[68]

3. Die Begründung der Unvereinbarerklärung mit der Besonderheit des Gleichheitsverstoßes

a) „Gleichheitswidriger Begünstigungsausschluss"

401 Ausgangspunkt für die verfassungsgerichtlichen Überlegungen, die schließlich zur Entscheidungsvariante der Unvereinbarerklärung geführt haben, war der Gleichheitssatz des Art. 3 I GG. Die Rechtsprechung ist mittlerweile weitgehend zu diesem Ausgangspunkt zurückgekehrt[69] und beschränkt sich im Wesentlichen darauf, nachdem sie in der Zwischenzeit die Figur der Unvereinbarerklärung stark und zum Teil unbegründet und unübersichtlich ausgeweitet hatte. Schon früh hat das BVerfG die mit einer Verletzung des Gleichheitssatzes für die Normenkontrollentscheidung einhergehende Besonderheit beschrieben.

Besonders plastisch sind die Darlegungen in BVerfGE 22, 349 (361 ff.) – Armenrecht. Werde durch eine gesetzliche Regelung die Gruppe B von einer die Gruppe A begünstigenden Regelung unter Verstoß gegen den Gleichheitssatz ausgeschlossen – sogenannter *„gleichheitswidriger Begünstigungsausschluss"* –, so müsse dennoch eine Nichtigerklärung des gleichheitswidrigen Gesetzes unterbleiben, da der Verstoß regelmäßig auf verschiedene verfassungsrechtlich zulässige Art und Weise behoben werden könne. Denkbar seien drei Möglichkeiten: Zunächst könne die benachteiligte Gruppe B in die begünstigende Regelung einbezogen werden, zum Zweiten sei es denkbar, die Begünstigung ganz abzuschaffen, d. h. auch die Gruppe A nicht mehr zu begünstigen, und zum Dritten sei es möglich, den Kreis der Begünstigten unabhängig von den Gruppen A und B gänzlich anders zu definieren. Welche dieser Möglichkeiten im konkreten Fall gewählt werden solle, sei grundsätzlich der – und dies ist nun das entscheidende Stichwort – *„Gestaltungsfreiheit des Gesetzgebers"* überlassen. Die Nichtigerklärung würde dem Gesetzgeber vorgreifen und zur Folge haben, dass die Begünstigung zumindest vorläufig an überhaupt niemanden mehr gewährt werden könnte. Etwas anderes gelte nur dann, wenn mit Rücksicht auf einen zwingenden Verfassungsauftrag oder nach den sonstigen Umständen des Einzelfalles nur eine Möglichkeit zur Beseitigung des Verfassungsverstoßes in Betracht komme, und diese Möglichkeit mit Hilfe der Nichtigerklärung verwirklicht werden könne.[70] Durch

---

[68] Auch *Kreutzberger,* S. 103 ff.; *Erichsen,* Jura 1982, 94; *Zeidler,* EuGRZ 1988, 213.

[69] BVerfGE 67, 348 (349) – Zugewinnausgleich; BVerfGE 71, 1 (15) – Pflichtversicherung für Selbständige; BVerfGE 71, 146 – Ausbildungsförderung; BVerfGE 72, 278 (295) – kirchliche Berufsausbildung; BVerfGE 72, 330 (333) – Länderfinanzausgleich; BVerfGE 73, 40 (101 f.) – Parteienfinanzierung (gute Zusammenfassung der neueren Rechtsprechung); BVerfGE 79, 87 (105) – Krankengeld; BVerfGE 94, 241 (241 f.) – Kindererziehungszeiten, Rentenbescheid. Das Gericht sieht von der Aufhebung der angegriffenen Rentenbescheide ab; BVerfGE 98, 365 (402) – Gleichbehandlung unterschiedlicher Versorgungszulagen; anders BVerfGE 77, 308 (337) – Hessisches Gesetz zum Bildungsurlaub (ausnahmsweise Unvereinbarerklärung ohne Erwähnung des Art. 3 GG, Begründung für die Unvereinbarerklärung allein mit der Gestaltungsfreiheit des Gesetzgebers); BVerfGE 87, 114 (136) – Bundeskleingartengesetz; BVerfGE 82, 60 (97) – Bundeskindergeldgesetz; BVerfGE 82, 126 – Kündigungsfristen nach § 622 BGB. Auf S. 155 gibt das Gericht eine knappe Darstellung der Besonderheiten der Rechtsfigur „unvereinbar". BVerfGE 84, 168 (187) – elterliche Sorge; 84, 348 (365); 84, 9 – Ehename. Das Gericht betont die Anwendungssperre (S. 21), erlässt dann aber eine eingehende „Auffangregelung", die hier nicht in der vorläufigen Weiteranwendung unvereinbarer Normen bestehen könne; BVerfGE 104, 126 (149 f.); 105, 73 (133 f.); 106, 166 (181); 107, 133 (148); 110, 94 (138); 114, 1 (70); 117, 1 (69); 135, 238 (245 f.); 145, 106 (166 Rdnr. 152).

[70] Einer der seltenen Fälle in BVerfGE 81, 156 (200): Es ist „nicht ersichtlich, dass der Gesetzgeber diesen Verfassungsverstoß in anderer Weise als durch Freistellung … beseitigen könnte … daher [!] … für nichtig zu erklären".

die bloße Unvereinbarerklärung sei der Gesetzgeber zur unverzüglichen Neuregelung der fraglichen Materie aufgerufen. Lapidar aus der neueren Rechtsprechung: BVerfGE 145, 106 (166 Rdnr. 152): „Eine Erklärung nur der Unvereinbarkeit ist insbesondere geboten, wenn der Gesetzgeber verschiedene Möglichkeiten hat, den Verfassungsverstoß zu beseitigen. Das ist regelmäßig bei der Verletzung des Gleichheitssatzes der Fall“. Ebenso BVerfGE 149, 222 (290 Rdnr. 151); 152, 68 (149 Rdnr. 212).

Die Figur der bloßen Unvereinbarerklärung weicht von dem Satz ab, dass verfassungs- 402 widrige Gesetze ex tunc und ipso iure nichtig sind (siehe Rdnr. 379) und das BVerfG diese Nichtexistenz der Norm lediglich feststellt.[71] *Maurer*[72] und *Ipsen*[73] haben darauf hingewiesen, dass es diese zwingende Verbindung zwischen Verfassungswidrigkeit und Nichtigkeit eines Gesetzes bei gleichheitswidrigen Gesetzen nicht gibt. Der Gleichheitssatz sei seiner Natur nach „ambivalent und relativ“.[74] Allein für sich genommen verstößt die einzelne gesetzliche Regelung – die Begünstigung also der Gruppe A oder der Gruppe B – nicht gegen den Gleichheitssatz. Der Verstoß ergibt sich vielmehr erst aus dem Verhältnis zweier Regelungen, die miteinander in Beziehung stehen (Begünstigung der Gruppe A, nicht aber der Gruppe B). Verfassungswidrig ist nicht die eine oder die andere Regelung, also die Begünstigung oder der Ausschluss der einen oder anderen Gruppe, sondern nur das Verhältnis beider Normen zueinander. *Ipsen* hat dies als eine *verfassungswidrige Normenrelation* bezeichnet.[75] Die Besonderheit des allgemeinen Gleichheitssatzes liegt darin, dass dieser, im Unterschied zu den Freiheitsgarantien, nicht eine Staatstätigkeit wie z. B. die Zensur absolut ausschließt. Das BVerfG definiert heute den Gleichheitssatz dahingehend, dass es verboten sei, eine Gruppe von Normadressaten im Vergleich zu einer anderen anders zu behandeln, obwohl zwischen beiden Gruppen keine Unterschiede von solcher Art und solchem Gewicht bestehen, dass sie eine ungleiche Behandlung rechtfertigen.[76] Diese Relativität des Gleichheitsverstoßes verhindert ein Eingreifen des ipso-iure-Grundsatzes. Es besteht keine Norm, an der sich die Verfassungswidrigkeit letztendlich festmachen ließe. Entweder ist die Begünstigung verfassungswidrig oder aber die Nichtbegünstigung. Niemals aber sind beide gemeinsam verfassungsgemäß oder verfassungswidrig. Eine Nichtigerklärung kann daher mangels nichtig zu erklärender Normensubstanz vom BVerfG nicht ausgesprochen werden.

Die Besonderheit der Unvereinbarerklärung im Anschluss an einen gleichheitswidrigen 403 Begünstigungsausschluss liegt darin: Das BVerfG spricht nach der Unvereinbarerklärung die Verpflichtung des Gesetzgebers aus, den verfassungswidrigen Zustand zu beseitigen. Es ist also zu unterscheiden zwischen dem Bestand des Gesetzes (statt der Nichtigkeit) und – bei Bestand – dessen Anwendbarkeit oder Nichtanwendbarkeit. In dieser Unterscheidung liegt der Kern der Entscheidungsvariante der „Unvereinbarkeit“. Das Gesetz wird nicht ex tunc für nichtig erklärt. Nicht schon der Ausspruch des

[71] *Schmidt/Lange,* FS Mühl, S. 596; *Holtkotten,* in: BK, Art. 93 Abs. 1 Ziff. 2 Bem. 2a (Erstbearbeitung); *Bettermann,* DVBl. 1982, 93; zum Streit um den deklaratorischen oder konstitutiven Charakter der verfassungsgerichtlichen Nichtigerklärung von Normen s. *J. Ipsen,* Rechtsfolgen, S. 151, und oben Rdnr. 380 ff.

[72] *Maurer,* FS Weber, S. 354.

[73] *J. Ipsen,* Rechtsfolgen, S. 109, 213; *ders.,* JZ 1983, 41 f.

[74] *Maurer,* FS Weber, S. 354; im Gedankenansatz *Jülicher,* S. 75; *Hoffmann-Riem,* DVBl. 1971, 847 spricht von einer verfassungswidrigen Rechtslage; ähnlich *Friesenhahn,* FS Ambrosini, S. 680.

[75] *J. Ipsen,* Rechtsfolgen, S. 109.

[76] BVerfGE 62, 256 (274) mit Sondervotum *Katzenstein* (S. 289 ff.); 72, 141 (150); 82, 60 (86); 82, 126 (146).

BVerfG stellt – wie sonst – durch Kassation der verfassungswidrigen Norm den verfassungsgemäßen Zustand wieder her. Es ist ja nicht die Begünstigung als solche verfassungswidrig. Deshalb muss der Gesetzgeber tätig werden, um die Verfassungswidrigkeit zu beseitigen, durch Verbesserung des Gesetzes oder, soweit er dazu die Freiheit hat, durch dessen Beseitigung. Für die Übergangszeit bis zum Tätigwerden des Gesetzgebers ist die unvereinbare Norm nach der jetzigen Rechtsprechung in der Regel nicht anwendbar, es sei denn, das BVerfG ordnet ausdrücklich deren vorläufige Anwendbarkeit an.[77] Das Gesagte zeigt, dass die Unvereinbarerklärung mit gerichtlicher Selbstbeschränkung[78] nichts zu tun hat. Es ist die Verfassung selbst, die das Gericht in seinen Entscheidungskompetenzen beschneidet. Dem BVerfG bleibt im Rahmen von Gleichheitsverstößen folgerichtig nur die Kompetenz festzustellen, dass ein solcher Gleichheitsverstoß gegeben ist. Nur so erklärt sich der Hinweis des BVerfG auf die Gestaltungsfreiheit des Gesetzgebers.

In BVerfGE 92, 91 (121) – Feuerwehrabgabe – zeigt das Gericht, dass der Verstoß gegen Art. 3 I GG nicht immer und zwingend zum Verzicht auf die Nichtigerklärung führt, um dem Gesetzgeber eine korrigierende Neugestaltung der Materie zu ermöglichen. Der (geringe) finanzielle Ausfall, der den Gemeinden durch die Beanstandung der einschlägigen Normen entstehe, könne ein Absehen von der Nichtigerklärung nicht rechtfertigen. Dies ist allerdings ein Sonderfall, in den meisten Fällen fragt das Gericht nach dieser Rechtfertigung im Einzelfall nicht.[79] Hier lag der besondere Fall vor, dass bereits ein Urteil des EGMR ergangen war, aufgrund dessen sich die Gemeinde auf eine Änderung der Rechtslage einstellen musste.

BVerfGE 93, 121 (148): „Der Verstoß gegen den Gleichheitssatz führt zu einer bloßen Unvereinbarkeitserklärung, weil die Gleichheitswidrigkeit nicht zu bestimmten Folgerungen zwingt, der Gesetzgeber vielmehr mehrere Möglichkeiten hat, den verfassungswidrigen Zustand zu beseitigen." Vgl. auch BVerfGE 111, 191 (224f.); 121, 108 (131f.).

b) Unzulässige Begründung der Unvereinbarerklärung allein mit „der Gestaltungsfreiheit des Gesetzgebers"

404 Das BVerfG hat sich mit der Entscheidungsvariante der Unvereinbarerklärung alsbald nicht auf die Fälle des verfassungswidrigen Gleichheitsverstoßes beschränkt. Es löste sich von dem dogmatisch noch abgrenzbaren und in der Literatur auch lange Zeit akzeptierten Fall des gleichheitswidrigen Begünstigungsausschlusses, in dem die Gestaltungsfreiheit des Gesetzgebers aus den genannten Gründen eine Unvereinbarerklärung in der Tat rechtfertigt. Immer häufiger wies das Gericht auch bei Verstößen gegen Freiheitsrechte oder sonstige verfassungsrechtliche Normen auf die zu wahrende Freiheit des Gesetzgebers zur Bereinigung der Verfassungsrechtslage hin.[80] Zeitweise wurde dieser Hinweis zur Generalklausel für die Begründung des Verzichts auf die Nichtigerklärung und für die Anwendung der Unvereinbarerklärung in allen

[77] *Trzaskaliks*, DB 1991, 2258, an sich frappierende These: „Es geht gerade nicht um die interimistische Anwendung eines verfassungswidrigen Gesetzes, sondern um die Befolgung des Ausspruchs des BVerfG. Der Ausspruch macht Sinn, weil das Gesetz immerhin eine – wenn auch verfassungswidrige Ordnung – geschaffen hat", wird hier nicht aufgenommen. Es ist zwischen der Anwendungsanordnung des Gerichts und dem Inhalt der Gesetze zu unterscheiden.

[78] So aber *H. P. Schneider*, NJW 1980, 2109; *Schenke*, NJW 1979, 1326; ähnlich wohl schon *Rupp-v. Brünneck*, FS G. Müller, S. 363f.; in diesem Sinne auch *H.-J. Vogel*, DÖV 1978, 667.

[79] Vgl. aber auch BVerfGE 110, 94 (138f.) – Besteuerung von Spekulationsgewinnen.

[80] Siehe BVerfGE 57, 361 (388f.); 58, 137 (152); 62, 374 (391); *Steiner*, FS Leisner, S. 570; vgl. *Zeidler*, EuGRZ 1988, 211.

möglichen Fällen. Führte das Gericht anfangs noch einen Gleichheitsverstoß als Hilfsbegründung für die Unvereinbarkeit an, so verzichtete es später auch darauf und verwies der Einfachheit halber lediglich auf die Generalklausel der Gestaltungsfreiheit des Gesetzgebers. Diese Rechtsprechung ist heute weitgehend aufgegeben.[81] Sie war falsch. Die Abweichung von der verfassungsrechtlich im Grundsatz auch hier gebotenen Nichtigerklärung ist, jedenfalls im Wesentlichen, nur durch die Besonderheit des Gleichheitssatzes in Art. 3 I GG gerechtfertigt.[82]

c) Begründung der Unvereinbarerklärung mit der Rechtsfolge vorläufiger Weiteranwendung der Norm für eine Übergangszeit?

In verschiedenen Unvereinbarerklärungen tauchte der Gedanke auf, dass eine Nichtigerklärung unterbleiben müsse oder könne, um das Entstehen einer Lücke im Normengefüge zu verhindern. Dem liegt die Überlegung zugrunde, dass es in gewissen Situationen ein geringerer Verfassungsverstoß sein könne, eine verfassungswidrige Norm vorläufig weiter anzuwenden, als – wenn auch nur übergangsweise – einen regelungslosen Zustand zu akzeptieren (s. u. die Regel Rdnr. 420). Diese Verwendung der Unvereinbarerklärung ist an sich unzulässig. Sie zielt *allein* auf die *Rechtsfolge* der Unvereinbarerklärung, nämlich das vom BVerfG reklamierte Recht, nach der Unvereinbarerklärung in Ausnahmefällen die vorläufige Weiteranwendung der Norm anzuordnen. 405

So argumentiert das Gericht z. B. in BVerfGE 33, 303 (347f.) – NC-Urteil – bezüglich eines Gesetzes über die Zulassung der Studenten zur Universität: Die Nichtigerklärung wegen mangelnder Bestimmtheit der Ermächtigung würde der Universität eine Notkompetenz zur Zulassungsbeschränkung ohne jegliche gesetzliche Grundlage verschaffen; dieser Zustand aber stünde der verfassungsgemäßen Ordnung noch ferner als der vom Gericht zu beurteilende Zustand, in dem eine Zulassungsbeschränkung aufgrund eines Gesetzes, das die Zulassungsbeschränkung wenigstens in Teilen, wenn auch noch nicht hinreichend regele, erfolgen könne. Der verfassungswidrige wird also dem gesetzlosen Zustand vorgezogen, „bis zum Erlass einer neuen gesetzlichen Regelung, längstens bis zum Beginn des Sommersemesters 1973".

In BVerfGE 73, 40 – Parteienfinanzierung – leitete sich die Verfassungswidrigkeit der *Parteispendenregelung* aus einem Verstoß gegen das Recht des Einzelnen auf gleiche Teilhabe an der politischen Willensbildung ab. Das Gericht sprach die Unvereinbarkeit der Norm aus. Bei der Rechtsfolgenerörterung führt das Gericht dann aus, dass die Unvereinbarerklärung einer Norm grundsätzlich zur Folge habe, dass sie in dem sich aus dem Tenor ergebenden Umfang von Gerichten und Verwaltungsbehörden nicht mehr angewendet werden dürfe. Im vorliegenden Fall sei es allerdings geboten, für die Zeit bis zur gesetzlichen Neuregelung eine Übergangsregelung zu treffen. Nur dadurch werde verhindert, dass ein rechtliches Vakuum entstehe, welches rechtsstaatlich unerträglich sei. Im Anschluss daran folgt dann eine Erläuterung der im Tenor detailliert ausgestalteten Übergangsregelung, welche das BVerfG für die Übergangszeit anordnet.[83]

BVerfGE 109, 190 (235f.) – Sicherungsverwahrung auf landesrechtlicher Grundlage. Das Gericht erklärte die Normen mangels Gesetzgebungskompetenz der Länder für das Strafrecht für verfassungswidrig. Es ordnete – mit bestimmten Maßgaben – die Weitergeltung der Normen bis längstens 30. September 2004 an: „Im Falle der Nichtigerklärung wäre die Entlassung aller auf der Grundlage der für nichtig erklärten Normen Untergebrachten unausweichlich. Damit müssten Personen in die Freiheit entlassen werden, für die auf der Grundlage von Gutachten zweier Sachverständiger konkret und individuell gerichtlich festgestellt ist, dass von ihnen eine gegenwärtige erhebliche Gefahr ... ausgeht." Dagegen das Sondervotum der Richter *Broß*, *Osterloh* und *Gerhardt* BVerfGE 109, 190 (244ff.).

---

[81] Vgl. aber nochmals BVerfGE 77, 308 (338); 81, 242 (263) – Wettbewerbsverbot: Verstoß gegen Art. 12 GG; BVerfGE 99, 202 (215f.) – Art. 12 GG; BVerfGE 101, 54 (55, 105) – Art. 14 GG. Vgl. auch *Schmalz*, S. 269.

[82] Zustimmend *Voßkuhle*, in: v. Mangoldt/Klein/Starck, GG, Art. 93 Rdnr. 48 m. Fn. 222. Anders *Lechner/Zuck*, § 95 Rdnr. 24; offenbar auch *Löwer*, StVj 1991, 100, der in der Schonung gesetzgeberischer Gestaltungsfreiheit auch außerhalb von Art. 3 I GG eine eigenständige „Fallgruppe" der Unvereinbarerklärung erblickt.

[83] Mit gewichtigen Gründen bezüglich einer Interimskompetenz des BVerfG *Frenz*, DÖV 1993, 847ff.

Ohne weitere Begründung BVerfGE 115, 276 (319) – staatliches Monopol für Sportwetten: „Während der Übergangszeit bis zu einer gesetzlichen Neuregelung bleibt die bisherige Rechtslage mit der Maßgabe anwendbar, dass der Freistaat Bayern unverzüglich ein Mindestmaß an Konsistenz zwischen dem Ziel der Begrenzung der Wettleidenschaft und der Bekämpfung der Wettsucht einerseits und der tatsächlichen Ausübung seines Monopols andererseits herzustellen hat."

406 Mit der Zubilligung[84] einer *Übergangsfrist* zur Lösung einer ganz bestimmten Konstellation hat das BVerfG sein Instrumentarium erweitert: Es geht um die Fälle, in denen das BVerfG feststellt, für bestimmte Maßnahmen – wie z. B. Grundrechtseinschränkungen im Strafvollzug oder für die Nichtversetzung eines Schülers in der Schule oder die Auflösung einer Schule oder auch für die Regelung von Berufs- und Standespflichten – seien gesetzliche Grundlagen erforderlich, während nach der bisherigen Auffassung und Praxis untergesetzliche Regelungen als ausreichend angesehen wurden. Im Zeitpunkt einer solchen Feststellung des BVerfG sind die nun erforderlichen Gesetze natürlich noch nicht vorhanden, es darf aber der Verwaltung auch nicht zeitweilig das Handeln mangels gesetzlicher Grundlagen unmöglich gemacht werden; weder der Strafvollzug noch die Schulverwaltung können auch nur vorübergehend unterbleiben. So gewährt das BVerfG der Verwaltung eine Übergangsfrist, in der das alte, an sich verfassungswidrige Recht angewendet werden kann: „Die Anerkennung einer Übergangsfrist, innerhalb der trotz der fehlenden ausreichenden gesetzlichen Grundlage entsprechende Schulauflösungen möglich waren, erscheint daher verfassungsrechtlich hinnehmbar". Das BVerfG betont allerdings, es dürfe nicht die alte zu beanstandende Regelung in vollem Umfang weiter angewandt werden. Vielmehr reduziere sich die Anwendbarkeit „auf das, was im konkreten Fall für die geordnete Weiterführung eines funktionsfähigen Betriebs unerläßlich war".[85]

407 Die Gewährung einer Übergangsfrist mit Hilfe der Entscheidungsvariante der Unvereinbarerklärung ist akzeptabel. Nur: Es liegt bei diesen Fällen, wie erwähnt, nicht der Tatbestand der Gleichheitswidrigkeit vor. Das BVerfG greift vielmehr zur „Unvereinbarkeit" lediglich deswegen, weil es mit der Unvereinbarerklärung ausnahmsweise die weitere Anwendbarkeit der verfassungswidrigen Norm anordnen kann. Das BVerfG nimmt sich hier Befugnisse, wie sie der Österr. VerfGH kraft ausdrücklicher gesetzlicher Regelung hat (vgl. Rdnr. 379). Es ist nun eine schwierige Frage, ob man diese begrenzte Ausweitung der Entscheidungsvariante der Unvereinbarerklärung hinnehmen will, oder ob man diese Fälle der Entscheidungsvariante „noch verfassungsgemäß" mit Appell an den Gesetzgeber zuordnen soll. Praktisch gesehen liegen die Fälle nahe bei der Entscheidungsvariante „noch verfassungsmäßig" (vgl. Rdnr. 431 ff.). Diese Tenorierungsvariante vermeidet aber das Unwerturteil der Verfassungswidrigkeit, was für die hier besprochenen Fälle nicht passt.[86] Letztlich geht es hier um eine geringfügige Erweiterung der Entscheidungsvariante der Unvereinbarerklärung, wobei man klar zugestehen muss, dass es sich dabei um eine an sich unzulässige Erweiterung von der gewünschten Rechtsfolge her handelt. Auch könnte dieser eine Ausnahmefall das Gericht dazu verführen, in weiteren Fällen zu der Figur der Unvereinbarkeit Zu-

[84] In BVerfGE 89, 15 (26f.) – Nachtarbeit und Einkommensteuergesetz – verweigert das BVerfG dem Gesetzgeber mit entschiedenen Worten die Einräumung einer Frist, die der Gesetzgeber nur in Anspruch nehmen könne, wenn hierfür ein sachlicher Grund ersichtlich sei. „Die von ihm erfassten Sachverhalte lassen eine schnelle Anpassung ohne weiteres zu."

[85] BVerfGE 51, 268 (290, 291); vgl. auch *Pietzcker*, NJW 1988, 513 ff., insbes. 519.

[86] Vgl. zur Überschneidung der Unvereinbarerklärung mit der sogenannten Übergangsrechtsprechung *Hein*, S. 18 ff. *Hein* findet für das NC-Urteil ebenfalls nicht zu einer sicheren Zuordnung, S. 125.

flucht zu nehmen (vgl. dazu oben Rdnr. 405). Es ist denkbar, dass sich hier im Laufe der Zeit eine neue Entscheidungsvariante entwickelt. Der Rechtsprechung liegt wohl auch die Vorstellung zugrunde, dass die Anordnung der Weiteranwendung einer „bloß" für unvereinbar erklärten Norm das BVerfG weniger in die Rolle des Ersatzgesetzgebers dränge als die Anordnung der „Weitergeltung" einer nichtigen Norm.

BVerfGE 93, 37 (85) – Mitbestimmungsregelung im Personalvertretungsrecht Schleswig-Holstein von 1990: „... ist es geboten, im Wege einer Anordnung nach § 35 BVerfGG übergangsweise unter größtmöglicher Schonung des aktuellen gesetzgeberischen Willens eine den verfassungsrechtlichen Anforderungen genügende Mitbestimmungsregelung zu treffen. Dem entspricht es anzuordnen, dass den Beschlüssen der Einigungsstelle nur die Bedeutung einer Empfehlung zukommt, so dass die Letztentscheidung nur durch die oberste Dienstbehörde getroffen werden kann. Die Erfordernisse einer demokratisch legitimierten und parlamentarisch verantwortlichen Regierung und Verwaltung werden dadurch für die betroffenen Maßnahmen gewahrt". Es wird also eine Mitbestimmungsregelung getroffen. Die Rolle des Ersatzgesetzgebers wird nicht länger verschleiert.

d) Verfassungswidrigerklärung gesetzgeberischen Unterlassens

Ein weiterer Begründungsansatz für die Unvereinbarerklärung in der Rechtsprechung 408
des BVerfG ergab sich daraus, dass das Gericht scheinbar auch dann auf die Unvereinbarerklärung zurückgriff, wenn es rügte, dass ein „an sich" verfassungsmäßiges Gesetz eine *verfassungswidrige Lücke* enthalte, da es eindeutigen Verfassungsaufträgen nicht entspräche.[87] In diesen Fällen ist aber eine Unvereinbarerklärung genausowenig angebracht wie eine Nichtigerklärung.[88]

Im Falle gesetzgeberischen Unterlassens ergibt sich der Verzicht auf die Nichtigerklärung nicht anhand ma- 409
teriell-rechtlicher Argumente, sondern allein aus gesetzestechnischen Erwägungen. Unterlässt der Gesetzgeber eine vom Grundgesetz gebotene Regelung (z. B. nach Art. 131 GG), so ist einsichtig, dass mangels Normsubstanz eine Nichtigerklärung nur dieses Unterlassens nicht erfolgen kann. Das BVerfG ist als Rechtsprechungsorgan darauf beschränkt festzustellen, dass dieses Unterlassen rechtswidrig ist und von Verfassungs wegen ein bestimmter Regelungsauftrag besteht. Für diese Entscheidungsform ist, zur Unterscheidung von der Unvereinbarerklärung, von der „Verfassungswidrigerklärung gesetzgeberischen Unterlassens" gesprochen worden.[89] Echtes gesetzgeberisches Unterlassen wird allerdings in den wenigsten Fällen feststellbar sein.[90] Das BVerfG sieht echtes gesetzgeberisches Unterlassen nur dann als gegeben an, wenn ein ausdrücklicher Auftrag des Grundgesetzes besteht, der Inhalt und Umfang der Gesetzgebungspflicht im Wesentlichen bestimmt.[91] Die Tenorierungsformen unterscheiden sich daher dadurch, dass die Unvereinbarerklärung eine bestehende Regelung beanstandet, wohingegen die Verfassungswidrigerklärung gesetzgeberischen Unterlassens das gänzliche Fehlen einer Regelung rügt.

Exemplarisch wird dies in BVerfGE 15, 46 (von Rohdich'scher Legatenfonds) deutlich. In dieser Entscheidung erklärte das BVerfG den Gleichheitssatz für verletzt, da der Verordnungsgeber es unterlassen hatte, den von Rohdich'schen Legatenfonds in die Anlage A zu § 2 I G 131 aufzunehmen. Verfassungsrechtlich kam nur eine Einbeziehung des Fonds in Betracht, um den Anforderungen des Gleichheitssatzes und des Art. 131 I GG gerecht zu werden. Da verfassungsrechtlich eine ganz bestimmte Bereinigung des Gleichheitsverstoßes gefordert war, hätte eigentlich eine Unvereinbarerklärung ausbleiben und vielmehr eine Nichtigerklärung ausgesprochen werden müssen. Diese Nichtigerklärung allerdings scheiterte daran, dass

---

87 Siehe nur BVerfGE 44, 249; 51, 166; 51, 193; 51, 356; 73, 118; 74, 203.

88 Anders *Lechner/Zuck,* § 95 Rdnr. 26.

89 *Hein,* S. 78.

90 Siehe *Maurer,* FS Weber, S. 348 m. w. N.; auch *Lerche,* AöR 90 (1965), S. 341 f.

91 BVerfGE 56, 54 (70); 55, 37 (53); 59, 360 (375 f.).

es an einer für nichtig zu erklärenden Normsubstanz fehlte, da ein ausdrücklicher Ausschluss des von Rohdich'schen Legatenfonds durch das G 131 nicht gegeben war, sondern dieser in der Anlage, die die Berechtigten auflistet, schlicht nicht erwähnt wurde. Hier blieb dem BVerfG nur die Verfassungswidrigerklärung des gesetzgeberischen Unterlassens. Eine Unvereinbarerklärung wurde hierdurch nicht ausgesprochen. Nicht der Gleichheitsverstoß führt in solchen Fällen zum Verzicht auf die Nichtigerklärung, sondern letztendlich das Bestehen eines Gesetzgebungsauftrages, der durch eine Nichtigerklärung nicht erfasst werden kann.[92] Zur Vermeidung von Missverständnissen tenoriert das BVerfG in neuerer Zeit zur besseren Unterscheidung dahingehend, dass es ausdrücklich ausspricht, dass die bestehende Regelung verfassungsgemäß ist, also weiter angewandt werden kann, hingegen ein bestimmtes Unterlassen verfassungswidrig sei.[93] In der Mehrzahl der Fälle geht es hier um vom Gesetzgeber „vergessene" Übergangsregelungen.

410 *Zusammenfassend* kann festgehalten werden: Die jetzige Rechtsprechung des BVerfG beschränkt die Figur der Unvereinbarerklärung im Wesentlichen auf die Fälle, in denen der gleichheitswidrige Begünstigungsausschluss die Unvereinbarerklärung begründet.[94] Die Fälle, in denen eine Nichtigerklärung eine Lücke aufzureißen droht (wie z. B. im Fall eines Steuergesetzes) sollten nicht über die Unvereinbarerklärung gelöst werden. Lediglich die Fälle, in denen das BVerfG feststellt, dass eine Nichtigerklärung zu einem Zustand führte, der der Verfassung noch ferner wäre als die vorläufige, zeitlich begrenzte Anwendung des verfassungswidrigen Gesetzes und in denen das BVerfG durch die weitere Anwendung des verfassungswidrigen Gesetzes eine Übergangszeit gewähren will, werden in der jetzigen Rechtsprechung noch über die Entscheidungsvariante der Unvereinbarkeit gelöst.

411 Für die Regelfälle des gleichheitswidrigen Begünstigungsausschlusses lässt sich das Verständnis der Unvereinbarerklärung noch präzisieren, was insbesondere die Arbeit von *Hein* anhand der Rechtsprechung geleistet hat: Das BVerfG betont, es sei die Gestaltungsfreiheit des Gesetzgebers, die das Gericht von der Nichtigerklärung abhalte. Es handelt sich aber nicht um die Gestaltungsfreiheit, auch nicht um den Vorrang des Gesetzgebers, sondern vielmehr um die Zuständigkeit des Gesetzgebers.[95] Der Gesetzgeber ist berechtigt, aber auch verpflichtet, den verfassungswidrigen Zustand zu beseitigen. Nicht schon der Ausspruch des BVerfG stellt den verfassungsmäßigen Zustand wieder her, wie es bei der Kassation von nichtigen Gesetzen geschieht. Es ist vielmehr der Gesetzgeber, der tätig werden muss, um die Verfassungswidrigkeit gleichheitswidriger Gesetze zu beseitigen.

412 Deutlich wird damit allerdings auch, dass der vom Gleichheitsverstoß losgelöste Hinweis auf die gesetzgeberische Gestaltungsfreiheit eine Unvereinbarerklärung in der Regel nicht zu rechtfertigen vermag. Verletzungen von Freiheitsrechten bewirken keine relativen, sondern absolute Verfassungsverstöße, da der bestimmte, vom Gesetzgeber vorgenommene Freiheitseingriff verboten ist. Es greift daher der ipso-iure-Grundsatz ein, und für das BVerfG bleibt nur die Aufgabe, die Nichtigkeit der betreffenden Regelung festzustellen und den Freiheitsraum des Bürgers dadurch klarzustellen.

---

92 Im Ansatz so auch *Friesenhahn,* FS Ambrosini, S. 680f.; s. auch *Hein,* S. 58.

93 Siehe BVerfGE 68, 155 – Fahrgelderstattung; BVerfGE 68, 272 – Bauvorlagenberechtigung; BVerfGE 79, 256 (274) – Kenntnis des leiblichen Vaters.

94 Vgl. Fn. 68.

95 In diesem Sinne *Hein,* S. 110: „Gestaltungszuständigkeit des Gesetzgebers".

4. Rechtsfolgen der Unvereinbarerklärung

Die Rechtsfolgen der Unvereinbarerklärung werden vom BVerfG differenziert bestimmt.

a) Aussetzung des Verfahrens bezüglich der Anlassfälle und der Parallelfälle, nicht aber der Parallelnormen

In den Fällen des Verstoßes gegen Art. 3 I, II GG stellt das BVerfG regelmäßig fest, das für unvereinbar erklärte Gesetz sei jedenfalls auf die Fälle, die den Anlass für das jeweilige Normenkontrollverfahren gegeben haben, nicht mehr anwendbar („Anwendungssperre").[96] Aus diesem Grund hebt das BVerfG bei Urteilsverfassungsbeschwerden das angegriffene Urteil, das auf dem für unvereinbar erklärten, wenngleich nicht nichtigen Gesetz beruht, gemäß § 95 II BVerfGG auf. Allerdings lässt es das BVerfG bei der Aufhebung des jeweiligen Urteils nicht bewenden. Vielmehr bestimmt es, dass das Gericht des Ausgangsfalles sein Verfahren auszusetzen habe, bis der Gesetzgeber die verfassungswidrige Vorschrift durch eine mit der Verfassung in Einklang stehende Regelung ersetzt hat.[97] So ist gewährleistet, dass die Betroffenen des Ausgangsverfahrens in den Genuss einer möglicherweise günstigeren Neuregelung kommen, ohne dass ihnen die Rechtskraft des Urteils, das nach der Entscheidung über die Urteilsverfassungsbeschwerde oder nach der Entscheidung im Verfahren der konkreten Normenkontrolle eigentlich hätte ergehen müssen, entgegengehalten werden könnte.[98] Nur diese Aussetzung kann in den Augen des BVerfG die Folgen verhindern, die aus einer entsprechenden Anwendung des § 79 II S. 1 BVerfGG im Rahmen der Unvereinbarerklärung zu ziehen sein würden, falls die anhängigen Verfahren zum Abschluss gebracht würden. Für eine Übergangszeit, in der vom Gesetzgeber über das endgültig anwendbare Recht noch nicht entschieden ist, sollen die Entscheidungen offengehalten werden. 413

In BVerfGE 87, 234 (262f.) – Arbeitslosenhilfe – weicht das Gericht ohne nähere Begründung überraschenderweise von der Regel der erneuten Aussetzung des Verfahrens bis zur Neuregelung durch den Gesetzgeber ab: „Die besondere Lage, in der sich die Betroffenen befinden, macht es jedoch erforderlich, von dem Grundsatz abzuweichen, dass bei einer Unvereinbarerklärung anhängige Verfahren auszusetzen sind. Bis zur Neuregelung durch den Gesetzgeber muss vielmehr die Einkommensanrechnung unter nicht dauernd getrennt lebenden Ehegatten in Form der individuellen Bedürftigkeitsprüfung nach § 138 Abs. 1 Nr. 1 AFG vorgenommen werden." Das überrascht.

Das zu den Anlassfällen Entschiedene hat das BVerfG auch auf die *Parallelfälle* ausgedehnt.[99] Es handelt sich dabei um bei Gerichten anhängige Verfahren, die nicht im 414

[96] *Heußner,* NJW 1982, 258. Vorher schon *Moench,* S. 45.

[97] Beispielhaft und ausdrücklich s. nur BVerfGE 37, 217 (261); 52, 369 (379); 82, 126 (155); im Verfahren nach Art. 100 I GG hat das Gericht sein Verfahren nach der Normenkontrollentscheidung des BVerfG also erneut auszusetzen, BVerfGE 88, 5 (17).

[98] Die Aussetzung zur Abwendung einer negativen rechtskräftigen Entscheidung wäre nur entbehrlich, wenn sich das spätere Gesetz ausdrücklich Rückwirkung in der Weise beilegte, dass es auch in rechtskräftige Entscheidungen eingriffe. Auf die Aussetzung kann also nur verzichtet werden, wenn das BVerfG den Gesetzgeber ausdrücklich angewiesen hat, die Rechtslage auf einen bestimmten Zeitpunkt rückwirkend zu gestalten; anders *Sachs,* FamRZ 1982, 984; dagegen ausdrücklich *Hein,* S. 189f.

[99] So ausdrücklich zuerst BVerfGE 37, 217 (265); *Pestalozza,* Rechtslagen, S. 563; *Heußner,* NJW 1982, 258f.; *Fenn,* SAE 1982, 291 m.w.N.

Wege der Verfassungsbeschwerde zum BVerfG kamen oder nicht Anlass für ein konkretes Normenkontrollverfahren bildeten, in denen aber ebenfalls die mit dem Grundgesetz für unvereinbar erklärte Norm einschlägig ist.

BVerfGE 52, 369 (379) – Hausarbeitstag: Ein Landesgesetz gewährt weiblichen Arbeitnehmern mit eigenem Hausstand einen freien Hausarbeitstag pro Monat. Der männliche Beschwerdeführer (Verfassungsbeschwerde unmittelbar gegen das Urteil des Arbeitsgerichts, mittelbar gegen das Gesetz) machte einen Verstoß gegen Art. 3 II GG geltend. Das BVerfG erklärte das Gesetz für mit Art. 3 II GG unvereinbar, hob das Arbeitsgerichtsurteil, das die Klage eines Mannes auf Gewährung eines Hausarbeitstages abgewiesen hatte, auf und ging davon aus, dass das Arbeitsgericht sein Verfahren aussetze, um dem Beschwerdeführer die Chance zu erhalten, an einer etwaigen Erstreckung des Hausarbeitstages auf Männer durch den Gesetzgeber teilzuhaben. In Reaktion auf diese Entscheidung hat das BAG[100] im Falle der Klagen zweier Arbeitnehmerinnen auf Gewährung eines Hausarbeitstages entschieden, dass die vom BVerfG für unvereinbar erklärte Vorschrift auf alleinstehende Männer und Frauen (Parallelfälle) derzeit nicht mehr anwendbar sei. In einer weiteren Entscheidung hat das BAG[101] entschieden, dass die fragliche Vorschrift allerdings insoweit anwendbar sei, als die Gewährung eines Hausarbeitstages an verheiratete Frauen in Frage stehe, da sich das BVerfG im 52. Bd. allein mit der Frage auseinandergesetzt habe, inwieweit die fragliche Vorschrift auf unverheiratete Personen anwendbar sei.

Das BVerfG entscheidet bei der Normenkontrolle über die Vereinbarkeit der Norm mit dem Grundgesetz allgemeinverbindlich. So entsteht die Aussetzungspflicht ohne weiteren Ausspruch des BVerfG auch in allen Fällen, in denen es auf die unvereinbare Norm ankommt, bis der Gesetzgeber eine neue Entscheidung getroffen hat.

415 Die Aussetzungspflicht in Parallelfällen entsteht mit der Verkündung der Entscheidung des BVerfG; erst dann steht die Verfassungswidrigkeit der Norm bindend (§ 31 I, II BVerfGG) fest.

416 Zu unterscheiden von den Parallelfällen sind die *Parallelnormen,* also Normen, die nicht selbst Gegenstand der Normenkontrollentscheidung des BVerfG waren, die aber wörtlich oder jedenfalls sachlich (weitgehend) identische Regelungen mit einer für verfassungswidrig erklärten Norm enthalten. Solche Situationen sind typischerweise zwischen Gesetzen verschiedener Länder möglich, aber auch im Bundesrecht nicht ausgeschlossen. Hier muss es dabeibleiben, dass das BVerfG im Normenkontrollverfahren nur über die eine Norm, nicht über die parallelen Normen entscheidet. Auch fällt schon die Entscheidung der Frage, ob eine Norm mit einer anderen, für verfassungswidrig erklärten Norm inhaltlich übereinstimmt, in die Kompetenz des BVerfG. Diese Entscheidung kann es aber nur auf einen Antrag hin in Bezug auf eine einzelne konkrete Norm treffen. Verfassungsbeschwerden, Richtervorlagen nach Art. 100 I GG und Normenkontrollanträge nach Art. 93 I Nr. 2 GG sind für jede einzelne Norm gesondert erforderlich. Die Entscheidung über die Verfassungswidrigkeit von sog. parallelen Normen steht nur dem BVerfG zu. Parallelnormen bleiben also anwendbar.[102] Ob das BVerfG seinen Entscheidungsausspruch selbst auf Parallelnormen erstrecken kann, ist eine andere Frage.[103]

b) „Anwendungssperre" oder ausnahmsweise interimistische Anwendbarkeit des verfassungswidrigen Gesetzes? Der Wandel der Rechtsprechung

417 Ob und inwieweit ein für unvereinbar, nicht auch für nichtig erklärtes Gesetz bis zu der erforderlichen gesetzlichen Neuregelung temporär anwendbar oder nicht anwend-

[100] BAG AP zu § 1 HaTGNB Nr. 29; zu dieser Entscheidung s. *Fenn,* SAE 1982, 290f.

[101] BAG DB 1985, 1031.

[102] *Pestalozza,* Rechtslagen, S. 563; *ders.,* Verfassungsprozeßrecht, § 20 Rdnr. 140f.; anders *Heußner,* NJW 1982, 260f.

[103] Bejahend *Heußner,* NJW 1982, 261; die von *Heußner* dafür herangezogene Entscheidung BVerfGE 7, 99 (108f.) befasst sich direkt nur mit künftigen Maßnahmen von Rundfunkanstalten (§ 95 I S. 2 BVerfGG), nicht mit Normen.

bar ist, hat die Rechtsprechung lange Zeit im Dunkeln gelassen. Im Laufe der Zeit sind die Ausführungen des BVerfG nach einer Kehrtwendung allerdings immer deutlicher geworden, bis sie zu ihrer heutigen, endgültigen und klaren Fassung gefunden haben.[104]

Anfänglich dürfte Übereinstimmung darin bestanden haben, dass das nur unverein- 418
bare Gesetz sich von dem auch für nichtig erklärten Gesetz gerade dadurch unterscheidet, dass es interimistisch anwendbar bleibt.[105] Das hieß für die Fälle des gleichheitswidrigen Begünstigungsausschlusses: Der Umstand, dass das Gesetz anderen die Begünstigung zu Unrecht vorenthält, soll den vom Gesetz Begünstigten in der Regel nicht schon vor Erlass der erforderlichen gesetzlichen Neuregelung die Begünstigung entziehen.

Die bereits angesprochene Hausarbeitstagsregelung, die ja nicht an sich, sondern nur in ihrer Beschränkung auf die Frauen verfassungswidrig ist, sollte den Frauen für die Übergangszeit verbleiben, bis der Gesetzgeber entschieden hat, ob das Gesetz künftig auf Männer ausgedehnt oder ob auch den Frauen der Hausarbeitstag gestrichen werden sollte.

In BVerfGE 37, 217 (262) – Kinderstaatsangehörigkeit – erklärte das Gericht aber 419
überraschend: „Ob das Gericht eine Norm für nichtig erklärt oder nur ihre Unvereinbarkeit mit der Verfassung feststellt, hat ebenso wie für die Zukunft auch für die Vergangenheit die gleiche Wirkung."[106] Überraschung und Verwirrung waren damals perfekt,[107] denn worin sollte dann noch – abgesehen von der Aussetzungspflicht – der Unterschied zur Nichtigerklärung liegen? Der zitierte Satz steht in der genannten Entscheidung isoliert und bleibt ohne Erläuterung und ohne Begründung. Man kann ihn aber nicht als Panne abtun, denn das BVerfG hat sich später darauf ausdrücklich bezogen.[108] In allen Fällen gelten konnte dieser Satz aber auch nicht, denn dies machte die Figur des unvereinbaren, nicht auch nichtigen Gesetzes doch entbehrlich. Man musste also zu weiteren Regeln für die Anwendbarkeit oder Anwendungssperre der verfassungswidrigen, aber nicht für nichtig erklärten Normen kommen.

Das BVerfG hat die folgende *Regel* formuliert: „Ausnahmsweise sind verfassungswid- 420
rige Vorschriften aber voll oder teilweise weiter anzuwenden, wenn die Besonderheit der für verfassungswidrig erklärten Norm es aus verfassungsrechtlichen Gründen, insbesondere aus solchen der *Rechtssicherheit,* notwendig macht, die verfassungswidrige Vorschrift als *Regelung für die Übergangszeit* bestehen zu lassen, damit in dieser Zeit nicht ein Zustand besteht, der von der verfassungsmäßigen Ordnung noch weiter entfernt ist als der bisherige"[109] (vgl. oben Rdnr. 405). Den Stand der Rechtsprechung hat das Gericht so zusammengefasst: „Werden Normen mit dem Grundgesetz für unvereinbar erklärt, hat dies grundsätzlich zur Folge, dass sie in dem sich aus dem Tenor er-

[104] Zur Entwicklung der Rspr. s. *Hein,* S. 123ff.

[105] Dieser Vorstellung lag wohl BVerfGE 32, 199 (221) und 34, 9 (44) zugrunde. Siehe auch *Geiger,* FG Maunz, S. 136.

[106] Die in Bezug genommenen früheren Entscheidungen – BVerfGE 1, 14 (37); 8, 51 (71) – tragen den zitierten Satz nicht.

[107] *H. H. Rupp,* Maßstab, S. 387f.; vgl. aber auch *Stern,* Staatsrecht II, S. 1040.

[108] BVerfGE 55, 100 (110), mit Anm. *Jekewitz,* DVBl. 1981, 1148; BVerfGE 61, 319 (356).

[109] BVerfGE 37, 217 (262f.); 61, 319 (356f.); 73, 40 (101f.); 105, 73 (134f.); 111, 191 (224f.). In BVerfGE 93, 386 (402f.) lehnt das Gericht es ab, die verfassungswidrige Vorschrift als Regelung für eine Übergangszeit bestehen zu lassen.

gebenden Umfang von Gerichten und Verwaltungsbehörden nicht mehr angewendet werden dürfen (BVerfGE 37, 217 [261]; 55, 100 [110]; 61, 319 [356]; 92, 53 [73]). Im vorliegenden Fall ist es geboten, für die Zeit bis zu einer gesetzlichen Neuregelung eine Übergangsregelung zu treffen. Dadurch wird verhindert, dass ein rechtliches Vakuum entsteht und bei den betroffenen Steuerpflichtigen wie bei den Behörden Unsicherheit über die Rechtslage herrscht (vgl. BVerfGE 37, 217 [261]).“[110]

421 In der Mehrzahl der Entscheidungen, in denen sich der Ausspruch auf die Unvereinbarerklärung beschränkte, schwieg das BVerfG früher über die Motivation für den Verzicht auf die Nichtigerklärung und insbesondere auch über die Rechtsfolgen der Unvereinbarerklärung.[111] Es nahm so die Unsicherheit über das interimistisch anwendbare Recht in Kauf. Es war dies aber ein völlig unmöglicher Zustand, dass das BVerfG seinerseits aus freien Stücken auf die Nichtigerklärung mit ihren geregelten Folgen verzichtete, ohne zugleich klar und deutlich zu sagen, was stattdessen mittlerweile gelten sollte. Das Gericht hat deshalb in neuerer Zeit in Einzelfällen im Tenor die weitere Anwendbarkeit des für unvereinbar erklärten Rechts ausdrücklich angeordnet:

BVerfGE 33, 303 (304f.) – NC-Urteil: „... § 17 Universitätsgesetz ... ist mit dem Grundgesetz unvereinbar ... Die Vorschrift darf jedoch insoweit noch bis zum Erlass einer neuen gesetzlichen Regelung, längstens bis zum Beginn des Sommersemesters 1973, angewandt werden.“

BVerfGE 37, 217 (218) – Kinderstaatsangehörigkeit: „Soweit nach der in 1. genannten Regelung eheliche Kinder mit nur einem deutschen Elternteil durch die Geburt die deutsche Staatsangehörigkeit erwerben, gilt dies bis zu einer neuen gesetzlichen Regelung weiter.“

BVerfGE 61, 319 (320f.) – Besteuerung Alleinerziehender: „§ 32a EStG ... ist mit Art. 3 I GG in Verbindung mit Art. 6 I GG insoweit nicht vereinbar, als ... Die gemäß § 32a EStG ... maßgebliche Grundtabelle kann bis zu einer gesetzlichen Neuregelung, längstens bis zum 31. Dezember 1984, im Wege der vorläufigen Festsetzung der Einkommensteuer (§ 165 AO) für alleinerziehende Elternteile weiter angewendet werden.“

BVerfGE 72, 330 (333) – Finanzausgleich: „... Der Gesetzgeber ist verpflichtet, mit Wirkung spätestens für das Haushaltsjahr 1988 eine Neuregelung zu treffen. Bis zum Inkrafttreten dieser Neuregelung sind die geltenden Vorschriften des 2. Abschnitts des Gesetzes über den Finanzausgleich zwischen Bund und Ländern weiter anzuwenden.“

BVerfGE 73, 40 (42) – Parteienfinanzierung: „... Bis zu einer gesetzlichen Neuregelung sind § 10b EStG und § 9 Nr. 3 KStG im Wege vorläufiger Steuerfestsetzung (§ 165 AO) mit der Maßgabe anzuwenden, dass Ausgaben zur Förderung staatspolitischer Zwecke für jeden Steuerpflichtigen – unter Wegfall der Begrenzungen auf die bisher vorgesehenen Vomhundertsätze – bis zu einem Höchstbetrag von 100 000,– DM abzugsfähig sind.“

BVerfGE 83, 130 – Mutzenbacher: „§ 9 Abs. 2 des Gesetzes über die Verbreitung jugendgefährdender Schriften ... ist mit Artikel 5 Abs. 3 Satz 1 GG in Verbindung mit dem Rechtsstaatsprinzip unvereinbar. Er kann jedoch, bis zu einer gesetzlichen Neuregelung, längstens bis zum 31. Dezember 1994, weiter angewendet werden.“ In der Begründung wird darauf hingewiesen, dass die Nichtigerklärung des Gesetzes der Bundesprüfstelle ihre Tätigkeit zum Schutz von Kindern und Jugendlichen überhaupt verwehrt hätte. Der grundrechtlich verankerte Schutz von Kindern und Jugendlichen erfordere eine vorübergehende Fortgeltung des gegenwärtigen Rechtszustandes trotz seiner Mängel. Dieser Zustand dürfe aber nicht eine unabsehbar lange Zeit fortdauern. Vier Jahre werden als angemessener Zeitraum angesehen (aaO., S. 154).

BVerfGE 84, 239 (284f.) – gleichheitswidrige Besteuerung privater Kapitaleinkünfte: „Diese Rechtslage ist bisher nicht erkannt worden. Es besteht deshalb Anlass, das bisherige Recht noch für eine Übergangszeit hinzunehmen und dem Gesetzgeber Gelegenheit zu geben, sich binnen einer angemessenen Frist auf die

110 BVerfGE 73, 40 (101f.); vgl. auch BVerfGE 85, 386 (401); 87, 153 (155, 181); 107, 27 (58).

111 Siehe z. B. BVerfGE 59, 302 (326) – Buchführungsprivileg für steuerberatende Berufe.

nunmehr geklärte verfassungsrechtliche Lage einzustellen ... Der Grundsatz der Besteuerungsgleichheit begründet für den Gesetzgeber allerdings die Pflicht, diese Gleichheit innerhalb einer angemessenen Frist, spätestens mit Wirkung vom 1. Januar 1993, durch hinreichende gesetzliche Vorkehrungen für die Zukunft zu gewährleisten. Sollte der Gesetzgeber diesen verfassungsrechtlichen Auftrag zur Nachbesserung nicht erfüllen, wird die materielle Steuernorm selbst verfassungswidrig. Sie würde damit als Rechtsgrundlage für eine steuerliche Heranziehung entfallen. Die Finanzgerichte, die eine solche verfassungsrechtliche Fehlerhaftigkeit des Gesetzes nicht selbst verbindlich feststellen können, wären gehalten, die Frage der Verfassungswidrigkeit der Steuernorm dem Bundesverfassungsgericht gemäß Art. 100 Abs. 1 GG vorzulegen." Dieser Hinweis auf das Verfassungswidrigwerden des bisherigen, aber für eine Übergangszeit noch hinzunehmenden Rechts nach Ablauf der dem Gesetzgeber gesetzten Frist ist neu. Vgl. unten Rdnr. 426 mit einer anderen, ebenfalls neuen Problemlösung in BVerfGE 82, 126. Die Figur der „Unvereinbarkeit" verfassungswidriger Normen, die hinsichtlich des Tatbestandes zum beschränkten Ausgangspunkt zurückgefunden hat (Rdnr. 401), wird also hinsichtlich der Rechtsfolge schon wieder komplizierter und diffuser. Sie bedarf neuer konzeptioneller Überlegungen.

BVerfGE 98, 169 (215) – Arbeitspflicht im Strafvollzug: „Das Bundesverfassungsgericht hält es für geboten, auf der Grundlage des § 35 BVerfGG sicherzustellen, dass für die Gewährung eines Entgelts für Pflichtarbeit bis zu einer gesetzlichen Neuregelung eine Rechtsgrundlage zur Verfügung steht. Es ordnet deshalb an, dass § 200 Abs. 1 StVollzG zunächst, längstens bis zum 31. Dezember 2000, anwendbar bleibt. Unbeschadet der Pflicht des Gesetzgebers, umgehend tätig zu werden, geht das Gericht davon aus, dass für die Überarbeitung der gesetzlichen Grundlagen eine gewisse Zeit benötigt wird. Der Gesetzgeber wird insbesondere zu prüfen und zu entscheiden haben, ob und in welcher Weise das bestehende Resozialisierungskonzept mit den Forderungen der Verfassung in Einklang gebracht werden kann oder ob zu einem anderen Resozialisierungskonzept übergegangen werden soll."

BVerfGE 107, 133 (148 f.) – Verfassungswidrigkeit der ermäßigten Gebühren für Rechtsanwälte in den neuen Ländern: Das Gericht ordnet die Weitergeltung der zugrundeliegenden Vorschriften bis zum 31. Dezember 2003 an: „Wenn bis zu diesem Zeitpunkt eine gesetzliche Neuregelung nicht in Kraft getreten ist, kann die angegriffene Regelung nicht mehr angewendet werden."

BVerfGE 109, 64 (95 f.) – Mutterschutzgesetz: „Der Gesetzgeber hat bis zum 31. Dezember 2005 eine verfassungskonforme Regelung zu treffen. Bis zu einer Neuregelung bleibt es beim bisherigen Recht."

BVerfGE 121, 108 (131) – Erbschaftsteuer: „Die Unvereinbarkeit von § 13 Abs. 1 Nr. 18 ErbStG mit dem Grundgesetz führt nicht zu seiner Nichtigerklärung. Die weitere Anwendbarkeit der Norm bis zu einer Neuregelung durch den Gesetzgeber wird angeordnet."[112]

BVerfGE 138, 136 – Erbschaftsteuer, Verschonungsregelungen: „Das bisherige Recht ist bis zu einer Neuregelung weiter anwendbar. Der Gesetzgeber ist verpflichtet, eine Neuregelung spätestens bis zum 30. Juni 2016 zu treffen." Solche Tenorierungen sind indes nicht eindeutig. Sie lassen Interpretationsspielräume, ob dann, wenn der Gesetzgeber die vom Gericht gesetzte Frist nicht einhält, eine längere Anwendung des verfassungswidrigen Rechts möglich ist. Im konkreten Fall haben Anmerkungen zum Erbschaftsteuerurteil dies mit Recht verneint.[113]

Die Entscheidungen zeigen, dass das BVerfG in Fällen, in denen es dies für notwendig erachtet, dezidierte Übergangsregelungen für die Zeit bis zur gesetzgeberischen Neuentscheidung trifft. Aus diesen ausnahmsweise erfolgten Anordnungen muss geschlossen werden, dass dann, wenn eine solche Ausnahmeregelung fehlt, eine Anwendung des für unvereinbar erklärten Gesetzes in der Übergangszeit nicht in Frage kommt („Anwendungssperre").[114] In BVerfGE 91, 389 (404) – BAföG – formuliert das Gericht eine Anwendungssperre.

[112] Genauer zum Tenor dieser Entscheidung *T. Hoppe,* DVBl. 2009, 628 f.

[113] *Drüen,* DStR 2016, 644, 649.

[114] Im Ergebnis so auch *Löwer,* StVj 1991, 107–109, der § 31 II BVerfGG entnimmt, dass die Unvereinbarerklärung zur „Anwendungssperre führen muss", sofern der Tenor nicht die interimistische Weiteranwendung der Norm anordnet.

422 Die Formel des BVerfG, es sei der verfassungsrechtliche Grund der *Rechtssicherheit,* der es notwendig mache, verfassungswidrige Vorschriften für eine Übergangsfrist bestehen zu lassen, macht den Entscheidungsprozess des BVerfG etwas durchsichtiger und nachvollziehbarer. Neuere Entscheidungen lassen auch die Gesichtspunkte der geordneten Finanz- und Haushaltsplanung als Grund für eine interimistische Weitergeltung der Normen zu, vgl. BVerfGE 87, 153 (178ff.); 93, 121 (148f.); 105, 73 (134); 117, 1 (70); 120, 125 (167f.).

Nach dieser Regel entscheidet das Gericht durch eine Anordnung in der Entscheidungsformel darüber, ob eine verfassungswidrige Norm ausnahmsweise anwendbar bleibt und wenn ja, in welchem Umfang dies zu geschehen hat.

Im Falle des verfassungswidrigen Gesetzes zu dem Hausarbeitstag der Frauen geboten „verfassungsrechtliche Gründe, insbesondere die Rechtssicherheit" nicht die Begünstigung der Frauen in der Übergangszeit; anderenfalls hätte das BVerfG dies dartun (besonderer Vertrauensschutz, Erschwerung für den Gesetzgeber, den Haushaltstag nach dessen Wegfall für Frauen wieder einzuführen) und eine entsprechende Anordnung erlassen müssen.

Erhebliche Rechtsunsicherheit für die Familiengerichte schuf BVerfGE 79, 256. Das Urteil billigt dem volljährigen ehelichen Kind einen grundrechtlichen Anspruch auf Klärung der eigenen Abstammung zu und erklärte die Normen des BGB, die eine erheblich engere Anfechtungsmöglichkeit der Ehelichkeit vorsehen, für unvereinbar mit Art. 2 I iVm. Art. 1 I GG. Der Entscheidungstenor beschränkt sich auf diesen Ausspruch, äußert sich aber nicht zur Frage der Weiteranwendung der Normen. Die Familiengerichte reagierten darauf teilweise nicht mit einer generellen Nichtanwendung der Normen, sondern erweiterten deren Anwendungsbereich um die vom BVerfG als fehlend beanstandete Anfechtungsmöglichkeit. Das ist einerseits verständlich, weil durch eine generelle Nichtanwendung der Norm sämtliche Anfechtungsklagen des Kindes, auch solche, die verfassungsrechtlich unproblematisch sind, unmöglich geworden wären. Andererseits ist nicht zu übersehen, dass die Familiengerichte damit ihre Befugnisse überschreiten. Es ist Sache des Gesetzgebers, zu entscheiden, auf welche Weise er die verfassungswidrige Rechtslage beseitigen will (so auch der Hinweis des BVerfG, aaO., S. 274); eine interimistische Weiteranwendung der Norm können nicht alle Gerichte, sondern kann – aus Gründen der Rechtssicherheit – nur das BVerfG anordnen. Die Entscheidung zeigt, dass sich das BVerfG bei jeder Unvereinbarerklärung zu den Folgen äußern sollte.[115]

c) Verpflichtung des Gesetzgebers

423 Das BVerfG spricht die Verpflichtung des Gesetzgebers aus, den verfassungswidrigen Zustand zu beseitigen.[116] Das ist die wichtigste Konsequenz dieses Entscheidungstypus: Das Gesetz wird – um es zu wiederholen – nicht einfach ex tunc für nichtig erklärt. Nicht schon der Ausspruch des BVerfG stellt – durch Kassation der verfassungswidrigen Norm – den verfassungsgemäßen Zustand wieder her. Es ist vielmehr der Gesetzgeber, der unverzüglich[117] tätig werden muss, um die Verfassungswidrigkeit zu beseitigen: durch Verbesserung des Gesetzes oder durch dessen Beseitigung.

115 Ausführlich zu dieser Entscheidung, auch im Hinblick auf die Problematik der Unvereinbarerklärung ohne Rechtsfolgenanordnung *Gaul,* Ehelichkeitsstatus, S. 23, 28–32.

116 BVerfGE 32, 189 (221); 34, 9 (44); 37, 217 (262f.); 41, 399 (426); 46, 97 (113); 57, 361 (388); 61, 319 (356f.); 98, 365 (402); 99, 202 (216); 122, 210 (246); 145, 106 (168f. Rdnr. 162). In BVerfGE 86, 369 (379f.) gibt das Gericht einen Überblick über seine Formen der Anordnungen gegenüber dem Gesetzgeber und seine entsprechenden Erwartungen an diesen Gesetzgeber. Hierzu und zur Herleitung und zum Umfang der Beseitigungspflicht *Kleuker,* S. 32ff.

117 In diesem Sinne *Heyde,* FS Faller, S. 54f.

Das BVerfG kann das Erfordernis der Unverzüglichkeit durch eine Frist konkretisieren. Das hat es erstmals in BVerfGE 72, 330 – Finanzausgleich – getan. Bis zu dieser Entscheidung hatte sich das BVerfG darauf beschränkt, die übergangsweise Anwendbarkeit der Verfassungsregelung auf eine Übergangszeit zu beschränken.[118] Die Fristsetzung durch ein Gericht gegenüber dem Gesetzgeber ist nicht unproblematisch, sie ist aber die notwendige Konsequenz aus der Unvereinbarerklärung, die einen Übergangszustand schafft, der ein Ende finden muss. Inzwischen ist die Fristsetzung in der Rechtsprechung des BVerfG eine fast übliche Folge der Unvereinbarerklärung.[119]

Die Unvereinbarerklärung lässt die verfassungswidrige Norm zunächst bestehen. Der 424 *Bestand der Norm bleibt also unberührt.* Darin besteht der prinzipielle Unterschied zwischen der Nichtigerklärung und der Unvereinbarerklärung. Im Falle der Nichtigerklärung ist das Gesetz beseitigt: Will der Gesetzgeber an seiner Regelung in verfassungsmäßiger Ausgestaltung festhalten, so muss er ein neues Gesetz erlassen. Will er auf die Regelung verzichten, so braucht er sie nicht mehr durch Gesetz abzuschaffen. Es ist dann das BVerfG – anstelle des Gesetzgebers –, das die Regelung beseitigt hat. Im Falle der Beschränkung auf die Unvereinbarerklärung und Nichtanwendbarkeit der Norm könnte der Gesetzgeber – und müsste dies dann auch tun – dieses Gesetz entweder durch Gesetz aufheben oder es ergänzen. Der Unterschied mag in Einzelfällen praktisch gering sein; auch hängt es von der Gestaltung des Einzelfalls ab, ob nun gerade die interimistische Aufrechterhaltung des Gesetzes oder die tabula rasa der Nichtigkeit dem Gesetzgeber die Tätigkeit erleichtern oder erschweren.

Es ist also zu unterscheiden zwischen dem Bestand des Gesetzes (statt der Nichtigkeit) 425 und – bei Bestand – dessen Anwendbarkeit bzw. Nichtanwendbarkeit. In diesen Unterscheidungen liegt der Kern der Entscheidungsvariante der „Unvereinbarkeit" (schon oben Rdnr. 403).

Verletzt der Gesetzgeber die Verpflichtung zu unverzüglichem Handeln, macht er sich 426 möglicherweise gegenüber den einzelnen Betroffenen schadensersatzpflichtig; „Ersatzvornahme" hingegen etwa durch eine nachfolgende Nichtigerklärung des fraglichen Gesetzes durch das BVerfG nach erneuter Antragstellung ist nicht möglich.[120] Das BVerfG ist nicht Ersatzgesetzgeber: Es fehlt ihm, wie oben in Rdnr. 411 festgestellt, ja gerade die Zuständigkeit zur Beseitigung des verfassungswidrigen Zustandes. In BVerfGE 82, 126 (154f.) – Kündigungsfristen – hat sich das BVerfG mit einem Befreiungsschlag aus der misslichen Lage befreien wollen, in die es dadurch gekommen war, dass es einerseits die Gerichte verpflichtete, ihr Verfahren nach der Unvereinbarerklärung erneut auszusetzen, und dass es andererseits dem Gesetzgeber eine Frist setzte, deren Einhaltung aber nicht erzwingen kann: Der Schwebezustand, der bestehe, wenn die Gerichte ihr Verfahren aussetzten, bis eine Neuregelung in Kraft trete, könne seinerseits „verfassungswidrig werden", wenn er zu lange „andauert". Das Grundgesetz gewährleiste wirksamen Rechtsschutz auch in bürgerlich-rechtlichen Streitigkeiten. Eine Aussetzung könne also nur für eine begrenzte Zeit hingenommen werden. Bereinige der Gesetzgeber den Verfassungsverstoß nicht in angemessener Frist, so müssten die Gerichte, wollten sie nicht selbst verfassungswidrig handeln, die bei ihnen anhängigen Rechtsstreitigkeiten fortführen und „verfassungskonform entscheiden".

118 Siehe nur BVerfGE 33, 303 (305); 61, 319 (320f.); 81, 363 (383).

119 Vgl. etwa BVerfGE 98, 365 (402); 99, 202 (216); 99, 216 (244); 99, 300 (332); 101, 54 (105); 101, 106 (131f.); 107, 150 (185f.); 138, 136.

120 Anders *Sachs,* NVwZ 1982, 659f. m.w.N.

Mit diesem Paukenschlag ist das Instrument der „Unvereinbarkeit" wirksam abgerundet: Das BVerfG nimmt einmal mehr die Gerichte ins Schlepptau, um seine Funktion wahrnehmen zu können. Dogmatisch nachvollziehbar ist diese angekündigte Praxis nicht, denn wie sollen die Gerichte „verfassungskonform" entscheiden, wenn es gerade verfassungskonform ist, dass der Gesetzgeber zuständig ist und entscheidet? Der Vorgang entbehrt nicht einer gewissen Dramatik. In seiner Äußerung zum Verfahren bat der Präsident des Bundesarbeitsgerichts das BVerfG um „Klarstellung", wie die Arbeitsgerichte im Falle der „Unvereinbarkeit" zu verfahren hätten (BVerfGE 82, 138), ein ziemlich einmaliger Fall, der wohl ausgelöst wurde durch die Entscheidung BVerfGE 52, 369 (Hausarbeitstag), über deren Konsequenzen die Arbeitsgerichte sich nicht einig waren (Anwendungssperre?, siehe auch Rdnr. 414), und durch die Entscheidung in BVerfGE 62, 256, in der es auch schon um die Kündigungsschutzzeiten von Arbeitern und Angestellten ging. Dort hatte das BVerfG § 622 BGB ebenfalls, wenn auch mit geringerer Reichweite, für unvereinbar erklärt, allerdings ohne auch nur eine Bemerkung über die Rechtsfolgen dieses Ausspruches zu machen. Insofern stellt BVerfGE 82, 126 einen „Fortschritt" dar. Das Gericht erspart sich nun weitere Kritik (siehe oben Rdnr. 421: „ein völlig unmöglicher Zustand"), schickt dafür aber die Gerichte ins Rennen. Auch diese Entscheidung zeigt, dass es zu der Figur der Unvereinbarkeit neuer konzeptioneller Überlegungen bedarf.

427 Noch nicht beantwortet ist die Frage nach dem *zeitlichen Umfang* der Regelungsverpflichtung des Gesetzgebers. Das BVerfG hat den „Grundsatz" aufgestellt, die Verpflichtung des Gesetzgebers zur Herstellung einer der Verfassung entsprechenden Rechtslage erstrecke sich „auf den gesamten von der Unvereinbarerklärung betroffenen Zeitraum" und erfasse „zumindest alle noch nicht rechtskräftigen Entscheidungen, die auf den für verfassungswidrig erklärten Regelungen beruhen" (BVerfGE 87, 153 [178]; zuletzt etwa BVerfGE 145, 106 [169 Rdnr. 163]). Der Gesetzgeber dürfe sich nicht allgemein damit begnügen, erst vom Inkrafttreten der Neuregelung an für Abhilfe zu sorgen. Er müsse vielmehr die verfassungswidrige Lage grundsätzlich jedenfalls von der Entscheidung des BVerfG an beseitigen und könne sogar gehalten sein, für die davor liegende Zeit Regelungen zu treffen, die der verfassungsrechtlichen Beschwerde der Betroffenen abhelfen. Für die Zeit vor der Neuregelung könne keine Abhilfe verlangt werden, wenn sie nach der tatsächlichen Lage praktisch nicht durchführbar sei (BVerfGE 87, 114 [137]). Das BVerfG erwähnt dabei § 79 BVerfGG nicht. Bei Unvereinbarerklärungen im Bereich des Steuerrechts hat das Gericht allerdings erklärt, dass hier „Gesichtspunkte einer verläßlichen Finanz- und Haushaltsplanung" einer rückwirkenden Neuregelung entgegenstünden. Eine Rückabwicklung von Steuerfällen in großer Anzahl für mehrere Kalenderjahre würde einseitig die aktuellen und künftigen Steuerzahler belasten, die finanzielle Handlungsfähigkeit des Staates gefährden und den Erfordernissen einer periodischen Haushaltsplanung (Art. 110 II GG) widersprechen. Es genüge daher, wenn der Gesetzgeber die gebotene Neuregelung für die Zukunft treffe (BVerfGE 87, 153 [178 f.]). Diese auf Flexibilität der Fehlerfolgen gerichtete Rechtsprechung[121] ist teilweise auf vehemente Kritik gestoßen.[122] Es sei rechtsstaatlich fatal, wenn gerade ein gesetzliches Unrecht mit besonderer Breitenwirkung keine Wiedergutmachung auslöse. Das Gericht vernachlässige damit den subjektiven Anspruch der Betroffenen auf Beseitigung grundrechtsverletzender Staatsakte und verleite den Gesetzgeber zu einem sorglosen Umgang mit dem Verfassungsrecht. Richtig an dieser Kritik ist, dass sich das BVerfG auch bei der Unvereinbarerklärung an den Grundgedanken von § 79 II BVerfGG zum Konflikt von Rechtssicherheit und Einzelfallgerechtigkeit orientieren muss und jede Abweichung einer besonderen Rechtfertigung bedarf. Danach muss der Gesetzgeber die Verfassungswidrigkeit der fraglichen Normenrelation für die Zukunft beseitigen und zudem rückwirkend diejenigen Fälle einbeziehen, die noch nicht zu einem rechtskräftigen Verfahrensabschluss gebracht wur-

[121] Diesen Aspekt der Flexibilisierung der Entscheidungsfolgen je nach Entscheidungsausspruch (Nichtigkeit, Unvereinbarkeit, Appellentscheidung) hebt *Kirchhof,* Rechtsstaatliche Anforderungen, S. 40, besonders positiv hervor.

[122] *Seer,* NJW 1996, 289 ff.; *Habscheidt,* S. 13 ff.

den.[123] Etwas anderes kann aber dann gelten, wenn besondere *Verfassungsgründe* einer Aufhebung noch anfechtbarer Verwaltungsakte sowie einer Rückerstattung darauf gestützter Zahlungen entgegenstehen. In diesen Fällen ist es zulässig, die Wirkungen der verfassungsrechtlich gebotenen Neuregelung auf zukünftige Fälle zu beschränken. Zur Begründung reicht allerdings der Verweis auf nicht näher bestimmte Gemeinwohlbelange und die Berufung auf das Gebot eines „schonenden Übergangs von der verfassungswidrigen zu einer verfassungsgemäßen Rechtslage" (BVerfGE 91, 186 [207] – Kohlepfennig) nicht aus. Es sind vielmehr spezifisch verfassungsrechtliche Gründe wie die Haushaltsgrundsätze des Art. 110 II GG erforderlich.

Unerheblich dürfte dabei im Ergebnis sein, ob die Neuregelung vom Zeitpunkt der gesetzgeberischen Entscheidung oder aber vom Zeitpunkt der verfassungsgerichtlichen Entscheidung an in Kraft gesetzt wird. Zwar stellt § 79 BVerfGG darauf ab, wann die Entscheidung des BVerfG wirksam wird, d. h. auf den Zeitpunkt, in dem endgültig und allgemein verbindlich über das Schicksal der Norm im Rahmen einer Nichtigerklärung entschieden wird. Dieser Zeitpunkt ist bei der Unvereinbarerklärung die Entscheidung des Gesetzgebers, die zur Bereinigung der Rechtslage führt. Im Ergebnis treten Unterschiede nicht auf, da vom Zeitpunkt der verfassungsgerichtlichen Entscheidung an, entsprechend den verfassungsgerichtlichen Anordnungen, die fragliche Norm in der Regel nicht angewendet werden darf, so dass rechtskräftige Verfahrensabschlüsse nicht mehr auftreten und auch diese Fälle selbst dann in die Neuregelung einbezogen werden, wenn die grundsätzliche Neuregelung erst mit dem Zeitpunkt der gesetzgeberischen Entscheidung in Kraft gesetzt wird. 428

Rechtsstaatliche Erwägungen zwingen zu der Annahme einer Anwendungssperre für die unvereinbaren Normen im Regelfall.[124] Ausnahmsweise aber ist das BVerfG berechtigt, die Anwendbarkeit der Norm anzuordnen. Steht die Anwendungssperre als Regelfall fest, so muss auf der anderen Seite das BVerfG, falls es eine weitere Anwendung der Norm für die Übergangszeit bis zur gesetzgeberischen Entscheidung anstrebt, ausdrücklich eine solche Übergangsregelung anordnen. Der Einfachheit und der Übersichtlichkeit halber sollte eine solche Anordnung schon im Tenor ausgesprochen werden, was das BVerfG in neueren Entscheidungen bereits durchweg tut. Die Unvereinbarerklärung lässt die Entscheidungen der Einzelfälle in der Schwebe, denn es soll ja der Gesetzgeber sein, der zuvor darüber entscheidet, wie die verfassungswidrige Lage beseitigt wird. Das BVerfG hebt die angegriffenen Gerichtsentscheidungen auf, und die Gerichte werden verpflichtet, ihr Verfahren auszusetzen. Auch in den Fällen einer vom BVerfG angeordneten Übergangsregelung ist die Regelung nur vorläufiger Natur, um einerseits eine Präjudizierung des Gesetzgebers zu verhindern, und andererseits den einzelnen Betroffenen die Chance zu geben – zu ihrem Vorteil oder zu ihrem Nachteil – an der späteren gesetzlichen Neuregelung noch teilhaben zu können.[125] 429

[123] *Maurer,* FS Weber, S. 360f.; *Ipsen,* Rechtsfolgen, S. 217f. Eingehend *Heußner,* NJW 1982, 257; anders noch *Söhn,* Anwendungspflicht, S. 58ff.; auch *Pohle,* S. 116ff.; *Heyde,* FS Faller, S. 53ff.; BVerfGE 81, 363 (384): § 79 BVerfGG analog.

[124] S. insbes. *Heußner,* NJW 1982, 257ff. m. w. N.

[125] Wohin eine nicht nur vorübergehende Weiteranwendung der unvereinbaren Normen in der Übergangszeit führt, zeigen die Entscheidungen BVerfGE 39, 316 und 55, 100 zum Kinderzuschuss für Rentner. Mit der erstgenannten Entscheidung waren Regelungen über den Kinderzuschuss für Rentner für unvereinbar mit dem Grundgesetz erklärt worden. Der Gesetzgeber hatte daraufhin die fragliche Materie allerdings später nicht rückwirkend bereinigt, sondern sich darauf beschränkt, die Begünstigung mit Wirkung ex nunc abzuschaffen, wohingegen auf der anderen Seite die Begünstigung bis zu diesem Zeitpunkt, d. h. dem Zeitpunkt der gesetzgeberischen Entscheidung, in endgültiger Form weitergewährt worden war. Das führte zu einem derivativen Teilhabeanspruch der Nichtbegünstigten aus Art. 3 I GG für die Übergangszeit. Dies hatte zur Folge, dass in der weiteren Entscheidung im 55. Band die gesetzgeberische Neuregelung wiederum insoweit aufgehoben wurde, als ein solcher Teilhabeanspruch durch die mit Wirkung ex nunc in Kraft gesetzte neue Regelung für die Übergangszeit ausgeschlossen war. Dieses Beispiel zeigt, dass nur eine vorläufige Übergangsregelung dem Gesetz-

d) Das Fehlen einer gesetzlichen Ermächtigung

430 Die Rechtsprechung des BVerfG zu den vorstehenden Fragen ist mittlerweile nach Ablauf vieler Jahre als gefestigt und in sich geschlossen anzusehen. Und trotzdem fehlt dieser Rechtsprechung in weiten Teilen eine *gesetzliche Grundlage.* Es ist deshalb notwendig, dass die Unvereinbarerklärung zunächst ausdrücklich neben der Nichtigerklärung im BVerfGG vorgesehen wird, und darüber hinaus ihre Rechtsfolgen dort festgeschrieben werden. Weiter scheint es erforderlich, eine Ermächtigung in das BVerfGG aufzunehmen, die das BVerfG zum Erlass von Übergangsregelungen berechtigt. Weder § 32 BVerfGG noch § 35 BVerfGG decken den Erlass solcher Übergangsregelungen hinreichend ab, denn es handelt sich weder um einstweilige Anordnungen, noch um Vollzugsanordnungen zu vorausgegangenen Verfassungsgerichtsentscheidungen, sondern um Regelungen, die die Unvereinbarerklärung ihrer Natur nach selbst erzwingt. Da solche Übergangsregelungen anhand verfassungsgerichtlicher Güterabwägung allein vom BVerfG vorgenommen werden können, müsste diese Ermächtigungsnorm notwendig generalklauselartig gehalten sein.

III. Entscheidungsvariante: Die sog. Appellentscheidung[126]

431 Von der Figur des „unvereinbaren" Gesetzes ist es praktisch gesehen nur ein kleiner Schritt zu einer weiteren Spielart von Entscheidungsaussprüchen: Das BVerfG stellt fest, das Gesetz sei „noch" verfassungsmäßig, appelliert aber an den Gesetzgeber, tätig zu werden, um einen voll verfassungsmäßigen Zustand herzustellen oder eine in der Zukunft drohende Verfassungswidrigkeit abzuwenden. Der prinzipielle Unterschied zur vorhergehenden Entscheidungsvariante aber ist groß: Die Feststellung der Unvereinbarkeit enthält ein Unwerturteil über die Norm, die Feststellung des „noch verfassungsmäßig" aber (zunächst) gerade nicht. Die Entscheidungsvariante des „noch verfassungsmäßig" mit Appell ist ein Sonderfall der Vereinbarkeitserklärung (Rdnr. 372). Allerdings haben insbesondere neuere Entscheidungen den Anwendungsbereich der Appellentscheidungen erweitert, die jetzt auch eingesetzt werden, um Nichtigkeits- oder Unvereinbarkeitsfolgen zu vermeiden, obwohl deren Voraussetzungen vorlägen.[127] Hier geht es um die schonendste Bewältigung der Folgen bereits verfassungswidriger Normen. Die Gemeinsamkeit aller Appellentscheidungen liegt in der Verpflichtung des Gesetzgebers zum Tätigwerden.

Das BVerfG hat den Begriff der Appellentscheidung bislang nur ausnahmsweise und beiläufig verwendet (BVerfGE 86, 379). Die Terminologie geht auf die Richterin des BVerfG *Wiltraut Rupp-v. Brünneck* zurück.[128]

---

geber den notwendigen Entscheidungsspielraum erhält, da er andernfalls durch eine endgültige Verwaltungspraxis in seinem Entscheidungsspielraum beschränkt wird.

[126] Insbes. *Rupp-v. Brünneck,* FS G. Müller, S. 355ff.; auch in *dies.,* Verfassung, S. 221ff.; *Yang; Bang,* S. 6ff.; *Pestalozza,* Rechtslagen, S. 540ff.; *Stern,* in: BK Art. 93 Rdnr. 319; *Badura,* FS Eichenberger, S. 481ff.; *Gusy,* Gesetzgeber, S. 205ff.; *Schulte,* DVBl. 1988, 1200ff.

[127] *Yang,* S. 99.

[128] *Rupp-v. Brünneck,* FS G. Müller, S. 355.

1. Fallkonstellationen

Ausgangspunkt der Appellentscheidungen war eine sehr spezielle Situation, nämlich der allmähliche Abbau von Besatzungsrecht: BVerfGE 4, 157 – Saarstatut: Das Zustimmungsgesetz zum Saarstatut von 1954 wird für eine Übergangszeit toleriert, obwohl es gegen die Verfassung verstößt, da der durch das Statut geschaffene Zustand „näher beim Grundgesetz" steht als der vorher bestehende besatzungsrechtliche Zustand, und da mehr als diese Annäherung im Moment nicht zu erreichen war.[129] Vgl. auch BVerfGE 15, 337 (348, 352) – Höfeordnung für die britische Zone, Vorrang der männlichen Nachkommen bei der gesetzlichen Erbfolge: „Der mit der Verfassung nicht voll in Einklang stehende Zustand konnte aus besonderen, in der Sache liegenden Gründen hingenommen werden." Der Gesetzgeber sei aber gehalten, besatzungsrechtliche Vorschriften, die mit dem Grundgesetz nicht vereinbar sind, aufzuheben oder zu ändern. 432

Diese Variante der Entscheidung des BVerfG hat dann weitere Fallkonstellationen erfasst:

BVerfGE 16, 130 – Wahlkreiseinteilung: Die vom Gesetzgeber über längere Zeit fortgeschriebene Wahlkreiseinteilung war wegen der Veränderung der Bevölkerungszahlen verfassungswidrig geworden; die unterschiedliche Größe der Wahlkreise führte zu einem unterschiedlichen Erfolgswert der Wählerstimmen. Das BVerfG hat für den Zeitpunkt der vergangenen Wahl einen Verfassungsverstoß (noch) verneint, aber an den Gesetzgeber appelliert, während der laufenden Legislaturperiode die Verteilung der Wahlkreise anzupassen. – Der Sinn, die Nichtigerklärung des Wahlgesetzes für eine Wahl, die bereits stattgefunden hat, zu vermeiden, liegt auf der Hand: Müsste neu gewählt werden? Wer sollte das neue Wahlgesetz erlassen, wenn das gegenwärtige Parlament nicht gültig gewählt worden ist? 433

Hinzu kam eine ständige Rechtsprechung, „wonach einzelne Mängel einer umfassenden *Neuregelung schwieriger und komplexer Sachverhalte* erst dann Anlass zum verfassungsgerichtlichen Eingreifen geben, wenn der Gesetzgeber eine spätere Überprüfung und Verbesserung trotz ausreichender Erfahrungen für eine sachgerechtere Lösung unterlässt",[130] dem Normgeber bleibt also „bei komplexen, in der Entwicklung begriffenen Sachverhalten ein zeitlicher Anpassungsspielraum".[131] Gewisse Unebenheiten, 434

[129] Vgl. auch BVerfGE 62, 169 (181 f.): Das BVerfG überprüfe Besatzungsrecht daraufhin, „ob der Gesetzgeber zu einer Anpassung dieses Rechts an einen voll verfassungsgemäßen Zustand verpflichtet gewesen sei ... Eine in einer Ausnahmesituation hinzunehmende Regelung kann jedoch grundsätzlich nicht auf Dauer Bestand haben". Die Unterscheidung der Fälle der „Annäherungstheorie" und derjenigen der „Übergangsrechtsprechung" ist schwierig, vgl. *Hein,* S. 20 f.

[130] BVerfGE 53, 257 (312 f.) – Versorgungsausgleich nach Ehescheidung; BVerfGE 55, 274 (308) – Berufsausbildungsabgabe; BVerfGE 73, 118 (121) – Niedersächsisches Landesrundfunkgesetz; BVerfGE 80, 1 (31–33) – ärztliche Prüfungen; BVerfGE 92, 365 (396) – Neutralität der Bundesanstalt für Arbeit bei Arbeitskämpfen.

[131] BVerfGE 54, 173 (202) – Ausbildungskapazitäten; BVerfGE 56, 54 (81 f.) – Fluglärm. Das BVerfG bemisst die Anpassungsfristen (sogar rückwärts gewandt) und deren Rechtsfolgen sehr freihändig. BVerfGE 85, 97 (107): „§ 3 [einer Verordnung von 1976] gewährleistet nicht mehr die Chancengleichheit, sondern führt im Gegenteil zu einem Wettbewerbsnachteil der Lohnsteuerhilfevereine. Er hätte daher in angemessener Frist der neuen Lage angepasst werden müssen. Geht man von einer äußerst großzügig bemessenen Anpassungsfrist von drei Jahren aus, so wurde die umstrittene Werbebeschränkung spätestens Anfang 1980 verfassungswidrig" (Urteil vom 7.11.1991). Also: 1. Drei Jahre Anpassungsfrist (im nachhinein) und 2. nach Ablauf der Frist Verfassungswidrigkeit der Norm. Jedenfalls letzteres wird sonst nicht so deutlich formuliert. BVerfGE 82, 60 (101 f.) – EStG. Bei Regelung von Massenerscheinungen können Gründe der Praktikabilität die Benachteiligung größerer Gruppen

Friktionen und Mängel sind „noch hinnehmbar", wenn sie kurzfristig und übergangsweise auftreten und die Regelung nicht jeden sachlichen Grundes entbehrt.[132]

435 In anderen Fällen wird festgestellt, eine gesetzliche Regelung genüge „noch" den Anforderungen des Grundgesetzes; „Der Gesetzgeber ist jedoch verpflichtet, sich um eine sachgerechtere Lösung zu bemühen, die einen Verstoß gegen Art. 3 Abs. 2 und 3 GG für die Zukunft ausschließt"; aus einer veränderten Situation, z. B. bezüglich der Rolle der Frau in Ehe und Familie, wird ein „Verfassungsauftrag" an den Gesetzgeber, tätig zu werden, abgeleitet. Für die Neuregelung wird eine Frist gesetzt.[133] – BVerfGE 92, 365 (401 f.): „Diese Risiken stellen die Verfassungsmäßigkeit der angegriffenen Regelung allerdings ebenfalls (noch) nicht in Frage ... Sollte dies eintreten, wäre der Gesetzgeber aufgefordert, entsprechende Maßnahmen zur Wahrung der Tarifautonomie zu treffen. Solange dies nicht geschieht, bleibt es die Aufgabe der Gerichte, die geltenden Regeln im Lichte des Art. 9 Abs. 3 GG auszulegen und anzuwenden." – In der Tat passt ja die Rechtsfolge der Nichtigkeit ex tunc auf durch die Veränderung der Umstände verfassungswidrig gewordene Gesetze nicht. Statt zur Nichtigerklärung greift das BVerfG zur Statuierung der *Nachbesserungspflicht* (mit oder ohne Unvereinbarerklärung).

Diesen Weg beschreitet auch, verbunden allerdings mit der scharfen Ankündigung zukünftiger Nichtigkeit des Gesetzes, BVerfGE 101, 158 (238) – Länderfinanzausgleich: „Die Mängel der Maßstabbildung lassen eine zeitlich unbeschränkte Fortgeltung des Finanzausgleichsgesetzes nicht zu. Dessen schon vom Gesetzgeber selbst beabsichtigte Teilrevision für den Geltungszeitraum ab dem Jahr 2005 (vgl. § 11 Abs. 4 und Abs. 6 FAG) markiert einen auch verfassungsrechtlich erheblichen Zeitpunkt: Bis zum 31. Dezember 2004 gilt das Finanzausgleichsgesetz unter den im Tenor näher genannten Voraussetzungen fort. Soweit das Maßstäbegesetz nicht bis zum 1. Januar 2003 in Kraft getreten ist, wird das Finanzausgleichsgesetz mit diesem Tag verfassungswidrig und nichtig. Nach Erlass des Maßstäbegesetzes muss der Gesetzgeber auf dessen Grundlage das Finanzausgleichsgesetz bis zum 31. Dezember 2004 neu regeln. Sofern eine solche Neuregelung nicht am 1. Januar 2005 in Kraft getreten ist, wird das Finanzausgleichsgesetz mit diesem Tag verfassungswidrig und nichtig."

436 Das BVerfG formuliert auch einen *allgemeinen Nachbesserungsvorbehalt:* Der Gesetzgeber kann von Verfassungs wegen verpflichtet sein zu überprüfen, ob seine ursprüngliche Entscheidung zugunsten der friedlichen Nutzung der Kernenergie auch unter veränderten Umständen aufrechtzuerhalten ist.[134] Die Nachbesserung kann aber auch ohne weitere Umstände schon jetzt für die bestehende Regelung erforderlich sein, ohne dass der Norm die Verfassungswidrigkeit attestiert würde: „§§ ... Volkszählungsgesetz 1982 sind mit dem Grundgesetz vereinbar; jedoch hat der Gesetzgeber nach Maßgabe der Gründe für ergänzende Regelungen der Organisation und des Verfahrens der Volkszählung Sorge zu tragen."[135] Warum ist dieses Gesetz schon vor Erlass

---

rechtfertigen. BVerfGE 83, 1 (21 f.) – Rechtsanwaltsgebühren. Anpassungsspielraum des Gesetzgebers bei starker Veränderung der Verhältnisse. BVerfGE 85, 80 (91) – gerichtliche Zuständigkeit bei Unterhaltsklagen nichtehelicher Kinder: nach 14 Jahren noch weiterer Anpassungsspielraum.

[132] BVerfGE 64, 367 (387).

[133] BVerfGE 39, 169 (194 f.) – Witwenrente; BVerfGE 54, 11 (37) – Besteuerung der Beamtenpension; BVerfGE 78, 249 (251, 265, 287 f.) – Fehlbelegungsabgabe (komplexer Sachverhalt und Anfangsstadium).

[134] BVerfGE 49, 89 (132) – Atomgesetz; BVerfGE 59, 119 (127 f.). Dazu *Gusy,* ZRP 1985, 294 f. Vgl. auch BVerfGE 68, 287 (308 f.) – Zinsfuß: im Jahre 1981 „noch" angemessen.

[135] BVerfGE 65, 1 (3); vgl. BVerfGE 53, 257 (258, 300 ff.), auch 73, 40 (94) – Parteienfinanzierung; 73, 118 (121) – Rundfunk.

der ergänzenden Regelungen mit dem GG vereinbar? Das BVerfG weist in solchen Zusammenhängen auch auf die Selbstverständlichkeit hin, dass seine Würdigung einer Norm „auf dem gegenwärtigen Erkenntnis- und Erfahrungsstand“[136] beruht. Diese Feststellung lässt die Norm völlig unbeanstandet, der Gesetzgeber wird aber eigens darauf hingewiesen, dass er sich vor künftigen Entscheidungen erneut mit dem Stand der Diskussion zu befassen hat. Die Figur „vereinbar, aber der Gesetzgeber hat ...“ scheint sich zunehmend zu einer eigenständigen Variante zu entwickeln.[137]

Das BVerfG hat dem Gesetzgeber auch angedroht, die Gerichte würden den Verfas- 437
sungsauftrag, z. B. aus Art. 6 V GG, selbst unmittelbar verwirklichen, wenn der Gesetzgeber nicht tätig werde.[138]

2. Rechtsfolgen

Die Rechtsfolgen aus der Feststellung des BVerfG, ein Gesetz sei „noch“ verfassungs- 438
mäßig, ergeben sich nur aus den Äußerungen bzw. Anordnungen des Gerichts: „weiter beobachten und gegebenenfalls nachbessern“ (BVerfGE 87, 348 [358]). Das BVerfG verbindet seine Feststellung mit dem Appell an den Gesetzgeber zu handeln. Der Appell kann sich – wie bei der Feststellung der Unvereinbarkeit eines Gesetzes – zur Formulierung eines Verfassungsauftrags oder gar zu einer Fristsetzung verdichten.

Materiell leitet das BVerfG diese Rechtsfolge der Nachbesserungspflicht zunächst aus dem Erfordernis der Korrektur falscher Prognosen und der Berücksichtigung veränderter Umstände ab. Es erweiterte die Grundlage dieser Pflicht dann aber mit Hilfe der einigen Grundrechten entnommenen Schutzpflicht des Staates.[139] Die materiellrechtliche Qualifizierung der „Appelle“ des BVerfG an den Gesetzgeber ist schwierig.[140]

Diese Rechtsprechung zum „unvereinbaren“ und zum „noch verfassungsmäßigen“ 439
Gesetz zeigt, dass das BVerfG die politischen Folgen seiner Rechtsprechung mitberücksichtigt.[141] Eine solche Berücksichtigung der Folgen ist für jede Rechtsprechung (in Grenzen) unumgänglich. Die Schwierigkeit ist nur, dass dieser Topos der „politischen Folgen“ einer Verfassungswidrigkeit verfassungsdogmatisch noch nicht (hinreichend) erfasst ist.

Ein sehr anschauliches Beispiel der Vorteile, vor allem aber der Gefahren einer Appellentscheidung geben die „Einheitswertbeschlüsse“ – BVerfGE 93, 121 und 165 – samt ihrer Folgen in der Rechtsprechung und

---

136 BVerfGE 65, 1 (55) – Volkszählungsgesetz.

137 Gründlich und materialreich *Steinberg*, Der Staat 26 (1987), 161 ff. Vgl. auch *Hein*, S. 15–17.

138 BVerfGE 25, 167 (188) – Reform des Unehelichenrechts.

139 So mit Nachw. *Badura*, FS Eichenberger, S. 481 ff. Vgl. auch *Stettner*, DVBl. 1982, 1123. Zur sog. „Schutzpflichttheorie“ *Lechner/Zuck*, § 90 Rdnr. 110 ff. und zur gesetzgeberischen Nachbesserungspflicht Rdnr. 111. Klar zur Herausarbeitung grundrechtlicher Schutzpflichten und deren Einforderbarkeit *H. H. Klein*, Grundrechtsstaat, S. 91 ff.; *Hesse*, FS Mahrenholz, S. 541 ff.; *Morlok*, in: Dreier, GG, Art. 4 Rdnr. 168.

140 Vgl. *Bryde*, Verfassungsentwicklung, S. 395 f.; *E. Klein*, AöR 108 (1983), 434; *Kleuker*, S. 84 ff., 87 ff. Vgl. auch den deskriptiven Ansatz von *Schulte*, DVBl. 1988, 1202 f., der Appelle des BVerfG mit einem „zeitgeprägten Verfassungsverständnis“ zu erfassen versucht. Die Verfassungsanwendung hat es mit stetig sich ändernden sozialen Strukturen zu tun, die ihrerseits auf die Verfassung einwirken. Appelle belegen diese Wandelbarkeit der Verfassung. – Das erklärt allerdings noch nicht, ob und wann das BVerfG appellieren darf.

141 Dazu *Bachof*, Verfassungsrichter; *Korinek*, VVDStRL 39 (1981), S. 38.

Gesetzgebung. Es ging um die Verfassungsmäßigkeit des Erbschaftsteuer- und des Vermögensteuergesetzes angesichts extrem ungleicher Besteuerung des Grundeigentums und des sonstigen Vermögens. Das BVerfG stellte nicht die Nichtigkeit des Vermögensteuergesetzes fest, sondern sprach die Unvereinbarkeit mit dem Grundgesetz aus. Es gewährte dem Gesetzgeber zudem eine großzügig bemessene Frist, bis zu deren Ablauf die Vermögensteuer in ihrer alten Form erhoben werden durfte (BVerfGE 93, 121 [148f.]). Das Gericht beließ es indes nicht bei dieser Zurückhaltung gegenüber dem Gesetzgeber, sondern gab zugleich im Kontext der Normenkontrolle überflüssige Hinweise an den Gesetzgeber für eine Neugestaltung der Vermögensteuer. Es verlangte deren Ausgestaltung als „Sollertragsteuer" und forderte, „die steuerliche Gesamtbelastung des Sollertrages bei typisierender Betrachtung von Einnahmen, abziehbaren Aufwendungen und sonstigen Entlastungen in der Nähe einer hälftigen Teilung zwischen privater und öffentlicher Hand" zu belassen (BVerfGE 93, 121 [137f.]). Dieser „Halbteilungsgrundsatz" löste eine heftige steuerrechtliche und steuerpolitische Debatte aus.[142] Der BFH zweifelte, ob „die Ausführungen des Bundesverfassungsgerichts ... lediglich eine unverbindliche Meinungsäußerung bedeuten ..., oder ob es sich dabei um eine Appellentscheidung handelt, die den Gesetzgeber bei zukünftigen gesetzlichen Maßnahmen zu entsprechendem Handeln bewegen möchte."[143] Jedenfalls griff das Gericht in den Kompetenzbereich der Legislative ein. Das Sondervotum von *Böckenförde* brachte es kurz und bündig auf den Punkt: „Die Bewältigung anstehender Gesetzesvorhaben, einschließlich der Beurteilung und Lösung dabei auftretender Rechtsprobleme, ist auch dann, wenn diese Verfahren als Folge einer verfassungsgerichtlichen Entscheidung hervorgerufen werden, allein Sache des Gesetzgebers", BVerfGE 93, 121 (149ff., 151). Letztlich liefen die Vorgaben des Gerichts ins Leere. Seit Ablauf der Anwendungsfrist für das Vermögensteuergesetz wird diese Steuer nicht mehr erhoben. Der Gesetzgeber hat das Vermögensteuergesetz weder aufgehoben noch modifiziert.

Die Verbindlichkeit der Appelle ist gering. Sie entfalten weder Bindungswirkung für den Gesetzgeber noch erwachsen sie in Rechtskraft. Dies ergibt sich im Fall der „noch verfassungsmäßigen" Gesetze daraus, dass ansonsten eine präventive Normenkontrolle stattfände. Im Fall des bereits verfassungswidrigen Gesetzes folgt dies daraus, dass verbindliche Rechtsetzungsdirektiven nur im Wege der Unvereinbar- oder Nichtigerklärung ausgesprochen werden können.[144]

IV. Entscheidungsvariante: Die verfassungskonforme Auslegung von Gesetzen[145]

440 Eine weitere Variante, den Gesetzgeber mit einer (rückwirkenden) Nichtigerklärung eines Gesetzes oder auch nur mit der Unvereinbarerklärung zu verschonen, ist die sog. verfassungskonforme Auslegung. Lässt eine Gesetzesnorm mehrere Auslegungen zu, die teils zu einem verfassungswidrigen, teils zu einem verfassungsgemäßen Ergebnis führen, dann ist die Norm verfassungsgemäß. Sie muss verfassungsgemäß ausgelegt und angewendet werden. Das BVerfG hat diese Figur schon früh aufgegriffen[146] – sie findet sich vorher schon in der Rechtsprechung des amerikanischen Supreme Court – und bedient sich ihrer sehr häufig. Ursprünglich diente die verfassungsgemäße Aus-

[142] Vgl. nur *Leisner,* NJW 1995, 2591ff.; *Klaus Vogel,* JZ 1996, 43ff.; *Arndt/Schumacher,* NJW 1995, 2603ff.; *Bull,* NJW 1996, 281ff.

[143] BFH NJW 1998, 3223f.; BFH NJW 1999, 3798f., hat dann die Bindungswirkung verneint. Kritisch dazu *J. Lang,* NJW 2000, 457ff.

[144] Vgl. näher *Yang,* S. 246ff.; teilweise anders *Bethge,* in: Maunz u. a., BVerfGG, § 31 Rdnr. 87f.

[145] Grundsätzlich *Zippelius,* S. 108ff.; *Simon,* EuGRZ 1974, 85ff.; *Voßkuhle,* AöR 125 (2000), 177ff.; *Lembke;* sehr plastisch *Pestalozza,* Verfassungsprozeßrecht, 2. Aufl. 1982, S. 10ff. Weitere Lit. bei *Stern,* Staatsrecht II, S. 958 Fn. 109. – Krit. insbes. *J. Burmeister,* DVBl. 1969, 608; *Pestalozza,* NJW 1981, 2087; *Bettermann,* Auslegung; *Voßkuhle,* AöR 125 (2000), 185ff.

[146] BVerfGE 2, 266 (282).

legung dem BVerfG dazu, den Vorrang der Verfassung ohne Tätigwerden des Gesetzgebers durchzusetzen. Zu Beginn der Geltung des Grundgesetzes musste sich der Gesetzgeber vor dem Hintergrund dieser Entscheidungspraxis des BVerfG – insbesondere bei weitergeltenden vorkonstitutionellen Normen – nicht detailliert mit der kleinteiligen Anpassung der Rechtsordnung an das Grundgesetz befassen und konnte sich auf die großen Reformaufgaben konzentrieren.

Es ist von vorneherein darauf hinzuweisen, dass *die verfassungskonforme Auslegung* 441
einem jeden Richter obliegt; da sie die förmliche Nichtigerklärung des Gesetzes gerade umgeht, ermöglicht sie den Gerichten die Entscheidung des Falls, ohne nach Art. 100 I GG das der Entscheidung zugrundeliegende Gesetz dem BVerfG zur Normenkontrolle vorlegen zu müssen.[147] Ein Gericht darf auch nicht mit dem Ziel vorlegen, die von ihm selbst für möglich und richtig gehaltene verfassungskonforme Auslegung durch eine entsprechende Entscheidung des BVerfG allgemeinverbindlich werden zu lassen;[148] das vorlegende Gericht muss vielmehr im Vorlagebeschluss nach Art. 100 I GG gerade darlegen, weshalb es nach seiner Auffassung nicht durch eine verfassungskonforme Auslegung den Verfassungsverstoß vermeiden kann.

Beispiele für verfassungskonforme Auslegungen durch die Verwaltungsgerichte: BVerwGE 99, 324 (328); 115, 1 (7ff.): Abschiebungsschutz gem. §§ 53, 54 AuslG; BVerwGE 109, 40: Widerspruchsregelung gegen Kruzifixe in Klassenräumen bayerischer Grundschulen.

1. Gebot der Bevorzugung der verfassungsmäßigen Auslegung

Anlass zu einer verfassungskonformen Auslegung besteht immer dann, wenn eine Ge- 442
setzesbestimmung im Rahmen ihres Wortlauts unterschiedliche Auslegungen ermöglicht, aber nicht alle diese möglichen Auslegungen mit dem Grundgesetz vereinbar sind. Das BVerfG erklärt dann nicht das Gesetz teilweise für nichtig (was denkbar wäre, da es ja verfassungswidrige Auslegungsergebnisse zeitigt), sondern stellt fest, in welcher Auslegung das Gesetz mit dem Grundgesetz vereinbar oder nicht vereinbar ist.

Mit den Worten des BVerfG: „Lässt aber eine Norm mehrere Auslegungen zu, die teils zu einem verfassungswidrigen, teils zu einem verfassungsgemäßen Ergebnis führen, so ist die Norm verfassungsgemäß und muss verfassungskonform ausgelegt werden."[149] Das Gegenstück zur verfassungskonformen Auslegung ist die allen Gerichten wie auch dem BVerfG geläufige Feststellung, eine bestimmte Auslegung einer Norm sei mit dem Grundgesetz vereinbar; diese findet sich gelegentlich in den Gründen.[150]

[147] Vgl. BVerfGE 68, 337 (344); 138, 64 (89); 80, 68 (72); 85, 329 (333f.); 87, 114 (133); 124, 251 (262). Anders wohl *Stern,* Staatsrecht I, S. 136: verfassungskonforme Auslegung als spezifisches Instrument der Verfassungsgerichtsbarkeit im Normenüberprüfungsverfahren. Kritisch auch *Ossenbühl,* Richterrecht, S. 14f., 18: Die Demokratie werde „durch den Rechtsstaat ausgehebelt", wenn jeder Richter verfassungskonform auslegen dürfe. Dem liegt die zweifelhafte Prämisse zugrunde, jeder Richter „korrigiere" mit der verfassungskonformen Auslegung den Gesetzgeber (dazu Näheres bei Rdnr. 447). Ähnlich wie Ossenbühl *Voßkuhle,* AöR 125 (2000), 179.

[148] Vgl. BVerfGE 48, 40 (45); *Müller-Terpitz,* in: Maunz u. a., BVerfGG, § 80 Rdnr. 147.

[149] BVerfGE 64, 229 (242); 69, 1 (55); 74, 297 (299, 345, 347); 88, 203 (331).

[150] Vgl. z. B. BVerfGE 63, 45 (67f.): „Diese Auslegung des § 244 Abs. 2 StPO ist mit dem Grundgesetz, insbesondere mit dem Recht des Beschwerdeführers auf ein faires, rechtsstaatliches Verfahren vereinbar."

BVerfGE 54, 251 (273f., 275) – Berufsvormund: „Die vorstehenden verfassungsrechtlichen Bedenken nötigen nicht dazu, die in den §§ 1835 und 1836 BGB getroffene Gesamtregelung für teilweise verfassungswidrig zu erklären. Nach ständiger Rechtsprechung kommt eine Nichtigerklärung nicht in Betracht, wenn die bestehenden Bedenken durch eine verfassungskonforme Auslegung der gesetzlichen Regelung ausgeräumt werden können ... Lässt nach alledem das Gesetz eine derartige weitergehende Auslegung zu, dann ist diese zur Vermeidung von Grundrechtsverletzungen auch geboten."

BVerfGE 64, 229 (238ff.): Nach § 43 der Grundbuchverfügung von 1935 sind Beauftragte von „Behörden" befugt, das Grundbuch einzusehen, ohne dass es der Darlegung eines berechtigten Interesses bedarf. Nach herrschender Auffassung und Praxis hatten öffentlich-rechtlich organisierte Sparkassen an diesem Behördenprivileg teil. Das BVerfG sah darin einen Verstoß gegen Art. 3 I GG. Die Norm sei dennoch nicht als verfassungswidrig zu beanstanden, da ihr Wortlaut und Sinngehalt eine verfassungskonforme Auslegung zulasse, wonach die genannten Sparkassen nicht unter den Begriff der „Behörde" iSd. Norm fallen.

443 Nach Auffassung des BVerfG „spricht nicht nur eine Vermutung dafür, dass ein Gesetz mit dem Grundgesetz vereinbar ist, sondern das in dieser Vermutung zum Ausdruck kommende Prinzip verlangt auch im Zweifel eine verfassungskonforme Auslegung des Gesetzes".[151] Dieser *favor legis* ist erst dann widerlegt, wenn die geprüfte Norm in keiner möglichen Auslegung mit dem Grundgesetz vereinbar ist. „Denn das Gebot verfassungskonformer Gesetzesauslegung verlangt, von mehreren möglichen Normdeutungen, die teils zu einem verfassungswidrigen, teils zu einem verfassungsmäßigen Ergebnis führen, diejenige vorzuziehen, die mit dem Grundgesetz in Einklang steht."[152] Es ist dieses Gebot der Bevorzugung der verfassungsmäßigen Auslegung,[153] die das Wesen der verfassungskonformen Auslegung ausmacht. Grenzen werden der verfassungskonformen Auslegung allerdings durch den Wortlaut der Norm, ihre Entstehungsgeschichte und den Gesetzeszweck gezogen. „Ein Normverständnis, das in Widerspruch zu dem klar erkennbar geäußerten Willen des Gesetzgebers treten würde, kann auch im Wege verfassungskonformer Auslegung nicht begründet werden".[154]

444 Verfassungskonforme Auslegung ist also Auslegung – weshalb sie jedem Gericht zukommt[155]– „durch Bejahung der Rechtsgültigkeit der Norm im Allgemeinen unter Ausschaltung der beanstandeten Auslegung im besonderen".[156]

---

[151] BVerfGE 2, 266 (282), st. Rspr.; 83, 201 (215). *Hesse,* Grundzüge, Rdnr. 80. *Lerche,* Stil und Methode, S. 358, sieht hier eine Ausprägung des noch allgemeineren Grundsatzes „möglichster Aufrechterhaltung von Hoheitsakten". Kritisch *Voßkuhle,* AöR 125 (2000), 182f.

[152] BVerfGE 32, 373 (383f.); 51, 304 (323); 64, 229 (242).

[153] *Pestalozza,* Verfassungsprozeßrecht, § 20 Rdnr. 9; *Schumann,* FS Larenz, S. 576; *Hesse,* Grundzüge, Rdnr. 79ff.

[154] BVerfGE 112, 164 (183); zuvor BVerfGE 95, 64 (93); 99, 341 (358); 101, 312 (329).

[155] Zur Problematik *Voßkuhle,* AöR 125 (2000), 177 (182ff.); *Lembke,* Einheit, S. 122ff. Grenzen der verfassungskonformen Auslegung durch die Fachgerichte ergeben sich nach der Rechtsprechung des Bundesverfassungsgerichts in zwei Richtungen: Eine unterbliebene, obwohl gebotene verfassungskonforme Auslegung führt zur Unzulässigkeit einer konkreten Normenkontrolle; ein Überschreiten der methodischen Grenzen entzieht den Rechtsstreit dem Bundesverfassungsgricht als gesetzlichem Richter und begründet damit eine auf Art. 101 I 2 GG gestützte Verfassungsbeschwerde; hierzu zuletzt BVerfG, NVwZ 2015, 510 (512ff.); zum Ganzen *Sachs,* JuS 2015, 472 (474).

[156] BVerfGE 65, 132 (139) – Bay. Kostengesetz; BVerfGE 69, 315 (352) – Brokdorf; 69, 1 (4) – Zivildienst. Vgl. *Bryde,* Verfassungsentwicklung, S. 411.

2. Bindungswirkung

Eine verfassungskonforme Auslegung des BVerfG hat Teil an der besonderen Bindungswirkung der Entscheidungen des BVerfG. Das unterscheidet die verfassungskonforme Auslegung durch das BVerfG von derjenigen der anderen Gerichte. Im Rahmen von *Urteilsverfassungsbeschwerden* erfolgt die verfassungskonforme Auslegung in der Regel nur in den Gründen[157] und hat somit an deren Bindungswirkung teil.[158] Im Rahmen von *Normenkontrollverfahren* koppelt das BVerfG die in den Gründen dargelegte verfassungskonforme Auslegung an den Tenor an; seit BVerfGE 30, 1 – Abhörurteil – lautet der Tenor in diesen Fällen: „§§ ... sind in der sich aus den Gründen ergebenden Auslegung mit dem Grundgesetz vereinbar."[159] Diese Entscheidungsformel, die im Bundesgesetzblatt abgedruckt wird (§ 31 II S. 3 BVerfGG), macht die verfassungskonforme Auslegung des BVerfG verbindlich. Dieser Verweis im Tenor auf die Gründe ist misslich, denn es leidet darunter die Rechtsklarheit. Wünschenswert wäre, dass das Ergebnis der verfassungskonformen Auslegung knapp und klar in den Tenor aufgenommen würde. Im Tenor des Plenumsbeschlusses zur verfassungskonformen Auslegung des § 554b ZPO ist dies ausnahmsweise so geschehen.[160] Diese Entscheidung wie auch die Ausformulierung verfassungskonformer Auslegungen in vom Gericht verfassten Leitsätzen[161] zeigen, dass dies möglich ist. 445

3. Qualifizierung

Mit der Entscheidung, eine bestimmte, vom Wortlaut her mögliche Gesetzesauslegung sei nicht verfassungsmäßig, spricht das BVerfG in der Sache eine *teilweise Nichtigerklärung ohne Normtextreduzierung*[162] (oben Rdnr. 386) aus. 446

Allerdings ist umstritten – und bestreitbar –, ob diese Qualifikation der verfassungskonformen Auslegung richtig ist. Die Antwort hängt im Grundsätzlichen davon ab, ob man die Auslegung der Norm noch zur Norm (zum Normtext) rechnet und so auch bestimmte Auslegungsmöglichkeiten, die der Normtext bietet, einer Nichtigerklärung zugänglich macht oder ob man die einer Norm innewohnenden Auslegungsmöglichkeiten von der Norm selbst trennen kann und muss. Nur das Erstere ist richtig. Oben war darauf hingewiesen worden, dass das BVerfG Gesetze für (teilweise) nichtig erklärt, indem es die Anwendbarkeit für bestimmte Anwendungsfälle ausschließt, ohne den Wortlaut des Gesetzes zu reduzieren.[163] Dasselbe geschieht bei der verfassungskonformen Auslegung für Auslegungsmöglichkeiten. Der dortigen Reduzierung der Anwendungsmöglichkeiten entspricht hier die Reduzierung der Auslegungsmöglichkeiten.

---

[157] BVerfGE 19, 342 (347ff.); 54, 251 (275f.); 61, 260 (288) – WissHG NW; 62, 323 (333) – Witwerbegriff in § 1264 RVO; 65, 116 (125). Anders BVerfGE 64, 229 – Grundbuchordnung und Grundbuchverfügung: Hier wird im Rahmen einer Verfassungsbeschwerde unmittelbar gegen den Beschluss des OLG, mittelbar gegen die Norm in der Entscheidungsformel auf die verfassungskonforme Auslegung in den Gründen verwiesen (aaO., S. 242).

[158] BVerfGE 40, 88; 42, 258 (260): „... dass die Qualifizierung einer bestimmten Auslegung des einfachen Rechts als verfassungswidrig durch das BVerfG alle anderen Gerichte gemäß § 31 I BVerfGG bindet". Eingehend *Detterbeck,* Streitgegenstand, S. 360–362 und 375–378.

[159] BVerfGE 51, 304.

[160] BVerfGE 54, 277.

[161] Z. B. BVerfGE 56, 37; 59, 336. Zum in der Praxis üblichen Entscheidungsaufbau und zur Bedeutung der Leitsätze des Gerichts vgl. *Weber,* Begründungsstil, S. 66ff.

[162] Das hält vor allem *Voßkuhle,* AöR 125 (2000), 181f., 184, für problematisch.

[163] Oben I 3, Rdnr. 386–389.

447 Die Auskunft, verfassungskonforme Auslegung sei eine teilweise Nichtigerklärung, kann und darf aber nur für das BVerfG gegeben werden.[164] Denn als solche wäre sie den übrigen Gerichten verschlossen: Für Nichtigerklärungen von Gesetzen ist der Weg der Richtervorlage nach Art. 100 I GG zwingend vorgeschrieben.[165] Die Gerichte müssten dem BVerfG vorlegen, könnten also nicht selbst verfassungskonform auslegen, wenn die verfassungskonforme Auslegung notwendig und immer als Teilnichtigerklärung zu qualifizieren wäre. Die Gerichte aber sollen und müssen verfassungskonform auslegen. In der Tat kommt der verfassungskonformen Auslegung der anderen Gerichte nicht die Qualität der Teilnichtigerklärung zu, wie ihrer Rechtsprechung auch sonst die besondere Bindungswirkung der Entscheidungen des BVerfG nach § 31 BVerfGG fehlt. Bei ihnen ist die verfassungskonforme Auslegung bloße „Auslegung". Deutlich die Kritik im Sondervotum der Richterin *Graßhof* in BVerfGE 91, 1 (50) – Unterbringung in einer Erziehungsanstalt: „Der Senat legt allerdings die verfassungskonforme Auslegung weder offen noch weist er im Tenor auf sie hin."

4. Unterschied zur „verfassungsorientierten Auslegung"

448 Etwas anderes als „verfassungskonforme Auslegung" ist die sog. „verfassungsorientierte Auslegung".[166]

Hier geht es nicht wie bei der verfassungskonformen Auslegung um das Messen und eventuelle Verwerfen einer Norm oder ihrer Auslegungsmöglichkeiten am Kontrollmaßstab der Verfassung. Hier geht es darum, bei der Auslegung und Anwendung auslegungsfähiger Normen mit Interpretationsspielraum, wie z. B. des § 826 BGB, den Grundentscheidungen der Verfassung Beachtung zu verschaffen, also z. B. „den Einfluss des Art. 5 Abs. 1 Satz 2 GG auf die anzuwendenden Bestimmungen und Grundsätze des Arbeitsrechts zu beachten".[167] Es geht um Beachtung dessen, was auch die „Ausstrahlungswirkung" und „interpretationsleitende Berücksichtigung"[168] der Grundrechte genannt wird.[169] Die verfassungsorientierte Auslegung zieht die Konsequenzen aus der umfassenden Erweiterung der Grundrechtsdimensionen um objektiv-rechtliche Gehalte, also das, was das grundlegende Lüth-Urteil als die von den Grundrechten ausgehenden „Richtlinien und Impulse" für die Gesamtrechtsordnung bezeichnet hat.[170]

Das BVerfG gebraucht den Begriff „verfassungsorientierte Auslegung" nicht. Es spricht z. B. schlicht von: „verfassungsgemäß ausgelegt".[171] Und es gebraucht übrigens

[164] Zu Schwierigkeiten auch hierbei bezüglich der Bindungswirkung vgl. *Sachs,* NJW 1979, 346. Vgl. auch *Scherzberg,* Grundrechtsschutz, S. 228.

[165] Zutreffend sieht diesen Zusammenhang *J. Ipsen,* NJW 1977, 2291; anders *Achterberg,* DÖV 1977, 658.

[166] *J. Burmeister,* Verfassungsorientierung; *Simon,* EuGRZ 1974, 86; *Wank,* JuS 1980, 547f.; *Stern,* Staatsrecht I, S. 111; *ders.,* in: BK, Art. 93 Rdnr. 693. Für entbehrlich hält den Begriff der verfassungsorientierten Auslegung *Canaris,* FS Kramer, S. 154: Es handele sich lediglich um „eine besondere Erscheinungsform der systematischen und der objektiv-teleologischen Auslegung".

[167] BVerfGE 64, 256 (260) – Mitarbeiter einer Rundfunkanstalt.

[168] So BVerfGE 99, 185 (196).

[169] Vgl. *Dreier,* Die Verwaltung 36 (2003), 111ff.; *Schuppert,* AöR 106 (1981), 663.

[170] BVerfGE 7, 198 (205).

[171] BVerfGE 64, 261 (280).

auch den Begriff „verfassungskonform“ gelegentlich im untechnischen Sinne.[172] In der Tat ist es ja so, dass die Begriffe „verfassungskonform, verfassungsorientiert“ als solche keine Trennschärfe haben; sie könnten auch umgekehrt verwendet werden. Dennoch ist an der Terminologie festzuhalten. Die Übernahme der von *Weyreuther* vorgeschlagenen Formulierung „verfassungskonforme Auslegung im weiteren Sinne“[173] empfiehlt sich nicht.

Beispiele für verfassungsorientierte Auslegung in der Rechtsprechung des BVerwG: BVerwGE 94, 82 (87ff.) – Befreiung einer islamischen Schülerin vom Sportunterricht im Lichte des Art. 4 I, II GG; BVerwGE 107, 169 (173f.) – Pflichtmitgliedschaft in einer IHK im Lichte des Art. 2 I GG; BVerwGE 99, 185 (196ff.) – Prüfungsleistungen und Art. 12 GG.

5. Grenzen der verfassungskonformen Auslegung

Der Ausgangspunkt des Gedankens der verfassungskonformen Auslegung ist – wie gesagt – die richterliche Zurückhaltung gegenüber dem Gesetzgeber: Die Norm bleibt erhalten. Das BVerfG übt diese Zurückhaltung in oft „beinahe akrobatischer Weise“.[174] Es besteht Einigkeit, dass diese Schonung Grenzen haben muss. Denn „in keinem Fall darf das Bemühen um Normkonservierung die Normdeutung verzerren“; „positive Gesetzgebung durch Normvariation ist den Gerichten, auch den Verfassungsgerichten, verschlossen“.[175] Das BVerfG hat in seinem Plenumsbeschluss zur verfassungskonformen Auslegung des § 554b ZPO die Grenzen der verfassungskonformen Auslegung in Zusammenfassung seiner bisherigen Rechtsprechung aufgezeigt:[176] 449

- Die verfassungskonforme Auslegung muss sich im Rahmen des *Wortlauts der Vorschrift* halten.[177]
- Die *gesetzgeberischen Grundentscheidungen,* Wertungen und die darin angelegten Zwecke der gesetzlichen Regelungen dürfen nicht angetastet werden. Es darf einem eindeutigen Gesetz nicht ein entgegengesetzter Sinn gegeben, und es darf das gesetzgeberische Ziel nicht in einem wesentlichen Punkt verfehlt oder verfälscht werden.[178]

Das BVerfG hält sich, gerade bei wichtigen Auslegungsfragen, nicht immer an diese Grenzen. Zudem besteht die Gefahr, dass sich der Gedanke der Schonung des Gesetz- 450

[172] BVerfGE 61, 149 (206): Der Ausdruck „verfassungskonformer Teil“ eines Gesetzes wird für „verfassungsmäßig“ verwendet.

[173] *Weyreuther,* DÖV 1982, 178.

[174] *Stern,* Staatsrecht II, S. 959.

[175] *Pestalozza,* Verfassungsprozeßrecht, 2. Aufl. 1982, S. 11f.; vgl. auch die drastischen Worte in der abw. Meinung in BVerfGE 33, 52 (83): „Die in der Methode [der Senatsmehrheit] an das Vorgehen des Prokrustes erinnernde Auslegung …“.

[176] BVerfGE 54, 277 (299); 71, 81 (105). *Heußner,* NJW 1982, 262; auch abw. Meinung in BVerfGE 56, 298 (325).

[177] BVerfGE 138, 64 (93f.). Grundsätzliche Bedenken gegen die Tauglichkeit des Wortlauts als Grenze äußert *Depenheuer.* Auch *Isensee,* Staat, S. 19.

[178] Vgl. auch BVerfGE 138, 296 (350) unter Hinweis auf BVerfGE 119, 247 (274); 128, 193 (209ff.); 132, 99 (127ff.). BVerfGE 63, 131 (147f.): Eindeutiger Wortlaut schließt verfassungskonforme Auslegung aus. BVerfGE 64, 229 (241): Wortlaut und Sinn. BVerfGE 62, 117 (166) – Zweitstudium: Gesetz lässt keinen Raum für eine verfassungskonforme Auslegung. BVerfGE 69, 1 (55) – Zivildienst: „Von Bedeutung ist lediglich, dass eine Auslegung dem Willen des Gesetzgebers nicht zuwiderläuft.“ Vgl. ferner BVerfGE 110, 226 (267); 102, 254 (327); 95, 64 (93); 93, 37 (81); 90, 263 (275); 71, 81 (105).

gebers in sein Gegenteil verkehrt.[179] Die Festlegung des Gesetzgebers auf eine bestimmte Auslegung des Gesetzes kann unter Umständen stärker in die gesetzgeberische Gestaltungsfreiheit eingreifen als eine Kassation des Gesetzes durch Nichtigerklärung. „An die Stelle der größtmöglichen Respektierung des gesetzgeberischen Willens droht dann die *Ersetzung des Willens des Gesetzgebers durch das Bundesverfassungsgericht* zu treten."[180] Das sei an einigen Entscheidungen aufgezeigt.

In BVerfGE 19, 342 (352) legt das BVerfG die §§ 112, 116 StPO dahingehend verfassungskonform aus, dass auch bei Haftbefehlen nach § 112 III StPO (Haftgrund der Tatschwere) eine Aussetzung des Vollzugs nach § 116 StPO möglich sei, obwohl § 116 StPO diesen Aussetzungsgrund ausdrücklich nicht erwähnt. Das ergebe sich aus dem Grundsatz der Verhältnismäßigkeit. – § 116 StPO kann also ohne Kenntnis der Rechtsprechung des BVerfG nicht mehr angewandt werden.[181] Das BVerfG erspart dem Gesetzgeber den Erlass einer StPO, die vor dem Grundgesetz Bestand hat. Der Gesetzgeber wird sich auch künftig darauf verlassen, dass das BVerfG unverhältnismäßige Spitzen seiner Gesetze abschleift.

In In BVerfGE 69, 315 – Brokdorf entschied das BVerfG, dass Regelungen des Versammlungsgesetzes über die Pflicht zur Anmeldung einer Versammlung unter freiem Himmel und über die Verbots- und Auflösungsvoraussetzungen (§§ 14, 15 VersG) des Art. 8 GG nur dann den Anforderungen genügen, wenn bei der Auslegung und Anwendung berücksichtigt wird, dass a) eine Anmeldungspflicht bei Spontandemonstrationen nicht gilt und die Verletzung der Anmeldungspflicht nicht schematisch zum Verbot oder der Auflösung berechtigt, b) „Auflösung und Verbot nur zum Schutz gleichwertiger Rechtsgüter unter strikter Wahrung des Grundsatzes der Verhältnismäßigkeit und nur bei einer unmittelbaren, aus erkennbaren Umständen herleitbaren Gefährdung dieser Rechtsgüter erfolgen dürfen."[182]

In BVerfGE 85, 69 erweiterte das BVerfG die verfassungskonforme Auslegung von § 14 Versammlungsgesetz, wonach öffentliche Versammlungen spätestens 48 Stunden vor der Bekanntgabe der zuständigen Behörde anzumelden waren. Nach § 26 Nr. 2 VersG wurde bestraft, wer eine Versammlung ohne Anmeldung durchführt. Das BVerfG legte nun – wie bereits im Brockdorf-Beschluss festgestellt – § 14 VersG verfassungskonform dahingehend aus, dass die Anmeldepflicht bei Spontanversammlungen nicht gilt und dass bei sogenannten Eilversammlungen zwar nicht die Anmeldepflicht entfällt, aber Art. 8 GG zu einer der Eigenart der Versammlung Rechnung tragenden Verkürzung der Anmeldefrist führt. In einem Sondervotum machen Richterin *Seibert* und Richter *Henschel* geltend, dieser verfassungskonformen Auslegung stehe der klare Wortlaut entgegen. Während die Anmeldefreiheit von Spontanversammlungen im Wortlaut des § 14 VersG noch einen Anhalt habe, sei dies bezüglich der Verkürzung der Anmeldefrist bei einer Eilversammlung nicht der Fall. Es sei Aufgabe des Gesetzgebers, die erforderliche Klarheit zu schaffen. Eine gesetzgeberische Klarstellung ist in §§ 14, 15 VersG (des Bundes) bis heute nicht erfolgt. Nur in einigen Ländern, die das VersG gem. Art. 125a I 2 GG abgelöst haben, wurde die verfassungsgerichtliche Vorgabe im Gesetzeswortlaut umgesetzt (vgl. etwa Art. 13 III, IV BayVersG).

In BVerfGE 86, 288 meint das Gericht, durch verfassungskonforme Auslegung eine in § 462a I 1 StPO geregelte Zuständigkeit durch eine andere Zuständigkeit (Schwurgericht, das im Strafverfahren über die Schwere der Schuld im Sinne des § 57a StGB befindet, statt Vollstreckungsgericht) ersetzen zu können. Das Sondervotum von *Mahrenholz* stellt klar, dass angesichts des klaren Wortlauts die Grenzen der verfassungskonformen Auslegung überschritten sind: „Nun ist aber eine andere Auslegung des § 462a I S. 1

179 Vgl. auch *Simon,* in: HVerfR, S. 1669: „ambivalent"; *Voßkuhle,* AöR 125 (2000), 185ff., mit dem weiteren Hinweis, dass besonders die verfassungskonforme Auslegung durch die Fachgerichte Bedenken unterliegt und zu einer Art „Megakompetenz" werden kann, „mit der sich mühelos jedwede Regelungsabsicht des demokratisch legitimierten Gesetzgebers unterlaufen lässt".

180 *Schenke,* NJW 1979, 325; *Hesse,* Grundzüge, Rdnr. 83: „Preis zu hoch, wenn der Inhalt, den das Gericht dem Gesetz in verfassungskonformer Auslegung gibt, nicht mehr ein minus, sondern ein aliud gegenüber dem ursprünglichen Gesetzesinhalt enthält"; *Bryde,* Verfassungsentwicklung, S. 392 m.w.N.; *Schuppert,* Grenzen, S. 6f.; *Pestalozza,* Verfassungsprozeßrecht, § 20 Rdnr. 9; *Starck,* Prozeß, S. 27f.; *Schlaich,* VVDStRL 39 (1981), S. 117.

181 Vgl. die Fußnote zu § 116 StPO im „Schönfelder".

182 Aufschlussreich zur verfassungskonformen Auslegung in diesem Fall *Lepsius,* Versammlungsrecht und gesellschaftliche Integration, S. 144ff.

StPO als die, dass die Strafvollstreckungskammer für die Entscheidungen zu § 57a StGB zuständig ist, gar nicht möglich, denn so steht es im Gesetz. Also ist davon auszugehen, dass dies der Wille des Gesetzgebers ist" (BVerfGE 86, 288 [349]).

Wichtig ist BVerfGE 110, 226 – Entgegen dem Wortlaut des § 261 StGB (Geldwäsche) seien Strafverteidiger bei der Annahme von Honorarzahlungen nur dann wegen Geldwäsche strafbar, wenn sie im Zeitpunkt der Annahme sichere Kenntnis von der bemakelten Herkunft des Geldes hatten. Die Tatbestandsrestriktion ist mit Blick auf Art. 103 II GG unbedenklich. Auch hier wäre jedoch zumindest eine Klarstellung durch den Gesetzgeber wünschenswert.

BVerfGE 138, 296 (342f.): „das Gewicht der Glaubens- und Bekenntnisfreiheit des pädagogischen Personals in der bekenntnisoffenen Gemeinschaftsschule erfordert demnach jedenfalls für die hier gegebenen Fallkonstellationen eine reduzierende verfassungskonforme Auslegung des § 57 Abs. 4 Satz 1 SchulG NW, soweit er äußere religiöse Bekundungen untersagt. Hierfür ist das Merkmal, den Schulfrieden oder die staatliche Neutralität zu gefährden oder zu stören, dahin einzuschränken, dass von der äußeren religiösen Bekundung nicht nur eine abstrakte, sondern auch eine hinreichend konkrete Gefahr für die in § 57 Abs. 4 Satz 1 SchulG genannten Schutzgüter ausgehen muss. Das Vorliegen der konkreten Gefahr ist zu belegen und zu begründen. Das Tragen eines islamischen Kopftuchs begründet eine hinreichend konkrete Gefahr im Regelfall nicht." Mit dem Wortlaut der Vorschrift noch zu vereinbaren mag es sein, wenn das Gericht das Verhältnis von positiver und negativer Religionsfreiheit der Logik des Gefahrenabwehrrechts unterstellt.[183] Schwieriger sind die konkreten prozeduralen Vorgaben, die das Gericht hieraus ableiten will.

Die verfassungskonforme Auslegung erspart dem Gesetzgeber eine neue Regelung. **451**
Der Vorteil der Kassation der Norm durch Nichtigerklärung oder auch der Unvereinbarerklärung der Norm liegt aber darin, dass der Gesetzgeber entweder einen neuen Versuch zur Verwirklichung seiner ursprünglichen Intention oder einen neuen Anlauf zu einer neuen Konzeption machen oder auf die Norm ganz verzichten muss.[184] Einen solchen Vorrang des Gesetzgebers bei der Beseitigung partiell verfassungswidriger Rechtslagen erkennt das BVerfG sonst durchaus an; es betont ihn auch für die Entscheidungsvarianten der „Unvereinbarerklärung"[185] und für den Bereich der verfassungskonformen Auslegung.[186] Es hält sich aber nicht immer daran. Die verfassungskonforme Auslegung (statt der Nichtigerklärung) muss unterbleiben, wenn der Gesetzgeber von Verfassungs wegen die Freiheit hat, entweder auf die Norm ganz zu verzichten oder aber eine andere Regelung zu treffen, es sei denn, es lässt sich mit Sicherheit feststellen, der Gesetzgeber würde gerade die Möglichkeit(en), die die verfassungskonforme Auslegung noch lässt, bei Kenntnis der verfassungsrechtlichen Lage auch selbst gewählt und gewollt haben.

[183] Aus der Diskussion etwa *Rusteberg,* JZ 2015, 637 (640); *Sacksofsky,* DVBl. 2015, 801 (805f.); *Traub,* NJW 2015, 1338 (1339); *T. Klein,* DÖV 2015, 464 (470).

[184] Ähnlich zur sog. „active avoidance" im US-amerikanischen Verfassungsrecht *N.K. Katyal/T.P. Schmidt,* Harvard Law Review 128 (2015), 2109 (2164): „Indeed [avoidance] may be more countermajoritarian than simply striking down a statute: at least invalidation leaves behind a blank slate upon which Congress may put in place its own solution; zur Diskussion in den USA auch *Nelson,* Harvard Law Review Forum 128 (2015), 331ff.

[185] Vgl. oben II (Rdnr. 394ff.) zur Unvereinbarerklärung, insbesondere bei den Fällen des gleichheitswidrigen Begünstigungsausschlusses; BVerfGE 8, 28 (36f.).

[186] BVerfGE 8, 71 (79).

E. Freiheit und Bindung des Bundesverfassungsgerichts bei der Rechtsfolgenanordnung

452 Es ist klar, dass die besprochenen Entscheidungsvarianten Kritik hervorrufen. Dem BVerfG fehlt für diese Vielfalt an Rechtsfolgenanordnungen weithin die gesetzliche Ermächtigung. Im diesbezüglichen Streit um die Grenzen der Verfassungsgerichtsbarkeit lassen sich grundsätzlich *zwei Positionen* vertreten:[187]

453 Die eine Seite wird darüber hinwegsehen, dass dem BVerfG die gesetzliche Ermächtigung für seine Rechtsfolgenanordnungen weithin fehlt. Diese Ansicht wird feststellen, dass man ein Verfassungsgericht, wenn man es schon zur Normenkontrolle ermächtigt, nicht wird daran hindern können, seine Aufgaben in auch politisch sachgerechter Weise zu bewältigen, also z. B. auf Nichtigerklärungen vorläufig zu verzichten, wenn sie den Staat an den Rand seiner Existenz führen (Steuergesetz), wenn sie vom Parlament Unmögliches verlangen (komplexe Reformen) oder einen noch verfassungswidrigeren Zustand herbeiführen (Notkompetenz ohne gesetzliche Grundlage) würden. Das Verfassungsgericht soll nach dieser Ansicht nicht gezwungen sein, entweder die Nichtigkeit trotzdem auszusprechen oder auf sie ganz zu verzichten; es soll Mittelwege gehen können, um die Konsequenzen der Verfassungswidrigkeit durch zusätzliche Anordnungen abzumildern.

454 Die Gegenposition, die hier vertreten wird, insistiert um der Autorität seiner Entscheidungen willen auf dem Gerichtscharakter des BVerfG und verlangt, dass die möglichen Rechtsfolgenanordnungen eines Gerichts im Gesetz vorgegeben sind. Und dies gerade beim BVerfG, das infolge der Eigenarten des Verfassungsrechts schon in der Findung des Rechts freier ist als andere Gerichte und sich nicht auch noch in der Findung und Wahl seiner Rechtsfolgenanordnungen freier stellen darf. Auch ist kritisch anzumerken, dass die Reaktionsweisen des Gerichts (nichtig, unvereinbar, „noch" verfassungsmäßig, verfassungskonform – und dies jeweils mit oder ohne zusätzliche Appelle, Fristsetzungen, Übergangsfristen und Übergangsregelungen) kaum mehr vorhersehbar sind. Schließlich ist zweifelhaft, ob die Anwendung dieses ganzen Arsenals an Entscheidungsvarianten den Gesetzgeber eigentlich wirklich noch – wie es das BVerfG an sich will[188] – „schont". Die Absicht des BVerfG ist es, sich mit der Nichtigerklärung zurückzuhalten zugunsten weicherer Formen der Bereinigung verfassungswidriger Lagen, auch soll der Gesetzgeber selbst zur Bereinigung verfassungswidriger Lagen herangezogen werden. Aber setzt das BVerfG damit nicht gerade die Hemmschwelle herab, die der an sich geforderte „scharfe Schnitt"[189] der Kassation eines verfassungswidrigen Gesetzes darstellt, und erleichtert es sich damit nicht den (wenn auch im Einzelfall jeweils leichteren) Eingriff in das Feld des Gesetzgebers?

[187] Vgl. nochmals die großen Darstellungen bei *Bachof,* Richter, S. 344 ff., einerseits und *J. Ipsen,* Rechtsfolgen, S. 209 ff., andererseits. Auch *J. Ipsen,* JZ 1983, 41 ff.; *Bryde,* Verfassungsentwicklung, S. 176.

[188] Übersichtlich und grundlegend *Simon,* in: HVerfR, S. 1668 f.

[189] *Maurer,* FS Weber, S. 346.

F. Exkurs: Zur Frage der Fortgeltung des alten Rechts nach Nichtigerklärung eines Änderungs- bzw. Reformgesetzes

In BVerfGE 48, 127 (130) – Wehrpflicht – ordnete das BVerfG nach der Nichtigerklärung der das Prüfungsverfahren bei der Kriegsdienstverweigerung abschaffenden Neuregelung mit einer komplizierten Formulierung praktisch die Fortgeltung des alten Rechts an. Dieser Entscheidung könnte die Vorstellung zugrunde liegen, dass bei Nichtigerklärung eines Änderungs- bzw. Reformgesetzes das alte, aufgehobene Gesetz nicht von selbst wieder auflebt! Das BVerfG hat sich zu dieser Frage noch nicht generell und grundsätzlich geäußert – wie sich übrigens auch die Literatur bislang mit diesem Thema kaum beschäftigt hat.[190] Die Frage lautet: Ist das durch ein nichtiges Änderungs- bzw. Reformgesetz geänderte bzw. aufgehobene ältere Gesetz nach Nichtigerklärung des Änderungsgesetzes durch das BVerfG wieder bzw. noch wirksam? Beide *möglichen Antworten* sind begründbar: 455

Man kann sagen: Das Änderungsgesetz ist zwar nichtig, das heißt, es gilt als von Anfang an unwirksam, sein materieller Änderungsgehalt ist also nicht existent geworden. Dem Änderungsgesetz würde aber doch die Kraft zugesprochen werden können, das alte Recht aufzuheben.[191] Das wäre nicht ohne Sinn: Der Gesetzgeber wollte jedenfalls das alte Recht nicht mehr; das neue Recht, das er wollte, aber ist nichtig. So bestünde vorerst gar keine Regelung (und für das BVerfG stellte sich deshalb u. U. die Notwendigkeit, eine Übergangsregelung zu erlassen oder auf die Nichtigerklärung zu verzichten). 456

Diese Auffassung ist aber weder zwingend noch wünschenswert. Es lässt sich auch die gegenteilige Auffassung begründen: Einem nichtigen Gesetz kann nicht die Kraft zugesprochen werden, das alte Recht aufzuheben. Klar ist dies, wenn dem Gesetzgeber schon die Kompetenz fehlt; niemals kann ein mangels Bundeskompetenz unwirksames Bundesgesetz die Kraft haben, ein Landesgesetz aufzuheben. So ist alles frühere Recht nach der Nichtigerklärung des ganzen Staatshaftungsgesetzes wegen mangelnder Bundeskompetenz[192] wirksam und anwendbar. Aber auch generell muss gelten: Wenn das verfassungswidrige und deshalb nichtige Gesetz zu Recht als für ipso iure und ex tunc unwirksam angesehen wird, kann es die Kraft zur Aufhebung des alten Rechts gar nicht haben. Und deshalb *gilt das alte Recht nach Nichtigerklärung des neuen, reformierenden Rechts weiter;* es ist noch wirksam. *J. Ipsen* hält diese Feststellung – im Anschluss an *Maurer* – für „dogmatisch evident".[193] Damit ist auch der Gesetzgeber wieder in der vollen Verantwortung für das alte, fortgeltende Recht (das er zwar ändern wollte, aber nicht wirksam geändert hat). So hätte sich auch im Falle der Neuregelungen des § 218 StGB das BVerfG darauf beschränken können und sollen, das Reform- 457

190 Eingehend aber *Baumgarten,* S. 59ff.

191 Vgl. *Pestalozza,* Rechtslagen, S. 522. *Baumgarten* geht von einer prinzipiellen Aufhebung des alten Rechtes durch die Neuregelung aus, auch wenn ein entsprechender Wille des Gesetzgebers nicht konkret nachzuweisen oder durch Auslegung zu ermitteln ist. Im Zweifel habe eine Neuregelung immer auch die Aufhebung der bisherigen Rechtslage als eigenständigen Zweck.

192 BVerfGE 61, 149 (151, 208). Vgl. heute Art. 74 I Nr. 25, II GG. Das BVerfG äußert sich nach der Nichtigerklärung zu Recht nicht zu der nun entstandenen Rechtslage.

193 *J. Ipsen,* Rechtsfolgen, S. 258. Eine nähere Begründung findet sich bei *Ipsen* allerdings nicht. Überblick bei *H.-R. Horn,* DÖV 1980, 84ff. Vertiefend *Söffing,* DStZ 1986, 154ff. Zum Ganzen klar auch *Benda/Klein,* Verfassungsprozessrecht, Rdnr. 1443. Jetzt auch BVerfGE 102, 197 (208).

gesetz für nichtig zu erklären, ohne selbst im Wege der Vollstreckungsregelung nach § 35 BVerfGG ein Übergangsrecht zu setzen. Dann hätte § 218 StGB a. F. weiter gegolten. Das Parlament wäre so für das alte, fortbestehende Recht und damit auch für seine neuerliche Reform wieder voll in der Verantwortung gewesen, genauso wie es diese Verantwortung ja auch vorher während der jahrelangen Reformdebatten getragen hatte und für tragbar hielt.

458 Generell gilt also, dass das alte Recht nach Nichtigerklärung des neuen, ändernden, reformierenden Rechts weiter gilt (auch ohne dass das BVerfG den Fortbestand ausdrücklich anzuordnen braucht): Der Änderungsversuch des Gesetzgebers ist fehlgeschlagen, es bleibt beim alten Recht.

459 Das *Gegenteil* kann sich aber im Einzelfall aus dem Reformgesetz ergeben: Es kann zum Ausdruck bringen, dass der Gesetzgeber den alten Zustand nicht lediglich verbessern, sondern auf jeden Fall abschaffen wollte und dies mit Sicherheit auch für den Fall, dass die Neuregelung mangels Verfassungsmäßigkeit nicht wirksam zustande gekommen sein sollte. Ist der gesetzgeberische Wille, den alten Rechtszustand aufzuheben, wirksam (Kompetenz, Verfahren und auch sonst verfassungsmäßig), so hat das in seiner Neuregelung unwirksame (also teilnichtige) Reformgesetz doch diese Wirkung, die alte Regelung aufzuheben. Dann existiert mangels Gültigkeit der neuen Regelung vorerst gar keine Regelung.

460 Die Fortgeltung der früheren Regelung nach Nichtigerklärung des Reformgesetzes setzt voraus, dass die frühere Regelung ihrerseits verfassungsmäßig ist, worüber bei nachkonstitutionellen Gesetzen wiederum allein das Verfassungsgericht verbindlich zu entscheiden hat, und dass die frühere Regelung im Rahmen der Gesamtordnung noch praktikabel ist. Bei Nichtigkeit einer Norm des BGB vom 1. Januar 1900 dürfte schwerlich wieder das Pandektenrecht zum Zuge kommen können.

461 Das Gesagte gilt nicht für die Fälle, in denen das BVerfG den Ausspruch auf die Unvereinbarerklärung des verfassungswidrigen Gesetzes beschränkt. Dieses Gesetz ist dann in der Regel nicht mehr anwendbar, behält aber seinen Bestand, verdrängt also auch weiterhin das ältere Recht.

6. Teil. Die Sicherung der Entscheidungsmacht und der Wirksamkeit der Entscheidungen des Bundesverfassungsgerichts

Gliederung

I. Die einstweilige Anordnung nach § 32 BVerfGG[1]

462 Unter den Voraussetzungen des § 32 I BVerfGG kann das BVerfG einstweilige Anordnungen erlassen. Sonderregelungen für einzelne Verfahrensarten finden sich in Art. 61 II 2 GG, §§ 53, 58 I, 93d II, 105 V BVerfGG und § 16 III WahlprüfG. Die einstweilige Anordnung hat vor allem einen Sicherungszweck. Die vorläufige Regelung soll „die Wirksamkeit und Umsetzbarkeit der nachfolgenden verfassungsgerichtlichen Entscheidung" sichern[2] und die Schaffung vollendeter Tatsachen verhindern. Daneben geht es um vorläufigen Rechtsschutz zugunsten des Antragstellers.[3]

---

[1] Wichtig *Berkemann,* in: Umbach/Clemens/Dollinger, BVerfGG, § 32, S. 527–600; *Barczak,* in: Barczak, BVerfGG, § 32, S. 486–528; *Schoch,* Einstweilige Anordnung, S. 695ff. Vgl. auch *Lechner/Zuck,* § 32; *Robbers,* Probleme, S. 105ff.; *N. Huber;* s. a. *Wiedmann,* Der Prüfungsmaßstab für den Erlass einer einstweiligen Anordnung nach § 32 Abs. 1 BVerfGG, S. 3ff.; Überblick und Prüfungsschema bei *Bäcker,* JuS 2013, 119ff.

[2] BVerfGE 91, 70 (76); 96, 223 (229); vgl. auch BVerfGE 81, 53 (56f.); *Schoch,* Einstweilige Anordnung, S. 699f.

[3] Z. B. BVerfGE 105, 365 (372); einschränkend allerdings BVerfGE 94, 166 (212ff.), wonach § 32 BVerfGG nicht dem Anspruch auf effektiven Rechtsschutz nach Art. 19 IV GG unterfalle.

Weder aus den besonderen Regelungen noch aus den charakteristischen Eigenschaften der verschiedenen Verfahrensarten lässt sich schließen, dass die einstweilige Anordnung auf einzelne Verfahrensarten beschränkt ist. Das BVerfG ging von Anfang an davon aus, dass die Vorschrift des § 32 BVerfGG als allgemeine Verfahrensnorm *auf alle im BVerfGG vorgesehenen Verfahren* Anwendung finde.[4] Soweit einzelne Stimmen in der Literatur die Zulässigkeit einer einstweiligen Anordnung im Organstreit[5] und im konkreten Normenkontrollverfahren[6] verneinen, steht dies im Einklang weder mit der Rechtsprechung des BVerfG[7] noch mit dem generellen Sicherungszweck der einstweiligen Anordnung. Allerdings meinte das BVerfG, eine einstweilige Anordnung dürfe nicht eine Entscheidung treffen, die über das hinausgehe, was das Gericht in der Hauptsache anordnen kann.[8] Das ist so nicht richtig, denn gerade zur Sicherung der Entscheidung in der Hauptsache kann und muss die Regelungsverfügung unter Umständen über das hinausgehen, was im Urteil stehen kann. So könnte eine einstweilige Anordnung im Organstreit die Durchführung einer Maßnahme, z. B. der vorzeitigen Auflösung des Bundestages, stoppen, obwohl die Entscheidung in der Hauptsache gemäß § 67 BVerfGG auf eine bloße Feststellung beschränkt ist. Treffender und ohne den schematischen Blick auf die Hauptsacheentscheidung formuliert das BVerfG in neueren Entscheidungen: „Der Erlass einer einstweiligen Anordnung im Organstreitverfahren bedeutet einen Eingriff des Gerichts in die Autonomie eines Staatsorgans. Er kann allein der vorläufigen Sicherung des strittigen organschaftlichen Rechts des Antragstellers dienen, damit es nicht im Zeitraum bis zur Entscheidung in der Hauptsache durch Schaffung vollendeter Tatsachen überspielt werde."[9]

Der Erlass einer einstweiligen Anordnung steht nicht im Ermessen des BVerfG, wie man dem Wortlaut des § 32 BVerfGG entnehmen könnte.[10] Bei Vorliegen der Voraussetzungen hat eine einstweilige Anordnung zu ergehen.

463 Die einstweilige Anordnung ergeht grundsätzlich aufgrund eines Antrags.[11] Sie kann nach der Auffassung des BVerfG aber auch von Amts wegen erlassen werden.[12] In diesem Fall ist aber nach der Dispositionsmaxime ein anhängiges Hauptverfahren Voraus-

[4] BVerfGE 1, 85 (86); 1, 281 (282); 12, 36 (39); *Erichsen,* Anordnung, S. 174f.; *Karpen,* JuS 1984, 455ff.; *Graßhof,* in: Maunz u. a., BVerfGG, § 32 Rdnr. 14; *Merkel,* S. 35ff.

[5] *Mosler,* FS Bilfinger, S. 271ff.; *Zeh,* Der Staat 22 (1983), 19f.

[6] *Lechner,* BVerfGG-Komm., 3. Aufl. 1973, § 32 Abs. 1 Anm. 3a.

[7] Zwar liegen für beide Verfahrensarten kaum stattgebende Entscheidungen des BVerfG vor (für den Organstreit etwa BVerfGE 129, 284), aber weder im Hinblick auf den Organstreit – vgl. BVerfGE 12, 276 (279); 23, 42 (48f.); 27, 152 (156); 65, 101 (103); 66, 26 (36); 108, 34 (40); 113, 113 (124f.); 117, 359 (365ff.); 118, 111 (122) – noch im Hinblick auf die konkrete Normenkontrolle – vgl. BVerfGE 11, 339 (342) – hat das BVerfG aus grundsätzlichen Überlegungen die einstweilige Anordnung abgelehnt. Soweit für den Organstreit Bedenken aus § 67 BVerfGG hergeleitet werden, ergibt sich die Zulässigkeit nach der Rechtsprechung des BVerfG schon aus den im vergleichbaren Bund-Länder-Streitverfahren ergangenen einstweiligen Anordnungen, da § 69 BVerfGG auf § 67 BVerfGG verweist; siehe insbes. BVerfGE 7, 367 (373); 12, 36 (39ff.); *Erichsen,* Anordnung, S. 175; *Schlaich,* FS Bachof, S. 336ff. und oben Rdnr. 83f.

[8] BVerfGE 7, 99 (105f.); 14, 192 (193) – Rundfunksendezeiten; *Pestalozza,* Verfassungsprozeßrecht, § 18 Rdnr. 12.

[9] BVerfGE 96, 223 (229); 98, 139 (144); vgl. auch BVerfGE 117, 359 (365f.).

[10] *Erichsen,* Anordnung, S. 172f.

[11] Zu den Anforderungen an die Substanziierung *Lantermann,* NVwZ 2018, 624, 625.

[12] BVerfGE 1, 74 (75); 1, 281 (283); 15, 77 (79); 35, 12 (14); 42, 103 (119f.); anders *Erichsen,* Anordnung, S. 178.

setzung,[13] während bei Vorliegen eines Antrags die einstweilige Anordnung auch vor Anhängigkeit des Hauptverfahrens ergehen kann, sofern die Einleitung des Hauptverfahrens mit Sicherheit erwartet werden kann.

1. Zulässigkeit des Antrags

Das BVerfG muss in der Hauptsache zuständig sein.[14] Ein „Streitfall" iSd § 32 I BVerfGG liegt nicht nur in kontradiktorischen Verfahren vor, sondern immer dann, wenn in der Hauptsache ein Verfahren vor dem BVerfG anhängig ist oder zu erwarten ist. 464

Antragsberechtigt ist jeder, der am Hauptverfahren beteiligt sein kann,[15] nicht jedoch lediglich Äußerungsberechtigte.[16] Außerdem kommt während eines bereits anhängigen Hauptsacheverfahrens der Erlass einer einstweiligen Anordnung von Amts wegen in Betracht.[17]

Der Antrag kann vor und während des Hauptverfahrens gestellt werden.[18] Eine Antragstellung vor Anhängigwerden der Hauptsache setzt allerdings voraus, dass später ein Hauptsacheantrag gestellt werden könnte, der nicht von vornherein unzulässig oder unbegründet wäre.[19]

Die einstweilige Anordnung stellt nur eine vorläufige Regelung dar und darf deshalb nach h. M. die Entscheidung in der Hauptsache nicht vorwegnehmen.[20] *Die Formel von der Nichtvorwegnahme der Entscheidung in der Hauptsache* gehört allerdings zu den Formeln im Bereich der einstweiligen Anordnung, die ständig wiederholt werden, ohne dadurch richtig zu werden. Nach den Untersuchungen von *Berkemann* praktiziert das Gericht vielfach unter dem Deckmantel des Abwägungsmodells eine summarische Prüfung, so dass fast 4/5 der Anordnungsentscheidungen im Ergebnis mit den Hauptsacheentscheidungen übereinstimmen.[21] *Schoch* und *Wahl* machen der Formel vom Verbot der Vorwegnahme der Entscheidung in der Hauptsache definitiv und zu Recht den Garaus: „Im Gegenteil, es muss geradezu als Glücksfall erachtet werden, wenn für die Interimszeit dekretiert wird, was Ergebnis des Hauptsacheverfahrens sein wird".[22] Ein Antrag, der auf die Vorwegnahme der Hauptsache zielt, ist nach h. M. aber grundsätzlich unzulässig, es sei denn, die Hauptsacheentscheidung käme zu spät

[13] *Graßhof,* in: Maunz u. a., BVerfGG, § 32 Rdnr. 28ff.; so auch grundsätzlich *Erichsen,* Anordnung, S. 176ff. m.w.N. auf S. 178 Fn. 50; *Benda/Klein,* Verfassungsprozessrecht, Rdnr. 1382f.; *Bäcker,* JuS 2013, 120f.

[14] BVerfGE 3, 267 (277); 35, 193 (195); 42, 103 (119f.); 108, 34 (40).

[15] BVerfGE 11, 339 (342); 16, 236 (237); 41, 243 (245); 79, 379 (383).

[16] *Hillgruber/Goos,* Rdnr. 1016.; *Fleury,* Rdnr. 488.

[17] So schon BVerfGE 1, 74 (75); kritisch hierzu mit Verweis darauf, dass verfassungsgerichtliche Verfahren immer nur auf Antrag eines Antragsberechtigten eingeleitet werden, *Hillgruber/Goos,* Rdnr. 1017; *Fleury,* Rdnr. 486, jeweils m. w. N.

[18] BVerfGE 71, 350 (352); 113, 113 (119).

[19] BVerfGE 66, 39 (56); 113, 113 (120).

[20] BVerfGE 7, 175 (179f.); 34, 160 (162f.); 46, 1 (7); 46, 160 (163f.); 80, 360 (366f.); 81, 53 (54); 82, 54 (58); 152, 63 (65f. Rdnr. 5).

[21] *Berkemann,* JZ 1993, 167.

[22] *Schoch/Wahl,* FS Benda, S. 279.

und dem Antragsteller kann in anderer Weise kein ausreichender Rechtsschutz gewährt werden.[23]

Der Antrag setzt auch ein Rechtsschutzbedürfnis voraus. Begriff und Rechtsfigur werden nicht immer präzise gehandhabt;[24] das BVerfG verwendet den Begriff selten.[25] Das Rechtsschutzbedürfnis fehlt, wenn die beantragte Maßnahme in keiner Hinsicht Erfolg haben kann und daher ungeeignet ist.[26] Das gilt auch dann, wenn der einstweilige Rechtsschutz eine Rechtsfolge erstrebt, die das BVerfG im Hauptsacheverfahren nicht bewirken kann.[27] Zudem ist ein Rechtschutzbedürfnis nicht gegeben, wenn Rechtsschutz auf andere Weise gewährt werden kann[28] oder der Antragsteller sein Ziel durch eigene Maßnahmen erreichen kann.[29] Bei der Verfassungsbeschwerde ist auch im Eilverfahren der Vorrang des fachgerichtlichen Rechtschutzes zu beachten.[30] Schließlich darf die Hauptsache nicht schon entscheidungsreif[31] oder die Entscheidung in der Hauptsache nicht bereits verkündet sein.[32] Nach Erlass der Hauptsacheentscheidung ergehen vorläufige Regelungen nicht mehr nach der Vorschrift des § 32 BVerfGG, sondern nach § 35 BVerfGG. Das Rechtsschutzbedürfnis kann wieder (neu) entstehen, wenn eine Änderung der Sachlage eingetreten ist und der Antrag auf neue Gründe gestützt wird.[33]

Ausnahmsweise kann ein gegen ein Gesetz gerichteter Antrag nach § 32 I BVerfGG auch schon vor Verkündung des Gesetzes erhoben werden, „wenn effektiver Grundrechtsschutz anderenfalls nicht gewährleistet werden" kann.[34]

2. Begründetheit des Antrags

465 Den Maßstab der Begründetheitsprüfung bildet grundsätzlich eine Abwägung der Entscheidungsfolgen (sog. Doppelhypothese, a), die Erfolgsaussichten der Hauptsache bleiben fast vollständig außer Betracht (b). Eine Ausnahme vom Abwägungsmodell muss jedoch bei politischen Richtungsentscheidungen greifen (c). Stets ist als weiteres Begründetheitserfordernis die besondere Dringlichkeit der Entscheidung zu prüfen (d).

[23] BVerfGE 12, 36 (42f.); 34, 160 (162f.); 46, 160 (163f.); 67, 149 (151); 108, 34 (40); 113, 113 (122); 130, 367 (369); 131, 47 (54). Vgl. *Robbers,* Probleme, S. 107. *Hong,* NVwZ 2012, 468f., merkt an, dass demgegenüber die überwiegende verwaltungsgerichtliche Praxis auch eine vorläufige Vorwegnahme als unzulässig ansieht.

[24] *Erichsen,* Anordnung, S. 182f.; *Pestalozza,* Verfassungsprozeßrecht, § 18 Rdnr. 10–12.

[25] BVerfGE 4, 110 (113); 23, 33 (39f.); 23, 42 (48).

[26] BVerfGE 23, 33 (39f.); 23, 42 (48).

[27] Vgl. BVerfGE 154, 1 (9 Rdnr. 22).

[28] BVerfGE 15, 77 (78), dort allerdings ausnahmsweise anders; 16, 236 (239); 17, 120 (122); 21, 50 (51); 35, 379 (380); 37, 150 (151ff.).

[29] BVerfGE 3, 52 (57).

[30] Vgl. etwa im Zusammenhang der Corona-Pandemie BVerfG, BeckRS 2020, 11760; BeckRS 2020, 3985; COVuR 2020, 98; BeckRS 2020, 5219; COVuR 2020, 101; BeckRS 2020, 5618; BeckRS 2020, 6174; BeckRS 2020, 6581; BeckRS 2020, 7273; BeckRS 2020, 12066; *Zuck/Zuck,* NJW 2020, 2302; *Riedner/Müller,* VR 2021, 87.

[31] BVerfGE 7, 367 (371); 12, 36 (40).

[32] BVerfGE 2, 121 (123); 3, 39 (41); 10, 271 (274); 16, 211 (213); 40, 237.

[33] BVerfGE 4, 110 (113f.); 35, 193 (202) mit 35, 257 (260f.); 122, 120 (132).

[34] BVerfGE 131, 47 (52).

a) Die einstweilige Anordnung muss „zum gemeinen Wohl dringend geboten“ sein (§ 32 I BVerfGG). Die Formulierung bezieht sich nicht allein auf den letzten der drei Anordnungsgründe,[35] die gemäß § 32 I BVerfGG eine einstweilige Anordnung rechtfertigen. Von diesen *Anordnungsgründen* hat in der Rechtsprechungspraxis im wesentlichen nur der erste Bedeutung, die *Abwehr schwerer Nachteile.*[36] „Das Mittel, schwerwiegende und irreparable Nachteile für die Verwirklichung subjektiver Grundrechte zu verhindern, ist der Erlass einstweiliger Anordnungen …“[37] Grundsätzlich gilt:[38] „Die meist weittragenden Folgen, die eine einstweilige Anordnung in einem verfassungsgerichtlichen Verfahren auslöst, machen es notwendig, dass bei der Prüfung, ob [die Voraussetzungen für den Erlass einer einstweiligen Anordnung] vorliegen, ein strenger Maßstab anzulegen ist.“[39] „Das Bundesverfassungsgericht hat dabei größte Zurückhaltung zu wahren.“[40] „Eine einstweilige Anordnung kann nur ergehen, wenn die für ihren Erlass sprechenden Gründe überwiegen.“[41]

BVerfGE 137, 29 (31, 33) – Kritische Äußerungen einer Bundesministerin über die NPD im zeitlichen Zusammenhang eines Landtagswahlkampfes: „Der Erlass einer einstweiligen Anordnung im Organstreitverfahren bedeutet einen Eingriff des BVerfG in die Autonomie eines anderen Verfassungsorgans.“ Im Zusammenhang des § 32 I BVerfGG sei deshalb „grundsätzlich ein strenger Maßstab anzulegen […].“ Selbst wenn durch die Äußerungen die Chancengleichheit der Parteien aus Art. 21 I GG berührt wäre, fehle der schwere Nachteil auf Seite der antragstellenden NPD: Die Ministerin habe die „angegriffene Aussage im Rahmen eines Zeitungsinterviews gemacht und nicht unter Inanspruchnahme hoheitlicher Befugnisse oder unter Einsatz öffentlicher Sach- und Finanzmittel gehandelt […]. Einschätzungen einer Partei als rechtsextrem oder verfassungsfeindlich sind Teil der öffentlichen Auseinandersetzung, denen die betroffene Partei – soweit sich die Äußerungen im Rahmen von Recht und Gesetz halten – mit den Mitteln des Meinungskampfes begegnen muss […].“

BVerfGE 140, 225 (227 und 228f.) – Kritische Äußerungen einer Bundesministerin über eine geplante Kundgebung der AfD (Pressemitteilung „Rote Karte für die AfD“): Auch hier betont das Gericht den „Eingriff […] in die Autonomie eines anderen Verfassungsorgans“ und den deshalb anzulegenden „strenge[n] Maßstab“, kommt allerdings bei der „im Rahmen der Entscheidung nach § 32 Abs. 1 BVerfGG vorzunehmende[n] Folgenabwägung […] zu dem Ergebnis, dass die für den Erlass der einstweiligen Anordnung sprechenden Gründe überwiegen“: „Erginge die einstweilige Anordnung nicht und verbliebe die angegriffene Pressemitteilung auf der Homepage der Antragsgegnerin, hätte ein Organstreit aber später Erfolg, wären die Rechte der Antragstellerin nachhaltig verletzt. Mögliche Auswirkungen der Presseerklärung der Antragsgegnerin auf die von der Antragstellerin am 7. November 2015 vorgesehene Demonstration wären nicht mehr korrigierbar. Die Antragstellerin müsste dauerhaft eine Verletzung ihrer Rechte auf Versammlungsfreiheit und gleichberechtigte Teilnahme am politischen Wettbewerb hinnehmen.“ Demgegenüber wäre die Antragsgegnerin bei einem Erfolg in der Hauptsache „an einer Wiederholung [ihrer] Meinungsbeiträge nicht gehindert.“

---

[35] *Erichsen,* Anordnung, S. 185 m.w.N.

[36] Vgl. *Erichsen,* Anordnung, S. 188; *Benda/Klein,* Verfassungsprozessrecht, Rdnr. 1403f.

[37] Sondervotum der Richterin *Limbach* und der Richter *Böckenförde* und *Sommer* zum Urteil vom 14.5.1996 – Art. 16a GG, BVerfGE 94, 166 (226).

[38] St. Rspr., etwa BVerfGE 46, 337 (340); 50, 37 (41); vgl. auch *Graßhof,* in: Maunz u. a., BVerfGG, § 32 Rdnr. 57ff.

[39] BVerfGE 3, 41 (44); vgl. auch BVerfGE 106, 51 (58); 108, 34 (41); 140, 225 (227); 145, 348 (356f. Rdnr. 29); 150, 163 (166 Rdnr. 10); 151, 152 (160f. Rdnr. 23f.); 152, 55 (60f. Rdnr. 16); 154, 1 (10 Rdnr. 25). Kritisch zu dem Kriterium des „strengen Maßstabes“ das Sondervotum BVerfGE 94, 166 (227f.).

[40] BVerfGE 85, 148 (171).

[41] BVerfGE 91, 83 (92); 122, 63 (74).

Das gilt insbesondere, wenn ein bereits in Kraft getretenes Gesetz außer Vollzug gesetzt werden soll,[42] denn „der Erlass einer einstweiligen Anordnung gegen ein Gesetz ist stets ein erheblicher Eingriff in die Gestaltungsfreiheit des Gesetzgebers".[43] Derselbe Maßstab muss gelten, wenn das Inkrafttreten eines Gesetzes von vornherein verhindert werden soll, damit ein Antragsteller, dessen Bedenken im Gesetzgebungsverfahren mehrheitlich nicht geteilt wurden, nicht in die Lage versetzt wird, die Anwendung des Gesetzes länger als notwendig herauszuschieben.[44] Dieser Maßstab „ist noch weiter zu verschärfen, wenn eine einstweilige Anordnung begehrt wird, durch die der Vollzug einer Rechtsnorm ausgesetzt wird, soweit sie zwingende Vorgaben des Gemeinschaftsrechts in das deutsche Recht umsetzt. In einem solchen Fall ist für die Folgenabwägung von Bedeutung, dass das Bundesverfassungsgericht eine Regelung nicht beanstandet, soweit sie zwingende Vorgaben des Gemeinschaftsrechts umsetzt."[45] Die Formel der „weiteren Verschärfung" des strengen Maßstabs wird vom BVerfG auch dann herangezogen, „sobald eine Maßnahme mit völkerrechtlichen oder außenpolitischen Auswirkungen betroffen ist."[46]

In der Sache *wägt* das BVerfG die Folgen *ab,* „die eintreten würden, wenn eine einstweilige Anordnung nicht ergeht, die angegriffenen Maßnahmen in dem späteren Verfahren jedoch für verfassungswidrig erklärt werden, gegen die Nachteile, die entstehen würden, wenn die angegriffene Regelung vorläufig außer Anwendung gesetzt würde", sog. „Doppelhypothese".[47] Die Abwägung hat nicht nur das Interesse des Antragstellers, sondern alle in Frage kommenden Belange und widerstreitenden Interessen zu berücksichtigen.[48]

Schoch und *Wahl* befürchten ein ausgesprochen politisch argumentierendes BVerfG und sorgen sich, dass die Gewaltenteilung in außenpolitischen Angelegenheiten durch einstweilige Anordnungen gestört werden könne.

466 *b)* Die *Erfolgsaussichten der Hauptsache* bleiben nach der ständigen Rechtsprechung des BVerfG bei der genannten „Abwägung" grundsätzlich außer Betracht;[49] maßgebend ist die Schwere des Nachteils, nicht die Verfassungsmäßigkeit oder Verfassungswidrigkeit der Maßnahme.[50] Der Grund für diese generell aber zurückhaltende Auffassung dürfte die in der Regel bestehende Schwierigkeit der anstehenden verfassungsrechtlichen Fragen des Hauptverfahrens sein.[51]

---

42 BVerfGE 64, 67 (69) – Volkszählungsgesetz; 91, 328 (332); 96, 120 (128f.).

43 BVerfGE 104, 23 (27); vgl. auch BVerfGE 104, 51 (55); 106, 351 (355); 106, 359 (363); 106, 369 (372f.); 112, 216 (220); 112, 284 (292); 121, 1 (17); 122, 63 (85). Ein Beispiel für eine Aussetzung des Vollzugs einzelner Gesetzesnormen gibt BVerfGE 122, 342 (361) – Bayerisches Versammlungsgesetz.

44 *Hillgruber,* JA 2013, 77.

45 BVerfGE 121, 1 (18).

46 BVerfGE 126, 158 (167) – Euro-Rettungsschirm; 129, 284 (298) – Beteiligungsrechte des Bundestages im Rahmen des europäischen Stabilisierungsmechanismus.

47 BVerfGE 12, 276 (279); 50, 37 (41); 55, 1 (3f.); 64, 67 (70); 96, 120 (128f.); 104, 51 (55); 108, 238 (246); 117, 126 (135).

48 BVerfGE 12, 276 (280); 66, 26 (37f.). Zu Ausnahmen von diesem Abwägungsmodell sogleich c).

49 BVerfGE 7, 367 (371); 18, 151 (153); 46, 1 (11); 96, 223 (229); 98, 139 (144); 104, 23 (28); 104, 51 (55); vgl. auch *Graßhof,* in: Maunz u. a., BVerfGG, § 32 Rdnr. 108ff., insbes. Rdnr. 109.

50 Kritisch mit Blick auf Normenkontrollverfahren *Wüstenberg,* DVBl. 2020, 1115 (1119).

51 BVerfGE 64, 67 (69f.); vgl. *Erichsen,* Anordnung, S. 186.

Die Erfolgsaussichten des Antrags werden aber – insbesondere, jedoch nicht ausschließlich bei Verfassungsbeschwerden –insofern berücksichtigt, als eine einstweilige Anordnung nicht ergeht, wenn der Hauptsacheantrag von vornherein unzulässig oder offensichtlich unbegründet ist.[52] So war der Antrag eines Bürgers auf Erlass einer einstweiligen Anordnung gegen die vorzeitige Auflösung des Bundestags abzulehnen, da diese Auflösung zwar die Abgeordneten des Bundestags, nicht aber den Antragsteller unmittelbar in seinen Rechten betrifft und deshalb der Antrag des Bürgers in der Hauptsache unzulässig war.[53] Es findet sich in letzter Zeit auch die Wendung, dass die Hauptsache „nicht offensichtlich ohne Aussicht auf Erfolg ist".[54] Die Erfolgsaussichten der Verfassungsbeschwerde können auch dann maßgeblich sein, „wenn verwaltungsgerichtliche Beschlüsse betroffen sind, die im Verfahren des einstweiligen Rechtsschutzes ergangen sind und die Entscheidung in der Hauptsache vorwegnehmen".[55] Diese Aussagen relativieren den Grundsatz, dass die Erfolgsaussichten des Hauptsacheantrags nicht zu berücksichtigen sind, ganz erheblich. Zieht man zum Vergleich die Grundsätze der verwaltungsgerichtlichen Rechtsprechung zum Erlass einer einstweiligen Anordnung heran,[56] so lässt sich ein praktischer Unterschied kaum noch erkennen. Ohnehin hat das Gericht sich bei der Entscheidung über die einstweilige Anordnung weitgehend jeweils von den Erfolgsaussichten der Hauptsache leiten lassen, da der Erfolg in der Hauptsache und der Erfolg des Antrags auf einstweilige Anordnung in der Regel miteinander korrespondieren.[57]

c) Das Abwägungsmodell findet dort seine Berechtigung, wo ein Verfahren um **466a**
konkrete, abgrenzbare Interessen einzelner Betroffener kreist – etwa bei Organstreitverfahren im parlamentarischen Bereich[58] oder bei Verfassungsbeschwerden gegen Einzelmaßnahmen der öffentlichen Gewalt. Bei Verfahren, die politische Grundsatzentscheidungen zum Gegenstand haben, gerät es dagegen an seine *Grenzen:* das Bundesverfassungsgericht ist ein Gericht, das nach rechtlichen Gesichtspunkten entscheiden muss und dem keine politischen Entscheidungsbefugnisse zustehen; politische Entscheidungen, etwa hinsichtlich der Bedeutung und Risiken von Auslandseinsätzen, sind seiner Abwägung nicht zugänglich.[59] In solchen Fällen muss das BVerfG daher im Rahmen einer summarischen Prüfung die Erfolgsaussischten der Hauptsache würdigen und hier diejenige rechtliche Beurteilung vornehmen, die ihm als spezifischem Verfassungsgericht obliegt.

Das BVerfG hat diese Problematik erkannt. Nachdem es schon zuvor in einzelnen Fällen eine summarische Prüfung vorgenommen und das Ergebnis in seine Abwägung ein-

[52] BVerfGE 7, 175 (179f.); 7, 367 (371); 46, 1 (11); 63, 254 (254); 64, 67 (69); 66, 39 (56); 71, 350 (351); 104, 23 (28); 117, 126 (135); 117, 359 (366): „Für eine einstweilige Anordnung ist kein Raum, wenn der in der Hauptsache gestellte Antrag sich von vornherein als unzulässig oder als offensichtlich unbegründet erweist." Ebenso für ein Organstreitverfahren in der Hauptsache BVerfGE 140, 225 (226) – Rote Karte für die AfD.

[53] BVerfGE 62, 397 (398f.).

[54] BVerfGE 59, 280 (282); 63, 332 (336); 88, 25 (35); 88, 173 (180); vgl. auch 96, 223 (229).

[55] BVerfGE 111, 147 (153) – Versammlungsverbot.

[56] Vgl. nur *Kopp/Schenke,* § 123 Rdnr. 23ff. m.w.N.

[57] Vgl. z.B. BVerfGE 64, 67 und 65, 1 – Volkszählungsgesetz; *Pestalozza,* Verfassungsprozeßrecht, § 18 Rdnr. 22; *Karpen,* JuS 1984, 459 mit Beispielen.

[58] S. dazu die Beispiele oben bei Rdnr. 465.

[59] Ausführlich *Schoch/Wahl,* FS Benda, S. 265ff. zu BVerfGE 88,173 und BVerfGE 89, 38.

bezogen hat,[60] hat es bei einer Verfassungsbeschwerde gegen das Zustimmungsgesetz zum Europäischen Stabilitätsmechanismus eine ausdrückliche Ausnahme statuiert:

„Wird jedoch im Hauptsacheverfahren das Zustimmungsgesetz zu einem völkerrechtlichen Vertrag zur Prüfung gestellt, kann es angezeigt sein, sich nicht auf eine reine Folgenabwägung zu beschränken, sondern bereits im Verfahren nach § 32 Abs. 1 BVerfGG eine summarische Prüfung anzustellen, ob die für die Verfassungswidrigkeit des angegriffenen Vertragsgesetzes vorgetragenen Gründe mit einem hohen Grad an Wahrscheinlichkeit erwarten lassen, dass das Bundesverfassungsgericht das Vertragsgesetz für verfassungswidrig erklären wird.“[61]

„Eine summarische Prüfung der Rechtslage ist in solchen Fällen insbesondere geboten, wenn eine Verletzung der Schutzgüter des Art. 79 Absatz 3 GG in Rede steht. In einer derartigen Situation muss es Aufgabe des Bundesverfassungsgerichts sein, die Identität der Verfassung zu schützen. Ergibt die summarische Prüfung im Eilrechtsschutzverfahren, dass eine behauptete Verletzung von Art. 79 Absatz 3 GG mit hoher Wahrscheinlichkeit gegeben ist, läge in der Nichtgewährung von Rechtsschutz ein schwerer Nachteil für das gemeine Wohl im Sinne des § 32 Absatz 1 BVerfGG […].“[62]

In dieser Entscheidung verdrängte die summarische Prüfung (die in der Sache schon eine fast vollständige Prüfung der Verfassungsmäßigkeit war) die Doppelhypothese vollständig. Diese wäre auch kaum praktikabel gewesen; das Gericht hätte eine Abwägung zwischen dem Demokratieprinzip und dem Funktionieren der Europäischen Währungsunion vornehmen müssen.

Dieses Vorgehen – summarische Prüfung der Erfolgsaussichten nach Maßgabe des Verfassungrechts statt (politischer) Abwägung – sollte in hochpolitischen Auseinandersetzungen zum Regelfall werden.

467 *d)* Schließlich muss der Erlass einer einstweiligen Anordnung *dringend geboten* sein gem. § 32 I BVerfGG. Diese Begründetheitsvoraussetzung[63] fehlt, wenn eine Hauptsacheentscheidung noch rechtzeitig zur Abwendung schwerer Nachteile ergehen kann[64] oder nicht die Gefahr besteht, dass das vom Antragsteller geltend gemachte Recht bis zur Entscheidung in der Hauptsache durch Schaffung vollendeter Tatsachen überspielt werden kann.[65] Auch die Ablehnung einer einstweiligen Anordnung wegen Unzulässigkeit und offensichtlicher Unbegründetheit der Hauptsache wird teilweise unter dem Gesichtspunkt der Dringlichkeit behandelt.[66] Das gilt gleichermaßen für die Möglichkeit anderweitiger Durchsetzung des eigenen Begehrens.[67]

3. Verfahren und Entscheidung

468 *a)* Die Entscheidung über den Antrag auf eine einstweilige Anordnung kann *ohne mündliche Verhandlung* ergehen, bei besonderer Dringlichkeit sogar ohne Gelegenheit

[60] BVerfGE 35, 193 (196f.) – Grundlagenvertrag; BVerfGE 46, 160 (164) – Schleyer-Entführung; BVerfGE 67, 149 (152); Dazu auch *Hillgruber/Goos,* Rdnr. 1059; *Voßkuhle,* NJW 2013, 1332f.

[61] BVerfGE 132, 195 (233) unter Hinweis auf BVerfGE 35, 193 (196f.). Dazu *Hillgruber,* JA 2013, 76ff.; *Wiedmann,* Der Prüfungsmaßstab für den Erlass einer einstweiligen Anordnung nach § 32 Abs. 1 BVerfGG, S. 11ff.; *Klement,* ZG 2014, 173.

[62] BVerfGE 132, 195 (223).

[63] Dazu *Erichsen,* Anordnung, S. 189 m.w.N.

[64] BVerfGE 7, 367 (371); 12, 36 (40); 35, 193 (201f.); 104, 23 (28); 118, 111 (123).

[65] BVerfGE 98, 139 (144f.).

[66] So etwa *Pestalozza,* Verfassungsprozeßrecht, § 18 Rdnr. 17f.

[67] So etwa *Erichsen,* Anordnung, S. 189.

zur Stellungnahme für die Verfahrensbeteiligten und die sonst Äußerungsberechtigten (§ 32 II BVerfGG).[68] Die Form der Entscheidung richtet sich nach § 25 II BVerfGG: nach mündlicher Verhandlung ergeht ein Urteil, andernfalls ein Beschluss. Die Entscheidung über die einstweilige Anordnung kann ohne Begründung bekanntgegeben werden; in diesem Fall ist die Begründung den Beteiligten später gesondert zu übermitteln, § 32 V BVerfGG. Diese mit der Gesetzesnovelle von 1993 eingeführte Möglichkeit betrifft Fälle besonderer Dringlichkeit und soll dem Umstand Rechnung tragen, dass die Abfassung der schriftlichen Begründung regelmäßig zeitaufwendig ist und der Abstimmung unter den Richtern bedarf. § 32 V BVerfGG entlastet das Gericht von der bisherigen Schwierigkeit, in besonders dringlichen Fällen gegen § 30 I 2 BVerfGG verstoßen zu müssen.[69]

b) Nach § 32 I BVerfGG kann das BVerfG im Wege der einstweiligen Anordnung **469**
„einen Zustand vorläufig regeln". Diese Formulierung entspricht § 123 I 2 VwGO *(Regelungsanordnung).* Dies schließt es nicht aus, dass das BVerfG nicht auch eine *Sicherungsanordnung* in Entsprechung zu § 123 I 1 VwGO erlässt, zumal die einstweilige Anordnung in verfassungsgerichtlichen Verfahren auch die Funktion übernehmen muss, die in verwaltungsgerichtlichen Verfahren dem Suspensiveffekt (§ 80 VwGO) zukommt.[70]

Das BVerfG ist bei seiner Entscheidung nur an das Ziel des – soweit vorliegenden – Antrags, nicht aber an die dort formulierten Maßnahmen gebunden.[71] Zudem begrenzen Anordnungsgrund und Dringlichkeitsgebot den Entscheidungsspielraum des BVerfG. Die einstweilige Anordnung ist nur sechs Monate in Kraft; sie kann wiederholt werden (§ 32 VI BVerfGG).[72] Der Entscheidung kommt Bindungswirkung nach § 31 I BVerfGG zu.[73]

Die *Maßnahmen,* die das BVerfG im Rahmen einer einstweiligen Anordnung erlassen **470**
kann, zeigen eine große Bandbreite.[74]

Am weitreichendsten erscheint die einstweilige Anordnung im ersten Verfahren zur Neuregelung des Schwangerschaftsabbruchs;[75] dort wurde angeordnet, dass der damals neu beschlossene § 218a StGB „einstweilen nicht in Kraft" trat und § 218b und § 219 StGB n. F. auch auf Schwangerschaftsabbrüche in den ersten zwölf Wochen seit der Empfängnis anzuwenden waren.[76] Außerdem wurden gerichtlich anhängige Strafverfahren wegen einer nach § 218a StGB nicht strafbaren Tat bis zur Entscheidung des BVerfG in der Hauptsache ausgesetzt und bestimmt, dass insoweit bereits rechtskräftig verhängte Strafen nicht vollstreckt werden durften.

---

[68] Vgl. BVerfGE 64, 120 (125); 112, 90 (93) – drohende Überstellung des Beschwerdeführers an ausländische Strafverfolgungsbehörden.

[69] Kritisch zu einem früheren Fall fehlender Begründung ohne gesetzliche Ermächtigung *Roellecke,* JZ 1975, 244ff.

[70] *W. Meyer,* in: v. Münch, GG, 2. Aufl. 1983, Art. 93 Rdnr. 60.

[71] BVerfGE 85, 167 (172); *Erichsen,* Anordnung, S. 190.

[72] BVerfGE 77, 130 (133); 97, 102 (102f.) Kritisch gegen mehrfache Wiederholungen im Verfassungsbeschwerdeverfahren *Ule,* FS Maunz, S. 395ff.

[73] *A. Schäfer,* Grundrechtsschutz im Annahmeverfahren, S. 103ff.

[74] Vgl. den Bericht von *Schuppert,* Anordnung, S. 348ff. Überblick auch bei *Scholler/Broß,* Verfassungs- und Verwaltungsprozeßrecht, S. 79ff.

[75] BVerfGE 37, 324.

[76] Ähnlich wurde im zweiten Verfahren zum Abtreibungsstrafrecht verfahren mit dem Schwangeren- und Familienhilfegesetz 1992: BVerfGE 86, 390. Wiederholt in BVerfGE 88, 83 (86); vgl. auch BVerfGE 88, 144.

Durch einstweilige Anordnungen wurden die Durchführung der Volksbefragung über Atomwaffen aufgrund eines hamburgischen Gesetzes[77] und die Durchführung des Volkszählungsgesetzes 1983 bis zur Entscheidung über die Verfassungsbeschwerden ausgesetzt.[78] Auch der Wahltag zu einer Kommunalwahl wurde aufgehoben.[79]

Eine einstweilige Anordnung untersagte die Ausstrahlung anderer Fernsehprogramme als der des Ersten Fernsehprogramms.[80]

Wichtig sind ferner die Fälle der Aussetzung der Vollstreckung von Haftstrafen,[81] von zivilrechtlichen Zwangsvollstreckungen[82] oder sonstigen Vollstreckungen bzw. Vollziehungen gerichtlicher Entscheidungen, u. U. verbunden mit weiteren Anordnungen über das zwischenzeitliche Vorgehen.[83]

In BVerfGE 74, 7 wurde der zuständige Ermittlungsrichter zum ausführenden Organ des BVerfG bestellt und mit der Herausgabe von Aufsichtsratsprotokollen an einen Untersuchungsausschuss des Bundestages beauftragt, „unter Sicherung der Geheimhaltung".

In BVerfGE 85, 165 (167) wurde das anwendbare geltende Recht korrigiert: „Artikel 38 Abs. 3 Satz 1 des Vertrages zwischen der Bundesrepublik Deutschland und der Deutschen Demokratischen Republik über die Herstellung der Einheit Deutschlands – Einigungsvertrag – vom 31. August 1990 ... ist bis zur Entscheidung in der Hauptsache mit folgender Einschränkung anzuwenden". Sorgfältig begründet aaO., S. 175.

BVerfGE 132, 195 (196f.) – ESM-Vertrag: Das Gericht lehnte die Anträge nach § 32 BVerfGG „mit der Maßgabe" ab, „dass die Ratifikation des Vertrages [...] nur erfolgen darf, wenn zugleich [eine vom Gericht verlangte Auslegung des Vertrages] völkerrechtlich sichergestellt" werde. In der Sache wird damit dem Antrag doch teilweise stattgegeben.

470a In einem spektakulären, aber bislang singulär gebliebenen Fall sah sich das BVerfG im Jahr 2018 gehalten, die Bindungswirkung seiner Entscheidung nochmals durch Schreiben an einen Regierungspräsidenten und Pressemitteilung klarzustellen: Die Stadt Wetzlar hatte dem Stadtverband einer rechtsradikalen, nicht aber nicht verbotenen Partei die Überlassung einer Stadthalle für die Durchführung einer Wahlkampfveranstaltung verweigert. Hiergegen hatte der Stadtverband eine einstweilige Anordnung des zuständigen Verwaltungsgerichts erwirkt, der die Stadt trotz zweifacher Zwangsgeldandrohung nicht nachkam. Das BVerfG ging davon aus, dass deshalb eine auf Art. 8 i. V. m. Art. 20 III, 19 IV GG gestützte Verfassungsbeschwerde voraussichtlich Erfolg haben müsste und gab der Stadt im Verfahren nach § 32 BVerfGG auf, der verwaltungsgerichtlichen Entscheidung Folge zu leisten und dem Antragsteller die Stadthalle für die Veranstaltung zu überlassen.[84] Als die Stadt auch dieser Aufforderung nicht nachkam und der Oberbürgermiester mitteilen ließ, „in Karlsruhe [sei] eine allgemeine Entscheidung getroffen worden, der Mietvertrag über die Halle jedoch eine besondere Situation",[85] griff das BVerfG zu einem ungewöhnlichen Mittel. In einer Pressemitteilung heißt es: „Offensichtlich bestanden bei der Stadt Wetzlar Fehlvorstellungen über die Bindungskraft richterlicher Entscheidungen und den noch verbleibenden Spielraum für eigenes Handeln. Um künftigen Überforderungen von

77 BVerfGE 7, 367.
78 BVerfGE 64, 67.
79 BVerfGE 11, 306; 81, 53 – Vollzug des Kommunalwahlgesetzes ausgesetzt (Ausländerwahlrecht). Vgl. auch eingehend zu den Voraussetzungen einer einstweiligen Anordnung bei Verfassungsbeschwerden gegen Gesetze zur kommunalen Neugliederung BVerfGE 91, 70.
80 BVerfGE 12, 36.
81 BVerfGE 14, 11; vgl. auch 15, 223; 18, 146; 22, 178.
82 Vgl. BVerfGE 63, 88 (108).
83 Z. B. BVerfGE 63, 254; 63, 332 (333).
84 BVerfG, NVwZ 2018, 819.
85 Zitiert bei *Wowtscherk,* RuP 55 (2019), 40, 41.

Kommunen in derartigen Situationen vorzubeugen, hat der Vorsitzende des Ersten Senats, Herr Vizepräsident Prof. Dr. Ferdinand Kirchhof, in einem Schreiben an den Regierungspräsidenten angeregt, von Seiten der Kommunalaufsicht sicherzustellen, dass gerichtliche Entscheidungen künftig befolgt werden, etwa durch Anzeigepflichten bei Ablehnung einer Hallenvergabe oder synchrones Monitoring."[86]

c) Gegen eine einstweilige Anordnung in der Form des Beschlusses ist ein *Widerspruch* zulässig, es sei denn, es handelt sich um den Beschwerdeführer im Verfassungsbeschwerdeverfahren (§ 32 III BVerfGG). Der Widerspruch hat keine aufschiebende Wirkung; das BVerfG kann die Vollziehung der einstweiligen Anordnung aussetzen (§ 32 IV BVerfGG). Auch die Entscheidung über den Widerspruch kann ohne Begründung bekanntgegeben werden, § 32 V BVerfGG. 471

d) Einige Besonderheiten gelten im Verfahren der *Verfassungsbeschwerde.* § 93d II BVerfGG gibt den Kammern, im Interesse der Entlastung der Senate, die Möglichkeit zur Entscheidung über einstweilige Anordnungen.[87] Allerdings bleibt eine einstweilige Anordnung, mit der auf die Verfassungsbeschwerde hin die Anwendung eines Gesetzes ganz oder teilweise ausgesetzt wird, dem Senat vorbehalten. Auch über den Widerspruch gegen einstweilige Anordnungen entscheidet der Senat. 472

Prüfungsschema für eine einstweilige Anordnung nach § 32 BVerfGG[88] 472a

Ausbildungsliteratur: *Bäcker,* Die einstweilige Anordnung im Verfassungsprozessrecht, JuS 2013, 119ff.

I. Zulässigkeit (Rdnr. 464)

1. **Zuständigkeit in der Hauptsache**
   Ein Streitfall iSd. § 32 I BVerfGG liegt immer dann vor, wenn das BVerfG in der Hauptsache zuständig ist.
2. **Antragsberechtigung**
   Antragsberechtigt ist jeder am Hauptsacheverfahren Beteiligte.
3. **Rechtsschutzbedürfnis**
   Das Rechtsschutzbedürfnis entfällt beispielsweise, wenn Rechtsschutz auf andere Weise gewährt werden oder die angestrebte Maßnahme offensichtlich keinen Erfolg haben kann und daher ungeeignet ist, ferner darf die Hauptsache noch nicht entscheidungsreif oder bereits entschieden sein.
4. **Keine unzulässige Vorwegnahme der Hauptsache**
   Dieser Prüfungspunkt kann auch als Teil des Rechtsschutzbedürfnisses abgehandelt werden.[89] Nach h. M. ist ein Antrag, der auf Vorwegnahme der Hauptsache zielt, grundsätzlich unzulässig (Kritik hieran oben bei Rdnr. 464).

[86] Vgl. BVerfG, Pressemitteilung Nr. 26/2018 vom 20. April 2018, https://www.bundesverfassungsgericht.de/SharedDocs/Pressemitteilungen/DE/2018/bvg18-026.html (letzter Zugriff 13.04.2021); *Hecker,* NVwZ 2018, 787ff.

[87] Solchen Entscheidungen kommt Bindungswirkung nach § 31 I BVerfGG zu, vgl. *Schemmer,* in: Burkiczak/Dollinger/Schorkopf, BVerfGG, § 93d Rdnr. 15; *A. Schäfer,* Grundrechtsschutz im Annahmeverfahren, S. 103ff.

[88] Vgl. zum Ganzen *Fleury,* Rdnr. 487ff.; *Hillgruber/Goos,* Rdnr. 988ff.

[89] So etwa *Fleury,* Rdnr. 490.

5. **Form und Frist**
   Der Antrag muss schriftlich und mit einer Begründung versehen eingereicht werden, § 23 I 1 BVerfGG. Er kann vor und während der Anhängigkeit des Hauptsacheverfahrens gestellt werden.

II. Begründetheit (Rdnr. 465 ff.)

1. **Keine offensichtliche Unzulässigkeit oder Unbegründetheit der Hauptsache**
   Obwohl die Erfolgsaussichten in der Hauptsache grundsätzlich bei der Entscheidung über die einstweilige Anordnung (und dort insbesondere im Rahmen der Abwägung) außer Betracht bleiben, kommt der Erlass einer einstweiligen Anordnung nach neuerer Rechtsprechung des BVerfG nicht in Betracht, wenn die Hauptsache offensichtlich keinen Erfolg hat (näher oben Rdnr. 466). Bei der Verfassungsbeschwerde ist der Vorrang des fachgerichtlichen Rechtsschutzes zu beachten.
2. **Folgenabwägung (Doppelhypothese)**
   Im Rahmen einer sog. „Doppelhypothese" sind die Folgen, „die eintreten würden, wenn eine einstweilige Anordnung nicht ergeht, die angegriffenen Maßnahmen in dem späteren Verfahren jedoch für verfassungswidrig erklärt werden, gegen die Nachteile, die entstehen würden, wenn die angegriffene Regelung vorläufig außer Anwendung gesetzt würde"[90], abzuwägen. Ausnahmsweise kann bei Verfahren von besonderer politischer Tragweite, etwa bei einem Zustimmungsgesetz zu einem völkerrechtlichen Vertrag, eine summarische Prüfung der Rechtslage geboten sein (näher oben Rdnr. 466a).
3. **Anordnungsgrund**
   Nach § 32 I BVerfGG muss die einstweilige Anordnung „zum gemeinen Wohl dringend geboten" sein. Als Anordnungsgrund hat von den drei in der Norm genannten in der Praxis vor allem die „Abwehr schwerer Nachteile" Bedeutung. Eng hiermit verbunden ist das Erfordernis der Dringlichkeit der einstweiligen Anordnung. Es darf dem Antragsteller also insbesondere nicht zumutbar sein, die Entscheidung in der Hauptsache abzuwarten. Dies ist jedoch regelmäßig durch das Drohen der schweren Nachteile für das Gemeinwohl indiziert.[91]

II. Die Vollstreckung von Entscheidungen gemäß § 35 BVerfGG

473 § 35 BVerfGG lautet „kurz und dunkel"[92]: „Das Bundesverfassungsgericht kann in seiner Entscheidung bestimmen, wer sie vollstreckt; es kann auch im Einzelfall die Art und Weise der Vollstreckung regeln." Das BVerfG geht davon aus, dass hier „Vollstreckung" weit zu verstehen sei und einen umfassenderen Inhalt als im sonstigen Prozessrecht habe, insbesondere im Zivilprozessrecht. § 35 BVerfGG mache das Gericht „zum Herrn der Vollstreckung" und belasse „dem Gericht volle Freiheit, das Gebotene

[90] BVerfGE 12, 276 (279).
[91] Vgl. auch mit Hinweisen auf alternative Aufbauvarianten *Hillgruber/Goos,* Rdnr. 1054 ff.
[92] *Bethge,* in: Maunz u. a., BVerfGG, § 35 Rdnr. 2.

in der jeweils sachgerechtesten, raschesten, zweckmäßigsten, einfachsten und wirksamsten Weise zu erreichen". Das BVerfGG habe „dem Bundesverfassungsgericht alle zur Durchsetzung seiner Entscheidungen nötige Kompetenz eingeräumt ... Gestützt auf diese Kompetenz trifft das Gericht von Amts wegen ... alle Anordnungen, die erforderlich sind, um seinen ein Verfahren abschließenden Sachentscheidungen Geltung zu verschaffen ... Der Vollstreckung im Sinne des § 35 BVerfGG sind nicht nur Leistungs- und Duldungsurteile, sondern auch Feststellungsurteile zugänglich; Vollstreckung ist hier der Inbegriff aller Maßnahmen, die erforderlich sind, um solche Tatsachen zu schaffen, wie sie zur Verwirklichung des vom Bundesverfassungsgericht gefundenen Rechts notwendig sind."[93] Gleiches soll für Gestaltungsurteile gelten.

Eine Vollstreckungsanordnung darf die zugrunde liegende Sachentscheidung jedoch nicht modifizieren oder erweitern.[94] Ausgeschlossen ist somit eine verfassungsgerichtliche Überprüfung einer gesetzlichen Neuregelung, die ein als unvereinbar erklärtes Gesetz ersetzt, im Rahmen der Vollstreckung der ursprünglichen Sachentscheidung nach § 35 BVerfGG. Dies stelle eine „Prüfung der durch das [neue] Gesetz geschaffenen neuen Rechtslage" dar und „erweitere" deshalb die zu vollstreckende Sachentscheidung, die nur das ursprüngliche Gesetz zum Gegenstand hatte.[95] Gegen die Neuregelung sind separate Normenkontroll- oder Verfassungsbeschwerdeverfahren anzustrengen. „Etwas anderes dürfte allenfalls dann gelten, wenn der von der ausgesprochenen Gesetzgebungspflicht betroffene Gesetzgeber gar nicht tätig geworden ist oder nur in einer Weise, die so offensichtlich hinter den sich aus der Sachentscheidung ergebenden Anforderungen zurückbleibt, dass dies materiell einer Untätigkeit gleichkommt."[96]

Die grundsätzlich sehr weite Befugnis nach § 35 BVerfGG sei in der Hand des zum Hüter der Verfassung bestellten höchsten Gerichts[97] gegen Missbrauch gefeit.[98] Die Anordnungen werden von Amts wegen getroffen. Mit der Vollstreckung können gegebenenfalls andere staatliche Organe des Bundes oder der Länder beauftragt werden. In dieser Auslegung rückt § 35 BVerfGG in die Nähe einer Generalermächtigung, die auch alle Kompetenzvorschriften überspringt.[99] Vollstreckungsanordnungen, die sich ausdrücklich auf § 35 BVerfGG stützen, kommen nicht sehr häufig vor.[100]

Es gibt zunächst Vollstreckungsanordnungen in einem engeren Sinne. Das BVerfG beauftragt ein staatliches Organ mit der Durchsetzung seiner Sachentscheidung. So hat

[93] BVerfGE 6, 300 (303f.); s. a. BVerfGE 39, 1 (2f., 68); 82, 322 (352); 88, 203 (208ff.); 93, 37 (41); 93, 362 (372). Ablehnend zum Gericht als „Herrn der Vollstreckung" *Voßkuhle,* in: Mangoldt/Klein/Starck, GG, Art. 93 Rdnr. 50.

[94] BVerfGE 6, 633 (303f.); 68, 132 (140); 100, 263 (265); 142, 116 (120).

[95] BVerfGE 142, 116 (121); Besprechung bei *Sachs,* JuS 2016, 1151; ursprüngliche Entscheidung: BVerfGE 139, 64.

[96] BVerfGE 142, 116 (122).

[97] BVerfGE 6, 300 (304). Vorher schon *Geiger,* BVerfGG, § 35 Anm. 2; *H. H. Klein,* BVerfG.

[98] Kritisch *Herzog,* Der Staat 4 (1965), 37ff., und insbesondere *Roth,* AöR 124 (1999), 470ff.

[99] BVerfGE 6, 300; 2, 139: Beschwerde unmittelbar an BVerfG, wenn der Vollziehungsakt einer Verwaltungsbehörde auf einem konkreten Vollstreckungsauftrag des BVerfG beruht. Bei einem nur allgemeinen Vollstreckungsauftrag Beschwerde nur an die Verwaltungsbehörde nach den allgemeinen Rechtsmittelvorschriften.

[100] Überblick von *Burkiczak,* in: Burkiczak/Dollinger/Schorkopf, BVerfGG, § 35 Rdnr. 11ff.; *E. Klein,* AöR 108 (1983), 443.

das BVerfG den Innenminister eines Landes angewiesen, die Ersatzorganisation einer durch Urteil des BVerfG verbotenen Partei aufzulösen.[101]

Im Weiteren gibt es Außervollzugsetzungen behördlich oder gerichtlich angeordneter Maßnahmen.[102]

474 Das Gericht hat darüber hinaus im Wege der Vollstreckungsanordnungen Übergangsschwierigkeiten gemeistert, insbesondere Übergangsregelungen angeordnet.[103]

Das BVerfG hat – parallel zu § 32 BVerfGG – auch § 35 BVerfGG zu extremen Lösungen benutzt: In BVerfGE 39, 1 (Schwangerschaftsabbruch) hat es etwa das zunächst im Wege der einstweiligen Anordnung erlassene Übergangsrecht nach der Nichtigerklärung des Reformgesetzes erneut angeordnet – als Maßnahme der Vollstreckung nach § 35 BVerfGG. Der Schwangerschaftsabbruch war also vom Zeitpunkt der Entscheidung des BVerfG bis zur Neuregelung durch den Gesetzgeber (dessen Gesetz dann übrigens weitgehend mit der Anordnung des Gerichts identisch war) nach der Anordnung des Gerichts zu bestrafen! In der Abwägung zwischen dem grundrechtlichen Schutz des Lebens und dem Selbstbestimmungsrecht der Schwangeren erschien dem Gericht weder die bloße Nichtigerklärung – der Schutz des Lebens wäre nach Auffassung des BVerfG[104] dann vorübergehend völlig entfallen, da es zunächst gar kein verfassungsmäßiges Strafgesetz gegeben hätte – noch die volle Weitergeltung des alten Rechts – es war von allen Seiten als unbefriedigend empfunden worden, da es die Strafbarkeit weit ausdehnte, den Schutz des werdenden Lebens aber faktisch nicht mehr bewirkte – als der Verfassung entsprechend. Deshalb verband es die Nichtigerklärung des Reformgesetzes mit der Anordnung einer eigenen Übergangsregelung. Diese lag auf einer mittleren Linie zwischen dem alten Recht (Strafbarkeit) und dem neuen Recht (Straflosigkeit im Rahmen der Fristenlösung).

Auch in seiner zweiten Entscheidung zu § 218 StGB aus dem Jahre 1993, mit der das BVerfG das Reformgesetz von 1992 teilweise für nichtig erklärte – BVerfGE 88, 203 (209–212) –, hat das Gericht eine umfassende Übergangsregelung getroffen. Zunächst wird angeordnet, welches Recht bis zum Inkrafttreten der erforderlichen gesetzlichen Neuregelung anzuwenden ist. Sodann legt das Gericht (auf nicht weniger als drei Druckseiten) die inhaltlichen und organisatorischen Voraussetzungen für die Beratung der Schwangeren durch Beratungsstellen fest, auf die es nach dem neuen Beratungskonzept entscheidend ankommt. Niemand wird behaupten wollen, diese bis ins Einzelne gehende Regelung der Beratung sei so Wort für Wort verfassungsnotwendig. Das BVerfG – um es möglichst positiv auszudrücken – weist dem Gesetzgeber den Weg zu einer verfassungsgemäßen Neuregelung. Das ist Ersatzgesetzgebung (vgl. auch Rdnr. 538).

Solche weittragenden Übergangsregelungen sind von § 35 BVerfGG nicht mehr gedeckt, denn es handelt sich dabei nicht um Maßnahmen zur „Vollstreckung" einer Nichtigerklärung. Soweit eine Nichtigerklärung reicht, ist sie nicht vollstreckungsfähig und deshalb auch nicht vollstreckungsbedürftig: Der Urteilsausspruch stellt in diesen Fällen fest, dass die Norm von Anfang an verfassungswidrig und daher nichtig war. Das BVerfG betätigt sich mit Übergangsregelungen als (Ersatz-)Gesetzgeber.[105]

---

[101] BVerfGE 2, 1 (77–79). Vgl. auch BVerfGE 74, 7 (7f.) – Beauftragung eines Ermittlungsrichters beim Amtsgericht, Maßnahmen mit Blick auf Aufsichtsratsprotokolle zu treffen.

[102] BVerfGE 29, 312 (317f.); 35, 382 (383, 408).

[103] BVerfGE 48, 127 (130f., 184); 98, 169 (171, 215); 128, 326 (332f.); 130, 131 (132, 150f.).

[104] Vgl. aber oben Rdnr. 455ff. (Exkurs).

[105] Kritisch insbesondere *J. Ipsen*, Rechtsfolgen, S. 231ff., 241ff.; *Roth*, AöR 124 (1999), 495ff.; *Laumen*, S. 19ff., 100ff., 215ff.; *Voßkuhle*, in: v. Mangoldt/Klein/Starck, GG, Art. 93 Rdnr. 50. Vgl. auch *Schuppert*, Anordnung, S. 360. Positiv *Bachof*, Richter, S. 350; StGH Bad.-Württ. DÖV 1976, 602f.; *Lerche*, FS Gitter, S. 509ff., der jedoch die Anbindung von Übergangsregelungen an § 35 BVerfGG kritisiert: es gehe nicht um die Vollstreckung, sondern um „Bewältigung der Folgen der respektierten Entscheidung"; und – zu § 218 StGB: Das BVerfG habe sich zwar als Notgesetzgeber betätigt, aber „eben deshalb, um den Einbruch in das gesetzgeberische Konzept ... so gering wie möglich zu halten" (aaO., S. 512). Fast resignierend *Drüen*, DStR 2016, 648: Die Reichweite der Vollstreckungskompe-

In seinem zweiten Urteil zum Schwangerschaftsabbruch hat sich das BVerfG nicht darauf beschränkt, die vom Gesetzgeber getroffene Einschätzung der praktischen Auswirkungen eines Beratungskonzepts (§ 219 StGB) zu kontrollieren, sondern unter Anwendung von § 35 BVerfGG detaillierte Vorgaben zur verfassungsmäßigen Ausgestaltung eines Beratungskonzepts gemacht (BVerfGE 88, 203 [209ff., 336f.]); hier verwandelt das Gericht die ihm obliegende Kontrolle von Prognosen des Gesetzgebers bezüglich zukünftiger Tatsachenentwicklungen zu einer eigenen verändernden Einflussnahme auf diese Entwicklungen (vgl. unten Rdnr. 538).

Die schärfste Attacke gegen den Missbrauch des § 35 BVerfGG ritt *H.-P. Schneider.*[106] Den Beginn des Übels sieht er im ersten Urteil zum Schwangerschaftsabbruch (BVerfGE 39, 1): „Hier beschränkt sich das BVerfG nicht mehr nur auf eine bloße Rechtsfolgenregelung seiner Entscheidung, sondern konfrontiert den Gesetzgeber mit detaillierten Vorgaben, die kaum anders als konkrete richterliche Anweisungen für eine künftige verfassungskonforme Neuordnung des Abtreibungsrechts zu verstehen sind." Das sei die Inanspruchnahme eines Notverordnungsrechts in Parallele zum Notverordnungsrecht des Reichspräsidenten nach Art. 48 II WRV, auf das das Grundgesetz verzichtet habe. Das aber bedeute, dass die Rechtsprechung zu § 35 BVerfGG die Gewaltenteilung in fundamentaler Weise verletze. Das BVerfG habe sich jeder Stellungnahme zu den Inhalten einer künftigen verfassungskonformen Neuregelung durch den Gesetzgeber zu enthalten. Es handele sich andernfalls um eine „disfunktionale Präjudizierung des Gesetzgebers durch das Bundesverfassungsgericht".

Lerche[107] dagegen sieht hier das BVerfG in der Rolle eines Notgesetzgebers, der seinen Einbruch in das gesetzgeberische Konzept so gering wie möglich zu halten habe. „Die in einer gerichtlichen Anordnung dieser Art ausgesprochene Regelung darf nicht als Sachempfehlung des Gerichts gedeutet werden, und zwar dahin, auch die gesetzliche Neuregelung selbst möge sich auf dem Pfade der übergangsweisen Anordnungsregelung bewegen". Das war und ist freilich die allgemein übliche Auffassung. Im Falle der Abtreibungsregelung sei das tatsächlich geregelte gesetzgeberische „Beratungskonzept" nur als mögliche, vertretbare Lösung bezeichnet worden, nicht als notwendig einzig verfassungsgemäße. „Kurz: Weder unmittelbarer Entscheidungsvollzug noch mittelbare Durchsetzung des Entscheidungskonsequenten, sondern Bewältigung der Folgen der respektierten Entscheidung ist der Kern der Sache" (S. 515, 510). Ob § 35 BVerfGG in dieser begrenzten Sicht nun die ausführlichen Anordnungsregelungen des BVerfG in den beiden Urteilen zum Schwangerschaftsabbruch trägt, sagt *Lerche* nicht ausdrücklich.

Auch *Böckenförde* warnt das BVerfG davor, mit verbindlichen Orientierungspunkten den Gesetzgeber vor dem Risiko eines späteren Scheiterns bewahren zu wollen. Das BVerfG sei nicht fürsorglicher Praeceptor des Gesetzgebers. „Der Gesetzgeber ist selbst

tenz des BVerfG – insbesondere mit Blick auf die Weitergeltung verfassungswidrigen Rechts oder die Anordnung von Übergangsregelungen – „ist theoretisch umstritten, praktisch entscheidet darüber allein das BVerfG. Auch wenn der Grundsatz der Gewaltenteilung die Anmaßung gesetzgeberischer Befugnisse durch die Judikative verbietet, gibt es insoweit keinen Rechtsschutz." Vgl. auch *Strehle,* S. 82ff.

[106] *H.-P. Schneider,* NJW 1994, 2590ff.

[107] *Lerche,* FS Gitter, S. 509ff.

und aus sich heraus für die Verfassungsmäßigkeit seiner gesetzgeberischen Entscheidungen verantwortlich."[108]

III. Die Bindungswirkung der Entscheidungen des Bundesverfassungsgerichts gemäß § 31 I und II BVerfGG[109]

475 Die Bindungswirkung der Entscheidungen des BVerfG geht weiter als diejenige anderer Gerichte. Von der prozessualen Seite her ist sie es, die die Stellung des BVerfG im Konzert der politischen Mächte wesentlich bestimmt. Wenngleich der vielzitierte Ausspruch des amerikanischen Richters *Charles E. Hughes* aus dem Jahre 1907 – „The constitution is what the judges say it is"[110] – verfassungsdogmatisch falsch ist, da ein Verfassungsgericht nicht Verfassungsrecht setzt,[111] so ist er doch praktisch gesehen richtig.[112]

1. Rechtskraft

476 Entscheidungen des BVerfG erwachsen in Rechtskraft wie auch die ein Verfahren abschließenden Entscheidungen anderer Gerichte. Das ergibt sich zwar nicht aus dem BVerfGG, ist aber vom BVerfG seit jeher angenommen worden.[113] Grundsätzlichen Widerspruch gegen diesen Standpunkt hat die Lehre nicht erhoben;[114] lediglich für bestimmte Verfahren, insbesondere für das Normenkontrollverfahren, wird von einigen Autoren die Möglichkeit der Rechtskraft einer Entscheidung des BVerfG verneint.[115]

477 Rechtskraft bedeutet zunächst *Unwiderruflichkeit* der Entscheidung für das entscheidende Gericht: Das Gericht kann seine Entscheidung, wenn sie erlassen ist, nicht wie-

---

108 *Böckenförde,* Sondervotum zu BVerfGE 93, 121 (152); ähnlich *Hesse,* FS Mahrenholz, S. 552f. Der Rechtsprechung des BVerfG zustimmend dagegen *Lechner/Zuck,* § 35 Rdnr. 3ff.

109 *Friesenhahn,* Inhalt, S. 697ff.; *Klaus Vogel,* Rechtskraft, S. 568ff.; *Seuffert,* AöR 104 (1979), 169ff.; *Geiger,* Besonderheiten, S. 24ff.; *Wischermann; Th. Bauer; Hoffmann-Riem,* Der Staat 13 (1974), 349ff.; *Pestalozza,* Verfassungsprozeßrecht, § 20 Rdnr. 82ff.; *Badura,* Bedeutung, S. 64ff.; *K. Lange,* JuS 1978, 1ff.; *Detterbeck,* Streitgegenstand; *Heun,* Rechtliche Wirkungen, S. 173ff.; *Sachs,* FS Kriele, S. 431ff.; *Knops,* KritVj 1997, 38ff.; *Ziekow,* Jura 1995, 522ff.; *Lechner/Zuck,* § 31.

110 *Danelski/Tulchin,* S. 144. Vgl. auch *Pusey,* S. 204. Zu den Besonderheiten der amerikanischen Verfassungsrechtsordnung, die den Hintergrund der Aussage bilden, vgl. *Brugger,* Einführung, S. 7ff.

111 Merkwürdig ist daher die rechtspolitische Forderung von *Willoweit,* JZ 2016, 434, dem Gesetzgeber ein „Einspruchsrecht" gegen Entscheidungen des BVerfG zu geben.

112 Vgl. *Smend,* S. 16; *Merten,* DVBl. 1980, 778; *Sachs,* NJW 1982, 467; *Bleckmann,* Staatsrecht I, S. 855; *Stern,* Grundgesetz, S. 20. *Smend* sagte aaO.: „Das Grundgesetz gilt nunmehr praktisch [!] so, wie das Bundesverfassungsgericht es auslegt ..." Damit folgt er feinsinnig-kritisch nicht *Hughes* und hat auch nicht „der Verfassungsgerichtsbarkeit die Funktion zuerkannt, die Verfassung verbindlich [!] auszulegen" (so aber – nicht zu Smend – *Starck,* Prozeß, S. 17).

113 BVerfGE 4, 31 (38); 20, 56 (86f.); 69, 92 (103); 104, 151 (196). Prägnant *Bethge,* FS Musielak, S. 77ff.

114 Mit Ausnahme von *Kriele,* Theorie, S. 294ff. Zur Diskussion vgl. *Bryde,* Verfassungsentwicklung, S. 401f.; *Sachs,* FS Kriele, S. 435ff.

115 So für die Entscheidungen im Normenkontrollverfahren *Friesenhahn,* Inhalt, S. 697ff.; umfangreiche Nachweise zum Schrifttum bei *Sachs,* Bindung, S. 26ff.

der aufheben. Die in einem Entscheidungstenor ausgesprochene Rechtsfolge steht nicht mehr zur Disposition des BVerfG.[116]

Rechtskraft meint weiterhin die *Unanfechtbarkeit* der erlassenen Entscheidung (formelle Rechtskraft). Diese tritt bei Entscheidungen des BVerfG regelmäßig mit Erlass der Entscheidung ein, denn Rechtsmittel gegen die Entscheidung einer höchsten Instanz kann es nicht geben. 478

Gegen die Entscheidung eines Senats des BVerfG kann nicht das Plenum angerufen werden. Die Entscheidung einer Kammer, die eine Verfassungsbeschwerde nicht annimmt (§ 93b BVerfGG) oder ihr stattgibt (§ 93c BVerfGG), erwächst nach § 93d I S. 2 BVerfGG ebenfalls in formelle Rechtskraft.[117] Gegen Entscheidungen im einstweiligen Anordnungsverfahren ist Widerspruch nach § 32 III BVerfGG möglich. Dies gilt nach § 32 III S. 2 BVerfGG jedoch nicht für den Beschwerdeführer in einem Verfassungsbeschwerdeverfahren.[118]

Schließlich gehört zur Rechtskraft auch die *materielle Rechtskraft,* also die *Bindung des Gerichts und der Beteiligten* des Verfahrens an die formell rechtskräftige Entscheidung über das Verfahren selbst hinaus, vor allem in einem späteren Prozess.[119] Die Bestimmung von Umfang und Grenzen der materiellen Rechtskraft macht auch im Verfassungsprozessrecht Schwierigkeiten. Überwiegend wird angenommen, dass die Rechtskraft *objektiv* auf den Entscheidungstenor begrenzt ist, die Gründe aber nicht in Rechtskraft erwachsen, wenn sie auch gelegentlich zur Auslegung des Tenors herangezogen werden müssen.[120] *Subjektiv* bezieht sich die Rechtskraft auf die Verfahrensbeteiligten, also auf Antragsteller, Antragsgegner und diejenigen, die dem Verfahren beigetreten sind. Für eine Ausdehnung der Rechtskraft auch auf diejenigen Personen oder Organe, die hätten beitreten können,[121] besteht kein praktisches Bedürfnis, weil die gebotene Herstellung des Rechtsfriedens über die Bindungswirkung des § 31 I BVerfGG hinreichend sichergestellt werden kann. Im Fall der Prozessstandschaft im Organstreit findet eine generelle subjektive Rechtskrafterstreckung auf den Rechtsinhaber nicht statt.[122] Auch die Annahme einer Allgemeinverbindlichkeit von Normen- 479

---

[116] Im Ergebnis ebenso *Bethge,* in: Maunz u. a., BVerfGG, § 31 Rdnr. 32ff.; *ders.,* FS Musielak, S. 82, allerdings unter Berufung auf die „innerprozessuale Bindungswirkung"; *Klaus Vogel,* Rechtskraft, S. 583. – Ein Beispiel: Die in BVerfGE 61, 149 ausgesprochene Nichtigkeit des Staatshaftungsgesetzes vom 26.6.1981 gilt nach Erlass des Urteils auch für das BVerfG. Das Gericht ist gehindert, in einem künftigen Verfahren davon auszugehen, dieses Gesetz sei doch noch in Geltung. Es ist aber nicht gehindert, später zu entscheiden, dass ein neues Gesetz mit dem Inhalt des StHG doch vom Bundestag erlassen werden durfte.

[117] *A. Schäfer,* S. 80; dort auch der zutreffende Hinweis, dass man § 93d I S. 2 BVerfGG für stattgebende Entscheidungen wegen § 93c I S. 2 BVerfGG als rein deklaratorisch ansehen kann.

[118] Vgl. zu Kammerentscheidungen in diesem Zusammenhang *A. Schäfer,* S. 80f.

[119] *Detterbeck,* Streitgegenstand, S. 327ff.; *Sachs,* FS Kriele, S. 435ff.; *Klaus Vogel,* Rechtskraft, S. 584; sorgfältig BVerfGE 69, 92 (103) zu § 10b II EStG. Vgl. auch BVerfGE 70, 242 (249f.); 78, 320 (328); 85, 117 (121); 92, 91 (107); 104, 151 (196). Zur materiellen Rechtskraft in Zusammenhang mit Kammerentscheidungen *A. Schäfer,* S. 84ff.

[120] BVerfGE 4, 31 (38f.); *Bethge,* in: Maunz u. a., BVerfGG, § 31 Rdnr. 94f.; abweichend *Klaus Vogel,* Rechtskraft, S. 589, der die Rechtskraft auch auf die „konkrete Entscheidungsnorm", also über den Streitgegenstand hinaus auch auf „Rechtsannahmen" erstreckt; vgl. *Bryde,* Verfassungsentwicklung, S. 403.

[121] *Klaus Vogel,* Rechtskraft, S. 593, 598; dagegen *Bethge,* in: Maunz u. a., BVerfGG, § 31 Rdnr. 56; *Bryde,* Verfassungsentwicklung, S. 403.

[122] Vgl. BVerfGE 104, 151 (197) – Geltendmachung von Rechten des Bundestages durch eine Fraktion: „Die gesetzliche Prozessführungsbefugnis der Fraktionen zur Durchsetzung der Rechte des Bundestags

kontrollentscheidungen als Element der Rechtskraft[123] ist entbehrlich, da sich diese Allgemeinverbindlichkeit speziell aus § 31 II BVerfGG ergibt.

480 Probleme wirft die Frage nach den *zeitlichen Grenzen* der materiellen Rechtskraft verfassungsgerichtlicher Entscheidungen auf. Die materielle Rechtskraft endet, wenn sich entscheidungserhebliche Sachverhalte gegenüber dem Zeitpunkt der Entscheidung ändern.[124]

481 Praktische Bedeutung hat die Frage, wann die Gerichte eine ihrem Wortlaut nach unveränderte Norm, deren Verfassungsmäßigkeit vom BVerfG bestätigt worden ist, erneut nach Art. 100 I GG vorlegen dürfen. Das BVerfG hält das für zulässig, wenn die erneute Vorlage auf tatsächlichen Änderungen beruht; das vorlegende Gericht müsse sich aber erkennbar auf den Boden der Rechtsauffassung der früheren Entscheidung des BVerfG stellen und darlegen, welche der eingetretenen Veränderungen eine andere Entscheidung des BVerfG ermöglichen.[125] Großzügigkeit in der Ermöglichung einer erneuten Vorlage ist angebracht, weil eher die Gefahr einer Versteinerung der Rechtsprechung besteht als die umgekehrte Sorge, das Gericht könne durch allzu leichtfertiges Aufgeben seiner Rechtsprechung Rechtssicherheit und Verlässlichkeit in Frage stellen.

2. Die Bindungswirkung nach § 31 I BVerfGG

482 Nach § 31 I BVerfGG binden die Entscheidungen des BVerfG die Verfassungsorgane des Bundes und der Länder sowie alle Gerichte und Behörden. Die Interpretation dieser Vorschrift bereitet erhebliche Schwierigkeiten.[126] Ihr eigentlicher Gehalt liegt darin, dass die *Rechtskraft* der Entscheidungen des BVerfG *personell erstreckt* wird: Gebunden sind neben den Verfassungsorganen (einschließlich der Teile dieser Organe, die im Verfassungsprozess parteifähig sind) alle staatlichen Stellen, also auch alle Behörden und Gerichte.[127] Nicht gebunden sind natürliche Personen und privatrechtlich verfasste juristische Personen. In der personellen Erstreckung liegt ein Unterschied zur Rechtskraft, die sich in der Regel nur auf die Parteien (inter partes) bezieht. Ob sich dieser Unterschied in der bloßen Erstreckung erschöpft oder ob die Erstreckung die

---

dient dem parlamentarischen Minderheitenschutz; dieser Zweck umfasst es nicht, auch das Hauptorgan rechtskräftig zu binden." Ebenso *Benda/Klein,* Verfassungsprozessrecht, Rdnr. 1496; *Bethge,* FS Musielak, S. 88.

[123] So *Seuffert,* AöR 104 (1979), 176.

[124] BVerfGE 33, 199 (203).

[125] BVerfGE 33, 199 (203f.); 82, 198 (205); 87, 341 (346); ob auch ein Wandel der allgemeinen Rechtsauffassung die erneute Prüfung einer bereits rechtskräftig entschiedenen Vorlagefrage ermöglicht, ließ das BVerfG offen. Die Begründung der vom BVerfG angenommenen Unzulässigkeit der erneuten Vorlage beginnt mit dem Satz: „Das Amtsgericht erwähnt in seinem Vorlagebeschluss die Entscheidung des BVerfG ... überhaupt nicht." Ebenso BVerfGE 65, 179 (181f.); 70, 242 (249f.).

[126] Zu ähnlichen Problemen bezüglich der Entscheidungen des Europäischen Gerichtshofs (EuGH), insbes. der Entscheidungen gemäß Art. 267 AEUV (Auslegung des Gemeinschaftsrechts nach Vorlage durch ein nationales Gericht) vgl. nur *Streil,* S. 77ff. Zu den Wirkungen der Entscheidungen des Europäischen Gerichtshofs für Menschenrechte mit ebenfalls vergleichbaren Problemen *Ress,* FS Mosler, S. 726ff.

[127] Kritisch zu dieser prozessrechtlichen Deutung *Roellecke,* in: HStR III, § 68 Rdnr. 21ff.

Rechtskraft qualitativ verändert, ist eine schwierige Frage.[128] In der Unsicherheit darüber spricht man von einer „Bindungswirkung" aus § 31 I BVerfGG.[129]

Mit Blick auf die Bindung der anderen Gerichte hat das 5. Gesetz zur Änderung des BVerfGG vom 2.8.1993 (BGBl. I S. 1442) die Prozessordnungen in seltsamer Weise ergänzt. Art. 2 bis 6 des Gesetzes führten als Grund für die Zulassung eines Rechtsmittels bzw. die Vorlage an das Rechtsmittelgericht die Abweichung des Instanzgerichts von einer Entscheidung des BVerfG ein (§ 78 III Nr. 2 AsylVfG; § 72 II Nr. 2 ArbGG; § 160 II Nr. 2 SGG; §§ 124 II Nr. 4, 132 II Nr. 2 VwGO; § 115 II Nr. 2 FGO).[130] Nimmt man diese Änderung beim Wort, dann hätten die Rechtsmittelgerichte über Umfang und Aufrechterhaltung der Bindungswirkung für die Gerichte zu entscheiden, § 31 I BVerfGG wäre teilweise durchbrochen. Das aber hat der Gesetzgeber offenbar nicht beabsichtigt. Ihm ging es darum, das BVerfG zu entlasten: Die Rechtsmittelgerichte sollen unbeabsichtigte Abweichungen der Instanzgerichte von der Rechtsprechung des BVerfG korrigieren können. So werden Verfassungsbeschwerden vermieden.

Speziell den Normenkontrollentscheidungen kommt darüber hinaus eine Bindungswirkung inter omnes zu; diese Allgemeinverbindlichkeit der Normenkontrollentscheidungen ergibt sich aus § 31 II BVerfGG, worauf noch einzugehen sein wird. Das BVerfG selbst ist nicht gebunden,[131] es kann von seiner Rechtsprechung abweichen. Dies hat es aber bislang nur selten getan.[132] Gelegentlich weist das Gericht auf Abweichungen von seiner früheren Rechtsprechung hin.[133]

Ausdrücklich korrigiert hat das BVerfG seine frühere Rechtsprechung zur staatlichen Parteienfinanzierung, vgl. BVerfGE 85, 264ff. Entgegen der älteren Rechtsprechung hält es nun grundsätzlich eine allgemeine staatliche Parteienfinanzierung und nicht nur Wahlkampfkostenerstattungen für zulässig.[134] Spektakulär auch BVerfGE 92, 1 (15): Entgegen seiner früheren Rechtsprechung – vgl. BVerfGE 73, 206 (242) – urteilt das Gericht zum strafrechtlichen Nötigungstatbestand (§ 240 StGB), dass angesichts der weiten Auslegung des Gewaltbegriffs die Strafbarkeit nicht mehr in der von Art. 103 II GG geforderten Weise vom Gesetzgeber festgelegt sei. In neuerer Zeit gab es ausdrückliche Veränderungen der Wahlrechtsrechtsprechung. So BVerfG 2 BvF 3/11 u. a., Urteil vom 25. Juli 2012, Rdnr. 141 – Überhangmandate: „Fallen sie [die Überhangmandate bei Wahlen zum Bundestag] regelmäßig in größerer Zahl an, widerspricht dies der Grundentscheidung des Gesetzgebers [...]. Wann dies der Fall ist, lässt sich – entgegen der Ansicht der die Entscheidung vom 10. April 1997 tragenden Richter [...] – nicht allein in Orientierung an dem Fünf-Pro-

[128] Hier knüpfen die sog. „Mittelmeinungen" zu § 31 I BVerfGG an: *Klaus Vogel,* Rechtskraft, S. 587ff.; *Kriele,* Theorie, S. 290ff.; *Bachof,* NJW 1954, 511. Vgl. die Darstellung bei *Wischermann,* S. 46ff.

[129] BVerfGE 104, 151 (197). Ablehnend bezüglich einer besonderen „Bindungswirkung" vor allem *Seuffert,* AöR 104 (1979), 175.

[130] Dazu *Ziekow,* NVwZ 1995, 247ff.

[131] BVerfGE 20, 56 (87); 33, 199 (203); 70, 242 (249); 77, 84 (104); 82, 198 (205); 104, 151 (197); vgl. auch *Klein,* JZ 2018, 64. Zu abweichenden Auffassungen *Bryde,* Verfassungsentwicklung, S. 426; einschränkend auch *Kischel,* AöR 131 (2006), 238f., der eine Bindung des Gerichts an normverwerfende Entscheidungen erwägt.

[132] Analyse bei *Bryde,* Verfassungsentwicklung, S. 163; *Lundmark,* Rechtstheorie 28 (1997), 327ff., der resümiert: „In der 46 jährigen Geschichte des BVerfG, in denen die Richter über 3 500 Entscheidungen veröffentlichten, wichen sie – soweit ersichtlich – in nur vierzehn Fällen ausdrücklich ab." (S. 330). S. a. *Seyfarth,* S. 106ff. Zum prospective overruling und zur Anpassung an gewandelte äußere Verhältnisse in BVerfGE 52, 187: *Tomuschat,* NJW 1980, 2611; vgl. *Schulze-Fielitz,* DVBl. 1982, 337.

[133] Z. B. BVerfGE 70, 35 (53); vieldiskutiert BVerfGE 89, 155 (175) – Maastricht: Entgegen BVerfGE 58, 1 (27) können auch Akte einer supranationalen Organisation vom BVerfG überprüft werden. Weitere Fälle bei *Lundmark,* Rechtstheorie 28 (1997), 331ff.

[134] *Steinberger,* Parteienfinanzierung, S. 25: „Auf keinem anderen Entscheidungsfeld [als dem der staatlichen Parteienfinanzierung] hat das Gericht so oft und so weit die Rechtsprechung geändert, allenfalls die Rechtsprechung zur Abgeordnetenentschädigung weist im Ergebnis vergleichbare Ausschläge auf."

zent-Quorum [...] bestimmen."[135] Ausdrücklich modifiziert hat das BVerfG auch – in Auseinandersetzung mit der Literatur sowie der Rechtsprechung des EGMR – die Anforderungen an das Parteiverbot nach Art. 21 II GG einschließlich des Tatbestandmerkmals des Ausgehens auf eine Beeinträchtigung oder Beseitigung der freiheitlichen demokratischen Grundordnung.[136]

483 Hinsichtlich der Rechtskraft und Bindungswirkung *„normverwerfender verfassungsgerichtlicher Entscheidungen"* ist eine erstaunliche Divergenz zwischen den beiden Senaten des BVerfG aufgetreten. Der Erste Senat meint, diese Rechtskraft – eigentlich geht es um die Bindungswirkung – normverwerfender verfassungsgerichtlicher Entscheidungen hindere den Gesetzgeber nicht, eine inhaltsgleiche oder inhaltsähnliche Neuregelung zu beschließen.[137] Dagegen spricht der Zweite Senat vom sog. *„Normwiederholungsverbot"* bei Nichtigerklärung von Rechtsnormen.[138] Der Zweite Senat stützt sich auf die insoweit ganz apodiktische Entscheidung BVerfGE 1, 14 (15) und den dortigen Leitsatz Nr. 5: „Ein Urteil, das ein Gesetz für nichtig erklärt, hat nicht nur Gesetzeskraft, ... sondern es bindet auch gem. § 31 I BVerfGG mit den tragenden Entscheidungsgründen alle Verfassungsorgane des Bundes derart, dass ein Bundesgesetz desselben Inhalts nicht noch einmal erlassen werden kann."

Der Erste Senat begründet seine Ansicht, nach Nichtigerklärung einer Norm könne eine inhaltsgleiche oder inhaltsähnliche Norm erneut beschlossen werden, „daraus, dass die gesetzgebende Gewalt im Unterschied zur vollziehenden und zur rechtsprechenden Gewalt in Art. 20 III nur an die verfassungsmäßige Ordnung, nicht auch an die einfachgesetzliche Ordnung gebunden ist, als deren Urheberin sie gerade fungiert". Die einfachgesetzlich angeordnete Bindung verwehre es dem Gesetzgeber nicht, „seiner Gestaltungsfreiheit und Gestaltungsverantwortung durch Verabschiedung einer inhaltsgleichen Neuregelung nachzukommen, wenn er sie für erforderlich hält". Diese Beurteilung entspreche der besonderen Verantwortung des demokratisch legitimierten Gesetzgebers für die Anpassung der Rechtsordnung an wechselnde soziale Anforderungen und veränderte Ordnungsvorstellungen. Sie trage zugleich den funktionellen und institutionellen Grenzen verfassungsgerichtlichen Rechtsschutzes Rechnung, namentlich dem Umstand, dass das BVerfG Akte der gesetzgebenden Gewalt an der Verfassung selbst und nicht an verfassungsgerichtlichen Präjudizien zu messen hat und seine Rechtsprechung nicht aus eigener Initiative korrigieren kann. Damit werde einer

---

[135] Vgl. dazu *J. Ipsen*, DVBl. 2013, 265 ff.

[136] BVerfGE 144, 20 (204 f., 236); zum Verständnis der freiheitlichen demokratischen Grundordnung *Kluth*, ZParl 2017,676, 680: „radikale Kehrtwende und Rückbesinnung auf den Kerngehalt des demokratischen Verfassungsstaats des Grundgesetzes". Vgl. auch oben Rdnr. 340 ff.

[137] BVerfGE 77, 84 (103 f.); vorsichtiger aber BVerfGE 96, 260 (263): Normwiederholungsverbot bei „besonderen Gründen"; 102, 127 (141 f.); offengelassen in BVerfGE 135, 259 (281 Rdnr. 36); der Ausgangsentscheidung im Wesentlichen zustimmend *Gerber*, DÖV 1989, 704 ff.; *Stricker*, DÖV 1995, 978 ff.; *Battis*, in: HStR XII, § 275 Rdnr. 97; *H. H. Klein*, FS F. Klein, S. 518; auch *Ziekow*, NVwZ 1995, 248; *Bethge*, in: Maunz u. a., BVerfGG, § 31 Rdnr. 71: kein automatischer „Verbrauch des Gesetzgebungsrechts" nach Verwerfung einer Norm; a. M. *Benda/Klein*, Verfassungsprozessrecht, Rdnr. 1525 ff.; *Pestalozza*, Verfassungsprozeßrecht, § 20 Rdnr. 85; kritisch, aber differenziert abwägend *Sachs*, DtZ 1990, 196 und 197 mit Nachw.; ablehnend *ders.*, FS Kriele, S. 446 ff.; zum Ganzen auch *Koch*, in: Barczak, BVerfGG, § 31 Rdnr. 21.

[138] BVerfGE 69, 112 (115) und 1, 14 (37). Genauer zum Begriff des „Normwiederholungsverbots" *Th. Bauer*, S. 26 ff., 44 ff.; *Korioth*, Der Staat 30 (1991), 554. Kritisch dazu *Badura*, Archiv für katholisches Kirchenrecht 64 (1995), 31. Differenzierend nach Rechts- und Gesetzeskraft *Detterbeck*, Streitgegenstand, S. 449, 393, 467, 469 f., 529.

mit der rechts- und sozialstaatlichen Demokratie unvereinbaren Erstarrung der Rechtsentwicklung vorgebeugt.

Es ist überraschend, dass in einer so elementaren Frage noch eine Divergenz zwischen den beiden Senaten bestehen kann. Bislang hatte die Frage selten praktische Bedeutung,[139] da sich der Bundestag und die Länderparlamente ohnehin eher übereifrig an Äußerungen des BVerfG halten. Auch die Ausführungen der beiden genannten Entscheidungen sind (entbehrliche) obiter dicta. Denn in beiden Fällen lag kein „Normwiederholungsakt" vor. Auf den ersten Blick ist die These vom Normwiederholungsverbot ganz und gar einleuchtend. Warum sollte der Gesetzgeber eine Norm, die bereits für nichtig erklärt wurde, erneut erlassen dürfen? Und doch ist die Gegenthese des Ersten Senats richtig. Einen ersten Hinweis gibt § 95 I S. 2 BVerfGG, wonach das BVerfG im Verfassungsbeschwerdeverfahren zugleich aussprechen kann, dass auch jede Wiederholung der beanstandeten Maßnahme das Grundgesetz verletzt. Aus dieser besonderen Regelung folgt, dass „der verfassungsgerichtlichen Kassation nicht implizit ein eigener Verbotsgehalt entnommen werden kann".[140] Sodann: Der Gesetzgeber ist, wie der Erste Senat zu Recht sagt, nur an die verfassungsmäßige Ordnung, nicht an die verfassungsgerichtlichen Präjudizien gebunden. Erlässt der Gesetzgeber eine vom BVerfG bereits verworfene Norm inhaltsgleich ein zweites Mal, so ist offen, ob erneut auch ein Antrag oder eine Vorlage an das BVerfG erfolgt, so dass die neue Norm erneut für nichtig erklärt werden könnte. Ohne eine solche Nichtigerklärung aber behält das Gesetz praktisch seine Geltung. Weiter kann ein Wandel der Verhältnisse auch einen Wandel der Rechtsnorm bewirken. Die Folge ist, dass über die gewandelte Norm noch nicht entschieden ist; was verfassungswidrig war, kann verfassungsgemäß werden.[141] Der Erste Senat weist zu Recht darauf hin, dass das BVerfG nur auf diese Weise die Gelegenheit erhält, die eigene Rechtsprechung zu korrigieren. Angesichts des dauernden Wechsels der sozialen Anforderungen und der Änderung der Ordnungsvorstellungen sollte das Gericht diese Gelegenheit, vorausgesetzt es wird ein Antrag gestellt, aber haben. Das Ergebnis der neuen Auffassung des Ersten Senats verblüfft allerdings auch: Denn sie geht doch offenbar stillschweigend davon aus, dass der Gesetzgeber der Bindungswirkung des § 31 I BVerfGG nicht unterliegt. Das verdient im Ergebnis Zustimmung. Eine (Selbst-)Bindung des Gesetzgebers an die von ihm selbst erlassene Norm des § 31 I BVerfGG gibt es nicht. Ein Normwiederholungsverbot könnte sich deshalb nur aus der Verfassung ergeben, an die der Gesetzgeber gebunden ist (Art. 1 III, 20 III GG). Den Entscheidungen des BVerfG kommt ein solcher Verfassungsrang nicht zu. Der Gesetzgeber, der „gestaltende Erstinterpret"[142] der Verfassung, ist also grundsätzlich zur Normwiederholung frei. Dabei bedeutet Freiheit indes nicht Beliebigkeit. Im Verhältnis zum BVerfG ist der Gesetzgeber zur Verfassungsorgantreue verpflichtet. Er darf das Gericht nicht brüskieren und dessen Autorität nicht in Frage stellen.[143] 484

[139] Vgl. die bei *Kischel,* AöR 131 (2006), 221, genannten Konstellationen.

[140] *Gusy,* Gesetzgeber, S. 227. A. A. *Knops,* KritVj 1997, 51: § 95 I S. 2 BVerfGG solle nur verhindern, dass es im Urteilsverfassungsbeschwerdeverfahren nach der Kassation des instanzgerichtlichen Urteils zu dessen Wiederholung komme. Davon müsse die Situation des Gesetzgebers unterschieden werden, der eine als verfassungswidrig verworfene Norm wiederholen wolle.

[141] Der umgekehrte Fall – Verfassungswidrigwerden eines Gesetzes infolge Änderung der Verhältnisse – ist allerdings geläufiger, vgl. *Löwer,* Cessante ratione.

[142] *Kirchhof,* Verfassungsverständnis, S. 74.

[143] Ausführlicher *Korioth,* Der Staat 30 (1991), 549 ff. Zustimmend auch *Voßkuhle,* NJW 1997, 2218; *Schulze-Fielitz,* Wirkung und Befolgung, S. 392 f. Vertiefend jetzt *Th. Bauer,* S. 113 ff., 291 ff., der an-

Trotz der durchaus möglichen Einwände ist die Tendenz des Ersten Senats[144] deshalb zu begrüßen:[145] Auch der Gesetzgeber ist an der Konkretisierung der Verfassung beteiligt, ein Auslegungsmonopol über die Verfassung kommt dem BVerfG nicht zu. Gerade dazu aber führte ein Normwiederholungsverbot.[146]

3. Bindung nach § 31 I BVerfGG auch an die „tragenden Gründe" der Entscheidung?

485 Nach § 31 I BVerfGG binden die „Entscheidungen" des BVerfG. Der Wortlaut der Norm formuliert also eine Bindung an die Aussage des Gerichts im Entscheidungsausspruch (Tenor, Entscheidungsformel),[147] der gegebenenfalls mit Hilfe der Gründe des Urteils zu interpretieren ist, wie dies auch sonst bei der Bestimmung der Reichweite der Rechtskraft der Fall ist. Nach der ständigen Rechtsprechung des BVerfG binden aber auch die *„tragenden Gründe"* der Entscheidung, soweit sie Ausführungen zur Auslegung der Verfassung enthalten.[148] Zu dieser extensiven Anwendung des § 31 I BVerfGG kommt das Gericht mit Hilfe seines dezidierten Selbstverständnisses von seiner Stellung im Verfassungsleben der Bundesrepublik Deutschland. Das BVerfG hält sich für den „maßgeblichen Interpreten und Hüter der Verfassung", für die „verbindliche Instanz in Verfassungsfragen".[149] In der Literatur gibt es Stimmen, die eine solche „Sonderstellung des BVerfG als dem zur verbindlichen Verfassungsinterpreta-

---

schließend an neuere Überlegungen zur Prozeduralisierung des Rechts ein „gleichberechtigtes Miteinander" von Gesetzgeber und BVerfG feststellt. Der Bundesgesetzgeber müsse sich dem BVerfG nicht unterordnen, sich aber mit dessen Rechtsansichten argumentativ auseinandersetzen.

144 Präzisierend und eingrenzend allerdings BVerfGE 96, 260 (263): Zwar sei der Gesetzgeber nicht gehindert, eine inhaltlich gleichlautende Vorschrift zu erlassen; er könne aber „die vom BVerfG festgestellten Gründe der Verfassungswidrigkeit des ursprünglichen Gesetzes nicht übergehen. Eine Normwiederholung verlangt vielmehr ihrerseits besondere Gründe, die sich vor allem aus einer wesentlichen Änderung der für die verfassungsrechtliche Beurteilung maßgeblichen tatsächlichen oder rechtlichen Verhältnisse oder der ihr zugrunde liegenden Anschauungen ergeben können." Vgl. auch BVerfGE 102, 127 (141f.).

145 A. M. *Benda/Klein,* Verfassungsprozessrecht, Rdnr. 1532ff.; *Kube,* DÖV 2002, 737ff. Kritisch auch *Detterbeck,* AöR 116 (1991), 391ff., der aus der materiellen Rechtskraft der Normenkontrollentscheidung ein Normwiederholungsverbot ableiten will; vgl. auch *ders.,* Streitgegenstand, S. 358. *Häußler,* S. 120ff., befürwortet eine verfassungsrechtliche Gehorsamspflicht des Gesetzgebers aus Art. 20 III GG: Der Vorrang der Verfassung bedinge einen Nachrang des Gesetzgebers auch gegenüber der Verfassungsgerichtsbarkeit. *Sachs,* FS Kriele, S. 452, folgert ein Normwiederholungsverbot aus der „Einrichtung des BVerfG als Gericht und der Übertragung bestimmter Entscheidungszuständigkeiten auf dieses Gericht". In der Begründung noch einmal anders jetzt *Kischel,* AöR 131 (2006), 228ff., der zwar prozessrechtliche Ableitungen eines Normwiederholungsverbots aus der Rechtskraft und Bindungswirkung ablehnt, stattdessen aber die Letztentscheidungsbefugnis des BVerfG als Grundlage des Verbots heranzieht. Einschränkungen könnten sich dann in den Fällen normativer und tatsächlicher Veränderungen und durch Zeitablauf ergeben.

146 In diese Richtung auch *Exner,* DÖV 2012, 541.

147 BVerfGE 104, 151 (197).

148 BVerfGE 1, 14 (37) – Südweststaatsurteil. Hier werden erstmals mit einem lapidaren Satz die tragenden Gründe in die Bindungswirkung mit einbezogen; später BVerfGE 19, 377 (392); 20, 56 (87); 40, 88 (93f.); 112, 268 (277). Vgl. *Geiger,* NJW 1954, 1058; *Heusch,* in: Umbach/Clemens/Dollinger, BVerfGG, § 31 Rdnr. 58–6; *Koch,* in: Barczak, BVerfGG, § 31 Rdnr. 22–23. Für eine Einbeziehung der tragenden Entscheidungsgründe in die Bindungswirkung auch *Ziekow,* NVwZ 1995, 248f.; *Knops,* KritVj 1997, 45ff.; *Zuck,* EuGRZ 2018, 621.

149 BVerfGE 40, 88 (93f.).

tion berufenen Verfassungsorgan"[150] akzeptieren und dem Gericht schließlich sogar die Teilhabe an der Verfassungsgesetzgebung zusprechen.[151]

Mit der „Verbindlichkeit" nicht nur des konkreten Entscheidungsausspruchs, sondern auch der Aussagen des Gerichts in den Gründen, soweit sie (1) für den Urteilsausspruch tragend und soweit sie (2) verfassungsrechtlicher Natur sind und nicht nur die Auslegung einfacher Gesetze zum Gegenstand haben, macht sich das BVerfG zum *authentischen Interpreten* der Verfassung. Das ist bemerkenswert, denn „authentisch" interpretieren kann an sich nur der Gesetzgeber oder., sofern es um die Verfassung geht, der Verfassungsgesetzgeber, also diejenige Instanz, die über die Norm auch durch Veränderung oder Aufhebung verfügen kann. Nach der Vorstellung des BVerfG sollen nicht nur seine „Entscheidungen", also die Entscheidungsformeln, sondern auch seine Rechtsansichten auf dem Felde des Verfassungsrechts für jedes Staatsorgan einschließlich der Abgeordneten und der Gerichte verbindlich und von Gesetzes wegen zu beachten sein. Der einzelne Fall – das Anliegen des Bürgers, der Organstreit, die zu prüfende Norm – würde gleichsam zum bloßen Anlass[152] für das Gericht, seine eigentliche Aufgabe wahrnehmen zu können, nämlich das Verfassungsrecht fortzubilden und dessen Inhalt verbindlich festzulegen. **486**

Dem entspricht die in den Entscheidungen des Gerichts inzwischen fest verwurzelte Begründungstechnik. Im Begründungsteil der Entscheidungen, fast immer mit der Gliederungsüberschrift „C" versehen, findet sich zunächst („I.") eine abstrakte Darlegung von Verfassungsvorgaben und Maßstäben, die erst in einem weiteren Schritt auf den konkreten Fall angewendet werden. „Im Maßstäbeteil werden die materiellen Weichen gestellt, ohne dass bereits auf die Eigenheiten des zu entscheidenden Falls eingegangen werden müsste."[153] Die Folge ist die Tendenz zur Kanonisierung abstrakter Maßstäbe.[154]

Die Auffassung von der Bindung der „tragenden Gründe" der Entscheidungen des BVerfG wird *zunehmend kritisiert.*[155] Mit der berechtigten und notwendigen Kritik ist **487**

[150] *Kriele,* ZRP 1975, 74. Differenziert, aber im Ergebnis ebenso *H. H. Klein,* NJW 1977, 700. Vgl. auch *Geiger,* Besonderheiten, S. 33. – Anders akzentuiert die Vorstellung vom BVerfG als „vierter Gewalt": *Doehring,* S. 236; *Roellecke,* Gesetzgebung, S. 42. Dagegen *Stern,* Recht, S. 22 Fn. 59.

[151] *Böckenförde,* NJW 1976, 2099 Fn. 113. Vgl. auch *Benda,* DÖV 1979, 469.

[152] Vgl. auch *Grimm,* Verfassungsgerichtsbarkeit, S. 94: Die Fallentscheidungskomponente trete hinter der Normierungskomponente zurück. *H. H. Rupp,* Ordo 30 (1979), 101. Enger wohl BVerfGE 24, 289 (297).

[153] *Lepsius,* Bindungswirkung, S. 111.

[154] Vgl. auch *Weber,* Begründungsstil, S. 130ff. m.w.N. zur Diskussion dieser Entwicklung.

[155] Ausführlich *Wischermann,* S. 41f.; grundlegend *Hoffmann-Riem,* Der Staat 13 (1974), 335ff.; ferner *Eckertz,* Der Staat 17 (1978), 184ff.; *Stern,* Staatsrecht II, S. 1038; *Bettermann,* DVBl. 1982, 95; *W. Gerhardt,* ZZP 95 (1982), 481; *Pieroth,* Arbeitnehmerüberlassung, S. 98ff.; *Kerbusch,* S. 119ff.; *J. Burmeister,* Vorlagen, S. 407f. (der die „weite Bindungstheorie" des BVerfG kritisiert, dann aber doch als verbindlich hinnimmt); *ders.,* Stellung, S. 60ff.; *Biehler,* DVBl. 1991, 1237ff.; *Heun,* Schranken, S. 82; *Korioth,* Der Staat 30 (1991), 558, 561; *Schlaich,* VVDStRL 39 (1981), S. 138f. – Unkritisch *E. Klein,* AöR 108 (1983), 440ff. – Offen *Detterbeck,* in: Sachs, GG, Art. 94 Rdnr. 12. – Generell für ein restriktives Verständnis der Bindungswirkung auch *Simon,* in: HVerfR, S. 1658; *Schnapp/Henkenötter,* JuS 1994, 121ff. Heftige Kritik an den Ausführungen im Text bei *Benda/Klein,* Verfassungsprozessrecht, Rdnr. 1518ff. Für eine weite Auslegung der Bindung auch *v. Ungern-Sternberg,* AöR 138 (2013), S. 16ff., die darauf verweist, dass dies letztlich die „Autorität und Direktionskraft des Grundgesetzes" sichere; eine Versteinerung des Rechts lasse sich duch ein richtiges Verständnis von Präjudizien verhindern.

nicht geleugnet, dass es die eigentliche Aufgabe des BVerfG ist, Rechtsfragen von grundsätzlicher verfassungsrechtlicher Bedeutung zu behandeln und vorwärtszubringen. Die Relevanz der Kontroverse wird darin deutlich, dass gerade diese weite Bindungswirkung als „eines der wichtigsten Merkmale, das verfassungsgerichtliche Erkenntnisse von denen anderer Gerichte unterscheidet“, bezeichnet wurde.[156] Aber daraus darf nicht eine *Kanonisierung von Sätzen des Gerichts* in den Gründen seiner Urteile – i. S. einer gesetzlichen Bindung aller Staatsorgane an solche Sätze in den Gründen – abgeleitet werden:

488 *a)* Zunächst: Es ist auch nach einer 50-jährigen Rechtsprechung noch nicht klar geworden, *welche Gründe* einer Entscheidung eigentlich *„tragend“ sein sollen.* Das BVerfG hat sich dazu sehr formelhaft geäußert: „Tragend für eine Entscheidung sind jene Rechtssätze, die nicht hinweggedacht werden können, ohne dass das konkrete Entscheidungsergebnis nach dem in der Entscheidung zum Ausdruck gekommenen Gedankengang entfiele. Nicht tragend sind dagegen bei Gelegenheit einer Entscheidung gemachte Rechtsausführungen, die außerhalb des Begründungszusammenhangs zwischen genereller Rechtsregel und konkreter Entscheidung stehen.“[157] Klar ist nur: Nicht bindend sind obiter dicta. Aber welche dicta sind tragend? Sind es die Sätze, die „mit dem Tenor in einem derart engen, inneren, denknotwendigen Zusammenhang stehen, dass der Tenor nicht aufrechterhalten werden kann, wenn einer dieser Sätze aufgegeben wird“[158], oder ist es das, „was das Gericht für nötig hält, um seinen Spruch zu rechtfertigen, und was es deshalb reiflich erwogen und überlegt formuliert und damit zu den tragenden Elementen seiner Begründung … gemacht hat“?[159] Ist es also eine Frage der Logik („denknotwendig“) oder der Wertung („überlegt formuliert“)? Wer klärt, was das Gericht „reiflich erwogen“ hat? Die Feststellung von angeblich verbindlichen Verfassungsrechtssätzen darf nicht von solchen Unwägbarkeiten abhängen.

In BVerfGE 36, 1 (36) – Grundlagenvertrag – hat das BVerfG den gordischen Knoten durchgehauen; das Urteil endet – nach einer „sich aus den Gründen ergebenden“ verfassungskonformen Auslegung des Grundlagenvertrags – mit dem Satz: „Alle Ausführungen der Urteilsbegründung … sind nötig, also i. S. der Rechtsprechung des Bundesverfassungsgerichts Teil der die Entscheidung tragenden Gründe.“ Statt einiger Sätze im Grundgesetz über die Wiedervereinigung also 23 Seiten des BVerfG, die für Regierung und Gesetzgeber verbindliches Verfassungsrecht formulieren sollten? Dieses Vorgehen des BVerfG war bislang einmalig. Es lässt sich aus der besonderen Konstellation im Prozess erklären. Es stieß auf einhellige Ablehnung.[160] Wiederholt wurde es – soweit ersichtlich – nur ein einziges Mal, ebenfalls in einer verfassungsrechtlich und politisch kontroversen Frage. In BVerfGE 93, 121 (136) – Vermögensteuer, Halbteilungsgrundsatz – erklärte das Gericht seine Ausführungen zur Reichweite des Eigentumsschutzes gegenüber der Belastung mit Ertragsteuern zu tragenden Gründen (zu dieser Entscheidung auch Rdnr. 503), obwohl das Gericht hier mit obiter dicta über die Vorlagefrage nach Art. 100 I GG hinausging: „Alles was der Senat zu Grund, Ausmaß, Bemessungsgrundlagen und rechtlicher Eigenart der Vermögensbesteuerung sagt – es betrifft auch vier der fünf Leitsätze –, ist durch die Vorlagefrage nicht veranlasst“, so BVerfGE 93, 121 (150) – Sondervotum *Böckenförde.* Auf der Linie dieses Sondervotums dann später BVerfGE 115, 97 (108). Die Herleitung des Halbteilungsgrundsatzes aus Art. 14 GG sei nicht bindend, weil sie nicht in

---

[156] *E. Klein,* AöR 108 (1983), 440.

[157] BVerfGE 96, 375 (404). Zustimmend *Zippelius/Würtenberger,* § 48 Rdnr. 19; *Zuck,* EuGRZ 2018, 621. Kritisch *Voßkuhle,* in: v. Mangoldt/Klein/Starck, GG, Art. 94 Rdnr. 32. Zuvor – aber nicht sehr aufschlussreich – BVerfGE 20, 56 (87 f.) – Parteienfinanzierung. Vgl. die Schwierigkeiten im konkreten Fall bei *Kriele,* ZRP 1975, 76; *ders.,* JZ 1975, 233, zu BVerfGE 39, 1 – Schwangerschaftsabbruch.

[158] *Geiger,* BVerfGG, § 31 Anm. 6.

[159] *Geiger,* Selbstverständnis, S. 15 Fn. 18.

[160] Vgl. *Erichsen,* Staatsrecht II, S. 194 mit Nachw. Differenziert *Bahlmann,* S. 33 f.

den tragenden Gründen enthalten sei. Auch sonst zeigt die neuere Rechtsprechung Tendenzen, die tragenden Gründe eng auszulegen. BVerfGE 104, 151 (197): Die Bindungswirkung umfasse nur den in der Entscheidungsformel ausgedrückten konkreten Streitgegenstand.

In jedem Fall abzulehnen ist die Entscheidung einer Kammer des Zweiten Senats, wonach eine Abweichung von der Bindungswirkung der tragenden Gründe durch ein anderes Gericht zugleich einen nach Art. 2 I i. V. m. Art. 20 III GG eigenständig angreifbaren Verfassungsverstoß darstelle – so BVerfG (Kammer), NJW 2006, 672, 674.

Das BVerwG als ein an die „tragenden Gründe" gebundenes Gericht – und offenbar bereitwillig,[161] diese Bindung zu akzeptieren – ging einen überraschenden Weg, um Zweifel an der Frage, was „tragende Gründe" seien, auszuräumen: 489

„Bei der Ermittlung, was das Bundesverfassungsgericht als maßgeblich ansehen will, kommt den *Leitsätzen der Entscheidung* besondere Bedeutung zu, die vom Gericht selbst formuliert und veröffentlicht werden. Aus ihnen ergibt sich, was das Gericht als Kern seiner Entscheidung ansieht und mit bindender Wirkung ausstatten will".[162] Abgesehen von der Klarheit hat diese Auffassung nichts für sich. Das BVerfG soll es in der Hand haben, durch Formulierung von Leitsätzen, zu der es nicht verpflichtet ist und worüber es keinerlei Regelung gibt, materiell als Verfassungsrecht bindende Sätze zu formulieren?! In der vom BVerwG herangezogenen Entscheidung BVerfGE 39, 334 – Verfassungstreue im öffentlichen Dienst – formulierte das BVerfG über zwei Seiten hinweg Leitsätze. Der Verweis auf die Leitsätze verschiebt auch das Kriterium: Die Leitsätze können das aus der Begründung herausgreifen, was allgemein relevant ist; die Eigenschaft „tragend" aber stellt auf das ab, was für die konkrete, einzelne Entscheidung konstitutiv ist. Weder die ganze Begründung noch Teile davon kann das Gericht selbst zu „tragenden" Gründen erklären. Zudem: Bei der ebenfalls bindenden „verfassungskonformen Auslegung"[163] hält es das BVerfG ja für nötig, auf diese in der Entscheidungsformel wenigstens hinzuweisen; es begnügt sich da nicht mit einem Leitsatz.

b) Sodann: Es hat etwas Widersprüchliches an sich, dass man nicht müde wird, von 490
der *Offenheit gerade des Verfassungsrechts* und von einem dynamischen Verfassungsverständnis zu sprechen, es aber nicht entschiedener abweist, Verfassungsrechtsprechung als verbindliche Interpretation auf der Ebene der Verfassung zu verstehen. Denn dadurch würde das Verfassungsrecht ja mit jeder Entscheidung des BVerfG zusätzlich zementiert[164] – unter dem Vorbehalt einer Änderung der Rechtsprechung durch das Gericht selbst.

Zuzugeben ist, dass Art. 100 III GG[165] – Divergenzvorlage – eine Auslegung des § 31 I BVerfGG nahelegt, die eine Bindung an die „tragenden Gründe" vorsieht. Aber die Spezialfrage des Verhältnisses des BVerfG

[161] Sehr viel zurückhaltender in der Frage nach seiner Gebundenheit: BSG NJW 1984, 701.

[162] BVerwGE 73, 263 (268); vgl. auch BVerwGE 77, 258. Das BVerwG berief sich hier auf *Maunz,* in: Maunz u. a., BVerfGG, § 31 Rdnr. 16 (bis zur 28. Lfg., April 2008), der sich aber viel zurückhaltender äußerte. Kritisch zu diesen Urteilen des BVerwG auch *Pestalozza,* Verfassungsprozeßrecht, § 20 Rdnr. 37 m. Fn. 84; *Benda/Klein,* Verfassungsprozessrecht, Rdnr. 1518 ff.; *Knops,* KritVj 1997, 47; *Voßkuhle,* in: v. Mangoldt/Klein/Starck, GG, Art. 94 Rdnr. 32; *Heusch,* in: Umbach/Clemens/Dollinger, BVerfGG, § 31 Rdnr. 61; *Koch,* in: Barczak, BVerfGG, § 31 Rdnr. 22.

[163] Vgl. o. Rdnr. 440 ff.

[164] Vgl. die drastische Schilderung bei *H. Wagner,* Umsetzung, S. 177. Vgl. auch *Wahl,* NVwZ 1984, 409: „Gefahr der Versteinerung"; *Schulze-Fielitz,* Wirkung und Befolgung, S. 391.

[165] Oben Rdnr. 180 ff.

zu den Landesverfassungsgerichten (vgl. o. Rdnr. 347ff.) kann nicht die fundamentalen Aussagen zu § 31 BVerfGG korrigieren.

491 *c)* Die hier kritisierte Kanonisierung der Entscheidungsgründe mag auch dazu beigetragen haben, dass das BVerfG sich in bedenklichem Maße von dem Gehalt der einzelnen Verfassungssätze entfernt hat und sich statt dessen zunehmend an *„übergreifende Rechtsvorstellungen"*[166] hält (Gerechtigkeit, Verhältnismäßigkeit, Willkür usw.).[167] Damit wird von der notwendigen Bemühung um Wortlaut und Gehalt des Verfassungstextes eher abgelenkt.[168] Auch in den Entscheidungsformeln stellt das BVerfG übrigens häufig nicht allein auf ein verletztes Grundrecht, sondern auf ein Grundrecht „in Verbindung mit" dem Sozialstaatsprinzip, dem Rechtsstaatsprinzip und sogar auch schlicht auf die Unvereinbarkeit „mit dem Grundgesetz" ab.[169]

492 *d)* Die Kanonisierung der tragenden Gründe schließlich entzieht dem BVerfG auch ein Lebenselixier einer obersten Gerichtsbarkeit: *remonstrierende, Front machende Untergerichte,* also die Auseinandersetzung mit ihnen, wie sie die Revisionsgerichte haben.[170] „Das Bundesverfassungsgericht hat sich dadurch selbst weitgehend der Möglichkeit zur kritischen Selbstüberprüfung anhand sachverständiger Argumente der am Verfassungsleben beteiligten Staats- und Justizorgane beraubt."[171]

Natürlich halten sich Untergerichte in der Regel an die Rechtsansichten ihrer Obergerichte und zumal des BVerfG[172] – und dies auch dann, wie man hört, wenn die Richter das BVerfG öffentlich kritisieren. Aber der entscheidende Unterschied ist, ob sie das tun, weil sie sich haben überzeugen lassen oder die Rechtsprechung kraft eigener Entscheidung eben schließlich hinnehmen, oder ob sie daran gesetzlich gebunden sind, wie es die Untergerichte sonst nur nach Zurückverweisung durch die Revisionsgerichte (vgl. etwa § 563 II ZPO) in Bezug auf den konkreten Einzelfall sind. Wie ernst es das BVerfG meint, zeigt sich daran, dass es in einer allerdings vereinzelt gebliebenen Formulierung einem von der Rechtsprechung des BVerfG abweichenden

[166] *Lerche,* Grundrechtsverständnis, S. 33. – Anders *Wendt,* AöR 104 (1979), 414ff. – Prononciert zugunsten der Gerechtigkeit als Kontrollmaßstab *J. P. Müller,* VVDStRL 39 (1981), S. 75.

[167] Deutlich gegensteuernd allerdings schon BVerfGE 50, 290 (336) – Mitbestimmung: Der „Schutz- und Ordnungszusammenhang der Grundrechte" wird als Prüfungsmaßstab nicht akzeptiert. Warnend insbesondere auch *Simon,* in: HVerfR, S. 1672. Auch *Püttner,* FS Juristische Gesellschaft zu Berlin, S. 583, macht auf die Gefahr lehrbuchmäßiger, akademischer Entscheidungsbegründungen aufmerksam. Interessant zu parallelen Problemen und Entwicklungen beim EuGH *Everling,* Gerichtshof, S. 146. – Zum Ganzen *Robbers,* Gerechtigkeit. Krit. schon *Goerlich,* Wertordnung.

[168] So wird heute neben der Verfassung auch die Verfassungsrechtsprechung ‚kommentiert'; vgl. den Buchtitel von *Häberle,* Verfassungsrechtsprechung. Vgl. auch den Appell bei *Tribe,* S. 13f., über der Supreme-Court-Interpretation nicht die „substance of constitutional issues" zu vernachlässigen.

[169] BVerfGE 52, 1 (2); 53, 25; 54, 251 (252); 56, 99 (100); 56, 216 (217); 57, 117 (118); 65, 182 (183); 65, 196; 65, 237.

[170] Prononciert auch *Schumann,* NJW 1982, 1614; *Bryde,* Verfassungsentwicklung, S. 417. Vgl. *Fischer,* S. 26ff. Zur Präjudizienbildung generell *Kriele,* Theorie, S. 243ff., 326ff. Vgl. *Mahrenholz,* FS Hesse, S. 57, dass „selten ein Anwalt oder Gericht wider den Stachel löckt".

[171] *J. Burmeister,* Vorlagen, S. 408; *ders.,* Stellung, S. 64.

[172] Eine vielbeachtete Ausnahme aus der letzten Zeit ist die Kontroverse über die Demonstrationsfreiheit zwischen dem OVG Münster und dem BVerfG, vgl. OVG Münster DVBl. 2001, 584f.; BVerfG (Kammer) NJW 2001, 1407ff.; OVG Münster NJW 2001, 2113f.; BVerfG (Kammer) NJW 2001, 2075f.; dazu *Benda,* NJW 2001, 2947f.; *Battis/Grigoleit,* NJW 2001, 2051ff.

Landgericht nicht nur einen Verstoß gegen § 31 I BVerfGG, sondern ein Handeln in „verfassungswidriger Weise" und einen Verstoß gegen Art. 20 III GG vorwirft.[173]

Es hat in Deutschland immer wieder Versuche gegeben, eine solche Verbindlichkeit gerichtlicher Sätze gesetzlich einzuführen. Im Jahre 1838 erging in Hannover das „Gesetz, die verbindliche Kraft der durch die Gesetzes-Sammlung bekannt zu machenden Präjudizien des Ober-Appellations-Gerichts und die Beseitigung einander entgegenstehender Entscheidungen in den Senaten betreffend".[174] Dieses hannoversche *Präjudiziengesetz* fand aber keine Nachfolger. In der Weimarer Zeit gab es *Zeilers* Vorschlag eines „Gerichtshofes für bindende Gesetzesauslegung" und den Vorschlag, das Reichsgericht solle eine Entscheidung über eine Rechtsfrage als bindende Auslegungsvorschrift im Reichsgesetzblatt „mit Gesetzeskraft" veröffentlichen lassen können.[175] Diese Versuche einer solchen gesetzlichen Präjudizien- bzw. genauer: Leitsatz-Bindung sind alle gescheitert. Die Inanspruchnahme einer Bindung der Gerichte an die „tragenden Gründe" der Entscheidungen des BVerfG will aber gerade dies erreichen. Die zitierten Entscheidungen des BVerwG[176] mit der Bindung sogar an die von der Einzelentscheidung abgehobenen Leitsätze des BVerfG zeigen dies. Soll diese, das Gerichtswesen revolutionierende Bindungswirkung wirklich ohne ausdrückliche gesetzliche Regelung gelten? Und soll dieser nicht nur den Einzelfall entscheidende, sondern auch das Rechtsgespräch beendende, eine „Versteinerung"[177] der Argumente herbeiführende Richterspruch wirklich ausgerechnet auf dem Felde des „offenen" Verfassungsrechts stattfinden? 493

Mit Recht ist in diesem Zusammenhang auf die das Gespräch offenhaltende Rolle der Sondervoten hingewiesen worden.[178] Was aber einer Minderheit im Senat des BVerfG erlaubt ist, sollte den anderen Bundesgerichten nicht verwehrt sein. § 31 I BVerfGG sieht nur die Bindung aller staatlichen Organe an die „Entscheidung" des BVerfG vor.

Nicht zureichend ist der Hinweis auf die mangelnde Selbstbindung des BVerfG im Rahmen des § 31 I BVerfGG und die damit gegebene „tatsächlich vorhandene Offenheit im Bereich des § 31 I BVerfGG".[179] Das BVerfG ist ein Gericht und deshalb nur auf Antrag tätig; so würde die tatsächliche Offenheit zur Verfassungsfortbildung dem Zufall, der es zu einem neuen Verfahren kommen lässt, preisgegeben.[180] 494

4. Die „Gesetzeskraft" der Normenkontrollentscheidungen nach § 31 II BVerfGG

Die Entscheidungen des BVerfG über die Vereinbarkeit oder Unvereinbarkeit eines Gesetzes mit der Verfassung einschließlich der Feststellung der Nichtigkeit haben nach § 31 II S. 1 BVerfGG „Gesetzeskraft". Art. 94 II GG ermächtigt zu dieser Be- 495

173 BVerfGE 40, 88 (93ff.).

174 GesSlg. Königreich Hannover, 1838, S. 213. Dazu *Gunkel,* S. 294ff.

175 *Zeiler,* Gerichtshof; *ders.,* DRiZ 1925, Sp. 62; *Schiffer,* S. 253ff., 257ff. Weiteres bei *Grünhut,* S. 130, 154, gegen das „Gewaltmittel allgemeinverbindlicher Richtersprüche". Zu *Zeiler* schon *W. Jellinek,* VVDStRL 2 (1925), S. 44.

176 BVerwGE 73, 263 (268); 77, 258.

177 Vgl. *Schumann,* NJW 1982, 1614 Fn. 65.

178 *Geck,* Sondervoten, S. 389f.

179 *E. Klein,* AöR 108 (1983), 442 Fn. 186. Wie schwierig es selbst für den Gesetzgeber ist, zu einer Korrektur der Rechtsprechung des BVerfG zu kommen, zeigt *H. H. Klein,* NJW 1982, 737.

180 Zutreffend und eingehender *J. Burmeister,* Vorlagen, S. 408 Fn. 13.

stimmung. Die Entscheidungen des Gerichts mit Gesetzeskraft werden vom Bundesministerium der Justiz im Gesetzblatt veröffentlicht (§ 31 II S. 3 BVerfGG).

496 Ein möglicher Grundgedanke der Vorschrift lässt sich leicht erfassen: Ein Urteil, das ein Gesetz bestätigt oder für nichtig erklärt, müsse eine dem Gesetz ebenbürtige Kraft und deshalb in der Normenhierarchie den gleichen Rang wie das Gesetz haben. Das deutet auf die Vorstellung von einer Gleichordnung des Gesetzgebers und seines Kontrolleurs hin. Richtig aber ist dies nicht. Das BVerfG stellt die ipso iure eingetretene, von Anfang an bestehende Nichtigkeit des Gesetzes nur fest;[181] um der Rechtsklarheit willen, nicht um der Entscheidung des BVerfG die „Kraft" eines Gesetzes zu verleihen, muss diese Feststellung allerdings im Gesetzblatt veröffentlicht werden. Das BVerfG ist im Falle der Verwerfung der Norm *nicht ein „negativer Gesetzgeber"*, der bestehende Normen durch gegenläufige Akte gestaltend aufhebt.[182] § 31 II BVerfGG regelt also nicht den Rang („Gesetzes"-Kraft) der verfassungsgerichtlichen Normenkontrollentscheidung, er bewirkt auch nicht materiell eine intensivere Bindungswirkung, als sie schon nach § 31 I BVerfGG allen Entscheidungen des BVerfG zukommt. § 31 II BVerfGG bewirkt, dass die verfassungsgerichtliche Entscheidung über Gesetze gegenüber allen Bürgern und nicht nur, wie dies bei § 31 I BVerfGG der Fall ist, gegenüber den Staatsorganen verbindlich ist.

In dieser *personellen Erstreckung der Bindungswirkung* des § 31 I BVerfGG auf alle Bürger (inter omnes) liegt – neben der Verpflichtung zur Veröffentlichung im Gesetzblatt – der Regelungsgehalt des § 31 II BVerfGG.[183]

497 Die Formulierung von der „Gesetzeskraft" erweist sich so als „leeres Wort".[184] Sie hat heute „keinen Sinn mehr".[185] Es kam ihr aber durchaus einmal ein Sinn zu. Die Historie dieser Formel[186] gibt den Blick frei auf zentrale Fragen der Verfassungsgerichtsbarkeit und deren historische Wurzeln. Einiges sei aus diesem Zusammenhang heraus angeführt.

---

181 Vgl. o. Rdnr. 379ff.

182 *Bettermann,* DVBl. 1982, 91ff.

183 Heute wohl allg. Meinung: *Bettermann,* Normenkontrolle, S. 366; *Klaus Vogel,* Rechtskraft, S. 613; *Wischermann,* S. 81; schon *Scheuner,* DÖV 1954, 646; teils kritisch *Wiederin,* FS Badura, S. 605ff. Dieser Diskussionsstand war übrigens schon in der Weimarer Zeit erreicht; vgl. nur *Bötticher,* S. 890: „das so vielen Missverständnissen ausgesetzte Wort ‚Gesetzeskraft' lieber beiseite lassen … Die Entscheidung wirkt für und gegen Alle"; *Flad,* S. 50.

184 *Friesenhahn,* Stenogr. Protokoll der 18. Sitzung des Rechtsausschusses des Dt. Bundestages, 6. Wahlperiode, S. 14 (Sitzung v. 17.6.1970). Anders *Benda/Klein,* Verfassungsprozessrecht, Rdnr. 1504ff.

185 *Friesenhahn,* Inhalt, S. 704. Auch *Pestalozza,* Verfassungsprozeßrecht, § 20 Rdnr. 98. *E. Klein,* AöR 108 (1983), 439, spricht der Regelung den Charakter einer Autoritäts- oder Statusnorm zu. Diese Autorität aber hat das BVerfG gegenüber dem Gesetzgeber kraft seiner verfassungsrechtlichen Zuständigkeit zur Normenkontrolle; § 31 II BVerfGG braucht da nichts hinzuzufügen.

186 Näher *Schlaich,* VVDStRL 39 (1981), S. 127ff. m. Nachw.; *Löwer,* in: HStR III, § 70 Rdnr. 112, zu den weiteren, vollstreckungsrechtlichen Wurzeln der Gesetzeskraft in der Paulskirchenverfassung und der Erfurter Unionsverfassung.

5. Zwei historische Wurzeln der „Gesetzeskraft" und der Verfassungsgerichtsbarkeit überhaupt[187]

a) Der Föderalismus

In jedem Staat, der in Zentralstaat und Einzelstaaten gegliedert ist und in dem der Einzelstaat dem Zentralstaat untergeordnet ist, muss es die Möglichkeit geben, diese Unterordnung bzw. den (partiellen) Vorrang durchzusetzen. Dies geschieht auch im Wege der (Rechts-)Aufsicht. Eines der Mittel zur Durchführung der Aufsicht war die Staatsgerichtsbarkeit. Organe des Reiches zwingen die Länder zur Beachtung des Reichsrechts. Es war also die *Hierarchie zwischen Reich und Ländern*[188] eine der Wurzeln, von der die Staatsgerichtsbarkeit ihren Ausgang nahm.[189] Im Heiligen Römischen Reich Deutscher Nation hatte diese Funktion das Reichskammergericht. Im Deutschen Bund von 1815 waren die Aufsichtsmöglichkeiten des Deutschen Bundes der Natur dieses „Bundes" gemäß, dem eine eigene Staatlichkeit abgesprochen wurde, nur schwach ausgebildet. Im zentralisierten Deutschen Reich von 1871 dagegen wurden sie – ihrer Wichtigkeit wegen – sogar einem politischen Organ, dem Bundesrat, übertragen und auf eine Staatsgerichtsbarkeit, der preußischen Linie folgend, ganz verzichtet. Unter der Weimarer Verfassung von 1919 gingen diese Kompetenzen des Bundesrates auf den Staatsgerichtshof und auf das Reichsgericht über; diese nahmen insofern auch ein Stück Reichsaufsicht wahr. Die Reichsaufsicht erfasste auch den Bereich der Landesgesetzgebung: Reichsrecht hatte Vorrang vor entgegenstehendem Landesrecht und konnte dieses außer Kraft setzen. Zur Durchsetzung dieses Vorrangs konnte nach Art. 13 II WRV das Reichsgericht über die Vereinbarkeit von Landesrecht mit dem Reichsrecht entscheiden. Das Ausführungsgesetz zu Art. 13 WRV formulierte, das Reichsgericht entscheide über die Gültigkeit des Landesrechts mit „Gesetzeskraft".[190] Einen (ersten) Vorläufer hat diese Formulierung von der „Gesetzeskraft" staatsgerichtlicher Entscheidungen einschließlich deren Veröffentlichung im Reichsgesetzblatt in den ebenfalls föderalistisch konzipierten §§ 217, 223 des Entwurfs eines Ausführungsgesetzes zur ebenfalls Entwurf gebliebenen Erfurter Unionsverfassung von 1849.[191] Gemeint war mit der „Gesetzeskraft" in Art. 13 WRV die Kraft eines Reichsgesetzes,[192] denn es war das RG als Reichsorgan, das über den Vorrang des Reichsrechts gegenüber dem Landesrecht entschied; der Rang der gerichtlichen Entscheidung richtete sich also nach dem Prüfungsmaßstab (dem Reichsrecht), 498

[187] Generell *Scheuner,* Überlieferung, S. 1 ff.; *Schieder,* S. 21 ff.; *Friesenhahn,* Verfassungsgerichtsbarkeit, S. 8 ff.; *Hoke,* S. 25 ff.; *K. Fiedler,* S. 20 ff.

[188] Und noch nicht die Hierarchie zwischen Verfassung und Gesetz, die heute die Verfassungsgerichtsbarkeit konstituiert.

[189] Vgl. *Robbers,* JuS 1990, 257.

[190] § 3 III Reichsgesetz zur Ausführung des Art. 13 II WRV; abgedr. bei *E. R. Huber,* Dokumente, Bd. 4, S. 221.

[191] „Gesetz über das Verfahren vor dem Reichsgericht in streitigen Rechtssachen" (in Auszügen abgedruckt bei *Triepel,* Reichsaufsicht, S. 67 Anm. 2); § 217: „Kraft eines Reichsgesetzes" mit Veröffentlichung im Reichsgesetzblatt bei einer Entscheidung über die Verletzung der Reichsverfassung durch ein Reichsgesetz auf Antrag eines Einzelstaates gegen die Reichsgewalt. Vgl. auch *Flad,* S. 48 f. Zur Erfurter Unionsverfassung vgl. *E. R. Huber,* Verfassungsgeschichte, Bd. 2, S. 888, und *ders.,* Dokumente, Bd. 1, S. 551 ff. Vgl. auch schon *Schlaich,* VVDStRL 39 (1981), S. 129 Fn. 106.

[192] Wie nach der Reichsverfassung von 1871 der Bundesrat in der Art eines Gerichts, der Form nach aber „im Wege der Reichsgesetzgebung" (Art. 76) föderative Streitigkeiten entschied. – *W. Jellinek,* VVDStRL 2 (1925), S. 43.

nicht nach der geprüften Norm (dem Landesrecht).[193] – Diese „Gesetzeskraft" unter der Verfassung von 1919 lässt sich nicht aus ihrer föderalistischen Verwurzelung herausreißen und auf die heutige Kontrolle eines Bundesgesetzes am Maßstab des Grundgesetzes (als der Bundesverfassung) übertragen. Würde man sie darauf übertragen, so käme man dazu, dass eine Normenkontrollentscheidung des BVerfG die Kraft eines Bundesverfassungsgesetzes hätte. Das aber ist mit der „Gesetzeskraft" des § 31 II BVerfGG nicht gemeint. So zeigt sich, dass § 31 II BVerfGG von seinem Wortlaut her eine (föderative) Tradition aufnimmt, in die er der Sache nach nicht mehr passt.

b) Das konstitutionelle System

499 Ähnliches gilt für die zweite historische Wurzel sowohl der „Gesetzeskraft" wie der Verfassungsgerichtsbarkeit überhaupt, das konstitutionelle System. Damit wird die Machtverteilung zwischen dem Monarchen einerseits und den ständischen, bürgerlichen und demokratischen Kräften andererseits, wie sie sich im 19. Jahrhundert herausgebildet hat, bezeichnet.[194] Im 19. Jahrhundert war die Souveränitätsfrage, die das 20. Jahrhundert zugunsten des Volkes und der Demokratie entschieden hat, in einer Schwebelage geblieben. Der Verfassung als einer zwischen Monarch und Ständen bzw. Volksvertretung vertragsartig zustande gekommenen Regelung fiel die Aufgabe zu, die gefundene Mächtebalance festzuhalten und deren Veränderung von einer erneuten Übereinstimmung abhängig zu machen. Wenn nun Zweifel über den Inhalt der Verfassungs-Urkunde zwischen Regierung und Ständen aufkamen, die nicht einvernehmlich zu lösen waren, so konnte darüber ein Staatsgerichtshof entscheiden.[195] Die gerichtliche Entscheidung in diesen – in heutiger Terminologie – Organstreitigkeiten sollte im Ergebnis eine *„authentische Interpretation"*[196] *der Verfassung* darstellen. Diese authentische Interpretation wurde ganz parallel zur Verfassungsänderung gesehen. Beides – Verfassungsänderung und authentische Interpretation – aber ist Verfassungsgesetzgebung. Die Entscheidung des Staatsgerichtshofs musste somit Verfassungsrang haben, es wurde ihr die Kraft eines „Verfassungsgesetzes"[197] zugesprochen. Da allein die Verfassung die Rechts- und Machtsphären abgrenzte, hätte eine Entscheidung mit der Kraft eines einfachen Gesetzes keine konfliktbeseitigende Wirkung haben können. Der Staatsgerichtshof klärte mit dem Rang eines Verfassungsgesetzgebers den Inhalt der Verfassung; dies und nicht eine Entscheidung des konkreten Streites von Verfassungsorganen wurde als Gegenstand der Entscheidung des Staatsgerichtshofs angesehen.[198] – Auch an diese historische Wurzel kann die „Gesetzeskraft" i. S. des § 31 II BVerfGG heute nicht anknüpfen, da man auch von dieser Tradition her zu einer „Gesetzeskraft" im Rang des Verfassungsgesetzes käme.

---

[193] Vgl. nur *Anschütz,* WRV, Art. 13 Anm. 5, S. 107.

[194] Zum Folgenden schon Rdnr. 80ff. mit einigen Lit.-Angaben.

[195] Nach § 126b Reichsverfassung von 1849 nur, „wenn die streitenden Teile sich vereinigen, die Entscheidung des Reichsgerichts einzuholen". Text bei *E. R. Huber,* Dokumente, Bd. 1, S. 388.

[196] So der oben schon wiedergegebene § 153 der sächsischen Verfassung von 1831; *E. R. Huber,* Dokumente, Bd. 1, S. 288f. Vgl. *Kühne,* S. 200.

[197] So § 223 des in Fn. 166 zitierten Gesetzentwurfs für die Entscheidung des Reichsgerichts in einem Streit zwischen der Regierung eines Einzelstaats und dessen Volksvertretung über die Gültigkeit und Auslegung der Landesverfassung.

[198] Praktische Wirksamkeit hat diese Zuständigkeit der Landesstaatsgerichtsbarkeit im 19. Jahrhundert bekanntlich nicht entfaltet. Ohnedies war sie nur in wenigen Landesverfassungen vorgesehen. Preußen kannte eine Staatsgerichtsbarkeit nicht.

Die Vorstellung, ein Staatsgerichtshof entscheide im Rang und mit der Kraft der Verfassung, lebte auch in der *Weimarer Zeit* fort. Nach *Carl Schmitt*[199] muss eine gerichtliche Entscheidung über die Vereinbarkeit eines Reichs-Gesetzes mit der Reichs-Verfassung den Rang eines Verfassungsgesetzes haben. Ein Verfassungsgericht stelle bei der Normenkontrolle den Inhalt der Verfassung fest und betätige sich somit als Verfassunggeber. Eine verfassungsgerichtliche Normenkontrolle i. S. einer inhaltlichen Prüfung von Gesetzen am Maßstab der Verfassung kann und soll es nach *Carl Schmitt* nicht geben, denn es handele sich dabei nicht um Justiz, sondern eben um verbindliche Beseitigung von Zweifeln über den Inhalt der Verfassung. Dem liegt die Vorstellung zugrunde, dass die Verfassung in ihren zentralen Bestandteilen (Grundrechte, Gewaltenteilung) nicht echte Normen, unter die „subsumiert" werden könnte, sondern Programmsätze enthalte. Deren Inhalt und Reichweite näher zu konkretisieren aber sei Sache nicht der Gerichte, sondern der Politik. Findet Normenkontrolle durch Gerichte statt, wie es das Grundgesetz vorsieht, so wäre nach dieser Konzeption eigentlicher Entscheidungsgegenstand nicht das zu prüfende Gesetz, sondern die Verfassung selbst. Die Entscheidung hätte konsequenterweise wiederum den Rang eines Verfassungsgesetzes.[200]

Das Grundgesetz hat sich anders entschieden und sich damit *von den historischen Wurzeln gelöst.* Verfassungsgerichtsbarkeit ist nicht mehr Bundesaufsicht über die Länder, die föderativen Streitigkeiten sind heute auch quantitativ weniger bedeutend. In Organstreitigkeiten entscheidet das BVerfG nicht mehr wie im konstitutionellen System über konträre Souveränitätsansprüche, weil die Verfassung des Grundgesetzes nicht mehr einen vertragsähnlichen Pakt zwischen Verfassungsorganen, die unterschiedliche politische und soziale Kräfte repräsentieren, darstellt. Schließlich hat das Grundgesetz entschieden, dass Normenkontrolle durch ein Verfassungsgericht möglich ist, weil die Verfassung in allen ihren Bestandteilen als Rechtsnorm „gilt" und alle staatlichen Gewalten bindet. Streitgegenstand bei der Normenkontrolle ist das zu prüfende Gesetz, nicht die Verfassung. Das BVerfG entscheidet verbindlich über den Fall (bzw. die Norm), nicht über das dahinterstehende allgemeine verfassungsrechtliche Problem. Für die echte „Gesetzeskraft" oder gar Verfassungsgesetzeskraft verfassungsgerichtlicher Entscheidungen ist da kein Raum mehr.[201] Die Möglichkeit speziell einer Verfassungsgerichtsbarkeit beruht heute auf dem Vorrang der Verfassung vor dem Gesetz und vor allen anderen staatlichen Äußerungen. 500

[199] *C. Schmitt,* Reichsgericht, S. 81 ff.; *ders.,* Hüter der Verfassung. – Zu den Gegenpositionen vgl. *Triepel,* VVDStRL 5 (1929), S. 2 ff.; *Kelsen,* VVDStRL 5 (1929), S. 70 ff.; *Friesenhahn,* in: HdbDStR II (1932), S. 523 ff.

[200] Zur Rangfrage auch *Bethge,* in: Maunz u. a., BVerfGG, § 31 Rdnr. 147 ff.

[201] *Böckenförde,* NJW 1976, 2099 Fn. 113, versteht auch unter dem Grundgesetz verfassungsgerichtliche Normenkontrolle als „authentische Verfassungsinterpretation und damit Verfassungsgesetzgebung". Dagegen *Scheuner,* DÖV 1980, 477. *Gusy,* Gesetzgeber, S. 246, spricht von der „Gesetzesähnlichkeit" der Entscheidungswirkung.

7. Teil. Das Bundesverfassungsgericht im Gefüge der Staatsfunktionen[1]

Gliederung

Die weit gespannten Zuständigkeiten des BVerfG, seine großen Möglichkeiten und „Freiheiten" in der Interpretation der Verfassung, in der Bestimmung der Reichweite seiner Rechtsprechung und in der Wahl der Rechtsfolgeanordnungen, die erweiterte Bindungswirkung seiner Entscheidungen und damit der große Einfluss, den die Entscheidungen des Gerichts haben: All dies wirft das *Thema der Gewaltenteilung* auf, lässt nach der verfassungsgemäßen und sachgerechten Verteilung der Staatsfunktionen fragen und erinnert an die vielen Diskussionen über das Spannungsverhältnis von (Verfassungs-)Recht und Politik.[2] 501

---

[1] Der Versuch einer Zusammenstellung auch nur der wichtigsten Literatur kann nicht gemacht werden. Umfassend, mit allen Nachw. *Stern,* Staatsrecht II, S. 329–369, 933–1044; *Starck/Stern; Simon,* in: HVerfR, S. 1637 ff.; *Friesenhahn,* Art. Verfassungsgerichtsbarkeit, in: HdWW, S. 218 ff.; *Bryde,* Verfassungsentwicklung, S. 147 ff., 364 ff.; *J. Ipsen,* Rechtsfolgen; *v. Arnim,* Staatslehre, S. 377 ff.; *Rinken,* in: AK-GG, vor Art. 93 Rdnr. 72 ff.; *Geiger,* Selbstverständnis; *Benda,* DÖV 1979, 471; *Däubler/Küsel; Häberle,* Verfassungsrechtsprechung; *ders.,* Verfassungsgerichtsbarkeit; *Stern,* Recht; *Roellecke,* Gesetzgebung; *Schuppert,* Grenzen; *Scheuner,* DÖV 1980, 473; *H.-P. Schneider,* NJW 1980, 2103; *ders.,* FS Zeidler, Bd. 1, S. 293 ff.; *Merten,* DVBl. 1980, 733 ff.; *Korinek,* VVDStRL 39 (1981), S. 7 ff.; *J. P. Müller,* VVDStRL 39 (1981), S. 53 ff.; *Schlaich,* VVDStRL 39 (1981), S. 99 ff.; *Hesse,* FS H. Huber, S. 261 ff.; *Dopatka; Gusy,* EuGRZ 1982, 145; *ders.,* Gesetzgeber; *Heun,* Schranken; *Hwang; Bleckmann,* Staatsrecht I, S. 849 ff.; *J. Burmeister,* Stellung, S. 33 ff.; *Schauer; Starck,* BVerfG; *Häberle,* Grundprobleme; *Haltern,* Verfassungsgerichtsbarkeit; *Steiner,* NJW 2001, 2919 ff.

[2] Zu „Recht und Politik" mit zahlreichen Nachw. *Häberle,* Grundprobleme, S. 2 ff.; *Geiger,* Selbstverständnis, S. 6 f., 10 f.; *Benda,* ZRP 1977, 1 ff.; *Kurt Vogel,* BVerfG, S. 13 ff. (m. Nachw.); *Höffe,* Der Staat 38 (1999), 171 ff.; *Haltern,* Verfassungsgerichtsbarkeit, S. 110 ff.; *Grimm,* FS Benda, 1995, S. 91 ff.; *van*

I. Problemstellung

502 Ein Verfassungsgericht mit der Zuständigkeit, im Verfahren der Verfassungsbeschwerde rechtskräftige Entscheidungen der Gerichte aller Gerichtszweige aufzuheben, wird dem Vorwurf nicht entgehen, allzusehr in die Selbständigkeit dieser Gerichte einzugreifen. Dieser Problemkreis ist oben unter dem Stichwort des *„Prüfungsumfangs" des BVerfG im Rahmen der Verfassungsbeschwerde gegen Gerichtsentscheide* behandelt worden.[3] Nach der dort vertretenen Auffassung geht es im Verhältnis des BVerfG zu den anderen Gerichten um die Ausgestaltung einer sinnvollen Arbeitsteilung oder auch Konkurrenz innerhalb der Gerichtsbarkeit und dies im Interesse einer optimalen Verwirklichung der Verfassung. Dabei steht die Funktionsfähigkeit des BVerfG im Vordergrund. Dieses Verhältnis des BVerfG zu den von ihm kontrollierten Gerichten bestimmt sich also, wenngleich auch hier noch die Grundrechte die Grundlinien des Prüfungsumfangs ausrichten, nach funktionell-rechtlichen Gesichtspunkten: Das BVerfG will kein Superrevisionsgericht sein. Es prüft deshalb nur nach, ob es die Gerichte mit der Anwendung der Grundrechte „grundsätzlich" richtig gemacht haben.

503 Von größerem Gewicht und hier zu behandeln ist das Verhältnis des BVerfG zur Gesetzgebung und zur Regierung, das Verhältnis also zu den „übrigen Verfassungsorganen", wie § 1 BVerfGG formuliert. Ein Verfassungsgericht mit den weit gesteckten Normenkontrollbefugnissen des BVerfG wird dem Vorwurf nicht entgehen, *die Grenze zur Gesetzgebung* zu verschieben.

Erstmals in den 1970er Jahren war die Diskussion dazu sehr heftig; Aufsehen hat damals erregt, dass sich sogar der Bundesjustizminister mit einem Aufsatz in einer Fachzeitschrift eindeutig geäußert hat: Die Richter mögen darauf sehen – „videant iudices" –, die Autorität des Gerichts nicht unnütz zu verbrauchen.[4] Diese Kritik bezog sich vor allem auf die Entscheidungen zum Grundlagenvertrag, zu § 218 StGB, zu den Hochschulgesetzen und zu den Abgeordnetendiäten. Aber nach den die Verfassungsmäßigkeit bejahenden Urteilen zum Mitbestimmungsgesetz und zu den wesentlichen Teilen auch der Ehescheidungsreform (1979) hatte sich die Debatte etwas beruhigt. Man meinte, das Gericht habe vorher Neigung gezeigt, den Gesetzgeber in enge Schranken zu verweisen, aber mit den genannten Entscheidungen „diese Richtung abgebrochen und in ein ausgleichendes Fahrwasser gelenkt".[5] Der Sturm brach wieder los, als das BVerfG die vorzeitige Auflösung des Bundestags vom Januar 1983 verfassungsrechtlich bestätigte. Man sah das BVerfG „in einer Phalanx von Bundeskanzler, Bundestag und Bundespräsident"[6] und warf ihm vor, „die Verfassung bewahrt, ihr aber die Bewährung versagt" zu haben.[7] Selbst Verteidiger dieser Entscheidung entdeckten in deren Begründung ein „erschreckendes Missverständnis über den Sinn der Demokratie und die Grenzen des Rechts gegenüber einer freien Politik"[8] – und dies nach 30 Jahren der Rechtsprechung des BVerfG. Die Entscheidungen zum Volkszählungsgesetz 1983 und zu den Verfassungsbeschwerden gegen die Nachrüstung haben Kritiker und Verteidiger in ganz neuen Formationen gefunden. In den 1990er Jahren hat sich die Frage der Grenzziehung zwischen Gesetzgebung und BVerfG neu belebt – als Reaktion darauf, dass der Gesetzgeber vom BVerfG teils detaillierten Regelungsvorgaben und

---

Ooyen, Der Begriff des Politischen des Bundesverfassungsgerichts; *Hassemer,* JZ 2008, 1ff; *Grimm,* Recht oder Politik?

[3] Oben Rdnr. 280ff.

[4] *H.-J. Vogel,* DÖV 1978, 665. Dazu auch *Grigoleit,* BVerfG und sozialliberale Koalition, in: van Ooyen/Möllers, Handbuch Bundesverfassungsgericht im politischen System, S. 245ff.

[5] *Scheuner,* DÖV 1980, 478.

[6] Vgl. *Gusseck,* NJW 1983, 723.

[7] *H. Meyer,* DÖV 1983, 243.

[8] *Seuffert,* AöR 108 (1983), 409.

-restriktionen unterworfen wurde, beispielsweise im Steuerrecht.[9] In einem Sondervotum hat der Richter *Böckenförde* dem Gericht deshalb vorgehalten, der „Veränderung des vom Grundgesetz festgelegten gewaltenteiligen Verhältnisses zwischen Gesetzgeber und Verfassungsgericht" werde „weiter Vorschub" geleistet, das BVerfG greife im Steuerrecht mit „breit ausgeführten, durch die Vorlage nicht veranlassten Darlegungen in den Kompetenzbereich des Gesetzgebers über".[10] Ein Rechtshistoriker meint sogar, die Unabhängigkeit der Gerichte könne zur Gefahr werden: „Heute liegt es nahe, die Unabhängigkeit der gesetzgebenden Gewalt gegen Anmaßungen der Rechtsprechung zu verteidigen. Sie hat auf Kosten des Parlaments in einem solchen Umfang an Boden gewonnen, dass Zweifel an der verfassungsrechtlichen Zulässigkeit der gerichtlichen Praxis aufkommen müssen."[11]

Das Problem ist deutlich: Auf der einen Seite weist die Verfassung im gewaltenteilenden Rechtsstaat den Verfassungsorganen „Funktionsbereiche zum eigenverantwortlichen Handeln und Entscheiden"[12] zu, auf der anderen Seite bindet das Grundgesetz diese Verfassungsorgane an die Verfassung, über deren Reichweite im Einzelfall letztlich das BVerfG entscheidet. Überspitzt: „Die Verbindung von ‚universalem' Regelungsumfang, eine[r] die Konkretisierung auch allgemeinster Rechtssätze zulassender Methodik und Justiziabilität hingegen droht das Bundesverfassungsgericht zur alleinigen Regierungsgewalt der Bundesrepublik zu machen: Außenpolitik, Gesetzgebung, Verwaltung, Rechtsprechung, ja gesellschaftliches Zusammenleben ‚nach Anweisung des Bundesverfassungsgerichts'."[13] Wie kann das BVerfG *den eigenständigen Funktionsbereich der anderen Verfassungsorgane und zugleich seinen Kontrollauftrag* wahren? 504

II. Aufgaben und Grenzen der Verfassungsgerichtsbarkeit

1. Selbstbeschränkung des Bundesverfassungsgerichts?

Die Diskussion über diese Möglichkeiten und Grenzen der Verfassungsgerichtsbarkeit gegenüber den anderen Verfassungsorganen wird oft unter dem Stichwort des Grundsatzes der richterlichen Selbstbeschränkung *(judicial self-restraint)* geführt. Auch das BVerfG hat dieses Stichwort aufgegriffen[14] und versteht darunter die Offenhaltung des den anderen Verfassungsorganen garantierten Raums freier politischer Gestaltung 505

[9] Z. B.: BVerfGE 93, 121 – Halbteilungsgrundsatz; BVerfGE 99, 216; 99, 246; 99, 268; 99, 273 – Besteuerung von Familien.

[10] BVerfGE 93, 121 (151) – Sondervotum *Böckenförde.* Vgl. auch *Höffe,* Der Staat 38 (1999), 184ff.; *Stern,* FS Kriele, S. 411ff.; *H.- P. Schneider,* NJW 1999, 1303ff.; *Söllner,* ZG 1996, 257ff.; *H.-W. Arndt,* in: J. Wolter u. a. (Hrsg.), S. 187: „Die Beschlüsse zur steuerlichen Behandlung der Familien sind so eindeutig formuliert, dass das BVerfG faktisch an die Stelle des Gesetzgebers getreten ist." Eindringliche Kritik auch bei *Wieland,* in: Dreier, GG, Art. 93 Rdnr. 32f. Die Kritik der 1990er Jahre bilanziert *Schaal,* Crisis! What Crisis?, in: van Ooyen/Möllers, Handbuch Bundesverfassungsgericht im politischen System, S. 261ff.

[11] *Willoweit,* JZ 2016, 431. Vgl. auch *Rüthers,* S. 1ff.

[12] *Simon,* in: HVerfR, S. 1666.

[13] *Bryde,* Verfassungsentwicklung, S. 300; *Wilke/Koch,* JZ 1975, 233. Vgl. auch *Püttner,* FS Juristische Gesellschaft zu Berlin, S. 573: „Souverän ist, wer über die Verfassungsinterpretation gebietet ..." Weitere Zitate bei *Kurt Vogel,* BVerfG, S. 39ff.

[14] BVerfGE 36, 1 (14) – Grundlagenvertrag, ohne dass sich das BVerfG allerdings in diesem Urteil Beschränkung in der verfassungskonformen Auslegung auferlegt hätte. Auch BVerfGE 59, 360 (377). Vgl. im Übrigen nur *von der Heydte,* FS Geiger, S. 909f.; *Kriele,* NJW 1976, 777ff.; *Zeitler,* S. 176ff.; *Schenke,* NJW 1979, 1324; *Achterberg,* DÖV 1977, 649ff.; *Säcker,* BayVBl. 1979, 195; *Meyn,* S. 396ff. („Selbstkontrolle"); *Rinken,* in: AK-GG, vor Art. 93 Rdnr. 92; *v. Beyme,* FS Wassermann, S. 262ff.; *Lee,* S. 161ff.; *Stern,* NWVBl. 1994, 241ff.; *Lorz,* S. 424ff.; *Exner,* DÖV 2012, 543.

und den Verzicht darauf, „Politik zu treiben". Insofern besagt der Grundsatz eine Selbstverständlichkeit, bewirkt aber „mit seiner Allgemeinheit"[15] nicht viel. Ein Gericht entscheidet auf Antrag nach der Rechtslage und hat dabei seine Kompetenzen sowohl wahrzunehmen als auch einzuhalten. „Selbst-Beschränkung setzt Selbst-Ermächtigung voraus ... Nichtentscheidung trotz gegebener Entscheidungszuständigkeit ist für ein Gericht Kompetenzüberschreitung ..."[16] Die dem BVerfG aufgetragene Sorge für die Bewährung der Verfassung kann „ein entschlossenes Eingreifen des Gerichts erfordern".[17] Insbesondere aber gefährdet ein generelles Anerkenntnis der richterlichen Selbstbeschränkung als rechtliches Gebot die Autorität des Gerichts: Das Gebot ist ohne alle Konturen und ohne Inhalt, es taugt also nicht zur Begründung und Verteidigung einer Entscheidung, um so besser aber zu deren Kritik. Missliebige Entscheidungen lassen sich leicht und plausibel als Überschreitung dieses Gebots der Selbstbeschränkung hinstellen.

Es besteht weithin Einverständnis darüber, dass die amerikanische *political question-Doktrin,* wonach der US-Supreme Court Entscheidungen über Fragen politischer Natur ablehnen kann,[18] auf das BVerfG nicht übertragbar ist.[19]

Deshalb ist auch davon abzuraten, die Entscheidungsvarianten bei der Normenkontrolle (unvereinbar, verfassungskonforme Auslegung, bloße Appellentscheidung) unter das Gebot der rechtlichen Selbstbeschränkung einzuordnen.[20]

Die „Beschränkung", die dem BVerfG obliegt, ist diejenige auf seine Gerichtsförmigkeit und auf die ihm zur Verfügung stehenden Kontrollmaßstäbe. Dies aber ist nicht „Selbst"-Beschränkung, sondern Auftrag und Bindung an Kompetenzen. Auf diese Weise können insbesondere der Exekutive im Bereich der auswärtigen Gewalt politisch geprägte Einschätzungsprärogativen und eigene Handlungsspielräume zugebilligt werden. Es ist „nicht Aufgabe des Bundesverfassungsgerichts, jenseits rechtlich normierter Vorgaben in diesem Bereich seine Einschätzungen an die Stelle der Einschätzungen und Erwägungen der zuständigen politischen Organe des Bundes zu setzen."[21]

2. Die (neue) Fragestellung des „funktionell-rechtlichen" Ansatzes

506 Nach der traditionellen Sicht ergeben sich Aufgaben und Grenzen einer Verfassungsgerichtsbarkeit aus der Auslegung und Anwendung des im Einzelfall einschlägigen materiellen Verfassungsrechts. Die Verfassung als Kontrollmaßstab dirigiert das Gericht, sie ist „Grund und Grenze des Funktions- und Kompetenzbereichs des Bundes-

[15] *Hesse,* FS H. Huber, S. 263. Vgl. auch *Scheuner,* DÖV 1980, S. 473.

[16] *Murswiek,* DÖV 1982, 532. Zustimmend *Heun,* Die Verfassungsordnung der Bundesrepublik Deutschland, S. 215.

[17] *Hesse,* FS H. Huber, S. 264; *Stern,* Staatsrecht II, S. 962; *Schambeck,* FS Melichar, S. 197; *Püttner,* FS Juristische Gesellschaft zu Berlin, S. 580. Klar auch *Benda/Klein,* Verfassungsprozessrecht, Rdnr. 21 ff.

[18] Zu dieser Doktrin insbesondere die Entscheidung des US-Supreme Court Baker v. Carr, 369 U.S. 186, 208, 217 (1962); *Franck;* zu der in den letzten Jahrzehnten in der Rechtsprechung des Supreme Court abnehmenden Bedeutung der Doktrin *Brugger,* Einführung, S. 19–21; *Lorz,* S. 452 ff.

[19] *Stern,* Staatsrecht II, S. 961 f.; *Rau,* S. 228 ff.; *Robbers,* Probleme, S. 116.

[20] Vgl. *Schenke,* NJW 1979, 1324 ff.

[21] BVerfGE 66, 39 (61); vgl. auch BVerfGE 68, 1 (97); dazu auch *Kokott,* DVBl. 1996, 937 ff.

verfassungsgerichts".[22] Nun drängt sich aber die Beobachtung auf, dass dieser traditionelle Ansatz dem Gericht faktisch (nicht rechtlich!) die Kompetenz-Kompetenz belässt. Die Weite der Zuständigkeiten des BVerfG (Verfassungsbeschwerde, Organstreit, Normenkontrollen in verschiedenen Verfahrensarten), die Offenheit vieler Normen („Schleusenbegriffe"),[23] der umfassende Regelungsanspruch der Verfassung und insbesondere die bestehende Methodenvielfalt zur Auslegung der Verfassung, die das Gericht zu derjenigen Methode der Auslegung greifen lässt, die das gewünschte Ergebnis ermöglicht: All dies macht die Vorstellung, die Bindung an die Verfassung als Kontrollmaßstab bestimme mit einiger Präzision die Grenzen der Verfassungsgerichtsbarkeit gegenüber den politischen Gewalten, zweifelhaft. Manchen Autoren erscheint diese Vorstellung sogar als „Fiktion".[24] Denn die traditionelle Fixierung auf die Verfassung als Kontrollmaßstab stelle einer umfassenden und eben letztverbindlichen Steuerung der Politik durch das BVerfG nicht viel in den Weg, sei also nicht hinreichend. Mit den Worten von *Roellecke:* „Soweit mit Verfassungsinterpretation die Auslegung der Verfassung nach den herkömmlichen Regeln der juristischen Methode gemeint ist, kann sie die Verfassungsrechtsprechung kaum determinieren."[25]

So wird der Argumentationshaushalt für die Bestimmung der Grenzen der Verfassungsgerichtsbarkeit erweitert: „Es bedarf der Entfaltung und Konkretisierung des Grundsatzes, dass das Verfassungsgericht sich im Rahmen der ihm von der Verfassung aufgetragenen Funktion zu halten hat", und der „Entwicklung eines Bündels von normativen Grundsätzen, die in ihrer Gesamtheit die neben den institutionellen Grenzen entscheidenden Grenzen der Verfassungsgerichtsbarkeit markieren".[26]

In dieser „funktionell-rechtlichen" Denkweise wird nach den *unterschiedlichen Funktionen und Fähigkeiten der Staatsorgane* (Gesetzgeber, Regierung, BVerfG, übrige Gerichte usw.) gefragt, nach deren Handlungsspielräumen und Wirkungsweisen wie auch nach deren Möglichkeiten der Zusammenarbeit und Arbeitsteilung, kurz: nach der sachgemäßen *Rollenverteilung zwischen den Staatsorganen.* In einem solchen Konzept soll auch die Rolle des BVerfG bestimmt werden. Es geht dann „um die Frage, was das BVerfG im Konzert der Staatsorgane sinnvollerweise leisten, welche Rolle es spielen kann".[27] 507

Aufgrund der Rechtsprechung des BVerfG und vieler Ansätze in der Literatur hat insbesondere *H.-P. Schneider* dieses Konzept systematisch vorgetragen.[28] Er spricht von „einem (offenen) System von verfassungsgerichtlichen Entscheidungsregeln und Argumentationsmustern (Entscheidungspragmatik)" und von einem „differenzierten Instrumentarium funktionsgerechter Kontrollmaßstäbe, Argumentationsfiguren und Entscheidungsvarianten bei unterschiedlicher Kontrolldichte und Prüfungsintensität".

Die „funktionell-rechtliche" Sicht ist mittlerweile groß[29] und die Literatur nicht mehr leicht übersehbar: 508

---

[22] *Rinken,* in: AK-GG, vor Art. 93 Rdnr. 93. Auch schon oben Rdnr. 14ff.

[23] *Böckenförde,* Entstehung, S. 65.

[24] *Rinken,* in: AK-GG, vor Art. 93 Rdnr. 95.

[25] *Roellecke,* in: HStR III, § 67 Rdnr. 33; vgl. auch *Haverkate,* S. 394.

[26] *Hesse,* FS H. Huber, S. 265.

[27] *Ossenbühl,* Grundfragen, S. 104.

[28] *H.-P. Schneider,* NJW 1980, 2111.

[29] Von „funktionell-rechtlichen Interpretationsprinzipien" sprach zuerst *Ehmke,* VVDStRL 20 (1963), S. 73. Dazu *R. Dreier,* S. 43f. Grundlegend *Dolzer,* Stellung, S. 68ff.; *Heun,* Schranken; *ders.,* Die Verfassungsordnung der Bundesrepublik Deutschland, S. 217. Sodann (auswahlweise) *Schuppert,* Gren-

Die funktionelle Theorie, so heißt es, gehe von dem Ansatz aus, das Verfassungsgericht sei ein „eigenständiger Entscheidungsträger", der seinen Entscheidungsspielraum durch bestimmte Wertungen ausfülle und ausfüllen müsse.[30] Der funktionell-rechtliche Ansatz betrachte die Verfassungsgerichtsbarkeit „als Teil der ... arbeitsteilig organisierten Staatsgewalt" und stelle auf den „Zusammenhang von Funktionszuweisung, Organkompetenz und Organstruktur als Legitimationszusammenhang" ab:[31] Es geht also nicht mehr länger nur um die Steuerungsfunktion des materiellen Verfassungsrechts, sondern um den *„Zusammenhang von materiellem Verfassungsrecht und verfassungsrechtlicher Funktionenordnung"*.[32] Im Folgenden ist der funktionell-rechtliche Ansatz näher zu entfalten. Es wird ihm aber in dieser Darstellung nur in Bezug auf die Gerichtsförmigkeit des BVerfG, nicht aber in seinen übrigen Entfaltungen gefolgt.[33]

509 Der funktionell-rechtliche Ansatz ist übrigens nicht so neu, wie manche Formulierung klingt. Der Grundsatz der Gewaltenteilung ist ein traditionelles „funktionell-rechtliches" Argument, das bei der Interpretation der Kompetenznormen der Verfassung benutzt wird. Gewaltenteilung ist Funktionenteilung. Die Frage ist nur, ob das BVerfG in ähnlicher Weise wie die anderen Staatsfunktionen in die Funktionenordnung eingebracht werden soll. Das wird hier geleugnet. Das BVerfG verhält sich zu den anderen Verfassungsorganen nicht wie diese untereinander.

3. Das Bundesverfassungsgericht als Gericht und Kontrolleur

510 Der Ausgangspunkt aller „funktionell-rechtlichen" Betrachtung ist, dass das BVerfG ein Gericht ist. Das ergibt sich aus Art. 92 GG. Das BVerfG übt wie die anderen Gerichte des Bundes und der Länder rechtsprechende Gewalt aus. Viel literarischer Aufwand bliebe erspart, wenn dieser einfache und unbestrittene Ausgangspunkt deutlicher durchgehalten würde.

511 Zwar ergehen und wirken Entscheidungen des BVerfG auf dem Felde der Politik wie die Entscheidungen der anderen Organe auch; das BVerfG hat es mit „politischen Rechtsstreitigkeiten"[34] zu tun. Mit der Schaffung von Übergangsrecht hat das BVerfG auch in aller Form im Einzelfall die Rolle des Ersatzgesetzgebers übernommen.[35] Es ist aber falsch, diese Beobachtungen zum Ausgangspunkt zu machen. Verfassungsgerichtsbarkeit ist Rechtsprechung anhand eines normativen Maßstabs. Verfassungs-

zen; *ders.*, DVBl. 1988, 1191; *J. Ipsen*, Rechtsfolgen; *Hesse*, FS H. Huber, S. 261ff.; *ders.*, Grundzüge, Rdnr. 567ff.; differenzierend *v. Brünneck*, Verfassungsgerichtsbarkeit, S. 154–157; *Ossenbühl*, DÖV 1980, 548; skizzenhafte Darstellung auch bei *ders.*, FS Redeker, insbes. S. 64f. (mit Zweifeln am Erkenntnisgewinn); *W. Fiedler*, JZ 1979, 420; *Grimm*, AöR 106 (1981), 123; *C. Arndt*, FS Hirsch, S. 431ff.; *H. Schwarz*, S. 52ff.

30 Vgl. den Bericht von *Eisenblätter*, JöR 29 (1980), 75, der sich auf frühe amerikanische Ansätze einer „strukturell-funktionalen Theorie" beruft. Zum Gesichtspunkt der Eigenverantwortlichkeit der Staatsorgane als Begrenzungsmaßstab *Dolzer*, Stellung, S. 44; kritisch *Delbrück/Wolfrum*, JuS 1983, 763f. Zustimmend zum funktionell-rechtlichen Ansatz auch *H. H. Klein*, Grundrechtsstaat, S. 88ff.; *Starck*, in: HStR XII, § 271 Rdnr. 14.

31 *Rinken*, in: AK-GG, vor Art. 93 Rdnr. 99; *Magiera*, S. 88; *J. P. Müller*, VVDStRL 39 (1981), S. 79f. Der Ausdruck „funktionsgerechte Organstruktur" schon bei *Küster*, AöR 75 (1949), 397ff.; zu Modellen der demokratischen Legitimation der Verfassungsgerichtsbarkeit auch *Scheid*, Der Staat 2020, 227.

32 *Schuppert*, Grenzen, S. 1. Einfühlsam auch *Scherzberg*, Grundrechtsschutz, S. 135ff., für die Verfassungsbeschwerde.

33 Allzu sehr ablehnend *Schlaich*, VVDStRL 39 (1981), S. 113ff.; kritisch in diesem Zusammenhang *Kurt Vogel*, BVerfG, S. 89ff.

34 *Leibholz*, JöR 6 (1957), 125.

35 Oben Rdnr. 473f.

gerichtsbarkeit ist in die Rechtsprechung inkorporiert.[36] Das BVerfG ist im Verhältnis zur Gesetzgebung nicht Mitproduzent, sondern Kontrolleur.[37] Auch die „Gesetzeskraft" der Normenkontrollentscheidungen nach § 31 II BVerfGG vermittelt dem BVerfG nicht die Teilhabe an der Gesetzgebung. Materialprüfung ist nicht Produktion.

512 In der *Gerichtsförmigkeit der Verfassungsgerichtsbarkeit* liegt eine erste und die wesentliche funktionell-rechtliche Bestimmung und Grenze der Verfassungsgerichtsbarkeit. Das BVerfG hat nicht das Recht zur Eigeninitiative, es ist auf enumerierte Antrags- und Verfahrensarten beschränkt und in ein spezialisiertes, geordnetes Verfahren gezwängt. Als Gericht ist es an den Kontrollmaßstab gebunden. Das BVerfG hat – anders als die von ihm kontrollierten staatlichen Organe – eine reaktiv-nachträgliche, punktuelle, kontrollierende Rolle.[38]

Von daher verbietet sich eine Fragestellung wie die folgende: „Konkret lautet die Frage, ob es primär dem Gesetzgeber oder primär der Verfassungsgerichtsbarkeit zukommt, multidimensionale Freiheitsprobleme zu lösen."[39] Vielleicht sollte man – anders als im Verhältnis des BVerfG zur übrigen Gerichtsbarkeit – auch nicht von Konkurrenz[40] sprechen. Gesetzgeber und Gericht handeln nicht austauschbar auf derselben Ebene, wenn ihre Entscheidungen auch identische Wirkungen[41] haben können. Der Gesetzgeber tut, abgesehen von wenigen Verfassungsaufträgen, was er sich vornimmt, das Gericht entscheidet über das, was beantragt ist.

513 Der Gesichtspunkt der *Gewaltenteilung* ist ein weiteres entscheidendes kompetenzabgrenzendes Kriterium.[42] Mehr als eine abstrakte Leitlinie aber bietet er nicht. Inhaltlich geht seine Aussage über diejenige der Gerichtsförmigkeit der Verfassungsgerichtsbarkeit nicht hinaus. Auch die dezidiertere Aussage von *Hesse,* nach dem Grundsatz der Gewaltenteilung – in der Form der „gemischten Verfassung" nach dem Grundgesetz – sei jedes Organ „verpflichtet, ergänzend oder stützend tätig zu werden, wo ein anderes Organ zur vollen Erfüllung seiner Aufgaben nicht bereit oder in der Lage ist",[43] bedarf der normativen Abstützung zur Beantwortung der Frage, wann ein Or-

[36] *Friesenhahn,* Aufgabe, S. 15: „nur die negative, abwehrende Funktion der Kontrolle"; *ders.,* FS Broermann, S. 554. Besonders entschieden *Knöpfle,* Richterbestellung, S. 234; *Merten,* DVBl. 1980, 776; *Scheuner,* DÖV 1980, 477; *Bryde,* Verfassungsentwicklung, S. 302; *Meyn,* S. 398 f.; *Bleckmann,* Staatsrecht I, S. 853 f.; *Wieland,* in: Dreier, GG, Art. 93 Rdnr. 31 f.

[37] Dabei ist klar, dass das „absurde Ideal einer Rechtskontrolle ..., der es nur um reine Erkenntnis gehe und jede Wertung wie jedes Wollen völlig fremd sei", längst überholt ist und deshalb nicht mehr abgewehrt zu werden braucht. Dies gegen *Haverkate,* S. 392.

[38] *Bryde,* Verfassungsentwicklung, S. 338. Ebenso *Simon,* in: HVerfR, S. 1668: „auch als Verfassungsorgan ein Gericht"; *v. Arnim,* Staatslehre, S. 382; *Gusy,* Gesetzgeber, S. 119 ff. Anders die – kritisch und deskriptiv gemeinte – Feststellung von *Böckenförde,* NJW 1976, 2099; *ders.,* Der Staat 29 (1990), 24: „Nebenordnung und Annäherung von parlamentarischer und verfassungsgerichtlicher Rechtsbildung". Wenn *Haverkate,* S. 394, behauptet, das „Verfassungsgericht produziert Verfassungsrecht im Prinzip nicht anders als der parlamentarische Gesetzgeber Gesetze produziert", so geht dies an einer sinnvollen Erfassung der Tätigkeit des Gerichts vorbei.

[39] *Schuppert,* Grenzen, S. 43.

[40] *Bryde,* Verfassungsentwicklung, S. 313.

[41] Vgl. *Stern,* Einführung, S. 11: „Parlament und Verfassungsgerichtsbarkeit teilen sich damit heute die Verfassungskonkretisierung – jede Institution in den ihr eigentümlichen Formen und Kompetenzen."

[42] *Hesse,* FS H. Huber, S. 265; *Bleckmann,* Staatsrecht I, S. 854 f. Das BVerfG benutzt das Gewaltenteilungsargument zur Bestimmung seines Verhältnisses zum Gesetzgeber selten; vgl. aber BVerfGE 71, 206 (215); vgl. *Sinemus,* S. 313 f.

[43] *Hesse,* FS H. Huber, S. 265.

gan seine Aufgaben nicht voll erfüllt; andernfalls wirkt der Satz (nur) kompetenzauflösend.

„Der Gedanke funktionellrechtlicher Begrenzung verfängt sich in sich selbst. Die Funktion der Verfassungsgerichtsbarkeit lässt sich nicht unabhängig von den ihr zugewiesenen Kompetenzen, sondern erst aus ihnen heraus bestimmen. Mithin kommt es auf die konkreten, im Grundgesetz festgelegten Aufgaben und Befugnisse an."[44]

Immerhin ist der Gewaltenteilungsgrundsatz geeignet, die Notwendigkeit einer Kompetenzabgrenzung zu bestätigen:[45] „Das Grundgesetz geht gerade im Verhältnis der obersten Verfassungsorgane zueinander von je eigenen, kompetenzrechtlich abgesteckten Verantwortungsbereichen dieser Organe aus, denen die Rechtsordnung in Form von Gestaltungs-, Beurteilungs- und Ermessensspielräumen Rechnung trägt."[46]

514 Zu denselben Argumenten führt auch das *Demokratieprinzip.* Das Grundgesetz betont die Regelungsbefugnis des demokratisch gewählten Gesetzgebers. Es ist aber auch von dem Gedanken bestimmt, dem Gesetzgeber verfassungsrechtliche Schranken zu setzen und diese letztlich durch das BVerfG finden zu lassen. Welche Freiheit dem Gesetzgeber bleibt und welche Interpretations- und Konkretisierungsmacht dem BVerfG zugewiesen ist, ergibt sich aus den konkreten Regelungen des Grundgesetzes.[47]

Auch hier ist es vorzuziehen, nicht von einem Vorrang und nicht von der „Vorhand i. S. einer Arbeitsteilung"[48] des demokratisch legitimierten Gesetzgebers und so auch nicht vom Nachrang des BVerfG zu sprechen, sondern von (verschiedenen) Kompetenzen.

4. Die Unterscheidung von Handlungsnorm und Kontrollnorm

515 Die Existenz des BVerfG, dessen „Gerichtsförmigkeit" und seine Zuständigkeiten lassen die Interpretation der materiellen Verfassungsrechtssätze nicht unberührt. Die Verfassungsinterpretation hat mitzubedenken, dass es ein Verfassungsgericht gibt, das die zu interpretierenden Verfassungssätze verbindlich anwendet. Dies ist „die funktionell-rechtliche Dimension der Verfassungsinterpretation".[49]

516 *a)* Die Folgen dieser (auch) funktionell-rechtlich orientierten Verfassungsinterpretation zu beschreiben, ist schwierig, der zugrunde liegende Gedanke aber ist einfach: Für die aktiv handelnden staatlichen Organe – z. B. den Bundestag – ist eine Norm „Handlungsnorm", also Handlungsanweisung und Handlungsgrenze. Für das Verfassungsgericht ist dieselbe Norm „Kontrollnorm", an der das Handeln oder Unterlassen der staatlichen Organe gemessen wird.[50] Handeln und Kontrollieren sind zwei ver-

---

44 *Böckenförde,* Der Staat 29 (1990), 26f.

45 *Bryde,* Verfassungsentwicklung, S. 335 mit Hinweis auf BVerfGE 49, 89 (125) – Kalkar.

46 BVerfGE 62, 1 (51) – Bundestagsauflösung.

47 *Simon,* in: HVerfR, S. 1670.

48 *Häberle,* Grundprobleme, S. 18.

49 *Schuppert,* Grenzen, S. 4; *ders.,* DVBl. 1988, 1194ff., mit Hinweisen auf die Rspr. des US-Supreme Court. Vgl. *Dolzer,* Verfassungskonkretisierung, S. 11: der richterliche Prüfungsmaßstab ist „mitbestimmt" durch Erwägungen über die Geeignetheit des richterlichen Entscheidungsverfahrens; auch aaO., S. 50, 57. *Bryde,* Verfassungsentwicklung, S. 303; auch *Schauer,* S. 74ff.

50 *Hesse,* FS H. Huber, S. 269; *ders.,* FS Mahrenholz, S. 557f.; *Bryde,* Verfassungsentwicklung, S. 307 mit Nachw.; *Lorenz,* Kontrolle, S. 206. Die Unterscheidung geht auf *Goldschmidt* (1929) und *Forsthoff* zurück. Ablehnend zu dieser Unterscheidung *Böckenförde,* Der Staat 29 (1990), 27; *Heun,* Schranken, S. 46ff.; ausführlicher *ders.,* in: Dreier, GG, Art. 3 Rdnr. 48; *H. H. Klein,* Grundrechtsstaat, S. 89f.

schiedene Funktionen. Sie geschehen aber meist aufgrund oder mit Hilfe derselben Norm. So hat ein und dieselbe Norm zugleich die Funktionen als Handlungs- und als Kontrollnorm, ohne dass das Grundgesetz diesen Unterschied generell ausdrücklich formuliert. Im Einzelfall kommt er darin zum Ausdruck, dass eine Verfassungsnorm Gestaltungsspielraum oder. Ermessen einräumt. Aber bei den Grundrechten und bei den Staatszielbestimmungen unterscheidet das Grundgesetz nicht ausdrücklich zwischen Handlungsanleitungen und Kontrollmaßstäben. Wenn Art. 14 III GG Enteignungen „nur zum Wohle der Allgemeinheit" zulässt, so ist die Handlungsanweisung an den Gesetzgeber, das Wohl der Allgemeinheit zu verwirklichen, anspruchsvoller, als es der Kontrollmaßstab für das BVerfG ist: Der Gesetzgeber fragt sich, ob er das Wohl der Allgemeinheit optimal verwirklicht, das BVerfG fragt, ob er es verletzt hat.

Der Beschränkung des Prüfungsumfangs bzw. der Kontrolldichte der Verwaltungsgerichte gegenüber Prüfungsentscheidungen liegt ebenfalls die Unterscheidung von Handlungsnorm (richtige Benotung) und Kontrollnorm (Kontrolle im wesentlichen nur auf Verfahrens- und Verhaltensfehler) zugrunde. Dasselbe gilt im Rahmen des Widerspruchsverfahrens nach §§ 68ff. VwGO für die Unterscheidung von Rechtmäßigkeit als Kontrollnorm und Zweck- und Rechtmäßigkeit als Handlungsnorm.

b) Ein Musterbeispiel für die Unterscheidung zwischen Handlungs-und Kontrollnorm 517
innerhalb ein und derselben Vorschrift bildet – auch auf Grundlage der neuen Rechtsprechung – die *Auslegung des Art. 3 I GG.* Als Handlungsnorm gebietet Art. 3 I GG dem Gesetzgeber die materielle Gleichbehandlung aller Menschen, das heißt letztlich eine gerechte Entscheidung. Auch wenn das BVerfG nun nicht mehr zwischen „Willkürformel"[51] und „neuer Formel"[52] unterscheidet, zeigt sich im Rahmen der „Quasi-Verhältnismäßigkeitsprüfung"[53] ein abgestufter Rechtfertigungsmaßstab, der den Gestaltungsspielraum des Gesetzgebers umso weiter einschränkt, je näher die Differenzkriterien den Merkmalen des Art. 3 II GG kommen und je höher ihr Persönlichkeitsbezug ist.[54] Die im Übrigen eingeschränkte Kontrolldichte lässt sich noch immer – wie die Willkürformel nach klassischem Verständnis – „als eine Form der Abgrenzung der Funktion der Verfassungsgerichtsbarkeit gegenüber der des Gesetzgebers"[55] verstehen.

c) Auch das übrige Verfassungsrecht wird in seiner Auslegung und Anwendung von 518
funktionell-rechtlichen Gesichtspunkten mitbestimmt. Deutlich ist dies bei dem der Verfassung entnommenen *Grundsatz der Verhältnismäßigkeit:* Als Handlungsnorm erwartet der Grundsatz geeignete, taugliche, alle beteiligten Interessen optimal fördernde Entscheidungen. Die aus der Kontrollnorm abgeleitete Feststellung des BVerfG, der Verhältnismäßigkeitsgrundsatz sei durch den Gesetzgeber in verfassungswidriger Weise verletzt, erfolgt aber nach der Rechtsprechung des BVerfG nur, wenn die betreffende Regelung „evident" bzw. „schlechthin" untauglich und unzumutbar ist.[56] Die Reduzierung der Kontrolle auf „evidente" Verletzungen folgt aus funktionell-rechtlichen Gesichtspunkten. Die Kontrolldichte variiert auch hier je nach dem Gewicht des von der gesetzlichen Regelung betroffenen Grundrechts.

---

[51] BVerfGE 77, 308 (338); auch 68, 237 (250); 68, 287 (301); 80, 109 (118).

[52] BVerfGE 55, 72 (88); 88, 5 (12) (1. Senat). Differenziert BVerfGE 88, 87 (97). Auch BVerfGE 89, 365 (375) und BVerfGE 92, 91 (109).

[53] Zur Entwicklung *Kempny/Lämmle,* JuS 2020, 22, 113, 215.

[54] BVerfG, NVwZ 2011, 1316; ausführlich *Kingreen/Poscher,* Grundrechte, Rdnr. 527ff.

[55] Diskussionsbeitrag von *Hesse,* in: Link, S. 76; *Hesse,* FS H. Huber, S. 269; *ders.,* FS Lerche, S. 122; vgl. auch die klaren Ausführungen bei *Kurt Vogel,* BVerfG, S. 96.

[56] BVerfGE 76, 256 (360); 81, 156 (192, 206); 84, 197 (199).

Dass diese Aussagen zur Unterscheidung zwischen Handlungs- und Kontrollnorm der Prägnanz und Bestimmtheit entbehren, ist ohne weiteres ersichtlich.

5. Weitere, verselbständigte funktionell-rechtliche Kompetenzkriterien. Kritik

519 Neuere funktionell-rechtliche Überlegungen stürmen deshalb über die beiden genannten, grundlegenden und auch allseits akzeptierten Aussagen von der Gerichtsförmigkeit einschließlich der Maßstabgebundenheit und der Unterscheidung von Handlungs- und Kontrollnorm weit hinaus. Dabei ergeben sich gelegentlich sogar verselbständigte Kompetenzaussagen.[57]

520 *a) Hesse* schreibt, die Verfassungsgerichtsbarkeit habe „eine Grenze ihrer Funktion in dem *Gebot der Respektierung der Aufgaben der anderen Gewalten* und der Abstimmung auf diese".[58] Hier also wird die Aussage nicht mehr auf das Gericht („Gerichtsförmigkeit") beschränkt, das BVerfG wird vielmehr – zur Bestimmung seiner rechtlichen Aufgaben und Grenzen – in Beziehung gesetzt zu den Funktionen der anderen Verfassungsorgane. Dem entspricht dann auch jener andere, bereits zitierte Satz, das BVerfG sei wie andere Organe „verpflichtet, ergänzend oder stützend tätig zu werden, wo ein anderes Organ zur vollen Erfüllung seiner Aufgaben nicht bereit oder in der Lage ist ..."[59]

521 Im Hintergrund dieser Sicht steht eine verbreitete Tendenz, *Gesetzesrecht und Richterrecht* zunehmend als sich wechselseitig ergänzende, arbeitsteilige Modalitäten im Rechtserzeugungsprozess zu sehen.[60] Ein substantieller Unterschied zwischen Rechtsetzung und Rechtsprechung wird manchmal schon geleugnet und zwischen ihnen ein Konkurrenzverhältnis angenommen.[61] Unter Mithilfe wiederum der Kriterien der Organadäquanz und Funktionsgerechtigkeit wird gefragt, was der Richter besser, zutreffender, rationaler, empirischer, neben oder anstelle des Gesetzgebers kann oder auch nicht kann. Auch der vielfach geäußerte Gedanke einer notwendigen Kompensation gesetzgeberischen Versagens durch Richterrecht drängt in diese Richtung.[62] Das BVerfG gerät in den Sog dieser Betrachtungsweise, da ihm ja attestiert wird, es passe nicht in die Konzeption der Gerichte im Staatsaufbau, es habe „einen – begrenzten – Anteil an der obersten Staatsleitung" und übe bei der Normenkontrolle funktionell Gesetzgebung bzw. Verfassungsgesetzgebung aus, so dass es am pouvoir constituant teilhabe.[63]

---

[57] Diese Verselbständigung wird hier kritisiert. Bei *Ehmke* handelte es sich noch zutreffend um ein Interpretationsprinzip; inzwischen hat sich bei manchen Autoren das funktionell-rechtliche Argument institutionell-organisatorisch zu einem Zuständigkeitsprinzip verselbständigt. Kritisch auch *Schuppert,* Grenzen, S. 9: „Worauf es aber gerade ankommt, ist, die funktionell-rechtliche Dimension jedes materiellen Interpretationsprinzips als dessen integralen Bestandteil zu verstehen ..."

[58] *Hesse,* FS H. Huber, S. 266.

[59] *Hesse,* aaO., S. 265f.

[60] Die Literatur dazu ist überflutend. Grundlegend *H.-P. Schneider,* Richterrecht, S. 28, 33; *G. Müller; Zimmer,* S. 119, 123, 130. Weitere Lit. bei *Schlaich,* VVDStRL 39 (1981), S. 113 Fn. 44. Zurückhaltend *Hesse,* FS H. Huber, S. 265. Gegen die Vorstellung einer Arbeitsteilung zwischen Justiz und Gesetzgebung schon *Smend,* S. 331; *Everling,* RabelsZ 50 (1986), 193ff.; *ders.,* Richterrecht; *Hoffmann,* FS Wolf, S. 183ff.; *Ossenbühl,* Richterrecht. Klare Darstellung der funktionell-rechtlichen Arbeitsweise bei *Hesse,* FS Mahrenholz, S. 541ff.

[61] *v. Arnim,* Gemeinwohl, S. 228; *ders.,* Staatslehre, S. 382.

[62] Unten Rdnr. 544ff.

[63] *Starck,* Status, S. 156; *Hesse,* Grundzüge, Rdnr. 669 und oben Rdnr. 118f.

Rinken bündelt dieses weitergehende Konzept einer funktionell-rechtlichen Sicht in dem Satz: „Zu einer Bestimmung der Kompetenzgrenzen jenseits der Kernbereiche und damit zur Lösung der Abgrenzungsprobleme trägt der funktionell-rechtliche Ansatz bei durch Rückschluss von der Organstruktur auf die Kompetenz: Im Zweifel ist das Organ zur Entscheidung legitimiert, das *der Entscheidung strukturell am nächsten* steht."[64] 522

Diese eher abstrakten Leitlinien werden konkretisiert: Die Gestaltungsfreiheit des Gesetzgebers wird betont, die Kontrolldichten des BVerfG gegenüber Gesetzgeber und Regierung werden unterschieden[65] und innerhalb dessen beispielsweise das außenpolitische Gebiet nochmals abgesetzt. Es ist davon die Rede, diese oder jene Kontrolle übe das BVerfG besonders *„großzügig"* aus.[66] Eine Entscheidung des BVerfG, die auf Ausgleich und Verteilung der Verfassungsverantwortung bedacht ist, kann dann als „salomonisch" beurteilt werden.[67] *Pestalozza* stellte sein „Verfassungsprozeßrecht", ohne dabei auch nur eine gewisse Verlegenheit über die mangelnde Bestimmtheit der materiellen Maßstäbe spüren zu lassen, gleich zu Beginn in das Fadenkreuz von Feststellungen und Kriterien wie: Vorrang, Milderung der Kontrolle, Großzügigkeit und Nachsichtigkeit des BVerfG.[68] 523

Dem BVerfG werden auch verschiedene Rollen angesonnen: Instrument der Opposition zu sein, für nicht-organisierte Interessen einzutreten, konfliktschwache Minderheiten zu schützen.[69] 524

In der Konsequenz eines funktionell-rechtlichen Denkens, das sich nicht mit der Gerichtsnatur der Verfassungsrechtsprechung begnügt, sondern den Verfassungsgerichten eine selbständige Stellung innerhalb des politischen Mächtekonzerts zuweist, liegt eine neuere Literaturgattung, die die traditionellen Grundgesetz-Kommentare ergänzt: die „Kommentierte Verfassungsrechtsprechung".[70]

b) Kritik an diesen weitergehenden, funktionell-rechtlichen Argumenten ist notwendig. Sie muss allerdings verhalten einsetzen: 525

- Nicht alle zitierten Aussagen wollen normativ verstanden sein; als bloße Beschreibungen der Tätigkeit des BVerfG aber sind die Sätze richtig und legitim.
- Auch sind die Sätze von ihren Autoren großenteils nicht für die Normallage, sondern lediglich für Zweifelsfälle verfassungsgerichtlicher Zuständigkeit formuliert.
- Schließlich ist ja nicht zu bestreiten, dass die Aussagen von der Gerichtsförmigkeit und der Maßstabgebundenheit des BVerfG nicht immer eine gezielte Klarheit über Reichweite und Grenzen der Verfassungsgerichtsbarkeit erreichen, das Bedürfnis nach weiteren Kompetenzkriterien also durchaus besteht.

Und doch bleiben entschiedene Zweifel, ob ein funktionell-rechtlicher Satz wie derjenige, zuständig sei das Organ, das der Entscheidung „strukturell am nächsten" steht,

---

[64] *Rinken,* in: AK-GG, vor Art. 93 Rdnr. 99.

[65] *Häberle,* JZ 1975, 303; auch in: *ders.*, Verfassung, S. 174f.; *Schuppert,* DVBl. 1988, 1192: Das Bemühen um funktionell-rechtliche Grenzen kommt in „einer unterschiedlichen Nachprüfungsintensität zum Ausdruck, die wiederum zur Herausarbeitung und Anwendung unterschiedlich rigider Kontrollmaßstäbe führt".

[66] *H.-P. Schneider,* NJW 1980, 2106.

[67] *H.-P. Schneider,* NJW 1983, 1530.

[68] *Pestalozza,* Verfassungsprozeßrecht, 2. Aufl. 1982, S. 7–9. Zurückhaltender: *ders.,* 3. Aufl., § 1.

[69] Vgl. *v. Arnim,* Staatslehre, S. 389.

[70] *Häberle,* Verfassungsrechtsprechung.

sicherere Anhaltspunkte[71] für die Reichweite und Grenze der Verfassungsgerichtsbarkeit liefert als die traditionellen Kriterien der Gerichtsförmigkeit und Maßstabgebundenheit. Stärken diese abgehobenen funktionell-rechtlichen Argumente die Autorität der Rechtsprechung des BVerfG? Das Grundgesetz kennt solche verselbständigten Kriterien nicht. Sie tragen die Gefahr in sich, Entscheidungen des Gerichts zusätzlicher Kritik auszusetzen. Dem Vorwurf der „Großzügigkeit" oder „Kleinlichkeit" wird das Gericht im Einzelfall ebensowenig etwas entgegenzusetzen haben wie dem Vorwurf der Verletzung des Gebots der Selbstbeschränkung.

526 Funktionell-rechtlich formulierte Sätze können als systematische *Beschreibungen* der Rechtsprechung verwendet werden. Aus Beschreibungen heraus lassen sich aber nicht Kompetenzen zu- oder absprechen.[72] An die Auseinandersetzung zur Verfassungsorgan-Eigenschaft des BVerfG sei erinnert.[73]

527 Der Schlüssel für die Bestimmung der Kontrolldichte und Reichweite des BVerfG muss – bei allen Schwierigkeiten mit der Interpretation der Verfassung – die Verfassung sein und bleiben: *Nicht das Gericht, sondern die Verfassung als Prüfungsmaßstab des Gerichts ist entweder zurückhaltend oder deutlich greifend.*[74] Das BVerfG hat diesen Ausgangspunkt in seiner Entscheidung zur Auflösung des Bundestages festgehalten: „Allein dort, wo *verfassungsrechtliche* Maßstäbe für politisches Verhalten normiert sind, kann das BVerfG ihrer Verletzung entgegentreten"; es sei „das Grundgesetz selbst", das mit seinen materiellen Regelungen die Überprüfungsmöglichkeit des BVerfG weiter oder weniger weit „zurücknimmt".[75] Nochmals: „Die Kontrolldichte

---

[71] Vgl. *Hesse,* FS H. Huber, S. 262: „im Voraus angebbare Grenzen"; *H.-P. Schneider,* NJW 1980, 2104, verlangt, ein funktionell-rechtlicher Interpretationsansatz müsse „handlungsanleitend" sein.

[72] Vgl. *v. Arnim,* Staatslehre, S. 392: „Die Beobachtung einer faktischen Zurückhaltung des Gerichts und ihre normative Rechtfertigung sind zweierlei."

[73] Oben Rdnr. 31 ff.

[74] Schon *Schlaich,* VVDStRL 39 (1981), S. 112. Vielfältige Kritik aaO., S. 147 ff. Zustimmung bei *Lorenz,* Kontrolle, S. 217; *Gusy,* EuGRZ 1982, 144: „Ausgangspunkte der Kontrolldichte sind somit nicht systematische Einteilungskriterien staatlichen Handelns, sondern die materiellen verfassungsrechtlichen Anforderungen an dieses im Einzelfall." *H. H. Klein,* FS F. Klein, S. 521 Fn. 28. Ähnlich wie im Text auch *Simon,* in: HVerfR, S. 1665: „Die Verfassung selbst und nicht das Gericht ist in ihren Postulaten entweder zurückhaltend oder deutlich befehlend"; *ders.,* NJ 1996, 169–224. Auch *Friesenhahn,* Aufgabe, S. 18: „Die Grenze der Verfassungsgerichtsbarkeit liegt da, wo es an Rechtsnormen fehlt ..." *J. Burmeister,* Stellung, S. 49: „Die Methode der Verfassungsinterpretation ist nicht nur eine Frage des Stils juristischer Argumentation, sondern eine Zentralfrage der verfassungsgerichtlichen Kompetenzbegrenzung." BVerfGE 84, 34 (50) – Prüfungsentscheidungen: „Funktionsgrenzen der Rechtsprechung" bei Vagheit der unbestimmten Rechtsbegriffe im Prüfungsrecht. Dazu *Löwer,* FS Redeker, S. 515 ff. Vgl. auch *Gusy,* EuGRZ 1982, 100; *ders.,* JöR 33 (1984), 109; *Scherzberg,* Grundrechtsschutz, S. 99, 115; kritisch *Kurt Vogel,* BVerfG, S. 63. Deutlich kritisch zu den „allgemeinen Redeweisen über funktionale Grenzen der Verfassungsgerichtsbarkeit" und den „verfassungspolitischen Allgemeinplätzen" *Berkemann,* DVBl. 1996, 1030. *Raabe,* S. 85, unterscheidet einen funktionell- und einen materiell-rechtlichen Konstruktionsansatz. Er rechnet das vorliegende Buch zutreffend dem materiell-rechtlichen Konstruktionsansatz zu. „Von materiell-rechtlichen Sichtweisen ist die ‚Kontrollnorm' für die Intensität der Kontrolle von Tatsachenannahmen bestimmt". Und er kritisiert: „Auch wird bei diesen Ansätzen nicht klar, wie konstruiert werden soll, dass die Norm, die den Kontrollmaßstab bildet, also das betroffene Grundrecht, zugleich eine Abstufung der Intensität dieser Kontrolle steuert."

[75] BVerfGE 62, 1 (51). In FS Bachof, S. 341, hatte *Schlaich* diese Sätze gerade falsch zitiert und dies in der 3. Auflage dieses Buches (dort Rdnr. 491) richtiggestellt.

der verfassungsgerichtlichen Überprüfung ist ausschließlich von der Regelungsdichte des Kontrollmaßstabes abhängig."[76]

Die *Anstrengungen um den Regelungsgehalt der materiellen Verfassungssätze und um das Verfahrensrecht des BVerfG* sind immer noch erfolgversprechender und in ihren Ergebnissen präziser als die Bemühungen um weitere funktionell-rechtliche Feststellungen über das Verhältnis des BVerfG zu anderen staatlichen Organen. Mit diesem Satz ist die hier vertretene Grundauffassung in der Auseinandersetzung um das funktionell-rechtliche Denken formuliert. An vielen Einzelstudien ließe sich zeigen, dass funktionell-rechtliche Erwägungen zwar angestellt werden, die Lösung des anstehenden Problems dann aber doch mit einem Hinweis auf den materiellen Regelungsgehalt der Verfassung erfolgt.[77] 528

In die Interpretation des Kontrollmaßstabs fließt mit ein, dass der Kontrolleur ein Gericht ist und welches Organ der Gegenstand der Kontrolle ist (wie z. B. Art. 3 I GG für die Kontrolle des Gesetzgebers einen anders akzentuierten Gehalt hat als für die Kontrolle der Verwaltung). Weitere, darüber hinausgehende, sich von dem Gesichtspunkt der Gerichtsförmigkeit des BVerfG lösende funktionell-rechtliche Argumente, die sich auf die Beziehung des BVerfG zu diesen Organen beziehen, scheinen nicht förderlich. *Badura* spricht von der „doppelten Verwurzelung primär in der praktizierten Verfassungsnorm und sekundär in der Rechtsprechungsaufgabe".[78] Dabei sollte man es belassen.[79]

Montesquieu hat feinsinnig und nach wie vor richtig formuliert. Für die Legislative und Exekutive verwendet er den Ausdruck der *distribution:* An der Ausübung dieser Gewalten seien mehrere politisch-soziale Kräfte zu beteiligen. Zu *Montesquieus* Zeiten ging es um andere Kräfte (Stände) als heute; geblieben ist der Gesichtspunkt der Balance und gegenseitigen Verschränkung. Die richterliche Gewalt aber sei von allen übrigen Gewalten zu trennen. Nur hier gebraucht *Montesquieu* das schneidende Wort der *separation.*[80] Das BVerfG gewinnt nichts, wenn es sich mit seiner richterlichen Gewalt unter die Verfassungsorgane mischt und einen Anteil bei der *distribution* der Staatsleitung erheischt. Als Verfassungsorgan unter Verfassungsorganen muss es sich 529

[76] *Korinek,* VVDStRL 39 (1981), S. 40ff.; *v. Arnim,* Staatslehre, S. 382, 393; and. *J. P. Müller,* VVDStRL 39 (1981), S. 67.

[77] Vgl. z. B. *Ossenbühl,* Grundfragen, S. 103–105: Zur Frage der Justitiabilität der Finanzverfassung wird auf funktionell-rechtliche Grenzen der Kontrolle des BVerfG abgehoben, dann aber zu den materiellen Voraussetzungen und Maßstäben des Finanzausgleichs festgestellt: „Das GG selbst gibt insoweit keine eigenen Maßstäbe vor." Das BVerfG hat in seiner nachfolgenden Entscheidung – BVerfGE 72, 330 (Länderfinanzausgleich) – die Finanzverfassung als „Rahmenordnung" bezeichnet und aus der Unbestimmtheit der normativen Festlegungen in Art. 106 und 107 GG auf einen Beurteilungs- und Entscheidungsspielraum des Gesetzgebers geschlossen, der „verfassungsgerichtlicher Überprüfung nur auf Einhaltung des verbindlich gesetzten Rahmens" unterliege (aaO., S. 390). Das sind zunächst ebenfalls materiell-rechtliche Argumente. Näher *Korioth,* Finanzausgleich, S. 68ff. Vgl. auch – weniger eindeutig – BVerfGE 68, 1 (86 und 97).

[78] *Badura,* FS Fröhler, S. 339. Ebenso *J. Ipsen,* Staatsrecht I, Rdnr. 865, 867; *Mahrenholz,* FS Hesse, S. 53: „Verfassungsgerichtsbarkeit ist vor allen Dingen Gerichtsbarkeit."

[79] Jetzt auch *Badura,* FS Mahrenholz, S. 881: „Die Verfassungsgerichtsbarkeit kann gegenüber den politischen Kräften und den politischen Handlungen und Entscheidungen von Regierung und Volksvertretung nicht mehr erreichen als das Verfassungsrecht selbst."

[80] Vgl. nur *U. Lange,* Der Staat 19 (1980), 219ff.; *Korioth,* Der Staat 37 (1998), 31ff.; *Badura,* Staatsrecht, S. 425ff.

schwach fühlen. Seine Autorität hat es als kontrollierendes Gericht und als solches aus der Verfassung als Kontrollmaßstab.[81]

Die Gegenposition, wonach das Gericht nicht nur kontrolliere, sondern durch „positive Entscheidungen" gestalte (und gestalten soll), hat *v. Brünneck*[82] dogmatisch zu begründen versucht. Sein Ausgangspunkt ist die These, dass den modernen demokratischen Verfassungsstaat nicht länger antidemokratische Tendenzen gefährdeten, sondern zwei seiner grundlegenden inneren Strukturprinzipien, das Mehrheitsprinzip und das Sozialstaatsprinzip. Beide räumten den politischen Instanzen praktisch unbegrenzte Gestaltungsmöglichkeiten ein. Hier müsse die Verfassungsgerichtsbarkeit sichernd eingreifen, zum Schutz von Minderheiten und zur „Erhaltung der durch die Verfassungsgarantien allgemein anerkannten Wertvorstellungen gegen die an partikularen Interessen orientierten Mehrheiten in den politischen Institutionen".[83] „Die Verfassungsgerichtsbarkeit ist in der Systematik der westlichen Demokratien die einzige Verfassungsinstitution, deren Konzeption darauf abzielt, den durch die Ausweitung des Mehrheitsprinzips im modernen Sozialstaat immer stärker gefährdeten gesellschaftlichen und sozialen Konsens zu erhalten".[84] Damit diese Aufgabe effektiv wahrgenommen werden kann, dürfe das Verfassungsgericht – mit bestimmten Grenzen – auch gestaltend und „substituierend" die Befugnisse anderer Organe übernehmen, insbesondere sich als Ersatzgesetzgeber betätigen und so den politischen Institutionen „positive Vorgaben für ihre Tätigkeit"[85] machen. Damit wäre – und dies ist die prinzipielle Kritik an diesem Ansatz – die unzulässige Verdrängung des Parlamentsstaates durch den Jurisdiktionsstaat vollzogen. Ob das Verfassungsgericht den geforderten Funktionszuwachs bewältigen könnte, erscheint fraglich; Defizite der modernen Staatlichkeit müssen nach Möglichkeit von den Organen korrigiert werden, bei denen sie festzustellen sind.

v. Brünneck greift die Unterscheidung *Kelsens* zwischen einer Verfassungsgerichtsbarkeit, die positive Kompetenzen hat, und einer solchen, die bloß negative Beiträge liefern darf, auf. Er ordnet die Konzeption dieses Lehrbuchs der Sichtweise zu, die der Verfassungsgerichtsbarkeit nur negative Beiträge gestattet. Das ist so nicht richtig. Das BVerfG liefert mit der verfassungskonformen Auslegung, der Unvereinbarerklärung von Gesetzen im Rahmen der Normenkontrolle und den Appellentscheidungen durchaus positive Beiträge im Sinne der Unterscheidung *Kelsens*. Sie gehören zu den Befugnissen des Gerichts.

III. Das Bundesverfassungsgericht und der Gesetzgeber

1. Der „Gestaltungsspielraum des Gesetzgebers"

530 Das BVerfG betont regelmäßig: „Das Bundesverfassungsgericht hat in ständiger Rechtsprechung den Beurteilungsspielraum des Gesetzgebers bei Entscheidungen mit Prognosecharakter geachtet."[86] Nimmt man es ganz genau, so ist dieser Satz in doppelter Hinsicht falsch: Es gibt nicht „den" Beurteilungsspielraum des Gesetzgebers, sondern es gibt ihn *je nach Sachbereich und verfassungsrechtlicher Regelung oder Nicht-Regelung*.[87] Insoweit ist der Gesetzgeber (gestaltender) Erstinterpret, das BVerfG (kon-

[81] Vgl. *Roellecke*, Ansehen, S. 45: „Denn das Grundgesetz ist die einzige wirkliche Autorität, auf die sich das BVerfG bei seinen Entscheidungen berufen kann."

[82] *v. Brünneck*, Verfassungsgerichtsbarkeit, S. 133ff.

[83] *v. Brünneck*, aaO., S. 145.

[84] *v. Brünneck*, aaO., S. 146.

[85] *v. Brünneck*, aaO., S. 168ff., 177.

[86] BVerfGE 62, 1 (50) mit Hinweis auf BVerfGE 50, 290 (333). Vgl. *W. Meyer*, in: v. Münch/Kunig, GG, Art. 93 Rdnr. 22. Vgl. auch BVerfGE 71, 206 (215) und *Kurt Vogel*, BVerfG, S. 14ff. Zweifel am eigenständigen Gehalt der Formel „Politische Gestaltungsfreiheit des Gesetzgebers" hat *Gusy*, JöR 33 (1984), 109f.

[87] Vgl. *Seetzen*, NJW 1975, 43. Neben die bereichsspezifische Abstufung des gesetzgeberischen Gestaltungsspielraums setzt *Schuppert*, DVBl. 1988, 1193ff., die Gesichtspunkte der Eingriffsintensität, der Bedeutung der betroffenen Rechtsgüter, die besondere Entscheidungssituation (z. B. bei Prognosen) und die besondere Entscheidungsstruktur (z. B. bei Abwägungsentscheidungen).

trollierender) „Zweitinterpret der Verfassung“[88]. Und das BVerfG hat einen Spielraum des Gesetzgebers auch nicht immer geachtet, wie der Satz bezüglich der Prognoseentscheidungen voraussetzt, sondern je nach seiner Auslegung und Anwendung der Verfassung im jeweils betroffenen Sachbereich geachtet oder auch nicht geachtet. „Allein dort, wo verfassungsrechtliche Maßstäbe für politisches Verhalten normiert sind, kann das BVerfG ihrer Verletzung entgegentreten“,[89] dort, wo sie vorhanden sind, muss es dies tun. In der Entscheidung zum Stabilisierungsfonds heißt es: „Der Gesetzgeber hat bei der Entscheidung, ob er eine bestimmte Aufgabe in Angriff nehmen will und wie sie verwirklicht werden soll, einen weiten Regelungsspielraum.“[90] In der Tat hat er diesen Spielraum, dies aber wiederum nicht isoliert und aus der Funktion als Gesetzgeber heraus, sondern weil es für den betreffenden Sachbereich an verfassungsrechtlichen Regelungen und Bindungen im Sinne einer Kontrollnorm fehlt. So formuliert das BVerfG richtig in der Entscheidung zur Rentenanpassung: „Für das Ausmaß seiner Gestaltungsfreiheit [des Gesetzgebers] sind Eigenart und Funktion des Eigentumsobjekts von maßgeblicher Bedeutung“;[91] diese aber ergeben sich aus Art. 14 I GG.

Das BVerfG hat sich beispielsweise in der Apothekenentscheidung wie in der Entscheidung zur Fristenlösung nicht gescheut, „den“ Gestaltungsspielraum des Gesetzgebers nach Maßgabe der Interpretation von Art. 12 I GG (Drei-Stufen-Lehre) und des Art. 2 II GG (staatliche Schutzpflicht für das werdende Leben) einzuengen.[92] Im Beschluss zur Nachrüstung dagegen hat es die Verfassungsbeschwerden schon für unzulässig erklärt, weil Grundrechtsgefährdungen durch die deutsche Gewalt nicht dargetan seien, von einer unmittelbaren Beeinträchtigung oder einer relevanten Gefährdung nicht die Rede sein könne und es an den rechtlich maßgebenden Kriterien für Einschätzungen solcher Art fehle; so könne es bei den Einschätzungen und Erwägungen der zuständigen politischen Organe bleiben.[93] Wundert man sich über diese „Großzügigkeit“ des BVerfG in der Begründung, so findet man dafür eine hinreichende materiell-rechtliche Erklärung: Das BVerfG sah den Schutzbereich des gewichtigen Art. 2 II GG (Schutz des Lebens) als nicht verletzt an, sondern hielt lediglich Art. 2 I und Art. 25 GG für einschlägig. Im Bereich dieser Normen hat der Gesetzgeber einen größeren Spielraum. In der verfassungsgerichtlichen Auseinandersetzung um die Nachrüstung im Rahmen der Verfassungsbeschwerde lag der Schlüssel bei der Frage, ob der Schutzbereich des Art. 2 II GG betroffen ist.

Es ist nicht zu übersehen, dass das BVerfG die Freiheit und Verantwortung des Gesetzgebers und die daraus folgende Zurückhaltung des BVerfG in immer neuen Wendungen geradezu beschwört.[94] Es lässt sich aber bezweifeln, ob diese eher formelhafte Anrufung der Gestaltungsfreiheit des Gesetzgebers neben der nüchternen Prüfung am Maßstab der Verfassung eine Bedeutung für das Ergebnis der jeweiligen Entscheidung hat.[95] Die verfassungsgerichtliche Proklamation ist das Eine, der konkrete Respekt vor dem Gestaltungsspielraum in der zu beurteilenden Rechtsfrage das Andere. **531**

Überzeugende Formulierung nun in BVerfGE 92, 365 (396) – Neutralität der Bundesanstalt für Arbeit während eines Arbeitskampfes: „In einer solchen Lage trifft den Gesetzgeber die *politische* Verantwortung für eine

---

[88] *P. Kirchhof,* Rechtsphilosophische Fundierung des Richterrechts: Die Idee des Rechts, S. 78.

[89] BVerfGE 62, 1 (51).

[90] BVerfGE 37, 1 (20).

[91] BVerfGE 64, 87 (101). Vgl. auch *Kurt Vogel,* BVerfG, S. 146.

[92] BVerfGE 7, 377; 39, 1.

[93] BVerfGE 66, 39 (60).

[94] BVerfGE 71, 66 (77); 71, 206 (215); 73, 301 (315); 77, 84 (106): „weiter Gestaltungsraum“, „große Gestaltungsfreiheit“; 81, 156 (205): „besonders weite Gestaltungsfreiheit ... auf dem Gebiet des Sozialrechts“.

[95] Treffend *Gusy,* EuGRZ 1982, 109f. Noch entschiedener jetzt *Hesse,* FS Mahrenholz, S. 542: „‚Die Gestaltungsfreiheit des Gesetzgebers‘, deus ex machina zahlreicher verfassungsgerichtlicher Entscheidungen, ist zunächst nicht mehr als eine Leerformel; als bloßer Begriff enthält sie keinen eigenständigen und gleichbleibenden Topos, der weitere Begründung entbehrlich macht. Vollends ist sie keine Freiheit, die das BVerfG ‚zuerkennen‘ oder ‚zugestehen‘ kann.“

zutreffende Erfassung und Bewertung der maßgebenden Faktoren. Das BVerfG kann sich nicht durch eine eigene Einschätzung an seine Stelle setzen. Die Grenze der Verfassungswidrigkeit ist erst dann überschritten, wenn sich deutlich erkennbar abzeichnet, dass eine Fehleinschätzung vorgelegen hat oder die angegriffene Maßnahme von vornherein darauf hinauslief, ein vorhandenes Gleichgewicht der Kräfte zu stören …"

BVerfGE 101, 158 (236) – Finanzausgleich – bezeichnet den Gesetzgeber als den „Erstinterpreten des Grundgesetzes". Das erscheint auf den ersten Blick als Zugeständnis inhaltlicher Gestaltungsfreiheit, sagt aber letztlich wohl nur, dass erst nach der gesetzgeberischen Entscheidung das BVerfG als kontrollierender Zweitinterpret tätig werden kann. Die materielle Kontrolldichte des BVerfG ist damit nicht festgelegt.

2. Kontrolldichten bei Tatsachenfeststellungen und Prognoseentscheidungen (Drei-Stufen-Lehre)

532 *a)* In der Entscheidung zum Mitbestimmungsgesetz 1976 hat das BVerfG[96] aufgrund literarischer Vorlagen[97] dargelegt, dass es bei der Beurteilung speziell von Prognosen des Gesetzgebers differenzierte Maßstäbe zugrunde legt, die

- von einer Evidenzkontrolle (sind die Einschätzungen des Gesetzgebers offensichtlich unhaltbar?)
- über eine Vertretbarkeitskontrolle
- bis hin zu einer intensivierten inhaltlichen Kontrolle

reichen. Das BVerfG sagt, die verschieden weite „Einschätzungsprärogative" des Gesetzgebers und damit die unterschiedliche Kontrolldichte durch das BVerfG hänge von Faktoren verschiedener Art ab, „im besonderen von der Eigenart des in Rede stehenden Sachbereichs, den Möglichkeiten, sich ein hinreichend sicheres Urteil zu bilden, und der Bedeutung der auf dem Spiele stehenden Rechtsgüter". Dagegen seien „äußere oder vom Gesetzgeber zu vertretende Umstände wie Zeitnot oder unzureichende Beratung" nicht geeignet, „den Prognosespielraum zu erweitern".[98] Das BVerfG wendet diese Stufung der Kontrolldichten auch auf die Kontrolle von Entscheidungen der Exekutive an.[99]

Das BVerfG führt als Fall der bloßen Evidenzkontrolle die Entscheidung zum Grundlagenvertrag an; dort war die Einschätzung der Lage und der Auswirkungen des Grundlagenvertrags auf die Möglichkeit einer Wiedervereinigung weithin politischen Organen überlassen geblieben.[100] Auch die schon zitierte Entscheidung zum Stabilisierungsfonds, wo von dem weiten Spielraum des Gesetzgebers die Rede ist, wird hierzu gerechnet.[101] Als Fälle der intensiven Kontrolle gelten die Apothekenentscheidung, die Entscheidung zur

---

[96] BVerfGE 50, 290 (333). Kritisch dazu *Papier,* ZGR 1979, 449ff.; *Badura,* FS Fröhler, S. 343ff.; *R. Schmidt,* Der Staat 19 (1980), 242ff.; *Lorenz,* Kontrolle, S. 216f. – Vgl. auch BVerfGE 57, 139 (159f.) – Schwerbehindertengesetz; BVerfGE 62, 1 (50); BVerfGE 106, 62 (150ff.) – AltenpflegeG; BVerfGE 120, 82 – Fünf-Prozent-Sperrklausel im Kommunalwahlrecht. Überblick bei *Gerontas,* BayVBl. 1981, 618ff. Darstellung auch bei *Erichsen,* Staatsrecht I, S. 16f.; *Gusy,* EuGRZ 1982, 164ff.

[97] *Ossenbühl,* Kontrolle, S. 484ff.; *Seetzen,* NJW 1975, 429ff.

[98] BVerfGE 106, 62 (152).

[99] BVerfGE 62, 1 (50); 77, 170 (214f.) – chemische Waffen. Zu beachten ist aber, dass dem BVerfG – aufgrund der Gebote der Rechtswegerschöpfung und Subsidiarität der Verfassungsbeschwerde – zumeist ein von den Fachgerichten aufbereiteter Sachverhalt vorliegt. Nach BVerfGE 149, 407 (412) gebietet es der Grundsatz der Subsidiarität, spätestens im Berufungsverfahren auf eine ausreichende Sachaufklärung durch die Gerichte hinzuwirken. Aus der damit verbundenen Stellungnahme zum Verhältnis von verwaltungs- und verfassungsgerichtlichen Verfahren folgt zugleich, dass sich die in der Entscheidung aufgestellten Vorgaben für die verfassungsgerichtliche Kontrolle (BVerfGE 149, 407, 412ff.) nicht ohne weiteres auf die Verfassungsbeschwerde übertragen lassen.

[100] BVerfGE 36, 1 (17).

[101] BVerfGE 37, 1 (20).

Fristenregelung, die Entscheidung zur Zulässigkeit der lebenslangen Freiheitsstrafe und die Entscheidung zum Transsexuellen-Gesetz.[102] Auch das Gesetz zur Regelung von Härten im Versorgungsausgleich aus dem Jahre 1983 wurde einer „intensiven Prüfung" unterzogen.[103] Die Unterbringung in einer Entziehungsanstalt darf nur für Fälle vorgesehen werden, in denen sie geeignet ist, den Schutzzweck zu erreichen: „Die verfassungsgerichtliche Prüfung ist darauf beschränkt, ob der Gesetzgeber seinen Einschätzungsspielraum ‚*in vertretbarer Weise*' gehandhabt hat", BVerfGE 91, 1 (29). „Es gibt indes keinen Anhaltspunkt dafür, dass die Einschätzung des Gesetzgebers, die Suchtbehandlung unter den Bedingungen des Maßregelvollzuges trage zur Abwendung der Gefahr weiterer erheblicher rechtswidriger Taten bei, unvertretbar wäre" (aaO.).

b) Zunächst ist, um Missverständnisse zu vermeiden, (1) festzustellen, dass es sich bei 533
allen drei Stufen an sich um *inhaltliche Kontrollen* von Tatsachenfeststellungen und Prognosen des Gesetzgebers handelt. Je nach der Fallgestaltung kann sich aber die Vertretbarkeitskontrolle mehr oder weniger darauf beschränken, ob der Gesetzgeber bestimmte Anforderungen des Verfahrens erfüllt hat.[104] Darauf wird sich das Gericht aber nur bei neueren Gesetzen beschränken können. Jahrzehntealte Gesetze werden schwerlich nach der Erfüllung von Verhaltenspflichten des Gesetzgebers zu beurteilen sein. Hier ist dann auch die Vertretbarkeitskontrolle eine inhaltliche Kontrolle.

Sodann ist (2) – und darin liegt die Brisanz des jetzt anstehenden Problems – festzu- 534
halten, dass die *Kontrolle der Richtigkeit oder Vertretbarkeit von Sachverhaltsannahmen und Prognosen* in den meisten Fällen bereits *urteilsentscheidend* ist!

So waren im Mitbestimmungsurteil die Würfel im Grunde mit der Feststellung des Gerichts gefallen, das Gesetz begründe „weder rechtlich noch in einer dem Gesetz zuzurechnenden Weise der Sache nach eine paritätische ... Mitbestimmung".[105] Zur Begründung dieser Feststellung trifft das Gericht selbständige Einschätzungen, noch bevor es zu seiner Drei-Stufen-Lehre bezüglich der Kontrolldichte kommt. Bei der verfassungskonformen Auslegung des Ladenschlussgesetzes für Friseurbetriebe lässt sich das BVerfG auf Feststellungen der Beteiligten über das Verhalten der Stammkundschaft, auf die Veränderung von Kundengewohnheiten und auf Kalkulationen der Friseurbetriebe in Großstädten ein. Es belegt damit die Veränderung der maßgeblichen Umstände, diese aber ist es, mit der die Verfassungswidrigkeit der bisherigen Auslegung des Gesetzes begründet wird.[106] Auch im Falle des ersten Urteils zu § 218 StGB wurde die Entscheidung wesentlich von Sachverhalt und Prognose bestimmt: Der Gesetzgeber trug vor, dass sich der Schutz des ungeborenen Lebens wirksamer und angemessener durch die sog. Fristenlösung erreichen ließe. Das BVerfG beurteilt die Situation anders und kommt zu dem Ergebnis, dass das ungeborene Leben durch die Fristenlösung unzureichend geschützt ist.[107]

Die Bedeutung der Kontrolle der Sachverhalts- und Prognosefeststellungen für den Ausgang von Normenkontrollverfahren kann man gar nicht überschätzen.[108]

Um so deutlicher und mit einer gewissen Entschiedenheit ist schließlich (3) darauf 535
hinzuweisen, dass das BVerfG Sachverhaltsannahmen und Prognoseentscheidungen

102 BVerfGE 7, 377; 39, 1; 45, 187; 88, 87 (97): strenge Prüfung wegen „erheblicher" Auswirkungen auf das allgemeine Persönlichkeitsrecht. Vgl. dazu auch *Philippi* und *Weber-Grellet,* S. 69ff. Eine gänzlich andere Auffassung zu dieser Drei-Stufen-Lehre vertreten *Benda/Klein,* Verfassungsprozessrecht, Rdnr. 327ff. Nach deren Auffassung ist dem Gesetzgeber im Bereich der intensivierten inhaltlichen Kontrolle die Gesetzgebung faktisch verwehrt, da ohne Prognosen beziehungsweise Experimente Gesetzgebung nicht möglich ist.

103 BVerfGE 71, 364 (397).

104 BVerfGE 50, 290 (334): „Es handelt sich also eher um Anforderungen des Verfahrens."

105 BVerfGE 50, 290 (322–331).

106 BVerfGE 59, 336 (356f.).

107 BVerfGE 39, 1 (55ff.).

108 Ebenso *Korinek,* Tatsachenermittlung, S. 108.

hinnimmt oder auch intensiv kontrolliert, ohne sich auf eine Erörterung der Kontrolldichte nach der Drei-Stufen-Lehre auch nur einzulassen. Das überrascht nach der Lektüre der Mitbestimmungsentscheidung und der dortigen Darlegung der differenzierten Maßstäbe der Kontrolldichte.[109]

In einer Entscheidung zum Hochschulrecht heißt es ohne jeden Kommentar: „Es erscheint jedenfalls wenig wahrscheinlich, dass das Niveau der Gesamthochschulen in einer Weise sinken wird, welche die Wissenschaftlichkeit völlig verloren gehen lässt."[110] In der Entscheidung zum gemeinsamen Sorgerecht der Eltern führt das Gericht Sachverhaltsaufklärungen durch Einholung von Gutachten usw. intensiv und eigenständig durch, ohne auszuweisen, wieso es diese Kontrolldichte hier in Anspruch nimmt.[111] In der Entscheidung zur Auflösung des Bundestags sieht das BVerfG den Bundespräsidenten auf eine bloße Evidenzkontrolle („nicht eindeutig vorgezogen") beschränkt, ohne diesen Maßstab der geringeren Kontrolldichte für den konkreten Fall zu begründen.[112]

Es handelt sich bei der Dreistufigkeit also offenbar weniger um normativ strikt bindende Sätze als um eine *Beschreibung* anhand der bisherigen Praxis, der das BVerfG eine gewisse Steuerungsfunktion für künftige Verfahren zumisst.[113]

536 *c)* Versucht man eine nähere *Einschätzung dieser Rechtsprechung,* so wird man zunächst feststellen können, dass die drei Stufen – Evidenz, Vertretbarkeit, Intensität – nicht deutlich geschieden werden können; es handelt sich um Markierungen innerhalb einer gleitenden Skala der Kontrolldichten. Evidenz und (Un-)Vertretbarkeit werden sich ohnedies kaum unterscheiden lassen. So bleibt eigentlich nur die Aussage, dass das BVerfG in besonders gewichtigen Fällen besonders intensiv prüft.[114]

537 Diese verschiedenen *Kontrolldichten* des BVerfG sind aber nicht, wie es auf einen ersten Blick scheinen mag, funktionell-rechtliche Kompetenzkriterien selbständiger Art. Sie sind vielmehr *materiell-rechtlich gesteuert*[115] und so auch akzeptabel: Der Umfang der Nachprüfung wird „problembezogen dosiert",[116] das „Problem" aber ergibt sich für den Richter aus der Qualität und Schwere der betroffenen Verfassungsnorm: Im Urteil zur Fristenlösung – intensive inhaltliche Kontrolle – ging es um die höchste Priorität, nämlich um den Schutz des Lebens (Art. 2 II GG); hier duldet das Grundgesetz keinerlei Experimente.[117] Unwägbarkeiten werden nicht in Kauf genommen.

[109] Eingehend zu den Wandlungen der Rechtsprechung bezüglich der Sachverhaltskontrolle *Kurt Vogel,* BVerfG, S. 173–175.

[110] BVerfGE 61, 210 (239) – Fachhochschulen.

[111] BVerfGE 61, 358 (371, 375–382); BVerfGE 62, 256 (275 ff.) – Kündigungsfrist: Hier findet eine intensive Sachverhaltsaufklärung im Rahmen des Art. 3 I GG unter Heranziehung aller nur denkbaren Quellen statt. BVerfGE 58, 300 (340 ff.) – Nassauskiesung.

[112] BVerfGE 62, 1 (51). Vgl. auch BVerfGE 80, 1 (26–29) – Multiple-choice-Verfahren als Form der ärztlichen Prüfung. *Wenner,* S. 157 ff., vermisst in der Sperrklauseljudikatur eine Prognosekontrolle. Sorgfältige Prüfung der gesetzgeberischen Prognose dagegen in BVerfGE 106, 62 (153 ff.) – AltenpflegeG.

[113] Zustimmend insoweit *v. Brünneck,* Verfassungsgerichtsbarkeit, S. 156.

[114] Gegen eine Abstufung der Kontrolldichte bei Eingriffen in Grundrechte mit knapper, aber ansprechender Begründung *Burghart,* S. 153 f.

[115] Schärfer noch *Heun,* Schranken, S. 37: „Die Abstufung der Kontrolldichte wird hier sogar ausschließlich mit materiell-rechtlichen Argumenten vorgenommen." – Zustimmend und weiterführend *Brenner,* AöR 120 (1995), 255.

[116] *Schuppert,* Grenzen, S. 2; *Stettner,* NVwZ 1989, 808: Der Kontrollmaßstab ist „Resultante unterschiedlicher Vektoren", zum einen insbesondere grundrechtsspezifische Erwägungen, zum anderen Breitenwirkung der geplanten Regelung, Chancen der Prognosemöglichkeiten im fraglichen Sachbereich u. a.

[117] *E. Klein,* AöR 108 (1973), 427; *Ossenbühl,* Kontrolle, S. 512.

Im Grundlagenvertragsurteil dagegen bildeten nur kurze Hinweise des Grundgesetzes auf die Wiedervereinigung den Prüfungsmaßstab. So musste das BVerfG die Einschätzung des mit dem Grundlagenvertrag eingeschlagenen Wegs weithin den handelnden politischen Organen überlassen. Der Umfang der Nachprüfung steht also „in jeweiliger Abhängigkeit von der Eigenart des in Rede stehenden Sachbereichs",[118] die Eigenart des Sachbereichs – menschliches Leben, Deutschlandpolitik, Wirtschaft, Meinungsfreiheit – aber bestimmt sich nach den einschlägigen Verfassungsnormen. Im Mitbestimmungsurteil heißt es: Es kann „nicht gefordert werden, dass die Auswirkungen des Gesetzes mit hinreichender Wahrscheinlichkeit oder gar Sicherheit übersehbar sein müssten, zumal Rechtsgüter wie das des Lebens oder der Freiheit der Person nicht auf dem Spiele stehen".[119] Die Verfassungsverbürgungen also sind es, die eine gerichtliche Kontrolle in verschiedenem Maße ermöglichen und erzwingen. Es ist der Prüfungsmaßstab, der zurückhaltend oder deutlich greifend ist. „Allein nach der Kontrollnorm bestimmt sich damit auch die Intensität der gerichtlichen Kontrolle von vorausgehenden Tatsachenannahmen ..."[120]

Das BVerfG bestimmt seine jeweilige Kontrolldichte nach dem jeweiligen materiellen Recht. Es könnte und sollte dies aber deutlicher in seinen Formulierungen ausweisen. 538

In seiner Entscheidung zur Fünf-Prozent-Klausel im Kommunalwahlrecht Schleswig-Holsteins hat das BVerfG zur Begründung seiner Kontrolldichte immerhin auf die Besonderheit der Wahlgesetzgebung verwiesen: „Gerade bei der Wahlgesetzgebung" bestehe „die Gefahr, dass die jeweilige Parlamentsmehrheit sich statt von gemeinwohlbezogenen Erwägungen vom Ziel des eigenen Machterhalts leiten lässt." So BVerfGE 120, 82 (113). BVerfGE 129, 300 (322ff.) zur Sperrklausel bei Europawahlen. Bestätigend BVerfGE 135, 259 – Verfassungswidrigkeit auch der Drei-Prozent-Sperrklausel im Europawahlrecht: „Für Differenzierungen im Rahmen der Wahlrechtsgleichheit verbleibt dem Gesetzgeber nur ein eng bemessener Spielraum"; daher unterliegt „die Ausgestaltung des Wahlrechts [...] einer strikten verfassungsrechtlichen Kontrolle" (S. 289f.). „Eine einmal als zulässig angesehene Sperrklausel darf [...] nicht als für alle Zeiten verfassungsrechtlich unbedenklich eingeschätzt werden. [...] Der Gesetzgeber ist nicht daran gehindert, auch konkret absehbare künftige Entwicklungen bereits im Rahmen der ihm aufgegebenen Beobachtung und Bewertung der aktuellen Verhältnisse zu berücksichtigen; maßgebliches Gewicht kann diesen jedoch nur dann zukommen, wenn die weitere Entwicklung aufgrund hinreichend belastbarer tatsächlicher Anhaltspunkte schon gegenwärtig verlässlich zu prognostizieren ist" (S. 289).[121]

BVerfGE 91, 389 (401): „Der unterschiedlichen Weite des gesetzgeberischen Gestaltungsspielraums entspricht eine abgestufte Kontrolldichte bei der verfassungsgerichtlichen Prüfung." BVerfGE 106, 62 (148): „Die Merkmale des Art. 72 Abs. 2 GG sind unbestimmte Gesetzesbegriffe. Die gerichtliche Kontrolle ihrer Auslegung ist umfassend; sie geht über eine bloße Vertretbarkeitskontrolle hinaus."

d) Bis zum zweiten Urteil zum Schwangerschaftsabbruch (BVerfGE 88, 203) war klar, dass die Kontrolle über ein Gesetz zum Schwangerschaftsabbruch eine besonders intensivierte inhaltliche Kontrolle zu sein habe (Schutz des Lebens!). Jetzt scheint sich das Gericht davon abzusetzen. Es zählt zwar die für die Kontrolldichte relevanten Faktoren gemäß der Mitbestimmungs-Entscheidung (BVerfGE 50, 290 [333]) auf, fügt aber dann den überraschenden Satz hinzu: „Ob sich hieraus für die verfassungsrechtliche Prüfung drei voneinander unterschiedliche Kontrollmaßstäbe herleiten lassen,

[118] BVerfGE 57, 139 (159).

[119] BVerfGE 50, 290 (333).

[120] *Lorenz,* Kontrolle, S. 206f. Anderer Ansicht *Kurt Vogel,* BVerfG, S. 67f., 70ff.

[121] Kritik an den Entscheidungen zur Sperrklausel im Europawahlrecht: *Grzeszick,* NVwZ 2014, 537ff., 540ff.; *S. Simon,* Grenzen des Bundesverfassungsgerichts im europäischen Integrationsprozess, S. 200ff.; *Frenz,* NVwZ 2013, 1059ff.

bedarf keiner Erörterung; die verfassungsrechtliche Überprüfung erstreckt sich in jedem Fall darauf, ob der Gesetzgeber die genannten Faktoren ‚ausreichend' berücksichtigt und seinen Einschätzungsspielraum ‚in vertretbarer Weise' gehandhabt hat" (S. 262). Ist damit die Drei-Stufen-Praxis der Kontrolldichte abgelehnt oder abgeschafft? Angesichts der bisherigen Rechtsprechung hätte das doch einer Erörterung bedurft. Das Gericht fordert, die Prognosen des Gesetzgebers müssten *„verlässlich"* sein und es komme darauf an, dass der Gesetzgeber mit seinem Einschätzungsspielraum in *„vertretbarer* Weise" umgehe; es genüge aber nicht zu prüfen, ob die Maßnahmen zur Erfüllung der Schutzpflicht des Staates gegenüber menschlichem Leben „gänzlich ungeeignet oder völlig unzulänglich" seien. Die Anforderung einer *verlässlichen* Prognose bedarf aber einer intensiveren Prüfung als die Forderung nach einer *vertretbaren* Einschätzung; die beiden Maßstäbe liegen also nicht auf derselben Stufe der Kontrolldichte. Auch dies machte Erörterungen notwendig. Das Gericht führt noch weitere Anforderungen an: Der Gesetzgeber muss sich „des erreichbaren, für die gebotene verläßliche Prognose des Schutzkonzepts wesentlichen Materials bedienen und es mit der gebotenen Sorgfalt daraufhin auswerten, ob es seine gesetzgeberische Einschätzung hinreichend zu stützen vermag". Das Gericht spricht ferner von der „verfassungsrechtlich tragfähigen Einschätzung" und vom „Untermaßverbot".

Diese leicht chaotisch anmutende Anhäufung von Formeln (S. 262–263) verspielt die Ansätze von Rationalität, die die Drei-Stufen-Lehre versprochen hatte. Mit dem Wechsel des Schutzkonzepts macht es sich das Gericht einfach: Dem Gesetzgeber sei es „verfassungsrechtlich grundsätzlich" nicht verwehrt, zum Beratungskonzept überzugehen (S. 264). Der Gesetzgeber habe diesen Wechsel im Schutzkonzept mit „vertretbarer Einschätzung vollzogen".

Als ob das Gericht das Defizit selbst spürte, greift es dann später zu einer „Intensität" besonderer Art: Auf drei Druckseiten ordnet es gemäß § 35 BVerfGG an, wie die Schwangerschaftsberatung im Einzelnen inhaltlich und organisatorisch auszusehen hat (S. 209ff., vgl. auch S. 270ff.). *Konrad Hesse* kommentiert: „Insgesamt gerät die dem Gericht kraft seiner Kontrollaufgabe nur zukommende kassatorische Entscheidung der Sache nach, wenn nicht ausdrücklich, zu einer präskriptorischen Entscheidung."[122] Die dem Gericht obliegende Kontrolle von Prognosen des Gesetzgebers bezüglich zukünftiger Tatsachenentwicklungen verwandelt das Gericht hier zu einer eigenen verändernden Einflussnahme auf diese Entwicklungen (vgl. o. Rdnr. 474). Diese Einflussnahme obliegt aber dem Gesetzgeber.

3. Ergebnis- oder auch Verhaltenskontrolle gegenüber dem Gesetzgeber? Die These von der optimalen Methodik der Gesetzgebung als Verfassungspflicht

539 Ein Verfassungsgericht, das permanent mit der Kontrolle von Gesetzen beschäftigt ist, ist in der Gefahr, sich nicht mehr mit der Kontrolle des Gesetzes als dem Ergebnis des Gesetzgebungsverfahrens zu begnügen, sondern zunehmend den parlamentarischen Prozess der Entscheidungsfindung in die Prüfung mit einzubeziehen – so wie das für den Verwaltungsrichter gegenüber der Verwaltung selbstverständlich ist. Dabei geht es hier nun nicht um Verfahrensweisen, die verfassungsrechtlich, z. B. in den Art. 76ff. GG, vorgeschrieben sind und deren Einhaltung das BVerfG selbstverständlich voll

[122] *Hesse,* FS Mahrenholz, S. 552f.; zustimmend *Wieland,* in: Dreier, GG, Art. 93 Rdnr. 39.

nachprüft. Es geht um ein Verhalten des Gesetzgebers im Rahmen dieses gesetzlich geordneten Verfahrens, wie beispielsweise um die Äußerungen von Bundestagsabgeordneten, um die Einsetzung von Sachverständigenkommissionen oder um die Kenntnisnahme von Tatsachen, wie überhaupt um die Kenntnis der Abgeordneten von dem anstehenden Projekt.[123]

Ein Beispiel vorab: Das BVerfG[124] lässt die Anwesenheit auch nur einer kleinen Zahl von Abgeordneten im Plenum des Parlaments genügen, um ein einfaches Gesetz gültig beschließen zu können – zu Recht, da das GG nichts anderes besagt (Art. 77 I S. 1, 42 II S. 1 GG). Daran, also an der Gültigkeit eines nach den Vorschriften der Verfassung formell ordentlich beschlossenen Gesetzes, lässt es wiederum Zweifel zu für den Fall, dass „grundlegende Meinungsverschiedenheiten zwischen den Abgeordneten über das zu verabschiedende Vorhaben ... in der Schlussphase des Gesetzgebungsverfahrens“ bestanden haben. Das verfassungsmäßige Zustandekommen eines Gesetzes hängt danach also nicht nur von der Einhaltung der in der Verfassung geschriebenen Verfahrensregeln, sondern auch davon ab, ob „grundlegende Meinungsverschiedenheiten“ zwischen den Abgeordneten bestanden haben und dies für den Fall, dass bei der Schlussabstimmung im Plenum nur wenige Abgeordnete anwesend waren.

Das BVerfG greift zur Beurteilung der Verfassungsmäßigkeit eines Gesetzes immer 540
häufiger auf Vorgänge während des Gesetzgebungsverfahrens zurück. Der frühere Präsident des BVerfG *Benda* hat in wichtigen Arbeiten über die Ursachen verfassungsgerichtlicher Beanstandungen von Gesetzen darauf aufmerksam gemacht.[125]

Im Mitbestimmungsurteil[126] attestiert das Gericht dem Gesetzgeber, er habe die Anforderungen des Verfahrens erfüllt, „sich an einer sachgerechten und vertretbaren Beurteilung des erreichbaren Materials“ zu orientieren. Zum Beleg wird insbesondere auf die sorgfältigen Erhebungen und den umfassenden Bericht der „Mitbestimmungskommission“ abgestellt; deren Empfehlungen würden mit dem späteren Gesetz in den wesentlichen Zügen übereinstimmen. (Wer die Kommission eingesetzt hat, wer ihr angehört hat, was sie beschlossen hat, erfährt man in dem Urteil allerdings nicht.)

Im Anschluss an die Rechtsprechung des BVerfG kam in der Literatur die *Parole von* 541
der „optimalen Methodik der Gesetzgebung als Verfassungspflicht“[127] auf. Über die Verfahrensregelung des Grundgesetzes hinaus will man dem Gesetzgeber eine nachprüfbare Rationalität des Prozesses seiner Entscheidungsfindung auferlegen. Der Gesetzgeber soll sich sachkundig machen, die verfügbaren empirischen Daten und Erfahrungssätze zur Kenntnis nehmen und in ernstzunehmender Weise zwischen den Rechtsgütern abwägen. Wenn er dies getan habe, wenn insbesondere die Argumentationen im Gesetzgebungsverfahren plausibel klängen, dann könne sich das BVerfG in seiner materiellen Prüfung zurückhalten, könne es in der Sache „zurückstecken“.[128] Ein Beispiel für eine solche Zurückhaltung des Gerichts wegen vorbildlicher Methodik des Gesetzgebers im Gesetzgebungsprozess ist das Urteil zum Mitbestimmungsgesetz. Ein Gegenbeispiel ist das erste Urteil zu § 218 StGB: Hier kontrolliert das Gericht mit großer Intensität, und hier haben offenbar Äußerungen von Abgeordneten während des Gesetzgebungsverfahrens das Gericht an den guten Absichten „des Ge-

[123] Zur Gliederung in Verhaltens-, Verfahrens- und Ergebniskontrolle vgl. *H.-P. Schneider,* NJW 1980, 2106f.

[124] BVerfGE 44, 308 (321).

[125] *Benda,* Gesetze, S. 22f.

[126] BVerfGE 50, 290 (334).

[127] *Schwerdtfeger,* FS H. P. Ipsen, S. 173ff.; auch *Breuer,* Der Staat 16 (1977), 40ff. Auf *Schwerdtfeger* zwar Bezug nehmend, aber zurückhaltender *Benda,* DÖV 1979, 467.

[128] Plastisch so *Kisker* in seinem Diskussionsbeitrag in VVDStRL 39 (1981), S. 172.

setzgebers", mit seiner sog. Fristenregelung dem Schutz des werdenden Lebens dienen zu wollen, zweifeln lassen.

Es ist schwierig, hier die richtige Grenze zu ziehen.[129] Was schuldet der Gesetzgeber? Auch hinreichende oder gar optimale Bemühungen? Auch eine Begründung? Gegen den gegenwärtigen Trend in Rechtsprechung und Literatur ist festzuhalten: Grundsätzlich kommt es bei der Normenkontrolle auf das *Gesetz als Ergebnis des parlamentarischen Gesetzgebungsverfahrens* an, nicht auf die Argumentation oder auf sonstiges, im Grundgesetz nicht vorgeschriebenes Verfahren und Verhalten des Gesetzgebers bzw. einzelner am Gesetzgebungsverfahren Beteiligter.

542 Der Gesetzgeber schuldet gar nichts anderes als das Gesetz.[130] Natürlich schuldet der Gesetzgeber ein wirksames, also gültiges und verfassungsmäßiges Gesetz.

Es ist ja schon schwierig festzustellen, ob sich „der Gesetzgeber" sachkundig gemacht hat: Kommt es dafür auf die Regierung an, die die Gesetzesvorlage macht, auf den Abgeordneten, der im zuständigen Ausschuss mitarbeitet, oder gerade auf die Abgeordneten, die an der Schlussabstimmung im Plenum teilnehmen und das Gesetz im eigentlichen Sinne beschließen?

Eine generelle Pflicht zur optimalen Methodik des Gesetzgebers ist aber auch dem Grundgesetz nicht zu entnehmen.[131] Der gewählte Mandatsträger ist nicht ein Beamter, Gesetzgebung ist nicht Verwaltung, die Normenkontrolle darf den Gesetzgeber

---

[129] Grundsätzlich wie hier *Korinek,* VVDStRL 39 (1981), S. 25; vgl. aber die sehr kontroverse Diskussion aaO., S. 148ff.; *Bryde,* Verfassungsentwicklung, S. 327f.; *Erbguth,* JZ 2008, 1038ff., mit Beispielen aus der Rspr. des LVerfG Mecklenburg-Vorpommern.

[130] *Geiger,* Gegenwartsprobleme, S. 141: „Der Gesetzgeber schuldet den Verfassungsorganen und Organen im Staat, auch den Verfassungsgerichten, nichts als das Gesetz. Er schuldet ihnen weder eine Begründung noch gar die Darlegung aller seiner Motive, Erwägungen und Abwägungen." Zustimmend *Gusy,* ZRP 1985, 295ff.; *ders.,* Parlament, S. 1643f.; *Waldhoff,* FS Isensee, S. 329ff.; *Dann,* Der Staat 49 (2010), 630ff. Gegen jede Verhaltenskontrolle auch *Kurt Vogel,* BVerfG, S. 207. Vgl. darüber hinaus *Meessen,* NJW 1979, 836; *Henseler,* ZG 1986, 76ff., 85, mit dem Hinweis, dass dies bei der gerichtlichen Kontrolle von exekutivischen Akten, vornehmlich Verwaltungsakten, anders ist. Dort sei die Plausibilität und folgerichtige Begründung neben dem Entscheidungsergebnis selbstverständlich zu überprüfen („Vorgangskontrolle"). Im Ergebnis wie hier auch *Janssen,* S. 195. Eine generelle Pflicht zur Begründung parlamentarischer Entscheidungen hat dagegen *Lücke,* Begründungszwang, S. 11, 33, 63, 138, 214, angenommen. Das Buch argumentiert sehr differenziert, lässt aber gerade die parlamentsrechtlichen Argumente, die hier hervortreten sollten, beiseite und stellt sich auch nicht der Frage, wie der Gesetzgeber dieser Begründungspflicht sollte nachkommen können. Gegen die hier vertretene These auch *Burghart:* Das „gute" Gesetz ist vollständig, systemgerecht und verständlich (S. 181). Aus inhaltlichen Anforderungen an das Gesetz werden entsprechende verfassungsrechtliche Verpflichtungen des Gesetzgebers auf ein sorgfältiges Verfahren abgeleitet (S. 202f., 206). Eine überzeugende Begründung der generellen Pflicht aus der Verfassung zu einer optimalen Methodik des Gesetzgebungsverfahrens findet aber auch diese Arbeit nicht. Differenziert und unter Berufung auf Art. 20 Abs. 2, 42 Abs. 1, 53 Abs. 3 und 76 Abs. 1 GG *Gartz,* Begründungspflicht des Gesetzgebers, S. 186ff.

[131] Zustimmend *K.-A. Schwarz/Bravidor,* JZ 2011, 653; *Wahl,* Der Staat 20 (1980), 504; *Lorenz,* Kontrolle, S. 222, allerdings auch aaO., S. 207; *Merten,* Methodik, S. 92; *Ossenbühl,* Gesetzgebung, S. 49f. Eine mittlere Linie will *Stern,* Staatsrecht III/2, S. 1305, einhalten. Kritisch *Pestalozza,* NJW 1981, 2083 Fn. 14. Vgl. auch *Schröder,* Rechtsstaatlichkeit, S. 237. Gegen eine Verfassungspflicht zu optimaler Gesetzgebungsmethodik auch *Merten,* Anforderungen, S. 54ff. *Merten* weist dort darauf hin, dass schwerwiegende Verstöße im Gesetzgebungsverfahren zugleich materielle Fehler, etwa willkürliche Regelungen und damit Verstöße gegen Art. 3 I GG, hervorbringen können. Grundsätzlich auch BVerfGE 130, 263 (301).

nicht in Pflichten einspannen, die die Eigenart des parlamentarischen Verfahrens verbiegen.[132] Zu diesem Verfahren gehören – gemessen an den Kriterien der Rationalität und des optimalen Ergebnisses – auch einige Unarten: die offene, wenn dann auch unter Umständen in sich widersprüchliche Diskussion, die Transparenz, die enthüllend sein kann, die Rückkoppelung zur Öffentlichkeit, die zur bloßen Abhängigkeit degenerieren kann und – nicht zuletzt – der politische Kompromiss.[133]

Die These, das Gesetz, nicht der Prozess der Entstehung des Gesetzes im Gesetz- 543
gebungsverfahren, soweit er nicht im Grundgesetz geregelt ist, sei Gegenstand der Normenkontrolle, bedarf im Blick auf das einzelne Verfahren vor dem BVerfG der Konkretisierung. Natürlich kann das Gericht auf Äußerungen von am Gesetzgebungsverfahren Beteiligten zurückgreifen, um zum Beispiel zu erkunden, was der Sinn des Gesetzes sein könnte;[134] aber es kommt dann darauf an, was objektiv Inhalt des Gesetzes geworden ist. Die Frage, ob ein Gesetz verhältnismäßig (geeignet, erforderlich, nicht übermäßig) ist, drängt dazu, hinter das Ergebnis auf das Argumentieren und Abwägen während des Gesetzgebungsverfahrens zurückzugreifen; aber am Schluss geht es – wie es das BVerfG selbst formuliert hat – nicht um die subjektive Auffassung des Gesetzgebers oder um die Gründe, die er zur Rechtfertigung einer Regelung vorgetragen hat, sondern um „die objektive, das heißt die tatsächliche und eindeutige Unangemessenheit einer Norm im Verhältnis zu der tatsächlichen Situation, die sie regeln soll".[135] Oder anders: Gegenstand der verfassungsgerichtlichen Überprüfung sind „der sachliche Gehalt der Vorschrift" und ihre „Wirkung". Es kommt auf die gesetzgeberischen Motive nicht mehr an.[136]

Aus besonderen verfassungsrechtlichen Situationen heraus hat das BVerfG spezielle und begrenzte Begründungspflichten des Gesetzgebers abgeleitet. Bei der durch besondere planerische Erwägungen charakterisierten legislativen Entscheidung zur Neugliederung von Gemeinden verlangt das BVerfG vom Landesgesetzgeber, den maßgeblichen Sachverhalt zu ermitteln und hinreichend sichere Feststellungen selbst zu treffen. Es verlangt eine tragfähige Abwägungsgrundlage, zu der der Gesetzgeber gelangen müsse. In dem entschiedenen Fall fehlten Hinweise auf ausreichende Feststellungen des Gesetzgebers, weshalb das Landesgesetz für nichtig erklärt wurde.[137]

---

[132] *Bryde,* Verfassungsentwicklung, S. 328: „Ein Gericht darf das Gesetzgebungsverfahren nicht durch eine verschärfte Verfahrenskontrolle allzusehr einem gerichtlichen Verfahren angleichen." *Gusy,* ZRP 1985, 298: „Das Entscheidungsmonopol des Parlaments über Gesetze steht ... dem optimalen Gesetzgebungsverfahren entgegen ... Dies gilt um so mehr, als das Gesetzgebungsverfahren als Entscheidungs-, nicht als Erkenntnisverfahren ausgerichtet ist."

[133] Vgl. auch – aus rechtsvergleichender Perspektive – *Rose-Ackerman u. a.,* Due Process, S. 187: "[C]onsistency is hard to apply to the lawmaking process overall where the draft process is shaped by the necessity of compromise [...] Consenses, dissent, and compromise are basic neccesities of democratic decision making."

[134] Vgl. z. B. Äußerungen in BVerfGE 54, 277 (298) – § 554b ZPO.

[135] BVerfGE 51, 1 (27) – Renten für Ausländer im Ausland; BVerfGE 63, 152 (171); 64, 243 (249). Zu dem ganzen Problemkomplex vertiefend *Krebs,* S. 100ff., und *Janssen,* S. 195ff.

[136] Vgl. BVerfGE 49, 148 (165); 67, 70 (87); sehr deutlich BVerfGE 85, 238 (245).

[137] BVerfGE 86, 90. Vgl. auch die „Darlegungslast" und Begründungspflichten in BVerfGE 79, 311 (343) – zu Art. 115 I GG a. F. – Nettoneuverschuldung über die regelmäßige Kreditobergrenze hinaus. Die Landesverfassungsgerichte haben sich diesen ungeschriebenen Anforderungen für das Landesverfassungsrecht angeschlossen, z. B. BerlVerfGH, LVerfGE 14, 104 (127f.); LVerfG M-V, LVerfGE 16, 351 (353). Kritisch etwa *Henneke,* NdsVBl. 1997, 224: Gefordert sei vom Gesetzgeber nur die „Flucht in die mutige Begründung". Kritisch auch *Neidhardt,* S. 123ff.

Im Sondervotum der Richterin *Limbach* zum Urteil vom 14.5.1996 – Art. 16a GG (BVerfGE 94, 115 [157ff.]) heißt es: „Der Gesetzgeber hat vielmehr alle erreichbaren und erheblichen Tatsachen sorgfältig zu ermitteln und im Lichte des Art. 16a Abs. 1 GG nachvollziehbar zu würdigen; insoweit unterliegt die Qualifizierung eines Staates als sicherer Herkunftsstaat der verfassungsgerichtlichen Nachprüfung". Diese Forderung nach einer optimalen Methodik des Gesetzgebers wird aber wiederum nicht generell ausgesprochen, sondern bezieht sich auf die besondere Situation der von Art. 16a III GG vorgesehenen Arbeitsteilung zwischen Gesetzgeber und Behörde, die dem Fortbestand des Individualgrundrechts auf Asyl dient. „Der Fortbestand des Individualgrundrechts auf Asyl fordert dem Gesetzgeber eine Analyse und Würdigung der Rechtslage, Rechtsanwendung und politischen Verhältnisse ab, die in ihrer Gediegenheit dafür bürgen, dass politisch Verfolgte in der Bundesrepublik nach wie vor Schutz finden können." „Ich bin der Meinung, dass der Gesetzgeber bei der Bestimmung eines Staates zum sicheren Herkunftsstaat keinen Einschätzungs- und Wertungsspielraum in der Frage beanspruchen kann, welche Erkenntnisse er seiner Entscheidung zugrunde legt und welche Bedeutung er ihnen beimisst."[138]

Im bundesstaatlichen Finanzausgleich hat es das Gericht 1986 und 1992 abgelehnt, aus den materiell-rechtlichen Bindungen des Finanzausgleichsgesetzgebers „verfahrensrechtliche Erfordernisse im Sinne spezifischer Begründungsanforderungen" abzuleiten. Es stellt ausdrücklich fest: „Verfassungsgerichtlicher Kontrolle unterliegt allein die Entscheidung des Gesetzgebers selbst ... bei der Gestaltung des Länderfinanzausgleichs übt er, anders als eine Verwaltungsbehörde, kein gesetzesgebundenes Ermessen aus."[139] Dagegen hat das Gericht in seiner Finanzausgleichsentscheidung aus dem Jahre 1999 eine rationale Gesetzgebung verlangt. Die neue Figur des Maßstäbegesetzes soll den Finanzausgleichsgesetzgeber zwingen, Zuteilungs- und Ausgleichskriterien der Finanzverteilung zu begründen.[140] Das 2001 beschlossene Maßstäbegesetz hat diese Anforderungen nicht erfüllt.[141]

Über begrenzte und aus der Besonderheit des Sachbereichs oder der verfassungsrechtlichen Maßstäbe abgeleitete Begründungspflichten hinaus geht eine insgesamt bedenkliche neue Tendenz des Gerichts, generell rationale (konsistente, folgerichtige) Entscheidungen und darauf bezogene Entscheidungsfindungsprozesse des Gesetzgebers zu verlangen.[142] So etwa BVerfGE 122, 210 (230f.) – Steuerrecht, Pendlerpauschale: Aus Art. 3 I GG leitet das Gericht die Verpflichtung des Gesetzgebers ab, bei der Ausgestaltung eines steuerrechtlichen Tatbestandes die einmal getroffene Belastungsentscheidung folgerichtig umzusetzen. Was hier als Überprüfung der Binnensystematik des Gesetzes einleuchtet, weitet sich im Zusammenhang von Freiheitsrechten zu problematischen Verfahrenskontrollen. So BVerfGE 125, 175 (222ff.) – Hartz IV, Regelsatzbemessung: Aus Art. 1 I GG folge ein Grundrecht auf Gewährung eines menschenwürdigen Existenzminimums. Die Konkretisierung müsse der Leistungsgesetzgeber in einem transparenten und sachgerechten Verfahren vornehmen. Dementsprechend sei die Kontrollaufgabe des BVerfG eine im wWesentlichen prozedurale. Die materielle Prüfung richte sich (nur) darauf, ob die Leistung evident unzureichend sei, die Methode der Leistungsberechnung sei genauer zu kontrollieren. Das Problem solcher Pflichten des Gesetzgebers mit entsprechenden Kontrollmaßstäben des BVerfG liegt darin, dass sie Mittel sind, letztlich vorverfassungsrechtliche Maßstäbe an den politischen Prozess heranzutragen.[143] Im Zusammenhang der amtsangemessenen Beamtenbesoldung (Art. 33 Abs. 5 GG) führt BVerfGE 130, 263 (301) aus: „Zwar schuldet der Gesetzgeber von Verfassungs wegen grundsätzlich nur ein wirksames Gesetz ... Da aber das grundrechtsgleiche Recht auf Gewährung einer amtsangemessenen Alimentation keine quantifizierbaren Vorgaben im Sinne einer exakten Besoldungshöhe liefert, bedarf es prozeduraler Sicherungen, damit die verfassungsrechtliche Gestaltungsdirektive des Art. 33 Abs. 5 GG auch tatsächlich eingehalten wird ... Die prozeduralen Anforderungen an den Gesetzgeber kompensieren die Schwierigkeit, das verfassungsrechtlich gebotene Besoldungsniveau anhand materieller Kriterien zu bestimmen." BVerfGE 150, 1

[138] Vgl. auch das Sondervotum des Richters *Sommer,* BVerfGE 94, 115 (164ff.).

[139] BVerfGE 86, 148 (241); zuvor BVerfGE 72, 320 (392ff.).

[140] BVerfGE 101, 158.

[141] Dazu *Korioth,* ZG 2002, 335ff.

[142] Vgl. auch *Bethge,* S. 148ff., der jedoch von einem „Sonderphänomen" spricht.

[143] Kritisch auch *Dann,* Der Staat 49 (2010), 636ff.; *Hebeler,* DÖV 2010, 754ff.

(90f. Rdnr. 178) – ZensusG 2011 – resümiert, sehr zurückhaltend, prozedurale Anforderungen an das Gesetzgebungsverfahren beträfen „typischerweise die gesetzliche Ausgestaltung in der Verfassung selbst angelegter (Leistungs-)Rechte, die ohne entsprechende Anforderungen an Ermittlung und Begründung der Regelungsgrundlagen leerzulaufen“ drohten. Zurückhaltend auch BVerfGE 140, 65 (79f.) – Betreuungsgeld: „Das Grundgesetz schreibt grundsätzlich nicht vor, was, wie und wann genau im Gesetzgebungsverfahren zu begründen ist. Es lässt Raum für Verhandlungen und für den politischen Kompromiss. Entscheidend ist, dass im Ergebnis die Anforderungen des Grundgesetzes nicht verfehlt werden.“

4. Gefahren aus der Kompensation parlamentarischer Entscheidungsdefizite durch das Bundesverfassungsgericht

Das Verhältnis aller Gerichte zum Gesetzgeber gerät – wie schon erwähnt – immer 544
mehr unter den Gedanken der Kompensation.[144] Es ist nicht zu bestreiten: Der Wandel des Gesetzes vom allgemein-abstrakten, auf Dauer und Gerechtigkeit angelegten Rechtssatz zum Mittel momentaner sozialer Gestaltung,[145] der große Bedarf an rechtlichen Regelungen in der modernen Industriegesellschaft mit ihren komplexen Regelungsbedürfnissen auf wirtschaftlichem und sozialem Gebiet,[146] die Defizite, die das parlamentarische Verfahren lässt,[147] dies und anderes machen Richterrecht, machen Kompensation, Substitution, Korrektur, Entlastung, Gegengewicht durch Richterrecht notwendig.[148] Aber: Um der verfassungsmäßigen Ordnung der Zuständigkeiten willen[149] darf man sich bei dem Gedanken der Kompensation nicht beruhigen. Kompensation schafft nicht echte Kompetenz, sie schafft *Notkompetenz*, deren erste und dauernde Pflicht es ist, sich entbehrlich zu machen.[150]

Ein entscheidungsfreudiges Verfassungsgericht vermag die „Flucht des Gesetzgebers 545
aus der Verantwortung“[151] zusätzlich zu beschleunigen. Die *Kompensation parlamentarischer Funktionen durch nicht-parlamentarische Organe* kann dem parlamentarischen Gemeinwesen auf Dauer nicht gut tun.[152] Die Maßgeblichkeit des Ausgangs der Wah-

[144] Vgl. die (z. T. kritischen) Darstellungen von *Roellecke* und *Starck*, VVDStRL 34 (1976), S. 14ff., 46. – Sehr plastisch *Papier*, Stellung der Verwaltungsgerichtsbarkeit, S. 22ff. Betont in diese Richtung *v. Arnim*, Gemeinwohl, S. 212ff., 242. Vgl. auch *Denninger*, Staatsrecht II, S. 201; *Grimm*, Verfassungsgerichtsbarkeit; *J. P. Müller*, VVDStRL 39 (1981), S. 94: „korrektive und komplementäre Funktion“ des Verfassungsgerichts gegenüber dem Gesetzgeber; *H.-P. Schneider*, Richterrecht. – Zurückhaltend *Badura*, Grenzen, S. 44; *J. Ipsen*, Richterrecht, S. 241; *E. Klein*, DVBl. 1981, 661.

[145] Vgl. nur BVerfGE 39, 1 (59); *Kübler*, FS Raiser, S. 717; *Starck*, Prozeß, S. 22f.; *Scheuner*, FS H. Huber, S. 137.

[146] *Zacher*, VVDStRL 34 (1976), S. 103 (Diskussion).

[147] *H.-P. Schneider*, AöR 105 (1980), S. 4ff.; auch *Hesse*, FS H. Huber, S. 266.

[148] Generell sehr zurückhaltend *Picker*, JZ 1984, 153ff.: Die geltende Rechtsordnung benötigt das vom Richter initiierte Recht, verträgt aber nicht eine Rechtsetzung des Richters.

[149] Zum weitergehenden Stichwort von der „gemischten Verfassung“ schon *Schlaich*, VVDStRL 39 (1981), S. 116 Fn. 56.

[150] Zurückhaltend auch *E. Klein*, DVBl. 1981, 661ff. Vgl. grundlegend auch *H. H. Rupp*, Ordo 30 (1979), 103.

[151] *Diederichsen*, Flucht. So auch der frühere Präsident des BVerfG *Zeidler*, in: 55. Dt. Juristentag, 1984, Sitzungsbericht N, S. N. 92.

[152] Vgl. auch grundsätzlich BVerfGE 68, 1 (77–78). Ähnliche Überlegungen wie im Folgenden bezüglich des Bundesrates bei *Böckenförde*, FS Schäfer, S. 192ff.; vgl. auch *Grimm*, JZ 1976, 703; *Sachs*, DÖV 1982, 27: „Formulierungshilfe“ des BVerfG für den Gesetzgeber; *Bryde*, Verfassungsentwicklung, S. 346: „Der Ausweg, Repräsentationsdefizite beim Parlament durch Verstärkung verfassungsgerichtlicher Überprüfung auszugleichen, ist nun aber der schlechtest denkbare.“ Vgl. auch *Hoffmann-Riem*, Der Staat 13 (1974), 360; *Dopatka*, S. 240.

len beispielsweise kann abnehmen, wenn durch Entscheidungen des BVerfG gerade die großen, in Wahlkämpfen „plebiszitär" erfassbaren Gesetzgebungsprojekte praktisch der politischen Debatte um ihre Abänderung entzogen werden. Die Opposition kann hoffen – und sie richtet ihr Verhalten während des Gesetzgebungsverfahrens oft schon darauf aus –, ein Gesetz mit Hilfe des BVerfG rückgängig zu machen; dadurch kann sie zwar ihre schwache Position als Minderheit im Bundestag kompensieren – wie sie dies bei entsprechenden Mehrheitsverhältnissen auch mit Hilfe des Bundesrates kann. Nur: Es gelingt ihr dies, ohne den Wähler veranlasst zu haben, sie zur Mehrheit zu machen, was ja ihr Ziel sein muss. Umgekehrt sieht sich die Mehrheit durch Verfassungswidrigerklärungen des BVerfG unter Umständen von der Verantwortung für die Folgen „ihrer" Gesetze befreit, ohne sich durch diese Gesetze beim Wähler als unerträglich erwiesen zu haben.

546 Aus diesem *„Stimmzettel-Argument"*[153] folgt nicht[154] und kann verfassungsrechtlich nicht folgen, das BVerfG solle sich „zurückhalten" in der Feststellung der Verfassungswidrigkeit eines Gesetzes. Aber es folgt daraus der funktionell-rechtliche Gedanke, dass das BVerfG bei der Wahl der Entscheidungsvariante wie überhaupt der Rechtsfolgen der Verfassungswidrigkeit darauf sehen muss, dass es dem politischen Prozess möglichst wenig an Stoff entzieht. Das wird z. B. dafür sprechen, wenn irgend möglich zur Nichtigerklärung ohne gerichtliche Übergangsregelung zu greifen. Es kann dies aber auch dafür sprechen, auf eine Nichtigerklärung zu verzichten, um über die Entscheidungsvariante des Ausspruchs nur der Unvereinbarkeit der Norm dem Gesetzgeber die Bereinigung der verfassungswidrigen Lage zu überlassen.[155] In dieser Sicht bekommt auch die Beschränkung auf Appelle an den Gesetzgeber und auf bloße Feststellungen ihren legitimen Ort. Und es wird dies in der Regel gegen die verfassungskonforme Auslegung sprechen.

547 Das BVerfG muss hier einen schwierigen Mittelweg gehen: Kompensation von Defiziten des parlamentarischen Verfahrens durch Verfassungsgerichtsurteile kann die Wirkung haben, dass die Defizite voreilig als unvermeidlich hingenommen werden und sich damit eher verfestigen. Dies muss das Gericht vermeiden. Zugleich kann es seine Aufgabe, die Entscheidungen der Verfassung durchzusetzen, nicht vernachlässigen.[156]

IV. Die Autorität des Bundesverfassungsgerichts[157]

548 Das Ansehen der Rechtsprechung des BVerfG in Juristenkreisen ist groß; man fürchtete darüber schon um Bedeutung und Einfluss des „Juristenrechts".[158] Das BVerfG

[153] So *v. Arnim,* Staatslehre, S. 391.

[154] So aber das Missverständnis bei *v. Arnim,* aaO.

[155] Anders noch *Schlaich,* VVDStRL 39 (1981), S. 117, und JuS 1982, 603.

[156] S. a. *Emmenegger,* in: dies./Wiedmann (Hrsg.), Linien der Rechtsprechung des Bundesverfassungsgerichts – erörtert von den wissenschaftlichen Mitarbeitern, Bd. 2, S. 447 ff.

[157] Vgl. *Wahl/Rottmann,* S. 339 ff.; *Stern,* Einführung, S. 1 ff.; *Chryssogonos,* S. 61 ff.; *Ebsen,* Durchsetzungsbedingungen, S. 167 ff.; *Luetjohann; Schulze-Fielitz,* BVerfG, S. 111 ff.; *Brohm,* NJW 2001, 1 ff.; *Schlink,* JZ 2007, 157 ff.; *Rath,* Der Schiedsrichterstaat, S. 35 ff.; *Lembcke,* Hüter der Verfassung, S. 338 ff. Kritisch *Ladeur,* Demokratie und Recht 11 (1983), 10 ff.

[158] Diskussionsbeitrag von *Badura,* in: Klaus Vogel, Grundrechtsverständnis, S. 57. Generell *Henke,* Der Staat 19 (1980), 190.

entscheidet „mit Macht“ dogmatische Fragen von größter Bedeutung.[159] In gewissem Umfang ist dies allerdings unvermeidlich: „Wenn das Grundgesetz als positives Gesetz und das Bundesverfassungsgericht als echtes Gericht zu begreifen sind, dann folgt daraus die Notwendigkeit eines verfassungsgerichtlichen Richterrechts.“[160] Die Wissenschaft folgt in der Regel.[161] „Die immer weiter ausgreifende und sich immer feiner ausdifferenzierende Judikatur ersetzt geradezu die Normen, die sie interpretiert, und entwickelt ein Eigenleben von einer Kraft, der die Staatsrechtslehre wenig entgegensetzt. Diese überlässt sich weitgehend dem Sog der verfassungsgerichtlichen Exegese und begnügt sich damit, die Judikate zu sichten, zu ordnen und zukunftsweisende Tendenzen herauszulesen. Verfassungsdogmatik ergibt sich weitgehend dem Verfassungs*gerichts*positivismus.“[162]

Soweit sich das BVerfG Tadel gefallen lassen muss, bezieht er sich zumeist auf einzelne Entscheidungen.[163] Dann allerdings wird er in solcher Härte und empörter Deftigkeit wie sonst kaum von Staatsrechtslehrern formuliert. Bei Abgeordneten hat – trotz aller Urteilsschelte in der Öffentlichkeit – ein Satz aus einem Urteil des BVerfG hohe Priorität; dies verstärkt den großen Einfluss der Ministerialbeamten innerhalb der Gesetzesberatungen, denn diese können sich dort unter Hinweis auf Argumente aus den ja reichhaltigen Urteilsgründen des BVerfG zusätzliches Gehör verschaffen. Die Vorwirkungen des BVerfG auf die Gesetzgebung sind groß.[164] Auch der verfassungsändernde

[159] Bis heute von großer Bedeutung etwa: BVerfGE 53, 257 (290): Rentenversicherungen (einer bestimmten Art) unterliegen dem Schutz des Art. 14 GG – eine Frage, die in der Literatur lange diskutiert worden war, ohne dass sich eine Mehrheitsmeinung herausgebildet hätte. Vgl. auch BVerfGE 64, 87 (97f.): Die Anwendbarkeit von Art. 14 I GG auf die Anpassung von Renten wird offengelassen, die Fortführung der wissenschaftlichen Diskussion für wünschenswert gehalten. In jüngerer Zeit ist vor allem die Maßstabbildung in Fragen der europäischen Integration zu nennen, vgl. zuletzt *Wiederin,* BayVBl. 2018, 583 (586): „Dem Bundesverfassungsgericht ist enorm viel Macht gegeben, nicht wenig Macht hat es sich dazu genommen, ganz Europa bekommt inzwischen seine Macht zu spüren, nicht nur beim ESM.“

[160] *Roellecke,* Institutionelle Gewähr der Verfassung, in: Depenheuer/Grabenwarter (Hrsg.), Verfassungstheorie, S. 501.

[161] Vgl. *Bryde,* Verfassungsentwicklung, S. 109 mit Fn. 95, S. 353. Vgl. generell auch *Starck,* Prozeß, S. 12f. Kritisch *Schlink,* Der Staat 28 (1989), 162/163: „Die Staatsrechtswissenschaft lebt ... inhaltlich im Bann des BVerfG“, „Befund, der sich auf den Begriff eines die Staatsrechtswissenschaft bestimmenden Bundesverfassungsgerichtspositivismus bringen lässt“. Zu dessen verschiedenen Formen *Jestaedt,* Verfassungsgerichtspositivismus, S. 190ff. Vgl. auch *Luetjohann,* S. 99ff. Positiver zum Verhältnis und Austausch von Rechtswissenschaft und BVerfG *Lerche,* BayVBl. 2002, 649ff.

[162] *Isensee,* Verfassungsgerichtsbarkeit, S. 18.

[163] Beispiele teils berechtigter Kritik: *Starck,* JZ 1979, 63 zu BVerfGE 49, 304 – Sachverständigenhaftung; *H. Meyer,* DÖV 1983, 243 zu BVerfGE 62, 1 – Auflösung des Bundestages; *Haltern,* Der Staat 35 (1996), 551ff. zu BVerfGE 93, 1 – Kruzifix; *Diederichsen,* AcP 198 (1998), 171ff. zu BVerfGE 89, 214ff.; BVerfGE 89, 1 bzw. 90, 27 – Bürgschaft bzw. Wohnraummiete; *Kersten,* NVwZ 2005, 661ff.; *Hillgruber,* JZ 2007, 209ff. zu BVerfGE 115, 118 – LuftsicherheitsG. Vgl. auch die Zusammenstellungen bei *Bryde,* Verfassungsentwicklung, S. 166 Fn. 104. Überzogen die pauschale Wertung von *Geiger,* DRiZ 1991, 363: „Die große Zeit der Verfassungsgerichtsbarkeit in der Bundesrepublik Deutschland ist vorbei. Die sichtbare Zäsur bildet das Versagen des Gerichts bei der Kontrolle der Verfassungsmäßigkeit des Einigungsvorganges, insbesondere der Änderung der Verfassung durch den sog. Einigungsvertrag.“ Problematisch auch *Lamprecht,* NJW 1994, 3272ff.; *Scholz,* FS Stern, S. 1201ff.: Das BVerfG habe sich in den 1990er Jahren zu weit von gesellschaftlichen Grundüberzeugungen und Grundwerten entfernt.

[164] *Jekewitz,* Der Staat 19 (1980), 535ff. Nur konsequent angesichts der prägenden Wirkung der Rechtsprechung des BVerfG ist der Vorschlag des früheren Präsidenten des BVerfG *Benda,* die Ministerien

Gesetzgeber gerät durch die ausgreifende Verfassungsrechtsprechung zunehmend unter Druck – manche beobachten bereits eine „Marginalisierung" oder sogar „Invisibilisierung" des Verfassungsgesetzgebers.[165] Neuestens gibt es jedoch auch Gegenbeispiele: Nachdem das BVerfG die Ausführung des SGB II („Hartz IV") durch Arbeitsgemeinschaften der Bundesagentur für Arbeit und der Kommunen als verfassungswidrige Mischverwaltung verworfen hatte,[166] schuf der neue Art. 91e GG im Jahre 2010 die Verfassungsgrundlage für die Mischverwaltung. Dass der verfassungsändernde Gesetzgeber dem BVerfG widerspricht, ist keine Brüskierung des Gerichts, sondern legitim. Umgekehrt griff der verfassungsändernde Gesetzgeber zuletzt in Art. 21 Abs. 3 n. F. GG eine Anregung des BVerfG auf, „Möglichkeiten gesonderter Sanktionierung" von Parteien unterhalb des Parteiverbots zu schaffen.[167]

Trotz aller Schwierigkeiten für das BVerfG, auf allen Fachgebieten des Rechts kundig zu sein, und trotz aller Spezialkritik an vielen Formulierungen des Gerichts, folgt bislang auch die übrige Gerichtsbarkeit einschließlich der obersten Gerichtshöfe des Bundes fast durchgängig dem BVerfG,[168] obwohl man eine heftige Rivalität der spezialisierten „Fach"-Gerichte zu diesem ihnen nun „vorgesetzten" Gericht mit Kompetenz auf allen Feldern des Rechts hätte erwarten können.[169] Das BVerfG bewirkt in hohem Maße die Wahrung der Einheitlichkeit der Rechtsprechung; der dafür zuständige Gemeinsame Senat der Obersten Gerichtshöfe des Bundes (Art. 95 III GG) ist weithin entbehrlich. Die Rechtsprechung des BVerfG ist darauf angelegt, den Grundrechtsschutz auch durch alle anderen Gerichte zu gewährleisten und den Umweg über das BVerfG tendenziell zunehmend zu vermeiden. Dennoch gibt es Anzeichen, dass sich diese vereinheitlichende Wirkung verringern könnte. Seit Mitte der 1990er Jahre häufen sich spektakuläre Einzelfälle, in denen Gerichte offen dem BVerfG widersprechen.[170] Auch abweichende Entscheidungen der europäischen Gerichte, insbesondere des EGMR zu Grundrechten der EMRK, bleiben nicht ohne Wirkung auf die Autorität des BVerfG. Ob es allerdings angesichts solcher Korrekturen und Widersprüche seinen besonderen Nimbus verloren hat,[171] ist zweifelhaft.

549 Sicherlich ist die enorme Wirksamkeit der Rechtsprechung des BVerfG auch darin begründet, dass das Gericht, von wenigen Phasen der Konfrontation mit den politischen

mögen aufgrund der Verfassungsrechtsprechung eine Prüfungsliste erstellen, anhand derer Gesetzentwürfe gegen mögliche verfassungsgerichtliche Beanstandungen abgesichert werden könnten, *Benda*, Gesetze, S. 34. Vgl. auch *Luetjohann*, S. 21, 37ff., auch mit dem zutreffenden Hinweis, dass die faktische Maßgeblichkeit der Entscheidungen das Institut der Bindungswirkung nach § 31 I BVerfGG überholt.

165 Dazu die eindrucksvolle Studie von *Jestaedt*, Verfassungsgerichtspositivismus, S. 186, 188ff.

166 BVerfGE 119, 331. Dazu *Trapp*, DÖV 2008, 277ff.; *Huber*, DÖV 2008, 844ff.; *Korioth*, DVBl. 2008, 812ff.

167 Vgl. BVerfGE 144, 20 (202, 241f.); dazu *Müller*, DVBl. 2018, 1035 (1038); zu entsprechenden Hinweisen in der mündlichen Urteilsverkündung *Morlok*, ZRP 2017, 66 (66).

168 Vgl. *Merten*, DVBl. 1978, 562ff.; *Pestalozza*, NJW 1978, 1782ff. Zur zunehmenden Kritik *Wahl*, NVwZ 1984, 408. Differenziert *Geck*, Sondervoten, S. 388f.

169 Sehr lebendig und informativ *Faller*, AöR 115 (1990), 185ff. Vgl. zur „intergerichtlichen Kommunikation" zwischen dem BVerfG und den anderen Gerichten aus sozialwissenschaftlicher Sicht *Gawron/Rogowski*, S. 352ff., 362ff.; *Steiner*, Grundsatzurteil, S. 112: das Urteil als „Kompromiss". Das Gericht tendiert häufig zur „Mitte" zwischen den im Gesetzgebungsverfahren vertretenen Positionen.

170 Dazu *Schlink*, JZ 2007, 157f.

171 So *Schlink*, JZ 2007, 158.

Organen abgesehen, zum Kompromiss und zur Ausgewogenheit neigt.[172] Es hat sich den großen Linien der gesellschaftlichen Entwicklung bislang nicht verschlossen[173] (wobei zu fragen wäre, wie weit ein Gericht in dieser Stellung dies überhaupt könnte). Die Autorität des BVerfG ist so groß, dass der frühere Präsident *Zeidler* davor warnte, den Entscheidungen des Gerichts einen höheren Rang einzuräumen als der Verfassung selbst. Er rief zu mehr Mut gegenüber dem Gericht auf.[174] Die Tatsache der Einstimmigkeit eines Gesetzesbeschlusses im Parlament wird bei der Prüfung der Verfassungswidrigkeit durch das BVerfG nicht ohne Beachtung bleiben.[175] In den politischen Lagern dürfte durchaus der Eindruck vorherrschen, die fast 50 jährige Rechtsprechung des BVerfG habe „die Politik" im ganzen bislang nicht „gestört". Manches zunächst heftig kritisierte Urteil hat sich später als vorteilhaft für die eigene Politik erwiesen. Parlament und Regierung sind oft nicht unglücklich, wenn das BVerfG durch eine ausgreifende Rechtsprechung ihnen Probleme abnimmt oder zu einer bislang gescheiterten Gesetzgebung den Anstoß gibt. Im Parteienrecht, im Abgeordnetenrecht (wenn hier auch sehr umstritten), im Rentenrecht und neuestens bei der rechtlichen Anerkennung gleichgeschlechtlicher Lebensgemeinschaften sind solche Zusammenhänge besonders deutlich.[176] Im Vergleich zu den übrigen, im parlamentarischen Regierungssystem vielfältig eingebundenen und gegenseitig abhängigen Verfassungsorganen hat das BVerfG eine unvergleichliche Entscheidungsfähigkeit.[177] Gefährlich ist die gelegentliche Tendenz, die Lösung politischer Probleme dem BVerfG gleich zuzuschieben.[178]

Das BVerfG hat die Chance ergriffen, dem Verfassungsrecht einen Stellenwert zuzu- **550**
weisen, wie es ihn zuvor nie hatte und wie es ihn – insbesondere im Hinblick auf die Grundrechte – ohne die Rechtsprechung des BVerfG nicht haben würde. Durch das

---

172 *Chryssogonos,* S. 212. Eine materialreiche und wertungsfreudige, in den Details aber nicht immer genaue Darstellung des BVerfG in der Geschichte der Bundesrepublik gibt *Wesel.*

173 Vgl. *Benda,* AöR 101 (1976), 513f.; *ders.,* DÖV 1983, 307; *Häberle,* Verfassungsrechtsprechung, S. 437f.; *J. P. Müller,* VVDStRL 39 (1981), S. 94; differenzierend *Rossen-Stadtfeld,* S. 169ff. Kritisch mit Blick auf die neuere Rechtsprechung *Ladeur,* Rechtstheorie 31 (2000), S. 85, der dem Gericht „mangelnde Anpassung ... an die Herausforderungen der postmodernen Gesellschaft" vorwirft: „Die wachsende Heterogenität und Fragmentierung der Gesellschaft wird kaum angemessen erfasst." So auch *van Ooyen,* Der Begriff des Politischen des Bundesverfassungsgerichts, S. 17f., der dem Gericht (zu Unrecht) vorhält, es sei „bis heute nicht vollständig bei einem pluralistischen, ‚modernen' Verständnis von Bürger und Verfassung der ‚offenen Gesellschaft' angekommen."

174 *Zeidler,* in: 55. Dt. Juristentag, S. N. 93. Dieser Aufruf spiegelt offenbar Erfahrungen aus der richterlichen Tätigkeit wider. Es fällt jedenfalls auf, dass auch der Vorgänger *Zeidlers* im Amt des Präsidenten des BVerfG, *Benda,* das Parlament vor einer „Feigheit vor dem Freunde" BVerfG warnt, *Benda,* Verhältnis, S. 217ff., 218. *Luetjohann,* S. 36ff., unterscheidet beim ängstlichen Blick des Gesetzgebers nach Karlsruhe die „Lähmungswirkung", die „Maßgeblichkeitswirkung" und die Signalwirkung der Entscheidungen des BVerfG. *Steiner,* Grundsatzurteil, S. 117, wagte in Bezug auf das zweite Urteil zum Schwangerschaftsabbruch eine Ungehorsamsprognose.

175 *Scheuner,* DÖV 1980, 476.

176 *Quaritsch,* S. 66.

177 Vgl. *Collings,* Democracy's Guardians, S. 289: „For fifty years the Court had played an integrating, mediating role in West German society. It had enabled liberal and democratic values and institutions to take root in the second German Republic. [...] In the process, the Court assumed and exercised enormous power – sometimes aggressively, sometimes deferentially, sometimes pragmatically, often persuasively, and usually at a high level of judicial craftmanship."

178 Vgl. BVerfGE 52, 63 – Spenden an politische Parteien.

BVerfG erhält die Verfassung „Schwert und Purpur".[179] Es lässt sich heute, mehr als dreißig Jahre nach der deutschen Einigung, kaum mehr sagen, wie dies *Rudolf Smend* im Jahre 1962 tat, das Grundgesetz „sei keine Fahne geworden, unter der sich ein neues Staatsbewusstsein, ein neuer starker, durch die Verfassung konstitutionell geformter Wille zu neuem geschichtlichen Leben gesammelt hätte".[180] Die Rechtsprechung des BVerfG mit der Publizität seiner großen Urteile und der Breitenwirkung seiner jährlich etwa 70–80 Senatsentscheidungen konnte dabei, unbeschadet aller Einzelkritik, eine erhebliche integrierende Kraft entfalten.[181] Mit den Worten des früheren Präsidenten des BVerfG *Roman Herzog:* „1949, beim Inkrafttreten des Grundgesetzes, bestand das deutsche Verfassungsrecht aus 146 Artikeln; heute, 40 Jahre danach, besteht es aus beiläufig 15–16 000 Druckseiten verfassungsgerichtlicher Judikate."[182] Und: „Das Vertrauen der Bürger ist letztlich das einzige Kapital dieser Institution."[183] International stößt diese starke Rolle des BVerfG nicht immer auf Verständnis. Schon sprichwörtlich ist der Wutausbruch der IWF-Chefin Christine Lagarde zur Rechtsprechung des Gerichts in der Euro- und Staatsschuldenkrise und der Rücksicht der deutschen Politik darauf: „Wenn ich noch einmal ‚Bundesverfassungsgericht' höre, verlasse ich den Saal."[184]

Isensee beschloss seinen insgesamt kritischen Festvortrag auf dem Deutschen Juristentag 1996 mit den euphorischen Sätzen: „Das BVerfG bildet den Schlussstein im Bau der auf das Recht gegründeten Republik. Der Jurist findet in ihm Grund- und Wahrzeichen seines Selbstbewusstseins. Er hält zum BVerfG, gleich, ob er im Einzelnen ihm zustimmt oder mit ihm hadert. Er bleibt stolz auf das BVerfG, auch dann, wenn er sich an ihm reibt."[185] Etwas anders, Stolz und Irritation verbindend, klang es nach 50 Jahren BVerfG bei dessen damaliger Präsidentin: „Die Wirkungsgeschichte des BVerfG ist eine Erfolgsgeschichte. Das gilt ungeachtet der Tatsache, dass es wiederholt durch Entscheidungen Sperrfeuer der Kritik ausgelöst hat. Diese hat das Vertrauen der Bevölkerung in das Gericht nie nachhaltig zu erschüttern vermocht. Ohne Übertreibung kann man sagen, dass das BVerfG ein Bürgergericht par excellence geworden ist. Solche Popularität ist nicht über jeden Zweifel erhaben. (…) Indiziert das ungebrochen große Vertrauen in die Verfassungsgerichtsbarkeit etwa ein politisches Misstrauen gegen die Demokratie?"[186] Gut 15 Jahre nachdem diese Frage gestellt wurde, muss sie vorsichtig und vorläufig bejaht werden. Umfragen aus den Jahren zwischen 2005 und 2015 zeigen, dass in diesem Zeitraum, vor allem seit 2009, das Ansehen der nach Auffassung der Befragten eher der (Partei-)Politik fernen Institutionen, vor allem BVerfG und Bundespräsident, erheblich gestiegen ist. Das lässt sich damit erklä-

[179] *Lerche,* BayVBl. 2002, 649. Vgl. auch *Waldhoff,* NJW 2019, 1553 (1556): „Das BVerfG steht in gewisser Weise teilweise stellvertretend für das Grundgesetz, da eine erfolgreiche Institution in Aktion ganz anders wahrgenommen werden kann als ein abstrakter Text".

[180] *Smend,* S. 334.

[181] *Limbach,* Integrationskraft, S. 148 ff.; kritisch *Haltern,* JöR 45 (1997), 31 ff.

[182] *Herzog,* Teilung, S. 435 f.

[183] *Herzog,* BVerfG, S. 164. Die aufschlussreiche politologisch-soziologische Analyse von *Vorländer/Schaal,* S. 343 ff., 357 ff., zeigt jedoch auch, dass das Vertrauen der Bürger in das BVerfG seit Beginn der 1980er Jahre gesunken war, wenngleich erheblich weniger spürbar als das Vertrauen auf den Bundestag, die Bundesregierung und die Gerichtsbarkeit allgemein.

[184] Zit. nach Frankfurter Allgemeine Zeitung v. 29. März 2012.

[185] *Isensee,* JZ 1996, 1093.

[186] *Limbach,* FS Dieterich, S. 344. Ausführlich zu Phasen der Kritik am BVerfG *Collings,* Phasen, S. 63 ff.

ren, dass das BVerfG in dieser Zeit zahlreiche freiheitsbegrenzende Sicherheitsgesetze verwarf und seit dem Beginn der Euro- und Staatsschuldenkrise im Jahre 2009 finanziell möglicherweise weitreichende Maßnahmen der Bundesregierung an die demokratisch begründete Zustimmung des Bundestages band.[187]

[187] *Patzelt,* in: van Ooyen/Möllers (Hrsg.), Handbuch Bundesverfassungsgericht im politischen System, S. 320: „Damit wurde […] das BVerfG einem verbreiteten Unbehagen ob der vorgeblich ‚alternativlosen' Regierungspolitik gerecht – und gewann drastisch an Vertrauen."

Literaturverzeichnis

Achterberg, N., Bundesverfassungsgericht und Zurückhaltungsgebote – Judicial, political, processual, theoretical self-restraints, in: DÖV 1977, S. 649 ff.
Albers, M., Das Bundesverfassungsgericht als Hüter seines selbstbestimmten Entscheidungsprogramms, in: KritVj 1998, S. 193 ff.
Alexy, R., Verfassungsrecht und einfaches Recht – Verfassungsgerichtsbarkeit und Fachgerichtsbarkeit, in: VVDStRL 61 (2002), S. 7 ff.
Alleweldt, R., Bundesverfassungsgericht und Fachgerichtsbarkeit, 2006
Alternativ-Kommentar zum Grundgesetz für die Bundesrepublik Deutschland, siehe: *Denninger, E./Hoffmann-Riem, W./Schneider, H.-P./Stein, E.* (Hrsg.)
Anschütz, G., Die Verfassung des Deutschen Reichs vom 11. August 1919, 14. Auflage 1933 (zit.: WRV)
Aretz, H., Neues zur Richtervorlage nach Art. 100 I GG, in: JZ 1984, S. 918 ff.
v. Arnim, H. H., Gemeinwohl und Gruppeninteressen, 1977 (zit.: Gemeinwohl)
– *ders.*, Staatslehre der Bundesrepublik Deutschland, 1984 (zit.: Staatslehre)
Arndt, C., Zum Begriff der Partei im Organstreitverfahren vor dem Bundesverfassungsgericht, in: AöR 87 (1962), S. 197 ff.
– *ders.*, Parlamentarische Gesetzgebung und Bundesverfassungsgericht, in: FS Hirsch, 1981, S. 423 ff.
Arndt, C. u. a. (Hrsg.), Der § 218 StGB vor dem Bundesverfassungsgericht, 1979
Arndt, H.-W., Gleichheits- und freiheitsrechtliche Bindungen des Steuergesetzgebers, in: Wolter, J. u. a. (Hrsg.), Einwirkungen der Grundrechte auf das Zivilrecht, Öffentliche Recht und Strafrecht, 1999, S. 187 ff.
– *ders./Schumacher, H.*, Die verfassungsrechtlich zulässige Höhe der Steuerlast – Fingerzeig des BVerfG an den Gesetzgeber?, in: NJW 1995, S. 2603 ff.
Arnold, R., Das „Kooperationsverhältnis“ zwischen Europäischem Gerichtshof und Bundesverfassungsgericht in der Zukunft, in: Piazolo, M. (Hrsg.), Das Bundesverfassungsgericht. Ein Gericht im Schnittpunkt von Recht und Politik, 1995, S. 273 ff.
Augsberg, I./Engelbrecht, K., Staatlicher Gebrauch religiöser Symbole im Licht der Europäischen Menschenrechtskonvention. Zur Entscheidung des EGMR vom 3.11.2009 in der Rechtssache Lautsi, in: JZ 2010, S. 450 ff.
Augsberg, S., Von der Solange- zur Soweit-Rechtsprechung – Zum Prüfungsumfang des Bundesverfassungsgerichts bei richtlinienumsetzenden Gesetzen, in: DÖV 2010, S. 153 ff.
Aulehner, J., Art. 93 I Nr. 2a GG – abstrakte Normenkontrolle oder föderative Streitigkeit?, in: DVBl. 1997, S. 982 ff.

Babel, G., Probleme der abstrakten Normenkontrolle, 1964
Bachof, O., Verfassungswidrige Verfassungsnormen? (1951), in: ders., Wege zum Rechtsstaat, 1979, S. 1 ff. (zit.: Verfassungsnormen)
– *ders.*, Über die Notwendigkeit des Anwaltszwanges im Verwaltungsprozeß, in: NJW 1954, S. 256 f.
– *ders.*, Anmerkung zu BGH NJW 1954, S. 510 ff., in: NJW 1954, S. 510 ff.
– *ders.*, Grundgesetz und Richtermacht (1959), in: ders., Wege zum Rechtsstaat, 1979, S. 178 ff. (zit.: Grundgesetz)
– *ders.*, Der Verfassungsrichter zwischen Recht und Politik, in: Summum Ius – Summa Iniuria. Tübinger Rechtswissenschaftliche Abhandlungen, Band 9, 1963, S. 41 ff.; ergänzte Fassung in: Universitas 21 (1966), S. 137 ff. und in: Häberle, P. (Hrsg.), Verfassungsgerichtsbarkeit, 1976, S. 285 ff. (zit.: Verfassungsrichter)
– *ders.*, Der Richter als Gesetzgeber?, in: FS Tübinger Juristenfakultät, 1977, S. 177 ff. und in: ders., Wege zum Rechtsstaat, 1979, S. 344 ff. (zit.: Richter)
– *ders.*, Wege zum Rechtsstaat, 1979 (zit.: Wege)
Bäcker, C., Die einstweilige Anordnung im Verfassungsprozessrecht, in: JuS 2013, S. 119 ff.
– *ders.*, Nichtbegründetes Nichtannehmen, in: Rechtswissenschaft 2014, S. 481 ff.
– *ders.*, Begrenzter Wandel, in: AöR 143 (2018), S 339 ff.
Badura, P., Grenzen und Möglichkeiten des Richterrechts – Verfassungsrechtliche Überlegungen, in: Deutscher Sozialgerichtsverband (Hrsg.), Rechtsfortbildung durch die sozialgerichtliche Rechtsprechung, Schriftenreihe des Deutschen Sozialgerichtsverbandes, Band X, 1973, S. 40 ff. (zit.: Grenzen)

- *ders.*, Richterliches Prüfungsrecht und Wirtschaftspolitik, in: FS Fröhler, 1980, S. 321 ff.
- *ders.*, Die verfassungsrechtliche Pflicht des gesetzgebenden Parlaments zur „Nachbesserung" von Gesetzen, in: FS Eichenberger, 1982, S. 481 ff.
- *ders.*, Eigentumsschutz der drittbetroffenen Gemeinde im atomrechtlichen Genehmigungsverfahren – BVerfGE 61, 82, in: JZ 1984, S. 14 ff.
- *ders.*, Die Bedeutung von Präjudizien im öffentlichen Recht, in: Blaurock, U. (Hrsg.), Die Bedeutung von Präjudizien im deutschen und französischen Recht, 1985, S. 49 ff. (zit.: Bedeutung)
- *ders.*, Erneute Überlegungen zur Justiziabilität politischer Entscheidungen, in: FS Mahrenholz, 1994, S. 869 ff.
- *ders.*, Das Kreuz im Schulzimmer, in: Archiv für katholisches Kirchenrecht 64 (1995), S. 17 ff.
- *ders.*, Die Verfassungsbeschwerde gegen gerichtliche Entscheidungen wegen einer Verletzung von Verfahrensgrundrechten, in: FS Maurer, 2001, S. 3 ff.
- *ders.*, Staatsrecht. Systematische Erläuterung des Grundgesetzes für die Bundesrepublik Deutschland, 7. Auflage 2018

Baer, S./Menzenbach, T., Parlamente vor Gericht, in: DVBl. 2020, S. 901 ff.

Bahlmann, K., Fünf Jahre Grundvertragsurteil des Bundesverfassungsgerichts. Einführungsreferat zu den Grundsatzfragen, in: Zieger, G. (Hrsg.), Fünf Jahre Grundvertragsurteil des Bundesverfassungsgerichts, 1979, S. 23 ff.

Bähr, O., Das Rechtsmittel zweiter Instanz im deutschen Civilprozeß, 1871

Bang, S.-J., Übergangsregelungen in Normenkontrollentscheidungen des Bundesverfassungsgerichts, Diss. iur. Hannover, 1996

Barczak, T., Rechtsschutz bei Verzögerung verfassungsgerichtlicher Verfahren, in: AöR 138 (2013), S. 536 ff.
- *ders./Görisch, Chr.*, Das Organstreitverfahren als objektives Rechtsschutzverfahren, in: DVBl. 2011, S. 332 ff.
- *ders.* (Hrsg.), BVerfGG. Mitarbeiterkommentar zum Bundesverfassungsgerichtsgesetz, 2018 (zit.: Barczak BVerfGG)
- *ders.*, Die negative Feststellungsklage als allgemeine Normenabwehrklage – Zur Neubestimmung des Rechtsschutzes gegen formelle Gesetze im Verhältnis von Fach- und Verfassungsgerichtsbarkeit, in: DVBl. 2019, S. 1040 ff.

Barley, K., Ein grober Klotz, in: EuZW 2020, S. 489 ff.

Bartmann, Ch., Das Beweisrecht in den Verfahren vor dem Bundesverfassungsgericht, 2020

Bast, J., Don't act beyond your Powers: The Perils and Pitfalls of the German Constitutional Court's Ultra Vires Review, in: German Law Journal 15 (2014), S. 167 ff.

Battis, U., Der Verfassungsverstoß und seine Rechtsfolgen, in: Isensee, J./Kirchhof, P. (Hrsg.), Handbuch des Staatsrechts der Bundesrepublik Deutschland, Band XII, 3. Auflage 2014, § 275, S. 783 ff. (zit.: HStR XII)
- *ders./Grigoleit, K. J.*, Die Entwicklung des versammlungsrechtlichen Eilrechtsschutzes – Eine Analyse der neuen BVerfG-Entscheidungen, in: NJW 2001, S. 2051 ff.

Bauer, H., Die Bundestreue, 1992
- *ders./Kahl, W.*, Europäische Unionsbürger als Träger von Deutschen-Grundrechten?, in: JZ 1995, S. 1077 ff.
- *ders./Möllers, Chr.*, Die Rechtschreibreform vor dem Bundesverfassungsgericht, in: JZ 1999, S. 697 ff.

Bauer, T., Die produktübergreifende Bindung des Bundesgesetzgebers an Entscheidungen des Bundesverfassungsgerichts, 2003

Baumgarten, T., Anforderungen an die Begründung von Richtervorlagen, 1996

Beaucamp, G., Das Stichwort Gerechtigkeit in der amtlich gesammelten Rechtsprechung des Bundesverfassungsgerichts seit dem Jahr 2000, in: DVBl. 2017, S. 348 ff.

Bechler, L./Neidhardt, S., Verfassungsgerichtlicher Rechtsschutz für Parteien vor der Bundestagswahl: Die Nichtanerkennungsbeschwerde zum BVerfG, in: NVwZ 2013, S. 1438 ff.

Bednarik, S., Präventive Normenkontrolle durch Verfassungsgerichte – Eine staatsrechtliche und rechtsvergleichende Untersuchung im europäischen Raum, 2012

Benda, E., Rechtsstaat im sozialen Wandel, in: AöR 101 (1976), S. 497 ff.
- *ders.*, Das Bundesverfassungsgericht im Spannungsfeld von Recht und Politik, in: ZRP 1977, S. 1 ff.
- *ders.*, Bundesverfassungsgericht und Gesetzgeber im dritten Jahrzehnt des Grundgesetzes, in: DÖV 1979, S. 465 ff.
- *ders.*, Grundrechtswidrige Gesetze, 1979 (zit.: Gesetze)

– *ders.*, Richter im Rechtsstaat, in: DRiZ 1979, S. 357ff.
– *ders.*, Aktuelle Probleme der Praxis des Bundesverfassungsgerichts, in: NJW 1980, S. 2097ff.
– *ders.*, Zur gesellschaftlichen Akzeptanz verwaltungs- und verfassungsgerichtlicher Entscheidungen, in: DÖV 1983, S. 305ff.
– *ders.*, Das Verhältnis von Parlament und Bundesverfassungsgericht, in: Thaysen, U. u. a. (Hrsg.), US-Kongreß und Deutscher Bundestag, 1988, S. 217ff. (zit.: Verhältnis)
– *ders.*, Diskussionsbeitrag, in: Bogs, H. (Hrsg.), Urteilsverfassungsbeschwerde zum Bundesverfassungsgericht, 1999, S. 128
– *ders.*, Befangenes zur Befangenheit, in: NJW 2000, S. 3620ff.
– *ders.*, Kammermusik, schrill, in: NJW 2001, S. 2947f.
– *ders./Klein, E.*, Verfassungsprozessrecht. Ein Lehr- und Handbuch, 4. Auflage 2020 (zit.: Verfassungsprozessrecht)
– *ders./Weber, A.*, Der Einfluß der Verfassung im Prozeßrecht, in: ZZP 96 (1983), S. 285ff.
Bender, M., Rügepflicht für Verfassungsverstöße vor den Fachgerichten?, in: AöR 112 (1987), S. 169ff.
– *ders.*, Vortrag vor den Gerichten und Verfassungsbeschwerde, in: NJW 1988, S. 808ff.
– *ders.*, Die Befugnis des Bundesverfassungsgerichts zur Überprüfung gerichtlicher Entscheidungen, 1991 (zit.: Befugnis)
Berg, W., Kassation gerichtlicher Urteile, die in bundesrechtlich geordneten Verfahren ergangen sind, in: Starck, Chr./Stern, K. (Hrsg.), Landesverfassungsgerichtsbarkeit, Teilband 2, 1983, S. 529ff.
Bergmann, J., Das Bundesverfassungsgericht in Europa, in: EuGRZ 2004, S. 620ff.
Berkemann, J., Zielkonflikte bei der Änderung des Rechts der Verfassungsbeschwerde, in: JR 1980, S. 268ff.
– *ders.*, Ein Landesverfassungsgericht als Revisionsgericht – Der Streitfall Honecker, in: NVwZ 1993, S. 409ff.
– *ders.*, Das „verdeckte" summarische Verfahren der einstweiligen Anordnung des Bundesverfassungsgerichtes, in: JZ 1993, S. 161ff.
– *ders.*, Das Bundesverfassungsgericht und „seine" Fachgerichtsbarkeiten. Auf der Suche nach Funktion und Methodik, in: DVBl. 1996, S. 1028ff.
– *ders.*, Verfassungsbeschwerde bei unterlassener EuGH-Vorlage – Ein Werkstattbericht über das Prüfprogramm des BVerfG, in: DVBl. 2019, S. 333ff.
– *ders.*, Die Geburtsjahre des BVerfG (Erster Senat) – Archivnummer B 237, in: DVBl. 2019, S. 1084ff.
Bernhardt, R., Die Europäische Menschenrechtskonvention und die deutsche Rechtsordnung – Eine Einführung, in: EuGRZ 1996, S. 339ff.
Bertrams, M., Zur Überprüfung gerichtlicher Asyl-Entscheidungen durch das Bundesverfassungsgericht, in: DVBl. 1991, S. 1226ff.
Bethge, H., Grundrechtsverwirklichung und Grundrechtssicherung durch Organisation und Verfahren, in: NJW 1982, S. 1ff.
– *ders.*, Organstreitigkeiten des Landesverfassungsrechts, in: Starck, Chr./Stern, K. (Hrsg.), Landesverfassungsgerichtsbarkeit, Teilband 2, 1983, S. 17ff. (zit.: Organstreitigkeiten)
– *ders.*, Grundrechte und gerichtlicher Schutz, in: KritVj 1990, S. 9ff.
– *ders.*, Verfassungsgerichtsbarkeit für die neuen Länder, in: FS F. Klein, 1994, S. 179ff.
– *ders.*, Verfassungsstreitigkeiten als Rechtsbegriff, in: Jura 1998, S. 529ff.
– *ders.*, Die Rechtskraft im Verfassungsprozessrecht, in: FS Musielak, 2004, S. 77ff.
– *ders./v. Coelln, Chr.*, Der praktische Fall – Öffentliches Recht: Prozessuale Wiederauferstehung, in: JuS 2001, S. 364ff.
Bettermann, K. A., Zur Verfassungsbeschwerde gegen Gesetze und zum Rechtsschutz des Bürgers gegen Rechtssetzungsakte der öffentlichen Gewalt, in: AöR 86 (1961), S. 129ff.
– *ders.*, Die konkrete Normenkontrolle und sonstige Gerichtsvorlagen, in: Starck, Chr. (Hrsg.), Bundesverfassungsgericht und Grundgesetz: Festgabe aus Anlass des 25 jährigen Bestehens des Bundesverfassungsgerichts, Band I, 1976, S. 323ff. (zit.: Normenkontrolle)
– *ders.*, Opposition und Verfassungsrichterwahl, in: FS Zweigert, 1981, S. 723ff.
– *ders.*, Reichsgericht und richterliches Prüfungsrecht, in: FS Broermann, 1982, S. 491ff.
– *ders.*, Richterliche Gesetzesbindung und Normenkontrolle, in: FS Eichenberger, 1982, S. 593ff.
– *ders.*, Richterliche Normenkontrolle als negative Gesetzgebung?, in: DVBl. 1982, S. 91ff.
– *ders.*, Die verfassungskonforme Auslegung, 1986 (zit.: Auslegung)
v. Beyme, K., Verfassungsgerichtsbarkeit und Policy Analysis, in: FS Wassermann, 1985, S. 259ff.
Biehler, G., Zur Bindungswirkung von Urteilen des Bundesverfassungsgerichts, in: DVBl. 1991, S. 1237ff.

Binding, K., Bundesrat und Staatsgerichtshof, in: DJZ 1899, S. 69ff.
Bleckmann, A., Staatsrecht I – Staatsorganisationsrecht. Grundlagen, Staatszielbestimmungen und Staatsorganisationsrecht des Bundes, 1993 (zit.: Staatsrecht I)
– *ders.*, Verfassungsrang der Europäischen Menschenrechtskonvention?, in: EuGRZ 1994, S. 149ff.
– *ders.*, Bundesverfassungsgericht versus Europäischer Gerichtshof für Menschenrechte, in: EuGRZ 1995, S. 387ff.
– *ders.*, Europarecht, 6. Auflage 1997
– *ders.*, Staatsrecht II – Die Grundrechte, 4. Auflage 1997 (zit.: Staatsrecht II)
Blüggel, J., Unvereinbarkeitserklärung statt Normkassation durch das Bundesverfassungsgericht, 1998
Böckenförde, Chr., Die sogenannte Nichtigkeit verfassungswidriger Gesetze, 1966
Böckenförde, E.-W., Entstehung und Wandel des Rechtsstaatsbegriffs (1969), in: ders., Staat, Gesellschaft, Freiheit, 1976, S. 65ff. (zit.: Entstehung)
– *ders.*, Verfassungsfragen der Richterwahl, 1974 (zit.: Verfassungsfragen)
– *ders.*, Die Methoden der Verfassungsinterpretation – Bestandsaufnahme und Kritik, in: NJW 1976, S. 2089ff.
– *ders.*, Sozialer Bundesstaat und parlamentarische Demokratie, in: FS Schäfer, 1980, S. 182ff.
– *ders.*, Grundrechte als Grundsatznormen, in: Der Staat 29 (1990), S. 1ff.
– *ders.*, Die Überlastung des Bundesverfassungsgerichts, in: ZRP 1996, S. 281ff.
– *ders.*, Verfassungsgerichtsbarkeit: Strukturfragen, Organisation, Legitimation, in: NJW 1999, S. 9ff.
Böckstiegel, M., Der gesetzliche (Verfassungs-)Richter – ein Suchspiel?, in: LKV 1994, S. 355ff.
Bode, M., Vorlagepflicht nach Art. 100 GG und vorläufiger Rechtsschutz: Inhalt und Grenzen einstweiliger Anordnungen unter besonderer Berücksichtigung von Massenverfahren im Hochschulzulassungsrecht, in: VerwArch. 107 (2016), S. 206ff.
v. Bogdandy, A./Cruz Villalón, P./Huber P. M. (Hrsg.), Handbuch Ius Publicum Europaeum, Bd. 2, 2008.
v. Bogdandy, A./Schill, S., Die Achtung der nationalen Identität unter dem reformierten Unionsvertrag – Zur unionsrechtlichen Rolle nationalen Verfassungsrechts und zur Überwindung des absoluten Vorrangs, in: ZaöRV 70 (2010), S. 701ff.
Bonhage, J. D./Dieterich, P., Jahresfrist für Rechtssatzverfassungsbeschwerden bei Gesetzesänderungen, in: NVwZ 2017, S. 1352ff.
Böhmer, W., Die Subsidiarität der Verfassungsbeschwerde, in: Mannheimer Berichte Nr. 40, November 1992, S. 20ff.
Bonner Kommentar, siehe: *Kahl, W./Waldhoff, Chr./Walter, Chr.* (Hrsg.)
Borm, Th., Der Anspruch auf angemessene Verfahrensdauer im Verfassungsbeschwerdeverfahren vor dem Bundesverfassungsgericht, 2005
Botha, H., Learning to Live with Pluralitiy and Dissent: The Grundgesetz in South Africa, in: JöR 58 (2010), S. 73ff.
Bothe, M., Gliedstaatliche Verfassungsgerichtsbarkeit – Skizzen eines Vergleichs, in: Starck, Chr./Stern, K., Landesverfassungsgerichtsbarkeit, Teilband 1, 1983, S. 403ff.
Bötticher, E., Das Reichsgesetz vor dem Richterstuhl, in: Leipziger Zeitschrift für Deutsches Recht 1926, Sp. 882ff.
Brade, A., Präventive Wahlprüfung?, in: NVwZ 2019, S. 1814ff.
Brenner, M., Die neuartige Technizität des Verfassungsrechts und die Aufgabe der Verfassungsrechtsprechung, in: AöR 120 (1995), S. 248ff.
Breuer, M., Staatshaftung für judikatives Unrecht. Eine Untersuchung zum deutschen Recht, zum Europa- und Völkerrecht, 2011
Breuer, R., Legislative und administrative Prognoseentscheidungen, in: Der Staat 16 (1977), S. 21ff.
Brinckmann, H., Das entscheidungserhebliche Gesetz, 1970
Brink, S., Tatsachengrundlagen verfassungsgerichtlicher Judikate, in: Rensen, H./Brink, S. (Hrsg.), Linien der Rechtsprechung des Bundesverfassungsgerichts – erörtert von den wissenschaftlichen Mitarbeitern, Bd. 1, 2009, S. 3ff.
Britz, G., Verfassungsrechtliche Effektuierung des Vorabentscheidungsverfahrens, in: NJW 2012, S. 37ff.
– *ders.*, Grundrechtsschutz durch das Bundesverfassungsgericht und den Europäischen Gerichtshof, in: EuGRZ 2015, S. 275ff.
– *ders.*, Verfassungsrechtliche Verfahrens- und Rationalitätsanforderungen an die Gesetzgebung. Aus der neueren Rechtsprechung des Bundesverfassungsgerichts, in: Die Verwaltung 50 (2017), S. 421ff.
Brocker, L., Das „prozessuale Sonderrecht im Verfassungsprozeß“: Ablehnung von Richtern am Bundesverfassungsgericht, in: RuP 27 (1991), S. 44ff.

– *ders.*, Ausschluss und Ablehnung von Richtern des Bundesverfassungsgerichts: zugleich Bearbeitung eines Reformvorschlags zu §§ 18, 19 BVerfGG, 1996 (zit.: Ausschluss)
– *ders.*, Zum föderativen Aspekt bei der Besetzung der Richterbank am Bundesverfassungsgericht – Das Kammerverfahren –, in: DRiZ 1997, S. 164ff.
– *ders.*, Anmerkung zu BVerfG DVBl. 1999, S. 1348f., in: DVBl. 1999, S. 1349ff.
– *ders.*, Zeugenvernehmung durch den NSA-Untersuchungsausschuss „in Moskau" ein Fall für den BGH?, in: NVwZ 2015, S. 410ff.
Brohm, W., Die Funktion des Bundesverfassungsgerichts – Oligarchie in der Demokratie?, in: NJW 2001, S. 1ff.
Broß, S., Das Bundesverfassungsgericht und die Fachgerichte, in: BayVBl. 2000, S. 513ff.
v. Brünneck, A., Constitutional Review and Legislation in Western Democracies: an International Comparison, in: Landfried, Chr. (Hrsg.), Constitutional Review and Legislation, 1988, S. 219ff. (zit.: Constitutional Review)
– *ders.*, Verfassungsgerichtsbarkeit in den westlichen Demokratien, 1992 (zit.: Verfassungsgerichtsbarkeit)
– *ders.*, Der Vorbehalt des Gesetzes im Organstreitverfahren – Die verfassungsprozessualen Möglichkeiten der Fraktionen und der Länder, in: Macke, P. (Hrsg.), Verfassung und Verfassungsgerichtsbarkeit auf Landesebene, 1998, S. 153ff. (zit.: Vorbehalt)
Brugger, W., Grundrechte und Verfassungsgerichtsbarkeit in den Vereinigten Staaten von Amerika, 1987 (zit.: Grundrechte)
– *ders.*, Einführung in das öffentliche Recht der USA, 2. Auflage 2001 (zit.: Einführung)
– *ders.*, Kampf um die Verfassungsgerichtsbarkeit: 200 Jahre Marbury v. Madison, in: JuS 2003, S. 320ff.
Brunner, G., Zweieinhalb Jahre ungarische Verfassungsgerichtsbarkeit, in: Der Staat 32 (1993), S. 287ff.
– *ders.*, Die neue Verfassungsgerichtsbarkeit in Osteuropa, in: ZaöRV 53 (1993), S. 819ff.
– *ders.*, Die neue Verfassungsgerichtsbarkeit in Ungarn, in: FS Stern, 1997, S. 1041ff.
– *ders.*, Der Zugang des Einzelnen zur Verfassungsgerichtsbarkeit im europäischen Raum, in: JöR 50 (2002), S. 191ff.
Bryde, B.-O., Verfassungsentwicklung. Stabilität und Dynamik im Verfassungsrecht der Bundesrepublik Deutschland, 1982 (zit.: Verfassungsentwicklung)
– *ders.*, Integration durch Verfassungsgerichtsbarkeit und ihre Grenzen, in: Vorländer, H. (Hrsg.), Integration durch Verfassung, 2002, S. 329ff. (zit.: Integration)
– *ders.*, The Constitutional Judge and the International Constitutionalist Dialogue, in: Markiensis, B./Fedtke, J. (Hrsg.), Judicial Recourse to Foreign Law. A New Source of Inspiration, 2007 (zit.: Constitutional Judge)
– *ders.*, Vom richtigen Umgang mit Richterrecht, in: JöR N.F. 68 (2020), S. 201ff.
Bucher, P. (Bearb.), Der Parlamentarische Rat 1948–1949, Band II, 1981
Büdenbender, M., Das Verhältnis des Europäischen Gerichtshofs zum Bundesverfassungsgericht, 2005
Buermeyer, U., Die Subsidiarität der Verfassungsbeschwerde in Strafsachen, in: Rensen, H./Brink, S. (Hrsg.), Linien der Rechtsprechung des Bundesverfassungsgerichts – erörtert von den wissenschaftlichen Mitarbeitern, Bd. 1, 2009, S. 35ff.
Bull, H. P., Vom Eigentums- zum Vermögensschutz – ein Irrweg. Zur Bedeutung der Einheitswert-Beschlüsse des Bundesverfassungsgerichts, in: NJW 1996, S. 281ff.
– *ders./Mehde, V.*, Der rationale Finanzausgleich – ein Gesetzgebungsauftrag ohnegleichen – Die Aufgabe des Gesetzgebers nach dem Urteil des Bundesverfassungsgerichts, in: DÖV 2000, S. 305ff.
Bumke, Chr., Verfassungsrechtliche Grenzen fachrichterlicher Rechtserzeugung, in: ders. (Hrsg.), Richterrecht zwischen Gesetzesrecht und Rechtsgestaltung, 2012, S. 33ff.
Bundesministerium der Justiz (Hrsg.), Entlastung des Bundesverfassungsgerichts. Bericht der Kommission, 1998 (zit.: Entlastung)
Burghart, A., Die Pflicht zum guten Gesetz, 1996
Burkiczak, Chr./Dollinger, F.-W./Schorkopf, F. (Hrsg.), Bundesverfassungsgerichtsgesetz, Kommentar, 2015
Burmeister, G. C., Die Richteranklage im Bundesstaat – Verschuldenserfordernis, Verfahrensvorgaben und landesrechtliche Gestaltungsspielräume, in: DRiZ 1998, S. 518ff.
Burmeister, J., Die Verfassungsorientierung der Gesetzesauslegung, 1966 (zit.: Verfassungsorientierung)
– *ders.*, Das Bundesverfassungsgericht als Revisionsinstanz, in: DVBl. 1969, S. 605ff.
– *ders.*, Die kommunale Verfassungsbeschwerde im System der verfassungsgerichtlichen Verfahrensarten, in: JA 1980, S. 17ff.

– *ders.*, Vorlagen an das Bundesverfassungsgericht nach Art. 100 III GG, in: Starck, Chr./Stern, K. (Hrsg.), Landesverfassungsgerichtsbarkeit, Teilband 2, 1983, S. 399ff. (zit.: Vorlagen)
– *ders.*, Über die Notwendigkeit einer neuen „Theorie des Staatseigentums" im demokratischen Verfassungsstaat, in: FS Juristische Gesellschaft zu Berlin, 1984, S. 61ff.
– *ders.*, Stellung und Funktion des Bundesverfassungsgerichts im System der Gewaltengliederung, in: Koenig, P. (Hrsg.), Die Kontrolle der Verfassungsmäßigkeit in Frankreich und in der Bundesrepublik Deutschland, 1985, S. 33ff. (zit.: Stellung)
Burnham, W., Introduction to the Law and Legal System of the United States, 3. Aufl. 2016
Butzer, H., Der Bereich des schlichten Parlamentsbeschlusses. Ein Beitrag insbesondere zur Frage der Substitution des förmlichen Gesetzes durch schlichten Parlamentsbeschluss, in: AöR 119 (1994), S. 61ff.

Calliess, Chr., Europäische Gesetzgebung und nationale Grundrechte – Divergenzen in der aktuellen Rechtsprechung von EuGH und BVerfG?, in: JZ 2009, S. 113ff.
– *ders./Ruffert, M.* (Hrsg.), EUV/AEUV – Das Verfassungsrecht der Europäischen Union mit Europäischer Grundrechtecharta. Kommentar, 5. Auflage 2016
– *ders.*, Konfrontation statt Kooperation zwischen BVerfG und EuGH?, in: NVwZ 2020, S. 897ff.
Canaris, C.-W., Die verfassungskonforme Auslegung und Rechtsfortbildung im System der juristischen Methodenlehre, in: FS E. A. Kramer, 2004, S. 141ff.
Cancik, P., Wirkungsmöglichkeiten parlamentarischer Opposition im Falle einer qualifizierten Großen Koalition, in: NVwZ 2014, S. 18ff.
Cappelletti, M., The Judicial Process in Comparative Perspective, 1989 (zit.: Judicial Process)
– *ders./Ritterspach, Th.*, Die gerichtliche Kontrolle der Verfassungsmäßigkeit der Gesetze in rechtsvergleichender Betrachtung, in: JöR 20 (1971), S. 65ff.
Chatziathanasiou, K., Die Status-Denkschrift des Bundesverfassungsgerichts als informaler Beitrag zur Entstehung der Verfassungsordnung, in: RW 11 (2020), S. 145ff.
Chryssogonos, K., Verfassungsgerichtsbarkeit und Gesetzgebung. Zur Methode der Verfassungsinterpretation bei der Normenkontrolle, 1987
Chung, K., Zur Nützlichkeit der Urteilsverfassungsbeschwerde – Eine rechtsvergleichende Betrachtung u. a. aus koreanischer Perspektive, 2012
Chung, T. H., Bedeutung des § 90 BVerfGG für die Zulässigkeit der Verfassungsbeschwerde unmittelbar gegen Gesetze, Diss. iur. Regensburg, 1993
Classen, C. D., Anmerkung zu BVerfG JZ 2000, 1155ff., in: JZ 2000, 1157ff.
– *ders.*, Legitime Stärkung des Bundestages oder verfassungsrechtliches Prokrustesbett?, in: JZ 2009, S. 881ff.
– *ders.*, Eine deutsche Perspektive, in: Masing/Jouanjan (Hrsg.), Verfassungsgerichtsbarkeit. Grundlagen, innerstaatliche Stellung, überstaatliche Einbindung, 2011, S. 125ff.
– *ders.*, Europäische Rechtsgemeinschaft à l'allemande?, in: EuR 2016, S. 529ff.
Clemens, Th., Politische Parteien und andere Institutionen im Organstreitverfahren, in: FS Zeidler, Band 2, 1987, S. 1261ff.
v. Coelln, Chr., Anwendung von Bundesrecht nach Maßgabe der Landesgrundrechte?, 2001
Collings, J., Gerhard Leibholz und der Status des BVerfG. Karriere eines Berichts und seines Berichterstatters, in: A.-B. Kaiser (Hrsg.), Der Parteienstaat. Zum Staatsverständnis von Gerhard Leibholz, 2013, S. 227ff.
– *ders.*, Democracy's Guardians. A History of the German Federal Constitutional Court, 1951–2001, 2015.
Cornils, M., Zur Rücknahme der Verfassungsbeschwerde, in: NJW 1998, S. 3624ff.
– *ders.*, Prozeßstandschaft im Verfassungsbeschwerdeverfahren, in: AöR 125 (2000), S. 45ff.
Cremer, H.-J., Zur Bindungswirkung von EGMR-Urteilen, in: EuGRZ 2004, S. 683ff.

Daiber, B., Der Einfluss der EGMR-Rechtsprechung auf die Rechtsprechung des Bundesverfassungsgerichts, in: DÖV 2018, S. 957ff.
Danelski, D. J./Tulchin, J. S. (Hrsg.), The Autobiographical Notes of Charles Evans Hughes, 1973
Dann, Ph., Verfassungsgerichtliche Kontrolle gesetzgeberischer Rationalität, in: Der Staat 49 (2010), S. 630ff.
Danter, K., Entlastung des Bundesverfassungsgerichts durch Regionalisierung von Kompetenzen zu den Landesverfassungsgerichten, in: DÖV 1998, S. 239ff.

v. Danwitz, Th., Qualifizierte Mehrheiten für normverwerfende Entscheidungen des Bundesverfassungsgerichts? Thesen zur Gewährleistung des judicial self-restraint, in: JZ 1996, S. 481 ff.
Darnstädt, Th., Verschlusssache Karlsruhe. Die internen Akten des Bundesverfassungsgerichts, 2. Aufl. 2018 (zit.: Verschlusssache Karlsruhe)
– *ders.*, Die Suche nach dem richtigen Weg – Die Auslegung des Grundgesetzes durch das Bundesverfassungsgericht, in: NJW 2019, S. 1580 ff.
Däubler, W./Küsel, G. (Hrsg.), Verfassungsgericht und Politik, 1979
Dauses, M. A., Aufgabenteilung und judizieller Dialog zwischen den einzelstaatlichen Gerichten und dem EuGH als Funktionselemente des Vorabentscheidungsverfahrens, in: FS Everling, Band 1, 1995, S. 223 ff.
Dederer, H.-G., Die Architektonik des europäischen Grundrechtsraums, ZaöRV 66 (2006), S. 575 ff.
– *ders.*, Die Grenzen des Vorrangs des Unionsrechts – Zur Vereinheitlichung von Grundrechts-, Ultra-vires und Identitätskontrolle, in: JZ 2014, S. 313 ff.
Degenhart, Chr., Staatsrecht I. Staatsorganisationsrecht, 35. Auflage 2019
– *ders.*, Die Neuordnung der Gesetzgebungskompetenzen durch die Föderalismusreform, in: NVwZ 2006, S. 1209 ff.
– *ders.*, Klausurenkurs im Staatsrecht II, 8. Auflage 2017
Delbrück, J./Wolfrum, R., Die Auflösung des 9. Deutschen Bundestages vor dem BVerfG, in: JuS 1983, S. 758 ff.
Denninger, E., Staatsrecht II. Einführung in die Grundprobleme des Verfassungsrechts der BRD, Funktionen und Institutionen, 1979 (zit.: Staatsrecht II)
– *ders.*, Verfassungsrechtliche Schlüsselbegriffe, in: FS Wassermann, 1985, S. 279 ff.
– *ders./Hoffmann-Riem, W./Schneider, H.-P./Stein, E.* (Hrsg.), Kommentar zum Grundgesetz für die Bundesrepublik Deutschland (AK-GG). Reihe Alternativkommentare, 3. Auflage 2001, Stand: August 2002 (zit.: AK-GG)
Depenheuer, O., Der Wortlaut als Grenze, 1988
Desens, M., Die subsidiäre Verfassungsbeschwerde und ihr Verhältnis zu fachgerichtlichen Anhörungsrügen, in: NJW 2006, S. 1243 ff.
Detterbeck, St., Der allgemeine Grundsatz der Subsidiarität der Rechtssatzverfassungsbeschwerde nach Art. 93 I Nr. 4 a GG, in: DÖV 1990, S. 558 ff.
– *ders.*, Normwiederholungsverbote aufgrund normverwerfender Entscheidungen des Bundesverfassungsgerichts?, in: AöR 116 (1991), S. 391 ff.
– *ders.*, Streitgegenstand und Entscheidungswirkungen im öffentlichen Recht, 1995 (zit.: Streitgegenstand)
Determann, L./Heintzen, M., Die verfassungsgerichtliche Normenkontrolle in Deutschland und in den Vereinigten Staaten von Amerika im Vergleich, in: ZG 2019, S. 52 ff.
Dichgans, H., Vom Grundgesetz zur Verfassung, 1970
Di Fabio, U., Grundrechte im präzeptoralen Staat am Beispiel hoheitlicher Informationstätigkeit, in: JZ 1993, S. 689 ff.
Diederichsen, U., Die Flucht des Gesetzgebers aus der politischen Verantwortung im Zivilrecht, 1974
– *ders.*, Das Bundesverfassungsgericht als oberstes Zivilgericht – ein Lehrstück der juristischen Methodenlehre, in: AcP 198 (1998), S. 171 ff.
Dieners, P., Länderrechte in der Bundesauftragsverwaltung, in: DÖV 1991, S. 923 ff.
Dietlein, J., Landesverfassungsbeschwerde und Einheit des Bundesrechts, in: NVwZ 1994, S. 6 ff.
– *ders.*, Die Kontrollbefugnis der Landesverfassungsgerichte, in: Jura 2000, S. 19 ff.
Doehring, K., Das Staatsrecht der Bundesrepublik Deutschland, 3. Auflage 1984
v. Doemming, K.-B./Füsslein, R. W./Matz, W., Entstehungsgeschichte der Artikel des Grundgesetzes, in: JöR 1 (1951), S. 1 ff.
Doering-Manteuffel, A., Richter und Richterinnen des Bundesverfassungsgerichts. Alterskohorten und zeitgeschichtliche Ideenströmungen in ihren Rückwirkungen auf Entscheidungen des Gerichts, in: Meinel, F. (Hrsg.), Verfassungsgerichtsbarkeit in der Bonner Republik, 2019 (zit.: Richter).
Dolzer, R., Die staatstheoretische und staatsrechtliche Stellung des Bundesverfassungsgerichts, 1972 (zit.: Stellung)
– *ders.*, Verfassungskonkretisierung durch das Bundesverfassungsgericht und durch politische Verfassungsorgane, 1982 (zit.: Verfassungskonkretisierung)
Dopatka, F.-W., Das Bundesverfassungsgericht und seine Umwelt, 1982
Dörr, D., Die Verfassungsbeschwerde in der Prozeßpraxis, 2. Auflage 1997

Dörr, O., Rechtsschutz gegen den Richter, in: Jura 2004, S. 334ff.
Draht, M., Die Grenzen der Verfassungsgerichtsbarkeit, in: VVDStRL 9 (1952), S. 17ff.
Dreier, H. (Hrsg.), Grundrechtsdurchgriff contra Gesetzesbindung? Exemplarische Betrachtungen zum Verhältnis von Verfassungs- und Verwaltungsrecht anhand der Rechtsprechung des Bundesverfassungsgerichts, in: Die Verwaltung 36 (2003), S. 105ff.
– *ders.*, Grundgesetz-Kommentar, Band 1, 3. Auflage 2013; Band 2, 3. Auflage 2015; Band 3, 3. Auflage 2018 (zit.: Dreier, GG)
– *ders.*, Verfassungsgerichtsbarkeit in der Weimarer Republik, in: Der Staat, Beiheft 22, 2014, S. 317ff.
Dreier, R., Zur Problematik und Situation der Verfassungsinterpretation, in: ders./Schwegmann, F. (Hrsg.), Probleme der Verfassungsinterpretation, 1976, S. 13ff.
– *ders./Schwegmann, F.* (Hrsg.), Probleme der Verfassungsinterpretation, 1976
Drossel, J.-M./Schemmel, J., Vorgelagerter Rechtsschutz bei Bundestagswahlen, in: NVwZ 2020, S. 1318ff.
Drüen, K.-D., Wegfall oder Fortgeltung des verfassungswidrigen Erbschaftsteuergesetzes nach dem 30.6.2016?, in: DStR 2016, S. 643ff.
Düwel, M., Kontrollbefugnisse des Bundesverfassungsgerichts bei Verfassungsbeschwerden gegen gerichtliche Entscheidungen, 2000
Dworkin, R., A Bill of Rights for Britain: Why British Liberty Needs Protection, London 1991

Ebsen, I., Das Bundesverfassungsgericht als Element gesellschaftlicher Selbstregulierung, 1985 (zit.: Element)
– *ders.*, Entscheidungsspezifische und adressatenspezifische Durchsetzungsbedingungen der Judikate des Bundesverfassungsgerichts, in: Raiser, T./Voigt, R., Durchsetzung und Wirkung von Rechtsentscheidungen, 1990, S. 167ff. (zit.: Durchsetzungsbedingungen)
– *ders.*, Der Beitrag des Bundesverfassungsgerichts zum politischen Grundkonsens, in: Schuppert, G. F./Bumke, Chr. (Hrsg.), Bundesverfassungsgericht und gesellschaftlicher Grundkonsens, 2000, S. 83ff. (zit.: Beitrag)
Eckertz, R., Die Kompetenz des Bundesverfassungsgerichts und die Eigenheit des Politischen, in: Der Staat 17 (1978), S. 183ff.
Edenharter, A., Die EU-Grundrechte-Charta als Prüfungsmaßstab des Bundesverfassungsgerichts, in: DÖV 2020, S. 349ff.
Ehlers, D., Die Weiterentwicklung des Staatshaftungsrechts durch das europäische Gemeinschaftsrecht, in: JZ 1996, S. 776ff.
Ehmke, H., Prinzipien der Verfassungsinterpretation, in: VVDStRL 20 (1963), S. 53ff.
Ehrmann, H. W., Die Entwicklung der Verfassungsgerichtsbarkeit im Frankreich der Fünften Republik, in: Der Staat 20 (1981), S. 373ff.
Eibach, G., Das Recht der Europäischen Gemeinschaften als Prüfungsgegenstand des Bundesverfassungsgerichts, 1986
Eichenberger, K., Die Verfassungsgerichtsbarkeit in den Gliedstaaten der Schweiz, in: Starck, Chr./Stern, K., Landesverfassungsgerichtsbarkeit, Teilband 1, 1983, S. 435ff.
v. Eichborn, J.-F., Die Bestimmungen über die Wahl der Bundesverfassungsrichter als Verfassungsproblem, 1969
Eisenblätter, B., Die Verfassungsgerichtsbarkeit im politischen Prozeß, in: JöR 29 (1980), S. 63ff.
Emmenegger, S., Die Stärkung des Parlaments in der neueren Rechtsprechung des Bundesverfassungsgerichts, in: dies./Wiedmann, A. (Hrsg.), Linien der Rechtsprechung des Bundesverfassungsgerichts – erörtert von den wissenschaftlichen Mitarbeitern, Bd. 2, 2011, S. 447ff.
Enders, Chr., Die neue Subsidiarität des Bundesverfassungsgerichts, in: JuS 2001, S. 462ff.
Engelbrecht, K., Die Kollisionsregel im föderalen Ordnungsverbund, 2010
Engelmann, K., Prozeßgrundsätze im Verfassungsprozeßrecht, 1977
Engels, A., Die Zulässigkeitsprüfung im Organstreitverfahren vor dem Bundesverfassungsgericht, in: Jura 2010, S. 699ff.
Engst, B. G./Gschwend, Th./Schaks, N./Sternberg, S./Wittig, C., Zum Einfluss der Parteinähe auf das Abstimmungsverhalten der Bundesverfassungsrichter – eine quantitative Untersuchung, in: JZ 2017, S. 816ff.
Engst, B. G./Gschwend, Th./Sternberg, S., Die Besetzung des Bundesverfassungsgerichts. Ein Spiegelbild gesellschaftlicher Präferenzen?, in: Politische Vierteljahresschrift 61 (2020), S. 39ff.
Epping, V./Hillgruber, Chr., Beck'scher Online-Kommentar GG, Stand: 15.05.20 (zit.: BeckOK-GG)
Erbguth, W., Und der Gesetzgeber schuldet wirklich nichts als das Gesetz?, in: JZ 2008, S. 1038ff.

Erichsen H.-U., Die einstweilige Anordnung, in: Starck, Chr. (Hrsg.), Bundesverfassungsgericht und Grundgesetz: Festgabe aus Anlass des 25 jährigen Bestehens des Bundesverfassungsgerichts, Band II, 1976, S. 170ff. (zit.: Anordnung)
– *ders.,* Staatsrecht und Verfassungsgerichtsbarkeit, Band 2, 2. Auflage 1979 (zit.: Staatsrecht II)
– *ders.,* Die konkrete Normenkontrolle – Art. 100 Abs. 1 GG –, in: Jura 1982, S. 88ff.
– *ders.,* Staatsrecht und Verfassungsgerichtsbarkeit, Band 1, 3. Auflage 1982 (zit.: Staatsrecht I)
– *ders.,* Der Bundespräsident – Zugleich ein Beitrag zum Organstreit nach Art. 93 Abs. 1 Nr. 1 GG – Teil II, in: Jura 1985, S. 424ff.
– *ders.,* Das Organstreitverfahren vor dem Bundesverfassungsgericht nach Art. 93 Abs. 1 Nr. 1 GG, §§ 13 Nr. 5, 63ff BVerfGG, in: Jura 1990, S. 670ff.
– *ders.,* Die Verfassungsbeschwerde, in: Jura 1991, S. 585ff., 638ff.; in: Jura 1992, S. 142ff.
Ernst, W./Hoppe, W., Das öffentliche Bau- und Bodenrecht, Raumplanungsrecht, 2. Auflage 1981
Everling, U., Der Gerichtshof als Entscheidungsinstanz, in: Schwarze, J. (Hrsg.), Der Europäische Gerichtshof als Verfassungsgericht und Rechtsschutzinstanz, 1983, S. 137ff. (zit.: Gerichtshof)
– *ders.,* Zum Vorrang des EG-Rechts vor nationalem Recht, in: DVBl. 1985, S. 1201ff.
– *ders.,* Rechtsvereinheitlichung durch Richterrecht in der Europäischen Gemeinschaft, in: RabelsZ 50 (1986), S. 193ff.
– *ders.,* Das Vorabentscheidungsverfahren vor dem Gerichtshof der Europäischen Gemeinschaften, 1986 (zit.: Vorabentscheidungsverfahren)
– *ders.,* Richterrecht in der Europäischen Gemeinschaft, 1988 (zit.: Richterrecht)
– *ders.,* Die Stellung der Judikative im Verfassungssystem der Europäischen Gemeinschaft, in: Zeitschrift für Schweizerisches Recht 1993, S. 337ff.
– *ders.,* Bundesverfassungsgericht und Gerichtshof der Europäischen Gemeinschaften nach dem Maastricht-Urteil, in: GS Grabitz, 1995, S. 57ff.
– *ders.,* Europas Zukunft unter der Kontrolle der nationalen Verfassungsgerichte, in: EuR 2010, S. 91ff.
Ewer, W./Filges, A. C., Anwaltliche Expertise in das Bundesverfassungsgericht, in: AnwBl. 2011, S. 663
Exner, Th., „Verfassungswidrige Verfassungsrechtsprechung“? – Zu den Grenzen verfassungsgerichtlicher Integrationsarbeit, in: DÖV 2012, S. 540ff.

Faller, H. J., Das spanische Verfassungsgericht, in: JöR 29 (1980), S. 279ff.
– *ders.,* Bundesverfassungsgericht und Bundesgerichtshof, in: AöR 115 (1990), S. 185ff.
– *ders.,* Das Ringen um Entlastung des Bundesverfassungsgerichts, in: FS Benda, 1995, S. 43ff.
Fehnemann, U., Die Innehabung und Wahrnehmung von Grundrechten im Kindesalter, 1983
Felix, G., Erschöpfung des Rechtsweges vor Erhebung der Verfassungsbeschwerde, in: BB 1992, S. 253ff.
Fenn, H., Hausarbeitstagsgesetz und Gleichberechtigung, in: SAE 1982, S. 290ff.
Ferreau, F., Die Sanktionierung von Parteien und das Recht auf Chancengleichheit im politischen Wettbewerb – Eine verfassungsdogmatische und -theoretische Betrachtung angesichts der beabsichtigten Änderung des Artikels 21 GG, in: DÖV 2017, S. 484ff.
Fiedler, K., Verfassungsgerichtsbarkeit im Bundesstaat, 2006
Fiedler, W., Fortbildung der Verfassung durch das Bundesverfassungsgericht?, in: JZ 1979, S. 417ff.
– *ders.,* Die Entstehung der Landesverfassungsgerichtsbarkeit nach dem Zweiten Weltkrieg, in: Starck, Chr./Stern, K., Landesverfassungsgerichtsbarkeit, Teilband 1, 1983, S. 103ff. (zit.: Entstehung)
Finkelnburg, K., Doppelspuriger Rechtsschutz bei der Verfassungsbeschwerde – Möglichkeiten und Begrenzung, in: Macke, P. (Hrsg.), Verfassung und Verfassungsgerichtsbarkeit auf Landesebene, 1998, S. 181ff.
– *ders./Dombert, M./Külpmann, C.,* Vorläufiger Rechtsschutz im Verwaltungsstreitverfahren, 7. Auflage 2017
Fischer, L. J., A Shining City Upon a Hill. Der Supreme Court der Vereinigten Staaten von Amerika und die Einbeziehung fremder Rechtsmaterialien, 2016
Fischer, R., Die Weiterbildung des Rechts durch die Rechtsprechung, 1971
Flad, W., Verfassungsgerichtsbarkeit und Reichsexekution, 1929
Fleury, R., Verfassungsprozessrecht, 10. Auflage 2015
Fraenkel, E., Zur Soziologie der Klassenjustiz (1927), in: ders., Zur Soziologie der Klassenjustiz und Aufsätze zur Verfassungskrise 1931–32, 1968, S. 25ff.
Franck, Th. M., Political Questions/Judicial Answers: Does the Rule of Law Apply to Foreign Affairs?, 1992

François, E., Das Bundesverfassungsgericht und die deutsche Rechtskultur: Ein Blick aus Frankreich, in: Stolleis (Hrsg.), Herzkammern der Republik. Die Deutschen und das Bundesverfassungsgericht, 2011, S. 52 ff.
Frank, H., Die Mitwirkung des Bundesverfassungsgerichts an den Richterwahlen, in: FS Faller, 1984, S. 37 ff.
Franke, D., Verfassungsgerichtsbarkeit der Länder – Grenzen und Möglichkeiten, in: FS Mahrenholz, 1994, S. 923 ff.
Franßen, E., Verfassungsbeschwerde – eine verkappte Normenkontrolle?, in: FS Sendler, 1991, S. 81 ff.
Frau, R., Nochmals zum Rechtsschutz für Kleinstparteien: Nichtanerkennungsbeschwerden bei der Bundestagswahl 2017, in: DÖV 2018, S. 152 ff.
Frei, N., Vergangenheitspolitik, 1996
– *ders.*, Transformationsprozesse. Das Bundesverfassungsgericht als vergangenheitspolitischer Akteur in den Anfangsjahren der Bundesrepublik, in: Stolleis (Hrsg.), Herzkammern der Republik. Die Deutschen und das Bundesverfassungsgericht, 2011, S. 64 ff.
Frenz, W., Die Rechtsfolgenregelung durch das Bundesverfassungsgericht bei verfassungswidrigen Gesetzen, in: DÖV 1993, S. 847 ff.
– *ders.*, Grundgesetzliche Rechtsschutzgarantien gegen europäische Rechtsakte?, in: Der Staat 34 (1995), S. 586 ff.
– *ders.*, Gesetzgebungskompetenzen nach der Föderalismusreform, in: Jura 2007, S. 165 ff.
– *ders.*, Die Verfassungskonformität der 3-Prozent-Klausel für Europawahlen, in: NVwZ 2013, S. 1059 ff.
– *ders.*, Anmerkung zum Urteil des BVerfG vom 05.05.2020 (EuGH ultra vires?), in: DVBl. 2020, S. 1017 ff.
Frenzel, E., Die Charta der Grundrechte als Maßstab für mitgliedstaatliches Handeln zwischen Effektuierung und Hyperintegration, in: Der Staat 53 (2014), S. 1 ff.
Freudenberg, T., Rechtsanwälte in roten Roben. Auf die Karlsruher Richterbank gehören auch Anwälte, in: AnwBl. 2016, S. 337
Fricke, C., Zur Kritik an der Staats- und Verfassungsgerichtsbarkeit im verfassungsstaatlichen Deutschland. Geschichte und Gegenwart, 1995
Friesenhahn, E., Die Staatsgerichtsbarkeit, in: Anschütz, G./Thoma, R. (Hrsg.), Handbuch des Deutschen Staatsrechts, Band II, 1932, S. 523 ff. (zit.: HdbDStR II)
– *ders.*, Über Begriff und Arten der Rechtsprechung, in: FS Thoma, 1950, S. 21 ff.
– *ders.*, Die Verfassungsgerichtsbarkeit in der Bundesrepublik Deutschland, in: FS Ambrosini, 1962, S. 680 ff.
– *ders.*, Die Verfassungsgerichtsbarkeit in der Bundesrepublik Deutschland, 1963 (zit.: Verfassungsgerichtsbarkeit)
– *ders.*, Aufgabe und Funktion des Bundesverfassungsgerichts, in: Aus Politik und Zeitgeschichte, Beilage zu „Das Parlament" B6/65, S. 3 ff. (zit.: Aufgabe)
– *ders.*, Referat zum Thema: Empfiehlt es sich, die Bekanntgabe der abweichenden Meinung des überstimmten Richters (dissenting opinion) in den deutschen Verfahrensordnungen zuzulassen?, in: 47. DJT, Band II, 1968, S. R 33 ff.
– *ders.*, Zum Inhalt und zur Wirkung der Entscheidung des deutschen Bundesverfassungsgerichts, in: Scritti in Onore di Gaspare Ambrosini I, 1970, S. 697 ff. (zit.: Inhalt)
– *ders.*, Zur Zuständigkeitsabgrenzung zwischen Bundesverfassungsgerichtsbarkeit und Landesverfassungsgerichtsbarkeit, in: Starck, Chr. (Hrsg.), Bundesverfassungsgericht und Grundgesetz: Festgabe aus Anlass des 25 jährigen Bestehens des Bundesverfassungsgerichts, Band I, 1976, S. 748 ff. (zit.: Zuständigkeitsabgrenzung)
– *ders.*, Art. Verfassungsgerichtsbarkeit, in: Handwörterbuch der Wirtschaftswissenschaft (zit.: HdWW), Band 8, 1980, S. 218 ff.
– *ders.*, Staatsgewalt und Rechtskontrolle 1932 und 1982, in: FS Broermann, 1982, S. 517 ff.
– *ders.*, Verfassungsgerichtsbarkeit, in: Jura 1982, S. 505 ff.
Fröhlinger, M., Die Erledigung der Verfassungsbeschwerde, 1982
Froese, J., Die „Ehe für alle": Mehr Symbolik als Kohärenz, DVBl. 2017, S. 1152 ff.
– *dies./Kempny, S./Schiffbauer, B.*, Verfassungsgerichtliches Verwerfungsmonopol und effektiver Rechtsschutz – Zugleich eine Anmerkung zum Beschluss 2 L 2866/16 des VG Düsseldorf vom 5.9.2016, in: DÖV 2017, S. 261 ff.
Fromme, F. K., Ablehnung von Richtern im Kammerverfahren, in: FS Geiger, 1989, S. 747 ff.

Fromont, M., La protection des droits de l'homme par le Conseil constitutionnel, in: FS Stern, 1997, S. 1085ff.
– *ders.*, Das Bundesverfassungsgericht aus französischer Sicht, in: DÖV 1999, S. 494ff.
Frowein, J. A./Meyer, H./Schneider, P. (Hrsg.), Bundesverfassungsgericht im dritten Jahrzehnt, 1973
Frowein, J. A./Marauhn, T. (Hrsg.), Grundfragen der Verfassungsgerichtsbarkeit in Mittel- und Osteuropa, 1998
Funke, A., Umsetzungsrecht. Zum Verhältnis von internationaler Sekundärrechtssetzung und deutscher Gesetzgebungsgewalt, 2010

Gallwas, H.-U., Faktische Beeinträchtigungen im Bereich der Grundrechte, 1970
Gärditz, K. F., Wahlen zum Bundesverfassungsgericht, in: DRiZ 2020, S. 348ff.
– *ders.*, Glaubwürdigkeitsprobleme im Unionsverfassungsrecht, in: EuZW 2020, S. 505ff.
Gartz, H., Begründungspflicht des Gesetzgebers. Das verfassungsrechtliche Verhandlungsgebot, 2016
Gas, T., Der ordnungsgemäße Antrag im Verfassungsbeschwerdeverfahren – zu den Anforderungen der §§ 23 I, 92 BVerfGG, in: JA 2007, S. 375ff.
Gassner, U. M., Kreation und Repräsentation. Zum demokratischen Gewährleistungsgehalt von Art. 38 Abs. 1 S. 1 GG, in: Der Staat 34 (1995), S. 429ff.
Gaul, H. F., Zur Frage nach dem Zweck des Zivilprozesses, in: AcP 168 (1968), S. 27ff.
– *ders.*, Zur Struktur und Funktion der Nichtigkeitsklage gemäß § 579d ZPO, in: FS Kralik, 1986, S. 157ff.
– *ders.*, Ehelichkeitsstatus und Recht des volljährigen Kindes auf Klärung der eigenen Abstammung, in: ders. (Hrsg.), Familienrecht in Geschichte und Gegenwart, Symposium F. W. Bosch, 1992, S. 23ff. (zit.: Ehelichkeitsstatus)
– *ders.*, Rechtswegerschöpfung im Sinne des § 90 Abs. 2 Satz 1 BVerfGG und Wiederaufnahme des Verfahren in der Zivilgerichtsbarkeit, in: FS E. Schumann, 2001, S. 89ff.
Gawron, T./Rogowski, R., Implementation von Bundesverfassungsgerichtsentscheidungen, in: Blankenburg, E./Voigt, R. (Hrsg.), Implementation von Gerichtsentscheidungen, 1987, S. 352ff.
Geck, W. K., Das Bundesverfassungsgericht und die allgemeinen Regeln des Völkerrechts, in: Starck, Chr. (Hrsg.), Bundesverfassungsgericht und Grundgesetz: Festgabe aus Anlass des 25 jährigen Bestehens des Bundesverfassungsgerichts, Band II, 1976, S. 125ff. (zit.: BVerfG)
– *ders.*, Sondervoten bei den Landesverfassungsgerichten – de lege ferenda, in: Starck, Chr./Stern, K., Landesverfassungsgerichtsbarkeit, Teilband 1, 1983, S. 315ff. (zit.: Sondervoten)
– *ders.*, Wahl und Amtsrecht der Bundesverfassungsrichter, 1986 (zit.: Wahl und Amtsrecht)
Gehb, J., Bricht Berliner Landesrecht Bundesrecht?, in: DÖV 1993, S. 470ff.
– *ders.*, Vom langsamen Ende eines verfassungsrechtlichen Dogmas? Der trickreiche Weg des Bundesverfassungsgerichts zum Anhörungsrügengesetz, in: DÖV 2005, S. 683ff.
Geiger, W., Das Gesetz über das Bundesverfassungsgericht von 1951. Kommentar, 1952 (zit.: BVerfGG)
– *ders.*, Die Grenzen der Bindung verfassungsgerichtlicher Entscheidungen, in: NJW 1954, S. 1057ff.
– *ders.*, Zur Lage unserer Verfassungsgerichtsbarkeit, in: FG Maunz, 1971, S. 117ff.
– *ders.*, Gegenwartsprobleme der Verfassungsgerichtsbarkeit aus deutscher Sicht, in: Berberich, T. u. a. (Hrsg.), Neue Entwicklungen im öffentlichen Recht, 1979, S. 131ff. (zit.: Gegenwartsprobleme)
– *ders.*, Vom Selbstverständnis des Bundesverfassungsgerichts, 1979 (zit.: Selbstverständnis)
– *ders.*, Einige Besonderheiten im verfassungsgerichtlichen Prozeß, 1981 (zit.: Besonderheiten)
– *ders.*, Die abweichende Meinung beim Bundesverfassungsgericht und ihre Bedeutung für die Rechtsprechung, in: FS Hirsch, 1981, S. 455ff.
– *ders.*, Über den Umgang mit dem Recht bei der Besetzung des Bundesverfassungsgerichts, in: EuGRZ 1983, S. 397ff.
– *ders.*, Das Verhältnis von Bundesverfassungsgericht und vorlegendem Gericht im Falle der konkreten Normenkontrolle, in: EuGRZ 1984, S. 409ff.
– *ders.*, Vierzig Jahre Bundesverfassungsgerichtsbarkeit in der Bundesrepublik Deutschland, in: DRiZ 1991, S. 357ff.
Geis, M.-E., Die Organklage des Bundestagsabgeordneten als „Waffe" gegen Organisationsakte der Bundesregierung?, in: ZG 1993, S. 148ff.
– *ders./Meier, H.*, Grundfälle zum Organstreitverfahren, Art. 93 I Nr. 1 GG, §§ 13 Nr. 5, 63ff. BVerfGG, in: JuS 2011, S. 699ff.
Gerber, P., Die Rechtssetzungsdirektiven des Bundesverfassungsgerichts, in: DÖV 1989, S. 698ff.
Gerhardt, R., „Das Bundesverfassungsgericht ...!" – Variationen über den Ruf, in: FS Simon, 1987, S. 63ff.

Gerhardt, W., Bundesverfassungsgericht, Grundgesetz und Zivilprozeß, speziell Zwangsvollstreckung, in: ZZP 95 (1982), S. 467 ff.
– *ders.,* „Soraya" oder „Sozialplan" – kein Konkurs im Konkurs?, in: JZ 1984, S. 601 ff.
Gerken, L./Rieble, V./Roth, G. H./Stein, T./Streinz, R., „Mangold" als ausbrechender Rechtsakt, 2009
Gerontas, A., Die Bindung des Bundesverfassungsgerichts an Prognosen des Parlaments, in: BayVBl. 1981, S. 618 ff.
– *ders.,* Die Appellentscheidungen, Sondervotumsappelle und die bloße Unvereinbarkeitsfeststellung als Ausdruck der funktionellen Grenzen der Verfassungsgerichtsbarkeit, in: DVBl. 1982, S. 486 ff.
– *ders.,* Zur Subsidiarität der Verfassungsbeschwerde gegen ein Gesetz, in: DÖV 1982, S. 440 ff.
Gersdorf, H., Der Grundsatz der Subsidiarität der Rechtssatzverfassungsbeschwerde, in: Jura 1994, S. 398 ff. (zit.: Jura 1994).
– *ders.,* Das Kooperationsverhältnis zwischen deutscher Gerichtsbarkeit und EuGH, in: DVBl. 1994, S. 674 ff. (zit.: DVBl. 1994).
– *ders.,* Verfassungsprozessrecht und Verfassungsmäßigkeitsprüfung, 5. Auflage 2019.
Gertler, A.-D., Neuere Rechtsprechung des Bundesverfassungsgerichts zur Anhörungsrüge, in: Emmenegger, S./Wiedmann, A. (Hrsg.), Linien der Rechtsprechung des Bundesverfassungsgerichts – erörtert von den wissenschaftlichen Mitarbeitern, Bd. 2, 2011, S. 53 ff.
Giegerich, T., Die Verfassungsgerichtsbarkeit in Deutschland, den USA und Europa als Trägerin einer gemeinsamen Rechtswahrungsaufgabe, in: Breuer, M. u. a. (Hrsg.), Im Dienste des Menschen: Recht, Staat und Staatengemeinschaft, 2009, S. 95 ff.
Gilles, P., Zum Bedeutungszuwachs und Funktionswandel des Prozeßrechts, in: JuS 1981, S. 402 ff.
Glaesner, A., Die Vorlagepflicht unterinstanzlicher Gerichte im Vorabentscheidungsverfahren, in: EuR 1990, S. 143 ff.
Glauben, P., Minderheitenrechte im Untersuchungsrecht und staatlicher Geheimnisschutz mit Verfassungsrang, in: NVwZ 2017, S. 129 ff.
Goerlich, H., Wertordnung und Grundgesetz, 1973 (zit.: Wertordnung)
– *ders.,* Grundrechte als Verfassungsgarantien, 1981 (zit.: Grundrechte)
– *ders.,* Vorlagepflicht und Eilverfahren, in: JZ 1983, S. 57 ff.
– *ders.,* „Formenmißbrauch" und Kompetenzverständnis, 1986 (zit.: Formenmißbrauch)
Goessl, M., Organstreitigkeiten innerhalb des Bundes, 1961
Gött, H., Die ultra vires-Rüge nach dem OMT-Vorlagebeschluss des Bundesverfassungsgerichts, in: EuR 2014, S. 514 ff.
Götz, A./Schneider, L., Das Bundesverfassungsgericht als Ersatzgesetzgeber – Methodische Bemerkungen zu dem Urteil des Bundesverfassungsgerichts vom 7. 9. 2011 in Sachen Finanzhilfen für Griechenland und Euro-Rettungsschirm, in: DVBl. 2012, S. 145 ff.
Götz, H., Der Wirkungsgrad verfassungswidriger Gesetze, in: NJW 1960, S. 1177 ff.
Götz, V., Das Maastricht-Urteil des Bundesverfassungsgerichts, in: JZ 1993, S. 1081 ff.
Goldschmidt, J., Gesetzesdämmerung, in: JW 1924, S. 246 ff.
Grabenwarter, Chr./Pabel, K., Europäische Menschenrechtskonvention, 7. Auflage 2021
Grabitz, E./Hilf, M./Nettesheim, M. (Hrsg.), Das Recht der Europäischen Union, Stand: Februar 2020
Grawert, R., Verfassungsmäßigkeit der Rechtsprechung, in: JuS 1986, S. 753 ff.
Grzeszick, B., Demokratie und Wahlen im europäischen Verbund der Parlamente – Zum Urteil des BVerfG über Sperrklauseln bei Wahlen zum Europäischen Parlament, in: EuR 2012, S. 667 ff.
– *ders.,* Weil nicht sein kann, was nicht sein darf: Aufhebung der 3 %-Sperrklausel im Europawahlrecht durch das BVerfG und dessen Sicht auf das Europäische Parlament, in: NVwZ 2014, S. 537 ff.
Grigoleit, K. J., Bundesverfassungsgericht und deutsche Frage. Eine dogmatische und historische Untersuchung zum judikativen Anteil an der Staatsleitung, 2004
– *ders.,* Bundesverfassungsgericht und sozialliberale Koalition unter Willy Brandt: Der Streit um den Grundvertrag, in: van Ooyen, R. Chr./Möllers, M. H. W. (Hrsg.), Handbuch Bundesverfassungsgericht im politischen System, 2. Auflage 2015, S. 245 ff. (zit.: BVerfG und sozialliberale Koalition)
Grimm, D., Verfassungsgerichtsbarkeit im demokratischen System, in: JZ 1976, S. 697 ff.
– *ders.,* Verfassungsgerichtsbarkeit, in: Hoffmann-Riem, W. (Hrsg.), Sozialwissenschaften im Studium des Rechts II, 1977, S. 94 ff.
– *ders.,* Staatsrechtslehrertagung 1980 in Innsbruck, in: AöR 106 (1981), S. 115 ff.
– *ders.,* Zum Verhältnis von Interpretationslehre, Verfassungsgerichtsbarkeit und Demokratietheorie bei Hans Kelsen, in: Krawietz, W. u. a. (Hrsg.), Ideologiekritik und Demokratieprinzip bei Hans Kelsen, Rechtstheorie 1982, Beiheft 4, S. 149 ff.

– *ders.*, Die Entwicklung der Grundrechtstheorie in der deutschen Staatsrechtslehre des 19. Jahrhunderts, in: ders., Recht und Staat der bürgerlichen Gesellschaft, 1987, S. 308ff. (zit.: Entwicklung)
– *ders.*, „Wir machen das Meinungsklima nicht." Antworten auf die Kritik an der Ehrenschutz-Rechtsprechung des BVerfG, in: ZRP 1994, S. 276ff.
– *ders.*, Die Meinungsfreiheit in der Rechtsprechung des Bundesverfassungsgerichts, in: NJW 1995, S. 1697ff.
– *ders.*, Politik und Recht, in: FS Benda, 1995, S. 91ff.
– *ders.*, Verfassungspatriotismus nach der Wiedervereinigung, in: Brunkhorst, H./Niesen, P. (Hrsg.), Das Recht der Republik, 1999, S. 305ff. (zit.: Verfassungspatriotismus)
– *ders.*, Die Rolle der nationalen Verfassungsgerichte in der europäischen Demokratie, in: Franzius, Claudio u. a. (Hrsg.), Grenzen der europäischen Integration, 2014, S. 27ff.
– *ders.*, Recht oder Politik?, 2020
Gröpl, Chr., Staatsrecht I. Staatsgrundlagen Staatsorganisation Verfassungsprozess, 11. Auflage 2019
Groschupf, O., Richtervorlagen zu den Landesverfassungsgerichten, in: Starck, Chr./Stern, K. (Hrsg.), Landesverfassungsgerichtsbarkeit, Teilband 2, 1983, S. 85ff.
Grote, R., Die Inkorporierung der Europäischen Menschenrechtskonvention in das britische Recht durch den Human Rights Act 1998, in: ZaöRV 58 (1998), S. 309ff.
– *ders.*, Rechtskreise im öffentlichen Recht, in: AöR 126 (2001), S. 10ff.
– *ders.*, Der Verfassungsorganstreit. Entwicklung, Grundlagen, Erscheinungsformen, 2010
Grund, H., „Preußenschlag" und Staatsgerichtshof im Jahre 1932, 1976
Grünhut, M., Allgemeinverbindliche Richtersprüche, in: Judicium, II. Jg. (1929/30), S. 130ff., 154ff.
Guckelberger, A., Verfassungsbeschwerden kommunaler Gebietskörperschaften, in: Jura 2008, S. 819ff.
– *dies.*, Veröffentlichung der Leistungsempfänger von EU-Subventionen und unionsgrundrechtlicher Datenschutz, in: EuZW 2011, S. 126ff.
Gündisch, J., Die Verfassungsbeschwerde gegen gerichtliche Entscheidungen, in: NJW 1981, S. 1813ff.
– *ders.*, Zuständigkeit und Zustand des Hamburgischen Verfassungsgerichts, in: FS Thieme, 1993, S. 1041ff.
Gundel, J., Die „question prioritaire de constitutionalité" vor dem EuGH: Unionsrechtliche Vorgaben für die Koordination nationaler Vorlagepflichten mit Art. 267 AEUV und dem Vorranganspruch des EU-Rechts, in: EuR 2012, S. 213ff.
Gunkel, K., Zweihundert Jahre Rechtsleben in Hannover, Festschrift zur Erinnerung an die Gründung des kurhannoverschen Oberappellationsgerichts in Celle, 1911
Gusseck, L., Bundestagsauflösung kraft Richterspruchs?, in: NJW 1983, S. 721ff.
Gusy, Chr., Das Bundesverfassungsgericht als politischer Faktor, in: EuGRZ 1982, S. 93ff.
– *ders.*, Die Offenheit des Grundgesetzes, in: JöR 33 (1984), S. 105ff.
– *ders.*, Parlamentarischer Gesetzgeber und Bundesverfassungsgericht, 1985 (zit.: Gesetzgeber)
– *ders.*, Das Grundgesetz als normative Gesetzgebungslehre?, in: ZRP 1985, S. 291ff.
– *ders.*, Richterliches Prüfungsrecht, 1985 (zit.: Prüfungsrecht)
– *ders.*, Die Verfassungsbeschwerde, 1988 (zit.: Verfassungsbeschwerde)
– *ders.*, Das Parlament als Wahlorgan, Gesetzgeber und Prozeßpartei im Verhältnis zum Bundesverfassungsgericht, in: Schneider, H.-P./Zeh, W. (Hrsg.), Parlamentsrecht und Parlamentspraxis in der Bundesrepublik Deutschland, 1989, S. 1619ff. (zit.: Parlament)
– *ders.*, Richterrecht und Grundgesetz, in: DÖV 1992, S. 461ff.
– *ders.*, Die Lehre vom Parteienstaat in der Weimarer Republik, in: Der Staat 32 (1993), S. 57ff.
– *ders.*, Die Weimarer Reichsverfassung, 1997 (zit.: Weimarer Reichsverfassung)
– *ders.*, Verfassungswidrig, aber nicht verboten!, in: NJW 2017, 601ff.

Häberle, P., Die Eigenständigkeit des Verfassungsprozeßrechts, in: JZ 1973, S. 451ff.
– *ders.*, Die offene Gesellschaft der Verfassungsinterpreten, in: JZ 1975, S. 297ff.
– *ders.*, Grundprobleme der Verfassungsgerichtsbarkeit, in: ders. (Hrsg.), Verfassungsgerichtsbarkeit, 1976, S. 1ff. (zit.: Grundprobleme)
– *ders.*, Verfassung als öffentlicher Prozeß, 1978 (zit.: Verfassung)
– *ders.*, Kommentierte Verfassungsrechtsprechung, 1979 (zit.: Verfassungsrechtsprechung)
– *ders.*, Verfassungsgerichtsbarkeit zwischen Politik und Rechtswissenschaft, 1980 (zit.: Verfassungsgerichtsbarkeit)
– *ders.*, Zeit und Verfassungskultur, in: Peisl, A./Mohler, A. (Hrsg.), Die Zeit, 1983, S. 302ff. (zit.: Zeit)

– *ders.*, Bundesverfassungsrichter-Kandidaten auf dem Prüfstand? Ein Ja zum Erfordernis „öffentlicher Anhörung“, in: Guggenberger, B./Meyer, A. (Hrsg.), Der Souverän auf der Nebenbühne, 1994, S. 131 ff. (zit.: Bundesverfassungsrichter-Kandidaten)
– *ders.*, Dokumentation von Verfassungsentwürfen und Verfassungen ehemals sozialistischer Staaten in (Süd-)Europa und Asien, in: JöR 43 (1995), S. 105 ff.; 44 (1996), S. 321 ff.; 45 (1997), S. 177 ff.; 46 (1998), S. 123 ff.
– *ders.*, Die Verfassungsbeschwerde im System der bundesdeutschen Verfassungsgerichtsbarkeit, in: JöR 45 (1997), S. 89 ff.
– *ders.*, Verfassungsgerichtsbarkeit in der offenen Gesellschaft, in: van Ooyen, R. Chr./Möllers, M. H. W. (Hrsg.), Handbuch Bundesverfassungsgericht im politischen System, 2. Auflage 2015, S. 31 ff.
Häberlin, K. F., Handbuch des Teutschen Staatsrechts, 3 Bände, 1794–1797
Habscheidt, G., Der Anspruch des Bürgers auf Erstattung verfassungswidriger Steuern. Kritische Untersuchung der grundrechtseinschränkenden Rechtsfolgenaussprüche des Bundesverfassungsgerichts und Hinweise für den Weg zurück zum effektiven Rechtsschutz in Steuersachen, 2003
Häde, U., Zur Föderalismusreform in Deutschland, in: JZ 2006, S. 933 ff.
Hailbronner, M., Traditions and Tranformations. The Rise of German Constitutionalism, 2015
Hain, K.-E., Anmerkung zu BVerfG JZ 1998, S. 615 ff., in: JZ 1998, S. 620 ff.
Hain, S., Die Individualverfassungsbeschwerde nach Bundesrecht. Von den Vorarbeiten zu einer deutschen Verfassung bis zur Aufnahme der Verfassungsbeschwerde ins Grundgesetz, 2002
Haller, W., Supreme Court und Politik in den USA, 1972
Haltern, U. R., Demokratische Verantwortlichkeit und Verfassungsgerichtsbarkeit – Nachbemerkungen zur Diskussion um den Kruzifix-Beschluss, in: Der Staat 35 (1996), S. 551 ff.
– *ders.*, Integration als Mythos. Zur Überforderung des Bundesverfassungsgerichts, in: JöR 45 (1997), S. 31 ff.
– *ders.*, Verfassungsgerichtsbarkeit, Demokratie und Mißtrauen, 1998 (zit.: Verfassungsgerichtsbarkeit)
– *ders.*, Ultra-vires-Kontrolle im Dienst europäischer Demokratie, in: NVwZ 2020, S. 817 ff.
Haratsch, A./Koenig, Chr./Pechstein, M., Europarecht, 12. Auflage 2020
Hartmann, B. J., Schwerpunktbereichsklausur – Verfassungsprozeßrecht: „Die 90-II-93-I-Falle“, in: JuS 2007, S. 657 ff.
– *ders.*, Das richterliche Prüfungsrecht unter der Weimarer Reichsverfassung, in: Institut für Juristische Zeitgeschichte Hagen, Jahrbuch Bd. 8 (2006/2007), S. 154 ff.
Hartwig, M., Die zukünftige Position des Bundesverfassungsgerichts im staatsrechtlichen Gefüge der Bundesrepublik Deutschland, in: Piazolo, M. (Hrsg.), Das Bundesverfassungsgericht. Ein Gericht im Schnittpunkt von Recht und Politik, 1995, S. 165 ff.
Hassemer, W., Politik aus Karlsruhe?, in: JZ 2008, S. 1 ff.
Hatje, A./Terhechte, J. P. (Hrsg.), Grundgesetz und europäische Integration. Die Europäische Union nach dem Lissabon-Urteil des Bundesverfassungsgerichts, EuR Beiheft 1/2010
Häußler, R., Der Konflikt zwischen Bundesverfassungsgericht und politischer Führung, 1994
Haverkate, G., Verfassungslehre. Verfassung als Gegenseitigkeitsordnung, 1992
Hebeler, T., Ist der Gesetzgeber verfassungsrechtlich verpflichtet, Gesetze zu begründen? Grundsätzliche Überlegungen anlässlich der Urteils des BVerfG zur Leistungsgestaltung im SGB II, in: DÖV 2010, S. 754 ff.
Hecker, W., Verweigerung der Stadthallennutzung gegenüber der NPD, in: NVwZ 2018, S. 787 ff.
Heckmann, D., Geltungskraft und Geltungsverlust von Rechtsnormen, 1997
Heimann, H. M., Die Entstehung der Verfassungsgerichtsbarkeit in den neuen Ländern und in Berlin, 2001
Hein, P. E., Die Unvereinbarerklärung verfassungswidriger Gesetze durch das Bundesverfassungsgericht, 1988
Heintzen, M., Die „Herrschaft“ über die Europäischen Gemeinschaftsverträge – Bundesverfassungsgericht und Europäischer Gerichtshof auf Konfliktkurs?, in: AöR 119 (1994), S. 564 ff.
Held, J., Die Verfassungsbeschwerde zum Verfassungsgerichtshof Rheinland-Pfalz, in: NVwZ 1995, S. 534 ff.
Heller, H., Rechtsstaat oder Diktatur? (1929/1930), in: Gesammelte Schriften, Band 2, 1971, S. 450 ff.
Hellwig, H.-J., Die Verhältnismäßigkeit als Hebel gegen die Union, in: NJW 2020, S. 2497 ff.
Henke, W., Staatsrecht, Politik und verfassungsgebende Gewalt, in: Der Staat 19 (1980), S. 181 ff.
– *ders.*, Juristische Systematik der Grundrechte, in: DÖV 1984, S. 1 ff.

Henneke, H.-G., Gesetzgeberische Gestaltungsspielräume und Darlegungslasten bei der Nettokreditaufnahme, in: NdsVBl. 1997, S. 217ff.
Henning, S., Die besonderen Zulässigkeitsvoraussetzungen der Rechtssatz-Verfassungsbeschwerde in der Rechtsprechung des Bundesverfassungsgerichts, Diss. iur. Göttingen, 1981
Henrich, Chr., Das Bundesverfassungsgericht und die Verteidigung der Demokratie – Was kümmert mich meine Zustimmung von gestern?, in: NVwZ 2016, 668ff.
Henrichs, H., Gemeinschaftsrecht und nationale Verfassungen – Eine Konfliktstudie, in: EuGRZ 1989, S. 237ff.
Henschel, J. F., Zulässigkeit und Darlegungslast im Verfahren der Verfassungsbeschwerde, in: FS Simon, 1987, S. 95ff.
Henseler, P., Die Grundrechtsbindung des Verordnungsgebers als Prüfstein für das Selbstverständnis der Verfassungs- und Verwaltungsgerichte, in: ZG 1986, S. 76ff.
– *ders.*, Rechtsschutz gegen Bebauungspläne in Gesetzesform, in: Jura 1986, S. 249ff.
Hermes, G., Senat und Kammern, in: Badura, P./Dreier, H. (Hrsg.), Festschrift 50 Jahre Bundesverfassungsgericht, Band I, 2001, S. 725ff.
– *ders.*, Verfassungsrecht und einfaches Recht – Verfassungsgerichtsbarkeit und Fachgerichtsbarkeit, in: VVDStRL 61 (2002), S. 119ff.
Herrmann, N. E., Entstehung, Legitimation und Zukunft der konkreten Normenkontrolle im modernen Verfassungsstaat, 2001
Herzog, R., Die Vollstreckung von Entscheidungen des Bundesverfassungsgerichts, in: Der Staat 4 (1965), S. 37ff.
– *ders.*, Das Bundesverfassungsgericht und die Anwendung des einfachen Gesetzesrechts, in: FS Dürig, 1990, S. 431ff.
– *ders.*, Das Bundesverfassungsgericht im Prozeß der Deutschen Einigung, in: Burmeister, J. u. a. (Hrsg.), Germania restituta. Wissenschaftliches Symposium anläßlich des 60. Geburtstags von Klaus Stern, 1993, S. 161ff. (zit.: BVerfG)
– *ders.*, Teilung und Ballung von Macht im Grundgesetz, in: Kirchhof, P./Kommers, D. P. (Hrsg.), Deutschland und sein Grundgesetz, 1993, S. 435ff. (zit.: Teilung)
Hesse, K., Funktionelle Grenzen der Verfassungsgerichtsbarkeit, in: FS H. Huber, 1981, S. 261ff.
– *ders.*, Verfassungsrecht und Privatrecht, 1988 (zit.: Verfassungsrecht)
– *ders.*, Wandlungen der Bedeutung der Verfassungsgerichtsbarkeit für die bundesstaatliche Ordnung, in: FS Schindler, 1989, S. 723ff.
– *ders.*, Der allgemeine Gleichheitssatz in der neueren Rechtsprechung des Bundesverfassungsgerichts zur Rechtsetzungsgleichheit, in: FS Lerche, 1993, S. 121ff.
– *ders.*, Bedeutung der Grundrechte, in: Benda, E. u. a. (Hrsg.), Handbuch des Verfassungsrechts der Bundesrepublik Deutschland, 2. Auflage 1994, S. 127ff. (zit.: HVerfR)
– *ders.*, Das Selbstbestimmungsrecht der Kirchen und Religionsgemeinschaften, in: Listl, J./Pirson, D. (Hrsg.), Handbuch des Staatskirchenrechts der Bundesrepublik Deutschland, Band 1, 2. Auflage 1994, S. 521ff.
– *ders.*, Die verfassungsgerichtliche Kontrolle der Wahrnehmung grundrechtlicher Schutzpflichten des Gesetzgebers, in: FS Mahrenholz, 1994, S. 541ff.
– *ders.*, Verfassungsrechtsprechung im geschichtlichen Wandel, in: JZ 1995, S. 265ff.
– *ders.*, Grundzüge des Verfassungsrechts der Bundesrepublik Deutschland, Nachdruck der 20. Auflage 1995, 1999 (zit.: Grundzüge)
Heun, W., Das Mehrheitsprinzip in der Demokratie, 1983 (zit.: Mehrheitsprinzip)
– *ders.*, Funktionell-rechtliche Schranken der Verfassungsgerichtsbarkeit, 1992 (zit.: Schranken)
– *ders.*, Richtervorlagen in der Rechtsprechung des Bundesverfassungsgerichts, in: AöR 122 (1997), S. 610ff.
– *ders.*, Normenkontrolle, in: Badura, P./Dreier, H. (Hrsg.), Festschrift 50 Jahre Bundesverfassungsgericht, Band I, 2001, S. 615ff.
– *ders.*, Kohärenz der Anwendung europäischer und nationaler Grundrechte, in: EuGRZ 2002, S. 473ff.
– *ders.*, Verfassungsrecht und einfaches Recht – Verfassungsgerichtsbarkeit und Fachgerichtsbarkeit, in: VVDStRL 61 (2002), S. 80ff.
– *ders.*, Die Geburt der Verfassungsgerichtsbarkeit – 200 Jahre Marbury v. Madison, in: Der Staat 42 (2003), S. 267ff.

– *ders.*, Rechtliche Wirkungen verfassungsgerichtlicher Entscheidungen, in: Starck, Chr. (Hrsg.), Fortschritte der Verfassungsgerichtsbarkeit in der Welt, Band 2, 2006, S. 173ff. (zit.: Rechtliche Wirkungen)
– *ders.*, Die Verfassungsordnung der Bundesrepublik Deutschland, 2012
– *ders.*, Verfassung und Verfassungsgerichtsbarkeit im Vergleich, 2014
– *ders.*, Eine verfassungswidrige Verfassungsgerichtsentscheidung, in: JZ 2014, S. 331ff.
– *ders./Starck, Chr.* (Hrsg.), Verfassungsgerichtsbarkeit im Rechtsvergleich, 2007

Heußner, H., Folgen der Verfassungswidrigkeit eines Gesetzes ohne Nichtigerklärung, in: NJW 1982, S. 257ff.

Heüveldop, B., Verfassungsrechtliche Anforderungen an das Besetzungsverfahren für die Kammern des BVerfG, in: NJW 1990, S. 28f.

Heyde, W., Dissenting Opinions in der deutschen Verfassungsgerichtsbarkeit, in: JöR 19 (1970), S. 201ff.
– *ders.*, Das Bundesverfassungsgerichtsgesetz in der Bewährung, in: FS Kutscher, 1981, S. 229ff.
– *ders.*, Abweichende Meinungen überstimmter Richter. Das Sondervotum in der Bewährung, in: Das Parlament 39 (1981), S. 10ff.
– *ders.*, Überblick über die Verfahren vor den Landesverfassungsgerichten mit Tabellen über die Häufigkeit der Verfahren (einschließlich Schleswig-Holstein), in: Starck, Chr./Stern, K. (Hrsg.), Landesverfassungsgerichtsbarkeit, Teilband 2, 1983, S. 1ff. (zit.: Überblick)
– *ders.*, Gesetzgeberische Konsequenzen aus der Verfassungswidrigerklärung von Normen, in: FS Faller 1984, S. 53ff.
– *ders.*, Die Rechtsprechung, in: Benda, E. u. a. (Hrsg.), Handbuch des Verfassungsrechts der Bundesrepublik Deutschland, 2. Auflage 1994, S. 1600ff. (zit.: HVerfR)
– *ders./Wöhrmann, G.* (Hrsg.), Auflösung und Neuwahl des Bundestages 1983 vor dem Bundesverfassungsgericht, 1984

von der Heydte, F., Judicial self-restraint eines Verfassungsgerichts im freiheitlichen Rechtsstaat?, in: FS Geiger, 1974, S. 909ff.

Hiéramente, M., Der „Dritte Senat" des Bundesverfassungsgerichts, in: ZRP 2020, S. 56ff.

Hillgruber, Chr., Der Staat des Grundgesetzes – nur „bedingt abwehrbereit"?, in: JZ 2007, S. 2009ff.
– *ders.*, Ohne rechtes Maß? Eine Kritik der Rechtsprechung des Bundesverfassungsgerichts nach 60 Jahren, in: JZ 2011, S. 861ff.
– *ders.*, Verfassungsprozessuale Besonderheiten bei der Entscheidung über die Anträge auf Erlass einer einstweiligen Anordnung zur Verhinderung der Ratifikation des ESM-Vertrages, in: JA 2013, S. 76ff.
– *ders./Goos, Chr.*, Verfassungsprozessrecht, 5. Auflage 2020

Hilpert, J., Begründungspflicht des Bundesverfassungsgerichts?, 2019.

Hirsch, G., Europäischer Gerichtshof und Bundesverfassungsgericht – Kooperation oder Konfrontation?, in: NJW 1996, S. 2457ff.

Höffe, O., Wieviel Politik ist dem Verfassungsgericht erlaubt?, in: Der Staat 38 (1999), S. 171ff.

Hoffmann, G., Die Verwaltung und das verfassungswidrige Gesetz, in: JZ 1961, S. 193ff.
– *ders.*, Verfassungsbezogenes Richterrecht und Verfassungsrichterrecht, in: FS E. Wolf, 1985, S. 183ff.

Hoffmann-Riem, W., Die Beseitigung verfassungswidriger Rechtslagen im Zweitaktverfahren, in: DVBl. 1971, S. 842ff.
– *ders.*, Beharrung oder Innovation – Zur Bindungswirkung verfassungsgerichtlicher Entscheidungen, in: Der Staat 13 (1974), S. 335ff.
– *ders.*, Nachvollziehende Grundrechtskontrolle. Zum Verhältnis von Fach- und Verfassungsgerichtsbarkeit am Beispiel von Konflikten zwischen Medienfreiheit und Persönlichkeitsrecht, in: AöR 128 (2003), S. 173ff.
– *ders.*, Das Ringen um die verfassungsgerichtliche Normenkontrolle in den USA und Europa, in: JZ 2003, S. 269ff.
– *ders.*, Das Bundesverfassungsgericht als Garant von Rechtsstaatlichkeit. Rede zur Verabschiedung als Richter des Bundesverfassungsgerichts, in: EuGRZ 2008, S. 557ff.

Hoffmeister, F., Die europäische Menschenrechtskonvention als Grundrechtsverfassung und ihre Bedeutung in Deutschland, in: Der Staat 40 (2001), S. 349ff.

Höfling, W./Roth, Th., Ungesetzliche Bundesverfassungsrichter?, in: DÖV 1997, S. 67ff.

Hofmann, H., Parlamentarische Repräsentation in der parteienstaatlichen Demokratie, in: *ders.*, Recht – Politik – Verfassung, 1986, S. 249ff.

Hofmann, J., Grundrechtsschutz durch BVerfG, EuGH und EGMR, in: Emmenegger, S./Wiedmann, A. (Hrsg.), Linien der Rechtsprechung des Bundesverfassungsgerichts – erörtert von den wissenschaftlichen Mitarbeitern, Bd. 2, 2011, S. 573ff.
– *ders.*, Unionsgrundrechte als verfassungsrechtlicher Prüfungsmaßstab, in: NVwZ 2020, S. 33ff.
Hofmann, R./Heger, A., Das Selbstverständnis des Bundesverfassungsgerichts als Hüter des Kompetenzverhältnisses zwischen der Europäischen Union und Deutschland, in: EuGRZ 2020, S. 176ff.
Hofmann, R./Heger, A./Gharibyan, T., Die Wandlung des Grundrechtsschutzes durch das Bundesverfassungsgericht – Recht auf Vergessen I und II als „Solange III"?, in: KritV 2019, S. 277ff.
Hoke, R., Verfassungsgerichtsbarkeit in den deutschen Ländern in der Tradition der deutschen Staatsgerichtsbarkeit, in: Starck, Chr./Stern, K., Landesverfassungsgerichtsbarkeit, Teilband 1, 1983, S. 25ff.
Hollerbach, A., Das Staatskirchenrecht in der Rechtsprechung des Bundesverfassungsgerichts (II), in: AöR 106 (1981), S. 218ff.
Hölscheidt, S., Das Recht der Parlamentsfraktionen, 2001
Holtfort, W., Praktische Vorschläge, das Bundesverfassungsgericht in eine demokratieangemessene Rolle zurückzuführen, in: Däubler, W./Küsel, G. (Hrsg.), Verfassungsgericht und Politik, 1979
Holz, W., Grundrechtsimmunes Gesetzesrecht, in: NVwZ 2007, S. 1153ff.
Holzer, N., Präventive Normenkontrolle durch das Bundesverfassungsgericht, 1978
Hömig, D., Die Rechtsprechung des Bundesverfassungsgerichts in ihrem Verhältnis zur Judikatur des Europäischen Gerichtshofs für Menschenrechte, in: NdsVBl. 2016, S. 108ff.
– *ders./Wolff, H. A.* (Hrsg.), Grundgesetz für die Bundesrepublik Deutschland, 12. Auflage 2018
Hommelhoff, P./Kirchhof, P. (Hrsg.), Der Staatenverbund der Europäischen Union, 1994
Hong, M., Verbot der endgültigen und Gebot der vorläufigen Vorwegnahme der Hauptsache im verwaltungsgerichtlichen Eilverfahren, in: NVwZ 2012, S. 468ff.
Hopfauf, A., Zur Übung – Öffentliches Recht, in: JuS 1984, S. 630ff.
– *ders.*, Kein Präsentationsrecht bei Verfassungsrichterwahlen, in: ZRP 1994, S. 89ff.
Hoppe, T., Verfassungswidriges Recht: Was folgt aus einem Unterlassen des Gesetzgebers?, in: DVBl. 2009, S. 628f.
Hoppe, W., Die kommunale Verfassungsbeschwerde vor Landesverfassungsgerichten, in: Starck, Chr./Stern, K. (Hrsg.), Landesverfassungsgerichtsbarkeit, Teilband 2, 1983, S. 257ff.
Horn, H.-R., Die Nichtigkeit verfassungswidriger Gesetze als verfassungsrechtliches Problem, in: DÖV 1980, S. 84ff.
Hornauer, A. M., Das Reichsgericht zur Frage des richterlichen Prüfungsrechts (1919 – 1933), 2009
Hornung, G., Anmerkung zu EuGH, Urteil v. 9.11.2010 – verbundene Rs. C-92/09 und C-93 (Veröffentlichung von Empfängern von EU-Agrarsubventionen im Internet), in: MMR 2011, S. 127f.
Hotstegs, R., Die Landesverfassungsbeschwerde als Alternative zur Anrufung des Bundesverfassungsgerichts, in: ZAP 2019, S. 689ff.
van den Hövel, M., Zulässigkeits- und Zulassungsprobleme der Verfassungsbeschwerde gegen Gesetze, 1990
Huber, E. R., Die Einheit der Staatsgewalt, in: DJZ 1934, Sp. 950ff.
– *ders.*, Dokumente zur deutschen Verfassungsgeschichte, Band 1, 3. Auflage 1978; Band 4, 3. Auflage 1991 (zit.: Dokumente)
– *ders.*, Deutsche Verfassungsgeschichte seit 1789, Band 2, 3. Auflage 1988 (zit.: Verfassungsgeschichte)
Huber, M., Anhörungsrüge bei Verletzung des Anspruchs auf rechtliches Gehör, in: JuS 2005, S. 109ff.
Huber, N., Die einstweilige Anordnung nach § 32 BVerfGG am Beispiel der Verfassungsbeschwerde. Eine Kritik am Entscheidungsmodell des Bundesverfassungsgerichts, 1999
Huber, P. M., Der Prüfungsmaßstab von Wahlorganen bei der Zulassung von politischen Parteien und Wählervereinigungen, in: DÖV 1991, S. 229ff.
– *ders.*, Recht der Europäischen Integration, 2. Auflage 2002
– *ders.*, Die Landesverfassungsgerichtsbarkeit zwischen Anspruch und Wirklichkeit, in: ThürVBl. 2003, S. 73ff.
– *ders.*, Klarere Verantwortungsteilung von Bund, Ländern und Kommunen? Gutachten D für den 65. Deutschen Juristentag, 2004, S. D 3ff. (zit.: Verantwortungsteilung)
– *ders.*, Das Verbot der Mischverwaltung – de constitutione lata et ferenda, in: DÖV 2008, S. 844ff.
– *ders.*, Unitarisierung durch Gemeinschaftsgrundrechte – Zur Überprüfungsbedürftigkeit der ERT-Rechtsprechung, in: EuR 43 (2008), S. 189ff.
– *ders.*, Das Verhältnis des Europäischen Gerichtshofes zu den nationalen Gerichten, in: Merten, D./Papier, H.-J. (Hrsg.), Handbuch der Grundrechte in Deutschland und Europa, Band VI/2, 2009, § 172

– *ders.*, Das Verständnis des Bundesverfassungsgerichts vom Kompetenzgefüge zwischen der EU und den Mitgliedstaaten, in: Möllers, Th. M./Zeitler, F.-Chr. (Hrsg.), Europa als Rechtsgemeinschaft – Währungsunion und Schuldenkrise, 2013, S. 229ff.
– *ders.*, Die EU als Herausforderung für das Bundesverfassungsgericht, in: Pernice, I./Schwarz, R. (Hrsg.), Europa in der Welt – Von der Finanzkrise zur Reform der Union, 2013, S. 329ff.
– *ders.*, Verfassungsstaat und Finanzkrise, 2014
– *ders.*, Europäische Verfassungs- und Rechtsstaatlichkeit in Bedrängnis. Zur Entwicklung der Verfassungsgerichtsbarkeit in Europa, in: Der Staat 56 (2017), S. 389ff.
Hufen, Chr./Kumpf, T., Der Antrag der NPD auf Feststellung ihrer Verfassungskonformität, in: DVBl. 2013, S. 417ff.
Huh, Y., 60 Jahre Grundgesetz aus der Sicht Koreas, in: JöR 59 (2011), S. 199ff.
Hund, M., Zur Rücknahme von Verfassungsbeschwerden, in: FS Faller, 1984, S. 63ff.
Hwang, S.-P., Verfassungsgerichtlicher Jurisdiktionsstaat? Eine rechtsvergleichende Analyse zur Kompetenzabgrenzung von Verfassungsgericht und Gesetzgeber in den USA und der Bundesrepublik Deutschland, 2005
– *dies.*, Rechtsanwendung in der pluralistischen Demokratie. Hans Kelsens Verständnis der Verfassungsgerichtsbarkeit unter besonderer Berücksichtigung seiner Demokratietheorie, in: Der Staat 46 (2007), S. 442ff.
– *dies.*, Der Wille des Verfassungsgebers als Fiktion, in: AöR 145 (2020), S. 264ff.

Igloffstein, T., Landesverfassungsgerichtliche Prüfungsmaßstäbe und Vorlagepflichten im Mehrebenensystem, in: BayVBl. 2017, S. 669ff.
Incesu, L., Zwischen Europaoffenheit und Ewigkeitsgarantie des Grundgesetzes – Fragen nach dem Maastricht-Urteil des Bundesverfassungsgerichts, in: RuP 30 (1994), S. 70ff.
Ingold, A., Die verfassungsrechtliche Identität der Bundesrepublik Deutschland. Karriere – Konzept – Kritik, in: AöR 140 (2015), S. 1ff.
– *ders.*, Das Recht der Oppositionen, 2015
Ipsen, H. P., BVerfG versus EuGH re „Grundrechte“. Zum Beschluss des Zweiten Senats des Bundesverfassungsgerichts vom 29. Mai 1974, in: EuR 1975, S. 1ff.
– *ders.*, Zehn Glossen zum Maastricht-Urteil, in: EuR 1994, S. 1ff.
Ipsen, J., Richterrecht und Verfassung, 1975 (zit.: Richterrecht)
– *ders.*, Funktionsspezifische Aspekte richterlicher Verfassungsgebundenheit, in: NJW 1977, S. 2289ff.
– *ders.*, Die Rechtsfolgen der Verfassungswidrigkeit von Norm und Einzelakt, 1980 (zit.: Rechtsfolgen)
– *ders.*, Nichtigerklärung oder „Verfassungswidrigerklärung“ – zum Dilemma der verfassungsgerichtlichen Normenkontrollpraxis, in: JZ 1983, S. 41ff.
– *ders.*, Die Kompetenzverteilung zwischen Bund und Ländern nach der Föderalismusnovelle, in: NJW 2006, S. 2801ff.
– *ders.*, Wahlrecht im Spannungsfeld von Politik und Verfassungsgerichtsbarkeit, in: DVBl. 2013, S. 265ff.
– *ders.*, Das Ausschlussverfahren nach Art. 21 Abs. 3 GG – ein mittelbares Parteiverbot?, in: JZ 2017, S. 933ff.
– *ders.*, Verfassungswidrig, aber nicht verboten – Das NPD-Urteil des Bundesverfassungsgerichts, in: RuP 53 (2017), S. 3ff.
– *ders.*, Das Bundesverfassungsgericht ultra vires. Das Letztentscheidungsrecht im Spannungsfeld von Recht und Politik, in: RuP 56 (2020), S. 344ff.
– *ders.*, Staatsrecht I (Staatsorganisationsrecht), 32. Auflage 2020 (zit.: Staatsrecht I)
Isensee, J., Grundrechte und Demokratie, in: Der Staat 20 (1981), S. 161ff.
– *ders.*, Zwangssolidarität unter Ländern, Parteien, Fraktionen vor dem Bundesverfassungsgericht? Zur Einschränkung der Beitrittsberechtigung im föderalen Staat und im Organstreit, in: FS Helmrich, 1994, S. 229ff.
– *ders.*, Staat im Wort – Sprache als Element des Verfassungsstaates, in: Ipsen, J. u. a. (Hrsg.), Verfassungsrecht im Wandel, 1995, S. 517ff. (zit.: Staat)
– *ders.*, Bundesverfassungsgericht – quo vadis?, in: JZ 1996, S. 1085ff.
– *ders.*, Verfassungsgerichtsbarkeit in Deutschland, in: Wieser, B./Stolz, A. (Hrsg.), Verfassungsrecht und Verfassungsgerichtsbarkeit an der Schwelle zum 21. Jahrhundert, Symposium für Richard Nowak, 2000, S. 15ff. (zit.: Verfassungsgerichtsbarkeit)

Jachmann, M., Die Relevanz der Grundrechte der Bayerischen Verfassung aus verfassungsprozeßrechtlicher Sicht, in: BayVBl. 1997, S. 321 ff.
Jacobs, M./Payandeh, M., Das beamtenrechtliche Streikverbot: Konventionsrechtliche Immunisierung durch verfassungsgerichtliche Petrifizierung, in: JZ 2019, S. 19 ff.
Jaeger, R., Erfahrungen mit Entlastungsmaßnahmen zur Sicherung der Arbeitsfähigkeit des Bundesverfassungsgerichts, in: EuGRZ 2003, S. 149 ff.
– *dies./Broß, S.,* Die Beziehungen zwischen dem Bundesverfassungsgericht und den übrigen einzelstaatlichen Rechtsprechungsorganen einschließlich der diesbezüglichen Interferenz des Handelns der europäischen Rechtsprechungsorgane. XII. Konferenz der Europäischen Verfassungsgerichte, Brüssel – Landesbericht Deutschland, in: EuGRZ 2004, S. 1 ff.
Janson, N. J., Kein Ausschluss kommunaler Fraktionen „verfassungsfeindlicher" Parteien oder Wählervereinigungen von Fraktionszuwendungen, in: NVwZ 2018, S. 1656 ff.
Janssen, A., Über die Grenzen des legislativen Zugriffsrechts, 1990
– *ders.,* Staatskirchenrecht als Kollisionsrecht, in: FS Hollerbach, 2001, S. 707 ff.
Jarass, H. D., Die Kompetenzverteilung zwischen der Europäischen Gemeinschaft und den Mitgliedstaaten, in: AöR 121 (1996), S. 173 ff.
– *ders.,* Charta der Grundrechte der Europäischen Union unter Einbeziehung der vom EuGH entwickelten Grundrechte, der Grundrechtsregelungen der Verträge und der EMRK. Kommentar, 3. Auflage 2016
– *ders./Pieroth, B.,* Grundgesetz, 14. Auflage 2016
Jauernig, O./Berger, C., Zwangsvollstreckungs- und Insolvenzrecht, 23. Auflage 2010
Jeand'Heur, B./Korioth, St., Grundzüge des Staatskirchenrechts, 2000
Jekewitz, J., Bundesverfassungsgericht und Gesetzgeber. Zu den Vorwirkungen von Existenz und Rechtsprechung des Bundesverfassungsgerichts in den Bereich der Gesetzgebung, in: Der Staat 19 (1980), S. 535 ff.
– *ders.,* Anmerkung zu BVerfG DVBl. 1981, S. 1146 ff., in: DVBl. 1981, S. 1148 f.
– *ders.,* Rückwirkungszeitpunkt einer Neuregelung nach Bundesverfassungsgericht-Entscheidung, in: DVBl. 1981, S. 1148 ff.
– *ders.,* Anmerkung zu BVerfG StV 1982, S. 123 f., in: StV 1982, S. 124 f.
– *ders.,* Die stattgebende Entscheidung im verfassungsgerichtlichen Organstreitverfahren und ihre Konsequenzen, in: RuP 19 (1983), S. 152 ff.
– *ders.,* Parlamentarische Akteneinsicht mit Hilfe des Bundesverfassungsgerichts?, in: DÖV 1984, S. 187 ff.
– *ders.,* Bundesverfassungsgericht und Staatsorganisationsrecht des Grundgesetzes, in: FS Wassermann, 1985, S. 381 ff.
Jellinek, W., Der Schutz des öffentlichen Rechts durch ordentliche und durch Verwaltungsgerichte, in: VVDStRL 2 (1925), S. 8 ff.
– *ders.,* Das Märchen von der Überprüfung verfassungswidriger Reichsgesetze durch das Reichsgericht, in: JW 1925, S. 454 f.
Jestaedt, M., Grundrechtsentfaltung im Gesetz, 1999
– *ders.,* Verfassungsrecht und einfaches Recht – Verfassungsgerichtsbarkeit und Fachgerichtsbarkeit, in: DVBl. 2001, S. 1309 ff.
– *ders.,* Verfassungsgerichtspositivismus. Die Ohnmacht des Verfassungsgesetzgebers im verfassungsstaatlichen Jurisdiktionsstaat, in: Depenheuer, O. u. a. (Hrsg.), Nomos und Ethos. Hommage an Josef Isensee zum 65. Geburtstag, 2002, S. 183 ff. (zit.: Verfassungsgerichtspositivismus)
– *ders.,* Warum in die Ferne schweifen, wenn der Maßstab liegt so nah?, in: Der Staat 48 (2009), S. 497 ff.
– *ders.,* Autorität und Zitat. Anmerkungen zur Zitierpraxis des Bundesverfassungsgerichts, in: FS für H. Bethge, 2009, S. 525 ff.
– *ders.,* Der „Europäische Verfassungsgerichtsverbund" in (Verfahrens-)Zahlen, in: JZ 2011, S. 872 ff.
– *ders.,* Phänomen Bundesverfassungsgericht. Was das Gericht zu dem macht, was es ist, in: Jestaedt, M./Lepsius, O./Möllers, Chr./Schönberger, Chr., Das entgrenzte Gericht. Eine kritische Bilanz nach sechzig Jahren Bundesverfassungsgericht, 2011, S. 77 ff.
– *ders.,* Richterliche Rechtsetzung statt richterliche Rechtsfortbildung. Methodologische Betrachtungen zum sog. Richterrecht, in: Bumke (Hrsg.), Richterrecht zwischen Gesetzesrecht und Rechtsprechung, 2012, S. 49 ff.
– *ders.,* Verfassungsgericht ist nicht gleich Verfassungsgericht. Vergleichende Beobachtungen zum französischen Conseil Constitutionnel und zum deutschen Bundesverfassungsgericht, in: JZ 2019, S. 473 ff.

Jost, K. M., Verfassungsprozessuale Probleme der Anhörungsrüge, in: Rensen, H./Brink, S. (Hrsg.), Linien der Rechtsprechung des Bundesverfassungsgerichts – erörtert von den wissenschaftlichen Mitarbeitern, Bd. 1, 2009, S. 59ff.

Jouanjan, O., Conseil constitutionnel und Bundesverfassungsgericht: zwei verschiedene Modelle der europäischen Verfassungsgerichtsbarkeit, in: Stolleis (Hrsg.), Herzkammern der Republik. Die Deutschen und das Bundesverfassungsgericht, 2011, S. 137ff.

– *ders.*, Die Stellung der Verfassungsgerichtsbarkeit im Gefüge der Verfassung, in: Masing, J./ders. (Hrsg.), Verfassungsgerichtsbarkeit, 2011, S. 3ff.

Jülicher, F., Die Verfassungsbeschwerde gegen Urteile bei gesetzgeberischem Unterlassen, 1972

Kadelbach, S., Der Status der Europäischen Menschenrechtskonvention im deutschen Recht – Anmerkungen zur neuesten Rechtsprechung des Bundesverfassungsgerichts, in: Jura 2005, S. 480ff.

Kahl, W., Optimierungspotenzial im „Kooperationsverhältnis" zwischen EuGH und BVerfG, in: NVwZ 2020, S. 824ff.

– *ders/Waldhoff, Chr./Walter, Chr.* (Hrsg.), Bonner Kommentar zum Grundgesetz, Stand: Juni 2020 (zit.: BK)

Kainer, F., Aus der nationalen Brille: Das PSPP-Urteil des BVerfG, in: EuZW 2020, S. 533ff.

Kaiser, A.-B., Streikrecht für Beamte – Folge einer Fehlrezeption?, in: AöR 142 (2017), S. 417ff.

Kaiser, K./Schübel-Pfister, I., Der ungeschriebene Verfassungsgrundsatz der Europarechtsfreundlichkeit: Trick or Treat?, in: Emmenegger, S./Wiedmann, A. (Hrsg.), Linien der Rechtsprechung des Bundesverfassungsgerichts – erörtert von den wissenschaftlichen Mitarbeitern, Bd. 2, 2011, S. 573ff.

Kaiser, R., Das Mehrheitsprinzip in der Judikative, 2020 (zit.: Mehrheitsprinzip)

– *ders./Wolff, D.*, „Verfassungshütung" im Commonwealth als Vorbild für den deutschen Verfassungsstaat? Zugleich ein Beitrag zur Legitimation verfassungsgerichtlicher Normelkontrollrechte, in: Der Staat 56 (2017), S. 39ff.

Kämmerer, J. A./Kotzur, M., Vollendung des Grundrechtsverbunds oder Heimholung des Grundrechtsschutzes? Die BVerfG-Beschlüsse zum „Recht auf Vergessen" als Fanal, in: NVwZ 2020, S. 177ff.

Karaosmanoğlu, C., Die Nichtanwendung deutscher unionsrechtswidriger Gesetze – Verfassungsrechtliches Erfordernis eines umfassenden Verwerfungsmonopols des Bundesverfassungsgerichts, 2017

Karpen, U., Der einstweilige Rechtsschutz im Verfassungsprozeß, in: JuS 1984, S. 455ff.

Karpenstein, U./Mayer, F. C., EMRK – Konvention zum Schutz der Menschenrechte und Grundfreiheiten. Kommentar, 2. Auflage 2015 (zit.: EMRK)

Käßner, A., Die Rechtsprechung des Bundesverfassungsgerichts zum Ausschluss und zur Ablehnung seiner Mitglieder nach §§ 18, 19 BVerfGG, in: Scheffczyk, F./Wolter, K. (Hrsg.), Linien der Rechtsprechung des Bundesverfassungsgerichts – erörtert von den wissenschaftlichen Mitarbeiterinnen und Mitarbeitern, Bd. 4, 2017, S. 3ff.

Katyal, N. K./Schmidt, T. P., Active Avoidance: The Modern Supreme Court and Legal Change, in: Harvard Law Review 128 (2015), S. 2109ff.

Kau, M., United States Supreme Court und Bundesverfassungsgericht, 2007

Kauffmann, P., Die Abschaffung der Urteilsverfassungsbeschwerde, in: RuP 34 (1998), S. 29ff.

Kaufmann, E., Die Grenzen der Verfassungsgerichtsbarkeit, in: VVDStRL 9 (1952), S. 1ff.

Kelsen, H., Wesen und Entwicklung der Staatsgerichtsbarkeit, in: VVDStRL 5 (1929), S. 30ff.

– *ders.*, Reine Rechtslehre, 2. Auflage 1960 (zit.: Rechtslehre)

Kempny, S., Die Staatsfinanzierung nach der Paulskirchenverfassung, 2011

– *ders.*, Die obersten Fachgerichte der Weimarer Republik als Wegbereiter des richterlichen Prüfungsrechts, in: DÖV 2010, S. 974ff.

– *ders.*, Mittelbare Rechtssatzverfassungsbeschwerde und unmittelbare Grundrechtsverletzung, in: Der Staat 53 (2014), S. 577ff.

– *ders./Lämmle, M.*, Der „allgemeine Gleichheitssatz" des Art. 3 I GG im juristischen Gutachten, in: JuS 2020, S. 22ff., 113ff., 215ff.

Kenntner, M., Das BVerfG als Superrevisor?, in: NJW 2005, S. 785ff.

Kerbusch, H., Die Bindung an Entscheidungen des Bundesverfassungsgerichts unter besonderer Berücksichtigung der Verbindlichkeit von Normenkontrollentscheidungen, Diss. iur. Köln, 1982

Kersten, J., Parteienverbote in der Weimarer, der Bonner und in der Berliner Republik, in: NJ 2001, S. 1ff.

– *ders.*, Die Tötung von Unbeteiligten – Zum verfassungsrechtlichen Grundkonflikt des § 14 III LuftSiG, in: NVwZ 2005, S. 661ff.

– *ders./Rixen, S.*, Parteiengesetz (PartG) und europäisches Parteienrecht, 2. Auflage 2009 (zit.: PartG)

Kesper, I., Reform des Föderalismus in der Bundesrepublik Deutschland, in: NdsVBl. 2006, S. 149ff.
Kessel, R., Die Kontrolldichte der Normenkontrolle in Skandinavien aus deutscher Sicht, 2011
Kiesel, M., Die Liquidierung des Ehrenschutzes durch das BVerfG, in: NVwZ 1992, S. 1129ff.
Kilian, M., Die Richterbank im BVerfG – Rechtsanwälte als Bundesverfassungsrichter?, in: AnwBl. 2019, S. 288f.
Kingreen, T., Auf halbem Weg von Weimar nach Straßburg: Das Urteil des Bundesverfassungsgerichts im NPD-Verbotsverfahren, in: Jura 2017, S. 499ff.
– *ders./Poscher, R.,* Grundrechte – Staatsrecht II, 35. Auflage 2019
Kipp, H., Die Rechtsfolgen verfassungswidriger Gesetze, in: Conrad, H./ders. (Hrsg.), Gegenwartsprobleme des Rechts, Band I, 1950, S. 85ff.
Kirchberg, Chr., Willkürschutz statt Grundrechtsschutz?, in: NJW 1987, S. 1988ff.
– *ders.,* Der Anwalt als Zugangshürde zum Bundesverfassungsgericht, in: NJW 1992, S. 3200ff.
– *ders.,* Die Verfahrensgrundrechtsbeschwerde, in: KritVj 1998, S. 228ff.
Kircher, Ph./Nagel, F./Thümmler, Chr./Washausen, J., Der frustrierte Wähler, in: Jura 2014, S. 436ff.
Kirchhof, F., Grundrechtsschutz durch europäische und nationale Gerichte, in: NJW 2011, S. 3681ff.
– *ders.,* Rechtsprechung im Dialog von Bundesverfassungsgericht und Europäischem Gerichtshof, in: ZfA 2019, S. 163ff.
Kirchhof, P., Der deutsche Staat im Prozeß der europäischen Integration, in: Isensee, J./ders. (Hrsg.), Handbuch des Staatsrechts der Bundesrepublik Deutschland, Band VII, 1992, § 183, S. 855ff. (zit.: HStR VII, 1. Aufl. 1992)
– *ders.,* Verfassungsrechtlicher Schutz und internationaler Schutz der Menschenrechte: Konkurrenz oder Ergänzung?, in: EuGRZ 1994, S. 16ff.
– *ders.,* Rechtsstaatliche Anforderungen an den Rechtsschutz in Steuersachen, in: Trzaskalik, Chr. (Hrsg.), Der Rechtsschutz in Steuersachen, 1995, S. 17ff. (zit.: Rechtsstaatliche Anforderungen)
– *ders.,* Verfassungsverständnis, Rechtsprechungsaufgabe und Entlastung des Bundesverfassungsgerichts, in: Bogs, H. (Hrsg.), Urteilsverfassungsbeschwerde zum Bundesverfassungsgericht, 1999, S. 71ff. (zit.: Verfassungsverständnis)
– *ders.,* Rechtsphilosophische Fundierung des Richterrechts: Die Idee des Rechts, in: Bumke (Hrsg.), Richterrecht zwischen Gesetzesrecht und Rechtsprechung, 2012, S. 71ff.
– *ders.,* Die Rechtsarchitektur der Europäischen Union, in: NJW 2020, S. 2057ff.
Kischel, U., Die Begründung. Zur Erläuterung staatlicher Entscheidungen gegenüber dem Bürger, 2003
– *ders.,* Amt, Unbefangenheit und Wahl der Bundesverfassungsrichter, in: Isensee, J./Kirchhof, P. (Hrsg.), Handbuch des Staatsrechts der Bundesrepublik Deutschland, Band III, 3. Auflage 2005, § 69, S. 1233ff. (zit.: HStR III)
– *ders.,* Darf der Gesetzgeber das Bundesverfassungsgericht ignorieren? Zum erneuten Erlaß für nichtig erklärter Gesetze, in: AöR 131 (2006), S. 219ff.
Kisker, G., Fälle zum Staatsorganisationsrecht, 1985
Klecatsky, H. R./Öhlinger, T. (Hrsg.), Die Gerichtsbarkeit des öffentlichen Rechts, Manzsche Ausgabe der Österreichischen Gesetze, Band 1a, 1984
Klein, E., Die Kompetenz- und Rechtskompensation, in: DVBl. 1981, S. 661ff.
– *ders.,* Zur objektiven Funktion der Verfassungsbeschwerde, in: DÖV 1982, S. 797ff.
– *ders.,* Verfassungsprozeßrecht – Versuch einer Systematik an Hand der Rechtsprechung des Bundesverfassungsgerichts, in: AöR 108 (1983), S. 410ff., 561ff.
– *ders.,* Subsidiarität der Verfassungsgerichtsbarkeit und Subsidiarität der Verfassungsbeschwerde, in: FS Zeidler, Band 2, 1987, S. 1305ff.
– *ders.,* Die Zukunft der Verfassungsbeschwerde, in: Piazolo, M. (Hrsg.), Das Bundesverfassungsgericht. Ein Gericht im Schnittpunkt von Recht und Politik, 1995, S. 227ff. (zit.: Zukunft)
– *ders.,* Gedanken zur Europäisierung des deutschen Verfassungsrechts, in: FS Stern, 1997, S. 1301ff.
– *ders.,* Verfahrensgestaltung durch Gesetz und Richterspruch: Das „Prozeßrecht" des Bundesverfassungsgerichts, in: Badura, P./Dreier, H. (Hrsg.), Festschrift 50 Jahre Bundesverfassungsgericht, Band I, 2001, S. 507ff. (zit.: Verfahrensgestaltung)
– *ders.,* Die neue Zuständigkeit des Bundesverfassungsgerichts – Bemerkungen zu Art. 93 Abs. 2 GG, in: FS Merten, 2007, S. 223ff.
– *ders./Haratsch, A.,* Die Landesverfassungsbeschwerde – Ein Instrument zur Überprüfung von Bundesrecht?, in: JuS 2000, S. 209ff.
– *ders.,* Kompetenzielle Würdigung und verfassungsprozessuale Konsequenzen der „Recht auf Vergessen"-Entscheidungen, in: DÖV 2020. S. 341ff.

Klein, H. H., Bundesverfassungsgericht und Staatsraison, 1968 (zit.: BVerfG)
- *ders.*, Probleme der Bindung des „einfachen Richters" an Entscheidungen des BVerfG, in: NJW 1977, S. 697 ff.
- *ders.*, Parteien sind gemeinnützig – das Problem der Parteienfinanzierung, in: NJW 1982, S. 735 ff.
- *ders.*, Verfassungsgerichtsbarkeit und Verfassungsstruktur, in: FS F. Klein, 1994, S. 511 ff.
- *ders.*, Der demokratische Grundrechtsstaat, in: Bitburger Gespräche, Jahrbuch 1995/I, S. 81 ff. (zit.: Grundrechtsstaat)
- *ders.*, Gedanken zur Verfassungsgerichtsbarkeit, in: FS Stern, 1997, S. 1135 ff.
- *ders.*, Bundesverfassungsgericht und Begründungszwang, in: FS H. Steinberger, 2002, S. 505 ff.
- *ders.*, Der Bundeswahlausschuss, in: ZG 2010, S. 151 ff.
- *ders.*, Vor- und Entstehungsgeschichte des Bundesverfassungsgerichts, 2018 (zit.: Entstehungsgeschichte).

Klein, H., Funktionell- und verfahrensrechtliche Probleme der Rechtssatzverfassungsbeschwerde, in: FS Zeidler, Band 2, 1987, S. 1325 ff.

Klein, K., Der Fall Görgülü – Ein Sorgerechtsstreit schreibt Rechtsgeschichte, 2010

Klein, O./Schneider, K., Art. 72 GG n. F. im Kompetenzgefüge der Föderalismusreform, in: DVBl. 2006, S. 1549 ff.

Klein, P., Rechtsschutz gegen die Nichtanerkennung als Partei bei Bundestagswahlen – Neues Verfahren, neue Chancen –, in: DÖV 2013, S. 584 ff.

Klein, T., Das Kopftuch im Klassenzimmer: konkrete, abstrakte, gefühlte Gefahr?, in: DÖV 2015, S. 464 ff.

Klement, J. H., Der Euro und seine Demokratie, in: ZG 2014, S. 169 ff.

Kleuker, M., Gesetzgebungsaufträge des Bundesverfassungsgerichts, 1993

Kloepfer, M., Ist die Verfassungsbeschwerde unentbehrlich?, in: DVBl. 2004, S. 676 ff.
- *ders.*, Parteienfinanzierung und NPD-Urteil – Zum Ausschluss der staatlichen Teilfinanzierung für verfassungsfeindliche Parteien, in: NVwZ 2017, S. 913 ff.

Kluth, W., Beweiserhebung und Beweiswürdigung durch das Bundesverfassungsgericht, in: NJW 1999, S. 3513 ff.
- *ders.*, Föderalismusreformgesetz, 2007
- *ders.*, Die erzwungene Verfassungsänderung: Das NPD-Urteil des Bundesverfassungsgerichts vom 17. Januar 2017 und die Reaktion des verfassungsändernden Gesetzgebers, in: ZParl 2017, S. 676 ff.

Kment, M., Verfassungsgerichtlicher Rechtsschutz von Gemeinden gegen Raumordnungspläne, in: DVBl. 2004, S. 214 ff.

Knauff, M., Das Verhältnis zwischen Bundesverfassungsgericht, Europäischem Gerichtshof und Europäischem Gerichtshof für Menschenrechte, in: DVBl. 2010, S. 533 ff.

Kneip, S., Rolle und Einfluss des Bundesverfassungsgerichts in international vergleichender Perspektive, in: ZfP 2013, S. 72 ff.

Knöpfle, F., Besetzung der Richterbank, insbesondere Richterausschließung und Richterablehnung, in: Starck, Chr. (Hrsg.), Bundesverfassungsgericht und Grundgesetz: Festgabe aus Anlass des 25 jährigen Bestehens des Bundesverfassungsgerichts, Band I, 1976, S. 142 ff. (zit.: Besetzung)
- *ders.*, Richterbestellung und Richterbank bei den Landesverfassungsgerichten, in: Starck, Chr./Stern, K. (Hrsg.), Landesverfassungsgerichtsbarkeit, Teilband 1, 1983, S. 231 ff.

Knops, K.-O., Erste Stimme im Konzert: Bundesverfassungsgericht und die Bindungskraft seiner Entscheidungen, in: KritVj 1997, S. 38 ff. (zit.: Richterbestellung)

Koch, A., Raus aus der Rechtsschutzklemme! Plädoyer für eine Reform des Rechtsschutzes gegen wahlrechtliche Entscheidungen vor Bundestagswahlen, in: ZRP 2011, S. 196 ff.

Koch, H.-J., Bundesverfassungsgericht und Fachgerichte. Eine Funktionsbestimmung auf begründungstheoretischer Basis, in: Erbguth, W. u. a. (Hrsg.), GS Jeand'Heur, 1999, S. 135 ff.

Koch, M. H., Zur Einführung eines Grundrechtskataloges im Vereinigten Königreich von Großbritannien und Nordirland, 1991

Koch, S., Die Wahl der Richter des BVerfG, in: ZRP 1996, S. 41 ff.

Koemm, M., Eine Bremse für die Staatsverschuldung? Verfassungsmäßigkeit und Justiziabilität des neuen Staatsschuldenrechts, 2011

Kohl, J., Die wissenschaftlichen Mitarbeiter und der Grundsatz des gesetzlichen Richters – oder ... und die anderen sieht man nicht, in: GS Nagelmann, 1984, S. 387 ff.

Kokott, J., Beweislastverteilung und Prognoseentscheidungen bei der Inanspruchnahme von Grund- und Menschenrechten, 1993 (zit.: Beweislastverteilung)

– *dies.*, Kontrolle der auswärtigen Gewalt, in: DVBl. 1996, S. 937ff.

Kommers, D. P., Die Verfassungsgerichtsbarkeit in den Gliedstaaten der Vereinigten Staaten von Amerika, in: Starck, Chr./Stern, K., Landesverfassungsgerichtsbarkeit, Teilband 1, 1983, S. 461ff.

– *ders.*, Can German Constitutionalism serve as a World Model for the United States?, in: ZaöRV 58 (1998), S. 787ff.

König, D., Das Urteil des Bundesverfassungsgerichts zum Vertrag von Maastricht – ein Stolperstein auf dem Weg in die europäische Integration?, in: ZaöRV 54 (1994), S. 17ff.

Kopp, F. O., Das Rechtliche Gehör in der Rechtsprechung des Bundesverfassungsgerichts, in: AöR 106 (1981), S. 604ff.

– *ders./Ramsauer, U.*, Verwaltungsverfahrensgesetz, 21. Auflage 2020

– *ders./Schenke, W.-R.*, Verwaltungsgerichtsordnung. Kommentar, 26. Auflage 2020

Korinek, K., Die Verfassungsgerichtsbarkeit im Gefüge der Staatsfunktionen, in: VVDStRL 39 (1981), S. 7ff.

– *ders.*, Besprechung zu Ebsen, I., Das Bundesverfassungsgericht als Element gesellschaftlicher Selbstregulierung; eine pluralistische Theorie der Verfassungsgerichtsbarkeit im demokratischen Verfassungsstaat, in: AöR 111 (1986), S. 440ff.

– *ders.*, Die Tatsachenermittlung im verfassungsgerichtlichen Verfahren, in: Stern, K. (Hrsg.), 40 Jahre Grundgesetz: Entstehung, Bewährung und internationale Ausstrahlung, 1990, S. 107ff. (zit.: Tatsachenermittlung)

Korioth, St., Die Bindungswirkung normverwerfender Entscheidungen des Bundesverfassungsgerichts für den Gesetzgeber, in: Der Staat 30 (1991), S. 549ff.

– *ders.*, Der Finanzausgleich zwischen Bund und Ländern, 1997 (zit.: Finanzausgleich)

– *ders.*, Monarchisches Prinzip und Gewaltenteilung – unvereinbar?, in: Der Staat 37 (1998), S. 27ff.

– *ders.*, Bundesverfassungsgericht und Rechtsprechung („Fachgerichte"), in: Badura, P./Dreier, H. (Hrsg.), Festschrift 50 Jahre Bundesverfassungsgericht, Band I, 2001, S. 55ff. (zit.: Fachgerichte)

– *ders.*, Maßstabgesetzgebung im bundesstaatlichen Finanzausgleich – Abschied von der „rein interessenbestimmten Verständigung über Geldsummen"?, in: ZG 2002, S. 335ff.

– *ders.*, Garantie der Verfassung oder Verfassungsrecht aus der Hand der Justiz – Richterliche Normenkontrolle in der Weimarer Republik, in: FS C. Link, 2003, S. 705ff.

– *ders.*, Leistungsträgerschaft und Kostentragung bei der Grundsicherung für Arbeitsuchende, in: DVBl. 2008, S. 812ff.

– *ders.*, Staatsrecht I. Staatsorganisationsrecht, 5. Auflage 2020

Kotzur, M., Der „Vergleich" im verfassungsgerichtlichen Verfahren, in: JZ 2003, S. 73ff.

Krämer, A., Anhörungsrüge und modifizierte Anhörungsrüge, in: KritVj 1998, S. 215ff.

– *ders.*, BVerfG – Quo vadis? Zum Bericht der Kommission zur Entlastung des BVerfG, in: AnwBl. 1999, S. 247ff.

Kranenpohl, U., Hinter dem Schleier des Beratungsgeheimnisses. Der Willensbildungs- und Entscheidungsprozeß des Bundesverfassungsgerichts, 2010

Krause, P., Die Rechtsprechung des Bundesverfassungsgerichts zum Privatrecht, in: JZ 1984, S. 656ff.

– *ders.*, Popularklage oder Geltendmachung eines grundrechtlichen Abwehranspruchs gegen verfassungswidrige Aufgabenwahrnehmung, in: NVwZ 1985, S. 87ff.

Krauss, F., Der Umfang der Prüfung von Zivilurteilen durch das Bundesverfassungsgericht, 1987

Krebs, W., Kontrolle in staatlichen Entscheidungsprozessen, 1984

Kreuder, Th., Praxisfragen der Zulässigkeit der Verfassungsbeschwerde, in: NJW 2001, S. 1243ff.

Kreutzberger, S., Die gesetzlich nicht geregelten Entscheidungsvarianten des Bundesverfassungsgerichts, 2007

Kriele, M., Abtreibung und Grundgesetz, in: JZ 1975, S. 222ff.

– *ders.*, § 218 StGB nach dem Urteil des Bundesverfassungsgerichts, in: ZRP 1975, S. 73ff.

– *ders.*, Recht und Politik in der Verfassungsrechtsprechung, in: NJW 1976, S. 777ff.

– *ders.*, Theorie der Rechtsgewinnung, 2. Auflage 1976 (zit.: Theorie)

Kröger, K., Richterwahl, in: Starck, Chr. (Hrsg.), Bundesverfassungsgericht und Grundgesetz: Festgabe aus Anlass des 25 jährigen Bestehens des Bundesverfassungsgerichts, Band I, 1976, S. 76ff.

Kroitzsch, H., Wegfall der Begründungspflicht – Wandel der Staatsform der Bundesrepublik, in: NJW 1994, S. 1032ff.

Kruis, K., Einige Gedanken über die bündische Sorge für das Grundgesetz, in: FS Lerche, 1993, S. 475ff.

Kube, H., Die Bindungswirkung der Normverwerfung, in: DÖV 2002, S. 737ff.

– *ders.*, Affront oder Wegweisung? – Die EZB-Entscheidung des Bundesverfassungsgerichts, in: DVBl. 2020, S. 1161 ff.

Kübler, Fr., Privatrecht und Demokratie, in: FS Raiser, 1974, S. 717 ff.

Kühling, J., Grundrechte, in: v. Bogdandy, A./Bast, J. (Hrsg.), Europäisches Verfassungsrecht: Theoretische und dogmatische Grundzüge, 2. Aufl. 2009, S. 659 ff.

– *ders.*, Das „Recht auf Vergessenwerden" vor dem BVerfG – November(r)evolution für die Grundrechtsarchitektur im Mehrebenensystem, in: NJW 2020, S. 275 ff.

Kühne, J.-D., Die Reichsverfassung der Paulskirche, 1985

Kühnert, H., Das Geheimnis richterlicher Urteilsfindung. Zu einem Buch über das Karlsruher Sondervotum und zur Zukunft des Bundesverfassungsgerichts, in: NJ 1992, S. 473 ff.

Kunig, Ph., Parteien, in: Isensee, J./Kirchhof, P. (Hrsg.), Handbuch des Staatsrechts der Bundesrepublik Deutschland, Band III, 3. Auflage 2005, § 40, S. 297 ff. (zit.: HStR III)

– *ders.*, Die rechtsprechende Gewalt in den Ländern und die Grundrechte des Landesverfassungsrechts, in: NJW 1994, S. 687 ff.

– *ders.*, Verfassungsrecht und einfaches Recht – Verfassungsgerichtsbarkeit und Fachgerichtsbarkeit, in: VVDStRL 61 (2002), S. 34 ff.

Küster, O., Das Gewaltenproblem im modernen Staat, in: AöR 75 (1949), S. 397 ff.

Laband, P., Deutsches Reichsstaatsrecht, 7. Auflage 1919

Ladeur, K.-H., Das Bundesverfassungsgericht und die Entwicklung des Verfassungssystems der Bundesrepublik Deutschland, in: Demokratie und Recht 11 (1983), S. 10 ff.

– *ders.*, Das Bundesverfassungsgericht als „Bürgergericht"?, in: Rechtstheorie 31 (2000), S. 67 ff.

– *ders.*, Grundrechtsschutz im europäischen Mehrebenensystem durch das BVerfG, insbesondere der Grundrechtsschutz der Betreiber von Suchmaschinen, in: WRP 2020, S. 139 ff.

Lammers, H. H./Simons, W., Die Rechtsprechung des Staatsgerichtshofs, 6 Bände, 1929–1939

Lamprecht, R., Richter contra Richter, 1992 (zit.: Richter)

– *ders.*, Oligarchie in Karlsruhe: Über die Erosion der Gewaltenteilung, in: NJW 1994, S. 3272 ff.

– *ders.*, Karlsruher Lotterie?, in: NJW 2000, S. 3543 ff.

– *ders.*, Ist das BVerfG noch gesetzlicher Richter?, in: NJW 2001, S. 419 ff.

– *ders.*, Bewusstseinswandel durch Rechtsprechung – Karlsruher Urteile als Lektionen in Staatsbürgerkunde, in: NJW 2001, S. 2942 ff.

– *ders.*, Ich gehe bis nach Karlsruhe, 2011

– *ders.* „Ehrenkodex" für die obersten Richter der Republik – Warum sie um ihren guten Ruf besorgt sein müssen, in: NJW 2017, S. 1156 ff.

Landfried, Chr., Bundesverfassungsgericht und Gesetzgeber, 1984 (zit.: BVerfG)

– *dies.* (Hrsg.), Constitutional Review and Legislation, 1988 (zit.: Constitutional Review)

Lang, H., Wo kein Kläger, da acht Richter, in: DÖV 1999, S. 624 ff.

– *ders.*, Zur Effizienz des Rechtsschutzes in getrennten Verfassungsräumen, in: DÖV 1999, S. 712 ff.

Lange, F., Stärkung von Verfassungsgerichtsbarkeit und Grundrechten in Frankreich, in: DVBl. 2008, S. 1427 ff.

– *ders.*, Der Dehler-Faktor – Die widerwillige Akzeptanz des Bundesverfassungsgerichts durch die Staatsrechtslehre, in: Der Staat 56 (2017), S. 77 ff.

Lange, K., Rechtskraft, Bindungswirkung und Gesetzeskraft der Entscheidungen des Bundesverfassungsgerichts, in: JuS 1978, S. 1 ff.

– *ders.*, Kontrolle bundesrechtlich geregelter Verfahren durch Landesverfassungsgerichte?, in: NJW 1998, S. 1278 ff.

– *ders.*, Das Bundesverfassungsgericht und die Landesverfassungsgerichte, in: Badura, P./Dreier, H. (Hrsg.), Festschrift 50 Jahre Bundesverfassungsgericht, Band I, 2001, S. 289 ff. (zit.: BVerfG)

Lange, P., Darlegungs- und Substantiierungspflichten im Verfassungsbeschwerdeverfahren, 2011

– *ders.*, Auf der Suche nach dem idealen Beschwerdeführer, in: ZRP 2017, S. 18 ff.

Lange, U., Teilung und Trennung der Gewalten bei Montesquieu, in: Der Staat 19 (1980), S. 213 ff.

Langer, St., Staatshaftung für Waldschäden wegen Verletzung grundrechtlicher Schutzpflichten?, in: NVwZ 1987, S. 195 ff.

Lantermann, J., Die Ablehnung einer einstweiligen Anordnung nach § 32 BVerfGG, in: NVwZ 2018, S. 624 ff.

Lapp, Th., Vorbeugender Rechtsschutz gegen Normen, 1994

Laufer, H., Verfassungsgerichtsbarkeit und politischer Prozeß, 1968

Laumen, S., Die Vollstreckungskompetenz nach § 35 BVerfGG, 1997
Lechner, H./Zuck, R., Bundesverfassungsgerichtsgesetz. Kommentar, 8. Auflage 2019
Lee, Ch.-L., Die Verfassungsgerichtsbarkeit und Grundrechtsentwicklung in Taiwan (1949–1999) im Vergleich mit Deutschland, in: Starck, Chr. (Hrsg.), Staat und Individuum im Kultur- und Rechtsvergleich, 2000, S. 135 ff.
Lee, K.-Ch., Schonung des Gesetzgebers bei Normenkontrollentscheidungen durch das Bundesverfassungsgericht, Diss. iur. Göttingen, 1993
Leibholz, G., Die Gleichheit vor dem Gesetz, 2. Auflage 1959 (zit.: Gleichheit)
– *ders.,* Der Status des Bundesverfassungsgerichts, in: JöR 6 (1957), S. 109 ff. (auch in: Häberle, P. [Hrsg.], Verfassungsgerichtsbarkeit, 1976, S. 224 ff.)
Leisner, W., Der Bund-Länder-Streit vor dem Bundesverfassungsgericht, in: Starck, Chr., Bundesverfassungsgericht und Grundgesetz: Festgabe aus Anlass des 25 jährigen Bestehens des Bundesverfassungsgerichts, Band I, 1976, S. 260 ff.
– *ders.,* Steuer- und Eigentumswende – die Einheitswert-Beschlüsse des Bundesverfassungsgerichts, in: NJW 1995, S. 2591 ff.
Lembcke, O., Hüter der Verfassung, 2007
– *ders.,* Das Bundesverfassungsgericht und die Regierung Adenauer – vom Streit um den Status zur Anerkennung der Autorität, in: van Ooyen, R. Chr./Möllers, M. H. W. (Hrsg.), Handbuch Bundesverfassungsgericht im politischen System, 2. Auflage 2015, S. 231 ff.
Lembke, U., Einheit aus Erkenntnis? Zur Unzulässigkeit der verfassungskonformen Gesetzesauslegung als Methode der Normkompatibilisierung durch Interpretation, 2009
Lemhöfer, B., Landesverfassungsgerichte als kleine Bundesverfassungsgerichte?, in: NJW 1996, S. 1714 ff.
Lenz, Chr./Hansel, R., Bundesverfassungsgerichtsgesetz. Handkommentar, 3. Auflage 2020 (zit.: BVerfGG)
Lepsius, O., Der Hüter der Verfassung – Demokratietheoretisch betrachtet, in: Beaud, O. u. a. (Hrsg.), Der Weimarer Streit um den Hüter der Verfassung und die Verfassungsgerichtsbarkeit. Edition Panthéon Assas, Paris 2007, S. 103 ff. (zit.: Der Hüter der Verfassung)
– *ders.,* Zur Bindungswirkung von Verfassungsgerichtsentscheidungen, in: Scholz, R. u. a. (Hrsg.), Realitätsprägung durch Verfassungsrecht. Kolloquium aus Anlass des 80. Geburtstages von Peter Lerche, 2008, S. 103 ff. (zit.: Bindungswirkung)
– *ders.,* Die maßstabsetzende Gewalt, in: Jestaedt, M./Lepsius, O./Möllers, Chr./Schönberger, Chr., Das entgrenzte Gericht. Eine kritische Bilanz nach sechzig Jahren Bundesverfassungsgericht, 2011, S. 159 ff.
– *ders.,* Zur Neubegründung des Rückwirkungsverbots aus der Gewaltenteilung, Besprechung von BVerfG, Beschluss vom 17. Dezember 2013 – 1 BvL 5/08, in: JZ 2014, S. 488 ff.
– *ders.,* Versammlungsrecht und gesellschaftliche Integration, in: Doering-Manteuffel, A./Greiner, B./ders. (Hrsg.), Der Brokdorf-Beschluss, 2015, S. 113 ff.
– *ders.,* La Cour, c'est moi – Zur Personalisierung der (Verfassungs-)Gerichtsbarkeit im Vergleich Deutschland – England – USA, in: JöR 64 (2016), S. 123 ff.
Lerche, P., Das Bundesverfassungsgericht und die Verfassungsdirektiven, in: AöR 90 (1965), S. 341 ff.
– *ders.,* Grundrechtsverständnis und Normenkontrolle in Deutschland, in: Vogel, K. (Hrsg.), Grundrechtsverständnis und Normenkontrolle, 1979, S. 24 ff.
– *ders.,* Aspekte verfassungsrechtlicher Subsidiarität in Deutschland und Österreich, in: FS Juristische Gesellschaft zu Berlin, 1984, S. 369 ff.
– *ders.,* Antragsbefugnis bei der verfassungsgerichtlichen Normenkontrolle und politisches Kalkül, in: FS Jauch, 1990, S. 121 ff.
– *ders.,* Das Bundesverfassungsgericht als Notgesetzgeber, insbesondere im Blick auf das Recht des Schwangerschaftsabbruchs, in: FS Gitter, 1995, S. 509 ff.
– *ders.,* Stil und Methode der verfassungsgerichtlichen Entscheidungspraxis, in: Badura, P./Dreier, H. (Hrsg.), Festschrift 50 Jahre Bundesverfassungsgericht, Band I, 2001, S. 333 ff. (zit.: Stil und Methode)
– *ders.,* Verfassungsgerichtsbarkeit in besonderen Situationen, 2001 (zit.: Verfassungsgerichtsbarkeit)
– *ders.,* Rechtswissenschaft und Verfassungsgerichtsbarkeit, in: BayVBl. 2002, S. 649 ff.
– *ders.,* Fragen des Bund-Länder-Streits, in: FS Selmer, 2004, S. 197 ff.
Le Sueur, A., The Conception of the UK's New Supreme Court, in: ders. (Hrsg.), Building the UK's New Supreme Court, 2004, S. 3 ff.
Ley, R., Die Erstbesetzung des Bundesverfassungsgerichts, in: ZParlR 13 (1982), S. 521 ff.
Limbach, J., Die Integrationskraft des Bundesverfassungsgerichts, in: dies., „Im Namen des Volkes". Macht und Verantwortung der Richter, 1999, S. 148 ff. (zit.: Integrationskraft)
– *dies.,* Wirkungen der Rechtsprechung des Bundesverfassungsgerichts, in: FS Dieterich, 1999, S. 337 ff.

– *dies.*, Die Kooperation der Gerichte in der zukünftigen europäischen Grundrechtsarchitektur, in: EuGRZ 2000, S. 417ff.
– *dies.*, Das Bundesverfassungsgericht und der Grundrechtsschutz in Europa, in: NJW 2001, S. 2913ff.
Lincke, D., Die Bedeutung der „Eingriffsintensität" für den Umfang der Nachprüfung gerichtlicher Entscheidungen durch das Bundesverfassungsgericht, in: EuGRZ 1986, S. 60ff.
Lindner, F. J., Zur Änderungs- und Freigabekompetenz des Bundesgesetzgebers nach Art. 125a II GG, in: NJW 2005, S. 399ff.
– *ders.*, Bayerisches Staatsrecht, 2011
– *ders.*, Bindung der Landesverfassungsgerichte an die Rechtsprechung des Bundesverfassungsgerichts, in: JZ 2018, S. 369ff.
– *ders.*, Bundesverfassung und Landesverfassung, in: AöR 2018, S. 437ff.
Link, Chr. (Hrsg.), Der Gleichheitssatz im modernen Verfassungsstaat, 1982
Linke, T., Revolutionäres zur Subsidiarität der Verfassungsbeschwerde?, in: NJW 2005, S. 2190ff.
– *ders.*, Verbotsunwürdige Verfassungsfeinde, streitbare, aber wertarme Demokratie und problematische Sanktionsalternativen – Anmerkungen zum Urteil des Zweiten Senats des Bundesverfassungsgerichts vom 17. Januar 2017, in: DÖV 2017, S. 483ff.
Lohse, E. J., Die „Entscheidungserheblichkeit" gemäß Art. 267 Abs. 1 AEUV als Instrument des Bundesverfassungsgerichts zur Steuerung von Vorabentscheidungsersuchen, in: Der Staat 53 (2014), S. 633ff.
Lorenz, D., Der Organstreit vor dem Bundesverfassungsgericht, in: Starck, Chr. (Hrsg.), Bundesverfassungsgericht und Grundgesetz: Festgabe aus Anlass des 25 jährigen Bestehens des Bundesverfassungsgerichts, Band I, 1976, S. 225ff. (zit.: Organstreit)
– *ders.*, Die Kontrolle von Tatsachenentscheidungen und Prognoseentscheidungen insbesondere in den Neugliederungsverfahren, in: Starck, Chr./Stern, K. (Hrsg.), Landesverfassungsgerichtsbarkeit, Teilband 3, 1983, S. 193ff. (zit.: Kontrolle)
Lorz, R. A., Interorganrespekt im Verfassungsrecht, 2001
– *ders.*, Fallrepetitorium Europarecht, 2006
Löwer, W., Die Antragsbefugnis im verwaltungsprozessualen Normenkontrollverfahren, in: NJW 1979, S. 1265ff.
– *ders.*, Cessante ratione legis cessat ipsa lex, 1989 (zit.: Cessante ratione)
– *ders.*, Steuerpflicht trotz verfassungswidriger Steuernormen?, in: StVj 1991, S. 97ff.
– *ders.*, Kontrolldichte im Prüfungsrecht nach dem Maßstab des Bundesverfassungsgerichts, in: FS Redeker, 1993, S. 515ff.
– *ders.*, Kritische Anmerkungen zum Beschluss des Verfassungsgerichtshofes des Landes Berlin in Sachen Honecker, in: SächsVBl. 1993, S. 73ff.
– *ders.*, Zuständigkeiten und Verfahren des Bundesverfassungsgerichts, in: Isensee, J./Kirchhof, P. (Hrsg.), Handbuch des Staatsrechts der Bundesrepublik Deutschland, Band III, 3. Auflage 2005, § 70, S. 1285ff. (zit.: HStR III)
– *ders.*, Feststellung, Sicherung und Durchsetzung des Verfassungsrechts – raison d'être des Bundesverfassungsgerichts, in: Hillgruber, Chr. (Hrsg.), Einigkeit und Recht und Freiheit, 2008, S. 39ff. (zit.: Feststellung, Sicherung und Durchsetzung der Verfassung)
Lovens, S., Bundesverfassungsrichter zwischen freier Meinungsäußerung, Befangenheit und Verfassungsorgantreue, 2009
Ludwigs, M., Scherbenhaufen oder Chance?, in: EuZW 2020, S. 530ff.
– *ders./Sikora, P.*, Der Vorrang des Unionsrechts unter Kontrollvorbehalt des BVerfG, in: EWS 2016, S. 121ff.
Lübbe-Wolff, G., Substantiierung und Subsidiarität der Verfassungsbeschwerde. Die Zulässigkeitsrechtsprechung des Bundesverfassungsgerichts, EuGRZ 2004, S. 669ff.
– *dies.*, Die erfolgreiche Verfassungsbeschwerde – wie man das Unwahrscheinliche wahrscheinlicher macht, in: AnwBl. 2005, S. 509ff.
– *dies.*, Wie funktioniert das Bundesverfassungsgericht?, 2015
Lücke, J., Die stattgebende Entscheidung im verfassungsgerichtlichen Organstreitverfahren und ihre Konsequenzen, in: JZ 1983, S. 380ff.
– *ders.*, Begründungszwang und Verfassung, 1987 (zit.: Begründungszwang)
Luetjohann, E., Nicht-normative Wirkungen des Bundesverfassungsgerichts, 1991
Lundmark, T., Stare decisis vor dem Bundesverfassungsgericht, in: Rechtstheorie 28 (1997), S. 315ff.

Maatsch, A., Die Annahme der Verfassungsbeschwerde zur Entscheidung, in: Emmenegger, S./Wiedmann, A. (Hrsg.), Linien der Rechtsprechung des Bundesverfassungsgerichts – erörtert von den wissenschaftlichen Mitarbeitern, Bd. 2, 2011, S. 31ff.
Magiera, S., Parlament und Staatsleitung in der Verfassungsordnung des Grundgesetzes, 1979
Mahrenholz, E. G., Kammerbeschlüsse – Nichtannahmegebühren – Neue Institute im Verfassungsbeschwerdeverfahren, in: FS Zeidler, Band 2, 1987, S. 1361ff.
– *ders.*, Verfassungsinterpretation aus praktischer Sicht, in: FS Hesse, 1990, S. 53ff.
– *ders.*, Das richterliche Sondervotum, in: Hoppe, W. u. a. (Hrsg.), Rechtsprechungslehre – 2. Internationales Symposium Münster 1988, 1992, S. 167ff. (zit.: Sondervotum)
– *ders.*, Zur Funktionsfähigkeit des BVerfG, in: ZRP 1997, S. 129ff.
Majer, D., Verfassungsgerichtsbarkeit und Bund-Länder-Konflikte, 1981 (zit.: Verfassungsgerichtsbarkeit)
– *ders.*, Die Auswahl der Verfassungsrichter in Westeuropa und in den USA, in: Jenny, G. u. a. (Hrsg.), Die Schweizerische Rechtsordnung in ihren internationalen Bezügen, Festgabe zum Schweizerischen Juristentag 1988, S. 177ff. (zit.: Auswahl)
Mangold, A. K., Gemeinschaftsrecht und deutsches Recht. Die Europäisierung der deutschen Rechtsordnung in historisch-empirischer Sicht, 2011
v. Mangoldt, H./Klein, F./Starck, Chr. (Hrsg.), Kommentar zum Grundgesetz, Band 1 (Art. 1–19), Band 3 (Art. 83–146), 7. Auflage 2018
Mannefeld, L.-K., Verfassungsrechtliche Vorgaben für die europäische Integration, 2017
Marsch, N., Die objektive Funktion der Verfassungsbeschwerde, in: AöR 137 (2012), S. 592ff.
– *ders.*, Verfassungsgerichtsbarkeit, in: ders./Vilain, Y./Wendel, M. (Hrsg.), Französisches und deutsches Verfassungsrecht, 2015, S. 275ff.
Masing, J., Einheit und Vielfalt des Europäischen Grundrechtsschutzes, in: JZ 2015, S. 477ff.
Matz-Lück, N./Hong, M. (Hrsg.), Grundrechte und Grundfreiheiten im Mehrebenensystem – Konkurrenzen und Interferenzen, 2011
Maunz, Th., Das verfassungswidrige Gesetz, in: BayVBl. 1980, S. 513ff.
– *ders./Dürig, G.*, Grundgesetz. Kommentar, Stand: August 2020 (zit.: GG)
– *ders./Schmidt-Bleibtreu, B./Klein, F./Bethge, H.*, Bundesverfassungsgerichtsgesetz. Kommentar, Stand: Januar 2020 (zit.: BVerfGG)
Maurer, H., Das richterliche Prüfungsrecht zur Zeit der Weimarer Verfassung, in: DÖV 1963, S. 683ff.
– *ders.*, Zur Verfassungswidrigerklärung von Gesetzen, in: FS W. Weber, 1974, S. 345ff.
– *ders.*, Die Rechtsstellung der politischen Parteien, in: JuS 1991, S. 881ff.
– *ders.*, Die politischen Parteien im Prozeß, in: JuS 1992, S. 296ff.
– *ders.*, Die Verfassungsgewähr im konstitutionellen Staatsrecht des 19. Jahrhunderts, in: FS Chr. Link, 2003, S. 725ff.
– *ders.*, Der verfassungsrechtliche Rechtsschutz der Gemeinden, politischen Parteien und Kirchen, in: FS Chr. Starck, 2007, S. 335ff.
– *ders.*, Die Entwicklung der Verfassungsgerichtsbarkeit, in: FS W. Frotscher, 2007, S. 45ff.
– *ders.*, Staatsrecht I, 6. Auflage 2010
Mayer, F. C., Kompetenzüberschreitung und Letztentscheidung, 2000
– *ders.*, Zurück zur Rechtsgemeinschaft: Das OMT-Urteil des EuGH, in: NJW 2015, S. 1999ff.
– *ders.*, Der Ultra vires-Akt, in: JZ 2020, S. 725ff.
Meessen, K. M., Das Mitbestimmungsurteil des Bundesverfassungsgerichts, in: NJW 1979, S. 833ff.
Meinel, F., Chancengleichheit oder Kooptation? Der Zugang kleiner Parteien zur Bundestagswahl, in: ZParl 2010, S. 67ff.
– *ders.* (Hrsg.), Verfassungsgerichtsbarkeit in der Bonner Republik, 2019.
Mendes, G. F., Die abstrakte Normenkontrolle vor dem Bundesverfassungsgericht und dem brasilianischen Supremo Tribunal Federal, 1991
Menzel, E./Ipsen, K., Völkerrecht: ein Studienbuch, 2. Auflage 1979 (zit.: Völkerrecht)
Menzel, J., Verfahrensgrundrechte vor Landesverfassungsgerichten – Noch ein Kooperationsverhältnis?, in: NVwZ 1999, S. 1314ff.
Merkel, C. T., Die einstweilige Anordnung des Bundesverfassungsgerichtsgesetzes und die staatsrechtliche Verantwortung des Bundesverfassungsgerichts, Diss. iur. Heidelberg, 1975
Merli, F., Rechtsprechungskonkurrenz zwischen nationalen Verfassungsgerichten, Europäischem Gerichtshof und Europäischem Gerichtshof für Menschenrechte, in: VVDStRL 66 (2007), S. 392ff.
Merten, D., Die Rechtsprechung des Bundesverwaltungsgerichts auf dem Prüfstand des Bundesverfassungsgerichts, in: DVBl. 1978, S. 562ff.

- *ders.*, Demokratischer Rechtsstaat und Verfassungsgerichtsbarkeit, in: DVBl. 1980, S. 773ff.
- *ders.*, Aktuelle Probleme der Verfassungsgerichtsbarkeit in der Bundesrepublik Deutschland und in Österreich, in: FS Melichar, 1983, S. 107ff.
- *ders.*, Optimale Methodik der Gesetzgebung als Sorgfalts- oder Verfassungspflicht?, in: Hill, H. (Hrsg.), Zustand und Perspektiven der Gesetzgebung, 1989, S. 81ff. (zit.: Methodik)
- *ders.*, Verfassungsrechtliche Anforderungen an Stil und Methode der Gesetzgebung im modernen Sozialstaat, in: v. Maydell, B. (Hrsg.), Probleme sozialpolitischer Gesetzgebung: das Beispiel des Gesundheitsreformgesetzes, 1991, S. 51ff. (zit.: Anforderungen)

Merten, H., Nach der Wahl ist vor der Wahl. Funktionen der Parteien bei der Wahlvorbereitung und deren Kontrolle, in: JöR N.F. 67 (2019), S. 107ff.

Mestmäcker, E.-J., Im Schatten des Leviathan. Anmerkungen zum Lissabon-Urteil des BVerfG vom 30.6.2009, in: Hatje, A./Terhechte, J. P. (Hrsg.), Grundgesetz und europäische Integration. Die Europäische Union nach dem Lissabon-Urteil des Bundesverfassungsgerichts, EuR Beiheft 1/2010, S. 35ff.

Meyer, H., Zur Regierbarkeit der parlamentarischen Demokratie, in: Zur Regierbarkeit der parlamentarischen Demokratie, Cappenberger Gespräche der Freiherr-Vom-Stein-Gesellschaft e.V., Band 14, 1979, S. 75ff.

- *ders.*, Anmerkung zu BVerfG DÖV 1983, S. 236ff., in: DÖV 1983, S. 243ff.
- *ders.*, Bewährung und Bewahrung der Verfassung. Ein Symposion zu Ehren Ernst Friesenhahns, in: AöR 108 (1983), S. 288ff.
- *ders.*, Parteienstaatlichkeit – Krisensymptome des demokratischen Verfassungsstaats?, in: VVDStRL 44 (1986), S. 130ff.
- *ders.*, Die Föderalismusreform 2006 – Konzeption, Kommentar, Kritik, 2008

Meyer, S., Erweiterter bundesverfassungsgerichtlicher Rechtsschutz nach einer Unvereinbarerklärung, in: JZ 2012, S. 434ff.

Meyn, K.-U., Kontrolle als Verfassungsprinzip: Problemstudie zu einer legitimationsorientierten Theorie der politischen Kontrolle in der Verfassungsordnung des Grundgesetzes, 1982

Miebach, M., Zur Willkür- und Abwägungskontrolle des Bundesverfassungsgerichts bei der Verfassungsbeschwerde gegen Gerichtsurteile, 1990

Millgramm, K.-H., Mehrfachvorlagen und konkrete Normenkontrolle gemäß Art. 100 I GG, in: Jura 1983, S. 354ff.

- *ders.*, Separate Opinion und Sondervotum, 1985

Möllers, Chr., Dogmatik der grundgesetzlichen Gewaltengliederung, in: AöR 132 (2007), S. 494ff.

- *ders.*, Legalität, Legitimität und Legitimation des Bundesverfassungsgerichts, in: Jestaedt, M./Lepsius, O./Möllers, Chr./Schönberger, Chr., Das entgrenzte Gericht. Eine kritische Bilanz nach sechzig Jahren Bundesverfassungsgericht, 2011, S. 159ff.
- *ders.*, Von der Kernbereichsgarantie zur exekutiven Notstandsprärogative: zum BND-Sektoren-Beschluss des BVerfG, in: JZ 2017, S. 271ff.

Möllers, T. M. J., Das PSPP-Urteil des BVerfG und die Europäische Rechtsunion, in: EuZW 2020, S. 503ff.

Moench, C., Verfassungswidriges Gesetz und Normenkontrolle, 1977

Morlok, M., Parteiverbot als Verfassungsschutz – Ein unauflösbarer Widerspruch?, in: NJW 2001, S. 2931ff.

- *ders.*, Parteiengesetz, 2. Auflage 2013
- *ders.*, Kein Geld für verfassungsfeindliche Parteien?, in: ZRP 2017, S. 66ff.
- *ders./Bäcker, A.*, Zugang verweigert: Fehler und fehlender Rechtsschutz im Wahlzulassungsverfahren, in: NVwZ 2011, S. 1153ff.

Mosler, H., Die auswärtige Gewalt im Verfassungssystem der Bundesrepublik Deutschland, in: FS Bilfinger, 1954, S. 243ff.

- *ders.*, Das Heidelberger Kolloquium über Verfassungsgerichtsbarkeit, Ziele – Methode – Ergebnis, in: ders. (Hrsg.), Verfassungsgerichtsbarkeit in der Gegenwart: Länderberichte und Rechtsvergleichung, 1962, S. IX ff. (zit.: Kolloquium)
- *ders.* (Hrsg.), Verfassungsgerichtsbarkeit in der Gegenwart. Länderberichte und Rechtsvergleichung, 1962 (zit.: Verfassungsgerichtsbarkeit)

Mößlang, G., Ist der EuGH als gesetzlicher Richter i. S. des Art. 101 I 2 GG in Frage gestellt?, in: EuZW 1996, S. 69ff.

Möstl, M., Probleme der verfassungsprozessualen Geltendmachung gesetzgeberischer Schutzpflichten, in: DÖV 1998, S. 1029ff.

– *ders.*, Landesverfassungsrecht – zum Schattendasein verurteilt?, in: AöR 130 (2005), S. 350ff.
– *ders.*, Bundesverfassungsrecht als Prüfungsmaßstab der Landesverfassungsgerichte – Neues aus Karlsruhe?, in: BayVBl. 2017, S. 659ff.
Mückl, S., Kooperation oder Konfrontation? – Das Verhältnis zwischen Bundesverfassungsgericht und Europäischem Gerichtshof für Menschenrechte, in: Der Staat 44 (2005), S. 403ff.
– *ders.*, Die abstrakte Normenkontrolle vor dem Bundesverfassungsgericht gemäß Art. 93 I Nr. 2, 2a, §§ 13 Nr. 6, 6a, 76ff. BVerfGG, in: Jura 2005, S. 463ff.
Müller, G., Inhalt und Formen der Rechtsetzung als Problem der demokratischen Kompetenzordnung, 1979
Müller, J. P., Die Verfassungsgerichtsbarkeit im Gefüge der Staatsfunktionen, in: VVDStRL 39 (1981), S. 53ff.
Müller, M. W., Der Ausschluss von der staatlichen Finanzierung als milderes Mittel zum Parteiverbot – Zur Systematik von Art. 21 n. F.GG, in: DVBl. 2018, S. 1035ff.
Müller-Franken, S., Über den Umgang mit ungerügten Grundrechten bei der Verfassungsbeschwerde, in: DÖV 1999, S. 590ff.
– *ders.*, Beschränkungen der Wirksamkeit von Verfassungsgerichten durch Gesetze, in: AöR 2017, S. 276ff.
Müller-Terpitz, R., Rechtsverordnungen auf dem Prüfstand des Bundesverfassungsgerichts, in: DVBl. 2000, S. 232ff.
Münch, F., Das Verfahren des Bundesverfassungsgerichts nach Art. 100 II GG, in: JZ 1964, S. 163ff.
v. Münch, I./Kunig, Ph. (Hrsg.), Grundgesetz-Kommentar, Band 1 – Art. 1 bis 69, Band 2 – Art. 70 bis Art. 146 und Gesamtregister, 7. Auflage 2021
Murswiek, D., Der Umfang der verfassungsgerichtlichen Kontrolle staatlicher Öffentlichkeitsarbeit, in: DÖV 1982, S. 529ff.
– *ders.*, Art. 38 GG als Grundlage eines Rechts auf Achtung des unabänderlichen Verfassungskerns, in: JZ 2010, S. 702ff.
v. Mutius, A., Die abstrakte Normenkontrolle vor dem Bundesverfassungsgericht, in: Jura 1987, S. 534ff.

Nassall, W., Anhörungsrügengesetz – Nach der Reform ist vor der Reform, in: ZRP 2004, S. 164ff.
Neidhardt, H., Staatsverschuldung und Verfassung, 2010
Nellesen, S., Anforderungen an die Vollmacht für die Vertretung vor dem BVerfG, in: NJW 2020, S. 2444ff.
Nelson, C., Avoiding Constitutional Questions Versus Avoiding Unconstitutionality, Harvard Law Review Forum 128 (2015), 331ff.
Nettesheim, M., Die Zulässigkeit von Verfassungsbeschwerden und Richtervorlagen nach Art. 23 GG, in: NVwZ 2002, S. 932ff.
– *ders.*, Ein Individualrecht auf Staatlichkeit? Die Lissabon-Entscheidung des BVerfG, in: NJW 2009, S. 2867ff.
– *ders.*, Kompetenzdenken als Legitimationsdenken – Zur Ultra-vires-Kontrolle im rechtspluralistischen Umfeld, in: JZ 2014, S. 585ff.
– *ders.*, Das PSPP-Urteil des BVerfG – ein Angriff auf die EU?, in: NJW 2020, S. 1631ff.
Neutz, F., Verfassungsprozeßrecht – Untersuchung zur These von seiner Eigenständigkeit, Diss. iur. Mainz, 1990
Nickel, R., Zur Zukunft des Bundesverfassungsgerichts im Zeitalter der Europäisierung, in: JZ 2001, S. 625ff.
Nicolaysen, G., Das Lissabon-Urteil des Bundesverfassungsgerichts im Kontext der Europarechtsprechung des Bundesverfassungsgerichts, in: Hatje, A./Terhechte, J. P. (Hrsg.), Grundgesetz und europäische Integration. Die Europäische Union nach dem Lissabon-Urteil des Bundesverfassungsgerichts, EuR-Beiheft 1/2010, S. 9ff.
Niebler, E., Plenarentscheidungen des Bundesverfassungsgerichts gemäß § 16 BVerfGG, in: Badura, P. (Hrsg.), in: FS Lerche, 1993, S. 801ff.
Niemöller, M./Schuppert, G. F., Die Rechtsprechung des Bundesverfassungsgerichts zum Strafverfahrensrecht, in: AöR 107 (1982), S. 387ff.
Nierhaus, M./Rademacher, S., Die große Staatsreform als Ausweg aus der Föderalismusfalle?, in: LKV 2006, S. 385ff.
Notz, W., Ab wann können neue Parteien Organklage erheben?, in: Ellwein, T. u. a. (Hrsg.), Jahrbuch zur Staats- und Verwaltungswissenschaft 8 (1995), S. 245ff.

Nußberger, A., Verfassungsgerichtsbarkeit als Krönung des Rechtsstaats oder als Feigenblatt autoritärer Regime?, in: JZ 2010, S. 533ff.

Obermayer, K./Funke-Kaiser, M., Kommentar zum Verwaltungsverfahrensgesetz, 5. Auflage 2017
Oberndorfer, P., Demokratie und Verfassungsgerichtsbarkeit in Europa, in: Holubek, M. u. a. (Hrsg.), Dimensionen des modernen Verfassungsstaates, 2002, S. 105ff. (zit.: Verfassungsgerichtsbarkeit)
Oeter, S., Rechtsprechungskonkurrenz zwischen nationalen Verfassungsgerichten, Europäischem Gerichtshof und Europäischem Gerichtshof für Menschenrechte, in: VVDStRL 66 (2007), S. 361ff.
Ogorek, R., Richterliche Normenkontrolle im 19. Jahrhundert, in: ZNR 1989, S. 12ff.
Öhlinger, T., Unmittelbare Geltung und Vorrang des Gemeinschaftsrechts und die Auswirkung auf das verfassungsrechtliche Rechtsschutzsystem, in: FS Rill, 1995, S. 359ff.
– *ders.*, Die Entstehung und Entfaltung des österreichischen Modells der Verfassungsgerichtsbarkeit, in: FS L. Adamovich, 2002, S. 581ff.
Ohler, Chr., Herrschaft, Legitimation und Recht in der Europäischen Union, in: AöR 135 (2010), S. 153ff.
– *ders.*, Rechtliche Maßstäbe der Geldpolitik nach dem Gauweiler-Urteil des EuGH, in: NVwZ 2015, S. 1001ff.
v. Olshausen, H., Landesverfassungsbeschwerde und Bundesrecht, 1980
van Ooyen, R. Ch., Der Begriff des Politischen des Bundesverfassungsgerichts, 2005
– *ders.*, Die Funktion der Verfassungsgerichtsbarkeit in der pluralistischen Demokratie und die Kontroverse um den ‚Hüter der Verfassung', in: ders. (Hrsg.), Wer soll der Hüter der Verfassung sein?, 2008, S. VII ff. (zit.: Die Funktion der Verfassungsgerichtsbarkeit)
– *ders.*, Mit „Mangold" zurück zu „Solange II"? Das Bundesverfassungsgericht nach „Lissabon", in: Der Staat 50 (2011), S. 45ff.
– *ders.*, Das Bundesverfassungsgericht in der politischen Arena der Religionsgemeinschaften, in: RuP 55 (2019), S. 86ff.
– *ders.*, Die Staatstheorie des Bundesverfassungsgerichts und Europa, 8. Auflage 2020
– *ders.*, Das Politische der Verfassungsgerichtsbarkeit im Vergleich, 3. Auflage 2020
– *ders.*, Karlsruhe und die EU-Grundrechtecharta: ein „europafeindlicher" Rückfall hinter Solange II? Zu den Entscheidungen des Bundesverfassungsgerichts Recht auf Vergessen I und II, in: RuP 56 (2020), S. 190ff.
Ossenbühl, F., Die Kontrolle von Tatsachenfeststellungen und Prognoseentscheidungen durch das Bundesverfassungsgericht, in: Starck, Chr. (Hrsg.), Bundesverfassungsgericht und Grundgesetz: Festgabe aus Anlass des 25 jährigen Bestehens des Bundesverfassungsgerichts, Band I, 1976, S. 484ff. (zit.: Kontrolle)
– *ders.*, Verfassungsgerichtsbarkeit und Fachgerichtsbarkeit, in: FS H. P. Ipsen, 1977, S. 129ff.
– *ders.*, Aktuelle Probleme der Gewaltenteilung, in: DÖV 1980, S. 545ff.
– *ders.*, Richterliches Prüfungsrecht und Rechtsverordnungen, in: FS H. Huber, 1981, S. 283ff.
– *ders.*, Grundrechtsschutz im und durch Verfahrensrecht, in: FS Eichenberger, 1982, S. 183ff.
– *ders.*, Die verfassungsrechtliche Problematik der befristeten Arbeitsverträge im Wissenschaftsbereich, in: WissR 16 (1983), S. 201ff.
– *ders.*, Verfassungsrechtliche Grundfragen des Länderfinanzausgleichs gemäß Art. 107 II GG, 1984 (zit.: Grundfragen)
– *ders.*, Richterrecht im demokratischen Rechtsstaat: Rede zur Eröffnung des akademischen Jahres 1987/88 am 19. Oktober 1987, 1988 (zit.: Richterrecht)
– *ders.*, Weisungen des Bundes in der Bundesauftragsverwaltung, in: Der Staat 28 (1989), S. 31ff.
– *ders.*, Gedanken zur Kontrolldichte in der verwaltungsgerichtlichen Rechtsprechung, in: FS Redeker, 1993, S. 55ff.
– *ders.*, Abwägung im Verfassungsrecht, in: DVBl. 1995, S. 904ff.
– *ders.*, Bundesverfassungsgericht und Gesetzgebung, in: Badura, P./Dreier, H. (Hrsg.), Festschrift 50 Jahre Bundesverfassungsgericht, Band I, 2001, S. 33ff. (zit.: Gesetzgebung)
O'Sullivan, D., Neue Entwicklungen bei der materiellen Subsidiarität der Verfassungsbeschwerde, in: DVBl. 2005, S. 880ff.
Otto, R., (K)ein Rechtsbehelf gegen die Missbrauchsgebühr?, in: Scheffczyk, F./Wolter, K. (Hrsg.), Linien der Rechtsprechung des Bundesverfassungsgerichts – erörtert von den wissenschaftlichen Mitarbeiterinnen und Mitarbeitern, Bd. 4, 2017, S. 29ff.

Pache, E./Knauff, M., Zum grundrechtsgleichen Anspruch auf Rechtsschutz gegen den Richter, in: BayVBl. 2004, S. 385 ff.
Paeffgen, H.-U., Wozu dient der Strafprozeß und inwieweit darf ein Landesverfassungsgericht in ihn intervenieren?, in: NJ 1993, S. 152 ff.
Pahlke, A., Vorlagebeschlüsse an das Bundesverfassungsgericht durch konsentierten Einzelrichter?, in: DB 1997, S. 2454 ff.
Papier, H.-J., „Spezifisches Verfassungsrecht" und „einfaches Recht" als Argumentationsformel des Bundesverfassungsgerichts, in: Starck, Chr. (Hrsg.), Bundesverfassungsgericht und Grundgesetz: Festgabe aus Anlass des 25 jährigen Bestehens des Bundesverfassungsgerichts, Band I, 1976, S. 432 ff. (zit.: Verfassungsrecht)
– *ders.*, Das Mitbestimmungsurteil des Bundesverfassungsgerichts – Eine kritische Würdigung aus verfassungsrechtlicher Sicht, in: ZGR 1979, S. 444 ff.
– *ders.*, Die Stellung der Verwaltungsgerichtsbarkeit im demokratischen Rechtsstaat, 1979 (zit.: Stellung der Verwaltungsgerichtsbarkeit)
– *ders.*, Aktuelle Fragen der bundesstaatlichen Ordnung, in: NJW 2007, S. 2145 ff.
– *ders.*, Verhältnis des Bundesverfassungsgerichts zu den Fachgerichtsbarkeiten, in: DVBl. 2009, S. 473 ff.
Patzelt, W., Warum mögen die Deutschen ihr Verfassungsgericht so sehr?, in: van Ooyen, R. Chr./Möllers, M. H. W. (Hrsg.), Handbuch Bundesverfassungsgericht im politischen System, 2. Auflage 2015, S. 313 ff.
Pauli, L. K., Verfassungsrechtliche Grundlagenfragen zur Einführung einer Individualverfassungsbeschwerde in Nordrhein-Westfalen, in: DÖV 2019, S. 271 ff.
Pautsch, A., Prozessvertretung vor den Verfassungsgerichten durch Rechtslehrer an Fachhochschulen?, in: NJ 2016, S. 63 ff.
Pawlowski, S., Zum außerordentlichen Rechtsschutz gegen Urteile und Beschlüsse bei Verletzung des Rechts auf Gehör nach Art. 103 Abs. 1 GG durch die Zivilgerichtsbarkeit, 1994
Peifer, K.-N., Das Recht auf Vergessenwerden – ein neuer Klassiker vom Karlsruher Schlossplatz. Zugleich Besprechung von BVerfG „Recht auf Vergessen I und II", in: GRUR 2020, S. 34 ff.
Peine, F.-J., Normenkontrolle und Konstitutionelles System, in: Der Staat 22 (1983), S. 521 ff.
Pernice, I., Die dritte Gewalt im europäischen Verfassungsbund, in: EuR 1996, S. 27 ff.
– *ders.*, Das Verhältnis europäischer zu nationalen Gerichten im europäischen Verfassungsverbund, 2006
– *ders.*, Der Schutz nationaler Identität in der Europäischen Union, in: AöR 136 (2011), S. 185 ff.
– *ders.*, Machtspruch aus Karlsruhe: „Nicht verhältnismäßig? – Nicht verbindlich? – Nicht zu fassen …", in: EuZW 2020, S. 508 ff.
Pestalozza, Chr., „Noch verfassungsmäßige" und „bloß verfassungswidrige" Rechtslagen, in: Starck, Chr. (Hrsg.), Bundesverfassungsgericht und Grundgesetz: Festgabe aus Anlass des 25 jährigen Bestehens des Bundesverfassungsgerichts, Band I, 1976, S. 519 ff. (zit.: Rechtslagen)
– *ders.*, Die Richtervorlage im Eilverfahren – VG Würzburg, NJW 1976, 1651 und VGH Mannheim, DÖV 1976, 678, in: JuS 1978, S. 312 ff.
– *ders.*, Die Verwaltungsgerichtsbarkeit im Grenzbereich zur Verfassungsgerichtsbarkeit, in: NJW 1978, S. 1782 ff.
– *ders.*, Schlichte Aussetzung durch das Prozeßgericht wegen Normprüfungsverfahren vor dem Verfassungsgericht?, in: JuS 1981, S. 649 ff.
– *ders.*, Gesetzgebung im Rechtsstaat, in: NJW 1981, S. 2081 ff.
– *ders.*, Berlin ohne Verfassungsgericht, in: Starck, Chr./Stern, K. (Hrsg.): Landesverfassungsgerichtsbarkeit, Teilband 1, 1983, S. 183 ff. (zit.: Verfassungsgericht)
– *ders.*, Verfassungsprozeßrecht, 3. Auflage 1991
– *ders.*, Änderung des Bundesverfassungsgerichtsgesetzes, in: DWiR 1992, S. 426 ff.
– *ders.*, Das Bundesverfassungsgericht: Bonner Reform-Allerlei '98, in: JZ 1998, S. 1039 ff.
– *ders.*, Die wider Willen sperrende Bundeslücke bei der Sicherungsverwahrung, in: JZ 2004, S. 605 ff.
– *ders.*, Die echte Verfassungsbeschwerde, 2007 (zit.: Verfassungsbeschwerde)
Peters, A., Einführung in die Europäische Menschenrechtskonvention. Mit rechtsvergleichenden Bezügen zum deutschen Grundgesetz, 2003
Philippi, K. J., Tatsachenfeststellungen des Bundesverfassungsgerichts: ein Beitrag zur rational-empirischen Fundierung verfassungsgerichtlicher Entscheidungen, 1971
Picker, E., Richterrecht und Richterrechtsetzung, in: JZ 1984, S. 153 ff.
Pieper, S. U., Verfassungsrichterwahlen, 1998
Pieroth, B., Arbeitnehmerüberlassung unter dem Grundgesetz, 1982

– *ders.*, Der Wert der Auffangfunktion des Art. 2 I GG, in: AöR 115 (1990), S. 33ff.
– *ders./Aubel, T.*, Die Rechtsprechung des Bundesverfassungsgerichts zu den Grenzen richterlicher Entscheidungsfindung, in: JZ 2003, S. 504ff.
– *ders./Silberkuhl, P.* (Hrsg.), Die Verfassungsbeschwerde. Einführung, Verfahren, Grundrechte, 2008
Pießkalla, M., Das BVerfG-Urteil zum Staatsanleihekaufprogramm der EZB: Eine wichtige rote Linie, in: EuZW 2020, S. 538ff.
Pietzcker, J., Zur Inzidentverwerfung untergesetzlicher Rechtsnormen durch die vollziehende Gewalt, in: AöR 101 (1976), S. 374ff.
– *ders.*, Vorrang und Vorbehalt des Gesetzes, in: JuS 1979, S. 710ff.
– *ders.*, Verwaltungsverfahren zwischen Verwaltungseffizienz und Rechtsschutzauftrag, in: VVDStRL 41 (1983), S. 193ff.
– *ders.*, „Grundrechtsbetroffenheit" in der verwaltungsrechtlichen Dogmatik, in: FS Bachof, 1984, S. 131ff.
– *ders.*, Neuordnung des anwaltlichen Berufsrechts, in: NJW 1988, S. 513ff.
– *ders.*, Drittwirkung – Schutzpflicht – Eingriff, in: FS Dürig, 1990, S. 345ff.
– *ders.*, Richtervorlage im Eilverfahren?, in: Ipsen, J. u. a. (Hrsg.), Verfassungsrecht im Wandel, 1995, S. 623ff. (zit.: Richtervorlage)
– *ders.*, Organstreit, in: Badura, P./Dreier, H. (Hrsg.), Festschrift 50 Jahre Bundesverfassungsgericht, Band I, 2001, S. 587ff.
– *ders.*, Zuständigkeitsordnung und Kollisionsrecht im Bundesstaat, in: Isensee, J./Kirchhof, P. (Hrsg.), Handbuch des Staatsrechts der Bundesrepublik Deutschland, Band VI, 3. Auflage 2008, § 134, S. 515ff. (zit.: HStR VI)
– *ders./Pallasch, P.*, Verfassungswidrige Bundesverfassungsrichterwahl? – Ein Bericht über eine öffentlich-rechtliche Hausarbeit, in: JuS 1995, S. 511ff.
Pölters, St./Traut, J., Die ultra-vires-Kontrolle des BVerfG nach „Honeywell" – Neues zum Kooperationsverhältnis von BVerfG und EuGH?, in: EuR 2011, S. 580ff.
Pohle, A. P., Die Verfassungswidrigerklärung von Gesetzen, 1979
Polakiewicz, J., Die Verpflichtungen der Staaten aus den Urteilen des Europäischen Gerichtshofs für Menschenrechte, 1993
Polzin, M., Irrungen und Wirrungen um den pouvoir constituant. Die Entwicklung des Konzepts der Verfassungsidentität im deutschen Verfassungsrecht seit 1871, in: Der Staat 53 (2014), S. 61ff.
Posser, H., Die Subsidiarität der Verfassungsbeschwerde, 1993 (zit.: Subsidiarität)
– *ders.*, Zugangsschranken zum Bundesverfassungsgericht, in: FS D. Posser, 1997, S. 331ff.
Preuß, U. K., Politik aus dem Geiste des Konsenses, Zur Rechtsprechung des Bundesverfassungsgerichts, Merkur 41 (1987), S. 1ff.
Proelß, A., Bundesverfassungsgericht und überstaatliche Gerichtsbarkeit, 2014
Prütting, H. (Hrsg.), Das Caroline-Urteil des EGMR und die Rechtsprechung des Bundesverfassungsgerichts, 2005
Pusey, M. J., Charles Evans Hughes, Band 1, 1951
Püttner, G., Der schwierige Weg der Verfassungsgerichtsbarkeit, in: Festschrift Juristische Gesellschaft zu Berlin, 1984, S. 573ff.

Quaritsch, H., Verfassungsgerichtsbarkeit, Gesetzgebung und politische Führung, in: Schäfer, F./Roellecke, G., Verfassungsgerichtsbarkeit, Gesetzgebung und politische Führung, Cappenberger Gespräche der Freiherr-vom-Stein-Gesellschaft e.V., Band 15, 1980, S. 66ff.

Raabe, M., Grundrechtsschutz und gesetzgeberischer Einschätzungsspielraum: Ein Konstruktionsvorschlag, in: Grabenwarter, Chr. u. a. (Hrsg.), Allgemeinheit der Grundrechte und Vielfalt der Gesellschaft, 34. Tagung der wissenschaftlichen Mitarbeiterinnen und Mitarbeiter der Fachrichtung „Öffentliches Recht", 1994, S. 85ff.
Rath, Chr., Der Schiedsrichterstaat. Die Macht des Bundesverfassungsgerichts, 2013
Rau, Chr., Selbst entwickelte Grenzen in der Rechtsprechung des United States Supreme Court und des Bundesverfassungsgerichts, 1996
Rauber, J., Karlsruhe sehen und sterben: Verfassungsprozessuale Probleme beim Tod des Beschwerdeführers im Verfassungsbeschwerdeverfahren, in: DÖV 2011, S. 637ff.
Redeker, K., Verfahrensgrundrechte und Justizgewährungsanspruch, in: NJW 2003, S. 2956ff.

Reil, B., Reformüberlegungen zur Richtervorlage. Beitrag zur Funktionenverteilung zwischen Bundesverfassungsgericht und Fachgerichtsbarkeiten bei der Kontrolle des parlamentarischen Gesetzgebers, 2005
Rein, D. B., Das Normbestätigungsverfahren, 1991
Renck, L., Probleme der verwaltungsgerichtlichen Normenkontrolle, in: NJW 1980, S. 1022ff.
– *ders.*, Der Charakter des Verfahrens nach Art. 93 I Nr. 2a GG, in: JuS 2004, S. 770ff.
Rengeling, H.-W., Brauchen wir die Verfassungsbeschwerde auf Gemeinschaftsebene?, in: FS Everling, Band 2, 1995, S. 1187ff.
– *ders.*, Föderalismusreform und Gesetzgebungskompetenzen, in: DVBl. 2006, S. 1537ff.
Rennert, K., Die Verfassungswidrigkeit „falscher" Gerichtsentscheidungen, in: NJW 1991, S. 12ff.
Ress, G., Die „Einzelfallbezogenheit" in der Rechtsprechung des Europäischen Gerichtshofs für Menschenrechte, in: FS Mosler, 1983, S. 726ff.
– *ders.*, Wirkung und Beachtung der Urteile und Entscheidungen der Straßburger Konventionsorgane, in: EuGRZ 1996, S. 350ff.
Reutter, W. (Hrsg.), Landesverfassungsgerichte. Entwicklung – Aufbau – Funktionen, 2017 (zit.: Landesverfassungsgerichte)
Reyes y Ráfales, F. J., Bundesverfassungsgerichtliche Kontrolle der Europäischen Integration – Aktueller Stand, Grundsatzkritik, Reformvorschläge, in: ZEuS 2017, S. 119ff.
Riechelmann, F., Teilnichtige Gesetze, in: ZRph 7 (2009), S. 83ff.
Riedner, L./Müller, M. W., Grundrechte in Zeiten einer Pandemie – Ein Zwischenstand (März–August 2020), in: VR 2021, S. 87ff.
Ringhofer, K., Die österreichische Bundesverfassung mit Kommentar, 1977.
Risse, J., Der Bundeswahlausschuss, die Europawahl und die Bundestagswahl 2009, in: MIP 2010, S. 40ff.
Ritterspach, Th., Unvorgreifliche Gedanken zu Reformen im verfassungsgerichtlichen Verfahren, in: FS E. Stein, 1983, S. 285ff.
– *ders.*, Gedanken zum Sondervotum, in: FS Zeidler, Band 2, 1987, S. 1379ff.
Rivers, J., Menschenrechtsschutz im Vereinigten Königreich, in: JZ 2001, S. 127ff.
Robbers, G., Gerechtigkeit als Rechtsprinzip, 1980 (zit.: Gerechtigkeit)
– *ders.*, Die historische Entwicklung der Verfassungsgerichtsbarkeit, in: JuS 1990, S. 257ff.
– *ders.*, Verfassungsprozessuale Probleme in der öffentlich-rechtlichen Arbeit, in: JuS 1993, S. 737ff.
– *ders.*, Für ein neues Verhältnis zwischen Bundesverfassungsgericht und Fachgerichtsbarkeit, in: NJW 1998, S. 935ff.
– *ders.*, Verfassungsprozessuale Probleme in der öffentlich-rechtlichen Arbeit, 2. Auflage 2005 (zit.: Probleme)
Rodi, M., Vorlageentscheidungen, gesetzlicher Richter und Willkür, in: DÖV 1989, S. 750ff.
Roellecke, G., Unbegründete einstweilige Anordnungen des Bundesverfassungsgerichts?, in: JZ 1975, S. 244ff.
– *ders.*, Die Bindung des Richters an Gesetz und Verfassung, in: VVDStRL 34 (1976), S. 7ff.
– *ders.*, Prinzipien der Verfassungsinterpretation in der Rechtsprechung des Bundesverfassungsgerichts, in: Starck, Chr. (Hrsg.), Bundesverfassungsgericht und Grundgesetz: Festgabe aus Anlass des 25 jährigen Bestehens des Bundesverfassungsgerichts, Band II, 1976, S. 22ff. (zit.: Prinzipien)
– *ders.*, Verfassungsgerichtsbarkeit, Gesetzgebung und politische Führung, in: Schäfer, F./ders., Verfassungsgerichtsbarkeit, Gesetzgebung und politische Führung, Cappenberger Gespräche der Freiherr-vom-Stein-Gesellschaft e.V., Band 15, 1980, S. 24ff. (zit.: Gesetzgebung)
– *ders.*, Verfassungsgerichtsbarkeit zwischen Recht und Politik in Spanien und der Bundesrepublik Deutschland, in: KritVj 1991, S. 74ff.
– *ders.*, Das Ansehen des Bundesverfassungsgerichts und die Verfassung, in: Piazolo, M. (Hrsg.), Das Bundesverfassungsgericht. Ein Gericht im Schnittpunkt von Recht und Politik, 1995, S. 33ff. (zit.: Ansehen)
– *ders.*, Zum Problem einer Reform der Verfassungsgerichtsbarkeit, in: JZ 2001, S. 114ff.
– *ders.*, Sondervoten, in: Badura, P./Dreier, H. (Hrsg.), Festschrift 50 Jahre Bundesverfassungsgericht, Band I, 2001, S. 363ff.
– *ders.*, Aufgaben und Stellung des Bundesverfassungsgerichts im Verfassungsgefüge, in: Isensee, J./Kirchhof, P. (Hrsg.), Handbuch des Staatsrechts der Bundesrepublik Deutschland, Band III, 3. Auflage 2005, § 67, S. 1201ff. (zit.: HStR III)
– *ders.*, Aufgabe und Stellung des Bundesverfassungsgerichts in der Gerichtsbarkeit, in: Isensee, J./Kirchhof, P. (Hrsg.), Handbuch des Staatsrechts der Bundesrepublik Deutschland, Band III, 3. Auflage 2005, § 68, S. 1221ff. (zit.: HStR III)

– *ders.*, Institutionelle Gewähr der Verfassung, in: Depenheuer, O./Grabenwarter, Chr. (Hrsg.), Verfassungstheorie, 2010, § 14, S. 489 ff.

Röper, E., Der Souveränitäts- und Volksbegriff des Bundesverfassungsgerichts, in: DÖV 2010, S. 285 ff.

Roewer, H., Vorbeugende konkrete Normenkontrolle durch das Bundesverfassungsgericht?, in: NVwZ 1983, S. 145

Rossen-Stadtfeld, H., Verfassungsgericht und gesellschaftliche Integration, in: Schuppert, G. F./Bumke, Chr. (Hrsg.), Bundesverfassungsgericht und gesellschaftlicher Grundkonsens, 2000, S. 169 ff.

Roth, W., Die Überprüfung fachgerichtlicher Urteile durch das Bundesverfassungsgericht und die Entscheidung über die Annahme einer Verfassungsbeschwerde, in: AöR 121 (1996), S. 544 ff.

– *ders.*, Die verfassungsgerichtliche Überprüfung verfassungskonformer Auslegung im Wege abstrakter Normenkontrolle, in: NVwZ 1998, S. 563 ff.

– *ders.*, Grundlagen und Grenzen von Übergangsanordnungen des Bundesverfassungsgerichts zur Bewältigung möglicher Folgeprobleme seiner Entscheidungen, in: AöR 124 (1999), S. 470 ff.

Roth-Stielow, K., Luftverschmutzung und Waldsterben – kein Thema für das Bundesverfassungsgericht?, in: NJW 1984, S. 1942 f.

Rozek, J., Das Grundgesetz als Prüfungs- und Entscheidungsmaßstab der Landesverfassungsgerichte, 1993 (zit.: Grundgesetz)

– *ders.*, Landesverfassungsgerichtsbarkeit, Landesgrundrechte und die Anwendung von Bundesrecht, in: AöR 119 (1994), S. 450 ff.

– *ders.*, Abschied von der Verfassungsbeschwerde auf Raten? Der Zweite Senat des BVerfG, die Verfassungsbeschwerde und der individuelle Grundrechtsschutz, in: DVBl. 1997, S. 517 ff.

– *ders.*, Verwaltungsgerichtliche Normenkontrolle und Gebot der Rechtswegerschöpfung, in: FS zum 100-jährigen Jubiläum des Sächsischen Oberverwaltungsgerichts, 2002, S. 385 ff. (zit.: FS SächsOVG)

Rückert, J., Richtertum als Organ des Rechtsgeistes. Die Weimarer Erfüllung einer alten Versuchung, in: Nörr, K. W./Schefold, B./Tenbruck, F. (Hrsg.), Geisteswissenschaften zwischen Kaiserreich und Republik. Zur Entwicklung von Nationalökonomie, Rechtswissenschaft und Sozialwissenschaft im 20. Jahrhundert, 1994, S. 267 ff.

Rühl, U. F., Die Funktion der Verfassungsbeschwerde für die Verwirklichung der Grundrechte, KritVj 1998, 156 ff.

Rühmann, J., Verfassungsgerichtliche Normenqualifikation: rechtsvergleichende Untersuchung von Funktion und Verfahren am Beispiel von Frankreich und Deutschland, 1982

Rüthers, B., Die heimliche Revolution vom Rechtsstaat zum Richterstaat, 2. Auflage 2016

Ruffert, M., Der Entscheidungsmaßstab im Normverifikationsverfahren nach Art. 100 II GG, in: JZ 2001, S. 633 ff.

– *ders.*, An den Grenzen des Integrationsverfassungsrechts: Das Urteil des Bundesverfassungsgerichts zum Vertrag von Lissabon, in: DVBl. 2009, S. 1197 ff.

– *ders.*, Europarecht: Vorlagebeschluss des BVerfG zum EuGH, in: JuS 2014, S. 373

– *ders.*, Das Bundesverfassungsgericht als Akteur im Prozess der europäischen Integration, in: EuGRZ 2017, S. 241 ff.

Ruland F., Die Gerichte der Sozialgerichtsbarkeit und das Bundesverfassungsgericht, in: Deutscher Sozialgerichtsverband e. V. (Hrsg.), Entwicklung des Sozialrechts, Aufgabe der Rechtsprechung, Festgabe aus Anlass des 100jährigen Bestehens der sozialgerichtlichen Rechtsprechung, 1984, S. 287 ff.

Rupp, H. G., Die Rolle der Länder beim Schutz der Grundrechte durch das Bundesverfassungsgericht, in: FS G. Müller, 1970, S. 341 ff.

Rupp, H. H., Art. 3 GG als Maßstab verfassungsgerichtlicher Gesetzeskontrolle, in: Starck, Chr. (Hrsg.), Bundesverfassungsgericht und Grundgesetz: Festgabe aus Anlass des 25 jährigen Bestehens des Bundesverfassungsgerichts, Band II, 1976, S. 364 ff. (zit.: Maßstab)

– *ders.*, Zweikammersystem und Bundesverfassungsgericht, in: Ordo 30 (1979), S. 95 ff.

Rupp-v. Brünneck, W., Darf das Bundesverfassungsgericht an den Gesetzgeber appellieren?, in: FS G. Müller, 1970, S. 363 ff.

– *dies.*, Verfassungsgerichtsbarkeit und gesetzgebende Gewalt, in: AöR 102 (1977), S. 1 ff.

– *dies.*, Verfassung und Verantwortung: gesammelte Schriften und Sondervoten (hrsg. von Schneider, H.-P.), 1983 (zit.: Verfassung)

Rusteberg, B., Kopftuchverbote als Mittel zur Abwehr nicht existenter Gefahren, in: JZ 2015, S. 637 ff.

Sachs, M., Die Bindung des Bundesverfassungsgerichts an seine Entscheidungen, 1977 (zit.: Bindung)
– *ders.,* Bindungswirkungen bei verfassungskonformer Gesetzesauslegung durch das Bundesverfassungsgericht, in: NJW 1979, S. 344ff.
– *ders.,* Teilnichtigerklärung: Von der Kassation zur Gesetzesneugestaltung durch das Bundesverfassungsgericht, in: DVBl. 1979, S. 389ff.
– *ders.,* Die Vorlage an das Bundesverfassungsgericht bei Bund-Länder-Streitigkeiten, in: DÖV 1981, S. 707ff.
– *ders.,* Die Folgen der Unvereinbarkeit des Hausarbeitstagsanspruchs für Frauen mit dem Grundgesetz, in: FamRZ 1982, S. 981ff.
– *ders.,* Normenkontrollverfahren bei primärem Gemeinschaftsrecht?, in: NJW 1982, S. 465ff.
– *ders.,* Tenorierung bei Normenkontrollentscheidungen des Bundesverfassungsgerichts, in: DÖV 1982, S. 23ff.
– *ders.,* Bloße Unvereinbarerklärung bei Gleichheitsverstößen?, in: NVwZ 1982, S. 657ff.
– *ders.,* Die konkrete Normenkontrolle – nur ein Instrument zum Schutze subjektiver Grundrechte der Beteiligten?, in: DVBl. 1985, S. 1106ff.
– *ders.,* Zu den Folgen von Gleichheitsverstößen in Tarifverträgen, in: RdA 1989, S. 25ff.
– *ders.,* Der Fortbestand der Fristenlösung für die DDR und das Abtreibungsurteil des BVerfG, in: DtZ 1990, S. 193ff.
– *ders.,* Die Maßstäbe des allgemeinen Gleichheitssatzes – Willkürverbot und sogenannte Neue Formel, in: JuS 1997, S. 124ff.
– *ders.,* Zur Verbindlichkeit verfassungsgerichtlicher Entscheidungen, in: FS Kriele, 1997, S. 431ff.
– *ders.,* Verfassungsrecht: Grenzen verfassungskonformer Auslegung, JuS 2015, S. 472ff.
– *ders.,* Verfassungsprozessrecht, 4. Auflage 2016
– *ders.,* Verfassungsprozessrecht: Vollstreckungsanordnungen, in: JuS 2016, S. 1151f.
– *ders.,* Staatsorganisationsrecht: Parteiverbotsverfahren, in: JuS 2017, S. 377ff.
– *ders.,* Grundrechte: Bundes- und Landesverfassungsbeschwerden, in: JuS 2017, S. 1039f.
– ders. (Hrsg.), Grundgesetz. Kommentar, 8. Auflage 2018
Sacksofsky, U., Kopftuch als Gefahr – ein dogmatischer Irrweg, in: DVBl. 2015, S. 801ff.
Säcker, H., Die Rechtsmacht des Bundesverfassungsgerichts gegenüber dem Gesetzgeber, in: BayVBl. 1979, S. 193ff.
– *ders.,* Die Verfassungsgerichtsbarkeit im Konvent von Herrenchiemsee, in: FS Zeidler, Band 1, 1987, S. 265ff.
Sailer, Chr., Verfassungsbeschwerde im Zwielicht, in: ZRP 1977, S. 303ff.
Sandrock, O., Das Privatrecht am Ausgang des 20. Jahrhunderts: Deutschland – Europa – und die Welt, in: JZ 1996, S. 1ff.
Sangmeister, B., Grundrechtsschutz durch Grundrechtsentziehung. Besprechung der Plenarentscheidung des BVerfG vom 8.4.1997, in: NJW 1998, S. 721ff.
– *ders.,* „Der Krieg der Richter“ – BVerfG, NJW 1998, 519, in: JuS 1999, S. 21ff.
Sattler, A., Die Zuständigkeit der Senate und die Sicherung der Einheitlichkeit der Rechtsprechung (§§ 14, 16 BVerfGG), in: Starck, Chr. (Hrsg.), Bundesverfassungsgericht und Grundgesetz: Festgabe aus Anlass des 25 jährigen Bestehens des Bundesverfassungsgerichts, Band I, 1976, S. 104ff.
Sauer, H., Die neue Schlagkraft der gemeineuropäischen Grundrechtsjudikatur. Zur Bindung deutscher Gerichte an die Entscheidungen des Europäischen Gerichtshofs für Menschenrechte, in: ZaöRV 65 (2005), S. 35ff.
– *ders.,* Jurisdiktionskonflikte in Mehrebenensystemen. Die Entwicklung eines Modells zur Lösung von Konflikten zwischen Gerichten unterschiedlicher Ebenen in vernetzten Rechtsordnungen, 2008 (zit.: Jurisdiktionskonflikte)
– *ders.,* Kompetenz- und Identitätskontrolle von Europarecht nach dem Lissabon-Urteil – Ein neues Verfahren vor dem Bundesverfassungsgericht?, in: ZRP 2009, S. 195ff.
– *ders.,* Bausteine eines Grundrechtskollisionsrechts für das europäische Mehrebenensystem, in: EuGRZ 2011, S. 195ff.
– *ders.,* Europas Richter Hand in Hand? – Das Kooperationsverhältnis zwischen BVerfG und EuGH nach Honeywell –, in: EuZW 2011, S. 94ff.
– *ders.,* Grundrechtskollisionsrecht für das europäische Mehrebenensystem. Konkurrenzbestimmung – Kollisionsvermeidung – Kohärenzsicherung, in: Matz-Lück, N./Hong, M. (Hrsg.), Grundrechte und Grundfreiheiten im Mehrebenensystem – Konkurrenzen und Interferenzen, 2011, S. 1ff. (zit.: Grundrechtskollisionsrecht)

– *ders.*, Der novellierte Kontrollzugriff des Bundesverfassungsgerichts auf das Unionsrecht, in: EuR 2017, S. 186ff.
– *ders.*, Staatsrecht III. Auswärtige Gewalt. Bezüge des Grundgesetzes zu Völker- und Europarecht, 5. Auflage 2018 (zit.: Staatsrecht III)
– *ders.*, Zur Wehrfähigkeit parlamentarischer Selbstentleibung im Organstreit, in: Krüper, J. (Hrsg.), Die Organisation des Verfassungsstaats, FS M. Morlok, 2019, S. 227ff.
Schaal, G. S., Crisis! What Crisis? – Der ‚Kruzifix'-Beschluss und seine Folgen, in: van Ooyen, R. Chr./ Möllers, M. H. W. (Hrsg.), Handbuch Bundesverfassungsgericht im politischen System, 2. Auflage 2015, S. 261ff.
Schäfer, A., Grundrechtsschutz im Annahmeverfahren – Zur Senatsakzessorietät der Kammerjudikatur des Bundesverfassungsgerichts, 2015
Schaefer, J. P., Die „Ehe für alle" und die Grenzen der Verfassungsfortbildung, in: AöR 143 (2018), S. 393ff.
Schaffert, W./Schmitz, A./Steiner, E., Die Richterablehnung im verfassungsgerichtlichen Normenkontrollverfahren, in: VerwArch. 91 (2000), S. 453ff.
Schambeck, H., Österreichs Verfassungsgerichtsbarkeit zwischen Recht und Politik, in: FS Melichar, 1983, S. 195ff.
Scharpf, F. W., Das Bundesverfassungsgericht als Hüter demokratischer Selbstgestaltungsfähigkeit?, in: Stolleis (Hrsg.), Herzkammern der Republik. Die Deutschen und das Bundesverfassungsgericht, 2011, S. 186ff.
Schaub, St., Der verfassungsändernde Gesetzgeber 1949–1980, 1984
Schauer, P., Die Eigenart des Staatsorganisationsrechts und der Freiraum der politischen Willensbildung, Diss. iur. Bonn, 1989
Scheffczyk, F., Entlastungsmöglichkeiten im Annahmeverfahren – ungenutzte Potenziale des § 93a Abs. 2 BVerfGG, in: Scheffczyk, F./Wolter, K. (Hrsg.), Linien der Rechtsprechung des Bundesverfassungsgerichts – erörtert von den wissenschaftlichen Mitarbeiterinnen und Mitarbeitern, Bd. 4, 2017, S. 63ff.
– *ders.*, Organisation und Aufgaben der Verfassungsgerichte der Länder und ihr Verhältnis zum Bundesverfassungsgericht, in: LKV 2017, S. 392ff.
– *ders.* Verfassungsprozessuale Folgefragen von „Recht auf Vergessen I+II", in: NVwZ 2020, S. 977ff.
Schefold, D., Art. Verfassungsgerichtsbarkeit, in: Herzog, R. u. a. (Hrsg.), Evangelisches Staatslexikon, Band 2, 3. Auflage 1987, Sp. 3760ff.
Scheid, Chr., Demokratieimmanente Legitimation der Verfassungsgerichtsbarkeit. Eine funktionelle und institutionelle Betrachtung, in: Der Staat 2020, S. 227ff.
Schenke, W.-R., Rechtsschutz bei normativem Unrecht, 1979 (zit.: Rechtsschutz)
– *ders.*, Der Umfang der bundesverfassungsgerichtlichen Überprüfung, in: NJW 1979, S. 1321ff.
– *ders.*, Rechtsschutz gegen Normen, in: JuS 1981, S. 81ff.
– *ders.*, Der gerichtliche Rechtsschutz im Wahlverfahren, in: NJW 1981, S. 2440ff.
– *ders.*, Die verfassungswidrige Bundestagsauflösung, in: NJW 1982, S. 2521ff.
– *ders.*, Anmerkung zu BVerfG DVBl. 1985, S. 1367, in: DVBl. 1985, S. 1367ff.
– *ders.*, Die Subsidiarität der Verfassungsbeschwerde gegen Gesetze, in: NJW 1986, S. 1451ff.
– *ders.*, Verfassungsgerichtsbarkeit und Fachgerichtsbarkeit, 1987 (zit.: Verfassungsgerichtsbarkeit)
– *ders.*, Verfassungsrechtliche Garantie eines Rechtsschutzes gegen Rechtsprechungsakte?, in: JZ 2005, S. 116ff.
– *ders.*, Zulässigkeitsprobleme der Rechtssatzverfassungsbeschwerde – Unmittelbare Betroffenheit, Subsidiarität, Rechtswegerschöpfung, Verfassungsbeschwerdefrist, in: FS U. Steiner, 2009, S. 683ff.
– *ders.*, Rechtsschutz bei normativem Unrecht, in: NJW 2017, S. 1062ff.
– *ders.*, Die Garantie eines Wahlrechtsschutzes durch Art. 19 IV GG, in: NJW 2020, S. 122f.
Scherzberg, A., Grundrechtsschutz und „Eingriffsintensität". Das Ausmaß individueller Grundrechtsbetroffenheit als materiellrechtliche und kompetenzielle Determinante der verfassungsgerichtlichen Kontrolle der Fachgerichtsbarkeit im Rahmen der Urteilsverfassungsbeschwerde, 1989 (zit.: Grundrechtsschutz)
– *ders.*, Wertkonflikte vor dem Bundesverfassungsgericht – zur Bewältigung politisch-moralischer Streitfragen im Verfassungsprozeß, in: DVBl. 1999, S. 356ff.
– *ders.*, Individualverfassungsbeschwerde, in: Ehlers, D./Schoch, F. (Hrsg.), Rechtsschutz im Öffentlichen Recht, 2009, § 13
– *ders./Mayer, M.*, Die Zulässigkeit der Verfassungsbeschwerde, in: Jura 2004, S. 373ff., S. 513ff.

– *ders./Mayer, M.,* Die Begründetheit der Verfassungsbeschwerde bei der Rüge von Freiheitsverletzungen, in: Jura 2004, S. 663 ff.

Scheuner, U., Das Bundesverfassungsgericht und die Bindungskraft seiner Entscheidungen, in: DÖV 1954, S. 641 ff.

– *ders.,* Die rechtliche Tragweite der Grundrechte in der deutschen Verfassungsentwicklung des 19. Jahrhunderts (1973), in: Listl, J./Rüfner, W. (Hrsg.), Staatstheorie und Staatsrecht. Gesammelte Schriften von Ulrich Scheuner, 1978, S. 633 ff. (zit.: Tragweite)

– *ders.,* Der Grundrechtsschutz in der EG und die Verfassungsrechtsprechung, in: AöR 100 (1975), S. 30 ff.

– *ders.,* Die Überlieferung der deutschen Staatsgerichtsbarkeit im 19. und 20. Jahrhundert, in: Starck, Chr. (Hrsg.), Bundesverfassungsgericht und Grundgesetz: Festgabe aus Anlass des 25 jährigen Bestehens des Bundesverfassungsgerichts, Band I, 1976, S. 1 ff. (zit.: Überlieferung)

– *ders.,* Verfassungsgerichtsbarkeit und Gesetzgebung, in: DÖV 1980, S. 473 ff.

– *ders.,* Die Funktion des Gesetzes im Sozialstaat, in: FS H. Huber, 1981, S. 127 ff.

Schieder, T., Vom Reichskammergericht zum Bundesverfassungsgericht, in: 25 Jahre Bundesverfassungsgericht 1951–1976, Festakt aus Anlass des 25 jährigen Bestehens des Bundesverfassungsgerichts am 18. November 1976, 1976, S. 21 ff.

Schiffer, E., Die deutsche Justiz: Grundzüge einer durchgreifenden Reform, 1928

Schiffers, R., Die Entstehung des Gesetzes über das Bundesverfassungsgericht und die Erfahrungen der Weimarer Zeit, in: Albertin, L. u. a. (Hrsg.), Politische Parteien auf dem Weg zur parlamentarischen Demokratie in Deutschland: Entwicklungslinien bis zur Gegenwart, 1981, S. 227 ff.

Schilling, J. M., Deutscher Grundrechtsschutz zwischen staatlicher Souveränität und menschenrechtlicher Europäisierung, 2010

Schlagenhauf, P. J., Landesverfassungsgerichtsbarkeit: Die Stellung des Verfassungsgerichts in der Landesverfassung, in: Fuchs, J. (Hrsg.), Landesverfassungsrecht im Umbruch, Probleme und Aufgaben einer modernen Landesverfassungsgebung, 1994, S. 227 ff.

Schlaich, K., Neutralität als verfassungsrechtliches Prinzip, 1972 (zit.: Neutralität)

– *ders.,* Besprechung von G. Zembsch: Verfahrensautonomie des Bundesverfassungsgerichts, in: ZZP 86 (1973), S. 227 ff.

– *ders.,* Die Verfassungsgerichtsbarkeit im Gefüge der Staatsfunktionen, in: VVDStRL 39 (1981), S. 99 ff.

– *ders.,* Das Bundesverfassungsgericht – Stellung, Verfahren, Entscheidung, in: JuS 1981, S. 741 ff., S. 823 ff.; JuS 1982, S. 41 ff., S. 278 ff., S. 437 ff., S. 597 ff.

– *ders.,* Verfassungsprozessuale Auswirkungen des materiellen Verfassungsrechts, in: FS Bachof, 1984, S. 321 ff.

Schlink, B., Bemerkungen zum Stand der Methodendiskussion in der Verfassungsrechtswissenschaft, Der Staat 19 (1980), S. 73 ff.

– *ders.,* Freiheit durch Eingriffsabwehr – Rekonstruktion der klassischen Grundrechtsfunktion, in: EuGRZ 1984, S. 457 ff.

– *ders.,* Zugangshürden im Verfassungsbeschwerdeverfahren, in: NJW 1984, S. 89 ff.

– *ders.,* Die dritte Abhörentscheidung des Bundesverfassungsgerichts, in: NJW 1989, S. 11 ff.

– *ders.,* Die Entthronung der Staatsrechtswissenschaft durch die Verfassungsgerichtsbarkeit, in: Der Staat 28 (1989), S. 161 ff.

– *ders.,* Abschied von der Dogmatik. Verfassungsrechtsprechung und Verfassungsrechtswissenschaft im Wandel, in: JZ 2007, S. 157 ff.

Schlosser, P., Das völkerrechtswidrige Urteil nach deutschem Prozeßrecht, in: ZZP 79 (1966), S. 164 ff.

Schlözer, A. L., Allgemeines Stats-Recht und Stats-Verfassungslere: voran: Einleitung in alle Stats-Wissenschaften, Encyklopädie derselben, Metapolitik (Allgemeines Staatsrecht und Staatsverfassungslehre), 1793

Schmahl, S., Grundrechtsschutz im Dreieck von EU, EMRK und nationalem Verfassungsrecht, in: EuR Beiheft 1, 2008, S. 7 ff.

Schmalz, D., Staatsrecht, 4. Auflage 2000.

Schmedes, H.-J., Wählen im Blick Europas. Die Beobachtung der Bundestagswahl 2009 durch die OSZE, in: ZParl 2010, S. 77 ff.

Schmidt, J./Lange, A., Die Sachentscheidung im verwaltungsgerichtlichen Normenkontrollverfahren, in: FS Mühl, 1981, S. 595 ff.

Schmidt, R., Das Mitbestimmungsgesetz auf dem verfassungsrechtlichen Prüfstand, in: Der Staat 19 (1980), S. 235 ff.

Schmidt, Th. I., LER – Der Vergleich vor dem BVerfG, in: NVwZ 2002, S. 925 ff.
Schmidt, W., Die vorbeugende konkrete Normenkontrolle durch das Bundesverfassungsgericht, in: NVwZ 1982, S. 181 f.
Schmidt-Bleibtreu, B./Hofmann, H./Henneke, H.-G., Kommentar zum Grundgesetz, 14. Auflage 2017
Schmitt, C., Das Reichsgericht als Hüter der Verfassung (1929), in: ders., Verfassungsrechtliche Aufsätze aus den Jahren 1924 –1954, 1958, S. 63 ff. (zit.: Reichsgericht)
– *ders.*, Der Hüter der Verfassung (1931), 2. Auflage 1969 (zit.: Hüter der Verfassung)
Schmittmann, J. M., Zur neueren Rechtsprechung des Bundesverfassungsgerichts zur Mißbrauchsgebühr, in: DVBl. 1997, S. 988 ff.
Schnapp, F./Henkenötter, S., Zur Bindungswirkung der Entscheidungen des BVerfG, in: JuS 1994, S. 121 ff.
Schneider, H., Die Güterabwägung des Bundesverfassungsgerichts bei Grundrechtskonflikten: empirische Studie zu Methode und Kritik eines Konfliktlösungsmodelles, 1979 (zit.: Güterabwägung)
– *ders.*, Anmerkung zu BVerfG DÖV 1984, 156 ff., in: DÖV 1984, S. 161 ff.
Schneider, H.-P., Richterrecht, Gesetzesrecht und Verfassungsrecht, 1969 (zit.: Richterrecht)
– *ders.*, Die parlamentarische Opposition im Verfassungsrecht der Bundesrepublik Deutschland, 1974 (zit.: Opposition)
– *ders.*, Eigenart und Funktionen der Grundrechte im demokratischen Verfassungsstaat, in: Perels, J. (Hrsg.), Grundrechte als Fundament der Demokratie, 1979, S. 11 ff. (zit.: Eigenart)
– *ders.*, Entscheidungsdefizite der Parlamente, in: AöR 105 (1980), S. 4 ff.
– *ders.*, Verfassungsgerichtsbarkeit und Gewaltenteilung, in: NJW 1980, S. 2103 ff.
– *ders.*, Sibyllinisch oder salomonisch? – Das Urteil des Bundesverfassungsgerichts zur Parlamentsauflösung, in: NJW 1983, S. 1529 ff.
– *ders.*, Richter oder Schlichter? Das Bundesverfassungsgericht als Integrationsfaktor, in: FS Zeidler, Band 1, 1987, S. 293 ff.
– *ders.*, Die Vollstreckungskompetenz nach § 35 BVerfGG – Ein Notverordnungsrecht des Bundesverfassungsgerichts?, in: NJW 1994, S. 2590 ff.
– *ders.*, SOS aus Karlsruhe – Das Bundesverfassungsgericht vor dem Untergang?, in: NJW 1996, S. 2630 ff.
– *ders.*, Acht an der Macht! Das BVerfG als „Reparaturbetrieb" des Parlamentarismus?, in: NJW 1999, S. 1303 ff.
Schneider, J.-P., Effektiver Rechtsschutz Privater gegen EG-Richtlinien nach dem Maastricht-Urteil des Bundesverfassungsgerichts, in: AöR 119 (1994), S. 294 ff.
Schneider, K., Der Ultra-vires-Maßstab im Außenverfassungsrecht, in: AöR 139 (2014), S. 196 ff.
Schöbener, B., Das Verhältnis des EU-Rechts zum nationalen Recht der Bundesrepublik Deutschland, in: JA 2011, S. 885 ff.
Schoch, F., Einstweilige Anordnung, in: Badura, P./Dreier, H. (Hrsg.), Festschrift 50 Jahre Bundesverfassungsgericht, Band I, 2001, S. 695 ff.
– *ders.*, Neukonzeption der kommunalen Selbstverwaltungsgarantie durch das BVerfG?, in: DVBl. 2008, S. 937 ff.
– *ders./Schneider, J.P./Bier, W.*, Verwaltungsgerichtsordnung, Stand: Januar 2020 (zit.: VwGO)
– *ders./Wahl, R.*, Die einstweilige Anordnung des Bundesverfassungsgerichts in außenpolitischen Angelegenheiten, in: FS Benda, 1995, S. 265 ff.
Schönberger, Chr., Verfassungsvergleichung heute: Der schwierige Abschied vom ptolemäischen Weltbild, in: VRÜ 43 (2010), S. 6 ff.
– *ders.*, Erwiderung. Der introvertierte Rechtsstaat als Krönung der Demokratie? – Zur Entgrenzung von Art. 38 GG im Europaverfassungsrecht, in: JZ 2010, S. 1160 ff.
– *ders.*, Anmerkungen zu Karlsruhe, in: Jestaedt, M./Lepsius, O./Möllers, Chr./Schönberger, Chr., Das entgrenzte Gericht. Eine kritische Bilanz nach sechzig Jahren Bundesverfassungsgericht, 2011, S. 9 ff.
Scholler, H., Das Bundesverfassungsgericht und sein System der Kontrolle in der Bundesrepublik Deutschland, in: Ádám, A./Scholler, H. (Hrsg.), Die Verfassung als Katalysator zwischen Gesellschaft und Staat: das Grundgesetz der Bundesrepublik Deutschland nach 40 Jahren im Vergleich mit den Bestrebungen der ungarischen Verfassungsreform, 1990, S. 105 ff.
– *ders./Broß, S.*, Zum Problem der Entscheidungserheblichkeit im Sinne des Art. 100 I Satz 1 GG, in: AöR 103 (1978), S. 148 ff.
– *ders./Broß, S.*, Verfassungs- und Verwaltungsprozeßrecht, 1980

Scholtissek, H., Zur Zuständigkeit des Bundesverfassungsgerichts aus Art. 93 Abs. 1 Nr. 4 GG, in: FS G. Müller, 1970, S. 461 ff.
Scholz, R., Karlsruhe im Zwielicht – Anmerkungen zu den wachsenden Zweifeln am BVerfG, in: FS Stern, 1997, S. 1201 ff.
– *ders.*, Zehn Jahre Verfassungseinheit – Nachlese und Ausblick, in: DVBl. 2000, S. 1377 ff.
Schorkopf, F., Wer wandelt die Verfassung?, in: JZ 2020, S. 734 ff.
– *ders.*, Gesetzgebung durch Höchstgerichte und Parlamente, in: AöR 2019, S. 202 ff.
Schreiber, W./Hahlen, J./Strelen, K.-L., BWahlG. Kommentar zum Bundewahlgesetz unter Einbeziehung des Wahlprüfungsgesetzes, des Wahlstatistikgesetzes, der Bundeswahlordnung, der Bundeswahlgeräteverordnung und sonstiger wahlrechtlicher Nebenvorschriften, 10. Auflage 2017.
– *ders.* A-limine-Entscheidungen in Wahlprüfungsangelegenheiten – Eine Analyse der Rechtsprechung des Zweiten Senats des Bundesverfassungsgerichts zur Gültigkeit der Bundestagswahl 2013, in: DVBl. 2018, S. 144 ff.
Schröder, M., Rechtsstaatlichkeit in der Rechtsprechung der Landesverfassungsgerichte, in: Starck, Chr./ Stern, K. (Hrsg.), Landesverfassungsgerichtsbarkeit, Teilband 3, 1983, S. 225 ff. (zit.: Rechtsstaatlichkeit)
– *ders.*, Das Bundesverfassungsgericht als Hüter des Staates im Prozeß der europäischen Integration, in: DVBl. 1994, S. 316 ff.
– *ders.*, Verfassungsrichterwahl im transparenten Konsens?, in: ZG 2015, S. 150 ff.
– *ders.*, A-limine-Entscheidungen in Wahlprüfungsangelegenheiten – Eine Analyse der Rechtsprechung des ZweitenSenats des Bundesverfassungsgerichts zur Gültigkeit der Bundestagswahl 2013, in: DVBl. 2018, S. 144 ff.
Schulte, M., Appellentscheidungen des Bundesverfassungsgerichts, in: DVBl. 1988, S. 1200 ff.
– *ders.*, Zur Lage und Entwicklung der Verfassungsgerichtsbarkeit, in: DVBl. 1996, S. 1009 ff.
Schulze-Fielitz, H., Anmerkung zu BVerfG JZ 1982, S. 798 f., in: JZ 1982, S. 799 ff.
– *ders.*, Das Bundesverfassungsgericht im Netz seiner Rechtsprechung, in: DVBl. 1982, S. 328 ff.
– *ders.*, Der Fraktionslose im Bundestag – Einer gegen alle?, in: DÖV 1989, S. 829 ff.
– *ders.*, Das Bundesverfassungsgericht in der Krise des Zeitgeists, in: AöR 122 (1997), S. 1 ff.
– *ders.*, Das Bundesverfassungsgericht und die öffentliche Meinung, in: Schuppert, G. F./Bumke, Chr. (Hrsg.), Bundesverfassungsgericht und gesellschaftlicher Grundkonsens, 2000, S. 111 ff. (zit.: BVerfG)
– *ders.*, Wirkung und Befolgung verfassungsgerichtlicher Entscheidungen, in: Badura, P./Dreier, H. (Hrsg.), Festschrift 50 Jahre Bundesverfassungsgericht, Band I, 2001, S. 385 ff. (zit.: Wirkung und Befolgung)
Schumann, E., Verfassungs- und Menschenrechtsbeschwerde gegen richterliche Entscheidungen, 1963 (zit.: Menschenrechtsbeschwerde)
– *ders.*, Einheit der Prozeßrechtsordnung oder Befreiung des Verfassungsprozeßrechts vom prozessualen Denken?, in: JZ 1973, S. 484 ff.
– *ders.*, Keine Präklusion im Beschwerdeverfahren. Das Bundesverfassungsgericht als Bundesgerichtshof, in: NJW 1982, S. 1609 ff.
– *ders.*, Die materiellrechtsfreundliche Auslegung des Prozeßgesetzes, in: FS Larenz, 1983, S. 571 ff.
– *ders.*, Bundesverfassungsgericht, Grundgesetz und Zivilprozeß, in: ZZP 96 (1983), S. 137 ff.
– *ders.*, Verfassungsbeschwerde (Grundrechtsklage) zu den Landesverfassungsgerichten, in: Starck, Chr./ Stern, K. (Hrsg.), Landesverfassungsgerichtsbarkeit, Teilband 2, 1983, S. 149 ff. (zit.: Verfassungsbeschwerde)
– *ders.*, Die Wahrung des Grundsatzes des rechtlichen Gehörs – Dauerauftrag für das Bundesverfassungsgericht?, in: NJW 1985, S. 1134 ff.
Schuppert, G. F., Zur Nachprüfung gerichtlicher Entscheidungen durch das Bundesverfassungsgericht, in: AöR 103 (1978), S. 43 ff.
– *ders.*, Besprechung von Niklaus Müller: Die Rechtsprechung des Bundesgerichts zum Grundsatz der verfassungskonformen Auslegung, Abhandlungen zum schweizerischen Recht, ASR, Heft 462, 1980, in: AöR 106 (1981), S. 661 ff.
– *ders.*, Funktionell-rechtliche Grenzen der Verfassungsinterpretation, 1980 (zit.: Grenzen)
– *ders.*, Einstweilige Anordnung und Vollstreckungsregelung in der Landesverfassungsgerichtsbarkeit, in: Starck, Chr./Stern, K. (Hrsg.), Landesverfassungsgerichtsbarkeit, Teilband 2, 1983, S. 347 ff. (zit.: Anordnung)
– *ders.*, Self-restraints der Rechtsprechung, in: DVBl. 1988, S. 1191 ff.
– *ders./Bumke, Chr.*, Die Konstitutionalisierung der Rechtsordnung, 2000

Schwab, K. H./Gottwald, P., Verfassung und Zivilprozeß, 1984
Schwarz, H., Die verfassungsgerichtliche Kontrolle der Außen- und Sicherheitspolitik, 1995
Schwarz, K.-A., Der Ausschluss verfassungsfeindlicher Parteien von der staatlichen Parteienfinanzierung, in: NVwZ-Beilage 2017, S. 39 ff.
– *ders./Bravidor, Chr.,* Kunst der Gesetzgebung und Begründungspflicht des Gesetzgebers, in: JZ 2011, S. 653 ff.
Schwarze, J. (Hrsg.), Der europäische Gerichtshof als Verfassungsgericht und Rechtsschutzinstanz, 1983 (zit.: Gerichtshof)
– *ders.,* Das „Kooperationsverhältnis" des Bundesverfassungsgerichts mit dem Europäischen Gerichtshof, in: Badura, P./Dreier, H. (Hrsg.), Festschrift 50 Jahre Bundesverfassungsgericht, Band I, 2001, S. 223 ff. (zit.: „Kooperationsverhältnis")
Schweitzer, M./Dederer, H.-G., Staatsrecht III, 12. Auflage 2020
Schwerdtfeger, G., Optimale Methodik der Gesetzgebung als Verfassungspflicht, in: FS H. P. Ipsen, 1977, S. 173 ff.
– *ders./Schwerdtfeger, A.,* Öffentliches Recht in der Fallbearbeitung, 14. Auflage 2012
Schwinge, E., Grundlagen des Revisionsrechts, 2. Auflage 1960
Seer, R., Die Unvereinbarkeitserklärung des BVerfG am Beispiel seiner Rechtsprechung zum Abgabenrecht, in: NJW 1996, S. 285 ff.
Seetzen, U., Der Prognosespielraum des Gesetzgebers, in: NJW 1975, S. 429 ff.
– *ders.,* Die Anhörungsrüge kraft Verfassungsrechts, in: NJW 1982, S. 2337 ff.
Seibert, G., Die Verfassungsbeschwerde in der Spruchpraxis des Bundesverfassungsgerichts, in: FS M. Hirsch, 1981, S. 491 ff.
Selmer, P., Bund-Länder-Streit, in: Badura, P./Dreier, H. (Hrsg.), Festschrift 50 Jahre Bundesverfassungsgericht, Band I, 2001, S. 563 ff.
Sendler, H., Richter im Kreuzfeuer, in: BWVBl. 1994, S. 41 ff.
Seuffert, W., Über Gesetzgebung, Rechtsprechung und Bindungswirkungen, in: AöR 104 (1979), S. 169 ff.
– *ders.,* Freiheit der Politik und Grenzen des Rechts, in: AöR 108 (1983), S. 403 ff.
Seyfarth, G., Die Änderung der Rechtsprechung durch das Bundesverfassungsgericht, 1998
Shirvani, F., Reform der parlamentarischen Kontrolle der Nachrichtendienste – Die Novellen zum Grundgesetz und zum Kontrollgremiumgesetz, in: BWVBl. 2010, S. 99 ff.
– *ders.,* Die Crux des Parteiverbots – Anmerkungen zum Urteil des Bundesverfassungsgerichts im NPD-Verbotsverfahren, in: DÖV 2017, S. 477 ff.
– *ders.,* Parteienfinanzierungsausschluss als verfassungsrechtliche Ausprägung streitbarer Demokratie, in: DÖV 2018, S. 921 ff.
Siekmann, H., Gerichtliche Kontrolle der Käufe von Staatsanleihen durch das Eurosystem, in: EuZW 2020, S. 491 ff.
Simon, H., Die verfassungskonforme Gesetzesauslegung, in: EuGRZ 1974, S. 85 ff.
– *ders.,* Die Verfassungsgerichtsbarkeit, in: Benda, E./Maihofer, W./Vogel, H.-J. (Hrsg.), Handbuch des Verfassungsrechts der Bundesrepublik Deutschland, 2. Auflage 1994, S. 1637 ff. (zit.: HVerfR)
– *ders.,* Das Bundesverfassungsgericht – Ersatzgesetzgeber und Superrevisionsinstanz?, in: NJ 1996, S. 169 ff.
Simon, S., Grenzen des Bundesverfassungsgerichts im europäischen Integrationsprozess, 2016
– *ders./Rathke,* „Schlechterdings nicht mehr nachvollziehbar" – Warum?, in: EuZW 2020, S. 500 ff.
v. Simson, W., Verfassungsmäßige Ordnung und europäische Integration, in: Benda, E./Maihofer, W./Vogel, H.-J. (Hrsg.), Handbuch des Verfassungsrechts der Bundesrepublik Deutschland, 2. Auflage 1994, S. 59 ff. (zit.: HVerfR)
Sinemus, B., Der Grundsatz der Gewaltenteilung in der Rechtsprechung des Bundesverfassungsgerichts, 1982
Skouris, W., Teilnichtigkeit von Gesetzen, 1973
Smend, R., Festvortrag zur Feier des zehnjährigen Bestehens des Bundesverfassungsgerichts, in: Das Bundesverfassungsgericht 1951–1971, 2. Auflage 1971 (auch in: Häberle, P. [Hrsg.], Verfassungsgerichtsbarkeit, 1976, S. 330 ff.)
Sobota, K., Kompetenzen der Landesverfassungsgerichte im Bundesstaat: Zersplittert die Rechtseinheit?, in: DVBl. 1994, S. 793 ff.
– *dies.,* Argumente und stilistische Überzeugungsmittel in Entscheidungen des Bundesverfassungsgerichts, Rhetorik-Jahrbuch 15 (1996), S. 115 ff.
Sodan, H., Der Grundsatz der Subsidiarität der Verfassungsbeschwerde, in: DÖV 2002, S. 925 ff.

Soell, H., Zur Methodik der Rechtsfindung des Bundesverfassungsgerichts, in: ZfA 12 (1981), S. 509ff.
Söffing, M., Erstattungszinsen im außergerichtlichen Vorverfahren, in: DStZ 1986, S. 154ff.
Söhn, H., Anwendungspflicht oder Aussetzungspflicht bei festgestellter Verfassungswidrigkeit von Gesetzen?, 1974 (zit.: Anwendungspflicht)
– *ders.*, Die abstrakte Normenkontrolle, in: Starck, Chr. (Hrsg.), Bundesverfassungsgericht und Grundgesetz: Festgabe aus Anlass des 25 jährigen Bestehens des Bundesverfassungsgerichts, Band I, 1976, S. 292ff. (zit.: Normenkontrolle)
Söllner, A., Zum Eingriff der Rechtsprechung in die Gesetzgebung, in: ZG 1996, S. 241ff.
Spanner, H., Die Beschwerdebefugnis bei der Verfassungsbeschwerde, in: Starck, Chr. (Hrsg.), Bundesverfassungsgericht und Grundgesetz: Festgabe aus Anlass des 25 jährigen Bestehens des Bundesverfassungsgerichts, Band I, 1976, S. 374ff.
Spiecker Döhmann, I., Verletzung rechtlichen Gehörs in der Rechtsmittelinstanz, in: NVwZ 2003, S. 1464ff.
Spies, A., Verfassungsrechtliche Normenkontrolle in Frankreich: der Conseil Constitutionnel, in: NVwZ 1990, S. 1040ff.
Spranger, T. M., Die Verfassungsbeschwerde im Korsett des Prozeßrechts, in: AöR 127 (2002), S. 27ff.
Städter, S., Noch Hüter der Verfassung? Das Bundesverfassungsgericht und die europäische Integration, 2013
Starck, Chr., Die Bindung des Richters an Gesetz und Verfassung, in: VVDStRL 34 (1976), S. 43ff.
– *ders.*, Das Bundesverfassungsgericht im politischen Prozeß der Bundesrepublik, 1976 (zit.: Prozeß)
– *ders.* (Hrsg.), Bundesverfassungsgericht und Grundgesetz. Festgabe aus Anlass des 25 jährigen Bestehens des Bundesverfassungsgerichts, Bände I und II, 1976 (zit.: BVerfG)
– *ders.*, Anmerkung zu BVerfG JZ 1979, S. 60ff., in: JZ 1979, S. 63ff.
– *ders.*, Der verfassungsrechtliche Status der Landesverfassungsgerichte, in: ders./Stern, K. (Hrsg.), Landesverfassungsgerichtsbarkeit, Teilband 1, 1983, S. 155ff. (zit.: Status)
– *ders.*, Sondervoten überstimmter Richter und Bekanntgabe des Abstimmungsergebnisses – de lege lata, in: ders./Stern, K. (Hrsg.), Landesverfassungsgerichtsbarkeit, Teilband 1, 1983, S. 285ff. (zit.: Sondervoten)
– *ders.*, Vorrang der Verfassung und Verfassungsgerichtsbarkeit, in: ders./Weber, A. (Hrsg.), Verfassungsgerichtsbarkeit in Westeuropa, Teilband 1, 1986, S. 11ff. (zit.: Vorrang)
– *ders.*, Der Schutz der Grundrechte durch den Verfassungsrat in Frankreich, in: AöR 113 (1988), S. 632ff.
– *ders.*, Die Begründung mit Stimmengleichheit erlassener Entscheidungen des Bundesverfassungsgerichts, in: GS Geck, 1989, S. 789ff.
– *ders.*, Maximen der Verfassungsauslegung, in: Isensee, J./Kirchhof, P. (Hrsg.), Handbuch des Staatsrechts der Bundesrepublik Deutschland, Band XII, 3. Auflage 2014, § 271, S. 613ff. (zit.: HStR XII)
– *ders.*, Der Honecker-Beschluss des Berliner VerfGH, in: JZ 1993, S. 231ff.
– *ders.*, Die Verfassungen der neuen deutschen Länder, 1994 (zit.: Verfassungen)
– *ders.*, Verfassungsgerichtsbarkeit und Fachgerichte, in: JZ 1996, S. 1033ff.
– *ders.*, Das Bundesverfassungsgericht in der Verfassungsordnung und im politischen Prozeß, in: Badura, P./Dreier, H. (Hrsg.), Festschrift 50 Jahre Bundesverfassungsgericht, Band I, 2001, S. 1ff. (zit.: Verfassungsordnung)
– *ders.*, Das Caroline-Urteil des Europäischen Gerichtshofs für Menschenrechte und seine rechtlichen Konsequenzen, in: JZ 2006, S. 76ff.
– *ders.* (Hrsg.), Föderalismusreform 2006, 2007 (zit.: Föderalismusreform)
– *ders./Stern, K.* (Hrsg.), Landesverfassungsgerichtsbarkeit, 3 Bände, 1983
– *ders./Weber, A.* (Hrsg.), Verfassungsgerichtsbarkeit in Westeuropa, 2 Teilbände, 2. Auflage 2007
Stark, R., Ehrenschutz in Deutschland, 1996
Stein, K., Die Parteifähigkeit der Untergliederungen politischer Parteien im verfassungsgerichtlichen Bundesorganstreitverfahren, in: DÖV 2002, S. 713ff.
Steinberg, R., Verfassungspolitik und offene Verfassung, in: JZ 1980, S. 385ff.
– *ders.*, Grundfragen des öffentlichen Nachbarrechts, in: NJW 1984, S. 457ff.
– *ders.*, Verfassungsgerichtliche Kontrolle der „Nachbesserungspflicht" des Gesetzgebers, in: Der Staat 26 (1987), S. 161ff.
Steinberger, H., Bemerkungen zu einer Synthese des Einflusses ausländischer Verfassungsideen auf die Entstehung des Grundgesetzes mit deutschen verfassungsrechtlichen Traditionen, in: Stern, K. (Hrsg.),

40 Jahre Grundgesetz: Entstehung, Bewährung und internationale Ausstrahlung, 1990, S. 41 ff. (zit.: Bemerkungen)
– *ders.*, Rechtsprechung des Bundesverfassungsgerichts zur staatlichen Parteienfinanzierung, in: Bitburger Gespräche, Jahrbuch 1993/II, S. 25 ff. (zit.: Parteienfinanzierung)
Steiner, U., Wirkung der Entscheidungen des Bundesverfassungsgerichts auf rechtskräftige und unanfechtbare Entscheidungen, in: Starck, Chr. (Hrsg.), Bundesverfassungsgericht und Grundgesetz: Festgabe aus Anlass des 25 jährigen Bestehens des Bundesverfassungsgerichts, Band I, 1976, S. 628 ff. (zit.: Wirkung)
– *ders.*, Das zweite Grundsatzurteil zum Schwangerschaftsabbruch – ein Gericht zwischen Verfassung und gesellschaftlicher Moral, in: Piazolo, M. (Hrsg.), Das Bundesverfassungsgericht. Ein Gericht im Schnittpunkt von Recht und Politik, 1995, S. 107 ff. (zit.: Grundsatzurteil)
– *ders.*, Zum Entscheidungsausspruch und seinen Folgen bei der verfassungsgerichtlichen Normenkontrolle, in: FS Leisner, 1999, S. 568 ff.
– *ders.*, Der Richter als Ersatzgesetzgeber. Richterliche Normenkontrolle – Erfahrungen und Erkenntnisse, in: NJW 2001, S. 2919 ff.
Steinwedel, U., „Spezifisches Verfassungsrecht" und „einfaches Recht", 1976
Stelkens, P./Bonk, H. J./Sachs, M., Verwaltungsverfahrensgesetz. Kommentar, 9. Auflage 2018
Stelkens, U., Gegenstand der Verfassungsbeschwerde bei mehreren Entscheidungen in derselben Sache, in: DVBl. 2004, S. 403 ff.
Stern, K., Das Staatsrecht der Bundesrepublik Deutschland, 1977 ff. Band I: Grundbegriffe und Grundlagen des Staatsrechts, Strukturprinzipien der Verfassung, 2. Auflage 1984; Band II: Staatsorgane, Staatsfunktionen, Finanz- und Haushaltsverfassung, Notstandsverfassung, 1980; Band III: Allgemeine Lehren der Grundrechte, 1. Halbband, 1988; 2. Halbband, 1994; Band V: Die geschichtlichen Grundlagen des Deutschen Staatsrechts, 2000 (zit.: Staatsrecht)
– *ders.*, Verfassungsgerichtsbarkeit des Bundes und der Länder, 1978 (zit.: Verfassungsgerichtsbarkeit)
– *ders.*, Verfassungsgerichtsbarkeit zwischen Recht und Politik, 1980 (zit.: Recht)
– *ders.*, Einführung, in: Starck, Chr./Stern, K. (Hrsg.), Landesverfassungsgerichtsbarkeit, Teilband 1, 1983, S. 1 ff. (zit.: Einführung)
– *ders.*, Gedanken zum Wahlverfahren für Bundesverfassungsrichter, in: GS Geck, 1989, S. 885 ff.
– *ders.*, Das Grundgesetz – eine grundsätzliche Bewertung aus deutscher Sicht, in: Kirchhof, P./Kommers, D. P. (Hrsg.), Deutschland und sein Grundgesetz, 1993, S. 20 ff. (zit.: Grundgesetz)
– *ders.*, Außenpolitischer Gestaltungsspielraum und verfassungsgerichtliche Kontrolle. Das Bundesverfassungsgericht im Spannungsfeld zwischen Judicial Activism und Judicial Restraint, in: NWVBl. 1994, S. 241 ff.
– *ders.*, Der Aufschwung der Landes-Verfassungsbeschwerde im wiedervereinigten Deutschland, in: FS Bayerischer Verfassungsgerichtshof, 1997, S. 241 ff. (zit.: FS BayVerfGH)
– *ders.*, Verfassungsgerichtsbarkeit und Gesetzgebung, in: FS Kriele, 1997, S. 411 ff.
Sternberg, S./Gschwend, T./Wittig, C./Engst, B. G., Zum Einfluss der öffentlichen Meinung auf Entscheidungen des Bundesverfassungsgerichts. Eine Analyse von abstrakten Normenkontrollen sowie Bund-Länder-Streitigkeiten 1974 – 2010, in: PVS 2015, S. 570 ff.
Stettner, R., Die Verpflichtung des Gesetzgebers zu erneutem Tätigwerden bei fehlerhafter Prognose, in: DVBl. 1982, S. 1123 ff.
– *ders.*, Verfassungsbindungen des experimentierenden Gesetzgebers, in: NVwZ 1989, S. 806 ff.
Stolleis, M., Geschichte des öffentlichen Rechts in Deutschland, Band 1, 1988
Störmer, R., Gemeinschaftsrechtliche Diskriminierungsverbote versus nationale Grundrechte?, in: AöR 123 (1998), S. 541 ff.
Strehle, B. E., Rechtswirkungen verfassungsgerichtlicher Normenkontrollentscheidungen. Eine vergleichende Darstellung, 1980
Streil, J., Das Vorabentscheidungsverfahren als Bindeglied zwischen europäischer und nationaler Rechtsprechung, in: Schwarze, J. (Hrsg.), Der Europäische Gerichtshof als Verfassungsgericht und Rechtsschutzinstanz, 1983, S. 69 ff.
Streinz, R., Bundesverfassungsgerichtlicher Grundrechtsschutz und Europäisches Gemeinschaftsrecht, 1989 (zit.: Grundrechtsschutz)
– *ders.*, Vollzug des europäischen Rechts durch deutsche Staatsorgane, in: Isensee, J./Kirchhof, P. (Hrsg.), Handbuch des Staatsrechts der Bundesrepublik Deutschland, Band X, 3. Auflage 2012, § 218, S. 507 ff. (zit.: HStR X)

– *ders.*, Zur Europäisierung des Grundgesetzes, in: Huber, P. M. (Hrsg.), Das Grundgesetz zwischen Stabilität und Veränderung, 2007, S. 33 ff. (zit.: Europäisierung)
– *ders.*, Europarecht, 11. Auflage 2019
– *ders.*, Die Europarechts-Rechtsprechung des Bundesverfassungsgerichts und ihre Rezeption in der Politik, in: EWS 2019, S. 241 ff.
– *ders.*, „Recht auf Vergessenwerden" zwischen Unionsrecht und Verfassungsrecht. Das Datenschutzrecht als Ansatz für Neuerungen des „Kooperationsverhältnisses" zwischen EuGH und BVerfG, in: DuD 2020, S. 353 ff.
Stricker, G., Subjektive und objektive Grenzen der Bindungswirkung verfassungsgerichtlicher Entscheidungen gemäß § 31 Abs. 1 BVerfGG, in: DÖV 1995, S. 978 ff.
Strietzel, Chr., Die Zulässigkeit von Verfassungsbeschwerden gegen gerichtliche Eilentscheidungen, 1993
Stüer, B., 60 Jahre BVerfG: Die Verfassungsbeschwerde, in: DVBl. 2012, S. 751 ff.
Stürner, R., Die Kontrolle zivilprozessualer Verfahrensfehler durch das Bundesverfassungsgericht, in: JZ 1986, S. 526 ff.
Svetens, L.-P., Die Verfassungsrechtsprechung in Belgien – Der Schiedsgerichtshof, in: JöR 36 (1987), S. 135 ff.
Sydow, G., Der geplante Supreme Court für das Vereinigte Königreich im Spiegel der britischen Verfassungsreform, in: ZaöRV 64 (2004), S. 65 ff.
v. Szczepanski, E., Die verfassungswidrige Einseitigkeit der Verfahrensbeteiligung im abstrakten Normenkontrollverfahren, in: JZ 2000, S. 486 ff.

Tegebauer, I.-J., Die Anhörungsrüge in der verfassungsgerichtlichen Praxis, in: DÖV 2008, S. 954 ff.
Terhechte, J. P., Der Grundsatz der Subsidiarität der Verfassungsbeschwerde auf dem Prüfstand des Unionsrechts, in: EuR 2008, S. 567 ff.
– *ders.*, Der Vorrang des Unionsrechts, in: JuS 2008, S. 403 ff.
– *ders.*, Souveränität, Dynamik und Integration – making up the rules as we go along? Anmerkung zum Lissabon-Urteil des Bundesverfassungsgerichts, in: EuZW 2009, S. 724 ff.
– *ders.*, Europäischer Bundesstaat, supranationale Gemeinschaft oder Vertragsunion souveräner Staaten? – Zum Verhältnis von Staat und Union nach dem Lissabon-Urteil des BVerfG, in: Hatje, A./Terhechte, J. P. (Hrsg.), Grundgesetz und europäische Integration. Die Europäische Union nach dem Lissabon-Urteil des Bundesverfassungsgerichts, EuR Beiheft 1/2010, S. 135 ff. (zit.: Europäischer Bundesstaat)
– *ders.*, Konstitutionalisierung und Normativität der europäischen Grundrechte, 2011 (zit.: Konstitutionalisierung)
Tettinger, P. J., Anmerkung zu BVerfG JZ 1983, S. 599 ff., in: JZ 1983, S. 605 f.
– *ders.*, Fairneß und Waffengleichheit: rechtsstaatliche Direktiven für Prozeß und Verwaltungsverfahren, 1984 (zit.: Fairneß)
– *ders.*, Steine aus dem Glashaus, in: JZ 2004, S. 1144 ff.
Theodossis, G., Die gerichtliche Prüfung der Verfassungsmäßigkeit der Gesetze nach der griechischen Verfassung von 1975, in: AöR 117 (1992), S. 567 ff.
Thiemann, Chr., Die Anhörungsrüge als Zulässigkeitsvoraussetzung der Verfassungsbeschwerde, in: DVBl. 2012, S. 1420 ff.
Thiele, A., Verlustdemokratie, 2. Auflage 2018
Thierse, St., Mobilisierung des Rechts: Organisierte Interessen und Verfassungsbeschwerden vor dem Bundesverfassungsgericht, in: Politische Vierteljahresschrift 61 (2020), S. 553 ff.
Thoma, R., Rechtsgutachten betreffend die Stellung des Bundesverfassungsgerichts, in: JöR 6 (1957), S. 161 ff.
Thye, M., Der Stabilitätsrat, 2014
Thym, D., Anmerkung zu EuGH, Urt. v. 5. 10. 2010 – C-400/10J. McB. ./. L.E., in: JZ 2011, S. 148 ff.
– *ders.*, Freundliche Übernahme, oder: die Macht des „ersten Wortes" – „Recht auf Vergessen" als Paradigmenwechsel, in: JZ 2020, S. 1017 ff.
Tiedemann, P., Landesverfassung und Bundesrecht, in: DÖV 1999, S. 200 ff.
Tietje, Chr., Die Stärkung der Verfassungsgerichtsbarkeit im föderalen System Deutschlands in der jüngeren Rechtsprechung des BVerfG, in: AöR 124 (1999), S. 282 ff.
Tillmanns, R., Die Prüfung von Rechtsverordnungen des Bundes am Maßstab des einfachgesetzlichen Bundesrechts im Verfahren der abstrakten Normenkontrolle, in: DÖV 2001, S. 728 ff.
Tomuschat, Chr., Die gerichtliche Vorabentscheidung nach den Verträgen über die europäischen Gemeinschaften, 1964 (zit.: Vorabentscheidung)

– *ders.*, Deutsche Rechtsprechung in völkerrechtlichen Fragen 1958–1965, Teil A, in: ZaöRV 28 (1968), S. 28 ff.
– *ders.*, BVerfG contra EuGH – Friedensschluss in Sicht, in: NJW 1980, S. 2611 ff.
– *ders.*, Die Europäische Union unter der Aufsicht des Bundesverfassungsgerichts, in: EuGRZ 1993, S. 489 ff.
– *ders.*, Das Bundesverfassungsgericht im Kreise anderer nationaler Verfassungsgerichte, in: Badura, P./Dreier, H. (Hrsg.), Festschrift 50 Jahre Bundesverfassungsgericht, Band I, 2001, S. 245 ff. (zit.: BVerfG)
Träger, E., Zum Umfang von Prüfungsbefugnis und Prüfungspflicht des Bundesverfassungsgerichts im Verfassungsbeschwerdeverfahren, in: FS Geiger, 1989, S. 762 ff.
Trapp, D. B., Die Kontinuität der bundesverfassungsgerichtlichen Rechtsprechung zur sog. Mischverwaltung, in: DÖV 2008, S. 277 ff.
Traub, T., Abstrakte und konkrete Gefahren religiöser Symbole in öffentlichen Schulen, in: NJW 2015, S. 1338
Treber, J., Neuerungen durch das Anhörungsrügengesetz, in: NJW 2005, S. 97 ff.
Tribe, L. H., American Constitutional Law, 3. Auflage 2000
Triepel, H., Die Reichsaufsicht: Untersuchungen zum Staatsrecht des Deutschen Reiches, 1917 (zit.: Reichsaufsicht)
– *ders.*, Wesen und Entwicklung der Staatsgerichtsbarkeit, in: VVDStRL 5 (1929), S. 2 ff.
Troper, M., The logic of juristification of judicial review, in: International Journal of Constitutional Law (I-CON) 2003, S. 99 ff.
Trzaskalik, Chr., Zu den Folgen, wenn das BVerfG Gesetze für nichtig erklärt, in: DB 1991, S. 2255
Tsatsos, D. Th., Die Europäische Unionsgrundordnung, in: EuGRZ 1995, S. 287 ff.
– *ders./Morlok, M.*, Parteienrecht. Eine verfassungsrechtliche Einführung, 1982
– *ders./Schmidt, H.-R./Steffen, P.*, Das Bundesverfassungsgericht verwirft das bisherige Parteienfinanzierungsmodell, in: Jura 1993, S. 194 ff.

Uerpmann, R., Die Annahme der Verfassungsbeschwerde zur Entscheidung, in: Badura, P./Dreier, H. (Hrsg.), Festschrift 50 Jahre Bundesverfassungsgericht, Band I, 2001, S. 673 ff.
Uhle, A., Verfassungsnorm im Aufwind: Art. 125 a GG, in: DÖV 2006, S. 370 ff.
– *ders.*, Das Parteiverbot gem. Art. 21 II GG – Eine Wiederbesichtigung nach der Entscheidung des BVerfG zum NPD-Verbotsantrag, in: NVwZ 2017, S. 583 ff.
Ule, C. H., Einstweilige Anordnungen im Verfassungsbeschwerdeverfahren, in: FS Maunz, 1981, S. 395 ff.
Ulsamer, G., Neue gesetzliche Regelungen zur Entlastung und Sicherung der Funktionsfähigkeit des Bundesverfassungsgerichts, in: EuGRZ 1986, S. 110 ff.
Umbach, D. C., Der „eigentliche“ Verfassungstreit vor dem Bundesverfassungsgericht: Abgeordnete und Fraktionen als Antragsteller im Organstreit, in: FS Zeidler, Band 2, 1987, S. 1235 ff.
– *ders./Clemens, Th./Dollinger, Franz W.* (Hrsg.), Bundesverfassungsgerichtsgesetz. Mitarbeiterkommentar und Handbuch, 2. Auflage 2005 (zit.: BVerfGG)
– *ders./Clemens, Th.* (Hrsg.), Grundgesetz. Mitarbeiterkommentar, 2002 (zit.: Umbach/Clemens, GG)
– *ders./Urban, R. u. a.* (Hrsg.), Das wahre Verfassungsrecht: Zwischen Lust und Leistung. GS Nagelmann, 1984
v. Ungern-Sternberg, A., Normative Wirkungen von Präjudizien nach der Rechtsprechung des Bundesverfassungsgerichts, in: AöR 138 (2013), S. 1 ff.

Vetter, R./Warneke, N., Anmerkung zu EGMR DVBl. 2004, 1091, in: DVBl. 2004, S. 1226 ff.
Viellechner, L., Berücksichtigungspflicht als Kollisionsregel. Zu den innerstaatlichen Wirkungen von völkerrechtlichen Verträgen und Entscheidungen internationaler Gerichte, insbesondere bei der Auslegung und Anwendung von Grundrechten in Matz-Lück, N./Hong, M. (Hrsg.), Grundrechte und Grundfreiheiten im Mehrebenensystem – Konkurrenzen und Interferenzen, 2011, S. 109 ff.
Vitzthum, W. Graf, Das Vorprüfungsverfahren für Verfassungsbeschwerden, in: FS Bachof, 1984, S. 293 ff.
– *ders.*, Annahme nach Ermessen bei Verfassungsbeschwerden? Das writ of certiorari-Verfahren des US Supreme Court als ein systemfremdes Entlastungsmodell, in: JöR 53 (2005), S. 319 ff.
Vogel, H.-J., Videant judices! Zur aktuellen Kritik am Bundesverfassungsgericht, in: DÖV 1978, S. 665 ff.
– *ders.*, Zugang zum Bundesverfassungsgericht – Reform der Verfassungsbeschwerde?, in: Diekwisch, S./Wolfgramm, T. (Hrsg.), Recht und Pflicht – von der Freiheit eines Rechtspolitikers: Beiträge zu 20 Jahren Rechtspolitik. Detlef Kleinert zum 60. Geburtstag, 1992, S. 72 ff. (zit.: Zugang)

Vogel, Klaus (Hrsg.), Grundrechtsverständnis und Normenkontrolle, 1979 (zit.: Grundrechtsverständnis)
– *ders.*, Rechtskraft und Gesetzeskraft der Entscheidungen des Bundesverfassungsgerichts, in: Starck, Chr. (Hrsg.), Bundesverfassungsgericht und Grundgesetz: Festgabe aus Anlass des 25 jährigen Bestehens des Bundesverfassungsgerichts, Band I, 1976, S. 568 ff. (zit.: Rechtskraft)
– *ders.*, Urteilsanmerkung, in: JZ 1996, S. 43 ff.
Vogel, Kurt, Das Bundesverfassungsgericht und die übrigen Verfassungsorgane, 1988 (zit.: BVerfG)
Volkmann, U., Verfassungsänderung und Verfassungswandel, in: JZ 2018, S. 265 ff.
Vollkommer, M., Erste praktische Erfahrungen mit der neuen Gehörsrüge gemäß § 321 a ZPO, in: FS Musielak, 2004, S. 619 ff.
Vorländer, H./Schaal, G. S., Integration durch Institutionenvertrauen? Das Bundesverfassungsgericht und die Akzeptanz seiner Rechtsprechung, in: Vorländer, H. (Hrsg.), Integration durch Verfassung, 2002, S. 343 ff.
Voßkuhle, A., Rechtsschutz gegen den Richter. Zur Integration der Dritten Gewalt in das verfassungsrechtliche Kontrollsystem vor dem Hintergrund des Art. 19 Abs. 4 GG, 1993 (zit.: Rechtsschutz)
– *ders.*, Erosionserscheinungen des zivilprozessualen Rechtsmittelsystems, in: NJW 1995, S. 1377 ff.
– *ders.*, Der Grundsatz der Verfassungsorgantreue und die Kritik am Bundesverfassungsgericht, in: NJW 1997, S. 2216 ff.
– *ders.*, Theorie und Praxis der verfassungskonformen Auslegung von Gesetzen durch Fachgerichte. Kritische Bestandsaufnahme und Versuch einer Neubestimmung, in: AöR 125 (2000), S. 177 ff.
– *ders.*, Bruch mit einem Dogma: Die Verfassung garantiert Rechtsschutz gegen den Richter, in: NJW 2003, S. 2193 ff.
– *ders.*, Stabilität, Zukunftsoffenheit und Vielfaltssicherung – Die Pflege des verfassungsrechtlichen „Quellcodes" durch das BVerfG, in: JZ 2009, S. 917 ff.
– *ders.*, Der europäische Verfassungsgerichtsverbund, in: NVwZ 2010, S. 1 ff.
– *ders.*, Der Rechtsanwalt und das BVerfG – Aktuelle Herausforderungen der Verfassungsrechtsprechung, in: NJW 2013, S. 1329 ff.
– *ders.*, „Integration durch Recht" – Der Beitrag des Bundesverfassungsgerichts, in: JZ 2016, S. 161 ff.
– *ders.*, Rechtspluralismus als Herausforderung. Zur Bedeutung des Völkerrechts und der Rechtsvergleichung in der Rechtsprechung des Bundesverfassungsgerichts, in: ZaöRV 2019, S. 481 ff.
– *ders.*, Der Wandel der Verfassung und seine Grenzen, in: JuS 2019, S. 417 ff.
– *ders.*, Karlsruhe Unlimited? Zu den (unsichtbaren) Grenzen der Verfassungsgerichtsbarkeit, in: BayVBl. 2020, S. 577 ff.
– *ders.*, Die Zukunft der Verfassungsgerichtsbarkeit in Deutschland und Europa, in: EuGRZ 2020, S. 165 ff.
– *ders./Schemmel, J.*, Der Staatsrechtslehrer Konrad Hesse als Richter des Bundesverfassungsgerichts. Zugleich zum Verhältnis von Verfassungsrechtswissenschaft und Verfassungsrechtsprechung, in: AöR 2019, S. 425 ff.

Wach, A., Der Entwurf einer deutschen Civilprozeßordnung, in: KritVj 15 (1873), S. 88 ff.
Wagner, H., Umsetzung von Entscheidungen des Bundesverfassungsgerichts in die politische und gesetzgeberische Praxis, in: Däubler, W./Küsel, G. (Hrsg.), Verfassungsgericht und Politik, 1979, S. 169 ff. (zit.: Umsetzung)
Wagner, V., Einzelfallentscheidung oder Paradigmenwechsel?, in: NJW 1998, S. 2638 ff.
Wahl, R., Rechtliche Wirkungen und Funktionen der Grundrechte im Deutschen Konstitutionalismus des 19. Jahrhunderts, in: Der Staat 18 (1979), S. 321 ff.
– *ders.*, Der Vorrang der Verfassung, in: Der Staat 20 (1981), S. 485 ff.
– *ders.*, Verwaltungsverfahren zwischen Verwaltungseffizienz und Rechtsschutzauftrag, in: VVDStRL 41 (1983), S. 151 ff.
– *ders.*, Der Vorrang der Verfassung und die Selbständigkeit des Gesetzesrechts, in: NVwZ 1984, S. 401 ff.
– *ders.*, Der Zugang zum Bundesverfassungsgericht, in: Friedrich-Ebert-Stiftung (Hrsg.), Probleme der Verfassungsgerichtsbarkeit in Deutschland gestern und heute, 1991, S. 13 ff. (zit.: Zugang)
– *ders.*, Die Reformfrage, in: Badura, P./Dreier, H. (Hrsg.), Festschrift 50 Jahre Bundesverfassungsgericht, Band I, 2001, S. 461 ff. (zit.: Reformfrage)
– *ders.*, Das Bundesverfassungsgericht im europäischen und internationalen Umfeld, in: ders., Verfassungsstaat, Europäisierung, Internationalisierung, 2003, S. 254 ff. (zit.: BVerfG)

– *ders.*, Die Entwicklung des deutschen Verfassungsstaates bis 1866, in: Isensee, J./Kirchhof, P. (Hrsg.), Handbuch des Staatsrechts der Bundesrepublik Deutschland, Band I, 3. Auflage 2003, § 2, S. 45 ff. (zit.: HStR I)
– *ders./Masing, J.*, Schutz durch Eingriff, in: JZ 1990, S. 533 ff.
– *ders./Rottmann, F.*, Die Bedeutung der Verfassung und der Verfassungsgerichtsbarkeit in der Bundesrepublik – im Vergleich zum 19. Jahrhundert und zu Weimar, in: Conze, W./Lepsius, M. R. (Hrsg.), Sozialgeschichte der Bundesrepublik Deutschland: Beiträge zum Kontinuitätsproblem, 2. Auflage 1985, S. 339 ff.
– *ders./Wieland, J.*, Verfassungsrechtsprechung als knappes Gut, in: JZ 1996, S. 1137 ff.
Waldhoff, Chr., „Der Gesetzgeber schuldet nichts als das Gesetz", in: Depenheuer, O. u. a. (Hrsg.), Staat im Wort, FS J. Isensee, 2007, S. 325 ff.
– *ders.*, Vollstreckung der Verfassung?, in: ZRP 2018, S. 121 ff.
– *ders.*, Verfassungsjubiläen – Gedanken zur Verfassungskultur aus Anlass des 70. Jahrestags des Grundgesetzes, in: NJW 2019, S. 1553 ff.
Waldner, W., Aktuelle Probleme des rechtlichen Gehörs im Zivilprozeß, 1983
Wallerath, M., Landesverfassungsgerichtsbarkeit in den „neuen" Bundesländern, in: NdsVBl., Sonderheft 2005, S. 43 ff.
Walter, Chr., Die Europäische Menschenrechtskonvention als Konstitutionalisierungsprozeß, in: ZaöRV 59 (1999), S. 961 ff.
– *ders.*, Die Stellung Minderjähriger im Verfassungsbeschwerdeverfahren, in: FamRZ 2001, S. 1 ff.
– *ders.*, Grundrechtsschutz gegen Hoheitsakte internationaler Organisationen. Überlegungen zur Präzisierung und Fortentwicklung der Dogmatik des Maastricht-Urteils des Bundesverfassungsgerichts, in: AöR 129 (2004), S. 39 ff.
– *ders.*, Religiöse Symbole in der öffentlichen Schule – Bemerkungen zum Urteil der Großen Kammer des Europäischen Gerichtshofs für Menschenrechte im Fall Lautsi, in: EuGRZ 2011, S. 673 ff.
– *ders./Grünewald, B.* (Hrsg.), Beck'scher Online-Kommentar BVerfGG, Stand: 01.07.2020 (zit.: BeckOK BVerfGG)
– *ders./Herrmann, St.*, Der Ausschluss verfassungsfeindlicher Parteien von der Parteienfinanzierung – Überlegungen zur Neuregelung in Art. 21 Abs. 3 GG, in: ZG 2017, S. 306 ff.
Walter, M., Integrationsgrenze Verfassungsidentität – Konzept und Kontrolle aus europäischer, deutscher und französischer Perspektive, in: ZaöRV 2012, S. 177 ff.
Walter, R., Österreichisches Bundesverfassungsrecht, 1977
Wand, W. R., Befugnisse der Gerichtsverwaltung und Aspekte der Vorprüfung im Verfassungsbeschwerdeverfahren, in: NJW 1984, S. 950 ff.
Wank, R., Die verfassungsgerichtliche Kontrolle der Gesetzesauslegung und Rechtsfortbildung durch die Fachgerichte, in: JuS 1980, S. 545 ff.
Warmke, R., Die Subsidiarität der Verfassungsbeschwerde, 1993
Wassermann, R., Zur Richterablehnung im verfassungsgerichtlichen Verfahren, in: FS M. Hirsch, 1981, S. 465 ff.
– *ders.*, Richterlicher Selbstschutz bei der Ablehnung von Richtern des BVerfG?, in: NJW 1987, S. 418 ff.
– *ders.*, Nichtjuristen als Verfassungsrichter – zum Fall Dahn, in: NJW 1999, S. 471 f.
Weber, A., Die Verfassungsgerichtsbarkeit in Spanien, in: JöR 34 (1985), S. 245 ff.
Weber, R. K., Der Begründungsstil von Conseil constitutionnel und Bundesverfassungsgericht, 2019 (zit.: Begründungsstil).
Weber-Grellet, H., Beweis- und Argumentationslast im Verfassungsrecht unter besonderer Berücksichtigung der Rechtsprechung des Bundesverfassungsgerichts, 1979
Wehler, W., Der Staatsgerichtshof für das Deutsche Reich, Diss. iur. Bonn, 1979
Weiler, J. H. H., Der Staat „über alles". Demos, Telos und die Maastrichtentscheidung des Bundesverfassungsgerichts, in: JöR 44 (1996), S. 91 ff.
Wendel, M., Lisbon Before the Courts: Comparative Perspectives, European Constitutional Law Review 7 (2011), S. 96 ff.
– *ders.*, Richterliche Rechtsvergleichung als Dialogform: Die Integrationsrechtsprechung nationaler Verfassungsgerichte in gemeineuropäischer Perspektive, in: Der Staat 52 (2013), S. 339 ff.
– *ders.*, Das Bundesverfassungsgericht als Garant der Unionsgrundrechte, in: JZ 2020, S. 157 ff.
Wendenburg, H., Die Debatte um die Verfassungsgerichtsbarkeit und der Methodenstreit der Staatsrechtslehre in der Weimarer Republik, 1984

Wendt, H., Öffnung der Verfassungsbeschwerde für die Unionsgrundrechte – Neugestaltung des europäischen Grundrechtsföderalismus durch das BVerfG, in: DVBl. 2020, S. 549ff.
Wendt, R., Der Garantiegehalt der Grundrechte, in: AöR 104 (1979), S. 414ff.
Wenig, R., Die gesetzeskräftige Feststellung einer allgemeinen Regel des Völkerrechts durch das Bundesverfassungsgericht, 1971
Wenner, U., Sperrklauseln im Wahlrecht der Bundesrepublik Deutschland, 1986
Werner, F., Verwaltungsrecht als konkretisiertes Verfassungsrecht, in: DVBl. 1959, S. 527ff.
– *ders.*, Recht und Gericht in unserer Zeit, 1971 (zit.: Recht)
Wernsmann, R., Die Deutschengrundrechte des Grundgesetzes im Lichte des Europarechts, in: Jura 2000, S. 657ff.
– *ders.*, Die konkrete Normenkontrolle nach Art. 100 Abs. 1 GG, in: Jura 2005, S. 328ff.
– *ders.*, Die Garantie der kommunalen Selbstverwaltung als Prüfungsmaßstab der kommunalen Verfassungsbeschwerde, in: FS für H. Bethge, 2009, S. 601ff.
Wesel, U., Der Gang nach Karlsruhe. Das Bundesverfassungsgericht in der Geschichte der Bundesrepublik, 2004
Weyreuther, F., Abwägung der gemeindlichen Belange und Anhörung der Gemeinden bei Festsetzung von Lärmschutzbereichen?, in: DÖV 1982, S. 173ff.
Wiederin, E., Die Gesetzeskraft der Entscheidungen des Bundesverfassungsgerichts, in: FS Badura, 2004, S. 605ff.
– *ders.*, Der österreichische Verfassungsgerichtshof als Schöpfung Hans Kelsens und sein Modellcharakter als eigenständiges Verfassungsgericht, in: Der Staat, Beiheft 22 (2014), S. 283ff.
– *ders.*, Entgrenzung der Verfassungsgerichtsbarkeit?, in: BayVBl. 2020, S. 583ff.
Wiedmann, A., Der Prüfungsmaßstab für den Erlass einer einstweiligen Anordnung nach § 32 Abs. 1 BVerfGG, in: Emmenegger, S./dies. (Hrsg.), Linie der Rechtsprechung des Bundesverfassungsgerichts – erörtert von den wissenschaftlichen Mitarbeitern, Bd. 2, 2011, S. 3ff.
Wieland, J., Der Beitrag der wissenschaftlichen Mitarbeiter im Entscheidungsprozeß des Bundesverfassungsgerichts, in: Ellermann, R. u. a. (Hrsg.), Verfassungsgerichte im Vergleich, 1988, S. 258ff. (zit.: Beitrag)
– *ders.*, Der Zugang des Bürgers zum Bundesverfassungsgericht und zum U.S. Supreme Court, in: Der Staat 29 (1990), S. 333ff.
– *ders.*, Der Herr des Verfahrens, in: FS Mahrenholz, 1994, S. 885ff.
– *ders.*, Das Bundesverfassungsgericht am Scheideweg, in: KritVj 1998, S. 171ff.
Wilke, D., Landesverfassungsgerichtsbarkeit und Einheit des Bundesrechts, in: NJW 1993, S. 887ff.
– *ders./Koch, G. H.*, Außenpolitik nach Anweisung des Bundesverfassungsgerichts?, in: JZ 1975, S. 233ff.
Willoweit, D., Rechtsprechung und Staatsverfassung, in: JZ 2016, S. 429ff.
v. Wilmowsky, P., EG-Freiheiten und Vertragsrecht, in: JZ 1996, S. 590ff.
Wilms, H., Die Vorbildfunktion des United States Supreme Court für das BVerfG, in: NJW 1999, S. 1527ff.
Wimmer, U., Vakanzen bei Verfassungsgerichten, Diss. jur. FU Berlin, 1992
Winkelmann, I. (Hrsg.), Das Maastricht-Urteil des Bundesverfassungsgerichts vom 12. Oktober 1993, 1994 (zit.: Maastricht-Urteil)
Winkler, M., Das Klarstellungsinteresse im bundesstaatlichen Normenkontrollverfahren nach Art. 93 I Nr. 2a, in: NVwZ 1999, S. 1291ff.
Winter, K., Richterliche Willkür, in: FS Merz, 1992, S. 611ff.
Wischermann, N., Rechtskraft und Bindungswirkung verfassungsgerichtlicher Entscheidungen, 1979
Wittreck, F., Das Bundesverfassungsgericht und die Kassationsbefugnis der Landesverfassungsgerichte – Anmerkungen zu BVerfGE 96, 345 –, in: DÖV 1999, S. 634ff.
– *ders.*, Die Anfänge der verfassungsgerichtlichen Normenkontrolle in Deutschland. Das Danziger Obergericht als Normenprüfungsinstanz 1923–1939, in: ZRG Germ. Abt. 121 (2004), S. 415ff.
Wolf, M., Gerichtsverfassungsrecht aller Verfahrenszweige, 6. Auflage 1987
Wolff, H. A., Der Vergleichsvorschlag des Bundesverfassungsgerichts in den Verfahren um das Brandenburgische Schulgesetz (LER) – Verfahrensfortbildung contra legem, in: EuGRZ 2003, S. 463ff.
Wölker, U., Wann verletzt eine Nichtvorlage an den EuGH die Garantie des gesetzlichen Richters?, in: EuGRZ 1988, S. 97ff.
Wollenschläger, F., Budgetöffentlichkeit im Zeitalter der Informationsgesellschaft. Die Offenlegung von Zuwendungsempfängern im Spannungsfeld von Haushaltstransparenz und Datenschutz, in: AöR 135 (2010), S. 363ff.

– *ders.*, Die Gewährleistung von Sicherheit im Spannungsfeld der nationalen, unionalen und EMRK-Grundrechtsordnungen. Überlegungen zu Grundrechtsregimekonkurrenzen und ihrer Bewältigung im Europäischen Mehrebenensystem, in: Iliopoulos-Strangas, J./Diggelmann, O./Bauer, H. (Hrsg.), Rechtsstaat, Freiheit und Sicherheit in Europa, 2010, S. 45ff. (zit.: Gewährleistung)

Wollweber, H., Aktuelle Aspekte der Normenkontrolle durch das Bundesverfassungsgericht, in: DÖV 1999, S. 413ff.

Wowtscherk, T., Wetzlar: Eine Kleinstadt ignoriert das Bundesverfassungsgericht, in: RuP 55 (2019), S. 40ff.

Würtenberger, Th., Verfassungsänderungen und Verfassungswandel des Grundgesetzes, Der Staat Beiheft 20, 2012, S. 287ff.

Wüstenberg, D., Die summarische Prüfung in Normenkontrollverfahren, in: DVBl. 2020, S. 1115ff.

Wyrzykowski, M., Der Verfassungsgerichtshof der Volksrepublik Polen, in: AöR 112 (1987), S. 93ff.

Yang, T.-H., Die Appellentscheidungen des Bundesverfassungsgerichts, 2003

Zacharias, D., Australian High Court and German Federal Constitutional Court. A Comparison With Regard to Status and Procedure, 2005

Zacher, H. F., Die Selektion der Verfassungsbeschwerden – die Siebfunktion der Vorprüfung, des Erfordernisses der Rechtswegerschöpfung und des Kriteriums der unmittelbaren und gegenwärtigen Betroffenheit des Beschwerdeführers, in: Starck, Chr. (Hrsg.), Bundesverfassungsgericht und Grundgesetz: Festgabe aus Anlass des 25 jährigen Bestehens des Bundesverfassungsgerichts, Band I, 1976, S. 396ff.

Zacherl, C., Verfassungsgerichtsbarkeit in Baden-Württemberg 1946–1952, 1983

Zähle, K., Die Ausschließung und Ablehnung eines Richters nach §§ 18, 19 BVerfGG in der Rechtsprechung des Bundesverfassungsgerichts, in: AöR 137 (2012), S. 173ff.

Zeh, W., Bundestagsauflösung und Neuwahlen, in: Der Staat 22 (1983), S. 1ff.

Zeidler, W., Die Verfassungsrechtsprechung im Rahmen der staatlichen Funktionen, in: EuGRZ 1988, S. 207ff.

Zeiler, A., Ein Gerichtshof für die bindende Gesetzesauslegung, 1911 (zit.: Gerichtshof)

– *ders.*, Um Einheit und Sicherheit des Rechts, in: DRiZ 1925, Sp. 62ff.

Zeitler, F.-C., Verfassungsgericht und völkerrechtlicher Vertrag, 1974

Zembsch, G., Verfahrensautonomie des Bundesverfassungsgerichts, 1971

v. Zezschwitz, F., Grundrechtsklagen ohne Grenzen nun auch in Hessen?, in: NJW 1999, S. 17ff.

Ziekow, J., Abweichung von bindenden Verfassungsgerichtsentscheidungen?, in: NVwZ 1995, S. 247ff.

– *ders.*, Die Bindungswirkung der Entscheidungen des Bundesverfassungsgerichts, in: Jura 1995, S. 522ff.

Zierlein, K.-G., Erfahrungen mit dem Sondervotum beim Bundesverfassungsgericht, in: DÖV 1981, S. 83ff.

– *ders.*, Die Gewährleistung des Anspruchs auf rechtliches Gehör (Art. 103 I GG) nach der Rechtsprechung und Spruchpraxis des Bundesverfassungsgerichts, in: DVBl. 1989, S. 1169ff.

– *ders.*, Die Bedeutung der Verfassungsrechtsprechung für die Bewahrung und Durchsetzung der Staatsverfassung, in: EuGRZ 1990, S. 301ff.

– *ders.*, Die Ersatzzuständigkeit des Bundesverfassungsgerichts in landesverfassungsrechtlichen Organstreitverfahren, in: AöR 118 (1993), S. 66ff.

– *ders.*, Zur Prozeßverantwortung der Fachgerichte im Lichte der Verwerfungskompetenz des Bundesverfassungsgerichts nach Art. 100 Abs. 1 GG, in: FS Benda, 1995, S. 457ff.

– *ders.*, Prüfungs- und Entscheidungskompetenzen der Landesverfassungsgerichte bei Verfassungsbeschwerden gegen landesrechtliche Hoheitsakte, die auf Bundesrecht beruhen oder in einem bundesrechtlich geregelten Verfahren ergangen sind, in: AöR 120 (1995), S. 205ff.

Zimmer, G., Funktion – Kompetenz – Legitimation, 1979

Zimmermann, B., Die Kontrolldichte gerichtlichen Rechtsschutzes gegen Weisungen in der Bundesauftragsverwaltung – ein Problem der Zuständigkeitsverteilung zwischen BVerfG und BVerwG?, in: DVBl. 1992, S. 93ff.

Zimmermann, E., Durchsetzung der Vorlagepflicht nach Art. 177 Abs. 3 EWGV mittels deutschen Verfassungsrechts, in: FS K. Doehring, 1989, S. 1033ff.

Zimmermann, R., 1.9.2006: Partielle Verfassungsfinsternis über Berlin und Karlsruhe – eine Glosse zur „Föderalismusreform", in: SächsVBl. 2007, S. 8f.

Zippelius, R., Verfassungskonforme Auslegung von Gesetzen, in: Starck, Chr. (Hrsg.), Bundesverfassungsgericht und Grundgesetz: Festgabe aus Anlass des 25 jährigen Bestehens des Bundesverfassungsgerichts, Band II, 1976, S. 108 ff.
– *ders./Würtenberger, Th.,* Deutsches Staatsrecht. Ein Studienbuch, 33. Auflage 2018
Zuck, H./Zuck, R., Die Landesverfassungsbeschwerde in Baden-Württemberg, 2013
Zuck, R., Das Bundesverfassungsgericht als Dritte Kammer, in: ZRP 1978, S. 189 ff.
– *ders.,* Die Stellung des Bundesverfassungsgerichts im Verfassungsgefüge, in: DVBl. 1979, S. 383 ff.
– *ders.,* Anmerkung zu BVerfG JZ 1985, S. 1045 ff., in: JZ 1985, S. 1049 f.
– *ders.,* Die Ablehnung von Bundesverfassungsrichtern, in: MDR 1986, S. 894 ff.
– *ders.,* Die Mißbrauchsgebühr im Verfassungsbeschwerdeverfahren, in: NJW 1986, S. 2093 ff.
– *ders.,* Die Subsidiarität der Verfassungsbeschwerde, in: Bender, B. (Hrsg.), Rechtsstaat zwischen Sozialgestaltung und Rechtsschutz, FS Redeker, 1993, S. 213 ff.
– *ders.,* Das Gerede vom gerichtlichen Kooperationsverhältnis, in: NJW 1994, S. 978 ff.
– *ders.,* Bundesverfassungsgericht: Unkontrollierter Kontrolleur?, in: Universitas 51 (1996), S. 1 ff.
– *ders.,* Gerechtigkeit für Richter Grimm, in: NJW 1996, S. 361 ff.
– *ders.,* Weg mit der Mißbrauchsgebühr im Verfassungsbeschwerdeverfahren, in: NJW 1996, 1254 ff.
– *ders.,* Vom Winde verweht: § 93 d BVerfGG und menschliche Schicksale, in: NJW 1997, S. 29 f.
– *ders.,* Die Entlastung des Bundesverfassungsgerichts, in: ZRP 1997, S. 95 ff.
– *ders.,* Das Änderungsgesetz zum Bundesverfassungsgerichtsgesetz, in: NJW 1998, S. 3028 ff.
– *ders.,* Bundesverfassungsgericht und Fachgerichtsbarkeit, in: JZ 2007, S. 1036 ff.
– *ders.,* Kann der Beschwerdeführer eine Grundrechtsrüge im Verfassungsbeschwerdeverfahren zurücknehmen?, in: NVwZ 2011, S. 795 ff.,
– *ders.,* Rechtsschutz bei überlangen Gerichtsverfahren vor dem BVerfG, in: NVwZ 2012, S. 265 ff.
– *ders.,* Die Mutwillensgebühr im Verfassungsbeschwerdeverfahren, in: NVwZ 2012, S. 1292 ff.
– *ders.,* Der Rechtsanwalt im Verfassungsbeschwerdeverfahren, in: NJW 2013, S. 2248 ff.
– *ders.,* Die Neufassung der Geschäftsordnung des Bundesverfassungsgerichts, in: EuGRZ 2015, S. 362 ff.
– *ders.,* Amicus curiae – der unaufgeforderte Schriftsatz im Verfassungsbeschwerdeverfahren beim BVerfG, in: NVwZ 2016, S. 1130 ff.
– *ders.,* Das Recht der Verfassungsbeschwerde, 5. Auflage 2017
– *ders.,* Als Anwalt im Verfassungsrecht, in: NJW 2017, S. 35 ff.
– *ders.,* Die Bindungswirkung von Kammerentscheidungen des Bundesverfassungsgerichts, in: EuGRZ 2018, S. 619 ff.
– *ders./Zuck, H.,* Die Rechtsprechung des BVerfG zu Corona-Fällen, in: NJW 2020, S. 2302 ff.
Zuleeg, M., Die Grundfreiheiten des Gemeinsamen Markts im Wandel, in: FS Everling, Band 2, 1995, S. 1717 ff.
Zweigert, K., Einige rechtsvergleichende und kritische Bemerkungen zur Verfassungsgerichtsbarkeit, in: Starck, C. (Hrsg.), Bundesverfassungsgericht und Grundgesetz: Festgabe aus Anlass des 25 jährigen Bestehens des Bundesverfassungsgerichts, Band I, 1976, S. 63 ff.

Stichwortverzeichnis

Die Zahlen bezeichnen die Randnummern dieses Buches.
Die Hauptstellen sind im Kursivdruck angegeben.